BENZ
HONDA
MERCEDES
BUGATTI
CEIRANO
LOTUS
AVIONS VOISIN
OPEL
ERA
ARROWS
DELAHAYE
PORSCHE
STUTTGART
FRAZER NASH
SCAT
MATRA Sports
MASERATI
FRATELLI
BOLOGNA
O.S.C.A
WILLIAMS
GRAND PRIX
ENGINEERING
LIMITED
Coventry Climax
MOTORI MODERNI
ats
PENSKE RACING
FIAT
copersucar fittipaldi
STUTZ
OM
ISOTTA FRASCHINI
IF
MILANO
THEODORE RACING
Peugeot
Tyrrell
ATS
COSWORTH
ALVIS
Toleman
LOLA
AUSTRO DAIMLER
BRUCE McLAREN
MOTOR RACING LTD
SCIROCCO
POWELL
DELAGE

314

SHIONOGI
GOODYEAR
LATI
Agip

Das Jahrhundert des Rennsports

Adriano Cimarosti

Autos, Strecken und Piloten

Motor buch Verlag

Einbandgestaltung: Andreas Pflaum

ISBN 3-613-01848-9

1. Auflage 1997

Lektorat: Joachim Kuch
Innengestaltung: Katharina Jüssen
Repro: Repro Schmid, 70469 Stuttgart
Druck: Maisch & Queck, 70839 Gerlingen
Bindung: K. Dieringer, 70839 Gerlingen
Printed in Germany

Inhaltsverzeichnis

Inhaltsverzeichnis

Rechte Seite
Start zum Großen Preis von Holland 1963.

Mein Dank

gilt folgenden Personen, die mich in irgendwelcher Form bei der Entstehung dieses Werkes tatkräftig unterstützt haben, insbesondere mit Bildmaterial, Zeichnungen, technischen Daten oder sonstigen Unterlagen:

Giovanni Cavara, Carignano
Cesare De Agostini, Mantova
Ing. Dott. h. c. Enzo Ferrari, Maranello
Georges Gédovius, St-Denis-d'Oléron
Carl Imber, Laufen
Conte Ing. Dott. Giovanni Lurani, Cernusco
Giorgio Piola, Santa Margherita
Franco Villani, Villanova di Castenaso
Franco Zagari, Budrio

Bildnachweis

Alle Fotos und sonstigen Bildunterlagen, die nicht aus dem Archiv der «Automobil Revue» stammen, sind mir von folgenden Fotografen und Agenturen zur Verfügung gestellt worden:

Jesse Alexander, Santa Barbara
Werner Bernet, Zürich
Bernard Cahier, Evian
DPPI, Levallois-Perret
Werner Eisele, Stuttgart
Carl Imber, Laufen
International Press Agency, Genf
Federico B. Kirbus, Buenos Aires
Rodolfo Mailander, Turin
Günther Molter, Stuttgart
Joseph und Daniel Reinhard, Sachseln
Kurt Wörner, Bernbach
Franco Zagari, Budrio

Archivbilder

Cesare De Agostini, Mantova
Indianapolis Motor Speedway, Indianapolis
Charles G. Proche, Long Beach
Franco Zagari, Budrio

Werkbilder

Alfa Romeo, BMW, Daimler-Benz, Fiat, Ford, Matra, Peugeot, Porsche und Renault

Zeichnungen

Anglia Art, London
Etienne-Bernard Becker, Marseille
Giovanni Cavara, Carignano
Georges Gédovius, St-Denis-d'Oléron
Christian Hoefer, Fellbach
London Art, London
Theo Page, Beckenried
Giorgio Piola, Santa Margherita

Werkzeichnungen

Alfa Romeo, BMW, Daimler-Benz, Fiat, Ford, March, Matra, Porsche und Renault

Vorwort

In der langen Geschichte des Automobils hat es manchmal Zeiten gegeben — vor allem nach schweren Rennunfällen —, da man intensiv über Nutzen und Sinn von Autorennen oder über die Daseinsberechtigung solcher Wettbewerbe überhaupt diskutierte. Als Befürworter mußte man bei solchen Gelegenheiten seine ganze Überzeugungskraft aufwenden und die Gründe darlegen, die für den Rennsport sprechen: die unablässige technische Weiterentwicklung, die sportlichen, politischen und sozialen Interessen bis schließlich hin zur menschlichen Motivation.

Wenn gegnerische Strömungen zu verspüren sind, wenn Krisen drohen, wird mir immer wieder bewußt, daß das Auto für den Menschen die Eroberung der Freiheit im Sinne der Beweglichkeit schlechthin darstellt und niemand darauf verzichten will. Freilich bleibt eine gewisse Unsicherheit bezüglich der moralischen Motivation, die jemanden zur Teilnahme an Autorennen treibt, bestehen. Oft werde ich deshalb gefragt, was denn einen Fahrer dazu ansporne, ein solches Risiko auf sich zu nehmen. «Der Ehrgeiz nach Erfolg», ist meine Antwort, «und auch das Geld mit all den damit verbundenen Annehmlichkeiten.» Aber das genügt noch nicht. Weshalb gibt es also Menschen wie dich und mich, die den Kampf auf der Rennpiste mit den vielen Unbekannten auf sich nehmen? Rennfahrer sind nämlich gar nicht eine besondere Art von Menschen, sie unterscheiden sich kaum von vielen anderen Leuten. Der Mensch liebt die Herausforderung und das Risiko, er kann dabei auch sein Leben aufs Spiel setzen. Die Wahl der Mittel ist eher nebensächlich. Manchmal erfüllt sich ein alter Jugendtraum. Das kann ein Rennwagen sein, ein Deltaflieger, ein Schiff, ein Bob, eine Kletterpartie oder das Tauchen, ein Faustkampf, ein Fallschirmabsprung, ein Motorradrennen oder auch die Jagd. Der Phantasie sind keine Grenzen gesetzt. Es ist lediglich eine Frage des «Instinkts».

Es steht mir nicht an, mich über den Sinn des Autorennsports zu äußern, und ich will darüber nicht ein Urteil fällen. Man müßte zuerst über den Sinn des Sports im allgemeinen sprechen und dann über den Wert des Automobilsports im besonderen. Ein Schriftsteller hat einmal den Sport mit folgenden Worten umschrieben: «Der Sport verkörpert eine Welt, die alle Leidenschaften und auch alle Tugenden des Lebens enthält.» Also kann man daraus ableiten, daß eine sportliche Tätigkeit wie jede andere menschliche Tätigkeit auch moralische und unmoralische Aspekte zugleich umfaßt.

Das Automobil hat 1986 seinen hundertsten Geburtstag gefeiert. Bald wird auch der erste Wettbewerb mit Automobilen, die Fahrt Paris—Rouen von 1894, hundert Jahre zurückliegen. Das vorliegende ausführliche Buch beginnt bei jenem ersten Wettbewerb, mit welchem die lange Rennsporttradition ihren Anfang genommen hat. In seinem Werk «Autorennen» erzählt Adriano Cimarosti, Jahr für Jahr, den Werdegang und die Geschichte dieser faszinierenden Sportart.

Maranello, im Oktober 1986

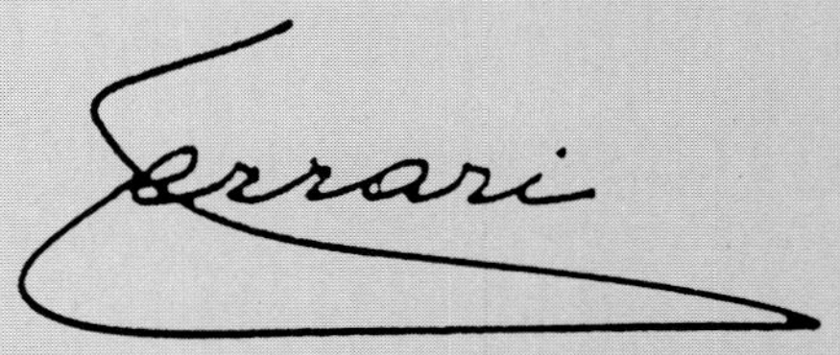

Enzo Ferrari

Einleitung

Faszinierende Grand Prix

Jährlich locken die Grand Prix der Fahrerweltmeisterschaft weltweit Hunderttausende von Zuschauern an die Rennstrecken, und viele hundert Millionen Menschen verfolgen die mitreißenden Motorenschlachten jeweils «live» am Bildschirm. Heute zählen Formel-1-Rennen zu den Sportdisziplinen mit dem größten Publikumsinteresse, weshalb sich mit den Jahren — insbesondere seit 1968 die Werbung im Rennsport freigegeben worden ist und die Rennen auch regelmäßig vom Fernsehen direkt übertragen werden — ein großer Werberummel rund um die Grand Prix gebildet hat. Die Formel 1 wurde zur Drehscheibe riesiger Geldsummen. Dieser Aspekt ist den eingefleischten Puristen ein Dorn im Auge, weil sie einen Sport mit kommerziellen Verflechtungen und riesengroßer Publizität verabscheuen.

Aber im Mittelpunkt der Grand Prix stehen nach wie vor der Fahrer und sein Wagen. In dieser Beziehung hat sich im Verlaufe der Jahrzehnte nichts geändert. Sobald die Startflagge fällt oder die Ampel auf Grün schaltet, beginnt der direkte Kampf wie eh und je, und nur die beste Kombination von Fahrer und Maschine hat einen Anspruch auf den obersten Podiumsrang.

Mein erstes Autorennen habe ich 1947 erlebt, es war der Große Preis der Schweiz auf der Bremgarten-Rundstrecke bei Bern. Seit jenem 8. Juni war ich von den Autorennen unaufhörlich fasziniert, und auch die Geschichte dieser Sportart hat mich stets in ihren Bann gezogen. Vertieft man sich in die vielen Publikationen, Dokumente und Bücher früherer Epochen, dann kann man sich kaum des Gefühls erwehren, man habe vieles verpaßt: etwa die Fahrt Paris—Rouen für «pferdelose Wagen» im Jahre 1894, als die hochbeinigen und von gelegentlichen Schwächeanfällen heimgesuchten Vehikel um den Preis des «Petit Journal» fochten. Oder 1906, als in der Sarthe der erste Grand Prix des Automobile Club de France ausgetragen wurde und Szisz mit seinem imposanten Renault nach einer zweitägigen Schlacht über 1236 km mit blutigen Händen über die Ziellinie gebraust kam. Das waren die heroischen Zeiten. Oder man hätte am 5. Juli 1914 beim Grand Prix des ACF bei Lyon dabeisein sollen, als Lautenschlager auf Mercedes und Boillot auf Peugeot ein großartiges Prestigeduell ausfochten. Aber auch die Kämpfe zwischen den Fiat und den Sunbeam, den Alfa Romeo und den Delage oder den Bugatti und den Maserati in den zwanziger Jahren waren mitreißend. Vielleicht war das die schönste Zeit! Oder war es die zweite Hälfte der dreißiger Jahre, als die Mercedes-Benz und die Auto Union rigoros den Ton angaben? Die reiferen Automobilsportenthusiasten schwören heute auf die fünfziger Jahre, auf die Zeiten der 2,5-Liter-Formel; jene Frontmotorkonstruktionen, die selbstverständlich noch in den Landesfarben (und nicht in den Farben eines Sponsors) gespritzt waren, seien auch die schönsten Rennwagen überhaupt gewesen, behaupten sie. Für derartige Äußerungen hat aber die jüngste Generation unter den Fans nur ein mitleidiges Lächeln übrig, denn was nicht als Mittelmotorauto mit Turbolader sowie mit Monocoquechassis aus Kohlenstoff konzipiert sei und nicht an die 800 bis 1000 oder mehr PS abgebe, strahle keinerlei technologische Faszination aus.

Ins schier Uferlose kann die Diskussion rund um den «besten Fahrer aller Zeiten» gehen, weil man die verschiedenen Epochen nicht miteinander vergleichen kann. Für mich ist jede Epoche besonders «schön und interessant» gewesen, jedes Zeitalter hatte seinen unvergleichlichen Charme. Und immer verkörperten die Wettbewerbswagen die jeweilige Spitzentechnologie ihrer Zeit.

Die meisten Rennsportbücher beschränken sich auf eine Saison, auf eine Marke, auf einen Fahrer oder auf eine bestimmte Epoche. Mit diesem Buch wollte ich dem an der gesamten Geschichte des Grand-Prix-Sports interessierten Leser eine nach Jahren gegliederte Zusammenfassung bieten, mit einem tabellarischen Überblick über alle Modelle, die seit der Jahrhundertwende bis heute die Geschichte geprägt und damit auch einen wesentlichen Beitrag zum allgemeinen Fortschritt des Automobils geleistet haben. Als Grundlage dienten zahlreiche Publikationen, Nachschlagewerke und sonstige Dokumente, vor allem aber stützte ich mich auf die Beiträge in der seit 1906 (dem Jahr des ersten Grand Prix der Geschichte) im Hallwag Verlag in Bern erscheinenden «Automobil Revue». In meinen Nachforschungen legte ich großen Wert auf die technische Seite der Automobilsportgeschichte, um so die erzielten Fortschritte besser herausarbeiten zu können. Zu den interessanten Aspekten der Renngeschichte gehören auch die Vergleiche von Leistungsdaten verschiedener Epochen, welche den Vormarsch auf anschauliche Art verdeutlichen.

Heute ist man im Automobilbau nicht mehr bestrebt, ausschließlich stärkere und schnellere Fahrzeuge hervorzubringen, das heißt, diese Eigenschaften werden nicht mehr so klar herausgestrichen wie einst, sondern man will heute noch sicherere und noch komfortablere Autos mit möglichst ungiftigen Abgasen sowie erträglichere Verhältnisse im Alltagsverkehr. Wenn der unmittelbare technische Nutzen der Automobilrennen in unserer Zeit auch nicht mehr so groß ist wie im heroischen Zeitalter des Automobils, als jede Fahrt noch ein Abenteuer war, so kann doch jeder durch die Wettbewerbe erzielte Fortschritt, so unbedeutend er auch sein mag, wertvoll sein. Laborversuche und Tests auf den besteingerichteten Prüfgeländen der Automobilfabriken können den Nutzen des sportlichen Wettbewerbes auch im Zeitalter des Computers nicht restlos ersetzen.

Der Automobilsport lebt in erster Linie von der Leidenschaft gewisser Menschen, die sich zu dieser Sportart hingezogen fühlen. Den einen bietet er die Möglichkeit, ihr fahrerisches Können zu messen und sich im direkten Kampf zu bewähren, andere wieder finden hier ein Betätigungsfeld, in welchem sie ihr Know-how und ihre technische Begabung frei entfalten können. Große Marken betrachten die Teilnahme an Wettbewerben als einen Teil ihres Forschungsprogramms, andere wollen aufgrund ihrer Rennsiege mehr Alltagsautos absetzen.

Die Behörden rücken dem Automobil immer stärker zu Leibe, engen seinen Lebensraum mit ständig neuen Vorschriften immer mehr ein. Das Automobil wird für viele Menschen zum Prügelknaben unserer Zeit. Für viele andere aber bleibt dieses Wunderding auf Rädern, mit dem wir uns fortbewegen, das bevorzugte Spielzeug unseres Jahrhunderts. Und der Rennwagen wird auch in Zukunft der höchste Ausdruck dessen bleiben, was modernste Automobiltechnologie hervorzubringen vermag.

Autorennen haben auch ihre schwerwiegenden Schattenseiten: Die vielen Fahrer, welche im Verlaufe der Jahrzehnte ihr Leben bei der Ausübung ihres geliebten Sports verloren haben, sind ein eindrücklicher Beweis dafür, wie gefährlich diese Sportart sein kann. Seit den Zeiten von Nazzaro, Lautenschlager, Segrave, Caracciola, Nuvolari, Wimille, Ascari und Fangio ist das Sicherheitsniveau auf den Rennstrecken ganz wesentlich angehoben worden, aber das Optimum wird man nie erreichen können, und es wird auch in Zukunft wieder tödliche Unfälle geben. In all den Jahren sind viele Fahrer, die ich gut gekannt habe, verunglückt. Manchmal waren es persönliche Freunde. Glücklicherweise sind die schrecklichen Schicksalsschläge heute viel seltener geworden. Trotzdem müssen die Rennen der Zukunft noch sicherer werden.

Adriano Cimarosti

Blick ins Cockpit des Maserati 250F von 1956.

Nachfolgende Doppelseite
In der Zwischenkriegszeit wurde die sizilianische Targa Florio auch mit Grand-Prix-Wagen bestritten. Hier steuert 1930 Achille Varzi den Alfa Romeo P2 dem Sieg entgegen.

Hauptteil

Die Großen Preise von den Anfängen bis heute

Die ersten Autorennen

Die ersten Wettbewerbe für «pferdelose Wagen» laufen in Frankreich, wo alsbald eine rege Automobilsportbewegung entsteht. Paris ist Mittelpunkt. Die Rennen laufen meistens von Stadt zu Stadt.

Ende des vorigen Jahrhunderts wurden in verschiedenen europäischen Ländern zahlreiche Erfindungen gemacht und Patente angemeldet, die mit den Jahren zu dem führen sollten, was später als «Automobil» bezeichnet wurde. Zweifelsohne war Frankreich das erste Land, in dem eine eigentliche automobilistische Bewegung entstand; die Franzosen waren — zusammen mit den Deutschen — auch die ersten, die sogleich eine nennenswerte Autoindustrie schufen und das Auto kommerzialisierten.

In Frankreich wurden die «Hundert Jahre des Automobils» 1984, in England 1985 und in Deutschland 1986 gefeiert, wobei die deutsche Version — 1886 bis 1986 — als die zutreffendste eingestuft wird, waren doch die von Daimler und von Benz geschaffenen Vehikel tatsächlich auch betriebstüchtig.

Pierre Giffard

Es überrascht nicht, daß der erste Wettbewerb mit Automobilen überhaupt auf französischem Boden durchgeführt wurde. Dabei handelte es sich um die am 19. Dezember 1893 ausgeschriebene Fahrt von Paris nach Rouen, ausgetragen am 22. Juli 1894; die Strecke war 126 Kilometer lang. Lanciert wurde die Veranstaltung von Pierre Giffard, Herausgeber der Pariser Zeitung «Le Petit Journal». Das Reglement besagte, daß der erste Preis von 5000 Francs demjenigen Konkurrenten zufalle, dessen Fahrzeug «ungefährlich», «für die Insassen leicht zu handhaben» sowie «im Unterhalt nicht zu teuer» sei. Zudem mußte der Parcours in maximal 8½ Stunden bewältigt werden. Der allererste automobilsportliche Wettbewerb war somit kein eigentliches Rennen, sondern eine Konkurrenz, bei der man vor allem die Qualitäten der Konstruktion sowie eine gewisse Betriebssicherheit honorieren wollte. Zugelassen waren «pferdelose Fahrzeuge», und bei Ablauf der Meldefrist hatten sich nicht weniger als 102 Konkurrenten eingetragen, wobei die unmöglichsten Vehikel hätten zur Fahrt antreten sollen; es wurden nämlich Systeme mit Dampfantrieb, mit Elektrizität, mit Petroleummotoren und andere mehr angemeldet.

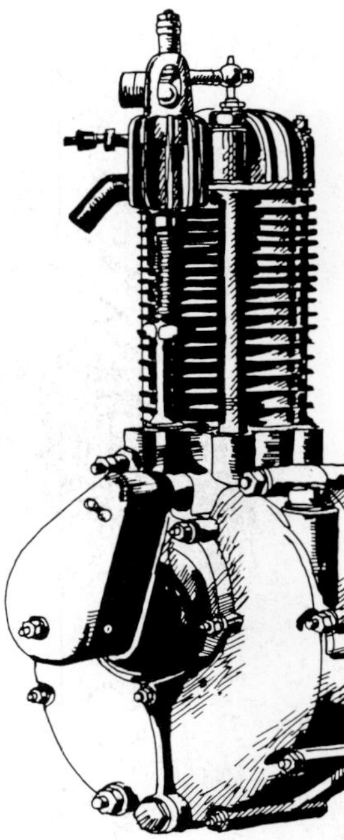

Links
Einzylindermotor von De Dion-Bouton aus dem Jahre 1898.

Unten
Paris—Rouen 1894: der Peugeot Phaéton von Michaux bei einem Zwischenhalt in Mantes.

Rechts
René de Knyff auf einem Panhard-Levassor 16 HP gewinnt die Tour de France von 1899, welche über eine Strecke von 2291 km führt.

Mitte
Fritz Held auf einem Benz, mit welchem er 1899 die Fernfahrt Frankfurt—Köln gewonnen hat.

Unten
Paris—Bordeaux—Paris 1895: erster Geschwindigkeitswettbewerb der Geschichte. Ein Peugeot während des Rennens.

Ein Großteil der ursprünglich gemeldeten Wagen brachte es nicht einmal bis zur Abnahme, so daß schließlich 25 Teilnehmer übrigblieben. Vier weitere Fahrzeuge schieden im Verlauf einer am 19. Juli abgehaltenen Vorprüfung aus.

Zum Start am 22. Juli fanden sich dann 21 Vehikel ein, die man in 30-Sekunden-Abständen auf die Fahrt schickte. Bouton auf einem De-Dion-Bouton-Dampfwagen fuhr gleich einen ziemlichen Vorsprung gegen seine Rivalen heraus. Die meisten Teilnehmer trafen mit einer gewissen Zeitreserve am Ende der ersten Etappe in Mantes ein, wo sie sich mit einer Zwischenverpflegung stärken konnten. Um 13.30 Uhr ging die Fahrt weiter. Bis Rouen kamen alle dreizehn gestarteten Peugeot oder Panhard-Levassor mit Daimler-Motoren, wobei deren zwölf die Strecke sogar innerhalb der vorgeschriebenen Zeit bewältigten. Auch der einzige Benz traf am Ziel ein. Von den sieben gestarteten Dampfwagen erreichten bloß drei Rouen. Den ersten Preis des «Petit Journal» teilten sich die Panhard-Levassor und Peugeot, die mit Daimler-Motoren von 3 bis 4 PS ausgerüstet waren. Die Jury stellte fest, daß die Fahrzeuge dieser Marken «handlich und leicht» sowie «von großem Interesse» seien. Die De-Dion-Dampfwagen wurden als zu voluminös und zu schwer taxiert. Das Höchsttempo lag bei 20 km/h, und der beste Durchschnitt betrug 17 km/h.

In einer von der Vereinigung der französischen Ingenieure herausgegebenen Publikation kommentierte man nach diesem historischen Ereignis, «daß der Wettbewerb wahrscheinlich die definitive Lösung des Problems der mechanischen Beförderung auf der Straße beschleunigen wird».

Mit der Fahrt Paris—Rouen von 1894 war der eigentliche Grundstein des Automobilsportes gelegt. In den folgenden Jahren gab es zahlreiche Fahrten von Stadt zu Stadt, wobei die Distanzen mehr und mehr zunahmen. Die dominierenden Marken waren Panhard-Levassor, Peugeot, De Dion-Bouton, Renault, Benz, Daimler und später auch Fiat.

1895 folgte die Fahrt Paris—Bordeaux—Paris (das erste offizielle Rennen der Geschichte) über rund 1200 Kilometer. Als Organisator zeichnete ein aus Mitgliedern des Touring Club de France sowie aus Vertretern verschiedener Pariser Zeitungen bestehendes Gremium, aus dem der Automobilklub von Frankreich hervorgegangen ist. Das Reglement schrieb vor, daß die 1200 Kilometer lange Strecke in maximal 100 Stunden zurückgelegt werden müsse. Sieger wurde Levassor auf Panhard-Levassor in 48 Stunden und 48 Minuten, was einen Durchschnitt von 24,14 km/h ergab. Hinter Levassor folgten die drei Peugeot-Fahrer Rigoulot, Koechlin und Doriot vor Thum auf Benz. Die Fernfahrt Paris—Bordeaux—Paris war von historischer Bedeutung, denn erstmals nahm ein Fahrzeug mit Luftreifen an einem Wettbewerb teil. Das klassische Rad der damaligen Zeit hatte man vom Fuhrwerk übernommen; es besaß eine Lauffläche aus Eisen oder aus hartem Kautschuk. A. Michelin auf Peugeot wollte seine eigenen Reifen in einem harten Wettbewerb testen, doch erreichte er das Ziel nicht in der vorgeschriebenen Maximalzeit, weil er auf den schlechten Naturstraßen eine Unmenge Reifenwechsel vornehmen mußte. Michelin hatte entlang des Parcours zahlreiche Servicestationen aufstellen lassen. Vorerst wurde der Luftreifen noch etwas belächelt; innerhalb kürzester Zeit jedoch sollte diese geniale Erfindung den allgemeinen Fahrkomfort der Automobile wesentlich steigern, so daß die Luftreifen bald kaum noch wegzudenken waren.

Am 18. Mai 1895 wickelte sich auch in Italien der erste motorsportliche Wettbewerb ab. Es handelte sich um die Fahrt von Turin nach Asti und zurück über eine Distanz von 93 Kilometern. Fünf Konkurrenten machten sich in Turin um 7 Uhr und 30 Minuten auf den Weg, wovon dann nur deren drei wieder zurückkamen. Es gewann Simone Federmann auf einem Daimler-Omnibus mit vier Sitzplätzen. Dabei ließ er zwei Motorradfahrer hinter sich und kam auf eine Durchschnittsgeschwindigkeit von 15,5 km/h.

Im November 1895 wurde der Automobile Club de France gegründet. Am 2. November 1895 führte die Chicagoer «Times Herald» das erste amerikanische Automobilrennen durch, an dem allerdings nur zwei Konkurrenten teilnahmen, Müller auf Benz und Duryea auf Duryea. Das Ziel des über 150 Kilometer führenden Tests erreichte nur der Benz, der diese Strecke in 8 Stunden, 44 Minuten hinter sich brachte. Erstmals tauchte um 1895 das Wort «Automobil» im Sprachgebrauch auf.

1896 folgten die Fernfahrten Bordeaux—Agen—Bordeaux (276 km); in Amerika kam das New York Cosmopolitan Race mit nur sechs Startern zur Durchführung. Die bisher längste Fernfahrt, das Rennen Paris—Marseille—Paris, lief im Oktober über eine Strecke von 1710 Kilometern. Organisator war wiederum der Automobile Club de France. Es meldeten sich 32 Konkurrenten: 24 Wagen mit Petroleummotor, 3 mit Dampfantrieb sowie 3 Dreiradfahrzeuge. Die Wettfahrt rollte vom 24. September bis zum 3. Oktober und war in zehn Tagesetappen eingeteilt. Nach der materialmordenden Fahrt konnte ein Doppelsieg der Panhard mit Mayade und Merkel vor dem De-Dion-Bouton-Dreirad von Viet verzeichnet werden. Kurz vor der Jahrhundertwende waren die Panhard die unschlagbaren Beherrscher dieser Langstreckenfahrten. Diese Marke setzte sich 1898 beim Rennen Marseille—Nizza über 230 Kilometer ebenfalls durch, anschließend bei der Fahrt Paris—Bordeaux über 574 Kilometer sowie bei kleineren Wettbewerben.

Die wichtigste Wettfahrt des Jahres 1898 war Paris—Amsterdam—Paris über 1431 Kilometer, die vom 7. bis 13. Juli lief und wiederum einen überzeugenden Panhard-Doppelerfolg mit Charron und Girardot ergab; der Sieger brachte die Strecke in 33 Stunden, 4 Minuten und 34 Sekunden hinter sich und erreichte einen Durchschnitt von 43,31 km/h. Auf den vordersten Plätzen des Schlußklassements landeten ausschließlich französische Konstruktionen.

1899 folgte die erste Tour de France für Automobile; die Rundfahrt lief vom 16. bis 24. Juli und ging über 2291 Kilometer. In 30-Sekunden-Abständen starteten 19 Fahrzeuge. Nach mehreren Tagesetappen stand ein vierfacher Panhard-Sieg fest; gewonnen hatte De Knyff vor Girardot, De Chasseloup/Laubat und Voigt.

Im Jahre 1899 kam auch das von der Zeitschrift «Le Vélo» ausgeschriebene Rennen «Paris—Bordeaux» zur Austragung, für das sich 74 Konkurrenten anmeldeten. Schließlich fanden sich 28 Autos und 37 Motorräder zum Start der 564,75 Kilometer langen Fahrt ein, die am 24. Mai lief. Ausschließlich französische Wagen rollten in Richtung Bordeaux los, und nach 11 Stunden, 43 Minuten und 20 Sekunden hatte Charron auf einem Panhard die Strecke als Sieger zurückgelegt — vor vier weiteren Panhard.

Die bedeutendsten Rennwagenkonstruktionen von 1895 bis 1905

Baujahr	Marke und Modell	Zylinderzahl	Hubraum	Bohrung	Hub	Leistung/PS	Höchstdrehzahl
1895	Panhard	2	1 257	80	120	4	800
1896	Panhard	4	2 514	80	120	8	800
1899	Panhard	4	3 306	90	130	12	950
1899	Panhard	4	4 396	100	140	16	950
1900	Winton	1	3 788	165,1	177,8	16	1100
1900	Panhard	4	5 322	110	140	24	950
1900	Snoeck Bolide	4	10 603	150	150	30	900
1901	Panhard	4	7 433	130	140	40	1050
1901	Mors	4	10 087	130	190	60	950
1901	Napier	4	17 157	165,1	190,5	103	800
1902	Panhard	4	13 672	160	170	70	1200
1902	Mors	4	9 236	140	150	60	900
1902	C.G.V.	4	9 852	140	160	40	900
1902	Napier	4	6 435	127	127	44,5	950
1902	Wolseley 30	4	6 435	127	127	30	800
1902	Wolseley 45	3	8 312	152,4	152,4	45	800
1903	Panhard	4	13 672	160	170	80	1200
1903	Mors	4	11 559	145	175	70	1100
1903	Mercedes 60HP	4	9 293	140	151	65	1050
1903	Napier	4	7 708	139,7	127	45	1200
1903	Napier	4	13 726	166,1	152,4	80	1200
1903	Wolseley	4	11 082	152,4	152,4	70	900
1903	Star	4	11 082	152,4	152,4	70	1500
1903	Winton	4	8 513	133,4	152,4	40	800
1903	Winton	8	17 016	133,4	152,4	80	1000
1903	Peerless	4	11 082	152,4	152,4	80	1300
1903	Spyker 60PK (4 x 4)	6	8 817	120	130		
1904	Richard-Brasier	4	9 896	150	140	80	1300
1904	Hotchkiss	4	17 813	180	175	108	1250
1904	Darracq	4	11 259	160	140	100	1200
1904	Panhard	4	15 435	170	170	100	1400
1904	Clement-Bayard	4	11 309	150	160	80	1200
1904	Clement-Bayard	4	16 286	180	160	100	1250
1904	Mors	4	13 619	170	150	100	1450
1904	Gobron Brillié	4	13 596	140	220	110	1250
1904	De Dietrich	4	12 831	155	170	100	1300
1904	Mercedes	4	11 974	165	140	98	1150
1904	Fiat 75HP	4	14 112	165	165	76	1200
1904	Napier	4	13 726	165,1	152,4	100	2000
1904	Wolseley 72	4	11 896	152,4	165,1	72	1150
1904	Wolseley 96	4	11 896	152,4	165,1	96	1300
1904	Pipe	4	13 469	175	140	60	1000
1904	Dufaux	8	12 761	125	130	80	1300
1905	Mercedes	4	14 040	175	146	115	1200
1905	Fiat 100HP	4	16 286	180	160	110	1100
1905	Napier 4	4	13 726	165,1	152,4	80	1200
1905	Napier 6	6	15 083	158,7	127	90	1150
1905	Wolseley	4	11 896	152,4	165,1	90	1000
1905	Star	4	10 108	139,7	165,1	90	1300
1905	Siddeley	4	15 685	181	152,4	100	1400
1905	Weir	4	11 259	160	140	90	1600
1905	Pope-Toledo	4	8 564	139,7	139,7	60	1300
1905	Locomobile	4	17 657	177,8	177,8	90	1050
1905	Dufaux	4	26 400	225	166	150	1200
1905	Brasier	4	11 259	160	140	96	1200
1905	De Dietrich	4	17 012	190	150	130	1250
1905	Renault 90HP	4	12 970	166	150	90	1300
1905	Panhard	4	15 435	170	170	120	1200
1905	Hotchkiss	4	18 816	185	175	125	1050
1905	Clement-Bayard	4	12 868	160	160	120	1200
1905	C.G.V.	4	12 868	160	160	100	1050
1905	Automoto	4	13 619	170	150	90	1200
1905	Darracq	4	9 896	150	140	85	1250

Die Gordon-Bennett-Rennen

Zu Beginn des Jahrhunderts wird die erste Rennserie, mit eigener Formel, durchgeführt, wobei die meisten Siege an die französischen Marken gehen. Erstmals werden Rundstreckenrennen ausgetragen.

Das erste Rennen des neuen Jahrhunderts war der Circuit du Sud-Ouest über 335 Kilometer; es wurde am 25. Februar in der Umgebung der südfranzösischen Stadt Pau ausgetragen, wobei einmal mehr die Marke Panhard mit einem Doppelsieg triumphierte. Das Jahr 1900 leitete auch die große und in die Geschichte des Autosports eingegangene Epoche des berühmten Gordon-Bennett-Rennens ein, das bis 1905 lief. Lanciert wurde der große Wettbewerb vom amerikanischen Zeitungsmann James Gordon Bennett, der auch den Pokal stiftete. Man schuf mit diesem Wettbewerb zugleich die erste eigentliche Rennformel der Geschichte.

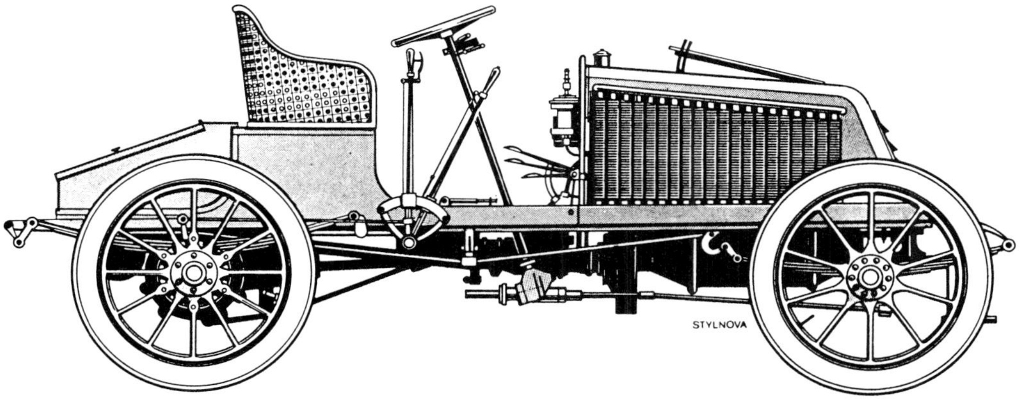

Die Gordon-Bennett-Formel sah vor: Die Fahrzeuge mußten 400 bis 1000 Kilogramm schwer sein (ohne Fahrer, Treibstoff, Öl, Wasser, Akkumulatoren, Werkzeug, Ersatzteile, Gepäck, Kleidungsstücke und Nahrungsmittel). Nur ein Landesklub durfte die Konkurrenten melden, wobei pro Land drei Fahrzeuge zugelassen waren. Die Wahl der Konkurrenten mußte vom Landesklub vorgenommen werden. An Bord des Fahrzeuges mußten sich ein Fahrer sowie ein Beifahrer befinden, im Mittel wenigstens je 60 Kilogramm schwer (Ausgleich durch totes Gewicht). Alle Fahrzeugteile mußten im Ursprungsland des konkurrierenden Wagens hergestellt worden sein, ferner mußten die jeweiligen Rennen auf der Straße und in einer Etappe von wenigstens 550 und höchstens 650 Kilometer Länge (die Mindestdistanz wurde zwar nicht immer eingehalten) laufen. Der Landesklub des siegreichen Wagens hatte das nächstjährige Rennen zu organisieren. Bei Streckenmangel im eigenen Land mußte das Rennen in Frankreich durchgeführt werden. Selbstverständlich zeichnete der Automobile Club de France (ACF) für die Organisation der ersten Auflage verantwortlich, und als Strecke wählte man den Parcours Paris—Lyon (570 km). Vertreten waren zwar Frankreich, Amerika, Belgien und Deutschland, doch schließlich fuhren am 14. Juni 1900 nur fünf Fahrzeuge in Paris los. Charron auf Panhard siegte in 9 Stunden und 9 Minuten und erreichte einen Durchschnitt von 62,1 km/h.

Im selben Jahr folgte die Fahrt von Paris nach Toulouse über eine Distanz von 1348 Kilometern; hier setzte sich Levegh auf Mors

Oben
Der begehrte Gordon-Bennett-Pokal (17 kg Silber), der heute beim Sitz der FIA in Paris steht.

Rechts oben
Renault Typ K, auf welchem Marcel Renault 1902 die Fernfahrt von Paris nach Wien gewonnen hat. Der Vierzylindermotor (100 × 120 mm = 3770 cm³) leistete 26 PS bei 1100/min. Spitze rund 120 km/h.

Rechts
Hier trifft Marcel Renault auf Renault am 29. Juni 1902 als Sieger der Fahrt von Paris nach Wien im Prater ein.

Nachfolgende Doppelseite
Viertes Gordon-Bennett-Rennen am 2. Juli 1903 in Irland. Ein Stimmungsbild mit dem Sieger Camille Jenatzy auf einem Mercedes 60 HP am Ende einer langen Geraden.

Rechts
1903 wurde der Gordon-Bennett-Pokal auf diesem Circuit bei Athy in Irland durchgeführt, wobei es sich um das erste bedeutende Rundrennen der Geschichte handelte. Die erste, die zweite und die fünfte Runde mußten auf dem 65 km langen Circuit, die zweite, die vierte, die sechste und die siebente Runde auf dem 83 km langen Kurs zurückgelegt werden, was zusammen eine Distanz von 527 km ergab.

Rechts außen
Der im Rahmen des Gordon-Bennett-Rennens von 1904 vergebene Kaiser-Pokal.

Oben
Der später berühmte Opel-Fahrer Carl Jörns 1903 vor einer Trainingsfahrt auf der Frankfurter Pferderennbahn. Beim Wagen handelt es sich um einen Opel 12/24.

mit einem Durchschnitt von 64,7 km/h durch. In Italien holte sich ein gewisser Vincenzo Lancia — der spätere Gründer der berühmten Turiner Marke — auf einem Fiat mit 1082-cm³-Zweizylindermotor bei der Fahrt Vicenza—Bassano—Treviso—Padova über 220 Kilometer den ersten Preis, den dritten Platz belegte Felice Nazzaro, ebenfalls auf Fiat, der dann später zu einem der berühmtesten Rennfahrer seiner Epoche avancieren sollte.

1901 gelangte die zweite Auflage des Gordon-Bennett-Rennens zur Durchführung. Der ACF übernahm erneut die Organisation; als Parcours legte man die Strecke Paris—Bordeaux fest. Fournier auf Mors gewann zwar die Fahrt von Paris nach Bordeaux, aber in der Wertung um die Coupe Gordon Bennett siegte Girardot auf Panhard.

1902 wickelte sich die Konkurrenz um den Gordon-Bennett-Pokal im Rahmen der Fernfahrt Paris—Wien ab. Die Gesamtdistanz betrug 990 Kilometer; für die Verleihung der begehrten Coupe wählten die Veranstalter einen 565 Kilometer langen Abschnitt. Der über Schweizer Boden führende Teil des Parcours mußte neutralisiert werden, weil die Schweizer Behörden derartige Prüfungen auf öffentlichen Straßen untersagten. Im Gesamtklassement holte sich Marcel Renault den Gesamtsieg auf seiner Eigenkonstruktion und erreichte dabei den beachtlichen Durchschnitt von 62,59 km/h.

Bei diesem einzigartigen Paris—Wien-Rennen holte sich zwar Marcel Renault einen vielbeachteten Erfolg, aber nicht die Coupe Gordon Bennett, welche auf dem Teilstück Paris—Innsbruck ausgetragen wurde, wobei man die Strecke Belfort—Bregenz wegen des Vetos der Schweizer Behörden neutralisiert hatte. Als Gordon-Bennett-Sieger 1902 wurde in Innsbruck der Engländer Edge auf einem Napier gefeiert, der die Strecke in 11 Stunden, 2 Minuten und 52,6 Sekunden

Links
An der unheilvollen Fahrt Paris—Madrid von 1903 beteiligte sich auch Madame Camille du Gast, welche einen 30 PS starken De Dietrich mit 5,7-Liter-Motor fuhr. Die am Start von den Feministinnen umjubelte Allroundsportlerin lag in Châtellerault in fünfter Position (vor Jenatzy auf Mercedes), aber dann stand sie dem verunfallten Markenkollegen Stead bei, weshalb sie in Bordeaux auf dem 45. Rang eintraf.

Rechts
Vanderbilt-Cup-Rennen 1904 in Long Island. Der Mercedes von Ed Hawley steht am Start bereit. Heath auf Panhard siegte.

zurückgelegt hatte, was einem Durchschnitt von 51,2 km/h entsprach. Damit ging die Coupe Gordon Bennett erstmals an England, also mußte die folgende Auflage des Rennens auch in England durchgeführt werden.

Neben den klassischen großen Rennen wurden um die Jahrhundertwende auch Prüfungen für sogenannte Voiturettes ausgeschrieben. Von 1901 bis 1905 sah das Reglement für die kleinen Voiturettes ein Gewicht zwischen 250 und 400 Kilogramm vor.

Praktisch das Ende der klassischen Städtefahrten brachte 1903 die Wettfahrt Paris—Madrid, welche einen tragischen Verlauf nahm und wie immer vom ACF organisiert wurde. Bei der Wagenabnahme erschien auch ein junger Italiener namens Ettore Bugatti. Seine Eigenkonstruktion akzeptierte man jedoch nicht, weil das modern konzipierte Fahrzeug als zu niedrig befunden wurde.

Die Fernfahrt mußte bereits in Bordeaux nach 552 Kilometern abgebrochen werden, denn auf dem ersten Abschnitt hatten sich mehrere schwere Unfälle ereignet, die zwei Fahrern (darunter auch dem Konstrukteur Marcel Renault), zwei Beifahrern oder Mechanikern, zwei Zuschauern und zwei Soldaten das Leben kosteten. Der Automobilsport erlebte damit seine erste Katastrophe. In Bordeaux wurde Gabriel auf Mors vor Louis Renault als Sieger ausgerufen. Nach dem tödlichen Unfall seines Bruders Marcel zog sich Louis Renault von der Fahrerlaufbahn zurück. Mit dem tragischen Rennen Paris—Madrid fand das erste Kapitel der langen Automobilsportgeschichte seinen Abschluß: dasjenige der Fernfahrten von Stadt zu Stadt.

Das Gordon-Bennett-Rennen wurde 1903 erstmals auf einem Rundkurs ausgetragen, nämlich in der Nähe Dublins. Es mußten insgesamt acht Runden auf zwei verschiedenen Rundstreckenkombinationen zurückgelegt werden: In der 1., 3. und 5. Runde ging es um einen 65 Kilometer langen Circuit, in der 2., 4., 6., 7. und 8. Runde wurde ein solcher von 83 Kilometer Länge befahren, was eine Totallänge von 610 Kilometern ergab.

Mercedes erntete hier den ersten großen internationalen Erfolg in seiner langen Renngeschichte: Sieger wurde Jenatzy auf einem Vierzylinder-Mercedes vor den Panhard-Fahrern De Knyff und Farman. Als Gewinner des

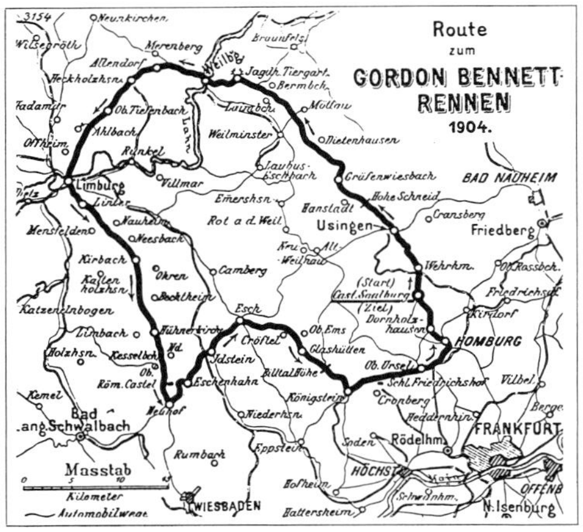

Links
Das Gordon-Bennett-Rennen 1904 lief nordwestlich von Frankfurt auf einem 127,25 km langen Circuit, der viermal befahren werden mußte.

Marcel Renault

Camille Jenatzy

Unten
Vor der Fahrt Paris—Madrid von 1903 rollen Louis Renault und Beifahrer François Szisz mit ihrem Renault 30 CV in Versailles zur Wagenabnahme.

Oben
Der berühmte Charles Stewart Rolls 1904 am Steuer des in Genf gebauten und 80 PS starken Dufaux-Wagens des Typs Gordon Bennett.

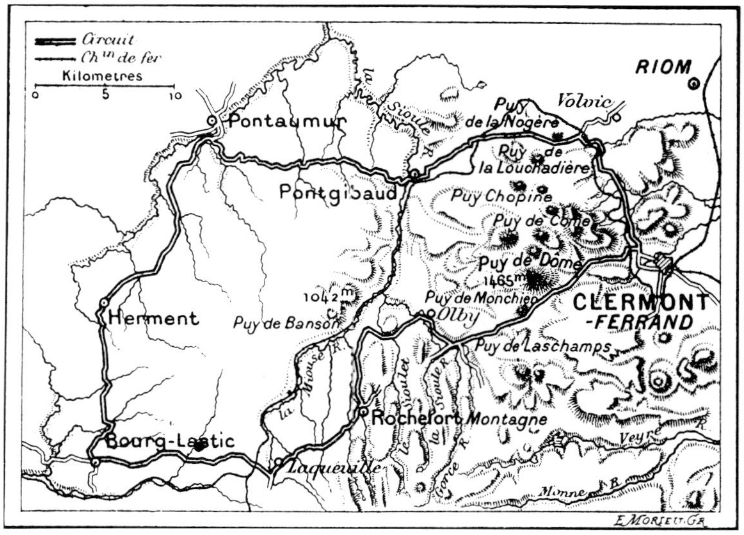

Die sechste und letzte Auflage des Gordon-Bennett-Rennens wurde 1905 auf dem 137 km langen Circuit d'Auvergne ausgetragen. Es gewann Théry auf Brasier.

Gordon-Bennett-Pokals 1903 mußte Deutschland diese Prüfung im folgenden Jahr organisieren.

Kurz nach der Jahrhundertwende gab es fast ausschließlich Zwei- und Vierzylindermotoren. Im Jahre 1903 erschien in den USA ein Rennwagen von Winton, welcher mit einem 17 016 cm³ großen Reihen-Achtzylindermotor ausgerüstet war. Schon im folgenden Jahr entstand auch in der Schweiz ein Achtzylinder-Rennwagen, erbaut von den Gebrüdern Charles und Frédéric Dufaux in Genf. Für das Gordon-Bennett-Rennen schufen die kreativen Dufaux einen 12 756 cm³ großen Achtzylinder mit 90 PS bei 1200 U/min.

1903 entstand auch der erste vierradgetriebene Rennwagen der Welt, erbaut vom holländischen Brüderpaar Jacobus und Hendrik Jan Spijker, deren Fahrzeuge den Namen Spyker trugen. Dieser Spyker 4 × 4 war zudem der erste Sechszylinder-Rennwagen der Welt. Die Zylinderabmessungen des 60PK Racer betrugen 120 × 130 mm = 8817 cm³. Die holländische Konstruktion (mit dem Fahrgestell des Tourenwagens) gewann dann 1906 das Bergrennen des Birmingham Motor Club.

Auch der 1898 im Parc des Eaux-Vives bei Genf gegründete Automobil-Club der Schweiz (ACS) widmete sich allmählich der Durchführung von Motorsportanlässen. Die erste nennenswerte Rennveranstaltung der Schweiz lief 1903 in Form eines «fliegenden Kilometers» bei Eaumorte (Genf), wo G. Perrot auf Rochet-Schneider einen Durchschnitt von 90,9 km/h erreichte. Der «fliegende Kilometer» von Eaumorte wurde später für Jahrzehnte zur Tradition.

Aus England, Frankreich, der Schweiz, Italien, Österreich und Amerika trafen in Deutschland die Nennungen für das fünfte Gordon-Bennett-Rennen ein, das am 17. Juni 1904 auf einer kurvenreichen und sehr schwierigen Rundstrecke im Taunus ausgetragen wurde, wobei die Prüfung über eine Gesamtdistanz von 512 Kilometern führte.

Nach einem Duell zwischen Théry auf Richard-Brazier und Jenatzy auf Mercedes gewann der Fahrer des Richard-Brazier in 5 Stunden, 50 Minuten und 1,4 Sekunden; Durchschnitt 87,245 km/h. Jenatzy auf Mercedes wurde Zweiter, Vincenzo Lancia auf Fiat Achter.

Der Belgische Automobilklub führte 1904 ein Rundrennen in den Ardennen durch, bei dem Heath auf Panhard vor seinem Markenkollegen Teste mit 90,75 km/h siegte.

In Italien wurde auf dem Rundkurs Brescia—Cremona—Mantova—Brescia die Coppa Florio (nicht zu verwechseln mit der 1906 erstmals durchgeführten Targa Florio) ausgetragen; es gewann Vincenzo Lancia auf Fiat (4 Zylinder, Bohrung und Hub 165 × 165 mm, Hubraum 14 112 cm³, Leistung 76 PS bei 1200 U/min, Trockengewicht 800 kg) vor Geste auf Panhard und Florio auf Mercedes.

In Amerika wollte der Milliardär Vanderbilt die Automobilwettbewerbe, die dort noch größter Zurückhaltung begegneten, richtig ankurbeln. Er stiftete den Vanderbilt-Cup und schrieb ein Rennen in Long Island über 458 Kilometer aus, bei dem Heath auf Panhard vor Clément auf Clément-Bayard den ersten Platz belegte.

1905 wurde das Gordon-Bennett-Rennen zum letzten Male ausgetragen. Der ACF wählte einen 137 Kilometer langen Rundkurs in der Auvergne. Folgende Länder waren vertreten: Englang mit Rolls (Wolseley), Bianchi (Wolseley) und Earp (Napier); Amerika mit Lyttle (Pop-Toledo), Tracy (Locomobile) und Dingley (Pop-Toledo); Österreich mit Braun (Mercedes), Burton (Mercedes) und Hieronymus (Mercedes); Italien mit Lancia (Fiat), Nazzaro (Fiat) und Cagno (Fiat); Frankreich mit Théry (Brazier), Callois (Brazier) und Duray (De Dietrich). Lancia auf Fiat erwies sich als der schnellste Konkurrent, im Laufe der dritten Runde mußte er jedoch mit Kühlerdefekt aufgeben, so daß der Franzose Théry auf Brazier vor den Italienern Nazzaro und Cagno (beide auf Fiat) gewann. Der Gordon-Bennett-Pokal, ausgetragen von 1900 bis 1905, war die erste markante Rennserie der Geschichte, für welche man auch ein eigenes Reglement geschaffen hatte. Nach vier französischen Erfolgen ging der begehrte Pokal endgültig in den Besitz des ACF, und noch heute ist die Trophäe beim Sitz des französischen Automobilklubs in Paris ausgestellt.

Die Gordon-Bennett-Formel, welche nur drei Fahrzeuge pro Land zuließ, war inzwischen auch in das Kreuzfeuer der Kritik geraten, denn besonders Frankreich konnte damals auf zahlreiche im Rennsport engagierte Marken zählen, welche oft vom großen Rennen ausgeschlossen blieben.

1905 wurde auch das später so berühmte englische Tourist-Trophy-Rennen erstmals ausgetragen. Zugelassen waren hier nur die Tourenwagen; der Treibstoffverbrauch war limitiert. Die Prüfung über 323,130 Kilometer wickelte sich auf der Insel Man ab, und als Sieger ging Napier auf Arrol-Johnson mit einem Durchschnitt von 54,192 km/h vor Northey auf Rolls-Royce hervor.

Die Sieger der Rennen um den Gordon-Bennett-Pokal (1900—1905)

Jahr	Veranstalter	Strecke/Distanz	Sieger	Marke	km/h
1900	F	Paris—Lyon 570 km	Charron (F)	Panhard 24HP	62,12
1901	F	Paris—Bordeaux 527 km	Girardot (F)	Panhard 40HP	59,53
1902	F	Teilstrecke Paris—Innsbruck der Fahrt «Paris—Wien», 565 km	Edge (GB)	Napier 40HP	51,18
1903	GB	Circuit bei Athy (Nordirland), 527 km	Jenatzy (B)	Mercedes 60HP	79,16
1904	D	Circuit im Taunus 512 km	Théry (F)	Richard-Brasier 80HP	87,71
1905	F	Circuit in der Auvergne 548 km	Théry (F)	Brasier 96HP	77,87

Erster Grand Prix des ACF

Auf einem Circuit in der Nähe von Le Mans führt der ACF den ersten Grand Prix der Geschichte durch. Renault gewinnt mit Szisz. Auf Sizilien wird erstmals das Targa-Florio-Rennen ausgetragen.

In Long Island wurde 1906 wiederum der Vanderbilt-Cup durchgeführt. Das Jahr brachte aber auch neue Veranstaltungen, die später eine große Bedeutung erlangen sollten. Nachdem der Gordon-Bennett-Pokal 1905 definitiv an Frankreich gegangen war, mußte eine neue, wichtige Veranstaltung ins Leben gerufen werden. Der ACF entschied sich nun, den Grand Prix de l'ACF auszuschreiben. Die Organisation der ersten Austragung übernahm der Automobile Club de l'Ouest, der später durch die Organisation des 24-Stunden-Rennens von Le Mans so berühmt wurde. Er ließ das große Rennen über 1236 Kilometer auf einem 103 Kilometer langen Rundkurs in der Umgebung von Le Mans durchführen, wobei sich der Grand Prix über zwei Tagesetappen erstreckte. Die neue Rennformel schrieb ein maximales Wagengewicht von 1000 Kilogramm vor, hinzu kam ein Zusatzgewicht von 7 Kilogramm für eine Magnetzündung. Jede Fabrik konnte drei Wagen melden. Fahrer und Beifahrer durften sich am Steuer ablösen. Hupe, Kotflügel, Laternen und Laternenträger sowie Polsterung und Werkzeugkasten zählten nicht zum Chassisgewicht. Das Auspuffrohr mußte horizontal angeordnet und das Endstück gegen die Bildung von Staubwirbeln nach oben gebogen sein. Zwei Mann hatten sich immer an Bord zu befinden. Für eine Strecke von 100 Kilometern war der Treibstoffverbrauch auf 30 Liter beschränkt. Ein umfangreiches Feld beteiligte sich an der harten Prüfung, an der wie bei allen damaligen Rennen der Staub ein großes Problem darstellte, denn es gab noch keine Asphaltstraßen. Vertreten waren die Marken Fiat, Itala, Mercedes, De Dietrich, Renault, Darracq, Brazier, Gordon-Brillé, Panhard, Hotchkiss, Clément-Bayard und Grégoire. Die Rennwagen starteten teilweise mit neuen demontierbaren Felgen, was die Reparaturzeit nach einer Reifenpanne enorm verkürzte. Diese Felgen waren von Michelin entwickelt worden und wurden hier beim ersten Grand Prix der Geschichte von Renault, Fiat und Clément-Bayard verwendet.

François Szisz auf Renault (4 Zylinder, Bohrung und Hub 166 × 150 mm, Hubraum 12 986 cm³, Dreiganggetriebe mit Leder-

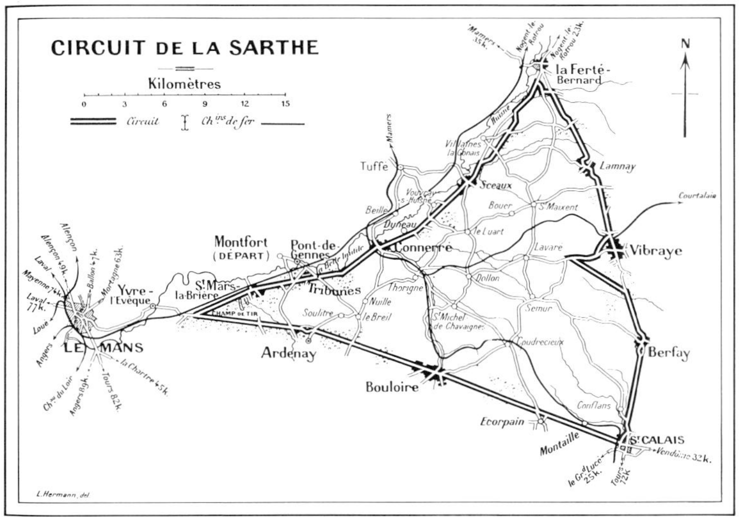

Links
Der 103 km lange Circuit de la Sarthe, auf welchem 1906 der erste Grand Prix des ACF durchgeführt wurde. Das 1236 km lange Rennen verteilte sich auf zwei Tage.

Unten
Der aus Ungarn stammende François (Ferencz) Szisz mit Beifahrer Marteau am Steuer des Renault Typ AK 90 CV (4 Zylinder, 166 × 150 mm = 12 986 cm³, 90 PS bei 1200/min, Spitze 165 km/h). Szisz gewann 1906 damit den ersten Grand Prix des ACF.

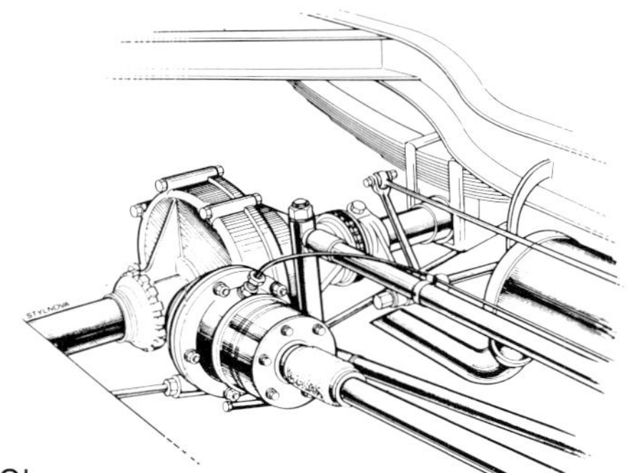

Oben
Der Renault AK 90 CV von 1906 wies bereits eine Kardanwelle mit starrem Hinterachsantrieb (kein Differential) auf, während die meisten Fahrzeuge damals noch mit einem Kettenantrieb ausgerüstet waren.

Ferencz Szisz

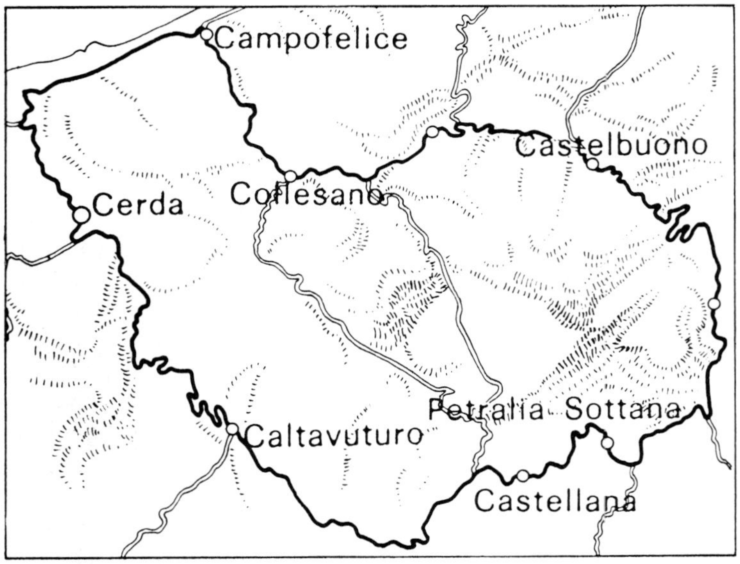

Oben
Wagenabnahme vor dem Grand Prix des ACF 1906. Der Wagen 6 C ist der Mercedes von Vincenzo Florio, der im gleichen Jahr in Sizilien die erste Targa Florio durchführte.

Mitte
Die ersten Auflagen der Targa Florio liefen noch auf dem großen, 148,8 km langen Madonie-Rundkurs. Hier wurde von 1906 bis 1911 sowie 1931 gefahren.

Unten
Vor dem Grand Prix des ACF 1906 fährt Civelli de Bosch mit seinem imposanten Grégoire zur Wagenabnahme. Der Vierzylinder wies einen Hubraum von 7433 cm³ auf.

konuskupplung, Spur 135 cm, Radstand 290 cm, Gewicht 990 kg) fuhr am ersten Tag Bestzeit in 5 Stunden, 45 Minuten und 30,4 Sekunden; Durchschnitt 107,5 km/h. Clément auf Clément-Bayard (4 Zylinder, Bohrung/Hub = 160 × 160 mm, Hubraum 12 868 cm³, Vierganggetriebe mit Metallscheibenkupplung, Spur 135 cm, Radstand 290 cm, Gewicht 1004 kg) belegte den zweiten Platz vor Nazzaro auf Fiat (4 Zylinder, Bohrung/Hub = 180 × 160 mm, Hubraum 16 286 cm³, Vierganggetriebe mit Spiralfederkupplung, Spur 135 cm, Radstand 284 cm, Gewicht 1006 kg) und Shepard auf Hotchkiss (4 Zylinder, Bohrung/Hub = 180 × 160 mm, Hubraum 16 286 cm³, Vierganggetriebe, Lederkonuskupplung, Spur 145 cm, Radstand 265 cm, Gewicht 1007 kg). Es klassierten sich 17 Konkurrenten. Anderntags vermochte Szisz auf Renault die Spitze zu halten, Nazzaro drängte mit seinem Fiat auf den zweiten Platz vor, Clément auf Clément-Bayard wurde Dritter vor Barillier auf Brazier (4 Zylinder, Bohrung/Hub = 165 × 140 mm, Hubraum 11 974 cm³, Dreiganggetriebe, Lederkonuskupplung, Spur 135 cm, Radstand 275 cm, Gewicht 1000 kg) und Lancia auf Fiat. Die Gesamtzeit des Siegers dieses ersten Großen Preises der Geschichte betrug 12 Stunden, 14 Minuten und 7 Sekunden; Durchschnitt 101,195 km/h.

Das zweite markante Ereignis des Jahres 1906 war das erste Targa-Florio-Rennen auf Sizilien, das dann bis in die siebziger Jahre durchgeführt worden ist. Lanciert wurde diese Prüfung von dem reichen Sizilianer Vincenzo Florio. Man trug die Targa 1906 auf dem sogenannten großen Madonie-Rundkurs von 148,832 Kilometern Länge aus (ein Teil desselben wurde sogar noch 1972 befahren), den es dreimal zu umfahren galt, so daß die Prüfung eine Distanz von 446,496 Kilometern ergab. Ausgeschrieben wurde die erste Targa Florio für Fahrzeuge bis zu 1300 Kilogramm Gewicht, und es dominierten die Itala mit Alessandro Cagno auf dem ersten und Graziani auf dem zweiten Platz. Bablot auf Berliet wurde Dritter. Die schnellste Runde fuhr Cagno mit 52,45 km/h, der Gesamtdurchschnitt des Siegers betrug 46,82 km/h. Zum Start hatten sich nur zehn Konkurrenten eingefunden.

Eine weitere markante Prüfung des Jahres 1906 war das englische Tourist-Trophy-Rennen, welches am 27. September auf der Insel Man ausgetragen wurde. Die zweite Auflage gewann Konstrukteur Rolls auf einem Rolls-Royce, der die 259 km in 4 Stunden und 6 Minuten bewältigte, einen Durchschnitt von 63,5 km/h erreichte und Bablot auf Berliet, Lee Guiness auf Darracq sowie Brand auf Clément hinter sich ließ.

Unten
Bei den ersten Auflagen des Targa-Florio-Rennens befand sich die Start- und-Ziel-Anlage noch auf der parallel zum Meeresstrand verlaufenden Geraden von Bonfornello (rund 50 km von Palermo entfernt). Der Start wurde erst 1911 nach Cerda verlegt. Die Aufnahme ist 1906 entstanden.

Links
Für die feine sizilianische Gesellschaft ließ Vincenzo Florio in Petralia Sottana eine reichgeschmückte Tribüne errichten. Von hier aus konnte man die Targa Florio gut überblicken.

Unten
Felice Nazzaro am Steuer des Fiat-Vierzylinders, dessen Motor (180 × 160 mm = 16 286 cm³) 110 PS bei 1200/min leistete. Spitze rund 160 km/h. Dieser Fiat 110 HP war für das Gordon-Bennett-Rennen von 1905 gebaut worden. Die Aufnahme zeigt Nazzaro 1906 beim Grand Prix des ACF.

1907

Ein Jahr der Italiener

Fiat-Fahrer Felice Nazzaro gewinnt den Grand Prix des ACF, die Targa Florio und den Kaiser-Preis. Bei der Monsterfahrt von Peking nach Paris siegt ein Itala mit zwei Monaten Vorsprung.

Das Jahr 1907 stand ganz im Zeichen der italienischen Farben, indem sich die Fiat, aber auch die Isotta-Fraschini und die Itala bei den bedeutendsten Rennen siegreich behaupteten, so daß die Kette der französischen und deutschen Erfolge vorübergehend eine Unterbrechung erfuhr.

Nach der bisherigen Gewichtsformel (1000 kg) war man für den Grand Prix des ACF von 1907 auf eine Verbrauchsformel übergegangen, wobei die Maschinen pro 100 Kilometer nicht mehr als 30 Liter Treibstoff verbrennen durften. Damit wollten die Reglementsväter die Entstehung überdimensionierter Hubräume verhindern und zudem den Wettbewerbswagen näher an das Gebrauchsfahrzeug heranbringen. Dies hatte aber keine wesentliche Auswirkung auf die Größe der Motoren, übernahmen doch die meisten Kontrukteure die schon im Jahr zuvor verwendeten Vierzylinderaggregate von 12 bis 17 Litern Inhalt, deren Leistung eine wesentliche Verbesserung erfuhr.

Im November 1906 gründete der Fiat-Fahrer Vincenzo Lancia seine eigene Automobilfabrik, die aber wenige Monate nach der Eröffnung einem Brand zum Opfer fiel. Lancia gab sich nicht geschlagen, so daß im September 1907 der erste Lancia-Wagen das neuerbaute Werk verlassen konnte. Als Rennfahrer blieb Lancia der Marke Fiat treu.

Als fast unschlagbar erwies sich 1907 der feinfühlig fahrende Turiner Felice Nazzaro, dessen Rennkarriere übrigens ganze drei Jahrzehnte dauern sollte (später gründete auch Nazzaro seine eigene Firma). Auf dem kleineren Fiat-28-40-HP-Vierzylinder von 7363 cm^3 Hubraum (125 × 150 mm), der 60 PS bei 1200 U/min abgab, siegte Felice Nazzaro vor seinem Markengefährten Vincenzo Lancia bei der sizilianischen Targa Florio und erreichte über die 450 Kilometer lange Distanz 53,9 km/h.

In Deutschland kam 1907 der berühmte Kaiser-Preis im Taunus zur Austragung, wo nicht die eigentlichen Rennwagen, sondern Tourenwagen bis zu 8 Litern Hubraum (Maximalgewicht 1165 kg) zugelassen waren. Da der Kaiser-Preis einen großartigen Meldeerfolg verzeichnete, mußte der veranstaltende Automobilclub von Deutschland zwei Ausscheidungsrennen über zwei Runden oder je 236 Kilometer durchführen, die zwanzig Bestklassierten eines jeden Laufes kamen ins

Felice Nazzaro

Oben
Felice Nazzaro (hier 1907 mit Beifahrer Fagnano) war der erste große Fahrer Italiens. 1907 gewann er die Targa Florio, den GP des ACF und auch den Kaiser-Preis. Später gründete der Turiner die eigene Marke Nazzaro, welche von 1911 bis 1916 sowie von 1919 bis 1923 Autos herstellte.

Rechts
Der Kaiser-Preis 1907 lief auf der 117,4 km langen Taunus-Rundstrecke, wobei auch ein Teil des 1904 (Gordon-Bennett-Rennen) verwendeten Kurses befahren wurde.

Links
Die an der Targa Florio teilnehmenden Fahrzeuge mußten jeweils per Schiff nach Palermo transportiert werden.

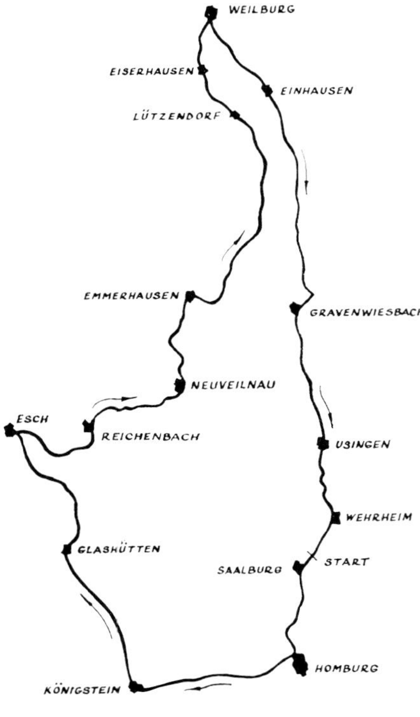

Vincenzo Lancia

Ganz oben
Grand Prix des ACF 1907 bei Dieppe. Sieger Nazzaro auf Fiat 130 HP fährt unter der Bahnlinie durch.

Oben
Fiat hat den Kaiser-Preis 1907 gewonnen. Von links Vincenzo Lancia, dann Giovanni Agnelli, Felice Nazzaro (Sieger) sowie Louis Wagner.

Finale, das über eine Distanz von vier Runden oder 472 Kilometern führte.

Die Vierzylinder-Fiat (140 × 130 mm, 8004 cm³, 72 PS bei 1200 U/min) dominieren: Vincenzo Lancia gewinnt den ersten Lauf und Felice Nazzaro den zweiten. In Zweiminutenabständen werden die Fahrzeuge in das Schlußrennen geschickt. Es gewinnt wieder Nazzaro. Der Turiner bringt die Strecke in 5 Stunden 34 Minuten, 28,2 Sekunden hinter sich und erreicht einen Durchschnitt von 84,68 km/h. Auf Platz zwei kommt Hautvast auf Pipe vor Carl Jörns auf Opel, Michel auf Opel und den beiden Fiat-Fahrern Wagner und Lancia. Zu den ausgeschiedenen Konkurrenten dieses Kaiser-Preises gehörte auch ein gewisser Alfieri Maserati auf Bianchi. Fast zwei Jahrzehnte später — 1926 — sollte dieser Bolognese dann — zusammen mit seinen Brüdern — die berühmte Firma Maserati gründen.

Die vierzylindrigen Motoren waren durchwegs überquadratisch (Bohrung größer als Hub). Mit diesem Bohrung/Hub-Verhältnis wollte man die mittlere Kolbengeschwindigkeit senken und damit auch die Beanspruchung der sich bewegenden Teile des Motors mindern. Später — bedingt durch die besonderen Rennformeln, welche die Bohrung beschränkten — gingen die Konstrukteure zu den Langhubern über, um trotz der Einschränkung auf einen möglichst großen Hubraum und damit auf mehr Leistung zu kommen.

Den Höhepunkt des Jahres 1907 stellte die zweite Auflage des Grand Prix de l'ACF dar, der diesmal auf einer 76,98 Kilometer langen Rundstreckenkombination bei Dieppe ausgetragen wurde. Das Rennen geht über zehn Runden oder 769,8 Kilometer. Wiederum heißt der Sieger Felice Nazzaro auf Fiat (4 Zylinder, 180 × 160 mm, 16 286 cm³, 130 PS bei 1600 U/min, Trockengewicht 830 kg), der den Gesamtparcours in 6 Stunden, 46 Minuten, 33 Sekunden = 113,637 km/h bewältigt, während François Szisz (Vorjahressieger auf seinem Renault (4 Zylinder, 165 × 150 mm, 12 830 cm³) auf Platz zwei kommt, gefolgt von Paul Baras auf Brasier (4 Zylinder, 165 × 140 mm, 11 974 cm³) und von Fernand Gabriel auf Lorraine-Dietrich (4 Zylinder, 180 × 170 mm, 17 304 cm³). An diesem Grand Prix de l'ACF beteiligte sich auch der Schweizer Frédéric Dufaux auf einem Dufaux-Marchant mit Achtzylindermotor (!) (125 × 150 mm, 14 726 cm³), doch kam der Genfer Autopionier nicht bis ins Ziel. Mercedes mußte sich 1907 mit einem Sieg beim Circuit des Ardennes in Belgien (De Caters) begnügen; an der Coppa Florio bei Brescia, die nach der Kaiser-Preis-Formel (Tourenwagen) ausgeschrieben war, gewann ein gewisser Ferdinando Minoia auf Isotta-Fraschini, der zwanzig Jahre später — 1927 — bei der ersten Auflage des Mille-Miglia-Rennens von Brescia erfolgreich abschließen sollte. Ebenfalls in Brescia setzte sich 1907 eine weitere italienische Marke — Itala — bei der Coupe de Vitesse mit Alessandro Cagno durch. Im gleichen Jahr lief auch die legendäre Wettfahrt von Peking nach Paris, die von der Pariser Zeitung «Le Matin» ausgeschrieben wurde und über eine — unglaubliche Schwierigkeiten aufweisende — 15 000 Kilometer lange Strecke durch Asien (Wüste Gobi!) und Europa führte. In genau zwei Monaten (vom 10. Juni bis zum 10. August 1907) brachte der Itala-Vierzylinder mit Fürst Scipione Borghese, dem Journalisten Luigi Barzini und dem Mechaniker Ettore Guizzardi die gigantische Prüfung siegreich unter Dach. Zwei Monate nach dem Itala trafen auch die beiden nächstklassierten De Dion-Bouton in Paris ein; der holländische Spyker und das Contal-Dreiradfahrzeug blieben unterwegs liegen. «Peking—Paris» war nicht nur ein italienischer Triumph, sondern auch eine Bewährungsprobe des Automobils vor der Öffentlichkeit. Der Itala steht heute im Turiner Museo dell'Automobile. Er besticht durch die drei mächtigen Tanks (zwei davon sind seitlich neben dem hinteren Zentralsitz angebracht). Der Vierzylinder besteht aus zwei Blocks (130 × 140 mm = 7433 cm³), er gab 45 PS bei 1250 U/min ab.

Oben
Vor dem Grand Prix des ACF 1907 in Dieppe wird der Fiat 130 HP (180 × 160 mm = 16 286 cm³) Vincenzo Lancias bei der Wagenabnahme kontrolliert.

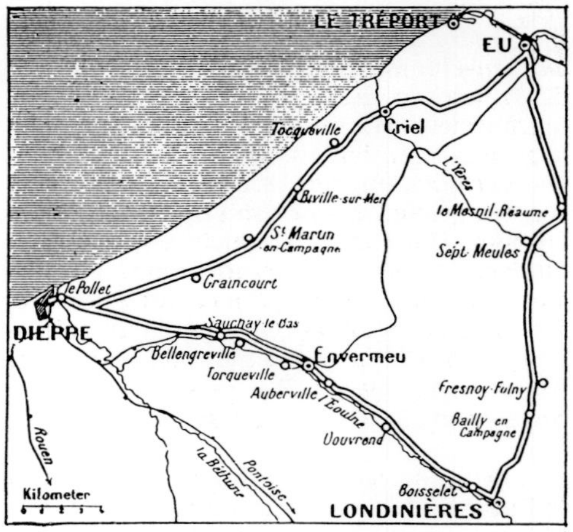

Links
Peking—Paris 1907. Ankunft des siegreichen Itala im Bois de Boulogne. Die Mannschaft besteht aus Fürst Scipione Borghese, Journalist Luigi Barzini und Mechaniker Ettore Guizzardi. In zwei Monaten legte der Itala 15 000 km zurück.

Oben
Der Circuit von Dieppe war 76,98 km lang. Hier wurde der Grand Prix des ACF in den Jahren 1907, 1908 und 1912 ausgetragen.

Mercedes-Sieg in Dieppe

Beim GP des ACF kommt Lautenschlager auf den ersten Platz.
Ein Thomas gewinnt die umstrittene Fahrt von New York nach Paris.
Auf amerikanischen Pferderennbahnen laufen 24-Stunden-Rennen.

Links
Grand Prix des ACF 1908 in Dieppe. Ein Opel und ein Motobloc vor den Boxen.

Unten
Nando Minoia auf einem Lorraine-Dietrich mit 13 586-cm³-Motor vor dem Grand Prix des ACF 1908. Minoia gewann dann 1927 die erste Mille Miglia auf OM.

Die deutschen und die italienischen Marken teilten sich die ersten Plätze in der anschließenden Saison 1908, während die Franzosen, deren Konstruktionen um die Jahrhundertwende — bis 1906 — viele Erfolge errungen hatten, kaum mehr zu glänzen vermochten. Am 18. Mai wurde die Saison der großen Rennen mit der Targa Florio eröffnet. Die Fiat von Lancia und Nazzaro diktieren vorerst das Tempo, dann aber fallen sie zurück, so daß Trucco auf Isotta-Fraschini nach 7 Stunden, 49 Minuten, 26 Sekunden = 57,07 km/h (Distanz 446,5 km) vor Vincenzo Lancia auf Fiat gewinnt, während Nazzaro mit 58,25 km/h die schnellste Runde fährt.

Einen Tag nach der Targa Florio kommt in Rußland das erste Autorennen zur Durchführung: Es ist die Fahrt von Petersburg nach Moskau (705 km), bei der Hémery auf Benz in 8 Stunden, 33 Minuten, 48 Sekunden = 82,71 km/h erfolgreich abschließt.

Diesmal wurde der Grand Prix de l'ACF nach der sogenannten Ostender Formel ausgeschrieben, deren Vorschriften wie folgt lauteten: 1100 kg Minimalgewicht (ohne Wasser, Benzin, Werkzeug, Schutzteile und Reservereifen); maximale Bohrung für Vierzylindermotoren 155 mm (bei anderer Zylinderzahl gleiche nutzbare Kolbenfläche); Hub frei. Mit dieser Formel wollte man den übertriebenen Leichtbau eindämmen, ebenso sollte die Limitierung des Zylinderdurchmessers die Entstehung übergroßer Motoren verhindern. Damit aber kamen die langhubigen Triebwerke mit ziemlich hoher Kolbengeschwindigkeit auf. Ein krasses Beispiel stellte 1908 der Sizaire-Naudin-Einzylinder-Rennwagen dar, bei dem es sich allerdings nicht um einen Grand-Prix-Wagen, sondern um eine sogenannte Voiturette handelte. (Bei den Voiturettes war die Bohrung ebenfalls limitiert.) Einer Bohrung von 100 mm stand ein Hub von 250 mm gegenüber, was einen Hubraum von 1963 cm³ ergab. Das Einzylinderaggregat bewährte sich trotz der enormen Bauhöhe sehr gut und leistete 42 PS bei 2400 U/min. Die Spitzengeschwindigkeit des Sizaire-Naudin betrug 106 km/h.

Der nach der neuen Formel ausgetragene Grand Prix de l'ACF wurde auf einer 76,98 Kilometer langen Rundstrecke bei Dieppe durchgeführt. Im Laufe der zehn Runden (769,8 km) bahnte sich bald ein deutscher Sieg an: Nachdem der Daimler-Ingenieur Salzer auf Mercedes — seit 1902 heißen die Wagen der Firma Daimler Mercedes — in der ersten Runde geführt hatte, ging Nazzaro auf Fiat im nächsten Umgang an die Spitze, doch fiel der Italiener in der dritten Runde wegen eines Radlagerschadens aus, so daß sein Markenkollege Wagner die Führung übernahm. Anschließend aber schied auch der Fiat des Franzosen Wagner aus, so daß nun Hémery auf Benz vor Lautenschlager auf Mercedes das Feld anführte. Nach der halben Distanz aber eroberte Christian Lautenschlager die Spitze, die er bis ins Ziel nicht mehr abgab. Das Klassement: 1. Christian Lautenschlager auf Mercedes (4 Zylinder, 154,7 × 180 mm, 13 533 cm³, Leistung 135 PS bei 1400 U/min, Vierganggetriebe, Kettenantrieb, Spur 141 cm, Radstand 269 cm) in einer Zeit von 6 Stunden, 55 Minuten, 43,4 Sekunden = 111,29 km/h; 2. Victor Hémery auf Benz (4 Zylinder, 154,9 × 165 mm, 12 443 cm³, Lederkonuskupplung, Kettenantrieb); 3. René Henriot auf Benz und 4. Victor Rigal auf Clément-Bayard (4 Zylinder, 155 × 185 mm, 13 963 cm³, Vierganggetriebe, Metallscheibenkupplung). Karl Jörns auf Opel (4 Zylinder, 154,8 × 160 mm, 12 045 cm³, Lederkonuskupplung, Kardanantrieb) belegte Platz sechs, während Dimitri als bester Renault-Fahrer (4 Zylinder, 155 × 160 mm, 12 076 cm³, Lederkonuskupplung, Kardanantrieb) auf den achten Platz kam.

Felice Nazzaro verhalf seiner Marke Fiat bei der Targa Bologna über 528 Kilometer zu einem kleinen Trostpflaster für die in Dieppe eingesteckte Niederlage.

Die Sizaire-Naudin hatten schon 1908 unabhängige Vorderräder. Bis Anfang der dreißiger Jahre wiesen jedoch die meisten Rennwagen eine starre Vorderachse auf.

Unten
Beim Grand Prix des Voiturettes 1908 in Dieppe ging der spätere Konstrukteur Alfieri Maserati noch auf einem Isotta Fraschini an den Start. Der erste Maserati-Wagen entstand 18 Jahre später.

Rechts
Victor Héméry auf einem Benz 120 HP nach seinem Sieg anläßlich der Fahrt Petersburg—Moskau über 686 km.

Beim Tourist-Trophy-Rennen gab es einen englischen Sieg mit Watson auf Hutton. (Der Hutton-Vierzylinder war von der Napier-Company speziell für dieses Rennen, bei dem die Zylinderbohrung der Fahrzeuge auf vier Zoll oder 101,6 mm limitiert war, gebaut worden.)

In Amerika kam der berühmte Vanderbilt-Cup in Long Island zur Austragung, wo ausschließlich Amerikaner an den Start gingen (Sieger Robertson auf Locomobile), dagegen stellten sich europäische Spitzenfahrer beim Großen Preis von Amerika in Savannah am 7. November zum Start. Die Fiat waren tonangebend. Louis Wagner gewann das 648-Kilometer-Rennen mit 104,92 km/h vor Victor Héméry auf Benz.

Nach der Monsterfahrt von Peking nach Paris im Jahre 1907 kam 1908 eine noch längere Prüfung dieser Art zur Austragung. Wiederum wurde das gigantische Wettrennen von der Pariser Zeitung «Le Matin» ausgeschrieben. Diesmal handelte es sich um eine Fahrt rund um die Welt, von New York nach Paris, via Alaska, Japan, Moskau und Berlin. Es meldeten sich sechs Mannschaften: drei französische, De-Dion-Bouton, Motobloc und Sizaire-Naudin; ein italienischer Züst; ein deutscher Protos und ein amerikanischer Thomas. Am 12. Februar ging es auf dem Times Square in New York in Richtung San Francisco los. Nach Durchquerung des nordamerikanischen Kontinentes führte der Thomas, dem das Werk eine besondere Betreuung bieten konnte. In San Francisco war der italienische Züst Zweiter. Es waren jedoch Zweifel ob der Fairneß der Thomas-Mannschaft aufgekommen, der man vorwarf, ihr Fahrzeug über gewisse Strecken per Bahn transportiert zu haben, doch vermochte niemand klare Beweise zu erbringen. Der deutsche Protos legte in Amerika ein Stück tatsächlich per Bahn zurück und wurde auch prompt mit 30 Straftagen belegt. Die Durchquerung Alaskas über große Eisfelder hinweg erwies sich als zu gewagt, die kühnen Automobilisten setzten die Fahrt per Schiff bis Japan fort, um nach der Traversierung dieses Landes erneut per Schiff nach Wladiwostok zu gelangen. Von Peking aus, via Petersburg und Berlin, entsprach die an die 32 000 Kilometer lange Route des «New York—Paris» weitgehend der des «Peking—Paris» aus dem Vorjahr. In Asien wurde der De Dion-Bouton aus Protest gegen das angeblich unsportliche Verhalten der Thomas-Mannschaft aus dem Rennen zurückgezogen. Die übrigen Konkurrenten betrachteten den Thomas ohnehin als disqualifiziert. Am 28. Juli schließlich trifft der deutsche Protos vor dem Verlagshaus des «Matin» in Paris ein; vier Tage danach folgt der Thomas, der Züst ist zwei Wochen später am Ziel. Alle drei Teams betrachten sich als die eigentlichen Sieger; die Amerikaner waren der Meinung, daß der zuerst eingetroffene Protos in Amerika 30 Straftage eingesteckt habe und somit weit hinter dem Thomas liege. Die Deutschen machten geltend, daß der Thomas gar nicht mehr in Wertung sei, weil man ihn weitgehend per Eisenbahn befördert habe; die Leute des Züst betrachteten sich als die wirklichen Sieger, weil beide vor ihnen in Paris eingetroffenen Fahrzeuge ein Stück der Reise auf dem Schienenweg bewältigt hätten.

In Fachkreisen war man ob der mangelhaften Kontrolle im Verlaufe dieser Wettfahrt entrüstet. Trotz der vielen Polemiken wurde die amerikanische Thomas-Mannschaft mit Schuster, Montague, Roberts und Williams als offizieller Sieger anerkannt. Diese zähen Fahrer waren in 169 Tagen (zum Teil per Schiff) um die Welt gekommen. Der Thomas steht heute im berühmten Harrah-Automuseum in Reno, Nevada. George Schuster starb im Juli 1972 in Springville im Alter von 99 Jahren.

Kurz nach der Jahrhundertwende — von 1905 bis 1910 — gab es in den Vereinigten Staaten eine ganze Serie Rennen von 24 Stunden Dauer, die heute komplett in Vergessenheit geraten sind, denn mit «24 Stunden» meint man ausschließlich Le Mans, Spa oder Daytona. Die alten amerikanischen 24-Stunden-Prüfungen wurden fast ausnahmslos auf alten Trabrennbahnen mit Naturbelag ausgefochten, so daß sich diese Anlagen in staubige Hexenkessel verwandelten. Die erste in der Geschichte registrierte 24-Stunden-Wettfahrt auf einem geschlossenen Rundkurs geht auf das Jahr 1904 zurück; es handelte sich um die Solofahrt eines Packard gegen die Uhr. Packard wollte damit einen überzeugenden Beweis der Betriebssicherheit seiner Wagen liefern.

Das erste offizielle 24-Stunden-Rennen wurde 1905 in Columbus (Ohio) von einem halben Dutzend Serienwagen bestritten, wobei die Gebrüder Soules auf Pope-Toledo mit 30-PS-Motor gewannen und dabei eine Strecke von 828,5 Meilen zurücklegten. 1905 stellte Guy Vaughan auf einem Decauville 40 PS solo einen 1000-Meilen-Rekord in 23 Stunden, 33 Minuten und 20 Sekunden auf. Noch im gleichen Jahr aber wurde diese Bestleistung von einem andern Amerikaner auf einer kleinen Piste in Indianapolis übertroffen. Das nächste 24-Stunden-Rennen kam 1907 in Point Breeze (Philadelphia) zur Austragung; der siegreiche Autocar bewältigte 781 Meilen. Auf der berühmten englischen, am 17. Juni 1907 eröffneten Brooklandsbahn

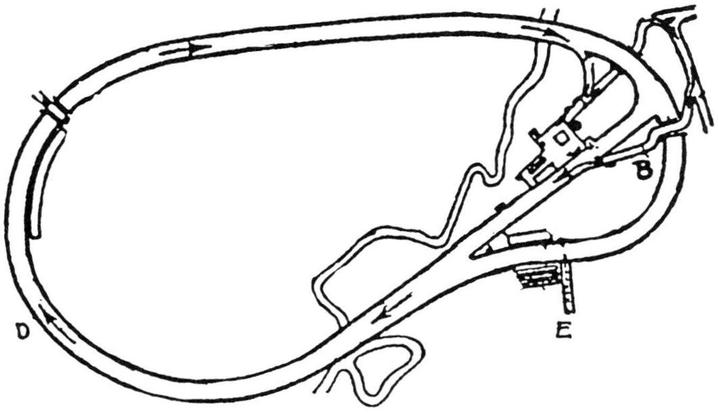

Die 1907 eröffnete Brooklands-Bahn in der Nähe Londons war der Welt erstes permanentes Autodrom. Die Kurven waren stark überhöht, wobei mehrere Streckenkombinationen möglich waren. In Brooklands wurden bis 1939 Rennen ausgetragen. Heute ist die Anlage zerfallen.

bei London (eine Runde mißt 2¾ Meilen, heute ist die Anlage ziemlich verfallen) vollbrachte Selwyn Francis Edge auf Napier eine Sonderleistung, indem er 24 Stunden lang — ohne Ablösung — am Steuer saß und die Hochgeschwindigkeitsbahn mit den stark überhöhten Kurven mit einem Stundendurchschnitt von 60 Meilen umkreiste. Edge hatte 1902 das Gordon-Bennett-Rennen gewonnen. 1907 wurden in Amerika nicht weniger als sieben 24-Stunden-Rennen abgehalten: in Brighton Beach bei Brooklin, im Morris Park in Bronx, in Milwaukee, in Point Breeze bei Philadelphia sowie in Detroit. Die ersten Plätze gingen an die Marken Ford, Lozier, Locomobile, Jackson, Thomas, Renault und Fiat. Ein Jahr später gab es 24-Stunden-Rennen in Brighton Beach (Siege von Lozier und von Simplex), in Milwaukee (Locomobile) sowie in Ascort Park bei Los Angeles (Locomobile). 1908 kam der Schweizer Emile Stricker auf Renault bei einem 24-Stunden-Rennen in Birmingham (Alabama) ums Leben. Die Serie der amerikanischen «Zweimal-um-die-Uhr-Motorenschlachten» wurde 1909 mit drei Rennen in Brighton Beach (Siege von Simplex, Renault und Lozier) sowie in Seattle (Hudson) fortgesetzt. Die letzten derartigen 24-Stunden-Rennen auf kurzen Pferderennbahnen kamen 1910 zur Austragung. Zweimal fuhr man noch in Brighton Beach (Siege von Simplex und Stearns). Viele Jahre hindurch gab es keine amerikanischen 24-Stunden-Prüfungen mehr. Dem half 1965 der NASCAR-Präsident Bill France ab, der auf der Hochgeschwindigkeitspiste von Daytona in Florida ein 24-Stunden-Rennen um die internationale Markenmeisterschaft austragen ließ, in der Absicht, mit seiner Veranstaltung die traditionsreichen 12 Stunden von Sebring zu überbieten, doch war den 24 Stunden von Daytona nie ein großer Erfolg beschieden.

Im Jahre 1908 wurde auch der Betrieb auf der schon am 17. Juni 1907 offiziell eröffneten und dann so berühmten Brooklands-Bahn in der Nähe von Byfleet (rund zwanzig Meilen vom Picadilly in London entfernt) aufgenommen. In England dürfen Rennen bekanntlich nicht auf öffentlichen Straßen durchgeführt werden, weshalb die Briten auch die ersten waren, die ein großes Autodrom bauten. Brooklands bestand zur Hauptsache aus zwei überhöhten Kurven: dem Byfleet Banking mit großem Radius sowie dem Members Banking mit kleinerem Radius, außerdem gab es noch den Railway Straight sowie den Finishing Straight. Mit den Jahren kamen auf der Innenseite der Anlage noch weitere Verbindungen dazu, so daß man in Brooklands mehrere Streckenkombinationen zusammenstellen konnte. Besonders berühmt wurde die Bahn wegen der hohen Tempi, die hier dank der Steilwand erreicht werden konnten. Aber mit der Zeit wurde das Banking immer holpriger. Schon am 18. April 1908 setzte der Italiener Felice Nazzaro auf seinem Fiat S.B. 4 mit 18,1-Liter-Vierzylindermotor, der 175 PS bei 1200 U/min leistete, die Maßstäbe, als er gegen einen Napier siegreich antrat und dabei den Rundenrekord auf 195,7 km/h fixierte. Dieser Bestwert konnte in Brooklands erst 1922, durch Lee Guiness auf einem Sunbeam V12, geschlagen werden.

Links
Start zur Fahrt New York—Paris 1908. Von links der dann siegreiche Thomas, der Züst, der De Dion und der Sizaire-Naudin.

Nachfolgende Doppelseite
Zwei amerikanische Locomobile anläßlich des Vanderbilt-Cups 1908 in Long Island. Es gewann Robertson auf dem 16 850-cm³-Locomobile, wobei es sich um den ersten bedeutenden Erfolg einer amerikanischen Marke über die siegegewohnten europäischen Rivalen handelte.

6

Reduzierte Renntätigkeit

Die Krisenjahre und die allgemeine Rennmüdigkeit bedeuten auch den Stillstand der technischen Entwicklung. Renault zieht sich zurück. In den USA macht der «Blitzen Benz» Furore.

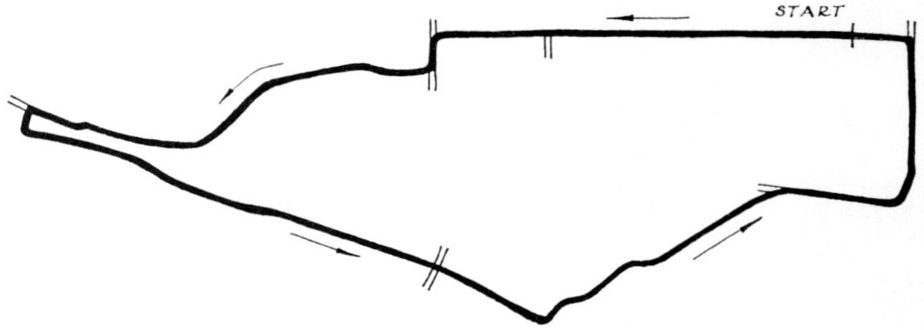

Zwischen 1908 und 1916 zählte der Grand Prix d'Amerique zu den großen Rennen Nordamerikas. In den Jahren 1910 und 1911 lief das Rennen auf diesem 17 Meilen langen Straßenrundkurs in Savannah.

Das Jahr 1909 leitete eine gewisse Rennmüdigkeit ein, der in Europa schon eine allgemeine Krise der Automobilindustrie vorausgegangen war. Renault zog sich aus dem Grand-Prix-Sport zurück. Erst Jahrzehnte später beteiligte sich Renault wieder am Grand-Prix-Rennsport, nämlich von 1977 bis 1985 im Rahmen der Formel 1, wo Renault die ersten Turbomotoren in dieser Kategorie einsetzte. Zwar hatte der Automobile Club de France den Grand Prix 1909 wie immer ausgeschrieben, aber das Rennen fand nicht statt. Man hatte eine neue Formel gewählt (Mindestgewicht der Wagen 900 kg, maximale Zylinderbohrung 130 mm). Die prominente Veranstaltung wurde vorerst von den französischen Marken boykottiert, die in den vorangegangenen Jahren eine Niederlage nach der andern hatten einstecken müssen. Panhard-Levassor, Renault, Brasier, Clément-Bayard, Lorraine-Dietrich, Darracq, Motobloc, Peugeot und Berliet zogen ihre Meldung zurück. Dem Verzicht schlossen sich später auch die ausländischen Marken an (Benz, Mercedes, Pipe, Fiat, Isotta-Fraschini und Minerva), so daß sich der ACF entschließen mußte, den Grand Prix zu streichen. In den folgenden Jahren kamen nur die Targa Florio sowie in Amerika der Vanderbilt-Cup und der Große Preis von Amerika regelmäßig zur Austragung.

Nachdem das jährliche Spitzenereignis, nämlich der Grand Prix de l'Automobile Club de France, von 1909 bis 1911 nicht durchgeführt wurde, stand in dieser Zeitspanne auch die Technik mehr oder weniger still, zumal die französische Grande Epreuve normalerweise stimulierend wirkte und auch Meilensteine punkto Fortschritt des Automobilbaues setzte.

Damals machte ein deutscher Rennwagen viel von sich reden. Es war dies der von Dr. Hans Nibel konstruierte, berühmte «Blitzen-Benz», entstanden 1909 (die Firma Benz war in Mannheim ansässig), bei dem es sich um eine Weiterentwicklung jenes Benz-Vierzylinders handelte, der hinter dem siegreichen Mercedes von Lautenschlager anläßlich des Grand Prix de l'ACF 1908 in Dieppe den Ehrenplatz belegt hatte. Die Ausschreibung zum Grand Prix veranlaßte Benz, einen Motor mit 154,9 mm Bohrung und 165 mm Hub (12 443 cm³) zu entwickeln, der bei 1500 U/min 150 PS abgab. Die Zylinder waren paarweise zusammengegossen, die Ventile, im Zylinderkopf hängend angeordnet, wurden durch Kipphebel und Stoßstangen von einer einzigen, seitlich und unten im Kurbelgehäuse liegenden Nockenwelle betätigt. Die Kühlung war entsprechend der Leistungsgröße dimensioniert und in der bei Benz üblichen Weise als Lamellenkühlung ausgebildet. Für den Wasserumlauf diente eine Zahnradpumpe. Das Fahrgestell des Benz-Rennwagens von 1908 lehnte sich eng an die üblichen Personenwagenfahrgestelle an, nur daß hier anstatt des sonst bei Benz benutzten Kardanantriebes ein Kettenantrieb verwendet wurde. Eine Seilzughandbremse wirkte auf die Hinterräder, während beide Halbachsen der Kettenantriebswelle mit Bandbremsen ausgestattet waren, die unabhängig voneinander durch je ein Pedal rechts und links betätigt werden konnten. Das Getriebe hatte vier Vorwärtsgänge und einen Rückwärtsgang. Im Schwungrad des Motors war eine Lederkonuskupplung angeordnet. Als Vergaser diente ein Benz-Drehscheibenvergaser mit verstellbarer Düse. In ähnlicher Weise wie der Daimler-Grand-Prix-Wagen war auch der Benz-150-PS-Wagen mit einer Zweifunkenzündung ausgerüstet. Bei dieser Zündung wurde das Gemisch in den Zylindern von zwei an entgegengesetzten Stellen angeordneten Zündkerzen aus gleichzeitig entzündet und dadurch die Verbrennungszeit des Treibstoff/Luft-Gemisches herabgesetzt.

Eine erfolgreiche Weiterentwicklung dieses 150-PS-Wagens bildete dann der «Blitzen-Benz», von 1909 bis 1922 Inhaber des Geschwindigkeitsweltrekordes. Der Motor hatte 185 mm Bohrung, der Hub wurde auf 200 mm verlängert, was einen Gesamthubraum von 21 504 cm³ und bei 1600 U/min eine Leistung von 200 PS ergab. Die Vorderachse war als Gabelachse, die Hinterachse als Starrachse ausgebildet. Die Spurweite betrug 132 cm, der Radstand 277,5 cm und das Wagengewicht 1200 kg. Heute steht eine Nachbildung im Werksmuseum der Daimler-Benz AG in Stuttgart. An die Leistungen des «Blitzen-Benz» knüpften sich legendäre Vorstellungen. Am 8. November 1909 kam der Franzose Victor Hémery mit diesem Fahrzeug — allerdings nur in einer Richtung fahrend — auf der Bahn von Brooklands über den fliegenden Kilometer auf 202,691 km/h. Der Amerikaner Barney Oldfield brachte den deutschen Wagen am 16. März 1910 auf der brettflachen Sandbahn am Strande von Daytona auf 211,977 km/h, aber dieser Rekord wurde nur in Amerika anerkannt. Am 23. April 1911 schraubte Bob Burman das Tempo mit dem «Blitzen-Benz» auf 227,510 km/h; auch dieser Bestwert konnte nicht homologiert werden, weil Burman die Meßstrecke nur in einer Richtung durchfuhr (seit Dezember 1910 finden nur noch solche Rekorde offizielle Anerkennung, die das Mittel aus zwei entgegengesetzten Läufen darstellen). Victor Hémerys Rekord von 1909 (202,691 km/h) sollte dann bis zum 17. Mai 1922 offiziell bestehen bleiben, als K. Lee Guiness die neue Weltbestleistung auf 215,244 km/h schraubte. Guiness erreichte diesen Wert auf einem Sunbeam V12, dessen Motor 355 PS bei 2300 U/min abgab (120 × 135 mm, 18 322 cm³).

Links
Rennen Auto gegen Flugzeug auf dem topfebenen Sandstrand von Daytona in Florida (1909). Im «entkleideten» Buick sitzt der berühmte Bob Burman, der später (1911) mit dem «Blitzen-Benz» auf dem gleichen Strand einen Weltrekord aufstellte.

Rechts
Sinnlose Rennformeln führten zu skurrilen Auswüchsen. Bei den Voiturettes von 1906 bis 1909 war die Bohrung bei Zweizylindermotoren auf 80 mm limitiert, der Hub jedoch frei, was bei den Lyon-Peugeot zu turmartigen Zylindern (80 × 280 mm = 2813 cm³) führte. Im Bild Jules Goux 1909 in Boulogne.

Das erste «Indy 500»

Auf der 1909 erbauten Bahn von Indianapolis gewinnt ein Marmon das 500-Meilen-Rennen. Das siegreiche Fahrzeug weist einen Rückspiegel auf. Fiat-Monster mit Riesenmotor auf Rekordjagd.

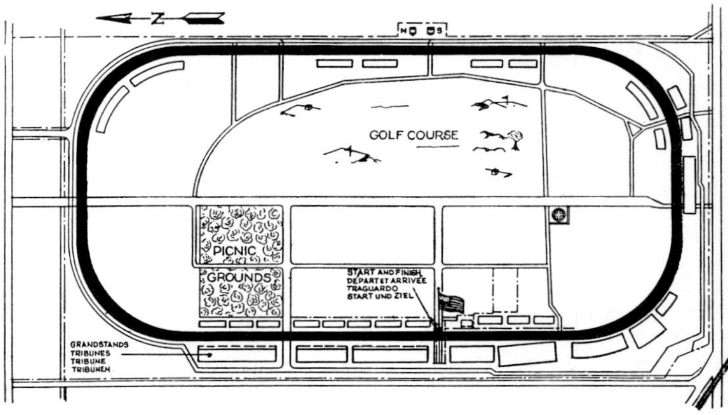

Die Bahn von Indianapolis, 1909 erbaut, ist seit 1911 Austragungsort des 500-Meilen-Rennens. Der 2,5 Meilen oder 4,024 km lange Kurs mit den vier leicht überhöhten Kurven ist praktisch unverändert geblieben.

Die Kette der großen «Klassiker» im Automobilsport wurde 1911 um ein weiteres Glied bereichert: die 500 Meilen von Indianapolis. Mit den Jahren schaffte sich diese Prüfung ein enormes Renommee, das sich bis auf den heutigen Tag erhalten hat. Überhaupt gelten die 500 Meilen von Indianapolis heute als diejenige Veranstaltung für Rennwagen, der die breiteste Publicity zukommt, insbesondere auch deshalb, weil hier traumhafte Geldsummen verdient, die höchsten Geschwindigkeiten gefahren und die größten Zuschauerzahlen registriert werden. Zudem kann «Indy» auf eine sehr alte und nur von den beiden Weltkriegen jeweils kurz unterbrochene Tradition zurückblikken. Am 9. Februar 1909 gründete Carl G. Fisher, Mitinhaber der Prest-O-Lite Company, die Indianapolis Motor Speedways Corporation. Grundkapital: 250 000 Dollar. Man plante eine 2,5-Meilen-Rennbahn mit vier Kurven, jede davon eine Viertelmeile lang und leicht überhöht. Die Bahn sollte ein Rechteck mit abgerundeten Ecken bilden. Am 5. Juni 1909 startete man auf dem Areal einen Wettflug für Freiballons, im August 1909 war das «heiße Viereck» betriebsbereit. Ein gewisser Louis Schwitzer gewann ein kurzes 5-Meilen-Rennen, bei einer 250-Meilen-Prüfung hievte sich Bob Burman auf den ersten Platz. Die Bahnoberfläche bestand aus festgewalzten Natursteinen, doch erwies sich dieser Belag als sehr gefährlich. Man beschloß, die Piste zu erneuern, und versah sie mit einer Oberfläche aus Ziegelsteinen. Rund drei Millionen waren nötig, um den 4 Kilometer langen Ring zu bepflastern. Auf diesem Ziegelsteinbelag fuhr man bis 1935, dann kam ein Asphaltbelag — ausgenommen die Zielgerade. Im Jahre 1961 wurde dann auch der letzte Ziegelsteinabschnitt asphaltiert, aus alten Ziegelsteinen bestand dann nur noch der Zielstrich. In den Jahren 1909 und 1910 gab es auf dem «Indy-Becken» verschiedene kleine Rennen; die klassische und preisgeldträchtige 500-Meilen-Prüfung kam am 30. Mai 1911 erstmals zur Austragung. Die Wahl fiel auf diesen Termin, weil es der amerikanische «Memorial Day», der Heldengedenktag, ist. Über ein halbes Jahrhundert lang hielt man in Indianapolis am

Links
Start zum ersten 500-Meilen-Rennen von Indianapolis im Jahre 1911. Es gewann Ray Harroun auf einem Marmon Wasp mit 120,01 km/h.

Rechts oben
Der berühmte amerikanische Fahrer David Bruce-Brown auf einem Fiat S.74 vor dem Start zum Grand Prix d'Amerique 1911 in Savannah. Bruce-Brown siegte nach 651,4 km mit 120,3 km/h. Sein Vierzylinder war 14 137 cm³ groß und leistete 190 PS bei 1600/min.

30. Mai fest, erst 1971 löste sich der USAC von der alten Tradition und wählte einfach das letzte Maiwochenende als Austragungstermin.

1911 waren Fahrzeuge mit einem Maximalhubraum von 600 Kubikzoll oder 9832 cm³ startberechtigt. Es gewann Ray Harroun auf dem selbstgebauten Marmon-«Wasp» (6 Zylinder, 114,3 × 127 mm, 7820 cm³, Dreiganggetriebe, Spitze 140 km/h) mit einem Stundendurchschnitt von 119,34 km/h. Das Rennen führte über die dann klassisch gewordene Distanz von 804 Kilometern, die der Marmon in 6 Stunden, 42 Minuten und

8 Sekunden hinter sich brachte. Ungewöhnlich für die damalige Zeit war, daß Harroun ohne Mechaniker fuhr. Der Beifahrer pflegte normalerweise seinen Mann über die Verfolger zu orientieren oder gar kleine Arbeiten auszuführen, wie das Schmieren gewisser Stellen des Fahrzeuges oder die Betätigung der Druckpumpe des Tankes. Harroun ließ seinen Monteur an den Boxen, er hatte sich — das war ein großes Novum — über der Windschutzscheibe einen 20 × 7 cm großen Rückspiegel montieren lassen, der ihn etwaige Vorstöße seiner Gegner sogleich erkennen ließ. Damit war der Rückspiegel erfunden. Den zweiten Preis errang Ralph Mulford auf Lozier, gefolgt von David Bruce Brown auf Fiat, der ein Jahr später am Grand Prix des ACF in Dieppe teilnahm und dort sogar nach dem ersten Lauf das Feld anführte. Im Bereich der Monsterrennwagen antwortete Fiat 1911 mit einem neuen Monumentalauto auf die Herausforderung des deutschen «Blitzen-Benz». Der Fiat trug die Modellbezeichnung «S. 76/300HP-Record». Der Zweisitzer war unglaublich hoch. Die vier Zylinder mit obenliegender Nockenwelle bestanden aus zwei Blöcken: Bohrung 190 mm, Hub 250 mm, was einen sagenhaften Hubraum von 28 338 cm³ ergab. Um die enormen Gemischmengen in den Zylindern des Luftschiffmotors gut zu zünden (Hubraum eines einzelnen Zylinders: 7 Liter), waren drei Kerzen (Magnetzündung) notwendig. Bei 1900 U/min erreichte der riesengroße Brummer eine Leistung von 290 PS. Das Drehmoment wurde via Hele-Shaw-Lamellenkupplung mittels seitlicher Ketten auf die Antriebsreifen (Dimensionen: 895 × 135 mm) weitergegeben. Das Aggregat mußte mit einer von Preßluft betriebenen Vorrichtung in Gang gebracht werden. Der Radstand betrug 275 cm, die Spur 130 cm, das Trockengewicht 1650 kg. Den Giganten kühlte ein birnenförmig ausgebildeter hoher Kühler. Ungewöhnlich klein wirkten die Räder.

Auf der Brooklandsbahn unternahm Pietro Bordino vorerst eine Probefahrt; anschließend erreichte er auf dem Strand von Saltburn ein Tempo von rund 200 km/h. Am 8. Dezember 1913 kam dann der Franzose Arthur Duray mit dem «300HP» bei Ostende auf den damaligen Höchstwert von 213,023 km/h, doch konnte man diesen Rekord nicht homologieren, weil Duray die Meßstrecke nur in einer Richtung durchfuhr.

Im Januar 1911 kam übrigens erstmals eine automobilsportliche Winterprüfung zur Austragung, die im Verlaufe der Jahre sehr bekannt wurde. Es handelte sich um das Rallye von Monte Carlo (auch Sternfahrt nach Monte Carlo), bei welchem die Konkurrenten in verschiedenen europäischen Städten losfuhren, um sich dann in den Seealpen zum gemeinsamen Parcours nach Monte Carlo zu treffen. Das Rallye von Monte Carlo hat im Verlaufe der Jahre viel zur Wintertauglichkeit der Automobile beigetragen.

Die Rennwagen von 1906 bis 1911

Baujahr	Marke und Modell	Zylinderzahl	Hubraum	Bohrung	Hub	Leistung/PS	Höchstdrehzahl	Anzahl Gänge	Spitze km/h
1906	Lorraine-Dietrich	4	18 146	190	160	130	1100	4	157
1906	Fiat 110HP	4	16 286	180	160	110	1100	4	160
1906	Renault 90HP	4	12 975	166	150	90	1200	3	148
1906	Darracq	4	12 711	170	140	120	1400	3	150
1906	Brasier	4	11 974	165	140	105	1400	3	153
1906	Mercedes 120HP	6	16 119	185	150	120	1200	4	152
1906	Gobron Brillié	4	13 547	140	220	90	1100	3	140
1906	Itala 100HP	4	16 666	185	155	100	1500	3	155
1906	Gregoire	4	7 433	130	140	65	1200	3	140
1906	Panhard-Levassor	4	18 279	185	170	120	1300	4	158
1906	Hotchkiss	4	16 286	180	160	115	1250	4	155
1906	Bayard-Clément	4	12 868	160	160	95	1300	4	155
1907	Christie	4	19 891	185	185	115	1200	2	150
1907	Corre	4	10 603	150	150	90	1300	3	147
1907	Darracq	4	15 268	180	150	125	1400	3	155
1907	Dufaux Marchand	8	14 726	125	150	110	1200	3	158
1907	Fiat 130HP	4	16 286	180	160	130	1600	4	160
1907	Germain	4	5 123	112	130	60	1150	3	140
1907	Lorraine-Dietrich	4	17 304	180	170	120	1250	4	152
1907	Minerva	4	7 900	145	120	90	2200	3	145
1907	Mercedes	4	11 974	165	140	100	1300	4	160
1907	Motobloc	4	11 974	180	150	95	1200	4	150
1907	Panhard-Levassor	4	15 435	170	170	100	1200	4	155
1907	Porthos	8	9 123	110	120	85	1150	4	152
1907	Renault	4	12 830	165	150	105	1200	3	150
1907	Weigel	8	14 866	130	140	100	1250	2	153
1908	Austin	6	9 635	126,9	127	95	1350	4	155
1908	Itala 120HP	4	12 076	155	160	120	1800	4	160
1908	Mercedes	4	12 780	154,7	170	135	1600	4	158
1908	Motobloc	4	12 831	155	170	95	1400	4	150
1908	Renault	4	12 076	155	160	105	1800	3	155
1908	Lorraine-Dietrich	4	13 586	155	180	100	1250	4	150
1908	Benz	4	12 443	154,9	165	100	1500	4	160
1908	Fiat S61	4	10 087	130	190	115	1800	4	150
1908	Brasier	4	12 045	154,8	160	100	1700	3	157
1908	Porthos	6	9 121	127	120	85	1350	3	148
1908	Opel	4	12 045	154,8	160	95	1300	4	150
1908	Bayard-Clément	4	13 963	155	185	105	1450	4	155
1908	Weigel	4	12 781	154,7	170	100	1500	3	155
1908	Mors	4	12 798	154,8	170	95	1400	3	150
1908	Thomas	4	11 176	154	150	90	1350	4	150
1908	Panhard-Levassor	4	12 831	155	170	95	1450	4	155
1908	Germain	4	12 443	154,9	165	90	1400	4	150
1909	Blitzen Benz	4	21 500	185	200	200	1650	2	225
1911	Lorraine-Dietrich	4	15 095	155	200	130	1500	4	160
1911	Peugeot	4	7 603	110	200	95	1400	4	155
1911	Fiat S74	4	14 137	150	200	190	1600	4	165
1911	Marmon	6	7 820	114,3	127	105	1700	3	165

Wegweisende Peugeot-Motoren

Die von Ernest Henry konstruierten Vierzylinder weisen doppelte Nockenwellen, eine Zwangsventilsteuerung sowie vier Ventile pro Zylinder auf. In Dieppe läuft der Grand Prix des ACF wieder.

Markante technische Meilensteine brachte das Jahr 1912. Rein äußerlich sahen die Rennwagen nicht mehr «entkleideten Tourenwagen» ähnlich, sondern die Gesamtkonzeption spitzte sich deutlich auf die von der Geschwindigkeit diktierte Zweckmäßigkeit zu, so daß die Karosserien jetzt mehr und mehr torpedoförmig ausgebildet waren; man nahm sich der aerodynamischen Gestaltung der Fahrzeuge an und verkleidete sogar das Heck, nachdem diese Partie bisher einfach aus einem runden oder eckigen, freistehenden Tank, an den man hinten noch die Ersatzreifen festschnallte, bestanden hatte. Damals tauchten vermehrt auch Sechszylindermotoren auf. Beim Grand Prix de l'ACF (dieser hatte seit 1908 nicht mehr stattgefunden) trat der belgische Excelsior mit einem Sechszylinderaggregat an (zwei Gruppen zu je drei Zylindern, 110 mm Bohrung, 160 mm Hub, 9138 cm³ Hubraum, Fünfganggetriebe).

Man baute langhubige Motoren (bessere Kühlmöglichkeiten) mit vier Ventilen pro Zylinder, die auch von doppelten, obenliegenden Nockenwellen gesteuert wurden.

Die Veranstalter des Grand Prix de l'ACF entschieden sich für eine freie Formel, lediglich die maximale Wagenbreite wurde auf 175 cm limitiert. Im Rahmen dieses Wettbewerbes lief auch die Wertung um die Coupe des Voiturettes — ausgeschrieben von der Zeitschrift «L'Auto» —, die für Fahrzeuge bis zu 3000 cm³ offen war. Zur Verfügung stand der bekannte Circuit von Dieppe. Neben den italienischen Fiat und den englischen Sunbeam und Vauxhall waren auch die französischen Peugeot und Lorraine-Dietrich favorisiert. Das Rennen verteilte sich auf zwei Tage, es galt, je zehn Runden zu fahren, was total 1540 Kilometer bedeutete.

Am ersten Tag kreuzte der Amerikaner David Bruce Brown auf Fiat (4 Zylinder, 150 × 200 mm, 14 137 cm³, Leistung 190 PS bei 1600 U/min, Gewicht 1250 kg) das Ziel als Erster in der Zeit von 6 Stunden, 36 Minuten

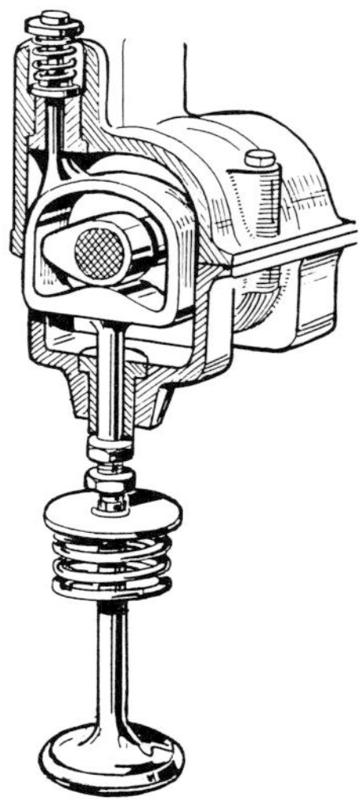

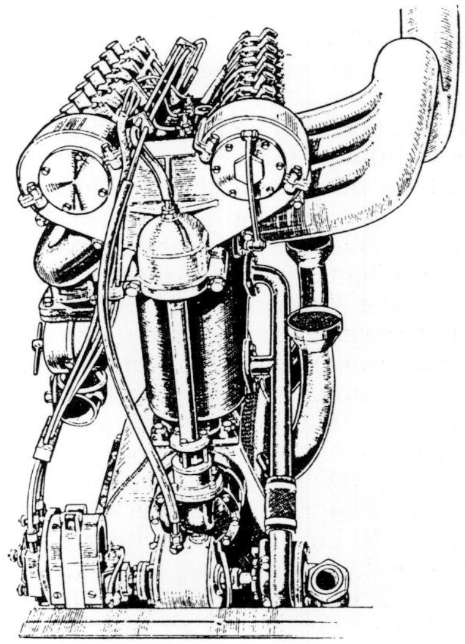

Rechts
Zwangsventilsteuerung des Peugeot-Motors.

Rechts außen
Der geniale und vom Schweizer Ernest Henry konstruierte Peugeot-Vierzylinder mit zwei obenliegenden Nockenwellen.

Mitte
Der Italoamerikaner Ralph De Palma auf einem Fiat S.74 anläßlich des GP des ACF 1912 in Dieppe.

Oben
Georges Boillot auf Peugeot L 76 gewinnt den Grand Prix des ACF 1912 in Dieppe. Der berühmte L 76 wies einen 7598-cm³-Motor auf.

Links
Zuccarelli auf dem Peugeot L 3 mit Dreilitermotor anläßlich des Circuit des Ardennes 1912, bei dem sein Markenkollege Thomas siegte.

und 37,3 Sekunden = 116,2 km/h. Auf den zweiten Platz kam der Franzose Georges Boillot auf Peugeot-76 (4 Zylinder, 110 × 200 mm, 7598 cm³) vor Louis Wagner auf Fiat und Dario Resta auf Sunbeam (4 Zylinder, 80 × 149 mm, 2986 cm³), der somit die Wertung der Voiturettes anführte. Anderntags regnete es, und Bruce Brown auf dem großvolumigen Fiat beschädigte seinen Treibstofftank infolge Kollision mit einem Hund. Der Behälter war leck, der Amerikaner mußte auf der Strecke Treibstoff nachfüllen; allerdings durfte nur an den Boxen getankt werden, so daß der Fiat ausschied. Die Franzosen konnten wieder einen großen Sieg feiern: Boillot auf Peugeot gewann in der Gesamtzeit von 13 Stunden, 58 Minuten und 2,3 Sekunden = 110,256 km/h vor Wagner auf Fiat und den drei Sunbeam von Rigal, Resta und Medinger, womit Sunbeam in der Wertung der Voiturettes bis drei Liter den ersten Platz belegte. Mit dem Sieg des 7,6-Liter-Peugeot-76 über den 14,1-Liter-Fiat hatte auch die moderne Konzeption mit kleinerem Hubraum und leichterer Bauweise über die Konstruktionsphilosophie der zehner Jahre mit Hubvolumen zwischen 12 und 18 Litern triumphiert. Der Vierzylinder-Peugeot gab 148 PS bei 2200 U/min ab, je zwei Ein- und Auslaßventile wurden von zwei obenliegenden Nockenwellen zwangsgesteuert.

Peugeot war 1912 besonders erfolgreich: erste Plätze auch beim Grand Prix de France mit Jules Goux sowie bei der Coupe de la Sarthe mit Zuccarelli.

Bei der Targa Florio hatten Snipe/Pardini auf einem italienischen SCAP gewonnen, in Indianapolis – zweite Auflage des 500-Meilen-Rennens – setzte sich Dawson auf dem amerikanischen National vor Tetzlaff auf Fiat durch, einen Mercedes-Sieg gab es durch De Palma beim Vanderbilt-Cup in Milwaukee (im Training verunglückte hier David Bruce Brown tödlich), Bragg auf Fiat brachte die italienische Marke beim Großen Preis von Amerika in Milwaukee zum Erfolg. Der seit 1909 kränkelnde Automobilsport hatte sich wieder erholt und ging mit vollen Kräften einer noch breiteren Zukunftsentwicklung entgegen.

Robert Peugeot

Vor dem Start zum 500-Meilen-Rennen von Indianapolis 1912 haben sich die Konkurrenten zu einem imposanten Gruppenbild eingefunden. Es gewann Joe Dawson auf einem National mit 127,49 km/h.

Literleistung bei 20 PS

GP des ACF nach Rennformel mit Gewichts- und Verbrauchslimit. Mit seinen modernen Motoren bleibt Peugeot auf Erfolgskurs. Die kleinvolumigeren Konstruktionen siegen vor den Hubraumriesen.

Das Jahr 1913 war erneut von den Erfolgen der französischen Wagen gestempelt. Jules Goux auf Peugeot gewann die 500 Meilen von Indianapolis; beim Grand Prix des ACF — diesmal in Amiens ausgetragen — gab es einen Peugeot-Doppelsieg mit Boillot auf dem ersten und Goux auf dem zweiten Platz; den Grand Prix de France in Le Mans gewann Bablot auf Delage vor seinem Markenkollegen Guyot, während Pilette auf Mercedes das Ziel an dritter Stelle kreuzte. Französischer Sieg auch in Boulogne, bei der Coupe des voitures légères, mit den beiden Peugeot von Boillot und Goux. Einzig die Targa Florio sollte einen Trost für die Italiener bringen. Der große Felice Nazzaro — langjähriger Fiat-Fahrer — steuerte hier seine Eigenkonstruktion zum Erfolg.

Für den Grand Prix de l'ACF wählt man den Circuit de Picardie bei Amiens. Der 31,621 Kilometer lange Kurs muß 29mal umfahren werden, womit das Rennen über 917,009 Kilometer führte. Die neue Formel lautet: 800 kg Minimalgewicht, 1100 kg Maximalgewicht, maximaler Treibstoffverbrauch 20 Liter pro 100 Kilometer. Mit den gesetzten Grenzen wollte der ACF entweder die Entstehung übergroßer Maschinen verhindern oder aber — durch das ebenfalls beschränkte Mindestgewicht — vermeiden, daß zu leichte Konstruktionen entstanden. Der Meldeerfolg ist diesmal nicht so überzeugend wie 1912; immerhin finden sich Marken wie Sunbeam, Delage, Opel, Mathis, Excelsior, Schneider, Itala und Peugeot ein. Mercedes und Fiat werden hier vermißt. Die Peugeot weisen moderne Konstruktionsmerkmale auf. Nazzaro tritt auf einem Itala mit 8325-cm³-Motor an. Boillot auf Peugeot liegt in der ersten Runde in Führung, die dann an seinen Markengefährten Goux übergeht. Nach 16 Runden ist der Delage Typ Y von Guyot vorn, aber dessen Mechaniker springt bei einer erlittenen Reifenpanne zu früh aus dem Wagen, kommt mit den Beinen unter die Räder und trägt schwere Verletzungen davon. Guyot leistet seinem Kameraden Erste Hilfe, dann erst fährt er weiter, aber die Spitze haben ihm die beiden Peugeot von Boillot und Goux entrissen, welche in dieser Reihenfolge auch am Ziel eintreffen. Das Klassement: 1. Georges Boillot, 7 Stunden, 53 Minuten und 56,4 Sekunden = 116,063 km/h, auf Peugeot (4 Zylinder, 4 Ventile pro Zylinder, Zwangsventilsteuerung, 2 obenliegende Nockenwellen, 100 × 180 mm, 5655 cm³, Leistung 115 PS bei 2200 U/min, Viergang-

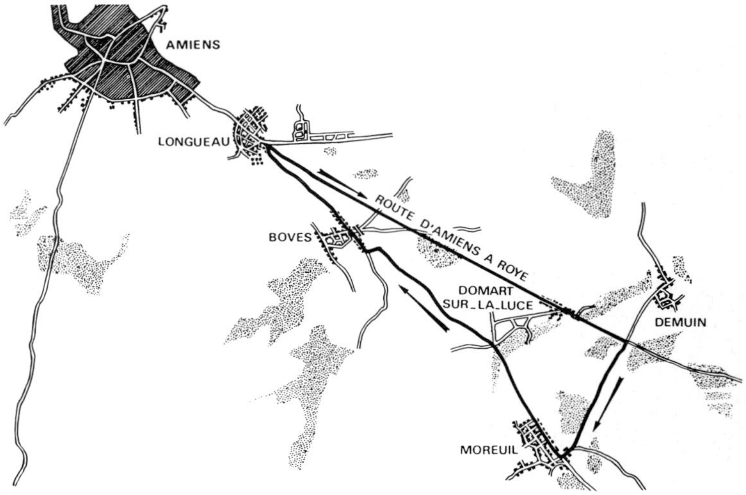

1913 wurde der Grand Prix des ACF auf dem 31,63 km langen Circuit von Picardie bei Amiens ausgetragen. Das 917,27 km lange Rennen lief über 29 Runden.

Wagenabnahme vor dem Grand Prix des ACF in Amiens.

Links
Bablot auf dem von Arthur Michelat konstruierten Vierzylinder-Delage des Typs Y (110 × 185 mm = 7032 cm³), auf welchem er in Amiens Vierter wurde.

Unten
Wieder ein überzeugender Sieg eines Peugeot-Fahrers. Georges Boillot wird nach der Ankunft stürmisch gefeiert.

Rechts
Carl Jörns auf dem Vierzylinder-Opel (90 × 156 mm = 3970 cm³) vor dem Rennen von Amiens.

Oben
Mit Jules Goux gewann Peugeot 1913 auch die 500 Meilen von Indianapolis. Der Franzose fuhr den L 76 mit 7,6-Liter-Motor, wobei er die 804 km mit 122,155 km/h zurücklegte.

Mitte
Der Hubraum des Peugeot-Vierzylinders war im Hinblick auf den GP des ACF 1913 von 7,6 auf 5,6 Liter reduziert worden, weil es ein Verbrauchslimit gab. Sieger Boillot (Bild) kam mit 17 Litern pro 100 km durch.

Jules Goux

getriebe, Lederkonuskupplung, Spitze 168 km/h). Der Verbrauch der Peugeot liegt deutlich unter der zulässigen Grenze: 17 Liter auf 100 Kilometer für den Sieger Boillot, 18 Liter für Goux. Hinter den beiden Peugeot belegt Jean Chassagne auf Sunbeam (6 Zylinder in zwei Gruppen, 80 × 148,5 mm, 4479 cm³) den dritten Platz.

Die Peugeot gehörten zweifelsohne der technischen Avantgarde an, denn ihre Motoren wiesen Doppelnockenwellen, kugelige Verbrennungsräume und je zwei zwangsgesteuerte Ventilpaare (45°-Winkel) pro Zylinder auf. Es sind dies Grundmerkmale, die bei den Hochleistungsmotoren weitgehend bis auf den heutigen Tag erhalten geblieben sind. Die Literleistung der erfolgreichen Peugeot lag 1913 bei 20,4 PS/l. Beim Fiat Typ 130 HP von 1907 (16 286 cm³, 130 PS bei 1600 U/min), auf welchem Felice Nazzaro den Grand Prix de l'ACF gewonnen hatte, waren es noch knapp 8 PS/l gewesen. Der Rennmotorenbau konnte große Fortschritte verzeichnen.

Der Peugeot-Rennwagen von 1913 besaß außerdem den ersten Motor mit Trockensumpfschmierung, ein System, das man später im Interesse besserer Kühlung allgemein anwendete und das notwendig wurde, als man die Motoren tieferliegend im Chassis anordnete. Die Jahre 1912 und 1913 waren in bezug auf den Rennmotorenbau besonders markant, vor allem dank den technischen Beiträgen von Peugeot, welche in die Geschichte eingegangen sind.

Der englische Motorenkonstrukteur und gelegentliche Journalist Harry Mundy kommentierte die Entstehung der französischen Rennmotoren in einem im «Auto-Jahr» veröffentlichten Beitrag wie folgt:

«Die drei ‹Scharlatane› — wie Boillot, Goux und Zuccarelli genannt wurden — legten Robert Peugeot einen geradezu unglaublichen Plan vor. Peugeot besaß die Voraussicht, ihn zu unterstützen. Nach diesem Plan sollte ohne irgendwelche Unterstützung vom Hauptwerk von Peugeot ein Team von Wagen entworfen, gebaut und für Rennen vorbereitet werden. Jeder dieser Wagen würde etwa 45 000 Mark kosten. Das Team sollte aus Wagen für den 1912 wiederentstandenen Grand Prix von Frankreich und zwei 3-Liter-Fahrzeugen für die Coupe de l'Auto bestehen.

Keiner dieser drei Männer — weder Boillot noch Goux oder Zuccarelli — verfügte über ein qualifiziertes technisches Wissen, jeder von ihnen besaß jedoch eine unübertreffliche Rennerfahrung aus erster Hand. Zuccarelli war der Mann, der die Ideen entwickelte. Er hatte ein außergewöhnliches Auffassungsvermögen und sehr viel von seiner Lehrzeit unter Birkigt bei Hispano-Suiza profitiert.

Da sie keine Konstrukteure waren, benötigten diese drei Männer einen technischen Interpreten. Sie waren glücklich genug, den richtigen Mann zu finden. Sein Name war Ernest Henry, ein Schweizer Ingenieur, der bei einem Unternehmen arbeitete, das die Labor-Picker-Motoren baute. Die Historiker haben Henry mehr zugestanden, als er erreicht hat. Obwohl er später für die Nachkriegs-Ballot und ihre Achtzylinder-Reihenmotoren verantwortlich zeichnete und danach von Louis Coatalen mit zu Sunbeam nach England genommen wurde, beendete er seine Tage als Zeichner bei Citroën in Paris. Was das Peugeot-Projekt angeht, so nahm er außergewöhnlich schnell Ideen auf, die ihm zugetragen wurden, brachte sie zu Papier und fertigte Detailzeichnungen an, nach denen ohne überflüssige Schwierigkeiten oder Kosten die entsprechenden Teile hergestellt werden konnten. Obenliegende Nockenwellen wurden schon früher von Mercedes und Clément-Bayard verwendet, ebenso waren entgegengesetzt angeordnete, obengesteuerte Ventile Merkmale früherer Benz- und Piper-Motoren, wobei die ersterwähnten vier pro Zylinder besaßen. Der technische Beitrag, den der Peugeot-Motor leistete, bestand in der Verwendung halbkugelförmiger Verbrennungsräume, vier Ventilen pro Zylinder, die unmittelbar von zwei obenliegenden Nockenwellen gesteuert wurden, und einer zentralen Zündkerze. Mit anderen Worten: Zuccarelli, von dem diese Konzeption ausging, schätzte die Vorzüge eines kompakten Verbrennungsraumes, großer nutzbarer Ventilflächen und einer niedrigen Beanspruchung des Ventiltriebs.

Ein bügelförmiger Ventilstößel, oben und unten geführt und mit eigener Rückholfeder ausgestattet, wurde verwendet, und der gesamte Mechanismus war eingekapselt und wurde geschmiert. Ventile und Federn blieben offen, um die Kühlung zu unterstützen. Der aus einem Stück gearbeitete Zylinderblock und -kopf war mit einem zweiteiligen Kurbelgehäuse verschraubt. Die Teilung verlief entlang der horizontalen Mittellinie der fünf Hauptlager.

Der Grand-Prix-Motor von 1912 hatte eine Bohrung von 110 mm und einen Hub von 200 mm (7598 cm³). Leider ist uns keine präzise Leistungsangabe mehr erhalten, aber geschätzte 140 PS bei 2200 U/min dürften dem tatsächlichen Wert nahekommen.

Der Grand Prix des ACF fand 1912 in Dieppe statt, und den Hauptharst stellte die Marke Fiat, die für ihre riesigen 14 143-cm³-Vierzylinder keine ernsthafte Konkurrenz von seiten der noch nicht erprobten, geradezu miniaturhaften französischen Wagen erwartete. Am zweiten Tag stellte sich auch

Oben
Der geniale Schweizer Konstrukteur Ernest Henry. Er zeichnete für die erfolgreichen Peugeot verantwortlich.

Links
Neben dem Grand Prix de l'ACF in Dieppe gab es 1913 auch einen Grand Prix de France in Le Mans (Bild). Beim formelfreien Rennen siegte Jules Goux auf Peugeot.

Oben
Dario Resta auf dem Sunbeam mit Dreilitermotor anläßlich der Coupe de l'Auto 1913 in Boulogne.

Mitte
Heckansicht des Sunbeam von Chassagne vor den Boxen von Boulogne.

Rechts oben
Auf der Bahn von Bakesfield in Kalifornien stellt Fiat-Fahrer Felix Magone zusammen mit seinem Mechaniker einen inoffiziellen Weltrekord auf: Reifenwechsel in 25 Sekunden!

nur noch einer der Peugeot den drei Fiat, aber der großartig fahrende Boillot schlug schließlich mit diesem letzten Peugeot seine Gegner und siegte mit einem Vorsprung von 13 Minuten und einem Gesamtdurchschnitt von 110,25 km/h. Auf der Geraden wurde der Wagen mit einer Geschwindigkeit von 163,58 km/h gestoppt. Dieser Sieg hatte einen bedeutenden Einfluß auf die Entwürfe der folgenden Dekade, denn das Peugeot-Antriebsaggregat wurde der am meisten kopierte Rennmotor, und viele der Prinzipien, die zur Kopie anregten, existieren heute noch.»

Wie andere Autohistoriker behaupten, soll die über Zuccarelli zu Henry und damit zu Peugeot gekommene Idee des Zweinokkenwellenzylinderkopfes vom Schweizer Konstrukteur Marc Birkigt gestammt haben, der bei Hispano-Suiza tätig war. Birkigts Ideen sollen auch patentiert gewesen sein. Ernest Henry hatte auch bei der Schweizer Marke Pic-Pic mitgewirkt. Dieses Unternehmen stellte Autos unter Hispano-Suiza-Lizenz her. Es wird ferner berichtet, daß Marc Birkigt später Schritte unternommen habe, um seine Ideen besser zu schützen, wobei man ihm sein Recht zugesprochen habe. Die Einzelheiten sind jedoch nicht bekannt.

René Thomas

Die Rennwagen von 1912 und 1913

Baujahr	Marke und Modell	Zylinderzahl	Hubraum	Bohrung	Hub	Leistung/PS	Höchstdrehzahl	Anzahl Gänge	Spitze km/h	Trockengewicht
1912	Sunbeam	4	2 986	80	149	85	2200	4	135	908
1912	Alcyon	4	2 986	85	132	85	2200	4	130	1022
1912	Sizaire-Naudin	4	2 982	78	156	95	2100	4	140	1082
1912	Vinot-Deguingand	4	2 996	89	120	90	2300	3	135	1012
1912	Schneider	4	2 993	80	149	78	2000	4	140	970
1912	Gregoire	4	2 974	80	149	85	2300	6	140	827
1912	Lorraine-Dietrich	4	15 095	155	200	115	2400	4	150	1600
1912	Mathis	4	1 849	70	120	60	2000	4	148	550
1912	Peugeot L76	4	7 598	110	200	148	2200	4	160	1400
1912	Calthorpe	4	2 971	80	149	70	1900	4	145	950
1912	Fiat S74	4	14 137	150	200	190	1600	4	165	1500
1912	Singer	4	2 986	85	132	82	2200	4	150	1120
1912	Arrol-Johnston	4	2 974	80	149	77	2100	5	160	965
1912	Côte	4	2 986	85	132	80	2300	4	145	1045
1912	Rolland-Pilain	4	6 272	110	165	120	2200	4	170	1350
1912	Vauxhall	4	2 991	90	118	89	2400	4	155	877
1912	Lion-Peugeot	4	2 982	78	156	90	2900	4	153	860
1912	Excelsior	6	9 138	110	160	125	2000	5	160	1600
1912	Duesenberg	4	5 750	109	152	135	2400	4	165	1045
1913	Sunbeam	6	4 479	80	148	95	2300	4	165	1072
1913	Delage	4	7 032	110	185	110	2200	5	170	1036
1913	Opel	4	3 970	90	156	88	2300	3	165	842
1913	Mathis	4	1 460	70	140	65	2000	3	150	820
1913	Excelsior	6	6 107	90	160	120	2100	4	160	1008
1913	Schneider	4	5 501	96	190	110	2300	4	158	1096
1913	Itala GP	4	8 345	125	170	120	2000	4	165	1100
1913	Peugeot	4	5 655	100	180	115	2200	4	168	1040
1913	Delage	4	6 200	105	180	105	2300	5	160	1370
1913	Isotta Fraschini	4	10 620	130	200	125	2300	4	150	1065

Unvergeßlicher GP des ACF

Bei Lyon wird ein großartiges Rennen ausgetragen, welches den Abschluß einer Epoche bedeutet. Nach einem harten Duell gegen den Peugeot von Boillot siegt Lautenschlager auf Mercedes.

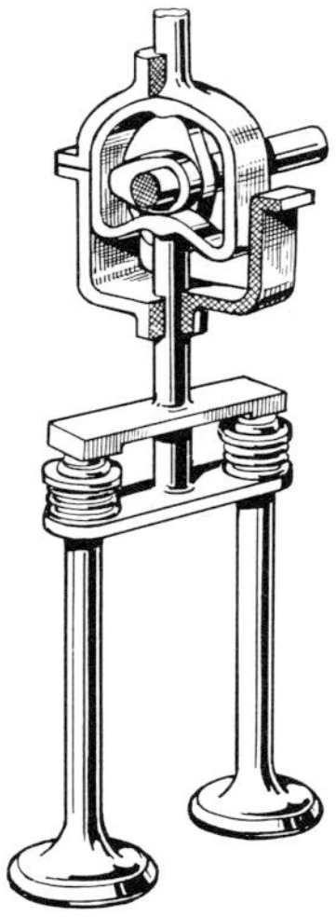

Rechts
Die Zwangsventilsteuerung eines Ventilpaares des Delage-Grand-Prix-Motors von 1914.

Das folgende Jahr 1914 stellte mit dem Grand Prix de l'ACF einen Höhepunkt in der Geschichte des Automobilrennsports dar, zugleich aber sollte kurz nach diesem Rennen der erste Weltkonflikt ausbrechen, so daß die Rennmotoren für mindestens fünf Jahre verstummten. Ceirano auf SCAT holte sich bei der über 1000 Kilometer langen und rund um Sizilien führenden Targa Florio den ersten Preis; bei der Coppa Florio, ausgetragen in Palermo (Distanz 446,469 km), gewann wieder Felice Nazzaro auf seinem selbstgebauten Nazzaro. Eine junge Marke, deren Name in den folgenden Jahrzehnten eng mit der Rennsportgeschichte verbunden sein sollte, machte hier von sich reden: Alfa Romeo.

Einen vierfachen französischen Triumph brachte das 500-Meilen-Rennen von Indianapolis: 1. Thomas auf Delag; 2. Duray auf Peugeot; 3. Guyot auf Delage; 4. Goux auf Peugeot. Bei den 500 Meilen galt eine neue Formel: Maximalhubraum 450 Kubikzoll oder 7374 cm^3.

Das mit größter Spannung erwartete Rennen war aber wieder einmal der Grand Prix de l'ACF, der diesmal am 5. Juli auf einer 37,631 Kilometer langen Streckenkombination bei Lyon vom Stapel ging. Distanz: 20 Runden oder 752,62 Kilometer. Neu ist auch die Formel: Maximalhubraum 4500 cm^3, Höchstgewicht 1100 kg. Der Meldeerfolg ist sensationell: 3 französische Alda, 3 Opel, 2 belgische Nagant, 3 Vauxhall, 3 Peugeot, 3 französische Schneider, 3 Nazzaro, 3 Delage, 3 Sunbeam, 2 Piccard-Pictet aus der Schweiz, 1 Aquilla Italiana, 3 Fiat sowie eine deutsche Armada bestehend aus 5 Mercedes. Das Rennen gestaltet sich zu einem Spitzenduell zwischen den Mercedes und den Peugeot. Mercedes-Direktor Max Sailer auf Mercedes hat die Aufgabe, die Konkurrenz zur

Mitte
Louis Delage (rechts) und Arthur Michelat (links), welcher den Typ S (Bild) konstruiert hat. Dahinter steht Fahrer Arthur Duray. Die Aufnahme entstand vor dem Grand Prix des ACF 1914.

Louis Delage

Hetze zu treiben; er übernimmt in den ersten Runden die Führung, während sich Boillot mit seinem Peugeot an die Verfolgung des Deutschen macht. Die Lage war damals auch politisch sehr gespannt, so daß dem Duell zwischen der deutschen und der französischen Marke eine besondere Bedeutung zukam.

Unten
Dario Resta 1914 in Lyon, und zwar auf dem 4441 cm^3-Sunbeam-Vierzylinder mit 16 Ventilen. Daneben sitzt Beifahrer Tommy Harrison.

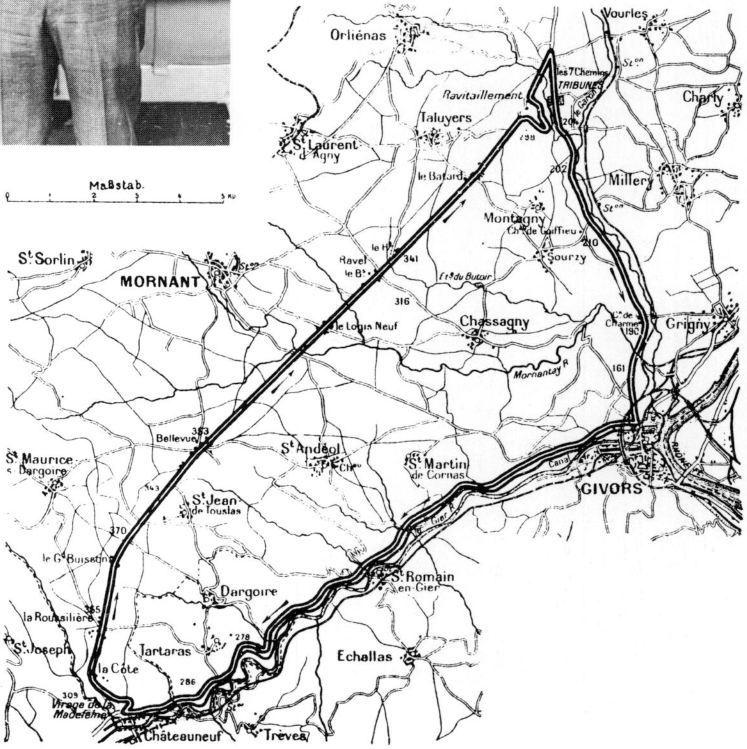

Rechts
Der Grand Prix de l'ACF 1914 wurde auf diesem 37,631 km langen Rundkurs südlich von Lyon durchgeführt. Auf der nördlichen Hälfte der Strecke wurde der Grand Prix von 1924 ausgetragen.

Links unten
Auch zwei in Genf gebaute Piccard-Pictet mit 150-PS-Schiebermotor gingen 1914 in Lyon an den Start. Im Bild Paul Tournier, der nach 612 km ausschied.

Georges Boillot

Max Sailer

Unten
Georges Boillot auf dem Peugeot mit 4494-cm³-Motor. Er lieferte den Mercedes einen harten Kampf. Schließlich mußte er mit einem Motorschaden aufgeben.

Ganz unten
Die in Lyon siegreiche Mercedes-Mannschaft stellt sich in Untertürkheim zum Erinnerungsbild vor dem Verwaltungsgebäude des Werks. Von links Lautenschlager (1.), Salzer (3.) und Sailer (im zweitklassierten Wagen Wagners sitzend), welcher selbst ausgeschieden war.

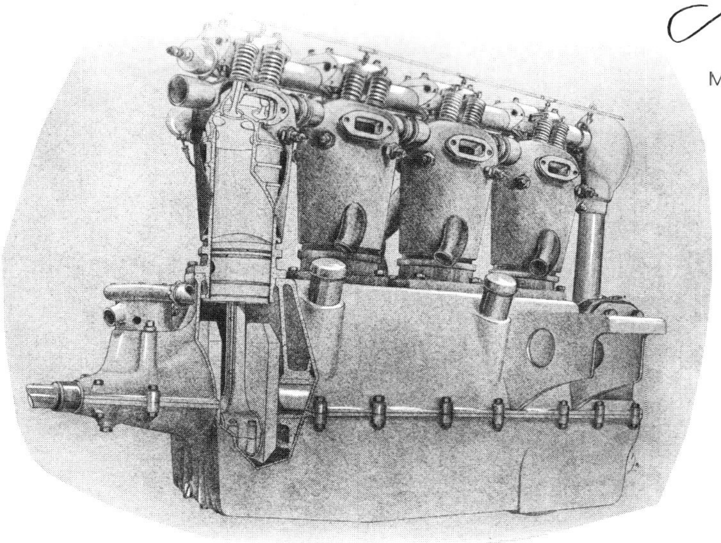

Links
der 1914 in Lyon siegreiche Mercedes-Vierzylindermotor. Er weist vier getrennte Zylinder der Abmessungen 93 × 164 mm = 4456 cm³ auf. Die Stahlzylinder sind von aufgeschweißten Kühlwassermänteln umgeben. Die 16 Ventile werden von der zentralen obenliegenden Nockenwelle gesteuert.

Die Peugeot und die Delage Typ S weisen erstmals Vierradbremsen, die Mercedes dagegen noch Zweiradbremsen auf. Die deutschen Zweisitzer liegen aber besser auf den staubigen Straßen; in schnellen Kurven sind die Peugeot im Nachteil, denn aus aerodynamischen Gründen hat man die beiden Reservereifen unter einer langen Heckverschalung verstaut, was sich nun sehr nachteilig auf das Fahrverhalten auswirkt. In der sechsten Runde erleidet der führende Mercedes Sailers einen Pleuelschaden, Boillot rückt mit seinem Peugeot an die Spitze. In der 11. Runde geht Wagner auf Mercedes an Goux auf Peugeot und schließlich auch an Lautenschlager auf Mercedes vorbei und liegt damit dicht hinter dem führenden Peugeot Boillots. Goux' Motor wird heiß, Boillot muß allein gegen die ihn hetzenden Deutschen weiterkämpfen. Nach 15 Runden liegt der Peugeot noch 2 Minuten und 28 Sekunden vor Wagners Mercedes. Letzterer wird dann von Lautenschlagers Mercedes überholt, der sich nun an den führenden Franzosen heranmacht und ihn von der Spitze verdrängt. Nach 18 Runden liegt der Mercedes 33 Sekunden vor dem Peugeot. In der 19. Runde sind es bereits 1 Minute, 7 Sekunden. Dann

Zum zweiten Male nach 1908 hat Christian Lautenschlager auf Mercedes den Grand Prix des ACF gewonnen. Nach dem Sieg in Lyon wird er zur Ehrentribüne begleitet.

aber geschieht es: In der letzten Runde wird der Peugeot-Motor zu heiß — ein Ventil ist hin; der dreifache Mercedes-Erfolg mit Lautenschlager, Wagner und Salzer ist sichergestellt. Am Ziel gibt es selbstverständlich keinen Applaus für die Sieger, einzig ein zögerndes Klatschen für den viertklassierten Goux auf Peugeot, der vor dem Sunbeam Restas durchfährt. Für die 752,62 Kilometer brauchte Lautenschlager — selbstverständlich ohne Ablösung fahrend — 7 Stunden, 8 Minuten, 18,4 Sekunden, was (Tankhalte und Reifenwechsel einbezogen) 105,515 km/h bedeutet. Mit den gewonnenen 25 000 Goldfrancs läßt sich der Schwabe — wie könnte es anders sein — ein «Häusle» bauen.

Der Mercedes-Siegerwagen wies vier getrennte Zylinder mit den Abmessungen 93 × 164 mm = 4456 cm³ auf. Die stählernen Zylinder hatten aufgeschweißte Kühlwassermäntel aus Stahlblech, je zwei Ein- und zwei Auslaßventile waren im Zylinderkopf hängend angeordnet und wurden von einer obenliegenden Nockenwelle über Kipphebel gesteuert. Bei einer beachtlichen Drehzahl von 3200 U/min gab der Motor 115 PS ab (Literleistung 25,8 PS/l, mittlere Kolbengeschwindigkeit 17,5 m/sec). Bei Wagenabnahme wog Lautenschlagers Fahrzeug 1080 Kilogramm.

An diesem denkwürdigen Großereignis in der Automobilsportgeschichte beteiligte sich übrigens auch die Schweizer Marke Piccard-Pictet (Pic-Pic). Zwei Vierzylinder (97 × 150 mm = 4441 cm³), welche bei der Wagenabnahme 1090 kg wogen, gingen mit den Fahrern Tournier und Clarke an den Start. Einen dritten Rennwagen hatte Pic-Pic als Reservefahrzeug gebaut (dieses Exemplar ist dann umgebaut und als Reisewagen verwendet worden). Tournier brachte sein Fahrzeug über die volle Distanz und wurde auf dem 11. Rang klassiert; Clarke fiel von Anfang an weit zurück und gab dann in der 9. Runde mit einem technischen Defekt auf.

Christian Lautenschlager

In Europa sollte der GP des ACF das letzte große Rennen vor Ausbruch des Weltkrieges bleiben. 1915 und auch 1916 kamen in Amerika noch die drei klassischen Rennen (500 Meilen von Indianapolis, Vanderbilt-Cup und Großer Preis von Amerika) zur Austragung.

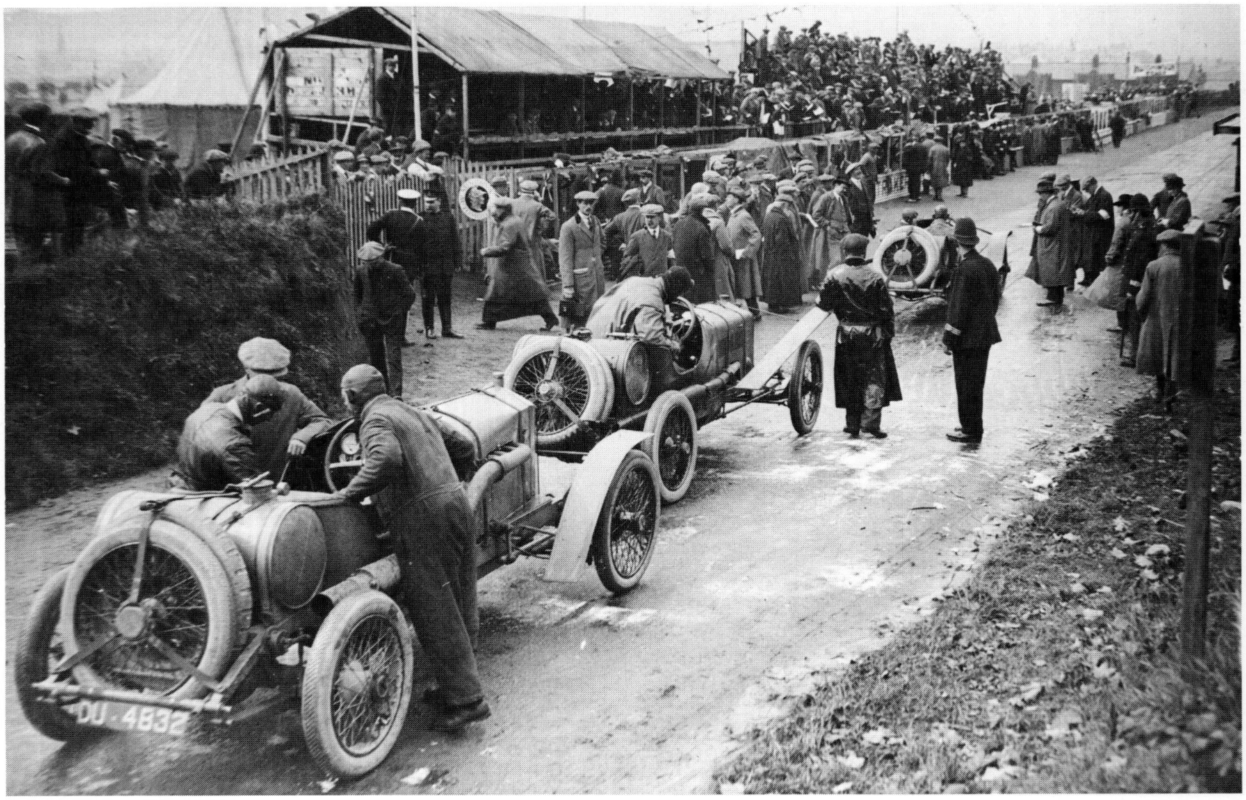

Stimmungsbild vom Start des Tourist-Trophy-Rennens 1914 auf der Insel Man.

Mit dem Grand Prix bei Lyon ging eine große Epoche zu Ende; das erste Kapitel einer langen, wechselvollen und faszinierenden Geschichte fand seinen Abschluß. Es war dies die Zeit der ersten Rennen von Stadt zu Stadt sowie der Rundrennen auf improvisierten, gefährlichen und sehr langen Streckenkombinationen, die Ära der heroischen Fahrer, welche bei härtesten Bedingungen mörderische Distanzen ohne jeglichen Fahrkomfort zurücklegten und sich viele Stunden lang nicht ablösen ließen. Bärenstarke Burschen, denen die mächtigen Lenkräder der rudimentären, beinharten Lenkungen die Hände blutig schlugen. Bestimmt waren die Geschwindigkeiten — gemessen am heutigen Renntempo — nicht überaus hoch, aber man fuhr auf Schotterstraßen, mit ungenügender Federung, vollkommen schutzlos der Witterung und den von den Rädern der Rivalen aufgewirbelten Steinen sowie dem Staub ausgesetzt. Marcel Renault, Camille Jenatzy, Vincenzo Lancia, Felice Nazzaro, Christian Lautenschlager, Jules Goux, Carl Jörns, François Szisz, Georges Boillot, Alessandro Cagno, Paul Bablot, Louis Wagner, Arthur Duray, Victor Hémery, Dario Resta, Max Sailer, Barney Oldfield, Otto Salzer, Theodore Pilette, David Bruce Brown und Ralph De Palma waren die prominentesten Exponenten jener Epoche, und ihre Namen gingen für immer in die eng mit dem Fortschritt der Technik verbundene Renngeschichte ein.

Ganz oben
Ein 3,3-Liter-Vauxhall beim Tourist-Trophy-Rennen von 1914.

Oben
Auf dem 1914 in Lyon siegreich gewesenen Mercedes-Modell mit 4,5-Liter-Motor gewann Ralph De Palma 1915 die 500 Meilen von Indianapolis.

Die Rennwagen von 1914 bis 1916

Baujahr	Marke und Modell	Zylinderzahl	Hubraum	Bohrung	Hub	Leistung/PS	Höchstdrehzahl	Anzahl Gänge	Spitze km/h	Trockengewicht
1914	Sunbeam	4	3300	81	160	92	2800	4	160	850
1914	Peugeot	4	4491	92	169	112	2800	5	180	910
1914	Peugeot L25	4	2472	75	140	80	3000	4	150	880
1914	Alda	4	4441	94	160	100	2700	4	155	1010
1914	Opel	4	4441	94	160	105	2700	4	160	935
1914	Nagant	4	4443	94,5	158	108	2600	5	150	1055
1914	Vauxhall	4	4487	101	140	130	3300	4	160	1070
1914	Peugeot	4	4494	92	169	112	2800	4	185	1060
1914	Schneider	4	4441	94	160	110	2800	4	150	1085
1914	Nazzaro	4	4441	94	160	100	2700	4	155	1095
1914	Delage S	4	4441	94	160	113	2800	5	160	1098
1914	Sunbeam	4	4441	94	160	115	2900	4	165	1095
1914	Piccard-Pictet	4	4431	97	150	107	2600	4	145	1095
1914	Aquila Italiana	6	4494	85	132	118	2800	4	150	1095
1914	Fiat S57/14B	4	4492	100	143	135	3000	4	145	1025
1914	Alfa	4	4490	100	143	88	2950	4	150	1050
1914	Humber	4	3288	82	156	90	2600	4	160	1045
1914	Mercedes	4	4483	93	165	115	3200	4	180	1092
1914	Duesenberg	4	5920	111	152	95	2600	4	165	1020
1914	Maxwell	4	4885	95	171	130	3200	4	175	1010
1915	Stutz	4	4839	94	164	120	2700	4	160	1070
1916	Duesenberg	4	4900	99	152	100	2800	4	180	1000
1916	Duesenberg	4	4890	95	171	125	3000	4	180	970
1916	Frontenac	4	4900	98	162	140	3100	4	185	1045
1916	Miller	4	4740	92	178	125	2950	4	185	990
1916	Premier	4	4500	93	168	135	3200	4	180	1030

Die Motoren dröhnen wieder

Nach dem Krieg beginnt die eigentliche Ära der Achtzylinder. In aller Eile baut Ballot Rennwagen für Indianapolis. Die Rennkonstrukteure profitieren von den Erfahrungen im Flugzeugbau.

Während des Ersten Weltkrieges kamen nur einige wenige Rennen in Amerika zur Austragung: Indianapolis in den Jahren 1915 (Sieg von Ralph De Palma auf dem gleichen Mercedes-Modell, das 1914 mit Christian Lautenschlager den Großen Preis des ACF gewonnen hatte) sowie 1916 (Sieg von Dario Resta auf Peugeot). 1916 waren die unschlagbaren, von Ernest Henry konstruierten Peugeot auch beim Grand Prix von Amerika und bei der Coupe Vanderbilt erfolgreich. Am 11. November 1918 konnte die Menschheit endlich nach den schrecklichen Jahren wieder aufatmen; der große Weltkonflikt war zu Ende. Im arg zerstörten Europa kamen vorläufig noch keine Rennen zur Durchführung, es galt in erster Linie wieder aufzubauen.

Für den 30. Mai 1919 wurde das 500-Meilen-Rennen von Indianapolis angekündigt, dem in der Geschichte eine gewisse Bedeutung zukommen sollte, weil neue Achtzylinderkonstruktionen an den Start gingen, die die Quintessenz des jüngsten Standes der Technik darstellten. Während der Kriegsjahre hatten die Konstrukteure vor allem im Flugzeugbau große Fortschritte erzielt, Fortschritte, deren Realisierung in Friedenszeiten ein Mehrfaches an Zeit in Anspruch genommen hätte. Die Erkenntnisse in der Metallurgie ermöglichten es, leichtere und schneller drehende Motoren zu bauen, denn dank intensiver Materialforschung konnte man die sich in den Motoren bewegenden Teile noch leichter machen.

Die Rennmotoren verfügten jetzt fast ausnahmslos über doppelte Nockenwellen, der Kettenantrieb war definitiv dem Kardanantrieb gewichen. Bei der Einkleidung der Fahrzeuge operierte man mehr und mehr nach den Gesetzen der Aerodynamik und baute windschlüpfigere Karosserien, das Stromlinienheck verdrängte das «nackte» Heck mit freistehendem Tank, der Schwerpunkt der Fahrzeuge lag tiefer, die Vierzylindermotoren der Vorkriegszeit mit Monsterhubraum waren — auch durch die Hubraumformel bedingt — verschwunden und die neuen Achtzylinder traten ihren Siegeszug an. Mit der Umstellung von vier auf acht Zylinder erfuhr der Hubraum eine starke Unterteilung, so daß die sich bewegenden Massen leichter und die Motoren damit drehfreudiger und leistungsfähiger wurden.

In Indianapolis lief das Rennen von 1919 nach der 1915 eingeführten 300-Kubikzoll-Formel (4916 cm³). Im Hinblick auf das erste große Rennen der Nachkriegszeit verkaufte Peugeot die einst für den Grand Prix des ACF von 1914 gebauten 4,5-Liter-Wagen mit Vierzylinder-OHC-Motoren an amerikanische Privatfahrer und entsandte ein Team von Technikern und Betreuern nach Indianapolis.

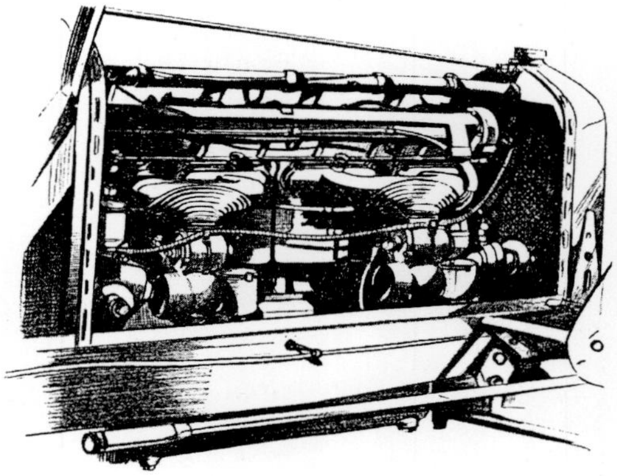

In Frankreich schaffte man anderswo ein Wunder: In den Monaten zwischen Kriegsschluß und 500-Meilen-Rennen (11. November bis 30. Mai) ließ Edouard Ballot, vom Fahrer René Thomas dazu überredet, neue Achtzylinderrennwagen bauen, für deren Konstruktion er den renommierten ehemaligen Peugeot-Ingenieur Ernest Henry verpflichtete. Während der Kriegsjahre hatte Henry auch am Bau des berühmten Bugatti-Flugmotors mitgewirkt, der aus zwei Blöcken zu je acht Zylindern bestand. Bei Ballot entstan-

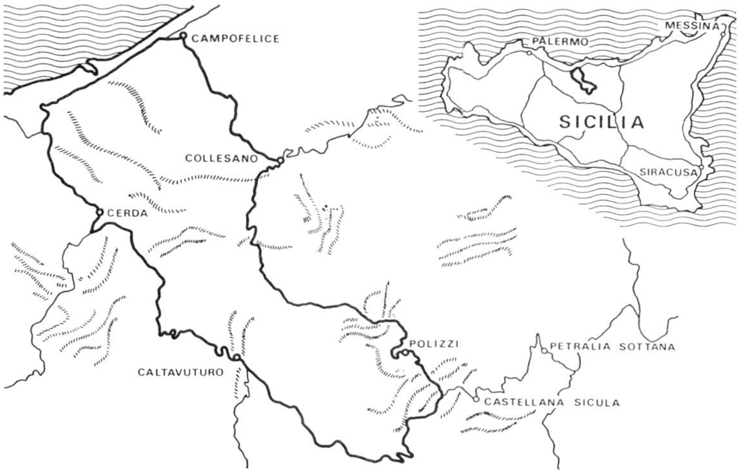

Links
Der ebenfalls von Ernest Henry konstruierte Achtzylinder-Zweinockenwellenmotor des Ballot (74 × 140 mm = 4817 cm³), der 1919 in Indianapolis zum Einsatz kam.

Links unten
Beim toskanischen Mugello-Rennen von 1920 fährt Giuseppe Campari einen Alfa-Romeo-Grand-Prix-Wagen von 1914.

Unten
In Italien zeichnete sich Antonio Ascari aus, welchen wir hier 1919 auf einem Fiat sehen. Später wurde er als Alfa-Romeo-Pilot berühmt.

Rechts
1919 wurde die Targa Florio erstmals auf dem auf 108 km gekürzten mittleren Madonie-Circuit ausgetragen. Auf dieser Strecke wurde bis 1930 gefahren, dann wurde sie auf 72 km reduziert.

den im Rekordtempo vier Fünfliterrennwagen mit Achtzylindermotor zu je zwei Blökken. Die Zylinderabmessungen betrugen 74 × 140 mm = 4817 cm³. Die von zwei Claudel-Vergasern gespeiste Maschine gab 140 PS bei 3000 U/min ab (Literleistung 46,7 PS/l), das Fahrzeug brachte 1246 kg auf die Waage (Leistungsgewicht 11,2 kg/PS). Die Ballot verrieten den starken technischen Einfluß von Peugeot und Bugatti. Jeder Zylinder wies vier Ventile auf, die in einem 60°-Winkel standen, wobei die Steuerung über zwei obenliegende Nockenwellen erfolgte.

Die französischen Neukonstruktionen erreichten eine Spitze von 190 km/h. Nach genau 101 Tagen waren die vier Wagen entworfen und gebaut, so daß sie am 26. April 1919 in Le Havre eingeschifft werden konnten. Als Fahrer hatte Ballot Thomas, Guyot, Wagner und Bablot verpflichtet. In Indianapolis stellte sich jedoch heraus, daß die Ballot zu kurz übersetzt waren, es gab laufend Reifenschäden, die Zeit reichte aber nicht mehr, um tiefgreifendere Änderungen vorzunehmen.

Für das erste «Indy 500» der Nachkriegszeit hatten auch die amerikanischen Gebrüder Duesenberg neue Achtzylinderrennwagen auf die Räder gestellt (die Marke Duesenberg erlangte später legendären Ruf). Die moderne Konstruktion mit den Zylinderabmessungen 76 × 133 mm = 4850 cm³ wies drei Ventile pro Zylinder auf, die von einer obenliegenden Nockenwelle mittels Kipphebeln betätigt wurden. Die Kurbelwelle war nur dreifach gelagert (weniger Reibwiderstand). Für den Motor wurde eine Leistung von 120 PS bei 4100 U/min angegeben, so daß die Literleistung (bei einer mittleren Kolbengeschwindigkeit von 18,2 m/sec) 24,8 PS/l betrug. Die Gebrüder Duesenberg hatten während des Krieges Flugmotoren gebaut, ihre Konstruktion war von Bugatti beeinflußt. Am 500-Meilen-Rennen nahm auch Luis De Palma auf einem neuen Packard mit Zwölfzylindermotor teil, mit dem er lange in Führung lag, schließlich aber infolge Defekts auf den sechsten Platz zurückfiel. Von den zu kurz übersetzten, sonst aber technisch überlegenen Ballot (schnellste Qualifikationszeit) kam nur einer ins Ziel, nämlich derjenige von Guyot (Vierter), während auch die Duesenberg versagten (Allen wurde Fünfter). Es gewann der gute alte Peugeot-Vierzylinder mit dem Amerikaner Wilcox am Steuer, der die 804 Kilometer in einer Zeit von 5 Stunden, 40 Minuten und 42,8 Sekunden = 141,68 km/h bewältigte. Die fortschrittliche Peugeot-Technik der Vorkriegszeit, deren Exponent Ernest Henry gewesen war, hatte sich auch noch nach Jahren durchzusetzen vermocht.

Peugeot siegte im gleichen Jahr mit einem Vierzylinder der 2,5-Liter-Klasse (75 × 140 mm = 2472 cm³, 80 PS bei 3000 U/min, Literleistung 26,7 PS/l) bei der sizilianischen Targa Florio, wo André Boillot (er war der jüngere Bruder des in den Vorkriegsjahren so berühmten Georges Boillot, der im Kriege den Fliegertod erlitt) auf den ersten Platz kam; hinter ihm folgten Moriondo auf Itala, Gamboni auf Diatto, Masetti auf Fiat und Negro auf Nazzaro. Die Targa Florio war das erste große Nachkriegsrennen in Europa.

1920 wurde die Indianapolis-Rennformel geändert, indem man den Maximalhubraum von 300 Kubikzoll oder 4916 cm³ auf 183 Kubikzoll oder 3000 cm³ reduzierte. Peugeot und Ballot stellten wieder ein Team. Bei den Peugeot von 1920 sollte es sich um die letzten echten Rennwagen handeln, die von dieser Marke gebaut wurden. Es handelte sich um ein Vierzylindermodell (80 × 149 mm = 2996 cm³) mit drei(!) Nockenwellen, fünf(!) Ventilen pro Zylinder sowie mit Doppelzündung. Die Fahrer waren Goux, Indianapolis-Sieger von 1913, André Boillot und der Amerikaner Howard Wilcox, Sieger von 1919. Es fanden sich auch Achtzylindermodelle von Duesenberg sowie von Ballot (65 × 112 mm, 107 PS bei 3800 U/min) ein. De Palma auf dem Ballot führte nach 186 von 200 Runden, dann aber versagte die Magnetzündung, und der damals enorm erfolgreiche Italo-Amerikaner mußte das Rennen mit vier Zylindern beenden.

Sieger wurde Gaston Chevrolet — er war schweizerischer Abstammung — auf dem amerikanischen Monroe-Vierzylinder mit drei Litern Hubraum (79 × 152 mm, Leistung 92 PS bei 3200 U/min). Der Monroe-Pilot vermochte aber mit 142,43 km/h Renndurchschnitt den 1914 von De Palma auf dem 4,5-Liter-Mercedes aufgestellten Rekord von 144,55 km/h noch immer nicht zu schlagen. Thomas auf Ballot wurde Zweiter, gefolgt von den Duesenberg-Fahrern Milton und Murphy sowie von De Palma auf Ballot. In Frankreich wurde nach der jahrelangen Pause wieder eine Coupe für Voiturettes ausgeschrieben, die auf einem Circuit bei Le Mans über eine Strecke von 410,4 Kilometern lief. Das Reglement schrieb vor: Wagengewicht zwischen 350 und 500 kg, maximaler Hubraum 1400 cm³. Den ersten Platz belegte Friedrich auf Bugatti mit 92,134 km/h. Bei der Targa Florio fanden sich nur italienische Konkurrenten ein. Meregalli auf Nazzaro entschied die Schlacht über 432 Kilometer zu seinen Gunsten, gefolgt von einem gewissen Enzo Ferrari (damals 22) auf Alfa Romeo. Ferrari leitete dann in den dreißiger Jahren die berühmte, die Farben Alfa Romeos vertretende Scuderia Ferrari; nach dem Zweiten Weltkrieg erlangten die Rennwagen, die seinen eigenen Namen trugen, weltweiten Ruhm.

Erster GP von Italien

Neben dem «auferstandenen» GP des ACF in Le Mans läuft bei Brescia der erste GP von Italien. Der in der Sarthe erfolgreiche Duesenberg von Murphy weist hydraulische Vierradbremsen auf.

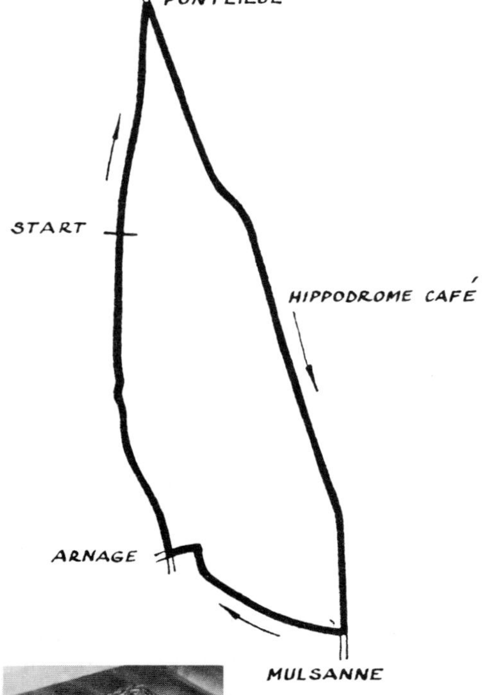

Das Jahr 1921 brachte endlich wieder den Grand Prix des ACF sowie den 1. Großen Preis von Italien. Man übernahm die in Indianapolis angewendete Dreiliterformel, die auch ein Mindestgewicht von 800 Kilogramm vorsah. Der französische Grand Prix lief auf einer 17,26 Kilometer langen Rundstrecke bei Le Mans, auf der dann später — ab 1923 — das berühmte 24-Stunden-Rennen ausgetragen werden sollte. Es galt, 30 Runden oder 517,86 Kilometer zurückzulegen. Die Meldeliste umfaßte die Marken Duesenberg, Ballot, Talbot, Mathis und Talbot-Darracq.

Wiederum kann ein technischer Meilenstein verzeichnet werden: Die amerikanischen Achtzylinder-Duesenberg sind als erste Rennwagen der Geschichte mit hydraulischen Vierradbremsen ausgerüstet, sie glänzen auch durch ein makelloses Finish. Aus dem großen Duell zwischen den Zweiliter-Ballot (69,6 × 130 mm = 1986 cm³, 90 PS bei 5000 U/min) und den Dreiliter-Duesenberg geht der Amerikaner Jimmy Murphy auf Duesenberg (63,5 × 117 mm = 2964 cm³, 115 PS bei 4225 U/min) vor den beiden Ballot-Fahrern De Palma und Goux als Sieger hervor, während der Getränkefabrikant Dubonnet auf Duesenberg Platz vier vor Boillot auf Talbot belegt. Auf den holprigen und belaglosen Straßen deren Zustand sich im Laufe des Rennens zusehends verschlechterte, schaffte Jimmy Murphy einen Renndurchschnitt von 125,69 km/h.

Links oben
1921 wickelte sich der Grand Prix des ACF bei Le Mans auf der 17,262 km langen Rundstrecke ab, auf der später auch die 24-Stunden-Rennen ausgetragen worden sind.

Mitte links außen
Jimmy Murphy, der 1921 auf Duesenberg in Le Mans gewann. Hier weist er auf die hydraulischen Bremsen hin.

Mitte links
Henry Segrave auf dem 16ventiligen Talbot mit 1,5 Litern Hubraum von 1921.

Links unten
1921 wurden die 500 Meilen von Indianapolis von Tommy Milton auf einem Frontenac gewonnen.

In Indianapolis siegte 1921 Milton auf Frontenac (8 Zylinder, 67 × 107 mm = 2980 cm³, 125 PS bei 4300 U/min, Gewicht 1020 kg) vor Sales auf Duesenberg. Bei der Targa Florio stießen die Fiat, Alfa Romeo, Itala, Ceirano, Scat, Diatto, Aquila und Chiribiri auf die deutschen Mercedes. Giulio Masetti gewann mit einem Fiat des Typs S57 A/14 B (4 Zylinder, 104 × 143 mm = 4859 cm³, 150 PS bei 3500 U/min), der 1916 gebaut und dann weiterentwickelt worden war, gefolgt von Sailer auf dem Mercedes 28/95 PS und den beiden Alfa Romeo 20-30ES Sport (102 × 143 mm = 4250 cm³, 67 PS bei 2600 U/min), gefahren von Giuseppe Campari und Ugo Sivocci.

Die Neuheit des Jahres 1921 war der Große Preis von Italien, nachdem es in Europa vorher nur den französischen Grand Prix gegeben hatte. Das Rennen wurde am 4. September auf dem 17,3 Kilometer langen dreieckförmigen Montichiari-Kurs bei Brescia ausgetragen. Allerdings war der Meldeerfolg sehr schlecht, denn am Start standen bloß drei Achtzylinder-Ballot 3 L mit Goux, Chassagne und De Palma sowie drei Achtzylinder-Fiat mit Pietro Bordino (bisher war er Rennmechaniker gewesen), Louis Wagner und Ugo Sivocci. Beim Fiat Typ 801/402 handelte es sich um eine moderne Neukonstruktion der Dreiliterklasse (65 × 112 mm = 2973 cm³, 120 PS bei 4400 U/min, mittlere Kolbengeschwindigkeit 16,4 m/sec, Literleistung 40,2 PS/l, Leistungsgewicht 7,7 kg/PS). Bordino auf Fiat führte lange, dann aber schied er aus, und Jules Goux auf dem Ballot konnte seinen Namen als erster in das Goldene Buch des italienischen Grand Prix eintragen.

Nach erfolgreicher dreijähriger Renntätigkeit zog sich die Marke Ballot offiziell von den Rennstrecken zurück, um sich dem Personenwagenbau zuzuwenden. Ingenieur Ernest Henry verließ das Werk, das 1931 von Hispano-Suiza übernommen wurde. Henry baute anschließend die Sunbeam-Rennwagen.

Mit dem Ablauf der Dreiliterformel (Ende 1921) ging auch eine bestimmte Epoche zu Ende. Es war dies die Zeit, in der die europäischen Marken bei amerikanischen Rennen an den Start gingen, während sich die Amerikaner auch in Europa zum Kampf stellten. Später — 1925 — tauchten die Duesenberg noch einmal in Monza auf. Es mußten aber viele Jahre verstreichen, ehe die Konkurrenten wieder den Sprung über den Ozean unternahmen. In den Jahren 1939 und 1940 siegte zwar der Amerikaner Wilbur Show auf dem italienischen Maserati in Indianapolis. Die alte, auf die zehner Jahre zurückgehende Tradition wurde erst in den sechziger Jahren fortgesetzt, als die englischen Konstruktionen (Cooper, Lotus und Lola, später auch McLaren) in Indianapolis starteten und zum Teil auch Furore machten, während die Ford- oder Chaparral-Rennprototypen bei Dauerrennen wie Le Mans gegen

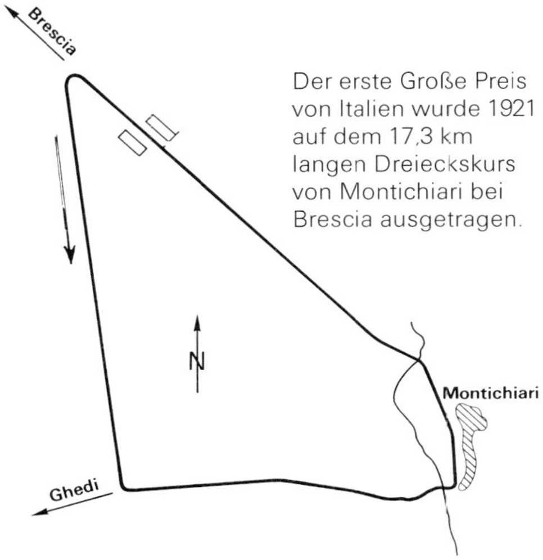

Der erste Große Preis von Italien wurde 1921 auf dem 17,3 km langen Dreieckskurs von Montichiari bei Brescia ausgetragen.

Links
Jules Goux auf dem Achtzylinder-Ballot von 2973 cm³ Hubraum gewinnt den ersten Großen Preis von Italien bei Brescia.

Unten
1921 gewann Baronin Antonietta Avanzo (mit Ramponi als Beifahrer) auf einem Alfa Romeo 20-30 ES die Coupe des Dames im Rahmen des Gentleman Grand Prix bei Brescia. Neben dem Wagen steht Alfa-Konstrukteur Giuseppe Merosi.

die europäischen Spitzenkonstruktionen antraten. Nach dem Zweiten Weltkrieg gingen auch einzelne europäische Fahrer in Indianapolis an den Start, wobei der Indy-Versuch Alberto Ascaris 1952 auf Ferrari besondere Beachtung fand.

Ein Kräftemessen Amerika — Europa gab es auch 1957/58 in Form des 500-Meilen-Rennens auf dem Hochgeschwindigkeitsoval von Monza, zu welchem der Automobilklub von Mailand die damalige Indianapolis-Creme sowie einige Vertreter der europäischen Spitzenkonkurrenz einlud. Nach zwei Auflagen verzichtete man aber auf weitere ähnliche, sehr kostspielige Treffen, die beim Publikum nur mäßiges Interesse fanden.

Mit dem Ableben der Dreiliterformel war auch die Zeit der ausgesprochen langhubigen Motoren abgelaufen. Mit einem langen Hub wollte man einen guten volumetrischen Wirkungsgrad erzielen, ohne die Drehzahl allzustark erhöhen zu müssen; damit blieb die Kolbengeschwindigkeit in erträglichen Grenzen. Beim Ballot-Achtzylinder, mit welchem Jules Goux den 1. Großen Preis von Italien gewonnen hatte, war der Hub 1,8mal größer als die Bohrung. Die besten Motoren drehten 4000 bis 4500 U/min, so daß die mittlere Kolbengeschwindigkeit Werte zwischen 15 bis 19 m/sec erreichte. Um das Leistungsgewicht zu senken, kam mehr und mehr Leichtmetall zur Anwendung.

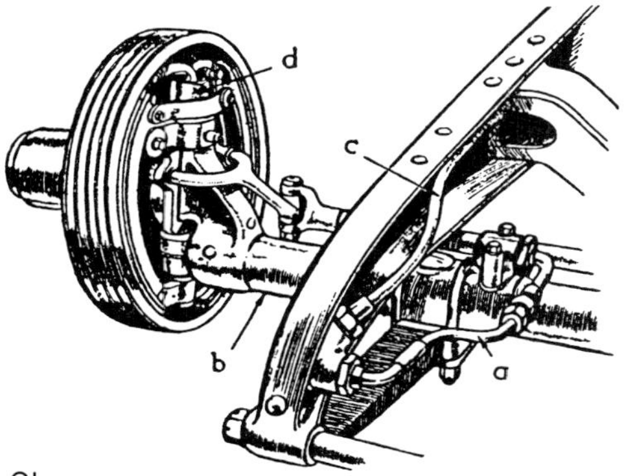

Oben
Das hydraulische Vierradbremssystem des 1921 in Le Mans erfolgreichen Duesenberg.

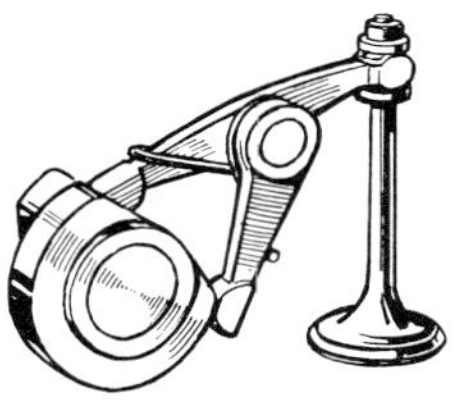

Rechts
Die Zwangsventilsteuerung des Dreiliter-Ballot von 1921.

Jimmy Murphy

Die Rennwagen von 1919 bis 1921

Baujahr	Marke und Modell	Zylinderzahl	Hubraum	Bohrung	Hub	Leistung/PS	Höchstdrehzahl	Anzahl Gänge	Spitze in km/h	Trockengewicht
1919	Ballot Indianapolis	8	4817	74	140	140	3000	4	189	1246
1919	Ballot 3L	8	2973	65	112	108	3800	4	180	920
1919	Duesenberg	8	4260	73	127	100	3000	3	185	1130
1919	Duesenberg	8	4850	76	133	120	4100	3	180	1150
1919	Miller	4	2980	79	152	118	4000	3	185	970
1920	Peugeot	4	2996	80	149	105	3800	4	165	1000
1920	Duesenberg GP	8	2980	63	117	115	4250	3	183	1160
1920	Frontenac	4	2980	79	151	120	4200	3	185	1020
1920	Monroe	4	3000	79	152	98	3200	3	165	1060
1921	Alfa Romeo 40/60	4	6082	110	160	82	2400	4	160	1100
1921	Alfa Romeo 20/30ES	4	4250	102	130	67	2600	4	155	830
1921	Mercedes 28/95	6	7274	105	140	150	4200	4	185	980
1921	Ceirano CS/24	4	2968	85	130	95	3950	3	155	850
1921	Sunbeam GP	8	2973	65	112	108	4000	4	176	1014
1921	Diatto GP	4	2950	90	116	105	3700	4	155	960
1921	Peugeot Indianapolis	4	2976	80	148	108	4000	4	176	1050
1921	Peugeot Indianapolis	4	2950	85	130	110	4200	4	180	1050
1921	Fiat 801-401	4	2973	85	131	112	4000	4	160	810
1921	Fiat 801-402	8	2973	65	112	120	4400	4	170	920
1921	Frontenac	8	2980	67	107	125	4300	3	180	1020
1921	Miller	8	2980	68	104	125	4000	3	185	990
1921	Austro-Daimler	6	2992	74	116	109	4500	4	176	1130
1922	Duesenberg	8	2980	63	117	125	4000	3	185	1170
1922	Frontenac	4	2980	79	151	120	4200	3	185	1030
1922	Bentley	4	2994	80	149	90	3900	4	160	1250

Neue Zweiliterformel

Fiat gewinnt den Großen Preis des ACF bei Straßburg sowie den Großen Preis von Italien auf der soeben in nur hundert Tagen erbauten Bahn von Monza. Neue Achtzylinder von Bugatti.

Das Jahr 1922 brachte wieder einen Formelwechsel: 2 Liter Maximalhubraum, 650 kg Mindestgewicht. Die Zweiliterformel blieb bis 1925 in Kraft. In Indianapolis galt die alte Dreiliterformel noch für die Auflage 1922.

Neue Rennstrecken entstanden. Bei Berlin wurde auf Privatinitiative hin eine Anlage gebaut, die dem damaligen Stand der Autotechnik zu entsprechen hatte. Es war dies die «Automobil-Verkehrs- und Übungsstraße», besser unter der Abkürzung Avus bekannt, welche mit einem Rennen am 24./25. September 1921 eröffnet wurde. Schon vor dem Krieg stand die Avus auf dem Papier. Während der Kriegsjahre wurde sie durch den Einsatz Tausender von Kriegsgefangenen halb fertiggestellt, doch dann stockte die Verwirklichung, und es verging wieder einige Zeit. Der Vorkriegskurs hatte eine Länge von 19,7 Kilometern, nach dem Zweiten Weltkrieg fuhr man nur noch auf einer 8,25 Kilometer langen Kombination. Die Avus erlebten ihre Höhepunkte in den dreißiger Jahren, als sich die Stromlinienrennwagen von Mercedes und Auto Union — vor jeweils 300 000 Zuschauern — großartige Kämpfe im 300-km/h-Tempo lieferten. Der Rundkurs setzt sich aus zwei langen Geraden und zwei Kurven zusammen. Die ursprünglich flache Nordschleife wurde 1936 durch die berühmte Steilwandkurve ersetzt, welche eine Überhöhung von 43° aufwies und bis 1967 benützt wurde. Später riß man die Steilwand wieder ab, und von 1971 an ging es wieder über eine flache Nordkurve.

In Italien wurde 1922 ein Rennsport-Mekka eröffnet, dessen Name auf viele Rennsportfans inzwischen eine magische Wirkung ausübt: Monza. Im Februar 1922 hatte der Automobilklub von Mailand den Bau eines Autodroms im Königspark, der Jahre zuvor in den Besitz der Gemeinden Mailand und Monza übergegangen war, angekündigt. Am 15. Mai wurde mit den Bauarbeiten begonnen, wobei Felice Nazzaro und Vincenzo Lancia den ersten Spatenstich taten. An die 3500 Mann, 200 Fuhrwerke, 30 Lastwagen sowie zwei kleine Dampflokomotiven, die 80 Rollwagen auf einem 5 Kilometer langen Schienenstrang bewegten, arbeiteten auf Hochtouren. Am 3. September sollte das erste Rennen auf der neuen Anlage stattfinden, das Werk mußte bis zum 15. August — also in 100 Tagen Bauzeit — abgeschlossen sein. Man schaffte das Kunststück. Die Anlage bestand aus dem 5,5 Kilometer langen Straßencircuit sowie aus der 4,5 Kilometer messenden Hochgeschwindigkeitspiste von ovaler Form. Das heutige Hochgeschwindigkeitsoval Monzas, das jedoch nicht mehr verwendet wird, weil es zahlreiche Unebenheiten aufweist (nachgiebiges Terrain), ist 4,25 Kilometer lang und entstand 1955. Zurzeit ist die bald siebzig Jahre alte und mehrmals modifizierte Monzabahn die älteste noch in Betrieb stehende Anlage dieser Art in Europa, nachdem auf der englischen Brooklandsbahn, welche 1907 eröffnet worden war, seit 1939 keine Rennen mehr ausgetragen werden und die Anlage weitgehend zerfallend ist. India-

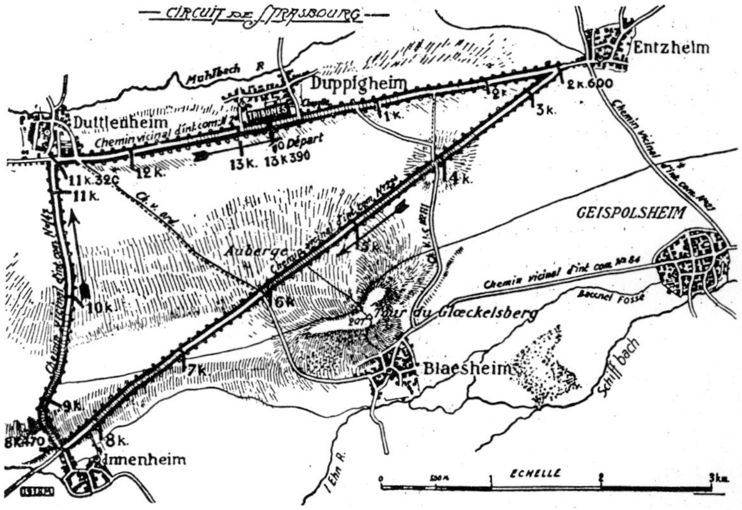

Der Grand Prix des ACF wurde 1922 auf einem 13,39 km langen Dreieckskurs in der Umgebung von Straßburg ausgetragen. Ganz in der Nähe stand das Bugatti-Werk.

Oben
Der Fiat 804 des jungen Biagio Nazzaro (ein Neffe Felice Nazzaros), der bei diesem Rennen tödlich verunglückte.

Links
Der großzügig angelegte Start-und-Ziel-Platz des Rundkurses von Straßburg.

Oben
Sieger Felice Nazzaro auf dem überlegenen Fiat 804-404 mit 1991-cm³-Sechszylindermotor. Nazzaro hatte den GP des ACF schon 1907 gewonnen.

Mitte
De Viscaya auf dem stromlinienförmigen Bugatti Typ 29 mit 1991cm³-Achtzylindermotor. Der Auspuff lag in der zentralen Hecköffnung. De Viscaya kam auf den Ehrenplatz.

Unten
Clive Gallop auf dem vierzylindrigen 1487-cm³-Aston-Martin mit Zweinokkenwellenmotor. Ein zweiter Aston Martin wurde in Straßburg von Graf Zborowski gefahren.

Oben
Segrave auf dem Sunbeam mit 1975-cm³-Vierzylindermotor gab, in fünfter Position liegend, mit einem Ventilschaden auf. Für 1923 brachte Sunbeam einen Sechszylinder heraus.

Mitte
Der ehemalige Peugeot-Fahrer Jules Goux trat in Straßburg mit einem stromlinienförmigen Vierzylinder-Ballot an. Henry hatte den Achtzylindermotor «halbiert».

Unten
Louis Wagner auf dem Achtzylinder-Rolland-Pilain, der eigenartigerweise über Linkslenkung verfügte, weshalb der Zweisitzer auch von der andern Seite fotografiert wurde.

napolis — 1909 gebaut — bleibt das älteste Autodrom der Welt.

Fiat erlebte 1922 wieder ein Erfolgsjahr. Der Große Preis des ACF kam auf einem 13 Kilometer langen Rundkurs bei Straßburg zur Austragung: Erstmals wurden in Europa die Konkurrenten nicht mehr einzeln, sondern im später klassisch gewordenen Massenstart, wie man ihn von Indianapolis her kannte, auf die Reise geschickt. Die drei Fiat werden von Felice Nazzaro, dessen Neffen Biagio Nazzaro und von Pietro Bordino gefahren. Bugatti bringt Achtzylinderrennwagen des Typs 29 an den Start, Sunbeam schickt die vom ehemaligen Peugeot- und Ballot-Ingenieur Ernest Henry gebauten Vierzylinder ins Rennen, Aston Martin ist mit Vierzylindern der 1,5-Liter-Klasse vertreten, mit Achtzylindern konkurriert Rolland-Pilain. Die weiteren Marken sind Mathis, Slim-Pilain und Ballot.

Die zierlichen Fiat 804-404 (Reihensechszylinder mit zwei obenliegenden Nockenwellen, 65 × 100 mm = 1991 cm³, 112 PS bei 5000 U/min, Verdichtung 7:1) führten unangefochten. Der alte Kämpe Felice Nazzaro, der den Grand Prix des ACF schon 1907 in Dieppe gewonnen hatte, rückte vom Start weg an die Spitze, wurde dann aber in der fünften Runde von seinem Markengefährten Pietro Bordino überholt. In den letzten Runden verunglückte der dritte Fiat-Mann, Biagio Nazzaro, infolge eines Hinterachsschadens tödlich; später fiel Bordino dem gleichen Defekt zum Opfer, während Felice Nazzaro bei dem Unglücksrennen, bei welchem sein Neffe den Tod gefunden hatte, seinen letzten großen Sieg herausfuhr. Nur drei Wagen kamen ins Ziel. Nazzaro brachte die enorme Distanz von 802 Kilometern, die er ohne Ablösung bewältigen mußte, mit einer Durchschnittsgeschwindigkeit von 127,67 km/h hinter sich und saß insgesamt 6 Stunden, 17 Minuten und 17 Sekunden am Steuer. De Viscaya auf dem Bugatti-Achtzylinder wurde mit einer Stunde Rückstand Zweiter, gefolgt von seinem Markengefährten Marco.

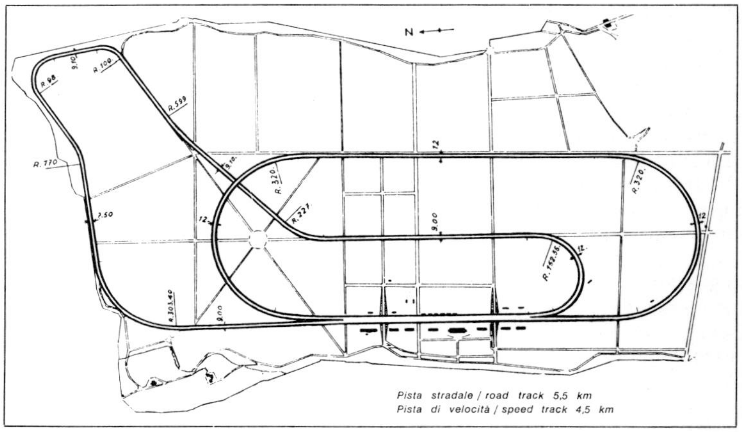

In 100 Tagen wurde 1922 die Bahn von Monza gebaut, welche damals aus dem 5,5 km langen Straßenkurs sowie aus dem 4,5 km langen Hochgeschwindigkeitsoval bestand. Den Spatenstich taten Felice Nazzaro und Vincenzo Lancia.

Fiat war auch beim 2. Großen Preis von Italien am 10. September auf der soeben fertiggestellten Monzabahn (damals hieß die Anlage noch Circuito di Milano oder Rundstrecke von Mailand) mit Pietro Bordino auf dem Fiat 804-404 erfolgreich. Die Bahn war eine Woche zuvor, das heißt am 3. September 1922, mit dem Grand Prix für Voiturettes der 1,5-Liter-Klasse offiziell eröffnet worden, wobei an die 100 000 Zuschauer bei strömendem Regen der Siegesfahrt Pietro Bordinos auf dem Fiat 803-403 mit Vierzylindermotor (65 × 112 mm = 1486 cm³, 63 PS bei 5000 U/min) beiwohnten.

Paul de Vizcaya

Mercedes kam bei der Targa Florio mit Giulio Masetti zu einem Erfolg, beim englischen Tourist-Trophy-Rennen, das seit 1914 erstmals wieder ausgetragen wurde, gewann Chassange auf Sunbeam. Zum letzten Male lief das 500-Meilen-Rennen von Indianapolis nach der alten Dreiliterformel; Murphy mit seiner Eigenkonstruktion kam auf den ersten Platz.

Oben
Der Diatto 20 S von Alfieri Maserati während des verregneten Grand Prix von Italien 1922 in Monza. Maserati geriet von der Bahn.

Rechts
Trotz Regenwetter wohnten 1922 an die 100 000 Zuschauer dem Eröffnungsrennen in Monza bei.

Erster Sieg des Kompressors

Fiats aufgeladener Achtzylinder gewinnt den dritten GP von Italien. Segrave auf Sunbeam geht beim GP des ACF siegreich durchs Ziel. In Le Mans wird erstmals das 24-Stunden-Rennen ausgetragen.

Das folgende Jahr 1923 war aus verschiedenen Gründen von Bedeutung: Erstmals in der Geschichte tauchten einsitzige Rennwagen (in Indianapolis) auf, erstmals sollte ein Rennwagen mit Kompressormotor einen Großen Preis gewinnen (Fiat 805-405), erstmals fuhren Rennwagen mit vor der Hinterachse eingebautem Mittelmotor sowie mit vier unabhängigen Rädern (Benz-Tropfwagen) bei Großen Preisen mit. Man bemühte sich allgemein, die Karosserien noch windschlüpfiger zu gestalten, und schuf Torpedoformen mit kreisrundem Querschnittprofil (Bugatti, Ballot und Benz). An Originalitäten fehlte es 1923 nicht, denn auch die Société Anonyme des Aéroplanes Gabriel Voisin baute einen Grand-Prix-Wagen, der ebenfalls in Tours an den Start ging und durch seine kantige Stromlinienkarosserie auffiel. Vom Flugzeugbau inspiriert, hatte Voisin seine Rennwagen mit Semi-Monocoque-Fahrgestellen ausgerüstet. Als Triebwerk diente die für Voisin so typischen Sechszylinder-Schiebermotor-Konstruktion von 1978 cm³ Inhalt, welche sich allerdings als unterlegen erwies. Die Voisin-Mannschaft ging bei den Grand Prix des ACF und von Italien an den Start, aber meistens gab es Ausfälle. Fiat brachte 1923 einen neuen, aufgeladenen Achtzylinderrennwagen heraus, Sunbeam und Alfa Romeo sattelten bei ihren Neukonstruktionen auf sechs Zylinder um. In Führung liegend, schieden

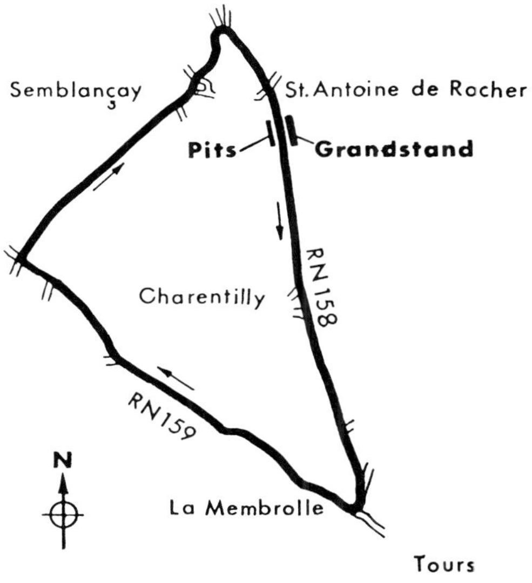

Rechts
Der Grand Prix de l'ACF wurde 1923 auf dieser 22,830 km langen Strecke in der Nähe von Tours ausgetragen.

Unten
Die Bugatti-Mannschaft trat in Tours mit den vier eigenwillig karossierten «Tanks» des Typs 32 mit 1991-cm³-Achtzylindermotor an.

Oben
Victor Héméry auf dem Rolland-Pilain-Achtzylinder.

Links
Zwischen Cockpit und Motorraum befand sich beim Bugatti 32 «Tank» keine Schutzwand.

Rechts
Henry Segrave nach seinem Sieg in Tours. Sein Sunbeam war die Nachbildung des vorjährigen Fiat-Sechszylinders, nachdem Sunbeam einen ehemaligen Fiat-Ingenieur (Bertarione) angeheuert hatte.

Oben
Die vom Flugzeugbau inspirierten Voisin «Laboratoire» wiesen eine Art Monocoquechassis auf (Holzrahmen, mit Stahlröhrchen verstärkt und mit Aluminiumblech beplankt), aber die Motoren waren zu schwach.

Unten
Carlo Salamano mit dem Fiat 805-405 während eines Tankstopps anläßlich des siegreich beendeten Großen Preises von Italien in Monza.

Mitte
Beim Großen Preis von Italien kam der Benz-Mittelmotorwagen mit Tropfenform auf den vierten Platz (Minoia).

die starken Fiat-Achtzylinder (Typ 805-405: 60 × 87 mm = 1979 cm³, 130 PS bei 5500 U/min) beim Großen Preis des ACF in Tours aus, weil die Kompressoren von Steinen und Schmutz beschädigt worden waren, so daß der Engländer Henry Segrave mit einem Sunbeam zum Erfolg kam. Es war ein Sechszylinder (67 × 94 mm = 1988 cm³, 108 PS bei 5000 U/min, Gewicht 675 kg, Spitze 180 km/h) und stellte eigentlich eine Kopie des 1922 in Straßburg mit Nazzaro siegreichen Fiat 804-404 dar, hatte doch die englische Marke für die Realisierung des neuen Fahrzeuges den ehemaligen Fiat-Mitarbeiter Vincenzo Bertarione engagiert, der maßgeblich am Fiat 804 mitgewirkt hatte. In den zeitgenössischen Chroniken wurden die Sunbeam etwas spöttisch als die ins Englische übersetzten Fiat oder als die Fiat in Englischgrün tituliert. Henry Segrave sollte überhaupt der erste Engländer der Geschichte werden, der seinen Namen in das Goldene Buch eines bedeutenden Grand Prix eintrug; für Sunbeam blieb der Sieg bei der französischen Großveranstaltung der wichtigste Rennerfolg in seiner Geschichte.

Bei Alfa Romeo hatte man für die Saison 1923 den Typ P1 gebaut, der aber nie bei einem Rennen eingesetzt wurde, war doch Ugo Sivocci am Vortag des italienischen Grand Prix in Monza mit der Neukonstruktion in der Vialone-Kurve (dort, wo 1955 auch Alberto Ascari den Tod fand) ums Leben gekommen.

Mit dem Jahr 1923 kam auch die erste Auflage des 24-Stunden-Rennens von Le Mans, welches für Tourenwagen «wie in den Fabrikkatalogen angeboten» ausgeschrieben wurde. Es gab einen französischen Sieg mit Lagache/Léonard auf Chenard-Walcker, die 2209,53 Kilometer zurücklegten und somit einen Durchschnitt von 92,064 km/h erreichten. Fiat sicherte sich beim Großen Preis von Europa in Monza wieder einen großen Erfolg: Carlo Salamano steuerte den Achtzylinder auf den ersten Platz; es war dies der erste Grand-Prix-Sieg eines Kompressorrennwagens überhaupt. Der Fiat 805 belegte mit Felice Nazzaro auch den zweiten Platz. Der Achtzylinder aus Turin war vom Technikerteam bestehend aus Zerbi, Fornaca und Cavelli konstruiert worden. Zu Carlo Salamano bleibt noch zu erwähnen, daß er bis in die sechziger Jahre bei Fiat als Testfahrer von Prototypen eingesetzt wurde und dabei Millionen Fahrkilometer zurücklegte.

In Indianapolis wurde 1923 die europäische Zweiliterformel übernommen: Sieg von Milton auf dem HCS-Special mit 146,3 km/h.

Im Rahmen des Grand Prix Suisse für Motorräder vom 9./10. Juni 1923 ging auch das erste Schweizer Rundrennen für Automobile in Szene. Ausgetragen wurde diese Premiere bei Meyrin (Genf) und umfaßte die Cyclecars der 750- und 1100-cm³-Klasse. Es gab einen Doppelsieg der Salmson-Rennwagen von Bueno und Benoist. In der kleinen Klasse bis

Carlo Salamano

Mit diesem aufgeladenen Achtzylindermotor des Typs 405 (60 × 87,5 mm = 1979 cm³), dessen amerikanischer Witting-Zellenlader frontal angebracht war, stellte Fiat 1923 den ersten Sieg eines Kompressorwagens sicher.

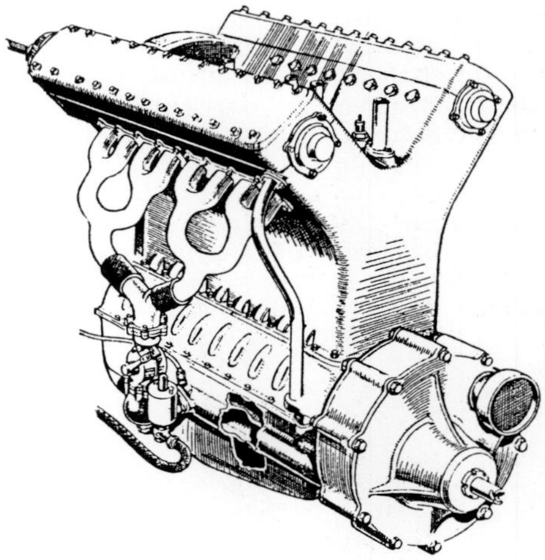

Rechts
Für den Grand Prix von Italien und von Europa 1923 in Monza hatte Alfa Romeo den Tipo G.P.R. (P 1) mit Zweiliter-Sechszylinder-Motor vorbereitet. Bei einer Probefahrt verunglückte jedoch Ugo Sivocci mit dem G.P.R. in Monza tödlich (Bild), worauf Alfa Romeo die Nennung wieder zurückzog. Einen G.P.R. rüstete der junge Jano später versuchsweise mit einem Kompressor aus.

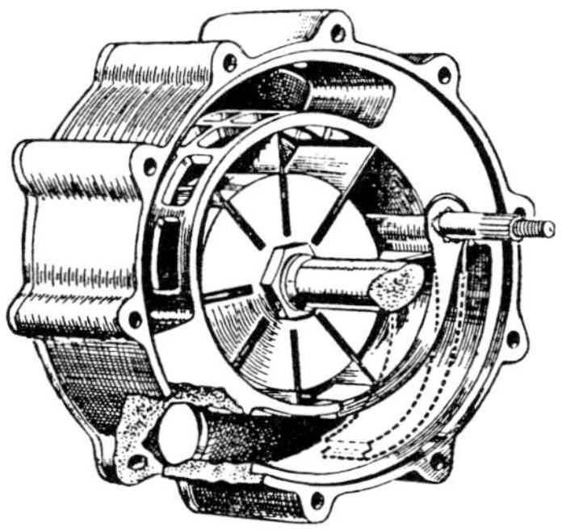

Unten
Blick in das Innere des Witting-Zellenladers, der von Fiat später durch einen klassischen Roots-Kompressor ersetzt wurde.

Rechts
Die letzten Startvorbereitungen zum 500-Meilen-Rennen von Indianapolis 1923. In der zweiten Reihe stehen die drei Bugatti Typ 30 mit Achtzylindermotor.

750 cm³ gewann der Genfer Flieger Durafour auf Mathis vor dem ebenfalls aus Genf stammenden Speidel auf einer Eigenkonstruktion. Am Start waren bloß sechs Fahrzeuge. Bueno erreichte einen Gesamtdurchschnitt von 93,3 km/h, die schnellste Runde legte er mit 106,3 km/h zurück. Der 9,3 km lange Circuit bei Meyrin bestand aus drei Geraden.

Mittlerweile bekam auch Spanien 1923 seine erste permanente Anlage, nämlich die Hochgeschwindigkeitsbahn von Sitges in der Nähe von Barcelona. Die im damals beliebten Brooklandsstil gebaute und Steilwandkurven aufweisende Bahn war 2 Kilometer lang und wurde am 28. Oktober in Anwesenheit des autobegeisterten Königs Alphons mit einem Rennen für Voiturettes der kleineren Hubraumklasse eröffnet. Aber Sitges war ein totales Fiasko. Bald einmal stellte man fest, daß beim Bau der überhöhten Kurven große Berechnungsfehler gemacht worden waren; die Kurvenradien waren viel zu eng. Das Eröffnungsrennen führte über 300 Runden oder 600 Kilometer. Es gewann Albert Divo auf einem Sunbeam, wobei auch der später legendäre Tazio Nuvolari mit einem Chiribiri hier an den Start ging. Eine Woche danach gab es in Sitges ein weiteres Rennen der Voiturettes, diesmal gewann Dario Resta auf Talbot. Anschließend wurden in Sitges keine Rennen mehr ausgetragen; die teilweise zerfallene Anlage besteht aber auch heute noch. Ab 1925 sind die bedeutenden spanischen Vorkriegsrennen entweder in San Sebastian oder auf dem Pedralbes-Circuit von Barcelona ausgetragen worden. In einigen Quellen wird das Rennen von Sitges auch als Großer Preis von Spanien 1923 aufgeführt.

Im Oktober 1923 wurde in Sitges bei Barcelona ein 2 km langes Hochgeschwindigkeitsoval eröffnet, aber schon nach wenigen Rennen blieb die Anlage unbenutzt. Man hatte die Kurven falsch berechnet.

Alfa Romeo gegen Delage

In Mailand hat Jano den P2 von Alfa Romeo mit Achtzylinder-Kompressormotor herausgebracht, während Delage mit einem V12 fährt. Bei Mercedes baut Porsche einen Achtzylinder.

Die Großen Preise der Jahre 1924 und 1925 standen weitgehend im Zeichen eines italienischen Modells: des Alfa Romeo P2 mit Achtzylinder-Kompressormotor, bei dem es sich um eine Weiterentwicklung jenes Alfa P1-Sechszylinders handelte, mit welchem Ugo Sivocci in Monza tödlich verunglückt war. Ende 1923 verpflichtete Alfa Romeo den jungen und später so erfolgreichen Techniker Vittorio Jano (Janos letzte Grand-Prix-Konstruktion war der Lancia D50 Formel 1 von 1954), der sich für einen Reihen-Achtzylinder mit zwei Nockenwellen entschied. Die Abmessungen der Kompressormaschine lauteten: 61 × 85 mm = 1987 cm³. Die mit einem Roots-Kompressor aufgeladene Einheit gab im ersten Jahr 145 PS bei 5500 U/min ab; die mittlere Kolbengeschwindigkeit betrug 15,6 m/sec, das Fahrgestell bestand nach der damals klassischen Bauweise aus zwei großen seitlichen Längsholmen, vorn und hinten wurde die starre Achse von Blattfedern geführt. Zusammen mit dem Delage-Zwölfzylinder sollte der Alfa Romeo P2 das markanteste und erfolgreichste Fahrzeug der Jahre 1924/25 werden. Der rote Zweisitzer mit dem seitlich angebrachten Kleeblattsignet debütierte bei einem Rundrennen in Cremona, wo man das Auto im Hinblick auf den Großen Preis des ACF und von Europa testete, mit einem Sieg. Für Bugatti war dieser Grand Prix in Lyon ein denkwürdiges Ereignis, denn hier debütierte der berühmte Achtzylinder Typ 35, der als das erfolgreichste Modell der Marke in die Geschichte einging. Das große französische Rennen wikkelte sich auf einem 23 Kilometer langen Circuit bei Lyon ab. Alfa Romeo setzte hier die P2 mit Antonio Ascari, Giuseppe Campari und Louis Wagner ein. Die gefährlichsten Rivalen waren Sunbeam, Delage, Fiat und Bugatti. Zuerst führte Segrave auf Sunbeam, dann wurde der Engländer vom Fiat Bordinos verdrängt. Der Alfa Romeo von Antonio Ascari rückte nach neun Runden an die Spitze, nach 32 Runden aber gab der Motor des P2 den Geist auf, und Giuseppe Campari konnte somit auf den ersten Platz nachrutschen und für Alfa Romeo den Grand Prix von Europa gewinnen. Die beiden Delage V12 des Typs 2 LCV von Divo und Benoist wurden Zweiter und Dritter, gefolgt von Wagner auf Alfa Romeo und von Segrave auf Sunbeam. Die Delage waren die einzigen zwölfzylindrigen Grand-Prix-Wagen der damaligen Zweiliterformel. Die französische Konstruktion entstand 1923 unter der Leitung von Ingenieur Charles Planchon. Das Aggregat wies vier obenliegende Nockenwellen auf, die Zylinderabmessungen betrugen 51,4 × 80 mm = 1985 cm³, wobei die Maschine von zwei Vergasern gespeist wurde. Vorerst gab sie 120 PS bei 6000 U/min ab. Dieser Zwölfzylinder des Typs 2 LCV aus Courbevoie (hier hatte Louis Delage sein

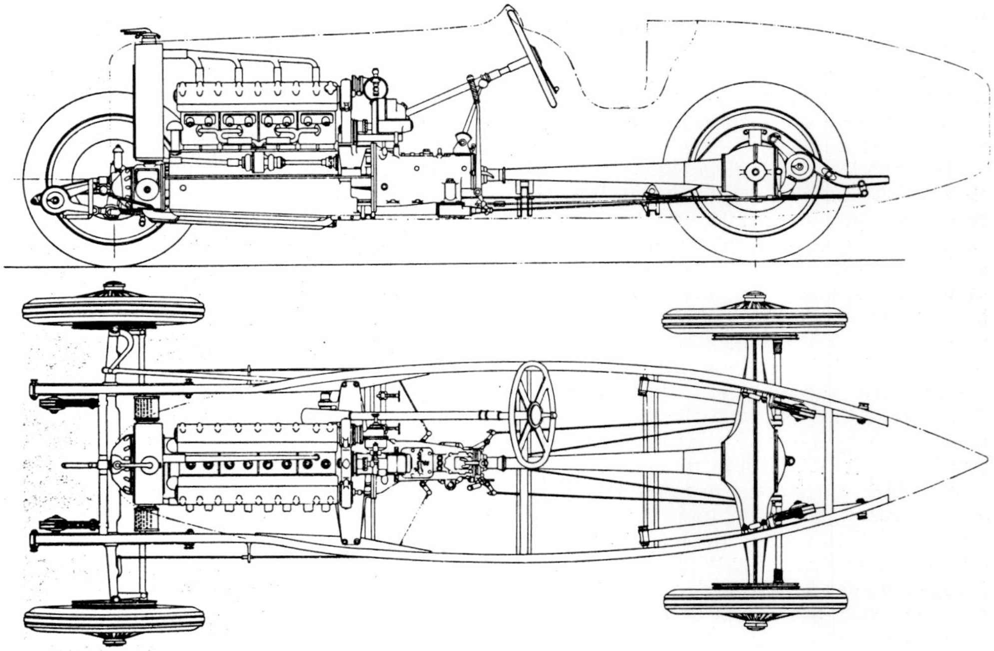

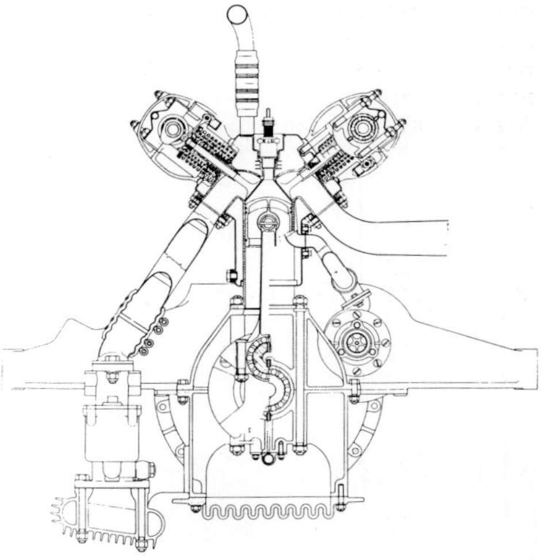

Links
Die drei Delage 2 LCV mit Zweiliter-V12-Motor im Fahrerlager des Grand Prix von Frankreich und von Europa 1924 in Lyon. Die im Hinblick auf 1923 von Planchon konstruierten Delage waren inzwischen von Albert Lory mit einer Aufladung versehen worden.

Oben
Der Ende 1923 von Fiat zu Alfa Romeo gekommene Vittorio Jano konstruierte den 1924 und 1925 erfolgreichen Alfa Romeo P 2 mit aufgeladenem Kompressormotor.

Mitte
Beim Alfa-Romeo-Motor des Typs P 2 betrugen die Abmessungen des Achtzylinders 61 × 85 mm = 1987 cm³. 1924 gab das Aggregat 140 PS bei 5500/min ab (1930 175 PS bei 5500/min).

Werk 1912 eröffnet) ist als der erste erfolgreiche V12 in die Geschichte eingegangen. Das Fahrzeug wurde von 1923 bis 1925 eingesetzt und von Planchon, einem Cousin Louis Delages, zusammen mit dem jungen Albert Lory weiterentwickelt.

Der Alfa Romeo P2 siegte auch beim Großen Preis von Italien in Monza, wo sich Antonio Ascari für das in Lyon erlebte Pech revanchierte. Alfa Romeos Erfolg war total: vier Wagen mit Ascari, Wagner, Campari und Minoia auf den vier ersten Plätzen. Sunbeam konnte 1924 einen Erfolg anläßlich des Großen Preises von Spanien in San Sebastian mit Segrave buchen; von diesem Rennen hielten sich allerdings die sieggewohnten Alfa Romeo und Fiat fern. Hinter dem englischen Sechszylinder belegten die Achtzylinder-Bugatti und Zwölfzylinder-Delage die Ehrenplätze. Letztere wurden im Hinblick auf die Saison 1924 vom jungen Ingenieur Albert Lory überarbeitet, denn die Schwäche der französischen V12-Wagen war deren Fahrgestell, das den Anforderungen nicht gewachsen war. Bei diesem Großen Preis von Spanien hatte anfänglich Giulio Masetti auf dem Vierzylinder-Mercedes an der Spitze gelegen, dann aber kam der Italiener von der Bahn ab und schied aus. Mit Christian Werner kam die deutsche Marke anläßlich der Targa Florio zu einem Erfolg, und zwar mit

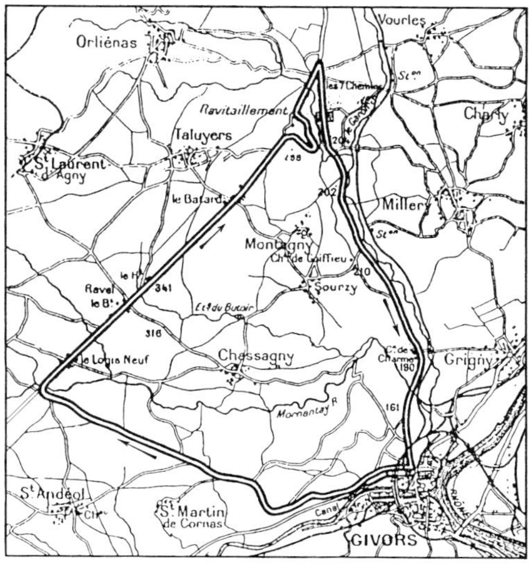

einem aufgeladenen Vierzylinder von 120 PS Leistung.

In Indianapolis trugen die Amerikaner ihr Rennen nur noch unter sich aus, die Europäer hatten das Interesse an der großen 500-Meilen-Schlacht verloren.

Das Jahr 1924 muß noch eingehender ausgeleuchtet werden, insbesondere deshalb, weil damals zwei markante Konstrukteure mit ersten eigenen Grand-Prix-Modellen von sich reden machten: Ferdinand Porsche und Vittorio Jano.

Ferdinand Porsche, damals 48jährig, war 1923 von Austro-Daimler, wo er unter anderem auch die Sascha-Rennwagen gebaut hatte, welche 1922 bei der Targa Florio an den Start gegangen waren, zur Daimler Motoren-Gesellschaft nach Stuttgart-Untertürkheim gekommen, wobei er hier den bestehenden Mercedes-Rennsportwagen mit Zweiliter-Vierzylindermotor mit einem Kompressor versah. Am 27. April 1924 gewann Christian Werner — wie schon erwähnt — mit diesem Mercedes M7294 die Targa Florio: Es sollte sich dabei um den ersten Sieg eines aufgeladenen Mercedes handeln.

Der Mercedes-Mannschaft gehörte 1924 auch der spätere Rennleiter Alfred Neubauer an, welcher Ferdinand Porsche von Austro-Daimler in der Wiener Neustadt nach Untertürkheim gefolgt war. Im gleichen Jahr verlieh die Technische Hochschule Stuttgart Ferdinand Porsche den Titel eines Ehrendoktors. Inzwischen aber hatte der geniale Mann die Konstruktion eines Mercedes-Rennwagens der Zweiliter-Grand-Prix-Formel an die Hand genommen. Es handelte sich um einen Achtzylinder mit Kompressor, mit welchem man den auf den 7. September angesetzt gewesenen und dann auf den 19. Oktober verschobenen Großen Preis von Italien in Monza bestreiten wollte. Verschoben wurde das Rennen dann deshalb, weil sich Fiat abgemeldet hatte, ebenso mußten Porsche und seine Mitarbeiter bei den am 2. September mit dem neuen Achtzylinder durchgeführten Tests feststellen, daß das Fahrzeug problematisch war, so daß sich auch die Deutschen wieder abmeldeten. Aber am 19. Oktober lief dann der Grand Prix doch, und es gab einen überzeugenden Erfolg des von Ingenieur Jano konstruierten und aufgeladenen Alfa Romeo P2 mit Antonio Ascari am Steuer.

Die Mercedes-M218-Achtzylinder, für die Werner, Neubauer, Masetti, Merz, Zborowski sowie ein junger Mann namens Rudolf Caracciola als Fahrer nach Monza aufgeboten worden waren (total 4 Wagen), konnten die Alfa Romeo P2 trotz des leistungsstarken Achtzylindermotors nicht gefährden. Eine

Antonio Ascari

Giuseppe Campari

Oben
Der Grand Prix von Europa 1924 lief auf diesem 23,145 km langen Rundkurs südlich von Lyon.

Mitte links
Vor dem Rennen werden die Konkurrenten in Lyon per Megaphon instruiert.

Rechts
Beim Grand Prix von Europa in Lyon debütierte auch der dann so berühmte Bugatti Typ 35 (Zweiliter-Achtzylindermotor, vorerst noch keine Aufladung), an dessen Steuer hier Ettore Bugatti sitzt.

Links unten
Bei Alfa Romeo wird der große Sieg 1924 in Lyon gefeiert. Rechts Sieger Giuseppe Campari (mit Rennbrille und Alfa-Pullover), daneben Antonio Ascari.

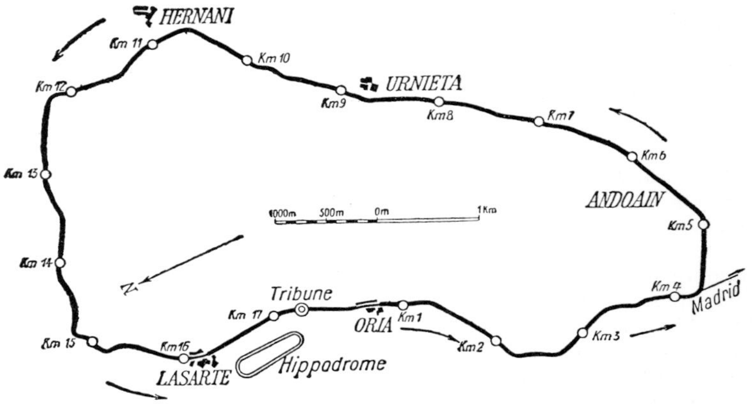

Der Große Preis von Spanien wurde 1924 erstmals auf dem 17,315 km langen Circuit von Lasarte in der Nähe von San Sebastian ausgetragen. Man führte den Grand Prix bis 1935 auf diesem Kurs durch.

brauchbare Leistung setzte erst im oberen Drehzahlbereich ein, und auch mit der Straßenlage gab es Probleme. Aber dann kam das Schlimmste: Gegen den Schluß des Grand Prix von Italien verunglückte Zborowski auf Mercedes in der Lesmo-Kurve tödlich. Als Grand-Prix-Fahrzeug wurde der Achtzylinder nie mehr eingesetzt. Später baute man den M214 auf Rennsportwagen um, und mit diesem Modell sollte dann Rudolf Caracciola 1926 auf der Berliner Avus den Großen Preis von Deutschland gewinnen.

Der Alfa Romeo P2 war das erste erfolgreiche Grand-Prix-Modell von Alfa Romeo. Vittorio Jano, der übrigens seit 1911 bei Fiat in Turin tätig gewesen war und dort zum Beispiel auch am Bau des 1914 beim Grand Prix des ACF bei Lyon eingesetzten Fiat mit konstruiert hatte, kam im September 1923 zu Alfa Romeo nach Mailand, wohin ihn Nicola Romeo verpflichtet hatte. Die Tatsache, daß immer wieder fähige Konstrukteure bei Fiat weggelockt wurden, war dann mitverantwortlich dafür, daß sich die Turiner später aus dem Grand-Prix-Sport zurückzogen. Noch im gleichen Jahr — 1923 — versah Jano das Modell GPR/P1 mit einem Kompressor, aber nach dem tödlichen Trainingsunfall Ugo Sivoccis in Monza wurde der P1-Sechszylinder nie bei Rennen eingesetzt. Jano machte sich nun an den Entwurf des P2 heran, der sich als ein hervorragender Wurf entpuppen sollte. Schon am 7. Januar 1924 stellte Jano den damals zwanzigjährigen technischen Zeichner Giochino Colombo an, der bis 1937 direkter Assistent Janos blieb. Es war jener Colombo, welcher 1937/38 den Alfetta 158 und nach dem Kriege auch den allerersten Ferrari-V12-Motor konstruierte.

Im Jahre 1924 tauchte bei den Grand Prix des ACF, von Spanien und von Italien auch eine schweizerisch-französische Grand-Prix-Konstruktion auf, nämlich der Schmid-Sechszylinder mit ventillosem Motor, dessen Zylinderabmessungen 64,8 × 100 mm = 1980 cm³ betrugen. Eingebaut war das Aggregat in französische Rolland-Pilain-Fahrgestelle von 1922, und gefahren wurden die Schmid von Goux und Foresti. Die ventillosen Schmid waren jedoch unterlegen und verschwanden bald wieder.

Ihr zweites internationales Rundrennen erlebte die Schweiz am 15. Juni 1924. Allerdings traten auf der 9,3 km langen Rundstrecke bei Meyrin (Genf) nicht alle gemeldeten Fahrer an. Nur fünf Wagen der 1,5-Liter-Voiturettes-Kategorie nahmen den Kampf auf; das Rennen führte über 35 Runden oder 325,5 km. Es siegte der prominente englische Talbot-Werkfahrer Lee Guiness, der zwei Jahre zuvor in Brooklands am Steuer eines grossvolumigen Sunbeam mit 215,2 km/h einen absoluten Weltrekord aufgestellt hatte. Auf den zweiten Platz kam ebenfalls ein Talbot-Pilot, nämlich Dario Resta — Indianapolis-Sieger 1916 auf Peugeot —, gefolgt vom Tessiner Lepori auf Fiat. Guiness bewältigte die Distanz in 2 Stunden, 26 Minuten und 56 Sekunden.

Links
1924 holte sich Mercedes bei der Targa Florio den Sieg mit dem aufgeladenen Vierzylinder von 2 Litern Inhalt. Der M-7294-Motor war von Ferdinand Porsche (rechts) mit einem Kompressor versehen worden. Am Steuer sitzt hier der spätere Rennleiter Alfred Neubauer.

Links unten
1924 debütierte in Monza auch dieser aufgeladene Mercedes-Achtzylinder des Typs M 218. Das Fahrzeug erwies sich jedoch als Fehlkonstruktion und kam dann erst 1926 (als Sportwagen) auf der Avus erfolgreich zum Einsatz.

Mitte
Vor dem Großen Preis von Italien 1924 in Monza stellen sich Antonio Ascari (Sieger, links) und Giulio Ramponi dem Fotografen. Hinter dem Steuer des P 2 steht der damals sechsjährige Alberto Ascari (Sohn Antonios), der dann 1952 und 1953 Weltmeister wurde.

Oben
Wer in Monza in den zwanziger Jahren in einer Stunde mehr als 100 km zurücklegte, wurde in den «Club dei cento all'ora» aufgenommen und mit einem Diplom versehen. Beispiel: Antonio Ascari.

Louis Wagner

Alfa Romeo wird Weltmeister

Nach zwei Grand-Prix-Erfolgen gewinnt die Mailänder Marke auch die erste Weltmeisterschaft für Marken. Delage siegt in Montlhéry und San Sebastian. Die Literleistung erreicht nun mehr als 90 PS.

Die vier bedeutendsten Grand-Prix-Rennen der folgenden Saison 1925 brachten je zwei Alfa-Romeo- und zwei Delage-Siege. Den 1923 entstandenen Delage 2 LCV V12 versah man 1925 mit einem Roots-Kompressor, so daß die Leistung des Motors auf den enormen Wert von 180 PS bei 7000 U/min anstieg, wobei die Literleistung den Rekordwert von 90 PS/l erreichte; der Traumwert von 100 PS/l lag somit in Reichweite. Aber das Fahrgestell dieser Konstruktion ermöglichte es den Piloten nicht, die volle Leistung, die derjenigen der Konkurrenz überlegen war, voll auszunützen.

Bei Alfa Romeo in Mailand gelang es, die Leistung des P2 von den bisherigen 145 PS auf 155 PS zu steigern, die Höchstleistungsdrehzahl blieb mit 5500 U/min unverändert. Der Alfa Romeo P2 und der Delage 2 LCV V12 waren 1925 eine Klasse für sich. Antonio Ascari auf Alfa Romeo gewann den 1. Großen Preis von Belgien in Spa vor seinem Markengefährten Giuseppe Campari. Nach dem Ausfall der Delage waren die Alfa Romeo hier allein übriggeblieben. Bei diesem Grand Prix ereignete sich etwas Ungewöhnliches: Nachdem das Publikum den italienischen Rennwagen gegenüber eine unsportliche Einstellung zum Ausdruck gebracht hatte, beschloß der Rennleiter Alfa Romeos, seine Piloten während des letzten Tankstopps an einen gedeckten Tisch vor den Boxen zu laden, wo sie sich mit einem Imbiß stärkten, ehe sie ihr Rennen siegreich beendeten. Das nächste große Treffen der Saison 1925 war der Grand Prix de l'ACF, der erstmals auf der neu erbauten Rundstrecke von Montlhéry bei Paris stattfand. Gemeldet waren die Mannschaften von Alfa Romeo, Delage, Sunbeam und Bugatti. Innerhalb des Alfa-Teams herrschte offene Rivalität zwischen dem Amateurtenor Giuseppe Campari und Antonio Ascari, denn jeder wollte beweisen, daß er der schnellste Pilot war. Bald liegen die P2 der beiden in Führung, dann aber kommt Antonio Ascari von der Bahn ab und wird auf der Stelle getötet. Der Sohn des unglücklichen Piloten, Alberto, war damals sieben Jahre alt, 1952 und 1953 sollte er dann auf Ferrari Weltmeister werden, aber auch er erlitt 1955 den Rennfahrertod. Als Zeichen der Trauer zieht sich Alfa Romeo in Montlhéry zurück. Divo fällt aus und übernimmt den Delage seines Kameraden Benoist. Delage holt sich einen Doppelsieg mit Benoist/Divo vor Wagner/Tourchy, während Masetti auf Sunbeam in dritter Position durchs Ziel schießt. Dahinter folgen die Achtzylinder-Bugatti von Costantini und Goux. Es handelte sich um den später so berühmten Bugatti Typ 35, der jahrelang zu den erfolgreichsten Rennwagen überhaupt zählte. Der 1881 in Mailand geborene Ettore Bugatti, dessen Autos im elsässischen Molsheim entstanden, hatte den Typ 35 1924 konstruiert. Das Achtzylinderfahrzeug (61 × 85 mm = 1991 cm³) wies eine obenliegende Nockenwelle sowie drei Ventile pro Zylinder auf. Eingekleidet wurde es mit der typischen Bugatti-Karosserie, charakteristisch waren auch die Leichtmetall-Breitspeichenräder mit integrierter Bremstrommel. Vom Typ 35 wurden verschiedenen Varianten hergestellt, die äußerlich alle gleich aussahen. Nach dem Typ 35 mit gebläselosem Achtzylindermotor erschien 1926 der verbesserte Typ 35A; 1927 versah man das Triebwerk mit einem Kompressor und taufte diese Version Typ 35C; gleichzeitig erschienen mit den Typen 35T

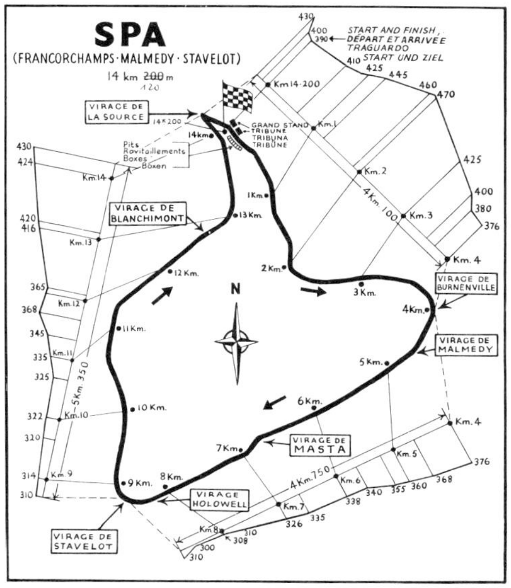

Albert Divo

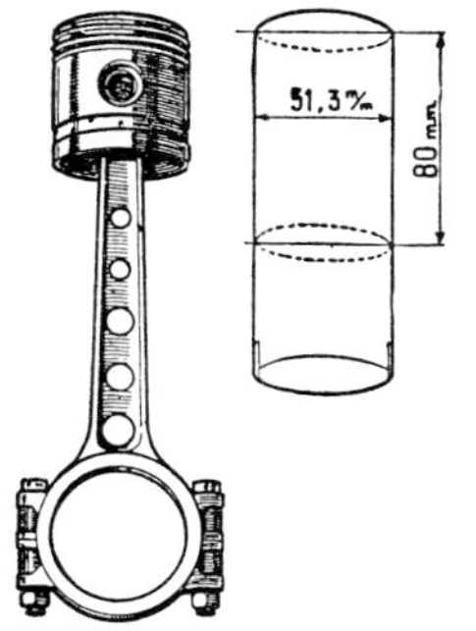

Ganz oben
Der erste Grand Prix von Belgien und von Europa ist 1925 auf der damals 14,2 km langen Ardennenrundstrecke von Spa-Francorchamps durchgeführt worden.

Rechts
Albert Divo in Spa, wo alle Delage 2 LCV mit V12-Motor ausgefallen sind. Das Rennen wurde nur von zwei Alfa Romeo P 2 zu Ende gefahren.

Oben
Die Skizze mit dem Pleuel und dem Kolben des Delage 2 LCV veranschaulicht das Bohrung/Hub-Verhältnis des ausgesprochenen Langhubers.

1925

(ohne Kompressor) und 35B (mit Kompressor) zwei weitere Varianten mit auf 2,3 Liter gesteigertem Hubraum, die vorwiegend bei Rennen der späteren freien Formel eingesetzt wurden.

Beim Großen Preis von Spanien 1925 in San Sebastian ist Alfa Romeo abwesend. Delage kann mit Divo, Benoist und Thomas einen dreifachen Sieg feiern. Delage verzichtet dagegen auf die Teilnahme am Großen Preis von Italien in Monza, wo die beiden Alfa Romeo P2 mit Graf Gastone Brilli-Peri und Giuseppe Campari vor einem Bugatti gewinnen. Die Marke Bugatti trug sich im gleichen Jahr mit Costantini erstmals in das Goldene Buch des Targa-Florio-Rennens ein.

Im Jahre 1925 wurde auch die erste von vorerst drei Weltmeisterschaften für Marken der Grand-Prix-Klasse ausgetragen. Diese Weltchampionnats sind heute fast total in Vergessenheit geraten, und die meisten Automobilsportliebhaber sind der Meinung, das Weltchampionnat habe erst 1950 begonnen. Das Reglement der 1925 durchgeführten ersten Marken-WM war auch sehr kompliziert: Die Ränge ergaben zugleich die Punktezahl, so daß für den Sieg 1 Punkt und für den 4. Rang 4 Punkte gutgeschrieben wurden. Eine Marke, welche bei einem Rennen ausschied, bekam 5 Punkte, und der Startverzicht bedeutete 6 Punkte, so daß die Saisonliste eine ganze Menge Sechser enthielt. Es gab auch noch die eigenartige Vorschrift, die besagte, daß die Teilnahme 1925 am Großen Preis von Italien obligatorisch sei. Für dieses erste Championnat zählten die 500 Meilen von Indianapolis (Sieg von De Paolo auf Duesenberg), der Große Preis von Europa und von Belgien in Spa, der Grand Prix des ACF in Montlhéry sowie der Große Preis von Italien in Monza. Der ebenfalls zu den Klassikern unter den Grand Prix zählende Große Preis von Spanien in San Sebastian blieb von der WM-Liste ausgeklammert (anscheinend war

Oben
Jules Goux beim Grand Prix von San Sebastian 1925. Noch weist der Bugatti 35 keinen Kompressor auf.

Rechts
Start des 1925 in Montlhéry durchgeführten Grand Prix des ACF. De Viscaya auf Bugatti 35 führt vor Antonio Ascari auf Alfa Romeo P 2 und Graf Giulio Masetti auf Sunbeam.

BOSCH

Rechts
Die Bahn von Linas-Montlhéry beherbergte den Grand Prix des ACF zwischen 1925 und 1937 achtmal. Der Straßencircuit war 12,5 km lang und umfaßte auch einen Teil des 2,5 km langen Hochgeschwindigkeitsovals. Die Anlage befindet sich südlich von Paris.

Mitte
Blick in den von Mercedes in den zwanziger Jahren verwendeten und abschaltbaren Roots-Kompressor.

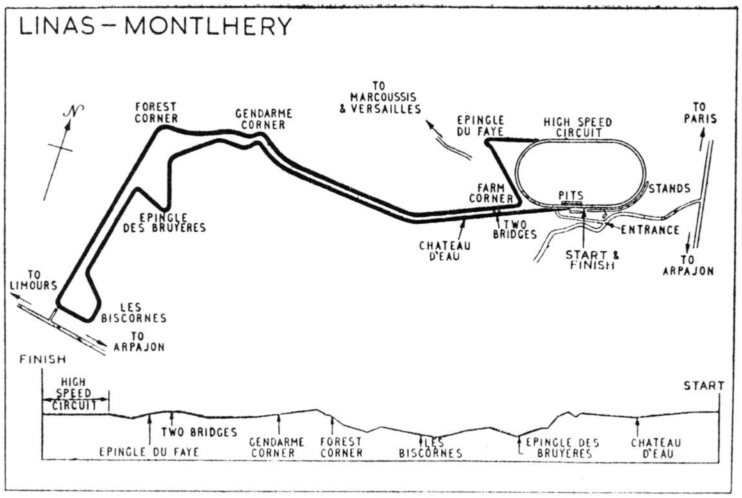

der italienische Automobilclub gegen den Einbezug des spanischen Grand Prix). Der Alfa Romeo P2 siegte beim Großen Preis von Europa in Spa sowie beim Großen Preis von Italien in Monza; beim Großen Preis des ACF in Montlhéry zog Alfa Romeo die P2 nach dem tödlichen Unfall Antonio Ascaris aus dem Rennen, und es gewann Delage. Im WM-Schlußklassement stand Alfa Romeo mit 13 Punkten an der Spitze, gefolgt von Duesenberg mit 17 sowie von Bugatti mit 19 Punkten. Nach diesem bedeutenden Erfolg änderte Alfa Romeo sein Markensignet: Das runde Abzeichen (links das Wappen der Stadt Mailand, rechts das Wappen der Visconti) wurde von nun an mit einem Lorbeerkranz eingerahmt.

Damit war auch die Zeitspanne der 1922 eingeführten Zweiliterformel abgelaufen. Es war die Rennformel, die im Zeichen der vielzylindrigen, langhubigen Kompressormotoren gestanden hatte, wobei die Literleistungen der Renntriebwerke von den 50 PS/l der 3000-cm³-Rennwagen von 1921 rapid auf die 90 PS/l der 2000-cm³-Fahrzeuge von 1925 angestiegen waren. In dieser kurzen Epoche sind auch die Höchstleistungsdrehzahlen mächtig in die Höhe geschnellt: Durch den Einbau des Kompressors war man mit den Doppelnockenwellentriebwerken von 4000 bis 4500 U/min auf 6000 bis 7000 U/min gekommen.

Der 1912 in dem vom Schweizer Ernest Henry konstruierten Grand-Prix-Wagen von Peugeot eingesetzte Motor mit zwei obenliegenden Nockenwellen und halbkugelförmigen Verbrennungsräumen hatte nach dem

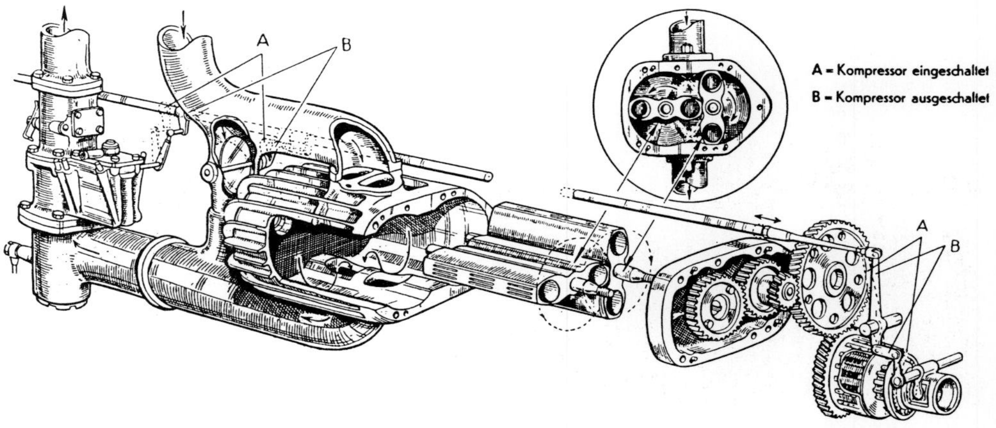

Bartolomeo Costantini

Links
Giuseppe Campari während des Trainings in Montlhéry. Hier sitzt er im Alfa Romeo P 2, mit welchem dann Ascari im Rennen tödlich verunglückte.

Oben
Bartolomeo Costantini gewann auf Bugatti zweimal die Targa Florio (1925 und 1926), später wurde er Rennleiter der Bugatti-Mannschaft.

Ersten Weltkrieg weite Verbreitung gefunden, indem fast alle Rennkonstrukteure das bis auf den heutigen Tag bewährte Prinzip kopierten. Mit einer konventionellen Ventilsteuerung wären die erzielten Höchstwerte auch nicht realisierbar gewesen. Dank zweier obenliegender Nockenwellen können die Motoren höher drehen, weil die Ventilsteuerung auch bei hohen Drehzahlen präzis bleibt. Der Hochleistungsventiltrieb weist sowohl weniger wie auch leichtere sich bewegende Teile auf, die Ventile selbst schließen zuverlässiger als mit einer Steuerung mittels Stoßstangen und Kipphebeln. Ebenso wird das bei hohen Drehzahlen auftretende Flattern der Ventile weitgehend vermieden. Mit obenliegenden Nockenwellen läßt sich der Brennraum im Sinne kürzerer Flammwege und guter Turbulenzen (Bewegung des Benzin/Luft-Gemisches) günstiger gestalten.

Oben
1925 war Pete De Paolo (ein Neffe Ralph De Palmas) der erste Indianapolis-Sieger, der die 500-Meilen-Distanz unter fünf Stunden bewältigte. Ebenso gelang es ihm auf dem Duesenberg, erstmals die 100 M/h-«Mauer» zu durchbrechen.

Oben rechts
Ein Delage 2 LCV mit V12-Motor während des Trainings in Montlhéry. Rechts Louis Delage.

Oben
Der Pokal der ersten Weltmeisterschaft (1925) ging an Alfa Romeo. Anschließend faßte die Mailänder Marke ihr Signet mit einem Lorbeerkranz ein.

Pete De Paolo

Die Grand-Prix-Wagen der 2-Liter-Formel von 1922 bis 1925

Baujahr	Marke und Modell	Zylinderzahl	Hubraum	Bohrung	Hub	Leistung/PS	Höchstdrehzahl	Anzahl Gänge	Spitze in km/h	Trockengewicht
1922	Ballot	4	1994	69,9	130	90	5000	4	165	786
1922	Austro-Daimler	4	1996	74	116	90	5000	4	160	990
1922	Bugatti 29	8	1991	60	88	90	5000	4	185	750
1922	Fiat 804-404	6	1991	65	100	112	5000	4	175	660
1922	Diatto 20 S	4	1997	79.7	100	75	4500	4	155	697
1922	Sunbeam	4	1975	68	136	88	4500	4	160	680
1923	Alfa Romeo P1	6	1990	65	100	95	5000	4	180	850
1923	Alfa Romeo P1 comp.	6	1990	65	100	118	5000	4	205	870
1923	Benz-Tropfenwagen	6	1998	65	100	95	5000	4	185	745
1923	Fiat 805-405	8	1979	60	87,5	130	5500	4	220	680
1923	Rolland-Pilain	8	1968	53	90	100	5300	4	180	820
1923	Miller	8	1978	59.5	89	120	5000	3	186	850
1923	Sunbeam	6	1988	67	94	108	5000	3	180	675
1923	Voisin	6	1978	62	110	90	4400	4	175	710
1924	Alfa Romeo P2	8	1987	61	85	140	5500	4	225	750
1924	Bugatti 35GP	8	1991	60	88	90	6000	4	180	750
1924	Mercedes M7294	4	1989	70	129	150	4800	4	185	870
1924	Mercedes M218	8	1980	61,7	82,8	170	7000	3	210	660
1924	OM	6	1991	65	100	130	5600	4	195	720
1924	Sunbeam	6	1988	67	94	138	5500	3	200	680
1924	Schmid (ohne Ventile)	6	1980	65	100					
1925	Alfa Romeo P2	8	1987	61	85	155	5500	4	240	750
1925	Bugatti 35A	8	1991	60	88	80	4300	4	175	750
1925	Delage 2 LCV	12	1983	51.3	80	190	7000	4	215	1066
1925	Diatto	8	1982	62	82	130	5600	4	175	698
1925	Guyot	6	1984	70	86	125	5500	4	193	690
1925	Miller 122	8	1977	59,6	88,9	200	5800	4		
1925	Duesenberg	8	1984	60,3	86,9	150	6000	4		

Französische Vorherrschaft

In den beiden Jahren der neuen 1,5-Liter-Formel streiten sich Bugatti, Delage und Talbot um die Palme, wobei Bugatti 1926 und Delage 1927 die meisten GP-Siege holten. Erstmals über 100 PS/l!

Die beiden Grand-Prix-Saisons, 1926 und 1927, welche zugleich die zweite und dritte Weltmeisterschaft der an den Grand Prix teilnehmenden Marken brachten, standen ganz im Zeichen der französischen Marken Delage und Bugatti, wobei auch die Talbot zu den Hauptexponenten dieser Zeitspanne zählten. Für zwei Jahre wurden die Großen Preise nach der Formel der bisherigen Voiturettes ausgeschrieben, das heißt für Fahrzeuge der 1500-cm³-Klasse. Das minimale Wagengewicht limitierte man 1926 auf 600 und 1927 auf 700 Kilogramm. Die Karosserien brauchten nicht mehr zweisitzig zu sein, und von nun an saß nur noch der Fahrer im Rennwagen. Mit dem Auslaufen der Zweiliterformel (Ende 1925) hatten sich Alfa Romeo, Fiat und Sunbeam zurückgezogen. Allerdings wurden die in den vorhergehenden Saisons siegreichen Alfa Romeo P2 weiterentwickelt und bis 1930 bei kleineren Rennen oder bei formelfreien Wettbewerben mit Privatfahrern eingesetzt.

Die beiden Rennsaisons 1926 und 1927 waren von markanten technischen Fortschritten in bezug auf den Motorenbau gekennzeichnet, indem die Konstrukteure infolge der starken Einschränkung des Hubraumes gezwungen waren, eine maximale spezifische Leistung aus den Aggregaten herauszuholen. Die Drehzahlen der aufgeladenen Zweinockenwellenaggregate wurden durch Verkürzung des Hubes noch weiter gesteigert, so daß die kleinen, hochgezüchteten Motoren Drehzahlen von 7000 und sogar 8000 U/min erreichten. Es war deshalb auch nicht verwunderlich, daß man den Traumwert von 100 PS/l erstmals mit diesen 1,5-Liter-Triebwerken erzielte. In den nachfolgenden Jahren, als man bei den Rennwagen der Grand-Prix-Klasse keine Hubraumgrenzen mehr vorsah, sanken die Literleistungen wieder auf 70 bis 80 PS/l, wobei die spezifischen Leistungen der 1,5-Liter-Formel erst wieder Mitte der dreißiger Jahre, in der Zeit der 750-Kilogramm-Gewichtsformel, erreicht und auch übertroffen wurden.

Für die Saison 1926 baute Albert Lory einen neuen Delage-Achtzylinder-Rennwagen des Typs 15-S-8, bei dem es sich (zusammen mit dem Bugatti 39A) um die erfolgreichste Konstruktion dieser 1,5-Liter-Formel han-

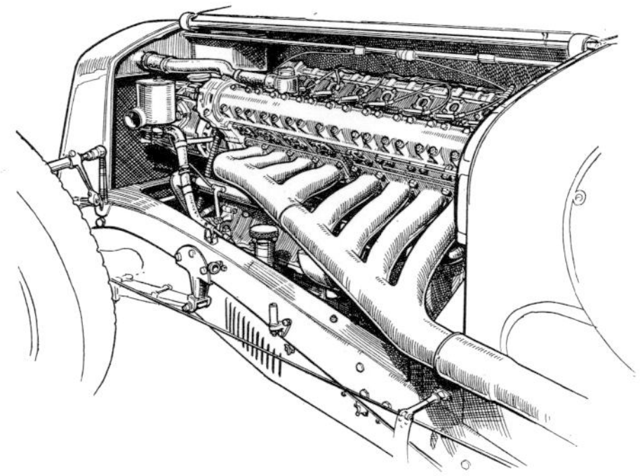

Unten
Der Achtzylinder-Reihenmotor von Delage war ein Meisterwerk. Die 1496-cm³-Maschine (55,8 x 76 mm) war überhaupt der erste Motor der Geschichte, der eine Literleistung von über 100 PS erreichte.

Rechts
Albert Lory, der verantwortliche Konstrukteur des Delage 15-S-8, kam vom Flugzeugbau. Nach dem Krieg baute er den CTA-Arsenal, und in den fünfziger Jahren arbeitete er am Renault-Turbinenwagen.

Mitte
Ettore Bugatti (links) gratuliert Jules Goux, der soeben den Grand Prix von Europa 1926 in San Sebastian gewonnen hat.

Links
Im ersten Einsatzjahr (1926) hatten die Fahrer der Delage 15-S-8 enorm Mühe mit dem unheimlich heißen Auspuff, der noch auf der rechten Wagenseite lag. Beim Grand Prix von Europa in San Sebastian (Bild) wurde der zweitklassierte Delage von fünf sich ablösenden Fahrern pilotiert, welche jeweils gepflegt werden mußten. Im folgenden Jahr drehte Lory den Zylinderkopf um, und die Auspüffe kamen nach links, wo sie den Fahrer nicht mehr störten.

Links
Am Grand Prix des ACF 1926 auf dem südfranzösischen Oval von Miramas (1924 erbaut) beteiligten sich nur gerade drei Konkurrenten, nämlich die Bugatti-Fahrer Goux, de Viscaya und Costantini, welche auf dem Typ 39 A mit 1,5-Liter-Achtzylinder-motor antraten.

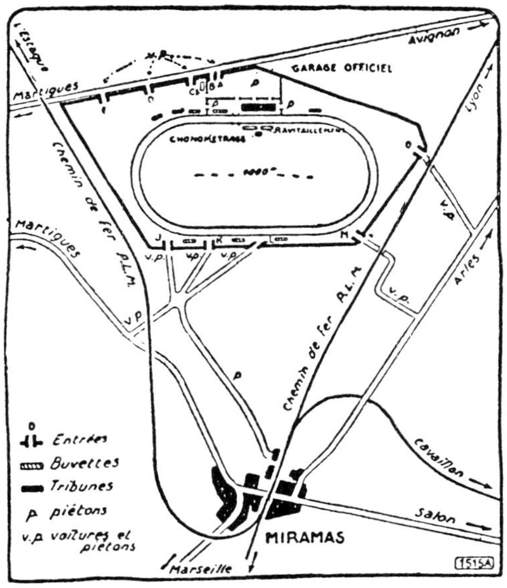

Links außen
Die ovale Piste von Miramas in der Nähe von Marseille ist 5,0 km lang. Bei den meisten Rennen wurde sie mit zwei Schikanen versehen. Ihre Entstehung ist auf die Initiative des aus Marseille stammenden Fahrers Paul Bablot zurückzuführen.

Mitte links
Robert Benoist war der erfolgreichste Delage-15-S-8-Fahrer. Hier pilotiert er den Achtzylinder 1927 beim Grand Prix de Provence in Miramas.

deln sollte, obschon der Delage 1926 den großen Nachteil hatte, daß sich infolge der Anordnung der Auspuffrohre Füße und Beine der Piloten unheimlich erhitzten. Die Fahrer konnten diese Tortur nicht über eine ganze Renndauer aushalten, was einen «Kühlstopp» bedingte. Das moderne Fahrzeug konnte daher in seiner ersten Saison nicht alle seine Qualitäten voll zur Entfaltung bringen. Die Auspuffanlage war so angeordnet, daß die an sich schon stark unter der Hitze des Auspuffsystems leidenden Piloten auch die Abgase einatmen mußten, was sie halb betäubte und zum Teil außer Kampf setzte.

Die großen Erfolge des Jahres 1926 verbuchte Bugatti mit dem konventionell gebauten, jedoch bewährten Typ 39. Bugatti siegte mit Jules Goux (anschließend zog sich Goux von seiner langen Laufbahn zurück) beim Großen Preis des ACF auf dem schnellen Oval von Miramas bei Marseille. Dieses Rennen war übrigens ein Fiasko, weil nur Bugatti konkurrierte, die übrigen Marken waren noch nicht bereit. Dazu gewann Bugatti mit dem Italiener Costantini beim Großen Preis von Spanien sowie bei der Targa Florio. Ebenso feierte Jean Charavel, genannt «Sapiba», auf einem Bugatti beim italienischen Grand Prix in Monza einen Sieg.

In einer 1926 von Bugatti veröffentlichten Broschüre stand zu lesen, daß die Marke aus Molsheim in einem einzigen Jahr 503 Siege davongetragen habe, und zwar zwischen dem 24. Januar und dem 19. September 1926, was pro Tag mehr als zwei Erfolge ausmache. Allerdings dürfte man in Molsheim dabei sämtliche bei nationalen und internationalen Rennen registrierten Klassensiege mitgezählt haben.

Delage mußte sich trotz der fortschrittlichen Konzeption des von Lory entworfenen 15-S-8-Achtzylinders mit einem einzigen Sieg im Großen Preis von England auf der Hochgeschwindigkeitspiste von Brooklands begnügen, wo sich Robert Sénéchal und Louis Wagner am Steuer des Siegerfahrzeuges ablösten. 1926 tauchte auch der erste Rennwagen von Maserati — Typ 26 — auf, der sich bei der Targa Florio mit Konstrukteur Alfieri Maserati am Steuer und mit Guerino Bertocchi als Beifahrer (Bertocchi war bis 1970 Testfahrer von Maserati) einen ersten Platz in der 1,5-Liter-Klasse holte.

Der Grund dafür, daß sich 1926 mehrere Marken vom Grand-Prix-Sport zurückzogen, war auch darin zu suchen, daß der Bau von Spitzenrennwagen mit enormen Kosten verbunden war, bedingte doch der Erfolg einen maximalen technischen Aufwand. Der Achtzylinder-Delage des Typs 15-S-8 verfügte über einen Zweinockenwellen-Reihenmotor mit Graugußblock (55,8 × 76 mm = 1496 cm³, Block und Zylinderkopf aus einem Stück), der von zwei Kompressoren aufgeladen und von zwei Zenith-Vergasern gespeist wurde. Die Leistung betrug zuerst 165 PS bei der ziemlich hohen Drehzahl von 6500 U/min, so daß der Motorenbau erstmals die «Mauer» der 100 PS/l durchbrach: Die Literleistung des Delage betrug 110 PS/l. Der Bugatti 39A kam 1926 auf 120 PS (Literleistung 80 PS/l) und der Talbot auf 140 PS (Literleistung 93 PS/l). Der Delage war sehr aufwendig konstruiert, das Aggregat wies nicht weniger als 60 Kugel- oder Rollenlager auf. Besonders tief war das Fahrgestell. Für die folgende Saison 1927 wurde das Auspuffsystem modifiziert, die Fahrer mußten jetzt keine Qualen mehr ausstehen, ebenso gelang es, die Leistung auf 170 PS bei 8000 U/min zu steigern (mittlere Kolbengeschwindigkeit 20,3 m/sec).

Der elegante Albert Lory mit dem Aussehen eines Arztes war 1921 von Louis Delage verpflichtet worden, nachdem Lory vorher bei Panhard, Salmson und Scap tätig gewesen war. Zuerst arbeitete Lory im Konstruktionsbureau unter der Leitung von Charles Planchon, einem Cousin Delages, welcher den vorhergehenden V12 des Typs 2 LCV von 1923 konstruiert hatte. Lory avancierte bald zum Chef der Rennabteilung. Das Projekt des 15-S-8-Rennwagens mit Achtzylindermotor nahm er 1925 an die Hand, und in der folgenden Saison tauchte das spätere Erfolgsmodell im Rahmen der 1,5-Liter-Formel auf. Im Jahre 1930 verließ Lory die Marke Delage, um sich bei der SNCM mit seiner zweiten großen Liebe, dem Flugzeugbau, zu befassen. Nach dem Kriege tauchte Lory wieder als Grand-Prix-Wagen-Konstrukteur auf, und zwar baute er den CTA Arsenal, der jedoch sang- und klanglos unterging.

Der große Gegenspieler des Delage war 1926 der Bugatti Typ 39A, bei dem es sich um die 1,5-Liter-Kompressor-Version des 1924 von Ettore Bugatti konstruierten und so berühmten Typ 35 handelte. Bugatti beschritt bei seinen Schöpfungen nicht revolutionäre Wege, sondern er pflegte sich an Traditionelles, Erprobtes und Bewährtes zu halten. In der aufgeladenen 1,5-Liter-Ausführung gab der Achtzylinder mit einer obenliegenden Nockenwelle sowie mit drei vertikalen Ventilen pro Zylinder (60 × 66 mm = 1492 cm³) 120 PS bei 5500 U/min ab. Die Elsässer Marke konnte vor allem auf eine einwandfreie Fertigung, auf die hervorragende Betriebssicherheit sowie auf die Robustheit dieses Modells zählen. Bei Talbot hatte der ehemalige Fiat- und Sunbeam-Konstrukteur Vincenzo Bertarione einen neuen Achtzylinder (56 × 75,5 mm = 1496 cm³) gebaut, der von einem Solex-Vergaser gespeist wurde und 140 PS bei 7000 U/min leistete; später kam der Talbot auf 150 PS. Das tiefliegende Fahrzeug war zwar sehr schnell, hingegen ließ die Mise-au-point zu wünschen übrig, und auch Defekte blieben nicht aus. Der Typ 26 von Maserati (es handelte sich überhaupt um den ersten

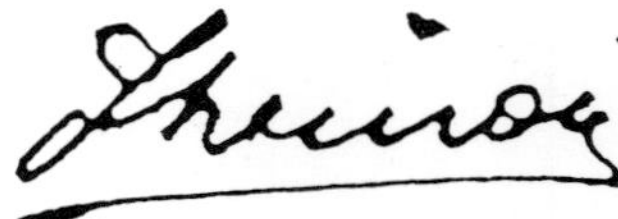

Ferdinando Minoia

Maserati-Rennwagen, dessen Debüt bei der Targa Florio erfolgte) hatte ebenfalls einen Achtzylinder-Reihenmotor, Doppelnockenwellen und einen Roots-Kompressor (60 × 66 mm = 1491 cm³, 120 PS bei 5500 U/min).

Die Tatsache, daß sich 1926 nur mehr wenige Marken am Grand-Prix-Geschehen beteiligten, brachte recht magere Rennen. Der Große Preis von Italien wurde zum Beispiel nur von den beiden Bugatti von Charavel und Costantini zu Ende gefahren. Beim Großen Preis von Europa in San Sebastian klassierten sich nur Goux auf Bugatti, Bourlier auf Delage und der starke Raucher Meo Costantini auf Bugatti, der übrigens später Bugatti-Rennleiter wurde. In Spanien traten nur die Teams von Bugatti und Delage (Debüt des Achtzylinders) an, hinzu kam noch der OM von Minoia. Aber die Delage-Piloten bekamen es mit der Hitze zu tun. Die Anordnung des Auspuffsystems ließ sie — wie schon erwähnt — enorme Qualen ausstehen. Nach zehn Runden kam Morel erschöpft an die Boxen gerollt, er war beinahe ohnmächtig. Sein Achtzylinder wurde nun von Wagner übernommen, aber nach fünf weiteren Runden war auch er am Ende. Auch Benoist

Oben
Beim Großen Preis von England 1926 in Brooklands hatte man die breite Bahn mit aus Erdwällen bestehenden Schikanen versehen. Segrave auf dem in Brooklands debütierenden Talbot-Achtzylinder liegt hier vor Benoist auf Delage.

Oben
Bertarione und Becchia bauten bei Talbot in Suresne diesen 1,5-Liter-Grand-Prix-Wagen mit aufgeladenem Achtzylindermotor, der trotz modernem Konzept nicht die erhofften Siege brachte. Hier sitzt Williams am Steuer.

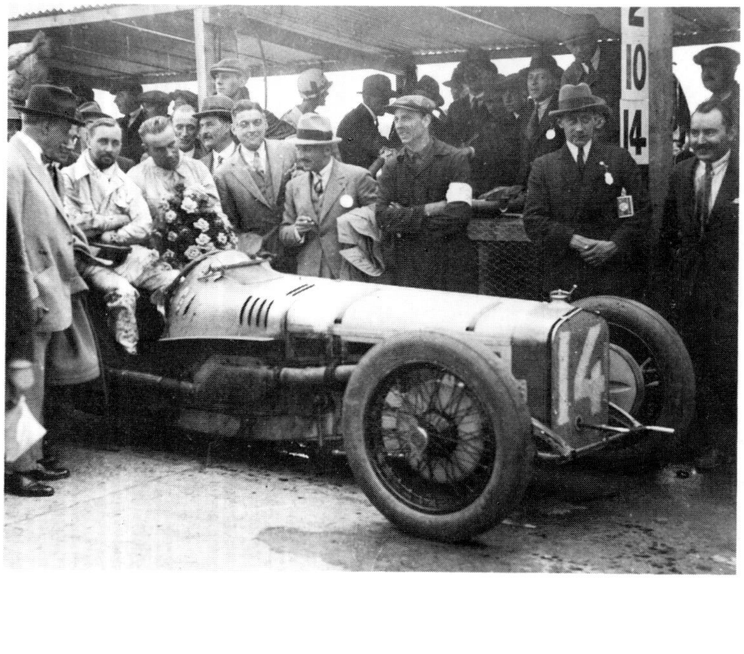

Links
Sénéchal und Wagner auf Delage 15-S-8 nach deren Sieg im Großen Preis von England 1926 in Brooklands. Der berüchtigte heiße Auspuff liegt noch auf der rechten Wagenseite. Übrigens ist Sénéchal 1985 im Alter von 95 Jahren gestorben.

Robert Sénéchal

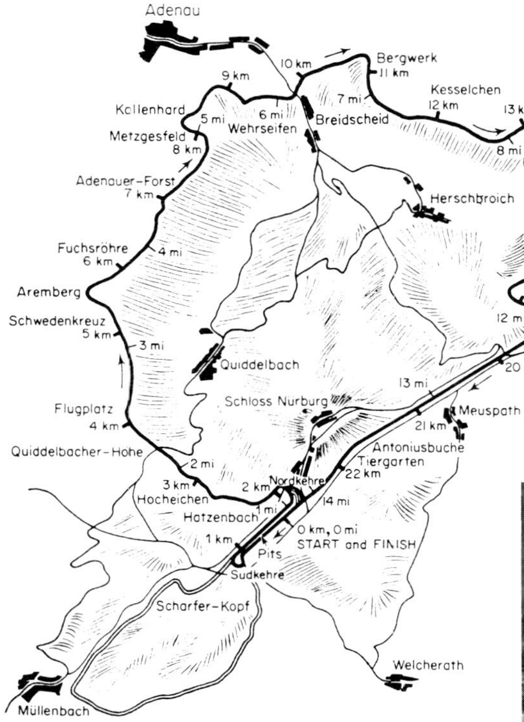

Oben
Der aus einer 22,835 km langen Nordschleife sowie aus einer 7,747 km langen Südschleife bestehende Nürburgring wurde 1927 eröffnet. Die als «besonders förderungswürdiges großes Notstandsprogramm» eingestufte «Prüfungsstraße» umfaßte 88 Links- und 84 Rechtskurven. Die Start-und-Ziel-Schleife war 2,238 km lang.

Rechts oben
Beim Eröffnungsrennen auf dem Nürburgring am 19. Juni 1927 standen die Mercedes-Benz 680 S in der ersten Reihe. Sieger wurde Rudolf Caracciola auf dem großvolumigen Sechszylinder.

Mitte rechts
Postkarte mit Flugaufnahme des soeben fertiggestellten Nürburgrings (Zielplatz und Fahrerlager).

kam mit dem Delage hereingefahren, auch ihn hatten die Hitze und die Auspuffgase fast zur Ohnmacht getrieben. Nach 15 Runden fuhr nur noch ein Delage mit Bourlier, während zwei weitere Delage in den Boxen standen. Jetzt geschah etwas Einmaliges. Die Delage-Rennleitung entdeckte auf den Tribünen den als Zuschauer anwesenden Sénéchal, und mit dem Einverständnis von Bugatti wurde dieser nun schnell in einen Delage gesetzt. Mit dem Fahrzeug Benoists schaffte aber Sénéchal nur gerade fünf Runden. Es siegte Goux auf Bugatti.

Der 2. Große Preis von Deutschland stand auch 1926 den Sportwagen offen und wurde auf der Avus ausgetragen, wo der aufgehende Stern Rudolf Caracciolas den 1923 entstandenen Mercedes M 218 mit Zweiliter-Achtzylinder-Kompressormotor (150 PS bei 7000 U/min) zum Siege steuerte. Der 1. Große Preis von Deutschland — 1925 — fand übrigens nicht auf der Avus bei Berlin statt, sondern auf einer 31,3 Kilometer langen Rundstrecke im Taunus, die 1904 Schauplatz des Gordon-Bennett-Rennens und 1907 des Kaiser-Preises gewesen war. Otto Merz gewann 1925 auf einem Mercedes-Sportwagen. In den Annalen des deutschen Grand Prix wird jedoch erst das 1926 von Caracciola gewonnene Rennen als 1. Großer Preis von Deutschland aufgeführt.

Auch in Indianapolis wurde nach der europäischen 1,5-Liter-Grand-Prix-Formel gefahren, erstmals trug sich 1926 die Marke Miller — mit Lockhart — in das Goldene Buch ein.

Die zweite Weltmeisterschaft der Geschichte — 1926 — wurde klar von Bugatti gewonnen, und zwar durch die Erfolge des Typs 39A mit aufgeladenem Achtzylindermotor von 1,5 Litern Hubraum. Für das Weltchampionnat zählten wieder die 500 Meilen von Indianapolis, der Grand Prix des ACF in Miramas, der Große Preis von Europa in San Sebastian, der Große Preis von England in Brooklands und der Große Preis von Italien

Unten
Beim 1927 erschienenen Fiat des Typs 806 mit 1,5-Liter-Zwölfzylindermotor bestand das Triebwerk aus zwei parallelen Sechszylindereinheiten (zwei Kurbelwellen), deren Ventile über Schlepphebel von drei obenliegenden Nockenwellen gesteuert wurden. Die Abmessungen betrugen 50 x 63 mm = 1483 cm³. Mit 185 PS bei 8500/min handelte es sich um den leistungsstärksten 1,5-Liter-Motor jener Epoche.

Rechts
Der Fiat Grand Prix des Typs 806 wies einen leicht nach links versetzten Motor auf, wobei der Fahrer rechts saß, während der Treibstofftank links vom Pilotensitz untergebracht war.

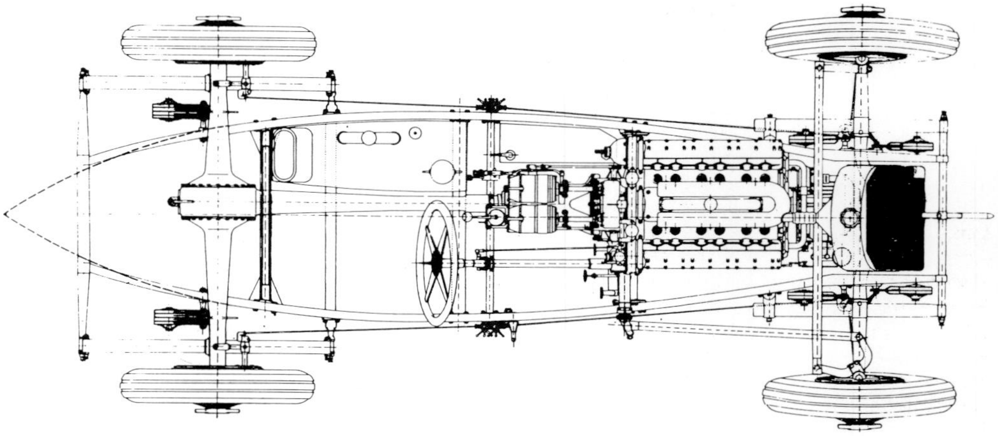

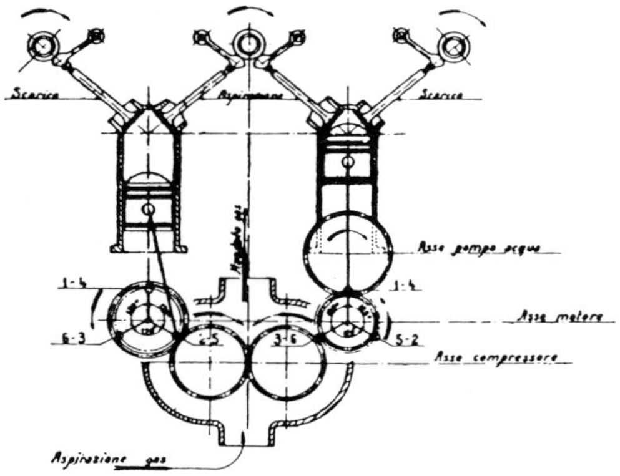

Pietro Bordino

in Monza. Die Bugatti gewannen die Wertungsläufe im französischen Miramas (dieses Rennen wurde übrigens nur von drei Bugatti bestritten, sonst hatte sich niemand gemeldet), Spanien und Italien; in Brooklands kam Delage auf den ersten Platz, und die 500 Meilen von Indianapolis sahen den Miller-Piloten Frank Lockhart als Sieger. In der Endwertung stand Bugatti mit 11 Punkten als Weltmeister fest, vor Delage mit 23 Punkten.

Am 28./29. Juni erfolgte die Fusion zwischen der Daimler-Motoren-Gesellschaft und der Benz & Co. zur neukonstituierten Daimler-Benz AG, wobei sich die Fahrzeuge von nun an Mercedes-Benz nannten. Damals gab es in Deutschland nicht weniger als 86 Automobilhersteller, die insgesamt 144 Wagenmodelle produzierten.

Die Saison 1927 brachte ein ausgesprochenes Delage-Jahr. Nach den vorgenommenen Verbesserungen erwies sich der Achtzylinder des Typs 15-S-8 als unschlagbar. Robert Benoist gewann mit der Konstruktion aus Courbevoie bei Paris den Großen Preis des ACF in Montlhéry, den Großen Preis von Spanien in San Sebastian, den Großen Preis von England in Brooklands und den Großen Preis von Italien in Monza, während Bugatti mit Emilio Materassi seine Erfolgsserie bei der Targa Florio fortsetzen konnte.

1927 gab es zwei markante Neuheiten: Der Große Preis von Deutschland wurde erstmals auf dem neuerbauten Nürburgring ausgetragen und von Otto Merz auf einem Mercedes-Typ-S-Sportwagen mit Sechszylinder-Kompressormotor (98 x 150 mm = 6789 cm³) gewonnen. Den aus der 22,8 Kilometer langen Nordschleife und der 7,8 Kilometer langen Südschleife bestehenden Nürburgring hatte man in zweijähriger Bauzeit realisiert. Vor allem sollte er auch dazu dienen, der wirtschaftlich rückständigen Eifel durch den Zustrom von Zuschauern und Touristen neue Einnahmequellen zu sichern. Zum Bau dieser einzigartigen Rundstrecke hatten die Unternehmer Arbeitslose eingesetzt.

Links unten
Am 4. September 1927 gewann Pietro Bordino mit dem Fiat 806 den Großen Preis von Mailand in Monza, dann verschwand der letzte Fiat-Grand-Prix-Wagen für immer.

Rechts
Bei Maserati (damals noch in Bologna) ist im April 1926 das erste Exemplar des Tipo 26 mit aufgeladenem 1,5-Liter-Achtzylindermotor für die Targa Florio fertiggestellt worden. Ganz rechts steht Alfieri Maserati, der bei der Targa fuhr, daneben Emilio Materassi. Vierter von rechts ist der dann legendär gewordene Maserati-Mechaniker Guerino Bertocchi.

Die andere große Neuheit war die italienische Mille Miglia. Nando Minoia gewann das von Brescia nach Rom und zurück führende 1000-Meilen-Straßenrennen auf einem Achtzylinder-Zweiliter-Sportwagen von OM: Fahrzeit 21 Stunden, 4 Minuten und 48,2 Sekunden; Renndurchschnitt 77,238 km/h.

Fiat war 1927 nur bei einem einzigen Rennen, und zwar mit einer bemerkenswerten Neukonstruktion, vertreten, zog sich aber dann definitiv vom Grand-Prix-Sport zurück. In Turin war der Typ 806 mit Zwölfzylindermotor entstanden, dessen Antriebseinheit aus zwei parallel liegenden Sechszylindern mit gemeinsamem Kurbelgehäuse bestand, wobei jede Zylinderreihe selbstverständlich eine eigene Kurbelwelle besaß. Die vier Ventilreihen wurden von drei obenliegenden Nockenwellen mit dazwischenliegenden Schlepphebeln betätigt. Das Fahrzeug war eine Sensation, gab doch der aufgeladene Motor 185 PS bei 8500 U/min ab, so daß in Europa in Sachen Literleistung der neue Bestwert von 123 PS/l erzielt wurde. Allerdings übertrafen die amerikanischen und für Indianapolis gebauten Achtzylinder von Miller diesen Wert noch. Die Zylinderabmessungen des Fiat 806 betrugen 50×63 mm = 1483 cm³. Das entsprechend der Mindestvorschrift 700 kg wiegende Fahrzeug erreichte eine Spitze von 250 km/h. Der 806 tauchte nur beim Großen Preis von Mailand in Monza auf, wo er mit Pietro Bordino überlegen gewann, dann verschwand Fiat für immer von den Rennstrecken; in Turin wurde sogar der unerbittliche und für heutige Begriffe unverständliche Befehl erteilt, die Modelle 804, 805 und 806 zu verschrotten.

Ende 1927 war auch die 1,5-Liter-Grand-Prix-Formel abgelaufen; die Rennwagen dieser Klasse wurden später noch bei Rennen für Voiturettes eingesetzt, die sich großer Beliebtheit erfreuten. Nicht nur Fiat, sondern auch Delage und Talbot zogen sich Ende 1927 vom Grand-Prix-Rennsport zurück.

Der mit Abstand stärkste 1,5-Liter-Rennwagen aus der zweiten Hälfte der zwanziger Jahre war der amerikanische Miller Typ 91 mit Frontantrieb, dessen Achtzylinder-Reihenmotor ($55{,}5 \times 76{,}2$ mm = 1468 cm³) mit zwei obenliegenden Nockenwellen und einem Zentrifugalgebläse, mittels Alkoholtreibstoff gespeist, bei einer Vedichtung von 9:1 sage und schreibe über 200 PS bei 8000 U/min abgegeben haben soll. Allerdings war der Motor auf Rennen wie Indianapolis abgestimmt und dürfte sich in dieser Leistungsstufe kaum für den Einsatz bei Straßenrennen geeignet haben. Dieses Modell wurde bis 1929 in Indianapolis eingesetzt, und es gewann die 500 Meilen 1926 und 1928.

Übrigens tauchte der markante Delage 15-S-8 – von Privatteams eingesetzt – noch während vieler Jahre bei Rennen auf. In der ersten Hälfte der dreißiger Jahre bestritten die Engländer Earl Howe und Richard Seaman damit Rennen der 1,5-Liter-Voiturettes-Formel. Im Jahre 1929 ging sogar der Bugatti-Werkfahrer Louis Chiron mit dem Achtzylinder-Delage bei den 500 Meilen von Indianapolis an den Start, wo er das Fahrzeug mit einem Tempo von 172,72 km/h qualifizierte. Im Rennen kam Chiron mit dem 15-S-8 auf den 7. Rang.

In dieser dritten Weltmeisterschaft von 1927 ging Delage mit seinem überlegenen und fortschrittlichen Achtzylinder auch als Weltmeister hervor. Alle vier europäischen WM-Grand-Prix (Montlhéry, San Sebastian, Brooklands und Monza) waren mit Siegen von Robert Benoist auf Delage ausgegangen. Die 500 Meilen von Indianapolis zählten wieder für das Championnat (hier gewann Sounders auf Duesenberg), aber in Anbetracht dessen, daß hier vorwiegend amerikanische Marken vertreten waren, hatten die Indianapolis-Resultate keinen Einfluß auf die WM. Ende Saison stand Delage mit 10 Punkten auf dem ersten Rang, gefolgt von Miller mit 23 und Duesenberg und Bugatti mit je 24 Punkten.

Die Rennwagen der 1,5-Liter-Grand-Prix-Formel von 1926 und 1927

Baujahr	Marke und Modell	Zylinderzahl	Hubraum	Bohrung	Hub	Leistung/PS	Höchstdrehzahl	Anzahl Gänge	Spitze in km/h	Trockengewicht
1926	Alvis	8	1498	55	78.75	95	5400	4	190	750
1926	Aston Martin	4	1486	65	112	54	4500	4	160	660
1926	Bugatti 39A	8	1492	60	66	120	5500	4	190	740
1926	Delage 15-S-8	8	1487	55,8	76	170	8000	5	209	748
1926	Eldridge	4	1496	69	100	112	5500	4	195	720
1926	Guyot	6	1481	60	86	120	6000	4	190	630
1926	Halford	6	1496	63	80	96	5300	4	190	680
1926	Maserati 26	8	1491	60	66	120	5500	4	200	720
1926	OM	8	1496	56	76	118	5700	4	195	715
1926	Talbot-Darracq	8	1489	56	75.5	140	7000	4	210	700
1927	Bugatti 37A	4	1496	69	100	90	5000	4	180	720
1927	Fiat 806	12	1484	50	63	187	8500	4	250	700

1928 Keine Hubraumformel mehr

Mehrere Marken ziehen sich in Anbetracht der allgemeinen Wirtschaftskrise zurück, und Bugatti kann einen Erfolg nach dem andern holen, wobei sich Louis Chiron in den Vordergrund schiebt.

Links
Emilio Materassi auf dem 1,5-Liter-Talbot-Achtzylinder beim Mugello-Rennen 1928 in der Toscana. Mit dem gleichen Fahrzeug kam dann Materassi kurz danach in Monza ums Leben.

Unten
Beim Trophée de Boulogne 1928 wird noch immer auf Naturstrassen gefahren. Kurz nach dem Start führt Malcolm Campbell auf Delage 15-S-8 das Feld an.

Seit 1914 hatte man für Grand-Prix-Wagen Hubraumformeln vorgesehen: 4,5 Liter, dann 3, 2 und schließlich 1,5 Liter. In der Zeit von 1928 bis 1933 gab es keine Hubraumvorschriften mehr (die Hubraumformeln wurden allerdings für die kleineren Voiturettes sowie für die noch kleineren Cyclecars fortgeführt), sondern man schrieb für Grand-Prix-Wagen Gewichtsbegrenzungen (nach unten und nach oben) vor und setzte auch Grenzen für den Verbrauch, um dann — ab 1931 — ganz zur freien Formel, ohne jegliche Vorschriften für die Fahrzeuge, überzugehen, wobei allgemein nur die minimale oder maximale Dauer eines Großen Preises vorgeschrieben wurde.

Die offizielle Grand-Prix-Formel kam aber nicht immer zur Anwendung, sondern einzelne Veranstalter schrieben ihren Großen Preis nach der freien Formel aus, ohne sich an die offiziellen Verbrauchs- oder Distanzvorschriften zu halten. Die Ära dieser variierenden oder kaum mehr existierenden Rennformeln brachte den Marken Bugatti, Alfa Romeo und Maserati sehr erfolgreiche Jahre: Die größten Siege gingen an Louis Chiron, Grover-Williams, Tazio Nuvolari, Giuseppe Campari, Achille Varzi, Luigi Fagioli und Rudolf Caracciola.

1928 galt folgende Grand-Prix-Formel: Mindestgewicht der Wagen 550, Höchstgewicht 750 Kilogramm, wobei die Großen Preise über eine Distanz von mindestens 600 Kilometern zu führen hatten. Es gab ein typisches Bugatti-Jahr, in dem der aufgeladene Typ 35B mit Achtzylindermotor von 2,3 Litern Hubraum (60×100 mm = 2270 cm^3) bei den wichtigsten Rennen dominierte. Bugatti ging auch beim Typ 35B zum Kompressormotor über, die Aufladung wurde in Molsheim ziemlich spät angewendet, wenn man bedenkt, daß der erste Kompressorerfolg bei einem Grand Prix (Fiat, 1923 in Monza) schon um mehrere Jahre zurücklag. Punkto Fahrgestell waren fast alle Bugatti-Modelle der späten zwanziger (und der frühen dreißiger) Jahre mehr oder weniger gleich konzipiert. Echte Fortschritte wurden in jener Epoche kaum erzielt.

Der Grand Prix des ACF wurde nach einer Handicapformel für Sportwagen in Comminges ausgetragen und von Williams auf Bugatti gewonnen. Der stark aufkommende Monegasse Louis Chiron auf Bugatti 35B siegte beim Großen Preis von Spanien sowie beim Großen Preis von Italien.

In Biographien über Louis Chiron wird dieser auch als «Weltmeister 1928» bezeichnet, obschon nicht eindeutig festzustellen ist, ob jene Weltmeisterschaft offiziell durchgeführt und anerkannt wurde, zumal von den sechs Ende 1927 vorgesehenen WM-Läufen nur deren drei auch für die GP-Klasse ausgetragen wurden. Der Grand-Prix-Sport machte Ende der zwanziger Jahre eine ziemliche Krise durch.

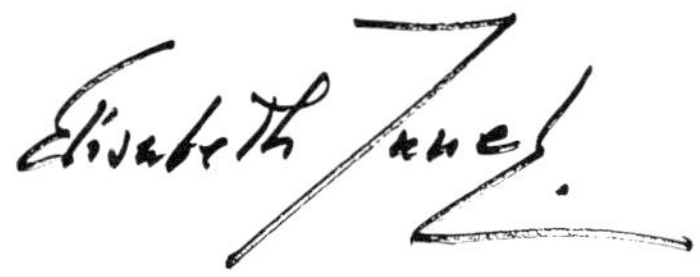

Elisabeth Junek

Louis Chiron

Rechts
1928 gewann Louis Chiron auf dem Bugatti-Achtzylinder den Grand Prix von Spanien sowie den Grand Prix von Europa in Monza.

Auf dem Nürburgring kämpften erneut die Sportwagen um den deutschen Grand Prix, den einmal mehr Rudolf Caracciola auf dem damals neuen Mercedes SS mit Sechszylindermotor von 7,1 Litern Hubraum gewann, wobei sich «Caratsch» von seinem Landsmann Christian Werner ablösen ließ. Bugatti war zu Beginn der Saison mit dem alten Kämpen Albert Divo bei der Targa Florio erfolgreich gewesen. Hier hatte es eine Riesenüberraschung gegeben, als eine auf Bugatti 35B fahrende Dame das Feld in den ersten Runden anführte. Es handelte sich um die Tschechoslowakin Elisabeth Junek, welche als die schnellste Rennfahrerin in die Geschichte eingegangen ist, vermochte sie doch den Spitzenpiloten ihrer Epoche die Hölle heiß zu machen. Beim Großen Preis von Deutschland lösten sich Frau Junek und ihr Gatte Vincenz Junek, Besitzer eines Prager Bankhauses, am Steuer ihres Bugatti 35B ab, wobei Vincenz Junek tödlich verunglückte. Frau Junek zog sich daraufhin von der Rennerei zurück.

In Indianapolis wurde bis 1929 noch immer nach der alten 1,5-Liter-Grand-Prix-Formel gefahren. Lou Meyer gewinnt (1928) die 500-Meilen-Schlacht auf einem Miller Special mit Achtzylinder-Zweinockenwellenmotor (Miller mit Heckantrieb). Die sehr sorgfältig gebauten Miller (pro Rennwagen sollen an die 6500 Arbeitsstunden aufgewendet worden sein) waren damals diejenigen Rennwagen, deren Literleistung mit Abstand die höchste war. Übrigens sollte Lou Meyer das 500-Meilen-Rennen auch in den Jahren 1933 und 1936 gewinnen. Nach seinem Rückzug als Fahrer widmete sich Meyer zusammen mit Drake dem Bau der später so berühmten Meyer/Drake(Offenhausen)-Vierzylindermotoren; in den sechziger Jahren führte Drake das Unternehmen allein weiter, während sich Meyer der Vorbereitung der für Indianapolis bestimmten Ford-V8-4-OHC-Motoren zuwandte, die dann in den sechziger Jahren auch erfolgreich waren.

Bugatti-Jahr wie noch nie

Erstmals läuft der GP von Monaco. Versuche mit Sechzehnzylindermotoren. Ende Saison erwirbt Bugatti zwei amerikanische Miller-Achtzylinder, um deren Motorkonstruktion gründlich zu studieren.

Mitte
Léon Duray mit seinem schmalen, hochbeinigen Miller 1929 in Monza. Seine beiden «Packard Cable Special» (Miller) verkaufte er Ende Saison an Bugatti.

Unten
Von 1924 (Typ 35) bis 1931 (Typ 51) baute Bugatti für seine zahlreichen Rennwagentypen sozusagen fast identische Fahrgestelle, die nur in kleinen Details differierten. In den Zeichnungen wird der 35 B mit 2,3-Liter-Kompressormotor gezeigt.

Unten rechts
Der Bugatti-Achtzylindermotor der Typ-35-Reihe besaß nur eine obenliegende Nockenwelle, aber drei Ventile pro Zylinder. Zylinderblock und Zylinderkopf bestanden aus einem Stück. Auf der Querschnittzeichnung wird die Version 35 B (60 × 100 mm = 2261 cm³) gezeigt. Rechts der große Roots-Kompressor.

Noch deutlicher im Zeichen Bugattis stand die Saison 1929, in der Williams und Chiron die meisten Grand-Prix-Siege herausfuhren, während bei einigen weniger bedeutenden Rennen der überarbeitete Alfa Romeo P2, der 1924 nach der damals gültigen Zweiliterformel entstanden war, auf erste Plätze kam. Die offizielle Grand-Prix-Formel von 1929 schrieb vor: Minimalgewicht 900 kg, Höchstverbrauch an Treibstoff und Schmiermitteln 14 kg pro 100 Kilometer. Diese Verbrauchsformel entpuppte sich aber bald als ein Fiasko (nur der Grand Prix von Spanien in San Sebastian und der Grand Prix des ACF in Le Mans wurden nach der Verbrauchsformel ausgetragen, mehrere Rennveranstalter schrieben ihren Grand Prix nach der freien Formel aus).

Die nach der freien Formel laufenden Rennen brachten einen neuen Trend zu starker Hubraumsteigerung. Diese Tendenz leitete Maserati 1929 mit einer interessanten, Typ V4 getauften Neukonstruktion ein, einem Rennwagen, der von einem Zwillingsmotor (zwei parallele Achtzylinderblöcke auf einem gemeinsamen Kurbelgehäuse) angetrieben wurde. Die beiden Zweiliteraggregate übernahm man vom alten Typ 26B, dessen beide Kurbelwellen durch gemeinsame Zahnräder verbunden wurden. Die Vierlitereinheit (62 × 82 mm = 3958 cm³) mit zwei Roots-Kompressoren gab 300 PS bei 5200 U/min ab. Wieder stand der Große Preis von Deutschland den Sportwagen offen, aber diesmal setzte sich nicht Caracciola auf Mercedes, sondern Louis Chiron auf Bugatti durch. Ein weiteres klassisches Grand-Prix-Rennen wurde 1929 aus der Taufe gehoben, und zwar auf der umstrittenen und noch heute verwendeten Stadtrundstrecke von Monte Carlo. Der erste Grand Prix Monaco brachte einen Bugatti-Doppelsieg mit Williams und Buriano auf dem Typ 35B, Rudolf Caracciola auf dem mächtigen Mercedes SSK (7,1 Liter mit Kompressor, 225 PS) belegte Platz drei. Mit seinem weißen Wagen gewann Caracciola das englische Tourist-Trophy-Rennen, Giuseppe Campari auf dem Alfa Romeo 6C Super Sport mit Sechszylindermotor von 1487 cm³ Hubraum siegte bei der Mille Miglia, in deren Goldenes Buch er seinen Namen schon ein Jahr zuvor eingetragen hatte.

Bei einigen europäischen Grand-Prix-Rennen der Saison 1929 ging auch der Amerikaner Leon Duray mit seinen zwei identischen Miller-Achtzylinder-Rennwagen mit Frontantrieb an den Start. Die Miller wurden nach dem Sponsor «Packart Cable Special» benannt, wobei Duray mit den beiden Monoposto in Montlhéry auch mehrere Rekorde aufstellte. Ende 1929 verkaufte der Lebemann Duray die beiden Wagen an Bugatti, und zwar gegen eine Barsumme in Verbindung mit drei Bugatti Typ 43 mit 2,3-Liter-Achtzylindermotor der Sportwagenklasse. Jean Bugatti hatte seinen Vater Ettore zu diesem Handel überredet, nachdem die Miller damals auf sagenhafte Literleistungen kamen, zumal die aufgeladenen Achtzylinder auch doppelte Nockenwellen aufwiesen. Grund des Kaufes: Bei Bugatti wollte man den amerikanischen 2-OHC-Motor gründlich studieren. Das Resultat war der Bugatti Typ 51 mit aufgeladenem 2,3-Liter-Achtzylindermotor. Damit setzte der mit dem Typ 35 äußerlich fast identische 51 die Karriere des erfolgreichen Vorgängers ebenso erfolgreich fort. Von da an baute Bugatti nur mehr Motoren mit zwei obenliegenden Nockenwellen.

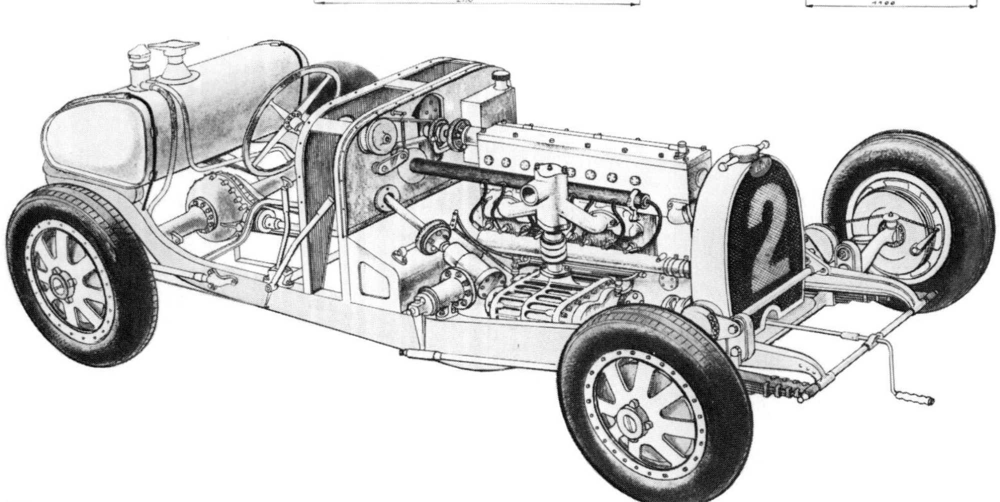

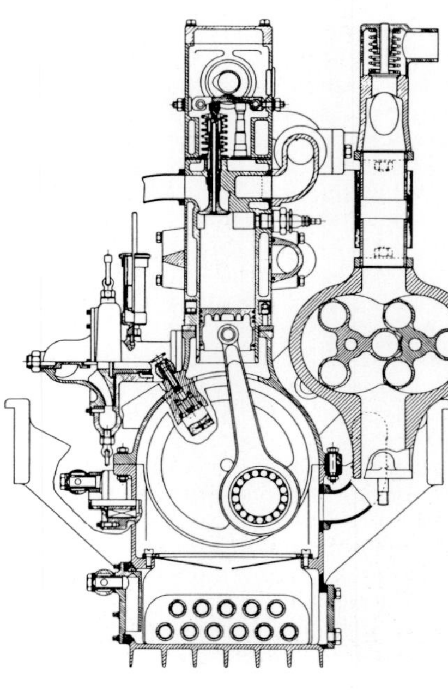

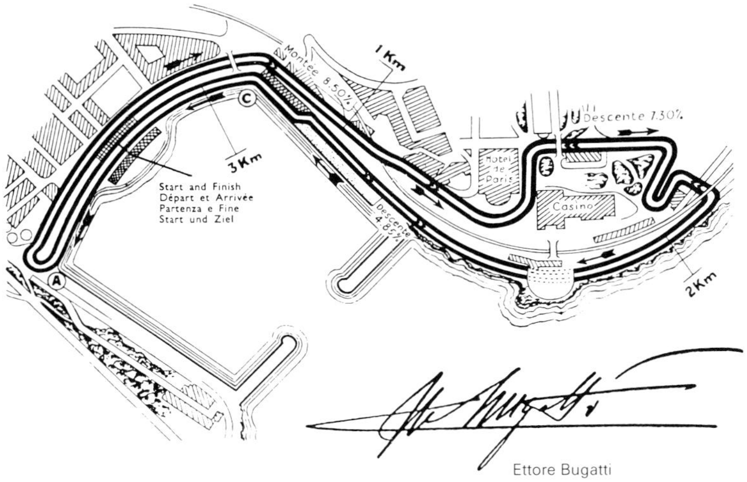

Ettore Bugatti

Links oben
Die klassische, 3,14 km lange Stadtrundstrecke von Monte Carlo ist von 1929 bis Anfang der siebziger Jahre praktisch unverändert geblieben.

Oben
Beim ersten Grand Prix von Monaco (1929) führt Williams auf Bugatti (Sieger) vor Caracciola auf dem mächtigen Mercedes-Benz SSK (Dritter) sowie vor einem Alfa Romeo 6 C-1750.

Links
In der Zwischenkriegszeit wickelten sich die meisten englischen Rundrennen auf der imposanten Brooklands-Bahn ab. In Brooklands fand der Grand Prix von England nur in den Jahren 1926 und 1927 statt. Beliebt waren hier die Handicaprennen. Nach dem Krieg ist der Betrieb in Brooklands nicht mehr aufgenommen worden. Im Bild das 500-Meilen-Rennen von 1929.

Erste GP-Siege von Maserati

Zwar ist Bugatti nach wie vor die dominierende Marke, aber die Achtzylinder von Maserati aus Bologna siegen in San Sebastian und Monza. Indianapolis distanziert sich von der GP-Formel.

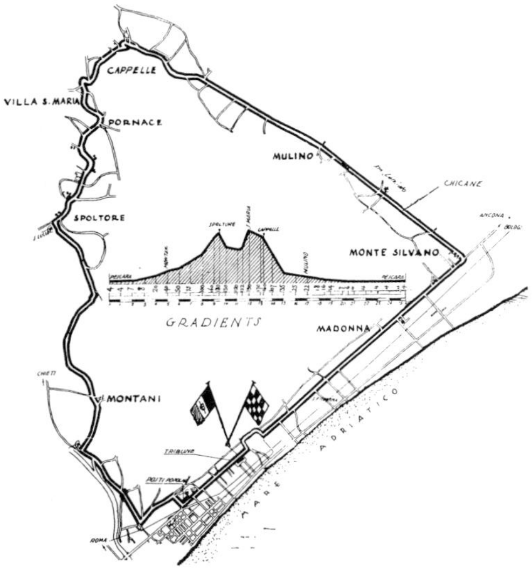

In bezug auf die offizielle Grand-Prix-Formel machte man bewegte Zeiten durch; jährlich gab es Änderungen. Die Reglementsväter beschlossen Ende 1929 eine Modifikation der bisherigen Verbrauchsformel: Sie setzten das Mindestgewicht der Wagen auf 900 kg hinauf und gewährten für den Verbrauch noch einen Zuschlag von 30 Prozent für Benzol.

Alfa Romeo modernisierte abermals den alten P2 und versah ihn mit einigen Fahrgestellteilen des 1750-Sportwagens. Bei Bugatti entstand 1929 der Typ 45, indem man zwei Achtzylindermotoren des Typ 35 nach Maserati-V4-Vorbild parallel auf ein gemeinsames Kurbelgehäuse aufbaute und damit eine neue Sechzehnzylindereinheit entstehen ließ, die bei einem Hubraum von 3801 cm^3 (60 × 84 mm) 250 PS bei 5700 U/min abgab. Dieses bis 1933 von den Werkspiloten gefahrene Modell war allerdings nicht sehr erfolgreich, Bugattis Hauptwaffe blieb der bewährte Typ 35B mit 2,3-Liter-Achtzylinder-Kompressormotor, der auch in gewissen Stückzahlen gebaut wurde. Überhaupt haben sich die «Monsterrennwagen» mit Doppelmotor oder auch mit zwei Motoren nie bewährt, obschon sie über eine Leistung verfügten, welche die Werte der übrigen Fahrzeuge deutlich in den Schatten stellte. Aber die Handlichkeit dieser Konstruktionen ließ zu wünschen übrig, sie waren schwerfällig und auch schwer zu beherrschen, und ihr Reifenverschleiß war enorm.

Ganz oben
Die 25,579 km lange Rundstrecke von Pescara, auf der zwischen 1923 und 1961 Rennen ausgetragen worden sind.

Oben
Achille Varzi nach seinem Sieg 1930 in San Sebastian. Dahinter steht Mechaniker Parenti.

Mitte rechts
Start zum Großen Preis von Spanien 1930 in San Sebastian. In der ersten Reihe liegen ein Maserati, ein Peugeot und ein Bugatti. Der dann siegreiche Maserati 26 M (Nr. 8) von Achille Varzi fährt aus der zweiten Reihe los. In Monza und in San Sebastian holte Varzi damals die beiden ersten bedeutenden Maserati-Siege bei Grand-Prix-Rennen.

Links
Stimmungsbild aus der Werkstatt der Ende 1929 in Modena gegründeten Scuderia Ferrari, welche Alfa-Romeo-Wagen einsetzte.

Oben
Der Bugatti 45 wies zwei parallele Achtzylinderblöcke auf. Der Sechzehnzylinder (60 × 84 mm = 3801 cm^3) lief mit zwei Roots-Kompressoren.

1930 gab es Bugatti-Erfolge beim Großen Preis des ACF, beim Großen Preis von Belgien sowie auch in Monaco, hingegen kam Achille Varzi auf dem Maserati-Achtzylinder Typ 8C-2500 mit Roots-Kompressor (65 × 94 mm = 2495 cm³, Leistung 175 PS bei 6000 U/min) in San Sebastian und Monza auf den ersten Platz.

Ein Meilenstein in der Geschichte des Mille-Miglia-Rennens war der Sieg Tazio Nuvolaris auf dem Alfa-Romeo-1750-Sechszylinder: Mit einem Gesamtdurchschnitt von 100,450 km/h wurde erstmals die 100-km/h-«Mauer» durchbrochen.

In Indianapolis wurde die Rennformel 1930 einer durchgreifenden Erneuerung unterzogen, wobei die Amerikaner nicht mehr den jeweils von den Europäern vorgezeichneten Weg gingen, sondern eigene Vorschriften schufen. Der Hubraum der wiederum zweisitzigen Rennwagen durfte maximal 366 Kubikzoll oder 6000 cm³ betragen, das minimale Wagengewicht mußte aber in einer Relation zur Größe des Motors stehen: pro 1000 cm³ Hubraum mindestens 207 kg Wagengewicht. Für Viertaktmotoren wurde die Aufladung verboten, sie war bei Zweitaktern noch zulässig. Mit dieser neuartigen und vielseitigen Rennformel, welche die Konstrukteure zu verschiedenen Kompromissen zwang, hoffte man, den Rennmotor näher an das Serienwagenaggregat heranzubringen; auch beabsichtigten die Veranstalter, mehr Marken für das 500-Meilen-Rennen zu interessieren.

Baconin Borzacchini

Vittorio Jano

Vittorio Jano zeichnete praktisch für alle von Alfa Romeo zwischen 1924 und 1937 gebauten Renn- und Sportwagen verantwortlich.

Oben
Baconin Borzacchini 1930 vor dem Start in Brünn. Beim Alfa Romeo handelt es sich um den P 2-1930. Es war ein modernisierter P 2 von 1924, welcher mit den Achsen, der Lenkung und den Bremsen des 6 C-1750 sowie mit einem neuen, flachen Kühler versehen worden war. Verbessert wurde auch der 1987cm³-Achtzylindermotor (neuer Kompressor), der nun 175 PS bei 5500/min leistete.

Verschiedene Rennwagen aus der Zeit von 1920 bis 1930

Baujahr	Marke und Modell	Zylinderzahl	Hubraum	Bohrung	Hub	Leistung/PS	Höchstdrehzahl	Anzahl Gänge	Spitze in km/h	Trockengewicht
1920	Ceirano CS24	4	2 968	85	130	105	4600	4	180	820
1920	Gregoire	4	2 855	78	156	100	3500	4	170	870
1920	Sunbeam	6	4 914	81,5	157	150	3000	4	185	1010
1920	Sunbeam	12	18 322	120	135	350	2000	4	215	1490
1921	Fiat 801-401	4	2 971	85	131	112	4000	4	160	810
1921	Alfa Romeo 20/30ES	4	4 250	102	130	67	2600	4	150	890
1921	Austro-Daimler	6	2 992	74	116	109	4500	4	175	990
1921	Benz 10/30 PS	4	2 610	84	119	60	2800	4	150	850
1921	Chitty-Chitty-Bang-Bang	6	23 092	165	180	270	1400	4	190	1250
1921	Diatto	4	2 950	90	116	108	5500	4	170	910
1921	Sunbeam	8	2 973	65	112	108	4000	4	190	1060
1921	Wolseley	12	11 762	120	130	160	2200	4	195	1150
1922	Chitty-Chitty-Bang-Bang	6	18 815	145	190	240	1400	4	185	1220
1922	Delage	6	5 136	85	150	195	5600	4	195	1060
1922	Eldridge	6	20 392	160	170	200	1400	4	180	1170
1922	Elizalde 5181	8	3 384	70	110	110	5200	4	160	950
1922	Hispano Suiza Monza	6	6 860	102	140	150	3500	4	175	940
1922	Mercedes 28/95 PS	6	7 274	105	140	100	1800	4	150	990
1922	Peugeot 174S	4	3 828	95	135	130	4200	4	175	980
1922	Thomas	8	7 266	89	146	220	3000	4	220	1230
1922	Vauxhall	4	2 996	85	132	110	4500	4	190	1080
1922	Wolseley	4	2 778	80	130	105	4000	4	170	990
1923	Alfa Romeo RL Targa Florio	6	2 994	76	110	88	3600	4	145	980
1923	Alfa Romeo RL Targa Florio	6	3 154	78	110	95	3800	4	157	980
1923	Delage	12	10 600	90	140	280	3200	4	230	1110
1923	Itala 41SS	4	2 831	83	130	98	3900	4	155	810
1923	Mercedes M7294	4	1 990	70	129	120	4500	4	180	920
1923	Mercedes White	6	14 778	140	160	174	1400	4	185	1200
1923	Steyr	6	3 325	80	110	90	3000	4	160	890
1924	Alfa Romeo RL Targa Florio	6	3 620	80	120	125	3800	4	180	1000
1924	D'Aoust	8	9 420	100	150	170	4900	4	190	970
1924	Hispano Suiza Boulogne	6	7 983	110	140	165	4100	4	195	1500
1924	Mercedes	4	4 483	93	165	230	5200	4	200	980
1924	Steyr	6	4 014	88	110	100	4000	4	190	920
1925	Peugeot 174S	4	3 990	97	135	100	4200	4	190	960
1925	Vauxhall OE	4	4 224	98	140	108	3300	4	190	1060
1926	Bugatti 35T	8	2 261	60	100	110	5000	4	185	760
1926	Steyr	6	4 890	88	134	155	4100	4	195	940
1926	Sunbeam	12	3 976	67	94	305	5300	4	250	990
1926	Thomas	8	8 468	95	140	230	3300	4	225	1230
1926	Thomas Babs	12	27 059	127	178	550	2000	4	290	1640
1927	Bugatti 35B	8	2 261	60	100	140	5200	4	210	770
1927	Montier	4	2 780	87	120	98	4900	4	185	1025
1927	Peugeot	4	2 491	80	124	70	4200	4	180	830
1928	Alfa Romeo 6C-1500SS	6	1 487	62	82	84	5000	4	155	860
1929	Alfa Romeo 6C-1750GS	6	1 752	65	88	95	4800	4	165	860
1929	Austro-Daimler	6	2 992	76	110	120	4200	4	195	1020
1929	Bentley	4	4 398	100	140	240	4900	4	225	1030
1929	Maserati V4	16	3 958	62	82	300	5200	4	255	1050
1930	Bugatti 45	16	3 801	60	84	250	5700	4	225	910
1930	Itala 4,7	4	4 722	100	150	160	4900	4	165	880
1930	Talbot (GB)	6	2 276	69,5	100	103	4300	4	185	890

GP-Rennen über 10 Stunden

Im Rahmen der «freien Formel» wird nur mehr die Mindestdauer eines Grand Prix vorgeschrieben. Der erste Bugatti mit Zweinockenwellenmotor taucht auf. Alfa Romeo bringt neue GP-Modelle heraus.

In Europa führte das Fiasko der kaum mehr angewendeten Grand-Prix-Verbrauchsformel 1931 zum Übergang auf die freie Formel; lediglich die Dauer der Großen Preise wurde festgelegt: Sie mußten mindestens 10 Stunden dauern, so daß sich zwei Piloten am Steuer eines Rennwagens ablösen mußten. Nach dieser 10-Stunden-Formel liefen die Großen Preise des ACF, von Belgien und von Italien, während der Grand Prix von Monaco über die klassische Distanz von 100 Runden oder 318 Kilometern führte. Beim Großen Preis auf der kurvenreichen Stadtrundstrecke, die sich zwischen den Hotels und dem berühmten Spielkasino hindurchwindet, debütierte der Bugatti Typ 51 mit Louis Chiron am Steuer, wobei es gleich einen Sieg gab. Der Typ 51 war eigentlich die höchstentwickelte Stufe des berühmten Typ 35, dessen äußere Form sozusagen unverändert übernommen wurde. Den aufgeladenen Achtzylinder versah Bugatti (der Typ 51 war eigentlich das für die Kunden bestimmte Grand-Prix-Modell aus Molsheim) erstmals mit zwei obenliegenden Nockenwellen, pro Zylinder wurden nur noch zwei Ventile vorgesehen. Die von einem Zenith-Vergaser gespeiste Maschine (60 × 100 mm = 2261 cm^3) gab 180 PS bei 5500 U/min ab. Im gleichen Jahr erschien auch der Bugatti Typ 54, dessen Achtzylindermotor von fünf Litern Hubraum (86 × 107 mm = 4972 cm^3) auf 300 PS bei 4500 U/min kam, wobei dieses Aggregat vom Sportwagen Typ T50 stammte. Mit dem großen Motor des Typ 54 war übrigens auch der nur in zwei Exemplaren gebaute Typ 53 mit Einzelradaufhängung und Vierradantrieb versehen, der sich nicht für Straßenrennen eignete und vorwiegend bei Bergrennen zum Einsatz kam. Dieses originelle Bugatti-Modell startete mit Achille Varzi auch beim damals so berühmten Klausenrennen.

Links
Die Pragerin Elisabeth Junek (bei der Targa Florio 1928 hatte sie mit ihrem Bugatti Furore gemacht) und Achille Varzi während einer Trainingspause 1931 auf dem Masarykring in Brünn.

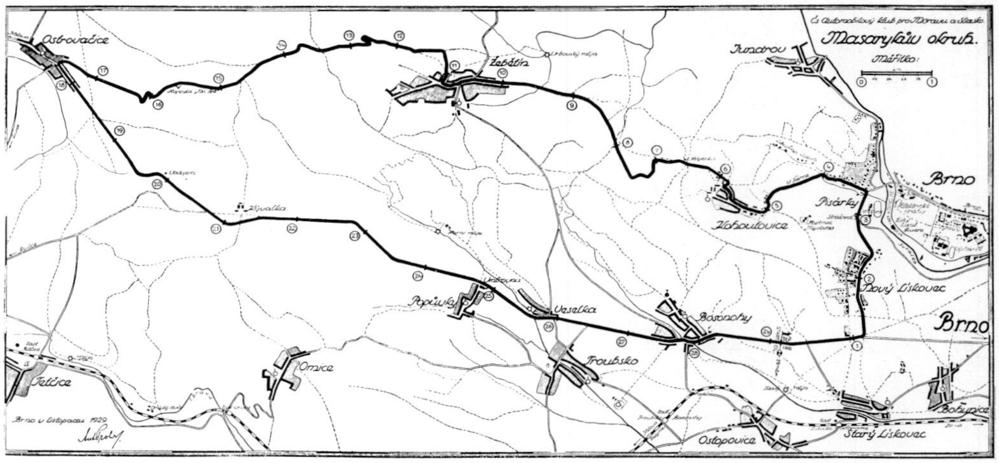

Mitte
Auf dem schwierigen Masarykring bei Brünn wickelten sich in den dreißiger Jahren bedeutende Rennen ab. Die Strecke war ursprünglich 29,142 km lang.

Oben
1931 brachte Alfa Romeo den von zwei parallelen Sechszylindermotoren angetriebenen Tipo A heraus. Die Aufnahme zeigt den von Campari in Pescara gefahrenen Zwölfzylinder, der hier den einzigen Erfolg herausfuhr. Neben dem dampfenden Wagen eilt Enzo Ferrari mit einer Tasse Wasser herbei.

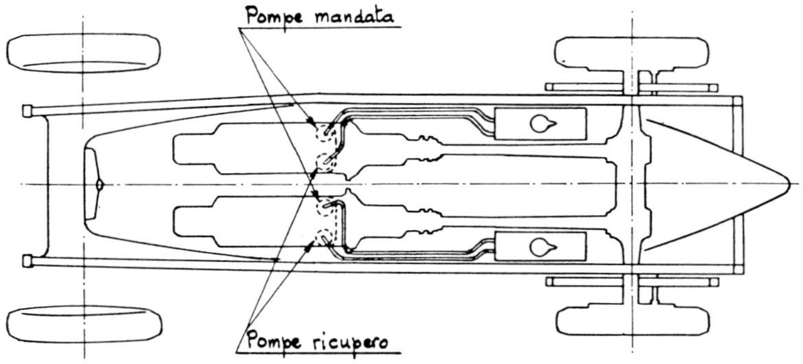

Oben rechts
Die Zeichnung veranschaulicht das Konzept des Alfa Romeo Tipo A: Zwei parallele 6-C-1750-Motoren (56 × 88 mm, Gesamthubraum 3504 cm^3) leisteten gemeinsam 230 PS. Die parallelen Getriebe wurden mittels eines zentralen Schalthebels über Gestänge geschaltet. Neben dem Fahrer befanden sich die beiden Öltanks.

Beim 10 Stunden dauernden Großen Preis von Italien in Monza debütierten zwei neue Alfa-Romeo-Modelle: der Typ Monza sowie der zweimotorige Typ A. Der Typ Monza war das Schwestermodell des jahrelang erfolgreichen 2,3-Liter-Sportwagens, der mehrere Auflagen des 24-Stunden-Rennens von Le Mans gewinnen sollte und von 1931 bis 1933 gebaut wurde. Der aufgeladene Achtzylinder-Reihenmotor war in zwei Leichtmetallblöcke zu je vier Einheiten eingeteilt, die Kraft wurde in der Mitte mittels Zahnrädern abgezapft, die Kolben liefen in Stahlbüchsen. Die Abmessungen des nach der freien Rennformel gebauten Grand-Prix-Motors betrugen 65 × 88 mm, was einen damals klassischen Hubraum von 2336 cm^3 ergab. Der Motor gab 1931 in der Grand-Prix-

Oben
Beim Grand Prix des ACF 1931 in Montlhéry (10-Stunden-Rennen) fuhren Divo (die Windschutzscheibe putzend) und Bourillat (Hintergrund) den neuen Bugatti 51 gemeinsam. Sie mußten jedoch wegen eines technischen Defekts aufgeben.

Mitte
Beim Typ 51 mit Kompressor (60 × 100 mm = 2261 cm³) wendete Bugatti erstmals das Zweinockenwellenkonzept an, welchem er dann stets treu geblieben ist. Jeder Zylinder wies aber nur mehr zwei Ventile auf. Der Block und der Kopf bildeten nach wie vor eine Einheit.

Ausführung 165 PS bei 5400 U/min ab, später gelang es, 178 PS bei 5400 U/min herauszuholen. Mit dem Typ Monza gewannen Tazio Nuvolari und Giuseppe Campari zusammen den Großen Preis von Italien, womit es Alfa Romeo endlich wieder gelungen war, die Erfolgsserie von Bugatti zu unterbrechen, denn in Montlhéry, beim Grand Prix des ACF, hatten die Bugatti-Piloten Chiron/Varzi und beim Großen Preis von Belgien in Spa deren Markenkollegen Williams/Conelli (alle Rennen über 10 Stunden) gewonnen, während Louis Chiron mit einem Wagen aus Molsheim auch beim Grand Prix von Monaco erfolgreich gewesen war. Und wieder trug sich Rudolf Caracciola auf dem Mercedes-SSK-Sportwagen in das Goldene Buch des Großen Preises von Deutschland auf dem Nürburgring ein.

Beim italienischen Grand Prix ging übrigens auch der vorerwähnte Bugatti T54 mit 4,9-Liter-Motor erstmals an den Start; hinter zwei Alfa Romeo kam Molsheims jüngste Grand-Prix-Waffe mit Achille Varzi auf den dritten Platz.

Damals waren mehrere private Rennställe entstanden, so daß die Großen Preise nicht wie in früheren Jahren vorwiegend von Werksmannschaften bestritten wurden. In Italien hatte der ehemalige Alfa-Romeo-Pilot Enzo Ferrari im Dezember 1929 die Scuderia Ferrari mit Sitz in Modena gegründet, die später überaus erfolgreich wurde und stets Konstruktionen von Alfa Romeo an den Start brachte, nachdem sich das Werk vom Grand-Prix-Sport zurückgezogen hatte.

Nachdem Maserati mit dem sechzehnzylindrigen Typ V4 und Bugatti mit dem sechzehnzylindrigen Typ 45 für die Rennen nach der freien Formel je ein Rennwagenmodell mit Doppelmotor auf gemeinsamem Kurbelgehäuse gebaut hatten, entstand bei Alfa Romeo 1931 eine ähnliche Konstruktion, die beim Großen Preis von Italien 1931 erstmals auftauchte und vor allem für Rennen auf sehr schnellen Strecken bestimmt war. Es war dies der Typ A, der allerdings nur wenig zum Einsatz kam. Bei Alfa Romeo bezeichnete man dieses Modell als «un capriccio» (eine Laune). Im Gegensatz zu den «doppelmotorigen» Maserati V4 und Bugatti 45 wiesen die beiden Aggregate des Tipo A kein gemeinsames Kurbelgehäuse auf, sondern es handelte sich um zwei parallele und getrennte Sechszylindereinheiten, welche vom 1750-Sportwagen übernommen worden waren. Jeder Motor wies ein eigenes, mit der gegenüberliegenden Einheit mittels eines Gestänges parallelgeschaltetes Getriebe sowie eine eigene Kardanwelle auf, wobei der Sitz des Fahrers zwischen diesen beiden Wellen lag, so daß der Tipo A auch der erste Alfa-Romeo-Monoposto mit zentralem Sitz war. Die Abstimmung dieses Einsitzers war nicht einfach, obschon es sich um eine gut gelungene Konstruktion handelte, doch im folgenden Jahr wurde der Tipo A durch den später legendär gewordenen Tipo B ersetzt, der unter der Bezeichnung P3 in die Geschichte einging.

Bei der Mille Miglia 1931 geschah etwas Ungewöhnliches: Zum ersten Male siegte nicht ein Italiener, sondern der bei Sportwagenrennen schwer zu bezwingende Rudolf Caracciola auf Mercedes SSK gewann zusammen mit seinem Mechaniker Sebastian als Beifahrer, nachdem die neuen Alfa Romeo des Typ 8C mit 2,3-Liter-Achtzylindermotor (Sportwagenversion des Tipo-Monza-Rennwagens) mit Nuvolari/Borzacchini, Archangeli und Campari bei der 1000-Meilen-Schlacht anfangs dominiert hatten. Das Kunststück, die «echte», von Brescia nach Rom und zurück führende Mille Miglia als Nicht-Italiener zu gewinnen, brachte später bloß noch Stirling Moss 1957 auf Mercedes 300 SRL zusammen mit dem Journalisten Denis Jenkinson als Beifahrer fertig. Bei der Mille Miglia 1940 kamen zwar mit von Hanstein/Bäumer auf BMW 328/2000 zwei Deutsche zum Erfolg, aber es handelte sich lediglich um ein Rundrennen auf einem 165 Kilometern langen Straßenkurs zwischen Brescia, Cremona und Mantova. Später — nach dem Kriege — wickelte sich die Mille Miglia wieder auf dem klassischen Parcours ab. Mit dem 24-Stunden-Rennen von Le Mans leitete Alfa Romeo 1931 eine Erfolgsserie ein, die bis 1934 dauern sollte.

Das erste international bedeutende Rundrennen der Schweiz lief am 7. Juni 1931. Es handelte sich um den Großen Preis von Genf, der wieder auf dem 9,3 km langen Circuit bei Meyrin ausgetragen wurde. Das in drei Hubraumklassen aufgeteilte und international gut besetzte Feld (Rennwagen bis 1500, bis 2000 und über 2000 cm³) mußte je einen Vorlauf über 16 Runden bestreiten. Die bestklassierten Fahrer der Vorläufe trugen den Final über 27 Runden oder 251,1 km aus. Im Endlauf gewann Bugatti-Werkfahrer Lehoux mit 139,5 km/h vor dem Markenkollegen Lumachi, Caflisch auf Mercedes SS und Kessler auf Alfa Romeo 6C 1500. Die nächsten und auch sehr bedeutenden Schweizer Rundrennen folgten 1934 mit den Grand Prix in Montreux und Bern.

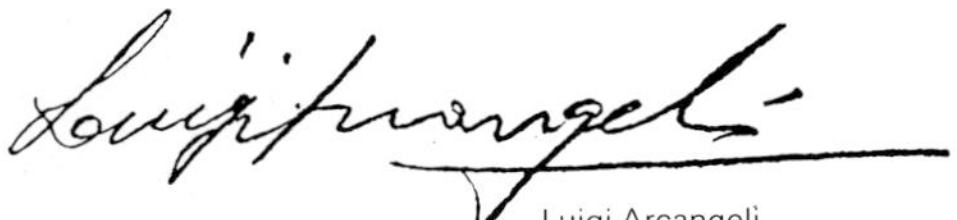

Luigi Arcangeli

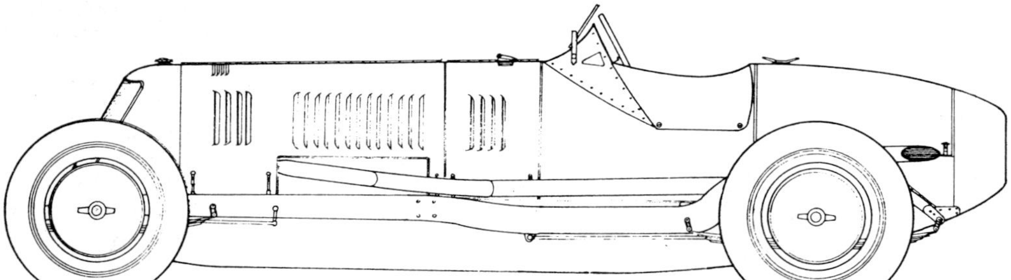

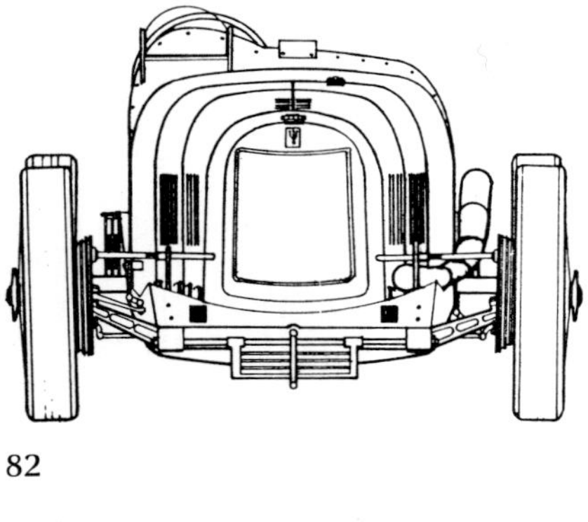

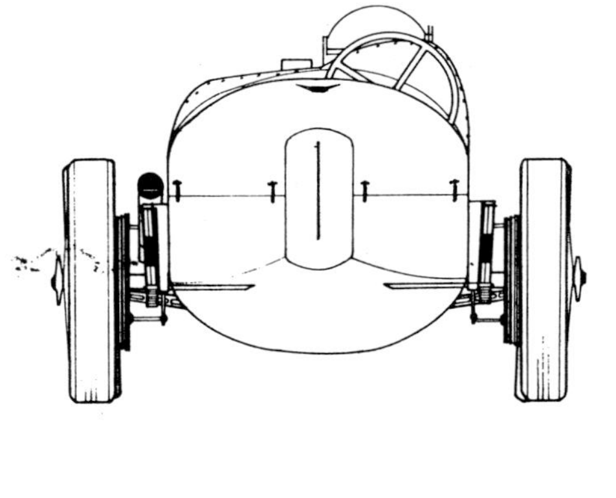

Links
Der Maserati 26 M wurde von 1930 bis 1932 gebaut. Er wies einen aufgeladenen Achtzylindermotor (65 × 94 mm = 2495 cm³) auf, der 185 PS bei 5600/min abgab.

Oben
Beim Großen Preis von Italien 1931 lösten sich Tazio Nuvolari und Giuseppe Campari auf dem debütierenden Alfa Romeo 8 C-2300 Monza ab. Rechts Konstrukteur Vittorio Jano.

Debüt des Alfa P3

Im Rahmen des Großen Preises von Italien taucht Alfas neue Wunderwaffe auf, der P3. Rückblickend haben jedoch die Jahre der «freien Formel» nur unbedeutende Fortschritte gebracht.

Die Saison 1932 stand ganz im Zeichen eines Modells aus Mailand: Es war dies der Alfa Romeo Tipo B, besser unter der Bezeichnung P3 bekannt. Die Großen Preise wurden nach der freien Formel ausgeschrieben, lediglich für die Dauer der Rennen gab es Vorschriften: mindestens 5, maximal 10 Stunden. Nachdem sich Daimler-Benz Ende 1931 ganz aus dem Rennsport zurückgezogen hatte, fuhr der bisherige Mercedes-Spitzenfahrer Rudolf Caracciola 1932 auf Alfa Romeo (Werk). Zuerst trat er mit dem Tipo-Monza-Achtzylinder an, später mit dem berühmten Tipo B (P3), dessen Debüt beim Großen Preis von Italien erfolgte.

Anläßlich des 10. Großen Preises von Italien am 5. Juni 1932 tauchte Alfas neues Achtzylindermodell auf. Auch diesmal hatte Ingenieur Vittorio Jano für die Konstruktion verantwortlich gezeichnet, wobei er sich für einen Achtzylinder in Reihe entschied, der wiederum in zwei Blöcke zu je vier Einheiten eingeteilt war. Jede Vierergruppe wurde durch einen eigenen Roots-Kompressor aufgeladen. In der ersten Version, von der sechs Exemplare gebaut wurden, wies der Motor

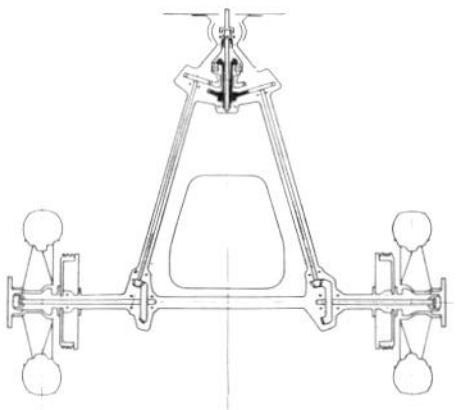

Der Alfa Romeo P3 erschien 1932 mit einer vorderen Starrachse, erst 1935 kam die Dubonnet-Vorderradaufhängung (große Zeichnung). Der Achsantrieb erfolgte von der Mitte aus über zwei Kardanwellen (links). Der Hubraum des aufgeladenen Achtzylinders (unten) wurde bis 1935 ständig erhöht.

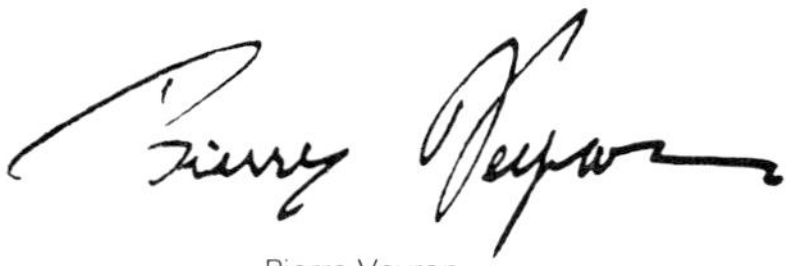

Pierre Veyron

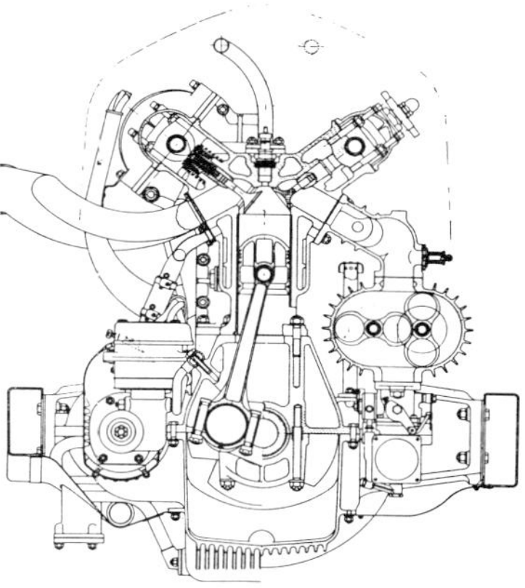

Unten
Beim Großen Preis von Italien 1932 debütierte der Alfa Romeo P3 (auch Tipo B genannt) mit Tazio Nuvolari siegreich.

Links
Für das Avus-Rennen 1932 versah Freiherr Koenig-Fachsenfeld den Mercedes SSKL Manfred von Brauchitschs mit dieser Stromlinienkarosserie. Der SSKL ging als Sieger durchs Ziel.

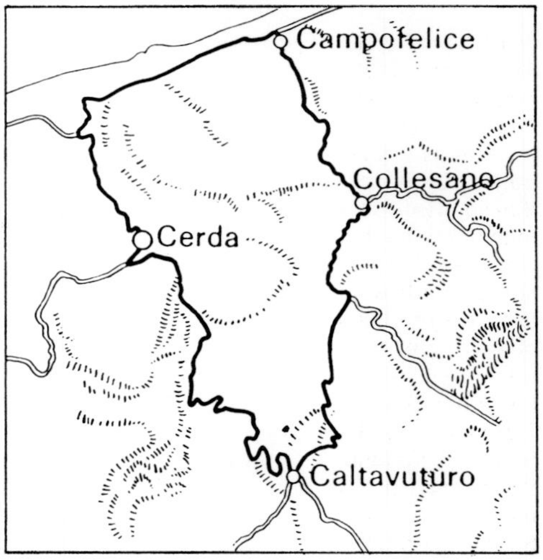

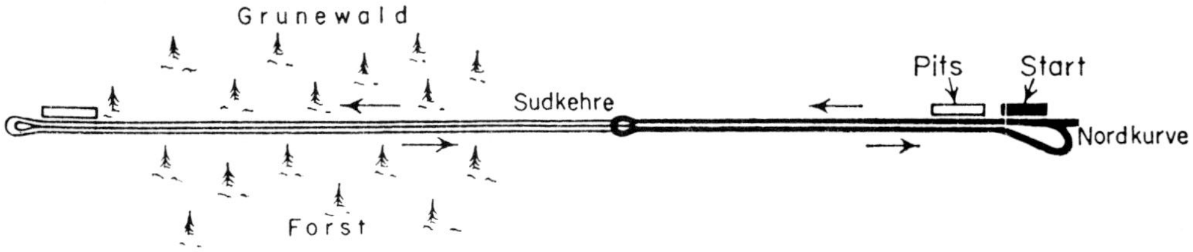

Rechts oben
Wieder wurde die Targa-Florio-Strecke 1932 gekürzt, und zwar auf die endültige Länge von 72 km.

Oben
Die Berliner Avus bestand aus einem Autobahnabschnitt mit einer Kurve an jedem Ende. Zuerst waren beide Kurven flach; die berühmte Nordkurve mit dem Zielplatz im Auslauf wurde 1937 überhöht. Die ursprünglich 19,6 km lange Bahn wurde 1937 auf 19,363 km verkürzt. Nach dem Krieg fuhr man nur mehr auf einem 6,31 km langen Abschnitt (dunkler Strich), der die Nordkurve umfaßte. Der Grand Prix von Deutschland fand nur 1926 und 1959 auf der Avus statt.

Links
Flugaufnahme von der flachen und weniger bekannten Südkehre der Avus, welche nach dem Krieg nicht mehr befahren wurde.

die Abmessungen 65 × 100 mm = 2654 cm^3 auf, er leistete 215 PS bei 5600 U/min; später — 1934 — bohrte Alfa Romeo den Achtzylinder auf 2905 cm^3 aus (68 × 100 mm, 255 PS bei 5400 U/min), und 1935 — als die anschließende 750-Kilogramm-Rennformel schon ihre zweite Saison erlebte — ging man auf 3165 cm^3 (71 × 100 mm, 265 PS bei 5400 U/min) über. Rein optisch wirkte der schlanke P3 ausgesprochen attraktiv. Um den Fahrersitz möglichst tief zu placieren, hatte man eine besondere Art der Kraftübertragung gewählt. An das mit dem Motor verblockte Vierganggetriebe wurde die Differentialeinheit direkt angebaut, wobei von hier aus zwei diagonal nach hinten führende Antriebswellen das Drehmoment auf je ein Rad übertrugen, so daß der Sitz nun zwischen diesen Wellen installiert werden konnte. Vorn und hinten wies der nur 700 kg wiegende P3 eine Starrachse mit Halbelliptikfedern auf, später (1935) versah man den Monoposto mit unabhängigen Vorderrädern (Patent Dubonnet). Der P3 lief 1932 ausschließlich als Werkswagen, er gewann gleich sechs große Rennen, darunter die Großen Preise des ACF in Reims (Nuvolari), von Deutschland (Caracciola) und von Italien (Nuvolari). Den Großen Preis von Monaco hatte Nuvolari auf dem älteren und noch zweisitzigen Typ Monza gewonnen.

Die Jahre der freien Formel oder der Verbrauchsformeln brachten nur unwesentliche technische Fortschritte, weil man dank der Erhöhung des Hubraumes, dem keine Grenzen mehr gesetzt waren, die spezifische Leistung der Motoren nicht mehr so stark in die Höhe zu treiben brauchte; es war somit nicht mehr nötig, das vorhandene Hubvolumen aufs äußerste auszunützen, wie dies bei den Hubraumformeln der Fall gewesen war. Bei einem Inhalt von 2654 cm^3 und einer Leistung von 215 PS erreichte der P3 1932 eine Literleistung von 81 PS/l. Fünf Jahre zuvor waren der Delage-Achtzylinder der 1,5-Liter-Formel auf 110 PS/l und der Fiat-806-Zwölfzy-

Der Grand Prix des ACF wurde 1932 erstmals auf der seit 1925 bestehenden Bahn von Reims ausgetragen. Bis Anfang der fünfziger Jahre fuhr man noch durch die Ortschaft Gueux, später wurde eine andere Kombination gewählt. Der ursprüngliche Kurs (Zeichnung) war 7,815 km lang. Später fuhr man auf einer 8,347 sowie auch auf einer 8,301 km langen Streckenkombination.

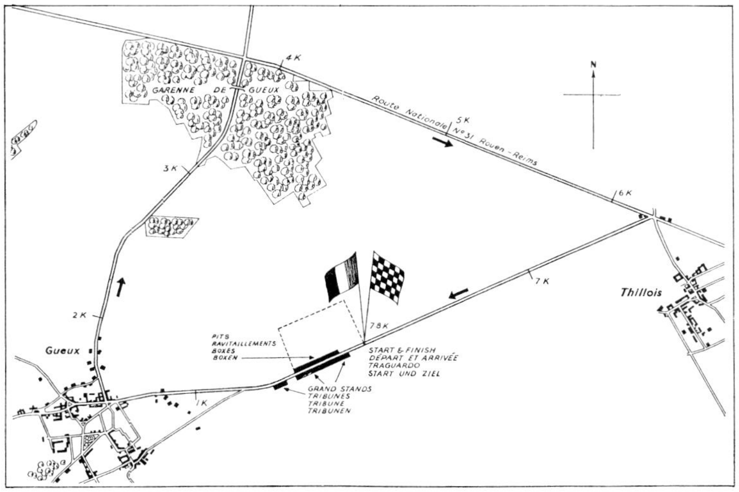

In Monza ging 1932 auch dieser imposante Maserati V5 mit Sechzehnzylindermotor von 4905 cm³ Inhalt an den Start, wobei Luigi Fagioli (Bild) mit dem V5 einen Vorlauf gewann. Das Triebwerk bestand aus zwei Achtzylindereinheiten.

linder gar auf 123 PS/l gekommen. Mit der Senkung der spezifischen Leistung waren die neueren, größervolumigen Motoren allerdings betriebssicherer geworden, weil die Beanspruchung der einzelnen Teile geringer war.

Bugatti setzte 1932 weiterhin den Typ 51 mit aufgeladenem 2,3-Liter-Achtzylindermotor ein, hinzu kam der Typ 54 mit 4,9 Litern Inhalt. Die Bugatti jener Epoche sahen auf den ersten Blick praktisch alle gleich aus. Das besondere äußerliche Merkmal des Typ 54 war die getrennte und in der Mitte eine Manschette aufweisende, starre Vorderachse, welche bei den bisherigen Rennwagen sonst aus einem durchgehenden, geschmiedeten Rohr bestand. Maserati konkurrierte mit dem auf 2,8 Liter aufgebohrten Achtzylinder des Typ 8C-2800 (68 × 94 mm = 2795 cm³, 198 PS bei 6000 U/min) wie auch mit dem V5-Sechzehnzylinder von 4905 cm³ Hubraum (69 × 82 mm), der 330 PS bei 5200 U/min abgab. Neben den vom Werk eingesetzten und überaus erfolgreichen Alfa Romeo P3 wurde die Mailänder Marke bei den Großen Preisen auch durch die Scuderia Ferrari aus Modena mit dem Tipo Monza von 2,3 Litern Inhalt vertreten. Am Ende der Saison beschloß nun Alfa Romeo, sich nach den vielen Erfolgen des P3 werksseitig zurückzuziehen, so dass praktisch nur noch die Scuderia Ferrari mit dem älteren Tipo Monza als Vertreter dieser Marke übrigblieb. Bei Ferrari in Modena hatte man das Aggregat auf 2556 cm³ erhöht, wobei der Achtzylinder nun 180 PS bei 5600 U/min abgab; doch war dieses Modell mit seinen 920 kg rund 200 kg schwerer als der modernere P3, der damals die führende Grand-Prix-Konstruktion war.

Nachdem Bugatti 1931 den für die Kundschaft bestimmten Typ 51 (2261 cm³) herausgebracht hatte, erschien kurz danach für die Werksfahrer der Typ 54 (Bild) mit ebenfalls aufgeladenem Achtzylindermotor, dessen Hubraum allerdings 4972 cm³ (86 × 107 mm) betrug. Die Aufnahme zeigt Varzi 1932 in Monza. Bugatti verwendete immer noch Seilzugbremsen. Die starre, geschmiedete Vorderachse war beim Typ 54 nicht mehr durchgehend, sondern sie bestand aus zwei Teilen mit der berühmten Gummimanschette in der Mitte.

Privatfahrer unter sich

Nachdem Nuvolari auf Maserati umgestiegen ist, überläßt Alfa Romeo die P 3 der Scuderia Ferrari, um die Angriffe des Mantuaners zu parieren. Tragischer 10. September auf der Bahn von Monza.

Die Saison 1933 war ein Jahr der freien Formel, lediglich für die Großen Preise wurde eine Minimaldistanz von 500 Kilometern vorgeschrieben. In die bereits ansehnliche klassische Grand-Prix-Serie wurde der mit einer Lotterie verbundene Große Preis von Tripolis, ausgetragen auf einer schnellen, palmengesäumten Rundstrecke, neu aufgenommen. Die einzelnen Großveranstaltungen hatten jetzt nicht mehr die gleiche Bedeutung wie ein Jahrzehnt zuvor, als es praktisch nur den Grand Prix des ACF und denjenigen von Italien gab und diese Rennen die Höhepunkte des Jahres darstellten. Bugatti, Alfa Romeo und Maserati fochten 1933 die großen Schlachten unter sich aus, wobei Varzi auf Bugatti in Tripolis, auf der Avus und in Monaco gewann. Auf Vorschlag des bekannten französischen Fachjournalisten Charles Faroux wurden die Wagen am Start des monegassischen Rennens erstmals in der Reihenfolge der im Training erzielten Zeiten aufgestellt. Normalerweise wurde die Startaufstellung damals durch das Los entschieden, so daß die einzelnen Rennleiter dann jeweils ihren besten Mann auf dem günstigsten der Marke zugewiesenen Startplatz placierten. Auf dem Kurs von Monte Carlo jagten sich Varzi auf Bugatti Typ 51 und Nuvolari auf Alfa Romeo Tipo Monza in einem denkwürdigen Duell während 99 von 100 Runden Rad an Rad um die Stadtrundstrecke und verbesserten laufend den Rundenrekord. In der letzten Runde aber erlitt der Alfa einen Defekt, so daß Varzis Bugatti siegreich am Ziel eintraf. Beim Training in Monaco verunglückte Rudolf Caracciola auf Alfa Romeo sehr schwer, so daß er für den Rest der Saison ausfiel. Nachdem sich Alfa Romeo Ende 1932 werksseitig aus dem Grand-Prix-Sport zurückgezogen hatte, hatten Caracciola und Chiron zusammen ein Privatteam gegründet; aber diese Renngemeinschaft stand nach dem schweren Monaco-Unfall des Deutschen unter einem unglücklichen Stern.

Beim Grand Prix des ACF in Montlhéry setzte sich der gutmütig aussehende, beliebte Giuseppe Campari auf dem alten zweisitzigen Maserati 8C-2800 durch, während die Alfa Romeo Tipo Monza der Scuderia Ferrari

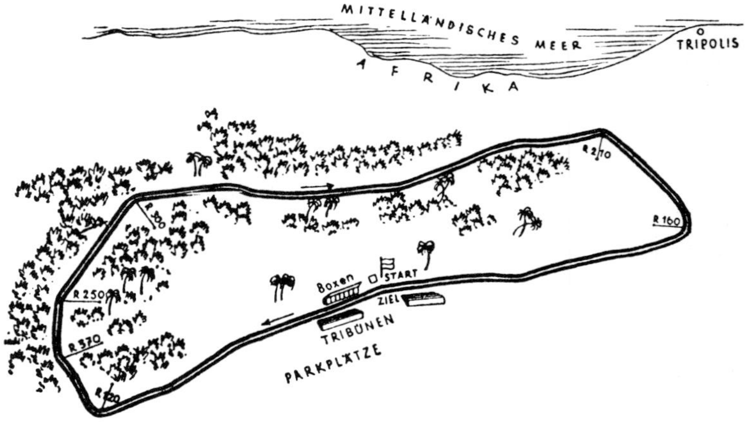

Ab Ende der zwanziger Jahre bis zum Ausbruch des Zweiten Weltkriegs fand in Tripolis alljährlich ein Rennen statt. Gefahren wurde auf der sehr schnellen Mellaha-Rundstrecke, benannt nach den dortigen Salinen. Eine Runde war 13,1 km lang. Das Rennen wurde auch mit einer großen Lotterie verbunden. Ein Problem stellte der feine Sand dar.

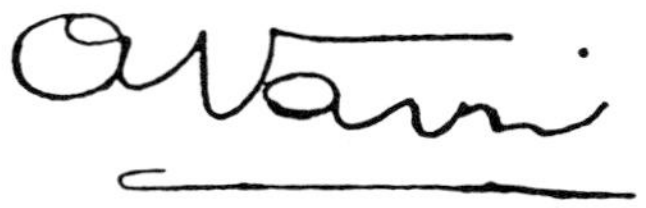

Achille Varzi

Tazio Nuvolari

Beim Großen Preis von Monaco 1933 lieferten sich Achille Varzi auf Bugatti 51 sowie Tazio Nuvolari auf Alfa Romeo 8 C-2300 Monza einen harten Kampf über 99 von 100 Runden, wobei sie sich in der Führung ständig abwechselten. In der allerletzten Runde erlitt der Motor an Nuvolaris Alfa einen Defekt, und Varzi konnte das Rennen unbehindert gewinnen. Hier schiebt Nuvolari seinen Achtzylinder ins Ziel.

Rechts
Start zum Unglücksrennen 1933 in Monza. Das dritte Fahrzeug ist der Maserati von Borzacchini und der hinterste Wagen der Alfa Romeo von Campari, welche kurz danach ums Leben kam.

Mitte rechts
Tod in Monza — der Maserati von Borzacchini (Nr. 26) und der umgekippte Alfa Romeo von Campari. Am gleichen Tag kam auch Graf Czaikowski ums Leben.

Unten
Vor dem Avus-Rennen 1933 unterhalten sich (von links) Achille Varzi, «Williams» (ein in Frankreich lebender englischer Hundezüchter, der eigentlich William Charles Frederick Grover-Williams hieß) sowie Hans Stuck. Das Rennen gewann Varzi auf Bugatti.

versagten, so daß sich Tazio Nuvolari daraufhin entschloß, den Rennstall aus Modena zu verlassen, um bei Maserati einzutreten, wo man das neue Modell 8CM mit aufgeladenem Achtzylindermotor (69 × 100 mm = 2991 cm³, 220 PS bei 5500 U/min, Gewicht 865 kg) herausgebracht hatte, das in Monaco erstmals aufgetaucht war. Mit diesem Maserati gewann Nuvolari auch prompt den Großen Preis von Belgien in Spa, worauf bei Alfa Romeo die Alarmglocke läutete: In Mailand entschied man, die 1932 werksseitig eingesetzten und dann zurückgezogenen P3 an die Scuderia Ferrari zu übergeben, um die Angriffe Nuvolaris und seines gefürchteten Maserati besser parieren zu können. Es kam zum großen Treffen in Monza beim Großen Preis von Italien, wo sich Nuvolari, Taruffi und Zehender auf Maserati sowie Fagioli und Chiron auf den Alfa Romeo P3 gegenüberstanden. Nach einem aufregenden Rennen der Rekorde siegte Fagioli auf dem P3, während Nuvolari wegen Reifenschäden zurückfiel.

Dieser 10. September 1933 brachte eine sehr tragische Bilanz und ging als «schwarzer Tag von Monza» in die Geschichte ein. Bei dem am Nachmittag — nach dem Großen Preis von Italien — durchgeführten Großen Preis von Monza hatte Graf Felice Trossi im ersten Rennlauf in einer überhöhten Kurve des Hochgeschwindigkeitsovals infolge eines Motorschadens in seinem amerikanischen und von der Scuderia Ferrari erworbenen Duesenberg viel Öl verloren. Die Bahn wurde nicht richtig gereinigt, so daß in der ersten Runde des zweiten Laufes an dieser Stelle sowohl Giuseppe Campari auf Alfa Romeo als auch Baconin Borzacchini auf Maserati ins Schleudern kamen und tödlich verunglückten. Aber damit nicht genug: Im Schlußrennen kam auch Graf Czaikowski auf dem 4,9-Liter-Bugatti in der gleichen Kurve ums Leben.

Die Rennsaison 1933 wurde mit dem Großen Preis der Tschechoslowakei in Brünn und dem von Spanien in San Sebastian, wo jeweils Chiron und Fagioli auf Alfa Romeo P3 die beiden ersten Plätze belegten, abgeschlossen. Damit war die Zeit der Verbrauchsformeln und der freien Formeln, die zum Teil Grand-Prix-Distanzen hervorbrachte, wie man sie später nie wieder erlebte, zu Ende gegangen.

Seit Mitte der zwanziger Jahre bis zum Inkrafttreten der 750-kg-Formel (1934) hatten sich die italienischen, englischen, französischen und auch amerikanischen Konstrukteure vorwiegend auf die Leistungssteigerung mittels Kompressor konzentriert und den Fahrgestellbau dabei total vernachlässigt. Die damals herrschende totale Lähmung der Chassisentwicklung geht zum Beispiel auch daraus hervor, daß Bugatti für sämtliche Modelle — der Inhalt derselben lag zwischen 1,5 und 2,3 Litern — das gleiche Fahrgestell verwendete. Die einzigen Details, nach denen das Baujahr jener Bugatti identifiziert werden konnte, waren der Durchmesser der Bremstrommeln, die Breite des hufeisenförmigen Kühlers und der Querschnitt der Reifen.

Rennwagen der «freien Formel» von 1930 bis 1933

Baujahr	Marke und Modell	Zylinderzahl	Hubraum	Bohrung	Hub	Leistung/PS	Höchstdrehzahl	Anzahl Gänge	Spitze in km/h	Trockengewicht
1930	Alfa Romeo P2 Targa Florio	8	1987	61	85	175	5500	4	225	780
1931	Alfa Romeo 8C-2300 Monza	8	2336	65	88	165	5400	4	210	920
1931	Alfa Romeo Tipo A	12	3504	56	88	230	5200	3	240	930
1931	Bugatti 51	8	2261	60	100	180	5500	4	230	750
1931	Bugatti 54	8	4972	86	107	300	4500	4	240	930
1931	Bugatti 51A	8	1492	60	66	135	5500	4	200	750
1931	Maserati 8C-2800	8	2812	69	94	205	5500	4	225	820
1931	Mercedes SSKL	6	7069	100	150	295	3500	4	230	1400
1931	National Pescara	8	2947	72	90	120	5000	4	195	850
1932	Alfa Romeo Typ B (P3)	8	2654	65	100	215	5600	4	232	700
1932	Bugatti 53 (4 × 4)	8	4972	86	107	300	4500	4	240	940
1932	Maserati V5	16	4905	69	82	330	5200	4	250	1050
1933	Alfa Romeo 8C-2600 Monza	8	2556	68	88	180	5600	4	225	920
1933	Bugatti 59	8	2819	67	100	250	5700	4	250	760
1933	Maserati 8C-3000	8	2991	69	100	220	5500	4	240	850
1933	Maserati 8CM	8	2991	69	100	240	5500	4	250	750
1933	Maserati 4C-2000	4	1969	80	98	165	5500	4	215	580
1933	Maserati 4C-2500	4	2483	84	112	195	5300	4	225	700

Neue 750-kg-Formel

Die fortschrittlichen Konstruktionen von Mercedes-Benz und Auto Union bringen neue technische Impulse. Im Grand-Prix-Rennsport beginnt eine klare Dominanz der beiden deutschen Marken.

In der ganzen Grand-Prix-Geschichte hat nie eine Ära so klar im Zeichen der Konstruktionen eines bestimmten Landes gestanden wie die der Jahre 1934 bis 1939. Es waren dies die «goldenen Jahre» der deutschen Mercedes-Benz und Auto Union, die gleich in zwei Formelperioden diskussionslos den Ton angaben, nämlich in der Zeit der 750-Kilogramm-Formel (1934 bis 1937) und in derjenigen der Dreiliter-Kompressor-Formel (1938 und 1939). In dieser Epoche konnten die italienischen Alfa Romeo den deutschen silberfarbigen Monoposto nur gelegentlich einmal ein Schnippchen schlagen, zu mehr reichte es für die bisher sieggewohnten Alfa nicht. Die übrigen Marken waren in dieser dem Zweiten Weltkrieg vorausgehenden Zeit zu reinen Statistenrollen verurteilt, so daß sich mehr und mehr Firmen aus dem Grand-Prix-Geschehen zurückzogen oder sich auf andere Kategorien — vorwiegend auf die 1,5-Liter-Voiturettes — konzentrierten.

In der Zeit zwischen 1934 und 1939 erzielte man vor allem im Chassis- und Aufhängungsbau große Fortschritte, wobei die deutschen Konstrukteure zu wegweisenden Lösungen griffen, auf die dann auch bei andern Marken umgestellt wurde. Die neuen deutschen Wagen wiesen elastischere Aufhängungen und vier unabhängige Räder auf, doch war es für die Piloten nicht einfach, sie bis an die Grenze auszufahren. Im Jahre 1937 kam Mercedes — und im folgenden Jahr auch Auto Union — wieder ab von der Unabhängigkeit der Hinterräder, durch die sich beim Durchfedern der Räder die Spur veränderte, und die beiden Marken wandten sich der De-Dion-Achse zu, welche neben einer gleichmäßigen Adhäsion der Räder auf dem Boden auch eine ständig parallele Lage der Antriebsräder untereinander gewährleistete. Die De-Dion-Hinterachse bewährte sich dann bis Ende der fünfziger Jahre, als dann endgültig auf die Mittelmotorbauweise umgestellt wurde. Zur Epoche von 1934 bis 1939 darf auch gleich gesagt werden, daß — trotz enormer Motorleistung — nur wenig Piloten ihr Leben lassen mußten.

Nachdem die Rennwagen der Jahre 1928 bis 1933 den Eindruck erweckt hatten, zu stark und zu schnell geworden zu sein — vor allem die verschiedenen doppelmotorigen Konstruktionen, wie sie bei Maserati, Bugatti und Alfa Romeo entstanden waren —, zog man die Reglementszügel fester an, und heraus kam die berühmte 750-Kilogramm-Formel. Ihre Vorschriften besagten: Maximalgewicht eines Rennwagens (ohne Treibstoff, Öl, Wasser und Reifen) 750 kg; Mindestbreite der Karosserie 85 cm; freie Wahl des Treibstof-

Links
Schon beim Debüt holte sich der neue Achtzylinder-Mercedes-Benz des Typs W 25 am 3. Juni 1934 mit Manfred von Brauchitsch beim Eifelrennen auf dem Nürburgring den Sieg.

Unten
Ende Saison 1934 stellte Rudolf Caracciola mit dem speziell karossierten W 25 auf der Avus einige Rekorde auf.

Manfred von Brauchitsch

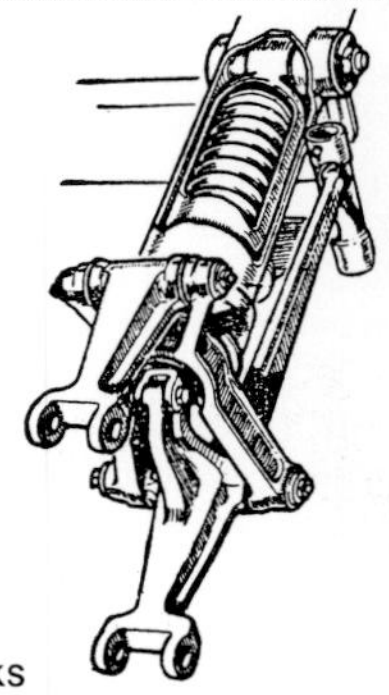

Links
Unabhängige Vorderradaufhängung des Mercedes-Benz W 25 mit übereinanderliegenden Querlenkern. Die Schraubenfeder lag waagrecht in einer Quertraverse.

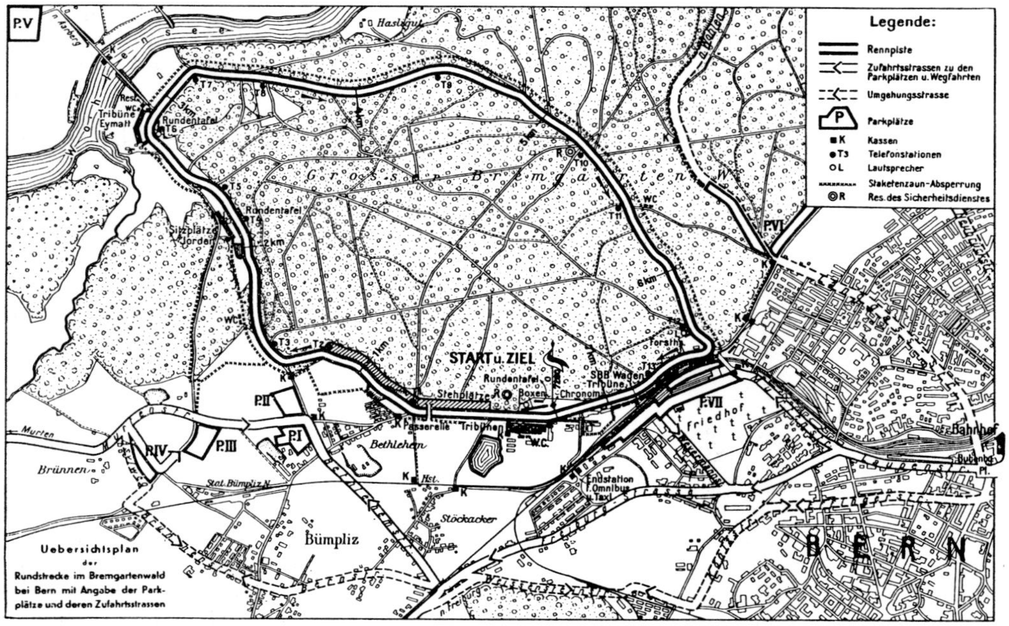

Links
Von 1934 bis 1954 fand auf der 7,28 km langen Bremgarten-Rundstrecke vor den Toren Berns der Große Preis der Schweiz statt. Die sich aus normalen Straßen zusammensetzende Strecke war besonders anforderungsreich.

Rechts unten
Neben dem Auto Union des Typs A stehen hier in Montlhéry von links Rennleiter Willy Walb, Fahrer Hans Stuck und Konstrukteur Ferdinand Porsche.

Willy Walb

Unten
Der V16-Motor von Auto Union wies eine zentrale und über dem V liegende Nockenwelle auf, welche die Ventile mittels Schlepphebeln und Stößeln aktivierte.

Mitte
Die aus vielen Einzelteilen mit Verzahnung zusammengesetzte Hirth-Kurbelwelle des Auto Union V16.

Mitte rechts
Der Auto-Union-P-Wagen des Typs A 1934 bei der Coppa Acerbo in Pescara. Der Motor wurde am Heck angekurbelt. Die Aufhängung wies noch eine obere Querblattfeder auf.

fes; Mindestdistanz der Großen Preis 500 Kilometer. Die bisher erfolgreichen Marken Alfa Romeo, Maserati und Bugatti machten sich in der Übergangszeit keine großen Sorgen; der Alfa Romeo P3 wog 700 kg, der Bugatti Typ 59 760 kg und der Maserati 4C-2500 800 kg, so daß sich diese Modelle relativ einfach an die neuen Vorschriften adaptieren ließen.

In Monte Carlo gewann ein neues Talent: Guy Moll auf einem Alfa Romeo P3 der Scuderia Ferrari. In seinem Buche «Le mie gioie terribili» beschreibt Enzo Ferrari den blutjungen Algerier Guy Moll als eines der größten Rennfahrertalente, die ihm je begegnet waren. Im gleichen Jahre siegte Moll auch beim Avusrennen in Berlin, dazu fuhr er mehrere Ehrenplätze heraus. Dann aber kam der fatale 15. August auf der Rundstrecke von Pescara mit ihren kilometerlangen Geraden, wo Moll im Alter von kaum 24 Jahren auf einem schnurgeraden Abschnitt im 250-km/h-Tempo von der Bahn abkam und auf der Stelle getötet wurde.

Doch zurück zum Saisonbeginn, der nichts anderes als die Stille vor dem Sturm darstellte: Die angekündigten deutschen Rennwagen waren vorläufig nicht einsatzbereit.

Am 27. Mai 1934 tauchten sie auf, beim Avusrennen. Im letzten Moment zog zwar Daimler-Benz die Meldung zurück, aber Auto Union trat mit Hans Stuck und August Momberger an, wobei Stuck überlegen das Feld anführte, dann aber ausfiel, so daß Guy Moll auf dem Alfa Romeo P3 mit speziell für die Avus gefertigter Stromlinienkarosserie mit 205,29 km/h siegte. Zu der Begegnung

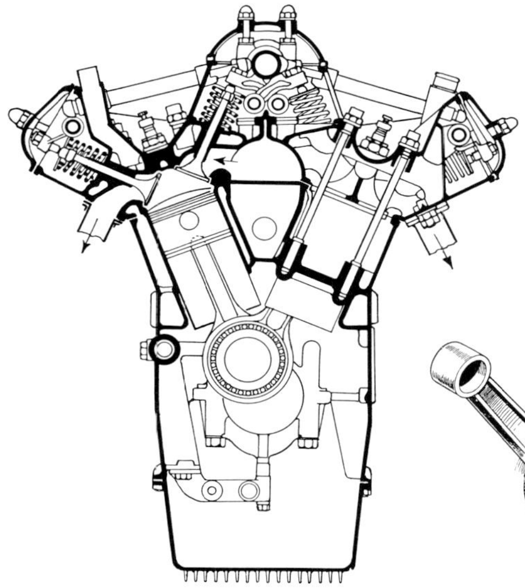

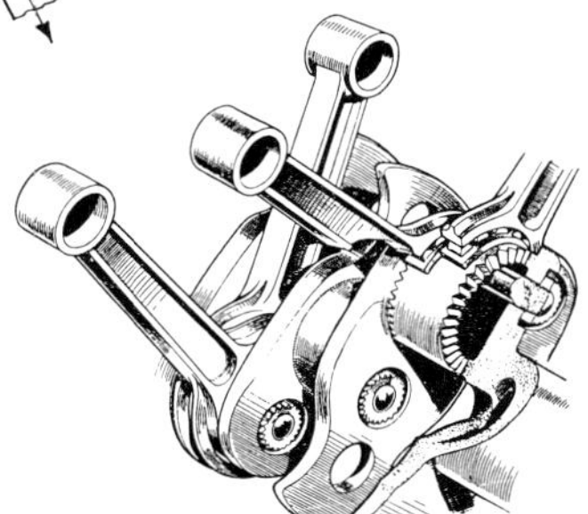

Hans Stuck

Dr. Ferdinand Porsche

mit Mercedes-Benz kam es am 3. Juni beim Eifelrennen auf dem Nürburgring. Stuck auf Auto Union, von Brauchitsch auf Mercedes und Chiron auf Alfa Romeo rangen um den Sieg, der an den debütierenden Mercedes W25 von Brauchitschs ging. Die italienischen und französischen Konstrukteure waren sich nun dessen bewußt, daß die Auto Union und die Mercedes in jeder Beziehung überlegen waren. Allerdings gab es beim Grand Prix de l'ACF in Montlhéry noch einen dreifachen Alfa-Romeo-P3-Erfolg mit Chiron, Varzi und Moll/Trossi, welche für die Scuderia Ferrari fuhren, denn diesmal fielen die neuen deutschen Wagen fast restlos Defekten zum Opfer.

In Deutschland war 1933 Adolf Hitler ans Ruder gekommen, seine ehrgeizige Regierung wollte Siege, es ging um Prestige, vor der Welt wollte das Land einen Qualitätsbeweis seiner Produkte ablegen. Aus der Staatsschatulle flossen Daimler-Benz und auch Auto Union Geldbeträge zur Unterstützung des aufwendigen Konstruktionsprogramms zu. Zwar vermochten diese Beiträge

Unten
Auch beim Bugatti 59 von 1934 blieb man in Molsheim den Kabelzugbremsen treu, obschon ein Duesenberg schon 1921 den Grand Prix des ACF mit hydraulischen Bremsen gewonnen hatte.

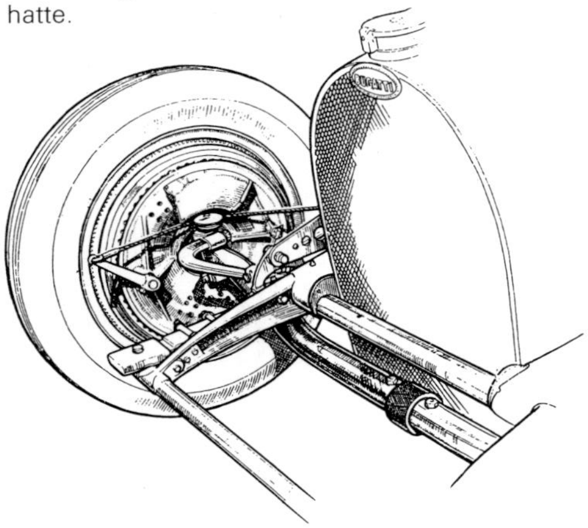

Rechts
Jean-Pierre Wimille (1934 in Monaco) auf dem damals neuen Bugatti 59 mit 3257-cm³-Achtzylindermotor (72 x 100 mm), der an die 240 PS leistete. Im Grand-Prix-Sport war Bugattis Zeit vorüber.

nur einen kleinen Teil der Gesamtkosten zu decken. Damiler-Benz regte schon im März 1933 eine sportliche Aktivität an. Dazu veranschlagte man in Stuttgart-Untertürkheim eine Anfangssumme von einer Million Reichsmark. Durch die Verbindung, die die damalige Firmenleitung zur Regierung hatte, wurden schließlich Jahreszuschüsse von 450 000 Reichsmark genehmigt, dazu sollten noch Bonus-Zahlungen für Siege kommen. Da aber zwei Firmen aktiv wurden, nämlich Daimler-Benz und Auto Union, wurde das Geld vom Verkehrsministerium geteilt: für jede 225 000 Reichsmark. In Wirklichkeit betrugen die Kosten für den Rennsport viel mehr — zum Beispiel bei Daimler-Benz vier Millionen pro Jahr.

Ähnliche Tendenzen verzeichnete man in Italien, dessen Staatschef Benito Mussolini das Renommee der Alfa-Romeo-Erfolge zu schätzen wußte: Rennsiege mußten in beiden Ländern in politische Propaganda umgemünzt werden. Alfa Romeo gehörte nun der IRI-Gruppe (Istituto di Ricostruzione Industriale) an und war praktisch zu einem Staatsbetrieb geworden. Bei Alfa Romeo gab es zwischen 1935 und 1940 eine Vielzahl von Modellen und Motorentypen, wie sie wahrscheinlich in der ganzen Renngeschichte keine andere Marke zu verzeichnen hatte. Acht-, Zwölf- und sogar Sechzehnzylinderaggregate wurden in verschiedenartigen und manchmal recht komplizierten Kombinationen sozusagen über Nacht kreiert: Allerdings dürfte gerade der ständige Wechsel von einem Typ auf den andern Alfa Romeo daran gehindert haben, an die Resultate der deutschen Marken heranzukommen, die sich in jeder Formel auf einen Motorentyp konzentrierten, diesen dann ständig weiterentwickelten und konsequent verbesserten.

In der deutschen Automobilindustrie wü-

Rechts
Start auf dem Masaryk-Ring bei Brünn 1934. An der Spitze liegt der Alfa Romeo P 3 der Scuderia Ferrari mit Achille Varzi vor dem Auto Union Typ A von Hans Stuck und dem Alfa Romeo von Louis Chiron, der damals auch für die Scuderia Ferrari fuhr. Den Großen Preis der Tschechoslowakei gewann Hans Stuck.

tete Anfang der dreißiger Jahre eine Krise, der schon zahlreiche Firmen zum Opfer gefallen waren. Die vier Marken Horch, Audi, DKW und Wanderer schlossen sich zur Auto Union zusammen, für deren neue und revolutionäre 16-Zylinder-Rennwagen mit Mittelmotor (damals sprach man noch von einem Heckmotor, obschon das Aggregat vor der Hinterachse im Fahrgestell eingebaut war) der ehemalige Mercedes-Konstrukteur Professor Ferdinand Porsche verantwortlich zeichnete. Zwar war diese Porsche-Konstruktion mit vornliegendem Kühler nicht der erste Mittelmotorwagen: 1922/1923 hatte Konstrukteur Nibel (Linzenz von Rumpler) den Benz-Tropfenwagen gebaut, dessen Kühler über dem Heck angeordnet war. Der Auto Union sollte aber die erste Mittelmotorkonstruktion werden, die einen Grand Prix gewann.

Wer geglaubt hatte, die Gewichtsbegrenzung von 750 Kilogramm würde die Autofirmen zwingen, kleinervolumige Fahrzeuge mit leistungsschwächeren Motoren zu bauen, erlebte eine große Überraschung. Die Deutschen verstanden es, dank kompakter und extrem leichter Bauweise ein Maximum an Hubraum und damit auch an Leistung in die Rennwagen zu pumpen, so daß der Auto Union Typ A ein 4360-cm³-Aggregat (68 × 75 mm) eingebaut bekam, das bei 4500 U/min 295 PS abgab, wobei man die Maschine im Verlaufe der Saison auf 4950 cm³ (82,5 × 75 mm, 375 PS bei 4700 U/min) erhöhte. Nach vielen Jahren war wieder ein überquadratischer Spitzenmotor entstanden, dessen Bohrung größer als der Hub war.

Oben
Der auf einem Alfa Romeo P 3 der Scuderia Ferrari fahrende Algerier Guy Moll während eines Boxenstopps in Pescara kurz vor seinem tödlichen Sturz. Der damals 23jährige Fahrer galt als ungewöhnliches Talent. Im gleichen Jahr hatte er schon den Grand Prix von Monaco und das Avus-Rennen gewonnen.

Oben rechts
1933 und 1934 war Tazio Nuvolari Alfa Romeo untreu geworden und auf den Maserati 8 CM mit aufgeladenem Achtzylindermotor (69 × 100 mm = 2991 cm³) umgestiegen. Die Aufnahme zeigt ihn 1934 bei der Coppa Acerbo in Pescara.

Die Kompressoraggregate wurden mit Spezialgemischen nach Geheimrezepten gespeist, bei deren Zusammensetzung die Konstrukteure zusammen mit den Erdölgesellschaften und der chemischen Industrie Hand in Hand arbeiteten. Die Auspuffgase der Spezialgemische waren beispielsweise für die an den Boxen Herumstehenden unerträglich: Sie verursachten allgemeines Unwohlsein mit Kopfschmerzen, Augentränen oder Atembeschwerden.

Die Stärke der deutschen Wagen war auch in deren neuartigen, leichten und verwindungsfesten Rohrrahmen zu suchen, wie man sie bisher nicht gekannt hatte. Die Fahrgestelle besaßen vier unabhängige Räder, eine relativ weiche Federung sowie stark reduzierte ungefederte Massen, die eine bessere Radhaftung gewährleisteten. Die veralteten Konstruktionen der Konkurrenz wiesen noch rudimentäre Chassis nach jahrzehntealter Bautradition, starre Achsen sowie eine harte Federung auf. In den zwanziger Jahren, aber auch zu Beginn der dreißiger Jahre hatte man sich eben fast ausschließlich auf die Leistungssteigerung mittels Kompressor konzentriert und den Fahrgestellbau dabei vernachlässigt. Diesbezüglich konnte ein technischer Stillstand verzeichnet werden. Wesentliche Fortschritte im Chassis- und Aufhängungsbau kamen eben erst wieder mit der 750-kg-Rennformel.

Die Ursprünge des Auto Union Monoposto gehen auf den 15. November 1932 zurück. Damals setzten sich Dr.-Ing. h. c. Ferdinand Porsche, 57 Jahre alt (er hatte Daimler-Benz schon 1928 verlassen), sein Chefkonstrukteur Karl Rabe und sein damaliger Finanzpartner Rosenberger zu einer ersten grundlegenden Besprechung zusammen, um einen Grand-Prix-Wagen zu entwerfen. Ferdinand Porsche begann seine Konstruktion ohne Auftrag. Er wollte den Wagen ursprünglich in eigener Regie mit einer «Gesellschaft für Rennwagenbau» zu den großen Rennen bringen. Nach einigen Wochen trat die Auto Union an Porsche mit dem Auftrag heran, einen Grand-Prix-Wagen zu entwerfen. Professor Porsche erklärte daraufhin, er habe schon einen. Die Auto Union übernahm nun die Porsche-Konstruktion und baute in den Horch-Werken in Zwickau dieses Fahrzeug, das zunächst Auto-Union-P-Wagen genannt wurde.

Was Porsche 1932 nicht wußte: Bei Daimler-Benz entstanden genau zur selben Zeit die ersten Entwürfe für ein Fahrzeug der 750-Kilogramm-Formel. Bereits damals arbeitete Ferdinand Porsche junior, 23 Jahre alt, nachmaliger Chef des Porsche-Unternehmens, maßgeblich an der Entwicklung mit und war vor allem an den Arbeiten für den Kompressor beteiligt.

Den Auto Union versah Ferdinand Porsche vorn mit der berühmten Torsionsstabfederung, die Antriebsräder wurden von einer Querblattfeder sowie je von einem Längslenker geführt, während das Drehmoment vom ZF-Sperrdifferential aus über

Halbachsen auf die großen Räder übertragen wurde. Der ziemlich einfach gebaute Rahmen bestand aus zwei massiven Längsrohren mit Quertraversen, auf die hinter dem Cockpit der imposante 16-Zylinder-Kompressormotor, dessen Leichtmetallblock Laufbüchsen aus Stahl enthielt, aufgebaut war. 1933 war Ferdinand Porsche ein Patent für sein Rennwagenfahrwerk erteilt worden. Beim Auto Union waren die schweren Massen des Fahrzeuges gegen den Gesamtschwerpunkt hin konzentriert. In den fünfziger Jahren wurde dieses Konstruktionsprinzip von der englischen Marke Cooper erneut propagiert und mit viel Erfolg angewendet. Seit 1960 gilt die Mittelmotorbauweise im Rennfahrzeugbau als Selbstverständlichkeit.

Der V16-Motor von Auto Union — beim Aufbau wurde viel Leichtmetall verwendet — mit dem schmalen Zylinderwinkel von 45° besaß einen ungewöhnlichen Ventiltrieb, indem eine einzige und zentral über dem engen V liegende Nockenwelle alle 32 Ventile aktivierte. Die Einlaßventile wurden direkt von kurzen, fingerartigen Stößeln betätigt; die auf der Außenseite liegenden Auslaßventile erforderten kurze Stößel, Stoßstangen und Kipphebel. Die Verbrennungsräume wiesen nicht die klassische Halbkugelform, sondern eine konische Form auf. Der Vergaser lag auf der Luftansaugseite des Kompressors. Porsches Konzeption sah einen großen Motor mit mäßigem Ladedruck, einem guten Drehmoment bei niedrigen Drehzahlen und einer Abgabe der Höchstleistung bei nicht zu hohen Drehzahlen vor. Mit 67,7 PS/l für die erste Version von 4360 cm³ Inhalt und 75,7 PS/l für die anschließende 4950-cm³-Version war die Literleistung dieser Maschine eher mittelmäßig; man war noch weit von der magischen 100-PS/l-Grenze entfernt, welche in der zweiten Hälfte der zwanziger Jahre mit den allerdings kleinervolumigen Motoren von Delage, Miller oder Fiat erreicht worden war. Auch in bezug auf die Gestaltung der Auto-Union-Karosserie ging man in Zwickau gründlich vor. Die Formgebung erfolgte aufgrund umfangreicher Versuche im Windkanal der Deutschen Versuchsanstalt für Luftfahrt. Die Deutschen betrieben den Leichtbau mit einer Konsequenz, wie man sie bisher kaum gekannt hatte: Beim Auto Union waren selbst die Stäbchen des Kühlergrills durchlöchert, ebenso das Rähmchen der Windschutzscheibe. Alles wurde, wenn nur irgend möglich, durchlöchert und leichter gemacht, um jedes erdenkliche Gramm an Gewicht zu sparen. Aber verglichen mit heute gab es kaum Materialdefekte am Fahrgestell. Der Heckmotorwagen Porsches war sehr schwer zu fahren und wurde nur von wenigen Piloten restlos beherrscht.

In den Jahren 1934 und 1935 errang Mercedes-Benz mehr bedeutende Einzelsiege als Auto Union, dessen große Saison — auch dank des ungewöhnlich talentierten Bernd Rosemeyer — 1936 folgte.

Für das Avus-Rennen (1934) hatte Alfa Romeo für den P 3 eine Stromlinienkarosserie entwickeln lassen, welche von Ing. Pallavicino von der Aeronautica Breda entworfen wurde. Guy Moll gewann mit dem von der Scuderia Ferrari gemeldeten P 3 auch das Avus-Rennen. Hier testet Moll den P 3 auf einer italienischen Autobahn. Hinter dem Wagen stehend (Mitte) Enzo Ferrari.

Der von Dr.-Ing. Hans Nibel konstruierte Mercedes W25 war ein Frontmotorwagen mit leichtem Rahmen aus Vierkantrohr. Seit dem Zweiliter-Kompressormodell M 218 von 1924, mit welchem Rudolf Caracciola 1926 den Großen Preis von Deutschland auf der Avus gewonnen hatte, waren bei Mercedes keine Rennwagen mehr entstanden (nur Sportwagen). Der W25 besaß vorn eine unabhängige Aufhängung und hinten eine Vollschwingachse. Sein Achtzylinder-Reihenmotor mit Stahlzylindern, zwei obenliegenden Nockenwellen und vier Ventilen pro Zylinder wies zunächst einen Hubraum von 3360 cm³ (78 × 88 mm) auf und gab 354 PS bei 5800 U/min ab, womit seine Literleistung den damaligen Bestwert von 105,34 PS/l erreichte. Der Kompressor lag vorn, je vier Zylinder wurden über einen Druckvergaser gespeist. Der Fahrwerkbau der deutschen Monoposto beeinflußte auch die Personenwagenkonstruktion, indem man nach den überzeugenden Siegen der «Silberpfeile» die unabhängige Vorderradaufhängung allgemein übernahm, obschon ähnliche Lösungen schon Jahre zuvor von andern Rennkonstrukteuren vorgeschlagen worden waren. Mit dem W25 mit 3360-cm³-Motor und geschlossenem Cockpit erreichte Rudolf Caracciola 1934 bei einer Rekordfahrt über den fliegenden Kilometer ein Tempo von 317,5 km/h.

Im Laufe der folgenden Jahre wurde der Hubraum des erfolgreichen Mercedes-Achtzylinders von 3,36 auf 3,99, dann auf 4,31 und später auf 4,74 Liter Inhalt gesteigert, um schließlich 1937 im berühmten W125 5,66 Liter zu erreichen.

Den Alfa Romeo P3 der Scuderia Ferrari bohrte man in Modena auf 2905 cm³ (68 × 100 mm, 255 PS bei 5400 U/min) aus, der Maserati Typ 34 kam mit 3322 cm³ (84 × 100 mm) auf 260 PS bei 5000 U/min, aber die italienischen Konstruktionen waren den deutschen Wagen einfach nicht gewachsen. Der Hubraum des Bugatti Typ 59 betrug jetzt 3257 cm³ (72 × 100 mm, 240 PS bei 5400 U/min); die Schwächen des französischen Wagens waren das altmodische Fahrgestell mit Starrachsen sowie die Seilzugbremsen. Neu in das Grand-Prix-Programm einbezogen wurde 1934 der Große Preis der Schweiz auf der Berner Bremgarten-Rundstrecke.

Stuck auf Auto Union siegte bei den Großen Preisen der Schweiz und von Deutschland, Caracciola auf Mercedes bei demjenigen von Italien, während Fagioli auf Mercedes beim Grand Prix von Spanien auf den ersten Platz kam. Der Alfa Romeo P3 war mit Moll in Monaco und auf der Avus sowie mit Chiron beim Großen Preis des ACF in Montlhéry siegreich gewesen.

In der Schweiz gab es 1934 drei international bedeutende Rennen; es waren Höhepunkte, wie man sie später nie mehr in so konzentrierter Form erlebte. Am 3. Juni fand der Grand Prix von Montreux auf einer Stadtrundstrecke statt, bei welchem Graf Felice Trossi auf einem Alfa Romeo P3 der damals von ihm präsidierten Scuderia Ferrari siegte; am 5. August wurde die letzte Auflage des prestigeträchtigen Klausenrennens ausgetragen, wo die Grand-Prix-Klasse selbstverständlich dominierte, denn kein Geringerer als Rudolf Caracciola auf einem Mercedes W25 fuhr die Tagesbestzeit vor dem Erzrivalen Hans Stuck, der auch hier den Auto-Union-P-Wagen mit V16-Motor fuhr. Schließlich, am 26. August, wurde auf der mit ziemlichem Aufwand hergerichteten und 7,28 km langen Bremgarten-Rundstrecke bei Bern der erste echte Große Preis der Schweiz für Automobile ausgetragen (zum Teil war der Titel «Grand Prix Suisse» vorher auch für die bei Meyrin ausgetragenen Rennen verwendet worden). Auf der Bremgarten-Rundstrecke hatte es schon seit 1931 Rennen für Motorräder gegeben, allerdings war die Bahn vor 1934 noch nicht speziell für die Austragung von Rennen präpariert, der Bau von Tribünen, Boxen und Erdwällen sowie der Ausbau einiger Kurven erfolgten erst im Hinblick auf 1934.

Caracciola wird Meister

Während die meisten Erfolge an den Mercedes-Fahrer gehen, zeichnet sich ein junges Talent auf dem Auto Union aus: Bernd Rosemeyer. Mit dem «alten» Alfa P3 siegt Nuvolari auf dem Nürburgring.

Für die Saison 1935 wurden der Mercedes und der Auto Union überarbeitet. Ferdinand Porsche versah seinen Heckmotorwagen (Typ B) auch hinten mit einer Torsionsstabfederung (bisher Querblattfeder) und erhöhte den Hubraum auf 4950 cm^3 (72,5 × 75 mm, 375 PS bei 4800 U/min, Literleistung 76 PS/l, mittlere Kolbengeschwindigkeit 12 m/sec), bei Mercedes erhielt der W25 ein Hubvolumen von 3990 cm^3 (82 × 94,5 mm, 430 PS bei 5800 U/min, Literleistung 107,8 PS/l), Bugatti brachte den Typ 59 auf 3,8 Liter, und Alfa Romeo (Scuderia Ferrari) steigerte den P3 auf 3165 cm^3 (71 × 100 mm, 265 PS bei 5400 U/min), wobei der P3 noch eine unabhängige Dubonnet-Vorderradaufhängung erhielt, welche die bisherige Starrachse ersetzte. Auf dem Papier war der Mercedes die überlegene Konstruktion. Caracciola gewann auch die neu eingeführte Europameisterschaft der Grand-Prix-Fahrer (Sieger der Großen Preise des ACF, von Belgien, der Schweiz und von Spanien). Stuck auf Auto Union mußte sich mit einem ersten Platz beim Grand Prix von Italien begnügen, Fagioli auf Mercedes gewann in Monte Carlo.

Luigi Fagioli

Das Glanzstück der Saison 1935 lieferte der unverwüstliche Kämpe Tazio Nuvolari, indem er mit dem veralteten und unterlegenen Alfa Romeo P3 unerwartet als Sieger aus dem Großen Preis von Deutschland auf dem Nürburgring hervorging, nachdem die deutschen Konstruktionen weitgehend Defekten zum Opfer gefallen waren. Nuvolari, der «fliegende Mantuaner», bot ein denkwürdiges Rennen und schlug sich in gewohnter Manier wie ein Löwe: Die technische Unterlegenheit seines Fahrzeuges kompensierte er mit Draufgängertum und fahrerischem Können, bis schließlich auch der letzte Mercedes-Benz mit von Brauchitsch bezwungen war. Letzterer hatte entgegen der Boxenorder die Reifen nicht mehr gewechselt; deshalb flog ihm in der letzten Runde vor dem Karussell, als er noch in Führung lag, ein Hinterradreifen weg, später noch ein zweiter.

Mit dem Sieg auf dem Nürburgring ging die glorreiche Karriere des Alfa Romeo P3, dessen Motor man bei zwei Exemplaren in der Schlußversion sogar auf 3822 cm^3 (330 PS) erhöht hatte, offiziell zu Ende. Zwischen 1932 und 1935 war der Alfa bei rund siebzig Wettbewerben an den Start gegangen und hatte an die zwei Dutzend große Rennen gewonnen. Diese Erfolgsserie wurde in der Grand-Prix-Geschichte nur noch von einem anderen Alfa Romeo übertroffen: dem Typ 158/159 mit Achtzylindermotor von 1,5 Litern Hubraum, genannt «Alfetta» (1938 bis 1951). Dazu muß aber präzisiert werden, daß die Karriere der späteren Modelle jeweils viel kürzer war, weil die Konstruktionen nach ein, zwei oder drei Jahren durch ein neues Modell ersetzt wurden.

Oben rechts
Der französische SEFAC mit Achtzylinder-Kompressormotor erschien am Training zum Großen Preis des ACF 1935 mit Lehoux am Steuer und verschwand für immer. Konstruiert hatte ihn der ehemalige Salmson-Ingenieur Emile Petit.

Oben
Rudolf Caracciola auf Mercedes-Benz W25 gewinnt den Großen Preis der Schweiz 1935.

Rechts
Stimmungsbild vor der Mercedes-Benz-Box nach der Zielankunft am Großen Preis der Schweiz auf der Bremgarten-Rundstrecke in Bern.

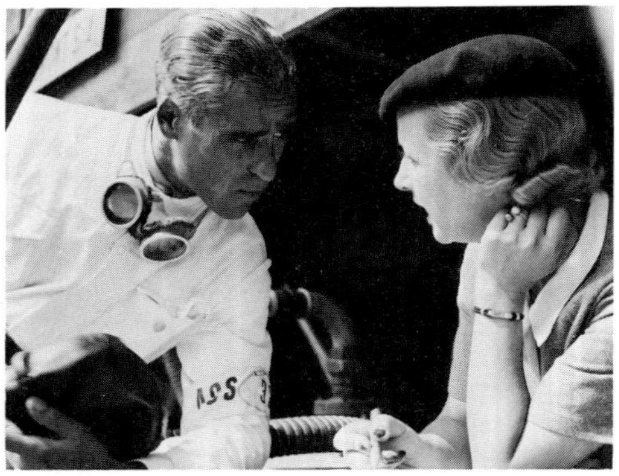

Rudolf Caracciola

Von oben nach unten
An den Boxen in Bern unterhält sich Tazio Nuvolari mit der charmanten Alice Caracciola.

René Dreyfus (links). Louis Chiron (rechts).

Luigi Fagioli (links). Hans Stuck (rechts).

Rudolf Caracciola nach seinem Sieg 1935 in Bern.

Rechts
Der für die Rekordfahrten bestimmte Auto Union steht hier in Berlin im Windkanal. Die Räder wurden verschalt.

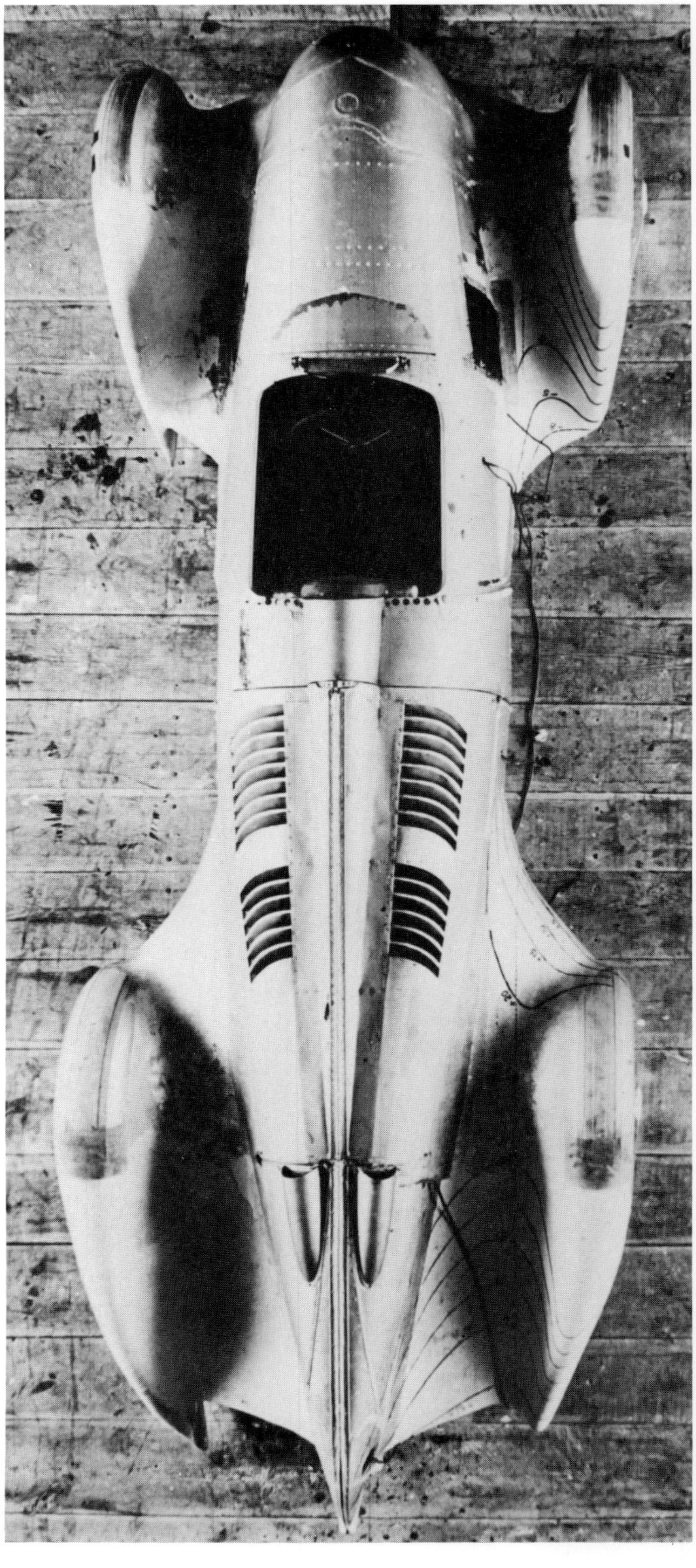

Im Jahre 1935 tauchte ein gewisser Bernd Rosemeyer auf. Kometenhaft stieg dieses einmalige Talent am Grand-Prix-Himmel empor. Er fuhr auf dem Auto Union und beherrschte dieses schwer zu meisternde Fahrzeug auf Anhieb, obschon er vorher nur Motorradrennen bestritten hatte und keinerlei Erfahrung mit Rennwagen besaß — ein Phänomen! In seiner sehr kurzen, aber ungewöhnlich erfolgreichen Karriere fuhr Rosemeyer ausschließlich diesen Heckmotor-Rennwagen. In seiner ersten Grand-Prix-Saison (1935) gewann er auch das Masarykrennen bei Brünn, wo er die Sportfliegerin Elly Beinhorn kennenlernte, die kurz danach seine Frau wurde.

Bei Ferrari in Modena baute man 1935 — mit Einwilligung der Alfa-Romeo-Direktion — einen Monoposto mit zwei Motoren. Diese «Bimotore» getaufte Konstruktion wurde für schnelle Bahnen wie Tripolis, Tunis und Avus entwickelt in der Hoffnung, die Auto Union und Mercedes damit schlagen zu können. Gesamtverantwortlich für die ungewöhnliche Konstruktion (eine Nachbildung des Bimotore steht heute im Alfa-Romeo-Werksmuseum von Arese) zeichnete der langjährige Ferrari-Mitarbeiter Luigi Bazzi. Vor und hinter dem Cockpit war im Spezialchassis je ein Alfa-Achtzylinder des P3 von 3165 cm³ untergebracht, so daß der Bimotore über 6330 cm³ Hubraum und 540 PS Leistung verfügte. Die Kupplung war am Frontmotor angebaut, daran schloß sich — zwischen den beiden Motoren — die Getriebe- und Differentialeinheit, wobei von hier aus zwei diagonal nach hinten führende Wellen — ähnlich wie beim P3 — je ein Rad antrieben. Der Bimotore debütierte am 12. Mai 1935 in Tripolis und belegte den 4. und 5. Platz in dem von Caracciolas Mercedes gewonnenen Rennen; dann fuhr er auf der Avus und wurde mit Chiron am Steuer hinter dem Mercedes von Fagioli Zweiter. Im selben Jahr erzielte Tazio Nuvolari mit dem Bimotore bei einer Rekordfahrt über den fliegenden Kilometer auf der Autostrada Firenze—Mare ein Tempo von 321 km/h. Das Fahrzeug war schwerfällig und unhandlich, Benzinkonsum und Reifenverschleiß übertrafen jede Vorstellung.

Die Rekordfahrerei wurde von 1934 bis 1939 besonders von Auto Union und Daimler-Benz betrieben. In den Wintermonaten traten die 8-, 16- oder 12-Zylinder-Boliden, von Stuck, Caracciola und Rosemeyer gefahren, auf deutschen Autobahnabschnitten an, wobei das Spitzentempo im Verlaufe der Jahre von über 300 km/h auf über 400 km/h anstieg. Die Jagd nach dem absoluten Geschwindigkeits-Weltrekord wurde hingegen von den Engländern Campbell, Eyston und Cobb fortgesetzt, welche mit ihren von Flugmotoren angetriebenen Stromlinienfahrzeugen das Tempo von 408,7 km/h (Campbell 1932) auf 594,9 km/h (Cobb 1939) steigerten, wobei die Rekordfahrerei vom Sandstrand von Daytona (bis 1935) auf den Salzsee von Bonneville im Staate Utah verlegt wurde.

Unten
Von dem zwischen den beiden Motoren plazierten Getriebe aus führten beim Alfa Romeo Bimotore zwei Kardanwellen zu den Antriebsrädern.

Mitte
Beim Alfa Bimotore lag ein aufgeladener Achtzylinder vor, der andere hinter dem Fahrer.

Ganz unten
Tazio Nuvolari und Luigi Bazzi, unter dessen Leitung der Alfa Romeo Bimotore entstand. Angetrieben wurde der für schnelle Bahnen konzipierte Wagen von zwei P3-Motoren, deren Hubraum zusammen 6330 cm³ ergab.

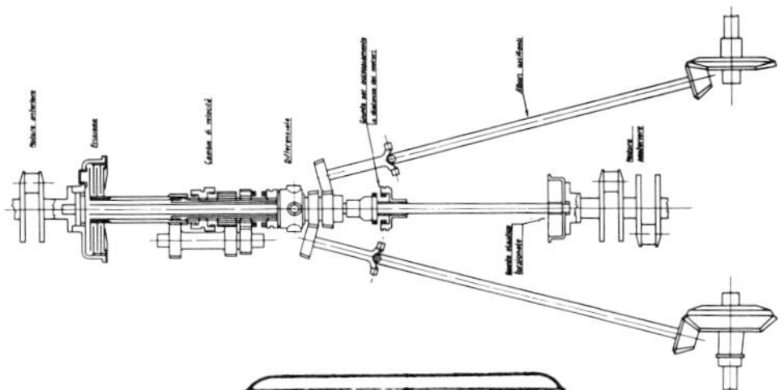

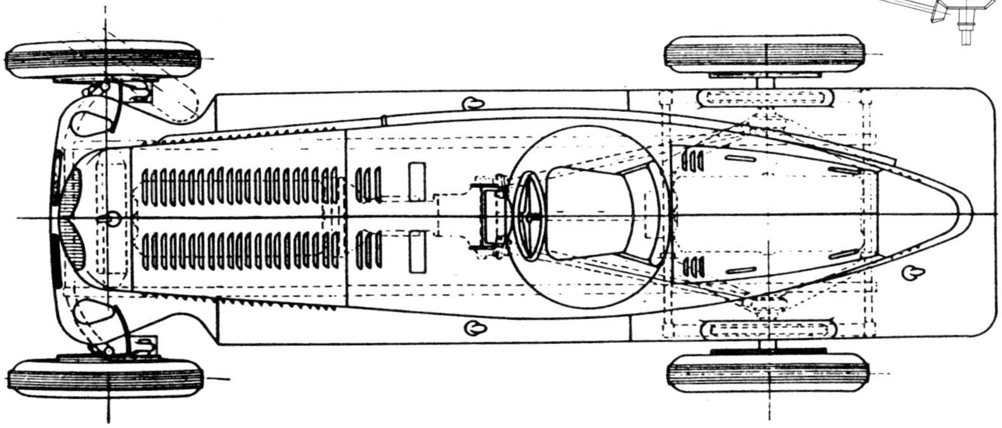

Malcolm Campbell

Luigi Bazzi

1936

Das Jahr Bernd Rosemeyers

Der junge Auto-Union-Pilot eilt von einem Erfolg zum andern und wird in Deutschland zum Liebling der Massen. Diesmal ist Mercedes-Benz klar unterlegen. Alfa Romeo setzt auf den Tipo C.

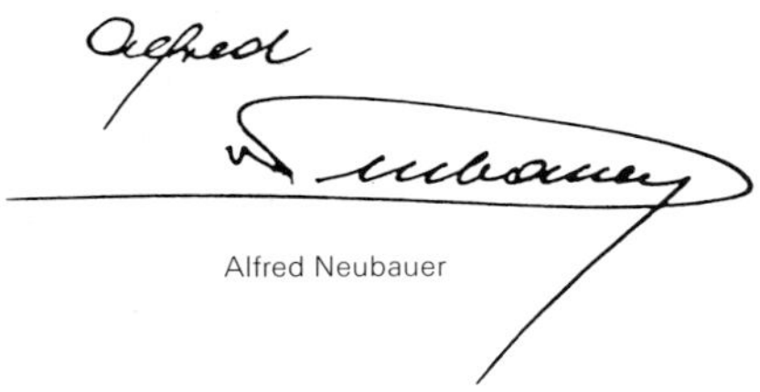

Alfred Neubauer

Die Saison 1936 war ein Auto Union/Rosemeyer-Jahr. Der junge Star mit dem modernisierten 16-Zylinder-Wagen des Typs C schien unschlagbar. Den Motor hatte man auf 6006 cm^3 (75 × 85 mm, 520 PS bei 5000 U/min, Literleistung 86,5 PS/l) gesteigert, das sonst stark untersteuernde Fahrzeug war auch im Fahrverhalten besser geworden. Der neue und kürzere Mercedes W25 wies jetzt 4740 cm^3 Inhalt auf (86 × 102 mm, 494 PS bei 5800 U/min, Literleistung 104 PS/l). Wieder einmal hatten es die Deutschen geschafft, mehr Hubvolumen und mehr PS in die vom Reglement auf maximal 750 kg begrenzten Konstruktionen zu pumpen.

Bei Alfa Romeo entstand Ende 1935 der hohe und schwerfällig wirkende Tipo C von ovaler Querschnittform, der zunächst mit einem aufgeladenen Achtzylinder-Reihenmotor (78 × 100 mm = 3822 cm^3, 330 PS bei 5400 U/min, Literleistung 86 PS/l) und 1936/1937 mit einer V12-Maschine (70 × 88 mm = 4064 cm^3, 370 PS bei 5800 U/min, Literleistung 91 PS/l) bestückt war und vier unabhängige Räder aufwies. Zwar siegte Nuvolari mit dem Tipo C 1936 bei weniger bedeutenden Rennen wie Budapest, Mailand oder Livorno, die meisten Grand-Prix-Erfolge aber gingen an Bernd Rosemeyer auf Auto Union, der bei den Großen Preisen von Deutschland, Italien und der Schweiz gewann und seinen Namen auch beim Eifelrennen auf dem Nürburgring sowie beim Großen Preis von Pescara in das Goldene Buch eintrug, so daß der 27jährige Liebling der deutschen Massen auch Europameister wurde. Der Große Preis der Schweiz, ausgetragen am 23. August in Bern, brachte die Rivalität zwischen Mercedes-Fahrer Rudolf Caracciola und seinem Auto-Union-Gegner Bernd Rosemeyer kraß zum Vorschein, als Caracciola nach dem Start die Führung übernahm und sich sein Rivale ans Heck des Mercedes heftete. Caracciola ließ Rosemeyer zunächst nicht passieren, der Heckmotorwagenfahrer zeigte mehrmals die Faust, harte Worte wurden an den Boxen der beiden Rennställe gewechselt, schließlich griff sogar der Berner Grand-Prix-Rennleiter Huber ein und gab Caracciola ein unzweideutiges Zeichen, so daß dieser den Auto Union nach neun Runden vorbeiließ. Bei der Preisverteilung kam es zu einem harten Wortgefecht zwischen den beiden Kampfhähnen, die sich erst nach Monaten wieder versöhnten. Dazu später der legendäre Mercedes-Rennleiter Alfred Neubauer: «Für die Annahme, daß ein Fahrer sich behindert fühlt, spielt der Ehrgeiz eine ganz entscheidende Rolle. Bernd Rosemeyer wahr sehr ehrgeizig, genau wie der zehn Jahre ältere Rudi Caracciola. Der eine wollte den Thron erobern, der andere wollte nicht davon herunter. Rosemeyer hätte aus eigener Kraft den Rudi nicht über-

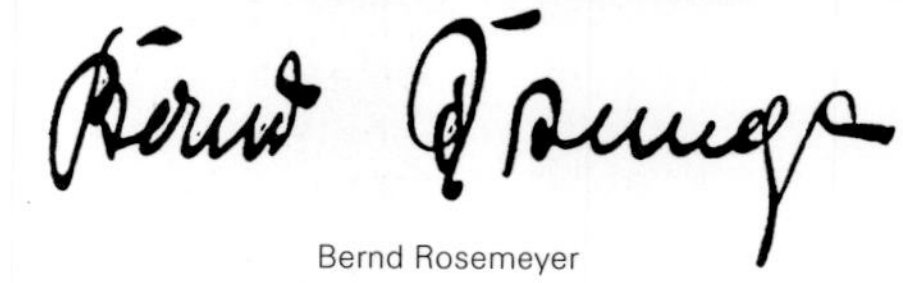

Bernd Rosemeyer

Links unten
Bernd Rosemeyer fährt mit seinem Auto Union des Typs C einem überlegenen Sieg im Großen Preis der Schweiz 1936 entgegen.

Links oben
Der legendäre Daimler-Benz-Rennleiter Alfred Neubauer 1936 vor den Berner Boxen.

Oben
Bernd Rosemeyer nach seinem Sieg in Bern.

Ein Auto-Union-Werbeplakat, wie es 1936 nach dem Sieg Bernd Rosemeyers beim Großen Preis der Schweiz herausgebracht worden war. Rosemeyer war 1935 vom Motorradrennsport zu Auto Union gekommen. 1936 erlebte er ein ungewöhnliches Erfolgsjahr. Er war auch der einzige Pilot, der den schwer zu fahrenden Mittelmotorwagen restlos beherrschte. In der ganzen Geschichte hat es nie mehr einen Fahrer gegeben, der mit einem Grand-Prix-Wagen seine ersten Rennen bestritt und auf Anhieb erfolgreich war.

Unten
Von 1934 bis 1937 durften die Grand-Prix-Wagen ohne Treibstoff, Öle, Wasser und Reifen maximal 750 kg auf die Waage bringen. Hier wird der Mercedes-Benz von 1936 gewogen, der kein ausgesprochenes Erfolgsmodell war.

Rechts
Der Maserati V8 RI wies einen 320 PS starken V8-Motor (84 × 108 mm = 4788 cm³) auf und wurde von 1935 bis 1936 gebaut. Die Resultate waren mäßig.

holen können. Dafür waren die wenigen Geraden der Bremgartenstrecke zu kurz. Caracciola hätte schon Tempo wegnehmen müssen, und das konnte natürlich niemand von ihm verlangen. Als er vom Rennleiter die blaue Fahne erhielt, mußte er Rosemeyer vorbeilassen, sonst hätte er eine Disqualifikation riskiert. Rosemeyer holte seinen Vorsprung in den Kurven, weil sein Wagen unzweifelhaft eine bessere Straßenlage hatte als unser Mercedes. Auf den Geraden waren beide gleich schnell. Nun, es kam dann alles, wie es mußte, und ich glaube, in Bern hat 1936 schon der Richtige gewonnen.»

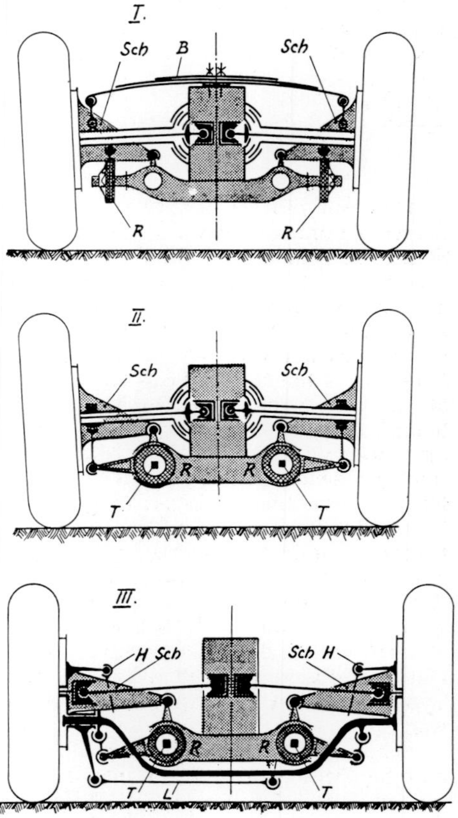

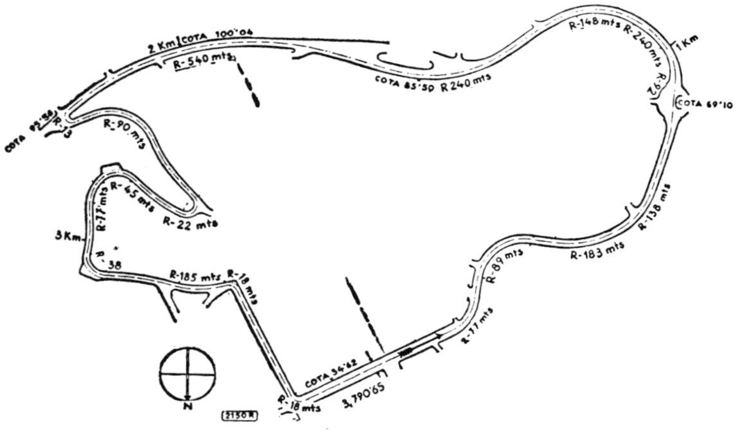

Links
Auf der 3,79 km langen Rundstrecke von Montjuich in Barcelona wurde der Große Preis von Spanien 1936 erstmals durchgeführt, nachdem das Rennen vorher jahrelang bei San Sebastian ausgetragen worden war.

Oben
Die verschiedenen Hinterachskonstruktionen der Auto-Union-Rennwagen. Oben die Pendelachse des Typs A von 1934; in der Mitte die Pendelachse mit Drehstäben des Typs C von 1936/37; unten die De-Dion-Achse mit Doppengelenkantriebswellen am Typ D von 1938/39.

Rechts oben
Der aufgeladene Achtzylinder-Reihenmotor des Alfa Romeo Tipo 8C von 1935/36 war nach der konventionellen Alfa-Bauweise konzipiert. Die Zylinderabmessungen betrugen 78 × 100 mm = 3822 cm³. Das in zwei Vierzylindergruppen eingeteilte Aggregat mit zwei Kompressoren leistete 330 PS bei 5400/min.

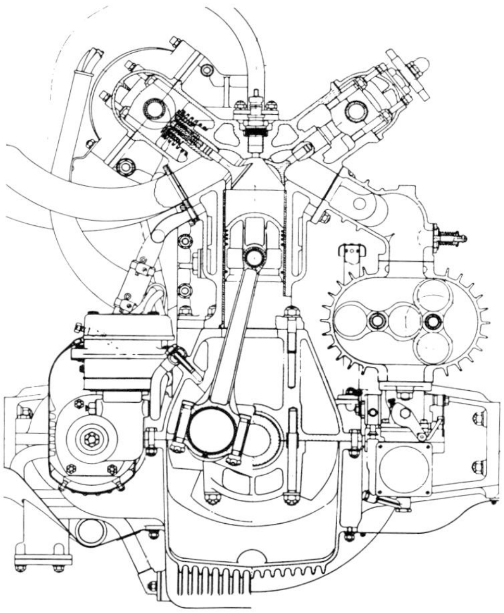

Rechts
Beim Großen Preis auf der Stadtrundstrecke von Budapest gelang es Tazio Nuvolari 1936 mit dem hochbeinigen Alfa Romeo 12C, die deutsche Konkurrenz zu schlagen.

Unten
Der englische Gentleman Driver Earl Howe auf Bugatti 59 1936 in Monaco.

1936 war ein schlechtes Mercedes-Jahr: Caracciola mußte sich mit einem Sieg in Monte Carlo und einem in Tunis begnügen. Nuvolari auf dem Alfa Romeo Tipo C gewann bei einer wiedererstehenden Veranstaltung, welche kurz nach der Jahrhundertwende berühmt gewesen war: dem Vanderbilt-Cup in Long Island bei New York. Aber hier waren die Deutschen nicht in den Ring getreten. Beim Vanderbilt-Cup mischten auch die Indianapolis-Wagen mit, doch die auf das Hochgeschwindigkeitsoval mit seinen vier leicht überhöhten Kurven abgestimmten Konstruktionen waren auf dem gemischten Parcours eindeutig unterlegen. Ein junger Franzose, Jean-Pierre Wimille, schloß das Rennen mit einem neuen Achtzylinder-Bugatti (84 × 107 mm = 4741 cm^3, 370 PS bei 5700 U/min) auf dem vielbeachteten zweiten Platz ab, obschon Bugatti auch bei diesem Typ 59/50 B den Starrachsen treu geblieben war.

Schon im Verlaufe des Jahres 1935 hatte man bei Daimler-Benz einen neuen V12-Motor für den Grand-Prix-Wagen fertiggestellt, aber das Aggregat erwies sich dann als zu schwer und kam in dieser Form nur in den Rekordwagen zum Einsatz. Zwischen der Teamleitung Alfred Neubauers und den Ingenieuren der Konstruktionsabteilung wurde 1936 eine neue, eigenständige Abteilung errichtet: Daimler-Benz etablierte eine dem Versuch angegliederte Rennabteilung, die nun vom dreißigjährigen Ingenieur Rudolf Uhlenhaut geleitet wurde. Das Grand-Prix-Modell Mercedes von 1936 war jedoch keine Erfolgskonstruktion, weshalb Daimler-Benz auch nicht bei allen großen Rennen antrat, denn zwischendurch machte man Vergleichstests, um herauszufinden, welche Punkte der Konstruktion unbefriedigend waren. Von dieser Situation profitierte selbstverständlich Auto Union mit Rosemeyer.

Oben
Als Tazio Nuvolari 1936 in Long Island am Vanderbilt-Rennen teilnahm, welches er auch gewann, stellte man ihm für den Aufenthalt in den USA diesen auffällig beschrifteten Lincoln zur Verfügung.

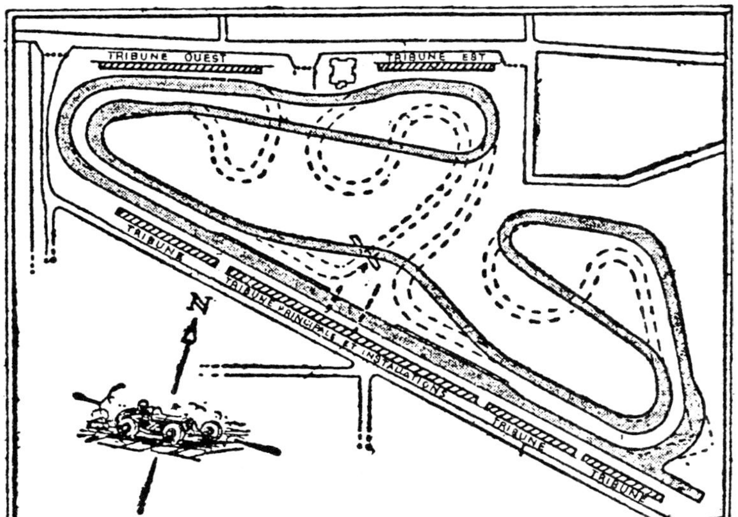

Links
Die Rennstrecke neben dem Roosevelt-Flugplatz von Long Island war 1936 (Länge 6437 m) und 1937 (Länge 5364 m) Austragungsort des nach vielen Jahren erstmals wieder durchgeführten Vanderbilt-Cups.

Der W125 ist unschlagbar

Nach den Niederlagen von 1936 stellt Daimler-Benz wieder ein Erfolgsmodell auf die Räder, mit welchem Caracciola erneut Europameister wird. Stromlinienboliden auf der Avus.

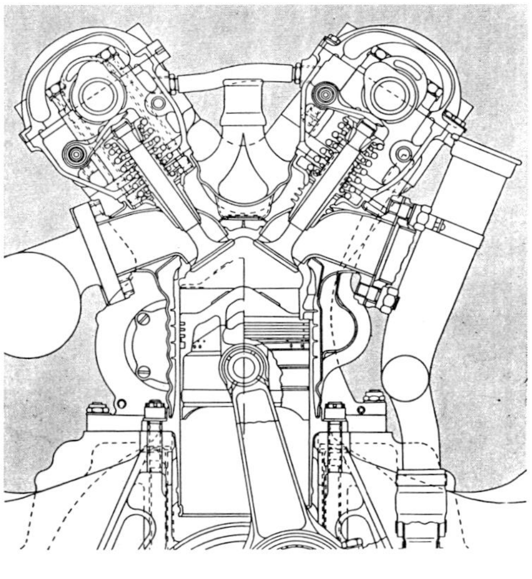

Ganz oben
Rudolf Caracciola während seiner Siegesfahrt auf Mercedes-Benz W125 beim Großen Preis der Schweiz 1937.

Oben
Der Motor des W125 stellte die höchste Entwicklungsstufe des von Daimler-Benz verwendeten Achtzylinders dar.

Nach der mageren Saison 1936 holte Mercedes zu einem Gegenschlag aus: In Stuttgart-Untertürkheim wurde der legendäre Typ W125 geschaffen, der die höchste Stufe dessen darstellen sollte, was aus der Ende 1937 auslaufenden 750-Kilogramm-Rennformel herauszuholen war. Der Achtzylinder mit Kompressor erhielt einen Hubraum von 5660 cm³ (94 x 102 mm), so daß die Leistung auf 646 PS bei 5800 U/min anstieg. Die Literleistung betrug somit 114 PS/l, was angesichts der beachtlichen Massenkräfte für ein so großes Hubvolumen enorm viel war. Mit einem Leistungsgewicht von 1,16 kg/PS waren die Väter des W125 zudem auf einen Wert gekommen, den man erst nach Jahrzehnten unterbot. Die Leistung des Mercedes wurde erste 1965 mit dem aufgeladenen und für Indianapolis bestimmten Novi-V8-Ferguson (2,8-Liter mit Gebläse) mit Vierradantrieb in den Schatten gestellt, der, gefahren von Bobby Unser, beim 500-Meilen-Rennen auftauchte und 775 PS bei 9800 U/min abgab. Maßgeblich an der Konstruktion des W125 mitbeteiligt war der junge Ingenieur Rudolf Uhlenhaut. Bis 1955 wirkte dann Uhlenhaut an sämtlichen Grand-Prix-Konstruktionen von Daimler-Benz federführend; er war auch ein ausgezeichneter Fahrer, der

Rechts
Der Mercedes-Benz W125 wies hinten eine De-Dion-Achse mit Längslenkern auf, die Vorderräder wurden von doppelten Querlenkern geführt. Der Rahmen bestand aus ovalen Stahlrohren. Getriebe und Differential bildeten eine Einheit.

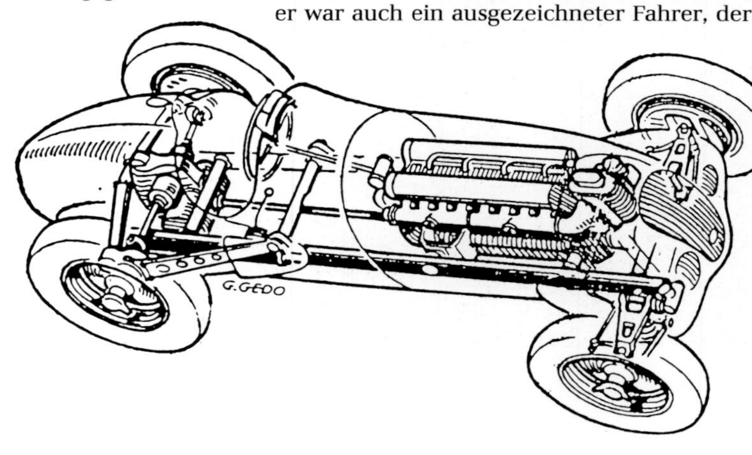

sich bei Tests selbst ans Steuer setzte und dabei aufsehenerregende Zeiten hinlegte.

In der Gesamtordnung und in der äußeren Form ähnelte der Mercedes W125, der einen Ovalrohrrahmen aus Spezialstahl hatte, seinem wenig erfolgreichen Vorgänger. Bei der normalen Getriebeübersetzung (Vierganggetreibe und ZF-Sperrdifferential), die je nach der Rennstrecke noch variiert werden konnte, ergaben sich im ersten Gang etwa 120, im zweiten 185, im dritten 215 und im vierten Gang 270 km/h. Bei längerer Übersetzung kam das Fahrzeug auf rund 300 km/h und mit der Vollstromlinienkarosserie, wie sie für die Rekordfahrten oder beim Avusrennen verwendet wurde, gar auf 400 km/h. Die unabhängige Vorderradaufhängung an doppelten Querlenkern mit offenen Schraubenfedern entsprach der später klassisch gewordenen Bauweise. Bei der Hinterradführung bediente man sich einer De-Dion-Achse, deren Schub- und Bremsmomente (Lockheed-Bremsen mit zwei Backen) durch seitliche Lenker auf den Fahrgestellrahmen übertragen wurden. Die Antriebspendelachsen mit Doppelgelenken lagen offen, als Hinterradfederung dienten Drehstäbe. Mit dem W125 siegten Hermann Lang 1937 in Tripoli und Manfred von Brauchitsch in Monte Carlo, während Rudolf Caracciola, der feinfühlige, materialschonende Fahrer, die Großen Preise von Deutschland, der Schweiz, Italiens und der Tschechoslowakei gewann und damit zum zweiten Male Europameister wurde. Mit modifizierten Versionen ihrer Grand-Prix-Wagen stellten Mercedes-Benz und Auto Union zahlreiche Klassen- und Weltrekorde auf. Bei Auto Union gelang es 1937 nicht, an die Erfolgsserie des Vorjahres anzuknüpfen, den 16-Zylinder-Heckmotorwagen des Typs C hatte man in Zwickau auch nicht wesentlich modernisiert. Der Hubraum betrug jetzt 6330 cm^3 (77 × 85 mm) und die Leistung 545 PS bei 5000 U/min. Bernd Rosemeyer holte sich in Long Island einen Sieg im Vanderbilt-Cup, ebenso beim Rennen in Donington (England). Die Alfa Romeo Tipo C belegten verschiedene Ehrenplätze. Mit einiger Verspätung kam bei Alfa Romeo noch ein neuer Rennwagen, der Tipo 12C 1937, heraus, der von einem V12-Motor (72 × 92 mm = 4495 cm^3, 430 PS bei 5800 U/min) mit zwei Kompressoren angetrieben wurde. Im Vergleich zu den bisherigen Tipo 8C oder 12C von 1935/1936 war das neue Modell niedriger und kompakter gebaut. Der Monoposto ge-

Unten
Zwei Mercedes-Benz-Rennwagen mit Stromlinienkarosserie, wie sie 1937 beim Avus-Rennen in Berlin eingesetzt wurden. Im Endlauf siegte Lang auf Mercedes mit 261,64 km/h, wobei er den Auto Union von Delius' um 1,6 Sekunden hinter sich ließ.

Nachfolgende Doppelseite
Während des Trainings zum Avus-Rennen 1937 wird der Auto-Union-Stromlinienwagen Bernd Rosemeyers von den Helfern angeschoben. Das Rennen wurde in zwei Vorläufe sowie einen Final eingeteilt, wobei über kürzere Distanzen gefahren wurde als bei einem Grand Prix, weil die Reifen das Tempo auf die Dauer nicht ausgehalten hätten.

Links
Auf der Berliner Avus (Automobil-Verkehrs- und Übungsstraße) wurden seit 1922 Rennen ausgetragen. Die berühmte, eine Überhöhung von 43° aufweisende Nordkurve entstand 1936 und wurde im folgenden Jahr mit dem damals «schnellsten Rennen aller Zeiten» eingeweiht. Die Steilwandkurve wurde bis 1967 benützt, dann riß man sie ab. Bei Regen war die Steilwand mit ihrem Klinkerbelag sehr gefährlich.

langte aber erst am 15. August 1937 in Pescara zum Einsatz (Ende des Jahres lief die Formel aus). Testfahrer Guidotti konkurrierte damit auch beim Großen Preis von Italien am 12. September, der 1937 nicht in Monza, sondern in Livorno ausgetragen wurde; allerdings schied das Fahrzeug infolge Defekts aus. Das Chassis war zu schwach. Die negative Erfahrung mit dem 12C 1937 führte bei Alfa Romeo zur Demission von Vittorio Jano, der zu Lancia ging, obschon die Konstruktionsfehler bald behoben worden waren und das Fahrgestell dann für das neue Dreilitermodell von 1938 verwendet wurde.

Maserati mußte sich 1937 mit einer Statistenrolle begnügen; die relativ modern konzipierten Wagen waren nicht standfest genug, und zudem wurde das kleine Werk in Bologna ständig von finanziellen Schwierigkeiten heimgesucht. Bugattis großer Stern war seit Jahren mehr und mehr verblichen: Im Grand-Prix-Sport tauchte dieser Name nur noch sporadisch auf, ohne jeglichen Anspruch auf Ehrenplätze. In Molsheim hielt man noch immer an der traditionellen und veralteten Bauweise fest, so daß die Wagen durchwegs unterlagen.

Eine Veranstaltung aus der Saison 1937 verdient es, besonders hervorgehoben zu werden, nämlich das am 30. Mai ausgetragene Avusrennen in Berlin. Die an sich langweilige, aus zwei sehr langen Geraden und zwei Kurven bestehende Avusstrecke wurde 1936 — angeblich auf persönliche Anregung des Führers — ausgebaut und mit der berühmten überhöhten Nordkurve mit dem bei Regen so gefährlichen Klinkerbelag versehen. Die Rundenlänge wurde dabei von 19,6 auf 19,363 km verkürzt. Beim großen Treffen von 1937 erschienen sowohl Daimler-Benz als auch Auto Union mit Stromlinienrennwagen nach der Art der Rekordfahrzeuge. Das von vielen Zuschauern verfolgte Avusrennen war der hohen Renndurchschnitte wegen ungewöhnlich. Es gab zwei Vorläufe sowie einen Endlauf, in welchem Hermann Lang auf dem Mercedes-Benz-Stromlinienwagen (umgebautes Fahrgestell von 1936 mit M-125-Motor) mit 261,64 km/h siegte und dabei den Auto Union Ernst von Delius' um 1,6 Sekunden hinter sich ließ. Die schnellste Runde fuhr Rosemeyer auf Auto Union mit 276,4 km/h. So hohe Renndurchschnitte wurden damals weder in Indianapolis noch in Tripolis erreicht.

Damit war auch die Zeit der 750-Kilogramm-Formel abgelaufen: Sie hatte der zwischen 1928 und 1933 praktisch auf der Stelle tretenden Rennwagentechnik markante Fortschritte gebracht. Die Reglementsgewaltigen freilich schossen mit der Schaffung dieser Gewichsformel weit an ihrem Ziel vorbei: Anstatt der erwarteten leistungsschwächeren Grand-Prix-Maschinen waren Aggregate von enorm hohen Motorleistungen entstanden. Diese Rennformel, die die Rennwagen-

Links
Bernd Rosemeyer auf dem Auto Union Typ C während des Großen Preises der Tschechoslowakei auf dem Masaryk-Ring bei Brünn. Die unteren Aufnahmen sind an der genau gleichen Stelle der Strecke entstanden.

Mitte links
Manfred von Brauchitsch auf dem Mercedes-Benz W125.

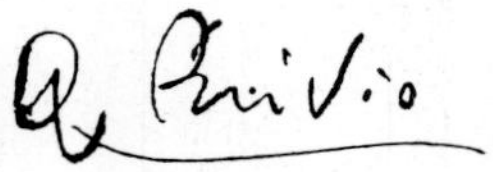

Antonio Brivio

Mitte rechts
Graf Antonio Brivio auf dem Alfa Romeo 12C der Scuderia Ferrari.

Rechts
Emanuel de Graffenried auf dem Maserati 4CM1500 des Swiss American Racing Team.

Unten
Der Alfa Romeo 12C von 1937 war der letzte von Vittorio Jano konstruierte Alfa-Rennwagen. Anschließend verließ Jano die Mailänder Marke und ging zu Lancia. Hier wird der 12C mit dem 430 PS starken 4495-cm³-V12-Motor (zwei Kompressoren) von Nuvolari auf der Autostrada getestet.

Richard Seaman

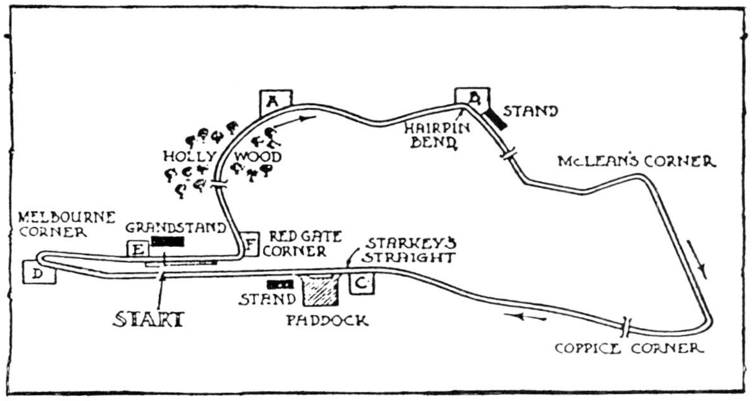

Links
Vor dem Krieg war die englische Rundstrecke von Donington 5,028 km lang. Hier siegten 1937 und 1938 die deutschen Spitzenwagen mit den Auto-Union-Fahrern Rosemeyer (1937) und Nuvolari (1938).

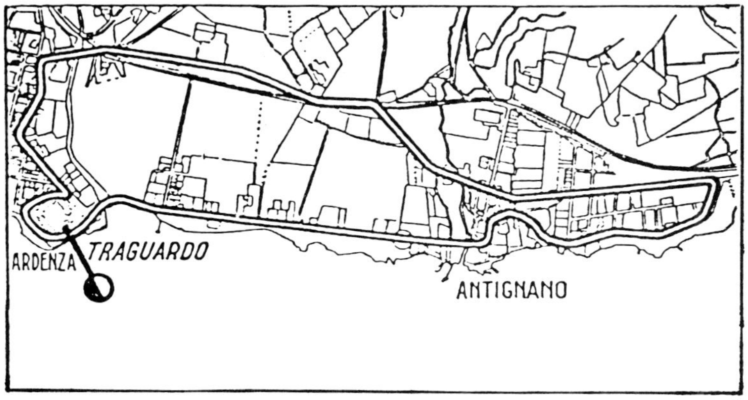

Mitte
Für einmal lief der Große Preis von Italien 1937 nicht wie gewohnt in Monza, sondern auf der 7,218 km Ardenza-Stadtrundstrecke von Livorno, wo normalerweise die Coppa Ciano ausgetragen wurde. Es gewann Caracciola auf Mercedes-Benz.

konstruktion auf viele Jahre hinaus beeinflußte, hatte folgende technische Merkmale gebracht: leichte, jedoch verwindungsfeste Rohrrahmen, unabhängige Radaufhängungen, erneute Verwendung von De-Dion-Achsen, Sperrdifferentiale, Schraubenfedern, Torsionsstabfederung, Trommelbremsen mit zwei Backen, hydraulische Stoßdämpfer, ungleich dimensionierte Reifen hinten und vorn (unterschiedliche Profilierung), Spezialflüssigkeiten mit hohem Siedepunkt für die Kühlung sowie hochentwickelte Treibstoffmischungen, die sich zum Teil aus Benzol, Alkohol (Kühleffekt), Aceton und Äther zusammensetzten. Horrend hoch war der Verbrauch; er betrug beim Mercedes-Benz W125 bis zu 160 Liter pro 100 Kilometer. Den Piloten der unglaublich starken Rennwagen der damaligen Zeit stellten sich zwei Probleme: die Bremsen und die Reifen. Die Bremsen mußten eine Grand-Prix-Distanz durchhalten. Die Fahrer bremsten nicht — wie dies heute getan wird — im allerletzten Augenblick, sondern hielten eine genügende Sicherheitsmarge ein, welche die Bremsen schonte. In den Kurven mußte zu einer Kompromißlösung zwischen Tempo und Durchhaltevermögen der Reifen gegriffen werden. Die Reifenfabrikanten hielten damals mit der schnellen Entwicklung der Motorleistung nicht Schritt, denn auch die — im Durchmesser — enormen, sieben Zoll breiten Reifen, welche auf 19-, 20- und sogar 21-Zoll-Felgen montiert wurden, waren kaum 100 Rennkilometern gewachsen. Sieger eines damaligen Rennens wurde nicht immer der Fahrer, der am schnellsten die Kurven nahm oder im allerletzten Moment bremste, sondern oft jener Pilot mit dem gewissen Gefühl, der dank einer genügenden Sicherheitsmarge ein- oder zweimal weniger als seine Rivalen an die Boxen gehen mußte, um Reifen zu wechseln.

Die Grand-Prix-Wagen der 750-kg-Formel von 1934 bis 1937

Baujahr	Marke und Modell	Zylinderzahl	Hubraum	Bohrung	Hub	Leistung/PS	Höchstdrehzahl	Anzahl Gänge	Spitze in km/h
1934	Alfa Romeo Tipo B (P3)	8	2905	68	100	255	5400	4	262
1934	Auto Union A	16	4358	68	75	295	4500	5	270
1934	Auto Union B	16	4951	72,5	75	375	4800	5	290
1934	Bugatti 59	8	3251	72	100	240	5400	4	245
1934	Maserati 6C-34	6	3724	84	112	260	5300	4	250
1934	Mercedes W25A	8	3360	78	80	354	5800	4	280
1934	Mercedes M25AB	8	3720	87	88	398	5800	4	295
1934	Mercedes M25B	8	3990	82	94,5	430	5800	4	310
1934	SEFAC	8	2770	70	90	250	6500	4	240
1935	Alfa Romeo Tipo B	8	3165	71	100	265	5400	4	275
1935	Alfa Romeo 8C	8	3822	78	100	330	5400	4	275
1935	Maserati V8-R1	8	4785	84	108	320	5300	4	270
1935	Mercedes M25C	8	4310	82	102	462	5800	4	315
1935	Trossi Monaco	16	3982	65	75	250	6000	4	295
1936	Alfa Romeo 12C	12	4064	70	88	370	5800	4	290
1936	Auto Union C	16	6005	75	85	520	5000	5	300
1936	Bugatti 50B	8	4744	84	107	370	5700	4	260
1936	Mercedes W25E	8	4740	86	102	480	5800	4	315
1937	Alfa Romeo 12C	12	4495	72	92	430	5800	4	310
1937	Mercedes W125	8	5660	94	102	610	5800	4	320

Neue Dreiliterformel

Ende Januar kommt Rosemeyer bei einer Rekordfahrt ums Leben. Die Deutschen dominieren auch in der neuen Kompressorformel. Bei Ferrari in Modena bringt man den Alfetta Tipo 158 heraus.

Wieder war man über die mit einer Formel erzielten Motorleistungen überrascht, so daß für die ab 1938 gültige Grand-Prix-Formel Limitierungen bezüglich des Hubraumes und des Gewichtes erlassen wurden. Die damaligen Reglemente bestimmte die AIACR (Association Internationale des Automobile Clubs Reconnus); aus dieser Vereinigung ist nach dem Krieg die heutige Fédération Internationale de l'Automobile (FIA) mit Sitz in Paris hervorgegangen. Innerhalb der FIA wurde dann die CSI (Commission Sportive Internationale) für die Abfassung der Reglemente zuständig.

Die neuen Bestimmungen schrieben vor: Minimalgewicht nach gleitender Skala 400 bis 850 kg, proportional zum Hubraum. Im Wagengewicht sind Getriebe- und Differentialöl sowie Reifen inbegriffen, nicht aber Kühlwasser, Motoröl und Treibstoff. Hubvolumen minimal 666 cm^3 mit Kompressor oder 1000 cm^3 ohne Aufladung, maximal 3000 cm^3 mit Kompressor oder 4500 cm^3 ohne Aufladung. Damit standen sich Kompressormotor und Saugmaschine in einem Verhältnis von 1:1,5 gegenüber. Der Treibstoff blieb frei (bei Grand-Prix-Wagen wurde das Flugbenzin erst 1958 vorgeschrieben, später ging man zum handelsüblichen Benzin über.

Mit dieser Formel entstand erstmals eine Vergleichsvorschrift zwischen aufgeladenen Motoren und Saugmaschinen, allerdings waren die Kompressoraggregate bei dem gewählten Verhältnis von 1:1,5 eindeutig im Vorteil, was sich sehr bald aufgrund der erzielten Leistungen herausstellte, kamen doch die Kompressoraggregate auf 350 bis 490 PS, die Triebwerke ohne Aufladung aber erzielten nur 250 PS.

Noch bevor die Rennsaison ihren Anfang genommen hatte, verunglückte am 28. Januar 1938 ein großer Pilot tödlich: Bei einem Rekordversuch auf der Autobahn Frankfurt—Darmstadt wurde der Auto-Union-Stromlinienwagen Bernd Rosemeyers von einer Böe erfaßt und aus der Bahn getragen — Deutschlands Liebling der Massen war auf der Stelle tot. Wahrscheinlich war nicht die Böe allein schuld am Unfall, sondern auch die bei 400 Stundenkilometern auftretenden aerodynamischen Probleme, welche damals noch zu wenig bekannt waren. Vermutlich bekam das Fahrzeug allein durch die hohe Geschwindigkeit einen zu starken Auftrieb.

Für Dreiliterkonstruktionen mit Kompressor entschieden sich Mercedes-Benz, Auto Union, Alfa Romeo, Maserati und Bugatti. Gebläselose 4,5-Liter-Triebwerke brachten hingegen die französischen Marken Delahaye und Talbot an den Start. Diese Formelperiode 1938/1939 stand noch deutlicher im Zeichen der Mercedes, während Auto Union in diesen beiden Jahren nur einzelne Erfolge mit dem im Laufe der Saison 1938 verpflichteten Tazio Nuvolari sowie mit Hermann-Paul Müller buchen konnte.

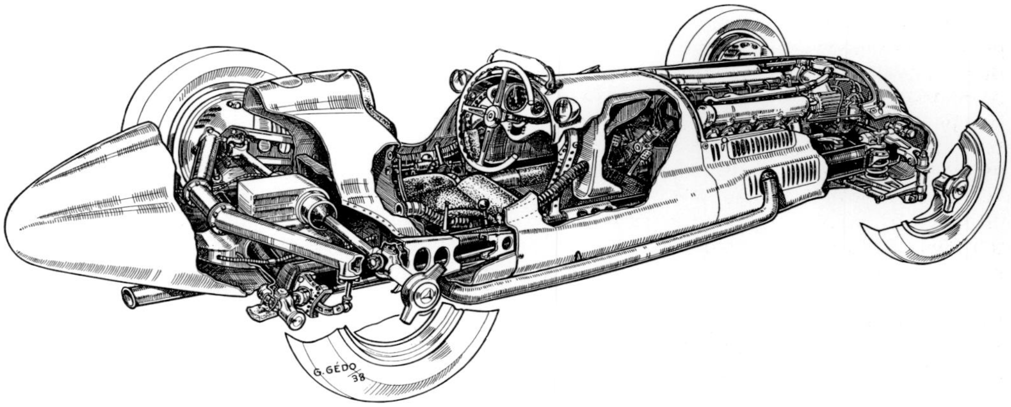

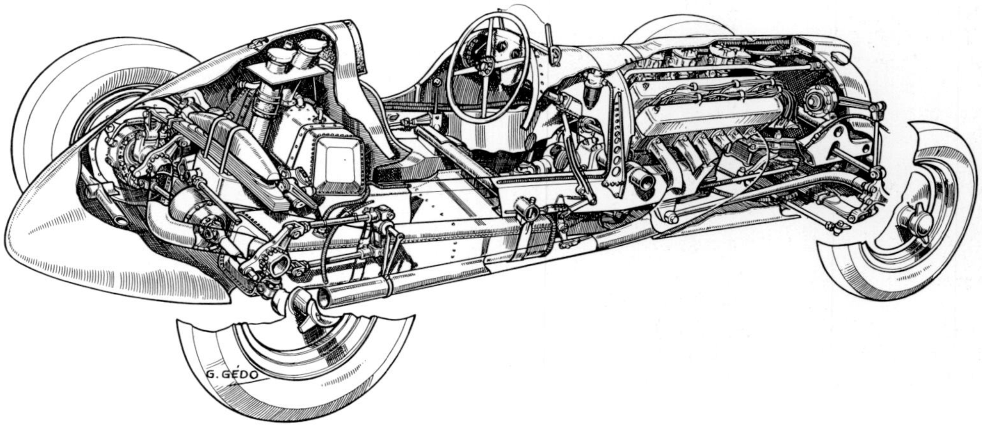

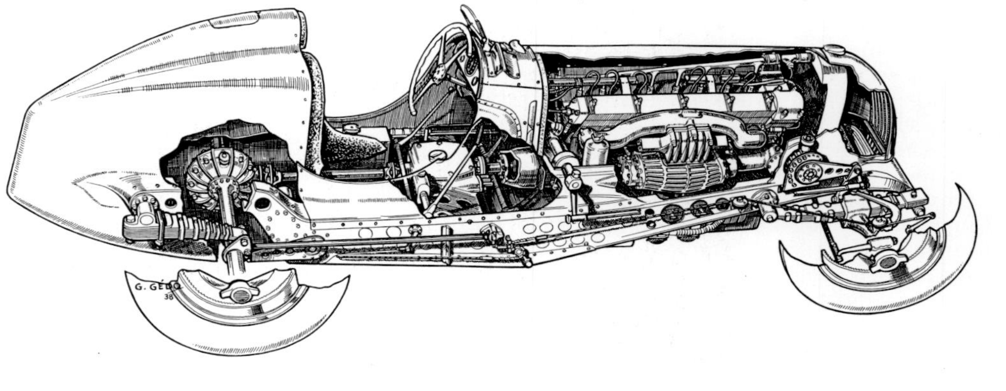

Der aufgrund der neuen Dreiliterformel gebaute Mercedes-Benz W154 entsprach in der Grundkonzeption seinem Vorgänger, hatte aber als Ergebnis der beim Fahrgestellbau gesammelten Erfahrungen einen bedeutend tieferen Schwerpunkt. Nach dem Achtzylinder der 750-Kilogramm-Formel war das Werk in Untertürkheim auf einen V12-Motor (67 × 70 mm = 2962 cm³) übergegangen, der bei 7800 U/min auf Anhieb 468 PS abgab und somit eine Literleistung von 158 PS/l bei einer mittleren Kolbengeschwindigkeit von 18,2 m/sec erreichte, was im Vergleich zur Literleistung des Mercedes W125 von 1937 (114 PS/l) einen enormen Fortschritt darstellte. Der Motor stand in Verbindung mit den beiden vorne angeordneten Roots-Gebläsen mit zwei Saugvergasern. Je drei geschmiedete Stahlzylinder waren in aufgeschweißten Wassermänteln vereinigt (keine abnehmbaren Zylinderköpfe) und bildeten zwei Sechszylinderreihen in V-60°-Anordnung. Kurbelwellen und Pleuelstangen waren rollengelagert. Vier obenliegende Nokkenwellen steuerten 48 hängende Ventile (vier pro Zylinder). Zur Versorgung des Ölhaushaltes dienten neun Ölpumpen. Der Antrieb des Gebläses, der einen Ladedruck von 1,26 kg/cm² erzeugte, verschlang bei der Höchstleistungsdrehzahl 150 PS. Mit einem Verdichtungsverhältnis von 1:6,5 war der Zwölfzylinder nicht sehr hoch komprimiert. Bei Auto Union zeichneten für den neuen Typ D Direktor Werner, Chefkonstrukteur Siebler, Ingenieur Jakob, Eberan von Eberhorst sowie Werner Strobel verantwortlich, weil Professor Ferdinand Porsche inzwischen mit dem VW-Projekt beauftragt worden war. Man hielt an der Grundkonzeption des bisherigen und von Porsche geschaffenen Rennwagens mit vor der Hinterachse eingebautem Motor fest, versah jedoch das Fahrzeug mit einer V12-Einheit (65 × 75 mm = 2990 cm³) mit Roots-Kompressor, die 420 PS bei 7000 U/min abgab und dabei eine mittlere Kolbengeschwindigkeit von 10,5 m/sec erreichte. Der 60°-Motor mit Leichtmetallzylinderköpfen besaß drei obenliegende

Prof. Robert Eberan von Eberhorst

Links von oben nach unten
Mercedes-Benz W154 mit aufgeladenem V12-Motor (2962 cm³).
Delahaye Typ 155 «Monoplace» mit V12-Saugmotor (4490 cm³).
Auto Union Typ D mit aufgeladenem V12-Motor (2990 cm³).
Bugatti «3 Litres» mit aufgeladenem Achtzylinder-Reihenmotor (2982 cm³).

Rechts
Die Mercedes-Benz W154 vor den Boxen in Bern. Links (mit dem Rücken zur Kamera) der Continental-Reifentechniker Dietrich.

Unten rechts
Nach einigen Proberunden auf der Bremgarten-Rundstrecke in Bern steigt Manfred von Brauchitsch aus seinem qualmenden W154. Dahinter steht eine Version des W154 mit kurzem Heck.

Nockenwellen. Das Gebläse entwickelte einen Ladedruck von 1,19 kg/cm², der Motor war mit 1:10 hoch verdichtet. Später — 1939 — betrug der Ladedruck 1,61 kg/cm², wobei die Leistung auf 485 PS anstieg. Im Rohrrahmen war der Fahrersitz etwas weiter nach hinten versetzt als beim V16-Monoposto der vorhergehenden Formel. Vorne verwendete man wieder die Porsche-Torsionsstabfederung, hinten behielt man die De-Dion-Achse bei, wie sie damals vielen Grand-Prix-Wagen eigen war und bis Ende der fünfziger Jahre verwendet wurde. Die Karosserie war noch aerodynamischer gestaltet, hinten wies sie tiefliegende, flache Flossen auf. Leer wog das Fahrzeug der Gewichtslimitierung entsprechend genau 850 kg, in fahrbereitem Zustand — mit Betriebsstoffen und Fahrer an Bord — brachte der Dreiliter 1220 kg auf die Waage.

Bei Alfa Romeo gab es 1938 eine Neugestaltung der Rennaktivität, indem das Werk mit der soeben gegründeten Abteilung Alfa Corse wieder offiziell in das Renngeschehen eingriff — eine Funktion, die bisher von der Scuderia Ferrari ausgeübt worden war. Bei Alfa Corse hatte Enzo Ferrari eine beratende Funktion inne. Es entstand der Tipo 308 mit

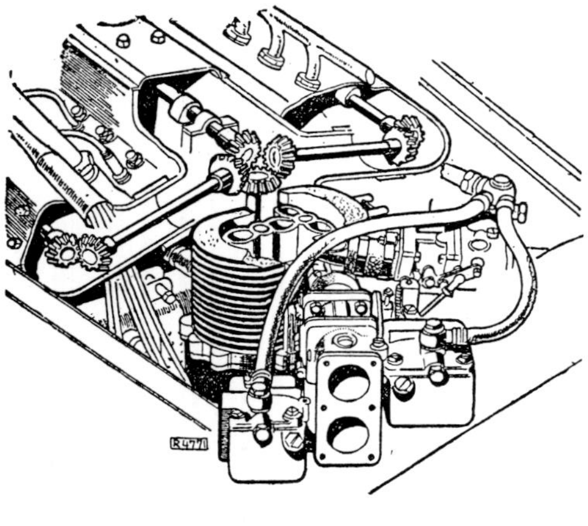

Links
Der Auto Union Typ D gewann 1938 mit Tazio Nuvolari den Großen Preis von Italien sowie jenen in Donington. Typisch waren die horizontalen Heckflossen.

Links außen
Nockenwellenantrieb des Auto Union V12 Typ D. Während der vorhergehende V16 nur eine zentrale obenliegende Nokkenwelle aufwies, besaß der Zwölfzylinder (Zeichnung) drei mit Königswellen angetriebene Nockenwellen. Veranschaulicht werden auch der stehende Roots-Kompressor sowie die Anordnung der Vergaser. Die Zylinderabmessungen betrugen 65 × 75 mm = 2990 cm³.

aufgeladenem Achtzylinder-Reihenmotor, dessen Fahrgestell vom Tipo 12C von 1937 stammte, worauf noch im gleichen Jahr der Tipo 312 mit V12-Motor — im bisherigen Fahrgestell — folgte. Der Monoposto war eine klassische Konstruktion mit vier unabhängigen Rädern, die trocken 880 kg wog. Das Achtzylinderaggregat (69 × 100 mm = 2991 cm³) bestand aus zwei Gruppen, jede wies einen eigenen Kompressor auf, die Leistung betrug 295 PS bei 6000 U/min, so daß der Alfa mit einer Literleistung von nicht ganz 100 PS/l bei weitem nicht an die Werte des Mercedes W154 (Literleistung 158 PS/l) herankam. Bald aber baute man den V12-Motor des Tipo 12C von 1937 ein, dessen Zylinderabmessungen den Hubraumvorschriften angepaßt wurden (66 × 73 mm = 2995 cm³), wobei die neugeschaffene Einheit 350 PS bei 6500 U/min abgab. Diese Leistung genügte aber immer noch nicht, um die deutschen Fahrzeuge zu schlagen. Gleichzeitig erschien der Alfa Romeo Tipo 316 (gleiches Fahrgestell wie 308 und 312), der einen Sechzehnzylinder mit zwei Kompressoren eingebaut bekam und sich mit seinen 440 PS bei 7500 U/min mit den Mercedes und Auto Union messen konnte. Für diesen Sechzehnzylinder (58 × 70 mm = 2958 cm³) wurde eine Literleistung von 149 PS/l registriert. Das Aggregat war kein klassischer V16-Motor, sondern man hatte zwei Achtzylindereinheiten des 1938 erschienenen Alfa Romeo Tipo 158 der 1,5-Liter-Klasse (es handelte sich um den später so berühmt gewordenen «Alfetta», mit welchem Giuseppe Farina 1950 und Juan Manuel Fangio 1951 Weltmeister wurden) in V-Form — mit einem 60°-Winkel — aneinandergebaut. Allerdings wurde nicht eine gemeinsame Kurbelwelle vorgesehen, sondern die beiden Kurbelwellen lagen im breiten Kurbelgehäuse nebeneinander. Jede Zylinderreihe wies je einen Kompressor (Ladedruck 0,8 kg/cm²) auf. Die Zylinderabmessungen waren mit 58 × 70 mm (Gesamthubraum 2958 cm³) dieselben wie beim Alfetta; sie wurden auch später nie geändert.

Bei Bugatti entstand der Typ 59/50 B III mit Achtzylinder-Kompressormotor (78 × 78 mm = 2980 cm³), der jedoch weiterhin in ein klassisches Bugatti-Fahrgestell (keine unabhängigen Räder) eingebaut war.

Aus Frankreich kam ferner der SEFAC der Anfang der dreißiger Jahre gegründeten Société des Etudes et de la Fabrication d'Automobile de Course. Den veralteten Monoposto hatte man noch anläßlich des Grand Prix de l'ACF für die 750-Kilogramm-Formel konstruiert. 1935 war er kurz aufgetaucht, um erst wieder 1938 in überarbeiteter Ausführung in der Dreiliterformel anzutreten. Nach einzelnen und kaum überzeugenden Einsätzen verschwand der SEFAC für immer. Unge-

Rechts
Achille Varzi auf dem Maserati 8CTF mit aufgeladenem Achtzylinder-Reihenmotor vor dem Start zum Großen Preis von Tripolis 1938. Hinter dem Wagen (mit Hut) Marcello Orsi, dessen Familie soeben die Maserati-Werke übernommen hatte.

Unten
Der erste Alfa Romeo der neuen Dreiliterformel war der Tipo 308, dessen mechanische Elemente zum Teil vom erfolgreichen 8C-2900-Rennsportwagen stammten. Der aufgeladene Achtzylinder (69 x 100 mm = 2991 cm³) leistete 295 PS bei 6000/min. Der bei der neugegründeten Alfa Corse entstandene Monoposto wurde aber bald von einem Zwölfzylinder abgelöst.

wöhnlich war sein aufgeladener Motor, der aus zwei parallel nebeneinanderstehenden und gegeneinanderlaufenden Vierzylindereinheiten bestand (70 x 90 mm = 2770 cm³, 250 PS). Die französischen Talbot und Delahaye machten 1938 mit kompressorlosen 4- bis 4,5-Liter-Rennwagen mit, welche von ihren Sportwagen abgeleitet waren. Bei beiden Motoren erfolgte der Ventiltrieb noch mittels Stoßstangen und Kipphebeln. Am 10. April 1838 gewann übrigens René Dreyfus auf dem bulligen Delahaye Typ 145 das erste nach der neuen Rennformel ausgetragene Rennen in Pau, wo er mit dem gebläselosen V12-Aggregat (75 x 84,7 mm = 4490 cm³, 245 PS bei 5000 U/min) ohne Tanken durchkam, während der Mercedes W154 — zuerst von Caracciola, dann von Lang gefahren — durch einen Tankstopp und anschließend wegen eines Kupplungsdefektes zurückfiel. Der Zwölfzylinder-Delahaye, gebaut von Chefkonstruk-

teur Jean François, fuhr für die Farben der Ecurie Lucy O'Reilly Schells, genannt «Ecurie Bleue». Die Amerikanerin Lucy O'Reilly war die Mutter des nach dem Kriege bekannt gewordenen Rennfahrers Harry Schell und war selbst Rennfahrerin gewesen. Die Sportwagenversion Typ 145 des modern konzipierten Zwölfzylindermodells siegte am 18./19. Juni desselben Jahres beim 24-Stunden-Rennen von Le Mans mit Chaboud/Tremoulet, welche die Dauerprüfung mit einem Gesamtdurchschnitt von 132,53 km/h unter Dach brachten. Vom Delahaye V12 erschien 1938 auch die leichtere Monopostoversion des Typs 155, die jedoch wenig Rennen bestritt.

Beim Talbot mit Sechszylinder-Stoßstangenmotor handelte es sich um eine zweisitzige Konstruktion, die sowohl als Sportwagen (mit Kotflügeln und Scheinwerfern versehen) wie auch als Rennwagen eingesetzt wurde (92 × 112 mm = 4464 cm³, 245 PS bei 5000 U/min). Die von Walter Becchia gebauten Fahrzeuge wiesen das berühmte Wilson-Vorwählgetriebe auf; 1939 folgte eine Monopostoversion, aus der in den ersten Nachkriegsjahren der bekannte Talbot-Lago-Rennwagen des Typs T26 C hervorging, der bis 1951 — vorwiegend von französischen Privatfahrern pilotiert — beachtliche Resultate erzielte, weil er besonders robust war und keine Tankstopps erforderte.

Maseratis neue Dreiliterkonstruktion hieß Typ 8CTF. Ihr Achtzylinder-Reihenmotor mit zwei Kompressoren (69 × 100 mm = 2992 cm³, 350 PS bei 6300 U/min) war infolge der relativ hohen Kolbengeschwindigkeit von 21,0 m/sec sehr defektanfällig, wobei sich aber Trossi, Varzi und Gigi Villoresi mit dem 8CTF als besonders schnell erwiesen und manchmal sogar den deutschen Konstruktionen die Hinterräder zeigten. Beim Großen Preis von Deutschland 1939 erregte Paul Pietsch, später Herausgeber der Fachzeitschrift «Auto, Motor und Sport», mit seinem Maserati 8CTF großes Aufsehen, als er zeitweise das Feld vor den Mercedes-Benz und den Auto Union anführte und dann noch Dritter wurde.

Während des Trainings zum Großen Preis von Pau 1938 fing der Alfa Romeo Tipo 308 Tazio Nuvolaris Feuer: Im Treibstoffsystem war ein Leck entstanden. Der «fliegende Mantuaner», wie Nuvolari genannt wurde, erlitt Brandwunden, äußerte Rückzugsgedanken und schwor, nie wieder einen Alfa zu fahren. Mitte Saison trat er dann — zur allgemeinen Entrüstung seiner italienischen Fans — zu Auto Union über und debütierte mit dieser Marke am 24. Juli beim Großen Preis von Deutschland auf dem Nürburgring.

Der Italiener hatte mit dem Heckmotorwagen etliche Anfangsschwierigkeiten, aber bald fand er sich auch mit diesem Zwölfzylinder zurecht, so daß Auto Union einen würdigen Ersatz für Bernd Rosemeyer gefunden hatte, denn der kleine und drahtige Italiener siegte beim Großen Preis von Italien in Monza sowie in Donington. Aber die meisten Erfolge der Saison 1938 gingen auf das Konto des Mercedes-Teams: Caracciola gewann mit dem W154 den Großen Preis der Schweiz in Bern, Lang den Großen Preis von Tripolis, von Brauchitsch den zum zweiten Male in Reims ausgetragenen Grand Prix de l'ACF, und der junge Engländer Dick Seaman holte sich beim Großen Preis von Deutschland den ersten Platz. Hermann Lang gewann zudem in Livorno und Caracciola in Pescara. Letzterer war nun schon zum dritten Male (1935, 1937 und 1938) Europameister der Grand-Prix-Fahrer geworden.

Nach der 1930 in Indianapolis eingeführten Sechsliterformel, die verschiedene Einschränkungen vorsah, übernahm man die neue Grand-Prix-Formel auch für das größte amerikanische Rennen. Die praktisch noch heute bei den «500 Meilen» angewendete Formel basiert auf den Reglementen von 1938, allerdings kamen später Zusatzvorschriften hinzu, insbesondere in den sechziger Jahren, als die «Indy-»-Formel aufgrund von Äquivalenzlimitierungen an die verschiedenen Motorkonstruktion angeglichen wurde.

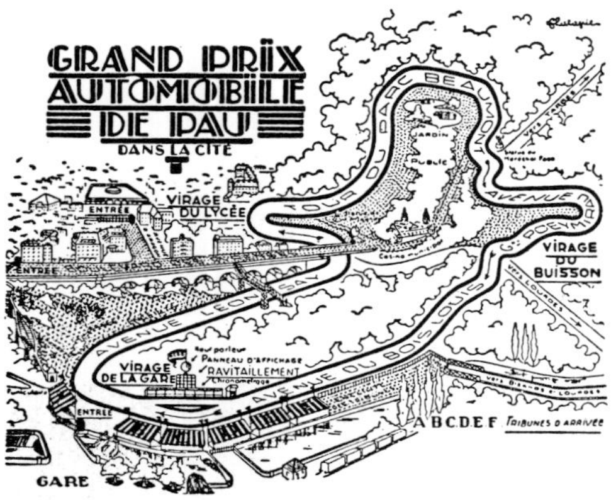

René Dreyfus

Oben
Auf der 2,769 km langen Stadtrundstrecke von Pau in Südfrankreich lief 1938 das erste Rennen nach der neuen Grand-Prix-Formel.

Links
In Pau gewann überraschend René Dreyfus auf dem schweren zweisitzigen Delahaye Typ 145 mit 4,5-Liter-V12-Saugmotor. Eigentlich handelte sich nicht um einen Grand-Prix-Wagen, sondern um einen Rennsportwagen.

Oben
Auf diesem Shaw Special mit Shaw-Fahrgestell und Offenhauser-Vierzylindermotor kam Wilbur Shaw 1938 bei den 500 Meilen von Indianapolis auf den zweiten Platz. In den beiden folgenden Jahren holte er sich den Sieg auf einem Maserati-Achtzylinder 8CTF.

Hermann Lang auf Erfolgskurs

1939

Die Mercedes-Benz geben den Ton klar an, und Lang wird Europameister. Überraschender Auftritt des 1,5-Liter-Mercedes in Tripolis. Ein Maserati-Achtzylinder gewinnt in Indianapolis.

Rudolf Hasse

Die anschließende letzte Vorkriegssaison 1939 enthielt bereits einige Lücken im Sportkalender. Als Nachfolger des W154 entstand bei Mercedes der elegantere W163, bei dessen Zwölfzylindermotor man die Leistung mit Hilfe eines Zweistufengebläses (Vorverdichter) auf 485 PS bei 8000 U/min anhob, so daß für dieses Triebwerk eine Literleistung von 162 PS/l notiert werden konnte. Das Fahrgestell des neuen Mercedes war praktisch mit demjenigen seines unmittelbaren Vorgängers identisch. Schon 1939 unternahmen die Daimler-Benz-Ingenieure Versuche mit der Benzineinspritzung, welche auf diesen V12-Motor appliziert wurde, aber Mercedes-Rennfahrzeuge mit Einspritzmotoren sollten erst in den fünfziger Jahren bei Wettbewerben eingesetzt werden. Der überarbeitete Zwölfzylinder von Auto Union (erste Versuche mit Zweistufengebläse) erreichte 1939 dieselbe Leistung wie der Mercedes.

Alfa Romeo erneuerte den Typ 316 (16 Zylinder mit zwei Kurbelwellen) und versah ihn auch mit einer moderneren Karosserie, deren Linie von dem bildhübschen Alfetta 158 inspiriert war. In dieser Version kam der 316 nur anläßlich des Großen Preises von Belgien in Spa mit Giuseppe Farina zum Einsatz, wo er nach einem vielversprechenden Rennbeginn wegen eines Defekts ausschied. Bei Alfa Romeo entstand gleichzeitig eine neue Waffe. Es war der Tipo 162, der aber wegen des Kriegsausbruches nicht zur Einsatzreife gebracht wurde (man hatte die Bestandteile für sechs Fahrzeuge hergestellt, es wurde aber nur ein Wagen montiert). Der Tipo 162 (62 × 62 mm = 2995 cm³) hätte den 316 ablösen sollen. Sein quadratisches 16-Zylinder-Aggregat dürfte einer der kompliziertesten Rennmotoren gewesen sein, die je gebaut wurden: Zwischen den beiden Zylinderreihen befanden sich ein Zentrifugalgebläse sowie sage und schreibe vier Kompressoren mit dreiteiligen Läufern, so daß die Ansaugluft einer jeden Zylindergruppe dreimal komprimiert wurde, ehe sie in die Brennräume (Verdichtung 6,8:1) strömte. Die Kombination des Zentrifugalgebläses mit den Kompressoren ergab einen unwahrscheinlich hohen Ladedruck von 3 kg/cm³. Die Gemischaufbereitung erfolgte über zwei Dreifachvergaser. 1940 gab diese Antriebseinheit, die ein typisches Beispiel der schöpferischen Vielseitigkeit Alfa Romeos darstellte, auf dem Prüfstand 490 PS bei 7800 U/min ab, womit aber die Leistungen der deutschen Motoren in der vorhergehenden Saison lediglich egalisiert waren. Der Sechzehnzylinder hätte laut Alfa Romeo bei fortgeschrittener Weiterentwicklung mindestens 560 PS bei 8200 U/min abgeben sollen, aber dann trat auch Italien in den Krieg ein, und der Tipo 162 nahm nie an einem Rennen teil. Ein anderer Alfa Romeo erlitt dasselbe Schicksal: der 512 mit einem Chassis aus ovalen Rohren und einem vor der Hinterachse eingebauten 1,5-Liter-Zwölfzylinder-Boxermotor (54 × 54,2 mm = 1490 cm³) mit zwei Kompressoren. Beim 512 handelte es sich um die erste Boxermotorkonstruktion eines Grand-Prix-Wagens überhaupt. Fahrgestellmäßig war der 512 aber dem fortgeschrittenen Alfetta 158 deutlich unterlegen. Der Boxermotor wurde versuchsweise auch in das Fahrgestell des Tipo 158 — als Frontmotor — eingebaut, gab doch der Zwölfzylinder 1940 eine Leistung von 335 PS bei 8600 U/min ab. Nach dem Kriege erwies sich der klassische Achtzylinder-Frontmotor-Alfetta seiner Konkurrenz als derart überlegen, daß sich die Weiterentwicklung des 512-Boxermotors erübrigte. Zu den führenden Konstrukteuren Alfa Romeos zählte damals auch der spanische Ingenieur Wilfredo Ricart (in der fünfziger Jahren entwarf dieser auch die spanischen Pegaso-Sportwagen mit V8-Motor), mit dem sich jedoch Enzo

Hermann Lang

Oben
Für die schnelle Bahn von Tripolis hatte Maserati einen 4CL der 1,5-Liter-Voiturettes-Kategorie mit dieser Stromlinienkarosserie versehen. Das Rennen war 1939 überraschend für die kleineren Wagen ausgeschrieben worden.

Rechts
Hermann Lang war die überragende Figur der Saison 1939. Der ehemalige Rennmonteur wurde mit dem überlegenen Mercedes-Benz W154 nach mehreren Siegen auch Europameister.

Rechts außen
In aller Heimlichkeit war bei Daimler-Benz für das Rennen von Tripolis der «kleine» W165 mit aufgeladenem 1493-cm³-V8-Motor entstanden, mit welchem Lang und Caracciola in Nordafrika den ersten und den zweiten Platz belegten.

Rechts
Start zum Großen Preis der Schweiz 1939. Vorn (von links) die Mercedes-Benz W154-M163 von Lang, von Brauchitsch und Caracciola.

Mitte
Ing. Rudolf Uhlenhaut testet seine jüngste Schöpfung in Monza (März 1939).

Unten
Der Mercedes-V12-Motor des W154-M163 wies vier von Stirnrädern angetriebene Nockenwellen auf, welche die paarweise in einem Winkel von 60° stehenden Ventile über gegabelte Schlepphebel bewegten. Die Hauptdaten: 67 × 70 mm = 2960 cm³, Leistung bis zu 485 PS.

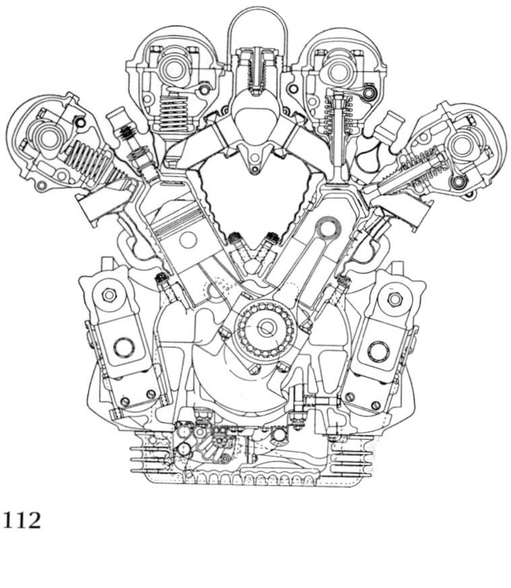

Rudolf Uhlenhaut

Ferrari, der ja Konsulent von Alfa Corse war, nicht verstand. Ferrari ging Ende 1938 wieder nach Modena zurück, um sich dem eigenen Unternehmen zu widmen. Während des Krieges baute man bei Ferrari Werkzeugmaschinen.

Auch die Saison 1939 sollte im Zeichen von Mercedes stehen, indem Lang den Großen Preis von Belgien in Spa — hier kam Richard Seaman ums Leben, nachdem er im Cockpit des brennenden Mercedes eingeklemmt geblieben war (er konnte den Verschluß des abnehmbaren Lenkrades nicht mehr lösen) — sowie den Großen Preis der Schweiz gewann. Caracciola trug seinen Namen in die Siegerliste des deutschen Grand Prix ein. Lang gewann auch beim Eifelrennen, in Pau sowie in Rio, so daß er am Ende der Saison zum Europameister erklärt werden konnte. Früher war Lang Rennmonteur bei Mercedes-Benz gewesen.

Der Große Preis des ACF in Reims ging überraschend an den Auto-Union-Nachwuchsfahrer H. P. Müller. Am 3. September 1939 siegte Nuvolari mit dem Auto Union noch in Belgrad. Doch da war schon der Zweite Weltkrieg ausgebrochen, und über die Grand-Prix-Bühne fiel der Vorhang. Dem Krieg ist auch der auf den 8. Oktober 1939 angesetzt gewesene Große Preis der Landesausstellung auf einer Straßenkombination in Schwamendingen bei Zürich zum Opfer gefallen, für welchen die Grand-Prix-Mannschaften von Mercedes-Benz, Auto Union, Alfa Romeo und Maserati gemeldet waren. Geplant waren auch der «Preis von Zürich» für Voiturettes bis 1500 cm³ sowie die Motorradrennen um den Großen Preis der Schweiz. Aber die internationalen Spannungen veranlaßten die Veranstalter, den Grand Prix Anfang September abzusagen.

Hermann Paul Müller

Die Mercedes-Dreiliter von 1939 überstanden den Krieg und wurden zwölf Jahre später, im Frühjahr 1951, bei zwei formelfreien argentinischen Rennen mit Juan Manuel Fangio sowie mit Karl Kling und Hermann Lang eingesetzt, aber es siegte der Draufgänger Froilan González auf dem aufgeladenen Zweiliter-V12-Ferrari. Die W163 konnten in Argentinien ihre fast 500 PS betragende Leistung auf der kurvenreichen und improvisierten Bahn nicht mehr zur Entfaltung bringen, auch stand dem Mercedes-Team in Südamerika kein geeigneter Treibstoff zur Verfügung.

Maserati erntete 1939 beim 500-Meilen-Rennen von Indianapolis einen bedeutenden

Rechts
Mit dem Maserati 8CTF lag der spätere Verleger Paul Pietsch beim GP von Deutschland 1939 rundenlang vor den deutschen Wagen in Führung.

Unten
Der Franzose Raph auf dem unterlegenen Delahaye 145 mit 4,5-Liter-V12-Motor 1939 auf dem Nürburgring.

Mitte
Der aufgeladene 16-Zylinder-Motor des Alfa Romeo 316 bestand aus zwei V-förmig angeordneten Achtzylindereinheiten und besaß zwei Kurbelwellen. Die Abmessungen: 58 × 70 mm = 2958 cm³.

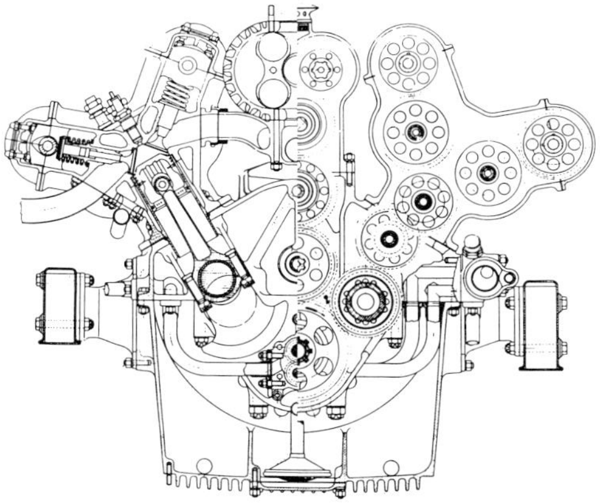

Unten
Die berühmte Hirth-Kurbelwelle des Auto Union, die aus vielen verzahnten Teilen bestand.

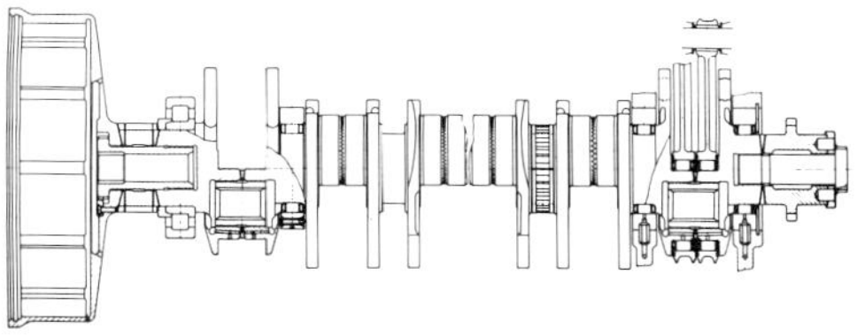

Ganz unten
Tazio Nuvolari fängt den Auto Union Typ D auf dem Nürburgring meisterhaft mit Gegensteuer ab.

Erfolg, als Wilbur Shaw mit dem Dreiliter-Achtzylinder Typ 8CTF (69 × 100 mm = 2992 cm³, 350 PS bei 6300 U/min) gewann und diesen Erfolg mit dem gleichen Fahrzeug ein Jahr später wiederholte.

Für Bugatti — eine Marke, welche in den zwanziger Jahren und Anfang der dreißiger Jahre ihr goldenes Zeitalter erlebt hatte — gab es 1939 den letzten großen Sieg: Wimille/Veyron belegten bei den 24 Stunden von Le Mans den ersten Platz. Die letzte Vorkriegssaison hatte noch eine Überraschung in Form des Großen Preises von Tripolis gebracht, den die italienischen Veranstalter unerwartet nicht mehr für Grand-Prix-Wagen, sondern für 1,5-Liter-Fahrzeuge ausschrieben, eine Kategorie, in der die Alfa Tipo 158 und die Vierzylinder-Maserati Typ 4CL tonangebend waren. Mercedes aber ließ sich nicht beirren und baute in nur sechs Monaten einen fabelhaften 1,5-Liter-Rennwagen, Typ W165, der in der Grundkonzeption sowie in der Linie dem größeren Bruder, Typ W163, entsprach, jedoch von einem neuen V8-Motor mit Zweistufengebläse (64 × 58 mm = 1493 cm³) angetrieben wurde, der 254 PS bei 8250 U/min abgab, so daß die Viernokkenwellenmaschine bei der Literleistung den neuen Spitzenwert von 170 PS/l erreichte. Der Alfa Romeo 158 kam damals auf 225 PS bei 7200 U/min und der Maserati-4CL-Vierzylinder auf 220 PS bei 8000 U/min. Beim Debüt des kleinen Mercedes in Tripolis gab es einen sensationellen Doppelsieg des W165 mit Hermann Lang auf dem ersten und Rudolf Caracciola auf dem zweiten Platz, gefolgt von Emilio Villoresi (dem jüngeren Bruder von Gigi Villoresi) auf Alfa Romeo und Piero Taruffi auf Maserati. Der W165 wurde danach nie mehr bei einem Rennen eingesetzt. Später, 1951, wollte Daimler-Benz eine neue Serie des W165 auflegen, als die Grand-Prix nach der 1,5-Liter-Kompressorformel ausgetragen wurden. Kurz danach aber beschloß die Internationale Sportkommission, die Grand-Prix der Fahrerweltmeisterschaft in den Jahren 1952 und 1953 für Rennwagen der 2-Liter-Formel 2 (ohne Aufladung) auszuschreiben, so daß die erst nach vielen Jahren publik gewordene Absicht einer Zweitauflage des W165 nicht mehr verwirklicht wurde.

Die Grand-Prix-Wagen der 3-Liter-Kompressor-Formel von 1938 und 1939

Baujahr	Marke und Modell	Zylinderzahl	Hubraum	Bohrung	Hub	Leistung/PS	Höchstdrehzahl	Anzahl Gänge	Spitze in km/h	Trockengewicht
1938	Alfa Romeo 308	8	2991	69	100	295	6000	4	260	870
1938	Alfa Romeo 312	12	2995	66	73	350	6500	4	285	880
1938	Alfa Romeo 316	16	2958	58	70	440	7500	4	300	920
1938	Auto Union D	12	2984	65	75	485	7000	5	310	890
1938	Bugatti T59/50B	8	2980	78	78	270	6000	4	280	800
1938	Delahaye 145	12	4490	75	84,7	225	5000	4	225	1065
1938	Delahaye 155	12	4490	75	84,7	235	5000	4	250	860
1938	Maserati 8CTF	8	2992	69	100	350	6300	4	290	870
1938	Mercedes W154	12	2962	67	70	468	7800	5	300	890
1938	Sefac Type B	8	2960	72,5	90	250	6000	4	260	880
1938	Talbot (bipl.) T150	6	4464	92	112	245	5000	4	230	860
1939	Talbot (monopl.)	6	4483	93	110	255	5100	4	240	850
1939	Auto Union D	12	2990	65	75	485	7000	5	320	890
1939	Alfa Romeo 162	16	2995	62	62	490	7800	4		1075
1939	Mercedes W154-M163	12	2962	67	70	485	7800	5	310	900

1940 Nur mehr einzelne Rennen

Viele Länder sind bereits in den Krieg verwickelt. Die Rennmotoren sind allmählich verstummt. Einige Rennen laufen noch in Italien. Viele Rennwagen werden in Verstecken untergebracht.

Im Jahre 1940 kamen noch das Mille-Miglia-Rennen auf einem Dreieckkurs in der Poebene, das Targa-Florio-Rennen als Prüfung für 1,5-Liter-Rennwagen auf einem Circuit im palermischen Favorita-Park, der Große Preis von Tripolis für 1,5-Liter-Rennwagen sowie das 500-Meilen-Rennen von Indianapolis zur Austragung. Der Krieg war schon in vollem Gange. Im folgenden Jahr lief noch das 500-Meilen-Rennen (Sieg von Mauri Rose auf Miller), dann verstummten auch die letzten Rennmotoren. Für die Rennwagenbesitzer hieß es bei Kriegsausbruch, die wertvollen Fahrzeuge gut zu verstecken oder sie in Länder zu schaffen, die nicht vom Weltkonflikt erfaßt wurden. Auf das Jahr 1940 geht übrigens auch die erste eigene Ferrari-Konstruktion zurück, nämlich der Sportwagen Typ 815, der einen Achtzylinder-Reihenmotor von 1,5 Litern Inhalt aufwies. Zwei 815 traten bei der Mille Miglia an. Noch hießen die Wagen nicht Ferrari, sondern Auto Avio Costruzioni, denn Ferrari, dessen Name seit 1930 eng mit Alfa Romeo verbunden gewesen war, hatte die Mailänder Marke verlassen und durfte vorläufig den eigenen Namen nicht für die neuen Sportwagen verwenden.

Paul Pietsch

Wilbur Shaw

Oben
Es herrscht Krieg (Oktober 1941), und der Treibstoff ist rationiert. Die Rennmotoren sind längst verstummt, und Ernesto, Bindo und Ettore Maserati fahren in Modena mit dem Rad durch die Stadt.

Oben rechts
Die bisher größten Siege Maseratis holte sich Wilbur Shaw mit dem 8CTF 1939 und 1940 bei den 500 Meilen von Indianapolis. Der aufgeladene 2991-cm³-Achtzylinder-Reihenmotor leistete 366 PS bei 6300/min. Vorn wies der 8CTF Torsionsstäbe und hinten Viertelelliptikfedern auf.

Die Rennwagen der Kategorie «Voiturettes» (bis 1500 cm³) von 1930 bis 1940

Baujahr	Marke und Modell	Zylinderzahl	Hubraum	Bohrung	Hub	Leistung/PS	Höchstdrehzahl	Anzahl Gänge	Spitze in km/h	Trockengewicht
1931	Austin Yellow Canary	4	747	56	76	56	6000	4	160	470
1931	Maserati 4CTR	4	1088	65	82	105	5500	4	150	690
1931	MG C-Type Midget	4	746	57	73	44	6400	4	205	670
1931	MG C comp.	4	746	57	73	52	6500	4	140	680
1932	Maserati 4CM-1500	4	1496	69	100	135	5600	4	155	680
1932	MG J4	4	746	57	73	72	6000	4	210	710
1933	MG K3	6	1087	57	71	120	6500	4	190	790
1933	Riley	6	1486	57,2	95,2	96	5600	4	190	890
1934	MG EX135	6	1087	57	71	120	6500	4	185	780
1935	Alta	4	1486	68,7	100	140	5800	4	200	680
1935	ERA B	6	1488	57,5	95,2	150	6500	4	200	780
1936	Austin Seven	4	744	60,3	65	116	6200	4	195	520
1936	Maserati 6CM	6	1493	65	75	155	6200	4	215	650
1937	Alta	4	1486	68,7	100	200	6200	4	210	670
1937	Maserati 4CM-1500	4	1496	69	100	150	5600	4	215	690
1937	Maserati 4CM-1100	4	1088	65	82	125	6000	4	200	580
1938	Alfa Romeo 158	8	1479	58	70	195	7200	4	232	620
1939	Alfa Romeo 158	8	1479	58	70	225	7500	4	240	620
1939	ERA E	6	1487	63	80	270	7500	4	275	720
1939	Maserati 4CL	4	1489	78	78	220	8000	4	250	630
1939	Mercedes W165	8	1493	64	58	278	8250	5	285	720

Wieder Rennmotorengeheul

Man nimmt die Vorkriegswagen hervor, aber es mangelt an gutem Material. Wimille auf Bugatti gewinnt erstes Nachkriegsrennen im Bois de Boulogne. Eine italienische Dominanz zeichnet sich ab.

Bei der Coupe du Salon im Oktober 1946 traten auf dem Circuit im Bois de Boulogne lauter Vorkriegsmodelle auf: Rennsportwagen mit Saugmotor oder aufgeladene 1,5-Liter-Monoposto der alten Voiturettes-Kategorie. Frankreich wurde durch die Delage, Delahaye und Talbot vertreten, welche mit den aufgeladenen Maserati 4CL oder mit dem englischen ERA nicht Schritt zu halten vermochten.

Im Frühling 1945 war der Zweite Weltkrieg zu Ende. Die Franzosen dachten bald wieder an die Durchführung von Rennen, und mit Fahrzeugen, die den Krieg glücklich überstanden hatten, gelang es schon am 9. September, im Bois de Boulogne das erste Nachkriegsrennen zu veranstalten. In Paris führte man drei Läufe durch: die Coupe Robert Benoist für Wagen bis 1500 cm³ (der einstige Delage- und Bugatti-Fahrer war im Krieg gefallen), die vom — später sehr bekannten — Konstrukteur und Rennfahrer Amédée Gordini auf seinem mit Fiat/Simca-Teilen gebauten Fahrzeug gewonnen wurde; die Coupe de la Libération für Wagen bis 2000 cm³, mit einem Sieg von Henri Louveau auf Maserati, sowie die Coupe des Prisonniers für Fahrzeuge über 2000 cm³, bei der Jean-Pierre Wimille auf einem 4,7-Liter-Bugatti-Rennwagen des Typs 59/50 B den ersten Platz belegte.

Im Sommer 1945 — kurz nach Kriegsende — rief Enzo Ferrari den Alfa-Romeo-Konstrukteur Gioachino Colombo, welcher vor dem Kriege für den dann so erfolgreichen Alfa Romeo 158 verantwortlich gezeichnet hatte, zu sich nach Modena. Bei dieser ersten Besprechung faßte man den Beschluß, einen Ferrari-V12-Motor zu realisieren, wobei Colombo dann das Aggregat, welches den Grundstein einer langen und erfolgreichen Zwölfzylindertradition darstellen sollte, in Mailand in seiner Privatwohnung zeichnete.

Die Nachkriegsjahre leiteten das «Goldene Zeitalter» der roten italienischen Rennwagen von Alfa Romeo (bis 1951), Maserati und Ferrari ein, das ein gutes Dezennium andauerte und nur 1954/55 von Mercedes-Benz unterbrochen wurde, dessen fast unschlagbarer 2,5-Liter-Achtzylinder-Rennwagen Typ W196 das Produkt höchster Entwicklung und

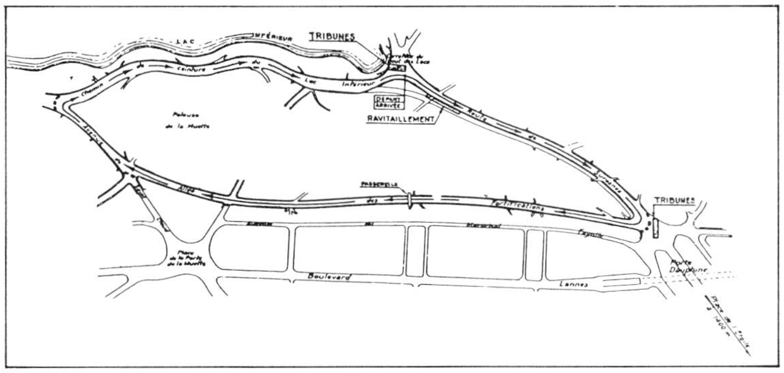

Die erste europäische Nachkriegsveranstaltung wickelte sich am 9. September 1945 in Paris im Bois de Boulogne ab und umfaßte drei Rennen. Die Bahn war 2,779 km lang.

Rechts
Raymond Sommer auf Maserati 4CL-1500 anläßlich der Coupe du Salon 1946. Im Bois de Boulogne hatte man den Circuit mit Schikanen aus Strohballen versehen.

Unten
Der von 1939 bis 1947 gebaute Maserati 4CL-1500 mit 1,5-Liter-Kompressormotor war das erfolgreichste Modell der ersten Nachkriegsjahre. Der 16ventilige Vierzylinder gewann meistens dann, wenn Alfa Romeo seine Tipo 158 nicht einsetzte. Gebaut wurden an die zwei Dutzend Exemplare.

Rechts
Das erste Nachkriegsrennen 1945 im Bois de Boulogne brachte den letzten erwähnenswerten Bugatti-Sieg. Die «Coupe des Prisonniers» gewann Jean-Pierre Wimille (Dritter von links) auf dem 4,7-Liter-Bugatti mit Achtzylindermotor. Ettore Bugatti (heller Anzug) wohnte dem Rennen bei. Der gebürtige Mailänder starb dann 1947 in Paris.

technischer Perfektion war, wie es nur von einem großen Unternehmen mit umfangreichem Technikerstab realisiert werden konnte. Von 1957 an erfolgte dann allmählich der Durchbruch der Engländer, deren Konstruktionsphilosophie Schule machen sollte.

Der internationale Sportkalender nahm 1946 Formen an. Es kamen vor allem Rennen auf improvisierten Stadtrundstrecken zur Austragung, so in Nizza, Marseille, Genf, Mailand, Turin und Paris. Maserati und Alfa Romeo mit ihren Monoposto der 1,5-Liter-Kompressorklasse, welche noch aus der Vorkriegszeit stammten, errangen die meisten Siege; allerdings gewann Eugène Chaboud auf einem 4,5-Liter-Delahaye V12 den Großen Preis von Belgien in Spa.

Der Alfa Romeo Tipo 158 tauchte am 9. Juni 1946 wieder bei einem Rennen auf, und zwar mit Giuseppe Farina und Jean-Pierre Wimille in St-Cloud bei Paris, aber die während des Krieges in einem Lagerschuppen unter Strohballen versteckten Alfetta waren noch nicht «au point»: In St-Cloud siegte Raymond Sommer auf dem Vierzylinder-Maserati des Typs 4CL. Die große und in der Renngeschichte einmalige Erfolgsserie des Alfa-Achtzylinders setzte anschließend ein, als der Alfetta zwischen 1946 und 1951 bei 26 Starts 26 Siege in ununterbrochener Reihenfolge errang. Der Alfetta Tipo 158 (1951 hieß er in seiner höchsten Entwicklungsstufe Tipo 159) verdient eine eingehendere Würdigung, handelt es sich doch um einen der bisher erfolgreichsten Grand-Prix-Wagen der Geschichte. Unter der Leitung des Alfa-Romeo-Ingenieurs Gioachino Colombo war er 1937 bei der Scuderia Ferrari in Modena entstanden: ein klassisches Fahr-

Luigi Villoresi

Consalvo Sanesi

Giovanbattista Guidotti

Rechts
Der Alfa Romeo 158 mit aufgeladenem Achtzylinder-Reihenmotor von 1,5 Litern Inhalt entstand 1937 bei der Scuderia Ferrari in Modena. Der Monoposto debütierte 1938 in Pescara und wurde bis 1951 dauernd weiterentwickelt. Die Leistung stieg von 195 PS (1938) auf 425 PS (1951).

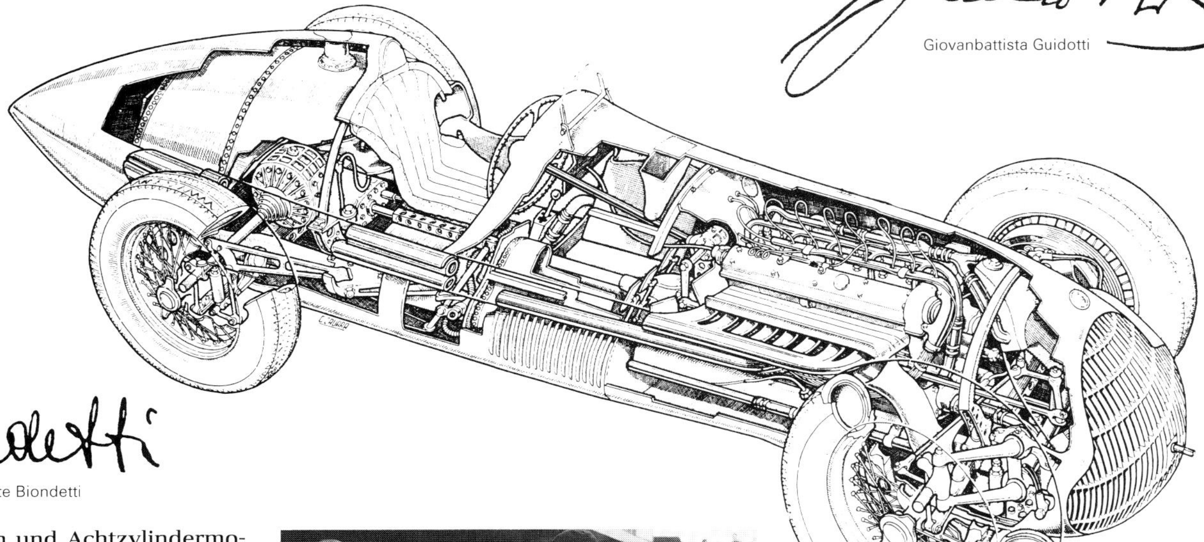

Clemente Biondetti

zeug mit Rohrrahmen und Achtzylindermotor in Reihe, der einen Roots-Einstufenkompressor aufwies. Die Vorderräder waren nach Porsche-Vorbild von Kurbellenkern geführt, hinten wurde eine Pendelachse vorgesehen. Der Motor bestand aus zwei in der Mitte miteinander verschraubten Einheiten zu je vier Zylindern. Zylinderkopf und Zylinderblock waren ein einziges Leichtmetallgußstück. Im Gegensatz zu früheren Alfa-Romeo-Motoren wurden die Zylinderlaufbüchsen aus Stahl an ihrem oberen Ende am Block gehalten. Während seiner gesamten Entwicklungszeit (1937 bis 1951) wies das Triebwerk immer dieselben Zylinderabmessungen von 58 × 70 mm auf, die einen Hubraum von 1479 cm³ ergaben. Der Tipo 158 debütierte am 31. Juli 1938 anläßlich der Coppa Ciano in Livorno mit einem Doppelsieg: Emilio Villoresi gewann vor Clemente Biondetti. 1938 wies das Fahrzeug noch nicht die klassische Karosserie auf, welche es zu einem der attraktivsten Rennwagen überhaupt stempeln sollte — das neue Kleid mit dem typischen Kühlergrill kam erst ein Jahr später.

Die Leistung betrug anfänglich 195 PS bei 7200 U/min, das Gebläse erzeugte einen Ladedruck von 0,8 kg/cm³, das Zweistufengebläse kam erst 1947. Mit dem Tipo 158 war Alfa Romeo seit dem P3 von 1932 erstmals wieder ein großer Wurf gelungen. In den Jahren 1937 und 1938 entstanden sechs Exemplare, 1940 kam ein weiteres halbes Dutzend hinzu; die gleichen Fahrzeuge, welche ständig weiterentwickelt und verbessert wurden, setzte Alfa Romeo bis 1950 ein. Im Jahre 1951 entstanden vier neue Wagen des Typs 159. Die erste, historische Niederlage erlitt der Alfetta zu Beginn seiner legendären Laufbahn, nämlich am 7. Mai 1939 in Tripolis, als der Mercedes W165 mit V8-Motor mit Lang und Caracciola die italienischen Konstruktionen dominierte.

Links
Jean-Pierre Wimille 1946 auf dem Alfa Romeo 158. Ganz links Alfa-Rennleiter und -Testfahrer Giovanbattista Guidotti.

Unten
Das erste große Schweizer Rennen der Nachkriegszeit war 1946 der Große Preis der Nationen in Genf. Es gewann Giuseppe Farina auf Alfa Romeo 158, der hier vor seinem Markengefährten Jean-Pierre Wimille liegt.

Erstmals Begriff «Formel 1»

Die Alfetta sind nicht zu schlagen. Bei Ferrari entsteht ein V12. Cisitalia baut Spitzenkonstruktion nach Porsche-Plänen. Jean-Pierre Wimille auf Alfa Romeo ist der dominierende Fahrer.

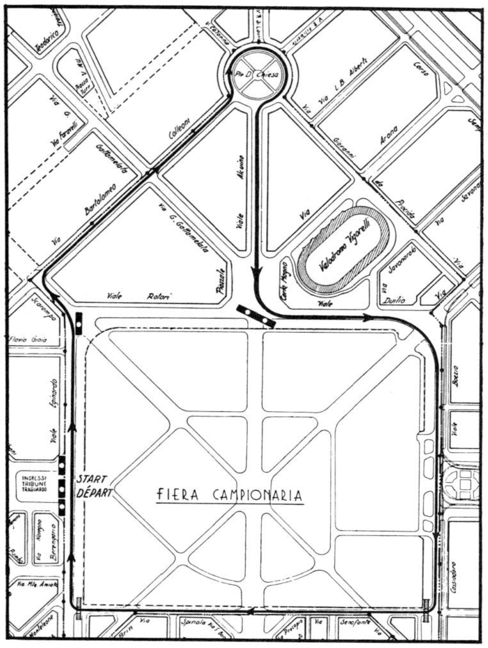

Oben
Nachdem das Autodrom von Monza jahrelang als Schrottplatz für Kriegsmaterial gedient hatte, mußte der Große Preis von Italien 1947 auf einer 3,447 km langen Stadtrundstrecke durchgeführt werden, welche um das Areal der Mailänder Messe führte.

Unten
Die lange Erfolgsserie des Alfetta setzte 1946 ein, wobei der Achtzylinder erst 1951 (in der Version 159) eine Niederlage erlitt. 1947 wurde der Reihenmotor mit einem Zweistufengebläse bestückt, so daß die Leistung rapid anstieg.

Ende 1946 entschied sich die neugebildete Fédération Internationale de l'Automobile für eine neue Grand-Prix-Formel, die 1947 in Kraft trat, wobei der Ausdruck «Formel 1» erstmals in der Geschichte auftauchte. Eigentlich stimmte man die Formel bloß auf das vorhandene Wagenmaterial ab und schuf die 1,5-Liter-Kompressor-Formel. Die Vorschriften lauteten: Hubvolumen für aufgeladene Motoren maximal 1500 cm³, für Saugmaschinen 4500 cm³. Das Verhältnis zwischen dem aufgeladenen Motor und dem kompressorlosen Aggregat, welches 1938 noch 1:1,5 oder 3 Liter zu 4,5 Liter betragen hatte, änderte sich damit auf 1:3. Aber noch immer waren die aufgeladenen Triebwerke überlegen. Alfa Romeos Tipo 158 erhielt ein Zweistufengebläse, das den Ladedruck von den einstigen 0,8 kg/cm³ auf 2,5 kg/cm³ ansteigen ließ, so daß der Achtzylinder jetzt 275 PS bei 7500 U/min abgab. Das Trockengewicht des Wagens stieg von 630 kg auf 700 kg, das Leistungsgewicht war dagegen von 3,18 kg/PS auf 2,55 kg/PS gesunken, um dann 1951 den Spitzenwert von 1,63 kg/PS zu erreichen. Der Vierzylinder-Maserati 4CL mit Kompressor (78 × 78 mm = 1489 cm³) gab 220 PS bei 6000 U/min ab und war nach dem Alfetta das beste Fahrzeug. Bei einem Trockengewicht von 630 kg erreichte es ein Leistungsgewicht von 2,86 kg/PS.

In Italien entstand 1947 mit dem Zwölfzylinder-Cisitalia-Porsche ein hochinteressantes Fahrzeug, das seiner Zeit weit voraus war. Der Turiner Piero Dusio hatte die Marke Cisitalia 1946 gegründet. Man baute die populären und nur 350 kg wiegenden Cisitalia-D46-Rennwagen mit frisiertem, 65 PS abgebendem Fiat-1100-Motor (1948 gaben die Triebwerke der Werkskonkurrenz 80 PS ab). Bei einem Rennen in Ägypten hatte es 1947 eine wahre Cisitalia-Expedition mit zahlreichen Grand-Prix-Fahrern gegeben, wobei auf dem gewählten Circuit in Kairo nicht weniger als 16 der kleinen Turiner Monoposto starteten. Aber Piero Dusios Ziele lagen noch höher. Er träumte von einem Formel-1-Rennwagen. Ende 1946 hatte er mit Professor Porsche Kontakt aufgenommen und die Rechte eines von der Porsche GmbH in Gmünd entworfenen Grand-Prix-Projekts erworben, das die Typenbezeichnung Porsche 360 trug. Bei der Verwirklichung halfen auch der später berühmt gewordene Carlo Abarth (Abarth betreute bei der damaligen Scuderia Scagliarini die Cisitalia-Wettbewerbswagen) sowie Ingenieur Rudolf Hruschka, der eine beratende Funktion ausübte. Es entstand eine aufwendige, moderne Mittelmotorkonstruktion nach Porsche-Vorbild. Hinter dem Cockpit war tief im Rohrrahmen der Zwölfzylinder-Boxermotor mit je zwei obenliegenden Nockenwellen eingebaut.

Über dem Motor waren die beiden einstufigen Sternkolbenlader mit je einem Vergaser placiert, welche einen Ladedruck von

Conte Carlo Felice Trossi

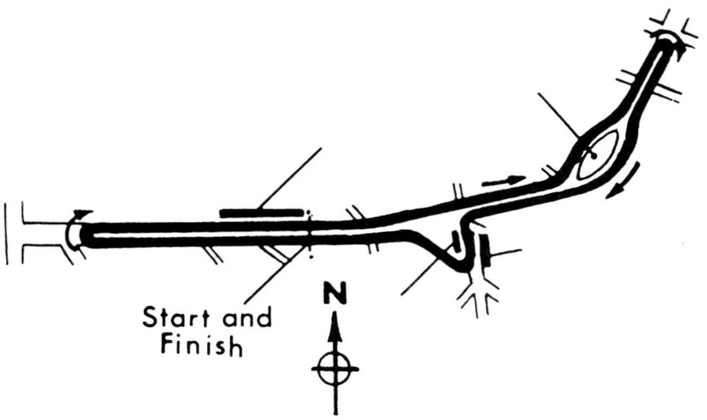

Links
Der erste Nachkriegs-Grand-Prix des ACF wurde 1947 auf einer Stadtrundstrecke in Lyon-Parilly durchgeführt und von Louis Chiron auf Talbot gewonnen. Eine Runde war 7,296 km lang.

1,96 kg/cm³ erzeugten. Der Cisitalia-Porsche wies ein Fünfganggetriebe sowie einen Vierradantrieb auf, die Kraftübertragung auf die Vorderräder konnte ausgeschaltet werden. Die Vorderradaufhängung entsprach mit Doppelkurbellenkern und Quertorsionsstäben derjenigen des einstigen Auto Union, ebenfalls unabhängig waren die Hinterräder, die Treibstofftanks lagen seitlich neben dem Cockpit, in der Gesamtkonzeption war das Fahrzeug ein unmittelbarer Vorgänger der späteren Mittelmotorrennwagen. Das Triebwerk (56 × 51 mm = 1492 cm³) gab 296 PS bei 8500 U/min ab; bei sorgfältiger Weiterentwicklung wäre das Aggregat wahrscheinlich auf über 400 PS gekommen. Das Fahrzeug wog trocken 630 kg, so daß das Leistungsgewicht auf knapp über 2 kg/PS kam; man hoffte, das Verhältnis bei der Weiterentwicklung auf 1,6 bis 1,8 kg/PS senken zu können, aber soweit kam es nicht, denn mit der Fertigmontage des ersten Exemplares waren die finanziellen Kräfte Cisitalias erschöpft. Das Werk wurde Ende 1949 vorübergehend geschlossen, und Piero Dusio reiste samt Grand-Prix-Wagen nach Argentinien, wo das Auto einmal mit Clemar Bucci — und zwar erst 1952, als die 1,5-Liter-Formel bereits ausgelaufen war — einen argentinischen Geschwindigkeitsrekord aufstellte. 1960 wurde der Cisitalia vom damaligen Porsche-Rennleiter Huschke von Hanstein in Argentinien ausfindig gemacht und in das Porsche-

Rechts
Der vom einstigen Delage-Konstrukteur Albert Lory beim Centre d'Etudes Techniques de l'Automobile et du Cycle gebaute CTA-Arsenal mit 1482-cm³-V8-4-OHC-Motor mit zwei Kompressoren tauchte bei den Grand Prix des ACF 1947 und 1948 kurz auf, verschwand dann aber für immer.

Unten
Beim ersten Nachkriegs-Grand Prix des AFC in Lyon-Parilly ging Alfa Romeo nicht an den Start, und die Franzosen waren praktisch unter sich. In der ersten Reihe starten (von links) Louveau auf Maserati 4CL, Chiron auf dem Talbot-Monoposto sowie Chaboud auf einem ehemaligen Talbot-Sportwagen. Es gewann Chiron.

Links
Fahrerbesprechung vor dem Start zum Großen Preis der Schweiz 1947 in Bern. Von links Maurice Trintignant, Emanuel de Graffenried, Jean-Pierre Wimille (Sieger) und Luigi Villoresi. Damals galt Wimille als der beste europäische Pilot. Er kam 1949 mit einem Simca-Gordini in Buenos Aires ums Leben, als unvorsichtige Zuschauer die Bahn überquerten.

Werksmuseum gebracht. Eine weitere Marke taucht 1947 auf: Ferrari. Die ersten Ferrari von 1947 wiesen den klassisch gewordenen V12-Motor mit je einer obenliegenden Nokkenwelle auf, er war — wie schon erwähnt — vom ehemaligen Alfa-Romeo-Konstrukteur Gioachino Colombo entworfen worden. Bei

Gioachino Colombo

Maserati wurden Experimente mit einem Zweistufengebläse unternommen. Englands Farben vertraten die hochbeinigen, altmodischen ERA-Sechszylinder mit Kompressor (62,8 × 80 mm = 1488 cm^3, 190 PS) sowie die neueren Alta-Vierzylinder (68,75 × 100 mm = 1488 cm^3), aber die Briten mußten noch ein Jahrzehnt warten, ehe sie in der Formel 1 tonangebend mitmischen konnten. Die letzten englischen Grand-Prix-Erfolge, 1923 (Grand-Prix des ACF in Tours) und 1924 (Großer Preis von Spanien in San Sebastian), von Sir Henry Segrave auf Sunbeam errungen, lagen weit zurück. Der nächste englische Grand-Prix-Sieg stellte sich erst wieder am 20. Juli 1957 ein, als Stirling Moss und Tony Brooks den Vierzylinder-Vanwall in Aintree auf den ersten Platz steuerten.

Die Alfa-Romeo-Mannschaft erntete 1947 einen Lorbeer nach dem anderen. Jean-Pierre Wimille, Achille Varzi, Graf Carlo Felice Trossi und Consalvo Sanesi waren die Piloten des prächtigen Tipo 158, die 1947 die Großen Preise der Schweiz und von Belgien sowie die Rennen in Bari und Mailand gewannen.

Die Franzosen setzten ihre gebläselosen 4,5-Liter-Konstruktionen von Talbot, Delage und Delahaye ein, die aber deutlich unterlegen waren, denn erst mit dem 1948 beim Großen Preis der Nationen in Genf mit Louis Rosier erstmals erschienenen Talbot-T26C-Monoposto, von welchem im Werk Suresnes an die zwanzig Exemplare entstanden sind, tauchte wieder ein konkurrenzfähiger blauer Rennwagen auf. Im gleichen Jahr erschien auch der französische CTA Arsenal, gebaut vom Centre d'Etudes Techniques de l'Automobile, der Frankreich zum einstigen Prestige hätte verhelfen sollen. Der bekannte Ingenieur Albert Lory — er hatte den erfolgreichen 1,5-Liter-Delage von 1926/27 gebaut — zeichnete für die Konstruktion der Arsenal verantwortlich, aber der V8 mit Zweistufengebläse (60 × 65,5 mm = 1482 cm^3, 266 PS bei 7500 U/min) brachte nicht die erhofften Resultate, Raymond Sommer blieb anläßlich des Debüts beim Großen Preis des ACF 1947 in Lyon schon am Start mit einem Kupplungsschaden liegen. Ein Jahr später unternahm man einen zweiten Versuch und meldete zwei Arsenal für den Grand Prix de l'ACF in Reims, aber nach dem Training wurden die Monoposto zurückgezogen und tauchten nie wieder auf. Den Grand Prix de l'ACF in Lyon hatte übrigens Louis Chiron auf dem Sechszylinder-Talbot gewonnen, allerdings waren die Alfa Romeo hier nicht gestartet.

Nach längerer Krankheit starb 1947 der geniale Ettore Bugatti im Alter von 66 Jahren; mit seinem Tod war eine Ära, ein großes Kapitel der Automobilgeschichte zu Ende gegangen. Kurz danach verschied auch Louis Delage.

In San Lazzaro di Savena bei Bologna gründeten die Brüder Maserati die Marke OSCA (Officine Specializzate Costruzioni Automobili), nachdem das Maserati-Werk in Bologna schon Anfang 1937 von der Familie Orsi übernommen worden war. Später siedelte Maserati nach Modena über. In England entstand der große, für den Bau eines Nationalrennwagens bestimmte BRM-Trust (British Racing Motors), dessen Hauptpromotoren der ERA-Fahrer Raymond Mays sowie Ingenieur Peter Berthon waren. An die hundert Industriefirmen beteiligten sich an dem großartigen Projekt.

Unten
Louis Chiron 1947 auf dem von Walter Becchia in Suresne gebauten Talbot-Lago-«Monoposto» mit dem 4483-cm^3-Sechszylinder-Stoßstangenmotor des Sportwagens. Es handelte sich noch nicht um den fast identisch aussehenden T26C mit zwei Nockenwellen, denn dieses Modell erschien erst 1948. Talbot verwendete ein Wilson-Vorwählgetriebe mit fünf Gängen.

Wieder ein Alfetta-Jahr

Während der Tipo 158 ein Rennen nach dem andern gewinnt, bringt Ferrari seine erste Formel-1-Konstruktion an den Start. Talbot erneuert seinen 4,5-Liter. In Reims startet ein gewisser Fangio.

Den Alfa Romeo, welche jetzt 310 PS bei 8000 U/min abgaben, standen auch 1948 keine ernst zu nehmenden Gegner gegenüber. Jean-Pierre Wimille war zum großen Virtuosen des Volants avanciert und galt als der weltbeste Pilot der ersten Nachkriegsjahre. In Südamerika hatte man 1947 einige italienische Piloten zur ersten Temporada (Rennsaison) nach Argentinien und Brasilien eingeladen, 1948 machte hier auch ein wortkarger, etwas finster dreinblickender einheimischer Fahrer von sich reden, der den unterlegenen Simca-Gordini mit Bravour fuhr. Sein Name: Juan Manuel Fangio. Dieser Argentinier wurde dann zwischen 1951 und 1957 fünfmal Weltmeister. Die meisten Sportwagensiege holte sich die junge Marke Ferrari mit dem Zwölfzylinder, vorwiegend von Clemente Biondetti zu großen Erfolgen (Mille Miglia und Targa Florio) geführt.

Mit spektakulären Leistungen wartete der damals 55jährige Tazio Nuvolari bei der Mille

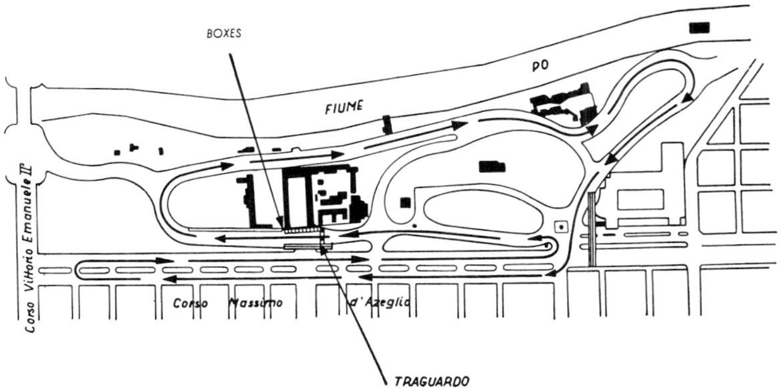

Links
Der Große Preis von Italien 1948 wurde auf der 4,8 km langen Rundstrecke im Valentino-Park in Turin durchgeführt.

Mitte
Beim verregneten Großen Preis von Italien 1948 führt Jean-Pierre Wimille auf Alfa Romeo 158 das Feld an.

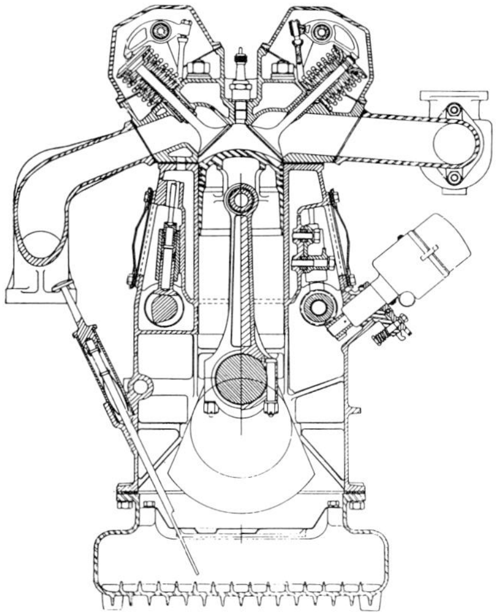

Oben
Der Sechszylinder-Saugmotor des Talbot Lago T26C (93 × 110 mm = 4485 cm³) wies zwei halbhoch im Block liegende Nockenwellen auf, welche die Ventile mittels Stoßstangen und Kipphebeln betätigen. Die Leistung nahm von 240 PS bei 4700/min (1948) auf 280 PS bei 5000/min (1951) zu.

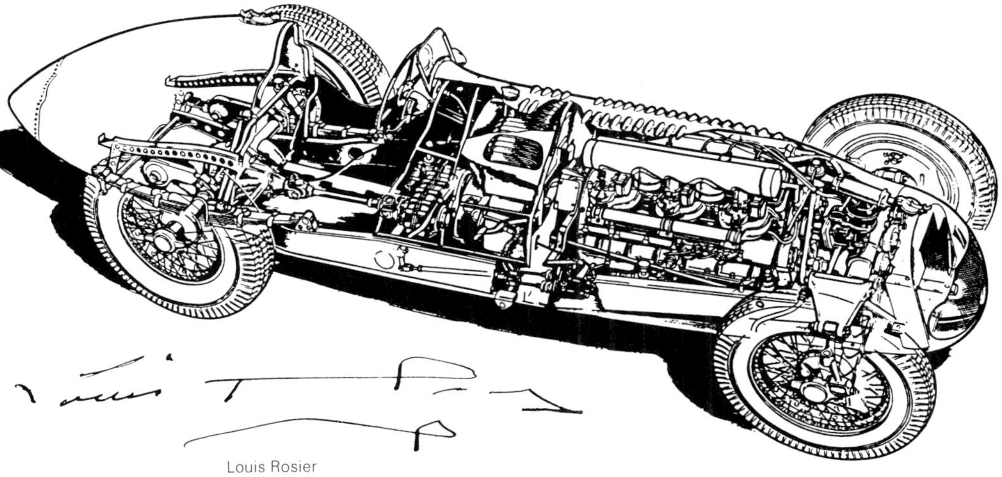

Rechts
Beim Großen Preis der Nationen 1948 in Genf debütierte der Talbot Lago T26C mit Louis Rosier. Der Saugmotorwagen mit Wilson-Fünfgang-Vorwählgetriebe war zwar nicht so leistungsstark wie die aufgeladenen Alfa Romeo, Maserati und Ferrari, aber er konnte ein Rennen ohne Tankstopp bewältigen.

Louis Rosier

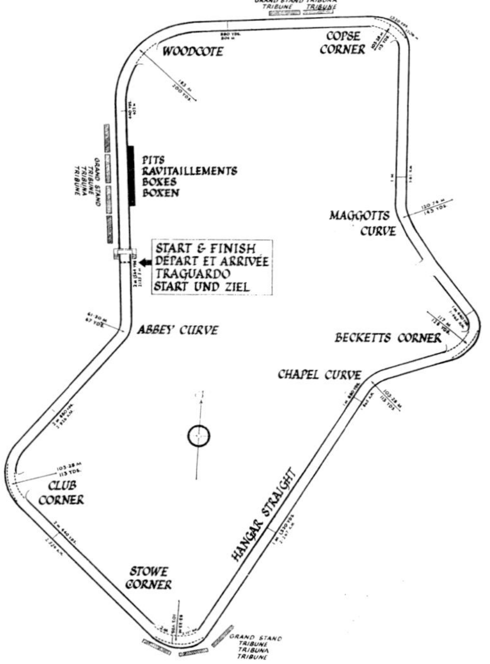

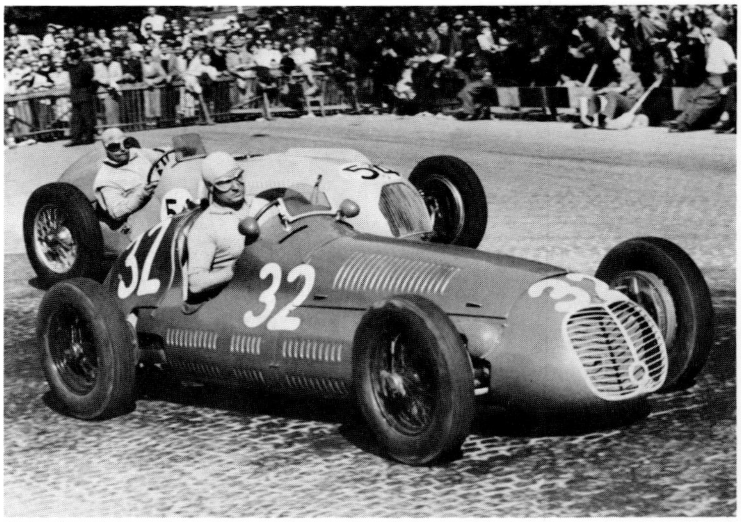

Links außen
Auf dem ausgedienten Militärflugplatz von Silverstone entstand nach dem Krieg eine schnelle, 4,7 km lange Strecke. Hier lief 1948 erstmals der GP von England.

Links
Beim GP von Europa 1948 in Bern geht Ascari auf Maserati 4CLT/48 an einem Talbot des Typs «monoplace décalée» vorbei.

Mitte links
Das Chassis des 1948 erschienenen Maserati 4CLT/48.

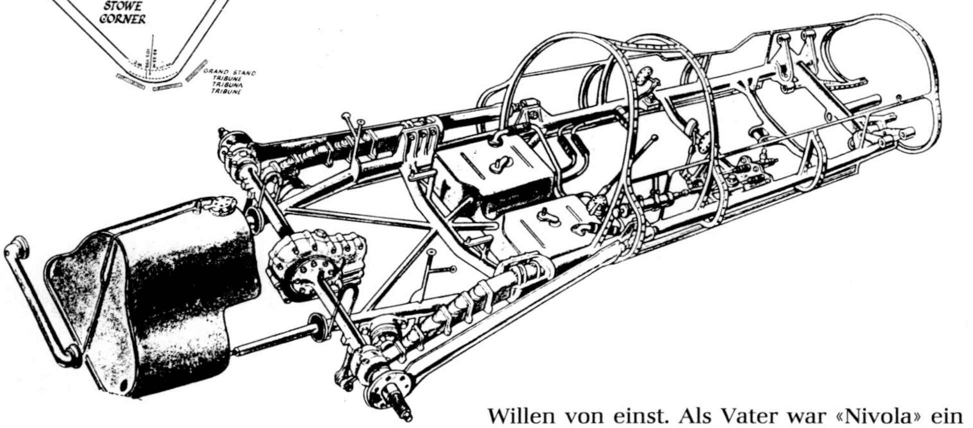

Miglia auf. Bis kurz vor dem Ziel hatte der unbezwingbare Mantuaner 1947 mit seinem Cisitalia 1100 vor dem Alfa Romeo 2900 des späteren Siegers Biondetti an der Spitze gelegen. Auf den langen Schlußgeraden war der kleine Cisitalia dem Ansturm seines hubraumstärkeren Gegners nicht mehr gewachsen, und Nuvolari wurde Zweiter. Auf der Strecke zwischen Livorno und Brescia hatte sich der «fliegende Mantuaner» eine Benzinvergiftung zugezogen. Halb ohnmächtig stieg er am Ziel aus. Schon warf ein schweres Leiden, das ihn 1953 dahinraffte, seine Schatten voraus. Noch sensationeller war Nuvolari bei der Mille Miglia 1948, als er, nach 1300 von 1600 Kilometern mit seinem Ferrari 2000 in Führung liegend, den Kampf einstellen mußte. In Rom, auf halber Distanz, warf er die Motorhaube weg, bei einer leichten Kollision ging später auch ein Kotflügel verloren, schließlich brach die Hinterradaufhängung. Das war der heldenhafte und von den Massen verehrte Tazio Nuvolari — ein einmaliges Phänomen. Bei seinen letzten Rennen kämpfte er noch immer mit dem eisernen Willen von einst. Als Vater war «Nivola» ein gebrochener Mann: Seine zwei Söhne waren in jungen Jahren heimtückischen Krankheiten erlegen. Sein Draufgängertum wurde am Schluß auch von der Verzweiflung genährt; engeren Freunden hatte er zu verstehen gegeben, daß er am Rennsteuer sterben wolle. Aber gerade dieser verwegenste aller Draufgänger mußte dann sein Leben auf dem Krankenbett aushauchen.

Die Rennen des Jahres 1948 brachten — wenn die Alfetta nicht an den Start gingen — den Vierzylinder-Maserati mit Farina, Villoresi und Ascari Siege ein. Anläßlich des Großen Preises von San Remo auf der Ospedaletti-Rundstrecke erschien ein neues Maserati-Modell: der Tipo 4CLT48, dessen Vierzylindermotor mit Zweistufengebläse quadratische Abmessungen aufwies (78 × 78 mm = 1489 cm³) und 270 PS bei 7000 U/min abgab. Das Fahrwerk umfaßte einen Rohrrahmen, unabhängige Räder vorn sowie eine Starrachse hinten. Bis 1950 belegte dieses Modell aus dem Hause mit dem Dreizack Neptuns im Wappenschild zahlreiche erste Plätze. In San Remo steuerte der dreißigjährige Alberto Ascari den 4CLT48 bei dessen Debüt zum Siege.

Alfa Romeo konkurrierte nur bei den Großen Preisen von Europa in Bern, des ACF in Reims und von Italien in Turin — letzterer wurde auf einer improvisierten Rundstrecke im Valentino-Park ausgetragen — sowie beim Großen Preis des Autodroms von Monza, mit dem die Anlage am 17. Oktober wiedereröffnet wurde. Während des Krieges hatte die berühmte Rennstrecke Schaden erlitten, weil sie auch als Abstellplatz für ausgediente Armeefahrzeuge gedient hatte. Der Circuit wurde instand gesetzt, einige Kurven wurden leicht modifiziert. Der nächste bedeutendere Umbau erfolgte im Jahre 1955. In Monza feierte Alfa Romeo einen vierfachen Sieg mit Wimille, Trossi, Sanesi und Taruffi.

Jean-Pierre Wimille

Beim 19., am 5. September bei Dauerregen ausgetragenen Großen Preis von Italien auf der Valentino-Rundstrecke von Turin setzte Ferrari erstmals ein Formel-1-Modell ein. Bisher hatte Ferrari nur einige Sportzweisitzer mit V12-Motor (1,5- und 2-Liter) an den Start gebracht, wobei die Zweisitzer (ohne Kotflügel) auch als Rennwagen eingesetzt worden waren. Der erste Ferrari Grand Prix Typ 125, dessen V12-Motor (55 × 52,5 mm = 1498 cm³) wieder auf der Colombo-Konstruktion basierte, wies ein Einstufengebläse auf und leistete 225 PS bei 7500 U/min. Die ersten Probefahrten hatte man schon anläßlich des Trainings zum Großen Preis von Pescara vom 15. August vorgenommen. Beim Debüt in Turin saßen der Franzose Raymond

Raymond Sommer

Unten
Im Oktober 1948 wurde die umgebaute Bahn von Monza, welche durch den Krieg ziemlichen Schaden erlitten hatte, neu eröffnet. Sie bestand nur mehr aus dem 6,3 km langen Straßenrundkurs. Neu waren die Porfido-Kurve am Ende der Gegengeraden sowie die Zielkurve. Das einstige Hochgeschwindigkeitsoval war verschwunden.

Links
Beim Großen Preis von Italien 1948 debütierte der erste Ferrari Formel 1 mit Farina (Bild), Sommer und Bira. Es handelte sich um den V12 Typ 125 mit Kompressor.

Unten
Das spitze Heck des Alfa Romeo 158 wirkte besonders elegant. Eingesetzt wurden die 1940 gebauten, aber weiterentwickelten Exemplare.

Ganz unten
Dieser altmodische und unglaublich hochbeinige Monoposto stammt nicht etwa aus den zwanziger Jahren, sondern es handelt sich um den Iddings Special mit Meyer-Fahrgestell und Offenhauser-Vierzylindermotor, mit welchem Lee Wallard 1948 bei den 500 Meilen von Indianapolis den 7. Rang belegte. Drei Jahre später gewann Wallard in Indy.

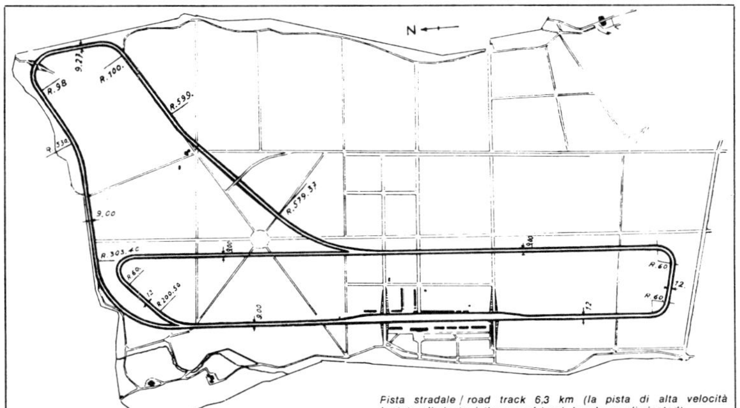

Pista stradale / road track 6,3 km (la pista di alta velocità è stata eliminata / the speed track has been eliminated)

Sommer, der Italiener Nino Farina und der siamesische Prinz Bira am Steuer der 552 kg schweren Ferrari 125. Sommer schloß im Regen — hinter Wimille auf Alfa Romeo und Villoresi auf Maserati — in dritter Position ab, während Farina gegen die Abschrankungen prallte und ausschied. Bira wurde durch einen Kupplungsschaden aus dem Rennen geworfen. Damit hatte die bis auf den heutigen Tag fortgesetzte Formel-1-Tradition ihren Anfang genommen, denn seither sind Ferrari-Rennwagen Jahr für Jahr bei Grand-Prix-Rennen aufgetaucht.

Im Rahmen des Großen Preises des ACF in Reims lief auch ein Rennen für Fahrzeuge bis zwei Liter. Hier ging u. a. der 37jährige Argentinier Juan Manuel Fangio auf einem zierlichen und zerbrechlichen Simca-Gordini an den Start. Es handelte sich um das europäische Debüt des Südamerikaners, der jedoch nicht bis ins Ziel kam. In der folgenden Saison kehrte Fangio zurück, diesmal mit mehr Erfolg.

Achille Varzi war am 1. Juli während des Trainings zum Großen Preis von Europa und der Schweiz mit dem Alfetta auf der regennassen Bremgarten-Rundstrecke tödlich verunglückt; nach einigen Schlenkern hatte sich der Wagen — beinahe zum Stillstand gekommen — noch seitlich überschlagen. Varzi, der in seiner über zwanzigjährigen Karriere fast nie Fehler begangen hatte und zu den großen Stilisten zählte, wurde dabei erdrückt.

Im Verlauf der zweiten Runde des Großen Preises von Europa in Bern kam am 4. Juli auch der Schweizer Christian Kautz auf Maserati ums Leben. Er hatte in der zweiten Hälfte der dreißiger Jahre den Werksmannschaften von Mercedes und Auto Union als Nachwuchsfahrer angehört. 1937 war der aus Zug stammende Kautz beim Großen Preis von Monaco auf dem großen Mercedes W125 Dritter und in Spa Vierter geworden. Zehn Jahre später siegte er auf einem 1,5-Liter-Maserati beim Grand Prix von Reims und ließ dabei Louis Chirons Talbot hinter sich.

Mit der Saison 1948 wurde auch die erste Formel 2 eingeführt. Sie sah Rennwagen mit gebläselosen Zweilitermotoren oder solche mit aufgeladenen Maschinen von maximal 500 cm³ vor, doch entschied sich niemand für die Aufladung.

In England, auf dem ausgedienten Militärflugplatz von Silverstone, kam erstmals seit 1927, als Benoit auf Delage in Brooklands gewonnen hatte, wieder der nationale Grand Prix zur Durchführung. Gigi Villoresi siegte auf dem Maserati 4CLT48, die Alfa Romeo waren in Silverstone nicht erschienen. Übrigens fuhr Alberto Ascari 1948 ein einziges Mal auch den Alfetta, beim Grand Prix de l'ACF in Reims, den sein Stallkamerad Jean-Pierre Wimille gewann, wobei Ascari an dritter Stelle durchs Ziel ging.

Nachdem der Marke Ferrari in der Geschichte eine recht große Bedeutung zukommt, sei auch auf den ersten Sieg des Formel-1-Modells 125 hingewiesen, welchen Nino Farina am 24. Oktober beim an sich nicht sehr bedeutenden Gardasee-Rennen herausfuhr. Bei der in den folgenden Wintermonaten abgehaltenen südamerikanischen Temporada siegte Farina, der dann die Saison 1949 in Europa auf einem Maserati 4CLT bestritt, mit dem 125 am 13. Februar auch in Rosario.

Ferrari zeigt die Zähne

Während Alfa Romeo pausiert, holen sich die aufgeladenen Ferrari und Maserati die meisten Formel-1-Lorbeeren. Schweizer Sieg mit de Graffenried beim GP von England. Viele Rennen in den Städten.

Prince »Bira«

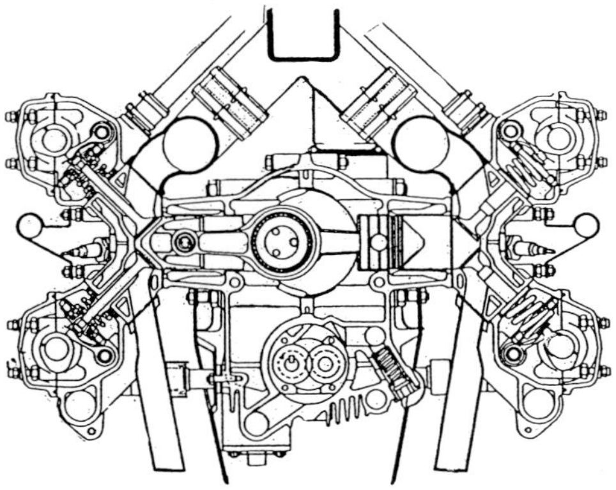

Ende der Saison beschloß Alfa Romeo, sich für ein Jahr zurückzuziehen, so daß 1949 Maserati, Ferrari und Talbot zum Zuge kamen. Am 28. Januar 1949 verunglückte Jean-Pierre Wimille auf einer improvisierten und sehr gefährlichen Rundstrecke im Palermo-Park von Buenos Aires mit dem kleinen Simca-Gordini tödlich, unvorsichtige Zuschauer sollen ihn zu einem brüsken Manöver gezwungen haben. Einige Monate später, am 9. Mai 1949, erlag Trossi einer schweren Krankheit; innerhalb von zehn Monaten hatte Alfa Romeo mit Achille Varzi, Jean-Pierre Wimille und Graf Carlo Felice Trossi sein homogenes Eliteteam verloren.

Ferrari verpflichtete für 1949 die bisherigen Maserati-Spitzenfahrer Luigi Villoresi und Alberto Ascari. Ende der Saison, anläßlich des Großen Preises von Europa in Monza, debütierte mit Alberto Ascari eine neue Ferrari-125-Version mit Zweistufengebläse siegreich, die 300 PS bei 7500 U/min abgab. Mit dem Ferrari 125 hatte Ascari auch in Bern gewonnen, der für Sportwagen ausgeschriebene Grand Prix de l'ACF in Comminges war an Charles Pozzi auf dem Zwölfzylinder-Delahaye gegangen, während Louis Chiron beim neueingeführten Grand Prix de France in Reims seinen Sechszylinder-Talbot des Typs T26C auf den ersten Platz steuerte. Nach diesem Sieg schenkte der Talbot-Firmenchef Anthony Lago dem Monegassen Chiron den Talbot-Monoposto, weil er ihn nicht anders entlöhnen konnte. Mit Louis

Oben
Der von Porsche entworfene Cisitalia-Zwölfzylinder-Boxermotor mit vier obenliegenden Nockenwellen und zwei Kompressoren wäre für eine Spitzenleistung von über 400 PS ausgelegt gewesen.

Rechts
Der Cisitalia 360 mit Mittelmotor und Vierradantrieb war auf dem Reißbrett des Porsche-Konstruktionsbüros entstanden und wurde dann in Turin realisiert.

Rechts außen
In den vierziger Jahren reisten die Piloten noch per Schiff an die Temporada Argentina. Auf dem «Conte Grande» sind es (mit Rio im Hintergrund) von links Alberto Ascari, Journalist Corrado Filippini, Emanuel de Graffenried, Gigi Villoresi, Clemente Biondetti, Dorino Serafini und Omar Orsi (Besitzer von Maserati). Kniend Ferrari-Chefmechaniker Meazza sowie Piero Carini.

Rechts unten
Start zum Großen Preis von Sanremo 1949 auf der Stadtrundstrecke von Ospedaletti.

Rosier gewann Talbot auch den Großen Preis von Belgien. Rosier war überhaupt der erfolgreichste Talbot-Fahrer der Nachkriegszeit, denn er gewann mit dem Sechszylinder sechs Formel-1-Rennen sowie die 24 Stunden von Le Mans 1950. Diese beim Grand Prix der Nationen 1948 in Genf erschienene kompressorlose Konstruktion konnte eine Grand-Prix-Distanz ohne Tankstopp bewältigen, die aufgeladenen Rennwagen mußten aber mindestens einmal im Verlaufe des Rennens Treibstoff fassen, so daß die Saugmaschinen ihr leistungsmäßiges Handicap teilweise durch geringeren Verbrauch kompensieren konnten. Es kam nun auch zum ersten bedeutenden Grand-Prix-Sieg eines Schweizer Piloten: Emanuel de Graffenried auf Maserati 4CLT48 gelangte am 14. Mai in Silverstone, beim Großen Preis von England, auf den ersten Platz. Neunzehn Jahre später, am 20. Juli 1968, stand ein anderer Schweizer nach Abschluß des englischen Grand Prix in Brands Hatch auf dem Siegerpodium: Joseph Siffert. — Mit staatlicher Unterstützung kam Juan Manuel Fangio 1949 mit einem Maserati — später stieg er auf Ferrari um — auf Europa-Tournee, die mit sechs ersten Plätzen ausgesprochen erfolgreich ausfiel.

Die Saison 1949 brachte nach zehnjähriger Unterbrechung wieder das 24-Stunden-Rennen von Le Mans; auch hier gewann einer der damals von Erfolg zu Erfolg eilenden Ferrari-166-Sportwagen mit Zweiliter-V12-Motor, gefahren von Luigi Chinetti und Lord Selsdon.

Rechts
Alberto Ascari auf dem Ferrari 125 mit Einstufengebläse gewinnt den Großen Preis der Schweiz 1949 in Bern.

Mitte
Beim Großen Preis von Europa 1949 in Monza tauchte der Ferrari 125 mit Zweistufengebläse auf. Die Leistung des V12 war auf 300 PS angestiegen.

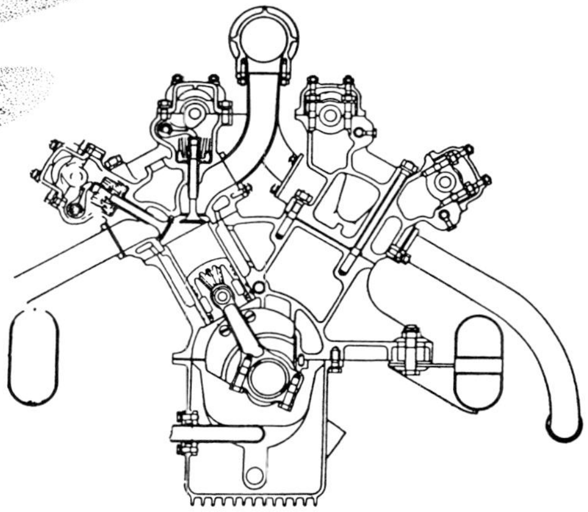

Oben
In der Saison 1949 fuhr Nino Farina (hier in Monza) auf einem Maserati 4CLT48, welcher noch eine hintere Starrachse aufwies.

Mitte
Der neue Ferrari 125 mit Zweistufengebläse debütierte beim Großen Preis von Italien und von Europa gleich mit einem überlegenen Sieg Alberto Ascaris.

Rechts unten
Querschnittzeichnung durch den Ferrari-4-OHC-V12-Motor des Typs 125 mit Zweistufengebläse. Die Zylinderabmessungen betrugen 55 x 52,5 mm = 1496 cm³.

Die Formel-1-Wagen von 1947 bis 1949

Baujahr	Marke und Modell	Zylinderzahl	Hubraum	Bohrung	Hub	Leistung/PS	Höchstdrehzahl	Anzahl Gänge	Spitze in km/h	Trockengewicht
1947	Alfa Romeo 158	8	1479	58	70	275	7 500	4	270	700
1947	Maserati 4CL	4	1489	78	78	220	6 600	4	250	630
1947	Talbot (monopl.)	6	4485	93	110	210	4 500	4	260	850
1947	CTA Arsenal	8	1482	60	65,5	266	7 500	4	250	620
1947	Cisitalia 360	12	1492	56	50,5	296	8 500	5	285	630
1947	Alta Special	4	1490	78	78	230	7 000	4	245	650
1947	Donmartin	8	3619	80	90	200	5 800	4	220	700
1948	Maserati 4CLT/48	4	1489	78	78	260	7 000	4	260	625
1948	Talbot Lago T26C	6	4485	93	110	280	5 000	4	270	850
1948	Ferrari 125	12	1496	55	52,5	230	7 000	5	240	700
1949	Ferrari 125	12	1496	55	52,5	260	7 500	5	260	700
1949	Ferrari 125 (DS)	12	1496	55	52,5	300	7 500	5	270	730
1949	BRM Type 15 Mark 1	16	1488	49,5	48,26	420	10 000	5	290	730

Erster WM-Titel an Farina

Die Alfetta gewinnen sämtliche Formel-1-Rennen um die erste «moderne» Weltmeisterschaft. Bei Ferrari stellt man überraschend von der Zweistufenaufladung auf den Saugmotor um. Neuer BRM V16.

Nach der einjährigen Pause trat Alfa Romeo 1950 mit einem neugebildeten Team an. Der Alfetta Tipo 158 war überarbeitet worden und gab jetzt 350 PS bei 9300 U/min ab; er blieb weiterhin ungeschlagen, denn bei elf Einsätzen — davon sechs Große Preise um die erste Fahrerweltmeisterschaft — gab es ebenso viele Siege. Der Mannschaft gehörten nun Giuseppe Farina, Juan Manuel Fangio und Luigi Fagioli an. Damals entstand übrigens mit dem Berlina 1900 auch der erste am Fließband produzierte Alfa-Romeo-Tourenwagen.

Nachdem die Fédération Internationale Motocycliste (FIM) 1949 die erste Motorradweltmeisterschaft durchgeführt hatte, folgte die FIA dem Beispiel; für 1950 wurde die erste richtige Fahrerweltmeisterschaft ausgeschrieben. In den zwanziger Jahren hatten sich schon ähnliche Championate abgewickelt, die aber nicht als offizielle Weltmeisterschaften in die Geschichte des Rennsports eingegangen sind. Für die erste Fahrerweltmeisterschaft (1950) zählten die Großen Preise von England (dieses Rennen ist am 13. Mai auf der schnellen Flugplatzrundstrecke von Silverstone auch als Großer Preis von Europa gelaufen; es handelte sich um den allerersten Weltmeisterschafts-Wertungslauf der Geschichte, bei welchem Nino Farina auf Alfa Romeo vor den Markengefährten Luigi Fagioli und Reginald Parnell — Gastfahrer des Alfa-Teams in Silverstone — siegte), der Schweiz, von Monaco, von Belgien, des ACF und von Italien sowie das 500-Meilen-Rennen von Indianapolis, das bis 1960 zum WM-Programm gehörte, obwohl in Indianapolis — mit wenigen Ausnahmen — ausschließlich amerikanische Piloten an den Start gingen und man dort weiterhin nach der alten Dreiliter-Kompressor-Formel von 1938 fuhr (1957 wurde der Hubraum der Kompressormotoren auf 2,8 und derjenige der Saugmaschinen auf 4,2 Liter reduziert).

Das WM-Punktesystem lautete: Sieg 8 Punkte, zweiter Platz 6, dritter 4, vierter 3 und fünfter 2 Punkte. Für die schnellste Runde wurde ein weiterer Punkt vergeben. Dieses System blieb ein Jahrzehnt über unverändert. 1961 steigerte man die Punktezahl des Siegers auf 9, ferner bekam der Sechste von nun an 1 Punkt gutgeschrieben, hingegen wurde die schnellste Runde nicht mehr honoriert. Bis 1957 bekamen zwei Fahrer die sich am Steuer des gleichen Fahrzeuges ablösten, noch je die halbe Punktezahl zugeteilt, seit 1958 gibt es keine Ablösung mehr.

Mit Ausnahme des 500-Meilen-Rennens von Indianapolis, an welchem keine Europäer teilnahmen, gewannen Giuseppe Farina

Links
Massenkollision beim Grand Prix von Monaco 1950. In der Mitte steht Farina, rechts von ihm de Graffenried. Viel Treibstoff liegt auf der Fahrbahn, aber zum Glück brach kein Feuer aus. Das Rennen gewann Fangio.

Giuseppe Farina

Rechts
Start zum Großen Preis von Europa und von England in Silverstone 1950. Es handelt sich um den ersten Lauf der «neuen» Weltmeisterschaft. Die Alfa 158 liegen vorn.

und Juan Manuel Fangio alle Wertungsläufe der WM, Farina wurde auch Weltmeister mit 30 Punkten, gefolgt von Fangio mit 27 und von Fagioli mit 24 Punkten.

Bei Ferrari war ein neuer technischer Trend entstanden: Nach den Jahren der aufgeladenen Grand-Prix-Maschinen stellte sich die Modeneser Marke auf den gebläselosen Motor um, von dem Ferrari überzeugt war, daß er die Kompressoraggregate einmal schlagen müsse. Er verpflichtete Aurelio Lampredi für den Entwurf eines derartigen Projekts. Der Zwölfzylinder, der nun entstand, war eigentlich eine Weiterentwicklung des Sportwagenmotors, man behielt auch die Einnockenwellen-Zylinderköpfe bei. Beim Großen Preis von Belgien in Spa startete Alberto Ascari erstmals mit dem gebläselosen Ferrari-Monoposto, der noch einen Hubraum von 3322 cm³ (72 × 68 mm) aufwies und 300 PS bei 7300 U/min abgab. In Genf, beim Großen Preis der Nationen, betrug der Hubraum schon 4101 cm³ (80 × 68 mm), und die Leistung war auf 335 PS bei 7000 U/min geklettert. In Monza schließlich trat Ascari mit der definitiven Ausführung von 4493 cm³ (80 × 74,5 mm) an, deren Leistung von 350 PS bei 7000 U/min für die Alfetta eine gefährliche Bedrohung darstellte. Den Großen Preis von Italien gewann Giuseppe Farina mit dem Alfetta — Farina stand der stärkste Motor mit 370 PS zur Verfügung —, allerdings war der Öldruck in den letzten Runden bedrohlich gesunken. Ascari fuhr das Rennen auf dem Ferrari von Dorino Serafini zu Ende und wurde Zweiter.

Die Maserati 4CLT48, die Talbot-Lago T26C und die kleinen, zierlichen Gordini mit aufgeladenem Vierzylindermotor (76 × 77 mm = 1490 cm³, 195 PS bei 6500 U/min) mußten sich 1950 mit einzelnen guten Placierungen hinter den Alfa Romeo und den Ferrari begnügen. Louis Rosier gelang es sogar, mit dem Talbot die erste Auflage des noch nicht für die Weltmeisterschaft zählenden Großen Preises von Holland in Zandvoort zu gewinnen. Die Leistung des Maserati betrug nun 300 PS, aber der 4CLT war sehr defektanfällig geworden. Zum erstenmal seit 1939 wurde wieder der Große Preis von Deutschland durchgeführt. Das Rennen lief traditionsgemäß auf dem Nürburgring, aber es stand nicht den Grand-Prix-Wagen, sondern den Fahrzeugen der Formel 2 mit gebläselosen Zweilitermotoren offen. In dieser Kategorie waren mit den AFM und den Veritas auch deutsche Konstruktionen entstanden.

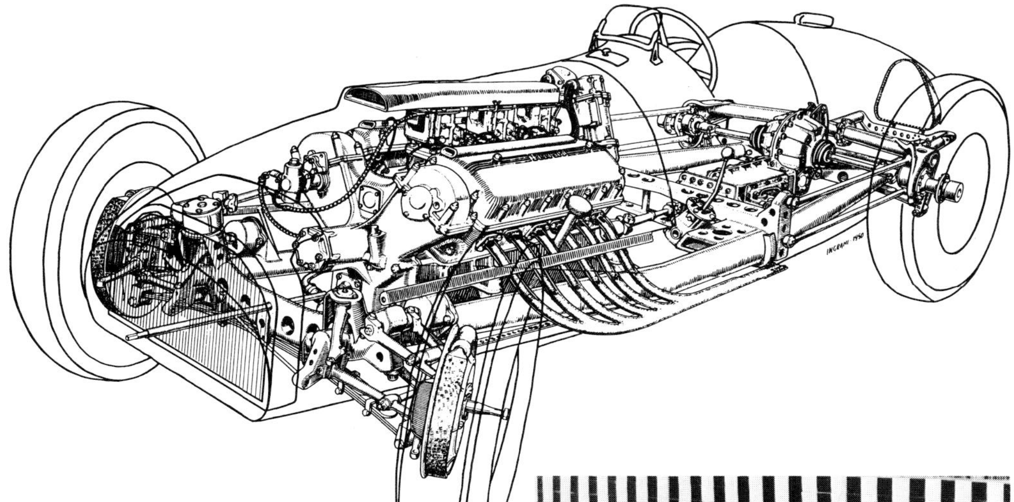

Oben links
Siegerehrung in Silverstone: von links Parnell (3.), Farina (1.) und Fagioli (2.).

Oben
Der Ende 1950 erschienene Ferrari 375 mit 4,5-Liter-V12-Saugmotor. Hinten wies er eine De-Dion-Achse auf.

Rechts
Alberto Ascari beim Großen Preis der Nationen 1950 in Genf auf dem Ferrari-Übergangsmodell (Typ 340) mit 4,1-Liter-V12-Motor.

Ascari mit dem V12-Ferrari Typ 166 wurde auf dem Nürburgring überlegener Sieger.

Beim 24-Stunden-Rennen von Le Mans lieferte Louis Rosier einen fast unglaublichen Beweis seiner Ausdauer, indem er sozusagen 24 Stunden lang im Cockpit saß. Nach einer 44 Minuten dauernden Reparatur übergab er das Steuer des Talbot, kurz nach Ablauf der ersten Rennhälfte, seinem Sohn, um jedoch zwei Runden später wieder selbst ins Cockpit zu springen. Der Sohn kam nicht mehr zum Einsatz. Die beiden Rosier gewannen das Rennen mit einem Durchschnitt von 144,38 km/h vor ihren Markengefährten Meyrat/Mairesse. Eine ähnlich großartige Leistung zeigte zwei Jahre später auch der Franzose Pierre Levegh, der in der 23. Stunde, mit seinem Talbot in Führung liegend, wegen eines Schadens im Kurbeltrieb aufgeben mußte, wodurch Mercedes das Rennen mit dem 300SL von Lang/Riess gewinnen konnte. Diese schier übermenschlichen Leistungen — und Anstrengungen — Louis Rosiers und Pierre Leveghs bewogen den organisierenden Automobile Club de l'Ouest, für die folgenden Auflagen des 24-Stunden-Rennens Fahrerwechsel in bestimmten Intervallen vorzuschreiben.

In Mexiko kam 1950 die erste Auflage eines dann berühmten Straßenrennens zur Durchführung, das bis 1954 abgehalten wurde: die Carrera Panamericana, die ihren Ursprung der Eröffnung des mexikanischen Abschnittes des Pan American Highway verdankte, dann aber als klassische Prüfung in den internationalen Kalender aufgenommen wurde. Die in mehrere Tagesetappen eingeteilte Fahrt durch ganz Mexiko ging über rund 3000 Kilometer. 1950 gewann hier der Amerikaner McGriffith auf Oldsmobile, die Alfa Romeo 2500 von Taruffi und Bonetto belegten die Plätze vier und acht. In den folgenden Jahren dominierten die europäischen Sportwagen: 1951 Taruffi/Chinetti auf Ferrari, 1952 Kling/Klenk auf Mercedes, 1953 Fangio auf Lancia und 1954 Maglioli auf Ferrari. Die gefährliche Veranstaltung mußte dann verboten werden.

Im Jahre 1950 kam auch das englische Tourist-Trophy-Rennen seit 1938 erstmals

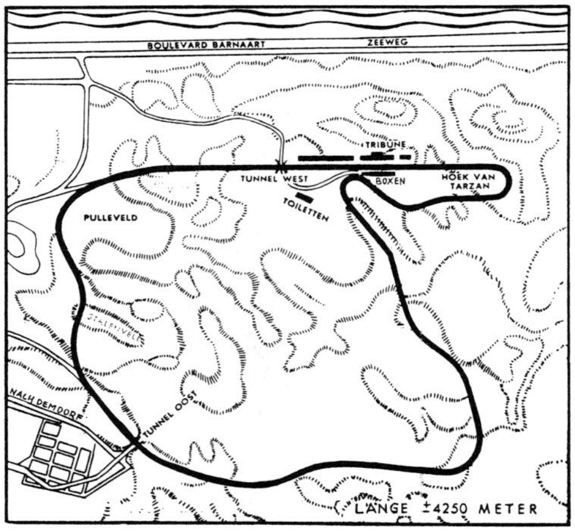

wieder zur Austragung: Stirling Moss gewann auf Jaguar. Das war der erste bedeutende Erfolg des damals 21jährigen Engländers, der später der Weltelite angehörte. Überhaupt kamen zu Beginn der fünfziger Jahre die englischen Piloten mehr und mehr auf, es bildete sich die sogenannte «englische Schule», die auf einer intensiven Renntätigkeit auf den Britischen Inseln basierte, wo nach dem Krieg zahlreiche Circuits auf ehemaligen Militärflugplätzen entstanden waren. So hatten die Engländer an jedem Wochenende die Möglichkeit, irgendwo an den Start zu gehen, was eine ungeahnte Breitenentwicklung des Automobilsportes mit sich brachte. Viel Pionierarbeit wurde auch mit der neuen Formel 3 geleistet, in der viele superleichte Mittelmotorkonstruktionen mit 500-cm³-Motorradaggregat entstanden. Dank dieser Kategorie der Kleinstrennwagen fanden viele Engländer später den Weg zum internationalen Rennsport.

Auch der BRM-Nationalrennwagen kam endlich zum Einsatz. Das BRM-Projekt war gemessen an den verfügbaren finanziellen und technischen Mitteln zu aufwendig. In der Theorie wies dieser Motor den damals höchsten je von einer Grand-Prix-Maschine erreichten Wirkungsgrad auf, in der Praxis jedoch wurde das gesteckte Ziel nie erreicht, und das Triebwerk war weit davon entfernt, zuverlässig zu arbeiten. Obwohl der Motor über die höchste Maximalleistung verfügte, war das Drehmoment im Vergleich zur Konkurrenz enttäuschend. Ende 1949 stellt BRM den V16 der Presse vor. Der 1488-cm³-Motor (49,5 × 48,3 mm) wies einen Zylinderwinkel von 135° auf. Das in einem Stück aus Leichtmetall gegossene Kurbelgehäuse erhielt nasse Zylinderbüchsen. Von den vier separaten Zylinderköpfen waren je zwei identisch. Jede Zylinderreihe besaß zwei Nockenwellen, die Ventile standen in einem Winkel von 90° zueinander. Die in Gleitlagern laufende Kurbelwelle bestand aus zwei Hälften, mit einer Zahnradverbindung in der Mitte, von der aus die Nockenwellen, die Kupplung sowie das von Rolls-Royce entwickelte Zentrifugalgebläse angetrieben wurden.

Der Motor war für eine Drehzahl von 12 000 U/min sowie für einen Ladedruck von 3,86 kg/cm² entworfen. Die maximale Leistungsabgabe hätte rund 615 PS erreichen sollen, solche PS-Zahlen wurden aber in der Praxis nie realisiert. Die Maschine kam 1950 auf 495 PS bei 10 500 U/min, 1952 gab sie den Wert von 528 PS bei fast 12 000 U/min ab. Die Konstruktion, deren Väter Peter Berthon, Stuart Tresilian und Raymond Mays waren, hätte die höchste Stufe dessen dargestellt, was die 1,5-Liter-Kompressor-Formel hervorbringen konnte, wenn die Mise-au-point je einen befriedigenden Stand erreicht hätte. Der Motor hätte auch mit einer Benzineinspritzung versehen werden sollen, er bekam aber bloß zwei SU-Vergaser. Das Fahrgestell umfaßte einen Rohrrahmen mit unabhängigen Rädern vorn und eine De-Dion-Achse hinten.

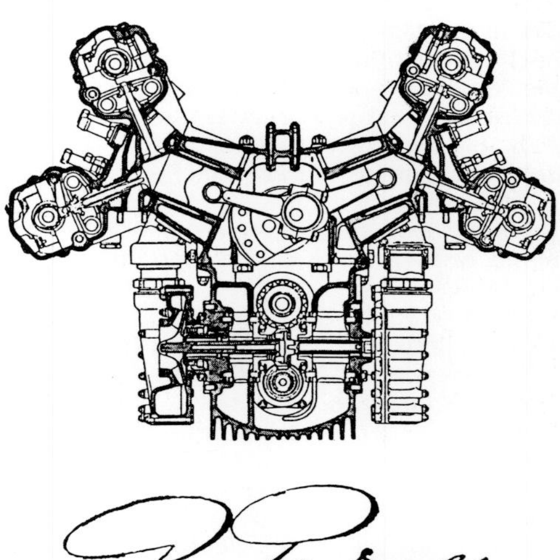

Raymond Mays

Reginald Parnell

Ganz oben
Ende der vierziger Jahre bekam auch Holland eine permanente Rennstrecke. Sie war zwischen den Dünen Zandvoorts entstanden und war 4,250 km lang.

Rechts
Reginald Parnell testet den BRM V16 Type 15 Mark I, der ständig von Störungen heimgesucht wurde.

Oben
BRM V16-(135°-)Motor (49,53 × 48,26 mm = 1488 cm³) mit Rolls-Royce-Zentrifugalgebläse.

Fangio erstmals Weltmeister 1951

Nach harten Duellen gegen den Ferrari-Fahrer Ascari holt sich der Argentinier die Weltmeisterkrone. Letztes Jahr der 1,5-Liter-Kompressorformel. In Indianapolis taucht die Scheibenbremse auf.

Mit dem BRM wurden 1950 einzelne Einsätze gefahren, die Resultate aber waren enttäuschend. In der folgenden Rennsaison brachte Reginald Parnell den V16 beim Großen Preis von England in Silverstone immerhin auf den fünften Platz. Bei diesem am 14. Juli 1951 ausgetragenen Rennen gab es nach fünf Jahren wieder die erste Alfetta-Niederlage. Der auf eine Leistung von 380 PS bei 7500 U/min gebrachte 4,5-Liter-Ferrari siegte in Silverstone mit dem Argentinier Froilan González. In der letzten Ausführung trug der Alfetta die Typenbezeichnung 159.

In Mailand war man nicht untätig geblieben. Für die Saison 1951 legte man vier neue Exemplare des Tipo 159 auf, welcher im Vergleich zum bisherigen 158 in vielen Details verbessert wurde, denn mit dem aufkommenden gebläselosen Ferrari Typ 375 von 4,5 Litern Inhalt war dem sieggewohnten Alfetta eine gefährliche Konkurrenz erwachsen. Anstelle der Schwingachse wurde eine DeDion-Achse eingebaut, auch versah man die Konstruktion mit zusätzlichen Seitentanks, die einen bauchigeren Fahrzeugkörper ergaben. Der Achtzylinder entwickelte einen Riesendurst, er konsumierte an die 120 Liter Spezialgemisch pro 100 Kilometer, was bis zu zwei Tankstopps pro Rennen bedingte. Die Leistung betrug in der höchsten Entwicklungsstufe 430 PS bei 9300 U/min, der Motor wies jetzt Haupt- und Pleuellager mit Nadelrollen auf. Der Tipo 159 gewann 1951 drei Weltmeisterschaftsläufe, gleich viele Siege gingen an den 4,5-Liter-Ferrari, allerdings errang der Alfa-Fahrer Juan Manuel Fangio mit 31 Punkten den Weltmeistertitel, gefolgt von Alberto Ascari auf Ferrari mit 25 und von Froilan González auf Ferrari mit 24 Punkten.

Ende der Saison beschloß Alfa Romeo, sich vom Grand-Prix-Sport zurückzuziehen. Der Tipo 158/159 hatte zwischen 1938 und 1951 nicht weniger als 33 bedeutendere Rennen gewonnen.

Die 1,5-Liter-Kompressor-Formel, in der am Schluß auch der gebläselose 4,5-Liter-Ferrari den Ton mitbestimmt hatte, brachte eigentlich keine wesentlichen Fortschritte, wenn man von den stark erhöhten Literleistungen absieht, die beim Alfa Romeo 287 PS/l, beim BRM 352 PS/l und beim kompressorlosen Ferrari 85 PS/l betrugen. Die aufgeladenen Motoren konnten diese Spitzenwerte nur dank der Verwendung von Spezialgemischen erreichen, welche einen ziemlich großen, der Kühlung dienenden Prozentsatz Alkohol enthielten.

In bezug auf den Fahrwerkbau waren seit den Zeiten der 750-Kilogramm-Rennformel (1934–1937) keine bemerkenswerten Fortschritte zu verzeichnen. Die weitaus modernste Konstruktion dieser Epoche, welche den Rennwagenbau möglicherweise früher hätte revolutionieren können, nämlich der Cisitalia-Porsche des Typs 360, kam nie bei einem Grand Prix zum Einsatz.

Im Rahmen der 1,5-Liter-Formel wollte übrigens auch Daimler-Benz wieder in den Grand-Prix-Rennsport einsteigen, aber als die Internationale Sportkommission Ende 1951 beschloß, die beiden folgenden Weltmeisterschaften mit Formel-2-Rennwagen austragen zu lassen, wurde aus dem Projekt Mercedes nichts. Wie aus einem Dokument hervorgeht, das am 15. Juni 1951 unterzeichnet wurde, hatte der Firmenvorstand be-

Juan Manuel Fangio

Alberto Ascari

Rechts
Juan Manuel Fangio auf Alfa Romeo gewinnt den Großen Preis der Schweiz 1951 bei strömendem Regen.

Ganz oben
Beim Großen Preis von Italien 1951 in Monza gelang es Alberto Ascari auf dem Ferrari 375, die Alfa Romeo 159 wieder zu schlagen.

Oben
Juan Manuel Fangio war 1951 vierzig Jahre alt, als er den ersten von fünf Weltmeistertiteln holte.

schlossen, fünf 1,5-Liter-Fahrgestelle des Typs W165 von 1939 (Sieger in Tripolis mit Lang) mit den entsprechenden M-165-Motoren neu aufzulegen.

Die letzten Jahre der Kompressorformel brachten interessante Rennen mit spannenden Kämpfen zwischen Alfa Romeo, Ferrari, Maserati und Talbot. Es waren dies auch die letzten Rennen, bei denen das Publikum regelmäßig Tankstopps zu sehen bekam, die sich manchmal in Rekordzeiten unter 20 Sekunden abwickelten. Die Rennmonteure exerzierten diese Prozedur täglich auf Hinterhöfen durch, denn jeder Handgriff mußte sitzen. Tankstopps bei Formel-1-Rennen kamen dann erst wieder zu Beginn der achtziger Jahre auf (1982 und 1983), als die Teams ihre Fahrzeuge mit halbvollen Tanks und auch mit weicheren Reifen ins Rennen schickten, was sich trotz des Tankstopps bezahlt machte. Doch zurück in das Jahr 1951.

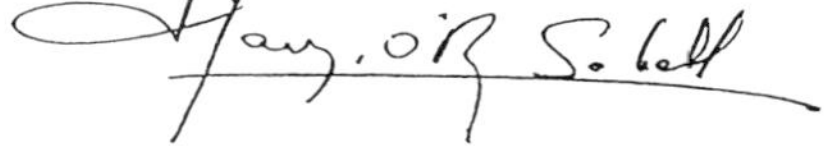

Harry Schell

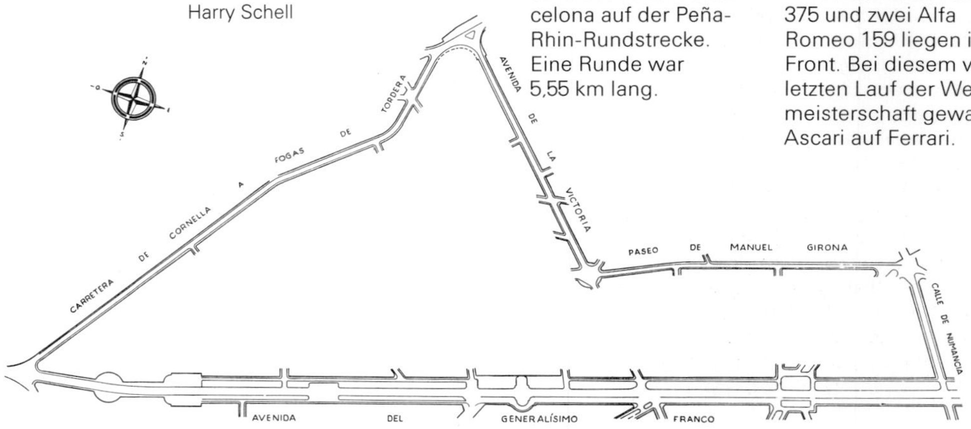

Das letzte und entscheidende Rennen um die Weltmeisterschaft 1951 lief in Barcelona auf der Peña-Rhin-Rundstrecke. Eine Runde war 5,55 km lang.

Unten
Start zum Großen Preis von Italien 1951 in Monza. Zwei Ferrari 375 und zwei Alfa Romeo 159 liegen in Front. Bei diesem vorletzten Lauf der Weltmeisterschaft gewann Ascari auf Ferrari.

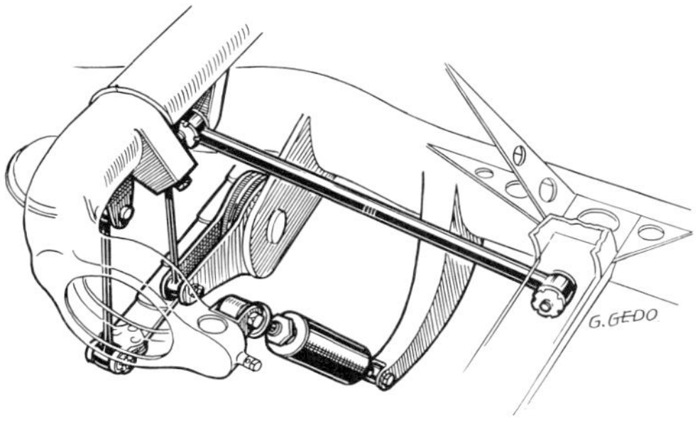

Wegen ihres Fahrverhaltens stellten die damaligen Rennwagen besondere Anforderungen an die Piloten. Die Lenkungen waren noch ziemlich hart und nicht präzis, vom Fahrer verlangten sie etliche Kraft, obschon der Lenkkomfort seit den zehner und zwanziger Jahren viel besser geworden war. Die heutigen Asse bewegen das kleine Lenkrad (sehr direkt übersetzte Lenkung, superbreite Reifen mit maximaler Haftung) mit Millimeterpräzision. In den Zeiten des Alfetta aber mußten die Fahrer ständig mit dem Holzlenkrad korrigieren, so daß an die später übliche, entspannte Stellung mit ausgestreckten Armen, deren erste Verfechter Giuseppe Farina und Stirling Moss gewesen sind, nicht zu denken war. In den Kurven «sägten» die einstigen Asse mit den großen Lenkrädern, und wehe, wenn der Kompressormotor dabei kurz aussetzte und das Drehmoment wegblieb — dies wäre einer Vollbremsung gleichgekommen und das Fahrzeug hätte sich auf der Stelle gedreht.

Die schlechteren Fahrwerke hatten aber für den Fahrer den großen Vorteil, daß der Wagen durch leichtes seitliches Ausbrechen deutlich zu erkennen gab, wann die Haftgrenze erreicht war. Am Steuer wurde man rechtzeitig gewarnt. Moderne Rennwagen gehen wie auf Schienen durch die Kurven, im Grenzbereich gibt es nur noch ein sehr limitiertes Seitwärtswischen. Wird aber die Haftgrenze auch nur leicht überschritten, dann bricht das Fahrzeug um so brutaler aus, und nur erprobte Könner sind imstande, ein Tête-à-queue zu vermeiden. Das Verhalten der einstigen Monoposto war also viel gutmütiger, ihren Piloten wurden leichte Fehler beim Kurvenfahren noch verziehen.

Die unterschiedlichen Anforderungen, welche die Rennwagen der diversen Epochen an die Fahrer stellten, erschweren deshalb den Vergleich zwischen den größten Virtuosen dieser und jener Zeitspanne, wenn etwa versucht wird, den «besten Fahrer aller Zeiten» zu bestimmen.

Abseits des europäischen Grand-Prix-Geschehens feierte die Scheibenbremse, die dann später vor allem durch die Engländer gefördert wurde, beim 500-Meilen-Rennen von Indianapolis ihre Premiere. Hier tauchten 1951 die ersten Monoposto mit Scheibenbremsen auf. Aber bei den Personenwagen stellten die Amerikaner dann viel später als die Europäer auf Scheibenbremsen um. Die Tempolimiten wirkten sich nachteilig auf den technischen Fortschritt aus.

Links
Die letzte Version des Alfetta (159) wies eine De-Dion-Hinterachse mit unterer Blattfeder auf. Auf jeder Seite gab es einen Reibungsstoßdämpfer sowie einen hydraulischen Stoßdämpfer.

Unten
Beim Alfetta 159 faßten der Hecktank 150 und die drei Seitentanks (zusammen) 75 Liter Spezialgemisch, so daß das Fahrzeug total 225 Liter Treibstoff aufnehmen konnte.

Ganz unten
Die Zeichnung veranschaulicht das Zweistufengebläse, welches einen Ladedruck von 3 kg/cm² erzeugte und mit der 1,32fachen Motordrehzahl lief. Über dem ersten Lader lag der Dreifachvergaser.

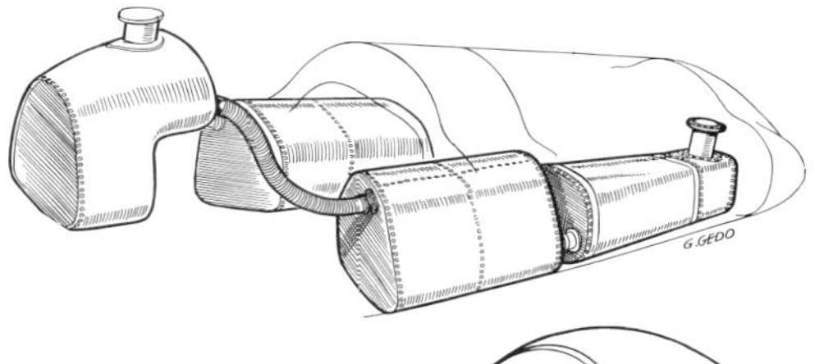

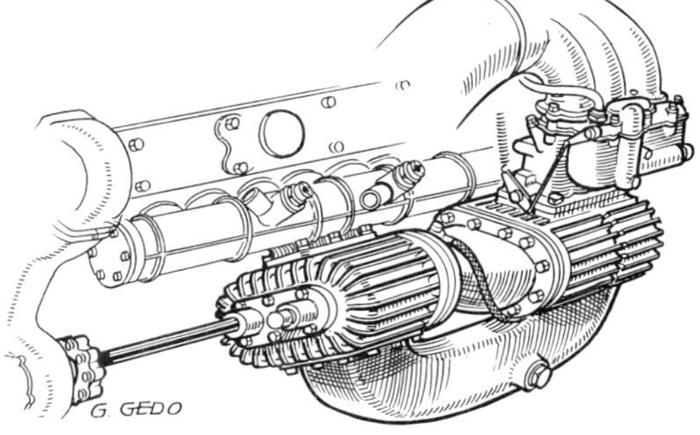

José Froilan Gonzalez

Oben
Den ersten und historischen Sieg eines Ferrari 375 mit Saugmotor über den Alfa Romeo mit Kompressor fuhr Froilan González 1951 beim Großen Preis von England in Silverstone heraus.

Die Formel-1-Wagen von 1950 und 1951

Baujahr	Marke und Modell	Zylinderzahl	Hubraum	Bohrung	Hub	Leistung/PS	Höchstdrehzahl	Anzahl Gänge	Spitze in km/h	Trockengewicht
1950	Alta	4	1490	78	78	250	7 000	4	250	
1950	BRM Type 15 Mark 1	16	1496	49,53	48,26	525	10 500	5	310	736
1950	Gordini Type 15 comp.	4	1490	78	78	164	5 250	4	240	680
1950	Ferrari 275	12	3322	72	68	280	7 300	5	280	820
1950	Ferrari 340	12	4101	80	68	335	7 000	5	280	850
1950	Ferrari 375	12	4493	80	74,5	350	7 000	4	300	850
1950	Alfa Romeo 158	8	1479	58	70	370	8 500	4	290	700
1951	Osca V12	12	4472	78	78	295	7 500	4	270	725
1951	Alfa Romeo 159	8	1479	58	70	425	9 300	4	305	710

Ferrari siegt in Serie

In der mit Formel-2-Wagen ausgetragenen Weltmeisterschaft gehen die meisten Erfolge an Ascari auf Ferrari. Der Kompressor ist praktisch tot, man arbeitet intensiv am Saugmotor weiter.

Im Jahre 1951 beschloß die FIA, die 1948 eingeführte Formel 2 der Zweiliterwagen als Grand-Prix-Formel für die Weltmeisterschaften 1952 und 1953 anzuwenden, weil die 1,5-Liter-Kompressor-Formel, welche offiziell noch bis Ende 1953 gültig gewesen wäre, keine interessante Beteiligung mehr versprach. Alfa Romeo hatte seinen Rückzug vom Grand-Prix-Sport erklärt, der Tipo 159 war am Ende seiner langen Entwicklung angelangt. Der BRM V16 lief nicht zufriedenstellend, und auch bei Maserati und Talbot waren keine neuen Konstruktionen mehr entstanden. Die Fortführung der bisherigen Grand-Prix-Formel (1,5 Liter mit Kompressor, 4,5 Liter ohne Kompressor) hätte bloß ein Ausrollen des bestehenden Materials bei einer erdrückenden Überlegenheit des 4,5-Liter-Ferrari gebracht. Von den Absichten Daimler-Benz', 1952 mit einem 1,5-Liter-Rennwagen wieder aufzutauchen, wußte damals selbstverständlich niemand etwas. Die im Februar 1951 festgelegte Grand-Prix-Formel der Zukunft, welche gebläselose Konstruktionen von maximal 2,5 Litern Inhalt oder Kompressormaschinen mit höchstens 750 cm³ Hubraum vorsah, war erst auf 1954 angesetzt. Als Übergangsformel stellte die bestehende Klasse der Zweiliterwagen eine geeignete Lösung dar, denn seit 1948 waren in Italien, Frankreich, England und Deutschland viele Konstruktionen entstanden, weil der Bau dieser relativ einfachen Rennwagen nicht mehr mit derart hohen Kosten verbunden war. In ganz Europa kamen zahlreiche Formel-2-Rennen zur Durchführung. Startberechtigt wären auch aufgeladene Rennwagen von maximal 500 cm³ Hubraum gewesen, aber für diese komplizierte und kostspielige Lösung entschied sich niemand.

Anfang der fünfziger Jahre trat die Motorenentwicklung in ein neues Stadium, dessen offiziellen Beginn die Niederlage des aufgeladenen Alfetta 1951 in Silverstone markierte. Der Kompressor war von nun an – auch von der Auslegung der Formel her – zum Aussterben verurteilt. Die Entwicklung des Saugmotors erhielt damit einen starken Auftrieb, und insbesondere dem Gaswechsel widmeten die Spezialisten ihre volle Aufmerksamkeit. Den Ladeeffekt erhöhte man durch die Gestaltung der Ansaugkanäle, deren Länge und Form genauer bestimmt wurden, sowie durch die Anwendung eines Vergasers pro Zylinder. Die Abstimmung von Länge und Form der Auspuffrohre förderte den Extraktionseffekt im Auspuffsystem unter Ausnützung der instationären Strömungsverhältnisse (pulsierende Strömun-

Die überlegene Formel-2-Konstruktion von 1952/53 war der Ferrari 500 mit 1984-cm³-Vierzylindermotor, dessen Leistung am Schluß gegen 190 PS betrug. Das Fahrgestell wies eine De-Dion-Hinterachse auf.

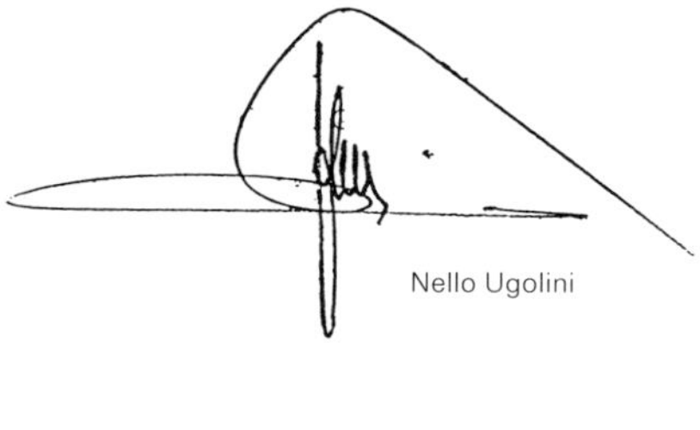

Nello Ugolini

Rechts
Alberto Ascari auf Ferrari 500 gewinnt den Großen Preis von Deutschland 1952. In der Ausführung 1952 wies der Ferrari 500 nur kurze Auspuffstummel auf.

Links
Prinz Bira auf dem Vierzylinder-Gordini des Typs 15 beim Großen Preis der Schweiz 1952 in Bern.

Mitte
Alan Brown auf dem leichten Cooper T20 mit Bristol-Sechszylinder-Frontmotor.

Unten
Froilan González auf dem Maserati A6GCM/F2 beim Großen Preis von Italien 1952 in Monza. Maseratis Sechszylinder war leistungsstark, aber das Fahrgestell mit hinterer Starrachse war nicht mehr «up to date».

gen). Diese Vorgänge wurden begünstigt durch entsprechend abgestimmte Ventilsteuerzeiten sowie noch bessere Brennraumformen. Mit all diesen Verbesserungen erzeugte man höhere Zylinderfüllungen bei hohen Drehzahlen. Bisher war diese Aufgabe weitgehend von dem mit voller Kraft Luft in die Zylinder pumpenden Kompressor gelöst worden, der allerdings für den Serienmotorenbau praktisch ohne Bedeutung blieb, so daß seine weitere Förderung nutzlos war. Rennformeln sollen die Technik befruchten, also müssen die Reglemente so ausgearbeitet sein, daß die zu erwartenden Lösungen dem Serienwagenbau nützen. Die damalige Zeit verzeichnete auch den allmählichen Übergang zum kurzhubigen Motor, der dank reduziertem Kolbenweg höhere Drehzahlen sowie mäßigere mittlere Kolbengeschwindigkeiten brachte.

Die Ära der Zweiliterformel muß in zwei Etappen unterteilt werden: in die Zeit von 1948 bis 1951, als diese Formel der «kleinen Rennwagen» für weniger bedeutende Rennen angewendet wurde, und in die Zeit von 1952 bis 1953, als die FIA die Fahrerweltmeisterschaft für Fahrzeuge dieser Kategorie ausschrieb. In diesen beiden Saisons eilte die Kombination Ascari/Ferrari von Erfolg zu Erfolg. Der 1918 geborene Mailänder war der Sohn des am Großen Preis des ACF 1925 in Montlhéry auf einem Alfa Romeo P2 tödlich gestürzten Antonio Ascari. Für die Formel 2

hatte Ferrari 1948 den Typ 166 mit V12-Motor gebaut; bei Gordini war der Simca-Gordini mit vierzylindrigem Stoßstangenaggregat von 1360 cm^3 Hubraum entstanden. Maserati brachte damals den Typ A6GCS mit 1978-cm^3-Sechszylindermotor heraus, der in der Formel 2, aber auch bei Sportwagenrennen eingesetzt wurde. Im folgenden Jahr erschien bei Cooper ein leichter Mittelmotorwagen mit Jap-V2-Motor von 1000 cm^3 Hub-

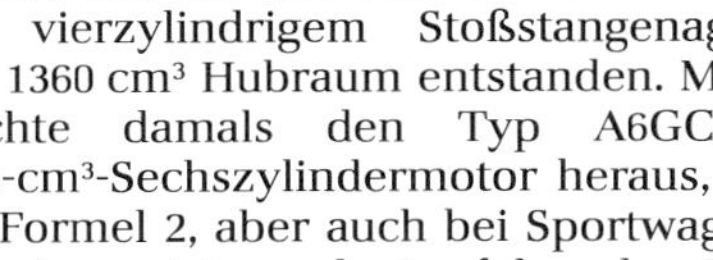

Charles Cooper

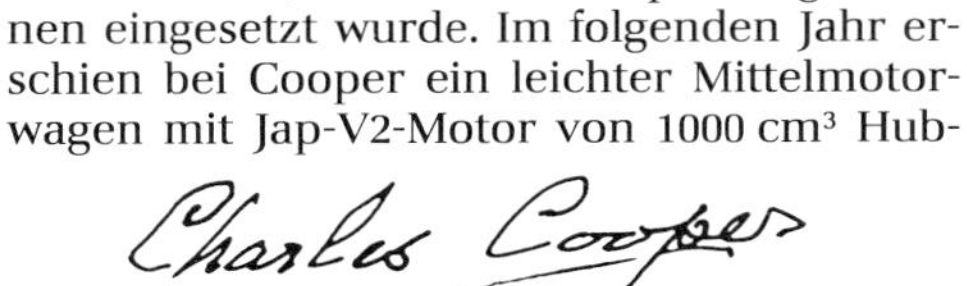

Amédée Gordini

raum. Alex von Falkenhausen in München baute den AFM mit dem verbesserten BMW-328-Sechszylindermotor (1971 cm^3) aus der Vorkriegszeit; bei OSCA in Bologna entstand ein Vierzylinder von 1355 cm^3 Hubraum. 1950 erschien in England der Connaught-Vierzylinder mit 1767-cm^3-Lea-Francis-Treibwerk; die kleine englische Marke HWM baute einen Zweisitzer mit Alta-Vierzylindermotor von 1960 cm^3 Inhalt; in Deutschland war neben dem AFM auch der Veritas mit BMW-328-Motor herausgekommen. Gordini bohrte 1951 sein Aggregat auf 1496 cm^3 aus und versah es mit einem Zweinockenwellenkopf. Besonders zahlreich waren die englischen Konstruktionen der Formel 2; nicht weniger als sieben britische Marken widmeten sich im Laufe der Jahre dem Bau von Zweiliter-Monoposto. Seit 1949 hatte sich auch Ferrari intensiv mit der Formel 2 befaßt; damals baute man in Maranello die gebläselose Zweiliter-V12-Maschine Typ 166 in das Formel-1-Chassis ein; erst 1950 folgte das neue und leichtere Formel-2-Fahrwerk. Ferrari war der große Beherrscher dieser Kategorie, in der die übrige Konkurrenz nur dann zum Zuge kam, wenn die Zwölfzylinder aus der Emilia nicht am Start erschienen. Es kam die Grand-Prix-Saison 1952, mit der übrigens das Tragen eines Sturzhelmes — vorerst nur bei offenen Wagen — obligatorisch wurde. Die bedeutendsten Konstruktionen der Jahre 1952 und 1953 waren Ferrari, Maserati, HWM,

Gordini, Cooper-Bristol, Connaught sowie der inzwischen mit einem Küchen-V8-Viernockenwellenmotor bestückte AFM, gefahren vom einstigen Auto-Union-Spitzenpiloten Hans Stuck.

Unter der Leitung von Ingenieur Aurelio Lampredi hatte Ferrari 1951 seinen ersten Vierzylindermotor des Typs 500 entwickelt, von dem man sich einen günstigeren Drehmomentverlauf sowie einen mäßigeren Treibstoffverbrauch als bei den bisherigen V12-Maschinen versprach. Ferrari tat damit einen guten Griff, denn der Vierzylinder errang anschließend Sieg um Sieg, wobei es dank des elastischen Aggregats nicht einmal nötig war, die Getriebeübersetzungen den einzelnen Rennstrecken anzupassen, auch kam man mit einem Vierganggetriebe aus. Lampredi baute eine kurzhubige Vierzylindermaschine (90 × 78 mm = 1980 cm³) mit zwei obenliegenden Nockenwellen, Doppelzündung, vier Weber-Vergasern und einer Leistung von 180 PS bei 7000 U/min. Bei der De-Dion-Achse bildeten Getriebe und Differential einen gemeinsamen Block.

George Abecassis

Den einzigen schweren Unfall als Grand-Prix-Fahrer erlebte Fangio 1952 in Monza auf einem Maserati A6GCM/F2. Während vieler Wochen mußte er ein Gipskorsett tragen. Die Saison war hin.

Die englische Marke HWM trat mit Formel-2-Wagen mit Alta-Vierzylindermotor an. Hinten wies das Rohrrahmen-Fahrgestell eine De-Dion-Achse mit innenliegenden Trommelbremsen auf.

John Heath

Zu Beginn der Saison 1952 war Maserati nur durch die privaten Vierzylinder aus dem Rennstall Enrico Platés vertreten: Dieser hatte als Übergangslösung den alten 4CLT der 1,5-Liter-Kompressor-Formel abgeändert, den Lader entfernt und die Bohrung von 78 auf 90 mm erhöht, was einen Hubraum von 1980 cm³ ergab. Im Werk aber entstand unter der Leitung des von Alfa Romeo und Ferrari zu Maserati übergetretenen Ingenieurs Gioachino Colombo ein neuer Sechszylinder-Monoposto, der im Laufe der Saison debütierte und die Bezeichnung A6GCM trug. Das Reihenaggregat mit zwei obenliegenden Nockenwellen und Doppelzündung (76 × 72 mm = 1958 cm³) gab anfänglich 160 PS ab. Der A6GCM debütierte im Juni beim Gran Premio dell'Autodromo in Monza, wobei Juan Manuel Fangio mit diesem Fahrzeug den einzigen ernsthaften Unfall in seiner Grand-Prix-Karriere erlitt. Der Argentinier war in total übermüdetem Zustand an der Start gegangen. Am Samstag hatte er auf dem BRM-V16 ein formelfreies Rennen in Belfast bestritten und war dann am Abend nach Paris geflogen. Von hier fuhr er die Nacht durch und traf, ohne geschlafen zu haben, eine Stunde vor Rennbeginn in Monza ein. Ohne Training nahm Fangio das Rennen — mit Einverständnis seiner Rennkollegen — von der letzten Startreihe aus in Angriff, lag nach einer Runde schon in sechster Position, aber in der zweiten Runde geriet sein Maserati von der Bahn und überschlug sich mehrmals, wobei der Weltmeister Gesichts- und Rückenwirbelverletzungen erlitt, die ihn für den Rest der Saison außer Gefecht setzten.

Dem von Rennleiter Nello Ugolini geführten Ferrari-Team gehörten 1952 Alberto Ascari, dessen Lehrmeister und Freund Luigi Villoresi, Dr. Giuseppe Farina, Piero Taruffi

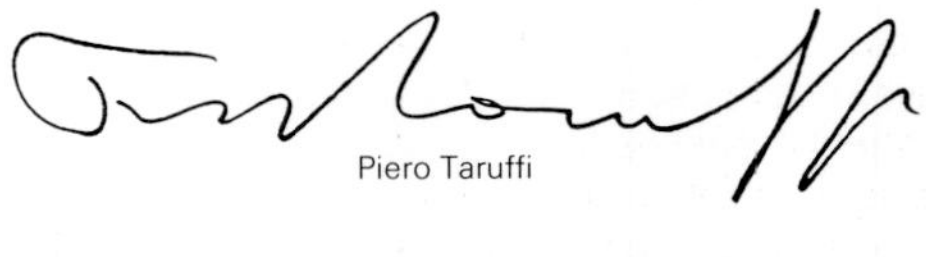

Piero Taruffi

sowie der Franzose André Simon an. Außer dem Pechvogel Fangio fuhren auch Froilan González und Felice Bonetto auf den offiziellen Maserati. Mit seinem privaten Ferrari zeichnete sich damals auch der Schweizer Rudolf Fischer aus; Emanuel De Graffenried startete auf dem überarbeiteten Vierzylinder-Maserati des Platé-Rennstalles. Amédée Gordini trennte sich 1952 ganz von Simca und konnte daher nicht mehr auf die finanzielle Unterstützung dieser Marke zählen, was den in Paris ansässigen Rennstall jahrelang in finanzielle Bedrängnis brachte, aus der ihm auch die an französischen Tankstellen gesammelten Geldspenden nicht heraushelfen konnten. Die Gordini-Piloten waren

Unten
Mit diesem Cummins-Diesel Special (6,7-Liter-Sechszylindermotor mit Kompressor und Abgasturbolader) stand Freddie Agabashian 1952 mit 222,058 km/h in Indy auf der Pole Position.

Mitte
Auf einem 4,5-Liter-V12-Ferrari (Typ 375) versuchte Weltmeister Ascari 1952 sein Glück in Indianapolis, aber nach dem ersten Rennviertel verlor der Ferrari ein Hinterrad.

Rechts
Ken Wharton bestritt die Formel-2-Rennen 1952 auf diesem Frazer Nash mit Sechszylinder-Bristol-Frontmotor. Der leichte Wagen wies eine strarre Hinterachse auf.

der stark aufkommende ehemalige Motorradchampion Jean Behra, Maurice Trintignant, Robert Manzon sowie der schon aus der Vorkriegszeit von seinen Einsätzen auf dem ERA her bekannte siamesische Prinz Bira, der in den vierziger Jahren auch auf Maserati gefahren war. Gordini baute einen neuen, quadratischen Sechszylindermotor (75×75 mm = 1989 cm^3) mit zwei obenliegenden Nockenwellen, dessen Leistung von 155 PS bei 6000 U/min aber nicht ganz an die Werte von Ferrari oder Maserati herankam. Trotzdem schaffte Behra beim Grand Prix de la Marne in Reims das Kunststück, dieses nicht für die Weltmeisterschaft zählende Rennen vor den Ferrari zu gewinnen. Da gab es noch eine lustige Gordini-Episode: Wenige Tage vor dem Großen Preis der Schweiz war der Monoposto Behras noch nicht fertig, um per Laster nach Bern gebracht zu werden. Dies bewog Behra, einfach mit dem Rennauto von Paris nach Bern zu fahren. Alle Polizisten und Zöllner sollen ein Auge zugedrückt haben.

Umfangreich war die englische Beteiligung: Die HWM mit Alta-Motor wurden von George Abecassis, Stirling Moss, Lance Macklin und Peter Collins gesteuert; auf den Cooper-Bristol Typ T20 fuhren Alan Brown, Eric Brandon sowie Mike Hawthorn; auf dem einzigen Frazer-Nash mit Bristol-Vierzylindermotor startete Ken Wharton.

Vom Leistungsgewicht her hätte der modernisierte AFM Hans Stucks mit dem vom Stuttgarter Küchen gebauten V8-Motor (67×70 mm = 1978 cm^3) mit vier obenliegenden Nockenwellen und zwei Doppelvergasern das schnellste Fahrzeug sein müssen, denn mit einer Leistung von 180 PS bei 7500 U/min erreichte die deutsche Konstruktion ein Leistungsgewicht von 2,8 kg/PS,

während der Ferrari Typ 500 damals auf 2,9 bis 3 kg/PS kam. Hans Stuck aber mußte fast immer — nach einem sehr schnellen Rennbeginn — an die Boxen, weil das Triebwerk äußerst defektanfällig war.

Großes Aufsehen erregte der junge Engländer Mike Hawthorn, der offiziell am College of Automobile Engineering in Chelsea studierte und mit seinem leichten Cooper-T20-Bristol den arrivierten Assen gelegentlich die Hölle heiß machte. Der Cooper mit vier unabhängigen Rädern (Querblattfedern und Querlenker) war mit einem Bristol-Sechszylindertriebwerk bestückt, bei dem es sich um eine Nachbildung des BMW-328-Aggregats mit einer obenliegenden Nockenwelle handelte. Mit Ausnahme des von Piero Taruffi auf Ferrari gewonnenen Großen Preises der Schweiz in Bern siegte Alberto Ascari bei allen Weltmeisterschaftsläufen (Belgien, ACF, England, Deutschland, Holland und Italien). In Bern hatte Ascari nicht starten können, weil Ferrari mit dem inzwischen überarbeiteten 4,5-Liter-Ferrari Typ 375 aus der vorhergehenden Saison einen Indianapolis-Versuch unternahm, der vielversprechend begann; aber in der 41. Runde mußte der Italiener, der sich bis auf die achte Position vorgearbeitet hatte, wegen eines Radnabenbruchs ausscheiden.

Die neuen Maserati-Sechszylinder kamen erst Ende der Saison in Schuß, das Aggregat gab jetzt rund 180 PS bei 8000 U/min ab. Mit dem Maserati sorgte Froilan González in Monza für große Aufregung, als er mit reduzierter Tankfüllung startete: Die hochverdichteten Maserati verbrauchten mehr Treibstoff als die Ferrari und konnten ohnehin nicht eine volle Grand-Prix-Distanz ohne Tankstopp bewältigen, was dem Argentinier, mit 130 Litern im Tank, dank des mäßigeren Gewichts ermöglichte, die Spitze 36 Runden lang vor den Ferrari (160 Liter im Tank) zu halten; allerdings rückte Ascari infolge des Boxenhalts von González an die Spitze; der Ferrari-Fahrer gewann vor seinem gefährlichsten Maserati-Rivalen.

Ende der Saison war Ascari mit 36 Punkten unumstrittener Weltmeister, vor Giuseppe Farina mit 24 und Piero Taruffi mit 22 Puntken, während Mike Hawthorn auf dem Cooper-Bristol und der privat konkurrierende Rudolf Fischer auf Ferrari mit je 10 Punkten Rang vier vor dem Gordini-Werksfahrer Robert Manzon belegten, der auf 9 Treffer kam. Damals hatte Rudolf Fischer mit seinem Ferrari sogar das Eifelrennen auf dem Nürburgring gewonnen.

Bei den Sportwagenrennen war Daimler-Benz mit dem Prototyp Mercedes 300SL wieder aufgetaucht. Die Deutschen debütierten bei der Mille Miglia und wurden vom Ferrari Giovanni Braccos geschlagen, aber in Le Mans sowie bei der Carrera Panamericana holten sich die Stuttgarter Coupés Siege von weltweiter Resonanz.

Wieder WM-Titel an Ascari

Allmählich zeigt Maseratis Sechszylinder den Ferrari die Zähne. Erstmals kommt ein Saugmotor auf eine Leistung von 100 PS/l. Eingespritzter Motor gewinnt in «Indy». Farina: GP-Sieg mit 47 Jahren.

Ganz unten
Überraschend gelang es dem jungen Mike Hawthorn 1953 in Reims, mit seinem Ferrari 500 die etablierte Elite zu schlagen.

Unten
Ende Saison 1953 testet Ascari in Monza den neuen Ferrari Squalo Typ 553 mit Seitentanks. Rechts Ing. Lampredi.

Die Besetzung der führenden Grand-Prix-Teams ergab für 1953 folgendes Bild: Ferrari mit Ascari, Farina, Villoresi und dem neuengagierten Mike Hawthorn; Maserati mit den Argentiniern Juan Manuel Fangio, Froilan González und Onofre Marimon sowie mit dem Italiener Felice Bonetto; Gordini verpflichtete Behra, Trintignant, Manzon, den Amerikaner Harry Schell und den Argentinier Roberto Mieres für seinen Typ 16. Das neue Weltmeisterschaftsprogramm umfaßte auch den Großen Preis von Argentinien, ausgetragen im neuen Autodrom von Buenos Aires, wo Ascari seiner Siegeskette ein weiteres Glied hinzufügte.

Die verschiedenen Firmen hatten ihre Fahrzeuge weiterentwickelt, ohne mit Neukonstruktionen herauszurücken, denn Ende des Jahres lief ja die Zweiliterformel aus. Ferraris Typ 500 (bei der Typenbezeichnung der Ferrari wurde immer der Hubraum eines einzelnen Zylinders angegeben), der zum 553 wurde und leicht veränderte Zylinderabmessungen ($93 \times 73{,}5$ mm $= 1997$ cm^3) aufwies, gab jetzt 190 PS bei 7500 U/min ab und wurde im Sinne einer nicht allzu hohen Verdichtung, die auch mit einem mäßigeren Verbrauch verbunden war, zu 90 Prozent mit Benzin gespeist, so daß der Ferrari auf mittelschnellen Strecken mit einem Verbrauch von 22 Litern pro 100 Kilometer auskam; auf schnellen Bahnen stieg der Verbrauch auf 24 Liter. Auch bei Maserati wurde der Sechszylinder überarbeitet; allerdings lag der Treibstoffverbrauch mit rund 33 Litern pro 100 Kilometer deutlich über demjenigen der Rivalen aus Maranello. Der Maserati kam erst in der zweiten Saisonhälfte ohne Tanken über eine ganze Grand-Prix-Distanz. Zuletzt soll der Motor, der die Bezeichnung A6SSG trug, 200 PS bei 7500 U/min abgegeben haben, womit man in der Geschichte des Rennmotorenbaus erstmals mit einem gebläselosen Aggregat eine Literleistung von 100 PS/l erreicht hatte, was bisher nur mit aufgeladenen Triebwerken oder mit Einzylinder-Motorradmotoren realisiert worden war. Auf dem Prüfstand soll auch der Ferrari auf 200 PS gekommen sein, aber Lampredi drosselte die Leistung um einige PS, um damit eine höhere Betriebssicherheit zu gewährleisten. Der Maserati wurde mit einem Spezialgemisch gespeist, das sich aus Benzol, Wasser, Methyl, Alkohol und Aceton zusammensetzte. Das Fahrzeug wies nach wie vor eine starre Hinterachse auf, die es ihm trotz der höheren Leistung auf kurvenreichen Circuits verwehrte, an die Rundenzeiten der Ferrari heranzukommen. Aber auf sehr schnellen Bahnen konnte der Maserati seine PS voll

Rechts
Beim spannenden Grand Prix von Italien 1953 überrunden die Spitzenreiter Ascari, Farina, Fangio und Marimon einige Konkurrenten.

zur Entfaltung bringen, so in Monza oder Reims. Nach dem Großen Preis von Argentinien, der im Januar stattfand, gab es Ende März, beim ersten europäischen Rennen der Saison, eine Riesenüberraschung: In Syrakus (Sizilien) siegte nicht einer der vier Werks-Ferrari, die sämtliche ausschieden (drei mit Ventilfederbruch), sondern der erneuerte Maserati, der hier ausnahmsweise von Emanuel De Graffenried gefahren wurde. Auf den zweiten Platz kam der damals 54jährige Louis Chiron auf einem neuen Osca-Sechszylinder (76 × 73 mm = 1987 cm³, 170 PS bei 6500 U/min).

Da es Anfang der fünfziger Jahre immer mehr Sportwagenrennen gab, führte die FIA 1953 die erste Markenweltmeisterschaft für Sportwagen durch. Folgende Läufe zählten: die 1950 erstmals durchgeführten 12 Stunden von Sebring in Florida, die Mille Miglia, die 24 Stunden von Le Mans, die 24 Stunden von Spa, das seine erste Auflage erlebende 1000-Kilometer-Rennen auf dem Nürburgring, die Tourist Trophy und die Carrera Panamericana. Ferrari gewann dreimal (Mille Miglia, 24 Stunden von Spa und 1000 Kilometer Nürburgring) und ging damit als erster Sportwagenweltmeister in die Geschichte ein.

Die Fahrerweltmeisterschaft brachte mehr oder weniger eine Wiederholung der vorhergehenden Auflage: Ascari siegte in Argentinien, Holland, Belgien, England sowie in der Schweiz. Beim Großen Preis von Deutschland auf dem Nürburgring kam Giuseppe Farina zum letzten Grand-Prix-Erfolg seiner Anfang der dreißiger Jahre begonnenen Karriere, nachdem Ascari, in Führung liegend, ein Rad verloren hatte und auf der Bremstrommel zu den Boxen rollen mußte.

Übrigens ging Farina auf dem Nürburgring als ältester Grand-Prix-Sieger in die Geschichte ein, denn 1953 war der Doktor der Nationalökonomie und Weltmeister von 1950 bereits 47 Jahre alt. Einen noch älteren Grand-Prix-Sieger hatte es zwar 1950 mit Luigi Fagioli (53) in Reims gegeben, aber beim damaligen Grand Prix des ACF ist der Alfetta Fagiolis später von Fangio übernommen worden.

Die beiden Höhepunkte von 1953 waren der Grand Prix des ACF in Reims und der Große Preis von Italien in Monza. In Reims lagen die Trainingsschnellsten, Ascari, González, Villoresi, Fangio und Farina, innerhalb von 1,3 Sekunden. González startete mit halbleerem Tank, um die Ferrari damit zu forcierter Gangart zu zwingen. Nach 20 Runden notierten die Zeitnehmer einen Vorsprung von 20 Sekunden für den Maserati des Argentiniers. In der 30. Runde faßte er Treibstoff, um dann just in dem Moment abzufahren, als die Verfolgergruppe, bestehend aus Ascari, Fangio, Hawthorn, Farina, Marimon und Villoresi, vorbeibrauste. Später distanzierten sich Fangio und Hawthorn leicht von ihren unmittelbaren Gegnern und rangen miteinander um die Spitzenposition wei-

Diese Formel-2-Wagen wurden während des Trainings zum Großen Preis von Italien 1953 in Monza an der genau gleichen Stelle aufgenommen, nämlich eingangs der damaligen Porfido-Kurve (später auf Parabolica-Kurve umgebaut).

Von oben nach unten
Mike Hawthorn auf Ferrari Tipo 500 mit Vierzylindermotor.
Elie Bayol auf Osca-F2-Sechszylinder.
Maurice Trintignant auf Gordini Typ 16 mit Sechszylindermotor.
Stirling Moss auf Cooper T24 mit Alta-Vierzylindermotor.
Emanuel de Graffenried auf Maserati A6GCM/53 mit Sechszylindermotor.

ter. In der letzten Runde führte Fangio vor Hawthorn. Noch die langsame Thillois-Kurve, auf die die Zielgerade folgt. Fangio hat Getriebeschwierigkeiten und stellt sich in der Kurve leicht quer, so daß Hawthorn am Argentinier vorbeigehen und mit rund zwei Metern Vorsprung vor dem Maserati seinen ersten Weltmeisterschaftslaufsieg pflücken kann. Mit einigen Längen Rückstand wurde González Dritter und Ascari mit drei Sekunden Abstand Vierter.

Der letzte WM-Lauf der Zweiliterformel war der 24. Große Preis von Italien in Monza, zu dem sich 30 Konkurrenten einfanden. Hier sollen die stärksten Maserati über 200 PS verfügt haben.

Stirling Moss erschien mit einem aus eigener Initiative umgebauten und mit einem Alta-Einspritzmotor (System Hilborn) versehenen Cooper mit Scheibenbremsen und neuer Karosserie. Das Fahrzeug brachte jedoch nicht die erhofften Resultate. Am Umbau des Cooper war vorwiegend Moss' berühmt gewordener Mechaniker Alf Francis, von dem auch die Karosserie stammte, beteiligt. Der Cooper T24-Alta war übrigens der erste Formel-2-Wagen mit Scheibenbremsen. Mit einer Hilborn-Einspritzung war auch der Connaught versehen, aber die englischen Triebwerke kamen bei weitem nicht an die Leistungen der italienischen Motoren heran. Einen ersten großen Sieg feierte die Benzineinspritzung 1953 bei den 500 Meilen von Indianapolis: Bill Vukovich auf einem Kurtis-Kraft mit Meyer/Drake-Vierzylindermotor, der mit einer Benzineinspritzung von Howard Keck bestückt war, gewann das berühmteste amerikanische Rennen. Der erste erfolgreiche Grand-Prix-Wagen mit Einspritzmotor kam erst 1954: der Mercedes W196.

In Monza waren sich 1953 vier Konkurrenten praktisch über die ganze Renndistanz ebenbürtig: die beiden Maserati-Fahrer Fangio und Marimon sowie ihre Widersacher von Ferrari, nämlich Ascari und Farina. In den ersten 46 Runden lag dieses Quartett ständig innerhalb von zwanzig Metern, die Spitze wechselte sechsundzwanzigmal. Dann mußte Marimon mit Kühlerschaden an die Boxen, später setzte er das Rennen wieder in Gesellschaft der drei Weltmeister Farina, Fangio und Ascari fort. Der Ausgang war völlig offen. Ascari, Fangio und Farina hieß die Reihenfolge bei der vorletzten Passage. Die Würfel fielen in der Porfido-Kurve (heute heißt diese 1955 umgebaute Kurve «Parabolica»), einige hundert Meter vor dem Ziel: Der führende Ascari mußte hier dem Connaught des überrundeten Jack Fairman ausweichen, Ascari versuchte, innen durchzukommen, aber der an der Adhäsionsgrenze fahrende Weltmeister, dessen zweiter Titel schon seit Wochen sichergestellt war, kam ins Rutschen, wurde von Marimon leicht gerammt; beide Wagen landeten auf der Wiese, während Fangio mit seiner unvergleichlichen Reaktionsfähigkeit im allgemeinen Durcheinander einen Weg fand, um an-

Emanuel de Graffenried

Unten
In der letzten Entwicklungsstufe erreichte der Sechszylindermotor des Maserati A6GCM (76 x 72 mm = 1987 cm³) 200 PS bei 8000/min. Damit handelte es sich um den ersten mehrzylinderigen Saugmotor der Geschichte, der auf 100 PS/l kam.

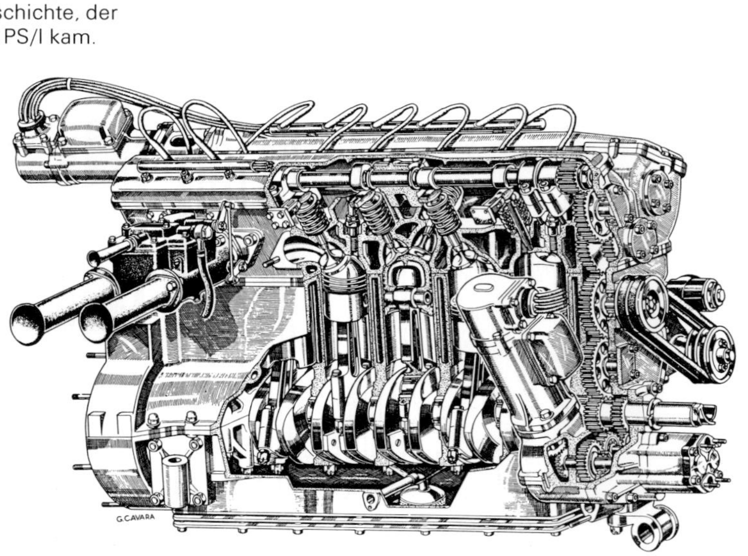

Oben
Der Maserati A6GCM in der Version 1953, der beim Großen Preis von Italien mit Juan Manuel Fangio seinen bedeutendsten Sieg herausfuhr. Mit seiner starren Hinterachse war er auf kurvenreichen Strecken dem Ferrari 500 jedoch nicht gewachsen.

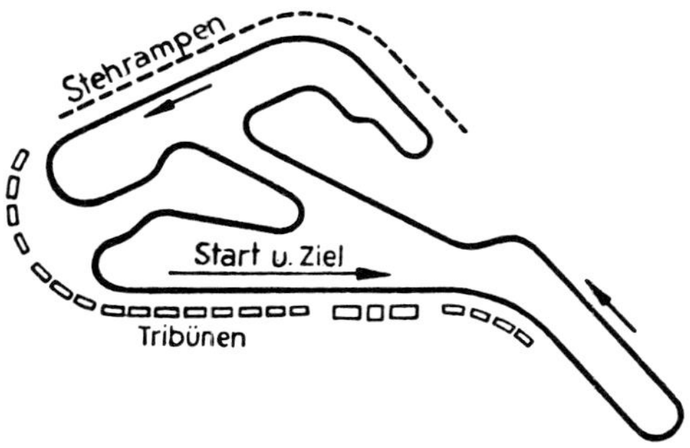

Nachdem man Ende der vierziger Jahre in Buenos Aires die Rennen in Stadtparks durchgeführt hatte, wurde 1952 das moderne Autodrom eröffnet. Die Anlage mit ihren imposanten Tribünen ermöglichte verschiedene Streckenkombinationen. Hier wurde 1953 erstmals der Große Preis von Argentinien auf einer 3,912 km langen Streckenkombination als Eröffnungslauf der Weltmeisterschaft ausgetragen.

schließend als Sieger durchs Ziel zu fahren. Endlich hatte auch Maserati einen Weltmeisterschaftslauf gewonnen.

Mit diesem denkwürdigen Großen Preis von Italien, der von den damaligen Chronisten als das «spannendste Rennen aller Zeiten» tituliert wurde, war auch die Ära dieser interessanten und erfolgreichen Formel 2 abgelaufen. Alberto Ascari wurde Weltmeister mit 34½ Punkten vor Juan Manuel Fangio mit 28 und Giuseppe Farina mit 26 Punkten.

Zwar waren diese Zweilitermonoposto, die von relativ einfachen Vier- oder Sechszylindermotoren angetrieben wurden, nicht so spektakulär und akustisch nicht so attraktiv wie ihre Vorgänger der 1,5-Liter-Kompressorklasse, aber sie entwickelten beachtliche Fahrleistungen. Bei seinem Sieg auf dem Nürburgring fuhr beispielsweise Giuseppe Farina auf dem Ferrari-Vierzylinder mit 135 km/h den höchsten bisher auf dem Nürburgring erzielten Renndurchschnitt heraus; Alberto Ascari war 1951 mit dem 4,5-Liter-Ferrari auf 132,2 km/h und Rudolf Caracciola 1937 auf dem legendären Mercedes W125 von 5660 cm³ Hubraum und 646 PS Leistung auf 133,2 km/h gekommen. Allerdings darf nicht übersehen werden, daß die Kompressorrennwagen häufig zum Nachtanken und Reifenwechsel die Fahrt unterbrechen mußten. Ascari drehte 1953 in Bern die schnellste Rennrunde der Nachkriegszeit mit 162,48 km/h (1951 war Fangio mit dem Alfetta im Training auf 168,108 km/h gekommen; Bernd Rosemeyers legendärer und nie wieder erreichter offizieller Rundenrekord, 1936 mit dem Auto Union aufgestellt, steht mit 2 Minuten, 34,5 Sekunden = 169,632 km/h zu Buche), und in Pau verbesserte Ascari seinen eigenen, 1951 auf dem 4,5-Liter-Ferrari aufgestellten Rundenrekord; gleichzeitig schraubte er den Streckenrekord, den Hermann Lang seit 1939 mit dem 3-Liter-Mercedes-Kompressor Typ W163 hielt, von 88,7 km/h auf 97,5 km/h. Lang hatten 1939 fast 500 PS zur Verfügung gestanden, bei Ascari waren es 190 PS. Auf schnellen Strecken kamen die Zweiliter aber nicht auf die Rundendurchschnitte ihrer Vorgänger: In Monza fuhr Fangio 1953 die schnellste Runde mit 182,17 km/h, den bisherigen Rundenrekord hatte 1951 ein 430 PS abgebender Alfetta mit 200,4 km/h aufgestellt.

Die besten Formel-2-Motoren kamen 1953 auf Literleistungen von 95 bis 100 PS/l. Ein Vierteljahrhundert zuvor, nämlich in den Jahren der 1,5-Liter-Grand-Prix-Formel (1926/1927), war man mit Kompressormotoren erstmals auf derartige Werte gekommen. Beim 560 kg schweren Ferrari betrug das Leistungsgewicht 1953 2,9 kg/PS, auf ungefähr den gleichen Wert kam auch der Maserati, der 20 kg mehr wog, dafür aber über einige zusätzliche PS verfügte. Der Gordini-Sechszylinder war mit einer Leistung von 165 PS und einem Trockengewicht von 630 kg eindeutig unterlegen, sein Leistungsgewicht betrug 3,8 kg/PS. Die übrigen Marken gerieten 1953 noch mehr ins Hintertreffen. Die Formel-2-Konstruktionen von Ferrari, Maserati und Gordini wurden für die anschließende 2,5-Liter-Grand-Prix-Formel als Übergangslösung übernommen, wobei man die Zylinderabmessungen dem neuen Hubraumlimit anpaßte.

Dem Jaguar-Sieg von Rolt/Hamilton in Le Mans 1953 kam eine historische Bedeutung zu: Es handelte sich um den ersten Triumph der Scheibenbremse, die damals weitgehend zum Erfolg der Sechszylinder beitrug. In der zweiten Hälfte der fünfziger Jahre wurden dann praktisch alle Wettbewerbsfahrzeuge mit Scheibenbremsen bestückt; Ferrari ging erst 1958 zur modernen Bremse über, die heute bei den meisten Serienwagen — wenigstens vorn — zum Einbau kommt. Die Jaguar Typ C waren 1953 mit Dunlop-Scheibenbremsen bestückt. Die Rennsaison klang in Mexiko mit der Carrera Panamericana aus: Lancia feierte einen dreifachen Sieg mit Fangio, Taruffi und Castellotti, allerdings kam hier der vierte Lancia-Pilot, Felice Bonetto, ums Leben.

Die Formel-2-Rennwagen von 1948 bis 1953

Baujahr	Marke und Modell	Zylinderzahl	Hubraum	Bohrung	Hub	Leistung/PS	Höchstdrehzahl	Anzahl Gänge	Spitze in km/h	Trockengewicht
1948	Ferrari 166	12	1995	60	58,8	155	7000	5	200	700
1948	Gordini Type 15	4	1491	78	78	114	5250	4	210	450
1948	Maserati A6-GCS	6	1978	72	81	130	6000	4	195	630
1949	AFM V8 Küchen	8	1976	67,3	70	150	5900	4	230	680
1949	AFM	6	1971	66	96	140	5800	4	225	650
1949	Cooper T12 Jap Twin	2	1097	84	99	95	6000	4	185	410
1949	Osca MT4	4	1342	75	76	90	6000	4	190	480
1949	HRG	4	1998	83	92	130	5900	3	185	530
1950	HWM-Alta	4	1970	83,5	90	125	5700	4	210	600
1950	Veritas Meteor	6	1988	75	75	125	5800	5	225	660
1951	Alta	4	1970	83,5	90	150	5800	4	220	630
1951	Connaugth Type A	4	1964	79	100	130	6000	4	235	585
1951	Ferrari 166	12	1995	63,5	52,5	160	7200	5	230	600
1951	Ferrari 500	4	1984	90	78	170	7000	4	240	560
1951	Maserati A6-GCM/F 2	6	1969	72,6	80	160	6500	4	240	560
1952	Maserati A6-GCM/F 2	6	1989	75	75	180	7000	4	250	600
1952	Alta	4	1970	83,5	90	160	6000	4	230	630
1952	Aston Butterworth	4	1986	87,5	82,5	138	6500	4	215	520
1952	Cooper T20 Bristol	6	1971	66	96	140	5800	4	225	510
1952	Ferrari 500-F2	4	1984	90	78	175	7200	4	240	560
1952	Frazer-Nash	6	1971	66	96	140	5800	4	215	610
1952	Gordini Type 16/20	6	1989	75	75	155	6000	5	257	644
1952	HWM	4	1970	83,5	90	150	6400	4	230	560
1952	Nardi-Lancia	6	1991	72	81,5	130	5500	4		600
1952	Maserati Platé	4	1980	90	78	150	7000	4	225	570
1952	Osca F2	6	1985	76	73	135	5800	4	210	510
1952	Sacha-Gordine	8	1970	70	64	195	8000	5	260	530
1953	Cooper T24-Alta	4	1970	83,5	90	186	6100	4	257	510
1953	Ferrari 553-F2	4	1997	93	73,5	190	7500	4	260	560
1953	Maserati A6-GCM	6	1987	76,2	72	197	8000	4	250	580
1953	Osca F2	6	1985	76	73	155	6000	4	230	540

Auftakt der 2,5-Liter-Formel

Neben den bisherigen Marken greifen auch Mercedes-Benz und Lancia in das Grand-Prix-Geschehen ein. Fortschrittlicher Mercedes W196. Auf Maserati und Mercedes wird Fangio erneut Weltmeister.

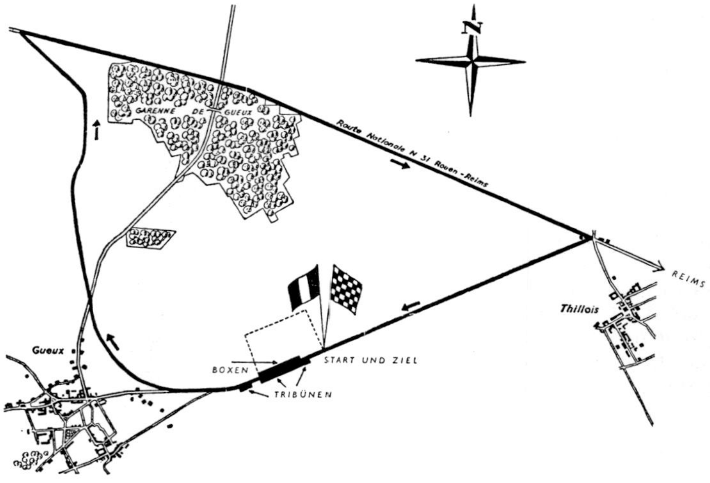

Seit 1953 fuhr man in Reims nicht mehr auf der 7,815 km langen Kombination, sondern der neue «Grand Circuit de Compétition de Reims» war nun 8,347 km lang. Die Ortschaft Gueux wurde nicht mehr durchfahren.

Eine ebenso fruchtbare und abwechslungsreiche wie vielseitige Formelperiode war die Zeit von 1954 bis 1960, als die Großen Preise den kompressorlosen Rennwagen mit einem maximalen Hubraum von 2500 cm³ offenstanden. Startberechtigt wären auch Kompressorfahrzeuge mit höchstens 750 cm³ Inhalt gewesen, aber für ein so kleines und kompliziertes Triebwerk entschied sich niemand. Der Treibstoff blieb bis Ende 1957 frei. Zunächst war für diese Formel eine Gültigkeitsdauer von vier Jahren (bis Ende 1957) vorgesehen gewesen, später verlängerte die CSI die Frist bis Ende 1959, und schließlich wurde auch die Saison 1960 in diese interessante Zeitspanne einbezogen, die im Motorenbau (Durchbruch der Benzineinspritzung), aber auch auf dem Fahrgestellsektor seit Mitte der dreißiger Jahre, als die 750-Kilogramm-Formel in Kraft war, erstmals wieder wesentliche Fortschritte brachte, wobei die Rennwagenkonstruktion in den Jahren 1958 bis 1960 mit dem allgemeinen und von den Engländern neu propagierten Übergang vom Front- auf den Mittelmotor (1923 hatte es schon den Benz-Tropfenwagen, 1934 den Auto Union und 1947 den Cisitalia-Porsche mit Mittelmotor gegeben) sogar revolutioniert wurde. Es sei noch präzisiert, daß bei der Mittelmotorkonstruktion das Triebwerk zwischen dem Cockpit und der Hinterachse und beim Heckmotor hinter der Hinterachse eingebaut ist, obschon in der Vorkriegszeit auch dann von Heckmotorrennwagen gesprochen wurde, wenn das Triebwerk — wie beim Auto Union — nicht hinter, sondern vor der Hinterachse eingebaut war.

Nicht weniger als 14 Marken nahmen in dieser siebenjährigen 2,5-Liter-Ära an den Grands Prix teil, allerdings beschränkten sich einige Konstrukteure auf einzelne Einsätze, oder die Projekte kamen nicht bis zur Einsatzreife. Neben den überlieferten Namen wie Ferrari, Maserati, Gordini oder Connaught griffen große Marken wie Daimler-Benz oder Lancia in den Formel-Rennsport ein, später mischten auch Wagen von Bugatti (1956, bei einem einzigen Rennen) und, schon gegen Schluß, auch von Aston Martin mit. Aus England erschienen im Laufe der Jahre Cooper, BRM, Vanwall und später auch Lotus. Im letzten Jahr der 2,5-Liter-Formel war sogar Amerika nach jahrzehntelanger Absenz mit dem Scarab von Lance Reventlow wieder vertreten. Allerdings nur ganz kurz. 1958 hob das glorreiche Zeitalter der englischen Motorenmarke Coventry-Climax an, die damals zur Jaguar-Gruppe gehörte und mehrere Fahrgestellkonstrukteure mit Triebwerken belieferte, womit auch das moderne Zeitalter der «Baukasten-Rennwagen» — die eigentlichen Marken stellen nur das Fahrgestell her und kaufen Motor und Getriebe bei einer spezialisierten Firma ein — seinen Anfang nahm.

Maserati, Ferrari und Gordini leiteten 1954 ihre 2,5-Liter-Modelle von den bisherigen Formel-2-Monoposto mit Zweilitermotor ab und behielten die Grundstruktur ihrer Fahrgestelle praktisch unverändert bei. Ferrari modifizierte die Abmessungen des erfolgreichen Vierzylinders und brachte zwei Versionen heraus — eine mit längerem und eine mit kürzerem Hub: den Typ 555 mit 100 × 79,5 mm = 2497 cm³ (Leistung 260 PS bei 7200 U/min) sowie den Typ 625 mit 94 × 90 mm = 2498 cm³ (Leistung 250 PS bei 7200 U/min). Neben dem klassischen Modell mit großem Hecktank war auch der berühmte Typ 555 Squalo (Haifisch) entstanden (seine Tanks waren seitlich angebracht, was dem Vierzylinder eine bauchige Form verlieh), der schon anläßlich des Großen Preises von Italien 1953 mit Umberto Maglioli versuchsweise als Formel-2-Modell an den Start ging. Der unter der Leitung von Ingenieur Aurelio Lampredi entstandene Ferrari Squalo war aber nicht so leicht zu beherrschen wie der konventionelle 625, obschon Mike Hawthorn Ende der Saison mit dem 555 den Großen Preis von Spanien in Barcelona gewann. Maserati baute den Typ 250F, dessen Gesamtkonzeption bis Ende dieser Formelperiode beibehalten wurde. Die Zylinderabmessungen erfuhren eine Erhöhung auf 81 × 80 mm = 2473 cm³ (Leistung 260 PS bei 7000 U/min). Die bisherige Starrachse, jahrelang die Achillesferse der Maserati, wurde durch eine De-Dion-Achse ersetzt. Getriebe und Differential bildeten hinten einen Block. Bei Maserati in Modena wurden 1954 die ersten Versuche mit einer Einspritzversion des Sechszylinders vorgenommen, doch kam es zu keinem Renneinsatz. Der Maserati 250F entpuppte sich im Verlaufe der Jahre als ein recht erfolgreiches Modell der 2,5-Liter-Formel. Ingenieur Bellentani zeichnete 1953 verantwortlich für den Sechszylindermotor, an welchem vorher auch Ingenieur Gioachino Colombo mitgewirkt hatte, aber Meinungsverschiedenheiten führten dazu, daß sich Colombo dann zurückzog. Valerio Colotti (später durch seine Getriebe besonders bekannt) zeichnete den Rohrrahmen. Mit dem ersten Exemplar hatte Guerino Bertocchi im Dezember 1953 in Modena die ersten Testrunden gedreht. Später wurde der 250F unter Ingenieur Giulio Alfieri weiterentwickelt. Zwischen 1953 und 1958 sind total 34 Stück (Versionen T1, T2 und T3) gebaut worden.

Karl Kling

Für den deutschen Motorsport war es ein großer Moment, als Fangio und Kling auf den Mercedes-Benz W196 am 4. Juli 1954 in Reims fast nebeneinander durchs Ziel fuhren.

Der Sechszylinder wurde von einem Gemisch gespeist, das sich wie folgt zusammensetzte: 50 % Methylalkohol, 35 % Benzin, 10 % Azeton und 5 % Benzol. Bei heißem Wetter wurde der Anteil Methylalkohol auf 60 % erhöht und derjenige des Benzins auf 25 % reduziert.

Gordini nahm am bisherigen Sechszylinder-Monoposto Typ 16 keine wesentlichen Modifikationen vor, änderte die Zylinderabmessungen auf 80 × 82 mm = 2473 cm^3 (Leistung 220 PS bei 6000 U/min), behielt aber die hintere Starrachse bei, so daß das Fahrgestell dem gehobenen Leistungsniveau nicht mehr ganz gewachsen war. Die finanzielle Not blieb ein treuer Begleiter des Pariser Rennstalles.

Im Juli tauchte der angekündigte Mercedes-Benz auf, beim letzten Grand Prix des

Rechts
Beim Mercedes W196 befanden sich die Bremstrommeln (Version 1954) innen. Vorn der Wasser- (groß) und der Ölkühler.

Mitte rechts
Die Zwangsventilsteuerung des Mercedes-Benz W196.

Unten
Das Cockpit des W196. Brems- und Kupplungspedal liegen 60 cm weit auseinander.

Rechts
Ascari war 1954 an Lancia gebunden, aber der D50 aus Turin war erst Ende Saison, in Spanien, einsatzbereit. In Monza fuhr der Weltmeister von 1952/53 wieder auf Ferrari, und zwar auf dem Tipo 625, wobei er Fangio und dessen dann siegreichen W196 während vieler Runden ordentlich jagte.

Unten
Auf schnellen Strecken (Reims, Silverstone, Monza oder Avus) wurde der W196 mit der Stromlinienkarosserie eingesetzt.

Ganz unten
Der Mercedes-Benz W196 im Schirmbild. Als tragendes Element diente ein leichter Fachwerkrahmen. Im Heck lagen der Treibstoff- und der Öltank.

Jahres — im Oktober — debütierte auch der Lancia.

Die Rennmannschaften wurden umstrukturiert — Daimler-Benz verpflichtete Juan Manuel Fangio sowie die Deutschen Karl Kling und (den jungen) Hans Herrmann. Der erste Auftritt der gefürchteten «Silberpfeile» erfolgte am 4. Juli 1954 anläßlich des Großen Preises des ACF in Reims, so daß Fangio die ersten Weltmeisterschaftsläufe noch auf dem Maserati 250F bestritt. Ferrari sicherte sich Froilan González, Mike Hawthorn, Giuseppe Farina und den Franzosen Maurice Trintignant, gelegentlich kam auch der junge Italiener Umberto Maglioli zum Einsatz. Schließlich wurden die bisherigen Ferrari-Spitzenfahrer Alberto Ascari und der schon 45 Jahre alte Luigi Villoresi zusammen mit

Hans Herrmann

deren jungem Landsmann Eugenio Castellotti, der ebenfalls zu Italiens großen Hoffnungen zählte, von Gianni Lancia engagiert, dem Sohne des einst auf Fiat — in der Zeit vor dem Ersten Weltkrieg — von Sieg zu Sieg eilenden Vincenzo Lancia. Der verspätete Auftritt Lancias bewog Ascari und Villoresi, gelegentlich für Maserati oder für Ferrari (nur Ascari) zu starten. Maserati war zahlenmäßig am stärksten vertreten, weil der 250F auch an Privatfahrer verkauft wurde. Mit den Sechszylindern fuhren Onofre Marimon, der junge Italiener Sergio Mantovani, der Amerikaner Harry Schell, der Argentinier Roberto Mieres, der siamesische Prinz Bira sowie die Engländer Roy Salvadori, Ken Wharton sowie Stirling Moss. Letzterer hatte seine Hoffnungen, mit einem englischen Wagen zu siegen definitiv begraben und sich entschlossen, auf eine italienische Konstruktion umzusteigen. Gordinis Streitmacht setzte sich aus Jean Behra, dem Argentinier Clemar Bucci, dem Belgier André Pilette (Vater des späteren Formel-5000-Fahrers Teddy Pilette) und dessen Landsmann, Journalist Paul Frère, zusammen.

Paul Frère

Ursprünglich hatte auch Alfa Romeo die Absicht gehabt, 1954 wieder in den Formel-1-Sport einzugreifen: In Mailand nahm man 1952 die Realisierung des Typs 160 an die Hand, von welchem aber nur ein Motor gebaut wurde, das übrige blieb auf dem Papier, denn 1953 mußten sich die Ingenieure Alfa Romeos der Entwicklung des dann so populär gewordenen Modells Giulietta mit 1,3-Liter-Motor widmen, der auch einen wirtschaftlichen Aufschwung der Marke brachte, so daß man an der Via Gattamelata das Grand-Prix-Projekt fallenließ. Die Sache blieb bis 1967 geheim. Dann aber kam der italienische Fachjournalist Graf Giovanni Lurani dem Tipo 160 auf die Spur. Die Haupt-

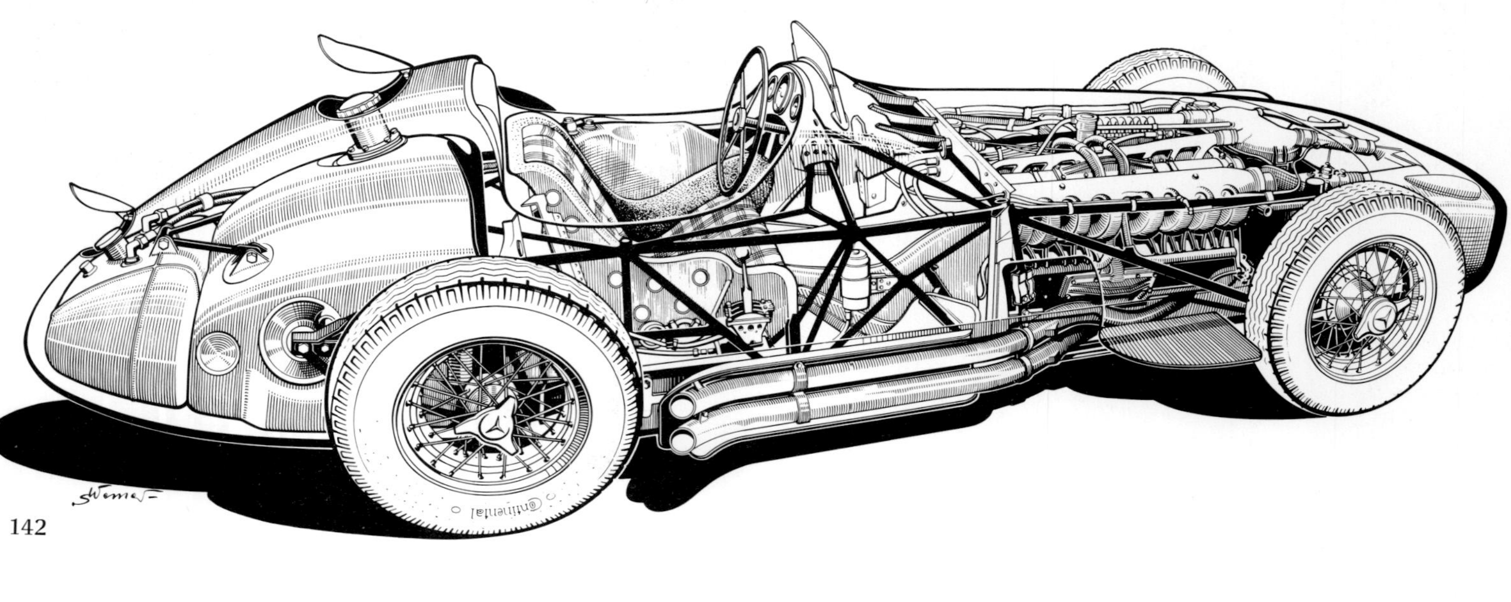

merkmale des Monoposto hätten gelautet: vornliegender Zwölfzylinder-Boxermotor (68 × 57 mm = 2498 cm³) mit zwölf Horizontalvergasern, Chassis als massives Zentralrohr ausgebildet, Vierradantrieb. Das Unorthodoxe am Tipo 160 war die Anordnung des Cockpits: Der Platz des Piloten lag hinter der Hinterachse (wie bei den Dragsters). Von dieser Lösung versprach sich Alfa Romeo ein gutes Fahrverhalten sowie eine zusätzliche Belastung der Hinterachse. Im Oktober 1952 unternahm Consalvo Sanesi mit einem Alfetta vom Typ 159, dessen Fahrersitz versuchsweise hinter die Hinterachse versetzt war, in Monza eine geheime Testfahrt; der Fahrer soll einen ziemlich positiven Eindruck gewonnen haben.

Die Fahrerweltmeisterschaft nahm mit dem Großen Preis von Argentinien ihren Anfang und wurde in Belgien fortgesetzt, wobei Fangio mit dem Maserati 250F gleich zwei Siege erntete. Zu Beginn der europäischen

Gianni Lancia

Rennsaison hatte es beim Rundrennen im südfranzösischen Städtchen Pau eine große Überraschung gegeben. Hier standen sich die Werkskonkurrenten von Ferrari, Maserati und Gordini gegenüber; das Team aus Maranello war in Abwesenheit Fangios favorisiert. Aber Farina erlitt gleich am Start eine leichte Kollision und fiel zurück, der führende Ferrari von González kam infolge Kurbelwellenbruchs von der Bahn ab, Marimons Maserati erlitt ebenfalls einen Defekt, so daß schließlich der Ferrari Trintignants klar vor dem Gordini Jean Behras führte. Amédée Gordini feuerte nun seinen Spitzenfahrer an, kurz vor Rennschluß hatte der blaue Wagen seinen roten Rivalen eingeholt, und mit 30 Meter Vorsprung vor Trintignant ging Behra als Sieger durchs Ziel. Am 4. Juli erfolgte das mit größter Spannung erwartete Debüt der Mercedes-Benz in Reims. Vierzig Jahre zuvor, am 5. Juli 1914, hatte Mercedes in Lyon den dreifachen Erfolg mit Lautenschlager, Wagner und Salzer vor dem Peugeot von Goux gefeiert, zwanzig Jahre später, am 1. Juli 1934, erlebte der Mercedes-Benz W25 der 750-Kilogramm-Formel seinen ersten Auslandstart anläßlich des Großen Preises des ACF in Montlhéry, wobei es allerdings einen dreifachen Sieg der Alfa Romeo P3 mit Chiron, Varzi und Moll/Trossi gegeben hatte — die Mercedes und die Auto Union waren sämtliche ausgeschieden. Auch das erste Juli-Weekend 1954 war für die Geschichte der Daimler-Benz von großer Bedeutung.

Mercedes-Benz trat mit Achtzylinderwagen an, die mit einer Vollstromlinienkarosserie eingekleidet waren, wie man sie seit den Avusrennen in den dreißiger Jahren bei Grand-Prix-Wagen nicht mehr verwendet hatte. In den Cockpits saßen Fangio, Kling und Herrmann. Maserati wurde in Reims durch Ascari und Villoresi verstärkt, aber niemand war der deutschen Neukonstruktion gewachsen, die mit Fangio und Kling mühelos die beiden ersten Plätze vor Robert Manzon auf Ferrari und Prinz Bira auf Maserati belegte. Ascari auf Maserati, González auf Ferrari und Mike Hawthorn auf Ferrari schieden aus. Im Training hatte Fangio erstmals die 200-km/h-«Mauer» durchbrochen, Hans Herrmann fuhr die schnellste Rennrunde, schied jedoch im 17. Umgang mit überdrehtem Motor aus.

Der Beschluß von Daimler-Benz, wieder einen Grand-Prix-Wagen zu bauen, ging auf

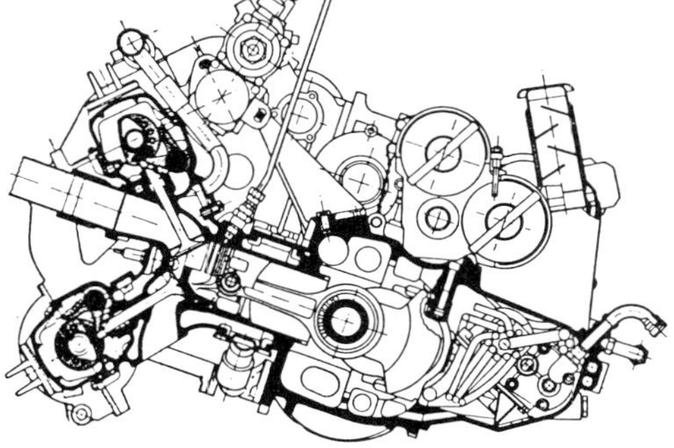

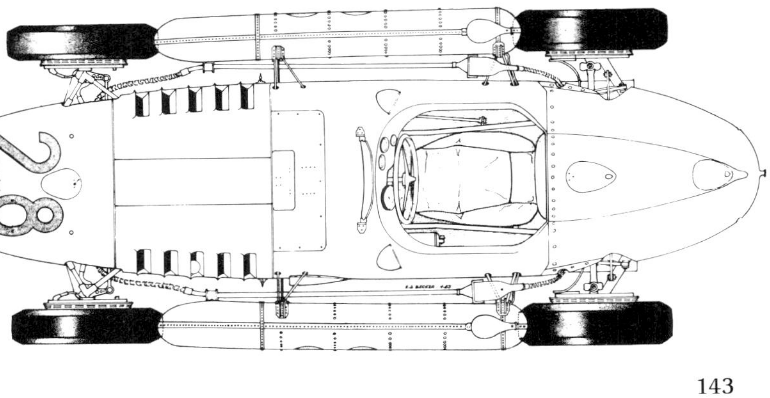

Rechts
Originell waren beim Lancia D50 mit tragendem V8-Motor die seitlich getrennten Tanks.

Oben
Der Achtzylinder-Reihenmotor des Mercedes-Benz wich nur um 20° von der Horizontalen ab.

Mitte
Im Sommer 1954 testete Ascari den Lancia D50 ständig. Das Debüt erfolgte dann am 24. Oktober in Barcelona.

das Jahr 1952 zurück. Der Mercedes-Benz W196 war das markanteste und auch erfolgreichste Fahrzeug seiner Zeit. Seine Väter hatten in diesem Modell alle modernen Konstruktionsmerkmale vereinigt, obschon es sich nicht um revolutionäre Neuheiten handelte; in Einzelfällen hatten schon andere Marken diese oder jene Lösung angewendet. Die wesentlichsten Merkmale desW196 waren die Direkteinspritzung des Treibstoffes in die Zylinder nach dem Prinzip der Dieselmotoren, der stark zur Seite geneigte, nur 20° von der Horizontalen abweichende Achtzylinder-Reihenmotor (was eine flache Fahrzeugform mit tiefem Schwerpunkt und reduzierter Stirnfläche ergab), die zwangsgesteuerten Ventile ohne Rückzugsfeder, die Einzelradaufhängung mit Drehstabfederung aller vier Räder mit neuer Eingelenk-Pendelhinterachse, die am Rahmen befestigten und somit von den Rädern getrennten, großdimensionierten Trommelbremsen mit Turbinenkühlung, welche das Gewicht der ungefederten Massen stark reduzierten und die Radhaftung bei Unebenheiten der Fahrbahn verbesserten (sie waren mittels Kardanwellen mit den Rädern verbunden), sowie die völlig verkleidende Stromlinienkarosserie, welche auf schnellen Strecken bei Rundenzeiten um 2 Minuten herum eine um 1 Sekunde bessere Rundenzeit brachte. Später kam auch eine konventionelle Karosserie mit freistehenden Rädern — je nach Art der Strecke — dazu. Wie bei fast allen damaligen Formel-1-Wagen — ausgenommen Gordini — bildeten Getriebe und Hinterachse einen gemeinsamen Block. Beim Aufbau des Reihenmotors, der in zwei Zylindergruppen zu je vier Einheiten mit zentraler Kraftabnahme eingeteilt war, hielten die Mercedes-Konstrukteure an der auf den Grand-Prix-Wagen von 1914 zurückgehenden Tradition fest: Die acht Zylinder wurden auf ein Leichtmetallgehäuse aufgeschraubt, wobei die beiden Vierergruppen vom Gehäuse des Nockenwellenantriebes getrennt wurden. Jeder Block war aus Stahlelementen zusammengebaut, die Zylinder selbst waren fest mit einer Grundplatte verbunden, und das Ganze war ebenfalls von einem angeschweißten Kühlwassermantel umgeben. Die nicht abnehmbaren Verbrennungsräume — zwei Kerzen pro Zylinder — sowie die angeschweißten Ansaug- und Auspuffleitungen bildeten Bestandteile des Ganzen. Diese Bauweise versprach geringeres Gewicht und zeichnete sich durch große Stabilität aus. Die Ventile — je zwei pro Zylinder — waren desmodromisch oder zwangsgesteuert. Dieses Konstruktionsprinzip hatten die Franzosen (Peugeot) schon vor dem Ersten Weltkrieg bei ihren Rennwagen angewendet. Beim W196 öffneten und schlossen Nocken sowie Schlepphebel die Ventile, so daß sich Ventilfedern erübrigten. Mit diesem System war das Flattern der Ventile, wenn die Federn bei hohen Drehzahlen die Ventile nicht mehr restlos zu schließen vermögen, ausgeschaltet, ebenso konnten die Ventile länger offengehalten werden, was eine bessere Zylinderfüllung gewährleistete. Infolge des Wegfalls der Ventilfedern waren die Reibungsverluste im Ventiltrieb geringer, zudem waren auch Ventilfederbrüche, ein bei Rennmotoren häufiger Schaden, ausgeschaltet.

Der W196 entstand unter der Leitung von Professor Fritz Nallinger. Ingenieur Rudolf Uhlenhaut war an der Entwicklung beteiligt.

Sergio Mantovani

Links unten
Start zum Großen Preis von England 1954 in Silverstone. Der dann siegreiche Ferrari 625 von Froilan González liegt bereits in Führung. Rechts Moss auf Maserati 250F und links Fangio auf dem Mercedes W196.

Unten
Froilan González auf dem Ferrari 625 beim Großen Preis von Europa und von Deutschland auf dem Nürburgring.
Im Training war sein Landsmann Onofre Marimon auf Maserati ums Leben gekommen.

Mitte
Beim Großen Preis von Europa tauchte erstmals der Mercedes-Benz W196 mit freistehenden Rädern auf. Fangio kam nach der Niederlage von Silverstone wieder zu einem klaren Sieg.

Links
Verantwortliche Männer hinter dem Mercedes-Benz W196: von links Ludwig Kraus, Hans Scherenberg, Fritz Nallinger und Rudolf Uhlenhaut.

An der Konstruktion wirkten auch Dr. Lorscheidt, Dr. Scherenberg sowie einige weitere Spitzentechniker des Hauses mit. Der W196 wies auch die erstmals bei einem Rennwagen angewendete Direkteinspritzung des Treibstoffes in die Verbrennungsräume auf. Dieses in Zusammenarbeit mit Bosch entwickelte System konnte mit der seit Jahren verwendeten amerikanischen Hilborn-Einspritzung nicht verglichen werden. Diese Hilborn-Anlage wurde 1953 auch von Connaught angewendet und war vor allem von den in Indianapolis eingesetzten Offenhauser-Vierzylindermotoren her bekannt. Hilborn spritzte den Treibstoff in die Ansaugrohre ein. Die Bosch-Direkteinspritzung wurde später auch von Ferrari (von 1963 bis 1965) übernommen. Die Einspritzpumpe des Mercedes bestand aus einem Gehäuse mit acht Zylindern, von wo aus der Treibstoff mit einem Druck von 100 kg/cm³ in die Verbrennungsräume injiziert wurde. Seit 1966 wird bei Rennmotoren ausschließlich die indirekte Saugrohreinspritzung eingebaut. Die Zylinderabmessungen des Mercedes-Benz betrugen 76 × 68,8 mm = 2496 cm³, die Leistung von 280 PS wurde mit 8500 U/min abgegeben. Gespeist wurde dieser Motor mit einem seinerzeit geheimgehaltenen Spezialgemisch, das besonders ätzend war und Metall angriff, so daß es nicht einmal über Nacht im Tank oder in den Leitungen verbleiben durfte. Dieses Gemisch hatte die interne Bezeichnung RD 1 und wurde jeweils von Esso bereitgestellt. Es enthielt unter anderem 23 % 130oktaniges Flugbenzin, 25 % Methylalkohol, 45 % Benzol, 3 % Azeton und 2 % Nitrobenzol. Nach jeder Fahrt wurde der Treibstoff abgelassen und der Motor mit normalem Benzin durchgespült. Die Kolben erreichten eine mittlere Geschwindigkeit von 19,5 m/sec; mit einer spezifischen Leistung von 112 PS/l gab das Triebwerk den damaligen Spitzenwert ab. Trotz des leichten und verwindungsfesten Fachwerkrahmens aus Stahlrohr war das Trockengewicht von 680 kg für die verkleidete Ausführung und von 640 kg für die Version mit freistehenden Rädern etwas hoch, es ergab ein Leistungsgewicht von 2,43 und 2,28 kg/PS. Der 590 kg schwere Ferrari kam auf 2,27 kg/PS und der 630 kg wiegende Maserati auf 2,43 kg/PS; der Gordini mit einem Gewicht von 590 kg erzielte 2,69 kg/PS. Während Ferrari, Maserati und Gordini über ausgereifte Konstruktionen verfügten, die sich nicht mehr viel höher züchten ließen, befand sich der W196 am Anfang seiner Entwicklung. In ihm steckten noch weitere Möglichkeiten.

War das Mercedes-Debüt 1954 in Reims für die Konkurrenz niederschmetternd ausgefallen, so wurde der zweite Einsatz der Deuschen, beim Großen Preis von England in Silverstone, für sie zu einer großen Enttäuschung, denn hier versagten die Stromlinienwagen. Es gab einen Ferrari-Doppelsieg mit González und Hawthorn vor Marimon auf Maserati. Fangio wurde Vierter. Der Argentinier hatte mit der breiten, die Sicht beim Anschneiden der Kurve behindernden Karosserie, die sich in Reims so gut bewährt hatte, alle Mühe, das von González' Ferrari eingeschlagene Tempo mitzuhalten. Der W196 legte auch einige die Strecke markierende Tonnen um, weil er jeden Zentimeter Boden ausnützen mußte, er geriet einmal sogar von der Strecke, schließlich versagte auch das Getriebe. Bei diesem Großen Preis von England stellte sich ein einmaliger Zufall ein, indem gleich sieben Konkurrenten bei ihrer schnellsten Runde auf die gleiche Zeit kamen: González und Hawthorn auf Ferrari; Moss, Ascari und Marimon auf Maserati; Fangio auf Mercedes und Behra auf Gordini. Für sie hatten die Zeitnehmer 1 Minute, 50,0 Sekunden = 154,2 km/h gestoppt. Die nächste Runde spielte sich auf dem Nürburgring ab, wo die Mercedes mit konventionellen Karosserien, ohne verschalte Räder, antraten. Im Training stürzte der argentinische Maserati-Fahrer Onofre Marimon, dessen Vater Domingo einst zu den größten südamerikanischen Langstreckenspezialisten gezählt hatte, tödlich. Trotz des moralischen Schocks gewann Fangio souverän, während González das Steuer nach der halben Distanz an Mike Hawthorn übergab, so sehr hatte ihn der Tod seines Landsmannes und Freundes erschüttert.

Ein ähnliches Bild brachte der Große Preis der Schweiz in Bern, der leider die letzte derartige Prüfung auf dem schwierigen Circuit im Bremgartenwald sein sollte. González auf Ferrari fuhr zwar die schnellste Trainingszeit vor Fangio und Moss, aber im Rennen führte Fangio ständig. Der Schweizer Grand Prix wurde dann 1955, nach der Katastrophe von Le Mans, aus dem Kalender gestrichen. 1956 folgte in der Schweiz das bedauerliche allgemeine Rundrennverbot.

Die Bremgarten-Rundstrecke wäre auch nicht mehr als Rennplatz geeignet gewesen, man hätte sie nur unter sehr großem finanziellem Aufwand auf ein akzeptables Sicherheitsniveau bringen können. Die Berner Renntage waren erfolgreiche Großveranstaltungen mit bemerkenswerten Zuschauerzahlen. Den Publikumsrekord der Nachkriegszeit hatte das Jahr 1948 mit 110 700 zahlenden Zuschauern gebracht (Trainings- und Renntage zusammengezählt). Für die Nachkriegsrennen konnte bis 1952 folgende Zuschauerstatistik ermittelt werden: 1947: 109 500; 1948: 110 700; 1949: 89 200; 1950: 83 900; 1951: 83 800; 1952: 96 600. Die Gesamteinnahmen betrugen beispielsweise 1952 563 267 Franken, denen Ausgaben in Höhe von 593 307 Franken gegenüberstanden, woraus sich ein relativ bescheidenes Defizit von 30 040 Franken ergab. Dieser Fehlbetrag wurde getragen zu je einem Viertel vom Veranstalter und vom Kanton und zur Hälfte von der Gemeinde. Die öffentliche Hand

Rechts
Vor dem Mercedes-Debüt gewann Fangio in Argentinien sowie in Belgien (Bild) auf dem Maserati 250F.

Unten
In Barcelona gewann Mike Hawthorn auf dem Ferrari Squalo (Haifisch) des Typs 553 mit Seitentanks.

hatte also 1952 ein Defizit von 22 500 Franken zu tragen, eine Belastung, der aber Einnahmen aus Billettsteuern in Höhe von 75 500 Franken gegenüberstanden, so daß Kanton und Gemeinde mit dem Grand Prix Nettoeinnahmen in Höhe von 53 000 Franken erzielten.

Die vorletzte Runde der Fahrerweltmeisterschaft 1954 war der Große Preis von Italien, der einen aufregenden Rennverlauf brachte: Bis zur 49. Runde lieferten sich der auf Ferrari umgestiegene Alberto Ascari und sein mit dem Stromlinien-Mercedes an der Grenze fahrender Rivale Juan Manuel Fangio einen erbitterten Kampf. Ascari führte beinahe vierzig Runden lang, dann mußte er wegen Getriebebruchs aufgeben. Nach dem Ausscheiden des Ferrari übernahm Moss auf Maserati die Spitze, und sein Vorsprung vor Fangio vergrößerte sich bis auf 22 Sekunden; aber nach der 60. Runde wurde Moss langsamer, der Öldruck fiel, so daß Fangio, von den Defekten der italienischen Wagen profitierend, auch in Monza gewinnen konnte.

1954 erschien eine neue englische Marke mit einem Vierzylinderwagen im Grand-Prix-Sport: Vanwall. Im Mai, bei der International Trophy in Silverstone, fuhr Alan Brown die von Ferrari inspirierte Konstruktion bei deren erstem Einsatz. Anläßlich des englischen Grand Prix in Silverstone saß der junge Peter Collins im Cockpit des Vanwall, ebenso beim ersten Auslandstart in Monza. Der Lagerschalenfabrikant Tony Vanderwell hatte das Aggregat in Zusammenarbeit mit dem Motorradwerk Norton entwickeln lassen; zunächst erschien eine Zweiliterversion, dann kam eine 2,3-Liter-Ausführung; in Monza wies die Maschine im Training den definitiven Hubraum von 2,5 Litern auf. Dieser von vier einzelnen Amal-Vergasern gespeiste Motor gab 225 PS ab. Der Vanwall war bereits mit Dunlop-Scheibenbremsen bestückt. Einige Jahre später — von 1957 bis 1958 — spielten die stromlinienförmigen, langgezogenen, grünen Fahrzeuge eine bedeutende Rolle.

Das große Saisonfinale mit überraschenden Einlagen kam 1954 mit dem Großen Preis von Spanien in Barcelona: Hier trat der neue Lancia Typ D50 erstmals an, gefahren von Ascari und Villoresi. Für den V8 aus Turin mit Ascari am Steuer notierte man die Trainingsbestzeit vor Fangio und Hawthorn. Der Italiener übernahm die Führung und distanzierte seine Rivalen in den ersten zehn Runden um zwei Sekunden pro Umgang, aber dann mußte er mit einem Defekt an der hydraulischen Kupplungsbetätigung aufgeben. Anschließend führte Harry Schell auf dem Werks-Maserati. In der 20. Runde stieß Trintignant auf Ferrari an die Spitze vor, die dann wieder zu Harry Schell wechselte, bis sich der Amerikaner drehte. Später übernahm Hawthorn auf dem Ferrari 555 Squalo die Führung vor Fangio. Ein heftiger Wind begann Staubwolken und Papier über die Piste zu wirbeln, wobei an einigen Wagen die Kühleröffnungen verstopft wurden; Fangios Motor wurde heiß und verlor Öl, Hawthorn hielt die Spitze sicher und gewann das Rennen vor dem jungen italienischen Maserati-Fahrer Luigi Musso, während Fangio auf Platz drei kam.

Die schnellste Runde hatte der debütierende Lancia von Ascari mit vollen Tanks gefahren.

Der Lancia D50 war eine Schöpfung des ehemaligen Alfa-Romeo-Konstrukteurs Ingenieur Vittorio Jano, Vater der erfolgreichen P2 und P3. Der Turiner Wagen wurde von einem V8-Motor angetrieben, von welchem es zwei Versionen mit leicht geänderten Zylinderabmessungen gab: 73,6 × 73,1 mm = 2488 cm^3 (260 PS bei 8000 U/min) sowie 76 × 68,5 mm = 2486 cm^3 (255 PS bei 8000 U/min). Die Verdichtung betrug 10,4:1, und der Treibstoff setzte sich zu 50 Prozent aus Flugbenzin (Oktanzahl 130) und zu je 25 Prozent aus Benzol und Alkohol zusammen. Die Zylinderreihen standen in einem 90°-Winkel zueinander, die nassen Zylinderbüchsen wurden oben im Leichtmetallgußgehäuse gehalten. Kurbelwelle und Pleuel hatten Gleitlager. Jede Zylinderreihe wies zwei Nockenwellen auf, das Aggregat wurde von Solex-Fallstrom-Doppelvergasern gespeist. Jeder Zylinder besaß zwei Zündkerzen. Interessant war, daß der Motor als ein versteifender struktureller Träger des Fahrwerks verwendet wurde, ein Merkmal, das heute den meisten Rennkonstruktionen eigen ist. Vorn hingen die Räder an doppelten Dreiecklenkern, hinten wurden sie von der damals klassischen De-Dion-Achse gehalten, wobei Getriebe und Differential einen gemeinsamen Block bildeten. Der Motor lag diagonal im Chassis (in einem Winkel von 12° zur Längsmittelachse), so daß man die Kardanwelle seitlich am Fahrersitz vorbeiführen konnte und der Pilot tiefer zu sitzen kam. Interessant waren die berühmten seitlichen Tanks, die zwischen den Rädern als separate Körper an das Fahrzeug angebaut waren. Diese Anordnung gewährte eine gleichbleibende Gewichtsverteilung bei vollen oder leeren Tanks, zudem brachte sie aerodynamische Vorteile. Beachtlich war auch das günstige Gewicht von 600 kg, das ein Leistungsgewicht von 2,31 kg/PS ergab. Jahrzehntelang hatte sich die Marke Lancia geweigert, offiziell an Wettbewerben teilzunehmen, obschon der Firmengründer, Vincenzo Lancia, ursprünglich ein erfolgreicher Fiat-Grand-Prix-Fahrer gewesen war. Aber in den fünfziger Jahren, als der Sohn, Gianni Lancia, allmählich ans Ruder kam, änderte sich diese Politik, und 1951 nahm das Werk — wenn auch noch inoffiziell — mit dem Aurelia B20 an Gran-Turismo-Rennen teil; 1953 und 1954 folgten die V6-Rennsportwagen Typ D20, D23 oder D24, bis dann eben 1954 auch das Grand-Prix-Modell Typ D50 auftauchte.

Nach zwei Siegen auf Maserati und vier Siegen auf Mercedes wurde Fangio überlegener Weltmeister 1954 mit 42 Punkten, González kam auf 25$\frac{1}{7}$ und Hawthorn auf 24$\frac{9}{14}$ Punkte. In seiner ersten Saison war der Mercedes-Benz W196 noch nicht so überlegen; insbesondere bei den letzten Rennen hatten die Italiener viel Boden gewonnen. Zu einem guten Teil gingen die vier Siege von Daimler-Benz auf das Konto des großartigen Fangio, der das Fahrzeug auch in angeschlagenem Zustand stets hervorragend zu klassieren vermochte und nie mit Defekten ausfiel. Die Mercedes-Monteure meinten später, Fangios Motoren hätten auch immer die geringsten Abnützungserscheinungen aufgewiesen — der Argentinier fuhr nicht nur schnell, er fuhr auch schonend.

In der Markenweltmeisterschaft der Sportwagen ging der Titel zum zweiten Male an Ferrari, dessen Zwölfzylinder in Buenos Aires, in Le Mans, bei der Tourist Trophy und bei der letzten Carrera Panamericana gewannen, während Lancia mit Alberto Ascari bei der Mille Miglia und Osca mit Moss/Lloyd in Sebring siegten.

Mercedes ist unschlagbar 1955

Mit dem W196 holt sich Fangio einen Sieg nach dem andern und wird zum dritten Male Weltmeister. In Monza stürzt Ascari tödlich. Lancia schenkt sein Material der Scuderia Ferrari.

Die folgende Saison 1955 ging als Unglücksjahr in die Geschichte des Automobilsportes ein, denn im Mai kamen Alberto Ascari und der zweifache Indianapolis-Sieger Bill Vukovich ums Leben, im Juni ereignete sich die Katastrophe von Le Mans. Die unmittelbaren Folgen blieben nicht aus, die Großen Preise der Schweiz, des ACF und von Deutschland fanden nicht statt, und auch in Amerika zog sich die AAA (American Automobil Association) als Rennveranstalter zurück. Seither laufen die großen amerikanischen Rennen unter der Regie des USAC (United States Auto Club), des SCCA (Sports Car Club of America) oder (seit 1980) des CART (Championship Auto Racing Teams).

Rennleiter Neubauer von Daimler-Benz verpflichtete nun Stirling Moss, der zusammen mit Juan Manuel Fangio das unbesiegbare Grand-Prix-Duo bildete. Der Radstand des W196 wurde reduziert, und die vorderen Trommelbremsen wurden, bedingt durch die Verkürzung des Chassis, in die Räder verlegt. Die Leistung des Triebwerkes stieg auf 290 PS bei 8500 U/min, die Motoren der italienischen Konkurrenz blieben bei Werten um 260 bis 270 PS. Daimler-Benz brachte auch den Sportwagen Typ 300 SLR heraus, der ebenfalls eine dominierende Rolle spielte und der Marke den Sportwagenweltmeistertitel einbrachte, wobei Stirling Moss zusammen mit dem englischen Fachjournalisten Denis Jenkinson auf dem Dreiliter die Mille Miglia mit dem später nie erreichten Rekorddurchschnitt von 157,65 km/h gewann. Die 2992-cm^3-Ausführung des Achtzylinderaggregates war anders als das Grand-Prix-Triebwerk aufgebaut, denn die Zylinderblöcke wurden aus Leichtmetall gegossen, sie bestanden nicht mehr aus geschweißten Elementen. Diese Bauweise hatte man übernommen, um die Verformung der geschmiedeten Stahlbauteile, die zu wachsenden Reibungsverlusten führten, auszuschalten.

Bei den Formel-1-Rennen verteilten sich die Fahrer wie folgt auf die führenden Marken: Mercedes-Benz mit Fangio, Moss, Kling und Herrmann (später kam auch Taruffi hinzu); Ferrari mit Hawthorn, Trintignant, Farina, Maglioli und González; Lancia mit

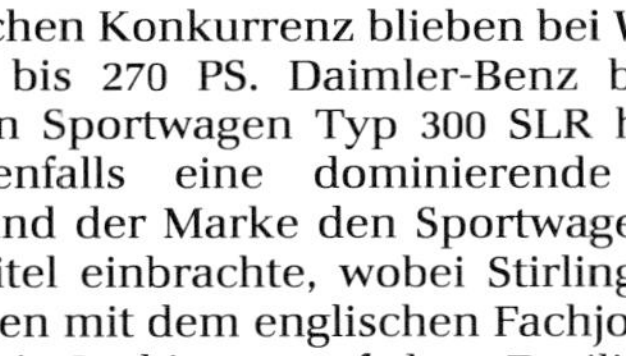

Stirling Moss

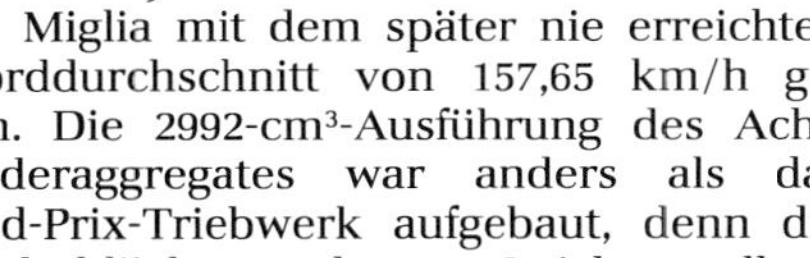

Maurice Trintignant

Links
In Argentinien siegte Fangio bei unglaublicher Hitze auf dem kürzeren W196.

Mitte links
In Buenos Aires fuhr Froilan González den Ferrari 625.

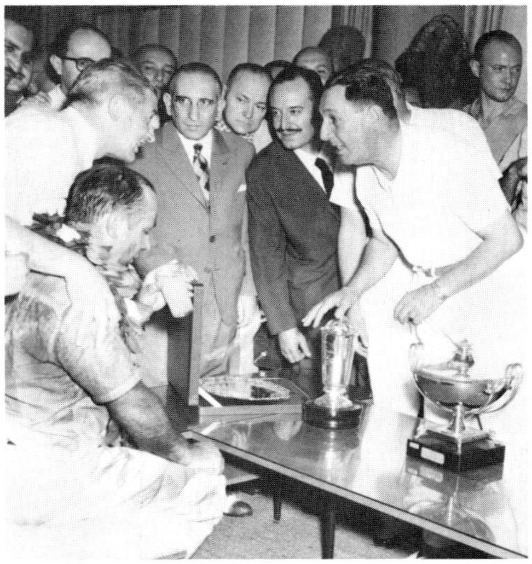

Unten
Nach dem Hitzerennen von Buenos Aires war Fangio total fertig. Erschöpft sitzt er in der Loge des Präsidenten Perón.

Ascari, Villoresi und Castellotti; Maserati mit Behra (er hatte Gordini verlassen), den Argentiniern Carlos Menditeguy und Roberto Mieres, den Italienern Cesare Perdisa und Sergio Montavani sowie dem privat fahrenden 50jährigen Louis Rosier; Gordini konkurrierte mit Elie Bayol, Da Silva Ramos und Harry Schell.

Fangio auf dem erneuerten Mercedes gewann in Buenos Aires einen historischen Großen Preis von Argentinien, wobei sich die meisten Piloten bei diesem Rennen ablösten, derart unerträglich war die Hitze. Stirling Moss auf Mercedes gab beispielsweise nach 28 Runden erschöpft auf und ließ einen intakten Wagen auf der Strecke stehen. Der Kampf aber ging über 96 Runden. Dieses ungewöhnliche Rennen, das drei Stunden dauerte, verdient eine besondere Würdigung. Im Schatten registrierte man 37°, die Bodentemperatur war auf 52° geklettert. Schon sechs Stunden vor dem Start waren die vielen Tribünen, welche die Zielgerade säumen, zum Bersten voll. Nur zwei — einheimische — Fahrer brachten ihre Wagen allein über die Distanz: Juan Manuel Fangio auf Mercedes-Benz und Roberto Mieres auf Maserati, während von den 21 Konkurrenten 11 zwei Wagen und Behra und Trintignant gar deren drei fuhren. Man registrierte ungefähr 50 Boxenstopps. Der Ferrari Typ 625 Nr. 12 wurde von fünf verschiedenen Fahrern pilotiert, obschon sich der Vierzylinder in einem hervorragenden Zustand befand. Einmal stand das Fahrzeug eine ganze Runde lang an den Boxen, weil kein Pilot fit genug war, um die Schlacht fortzusetzen. Schließlich stieg González wieder ins Cockpit, nachdem sich der «Cabezon» (Dickkopf), wie ihn die Argentinier nannten, eine Spritze gegen die Rückenschmerzen hatte verabreichen lassen. Daraufhin machte González pro Runde fünf Sekunden auf den Leader gut, denn auch der zähe Fangio war — wie er nach dem Rennen erzählte — der Erschöpfung nahe und hatte mehrmals aufgeben wollen. Schließlich ging sein W196 nach der 381,2 Kilometer langen und 3 Stunden und 38,6 Sekunden (129,74 km/h) dauernden Tortur siegreich durchs Ziel: drei Stunden intensivster Renngeschichte. Bei der Siegerehrung war Fangio vollkommen fertig, und selbst vor dem rennsportfreundlichen Staatspräsidenten Perón vergaß er einen Augenblick die Haltung und ließ sich auf einen Stuhl fallen. Der zähe «Chueco» (der Krummbeinige) aus dem Städtchen Balcarce hatte diesen Kampf mit seinem eisernen Willen durchgestanden. Der mehrfache Weltmeister verstand es, sich die nötigen konditionellen Reserven zu verschaffen: Jeden Abend ging er spätestens um 22 Uhr ins Bett, selbst für einen Pressechef war er nicht mehr zu sprechen.

Rechts
Beim Großen Preis von Europa 1955 in Monaco bestritt Alberto Ascari auf Lancia D50 sein letztes Rennen. Er stürzte ins Meer. Vier Tage danach kam er in Monza ums Leben.

Unten
Ferraris neue Waffe für 1955 war der 555 Supersqualo (Farina beim Training in Turin), der sich jedoch nicht bewährte.

Die Überraschung der Saison folgte in Monte Carlo. Hier erlitt Hans Herrmann einen schweren Trainingsunfall, der dritte Mercedes wurde ausnahmsweise dem Franzosen André Simon anvertraut. Auch Lancia machte eine Geste und stellte dem inzwischen 56 Jahre alt gewordenen Monegassen Louis Chiron das vierte Fahrzeug zur Verfügung. Am 27. März des gleichen Jahres hatte Alberto Ascari auf dem Lancia D50 den Großen Preis des Valentino in Turin und dann, am 8. Mai, auch den Großen Preis von Neapel gewonnen, wobei es sich hier nicht um Weltmeisterschaftsläufe handelte. Mit Spannung sah man dem Großen Preis von Monaco 1955 entgegen, bei dem es sich zugleich um den Großen Preis von Europa handelte. Der Vanwall-Vierzylinder, hier von Mike Hawthorn gefahren, erschien in Monaco ebenfalls mit einer direkten Benzineinspritzung von Bosch. Im Laufe der Saison fuhren auch Ken Wharton und Harry Schell auf Vanwall, Hawthorn kehrte wieder zur angestammten Marke Ferrari zurück. In Monaco lagen bis zur 50. Runde Fangio und Moss unangefochten an der Spitze, die nächsten Verfolger waren Ascari, Castellotti und Behra. In der zweiten Hälfte des Rennens fielen aber alle drei Mercedes Defekten in der Zwangsventilsteuerung zum Opfer. Als der führende Moss in der 80. Runde (Fangio war schon ausgeschieden) die Segel streichen mußte, kam Ascaris Lancia automatisch auf die erste Position, aber in der gleichen Runde geriet der Mailänder ausgangs der berüchtigten Schikane am Meer, in welcher sein Landsmann Lorenzo Bandini zwölf Jahre später tödlich verunglückte, von der Bahn ab, und der Lancia sauste in den Hafen von Monaco. Ascari überstand den Unfall schadlos, aber vier Tage später, am 26. Mai, stürzte er in Monza, anläßlich einer harmlosen Probefahrt mit einem Ferrari 750 Monza, in der Vialone-Kurve, die seither seinen Namen trägt, aus nie geklärten Gründen tödlich. Den Großen Preis von Monaco gewann schließlich der Franzose Maurice Trintignant auf dem älteren Ferrari 625 vor dem 24jährigen Castellotti auf Lancia und Behra/Perdisa auf Maserati. Es war dies der einzige Grand Prix 1955, bei welchem kein Mercedes zu Siegerehren kam.

Der Tod Alberto Ascaris bewog Team-Boß Gianni Lancia, dessen Unternehmen jetzt ohnehin finanziell auf schwachen Füßen stand, die Rennabteilung aufzulösen; das gesamte Rennmaterial (Rennwagen, Ersatzmotoren und Zubehör) wurde der Scuderia Ferrari am 26. Juli 1955 geschenkweise übergeben. Nach Maranello gingen auch Eugenio Castellotti und Ingenieur Jano. Bei Ferrari war die modernisierte Version des Squalo-Vierzylinders, nämlich der 555 Supersqualo, nicht imstande, die Mercedes zu gefährden.

Mit Ausnahme des Großen Preises von England in Aintree bei Liverpool, wo Moss zum Sieger bestimmt war — es handelte sich um den ersten Erfolg eines Engländers beim Grand Prix des Royal Automobile Club überhaupt —, gewann Fangio alle verbleibenden Weltmeisterschaftsläufe; mit 40 Punkten wurde er zum dritten Male als weltbester Pilot gekrönt, Moss kam auf 23 und Castellotti auf 12 Punkte.

In Aintree tauchte übrigens, ganz still und unscheinbar, eine neue Kombination auf: ein gewisser Australier namens Jack Brabham auf einem verschalten Cooper, dessen Bristol-Sechszylindermotor hinter dem Fahrer eingebaut war. Bei diesem kleinen Cooper T40 mit bloss 2 Litern Inhalt und nur 140 PS abgebendem 1-OHC-Triebwerk handelte es sich effektiv um einen Mittelmotorsportwagen. Der T40 war eigentlich ein Vorbote der dann Ende der fünfziger Jahre einsetzenden technischen Revolution: die des Leichtbaues mit vor der Hinterachse installiertem Motor. Aber 1955 waren noch die schweren Frontmotorboliden die Favoriten. Im Training fuhr Brabham mit Abstand die langsamste Zeit, aber einige Jahre später sollte dann das Gespann Brabham/Cooper noch viel von sich reden machen. Als einziger englischer Wagen wurde der Vanwall von Harry Schell klassiert.

Das letzte Grand-Prix-Rennen des Jahres war der Lauf auf der umgebauten Bahn von Monza, die auch ein neues Hochgeschwindigkeitsoval mit stark überhöhten Kurven von maximal 38° Neigung bekommen hatte.

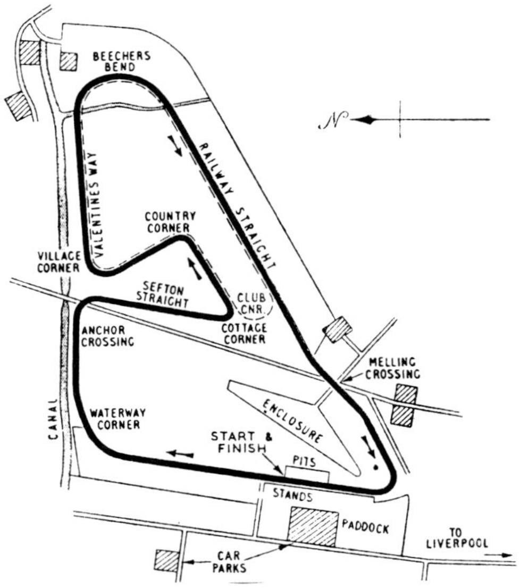

Oben
Der Große Preis von England wurde 1955 erstmals auf der drei Meilen oder 4,827 km langen Rundstrecke von Aintree ausgetragen. Auf dem gleichen Areal läuft übrigens das berüchtigte Grand-National-Pferderennen.

Links unten
Ganz still und unscheinbar tauchte beim Großen Preis von England in Aintree ein Australier namens Jack Brabham auf, der einen Cooper T40 mit nur 140 PS abgebendem 2-Liter-Bristol-Sechszylindermotor fuhr.

Unten
Nach dem Tode Alberto Ascaris beschloß Gianni Lancia Mitte Saison 1955, die Rennabteilung aufzulösen. Am 26. Juli 1955 schenkte Lancia sechs Rennwagen des Typs D50, plus das Ersatzmaterial, der Scuderia Ferrari.

Umberto Maglioli

Robert Manzon

Der Straßencircuit wurde von 6,3 Kilometern (Umbau von 1948) auf 5,75 Kilometer verkürzt, das Hochgeschwindigkeitsbecken verlängerte den kombinierten Kurs um weitere 4,25 Kilometer auf genau 10 Kilometer. Staatspräsident Giovanni Gronchi fand sich zur Einweihung der renovierten Anlage ein. Es hatte sich allerdings schon im Training herausgestellt, daß die überhöhten Kurven mit Betonbelag bedingt durch die besondere Bauweise Unebenheiten aufwiesen, so daß die Fahrgestelle enormen Belastungen ausgesetzt waren. Mit den Jahren gab dann auch das Terrain nach, die Unebenheiten nahmen zu, und das berühmte Becken entpuppte sich als ein kostspieliger Fehlgriff.

In Monza setzte Amédée Gordini seine letzte Formel-1-Konstruktion, den Typ 32, ein: einen Achtzylinder in Reihe, der in ein Fahrgestell mit vier unabhängigen Rädern mit Scheibenbremsen eingebaut war. Das Aggregat (75×70 mm = 2498 cm^3) wies zwei Nockenwellen auf und gab 256 PS bei 7200 U/min ab. Am Steuer saß Jean Lucas, der schon nach sieben Runden ausfiel. Hier hätten auch die Lancia D50 unter der Regie Ferraris an den Start gehen sollen, aber Ferrari standen keine geeigneten Reifen zur Verfügung.

Bei Ferrari hatte man 1955 einen ausgefallenen Plan in Angriff genommen: Ingenieur Lampredi konstruierte den Zweizylindermotor Typ 116 (118×114 mm = 2493 cm^3), der auf dem Prüfstand bei den ersten Bremsversuchen 175 PS bei 4800 U/min abgegeben haben soll. Diese ungewöhnliche Maschine mit ihren großen Zylinderabmessungen wäre für den Einsatz auf kurvenreichen Strecken vorgesehen gewesen, weil das Aggregat trotz der mäßigen Leistung ein hervorragendes Drehmoment abzugeben versprach. Mit der Übernahme des wertvollen Lancia-Materials ließ man in Maranello das Zweizylinderprojekt fallen. Im Verlaufe der Saison 1955 verließ der langjährige Ferrari-Ingenieur Aurelio Lampredi die Marke aus Maranello, um bei Fiat in Turin einzutreten, wo Lampredi im Verlaufe der Jahre maßgeblich bei der Entwicklung von Serienmodellen mitwirkte.

Ende der Saison zog sich Daimler-Benz von der Rennerei zurück. Im Werk gab es im Oktober, in Anwesenheit der Direktion, der Fahrer, der Altmeister und vieler Gäste, eine letzte Siegerehrung. Prof. Dr. Fritz Nallinger kündigte an, daß Mercedes-Benz auf unbestimmte Zeit auf die Beteiligung an Formel-1- und Sportwagenrennen verzichten werde. Der Grund für diesen Entschluß lag nach den Ausführungen des damaligen technischen Direktors in der Doppelbelastung für die Versuchsabteilung, die neben den Arbeiten für die Serienwagen zusätzlich auch die Entwicklung der Renn- und Rennsportwagen voranzutreiben hatte. Wohl die besten Kräfte wurden aber gerade durch diese Doppelbelastung in zu starkem Maße daran gehindert, ihr Wissen voll und ganz den Personenwagen zugute kommen zu lassen. Nallinger fügte hinzu: «Nun sollen aber die in den Rennen gesammelten Erfahrungen den Konstruktionen auf dem Serienwagensektor zukommen.» Damit hatte er den technischen Sinn der Beteiligung großer Marken an Automobilrennen treffend umschrieben.

Anschließend rollten die W196 und der 300 SLR ins Museum. In zwei Formel-1-Saisons hatte der Monoposto bei 15 Starts 12 Siege errungen, darunter sieben doppelte, einen dreifachen und einen vierfachen. Das war eine stolze Bilanz.

Für die beiden Formel-1-Saisons hatte Daimler-Benz nicht weniger als 15 Rennwagen gebaut. Die deutschen Fahrzeuge waren technisch der Konkurrenz weit voraus, sie stellten das Produkt eines umfangreichen Ingenieur- und Technikerstabes dar, wie ihn nur eine große Automobilfabrik aufweisen kann. Daneben wirkten Marken wie Ferrari, Maserati, Gordini, Cooper, Connaught oder HWM wie Zwerge, die zwar ihr Handwerk mit viel Geschick und Erfahrung betrieben, jedoch niemals über die wissenschaftlichen und finanziellen Mittel eines Großunterneh-

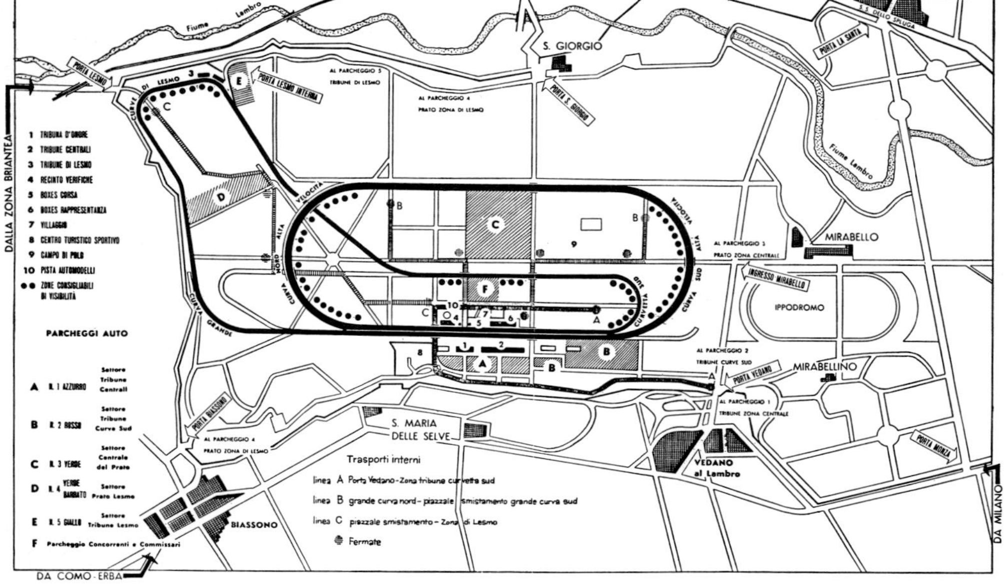

Unten
Das letzte Formel-1-Modell von Gordini war der viel zu schwere Typ 32 mit Achtzylindermotor, der hier (1955) von Robert Manzon in Monthléry probegefahren wird.

Rechts
Mit dem Großen Preis von Italien 1955 erfolgte auch die große Premiere der Hochgeschwindigkeitspiste von Monza. In Führung liegt Fangio.

Oben und rechts
Im Jahre 1955 erlebte das Autodrom von Monza seinen zweiten großen Umbau. Die Straßenrundstrecke blieb weitgehend gleich, einzig die alte Porfido-Kurve am Ende der Gegengeraden sowie die Zielkurve wurden zur neuen «Parabolica» umgebaut, wobei man den Straßenkurs von 6,3 auf 5,75 km kürzte. Hinzu kam das neue, 4,25 km lange Hochgeschwindigkeitsoval (im Bild rechts wird die Anlage gebaut), so daß beide Strecken zusammen eine Rundenlänge von 10 km ergaben. Die beiden überhöhten Kurven weisen eine maximale Neigung von 38° auf. Die Hochgeschwindigkeitspiste erwies sich alsbald als holprig.

mens verfügten. Ferrari freilich konnte auf einen jährlichen Zuschuß von 50 Millionen Lire (damals rund 350 000 Franken) aus der Kasse von Fiat zählen, denn der Gigant aus Turin war sich dessen bewußt, daß die Resonanz der Ferrari-Erfolge mit zum Absatz italienischer Personenwagen auf ausländischen Märkten beitrug.

In Deutschland konnten in der großen Renngeschichte immer nur Namen wie Mercedes-Benz oder Auto Union, später auch Porsche und BMW, Ruhm ernten; nie gab es dort — wie in Italien, Frankreich und später auch in England — kleine Konstrukteure, die in Hinterhöfen oder in kleinen Werkstätten erfolgreiche Grand-Prix- oder Rennsportwagen auf die Räder stellten, welche sich vor der internationalen Spitzenkonkurrenz hätten behaupten können.

Zu Ingenieur Uhlenhaut, einem der Väter des Mercedes-Benz W196, bleibt zu erwähnen, daß er selbst ein passionierter und hervorragender Fahrer war, und wenn er von der Direktion (und von seiner Gattin) grünes Licht bekommen hätte, dann wäre er wahrscheinlich auch zum Start angetreten. Bei Probefahrten stellte Uhlenhaut sein Können immer wieder unter Beweis und versetzte dabei Kollegen und Berufspiloten in Staunen. Wie er dem Autor einige Jahre später bei einem Bankett erzählte, fuhr er 1954 bei einem Privattraining mit dem W196 auf dem Nürburgring die schnellste Runde des Jahres. Er sei dabei auf 9 Minuten 48 Sekunden, Fangio jedoch nur auf 9 Minuten 51 Sekunden gekommen. «Aber», meinte Uhlenhaut, «das hieß noch lange nicht, daß ich schneller als Fangio fahren konnte, denn Fangio fuhr nie schneller als unbedingt nötig.» Die schnellste Rennrunde hatte Karl Kling 1954 auf dem W196 mit 9 Minuten, 55,1 Sekunden =

18

Rechts
Mike Hawthorn auf Vanwall.

Unten
Aurelio Lampredi zeichnete von 1949 bis 1955 für die meisten Ferrari verantwortlich.

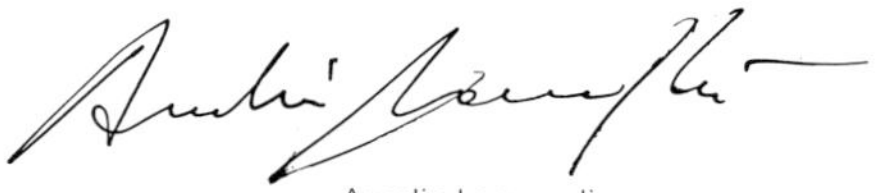

Aurelio Lampredi

138,961 km/h aufgestellt. 1955 wurde der Große Preis von Deutschland nicht abgehalten, aber bei einem Privattraining kam Fangio mit dem verkürzten W196 auf die Traumzeit von 9 Minuten, 33,9 Sekunden. Ein Jahr später fuhr der Argentinier die schnellste Rennrunde auf einem Ferrari-Lancia in 9 Minuten, 41,6 Sekunden, und 1957 realisierte er mit dem Maserati 250F den legendären Rundenrekord, den man beim damaligen Stand für fast unglaubwürdig hielt: 9 Minuten, 17,4 Sekunden.

Im Oktober, während der Übergangszeit zwischen zwei Saisons, gab es noch eine große Überraschung in Syrakus: der 22jährige englische Zahnarzt Tony Brooks, der vorher noch nie ein Formel-1-Rennen bestritten hatte, siegte auf einem Connaught mit Alta-Einspritzmotor und ließ dabei die Werkskonkurrenz von Maserati und Gordini hinter sich. Seit 1924 (Henry Segrave auf Sunbeam) hatte erstmals wieder ein englischer Grand-Prix-Monoposto gegen die ausländische Fabrikkonkurrenz gewonnen. Die sizilianischen Organisatoren waren von der Leistung Tony Brooks' und dessen Connaught derart überrascht, daß sie den Hubraum des Vierzylinders nachkontrollierten; doch der stimmte. Die Connaught wurden von 1949 bis 1957 gebaut und eingesetzt. Kenneth McAlpine finanzierte das kleine Unternehmen, gelegentlich fuhr er auch selbst. Rodney Clarke, selbst ein bekannter Fahrer, war der Konstrukteur. Nachdem man bis 1953 einen Lea-Francis-Motor verwendet hatte, ging man in der 2,5-Liter-Formel auf ein Alta-Triebwerk über.

Seit 1954 tauchte bei den Grand Prix gelegentlich auch der englische Vierzylinder-Vanwall auf, der die Farben des Lagerschalenfabrikanten Tony Vanderwell vertrat. Zuerst erschien der Vanwall mit einem Zweilitermotor sowie mit einem von John Cooper entworfenen Chassis. Der Vierzylindermotor war in Zusammenarbeit mit den Norton-Motorrad-Technikern Joe Craig und Gilbert Smith entstanden; später wurde der Hubraum auf 2,3 und schließlich auf 2,5 Liter erhöht. Zwischen 1949 und 1954 hatte Tony Vanderwell Ferrari-Zwölfzylinderrennwagen bei englischen Rennen eingesetzt, welche er modifizieren ließ und als Thin Wall Specials bei vorwiegend formelfreien Rennen an den Start brachte. Im Verlaufe der Jahre (vor allem 1957 und 1958) wurden die grünen Vanwall dann die härtesten Rivalen der italienischen Konstruktionen.

Mitte der fünfziger Jahre kam der berühmte «Power Slide» in seiner perfektesten Form auf — wenn die Fahrzeuge leicht quer um die Kurven wischten und die Längsachse der Wagen zu derjenigen der Fahrbahn einen spitzen Winkel bildete. Es ist dies mehr oder weniger ein Schleudern unter Beigabe von dosiertem Gas und Gegensteuer; eigentlich ist es eine Zwischenstufe zwischen jenem Fahrzustand, den man als «Rollen» bezeichnet, und dem nächsten Zustand, wenn man die Haftgrenze der rollenden Räder überschreitet und sich das Fahrzeug plötzlich nach der Seite bewegt. Der «Power Slide», auch «Four Wheel Drift» genannt, brachte das schnellste Kurventempo und hätte beispielsweise mit den überstarken Kompressorboliden noch nicht angewendet werden können, denn das brutal einsetzende Drehmoment der aufgeladenen Aggregate ließ sich nicht feinfühlig genug dosieren. Heute wird diese Kurventechnik noch beschränkt praktiziert, weil die Fahrzeuge eine derart hohe Querbeschleunigung dank der damit verbundenen enormen Bodenhaftung vertragen, daß die Grenze zwischen kontrolliertem Wegwischen und unkontrollierbarem Ausbrechen des Hecks ganz scharf gezogen ist. Die Wagen rollen fast wie auf Schienen durch die Kurven.

Formel-1-Wagen der 2,5-Liter-Formel (1954—1955)

Baujahr	Marke und Modell	Zylinderzahl	Hubraum	Bohrung	Hub	Leistung/PS	Höchstdrehzahl	Anzahl Gänge	Spitze in km/h	Trockengewicht
1954	Mercedes W196	8	2496	76	68,8	260	8500	5	280	758
1954	Lancia D50	8	2487	73,6	73,1	260	8000	5	280	600
1954	Lancia D50	8	2485	76	68,5	255	8000	5	280	600
1954	Maserati 250F	6	2493	84	75	260	7000	5	290	630
1954	Gordini Typ 16	6	2473	80	82	220	6000	4	240	590
1954	Vanwall	4	2340	93	86	210	6500	5	245	570
1954	HWM-Alta	4	2448	93	90	195	6000	4	220	560
1954	Connaught Type B	4	2464	93,5	90	220	6000	4	235	590
1954	Arzani Volpini	4	2496	94	90	210	7100	4	265	650
1954	Ferrari 625	4	2498	94	90	240	7000	4	250	600
1954	Ferrari 553	4	2497	100	79,5	250	7500	4	250	590
1955	Mercedes W196	8	2496	76	68,8	290	8500	5	300	730
1955	Lancia D50	8	2480	74	72	260	8200	5	280	600
1955	Vanwall	4	2490	96	86	250	7000	5	270	570
1955	Bugatti 251	8	2432	75	68,8	250	8500	5	250	750
1955	Gordini Type 32	8	2480	75	70	250	8200	5	250	650
1955	Connaught	4	2464	93,5	90	240	6500	4	245	590
1955	BRM T25	4	2497	102,8	74,9	255	8000	4	265	580
1955	Ferrari 555	4	2497	100	79,5	270	7500	4	270	590
1955	Ferrari 252	2	2493	118	114	174	4800			
1955	Cooper T40-Bristol	6	1971	66	96	140	5800	4	240	

Siegreiche Ferrari-Lancia

Auf dem von Ferrari weiterentwickelten Lancia D50 wird Fangio abermals Weltmeister. Schnelle englische Vanwall mit Einspritzmotor. Kurzer und letzter Auftritt Bugattis in Reims.

Nach dem Rückzug von Daimler-Benz konnten Ferrari und Maserati die Grand-Prix-Erfolge wieder unter sich teilen, aber allmählich wurden die Engländer für die sieggewohnten Rennställe aus Modena und Maranello gefährlich. Die Rennsaison stand im Zeichen der Duelle zwischen den bisherigen Mercedes-Benz-Piloten Juan Manuel Fangio und Stirling Moss: Der Argentinier ging zu Ferrari und der Engländer zu Maserati. Froilan González kam nur noch sporadisch zum Einsatz und zog sich allmählich zurück. Beim Großen Preis von Argentinien stießen nur die Ferrari und Maserati aufeinander; hier sorgte der einheimische Polo-, Golf- und Tennisspieler Carlos Menditeguy für eine Überraschung, als er mit seinem Maserati 250F der Konkurrenz auf und davon fuhr, in der 43. Runde aber, eine Runde vor Fangio liegend, wegen Bruchs einer Halbachse aufgeben mußte. Fangio gewann das Rennen auf seinem Ferrari, bei welchem es sich um den modifizierten Lancia D50 mit V8-Motor von 1954/1955 handelte. In Maranello hatte man die seitlichen Tanks in die Karosserie einbezogen, so daß diese Behälter nun eine Einheit mit der Hauptstruktur bildeten. Ferrari «kreuzte» auch den Lancia-V8-Motor mit dem Fahrgestell des Supersqualo, jedoch ohne Erfolg. Die Lancia D50, welche nun Ferrari-Lancia hießen, hatten in Maranello vorn anstelle der Blattfeder neue Schraubenfedern erhalten. Hinten wurde die Federung der De-Dion-Achse ebenfalls modifiziert.

Nach längerer Formel-1-Abszenz trat BRM beim Großen Preis von Monaco wieder bei einem Weltmeisterschaftslauf an. Mike Hawthorn pilotierte die Neukonstruktion, die enorm schnell war. Allerdings wurde der BRM Typ 25 — ebenfalls von Peter Berthon konstruiert — von Defekten heimgesucht. BRM gehörte nun der Firmengruppe des englischen Industriellen Sir Alfred Owen an. Die Frontmotorkonstruktion wies ein Vierzylinderaggregat mit großer Bohrung und großen Ventilen auf ($102{,}8 \times 74{,}9$ mm = 2486 cm³), das 270 PS bei 8000 U/min abgab und von Weber-Vergasern gespeist wurde. Das Fahrgestell umfaßte eine hintere De-Dion-Achse, eine pneumatische Vorderradaufhängung sowie Scheibenbremsen. Günstig war das Wagengewicht, welches mit 550 kg deutlich unter demjenigen der italienischen Konstruktionen lag; es ergab ein Leistungsgewicht von 2,04 kg/PS. In Monte Carlo siegte Moss auf Maserati vor Fangio anf dem Ferrari-Lancia; der Argentinier war im Laufe des Rennens auf das Fahrzeug des jungen Engländers Peter Collins umgestiegen. Damals trieb der Wagenwechsel wahre Blüten. Sobald das Fahrzeug des Teambesten einen Defekt erlitt, wurde der Wagen seines Kollegen hereingeflaggt, und der Fahrer Nummer 1 fuhr damit weiter. Eine Woche vor dem Großen Preis von Monaco hatte es für das Ferrari-Team bei einem Rennen in Silverstone eine kalte Dusche gegeben. In den ersten zehn Runden führte hier Hawthorn auf dem vom Leistungsgewicht her überlegenen BRM, dann aber schied der blonde Brite mit einem Motorschaden aus, und Moss auf Vanwall gewann vor zwei Connaught. Fangio und Collins auf den Ferrari-Lancia waren ausgeschieden, ohne je an der Spitze gelegen zu haben. Vanwall hatte für seinen Vierzylinder mit Bosch-Einspritzung ein neues Fahrwerk geschaffen, zu dessen Entwicklung Colin Chapman von Lotus beigezogen wurde. Die Karosserie dieses VW/56 schuf der Aerodynamikspezialist Frank Costin, ein Halbbruder des Motorentuners Mike Costin (1960 gründeten Mike Costin und Keith Duckworth die berühmte Motorenfirma Cosworth). Die flachen, rundlichen und langgezogenen Formen der Vanwall-Karosserie erkannte man später bei den Frontmotorkonstruktionen von Lotus wieder. Die Stärken des Vanwall: sein 285-PS-Triebwerk sowie die kräftig zupackenden Scheibenbremsen.

Ende Mai unternahm ein Europäer wieder einmal einen Indianapolis-Versuch: Giuseppe Farina auf dem Bardahl-Ferrari (amerikanisches Fahrgestell mit Ferrari-Motor). Aber dem Weltmeister von 1950 glückte die Qualifikation nicht. Die erfolgreichen Offenhauser-Vierzylindermotoren von 4,5 Liter Hubraum gaben damals rund 400 PS ab.

Das Duell Moss auf Maserati und Fangio auf Ferrari-Lancia fand beim Großen Preis von Belgien seine Fortsetzung. Schließlich

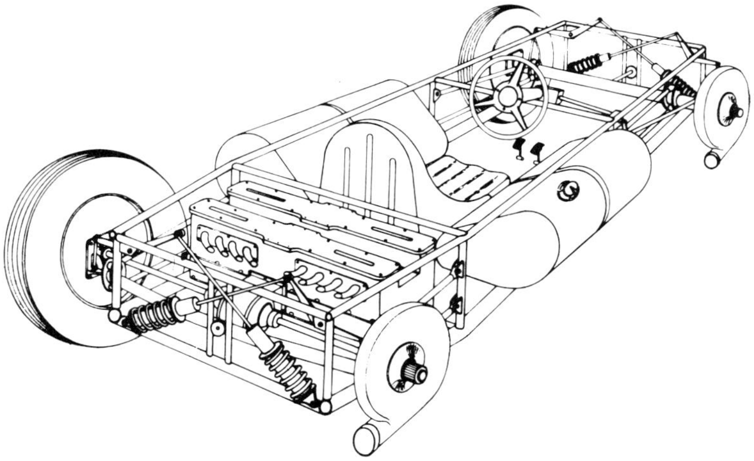

Oben
Der Achtzylinder-Bugatti des Typs 251 bei seinem Debüt anläßlich des Großen Preises des ACF 1956.

Rechts
Diese Skizze veranschaulicht das Konzept des Bugatti 251: Achtzylinder-Quermotor, vor der Hinterachse liegend, vier Seitentanks, Starrachse vorne und De-Dion-Achse hinten.

Ganz oben
Die Version 1956 des Vanwall mit von Frank Costin entworfener Karosserie heizte den Ferrari und den Maserati schon ordentlich ein. Das Chassis hatte Colin Chapman konstruiert.

Oben
Von links Luigi Musso, Peter Collins und Juan Manuel Fangio 1956 beim Training in Monaco.

siegte aber der junge Peter Collins auf Ferrari vor dem belgischen Fachjournalisten Paul Frère auf Ferrari, der als Zuschauer nach Spa gekommen war und dann ganz überraschend zum Einsatz kam.

Gespannt blickte die Fachwelt dem Großen Preis des ACF in Reims entgegen, wo eine Neukonstruktion mit großem Namen debütierte: der Bugatti Typ 251, von welchem in Molsheim zwei Exemplare entstanden waren. Für die Konstruktion zeichnete der ehemalige Alfa-Romeo-, Ferrari- und Maserati-Mitarbeiter Ingenieur Gioachino Colombo verantwortlich, der sich für unkonventionelle Lösungen entschied: quer vor der Hinterachse eingebauter Achtzylinder-Reihenmotor, Fachwerkrahmen, Starrachse — von Längslenkern geführt — vorn und De-Dion-Achse hinten. Die von Weber-Vergasern gespeiste Zweinockenwellenmaschine (75 × 68,8 mm = 2430 cm^3) war in zwei Vierergruppen mit zentraler Kraftabnahme eingeteilt und gab 245 PS bei 8000 U/min ab. Diese Leistung reichte aber nicht aus, um konkurrenzfähig zu sein, und auch das Fahrgestell ließ zu wünschen übrig. Maurice Trintignant schied in Reims nach 18 Runden wegen eines Schadens im Gasgestänge aus, worauf der Bugatti für immer verschwand. 1963 wurde das Bugatti-Werk in Molsheim von Hispano-Suiza übernommen, später ging es an die Firma SNECMA, und schliesslich wurden dort, wo einst berühmte Renn- und Sportwagen das Licht der Welt erblickten, die Fahrwerke des Concorde-Flugzeuges hergestellt.

In Reims kämpften die Ferrari-Lancia mit Fangio, Collins und Castellotti um den Sieg, später mixte auch Harry Schell auf Vanwall in der Spitzengruppe mit. In der 40. Runde mußte Fangio die Kerzen wechseln, und Schell stieg auf den Vanwall von Hawthorn um. Collins gewann ganz knapp vor Castellotti. Der BRM tauchte mit Hawthorn wieder beim englischen Grand Prix auf und führte in den ersten Runden, dann fiel er aus, Moss übernahm die Spitze mit dem Maserati, mußte aber dann kurz vor Schluß wegen eines Hinterachsschadens die Segel streichen, so daß Fangio gewann, wobei Collins in der Zwischenwertung der Fahrerweltmeisterschaft das Kommando innehatte. Einen Start-Ziel-Sieg feierte Fangio auf dem Nürburgring. In Monza rangen die Lancia-Ferrari von Castellotti, Fangio, Collins und Musso zusammen mit dem neuen Maserati 250F von Moss um den Sieg. Nach dem Ausfall von Fangios Wagen — Fangio stieg nun auf Collins' Fahrzeug um — lag Luigi Musso bis drei Runden vor Schluß an der Spitze, Lenkungsdefekt, Ausfall, Sieg von Moss auf Maserati. Dem Engländer war einige Runden vor Schluß der Treibstoff ausgegangen. Sein Markengefährte Piotti erfaßte die Lage und schob Moss' Maserati, der noch nicht zum Stillstand gekommen war, mit der Front des eigenen Wagens bis zu den Boxen, wo man Treibstoff nachfüllte. Das Rennen war reich

Oben
Nach dem Start zum Großen Preis von Deutschland auf dem Nürburgring führt Peter Collins auf Lancia-Ferrari in der Südkehre vor Fangio (Lancia-Ferrari), Moss (Maserati 250F) und Castellotti (Lancia-Ferrari). Es gewann Fangio.

Mitte
Nicht weniger als sechs Lancia-Ferrari hat die Scuderia aus Maranello zum Großen Preis von Europa in Monza 1956 mitgebracht.

Rechts
In Monza rückte Stirling Moss mit der neuen Version des Maserati 250F kurz vor Schluß an die Spitze und siegte.

Rechts
Ende August 1956 tauchte in Monza eine neue Version des Maserati 250F auf (links), welche einen schräg eingebauten Motor aufwies, so daß der Fahrer tiefer sitzen konnte. Rechts das ältere Modell.

an Fahrgestell- und Reifenschäden gewesen, was auf die Beschaffenheit der Hochgeschwindigkeitsbahn zurückzuführen war.

Die neue Version des Maserati 250F wies den bisherigen Sechszylindermotor (84 × 75 mm = 2494 cm³) auf, der diagonal zur Längsachse eingebaut war, so daß der Fahrer tief sitzen konnte. Die Leistung betrug nun 275 PS bei 7200 U/min. Die Karosserie bestach durch ihre wunderschöne, langgezogene Linie. Mit diesem Modell sollte Fangio ein Jahr später zum fünften Male Weltmeister werden.

Trotz der Abwesenheit von Daimler-Benz war die Saison 1956 sehr interessant. Alle von den Mercedes W196 aufgestellten Rekorde wurden geschlagen, denn inzwischen waren auch die italienischen und englischen

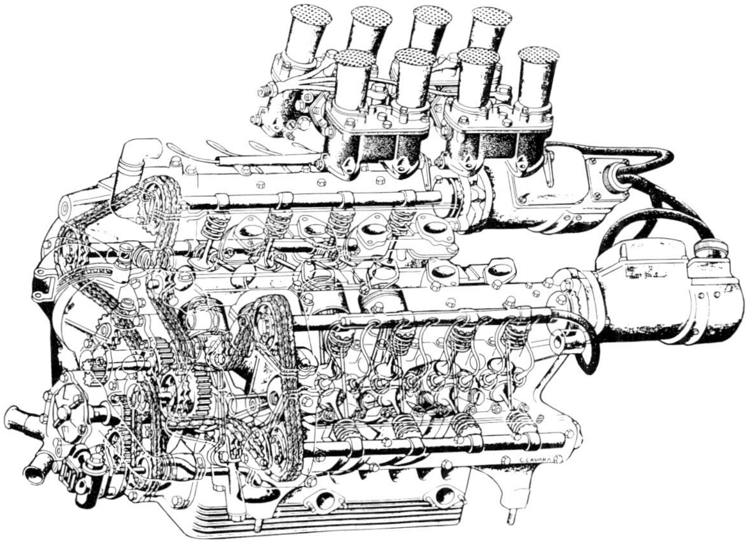

Der ursprünglich von Lancia konstruierte V8-Motor mit vier obenliegenden Nokkenwellen und vier Doppelvergasern wurde von Ferrari bis 1957 verwendet. Mit dieser Maschine gewann Fangio 1956 die Weltmeisterschaft.

Peter Collins

Eugenio Castellotti

Motoren auf 270 bis 285 PS gekommen. Juan Manuel Fangio wurde Weltmeister mit 30 Punkten, vor Moss mit 27 und Collins mit 25 Punkten. Der mehrfache Weltmeister aus Argentinien — er war jetzt 45 Jahre alt — blieb noch immer der Größte, aber in Moss, Collins, Hawthorn, Castellotti und Musso hatte er gefährliche junge Anwärter auf seinen Thron gefunden. Ende Saison 1956 verschwand auch Gordini von den Rennstrekken, nachdem man mit dem schweren Achtzylinder Typ 32 nie glücklich geworden war und die Geldknappheit fortdauerte. Später liierte sich Amédée Gordini mit Renault, und es kamen die Gordini-Varianten der serienmäßigen Renault-Fahrzeuge heraus, die sich großer Beliebtheit beim Publikum erfreuten.

In der Sportwagenweltmeisterschaft lagen sich Maserati, Ferrari, Aston Martin und Jaguar in den Haaren. Jaguar siegte in Le Mans mit Flockhart/Sanderson, aber der Meistertitel ging an Ferrari.

1957 Fünfter WM-Titel für Fangio

Der jungen Generation zeigt der Argentinier nochmals den Meister. Diesmal holt er sich den Titel auf dem Sechszylinder-Maserati. Aber gegen Ende Saison sind die Vanwall kaum zu schlagen.

Das Jahr 1957 brachte die letzte vollwertige Saison des großen Juan Manuel Fangio. Die führenden Marken begnügten sich damit, die bestehenden Modelle im Detail zu verbessern. Die Italiener blieben ihrer Bautradition treu, während die Engländer immer mehr zu moderneren Lösungen griffen, vor allem waren ihre Wagen leichter und verfügten ausnahmslos über Scheibenbremsen. Vanwall beschränkte sich 1957 nicht mehr auf einzelne Einsätze von ein oder zwei Wagen, sondern Tony Vanderwell verpflichtete ein Grand-Prix-Team, bestehend aus Stirling Moss, Tony Brooks und Stewart Lewis-Evans. Weltmeister Fangio wechselte wieder von Ferrari zu Maserati. Ferrari brachte die höchste Entwicklungsstufe des einstigen Lancia D50 heraus; die neue, Typ 801 getaufte Version mit konventioneller Karosserie ohne seitlich hervorstehende Tanks debütierte im Mai beim Großen Preis von Monaco. Der Typ 801 wies nicht mehr das Lancia-D50-Chassis auf, sondern einen neuen Rohrrahmen von Ferrari.

In Argentinien waren die Vanwall noch nicht dabei. Moss fuhr hier wieder auf Maserati, es gewann aber Fangio. In Buenos Aires bestritt Eugenio Castellotti seinen letzten Grand Prix: Am 14. März stürzte der 26jährige Italiener bei einer Probefahrt mit dem Ferrari 801 im Autodrom von Modena tödlich. Der Stall aus Maranello sollte kurz danach, am 12. Mai, einen zweiten Werksfahrer verlieren, nämlich den spanischen Marquis Alfonso De Portago. Sein Ferrari kam bei der Mille Miglia infolge Hinterachsenbruchs von der Straße ab und tötete dabei mehrere Zuschauer, so daß auch die traditionelle Mille Miglia verboten wurde.

In Monte Carlo gab es Neues zu sehen: Cooper setzte eine nur 370 kg (!) wiegende Mittelmotorkonstruktion Typ T43 mit einem Coventry-1963-cm^3-Vierzylinderaggregat ein, die von Jack Brabham gefahren wurde. Dieses Fahrzeug sollte die technische Revolution im Fahrwerkbau einleiten. Maserati zeigte im Training einen 250F mit dem neuen V12-Motor ($68,7 \times 56$ mm = 2491 cm^3), der auf dem Prüfstand, von Vergasern gespeist, 306 PS bei 9500 U/min abgegeben haben soll, was den Höchstwert der 2,5-Liter-Formel darstellte. In der 2,5-Liter-Ausführung erreichte das 60°-Aggregat jedoch keinen befriedigenden Entwicklungsstand mehr, und Ende 1957 zog sich auch Maserati vom Rennsport zurück. Im Jahre 1966 tauchte das Maserati-V12-Aggregat in einer Dreiliterausführung als Antriebseinheit der Cooper wieder auf. In Monaco gab es 1957 schon in der vierten Runde, ausgangs der berüchtigten Schikane, ein Durcheinander: Der führende Moss auf Vanwall war zu schnell und verwickelte auch die Ferrari von Collins und Hawthorn in den Unfall. Drei Wagen krachten in die Abschrankungen, Fangio auf dem Maserati 250F kam, wie 1950 mit dem Alfetta, wieder durch und siegte. Der Grand Prix führte übrigens nicht über die klassischen 100, sondern über 105 Runden. Jack Brabham auf dem noch kaum beachteten, kleinen und superleichten Cooper T43 Climax lag nach 100 Runden in dritter Position, in der 102. Runde streikte die Treibstoffzufuhr, der Australier wurde, sein Fahrzeug ins Ziel schiebend,

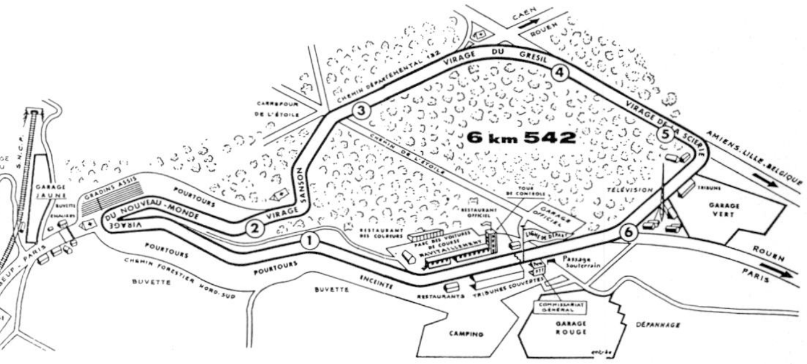

Links
Der Große Preis des ACF wurde 1957 auf der 6,542 km langen Strecke von Rouen-les-Essarts ausgetragen.

Links unten
Beim Großen Preis von Europa 1957 in Aintree haben die beiden Ferrari 801 von Mike Hawthorn und Luigi Musso den Vanwall von Tony Brooks in die Zange genommen, der dann von Moss übernommen wurde. Bei den Ferrari 801 handelte es sich um die letzte Version des noch vom Lancia D50 abgeleiteten Modells. Die Seitentanks waren total verschwunden.

Sechster. Die Großen Preise von Belgien und Holland kamen nicht zur Austragung, so daß die nächste Runde beim Großen Preis des ACF, diesmal in Rouen abgehalten, lief. Fangio feierte einen Start-Ziel-Sieg und führte im Zwischenstand der Weltmeisterschaft mit deutlichem Punktevorsprung. Der Maserati kam damals nicht bei allen Großen Preisen ohne Tankhalt durch; die Rennen um die WM mußten mindestens drei Stunden dauern. Beim Grand Prix von Europa und England in Aintree gab es schließlich den ersten britischen Erfolg bei einem Weltmeisterschaftslauf.

Moss auf dem grünen Vanwall führte bis in die 18. Runde, dann fiel er wegen eines mechanischen Schadens aus und stieg auf das Fahrzeug seines Teamkollegen Tony Brooks um. An neunter Stelle liegend, nahm der Sohn des Zahnarztes, Schweinezüchters und ehemaligen Rennfahrers Alfred Moss, der 1924 auf einem amerikanischen Barber-Warnock an den 500 Meilen von Indianapolis teilgenommen hatte, das Rennen auf dem VW4 Brooks' wieder auf und überholte einen Konkurrenten nach dem andern. Schließlich war der vom Publikum ersehnte Vanwall-Sieg sichergestellt. Es geschah an dem für den englischen Automobilsport denkwürdigen 20. Juli 1957. Seit mehr als drei Dezennien hatte kein englisches Grand-Prix-Modell eine Grande Epreuve gewonnen.

Oben
Mike Hawthorn (links) und Stirling Moss während einer Trainingspause in Monte Carlo.

Rechts oben
Seit Jahrzehnten erstmals wieder ein britischer Grand-Prix-Sieg. In Aintree fährt Moss mit dem Vanwall durchs Ziel.

Aber auch BRM kam endlich auf einen ersten Platz. Eine Woche vor dem Großen Preis von Deutschland holte sich der Vierzylinder im westfranzösischen Städtchen Caen mit dem Franzosen Jean Behra einen Sieg (wobei es sich bei Behra, der normalerweise auf Maserati fuhr, um einen Gelegenheitseinsatz handelte, denn Maserati ging in Caen nicht an den Start). Beim BRM Typ 25 war man von der pneumatischen Vorderradaufhängung abgekommen, die hintere Scheibenbremse saß zentral über dem Differential.

Jean Behra

Der Große Preis von Deutschland auf dem Nürburgring brachte die große Demonstration Juan Manuel Fangios. Die Fachleute sind sich darin einig, daß der mehrfache Weltmeister hier das sensationellste Rennen seiner großartigen Karriere fuhr. Der bisherige offizielle Nürburgring-Rundenrekord, 1956 von Fangio auf dem Ferrari-Lancia aufgestellt, stand mit 9 Minuten, 41,6 Sekunden zu Buche. Im Training fuhr der Argentinier Bestzeit mit 9 Minuten, 25,6 Sekunden. Die Experten schüttelten den Kopf; in einem Jahr hatte Fangio den Bestwert, wenn auch inoffiziell, um 16 Sekunden gesenkt. Die jüngeren Piloten, die auch zur Weltelite zählten, begannen an ihren fahrerischen Fähigkeiten zu zweifeln. Aber Fangio hatte noch einen Reservepfeil bereit. Auf dem schwierigen Nürburgring waren die Vanwall nicht in ihrem Element, BRM verzichtete gänzlich auf den Start. Fangio auf Maserati 250F sowie Hawthorn und Collins auf den Ferrari 801 schrieben die Geschichte dieses denkwürdigen Rennens, das über eine Distanz von 22 Runden oder 501,82 Kilometern führte. Der Maserati verbrauchte rund 50 Liter Treibstoff pro 100 Kilometer. Sein Tank faßte 258 Liter, also mußte man sicherheitshalber im Verlaufe des Großen Preises eine Kanne nachfüllen, ebenso war es nötig, die hinteren Reifen zu ersetzen. Die Ferrari konnten ohne Boxenstopp durchkommen. In den beiden ersten Runden ließ Fangio die «Jugend», nämlich Hawthorn und Collins, sich etwas austoben, in der dritten Runde fuhr er, bei fast vollem Tank, mit 9 Minuten, 34 Sekunden einen Rekord und übernahm die Führung. Dann baute er seinen Vorsprung aus, um sich die nötigen Zeitreserven für den geplanten Boxenhalt zu verschaffen. In der achten Runde stoppten die Zeitnehmer für den Argentinier 9 Minuten, 30,8 Sekunden, in der neunten Runde 9 Minuten, 29,5 Sekunden. In der 12. Runde ging Fangio wie vorgesehen — mit 28 Sekunden Vorsprung vor den sich wie die Löwen bekämpfenden Ferrari-Fahrern Hawthorn und Collins — zu den Boxen. Die Helfer fertigten sein Fahrzeug in 56 Sekunden ab. Man füllte einen Kanister Treibstoff nach und wechselte die Reifen der Antriebsräder; mit rund einer halben Minute Rückstand gegenüber den neuen Spitzenreitern stürzte sich Fangio wieder in den Kampf. Während der Maserati an den Boxen stand, hatte Collins den Rundenrekord auf 9 Minuten, 28,9 Sekunden verbessert: auch die «Jugend» ließ nicht mit sich spaßen. Dann aber wieder Fangio; pro Umgang holte er 6 bis 8 Sekunden gegen die führenden Ferrari auf: 9 Minuten, 25,3 Sekunden in der 18.

Runde. Dann kam es: 9 Minuten, 17,4 Sekunden oder 147,8 km/h in der 20. Runde. Die Zuschauer tobten vor Begeisterung, niemand hätte eine solche Zeit je für möglich gehalten. Der 46jährige zeigte allen, daß er noch immer der Meister war; Hawthorn und Moss waren damals 28, Collins 26. Es muß noch erwähnt werden, daß vor dem Großen Preis 39 Gran-Turismo-Wagen ihr Rennen absolviert hatten, die Bahn befand sich nicht mehr in idealem Zustand, der Belag war stellenweise schmierig. Am Ende der berühmten 20. Runde lag Fangio noch zwei Sekunden hinter den Ferrari. In einem einzigen Umgang hatte er den fast um eine Generation jüngeren und an der Grenze ihrer Möglichkeiten fahrenden Engländern sage und schreibe 11 Sekunden abgenommen. Bei Hatzenbach zwängte sich der Maserati anfangs der 21. Runde zwischen die Ferrari, einige Kilometer später lag er vorn. Die letzte Runde wurde zu einer Triumphfahrt. Das war Juan Manuel Fangio. In einem einzigen Jahr hatte er den Rundenrekord um 24,2 Sekunden verbessert — das hat mit Spitzenfahrzeugen der gleichen Grand-Prix-Formel sonst keiner geschafft.

Der deutsche Fachjournalist Günther Molter schrieb damals in der «Automobil Revue»: «Und nun werden die jungen Kollegen Fangios zu ihm aufschauen, als dem Unerreichbaren, dem großen alten Meister des Grand-Prix-Sportes, der die Materie in einer Weise beherrscht wie keiner vor ihm. Aufschauen zu jenem Fangio, der einst als mittelloser Mechaniker in einem kleinen Pampa-Städtchen Argentiniens sich auf unzulänglichen Automobilen zum erstenmal in unbedeutenden Rennen versuchte, um dann ein König auf den berühmten Rennstrecken der Welt zu werden. Ein Fangio, dem man überall mit Hochachtung begegnet, der aber trotzdem das geblieben ist, was der Engländer ‹a nice chap› nennt und seine Landsleute mit dem weiten Begriff ‹muchacho› bezeichnen. Ein großer Diplomat seines Landes, ein Mann, der immer bescheiden auftritt, in keiner Situation aus der Rolle fällt und im ganzen Kern seines Wesens menschlich ist. Für seinen 73jährigen Vater Loreto (Loreto Fangio, aus Italien nach Argentinien ausgewandert, starb im Oktober 1972 im Alter von fast 89 Jahren; Anm. d. Autors) und seine ehrfurchtgebietende Mutter, die im Halbdunkel ihres Zimmers, dort, wo er aufwuchs, in stiller Andacht den Rosenkranz betet, wenn er gegen die Besten der Welt kämpft, ist er auch heute noch der Sohn Juan, der gute Junge geblieben, dessen schwarzlockige Neffen in den Sandvorplatz des einfachen Hauses in Balcarce Rennwagen malen. Dieser Fangio ist ein Fahrerphänomen schlechthin.» In der Geschichte des Grand-Prix-Sportes ist noch nie soviel über eine Rekordrunde wie über die 9 Minuten, 17,4 Sekunden Juan Manuel Fangios auf dem Nürburgring erzählt und geschrieben worden. Der ruhige «muchacho» aus Balcarce war ein Pilot, der nie schneller fuhr als unbedingt für den Sieg nötig. Am 4. August 1957 mußte er voll aus den Reserven schöpfen, dabei stieß er in einen Bereich vor, der andern verwehrt gewesen wäre.

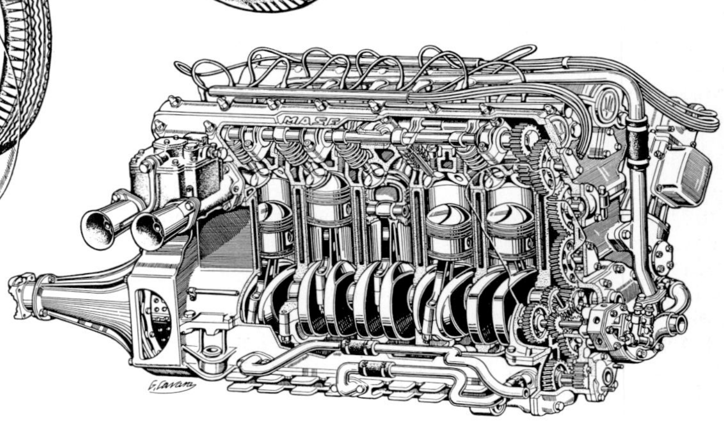

Oben
Juan Manuel Fangio ist mit 46 Jahren zum fünften Male Weltmeister geworden.

Links
Mit der Ende 1956 erschienenen Version des Maserati 250F mit Sechszylindermotor gewann Fangio 1957 die Weltmeisterschaft. Die drei Zeichnungen veranschaulichen den schräg eingebauten Sechszylindermotor, die nach links versetzte Kardanwelle, die De-Dion-Hinterachse und das mit dem Differential verblockte Getriebe.

Alfredo (Dino) Ferrari

Unten
Ende Saison 1957, beim Großen Preis von Marokko, setzte Ferrari den neuen Typ Dino 246 mit V6-Motor ein. Der Sechszylinder trug den Namen des 1956 verstorbenen Sohnes von Ferrari. Hier trainiert Collins mit dem 246 in Modena.

Rechts
Vor dem Großen Preis von Italien steht Fangio als Weltmeister 1957 fest; in Monza begnügt er sich mit dem zweiten Platz.

Unten
Peter Collins auf Ferrari 801 sowie Motorradweltmeister Carlo Ubbiali auf MV trainieren für einmal gemeinsam auf der Bahn von Monza.

In den folgenden Rennen setzte sich aber mehr und mehr die fortschrittliche Technik der Engländer durch: Moss auf Vanwall gewann den ausnahmsweise für die Weltmeisterschaft zählenden 25. Großen Preis von Pescara, ebenso den Großen Preis von Italien in Monza, wo die drei Vanwall mit Stewart Lewis-Ewans, Stirling Moss und Tony Brooks die drei schnellsten Trainingszeiten vor dem Maserati Fangios aufgestellt hatten. Jean Behra startete mit dem erstmals bei einem Rennen eingesetzten V12-Maserati, der Franzose mußte aber wegen Überhitzung des Motors die Waffen strecken. Fangio stand mit sicherem Punktevorsprung als Weltmeister fest: Seinen fünften und letzten Titel stellte er mit 46 Punkten vor Moss mit 25, Musso mit 16 und Hawthorn mit 14 Punkten sicher. Ende der Saison zog sich Maserati aus finanziellen Gründen vom Rennsport zurück. Der V12-Motor kam später, 1966 und 1967, in der Dreiliter-Rennformel in modernisierter Ausführung wieder zum Einsatz.

Ab 1957 wurde auch wieder eine Formel 2 eingeführt, bei der man den Hubraum auf 1500 cm³ limitierte. Die kleineren Monoposto fuhren manchmal auch bei den Großen Preisen mit: Ferrari, Cooper, Lotus und Porsche waren die bedeutenden Konstruktionen dieser Kategorie, welche 1961, in leicht modifizierter Form, zur Grand-Prix-Formel wurde. Osca (Gebrüder Maserati) arbeitete 1957 an einem Vierzylindermotor der Formel 2, dessen Ventile ebenfalls zwangsgesteuert waren, ähnlich wie beim Mercedes-Benz W196 von 1954/1955, aber der Zylinderkopf erreichte nie einen befriedigenden Entwicklungsstand.

1957 gewann Ferrari keinen einzigen Weltmeisterschaftslauf. Es entstand ein neuer Motor mit sechs Zylindern, obwohl der Typ 801 ein Spitzenfahrzeug war. Die V6-4OHC-Einheit wurde nach dem 1956 verstorbenen Sohn Enzo Ferraris, Dino, benannt. Das Triebwerk erschien zuerst als 1,5-Liter-Motor der Formel 2, danach kam die Formel-1-Version.

Das letzte Formel-1-Treffen der Saison erfolgte beim Großen Preis von Marokko in Casablanca, wo Maserati mit Jean Behra auf dem Reihen-Sechszylinder siegte. Hier konkurrierte Ferrari mit zwei neuen Wagen Typ 246 und Typ 226 mit identischem Fahrgestell und Dino-V6-Motor, gefahren von Collins und Hawthorn. Die Ferrari-Aggregate wurden im Hinblick auf die 1958 in Kraft tretenden Treibstoffvorschriften (kein Spezialgemisch mehr, sondern nur Flugbenzin von maximal 130 ROZ) mit einem Benzin/Benzol-Gemisch gespeist, während die andern Konkurrenten noch mit Nitro/Methan-Treibstoff antraten.

Stirling Moss, auf Vanwall, erkrankte nach dem Training an der damals wütenden asiatischen Grippe, Fangio erwischte es auch, doch ging er trotzdem an den Start und wurde noch Vierter. Einer der neuen

Rechts
Mitte der fünfziger Jahre zeichnete sich auch die kleine englische Marke Connaught aus, der es anläßlich des nicht für die Weltmeisterschaft zählenden Großen Preises von Syrakus 1955 mit Tony Brooks gelang, die italienische Konkurrenz zu schlagen. Im Bild Stuart Lewis-Evans 1957 in Goodwood neben dem sehr eigenwillig aussehenden Connaught Typ B mit vierkantiger Frontverschalung und sehr hohem Heck.

Mitte
Die Rundstrecke bei Casablanca, auf der 1957 und 1958 der Große Preis von Marokko ausgetragen worden ist. Länge 7,602 km.

Unten
Für den Ferrari-Dino-V6-Motor entwickelte Solex versuchsweise diese Vergasergruppe mit X-förmig angeordneten Ansaugkanälen.

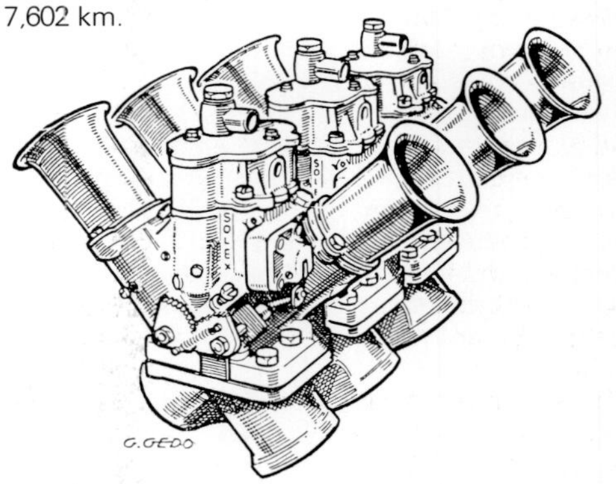

Ferrari wies 2,2 (Typ 226), der andere 2,4 Liter (Typ 246) Hubraum auf, wobei das Wagengewicht den hervorragenden Wert von 540 kg ergab. Mit dem neuen V6-Motor wurde die dann langjährige und sehr erfolgreiche Sechszylinder-Dino-Motorentradition eingeleitet. Ursprünglich hatten die Ingenieure Jano und Bellentani die 1,5-Liter-Formel-2-Version herausgebracht, welche anläßlich des Großen Preises von Neapel im April 1957 mit Luigi Musso debütierte. Neu war auch das Formel-2-Fahrgestell des V6, für das Ingenieur Massimino und sein Stab verantwortlich zeichneten. Die Formel-1-Version, welche im Oktober in Casablanca debütierte (Typ 226 und Typ 246), war ähnlich konzipiert und wies die für diesen Typ so charakteristisch lange Frontverschalung auf. Inzwischen trat bei Ferrari ein bisheriger Alfa-Romeo-Ingenieur bei; es handelte sich um einen Toskaner, welcher dann im Verlaufe der Jahre zum Ferrari-Chefkonstrukteur avancierte: Ingeneieur Carlo Chiti.

Am 29. Juni 1957 hatte es übrigens noch ein Treffen zwischen den amerikanischen Indianapolis-Spezialisten und einigen europäischen Fahrern auf dem Hochgeschwindigkeitsbecken von Monza gegeben, wo sich die Konkurrenz in einem in drei Läufe unterteilten 500-Meilen-Rennen gegenüberstand. Das kostspielige Meeting erzielte einen mäßigen Publikumserfolg. Jimmy Bryan auf Dean Van Lines Spezial-Offenhauser siegte im Gesamtklassement mit einem Durchschnitt von 257,504 km/h.

1958 kamen die 500 Meilen von Monza noch einmal zur Durchführung. Luigi Musso auf einem Ferrari V12 Typ 412 MI von 4023 cm³ Hubraum erreichte über die drei Qualifikationsrunden den höchsten Durchschnitt von 281,077 km/h; Juan Manuel Fangio auf dem Dean Van Lines mit Offenhauser-Motor kam auf 275,481 km/h; Sieger aber wurde Jim Rathman auf Zink-Offenhauser

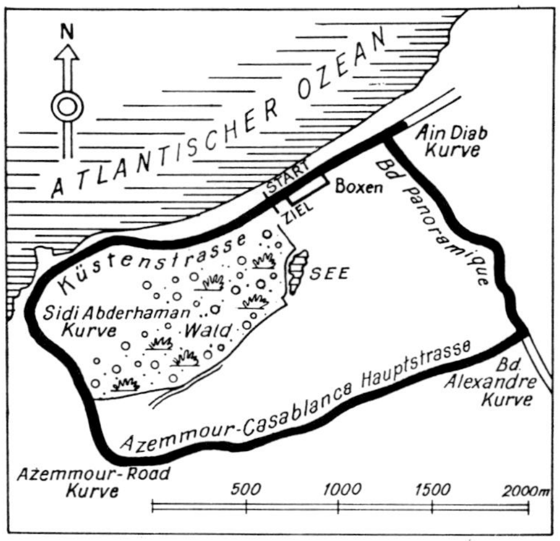

mit einem Gesamtdurchschnitt von 267,75 km/h. Jimmy Bryan egalisierte den Rundenrekord aus dem Vorjahr. Moss, auf dem von der Ice-Cream-Marke Eldorado finanzierten Maserati Italia mit dem 4,2-Liter-V8-Motor des Sportwagens von 1957, schied mit einem Lenkungsbruch aus.

In Italien nahm 1957 auch die Formel-Junior-Bewegung ihren Anfang. Diese 1959 auch international ausgeschriebene Kategorie der kleinen Rennwagen mit frisierten Serienmotoren von maximal 1100 cm³ Hubraum stellte den Beginn einer neuen Ära dar, indem hier eine Rennwagenklasse für den Nachwuchs gebildet wurde, die preisgünstige Monoposto hervorbrachte. Aus der Formel Junior entwickelte sich dann 1964 die Formel 3, der ähnliche Prinzipien, auch frisierte Serienmotoren, zugrunde lagen.

Formel-1-Wagen der 2,5-Liter-Formel (1956—1957)

Baujahr	Marke und Modell	Zylinderzahl	Hubraum	Bohrung	Hub	Leistung/PS	Höchstdrehzahl	Anzahl Gänge	Spitze in km/h	Trockengewicht
1956	Ferrari-Lancia D50	8	2487	76	68,5	265	8 000	5	290	645
1956	Vanwall	4	2490	96	86	280	7 500	5	285	570
1956	Maserati 250F	6	2493	84	75	270	7 400	5	290	630
1956	BRM P25	4	2491	102,8	74,9	260	8 000	4	275	550
1956	Gordini 32	8	2480	75	70	256	7 300	5	260	650
1956	Connaught B	4	2470	93,5	90	250	6 800	4	260	580
1956	Bugatti 251	8	2432	75	68,8	265	7 500	5	250	750
1956	Ferrari 625	4	2498	94	90	250	7 500	5	265	620
1956	Ferrari 555 Squalo	8	2496	76	68,8	270	8 600	5	250	630
1957	Ferrari 801	8	2494	80	62	285	8 800	5	270	650
1957	Ferrari 226	6	2195	81	71	240	8 500	5	270	560
1957	Cooper T43-Climax	4	1960	86,4	86,8	176	7 250	4	255	368
1957	Maserati 250F	6	2493	84	75	280	7 600	5	290	630
1957	Maserati 250F/T2	12	2490	68,7	56	306	10 000	5	300	680
1957	BRM P25	4	2497	102,8	74,9	280	8 250	4	285	550
1957	Vanwall	4	2490	96	86	285	7 600	5	300	550

Weltmeister mit einem Sieg

Zwar gewinnt Stirling Moss auf Cooper oder Vanwall vier Grand-Prix, aber Weltmeister wird Ferrari-Fahrer Hawthorn mit nur einem Volltreffer. Erstaunliche Cooper mit Climax-Motor.

Die Saison 1958 war in verschiedener Beziehung eigenartig oder ungewöhnlich. Zwar dominierten die Vanwall, die nicht weniger als sechs Weltmeisterschaftsläufe mit Moss und Brooks gewannen, während Ferrari mit Hawthorn und Collins nur bei zwei Grands Prix siegte. Weltmeister wurde aber Mike Hawthorn auf Ferrari, mit nur einem Punkt Vorsprung vor Moss. Es kamen auch die ersten Erfolge von Cooper.

Die Serie hatte in Argentinien überraschend begonnen. Die Veranstalter gaben erst wenige Wochen vor dem Grand Prix bekannt, daß ihr Rennen überhaupt stattfinden würde, so daß sich BRM und Vanwall nicht mehr rechtzeitig vorbereiten konnten und auf die Teilnahme verzichteten. Am Start erschienen nur zehn Wagen: sechs Maserati (alle privat), drei Ferrari sowie der kleine dunkelblaue Cooper T43-Climax von Stirling Moss, der für den Rennstall Rob Walkers konkurrierte. Moss wollte sich nämlich nach dem Startverzicht Vanwalls nicht der Möglichkeit begeben, WM-Punkte zu sammeln. Niemand gab dem Engländer auch nur die geringste Chance. Fangio startete zum letzten Male im eigenen Land. Sein Maserati fiel durch einen Reifenwechsel zurück und wurde Vierter. Moss kam schließlich an die Spitze, und der dahinterliegende Musso auf dem V6-Ferrari wurde von seiner Boxe aus schlecht über den Stand informiert, so daß der Italiener seinen Schlußangriff viel zu spät lancierte. Das Unerwartete traf ein: Der kleine und nur 175 PS abgebende Cooper-Climax mit 2-Liter-Mittelmotor kreuzte das Ziel mit 2,7 Sekunden Vorsprung vor dem 280 PS abgebenden Ferrari Typ 256, der jedoch zwei Zentner mehr wog. Auch das war ein historischer Meilenstein. Erstmals seit den Zeiten der Auto Union hatte ein Mittelmotorrennwagen in einem Grand Prix über die konventionellen Konstruktionen gesiegt.

Für die Wagen mit orthodoxem Fahrgestell folgte die zweite kalte Dusche in Monte Carlo: Maurice Trintignant siegte an der Côte d'Azur ebenfalls auf einem Cooper des Walker-Teams. Hier war die junge englische Marke Lotus erstmals bei einem Weltmeisterschaftslauf angetreten, die superleichten Frontmotorwagen Typ Mark 16 mit 2,2-Liter-Coventry-Climax-Aggregat wurden von einem gewissen Graham Hill sowie von Cliff Allison gesteuert.

Wieso konnten diese Cooper überhaupt siegen? Wie sich bald herausstellte, war die Mittelmotorbauweise der herkömmlichen Bauweise überlegen. Durch den Einbau des Triebwerkes vor der Hinterachse lag dieser gewichtige Teil des Fahrzeuges nahe der Wagenmitte, er kam damit unmittelbar hinter das Cockpit zu liegen, also gleichsam an den Rücken des Fahrers. Die Tanks befanden sich seitlich, der Pilot in der Mitte. Je näher nun die gewichtigen Teile des Fahrzeuges zur Mitte angeordnet sind, desto williger und rascher folgt der Wagen den am Lenkrad eingeleiteten Fahrtrichtungsänderungen. Beim Beschleunigen hat das Fahrzeug die Tendenz, sich vorn aufzubäumen; mit dem vor der Hinterachse liegenden Triebwerk werden die Antriebsräder entsprechend mehr belastet, so daß das Drehmoment noch besser auf den Boden übertragen werden kann als bei einer Frontmotorkonstruktion. Die im Fahrverhalten sehr wendige Mittelmotorkonstruktion brachte Vorteile sowohl in der Kurvenfahrt als auch beim Beschleunigen. Zudem konnten die Wagen viel leichter gebaut werden, die Kardanwelle fiel weg, man konnt diese Fahrzeuge mit ihren unabhängig aufgehängten Rädern (Querlenker und Querblattfedern) kompakter gestalten. Trotz der unterlegenen Motorleistung war es Cooper dank der Leichtbauweise gelungen, auf das gleiche Leistungsgewicht wie die 100 PS mehr abgebenden Frontmotorrennwagen zu kommen. Mit den Jahren wurde die Mittelmotorbauart noch viel kultivierter, insbesondere schenkte man der Gewichtsverteilung zwischen der Vorder- und der Hinterachse große Beachtung. Später, Ende der sechziger Jahre, kamen noch wesentliche aerodynamische Faktoren hinzu, indem man den Anpreßdruck auf die Vorder- und Hinterachse durch entsprechende Karosserieformen, durch Luftabweisflügel oder durch eigentliche Front- und Heckflügel erhöhte. Mit dem Aufkommen der Mittelmotorfahrzeuge nahm auch die Stirnfläche der Rennwagen ab; insbesondere deshalb, weil der Fahrer durch den Wegfall der Kardanwelle viel tiefer sitzen konnte. Dadurch wurde der Luftwiderstand verringert.

Nach den überraschenden Cooper-Erfolgen in Argentinien und Monaco dominierten bei den folgenden Rennen wieder die Vanwall und die Ferrari mit Frontmotor. Ob-

Tony Vandervell (kleines Bild) konnte auf seine Vierzylinder-Vanwall stolz sein. Beim Start zum Grossen Preis von Holland 1958 standen drei Vanwall in der ersten Reihe. Von links Lewis-Evans, Moss und Brooks.

schon die Triebwerke jetzt mit Flugbenzin von einer maximalen Oktanzahl von 130 ROZ und nicht mehr mit Spezialgemischen gespeist wurden, gab der Ferrari Typ 246 (85 × 71 mm = 2417 cm³) 280 PS bei 8500 U/min ab, was bei dem 560 kg schweren Wagen ein Leistungsgewicht von 2 kg/PS ergab. Der Vanwall mit Benzineinspritzung kam auf 290 PS und wog 550 kg; Leistungsgewicht 1,9 kg/PS. Der von Behra und Schell gefahrene BRM-Vierzylinder Typ 25 leistete 280 PS bei 8800 U/min und war 550 kg schwer; Leistungsgewicht 1,96 kg/PS.

Im Laufe der Saison bekam der Cooper einen quadratischen 2207-cm³-Climax-Motor (88,9 × 88,9 mm) eingebaut, der 194 PS bei 6750 U/min leistete und bei einem Trockengewicht von 380 kg ein Leistungsgewicht von 1,96 kg/PS brachte, so daß der Cooper auch theoretisch seinen Rivalen mindestens ebenbürtig sein mußte; in bezug auf das Fahrverhalten auf kurvenreichen Strecken war er aber überlegen. Der Frontmotor-Lotus Mark 16 wog sogar nur 370 kg und wurde ebenfalls von der 2,2-Liter-Climax-Maschine angetrieben. Cooper und Lotus unterboten sich gegenseitig im Leichtbau.

Stirling Moss setzte seine Erfolgsserie mit dem Vanwall VW10/V7 beim Großen Preis von Holland in Zandvoort fort, sein Markenkollege Tony Brooks gewann den Großen Preis von Belgien. In Reims kam am 6. Juli endlich der in Italien längst ersehnte Ferrari-Erfolg mit Mike Hawthorn. Allerdings verlief das Rennen unheilvoll; der Italiener Luigi Musso auf Ferrari stürzte in einer sehr schnellen Kurve im Zweikampf mit seinem Markenkollegen Hawthorn tödlich.

Nachdem Fangio am Großen Preis von Argentinien teilgenommen hatte, wollte er sein Glück noch in Indianapolis versuchen, aber das ihm zur Verfügung gestellte amerikanische Fahrzeug mit Offenhauser-Motor entsprach nicht der Klasse des Weltmeisters, der das Projekt nach den ersten Probefahrten fallenließ. Am 29. Juni machte er noch beim 500-Meilen-Rennen von Monza auf dem Dean-Van-Lines-Offenhauser mit, eine Woche später ging der Argentinier mit dem unterlegenen Sechszylinder-Maserati nochmals beim Großen Preis des ACF in Reims an den Start, dann hängte er den Helm für immer an den Nagel. Einer der Größten aller Zeiten trat zurück. Zehn Jahre zuvor hatte Fangio in Reims mit dem kleinen Simca-Gordini sein Europa-Debüt gefeiert.

Die Weltmeisterschaft wurde mit dem Großen Preis von England in Silverstone fortgesetzt: wiederum Ferrari-Sieg, diesmal mit Peter Collins, aber beim darauffolgenden Großen Preis von Deutschland auf dem Nürburgring kam der sympathische junge Engländer von der Bahn ab und wurde getötet. — In Deutschland siegte Tony Brooks auf Vanwall. Ferrari hatte innerhalb von vier Wochen zwei seiner Spitzenpiloten verloren.

Die kleine Neapolitanerin Maria Teresa de Filippis war die erste Frau überhaupt, welche nach dem Krieg (auf Maserati 250 F) Grand-Prix-Rennen mit Formel-1-Wagen bestritt.

Maria Teresa de Filippis

Unten
Mike Hawthorn (Vordergrund) auf Ferrari 246, Luigi Musso auf einem gleichen Fahrzeug sowie Harry Schell auf dem BRM P25 machen sich für den Start zum Großen Preis des ACF in Reims bereit. Das schnelle Rennen gewann Brooks auf Vanwall. Für Luigi Musso handelte es sich um seinen letzten Start, denn in der sechsten Runde, als er Jagd auf den führenden Hawthorn machte, geriet er in der Muizon-Kurve von der Bahn und kam ums Leben.

Stirling Moss auf Vanwall wurde bei dem erstmals zur Weltmeisterschaft zählenden Großen Preis von Portugal in Porto Sieger, Brooks placierte den Vanwall beim Großen Preis von Italien in erster Position, und Moss gewann dann auch den die Weltmeisterschaft abschließenden Großen Preis von Marokko in Casablanca, wo sein Stallgefährte Stewart Lewis-Evans nach Durchfahren einer Öllache von der Bahn abkam und schwere Brandwunden erlitt. Eine Woche später war auch Lewis-Evans tot.

In Monza und Casablanca traten die Ferrari Dino 256 erstmals mit Girling-Scheibenbremsen an; die herkömmlichen großdimensionierten Trommelbremsen waren den Anforderungen nicht mehr gewachsen gewesen. Der erste große Sieg der Scheibenbremsen, 1953 von Jaguar in Le Mans errungen, gehörte auch schon seit fünf Jahren der Geschichte an.

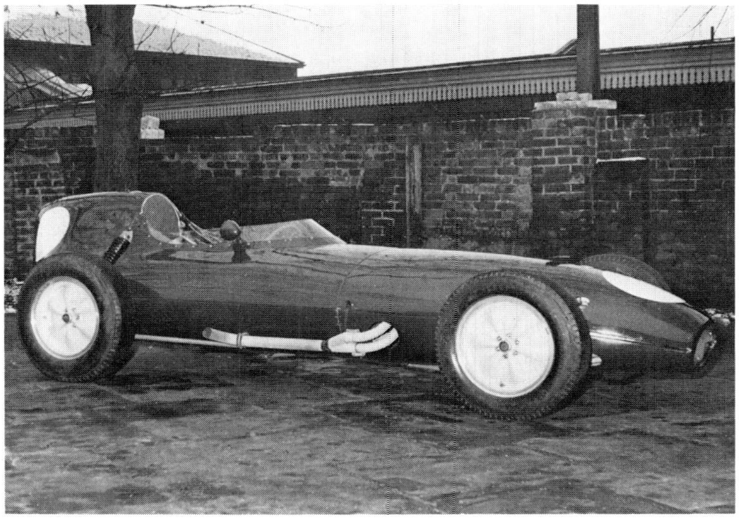

Rechts
Der Lotus 16-Climax war das erste echte Formel-1-Modell der jungen englischen Marke. Man nannte ihn auch den «Mini-Vanwall», denn das Chassis und die Karosserie hatten gemeinsame Väter mit den Wagen Vandervells, nämlich Colin Chapman und Frank Costin.

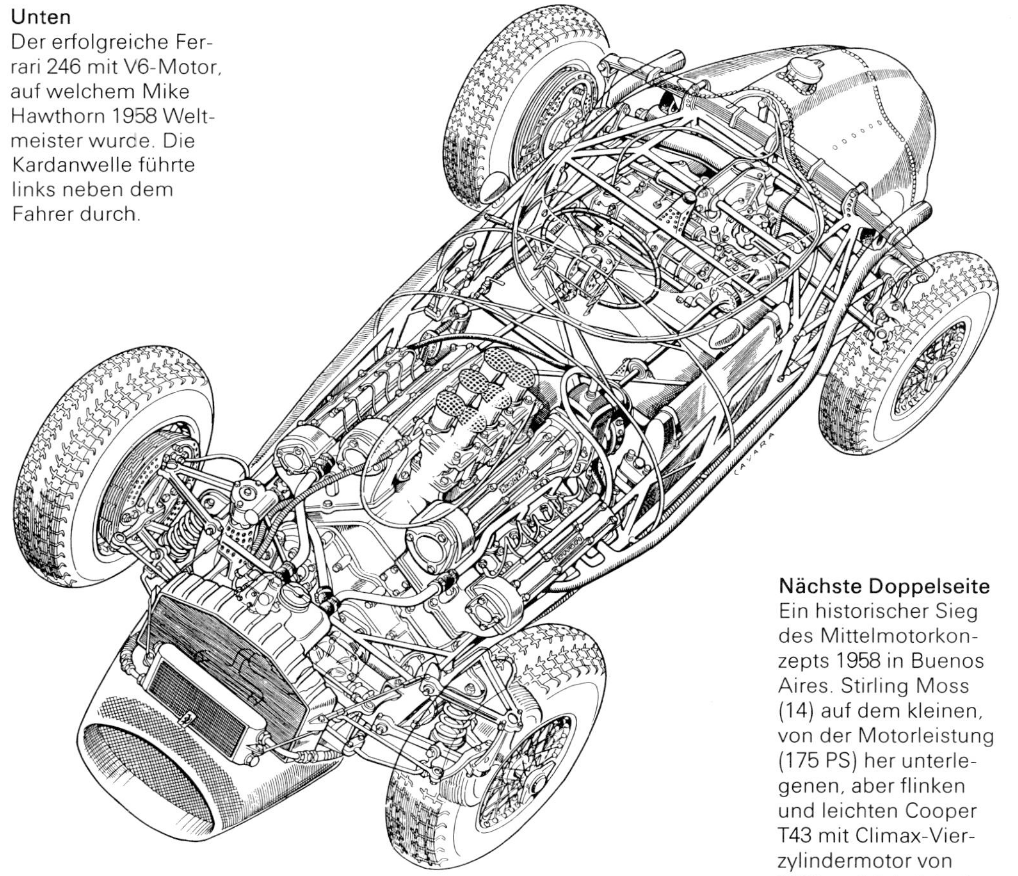

Unten
Der erfolgreiche Ferrari 246 mit V6-Motor, auf welchem Mike Hawthorn 1958 Weltmeister wurde. Die Kardanwelle führte links neben dem Fahrer durch.

Trotz der Siege in Argentinien, Holland, Portugal und Marokko wurde Stirling Moss nicht Automobilweltmeister. Der Titel ging an seinen Landsmann Mike Hawthorn, der zwar nur in Reims gewonnen hatte, dafür aber immer auf Ehrenplätzen gelandet war. Die erstmals von der FIA ausgeschriebene Coupe der Formel-1-Konstrukteure ging aber an Vanwall, dessen Vierzylinder nicht weniger als sechs der zehn Weltmeisterschaftsläufe gewonnen hatte. Vanwall kam in der Markenwertung auf 48 Punkte vor Ferrari mit 40 und Cooper mit 31 Punkten. Hawthorn wurde Weltmeister mit 42 Punkten, vor Moss mit 41 und Brooks mit 24 Punkten.

Vom Vanwall-Motor war hier schon die Rede. Dieses überaus erfolgreiche Aggregat verdient eine eingehendere Würdigung. Die Maschine erblickte einst als Zweilitertriebwerk das Licht der Welt und basierte in dieser Ausführung auf vier 500-cm³-Norton-Motorradmotoren, die auf Wasserkühlung umgebaut worden waren und auf einer gemeinsamen Kurbelwelle arbeiteten. Für die 2,5-Liter-Formel wurde der Motor von Grund auf überarbeitet, und die Zylinderabmessungen wurden auf die Werte 96 × 86 mm abgeändert.

Der Vanwall-Motor war in verschiedener Hinsicht ungewöhnlich. Er besaß ein separates Leichtmetallkurbelgehäuse für die fünffach gelagerte Kurbelwelle mit einzeln im Gehäuse gelagerten Zylinderlaufbüchsen, die von Wasser in einem Mantel aus einer Leichtmetallegierung umgeben waren; wie die Laufbüchsen wurde der Wassermantel von dem tiefen Zylinderkopf unter Druck gehalten. Die Ventilschäfte schauten mit ihren Doppelhaarnadelfedern aus dem Zylinderkopf heraus. Die beiden obenliegenden Nockenwellen waren in separaten Magnesiumgehäusen untergebracht, die auf je einer Ventilreihe saßen und von röhrenförmigen Blöcken getragen wurden. Die Ventilsteuerung erfolgte über kurze Stößel direkt durch

Nächste Doppelseite
Ein historischer Sieg des Mittelmotorkonzepts 1958 in Buenos Aires. Stirling Moss (14) auf dem kleinen, von der Motorleistung (175 PS) her unterlegenen, aber flinken und leichten Cooper T43 mit Climax-Vierzylindermotor von 1960 cm³ Inhalt ist im Begriff, den Maserati 250 F von Jean Behra (4) zu überrunden, derweil er auch den Ferrari 246 von Mike Hawthorn einholt. Moss gewann das Rennen schließlich knapp vor Musso.

Tony Brooks

20

14

Tony A. Vanderwell

Unten
Ferrari testet im Juni 1958 in Monza. Fieberhaft wird am Tipo 246 gearbeitet. Ing. Carlo Chiti (mit Krawatte) hatte seine Arbeit bei Ferrari Ende 1957 aufgenommen. Am unteren Bildrand Luigi Bazzi. Auch der Herr Pfarrer (links) scheint sich für Rennen zu interessieren.

Rechts
Der Große Preis von Portugal, der vorher stets für Sportwagen ausgeschrieben war, zählte 1958 erstmals für die Fahrerweltmeisterschaft. Das Rennen wurde 1958 und 1960 auf der 7407 m langen Straßenrundstrecke von Porto ausgetragen.

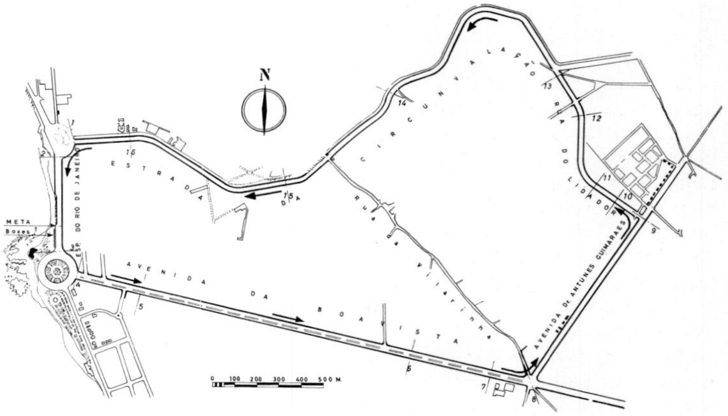

den einzelnen Nocken. Die Nockenwellen wurden über Zahnräder vom Frontteil des Motors aus angetrieben.

Der Zweiliter-Originalmotor war — genau wie bei der Norton-Rennmaschine — mit vier Amal-Rennvergasern ausgestattet, beim 2,5-Liter-Triebwerk pumpte eine Bosch-Einspritzpumpe die genau dosierte Treibstoffmenge in die einzelnen Einlässe. Die Pumpe wurde über ein kompliziertes System aus Nocken und Gestängen gesteuert.

Es war in hohem Maße das Verdienst von Tony Vandervell, dem Mann, der diesen Wagen finanzierte, daß eine kleinere Organisation als BRM den Vanwall auf einen Entwicklungsstand führte, der ihn befähigte, die erste Coupe der Formel-1-Konstrukteure nach England zu bringen. In der 1953 eingeführten Markenweltmeisterschaft der Sportwagen wurde jedoch Ferrari 1958 zum fünften Male Meister. Bei den Rennzweisitzern war die Ferrari-Erfolgsserie bisher nur einmal — 1955 — von Daimler-Benz unterbrochen worden.

Nach der Rennsaison 1958 zog sich der Vanwall-Rennstall zurück; hier und da tauchten später einzelne Vanwall wieder auf, aber die große Zeit der eigenwillig geformten, grünen Wagen war abgelaufen. Tony Vanderwell und seine Vanwall-Rennwagen hatten erfolgreiche Zeiten hinter sich gebracht. Vanwall war nach Jahrzehnten auch die erste englische Marke gewesen, welche wieder Große Preise gewann. Im Jahre 1959 wurde ein Vanwall nur bei einem einzigen Grand Prix, in Aintree, eingesetzt; im folgenden Jahr bestritt ein Vanwall noch zwei Formel-1-Rennen. Im Jahre 1961 erschien dann — im Rahmen der Interkontinental-Rennformel — noch ein Vanwall mit Mittelmotor, der mit John Surtees bei der International Trophy den 5. Platz belegte. Dann verschwanden die charakteristischen Rennwagen des Lagerschalenfabrikanten Tony Vanderwell für immer.

Mike Hawthorn

Weltmeister Mike Hawthorn konnte sich nicht lange seines Titels erfreuen. Der erste Weltmeister englischer Nationalität kam am 22. Januar 1959, 29jährig, bei einem Verkehrsunfall in der Nähe Londons ums Leben, nachdem er kurz vorher seinen Rücktritt vom Rennsport erklärt hatte. Es war besonders tragisch, daß der blonde Brite, der den Gefahren des Automobilsportes aus dem Wege gehen wollte, nun wohl doch seinem sportlich-ungestümen Draufgängertum, mit dem er in den Rennen so oft die Entscheidung herbeiführte, zum Opfer fiel. Dies berührte um so schmerzlicher, als der Weltmeister in seiner letzten Rennsaison durch eine bis dahin nie zur Schau getragene Selbstbeherrschung auffiel, was ihn zum wahren Champion stempelte. Kurz vor seinem Tod war Hawthorns Gemüt vielleicht noch einmal wie früher in Wallung geraten, als er auf einer Landstraße in der Nähe von Guildford (Surrey) den Mercedes-Benz Rob Walkers, des Besitzers der dunkelblauen Cooper-Rennwagen, vor sich sah. Er setzte auf der abschüssigen Straße mit seiner Jaguar-Limousine zum Überholen an, winkte seinem Freund zu, kam auf der feuchten Fahrbahn ins Schleudern und hatte das Pech, daß in diesem Augenblick ein Camion zum Kreuzen ansetzte, gegen dessen Hinterrad der Unglückswagen stieß. Hawthorns Jaguar überschlug sich und prallte noch gegen einen Baum.

Mittelmotorkonzept überlegen

Auf dem leichten Cooper-Climax wird der Australier Jack Brabham erstmals Weltmeister. 23jähriger Bruce McLaren gewinnt den GP der USA in Sebring. Erster GP-Sieg von BRM in Zandvoort.

Im Jahre 1959 tauchten keine wesentlichen technischen Neuheiten auf. Es schien, als sei die Formel-1-Technik zum Stillstand gekommen. Zwar griff auch die auf dem Sportwagensektor erfolgreiche Marke Aston Martin in die Formel 1 ein, aber die neue englische Frontmotorkonstruktion Typ DBR4/1 mit Sechszylinderaggregat war im Konzept veraltet und das Fahrzeug auch in bezug auf das Leistungsgewicht unterlegen. Am Ende der Saison brachte BRM seinen ersten Mittelmotorwagen heraus.

Stirling Moss, der Spitzenstar, den jedes Team gerne verpflichtet hätte, glänzte durch Unbeständigkeit, indem er sein Glück auf mehreren Wagen versuchte. Das Walker-Team baute für ihn einen Cooper mit BRM-Vierzylindermotor, aber Moss ging dann nach den ersten Versuchen wieder mit einem Cooper-Climax an den Start. In Reims und Aintree stellte er sich sogar auf einem hellgrünen BRM Typ 25 mit Frontmotor zum Kampf. Daneben probierte Moss auch den neuen Aston Martin und den 1958 so erfolgreich gewesenen und inzwischen weiterentwickelten Vanwall aus. Für die betreffenden Rennställe bedeutete dies, daß man mit Moss nie ein Fahrzeug konsequent vorbereiten und optimal abstimmen konnte.

Die Teams setzten sich 1959 wie folgt zusammen: Das von Rennleiter Romolo Tavoni geführte Ferrari-Team mit dem Amerikaner Phil Hill, dem Franzosen Jean Behra, den Engländern Tony Brooks und Cliff Allison sowie dem belgischen Langstreckenspezialisten Olivier Gendebien. Im Verlauf der Saison stieß auch das junge amerikanische Talent Dan Gurney zur italienischen Scuderia. Cooper vertraute seinen bewährten, leichten und handlichen Mittelmotorwagen Jack Brabham sowie dem 22jährigen Neuseeländer Bruce McLaren an, hinzu kam auch der Amerikaner Masten Gregory. Auf einem privaten Cooper des Walker-Teams startete ferner der Franzose Maurice Trintignant. Die Farben von BRM vertraten der einstige Maserati-Privatfahrer aus Schweden, Joakim Bonnier, der Engländer Ron Flockhart und der in Paris ansässige Amerikaner Harry Schell. Auf den Lotus-16-Frontmotorwagen starteten Graham Hill sowie der Schotte Innes Ireland. Der Engländer Roy Salvadori und der Amerikaner Carroll Shelby — einige Jahre später durch seine Shelby-Cobra berühmt geworden — zogen mit dem neuen Aston Martin DBR4/1 in den Kampf.

Die Saison stand im Zeichen des Zweikampfes zwischen den Frontmotor-Ferrari mit dem bewährten Dino-V6-Triebwerk und den Cooper T51-Climax. Das Fahrgestell des Ferrari war von Ingenieur Carlo Chiti neu überarbeitet worden und wies hinten unabhängige Räder mit Schraubenfedern auf, auch hatte man den Monoposto Typ 256 neu karossiert. Das Walker-Team ließ für Stirling Moss im Frühjahr einen Cooper mit

Oben
Testsitzung des Walker-Teams in Modena. Links neben dem Cooper T51 mit BRM-Motor Mechaniker Alf Francis, in der Mitte Stirling Moss und rechts Teambesitzer Rob Walker. Nach einem Versuch mit dem BRM-Motor wurde wieder auf den Climax umgestellt.

Mitte
Beim Grand Prix von Monaco 1959 holte sich Jack Brabham den ersten Sieg in einem WM-Lauf.

Links
Der Australier Jack Brabham (damals 33) «klebt» mit seinem Cooper T51 mit Coventry-Climax-Motor an der Steilwand der Avus-Nordkurve.

BRM-Vierzylindermotor und italienischem Colotti-Fünfganggetriebe bauen, aber bald entschied sich Moss wieder für einen Climax-Motor, dessen Hubraum jetzt 2495 cm³ (95 x 89,9 mm) betrug, womit die Leistung auf 243 PS bei 6800 U/min angestiegen war.

Bei der International Trophy in Silverstone feierte der Aston Martin sein Debüt, obschon die ersten Tests des DBR4/1 eigentlich auf das Jahr 1957 zurückgingen und die Konstruktion schon veraltet war. Die Hauptmerkmale waren: Sechszylinder-Reihenmotor (83 x 76,8 mm = 2493 cm³), vorn eingebaut, von Vergasern gespeist, Leistung 260 PS bei 7500 U/min, woraus für den 575 kg schweren Wagen das relativ hohe Leistungsgewicht von 2,21 kg/PS resultierte. Beim Ferrari 246 betrug es rund 2 kg/PS und beim Cooper T51-Climax sogar 1,9 PS. Seit Vanwall sich zurückgezogen hatte, gab es keine Rennwagen mit Einspritzmotor mehr; ein Vanwall wurde noch anläßlich des Großen Preises von England in Aintree eingesetzt und dort vom Ferrari-Piloten Tony Brooks gefahren, weil die italienische Marke infolge Streiks die eigenen Wagen nicht für England vorbereiten konnte.

Die Aston Martin waren nicht nur wegen des hohen Leistungsgewichtes im Nachteil, auch das Fahrwerk, das einen Rohrrahmen, eine Vorderradaufhängung mit doppelten Querlenkern und Drehstäben sowie eine De-Dion-Hinterachse mit Wattgestänge aufwies, war unbefriedigend.

Den Auftakt zur Saison 1959 bildete der Große Preis von Monaco. Jack Brabham auf Cooper T51 siegte sowohl in dem kleinen Fürstentum als auch beim englischen Grand Prix. Moss auf Cooper-Climax trug sich bei

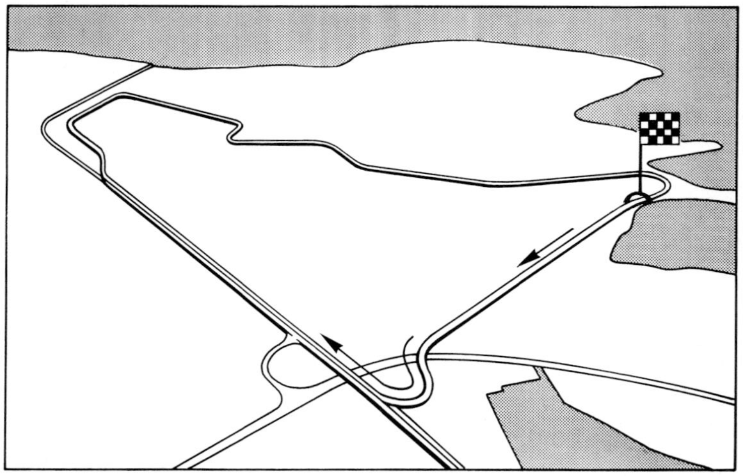

Oben
Der Grand Prix von Portugal lief 1959 auf der Monsanto-Rundstrecke am Stadtrand von Lissabon. Befahren wurde auf dem 5,44 km langen Kurs auch ein Autobahnstück.

Oben
Beim Großen Preis von Holland 1959 kam BRM zum ersten Sieg in einem Weltmeisterschaftslauf. Herausgefahren wurde das Resultat von Joakim Bonnier auf dem vierzylindrigen P25.

Rechts
Mit dem Cooper T51-Climax gewann Stirling Moss 1959 in Portugal und Italien (Bild).

Carroll Shelby

Links
Im Jahre 1959 wurde der Große Preis von Deutschland nicht auf dem Nürburgring, sondern auf der Berliner Avus durchgeführt, wo man dieses Rennen schon 1926 ausgetragen hatte. Allerdings wurde nach dem Krieg ein kürzerer Abschnitt verwendet. Im Ausgang der Südkurve liegen hier die beiden Ferrari 246 von Tony Brooks (Sieger) und Dan Gurney (Zweiter) vor dem Cooper T51-Climax von Masten Gregory.

Unten
Beim Grand Prix der USA 1959 in Sebring versuchte auch Rodger Ward, der im gleichen Jahr die 500 Meilen von Indianapolis gewonnen hatte, sein Glück in einem Formel-1-Feld. Mit seinem starrachsigen Curtis-Craft der Midget-Klasse (Offenhauser-Vierzylindermotor von 1,7 Litern Inhalt) war er jedoch trotz spektakulärer Dirt-Track-Drifts klar unterlegen und schied dann aus.

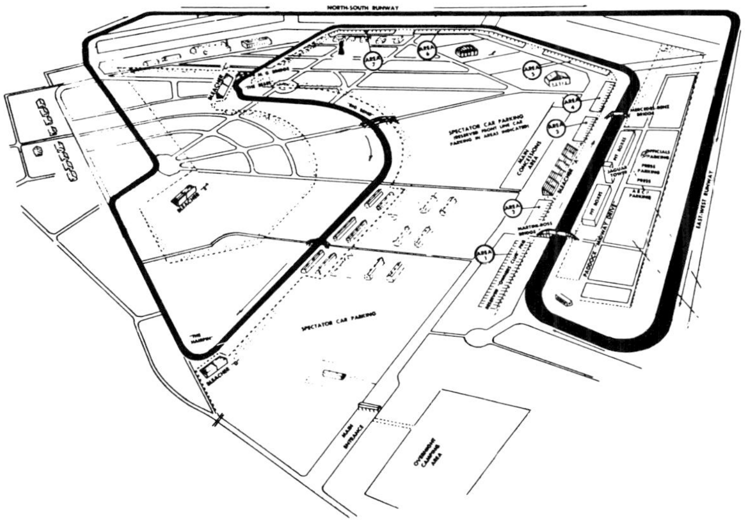

Links
Die seit Jahren vom 12-Stunden-Rennen her bekannte Flugplatzrundstrecke von Sebring in Florida (Rundenlänge 8,36 km) war im Dezember 1959 Austragungsort des Grand Prix der USA, der auch für die Weltmeisterschaft zählte. Es gewann der 22jährige Bruce McLaren, der damit als jüngster GP-Sieger in die Geschichte einging.

den Großen Preisen von Italien und Portugal in das Goldene Buch ein. BRM feierte in Holland den ersten bedeutenden Erfolg seiner Geschichte, indem dort der Schwede Joakim Bonnier den vierzylindrigen Frontmotorwagen Typ 25 auf den ersten Platz steuerte. Ferraris hohe Motorleistung konnte sich nur auf schnellen Strecken durchsetzen; mit dem V6-Monoposto Typ 256 gewann Tony Brooks den Großen Preis des ACF in Reims sowie den erstmals wieder auf der Avus bei Berlin ausgetragenen Großen Preis von Deutschland. Am 1. August stürzte hier Jean Behra mit einem Porsche-Sportwagen in der überhöhten Nordkurve tödlich. Kurz vorher hatte sich Behra wieder von Ferrari getrennt; angeblich soll unter den Ferrari-Piloten eine unerfreuliche Rivalität geherrscht haben.

Ende der Saison schloß der erste Große Preis der USA in der modernen Geschichte (den Grand Prix d'Amérique hatte es schon vor dem Ersten Weltkrieg gegeben) die Weltmeisterschaft ab. Ausgetragen wurde das Rennen auf dem ausgedienten Militärflugplatz von Sebring in Florida. Ganz unerwartet gewann hier der 23jährige Neuseeländer Bruce McLaren auf einem Cooper T51-Climax, womit der spätere Konstrukteur als jüngster Grand-Prix-Sieger in die Geschichte eingegangen ist.

Beim Training zum Großen Preis von Italien in Monza setzte BRM kurz seine erste Mittelmotorkonstruktion Typ 48 ein, die vom bisherigen Vierzylinderaggregat angetrieben wurde und eindeutig vom Cooper inspiriert war. Vorn übernahm man die Aufhängung des Frontmotorwagens, hinten kamen Dreiecklenker mit Schraubenfedern zum Einbau. Die hintere Scheibenbremse saß zentral über der Kraftübertragung. Trotz des BRM-Sieges in Holland konnte diese Marke 1959 nicht maßgebend am Grand-Prix-Geschehen mitreden, es dominierten vorwiegend die Cooper-Climax und die Ferrari.

Der große Erfolg des Cooper-Teams war auch in dessen Homogenität begründet. Der über viel technisches Feingefühl verfügende Jack Brabham, der dann von 1962 an mit eigenen Konstruktionen an den Großen Preisen teilnahm, stimmte die Fahrzeuge zusammen mit seinem Teamboß John Cooper erstklassig ab. Die leichten Monoposto ließen sich in bezug auf die variablen Elemente — wie Über- oder Untersteuern, Härtegrad der Federung oder Punkt, an dem der Wagen hinten wegwischen soll — jeder Rennstrecke leicht anpassen. Das kleine Werk im Londoner Vorort Surbiton konzentrierte sich auch ausschließlich auf die Formel 1, so daß die verfügbaren Kräfte nicht zusätzlich in andern Wagenkategorien eingesetzt zu werden brauchten.

Ende des Jahres stand der damals 34jährige Australier Jack Brabham als Weltmeister fest, er war auf 31 Punkte gekommen, gefolgt von Tony Brooks auf Ferrari mit 27 und Stirling Moss auf Cooper und BRM mit 25½ Punkten. Die zweite Coupe der Formel-1-Konstrukteure ging an Cooper.

In der Weltmeisterschaft der Sportwagen kam 1959 einmal nicht Ferrari, sondern Aston Martin auf den ersten Platz. Die englische Marke hatte auch die 24 Stunden von Le Mans gewonnen. Sie errang den Sportwagenmeistertitel mit 24 Punkten vor Ferrari und Porsche, welche auf je 18 Treffer kamen.

Im September erlag der große Rudolf Caracciola im Alter von 58 Jahren einem schweren Leberleiden. Der populäre «Caratsch» wohnte seit Ende der dreißiger Jahre in seiner Villa bei Lugano. Während des Krieges war er Schweizer Bürger geworden, hatte 1946 einen mißglückten Indianapolis-Startversuch — mit schwerem Trainingsunfall — unternommen und kam noch 1952 mit dem Mercedes-Benz 300SL zum Einsatz. Nach Monte Carlo 1933 und Indianapolis 1946 erlitt er 1952 in Bern den dritten schweren Unfall in seiner langen Karriere. Caracciola ist als der bisher erfolgreichste deutsche Fahrer in die Geschichte des Autorennsports eingegangen.

Rodger Ward

Brabham wieder Weltmeister

Totale Umstellung auf den Mittelmotor. Colin Chapmans genialer Lotus 18 setzt neue Maßstäbe. Im letzten Jahr der 2,5-Liter-Formel geben die überlegenen Engländer den Ton bedingungslos an.

Unten
Jack Brabham nach seinem Sieg im Großen Preis von England 1960 in Silverstone. Mit ihm freut sich selbstverständlich auch Konstrukteur John Cooper, dessen Vater, Charles, die Rennwagenschmiede in Surbiton bei London gegründet hatte.

Ganz unten
Kampf zweier Generationen der Technik: Beim Grand Prix des ACF in Reims überholt der Mittelmotor-Cooper-T53-Coventry-Climax von Jack Brabham den Frontmotor-Ferrari des Typs 246 mit von Trips am Steuer auf der Außenseite. Das Frontmotorkonzept hat ausgedient.

Nach der Saison 1959 waren die Kritiker noch nicht restlos von der großen Klasse Jack Brabhams überzeugt gewesen. Man hielt ihn teilweise für einen unwürdigen Weltmeister, mit der Begründung, der Australier habe vom ständigen Pech Stirling Moss' profitieren können. Die Skeptiker wurden aber 1960 eines Besseren belehrt. Brabham schaffte jeden Zweifel aus der Welt, indem er auf dem erneuerten und niedrigeren Cooper T53-Climax die Großen Preise von Holland, von Belgien, des ACF und von Portugal in glänzender Manier gewann und Ende der Saison mit deutlichem Punktevorsprung abermals Weltmeister wurde.

Stirling Moss, den viele noch immer für den weltbesten Piloten hielten, sollte in seiner — 1962 abgebrochenen — Karriere nie Weltmeister werden; vielleicht war der Grund darin zu suchen, daß Moss zu impulsiv fuhr, das Material zu wenig schonte und auch nicht über das technische Feingefühl eines Jack Brabham verfügte. Zudem saß Moss nicht immer in den geeignetsten Rennwagen.

1960 — in der letzten Saison der 2,5-Liter-Formel — tauchten noch einige Neukonstruktionen auf, die zum Teil als Prototypen im Hinblick auf die 1961 in Kraft tretende 1,5-Liter-Formel zu betrachten waren. Für Ferrari fuhren der Amerikaner Phil Hill, der Deutsche Graf Wolfgang Berghe von Trips, der frisch aus Amerika «importierte» kleine Richie Ginther, der Engländer Cliff Allison sowie der draufgängerische Belgier Willy Mairesse. Die Farben Coopers vertraten Jack Brabham, Bruce McLaren, Tony Brooks, Henry Taylor und Olivier Gendebien, wobei es sich hier auch um Konkurrenten privater Rennställe handelte.

BRM hatte Joakim Bonnier, Dan Gurney und Graham Hill verpflichtet. Auf Lotus starteten Innes Ireland, Alan Stacey sowie der für das Walker-Team fahrende Stirling Moss, der am Großen Preis von Argentinien noch auf einem Cooper T51 teilnahm, dann aber auf Lotus 18 umsattelte. Im Laufe der Saison kamen noch zwei neue Lotus-Fahrer hinzu: der überaus talentierte Schotte Jim Clark sowie der mehrfache Motorradweltmeister John Surtees. Beide sollten später Weltmeister werden.

Die Weltmeisterschaft wurde in Argentinien eröffnet. Es gab gleich zwei Überraschungen: Erstens war hier ein funkelnagelneuer Lotus mit Mittelmotor am Start zu sehen — es handelte sich um den Typ 18 mit Coventry-Climax-Triebwerk —, der Innes Ireland anvertraut wurde, und zweitens siegte wieder kein etablierter Champion,

sondern der 23jährige Neuseeländer Bruce McLaren auf Cooper-Climax, der sich schon beim ersten Großen Preis der USA in Sebring einen unerwarteten Sieg geholt hatte.

Die Sensation von Buenos Aires war der Lotus 18. Das erste Exemplar dieser Konstruktion war wenige Wochen zuvor beim «Boxing Day Meeting» in Brands Hatch bei London als Fahrzeug der Formel Junior an den Start gegangen. Kurz vor dem Großen Preis von Argentinien wurde die Formel-1-Version fertiggestellt, die in Sachen Leichtbau jede Vorstellung übertraf, brachte doch das Fahrzeug mit seinem 2,5-Liter-Motor trocken nur 390 kg auf die Waage. Das Coventry-Climax-Vierzylinder-Triebwerk mit Weber-Vergasern gab 243 PS bei 6800 U/min ab, so daß der Lotus auf das ungewöhnlich niedrige Leistungsgewicht von 1,6 kg/PS kam, während dieser Wert für den Cooper T53 mit einem Trockengewicht von 435 kg 1,8 kg/PS betrug. Der Frontmotor-Ferrari wog 560 kg und leistete 280 PS, das ergab 2 kg/PS.

Der Lotus 18 war eine ultramoderne, wegweisende Konstruktion mit Rohrrahmen und Kunststoffkarosserie. Als überlegen erwies sich sein Fahrwerk mit dem sehr tiefen Schwerpunkt. Vorn wurden die Räder von doppelten Dreieckslenkern mit Schraubenfedern geführt, hinten wendete man erstmals die später klassische Radaufhängung an, die mit den Jahren von den meisten Konstrukteuren kopiert wurde, allerdings in solider Ausführung. Der aus Leichtmetall gegossene Radträger wurde unten von einem Dreieckslenker mit Basis nach außen, von der Antriebswelle sowie von zwei Längslenkern gehalten. Oben sah Colin Chapman noch keinen Querlenker vor, die Funktion eines solchen Querlenkers übernahm die Antriebsachse. Diese an sich genial konzipierte Aufhängung hatte den Nachteil, daß das Rad bei einem Bruch der Antriebswelle oder des Kreuzgelenkes nicht mehr abgestützt wurde, was praktisch einem Radverlust entsprach. Die schwerwiegenden Konsequenzen des übertriebenen Lotus-Leichtbaues sollten im Laufe der Saison noch kraß zum Vorschein kommen.

Der Lotus 18 wurde wenige Tage vor dem Großen Preis von Argentinien fertiggestellt, im Fabrikhof probegefahren, in ein Flugzeug verfrachtet und nach Südamerika spediert, wo er noch rechtzeitig zum Training eintraf. In der ersten Runde lag Innes Ireland mit dem niedrigen und schmalen Fahrzeug, das neben den altmodischen, hohen Frontmotorwagen wie ein flinkes Wiesel wirkte, an der Spitze, in der zweiten Runde aber drehte sich der Schotte, und Joakim Bonnier auf dem Frontmotor-BRM Typ 25 ging in Führung. Der Lotus 18 kam dann noch auf den sechsten Platz, während Bruce McLaren als Sieger hervorging.

In Monte Carlo trat auch Stirling Moss mit einem Lotus 18 des Walker-Rennstalles an,

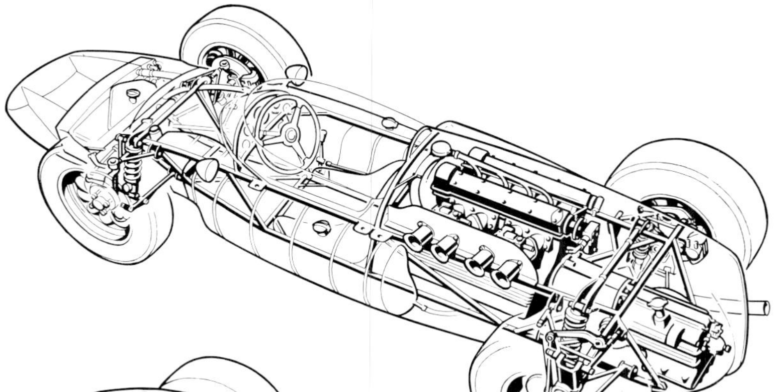

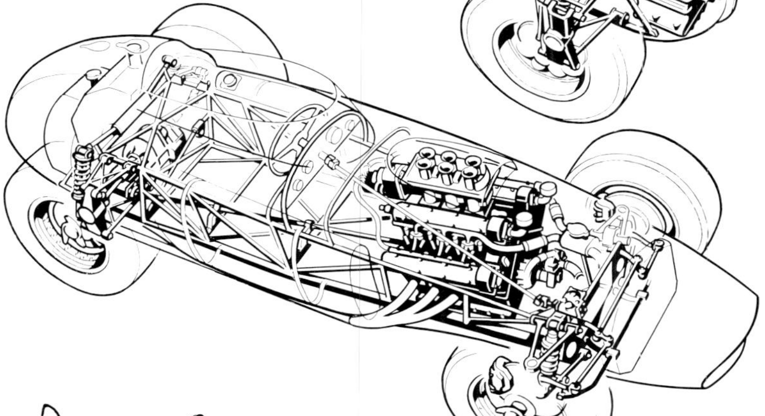

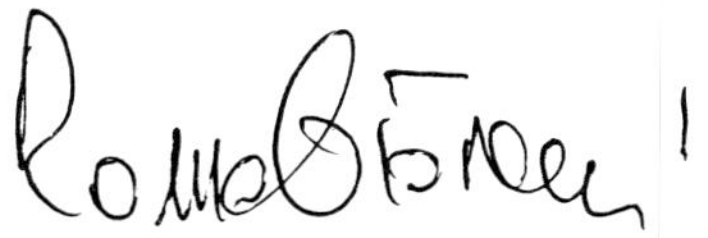

Romolo Tavoni

Links
Der von Lance Reventlow (Sohn von Barbara Hutton) finanzierte Scarab mit Vierzylinder-Einspritzmotor tauchte 1959 und 1960 kurz auf und verschwand dann wieder. Neben den leichten englischen Mittelmotorwagen hatte die amerikanische Frontmotorkonstruktion keine Chance.

Mitte
Der erfolgreichste Formel-1-Wagen der Saison 1960 war der Cooper T53 mit 2495-cm³-Coventry-Climax-Vierzylindermotor. Damals besaß Cooper am meisten Erfahrung im Bau von Mittelmotorwagen. Der Cooper war leicht, wendig und wies eine hervorragende Straßenlage auf.

Unten
Der schwere Frontmotor-Ferrari des Typs 246 mit V6-Aggregat gewann 1960 nur noch den Großen Preis von Italien in Monza, welchem die englischen Rennställe fernblieben. Der Motor war schräg eingebaut, so daß die Kardanwelle neben dem Fahrer vorbeiführte. Seit 1959 wendete Ferrari bei der Hinterradaufhängung seiner Rennwagen keine De-Dion-Achse mehr an, sondern man war zu den doppelten Querlenkern, in Verbindung mit je einer Schraubenfeder, übergegangen.

1960

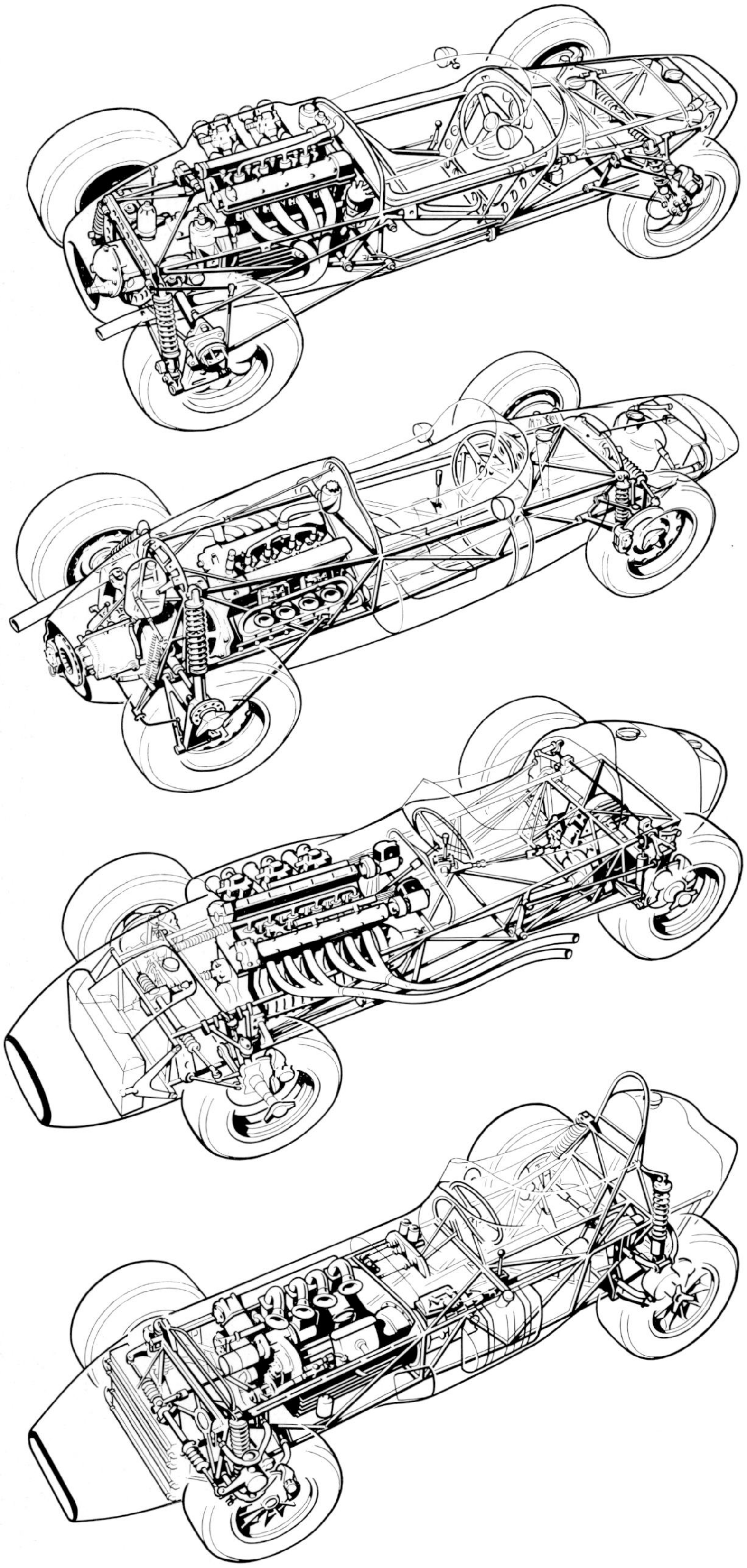

Von oben nach unten
Der Lotus 18 war die markanteste Neukonstruktion des Jahres 1960. Bei diesem genialen Modell, hatte Colin Chapman den Leichtbau in seiner extremsten Form angewendet.

Mit dem Typ 48 ging auch BRM 1960 zur Mittelmotorbauweise über. Man versah das Fahrzeug mit dem bisherigen Vierzylindermotor (2,5 Liter) des Typs 25. Interessant war beim Typ 48 die zentrale, im Heck untergebrachte Scheibenbremse.

Der Aston Martin DB R4/250 mit Sechszylinder-Frontmotor und De-Dion-Hinterachse nahm 1959 und 1960 an einigen Rennen teil. Die schwere Konstruktion war aber veraltet.

Der amerikanische Scarab tauchte 1960 in Europa nur in Monaco und in Spa auf. Er wies einen fast liegenden Vierzylindermotor mit desmodromischer Ventilsteuerung und Hilborn-Einspritzung in die Ansaugkanäle auf, wobei die Kraftübertragung des Frontmotorwagens ein Corvette-Getriebe umfaßte.

Rechts
Stimmungsbild vom Großen Preis der USA, der 1960 auf der Bahn von Riverside in Kalifornien ausgetragen wurde.

und der Brite gewann das Rennen mit dem dunkelblauen Einsitzer. Im Mai kam Harry Schell während einer Trainingsfahrt auf der regennassen Bahn von Silverstone am Steuer eines Cooper ums Leben. — Der Frühling 1960 brachte zwei weitere Neukonstruktionen: Das amerikanische Team von Lance Reventlow, dem Sohn der Milliardärin Barbara Hutton (Lance Reventlow kam dann im Juli 1972 bei einem Flugunfall ums Leben), trat in Monte Carlo erstmals mit den amerikanischen Scarab-Frontmotorwagen an, die sich aber nicht für das Rennen qualifizieren konnten. Und Ferrari setzte an der Côte d'Azur seine erste Formel-1-Konstruktion mit Mittelmotor Typ 246 ein — es handelte sich um das Dino-V6-Triebwerk —, die von Richie Ginther noch auf den sechsten Platz gebracht wurde. Damals war bei Ferrari auch eine 1,5-Liter-Formel-2-Version mit Mittelmotor entstanden, mit der Graf von Trips beim Solitude-Rennen bei Stuttgart einen vielbeachteten Sieg herausfuhr. Dieses Modell bildete die Basis des Formel-1-Wagens von 1961. In Maranello war der Toskaner Ingenieur Carlo Chiti zum technischen Leiter des Ferrari-Teams avanciert, unter seiner Regie vollzog sich die Umstellung auf die Mittelmotorbauweise.

Dem amerikanischen Scarab war das gleiche Schicksal wie dem englischen Aston Martin beschieden: Er wurde alt geboren, das heißt als Frontmotorkonstruktion. Dies just zu einem Zeitpunkt, als sich alle übrigen Marken auf die Mittelmotorbauweise umstellten. Lance Reventlow hatte 1957 eine Werkstatt in Kalifornien eröffnet, wo man einige 1958 sehr erfolgreiche Scarab-Sportwagen baute. Ende 1958 wurde die Verwirklichung eines Formel-1-Wagens in Angriff genommen. Der Scarab wies einen eigenen Vierzylindermotor auf, der vorn in einen leichten Rohrrahmen mit vier unabhängigen Rädern mit Girling-Scheibenbremsen eingebaut war. Für die Konstruktion des Zweinokkenwellenmotors mit indirekter amerikanischer Hilborn-Einspritzung und zwangsgesteuerten Ventilen zeichnete der Offenhauser-Mitarbeiter Leo Goosen verantwortlich. 1960 gab das Aggregat (95,2 × 85,7 mm = 2443 cm³) 220 PS bei 7500 U/min ab, was in Monte Carlo, wo nur 16 Fahrzeuge zum Rennen zugelassen waren, nicht für einen Startplatz reichte. Die Fahrer Lance Reventlow und Chuck Daigh konnten schließlich beim Großen Preis von Belgien in Spa konkurrieren, mußten aber wegen Motordefekts aufgeben, worauf der Scarab Formel 1 für immer verschwand.

Beim Großen Preis von Holland knüpfte Jack Brabham wieder an seine vorjährigen Erfolge an. In Zandvoort debütierte Jim Clark als Lotus-Werkfahrer bei einem Großen Preis. Jack Brabham war nicht zu schlagen: Er siegte bei den anschließenden Großen Preisen von Belgien, des ACF und von England. In Silverstone lieferte ihm Graham Hill auf dem neuen BRM Project 48 mit Mittelmotor ein phantastisches Duell um die Führung, bis der BRM von der Bahn abkam und der Weg zum Sieg für den Cooper T53 frei war. Hier schlossen die zwei Aston Martin von Trintignant und Salvadori derart enttäuschend ab, daß sich Aston-Martin-Boß David Brown entschloß, die Sechszylinder für immer zurückzuziehen.

Links
Auf dem dunkelblauen Lotus 18-Climax des Walker-Teams, mit dem charakteristischen weißen Ring um die Frontverschalung herum, gewann Stirling Moss 1960 auch den Großen Preis der USA in Riverside.

Unten
Roy Salvadori auf dem Aston Martin DBR4/250. Bei der letzten Ausführung des Sechszylinders hatte man die Auspuffrohre auf die linke Seite verlegt.

Roy Salvadori

Tragische Unfälle hatte der Große Preis von Belgien gebracht, wo die jungen Engländer Chris Bristow auf Cooper sowie Alan Stacey auf Lotus ihr Leben verloren. Auf der schnellen Bahn von Spa verunglückten gleich drei Lotus-18-Fahrer: Stirling Moss, Henry Taylor und Alan Stacey. Die übertriebene Leichtbauweise hatte sich gerächt: Bei Moss war es eine gebrochene Hinterachse, bei Taylor die gebrochene Lenkung gewesen. Wahrscheinlich war auch am Fahrzeug Staceys etwas gebrochen, aber man konnte dies nach dem tödlichen Unfall nicht mehr beweisen. An Chris Bristows Windschutzscheibe fand man nach dem Sturz mit Blut festgeklebte Vogelfedern vor, wahrscheinlich war der Cooper-Fahrer bei hohem Tempo durch das Aufklatschen eines Vogels an der Scheibe erschrocken, so daß er die Herrschaft über seinen Wagen verlor.

Beim englischen Weltmeisterschaftslauf gab der mehrfache Motorradchampion John Surtees ein aufsehenerregendes Grand-Prix-Debüt, indem er das Rennen mit seinem Lotus 18 auf Position zwei abschloß.

Die Deutschen schrieben ihren Grand Prix 1960 für Formel-2-Rennwagen der 1,5-Liter-Klasse aus, womit diese auf der Südschleife des Nürburgrings ausgetragene Regenrennen aus dem Weltmeisterschaftskalender gestrichen wurde. Der vom Publikum ersehnte Porsche-Sieg stellte sich — mit Joakim Bonnier — dann auch ein. Ferrari zog die Meldung wieder zurück, obschon der neue Mittelmotormonoposto auf der Solitude einen hervorragenden Eindruck hinterlassen hatte.

Jack Brabham setzte sich auch beim Großen Preis von Portugal mit seinem Cooper T53-Climax durch, während McLaren den zweiten und Jim Clark auf Lotus den dritten Platz belegten.

Dem Großen Preis von Italien gingen viele Diskussionen voraus, nachdem der organisierende Automobilklub von Mailand bekanntgegeben hatte, daß das Rennen auf der mit dem Hochgeschwindigkeitscircuit kombinierten Bahn ausgetragen würde. Diesem holprigen «Becken» wären die ultraleichten Fahrgestelle der Engländer wahrscheinlich kaum gewachsen gewesen. Die Briten bildeten eine geschlossene Front und

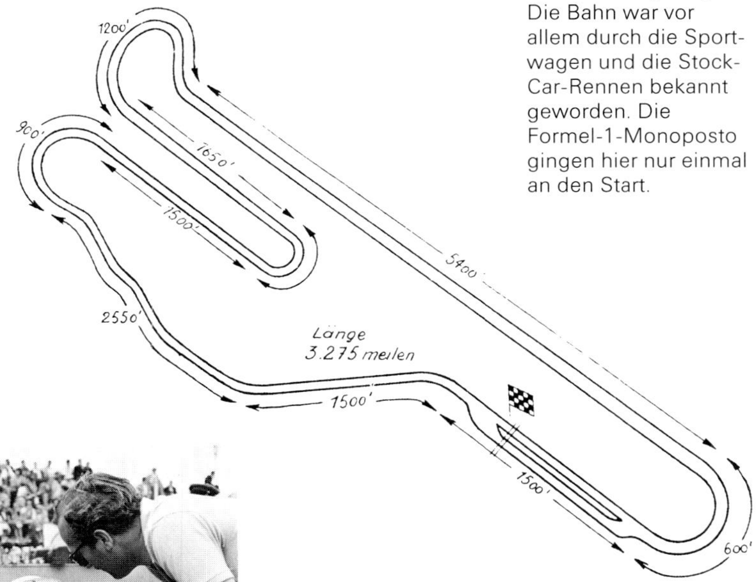

Links
Auf der 5,27 km langen Bahnkombination von Riverside wurde 1960 der zweite «moderne» Grand Prix der USA ausgetragen. Die Bahn war vor allem durch die Sportwagen und die Stock-Car-Rennen bekannt geworden. Die Formel-1-Monoposto gingen hier nur einmal an den Start.

Unten
Das Lotus-Team ist hier komplett versammelt. Von links Innes Ireland, Jim Clark, Motorradweltmeister John Surtees sowie Lotus-Boß und -Konstrukteur Colin Chapman. Damals bestritt John Surtees seine ersten Rennen auf vier Rädern. Er bewährte sich auf Anhieb und widmete sich anschließend ganz der Formel 1.

boykottierten das Rennen. In Monza traten nur die Ferrari-Werkswagen an, das Feld wurde noch mit Privatkonkurrenten sowie mit Fahrzeugen der Formel 2 aufgefüllt. Mit Phil Hill, Richie Ginther, Willy Mairesse und Graf von Trips belegte Ferrari die Plätze eins, zwei, drei und fünf, wobei von Trips auf dem kleinen Formel-2-Modell Tipo 156 mit V6-Mittelmotor konkurrierte. Die Stallkollegen nahmen von Trips in ihren Windschatten, um es dem 1,5-Liter-Ferrari zu ermöglichen, die Porsche-Konkurrenz abzuschütteln. Stirling Moss siegte auf seinem Lotus 18 bei dem die Weltmeisterschaft abschließenden Großen Preis der USA im kalifornischen Riverside. Hier trat Ferrari überhaupt nicht mehr zum Start an. Aber schon seit vielen Wochen stand Jack Brabham zum zweitenmal als Weltmeister fest; diesmal ließ sein Können auch keine Zweifel mehr offen. Er errang den Titel mit 43 Punkten vor Bruce McLaren mit 34 und Stirling Moss mit 19 Punkten. Wiederum ging die Coupe der Formel-1-Konstrukteure an die kleine englische Marke Cooper, welche 1946 — unmittelbar nach Kriegsende — von Charles Cooper und dessen Sohn John gegründet worden war. Jahrelang baute man dann bei Cooper im Londoner Vorort Surbiton vorwiegend die populären, kleinen 500-cm³-Rennwagen der damaligen Formel 3, welche auch viele englische Talente hervorgebracht hat. Cooper war der große Pionier der leichten Mittelmotorbauweise, die dann später auch von Lotus konsequent angewendet wurde. Mit Ausnahme der Formel-2-Modelle von 1952 und 1953 (es handelte sich um die T20 und T23 mit Bristol-Motor und um den T24 Alta) baute Cooper ausschließlich Rennwagen mit vor der Hinterachse liegendem Motor.

Die Frontmotor-Ferrari erwiesen sich 1960 als hoffnungslos unterlegen, obschon sie über die stärksten Triebwerke verfügten. Ihre Schwäche lag in den veralteten Fahrgestellen. Der in Monte Carlo eingesetzte erste 2,5-Liter-Mittelmotorwagen hatte zudem noch keine überzeugenden Resultate gebracht. Auf sehr schnellen Strecken waren die Ferrari manchmal auch noch gezwungen gewesen, einen Boxenstopp für Reifenwechsel einzuschalten.

Das Jahr 1960 war die Saison des Überganges und der Umwälzung. Es war nicht nur das letzte Jahr der 2,5-Liter-Grand-Prix-Formel, sondern überhaupt das letzte Jahr, in welchem in Europa noch Frontmotorrennwagen der Formel 1 an den Start gingen. Die im Grand-Prix-Sport erlebten Enttäuschungen konnte Ferrari in der Weltmeisterschaft der Sportwagen mit einem weiteren Titelgewinn wettmachen. Die italienische Marke kam auf 22 Punkte, gleich viele Treffer errang Porsche, doch wurde Ferrari aufgrund seiner Siege zum Meister erklärt. Maserati kam mit dem privat eingesetzten, berühmten «Birdcage» auf den dritten Platz.

Formel-1-Wagen der 2,5-Liter-Formel (1958—1960)

Baujahr	Marke und Modell	Zylinderzahl	Hubraum	Bohrung	Hub	Leistung/PS	Höchstdrehzahl	Anzahl Gänge	Spitze in km/h	Trockengewicht
1958	Cooper T43-Climax	4	2207	88,9	88,9	195	6750	4	265	380
1958	Lotus 16-Climax	4	2207	88,9	88,9	195	6750	4	265	360
1958	Ferrari 246	6	2417	85	71	270	8300	4	270	560
1958	BRM P25	4	2491	102,8	74,9	280	8250	4	285	550
1958	Vanwall	4	2490	96	86	285	7600	5	300	550
1959	Cooper T51-Climax	4	2495	94	89,9	240	6750	4	280	460
1959	Lotus 16-Climax	4	2495	94	89,9	240	6750	4	280	410
1959	Ferrari 256	6	2474	86	71	300	9000	4	270	560
1959	Aston Martin DBR4/250	6	2492	83	76,8	280	8250	5	275	575
1959	Scarab	4	2441	95,2	85,7	230	7500	4	265	560
1959	Tec-Mec	6	2494	84	75	280	7600	5		
1960	Cooper T53-Climax	4	2495	94	89,9	240	6750	5	285	435
1960	BRM P48	4	2499	102,8	74,9	285	8000	5	285	550
1960	Lotus 18-Climax	4	2495	94	89,9	240	6750	5	290	390
1960	Ferrari 246	6	2417	85	71	280	8500	5	290	560
1960	Ferrari 256	6	2474	86	71	290	8500	5	260	540
1960	Ferrari 246 mot. post.	6	2497	86,4	71	290	8500	5	260	550
1960	Cooper-Eugenio	4	2498	94	90	250	6500	5	265	525
1960	Cooper-Maserati	4	2489	96	86	238	7000	5	270	450
1960	Vanwall	4	2490	96	86	285	7600	5	300	485
1960	Aston Martin DBR4/250	6	2492	83	76,8	280	8250	5	285	575

Wieder eine Ferrari-Saison

Im ersten Jahr der 1,5-Liter-Formel dominieren die V6 aus Maranello. Die englischen V8 tauchen mit Verspätung auf. Mit Porsche ist wieder eine deutsche Marke in der Formel 1 dabei.

Die Formel 2 (1,5 Liter) war von 1957 bis 1960 in Kraft und hatte im letzten Jahr ihres Bestehens vorwiegend im Zeichen der V6-Ferrari 156 und der luftgekühlten Porsche-718/2-Vierzylinder gestanden. Die Engländer, nämlich Cooper und Lotus, nahmen sich dieser Kategorie nicht sehr intensiv an, sie hatten sich auf die 2,5-Liter-Grand-Prix-Formel konzentriert. Im Oktober 1958 wurde die ab 1961 gültige Formel 1 festgelegt; es handelte sich dabei um nichts anderes als um eine Promotion der bisherigen 1500-cm³-Formel 2 zur Grand-Prix-Formel. 1960 unternehmen dann die Engländer, welche in den letzten Jahren der 2,5-Liter-Formel 1 restlos dominiert hatten, einen Vorstoß, um die Gültigkeit der bisherigen Grand-Prix-Klasse zu verlängern, von der sich die Briten eine Fortführung ihrer Erfolgsserie versprachen.

In Deutschland und auch in Italien wurde die neue 1500-cm³-Formel sehr begrüßt, denn hier lagen wohlgeschliffene Waffen bereit. Die Engländer bildeten eine Front und drohten, den Grand-Prix-Sport zu boykottieren, die CSI blieb jedoch hart, und die neue Formel trat 1961 wie vorgesehen in Kraft. Als Trostpreis für die Engländer schuf man zudem eine sogenannte Interkontinental-Rennformel, die Rennwagen von 2000 bis 3000 cm³ vorsah und den Rennställen die Möglichkeit hätte bieten sollen, das bisherige 2,5-Liter-Formel-1-Material weiterhin einzusetzen. Diese Interkontinental-Rennformel war aber ein Fehlschlag, es gab nur einige wenige Rennen in England, dann verschwand diese Monopostokategorie für immer aus Europa; sie fand in Neuseeland und Australien ihren Niederschlag und trat dort als Tasman-Formel (2,5 Liter) in Kraft.

Von 1961 bis 1965 wurden die Großen Preise der Fahrerweltmeisterschaft wie vorgesehen für 1500-cm³-Rennwagen ausgeschrieben. Erstmals setzte man wieder ein Mindestgewicht fest, und zwar aus Sicherheitsgründen, denn die superleichten englischen Konstruktionen von 1960 hatten gezeigt, daß der auf die Spitze getriebene Leichtbau schwerwiegende Folgen haben konnte. Zuerst wollte die CSI 500 kg als Mindestgewicht vorschlagen, später zog man den Strich bei 450 kg. Dies galt für das komplette Fahrzeug mit Reifen, Öl und Wasser, jedoch ohne Treibstoff. Ballast war nicht erlaubt.

Die Motoren mußten mit handelsüblichem Superbenzin von höchstens 100 ROZ (bisher bis zu 130 ROZ) gespeist werden. Der Hubraum der Triebwerke hatte zwischen 1300 und 1500 cm³ zu liegen, eine Aufladung war nicht mehr zulässig. Erstmals erließ man auch wesentliche Sicherheitsbestimmungen, wonach die Wagen einen automatischen Anlasser (kein Anschieben der Wagen auf der Strecke mehr), einen Stromkreisunterbrecher, ein doppeltes Bremssystem sowie einen Überrollbügel aufweisen mußten. Spezifische Vorschriften für die Widerstandsfähigkeit des Überrollbügels wurden freilich noch nicht erlassen, so daß dieser vorläufig mehr symbolischen Charakter hatte; man begnügte sich damit, hinter dem Cockpit ein Röhrchen von diskutabler Festigkeit auf das Chassis aufzuschweißen. Die Räder der

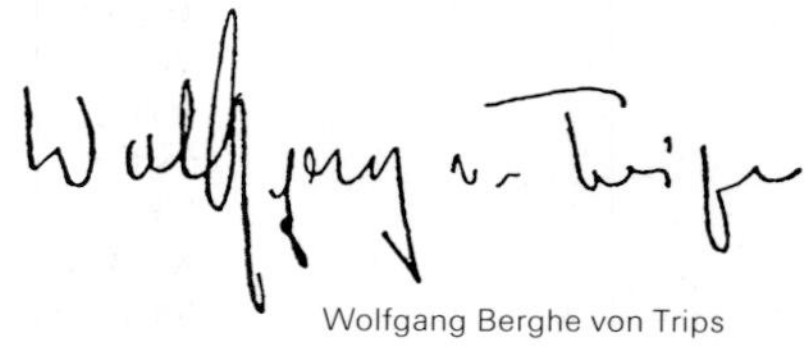

Wolfgang Berghe von Trips

Carlo Chiti

Phil Hill

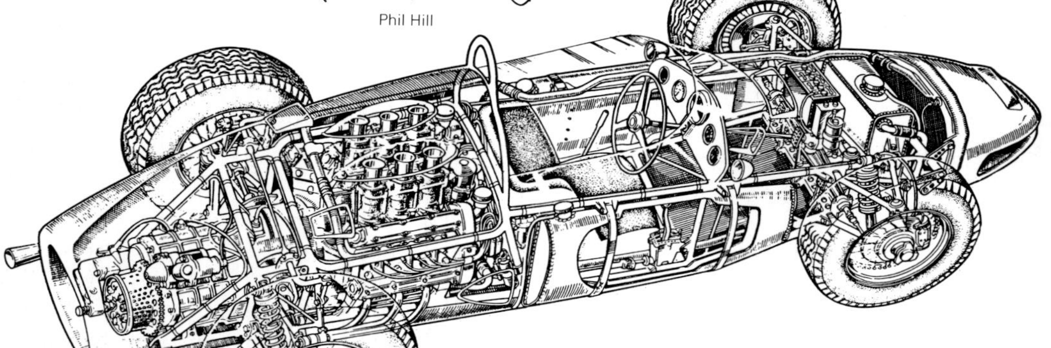

Oben
Der Ferrari 156 mit Sechszylindermotor von 1,5 Litern Hubraum war die absolute Erfolgskonstruktion der Saison 1961. Das Fahrzeug war eine überarbeitete Version des vorjährigen Formel-2-Modells mit gleich großem Hubraum. Eingesetzt wurde der 156 mit einem 65- oder einem 120°-V6-Motor.

Links
Der von Ing. Carlo Chiti konstruierte 120°-V6-Motor mit den Abmessungen 73 x 58,8 mm = 1476 cm³ erwies sich 1961 als haushoch überlegen. Das Aggregat wies zwei Weber-Dreifachvergaser auf und leistete 190 PS bei 9500/min. Später wurde der V6 mit vier Ventilen pro Zylinder (1962) sowie mit einer direkten Bosch-Benzineinspritzung (1963) versehen.

Oben
Ing. Carlo Chiti (rechts) unterhält sich während des Trainings zum Großen Preis von Europa 1961 auf dem Nürburgring mit Wolfgang Berghe von Trips, der damals zu den WM-Favoriten zählte. Einige Wochen später stürzte von Trips in Monza tödlich. Ende Saison verließ Chiti Ferrari und baute dann den ATS-Rennwagen mit V8-Motor.

Unten
Die 3,7 km lange Rundstrecke von Watkins Glen im Staate New York war 1961 erstmals Austragungsort des Großen Preises der USA für Formel-1-Rennwagen. Bis dahin waren auf dieser Anlage vorwiegend die in den fünfziger Jahren besonders populär gewordenen Sportwagenrennen ausgetragen worden.

Rechts unten
Diese Aufnahme in der langsamen Kurve von La Source in Spa veranschaulicht die 1961 von den Ferrari 156 demonstrierte Überlegenheit. Am Ende der ersten Runde schießt das klar führende Quartett Gendebien (8), Phil Hill (4), von Trips (2) und Ginther (6) um den engen Bogen. Ginther trat zu spät auf die Bremse.

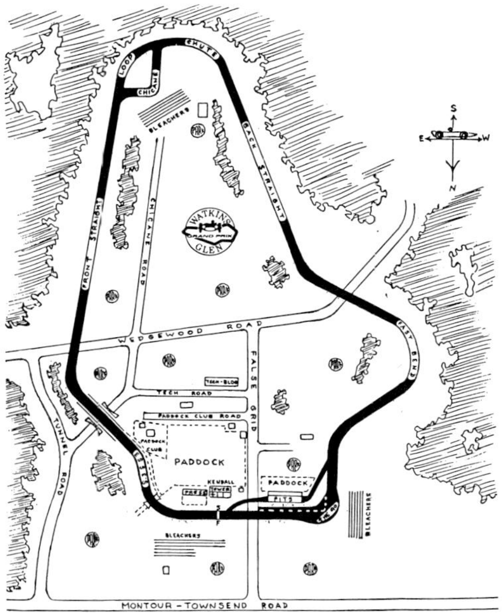

Rennwagen mußten frei stehen, Vollstromlinienkarosserien wie beim Mercedes W196 waren nicht mehr erlaubt.

Die Engländer hatten mit ihrer gegen die 1500-cm³-Grand-Prix-Formel gerichteten Polemik sehr viel Zeit verloren und standen 1961 ohne schlagkräftige Waffen da; ihnen fehlte ein geeigneter Motor. Die bisherige und von Harry Mundy konstruierte Formel-2-Version des Coventry-Climax-Vierzylinders (81,8 × 71,1 mm = 1496 cm³), dessen sich nun alle englischen Marken, nämlich Cooper, Lotus und sogar BRM, bedienen mußten, gab nur 145 bis 155 PS bei 7500 U/min ab. Porsches vom Sportwagen übernommener luftgekühlter Vierzylinder-Boxermotor Typ 547/3 mit vier Nockenwellen (85 × 66 mm = 1498 cm³) kam auf 155 bis 165 PS bei 8500 U/min. Übrigens wiesen die Porsche damals noch immer die klassische, von Professor Ferdinand Porsche beim Auto Union sowie später beim VW verwendete vordere Torsionsstabfederung mit doppelten Kurbellenkern auf.

Sowohl bei Porsche als auch bei Coventry-Climax und BRM befanden sich Achtzylinderaggregate in Vorbereitung, wobei die neuen englischen Einheiten versuchsweise in der zweiten Saisonhälfte zum Einsatz kamen. Den großen Trumpf hielt Ferrari in der Hand. In Maranello war neben dem schon 1960 in der Formel 2 erfolgreich gewesenen 65°-V6-Motor Typ Dino 156 (67 × 70 mm = 1481 cm³), der 1961 185 PS bei 9300 U/min abgab, auch eine stärkere Version mit verkürztem Hub entstanden, deren Zylinderreihen den großen Öffnungswinkel von 120° aufwiesen (73 × 58,8 mm = 1476 cm³), wobei die Leistung den beachtlichen Spitzenwert von 190 PS bei 9600 U/min erreichte. Daneben gab es noch einzelne Versuche mit älteren Vierzylinder-Sportwagenmotoren von Maserati, Osca und Alfa Romeo (bei der Alfa-Romeo-Einheit handelte es sich um ein Giulietta-Triebwerk, das von Virgilio Conrero in Turin für die Formel 1 vorbereitet worden war), welche jedoch ohne Bedeutung blieben. 1961 waren die Aggregate noch mit Vergasern bestückt, erst 1962 und 1963 ging man wieder, und diesmal definitiv, zur Einspritzung über. Nur der BRM-V8 erschien auf Anhieb mit einer Lucas-Benzineinspritzung.

Die erste 1,5-Liter-Grand-Prix-Saison wurde zu einem Ferrari-Jahr par excellence, indem die Mittelmotorkonstruktionen Typ 156 aus Maranello, welche vorn eine zugespitzte, haifischähnliche Verschalung mit zwei Öffnungen aufwiesen, fast alle Formel-1-Rennen gewannen. Ferraris Fahrgestell mit Rohrrahmen und vier unabhängigen Rädern, die von doppelten, trapezförmigen Querlenkern geführt wurden, erwies sich als den englischen Konstruktionen zumindest ebenbürtig. Absolut überlegen waren die italienischen Triebwerke dank ihrer hohen Leistung, die auch mit einer guten Betriebssicherheit verbunden war.

Es gab keine Frontmotorkonstruktionen mehr, eine Ausnahme bildete der beim Großen Preis von England erstmals eingesetzte Ferguson P99 mit Climax-Motor und Vierradantrieb, bei dem es sich aber mehr um ein Versuchsfahrzeug als um einen Wettbewerbswagen im eigentlichen Sinne handelte. Die De-Dion-Achse war bei den Monoposto definitiv verschwunden, abgesehen von Porsche wendeten alle Marken englische Scheibenbremsen an; das deutsche Haus blieb noch den Trommelbremsen treu, experimentierte aber mit eigenen, neuartigen Scheibenbremsen, die 1962 im neuen Achtzylindermodell zum Einsatz kamen. Sieht man von der spezifischen Leistung der Motoren ab (diese betrug beim Ferrari V6 mit 120°-Zylinderöffnung immerhin 127 PS/l), so waren 1961 noch keine markanten technischen Fortschritte zu verzeichnen, sondern man blieb mehr oder weniger auf dem Stand der letzten Grand-Prix-Jahre der 2,5-Liter-Formel, obwohl die kleinervolumigen Fahrzeuge auf kurvenreichen und schwierigeren Kursen die Rekorde ihrer stärkeren Vorgänger einstellten. Die Fortschritte waren auf die ständige Detailverbesserung der Reifen sowie der Fahrgestelle zurückzuführen, auch waren die kleineren Wagen dank der reduzierten Stirnfläche aerodynamisch besser. Ferrari gewann mit von Trips die Großen Preise von Holland und von England, mit Phil Hill diejenigen von Belgien und Italien. Der seine erste Formel-1-Saison bestreitende junge Italiener Giancarlo Baghetti siegte auf Ferrari beim Großen Preis des ACF in Reims, der ein atemberaubendes Windschattenfinale zwischen Baghettis Ferrari und Gurneys Porsche geboten hatte. Giancarlo Baghetti schaffte übrigens 1961 ein einzigartiges

Kunststück: Bei seinem ersten Formel-1-Einsatz, auf dem Ferrari 156 (GP Syrakus), ging er sogleich als Sieger hervor; aber später gewann er auch bei seinem ersten WM-Grand-Prix, nämlich in Reims. Vor und nachher hat

Giancarlo Baghetti

das niemand mehr geschafft. Lotus setzte sich trotz des unterlegenen Motors dank der ungewöhnlichen Klasse von Stirling Moss mit dem Typ 18 des Walker-Rennteams auf den schwierigen Kursen von Monaco und des Nürburgrings erfolgreich durch. Moss gewann das letztere Rennen, indem er seine Runden wie besessen unter Ausnützung jeder Marge drehte, während ihn die Ferrari erbarmungslos hetzten. In Belgien feierte Ferrari sogar einen vierfachen Sieg — so wie Mercedes-Benz 1955 in Aintree — mit Phil Hill, Graf von Trips, Richie Ginther und Olivier Gendebien. In Holland stellte sich ein im Grand-Prix-Sport einmaliger Fall ein: Alle in Zandvoort gestarteten Rennwagen fuhren das Rennen zu Ende und wurden klassiert.

Beim Großen Preis von England in Aintree, der sich in strömendem Regen abwickelte, tauchte ein interessantes Fahrzeug auf, bei dem es sich um eine ungewöhnliche Konstruktion handelte. Es war dies der bereits erwähnte Ferguson P99 mit vorn eingebautem Coventry-Climax-Vierzylindermotor, Vierradantrieb, Antibremsblockiervorrichtung sowie vorn und auch hinten in den Rohrrahmen versetzten Scheibenbremsen, die damit das Gewicht der ungefederten Massen reduzieren halfen. Am Steuer des Ferguson-Versuchsobjektes saß Jack Firman. Im Regen vermochte das Fahrzeug durch seine Straßenlage zu überzeugen. Ende der Saison fuhr Stirling Moss mit dem P99 in Oulton Park einen vielbeachteten Sieg heraus, später wurde das Fahrzeug noch bei Bergrennen (auch in der Schweiz, mit Joakim Bonnier und Peter Westbury) eingesetzt.

Auf dem Nürburgring kam der neue Coventry-Climax-90°-V8-Motor, der nur 115 kg wog, im Cooper T58 von Jack Brabham erstmals zum Einsatz. Mit der zweiten Trainingszeit bewies Brabham, daß allerhand in der neuen Antriebseinheit steckte. Der Wagen war aber noch nicht optimal auf die neue Antriebseinheit abgestimmt. In der zweiten Runde kam der Australier von der Bahn ab und schied aus. Beim neuen Motor (62,9 × 57,4 mm = 1496 cm³) wendete Coventry-Climax bereits eine Transistorzündung an, allerdings wurde das Aggregat noch von Weber-Vergasern gespeist, die Lucas-Einspritzung erschien im Climax erst Ende 1962. Im ersten Jahr gab die V8-Einheit 182 bis 185 PS bei 8500 U/min ab. Für die Konstruktion zeichneten Wally Hassan, Leonard Lee und Harry Spears verantwortlich. Die Ingenieure von Coventry-Climax maßen einem hohen Drehmoment über einen weiten Drehzahlbereich große Bedeutung bei. Um dieses zu erreichen, entwickelten sie ein sehr kompliziertes Auspuffsystem mit vier Rohren für jeden Zylinderblock, die in einen gemeinsamen Auslaß zusammenliefen. Diese Arbeit machte sich aber bezahlt, denn der Motor verfügte von 5500 bis 8500 U/min über ein ausgezeichnetes Drehmoment. Mit den Jahren wurde dieses Triebwerk zum erfolgreichsten Motor der 1,5-Liter-Grand-Prix-Formel. Coventry-Climax war damals in den Besitz von Jaguar übergegangen.

Der die europäische Weltmeisterschaftsserie abschließende Große Preis von Italien brachte die Katastrophe von Monza. Der Lotus 21 Jim Clarks und der Ferrari von Trips' berührten sich beim Anbremsen der Curva Parabolica leicht, der Ferrari wirbelte entlang der Abzäunung durch die Luft und verletzte mehrere Zuschauer tödlich, wobei auch Graf Berghe von Trips ums Leben kam.

In Monza hatte BRM, dessen technische Leiter Peter Berthon und Tony Rudd waren, im Training den neuen Typ 56 mit V8-Motor (90°) erprobt (68,5 × 50,8 mm = 1498 cm³), der 185 PS bei 10 000 U/min abgab und infolge der hohen Drehzahl ein Sechsganggetriebe benötigte. Der Motor war von Anfang an mit Benzineinspritzung ausgerüstet, und zwar

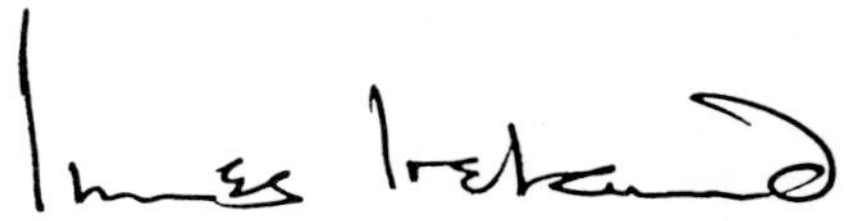

Innes Ireland

Mitte
Beim GP von Deutschland 1961 tauchte der Coventry-Climax-V8-Motor (im Cooper T58 von Jack Brabham) erstmals auf.

Oben
Innes Ireland auf Lotus 21-Climax siegte in Watkins Glen.

Links
Bei seinem ersten Start in einem WM-Lauf (Grand Prix des ACF 1961 in Reims) gelang es Baghetti auf Ferrari 156, die Porsche von Bonnier und Gurney zu schlagen.

wurde die Niederdruckeinspritzung von Lucas in die Einlässe verwendet, bei der entgegen der Strömungsrichtung der angesaugten Luft eingespritzt wurde. Dadurch ergab sich eine größere Flexibilität und ein sauberer Anzug bei schnellem Gasgeben. Ebenso wie der Coventry-Climax hatte auch der BRM eine Lucas-Transistorzündung. Anfangs war der Motor auf 13:1 verdichtet, was jedoch zu Klopfen und Kolbenbrennern führte, so daß man am Ende bei einer Verdichtung von 10,5:1 blieb. In dieser Ausführung betrug die maximale Leistung 188 PS bei 10 250 U/min.

Nach der Katastrophe von Monza zog sich Ferrari für den Rest der Saison zurück, so daß der Große Preis der USA in Watkins Glen vom Schotten Innes Ireland auf dem Lotus 21 gewonnen wurde, bei dem es sich um eine modernisierte Version des bewährten Typ 18 handelte. Das Fahrzeug war aber noch niedriger und noch enger, vorn hatte der geniale Colin Chapman die Schraubenfedern nach innen versetzt, der obere Querlenker aus geschweißtem Blech war flach und aerodynamisch profiliert.

Phil Hill wurde Weltmeister mit 34 Punkten; der in Monza tödlich verunglückte von Trips war mit einem Punkt Rückstand Zweiter, Moss auf Lotus und Gurney auf Porsche wurden mit je 21 Treffern Dritte. Doppelweltmeister Jack Brabham auf Cooper schnitt 1961 schlecht ab. Ende der Saison traf aus Maranello bei Modena die aufsehenerregende Meldung ein, daß einige führende Techniker Ferraris, darunter Ingenieur Carlo Chiti (technischer Leiter der Rennabteilung), Ingenieur Giotto Bizzarrini (Verantwortlicher für die Entwicklung der Gran-Turismo-Wagen), Rennleiter Romolo Tavoni sowie einige weitere bedeutende Mitarbeiter, die berühmte und in der abgelaufenen Saison so erfolgreiche Marke gemeinsam verließen, so daß sich Ferrari schlagartig seiner besten Leute beraubt sah. Chiti und Tavoni wirkten bei einem neuen Projekt mit, das erst im Frühjahr 1962 bekannt wurde. Der italienische Textilindustrielle Giorgio Billi, der Südamerikaner Jaime Ortiz Patino, Neffe des Zinkkönigs Antenore Patino, sowie der junge venezianische Graf Giovanni Volpi di Misurata gründeten die Marke ATS (Automobili Turismo e Sport) mit Sitz in Pontecchio Marconi bei Bologna. Bald aber erlebte das Unternehmen ein Fiasko; die Krise wurde ausgelöst, als sich Graf Volpi Ende 1962 zurückzog, später folgte Patino ihm nach.

Nachdem Innes Ireland zwischen 1959 und 1961 für Lotus mehrmals die Kastanien aus dem Feuer geholt und auch den Großen Preis der USA gewonnen hatte, wurde er Ende der Saison von Lotus-Boß Colin Chapman kurzerhand entlassen. Innes Ireland: «Im Herbst 1961 traf ich Colin Chapman bei der Londoner Motor-Show. Obgleich vorher alles bestens gewesen war, kam er in Earls Court auf mich zu und teilte mir kaltblütig mit, daß er mich 1962 nicht mehr brauche.

Links
Dank seines Könnens gelang es Moss 1961, den GP von Monaco mit dem Lotus 18 vor den Ferrari zu gewinnen.

Unten
Vor dem GP von Monaco 1961 stehen hier (Vordergrund, von links) Ginther, Phil Hill, von Trips und Surtees.

Ich hatte die schlimmsten Lotus-Zeiten, als wir am laufenden Band Räder verloren oder sonst mit Fahrgestellbrüchen von der Bahn abkamen, mitgemacht. Jetzt bedankte man sich bei mir für die eingegangenen Risiken in einer so brutalen Art und Weise. Einmal hatte ich mich beispielsweise kurz vor dem Start ins Cockpit gesetzt und erst dann bemerkt, daß ein Chassisrohr gerissen war. Ohne mit der Wimper zu zucken, ließ Chapman einen Schweißapparat herbeischaffen und die defekte Stelle reparieren. Man stelle sich vor, mit welchen Gefühlen ich einige Minuten später ins Rennen stieg. Colin Chapman wollte eben Jim Clark fördern, der 1961 stark in den Vordergrund getreten war.»

Nachdem die Coupe der Formel-1-Konstrukteure 1958 von Vanwall und 1959 sowie 1960 von Cooper gewonnen worden war, ging dieser begehrte Preis 1961 erstmals an Ferrari, vor Lotus und Porsche.

In der Sportwagenweltmeisterschaft siegte ebenfalls Ferrari, und zwar mit dem Dreiliter-V12 Typ Testa Rossa sowie mit dem ersten Mittelmotor-Zweisitzer Typ 246, der vom 2,4-Liter-V6-Aggregat des alten Formel-1-Wagens angetrieben wurde.

Auf dem Reifensektor beteiligte sich damals ausschließlich Dunlop am Spitzensport, während in den fünfziger Jahren noch Pirelli, Continental (Mercedes-Benz) und Englebert mitgemacht hatten. Die englische Reifenmarke belieferte alle Teams, in einem gewissen Sinne gab es keine Reifenprobleme mehr, weil allen Konkurrenten das gleiche Material zur Verfügung stand. Jetzt kamen die Rennwagen ausnahmslos ohne Reifenwechsel über eine Grand-Prix-Distanz. Verschwunden waren auch die Bremsprobleme: Eine Bremsgarnitur überstand einen Großen Preis ohne jegliche Schwierigkeiten. Die Fahrer brauchten während eines Grand Prix weder die Reifen noch die Bremsen zu schonen. Erwähnenswert ist auch der Einsatz Jack Brabhams auf einem Cooper T54 mit auf 2,7 Liter ausgebohrtem Coventry-Climax-Vierzylindermotor beim 500-Meilen-Rennen von Indianapolis. Indirekt leitete Cooper damit auch in Amerika die Umstellung vom Front- auf den Mittelmotor ein. Allerdings dauerte diese technische Umwälzung in der «Neuen Welt» etwas länger als im alten Europa. Die Amerikaner hingen noch stark an ihren altmodischen Frontmotor-Roadstern mit Starrachsen hinten und vorn, deren technisches Konzept seit vielen Jahren unverändert geblieben war. Brabham kam mit dem leistungsmäßig unterlegenen, jedoch über ein modernes Fahrgestell verfügenden und im Vergleich zu dessen Rivalen um rund 300 kg leichteren Cooper auf den neunten Platz.

Ein hagerer, blondhaariger Schweizer mit feinem Schnurrbart machte 1961 in der Formel Junior (Rennwagen mit frisierten Tourenwagenmotoren von 1000 bis 1100 cm³ Hubraum) von sich reden. Es war der 25jährige Freiburger Joseph Siffert, der 1960 nach einer erfolgreichen Motorradrennfahrerkarriere (er war auch Schweizer Meister geworden) mit guten Ergebnissen auf einen Fiat-Stanguellini-Monoposto umgestiegen war. Im folgenden Jahr sattelte Siffert auf Lotus (Typ 18, später Typ 20) um und errang mit dem leichten englischen Rennwagen einen Formel-Junior-Erfolg nach dem andern. Er brachte es in einem Jahr auf ein gutes Dutzend erster Plätze. Ende der Saison stand er, punktegleich mit dem Südafrikaner Tony Maggs, der auf einem Cooper-Werkswagen fuhr, als Meister der von der Zeitschrift «Auto Italiana» ausgeschriebenen inoffiziellen Europameisterschaft der Formel Junior fest. Der zähe und talentierte Fahrer, der den Beruf eines Karosseriespenglers erlernt hatte und nebenbei auch noch einen Gebrauchtwagenhandel betrieb, mußte jeden sauer verdienten Rappen in die geliebte Rennerei stecken.

Die ersten Monocoques

Beim letzten Lauf wird die WM zugunsten Graham Hills auf BRM V8 entschieden. Jim Clark auf genialem Lotus 25-Climax V8 verpaßt den Titel knapp. Nach schwerem Unfall zieht sich Moss zurück.

War die Saison 1961 ein ausgesprochenes Ferrari-Jahr gewesen, so erlebte die italienische Marke in der folgenden Weltmeisterschaft eine Niederlage nach der andern. Die Achtzylindermotoren von Coventry-Climax, BRM und Porsche waren jetzt voll einsatzfähig, und schon bei den ersten Kraftproben war eine klare Dominanz der englischen Rennwagen mit ihren besseren Fahrgestellen zu erkennen. Die Ferrari dagegen waren nur unwesentlich weiterentwickelt worden. Eine Anfang der Saison vorgestellte Version des V6-Motors mit vier Ventilen pro Zylinder und angeblich 200 PS Leistung wurde nie bei Rennen eingesetzt. Zudem fehlte Ferrari ein ausgesprochener Spitzenpilot. Nach dem Weggang Ingenieur Carlo Chitis wurde der junge Ingenieur Mauro Forghieri als technischer Betreuer des Rennteams nachgezogen. Zum Rennleiter avancierte der Fingernagellackfabrikant Eugenio Dragoni, der allerdings bei der sich seit 1960 SEFAC-Ferrari nennenden Firma nicht in festem Arbeitsverhältnis stand.

Noch vor Beginn der Fahrerweltmeisterschaft stürzte Stirling Moss am Ostermontag auf Lotus anläßlich eines Formel-1-Meetings in Goodwood derart schwer, daß er seine Rennsportlaufbahn infolge der erlittenen Verletzungen abbrechen mußte. Auch nach den chirurgischen Eingriffen waren beim Meisterfahrer sowohl die Sehkraft als auch das Reaktionsvermögen nicht mehr im einstigen Maße vorhanden. Den definitiven Entscheid, den Helm an den Nagel zu hängen, faßte Moss allerdings erst ein Jahr nach seinem Goodwood-Unfall. Nochmals setzte er sich in ein Rennfahrzeug und prüfte sich selbst. Nach Abschluß der Probefahrt war er überzeugt, daß er seine einstige Klasse nie mehr erreichen würde. Moss hätte es sehr wohl verdient, Weltmeister zu werden, aber gerade bei diesem großen Könner fehlte immer ein Stein im weltmeisterlichen Mosaik.

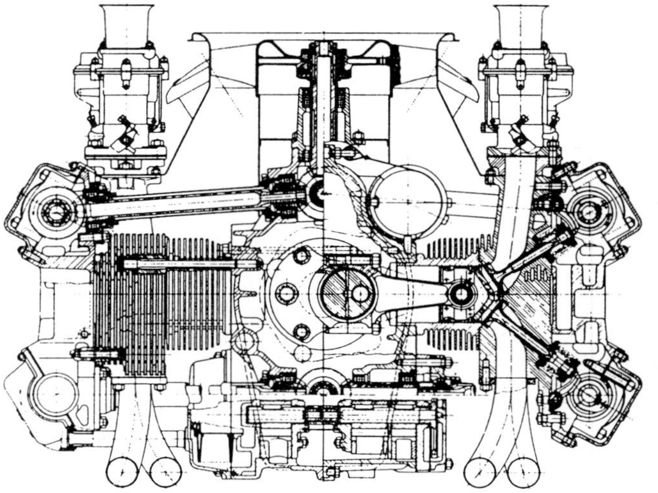

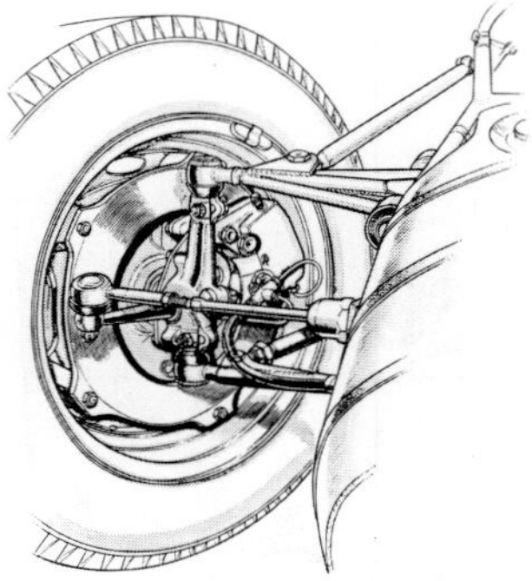

Unten
Porsche verwendete 1962 eine selbstentwickelte Scheibenbremse mit innenliegendem Bremssattel.

Die Weltmeisterschaftspremiere 1962 erfolgte anläßlich des Großen Preises von Europa und Holland in Zandvoort, wo gleich vier neue Modelle antraten: der Porsche-804-Achtzylinder mit neuem Fahrgestell, dessen Stirnfläche im Vergleich zum alten Vierzylinderwagen um 25 Prozent reduziert war; der von Colin Chapman gebaute Lotus 25 mit Climax-V8-Motor; der von Eric Broadley konstruierte Lola Mark 4 mit Climax-Aggregat sowie der Cooper Typ 66, ebenfalls mit einem Triebwerk von Coventry-Climax, wobei Owen Maddock für die Konstruktion des Fahrgestells verantwortlich zeichnete. Lotus hatte für die privaten Konkurrenten auch den Typ 24 mit konventionellem Rohrrahmen herausgebracht. BRM und Coventry-Climax verkauften ihre Aggregate auch an private Rennställe. In Holland wurde Graham Hill auf dem BRM Typ 56 V8 Sieger eines interessanten Rennens.

Allgemein hatte man bei den Fahrzeugen die Stirnfläche auf ein noch nie gekanntes Minimum reduziert. Die Wagenkörper glichen Torpedobomben. Damit verringerte sich der Luftwiderstand, bei gleicher Leistung waren die Monoposto damit auf den Geraden schneller. Bei den Frontmotorrennwagen der 2,5-Liter-Formel betrug die Querschnittfläche des Fahrzeugkörpers in den Jahren 1956 und 1957 durchschnittlich 0,85 m². Beim Lotus 25 war es gelungen, diesen Wert auf 0,37, beim BRM auf 0,45 und beim Ferrari 156 auf 0,54 m² zu reduzieren. Der 1963 erschienene ATS brachte es sogar auf 0,34 m². Die engen Cockpits der neuen Wagen schlossen die Piloten gleichsam ein, ja man hatte den Eindruck, das Fahrzeug sei dem Fahrer auf den Leib geschneidert wor-

Graham Hill

Colin Chapman

Oben
Für sein Formel-1-Modell 804 entwickelte Porsche einen luftgekühlten Achtzylindermotor des Typs 753. Die vier obenliegenden Nockenwellen wurden von Königswellen angetrieben. Die Zylinderabmessungen betrugen 66 × 54,6 mm = 1494 cm³. Das Triebwerk wurde bei Sportwagenrennen sowohl mit 2 als auch mit 2,2 Litern Inhalt eingesetzt.

Mitte
Graham Hill auf dem BRM des Typs 56 mit V8-Motor beim Großen Preis von Belgien 1962. In seiner ersten Saison wies der Achtzylinder noch senkrechten Auspuffmegaphone auf.

Links
Joseph Siffert auf dem Lotus 24 mit Rohrrahmen (im Gegensatz zum Typ 25, der ein Monocoquechassis aufwies) und Coventry-Climax-Vierzylindermotor während des GP von Belgien 1962.

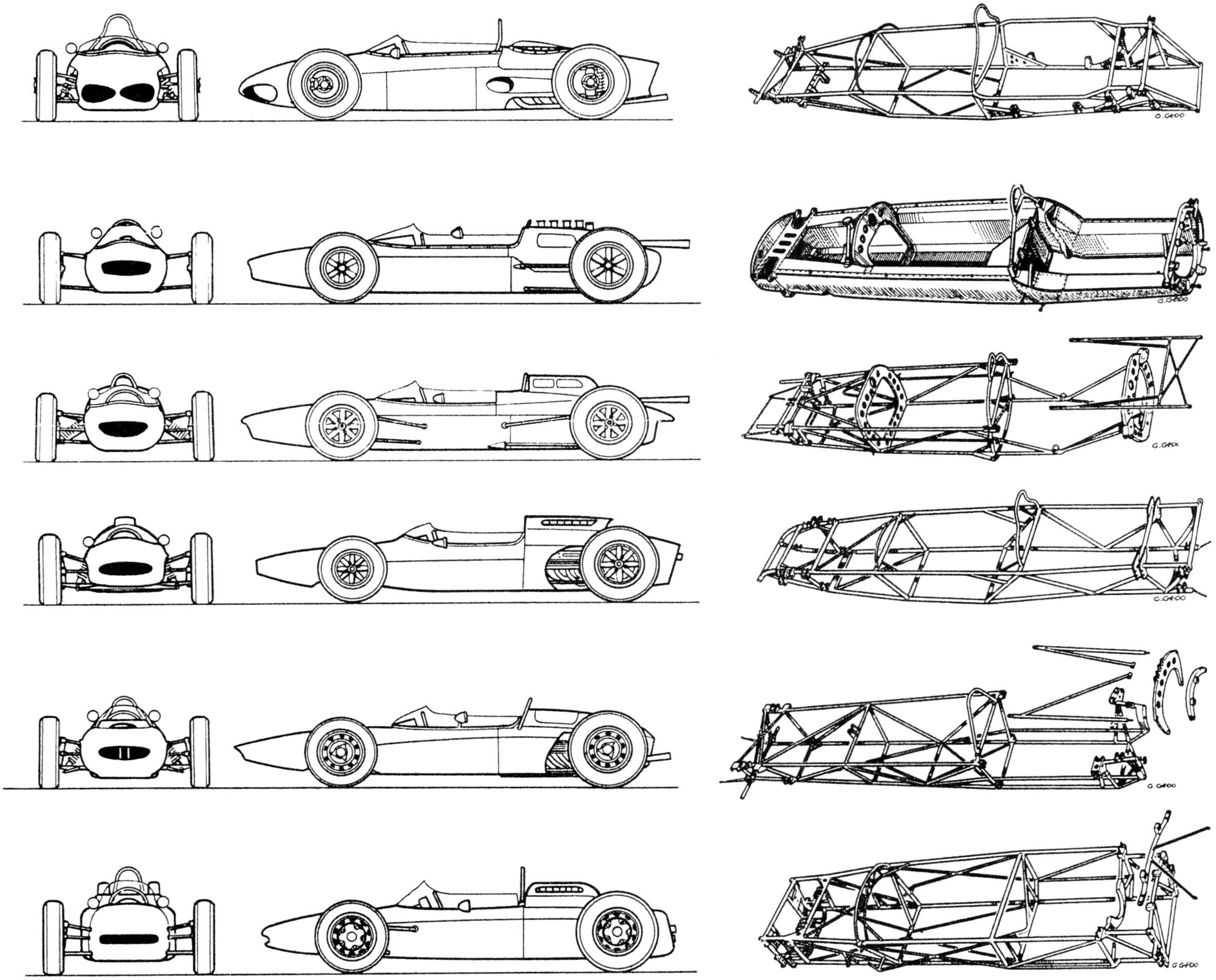

den. Um die Höhe der Chassis noch mehr zu reduzieren, sah man einen Sitz mit fast liegender Position für den Fahrer vor. Die großen Holzlenkräder waren verschwunden (ausgenommen bei Ferrari), man hatte sie durch kleine, von einer Lederhülle überzogene Lenkräder ersetzt. Die leichten Fahrzeuge erforderten am Volant keinen großen Kraftaufwand mehr, alles ging spielerisch leicht; allerdings bedingten die präzisen Fahrgestelle mit den direkten Lenkungen ein noch höheres Konzentrationsvermögen. Die enorme Bodenhaftung duldete kaum mehr einen Fehler des Piloten.

Die bemerkenswerteste Neukonstruktion, die auch von historischer Bedeutung war, hieß Lotus 25. Sie wurde von Jim Clark gefahren. Colin Chapman, dessen kleines Werk damals noch im Londoner Vorort Cheshunt stand, hatte ein revolutionäres Chassis nach der Schalen- oder Monocoquebauweise realisiert. Der Lotus 25 — ab 1964 hieß er Typ 33 — wurde bis 1965, als die 1,5-Liter-Formel auslief, und auch 1966, in der Dreiliterformel, eingesetzt. Das Chassis bestand aus genieteten Leichtmetallblechkästen, wobei die Hohlräume der D-förmigen Seitenholme die Gummitanks enthielten. Das Monocoquechassis brachte eine noch höhere Verwindungsfestigkeit, es gestattete deshalb, den Wagenkörper noch enger zu bauen, zudem bot es dem Fahrer einen bes-

Von oben nach unten
Ferrari 156 mit V6-Motor (65 oder 120°).

Der Lotus 25 mit Coventry-Climax-V8-Motor war die markanteste Neukonstruktion der Saison 1962.

Der Lola Mark 4 mit Coventry-Climax-Motor.

Der Cooper T60 mit Coventry-Climax-V8-Motor.

Der BRM P56 war der erste Wagen der 1,5-Liter-Formel, dessen V8-Motor eine indirekte Einspritzung aufwies.

Der Porsche 804 mit traditonell luftgekühltem Achtzylindermotor.

Beim Grand Prix von Südafrika führte Jim Clark auf dem Lotus 25 mit klarem Vorsprung. Sieg und Weltmeisterschaft schienen eine sichere Sache. Dann löste sich eine Schraube, und der Motor zog eine Ölfahne hinter sich her — aus!

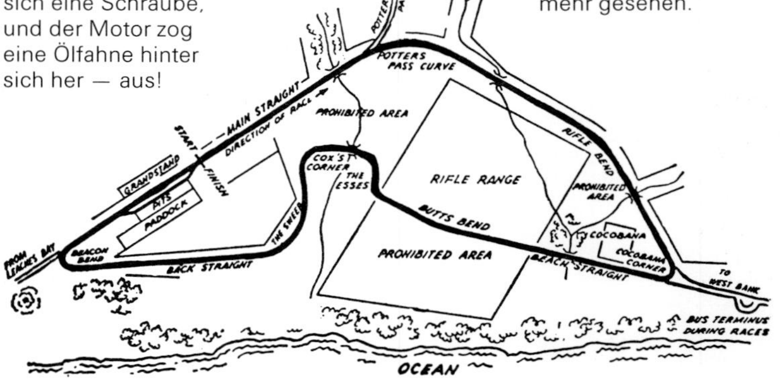

Unten
Auf der 3,918 km langen Bahn von East London wurde der GP von Südafrika 1962 erstmals als WM-Lauf ausgetragen.

seren Schutz bei Unfällen, weil es hier keine sich bei Kollisonen verbiegenden Rohre gab. Auf der Höhe der Vorder- und der Hinterachse sowie beim Armaturenbrett und hinter dem Rücken des Fahrers wurde die Monocoquekonstruktion durch Querschoten aus Stahlblech verstärkt. Mit den Jahren wurde die Monocoquebauweise von allen Konstrukteuren übernommen, und später galt sie als klassisch. An den Climax-Motor des Lotus 25 war hinten ein deutsches Fünfganggetriebe der Zahnradfabrik Friedrichshafen (ZF) angebaut.

Coventry-Climax ging erst Ende der Saison auf die Lucas-Einspritzung über. Porsche hatte schon im Vierzylinder Versuche mit einem Kugelfischer-Einspritzsystem unternommen, blieb aber vorläufig noch den Vergasern treu, ebenso Ferrari, dessen erste Einspritzmotoren 1963 folgten. Bei den englischen Achtzylindern wendete man auch die Transistorzündung an. Diese ebenfalls von Lucas entwickelte Anlage hatte den Vorteil, daß Transistoren einen bedeutend stärkeren Primärstrom zu steuern vermögen als ein gewöhnlicher Unterbrecher, so daß der in besonderen Spulen erzeugte Sekundärstrom bei hohen Tourenzahlen nicht mehr absinkt.

Im Grand-Prix-Sport leiteten die Jahre 1962 und 1963 — wie schon erwähnt — den definitiven Übergang vom Vergaser- auf den Einspritzmotor ein. Die Vorteile dieser für heutige Begriffe bei Hochleistungsmotoren selbstverständlichen Art der Gemischaufbereitung seien hier noch kurz aufgeführt: Die Einspritzung ermöglicht eine genauere Dosierung des Treibstoffes in allen Drehzahlbereichen; der Motor spricht in allen Drehzahlbereichen besser an; Verwirbelung und Turbulenzen lassen sich besser steuern; Vergasung und Kühlung sind im Verbrennungsraum besser; der Verbrauch ist bei gleicher Leistung niedriger; aus langsamen Kurven heraus sprechen die Motoren viel besser an, die von den Vergasern her bekannten «Löcher» bleiben beim Beschleunigen aus. Weitere Vorteile der Benzineinspritzung sind Unempfindlichkeit der Anlage auf Beschleunigung, Verzögerung und Querbeschleunigung; bessere Einstellbarkeit auf Luftdruck, Temperatur und Luftfeuchtigkeit.

Porsche behielt bei seinem neuen Achtzylinder-Boxer (66 × 54,6 mm = 1494 cm³) mit vier Nockenwellen und Doppelzündung die traditionelle Luftkühlung bei. Beim Fahrgestell war man von den vorderen Kurbelarmen mit Torsionsstäben auf Querlenker, die in Längsrichtung mit Querstäben in Verbindung standen, übergegangen. Interessant waren die neuen, von Porsche selbst entwickelten Scheibenbremsen, bei denen die Bremsfläche nicht aus einer eigentlichen Scheibe, sondern aus einem flachen Ring bestand, der an der Außenseite von der Radnabe mitgenommen wurde, während die Bremszangen die Scheiben von der Innenseite aus umfaßten.

Die Leistung der Motoren betrug im Jahre 1962: Coventry-Climax V8 mit vier Weber-Doppelvergasern: 185 PS bei 8500 U/min; BRM V8 mit Lucas-Benzineinspritzung: 185 bis 192 PS bei 10 250 U/min; luftgekühlter Porsche-804-Boxer mit acht Zylindern: 185 PS

Ganz unten
Beim Training zum Grand Prix von Italien 1962 tauchte der neue Achtzylinder-De-Tomaso mit Boxermotor erstmals auf, dann wurde er nie mehr gesehen.

Alejandro De Tomasi

Rechts
Während des Großen Preises von Italien 1962 wird der luftgekühlte Achtzylinder-Porsche des Typs 804, mit Joakim Bonnier am Steuer, von drei Ferrari des Typs 156 verfolgt, an deren Steuer Giancarlo Baghetti, Riccardo Rodriguez und Willy Mairesse sitzen. Die gepreßten Stahlfelgen des Porsche sind zwecks Verminderung des Luftwiderstandes mit Blechscheiben abgedeckt worden. Mairesse fährt die neuere Ferrari-Konstruktion mit leichterem Fahrgestell und neuer Karosserie. Damals verwendete Ferrari erstmals auch ein Sechsganggetriebe sowie Zylinderköpfe mit vier Ventilen pro Zylinder. Nach dem Ende 1961 erfolgten Weggang Ing. Carlo Chitis war bei Ferrari Ing. Mauro Forghieri zum Chefkonstrukteur avanciert.

bei 9 200 U/min; Ferrari V6 Typ 156 mit 120°-Zylinderöffnung, von zwei Weber-Dreifachvergasern gespeist: 195 PS bei 9600 U/min. Die Literleistungen lagen somit zwischen 123 und 130 PS/l.

Das Trocken- und das Leistungsgewicht ergaben bei den wichtigsten Modellen folgende Werte: Lotus 25-Climax: 450 kg, 2,43 kg/PS; BRM 56 V8: 460 kg, 2,49 kg/PS; Porsche-804-Achtzylinder: 455 kg, 2,46 kg/PS; Lola-Climax: 455 kg, 2,46 kg/PS; Cooper 66-Climax: 470 kg, 2,54 kg/PS; Ferrari Typ 156 V6: 490 kg, 2,51 kg/PS. Beim Großen Preis von Deutschland erschien dann eine schlankere und leichtere Version des Ferrari 156, die 455 kg schwer war und somit ein Leistungsgewicht von 2,34 kg/PS erreichte. Die mittleren Kolbengeschwindigkeiten der Formel-1-Motoren betrugen 1962: Ferrari V6: 21,9 m/sec; BRM V8: 16,9 m/sec; Porsche-Achtzylinder: 16,7 m/sec; Coventry-Climax V8: 16,2 m/sec.

Groß en vogue waren damals die von Colotti in Modena gebauten Renngetriebe. Mit Colotti-Sechsganggetrieben waren der BRM (BRM besaß auch ein eigenes Fünfganggetriebe), der Lola (allerdings nur mit fünf Gängen) und der im Laufe der Saison neu aufgetauchte Brabham bestückt. Eigene Getriebe bauten BRM (5 Gänge), Porsche (6 Gänge), Cooper (6 Gänge) und Ferrari (6 Gänge). Mit einem ZF-Getriebe war nur der Lotus 25 ausgerüstet. Bei den höherdrehenden Motoren von Ferrari, BRM und Porsche war man gezwungen gewesen, nach einem Sechsganggetriebe zu greifen, um den Leistungsbereich der Aggregate besser ausnützen zu können. Die mit einem Coventry-Climax-Aggregat bestückten Wagen kamen mit fünf Gängen aus.

Der damalige Renngetriebekönig Valerio Colotti war ein früherer Maserati-Mitarbeiter, der sich auf die Getriebe spezialisiert und dann ein eigenes Unternehmen gegründet hatte. Später assoziierte sich auch der berühmte ehemalige Rennmechaniker von Stirling Moss, Alf Francis, mit Colotti, aber von England aus setzte dann ein harter Konkurrenzkampf seitens der heute berühmten Firma Hewland ein, deren Getriebe mit den Jahren von vielen Konstrukteuren verwendet wurden. Alf Francis, ursprünglich ein Pole, machte mit Colotti eine bittere Erfahrung: «Jahrelang war ich der Rennmechaniker von Stirling Moss gewesen. An den Siegesprämien hatte ich prozentualen Anteil, so daß meine Ersparnisse allmählich wuchsen, denn Moss hatte in den fünfziger Jahren viele Rennen gewonnen. Ich war in den Zeiten der HWM zu ihm gestoßen. Nun investierte ich mein ganzes Geld in das Unternehmen Colottis und wurde dessen Geschäftspartner. Die Tatsache, daß unsere Getriebe später nicht mehr mit denjenigen Hewlands konkurrieren konnten, weil die englische Firma viel größer und besser eingerichtet war, brachte mich um mein ganzes Geld.»

1962 wiesen alle englischen Rennwagen gegossene Leichtmetallräder auf, womit das Gewicht der ungefederten Massen gesenkt wurde. Ferraris Monoposto waren noch mit Drahtspeichenrädern bestückt, 1963 ging aber auch Ferrari auf die leichteren Felgen über. Porsches Formel-1-Modell wies noch die klassischen Stahlfelgen auf.

Einige Konstrukteure gingen bei den Vorderrädern auf 13-Zoll-Felgen über, um damit sowohl den Luftwiderstand als auch das Gewicht der ungefederten Massen zu verringern.

Die Fahrer der Spitzenrennställe waren 1962: Jim Clark und Trevor Taylor auf Lotus, Graham Hill und Richie Ginther auf BRM, Dan Gurney und Joakim Bonnier auf Porsche, John Surtees und Roy Salvadori auf den Lola eines vom englischen Bankhaus Yeoman Credit finanzierten Rennstalles, Bruce McLaren und Tony Maggs auf Cooper sowie Phil Hill, Willy Mairesse, Lorenzo Bandini, Giancarlo Baghetti und der zwanzigjährige Mexikaner Ricardo Rodriguez auf Ferrari. Jack Brabham gründete sein eigenes Unternehmen und debütierte anläßlich des Großen Preises von Deutschland auf dem ersten Brabham BT3-Climax. Vorher hatte er als Übergangslösung einen Lotus 24-Climax erstanden.

Die Saison stand ganz im Zeichen von Graham Hill auf dem BRM Typ 56 und Jim Clark auf Lotus 25-Climax. Graham Hill gewann die Großen Preise von Europa (Zandvoort), Deutschland, Italien und Südafrika. Jim Clark siegte bei den Grands Prix von Belgien, England und der USA. Vom Ausfall seiner schnelleren Rivalen profitierend, gewann Bruce McLaren auf Cooper T60 den Großen Preis von Monaco, während Dan Gurney auf Porsche beim Grand Prix des ACF in Rouen den ersten Platz belegte, was den einzigen Sieg Porsches bei einem Lauf der Fahrerweltmeisterschaft darstellen sollte.

Die Entscheidung im Kampf um den Weltmeistertitel fiel am 29. Dezember anläßlich des Großen Preises von Südafrika, ausgetragen in East London. Graham Hill auf BRM oder Jim Clark auf Lotus? Der Lotus übernahm souverän die Spitze, und schon glaubte man, den mit einer halben Minute Vorsprung vor Graham Hill führenden Schotten als neuen Weltmeister feiern zu können, doch nach 63 von 82 Runden mußte Jim

Clark aufgeben. Eine kleine Schraube im Gehäuse des Verteilerantriebes war herausgefallen, was Ölverlust zur Folge hatte. Graham Hill erlangte die Krone.

Ferrari war bei einigen Rennen überhaupt nicht mehr angetreten. Zum Teil waren die Startverzichte auf die in Italien wütenden Metallarbeiterstreiks zurückzuführen. Die noch 1961 so souveränen Sechszylinderwagen waren infolge der Überlegenheit der englischen Fahrgestelle stark in den Hintergrund gerückt, zudem fehlte Ferrari ein echter Spitzenfahrer. Ende der Saison verließ Phil Hill die Scuderia, und Ferrari verpflichtete für 1963 John Surtees. Phil Hill ging zur neuen Marke ATS über, wo Ingenieur Carlo Chiti einen Achtzylinderrennwagen Typ 100 mit ATS-V8-Motor und Colotti-Getriebe konstruiert hatte. Die Werksanlagen von ATS waren noch nicht fertiggestellt, so daß der erste Monoposto in einem kleinen Wohnhaus auf dem Lande entstand.

Beim Training zum Großen Preis von Italien war eine weitere Neukonstruktion in Erscheinung getreten, die dann nie mehr gesehen wurde: Es handelte sich um den Monoposto des in Modena ansässigen Argentiniers Alejandro De Tomaso. Für den Achtzylinder-Boxermotor mit vier Nockenwellen zeichnete der ehemalige Ferrari- und Maserati-Mitarbeiter Ingenieur Massimino verantwortlich. Am Steuer saß der Argentinier Estefano Nasif.

Seit dem Großen Preis von Deutschland auf dem Nürburgring machte eine neue, später sehr erfolgreiche Marke von sich reden, die sich ebenfalls des Coventry-Climax-Motors bediente: Brabham. Der australische Fahrer und Techniker baute seine Rennwagen in Zusammenarbeit mit seinem Landsmann Ronald Sydney Tauranac. Letzterer entpuppte sich als hervorragender Fahrgestellspezialist und war bis 1971 für die Konstruktion der Brabham zuständig. Nach vielen Jahren der Enttäuschungen und Niederlagen war das in Bourne (Lincolnshire) beheimatete BRM-Team endlich zum ersehnten Erfolg gekommen. Der schnurrbärtige Londoner Graham Hill stand bei Jahresende mit 42 Punkten als Champion fest, Jim Clark auf dem wegweisenden Lotus 25 kam auf 30 und Bruce McLaren mit dem Cooper auf 27 Punkte. BRM siegte in der Coupe der Formel-1-Konstrukteure vor Lotus und Cooper.

Die Markenweltmeisterschaft (Langstreckenrennen) wurde 1962 erstmals nicht mehr für Sportwagen ausgetragen, sondern man schrieb dieses Championat für die serienmäßigen, jedoch frisierten Gran-Turismo-Wagen aus und unterteilte das Teilnehmerfeld in die Divisionen I (bis 1000 cm³), II (bis 2000 cm³) und III (über 2000 cm³), wobei die drei Meistertitel an die Marken Abarth, Porsche und Ferrari gingen. Bei den klassischen Langstreckenrennen holte sich Ferrari nach wie vor die großen Siege. Die Veranstalter des 24-Stunden-Rennens von Le Mans und später auch die Internationale Sportkommission hatten sich entschieden, die bisherige Kategorie der Sportwagen abzuschaffen; man ersetzte die Rennzweisitzer durch die sogenannten Sportwagen-Prototypen, die dem Sinn des Reglements nach serienverwandter sein sollten. Aber der Wunsch der Reglementsväter, diese Fahrzeuge in eine direktere Beziehung mit den Alltagswagen zu bringen, blieb für immer reine Illusion: Eine hohe Windschutzscheibe, ein mit Stoff verkleidetes Cockpit oder ein Kofferraum von gewissen Mindestabmessungen machen aus einem reißenden Tiger noch lange keine Hauskatze.

1962 bestritt auch Joseph Siffert seine ersten Formel-1-Rennen. Das Debüt erfolgte anläßlich des Großen Preises von Brüssel, wo Siffert noch mit einem auf 1,5 Liter ausgebohrten und mit Ballast versehenen Lotus 20 der Formel Junior antrat und einen hervorragenden Eindruck hinterließ. Später schloß sich der Freiburger der neugegründeten Scuderia des Genfer Geschäftsmannes und Immobilienbesitzers Georges Filipinetti an, aber die unbefriedigende Zusammenarbeit wurde schon zu Beginn der folgenden Saison abgebrochen. Auf einem neuen Lotus 24 mit Climax-Vierzylindermotor ging Joseph Siffert beim Großen Preis von Pau und beim Großen Preis von Deutschland an den Start, daneben bestritt er noch einige Formel-Junior-Rennen.

Ende 1962 faßte die Firma Dr.-Ing. h.c. F. Porsche KG in Stuttgart-Zuffenhausen, deren Rennleiter der bekannte ehemalige Mille-Miglia-Sieger Huschke von Hanstein war, den Beschluß, sich vom Formel-1-Rennsport zurückzuziehen und sich nur noch Langstreckenrennen sowie der Europa-Bergmeisterschaft zu widmen.

Die Grand-Prix-Saison klang in Mollakkorden aus: Beim Training zum Großen Preis von Mexiko — das Rennen zählte damals noch nicht für die Fahrerweltmeisterschaft — stürzte der jüngste Spitzenfahrer, Ricardo Rodriguez, der noch keine 21 Jahre alt war, tödlich. Das gleiche Schicksal traf Gary Hocking, den Motorradchampion aus Rhodesien. Nach seiner erfolgreichen Laufbahn auf zwei Rädern wollte er sein Glück auch mit dem Monoposto versuchen. Beim Training zum Großen Preis von Natal in Durban kam Hocking jedoch ums Leben. Beide Piloten stürzten mit einem Lotus 24-Climax des Walker-Rennteams.

Der erste Grand Prix von Mexiko wurde 1962 auf der 5,0 km langen Magdalena-Mixhuca-Rundstrecke von Mexico City ausgetragen. Das mittelamerikanische Rennen zählte erst ab 1963 für die WM.

Huschke von Hanstein

Dan Gurney

Mit seinem Achtzylinder-Rennwagen des Typs 804 gewann Porsche 1962 nur einen Weltmeisterschaftslauf, nämlich den Großen Preis des ACF in Rouen. Auf den ersten Platz kam der Amerikaner Dan Gurney, der einige Jahre danach eigene Rennwagen (Eagle) baute.

Jim Clark ist unschlagbar

/lit dem Lotus 25 wird der Schotte Weltmeister. Lotus macht
ufsehenerregendes Indianapolis-Debüt. Allgemeine Umstellung auf
:inspritzmotoren. Brabham auch auf Brabham erfolgreich.

Jim Clark und der Lotus 25 mit Coventry-Climax-Motor, der nun ebenfalls über eine Benzineinspritzung von Lucas ver-igte, stellte die dominierende Kombination er Saison 1963 dar. Der Schotte gewann die iroßen Preise von Belgien, Holland, das ACF, von England, Italien, Mexiko und Süd-frika, das heißt, daß er bei sieben von zehn Vertungsläufen als Sieger durchs Ziel fuhr. 3ei den Großen Preisen von Monaco und der JSA kam Graham Hill auf BRM Typ 56 zu je inem Erfolg, während John Surtees beim eutschen Grand Prix mit dem V6-Ferrari Typ 156 B den ersten Platz belegte, so daß Ferrari nach den vielen Niederlagen von 1962 sich endlich wieder einen Lorbeer holen konnte. Sehr gute Resultate erzielte auch das junge Brabham-Team, das seine erste vollwertige Saison bestritt und sich aus Jack Brabham und Dan Gurney zusammensetzte.

Coventry-Climax hatte die Leistung des V8-Motors mit Lucas-Niederdruck-Einspritzung auf 200 PS bei 9800 U/min gesteigert; der Achtzylinder von BRM gab nun 205 PS bei 11 000 U/min ab. Bei Ferrari versah man den 120°-V6-Motor erstmals mit einer Benzineinspritzung. Es handelte sich dabei um eine Anlage von Bosch, die der junge Schweizer Ingenieur Michael May für die italienischen Aggregate adaptierte. Die Verbindung zwischen Ferrari, Michael May und Bosch

Jim Clark

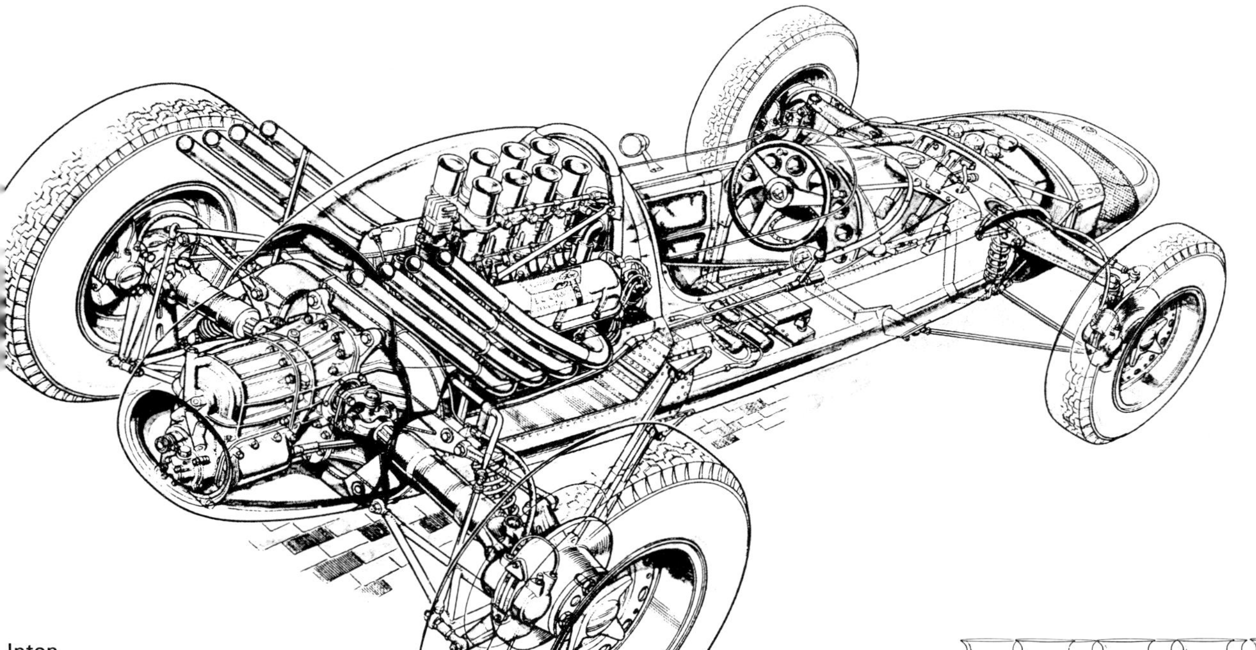

Links
Für das 500-Meilen-Rennen von Indianapolis 1963 bereitete Lotus den Mark 29 vor. Angetrieben wurde der Lotus 29 von einem Ford-V8-Stoßstangenmotor von 4,2 Litern Inhalt.

Unten
Der erfolgreichste Formel-1-Motor der 1,5-Liter-Grand-Prix-Formel war der V8 von Coventry-Climax, dessen Zylinderabmessungen 62,9 × 57,4 mm = 1496 cm^3 betrugen. Die Leistung nahm allmählich von 190 auf 213 PS (Version mit 32 Ventilen) zu.

Jnten
im Clark und sein .otus 25 mit Coventry-:limax-V8-Motor varen 1963 kaum zu chlagen.

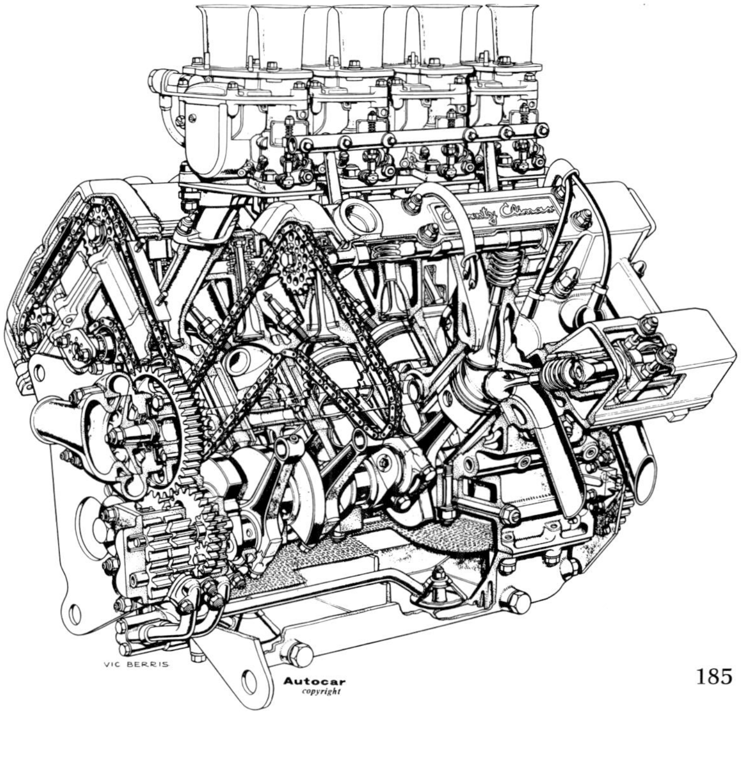

hatte der deutsche Fachjournalist und spätere Daimler-Benz-Pressechef Günther Molter hergestellt.

Bei der Bosch-Einspritzung wurde der Treibstoff direkt in die Verbrennungsräume injiziert, ähnlich wie beim Mercedes-Benz W196 von 1954/1955. Die Leistung stieg auf 205 PS bei 10 200 U/min. Die Ferrari waren jetzt wieder konkurrenzfähig, als Übergangslösung hatte man auch ein modernes Rohrchassis mit kleinerer Stirnfläche gebaut, und zudem verfügte die Marke aus Maranello mit John Surtees wieder über einen Spitzenfahrer. Ferrari baute aber als definitive Lösung ein weiteres Chassis mit moderneren Aufhängungen. Beim Großen Preis von Italien in Monza debütierte die Neukonstruktion Typ 156 Aero mit bisherigem V6-Motor. Sie wurde von John Surtees gefahren, der in den ersten Runden an der Spitze lag, später aber aufgeben mußte. Beim jüngsten Ferrari war die als Basis dienende und vom Flugzeugbau inspirierte (deshalb die Bezeichnung Aero), dünne Rohrstruktur innen und außen mit aufgenieteten Blechen verkleidet, so daß es sich hier um eine Kreuzung zwischen Rohrrahmen und Schalenbauweise handelte. In den Hohlräumen lagen die Gummitanks. Dieser Art von gemischter Chassiskonstruktion blieb Ferrari jahrelang treu. Wie bei den meisten übrigen Konstruktionen waren die Schraubenfedern und Stoßdämpfer vorn zwecks Reduktion der ungefederten Massen und des Luftwiderstandes in das Chassisinnere verlegt, hinten lagen die Bremsen neben dem Differential und nicht an den Rädern. Eine Kopie des Lotus 25 stellte der neue BRP dar, gebaut vom British Racing Partnership (BRP) und konstruiert von Tony Robinson. Robinson verwendete sogar einige Aufhängungselemente des Lotus 25. Der BRP debütierte in Belgien mit dem ehemaligen Lotus-Fahrer Innes Ireland. Das Fahrzeug wurde von einem BRM-V8-Motor angetrieben, der mit einem Colotti-Francis-Sechsganggetriebe verblockt war.

In Zandvoort setzte BRM im Training den neuen Typ 61 mit stark reduzierter Stirnfläche erstmals ein. Auch hier handelte es sich um eine Mischung von Monocoque und Rohrrahmen: Die zentrale Partie des Chassis bestand aus einer genieteten Blechkonstruktion, an die hinten und vorn noch je ein Hilfsrahmen aus Stahlrohren angebaut war. Der Typ 61 wies neue Aufhängungen auf — man hatte sowohl hinten als auch vorn die Schraubenfedern und Stoßdämpfer nach innen verlegt. Die ziemlich komplizierte Hinterradaufhängung bewährte sich nicht und wurde später durch eine konventionellere Lösung ersetzt. Graham Hill fuhr mit dem Typ 61 nur in Reims und Monza, die übrigen Rennen bestritt er auf dem älteren Typ 56 mit Rohrchassis, weil das neue Modell nicht optimal auf der Fahrbahn lag. Für den Typ 61 hatte BRM ein eigenes Sechsganggetriebe gebaut. Lotus verwendete nach wie vor das ZF-

Die Version 1963 des Ferrari 156 war von den englischen Vorbildern inspiriert und wies auch nicht mehr Drahtspeichenräder, sondern gegossene Felgen auf. Der V6 war in Zusammenarbeit mit Ing. Michael May mit einer direkte[n] Bosch-Einspritzung versehen worden und leistete nun an die 200 PS. Ganz links Mairesse, dann Chefmechaniker Vecchi, Ing. Forghieri, Ing. May sowie Surtees.

Oben
Nach dem Sieg beim Großen Preis von Italien 1963 begeben sich Jim Clark und Colin Chapman mit dem Lotus 25 auf die Ehrenrunde — Clark stand als Weltmeister fest, Lotus als Sieger der Formel-1-Konstrukteure. In der vorhergehenden Saison hatte man die beiden Auszeichnungen nur knapp verfehlt.

Oben rechts
Beim Großen Preis der Solitude bei Stuttgart 1963 siegte Jack Brabham auf dem Brabham BT3-Coventry-Climax. Es handelte sich dabei um den ersten Formel-1-Sieg der Marke Brabham, deren Fahrgestelle dann bis 1972 von Ron Tauranac konstruiert wurden.

Fünfganggetriebe, stellte aber auch Versuch[e] mit Einheiten von Colotti und Hewland an.

Beim Großen Preis von Belgien in Sp[a] setzte ATS endlich den Ende 1962 entstandenen und von Carlo Chiti konstruierten V8-Wagen Typ 100 ein. Der erste Auftritt war enttäuschend. Das von vier Weber-Doppelvergasern gespeiste Triebwerk (66 × 54,6 mm = 1494 cm³) gab nur 188 PS bei 10 100 U/min ab; Phil Hill und Giancarlo Baghetti stand damit kein konkurrenzfähiges Fahrzeug zur Verfügung, und nach einigen wenigen und enttäuschenden Einsätzen verschwanden auch die ATS wieder für immer.

Ähnlich erging es den Scirocco mit Rohrchassis, BRM-Motor und Colotti-Getriebe, die in England von Hugh Powell im Auftrag des amerikanischen Fahrers Tony Settember gebaut wurden. Settember und Ian Burgess bestritten einige Rennen, dann erschienen die Scirocco nicht mehr.

Ende der Saison unternahm Ferrari die ersten Probefahrten mit einem neuen V8-Modell Typ 158 Aero, dessen Aggregat ebenfalls mit einer Direkteinspritzung von Bosch bestückt war und für die Rennsaison 1964 vorbereitet wurde. Anfang Saison 1964 gewann Surtees mit der Neukonstruktion den nicht für die WM zählenden Großen Preis von Syrakus. Anfänglich kam die Maschine (64 × 57,8 mm = 1487 cm³) auf 190 PS bei 10 700 U/min, ein Jahr später holte sich John Surtees mit dem V8 die Weltmeisterkrone. Bei den ersten Rennen der Saison 1963 war der Belgier Willy Mairesse Ferraris Fahrer

Willy Mairesse

ummer 2. Auf dem Nürburgring stürzte
lairesse jedoch derart schwer, daß er bei
errari für die restlichen Rennen durch Lo-
enzo Bandini ersetzt werden mußte, der
en ersten Teil der Weltmeisterschaft auf ei-
em älteren BRM Typ 56 der italienischen
cuderia Centro Sud bestritten hatte, nach-
em er schon 1962 Mitglied des Formel-
-Teams von Ferrari gewesen war. Mairesse
nd den Anschluß an die Formel 1 nie wie-
er und kam später nur noch bei Langstrek-
enrennen zum Einsatz.

Der Brabham BT3-Climax feierte beim So-
tude-Rennen am Stadtrand Stuttgarts sei-
en ersten Formel-1-Sieg. Sein Fahrer: Jack
rabham selbst. Bei den Weltmeisterschafts-
iufen schnitt die Brabham Racing Organisa-
on überhaupt hervorragend ab: Dan Gur-
ey wurde in Holland und Südafrika Zweiter,
ck Brabham belegte den Ehrenplatz in Me-
iko.

Die in der Nähe Londons liegende Bahn von Brands Hatch ist eine der schönsten Rennstrecken der Welt, zumal sie in einer hügeligen Parklandschaft liegt und das Publikum eine hervorragende Sicht auf die Strecke genießt. Hier wurde ab 1964 der Grand Prix von England (im Zweijahresturnus abwechselnd mit Silverstone) ausgetragen. Der Kurs mißt 4,265 km.

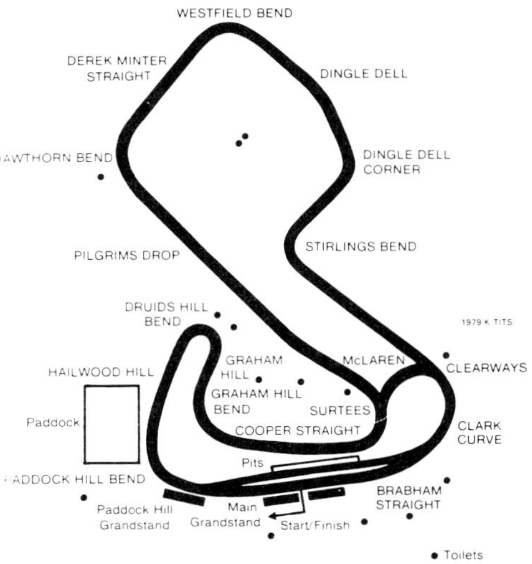

Selten hatte eine Fahrerweltmeisterschaft so eindeutig im Zeichen eines Fahrers gestanden wie 1963: Jim Clark und dessen Lotus 25-Climax waren in der Tat eine Stufe besser als ihre Rivalen. Der Schotte ging auch beim 500-Meilen-Rennen von Indianapolis mit einem Lotus an den Start. In Cheshunt hatte man das Chassis des Formel-1-Modells im Hinblick auf das große amerikanische Treffen übernommen und hinten einen von Ford in Detroit gelieferten und stark verbesserten V8-Motor eingebaut, der vom Triebwerk des Ford-Fairlane abgeleitet war. Ford hatte sich damals entschieden, groß in den Rennsport einzusteigen, nicht etwa um technische Erfahrungen zu sammeln, sondern in der Absicht, dank der zu erwartenden Publicity mehr Autos zu verkaufen. Die Ford-Stoßstangenmaschine ($95{,}2 \times 72{,}9 = 4186$ cm^3) gab zwar nur 370 PS bei 7000 U/min ab, aber der Lotus galt als das mit Abstand leichteste Fahrzeug des Feldes. Die Antriebseinheit wurde mit einem Vierganggetriebe von Colotti verblockt. Die rechten Aufhängungsarme waren länger als die linken, damit erreichte man in den vier Linkskurven der Indianapolisbahn eine günstigere Gewichtsverteilung. Neben diesem ultraschmalen, niedrigen, Typ 28 getauften Lotus wirkten die Offenhauser-Frontmotorrennwagen der Amerikaner wie Dinosaurier.

echts
n Frühjahr 1962
ründeten einige
nanciers die Marke
TS (Automobili
urismo e Sport) mit
itz in der Nähe von
ologna. Chefkon-
trukteur war der ehe-
nalige Ferrari-Inge-
ieur Carlo Chiti (Bild-
nitte), der einen
ormel-1-Wagen mit
igenem V8-Motor
onstruierte. Beim
roßen Preis von
elgien 1963 (Bild)
rfolgte das ATS-
ebüt, aber Ende
aison zog sich die
inge Marke wieder
urück. Die beiden
TS-Fahrer waren
963 Phil Hill und
iancarlo Baghetti,
velche vorher eben-
alls die Farben Fer-
aris vertreten hatten.

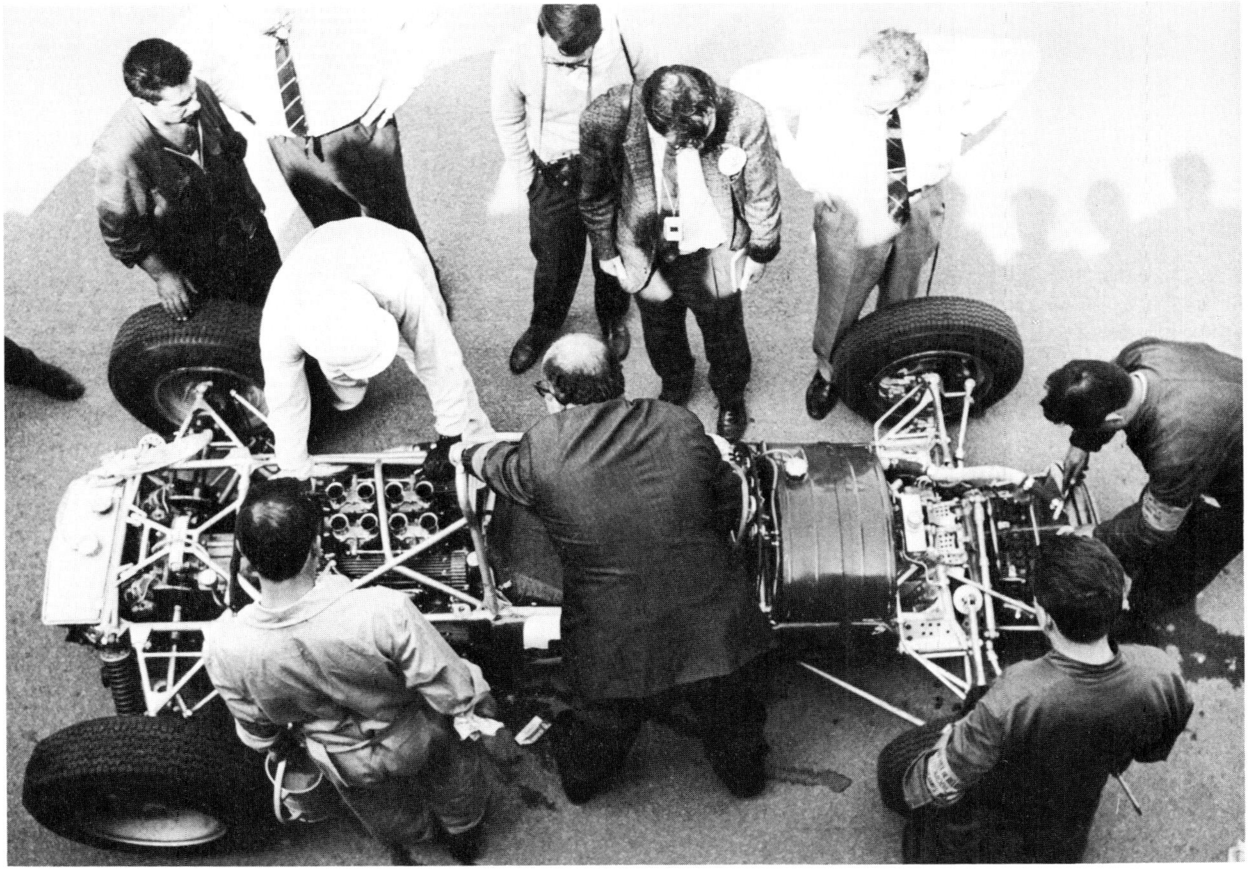

Unten
Beim Grand Prix von Monaco liegt der BRM P56 von Graham Hill (Sieger) vor dem Lotus 25 Jim Clarks und dem BRM Richie Ginthers. Der Wagenkörper des Lotus mit Monocoquechassis ist deutlich schlanker.

Rechts
Graham Hill auf BRM bei der Siegerehrung 1963 in Monaco. Diesen Grand Prix gewann der Engländer auch in den Jahren 1964, 1965, 1968 und 1969.

Im Rennen belegte Jim Clark den zweite Platz, mit 34 Sekunden Rückstand auf Pa nelli Jones, dessen Offy-Roadster in den let ten Runden Öl verlor und deshalb aus de Rennen hätte genommen werden müsse Die Kommissäre drückten aber ein Auge z

Mit dem Typ 28 revolutionierte Lotu auch den amerikanischen Fahrgestellba denn bald darauf gingen auch die Konstruk teure der Neuen Welt allmählich zur mode nen Konzeption über. Ein weiteres wegwe sendes Fahrzeug machte 1963 in Indianapol mit. Der amerikanische Dragster- und R kordfahrzeugspezialist Mickey Thompso hatte es gebaut und mit einem Chevrole Einspritzmotor versehen. Das Aggregat la hinten. Aufsehenerregend waren bei diese Monoposto die ungewöhnlich flache For sowie die neuartigen und sehr breiten Ren reifen, die Firestone speziell für die kleine 12-Zoll-Felgen des Thompson hergestel hatte. Damit nahm auch die Ära der supe breiten Rennreifen ihren Anfang.

Ende der Saison stand Jim Clark mit gr ßem Vorsprung als Weltmeister fest. De schottische Farmerssohn erntete nicht wen ger als 54 Punkte; die beiden BRM-Pilote Graham Hill und Richie Ginther brachten e auf je 29, und John Surtees mit dem Ferra brachte es auf 22 Punkte. Die Coupe der Fo mel-1-Konstrukteure ging erstmals an Lotu vor BRM, Brabham und Ferrari.

Mit seinem Privatteam hatte Joseph Si fert die erste vollwertige Formel-1-Saiso hinter sich gebracht. Er fuhr auf einem Lotu 24 mit Rohrrahmen und BRM-V8-Moto Beim Großen Preis des ACF in Reims holt sich Siffert mit einem sechsten Platz den e sten WM-Punkt seiner Karriere, bei den übr gen Läufen kam er noch auf eine siebente und zwei neunte Plätze. In Imola — bei e nem Rennen, das nicht für die WM zählte – war er hinter Jim Clark Zweiter geworden, i Syrakus (Sizilien) feierte die unter akute Geldknappheit leidende Renngemeinscha den ersten Formel-1-Sieg. Siffert war 196 überhaupt der erfolgreichste Privatkonku rent und wurde dafür von der Grand Pri Drivers' Association (GPDA), deren Präside der einen Cooper T60-Climax des Walke Teams fahrende Joakim Bonnier war, mit de «Von-Trips-Memorial-Trophy» ausgezeich net. Die guten Resultate hatte Siffert auch se nen zuverlässigen und vor keiner Nacht arbeit zurückschreckenden Mechaniker Heini Mader und Jean-Pierre Oberson zu ver danken.

Parnelli Jones

(nappe Entscheidung in Mexiko

or dem Schlußlauf kommen drei Piloten für den WM-Titel in Frage. ›hn Surtees auf Ferrari holt sich die Krone. In der Formel 3 macht ein ›ewisser Jackie Stewart von sich reden.

Die Fahrerweltmeisterschaft 1964 war ungewöhnlich spannungsgeladen und ausgeglichen; nicht weniger als vier Mar-›n teilten sich die Siege, nämlich Lotus, Fer-›ri, Brabham und BRM. Die Spannung er-›ichte beim Großen Preis von Mexiko, der ›e Weltmeisterschaft abschloß, ihren abso-›ten Höhepunkt. Vor diesem Rennen ka-›en Graham Hill, John Surtees und Jim ›ark, also drei Fahrer mit drei verschiede-›n Marken, für den Titel in Frage. Die ›rone fiel schließlich John Surtees auf dem ›errari Tipo 158 Aero V8 zu. Das Championat ›tschied sich in den drei letzten Runden. ›as Jahr 1964 brachte auch die große asiati-›he Premiere: Auf dem Nürburgring debü-›erte die japanische Marke Honda — größ-›r Motorradproduzent der Welt — in der ›ormel 1. Durch Detailverbesserungen erfuh-›n die verschiedenen Motoren eine weitere ›eistungssteigerung. Der Achtzylinder von ›RM gab 208 PS bei 11 000 U/min ab; der ›oventry-Climax Mark 2A leistete 204 PS bei ›00 U/min; der ältere Ferrari V6 Tipo 156 ›am auf 200 PS bei 10 200 U/min, während ›errari aus dem Tipo 158 V8 210 PS bei ›000 U/min herausholte. Ende der Saison ›schien dann Ferraris neuer Zwölfzylinder-›oxer. Für ihre Climax-Motoren verwendete ›e Brabham Racing Organisation deutsche ›ahle-Kolben, welche sich besser als die Ori-›nalkolben bewährten. Später wurden die Mahle-Kolben auch vom Großteil der übrigen Coventry-Climax-Konkurrenz eingebaut. Die Literleistungen lagen zwischen 133 und 140 PS/l, und das Trockengewicht der Formel-1-Konstruktionen bewegte sich zwischen dem zulässigen Minimum von 450 kg und 470 kg, so daß die Fahrzeuge ein Leistungsgewicht von rund 2,3 kg/PS erreichten. Von den Siegermarken BRM, Lotus, Ferrari und Brabham wies nur noch Brabham einen klassischen Rohrrahmen auf, die andern verfügten über Monocoquerennwagen.

Als besonders zuverlässig erwiesen sich die Motoren Ferraris; die englischen Aggregate dagegen wurden häufig von Defekten heimgesucht. Von 1964 an setzte der deutliche Trend zu 13-Zoll-Felgen mit breiteren Rennreifen ein; nach der Alleinherrschaft Dunlops tauchte auch die amerikanische Marke Goodyear in der Formel 1 auf (Honda). Der einstige Glanz Coopers war schon etwas verblichen. Neben Bruce McLaren fuhr nun auch Phil Hill einen Monoposto aus Surbiton; der ehemalige Weltmeister fand aber den Anschluß an die Spitzenklasse nicht mehr. Die vier absoluten Topfahrer waren Jim Clark, Dan Gurney, John Surtees und Graham Hill, die mehr oder weniger auf die gleiche Stufe gesetzt werden konnten.

Graham Hill am Steuer des neuen BRM Typ 261 mit Monocoquechassis feierte in Monte Carlo seinen zweiten Erfolg auf dieser ihm besonders gut liegenden Stadtrundstrecke. Der Typ 261 wies ein durchgehendes Monocoquechassis ohne Hilfsrahmen aus Stahlrohr auf, hinten waren die Schraubenfedern klassisch angeordnet, das heißt außen. Jim Clark auf dem modernisierten Lotus 25, der nun die Typenbezeichnung 33 trug, siegte bei den Großen Preisen von Holland, Belgien und England (der englische Grand Prix wurde 1964 erstmals in Brands Hatch ausgetragen). Bei Ferrari hatte man in der ersten Saisonhälfte infolge des chargierten Programms mit den Sportwagen-Prototypen für die Langstreckenrennen noch etwas Mühe, den V8 richtig in Schwung zu bringen, aber John Surtees gewann dann mit dem Tipo 158 Aero die Großen Preise von Deutschland und von Italien. Dan Gurney, der ewige Pechvogel, brachte seinen Brabham BT7-Climax beim Grand Prix des ACF in Rouen (erster Sieg der Marke Brabham bei einem Lauf der Fahrerweltmeisterschaft) sowie bei dem die Grand-Prix-Serie abschließenden Großen Preis von Mexiko auf den ersten Platz. Graham Hill holte sich in Watkins Glen beim Großen Preis der USA seinen zweiten wichtigen Sieg des Jahres. Überraschend hatte Lorenzo Bandini auf dem älteren Ferrari V6 den erstmals für die Fahrerweltmeisterschaft zählenden Großen Preis von Österreich gewonnen, der damals noch auf dem Flugplatz von Zeltweg und nicht im später gebauten Auto-

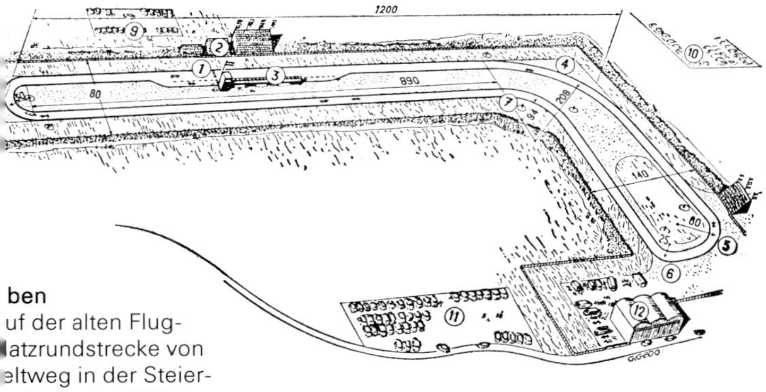

John Surtees

ben
uf der alten Flug-›atzrundstrecke von ›eltweg in der Steier-›ark wurde 1964 der ›r die Fahrerweltmei-›erschaft zählende ›roße Preis von ›sterreich ausge-›agen. Dieser mit ein-›chen Mitteln reali-›erte L-förmige ›undkurs war 3,2 km ›ng und wies ›nebenheiten auf, ›elche zu vielen Fahr-›estellschäden ›hrten.

Mitte
John Surtees, der 1964 auf Ferrari Weltmeister wurde, schied in Zeltweg mit einem Schaden an der Hinterradaufhängung aus. An den Boxen hat sich der Engländer einen Wagenheber geholt, mit der Absicht, sein Auto wieder flottzukriegen.

Links
Wenige Runden vor Abschluß des Grand Prix von Mexiko steht Ferrari-Fahrer John Surtees plötzlich als Weltmeister fest. Vor den Ferrari-Boxen macht man Freudensprünge; Ing. Forghieri (Mitte) ist total aus dem Häuschen geraten.

drom vom Stapel lief. Der auf den Betonpisten und Rollwegen abgesteckte Rundkurs von Zeltweg war L-förmig und erwies sich als fahrgestellmordend, so daß der Großteil der Spitzenkonkurrenten mit Schäden an Chassis und Aufhängungen ausscheiden mußte. Hier fuhr Jochen Rindt, das junge Talent aus Graz, der in der Formel 2 (Wagen bis 1000 cm³) schon aufsehenerregende Resultate erzielt hatte, mit einem Brabham-Climax erstmals bei einem Weltmeisterschaftslauf mit. Rindt war gebürtiger Deutscher, wuchs jedoch in Graz auf und fuhr mit österreichischer Lizenz. Dramatisch verlief der Große Preis von Belgien in Spa, wo mehrere Spitzenfahrer um den Sieg gebracht wurden, weil ihnen der Treibstoff ausging. Nach 30 Runden verlor der Brabham-Climax Dan Gurneys infolge Benzinmangels die Führung. Der Amerikaner ging an die Boxen, um nachzutanken; da aber dort kein Benzin greifbar war, setzte er das Rennen auf gut Glück fort und blieb dann in der letzten Runde endgültig ohne Treibstoff liegen. Durch den Boxenstopp Gurneys war Graham Hill auf BRM an die Spitze gerückt, aber auch der Engländer blieb in der letzten Runde auf der Strecke, da die Benzinpumpe des Zusatztanks vor dem Cockpit defekt war. Jim Clark auf Lotus, der während des Rennens noch Wasser nachgefüllt hatte, wurde schließlich unerwarteter Sieger. Der Clou aber kam in der Auslaufrunde: Jim Clark konnte sie nicht zu Ende fahren, auch seinem Lotus ging das Benzin aus. John Surtees auf Ferrari war in Belgien schon nach wenigen Runden mit einem Motorschaden ausgefallen.

Beim Training zum Großen Preis von England in Brands Hatch erschien eine interessante Neukonstruktion, nämlich der BRM Typ 67 mit V8-Motor und einem vom Ferguson P99 übernommenen Vierradantrieb. Im Rohrrahmen mit seitlichen Tanks war der Motor um 180° gedreht hinter dem Cockpit eingebaut. Der Abtrieb erfolgte über eine Spezialübertragung auf das links auf der Höhe des Fahrers liegende Sechsgangg triebe, von dem aus die Übertragung übe die Ferguson-Elemente geführt wurde. De Typ 67 gehörte zum Versuchsprogramm de Owen Organisation (BRM) im Hinblick a die neue Formel 1 von 1966. Mit dem vierrad getriebenen Fahrzeug wurden aber kein Großen Preise bestritten, es kam später noc bei Bergrennen — auch in der Schweiz – zum Einsatz. Die auf dem Motorradsekto sehr erfolgreiche Marke Honda griff bei Großen Preis von Deutschland auf dem Nü burgring mit dem Typ RA271 in die Formel ein. Honda hatte sich beim Triebwerk fü eine ungewöhnliche Lösung entschieden die schon beim letzten Bugatti-Grand-Prix Wagen von 1956 zur Anwendung gekom men war: Der V12-Motor (58,1 × 47 mm = 1498 cm³) wurde hinter dem Cockpit querlie gend eingebaut. Die Viernockenwellenma schine hatte den Kraftabtrieb in der Mitt und wurde beim ersten Einsatz noch vo sechs japanischen Keihin-Doppelvergaser

inks unten
timmungsbild vor em GP der USA in Vatkins Glen 1964. anz rechts Clark auf otus (Pole Position), aneben Surtees auf errari (Nr. 7), dahinter tehen Gurney auf rabham (Nr. 6) und raham Hill auf BRM Nr. 3). Aus Protest egen den italieni- chen Automobilclub atte Ferrari seine Vagen in den ameri- anischen Rennfarben Veiß-Blau spritzen assen.

litte
or dem anläßlich des roßen Preises von)eutschland erfolgten)ebüt testete der alifornier Ronnie ucknum den Honda A 271 mit querlie- endem V12-Motor in andvoort. Der 1 000/min drehende wölfzylindermotor ab auf Anhieb 15 PS ab.

Rechts
John Surtees auf dem Ferrari Tipo 158 Aero, mit welchem er Weltmeister 1964 wurde. Den bisherigen V6-Motor hatte man durch ein V8-Aggregat ersetzt (Bandini auf dem zweiten Ferrari fuhr aber weiterhin mit dem V6), welches ebenfalls über eine direkte Bosch-Einspritzung verfügte. Beim Chassis handelte es sich um eine dünne Rohrkonstruktion mit aufgenieteten Leichtmetallblechen.

,espeist. Die zentrale Partie des Chassis betand aus einer Monocoquekonstruktion, an lie hinten ein Rohrrahmen zur Aufnahme les Motors und der Aufhängung angebaut var. Mit den Vergasern soll der Honda 00 PS bei 10 500 U/min abgegeben haben, in Monza erschien der V12 mit einer von Honda in Zusammenarbeit mit Keihin entvickelten indirekten Benzineinspritzung, velche die Leistung auf 206 PS bei 10 800 J/min anhob. Auf dem Prüfstand sollen urzfristig sogar 230 PS bei 13 000 U/min reistriert worden sein. Das Fahrgestell des RA271 war aber nicht ganz auf der Höhe der Motorleistung, bei Honda fehlte die Erfahung. Als Fahrer hatten die Japaner den in Europa noch unbekannten Kalifornier Ronie Bucknum verpflichtet, technischer Leiter les Teams war Ingenieur Nakamura.

Eine ähnliche Antriebseinheit — querliegender V12-Motor mit zentraler Kraftabahme — hatte in Modena Maseratis Chefonstrukteur, Ingenieur Giulio Alfieri, schon wischen 1961 und 1963 verwirklicht, das Aggregat (55,2 × 52 mm = 1493 cm³) wurde jeloch erst 1964 der Öffentlichkeit vorgestellt. Es fand keine Verwendung, weil Maserati lem Rennsport fernblieb.

Der Zwölfzylinder-Boxer von Ferrari Typ 12 drehte seine ersten Trainingsrunden vor lem Großen Preis von Italien. Man hatte

Ronnie Bucknum

für diesen 512 das Halbmonocoque des 158 Aero übernommen und hier die neue und flache Einheit eingebaut. Das Aggregat (56 × 50,4 mm = 1489 cm³) trug die Typenbezeichnung 512 und wies nicht mehr eine direkte Benzineinspritzung von Bosch wie der V6 und der V8 auf, sondern eine Lucas-Niederdruckeinspritzung, bei der der Treibstoff in die Ansaugkanäle injiziert wurde. Ferrari mußte beim Zwölfzylinder zur Lucas-Einspritzung greifen, weil Bosch damals noch keine entsprechende Anlage für einen Zwölfzylinder zur Verfügung hatte. Im Laufe des Jahres 1965 war dann auch die Bosch-Direkteinspritzung für den Zwölfzylinder bereit, aber Ferrari hatte keine Zeit mehr, den Motor damit zu versehen. Das Triebwerk soll

Lorenzo Bandini

auf Anhieb 220 PS bei 12 000 U/min abgegeben haben, es kam Ende der Saison mit Lorenzo Bandini bei den Großen Preisen der USA und von Mexiko zum Einsatz.

Beim amerikanischen Grand Prix in Watkins Glen bestritt Joseph Siffert mit seinem Brabham BT11-BRM erstmals ein Rennen als Mitglied des englischen Walker-Teams. Der in der Schweiz ansässige Schwede Joakim Bonnier hatte die nötigen Verbindungen zwischen Siffert und Rob Walker hergestellt, so daß für den Schweizer die harten Zeiten akuter Geldknappheit endlich zu Ende waren. Siffert belegte in Watkins Glen einen schönen dritten Platz, beim deutschen Grand Prix auf dem Nürburgring war er Vierter geworden.

Das Schlußbouquet folgte in Mexiko. Vor dem Rennen kamen Graham Hill mit 39 Punkten, John Surtees mit 34 Punkten und Jim Clark mit 30 Punkten noch für den Weltmeistertitel in Frage. Als erster schied Hill aus dem Trio der Titelaspiranten aus. Nach halbem Rennen touchierte Bandini auf dem Zwölfzylinder-Ferrari in einer Spitzkehre die Antriebsräder des Engländers, so daß sich der BRM quer stellte und die Auspuffe an den Leitplanken krummschlug. Hill mußte an die Boxen, wo man die Rohre kurzerhand abschnitt, damit aber hatte er jede Chance verloren, noch einen vorderen Rang zu ergattern, während Lorenzo Bandini das Rennen normal fortsetzte. Nach 60 von 65 zu fahrenden Runden schien der Grand Prix endgültig gelaufen: Den führenden Jim Clark sah man schon als überlegenen Sieger und abermaligen Weltmeister. Dann aber die dramatischen letzten Runden. Die Entscheidung über Sieg und Weltmeisterschaft fiel buchstäblich in den letzten vier Minuten des Rennens. In der drittletzten Runde merkte man es kaum, aber Clarks Lotus 33 war etwas langsamer geworden, in der zweitletzten

Runde schoß Dan Gurney mit dem Brabham BT7-Climax an dem Schotten vorbei. Als Dan Gurney nach 65 Runden die schwarz-weiß karierte Flagge erhielt, wartete man vergebens auf Jim Clark, sein Lotus war wegen Ölverlusts ausgefallen. Auf ähnliche Weise war Jim Clark schon 1962 um den Weltmeistertitel gebracht worden, als er in Südafrika wegen auslaufenden Öls Graham Hill Sieg und Titel überlassen mußte. Damit wurde nun der in Mexiko zweitklassierte John Surtees auf dem V8-Ferrari Typ 158 Aero Weltmeister mit 40 Punkten, Graham Hill stand mit nur einem Punkt Rückstand als Vizeweltmeister fest, Jim Clark mit 32 Punkten mußte sich mit dem dritten Rang begnügen. Die Coupe der Formel-1-Konstrukteure ging 1964 ebenfalls an Ferrari.

Im August war Joseph Siffert ein großer Wurf gelungen, indem er auf der schnellen Rundstrecke von Pergusa bei Enna (Sizilien) mit seinem — noch privaten — Brabham BT11-BRM den Großen Preis des Mittelmeers gewann, wobei er über die ganze Distanz einen erbitterten Kampf mit Jim Clark auf Lotus 33-Climax und Innes Ireland auf BRP-BRM ausfocht. Am Ziel sah sich Weltmeister Jim Clark um 0,1 Sekunden vom Schweizer geschlagen, Innes Ireland sauste nach 0,7 Sekunden durchs Ziel. Sifferts Erfolg gegenüber Jim Clark war eine Sensation, denn der Privatkonkurrent gewann im direkten Kampf vor dem weltbesten Fahrer. Der gleiche Coup gelang Siffert ein Jahr später auf demselben Circuit: Wieder war es Jim Clark auf Lotus-Climax, der sich beugen mußte — mit 0,3 Sekunden Rückstand gegen de Brabham-BRM des Schweizers.

Lotus und auch Ford unternahmen 196 den zweiten gemeinsamen Indianapolis-E fort. Inzwischen hatte Ford in Detroit für da 500-Meilen-Rennen einen V8-Hochleistung motor (95,2 × 72,9 mm = 4186 cm³) mit vie obenliegenden Nockenwellen entwickel der mit Hilborn-Treibstoffeinspritzung au 424 PS bei 8500 U/min kam. Jim Clark au dem Lotus-Ford mit asymmetrischen Au hängungen fuhr die schnellste Qualifikation zeit, übernahm im Rennen die Führung schied aber nach 46 Runden mit einem Au hängungsbruch aus. A. J. Foyt auf seinen Roadster mit Offenhauser-Motor wurde Sie ger. Diesmal standen in Indianapolis bereit 12 von 33 Wagen mit Mittelmotor am Star davon 7 mit Ford-Aggregat. Die drei Front motorwagen mit aufgeladenem und 700 P abgebendem Novi-Motor schieden aus. For engagierte sich 1964 voll und ganz im Renn sport. Bei Langstreckenrennen tauchten di ersten Sportwagen-Prototypen Typ GT40 au die im ersten Jahr noch von Kinderkrankhe ten heimgesucht wurden. Sie stellten abe die Grundlage der späteren Ford-Erfolg (1966 bis 1969) dar.

Auch ein 25jähriger, feingliedriger, talen tierter Schotte machte 1964 erstmals von sic reden: Mit einem Cooper-BMC des Team von Ken Tyrrell erwies er sich bei den For mel-3-Rennen (Wagen mit frisierten Serien motoren bis 1000 cm³) als unschlagbar un holte sich einen Sieg nach dem andern. Sei Name: Jackie Stewart. In der folgenden Sai son war der ehemalige Tontaubenschütz schon Mitglied der BRM-Werksmannschaft.

Rechts
Mit seinem BRM P261 mit V8-Motor und Monocoquechassis gewann Graham Hill 1964 zum zweiten Male in Monaco. In der Geschichte von BRM war der P261 die eindeutig beste Konstruktion, wobei Graham Hill den Weltmeistertitel 1964 nur knapp verfehlte.

Unten
Beim Großen Preis von Monaco 1964 liegen die beiden Brabham BT7-Coventry-Climax von Jack Brabham und Dan Gurney hier vor dem späteren Sieger Graham Hill auf BRM P261.

Wieder ein Clark-Jahr

Selten stand eine Grand-Prix-Saison so eindeutig im Zeichen eines einzigen Fahrers wie im letzten Jahr der 1500-cm³-Formel: Jim Clark gewann sechs Grand Prix und siegte auch in Indianapolis.

Links
Genauso wie 1963 dominierte Jim Clark auch 1965 auf seinem Lotus 33-Climax mit V8-Motor (32 Ventile). Im gleichen Jahr gewann Clark auf Lotus-Ford V8 auch die 500 Meilen von Indianapolis. Hier (beim Training in Clermont-Ferrand) hat der Schotte dem Teamkollegen Mike Spence seine «Taxidienste» angeboten.

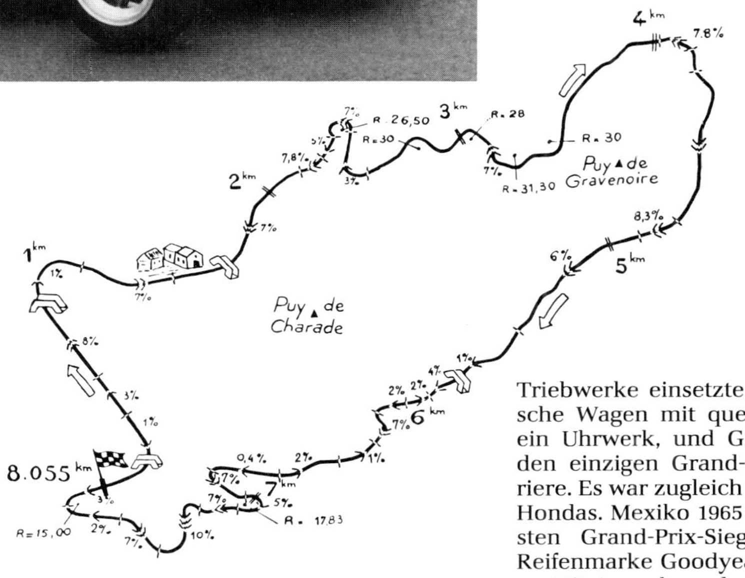

Der um den Puy de Charade (einem ehemaligen Vulkan) führende Rundkurs von Charade in der Nähe von Clermont-Ferrand wurde 1958 eröffnet. Im Jahre 1965 fand der Grand Prix des ACF erstmals auf diesem 8055 m langen, 51 Kurven enthaltenden Auf- und Ab-Rundkurs statt. Das Rennen lief auch 1969, 1970 und 1972 in Charade.

Die letzte Saison der 1,5-Liter-Formel — 1965 — war sozusagen eine Wiederholung der Weltmeisterschaft 1963, da Jim Clark auf dem Lotus 33-Climax erneut eine absolut dominierende Rolle spielte. Bei sechs von zehn Wertungsläufen stand der Schotte auf dem Siegerpodium, nämlich in Südafrika, Belgien, beim Grand Prix des ACF, in England, Holland und Deutschland. Überall, wo Jim Clark antrat und nicht durch technische Schäden behindert wurde, kreuzte er das Ziel an erster Stelle. Clark wurde auch zum zweiten Male Weltmeister, und zum zweiten Male ging auch die Coupe der Formel-1-Konstrukteure an Lotus. Clark verzichtete sogar auf den Großen Preis von Monaco, statt dessen ging er beim 500-Meilen-Rennen von Indianapolis an den Start, das am gleichen Tag lief. Und diesmal gelang Clark, Lotus und auch Ford der große gemeinsame Coup. Der Schotte siegte überlegen und war nach fast fünf Jahrzehnten wieder der erste europäische Pilot, der beim wichtigsten amerikanischen Rennen triumphierte. Der Lotus-Ford-Erfolg war total; mit einem Fahrzeug gleichen Typs wie der Sieger kam der Amerikaner Parnelli Jones auf den zweiten Platz. Für die 500 Meilen hatte Lotus den Typ 38 mit Monocoquechassis und asymmetrischen Aufhängungen gebaut, der vom Ford-V8-Motor mit Hilborn-Einspritzung angetrieben wurde. Fords Viernockenwellenmaschine war mit 495 PS bei 8800 U/min überlegen, gab doch der bisher sieggewohnte Offenhauser-Vierzylinder maximal 450 PS bei 7200/min ab. Indianapolis erlebte 1965 nicht nur den ersten Sieg von Lotus und von Ford, sondern auch den ersten Erfolg einer Mittelmotorkonstruktion. Die Zeit der amerikanischen Frontmotor-Roadster war endgültig vorbei.

Graham Hill gewann auf BRM den Großen Preis von Monaco zum dritten Male hintereinander; der Engländer kam dann Ende der Saison auch beim amerikanischen Grand Prix zu einem Sieg.

Nach drei Jahren Zugehörigkeit zu BRM war der kleine Amerikaner Richie Ginther zu Honda gegangen (bei Honda war im Hinblick auf 1965 das Modell RA 272 entstanden), wo er die Farben der Japaner an der Seite seines Landsmannes Ronnie Bucknum vertrat. Im September gewann der Grand-Prix-Neuling Jackie Stewart — er bestritt seine erste Formel-1-Saison — den Großen Preis von Italien mit dem BRM, nachdem Graham Hill in der vorletzten Runde ausgangs der Parabolica einen leichten Schlenker vollführt und damit den Anschluß an seinen jungen Teamkameraden verloren hatte. Jackie Stewart galt überhaupt als das große aufstrebende Talent, dem man eine grandiose Karriere voraussagte. Ende der Saison wurde der clevere Schotte bereits zum Spitzenquintett, bestehend aus Jim Clark, Dan Gurney, Graham Hill, John Surtees und ihm selbst, gezählt.

Das letzte Rennen der 1,5-Liter-Formel lief am 3. Oktober 1965 im Autodrom Magdalena Mixhuca von Mexico-City. Der mexikanische Weltmeisterschaftslauf, der sich auf einer Höhe von fast 2300 Metern über dem Meer abwickelt, ist für die Techniker immer ein Alptraum, weil es der dünnen Luft wegen besonders schwierig ist, die Motoren abzustimmen. Schon nach wenigen Runden schied Jim Clark mit Motorschaden aus. An der Spitze lag der Zwölfzylinder-Honda des Typs 272 von Richie Ginther. Honda hatte in Mexiko einen großen Tag, denn während bei der Konkurrenz ein Massensterben der Triebwerke einsetzte, lief der weiße japanische Wagen mit querliegendem Motor wie ein Uhrwerk, und Ginther holte sich auch den einzigen Grand-Prix-Erfolg seiner Karriere. Es war zugleich der erste Formel-1-Sieg Hondas. Mexiko 1965 brachte zudem den ersten Grand-Prix-Sieg der amerikanischen Reifenmarke Goodyear.

Mit Ausnahme der noch breiter gewordenen Reifen sowie einer neuen Version des Coventry-Climax-Motors, der vier Ventile pro Zylinder aufwies, gab es 1965 keine wesentlichen technischen Neuheiten mehr, was auch verständlich war, denn 1966 trat die neue Dreiliterformel in Kraft. Nach dem Lotus-Climax hinterließ BRM mit seinem ausgereiften Achtzylindermodell den besten Eindruck. Ferrari konnte mit dem V8-Wagen und dem neueren Zwölfzylinder nicht mehr mit der im Jahre zuvor innegehabten Klasse im Kampf um die Spitze mitreden. Im September erlitt John Surtees in Kanada auf einem Lola-T70-Chevrolet der Can-Am einen Unfall, der ihn für den Rest der Saison kampfunfähig machte. In Watkins Glen und Mexiko wurde Surtees innerhalb des Ferrari-Teams durch den aufkommenden Mexikaner Pedro Rodriguez ersetzt. Die schnellen Brabham BT11 schieden oft mit Motorschäden aus, Dan Gurney kam in der Weltmeisterschaft immerhin noch auf den vierten Platz. Den stärkeren Coventry-Climax-Motor des Typs FWHK mit 32 Ventilen bekamen nur Lotus und Brabham in je einem Exemplar. In den dachförmigen Verbrennungsräumen saßen je zwei Einlaß- und zwei Auslaßventile. Der Kettenantrieb der Nockenwellen beim 16-Ventiler wurde im 32-Ventiler durch einen Zahnradantrieb ersetzt. Der 32-Ventiler wies ein günstigeres Leistungsspektrum

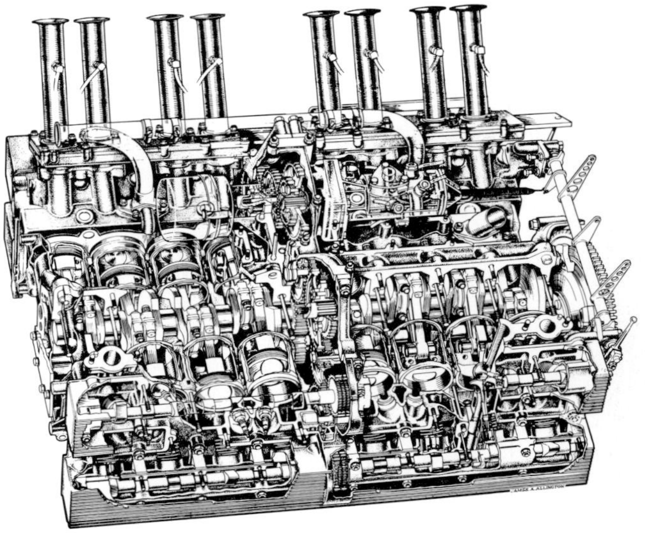

als der 16-Ventiler auf, doch war diese höchstgezüchtete Version des erfolgreichen Achtzylinders auch defektanfällig. Manchmal mußte Jim Clark mit dem 16-Ventiler ins Rennen steigen, weil der stärkere Motor im Training einen Schaden erlitten hatte. So zum Beispiel gewann Clark den Großen Preis des ACF, der 1965 erstmals auf der Bergrundstrecke von Charade bei Clermont-Ferrand lief, auf dem 16-Ventiler. Bei Brabham fuhren Dan Gurney und Jack Brabham wechselweise mit dem neueren Triebwerk. In ihrem letzten Jahr gaben die 1,5-Liter-Formel-1-Motoren folgende Leistung ab: Coventry-Climax FWHK mit 32 Ventilen: 213 PS bei 10 800 U/min; Coventry-Climax Mark 3 mit 16 Ventilen: 205 PS bei 10 000 U/min; BRM Typ 56 (Motor) V8: 222 PS bei 11 750 U/min; Ferrari Tipo 158 V8: 210 PS bei 12 000 U/min; Honda RA 272 V12: 220 PS bei 12 000 U/min. Trotz ihrer potenten V8- oder Zwölfzylindermotoren des Typs 158 oder 512 war die Ausbeute für Ferrari im Jahre 1965 eher mager: denn weder John Surtees noch Lorenzo Bandini vermochten einen Weltmeisterschaftslauf zu gewinnen. Zwischen 1961 und 1965 waren die Leistungen der Aggregate von den 155 PS des vierzylindrigen Coventry-Climax oder den 190 PS des Ferrari-V6-Triebwerkes auf Spitzenwerte von rund 220 PS gekommen. Die Literleistung stieg somit von 103—117 PS/l auf 136—147 PS/l an. Das Leistungsgewicht der schlanken Wagen lag zwischen 2,1 und 2,2 kg/PS. Coventry-Climax zog sich Ende 1965 vom Grand-Prix-Sport zurück. Mit Coventry-Climax-Motoren wurden zwischen 1958 und 1965 34 Weltmeisterschaftsläufe gewonnen (1958 bis 1960 mit dem Vierzylinder der 2,5-Liter-Formel; 1961 mit dem Vierzylinder der 1,5-Liter-Formel, anschließend mit dem V8 der gleichen Hubraumklasse). Als Abschluß ihrer Formel-1-Beteiligung entwickelte die berühmte Marke einen 16-Zylinder-Motor des Typs FWMV, der noch vor Beginn der Weltmeisterschaft vorgestellt wurde, aber nie zum Einsatz kam. Es handelte sich um einen kompakten Boxermotor (54,1 × 40,64 mm = 1495 cm³), der im Drehzahlbereich zwischen 11 000 und 12 000 U/min 220 PS abgegeben haben soll. Die Kraftabnahme erfolgte wie beim Honda in der Mitte des Motors, und die

Rechts
Zwischen 1962 und 1965 gewann Jim Clark auf Lotus nicht weniger als 19 WM-Grand-Prix. Die Aufnahme zeigt die Zielankunft von Clark auf Lotus 33-Climax beim Großen Preis von England 1965 in Silverstone.

Oben
Einen geradezu sensationell wirkenden Sechzehnzylindermotor hatte Coventry-Climax als Nachfolger des 32ventiligen V8 für die 1,5-Liter-Rennformel entwickelt. Bohrung und Hub betrugen 54,1 und 40,6 mm, was einen Hubraum von 1494 cm³ ergab.

Unten
Soeben ist der Startschuß zum Großen Preis von Belgien 1965 auf der regennassen Ardennenrundstrecke von Spa-Francorchamps gefallen. Vorn haben die beiden BRM von Jackie Stewart und Graham Hill den Lotus Jim Clarks ins Sandwich genommen.

Unten
Honda stieg erst 1964 in die 1,5-Liter-Grand-Prix-Formel ein. Beim letzten Lauf dieser Formel, dem Großen Preis von Mexiko 1965, gewann Richie Ginther auf dem Honda RA 272 mit querliegendem V12-Motor.

Richie Ginther

Ganz unten
Graham Hill auf BRM P 261 beim letzten Rennen der 1,5-Liter-Formel (1965).

acht Nockenwellen (je vier auf jeder Seite, in der Mitte geteilt) wurden über Zahnräder in der Motormitte angetrieben. Wie der V8 hatte auch der 16-Zylinder-Boxer eine Benzineinspritzung von Lucas. Die Überlegenheit Jim Clarks mit dem V8-Motor und die Tatsache, daß 1966 die neue Formel in Kraft trat, bewogen Coventry-Climax, auf die Fertigstellung und den Einsatz des komplizierten Aggregates zu verzichten. Cooper mußte sich mit einigen guten Placierungen begnügen, an die einstigen Erfolge konnte die kleine Marke aus Surbiton nicht mehr anknüpfen. John Cooper hatte neben seinem langjährigen Piloten Bruce McLaren, der inzwischen in Colnbrook, unweit des Londoner Flughafens Heathrow, seine eigene Firma, nämlich die Bruce McLaren Motor Racing Ltd, gegründet und ein kleines Werk für den Bau von Rennfahrzeugen eröffnet hatte, auch den jungen Jochen Rindt verpflichtet.

Die 1,5-Liter-Formel hatte weitere technische Fortschritte gebracht, insbesondere erfuhr die Mittelmotorbauweise zwischen 1961 und 1965 eine Verfeinerung in bezug auf die Gewichtsverteilung, Aerodynamik, Aufhängungsgeometrie und Fahrwerkseinstellung. Das von Colin Chapman 1962 mit dem Lotus 25 lancierte Monocoquechassis, dessen Prinzip vom Flugzeugbau stammte, revolutionierte den Chassisbau total und wurde mit den Jahren von sämtlichen Marken kopiert. Bedauernswert war dagegen, daß die britische Konzeption in bezug auf Chassis- und Aufhängungsbau gleichzeitig zu einer technischen Uniformität führte, die Fahrzeuge glichen sich fast wie ein Ei dem andern, der Hauptunterschied lag eigentlich nur noch in der Zylinderzahl. Jetzt waren im Grand-Prix-Sport auch nicht mehr ausschließlich Marken, die komplette Fahrzeuge — Fahrgestell, Motor und Getriebe — bauten, sondern die Engländer hatten Ende der fünfziger Jahre — mit dem Beispiel von Cooper und Lotus — den Trend der maximalen Spezialisierung eingeführt. Die Chassisbauer kauften die Motoren und die Getriebe bei andern Firmen und versahen dann ihre Konstruktionen mit diesen «fremden» Aggregaten. Die Formel der kleinervolumigen Wagen war eingeführt worden, um die Geschwindigkeiten zu verringern und die Sicherheit zu erhöhen. Verfolgt man aber die Geschichte des Grand-Prix-Sports, dann wird man wiederholt feststellen, daß der aus Sicherheitsgründen reduzierte Hubraum durch entsprechend leistungsfähigere Konstruktionen recht bald ausgeglichen wurde und diese Wagen schließlich die Fahrwerte ihrer Vorgänger mit mehr Hubraum übertrafen. In einem gewissen Sinne waren die modernen Rennwagen ihrer hervorragenden Straßenlage wegen gefährlicher geworden, weil sie von den Piloten eine fehlerfreie Fahrweise verlangten; die einstige Gutmütigkeit der Frontmotormonoposto in den Kurven war verschwunden.

Seinen zweiten Weltmeistertitel errang Jim Clark mit 54 Punkten vor Graham Hill mit 40 und Jackie Stewart mit 33 Punkten. Mit großem Abstand war Jim Clark mit seinem Lotus 25/33 in den 47 Weltmeisterschaftsläufen, die zwischen 1961 und 1965 den 1,5-Liter-Rennwagen offenstanden, am erfolgreichsten. Übrigens zog Lotus damals in das neue und moderne Werk nach Wymondham bei Norwich (Norfolk) um; in Cheshunt bei London war der Raum zu eng geworden, weil auch die Serienwagenproduktion schon einen gewissen Umfang angenommen hatte. — Zwischen 1962 und 1965 kreuzte Jim Clark das Ziel 19mal als Grand-Prix-Sieger. Graham Hill auf BRM brachte es auf 10 Erfolge, John Surtees auf Ferrari und Dan Gurney auf Porsche oder Brabham auf je 3, und Wolfgang von Trips auf Ferrari, Phil Hill auf Ferrari und Stirling Moss auf Lotus kamen auf je zwei Siege. Je einmal gewannen Bruce McLaren auf Cooper, Innes Ireland auf Lotus, Giancarlo Baghetti und Lorenzo Bandini auf Ferrari, Jackie Stewart auf BRM und Richie Ginther auf Honda. Bei den Marken lautete die Bilanz: 22 Siege für Lotus, 11 für BRM, 9 für Ferrari, 2 für Brabham, je 1 für Cooper, Porsche und Honda. Auf dem Reifensektor hatte man beachtliche Fort-

Der zweifache Weltmeister Jim Clark sowie Lotus-Erfolgskonstrukteur Colin Chapman scheinen sich im Londoner «Steering Wheel Club», wo sich die Rennprominenz gelegentlich einfand, gut zu amüsieren. Damals war Lotus in mehreren Rennkategorien erfolgreich.

schritte erzielt. Noch in den Zeiten der superstarken Kompressor-Rennwagen mußten die Fahrer in den Kurven einen Kompromiß zwischen Tempo und Durchhaltevermögen der Reifen schließen. Bei Überbeanspruchung der Reifen lösten sich die Protektoren von den Karkassen. Wesentliche Fortschritte stellten sich in der Reifenqualität ein, als man zu Beginn der fünfziger Jahre anstelle der bisherigen Baumwollfasern vorgestrecktes Nylongarn für die Herstellung der Karkassen zu verwenden begann. Die ständige Verbesserung des synthetischen Kautschuks brachte eine Erhöhung der Griffigkeit der Lauffläche, und das «Wachsen» der Reifen auf der Fahrbahn verminderte sich. Mit den modernen Gewebeumwicklungen erlitt die Struktur des Reifens trotz der hohen Temperatur der Laufflächen keinen Schaden. In der sechziger Jahren wurde die Lauffläche der Reifen breiter, der Reifendurchmesser jedoch reduziert. Damit konnte die Querschnittsfläche des Pneus in gleichen Bereichen wie bisher gehalten werden. Je mehr Gummi auf dem Boden aufliegt, um so besser klebt das Fahrzeug bei lateraler Krafteinwirkung auf der Fahrbahn. Früher konnte man derart breite Reifen deshalb nicht herstellen, weil ihre Haltbarkeit als Folge des höheren Rollwiderstandes und der damit verbundenen Hitzeentwicklung unter das nützliche Minimum gesunken wäre. Mit den hochwertigen Nylonkarkassen und den besonderen Gummimischungen ließ sich auch das Gewicht des Reifens stark senken. Die Laufflächen waren 1965 etwas mehr als 20 Zentimeter breit. Auf trockener Fahrbahn ergab dies eine optimale Haftung. Später wurden die superweichen «Gummiwalzen» noch viel breiter. Allerdings haben breite Reifen den Nachteil, daß sich der geringere spezifische Flächendruck auf nasser Fahrbahn ungünstig auswirkt. Der Wasserfilm kann hier nicht so schnell oder kaum durchbrochen werden. Diesem Effekt wurde mit der Verbesserung der Profile, die eine möglichst günstige Wasserabfuhr (Drainage) ergeben müssen, wie auch mit der Wahl weicherer Gummimischungen entgegengewirkt. Im Jahre 1964 ging man in der Formel 1 allgemein auf 13-Zoll-Felgen über. In der Zeit der anschließenden Dreiliterformel wurde die Reifenentwicklung extremer: noch breitere Reifen, superweiche Gummimischungen und profillose Laufflächen. Ein eigentlicher Reifenkrieg bahnte sich dann allmählich an.

Formel-1-Wagen der 1,5-Liter-Formel (1961—1965)

Baujahr	Marke und Modell	Zylinderzahl	Hubraum	Bohrung	Hub	Leistung/PS	Höchstdrehzahl	Anzahl Nockenwellen	Art der Gemisch-Aufbereitung	Anzahl Gänge	Chassis-Bauart	Trockengewicht
1961	BRM P56	8	1498	68,5	50,8	185	10 000	4	E	6	RR	460
1961	BRM-Climax	4	1496	81,8	71,1	155	7 500	2	V	5	RR	470
1961	Cooper T55-Climax	4	1496	81,8	71,1	155	7 500	2	V	5	RR	465
1961	Cooper T58-Climax	8	1496	62,9	57,4	183	8 500	4	V	6	RR	465
1961	Cooper-Maserati	4	1484	81	72	165	8 500	2	V	5	RR	460
1961	De Tomaso-Osca	4	1492	78	78	158	7 500	2	V	5	RR	445
1961	Ferguson P99-Climax	4	1496	81,8	71,1	155	7 500	2	V	5	RR	480
1961	Ferrari 156 65°	6	1481	73	59	180	9 000	4	V	5	RR	460
1961	Ferrari 156 65°	6	1480	67	70	185	9 500	4	V	5	RR	460
1961	Ferrari 156 65°	6	1496	81	48,2	190	10 500	4	V	5	RR	460
1961	Ferrari 156 120°	6	1476	73	58,8	190	9 500	4	V	5	RR	460
1961	Lotus 21-Climax	4	1496	81,8	71,1	155	7 500	2	V	5	RR	455
1961	Porsche 718	4	1498	85	66	165	8 500	4	V	5	RR	440
1961	Porsche 787	4	1498	85	66	175	9 000	4	E	5	RR	440
1962	ATS 100	8	1494	66	54,6	185	9 200	4	V	6	RR	460
1962	Brabham BT3-Climax	8	1496	62,9	57,4	190	9 000	4	E	6	RR	485
1962	BRM P56	8	1498	68,5	50,8	192	10 000	4	E	6	RR	450
1962	De Tomaso-Boxer	8	1488	68	51	180	9 800	4	V	5	RR	459
1962	Ferrari 156 65°	6	1480	67	70	190	9 400	4	V	6	RR	470
1962	Ferrari 156 120°	6	1476	73	58,8	200	10 000	4	V	6	RR	490
1962	Gilby-BRM	8	1498	68,5	50,8	185	10 000	4	V	5	RR	470
1962	Lola M4-Climax	8	1496	62,9	57,4	190	9 000	4	E	5	RR	455
1962	Lotus 25-Climax	8	1496	62,9	57,4	190	9 000	4	E	5	MC	450
1962	Porsche 804	8	1494	66	54,6	185	9 200	4	V	6	RR	465
1963	ATS 100	8	1494	66	54,6	188	10 100	4	E	6	RR	462
1963	Brabham BT7-Climax	8	1495	67,9	51,5	198	9 500	4	E	6	RR	475
1963	BRM P61	8	1498	68,5	50,8	205	11 000	4	E	6	MC	470
1963	BRP-BRM	8	1498	68,5	50,8	205	11 000	4	E	6	MC	465
1963	Cooper T66-Climax	8	1495	67,9	51,5	198	9 500	4	E	6	RR	470
1963	Ferrari 156 120° Aero	6	1476	73	58,8	200	10 200	4	E	6	MC	460
1963	Ferrari 156 120°	6	1476	73	58,8	200	10 200	4	E	6	RR	470
1963	Ferrari 158	8	1489	67	52,8	200	10 500	4	E	6	MC	460
1963	Lotus 24-BRM	8	1498	68,5	50,8	205	11 000	4	E	6	RR	480
1963	Lotus 33-Climax	8	1492	68,4	50,8	200	9 800	4	E	5	MC	455
1963	Scirocco-BRM	8	1498	68,5	50,8	205	11 000	4	E	5	RR	475
1964	ATS 100	8	1494	66	54,6	216	10 200	4	E	5	RR	460
1964	Brabham BT11-Climax	8	1496	68	51	203	9 800	4	E	6	RR	470
1964	BRM P26	8	1498	68,5	50,8	210	11 000	4	E	6	MC	465
1964	BRM (4×4) P67	8	1498	68,5	50,8	210	11 000	4	E	6	RR	525
1964	BRP-BRM	8	1498	68,5	50,8	210	11 000	4	E	6	MC	465
1964	Cooper T73-Climax	8	1496	68	51	203	9 800	4	E	6	RR	460
1964	Ferrari 158	8	1489	67	52,8	210	10 500	4	E	5	MC	460
1964	Ferrari 512	12	1489	56	50,4	220	12 000	4	E	5	MC	465
1964	Honda RA271	12	1495	58,1	47	215	11 000	4	E	5	RR	520
1964	Lotus 33-Climax	8	1496	68	51	203	9 800	4	E	5	MC	455
1964	Maserati 8/F1	12	1493	55,2	52	—	—	4	E	6	—	—
1965	BRM P261	8	1498	68,5	50,8	222	11 750	4	E	6	MC	460
1965	Coventry-Climax FWMW	16	1494	54,1	40,6	225	12 000	4	E	—	—	—
1965	Ferrari 158	8	1489	67	52,8	210	12 000	4	E	5	MC	460
1965	Ferrari 512	12	1489	56	50,4	220	12 000	4	E	5	MC	465
1965	Honda RA272	12	1495	58,1	47	220	12 000	4	E	6	RR	485
1965	Lotus 33-Climax (32-Vent.)	8	1496	73,3	45,4	213	10 800	4	E	5	MC	450

Erklärungen: V = Vergaser E = Einspritzung RR = Rohrrahmen MC = Monocoquechassis

Neue Dreiliterformel

Die meisten Teams sind nicht rechtzeitig bereit. Mit seinem unkomplizierten Brabham-Repco holt sich Jack Brabham den dritten WM-Titel. Mitte Saison trennen sich Ferrari und Surtees.

Nach der kleinvolumigen 1500-cm³-Formel wurde der Wunsch nach größeren Motoren wach. Zudem hatte sich die Erkenntnis durchgesetzt, daß leistungsschwächere Fahrzeuge nicht unbedingt sicherer sind, in kritischen Situationen läßt sich ein Bolide mit hohem Leistungspotential sogar besser meistern, weil dem Fahrer eine größere Leistungsreserve zur Verfügung steht. Die Tatsache, daß bei Langstreckenrennen oder auch bei den amerikanischen USAC-Rennen der «Indy»-Formel Fahrzeuge mit viel höheren Motorleistungen als die Grand-Prix-Monoposto eingesetzt wurden, ohne daß diese Wettbewerbe allein wegen der Stärke der Triebwerke gefährlicher gewesen wären, trug ebenfalls dazu bei, auf die neue Dreiliterformel überzugehen. Ebenso hoffte man, die Amerikaner auf einer Dreiliterbasis für die Formel 1 zu interessieren. Freilich hat die neuere Rennsportgeschichte immer wieder gezeigt, daß die Amerikaner für ihre nationale Meisterschaft stets ihre eigene Rennformel haben wollen — die «Verschmelzung mit Europa» ist bei ihnen gar nicht erwünscht. Dies nämlich würde für sie bedeuten, eine unbequeme und technisch sehr versierte Konkurrenz am dollarträchtigen Preisgeldschmaus im eigenen Lande teilhaben zu lassen. Das beste Beispiel lieferte die nordamerikanische Can-Am-Serie für großvolumige Rennzweisitzer, da dort der größte Anteil des Preisgeldes jahrelang in europäische Teamkassen floß.

Die ersten Sondierungen im Hinblick auf die neue, 1966 in Kraft getretene Dreiliter-Grand-Prix-Formel wurden Ende Mai 1963, zwei Tage vor dem Großen Preis von Monaco, in einem Luxushotel der kleinen Principauté gemacht. Der damalige Präsident der Internationalen Sportkommission, der Schweizer Maurice Baumgartner, lud die interessierten Kreise zu einem Meinungsaustausch ein. Nach diesem Gespräch war es nicht einfach, die geäußerten Wünsche auf einen gemeinsamen Nenner zu bringen, die einzelnen Parteien vertraten nur ihre eigenen Interessen. Die verschiedenen Vorschläge ließen sich wie folgt zusammenfassen:

- Italienische Konstrukteure: Keine Vorschriften für Hubraum und Art der Triebwerke; handelsüblicher Treibstoff (Oktanzahl 100), Wagengewicht (inkl. Öl, Wasser, Reifen) zwischen 550 und 600 kg; Minimalvorschriften für die Abmessungen des Cockpits; Länge der Weltmeisterschaftsläufe mindestens 600 Kilometer.
- Englische Konstrukteure: Beibehaltung der bisherigen Formel 1, weil die Umstellung auf eine andere Formel mit hohen Entwicklungskosten verbunden wäre und die Leistungsausbeute der bestehenden Formel-1-Motoren erst 1966 den absoluten Höhepunkt erreicht haben würde; Zulassung von Kreiskolbenmotoren.
- Deutsche Konstrukteure: Schließen sich den Engländern an, befürworten jedoch die Erhöhung des Hubraumes auf 2 Liter.
- Amerikanische Konstrukteure (vertreten durch Colin Chapman, der sich in den USA von den dortigen Konstrukteuren informieren ließ): Hubraum 3 Liter oder mehr.
- Grand-Prix-Fahrer: Erhöhung des Hubraumes auf 2 Liter, damit ein deutlicher Unterschied zwischen Formel 1 und Formel 2 bestehe und auch, um weitere Konstrukteure am Rennsport zu interessieren.
- Industrie (Reifen- und Ölindustrie): Im Sinne einer Mäßigung der Kosten mit englischen Vorschlägen einverstanden.
- Einige Vertreter der Fachpresse: Freie Formel mit oder ohne Gewichtseinschränkungen, mit oder ohne (die Meinungen sind geteilt) Verbrauchsvorschriften; Vorschriften für Abmessungen des Cockpits; höhere Sicherheitsmaßnahmen (verstärkte Cockpits).

Vor dem Großen Preis der USA in Watkins Glen besprachen die Formel-1-Fahrer nochmals die Lage, worauf die von Joakim Bonnier präsidierte Grand Prix Drivers' Association (GPDA) der Internationalen Sportkommission einen neuen Formel-1-Vorschlag unterbreitete: maximaler Hubraum 3000 cm³, Mindestgewicht 525 kg. In Monaco hatten sich die Fahrer noch für eine Zweiliterformel ausgesprochen, aber Unterredungen mit den Konstrukteuren ergaben später, daß die Entwicklung eines Zweilitermotors nicht billiger als die eines Dreiliters gewesen wäre.

Joakim Bonnier

Die künftige Grand-Prix-Formel wurde von der CSI Ende November 1963 festgelegt. Die Vorschriften lauteten: a) Konventionelle Kolbenmotoren: Maximalhubraum für Saugmaschinen 3000 cm³, Maximalhubraum für aufgeladene Motoren 1500 cm³, handelsüblicher Treibstoff, Minimalgewicht mit Öl und Wasser (jedoch ohne Treibstoff) 500 kg; b) Kreiskolbenmotoren (Typ Wankel): Hubraum frei (später folgte dann eine Äquivalenzformel), handelsüblicher Treibstoff; c) Turbinenaggregate: Aggregate und Treibstoff frei (später folgte auch hier eine Äquivalenzformel). Die Gültigkeitsdauer der Formel wurde zuerst auf den 31. Dezember 1970 beschränkt.

Die Lage wurde für die in der 1,5-Liter-Formel so erfolgreichen englischen Konstrukteure sehr kritisch, als die Motorenfirma Coventry-Climax Anfang 1964 bekanntgab, daß sie sich Ende 1965 vom Grand-Prix-Sport zurückziehen werde. Damit fiel der bisherige Motorenlieferant von Lotus, Cooper und Brabham aus. Eine gewisse Panikstimmung bemächtigte sich der Briten, die nun die CSI erneut ersuchten, die bisherige 1,5-Liter-Formel um ein weiteres Jahr zu verlängern, später schlugen sie als Notlösung auch besondere Varianten der neuen Formel vor (mehr Hubraum für frisierte Serienmotoren). Wie so oft, wurden die Reglemente von

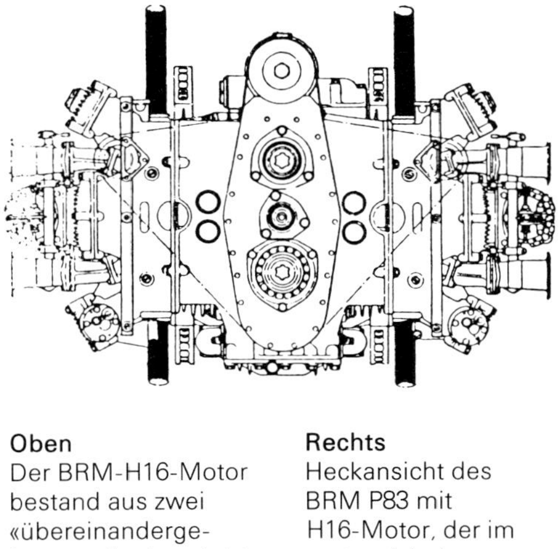

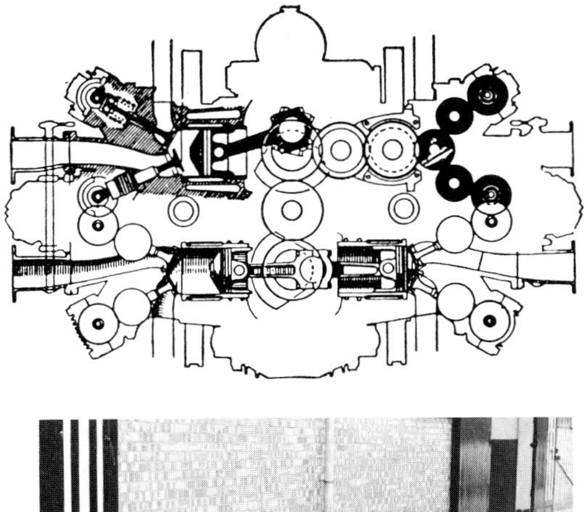

Oben
Der BRM-H16-Motor bestand aus zwei «übereinandergelegten», flachen Achtzylindereinheiten, die vom bisherigen V8-Motor abgeleitet waren. Der komplizierte Sechzehnzylinder wies zwei Kurbelwellen und acht Nockenwellen auf.

Rechts
Heckansicht des BRM P83 mit H16-Motor, der im ersten Jahr knapp 400 PS leistete. Vier Auspuffsammelrohre mündeten nach hinten. Die Kupplung lag im Heck. Der P83 blieb erfolglos.

den Beteiligten nicht nach technischen Gesichtspunkten, sondern ausschließlich nach den eigenen Interessen beurteilt.

Als am 1. Januar 1966 die seit fast zweieinhalb Jahren bekannte Dreiliterformel in Kraft trat, standen anfänglich nur Brabham, Cooper und Ferrari einsatzbereite neue Waffen zur Verfügung. Lotus und BRM mußten sich als Übergangslösung damit begnügen, die bisherigen 1,5-Liter-Motoren auf zwei Liter auszubohren, weil sich die Realisierung der neuen Dreilitertriebwerke verzögert hatte. McLaren übernahm einen Ford-V8-Motor, wie er für Indianapolis gebaut wurde, und reduzierte dessen Hubraum auf drei Liter. Honda griff erst Ende der Saison mit einem neuen V12-Wagen ein, die von Dan Gurney und Carroll Shelby in Kalifornien gegründete, neue amerikanische Marke Eagle wählte als Provisorium den alten Coventry-Climax-Vierzylinder von 2,7 Litern Inhalt. Später folgte das neue Weslake-V12-Triebwerk. Ferrari wählte wie erwartet

Oben
Reifen, Reifen, nichts als Reifen. Diese Accessoires wurden Mitte der sechziger Jahre immer wichtiger. In der neuen Dreiliterformel stießen die Reifenmarken Dunlop, Goodyear und Firestone erstmals im Grand-Prix-Sport aufeinander.

Oben rechts
In der neuen Dreiliterformel wendete McLaren zuerst einen von 4,2 auf 3 Liter Hubraum reduzierten Ford-4-OHC-Indy-Motor an, welcher unter der Leitung des deutschen Ingenieurs von Rücker umgebaut worden war.

einen vorerst zweiventiligen Dreiliter V12 Typ 312, daneben setzte die renommierte emilianische Marke bei den ersten Rennen noch ein V6-Modell von 2,4 Litern Inhalt ein, dessen Chassis vom alten 1,5-Liter-Zwölfzylinder Typ 512 stammte. In der neuen Formel waren nicht weniger als vier Kontinente vertreten: Europa mit Lotus, Cooper, BRM und Ferrari; Amerika mit dem Eagle; Asien mit Honda und Australien mit dem Brabham Repco. Hinzu kam der McLaren-Ford, in England von Neuseeländern gebaut. Eine derartig universelle Grand-Prix-Beteiligung hatte es nie zuvor gegeben.

In den Prognosen galt Ferrari allgemein als Favorit. Die Italiener besaßen eine zwanzigjährige Erfahrung mit Zwölfzylindern, welche stets durch Robustheit brilliert hatten. In Maranello entstand eine 60°-Einheit mit 12 Zylindern, vier Nockenwellen und Lucas-Einspritzung ($77 \times 53{,}5$ mm = 2989 cm^3), die anfänglich 360 PS bei 9800 U/min abgab. Auch das neue Modell 312 wies ein klassisches Ferrari-Chassis mit einem Rahmen aus dünnen Rohren auf, der innen und außen mit aufgenieteten Blechen verstärkt war.

Brabham versah sein Rohrrahmenfahrgestell Typ BT19 mit dem neuen australischen Repco-V8-Motor (85×66 mm = 2996 cm^3) mit Lucas-Einspritzung. Die in Melbourne ansässige Autozubehörfirma Repco hatte im Februar 1964 auf Anregung Brabhams hin den Beschluß gefaßt, diesen Formel-1-Motor zu bauen. Man einigte sich auf eine einfache Lösung, die kein kostspieliges Entwicklungsprogramm erforderte. Unter der Leitung von Chefingenieur Frank Hallam und Ingenieur Phil Irving entstand ein erfolgreiches V8-Aggregat Typ 620. Die Australier übernahmen einen Oldsmobile-F85-Aluminiumblock und versahen diesen mit neuen, selbstkonstruierten Zylinderköpfen, wobei jede Zylinderreihe nur eine obenliegende Nockenwelle bekam. Der Motor war mit 308 PS bei 8500 U/min das schwächste neue Formel-1-Triebwerk, und trotzdem sollte Jack Brabham damit die Weltmeisterschaft gewinnen. Das Fahrgestell des neuen Typ BT19 (BT bedeutete Brabham/Tauranac) entsprach weitgehend dem bisherigen Formel-1-Modell der 1,5-Liter-Klasse. Auch diesmal wurde die Konstruktion von Jack Brabhams Freund Ron Tauranac in Zusammenarbeit mit Brabham selbst entwickelt. Der Motor war mit einem Hewland-Fünfganggetriebe verschraubt. Bei den zwei ersten Weltmeisterschaftsläufen mußte sich der neu in die kleine Renngemeinschaft aufgenommene Neuseeländer Denis Hulme noch mit dem alten 2,5-Liter-Climax-Vierzylinder begnügen.

Tim Parnell

Bei John Coopers neuem Formel-1-Wagen Typ T81 handelte es sich um eine etwas schwerfällig wirkende Monocoquekonstruktion, die von einem Maserati-Dreilitermotor ($70{,}4 \times 64$ mm = 2989 cm^3) von 340 PS Leistung bei 9000 U/min angetrieben wurde. Das Aggregat lief mit einer Lucas-Benzineinspritzung und war mit einem ZF-Getriebe verblockt. Später folgte eine kurzhubige Version ($75{,}2 \times 56$ mm = 2984 cm^3), die bei 9200 U/min 20 PS mehr abgab. Cooper wählte einen Maserati-Motor, weil das kleine englische Werk 1965 von der Firma Chipstead Motors übernommen worden war, dem Unternehmen, das die Maserati-Wagen nach England importierte. Cooper siedelte damals von Surbiton in ein neues Werk in Byfleet (Surrey) über. Neben John Cooper war auch Jonathan Sieff, Hauptaktionär von Chipstead Motors, Direktor der Rennwagenmarke geworden. Der ehemalige Maserati- und Aston-Martin-Fahrer Roy Salvadori wurde zum Rennleiter ernannt.

John Cooper

Beim vorerst noch zweiventiligen Maserati-V12-Triebwerk handelte es sich nicht um eine Neukonstruktion, sondern Ingenieur Giulio Alfieri übernahm das 1957 mit wenig Erfolg kurz eingesetzte Aggregat der damaligen 2,5-Liter-Formel und steigerte dessen Hubraum auf drei Liter. Damit beteiligte sich Maserati indirekt wieder an der Formel 1, allerdings geschah dies nur auf die persönliche Initiative Alfieris und einiger enthusiastischer Mitarbeiter hin; die Geschäftsleitung hielt sich heraus.

Giulio Alfieri

Links
Bandini auf dem Ferrari 312 V12 beim Grand Prix des ACF 1966.

Unten
Brabham wurde 1966 erneut Weltmeister.

Die neu in die Formel 1 eingreifende Marke McLaren — bisher hatte sie in Zusammenarbeit mit Trojan nur großvolumige Rennsportwagen hergestellt — baute ein Monocoquechassis (Typ M2B) und versah es mit dem Ford-Indianapolis-V8-Motor, wobei der Umbau des Triebwerkes unter die Leitung des deutschen Ingenieurs von Rücker — vormals Konstrukteur bei BMW und Porsche — erfolgte. Die Originalabmessungen des Indianapolis-Aggregates (95,2 × 72,9 mm = 4186 cm³) wurden dem Dreiliterlimit entsprechend reduziert, der Motor bekam einen Hub von 52,3 mm, was einen Inhalt von 2999 cm³ ergab. Das mit einer Tecalemit-Einspritzung bestückte Aggregat, dessen Zylinder je vier Ventile aufwiesen, soll 320 PS bei 9000 U/min geleistet haben, doch bewährte sich die einen unglaublichen Lärm erzeugende Maschine in der Formel 1 nicht. Nach mehreren Motorschäden wechselte Bruce McLaren auf den Serenissima-V8-Motor über, der für den Mittelmotorsportwagen der von Graf Giovanni Volpi di Misurata neu gegründeten Marke — sie war bald wieder verschwunden — entwickelt worden war. Ingenieur Massimino hatte den Motor konstruiert. Aber auch mit diesem Triebwerk war Bruce McLaren nicht glücklich, in Mexiko trat er wieder mit dem Ford an. Der Prototyp (Typ M2A) des McLaren-Formel-1-Rennwagens war schon 1965 entstanden, für die Fahrwerktests hatte man die Monocoquekonstruktion noch mit einem Oldsmobile-V8-Motor von 4,5 Litern Hubraum versehen. Konstrukteur des Fahrgestells war der junge Engländer Robin Herd, der dann 1969 zu den Gründern der Marke March gehörte. Herd kam vom Flugzeugbau und brachte moderne Ideen mit; er hatte beim Aeronautical Establishment in Farnborough am englisch-französischen Concorde-Projekt mitgewirkt. Bruce McLaren hatte auch Owen Maddox, den ehemaligen Fahrgestellspezialisten von Cooper, verpflichtet. Interessant an der neuen Formel-1-Konstruktion aus Colnbrook war das Chassis, welches dreischichtige Wände nach der Sandwichbauweise besaß: zwei äußere Leichtmetallfolien mit dazwischengelegter, drei Millimeter dicker Balsaholzeinlage. Mit dieser Laminierung wurde eine höhere Verwindungsfestigkeit angestrebt. Dieses Verfahren — Mallite genannt — wird bei Kabinenböden oder Innengetäfel von Verkehrsflugzeugen angewendet.

Bruce McLaren

Das mit Abstand komplizierteste neue Grand-Prix-Aggregat war der BRM H16. Dieser mit größtem technischem Aufwand gebaute Sechzehnzylinder hätte theoretisch alle Triebwerke der Konkurrenz in den Schatten stellen sollen, aber die Praxis war anders. BRM-Chefkonstrukteur Ingenieur Tony Rudd, der einst von Rolls-Royce zur Owen Racing Organisation (BRM) gekommen war und vorerst als Assistent von Peter Berthon mitwirkte, kombinierte zwei 1,5-Liter-V8-Motoren der alten Formel 1 zu einer neuen Einheit. Dadurch konnten viele Einzelteile des Achtzylinders verwendet werden. Zuerst wurden die zwei V8-Aggregate «auseinandergeklappt», so daß zwei flache Motoren mit liegenden Zylindern entstanden, danach «packte» Rudd die beiden Motoren «aufeinander». Es entstand die H16-Maschine, die sich aus zwei übereinandergelegten Boxern mit gemeinsamem Block zusammensetzte. Jede Boxereinheit besaß eine eigene Kurbelwelle. Die beiden Kurbelwellen arbeiteten auf je einem Stirnrad. Die zwei Stirnräder waren durch ein Zwischenrad miteinander verbunden, und die Kraftabnahme erfolgte vom unteren Stirnrad aus zum Getriebe. Die beiden vierfach gekröpften Kurbelwellen mit Gegengewichten liefen in je fünf Gleitlagern. Kurbelgehäuse und Zylinderblock waren aus einem Leichtmetallstück gegossen. Da es sich beim H16 um zwei übereinandergelegte Boxer handelte, wurden die 32 Ventile (je zwei pro Zylinder) von insgesamt acht Nockenwellen aktiviert. Das Aggregat (69,8 × 48,8 mm = 2998 cm³) wurde mit einer Lucas-Einspritzung versehen, 1966 gab es angeblich gegen 400 PS bei 10 750 U/min ab, doch lief der H16 ganz selten zufriedenstellend. Später — 1968 — wurden die Zylinder sogar mit je vier Ventilen versehen (insgesamt 64 Ventile und 128 Ventilfedern), und BRM gab dann eine Leistung von 480 PS an. Ende 1968 aber wurde die Entwicklung dieses Motors eingestellt.

Tony Rudd

Im Verlauf der Saison 1967 war ein neuer BRM-V12-Motor erschienen, der ursprünglich als Sportwagenmotor konzipiert war, dann aber als Grand-Prix-Maschine übernommen wurde. Der H16 war zu kompliziert, in ihm bewegten sich zu viele Teile, und damit erhöhte sich auch die Anzahl der möglichen Defektquellen. Der H16 hatte fast dasselbe Schicksal wie der aufgeladene BRM V16, der Ende der vierziger Jahre entstanden war. Mit dem H16-Motor wurden 1966 nicht nur die BRM-Werkwagen Typ 83, sondern auch der neue Lotus Typ 43 versehen. Bei beiden Modellen wirkte der Motor als tragendes Element, wobei die Monocoquekonstruktion sowohl beim BRM als auch beim Lotus hinter dem Cockpit senkrecht abgeschnitten war. Auf der Höhe der Hinterachse war das Triebwerk mit dem BRM-Sechsganggetriebe verblockt, an welches hinten noch die Kupplung angebaut war. BRM beabsichtigte, den H16-Motor — mit erhöhtem Hubraum — auch beim 500-Meilen-Rennen von Indianapolis einzusetzen, aber wegen der ständigen Versager dieses Aggregates ließ man den Plan fallen.

Mit der neuen Grand-Prix-Formel griff auch die amerikanische Reifenmarke Firestone in die Formel 1 ein. Jetzt machten Dunlop, Goodyear und Firestone, also drei große Unternehmen, mit. In England hatte Firestone ein europäisches Forschungs- und Entwicklungszentrum für Rennreifen mit Sitz in Brandford (Middlesex) eröffnet. Firestone nahm Ferrari, Lotus und McLaren unter Vertrag. Goodyear unterstützte Brabham, Eagle sowie Honda, während Cooper der angestammten Marke Dunlop treu blieb. BRM entschied sich von Fall zu Fall entweder für Dunlop- oder für Firestone-Reifen, ohne eine Bindung einzugehen.

Die große Grand-Prix-Premiere erfolgte am 22. Mai anläßlich des Großen Preises von Monaco. Die BRM-Werksfahrer Graham Hill und Jackie Stewart traten mit dem alten, auf zwei Liter ausgebohrten Achtzylindermodell an und drehten nur im Training mit dem neuen H16-Fahrzeug einige Proberunden. Der Lotus-43 BRM H16 erschien überhaupt nicht, Jim Clark stieg mit dem Lotus-33-Climax-Zweiliter in den Kampf. John Surtees fuhr den neuen Dreiliter-Ferrari Typ 312, Lorenzo Bandini dagegen das Übergangsmodell mit 2,4-Liter-V6-Motor Typ 246. Jack Brabham brachte den neuen Brabham-BT-19-Repco-Dreiliter zum Einsatz, sein Stallkollege Denis Hulme dagegen ein gleiches Fahrzeug mit 2,5-Liter-Vierzylinder-Climax-Motor. Auf den neuen Cooper T81-Maserati V12 traten die Werksfahrer Jochen Rindt und Richie Ginther an, wobei der bei Honda unter Vertrag stehende Amerikaner nur vorübergehend für Cooper fuhr, weil der neue Honda V12 noch nicht einsatzbereit war. Hinzu kamen die Cooper-Maserati-Privatfahrer Joseph Siffert (Walker-Team), Joakim Bonnier und Guy Ligier. Das Feld wurde noch von einem privaten Brabham-Climax-Vierzylinder sowie von einem Lotus-BRM V8 2000 und einem BRM V8 2000 komplettiert. Nur sieben der sechzehn gestarteten Wagen waren mit einem neuen Dreilitermotor bestückt.

John Surtees auf dem V12-Ferrari übernahm die Spitze, schied dann aber mit einem Differentialschaden aus, so daß Jackie Stewart mit dem Zweiliter-BRM in Führung kam und das Rennen gewann. Nur vier Konkurrenten konnten bei diesem Eröffnungsrennen gewertet werden: Jackie Stewart auf BRM 2000, Lorenzo Bandini auf Ferrari 2400, Graham Hill auf BRM 2000 sowie der Amerikaner Bob Bondurant auf einem privaten BRM 2000. Kein einziges Dreiliterfahrzeug kam über die Distanz. Auf die Techniker wartete noch sehr viel Arbeit.

Beim Großen Preis von Belgien auf dem schnellen Kurs von Spa gewann aber der V12-Ferrari mit John Surtees überlegen vor dem Cooper-Maserati Jochen Rindts und dem Ferrari V6 Lorenzo Bandinis. Dabei sollte es sich um das letzte von Surtees auf Ferrari bestrittene Formel-1-Rennen handeln (einige Jahre später kam Surtees nur noch auf Ferrari-Sportwagen zum Einsatz), denn zwischen dem Engländer und der italienischen Scuderia waren Spannungen entstanden, die im Juni 1966 zur Trennung führten. Commendatore Ing. Dott. h.c. Enzo Ferrari und John Surtees einigten sich, lösten den Vertrag, gingen nochmals ins Ristorante Cavallino, das gegenüber dem Portal der Ferrari-Fabrik liegt, aßen, tranken und trennten sich schließlich als gute Freunde. Beide gingen damit der Möglichkeit verlustig, einen Weltmeistertitel zu erringen. Enzo Ferrari verabschiedete sich mit den Worten: «Wir wollen an die schönen Stunden der gemeinsamen Erfolge zurückdenken und nicht an diesen traurigen Moment, der uns die Trennung gebracht hat.»

Oben
Der wunderschöne amerikanische Eagle mit dem von der Firma Harry Weslake in England konstruierten V12-Motor.

Links
Während des Großen Preises von Deutschland 1966 schießen Jack Brabham (Sieger) auf Brabham BT19-Repco V8 und John Surtees auf Cooper T81-Maserati V12 durch das Karussell des Nürburgrings.

Rechts außen
Jim Clark auf dem von Maurice Phillippe konstruierten Lotus 43 mit BRM-H16-Motor, mit welchem er den Grand Prix der USA 1966 gewann.

Beim Großen Preis von Belgien trat auch der amerikanische Eagle der von Dan Gurney zusammen mit Carroll Shelby gegründeten All American Racers Organisation erstmals an. Das Eagle-Monocoquechassis, welches dem Fahrzeug eine sehr elegante Form verlieh, war vom Engländer Len Terry entworfen worden, einem ehemaligen Lotus-Mitarbeiter, der später auch für BRM, Surtees und Leda tätig war. In Spa fuhr Gurney noch mit einem etwa 240 PS abgebenden Climax-Vierzylindermotor von 2,5 Litern Inhalt, der neue Weslake-V12-Motor, der im englischen Rye (Sussex) für den Eagle entstand, war noch nicht einsatzfähig. Die von Harry Weslake konstruierte Zwölfzylindermaschine erschien erst Ende der Saison in Monza.

Carroll Shelby

Der Große Preis von Belgien hätte beinahe einen katastrophalen Verlauf genommen; in der ersten Runde geriet das Feld bei vollem Tempo in einen plötzlichen Wolkenbruch. Die Wagen schleuderten und drehten sich wie wild auf der nassen Fahrbahn, ein Fahrzeug nach dem andern kam von der Piste ab, so daß in der zweiten Runde nur noch sieben Autos weiterkämpften, nachdem Jim Clark schon anderthalb Kilometer nach dem Start mit defektem Motor ausgestiegen war. Verletzt wurde nur Jackie Stewart. Er hatte einen Schlüsselbeinbruch erlitten.

Bei Ferrari wurde der ausscheidende John Surtees, der zu Cooper ging, durch den Engländer Mike Parkes ersetzt. Auf der schnellen Bahn von Reims konnten die Ferrari sich voll entfalten, und Lorenzo Bandini auf dem V12 übernahm die Spitze. Plötzlich aber gab das Gasgestänge nach, und Jack Brabham ging in Führung, während Bandini den Schaden mit einem Stück Draht behob — allerdings konnte er erst mit großer Verspätung wieder ins Rennen steigen. Das Brabham-Team feierte in Reims einen Doppelsieg mit Brabham und Hulme vor dem englischen Ingenieur Mike Parkes auf Ferrari. In Frankreich debütierte der neue Lotus 43 mit BRM-H16-Motor, gefahren vom Engländer Peter Arundell, doch schied der Wagen mit defekter Schaltung aus. Der junge Neuseeländer Chris Amon fuhr in Reims erstmals auf einem Cooper-Maserati mit. Einen Doppelsieg der Brabham brachte auch der Große Preis von England in Brands Hatch, wo Surtees sein Debüt mit dem Cooper T81-Maserati gab, während das Ferrari-Team infolge der Metallarbeiterstreiks nicht antrat.

Michael Parkes

Chris Amon

Ein ähnliches Ergebnis brachte auch der Große Preis von Holland. In Zandvoort lag Jim Clark auf Lotus 33-Climax 2000 lange an der Spitze, Sieger jedoch wurde Jack Brabham auf Brabham-Repco vor Graham Hill auf BRM 2000 und Jim Clark.

Beim Großen Preis von Deutschland auf dem Nürburgring lieferten Jack Brabham, John Surtees und Jochen Rindt bei Regen großartige Beweise ihres Könnens. In dieser Reihenfolge kreuzten sie auch das Ziel.

In Monza gab es Neues zu sehen. Honda trat mit dem RA 273 V12 an, Dan Gurneys Eagle war hier zum ersten Male mit dem vom Verbrennungsraumspezialisten Harry Weslake konstruierten Weslake-V12-Triebwerk bestückt. Die BRM-Werksfahrer fuhren erstmals mit den H16-Wagen, ebenso Jim Clark auf dem Lotus-BRM H16. Das Frappante am Honda-Monocoquerennwagen von Richie Ginther war der für einen V12-Motor ungewöhnliche Zylinderwinkel von 90°. Die Viernockenwellenmaschine mit vier Ventilen pro Zylinder ($78 \times 52{,}2$ mm = 2991 cm^3) sowie mit von Honda selbst entwickelter indirekter Benzineinspritzung leistete anfänglich 360 PS. Das Wagengewicht war allerdings sehr hoch. Auch das Fünfganggetriebe stammte von Honda. Für die Konstruktion des V12-Motors zeichnete der 25jährige Ingenieur Irimagiri verantwortlich. Im Rennen schied Richie Ginther wegen Unfalls aus.

Der dunkelblaue Eagle mit seiner charakteristischen, einen Adlerschnabel symbolisierenden Kühleröffnung war mit dem Weslake-Motor noch nicht einsatzreif; Gurney schied wegen zu hoher Öltemperatur aus. Harry Weslakes Viernockenwellenmaschine ($72{,}8 \times 60{,}3$ mm = 2998 cm^3) mit vier Ventilen pro Zylinder und Lucas-Einspritzung gab anfänglich 390 PS bei 9500 U/min ab. Erst in der folgenden Saison erlangte der Eagle-Weslake eine gewisse Reife, obschon der Motor nur selten durch eine absolute Betriebssicherheit zu gefallen wußte.

Ferrari hatte für das Rennen von Monza neue Zylinderköpfe mit drei Ventilen pro Zylinder (zwei Einlaß- und ein Auslaßventil) bereitgestellt, welche die Leistung von 360 PS auf 380 PS bei 10 000 U/min ansteigen ließen.

Im Rennen hielten sich die drei Ferrari 312 von Bandini, Scarfiotti und Parkes sowie der Brabham BT19-Repco von Jack Brabham im Verlaufe der spannenden Windschattenfahrt die Waage, dann aber fiel Brabham infolge Ölverlustes (eine Schraube war vor dem Rennen nicht gesichert worden) aus, während Lorenzo Bandini mit einem Defekt im Zündsystem die Waffen strecken mußte. Vor dem Rennen hatte Enzo Ferrari den Wunsch ausgesprochen, daß ein italienischer Pilot Sieger werden möge, also bot nun Mike Parkes seinem führenden Stallgefährten Lodovico Scarfiotti beste Rückendekkung. Der Engländer setzte sich vor den Kurven vor die unmittelbaren Verfolger, bremste sie damit etwas ab, ließ sich auf den langen Geraden wieder von den Gegnern im Windschatten ziehen, was Scarfiotti ermöglichte, sich allmählich von den Verfolgern zu lösen. Der ehemalige Bergkönig gewann den Großen Preis von Italien vor Mike Parkes und Denis Hulme. Die BRM H16 sowie der Lotus-BRM H16 vermochten keine überzeugende Demonstration zu liefern.

Lodovico Scarfiotti

Ganz überraschend jedoch gewann Jim Clark auf dem vom später bekannt gewordenen Maurice Phillippe konstruierten Lotus-43 BRM H16 den Großen Preis der USA in Watkins Glen, nachdem die führenden Bandini auf Ferrari und Brabham auf Brabham-Repco ausgefallen waren. Die Cooper T 81-Maserati von Jochen Rindt und John Surtees belegten die Ehrenplätze. Es sollte dies der einzige Sieg des komplizierten BRM-H16-Motors bleiben, wahrscheinlich war es ein Zufallstreffer, denn auch in der folgenden Saison wurde dieses Triebwerk ständig von Defekten heimgesucht. In Watkins Glen schieden die beiden BRM H16 von Hill und Stewart aus.

In Mexiko, wo Ferrari wieder nicht antrat, stellte sich endlich auch ein Erfolg des Cooper T81-Maserati mit John Surtees ein, nachdem Jack Brabham anfänglich vor Surtees geführt hatte. Richie Ginther auf dem Honda RA273 fuhr hier die schnellste Runde und belegte Platz vier. Nach längerer Pause war Bruce McLaren in Mexiko wieder mit dem Indianapolis-Motor an den Start gegangen, dessen Leistung nach wie vor nicht überzeugte, so daß der Neuseeländer dann von diesem Triebwerk abkam.

Ende der Saison stand Jack Brabham mit großem Vorsprung (42 Punkte) zum dritten Male (1959, 1960 und 1966) als Weltmeister fest. Und dies mit vierzig Jahren, nachdem viele Kritiker schon geglaubt hatten, der Australier müsse allmählich zum alten Eisen gezählt werden. Übrigens war Juan Manuel Fangio 1957 mit 46 Jahren Weltmeister geworden, Tazio Nuvolari gewann 1938 und 1939 noch Große Preise und war damals schon 46 oder 47 Jahre alt. Hinter Jack Brabham wurde John Surtees auf Ferrari sowie auf Cooper-Maserati mit 28 Punkten Vizeweltmeister und Jochen Rindt auf Cooper-Maserati mit 22 Punkten Weltmeisterschaftsdritter.

Der große Erfolg des Brabham-Unternehmens, welchem 1966 selbstverständlich auch die Coupe der Formel-1-Konstrukteure zufiel, war bezeichnend für das gut eingespielte Team. Unter den Neukonstruktionen stellte der Brabham-Repco die weitaus einfachste und billigste Lösung dar, doch der BT19 mit Achtzylinderaggregat war sehr zuverlässig, wog nur 540 kg und verfügte über ein hervorragend abgestimmtes Fahrwerk mit guter Straßenlage. Die rund 300 PS des unkomplizierten Repco-Zweinockenwellenmotors mit sehr breitem Leistungsspektrum, das sich besonders auf kurvenreichen Strecken sehr günstig auswirkte, reichten aus, um vier Große Preis zu gewinnen oder Ehrenplätze herauszufahren.

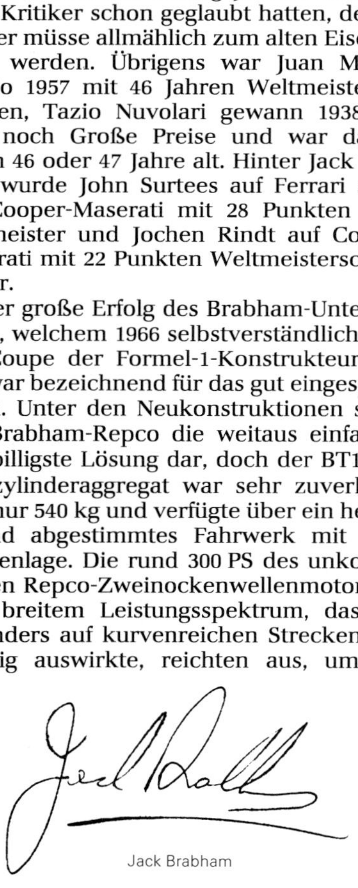

Jack Brabham

Mit Jack Brabham auf Brabham-Repco war in der Geschichte der Weltmeisterschaft übrigens erstmals ein Fahrer auf einem Fahrzeug der eigenen Marke Champion geworden. Brabhams kleine Werkstatt stand in Byfleet (Surrey), einem kleinen Vorort Londons, ganz in der Nähe der zerfallenden und vor dem Kriege so berühmten Brooklandsbahn, an deren Steilwandkurven heute Gras und Buschwerk wuchern. Jack Brabham führte kein bequemes Leben, denn er fuhr nicht bloß Formel-1-Rennen, sondern leitete auch mehrere technische Betriebe, darunter eine Firma, welche die Vauxhall frisierte. Zusammen mit Ron Tauranac mußte er sich mit der Weiterentwicklung der Monoposto befassen, und dazu flog er noch selbst mit der eigenen, zweimotorigen Beechcraft Queen Air 65 von einem Rennen zum andern. Neben den Großen Preisen bestritt Brabham auch die Formel-2-Rennen (Motoren bis 1000 cm³, maximal vier Zylinder) mit großem Erfolg. In dieser Kategorie waren seine Fahrzeuge mit einem Honda-Vierzylindermotor (944 cm³, 147 PS bei 11 000 U/min) bestückt, mit welchem der Australier Sieg um Sieg erfocht.

Trotz seiner außergewöhnlichen Leistungen fand Jack Brabham — «der große Schweiger unter den Grand-Prix-Fahrern» — in der internationalen Presse nicht jene geradezu enthusiastische Resonanz wie zum Beispiel Fangio oder später Jackie Stewart. Der Grund war wohl in erster Linie der, daß Brabham ein typischer Vertreter des britischen Understatement war. Nach einem Sieg sprach er wenig von seiner Leistung, sondern quittierte Komplimente höchstens mit einem Grinsen. Zwar war auch Fangio immer wortkarg, aber er besaß eine gewisse Ausstrahlung, die Brabham nicht eigen war. Der Australier war immer sehr nüchtern und zog nie eine Show ab wie so viele seiner Rennkollegen.

Theoretisch hätte Ferrari diese erste Weltmeisterschaft der Dreiliter gewinnen müssen. Der Weggang Surtees' von Maranello brachte sowohl die italienische Marke als auch den englischen Piloten um eine durchaus mögliche Titelehre, zudem machten die Metallarbeiterstreiks Ferrari einmal mehr einen bösen Strich durch die Rechnung.

Unter den jungen Piloten hatte Jochen Rindt 1966 eine überzeugende Bewährungsprobe abgelegt, obwohl er noch ziemlich wild fuhr. Allerdings war auch die Straßenlage des Cooper-T81 Maserati nicht gerade die beste. Nach den vier erfolgreichen Jahren, 1962 bis 1965, blieb Graham Hill 1966 ohne Grand-Prix-Sieg. Nach seinen drei Monaco-Erfolgen zwischen 1963 und 1965 hatte sein junger Stallkollege Jackie Stewart diesmal auf der schwierigen Stadtrundstrecke gewonnen. Graham Hill wurde aber in Indianapolis für seine magere Formel-1-Saison reichlich entschädigt. Der Engländer gewann die 500 Meilen auf einem Lola-Ford des amerikanischen Mecom-Teams. Am Start kam es zu einer Massenkollision, in die nicht weniger als 16 Wagen verwickelt waren, wobei 11 Fahrzeuge außer Gefecht gesetzt wurden. Nach anderthalb Stunden wurde das Rennen neu gestartet. Der junge Italoamerikaner Mario Andretti übernahm die Spitze, mußte sie aber wegen eines Ventilschadens in seinem Ford-Motor an Jim Clark auf Lotus-Ford ab-

Unten
Ende Saison 1966, beim Großen Preis von Italien, debütierte auch der neue Honda Typ RA 273 mit V12-Motor. Mit der japanischen Konstruktion fuhr Richie Ginther. Der Honda erwies sich als zu schwer. In Monza (Bild) blockierte der Motor im Rennen, und Ginther geriet von der Strecke.

Mitte rechts
Beim Honda RA273 befindet sich der Wassertemperaturanzeiger links und derjenige der Öltemperatur rechts des zentralen Drehzahlmessers. Rechts am Monocoque ist die Schaltung verankert. Auf Anhieb erreichte der Zwölfzylinder 11 000/min.

Rechts
Der V12-4-OHC-Motor des Honda RA 273 wies den für einen Zwölfzylinder ungewöhnlichen Zylinderwinkel von 90° auf. Die Abmessungen betrugen 78 x 52,2 mm = 2991 cm. Jeder Zylinder wies vier Ventile auf. Die Saugrohreinspritzung stammte von Honda. Im ersten Jahr leistete das mit komplizierten Auspuffkrümmern versehene Aggregat knapp 400 PS.

treten. Der Schotte verlor dann eine Minute an den Boxen, Jackie Stewart auf Lola-Ford ging in Führung, aber in der 191. Runde (von insgesamt 200) mußte er mit einem Motorschaden aufgeben, so daß Graham Hill auf die erste Position kam. Jim Clark wurde Zweiter. Im Sommer 1966 kam Dr. Giuseppe (Nino) Farina, Weltmeister 1950 sowie italienischer Meister der Jahre 1938 und 1939, am Steuer eines Ford Cortina Lotus bei Chambéry in den französischen Alpen bei einem Verkehrsunfall ums Leben. Er war übrigens ein Neffe des berühmten Turiner Karossiers Battista Pininfarina. Einige Monate vor seinem Tode hatte Giuseppe Farina dem Autor erzählt, daß er im Verlaufe seiner sich über ein Vierteljahrhundert erstreckenden Laufbahn infolge der schweren Rennunfälle nicht weniger als fünf Jahre in Spitälern verbracht habe. Ausgerechnet dieser Farina mußte am Steuer einer braven Limousine sterben.

Allgemein waren die Rundenzeiten der neuen Dreiliterrennwagen 1966 nur wenig oder gar nicht besser als diejenigen ihrer Vorgänger mit halb so großem Hubraum, obschon das Leistungsgewicht bei den Dreilitern auf 1,45 bis 1,85 kg/PS gesunken war. Dieses betrug beim BRM H16 1,45, beim Lotus-BRM H16 1,48, beim Ferrari V12 1,6, beim Cooper-Maserati 1,8 und beim Brabham-Repco sogar 1,83 kg/PS. Am leichtesten war der Brabham BT19 mit einem Trockengewicht von 540 kg, die übrigen Konstruktionen brachten Werte zwischen 550 bis 620 kg auf die Waage. Mit einem Gewicht von 680 kg war der Honda RA273 ungewöhnlich schwer.

Beim Großen Preis von Monaco fuhr Lorenzo Bandini auf dem 2,4-Liter-V6-Ferrari die schnellste Runde in 1 Minute, 29,8 Sekunden, er war damit nur 1,9 Sekunden schneller als Hill im Jahre zuvor mit dem 1,5-Liter-BRM. In Monaco kam Surtees mit dem Ferrari V12 auf die schnellste Dreilitertrainingszeit, welche jedoch mit 1 Minute, 30,1 Sekunden über dem im Rennen erzielten Wert seines Teamkameraden lag. In Brands Hatch hatte Jim Clark mit dem Lotus-Climax 1500 den Kurs 1964 in 1 Minute, 35,4 Sekunden umrundet. Dieser Rekord wurde von den Dreilitern 1966 nicht erreicht. Auch in Zandvoort waren die größervolumigen Formel-1-Wagen langsamer als ihre Vorgänger. Dies war auf die längeren Bremswege der schwereren Konstruktionen zurückzuführen, zudem waren die Fahrer in gewissen Kurven, die mit den 1500ern noch voll genommen werden konnten, gezwungen, den Fuß leicht zu heben. Auch ließ sich die höhere Leistung der Dreiliter nicht so gut wie bei ihren Vorgängern auf die Bahn übertragen.

Die neuen Formel-1-Wagen entwickelten auch einen größeren Durst. Auf dem Nürburgring wurden 1966 folgende Verbrauchswerte je 100 Kilometer Fahrstrecke registriert: Brabham-Repco: 41 Liter Superbenzin; Cooper-Maserati: 45 Liter; Ferrari V12: 42 Liter; Eagle-Climax 2700: 35 Liter. Die auf zwei Liter ausgebohrten Übergangsmotoren von BRM und Coventry-Climax kamen auf 35 Liter je 100 Kilometer. Der Verbrauch der 1500-cm³-Rennwagen hatte zwischen 32 und 36 Litern gelegen.

Von 1966 an änderte sich auch die Form der Reifen. Firestone und Goodyear hatten neue Reifen mit sehr niedrigem und breitem Querschnitt sowie mit ziemlich flachen Seitenwänden herausgebracht, was einen quadratischen Reifenquerschnitt ergab. Bauchige Seitenwände wiesen nur noch die Dunlop-Reifen auf. Angeblich soll Dunlop damals gezwungenermaßen der klassischen Reifenquerschnittsform treu geblieben sein, weil die Engländer den Trick, wie man Reifen mit breitem Querschnitt und flachen Seitenwänden herstellt, noch nicht entdeckt hatten. Erst später kamen sie der Sache auf die Spur.

Auf das Frühjahr 1966 gehen die Ursprünge des später so erfolgreichen Ford-Cosworth-DFV-V8-Motors zurück, der zwischen 1967 und 1983 nicht weniger als 155 Große Preise gewinnen sollte. Das genial konstruierte Triebwerk, an welchem sich die Konkurrenz jahrelang die Zähne ausgebissen hat, wurde von Keith Duckworth, Mitinhaber der englischen Rennmotorenfirma Cosworth, geschaffen.

Bei Inkrafttreten der neuen Dreiliterformel wandte sich Lotus-Boß Colin Chapman an die englische Automobilindustrie, man appellierte sogar an die Regierungsstellen, um die englische Vormachtstellung im Grand-Prix-Sport auch in Zukunft durch einen geeigneten Motor zu garantieren. Chapman konnte an dem verwendeten BRM-H16-Motor auch nicht ausgesprochen interessiert sein, weil BRM die besten Exemplare des Aggregates wahrscheinlich für die eigenen Werkwagen behielt. Schließlich wurde das Cosworth-Formel-2- und -Formel-1-Projekt geboren. Die Idee entstand bei einem Abendessen Colin Chapmans mit dem Vizepräsidenten von Ford of Europe, Walter Hayes. Einen Monat später holte sich Hayes in Detroit bei Henry Ford II. grünes Licht. Am 1. März 1966 trat ein Vierpunktevertrag in Kraft, der komischerweise von Keith Duckworth erst Monate später unterzeichnet wurde.

Da hieß es in Punkt 1: «Als Gegenleistung für die Zahlung von Ford an Cosworth in Höhe von 100 000 Pfund erklären sich Cosworth und Duckworth bereit, Ford-Formel-2- und -Formel-1-Motoren zu konstruieren und zu entwickeln, die unter der Bezeichnung Ford-Motoren für Rennen geeignet sind.» In Punkt 2 erfolgte eine genaue Definition: «Diese Abmachung bezieht sich a) auf einen 1600-cm³-Vierzylinder-Reihenmotor, der für die 1967 gültige Formel 2 paßt, die Typenbezeichnung FVA trägt und Fords 120-E-Zylinderblock (Cortina) verwendet sowie einen Leichtmetallzylinderkopf mit vier Ventilen pro Zylinder trägt, b) auf einen 90-Grad-V-Achtzylinder von 3000 cm³, der über Zylinderköpfe verfügt, wie sie für den FVA-Motor entwickelt werden ...»

In Punkt 4 hieß es unter anderem: «... Cosworth und Duckworth verpflichten sich, den Motor bis Mai 1967 gebrauchsfertig zu machen, bis 1. Januar 1968 sollen fünf Motoren verfügbar sein, die Cosworth an Ford übergibt, Ford wird damit ein Formel-1-Team ausrüsten. Die Wahl des Teams behält sich Ford vor, sie bleibt geheim ...»

Diesmal schafft es Hulme

Wieder setzt sich das einfache Brabham-Repco-Konzept durch. Sensationelles Debüt des Lotus 49 mit Ford-Cosworth-V8-Motor in Zandvoort. Turbinenwagen verpaßt den «Indy»-Sieg ganz knapp.

Zu Beginn der Saison 1967 gab es einige Fahrerwechsel: John Surtees kam zu Honda, Richie Ginther zu Eagle, Graham Hill zu seiner einstigen Marke Lotus, Pedro Rodriguez zu Cooper, Mike Spence zu BRM und Chris Amon zu Ferrari.

Die Weltmeisterschaft wurde schon am 2. Januar mit dem Großen Preis von Südafrika eröffnet, der nicht mehr in East London, sondern erstmals auf der Kyalami-Rundstrecke in der Nähe Johannesburgs lief. Die Konkurrenten stellten sich hier mit vorjährigem Material zum Kampf. Gurneys Eagle war in Kyalami sogar noch mit dem alten Coventry-Climax-Vierzylindermotor bestückt. Ferrari trat nicht an. Bei Lotus befand sich der Typ 49 mit dem neuen Ford-DFV-V8-Motor in Vorbereitung, Clark und Hill mußten noch mit dem Typ 43 mit BRM-H16-Motor konkurrieren. Das Rennen brachte mehrere Überraschungen.

Denis Hulme auf dem Brabham BT19 mit Repco-Motor führte überlegen, mußte dann aber Bremsflüssigkeit nachfüllen, so daß der von den vielen Ausfällen profitierende Rhodesier John Love mit seinem alten Cooper mit Climax-Vierzylindermotor unerwartet an die Spitze kam. Die Sensation blieb aus: Sechs Runden vor Schluß mußte Love Benzin fassen, und der Mexikaner Pedro Rodriguez konnte einem Sieg entgegenfahren. Love wurde noch Zweiter, Surtees auf dem Honda RA273 V12 Dritter.

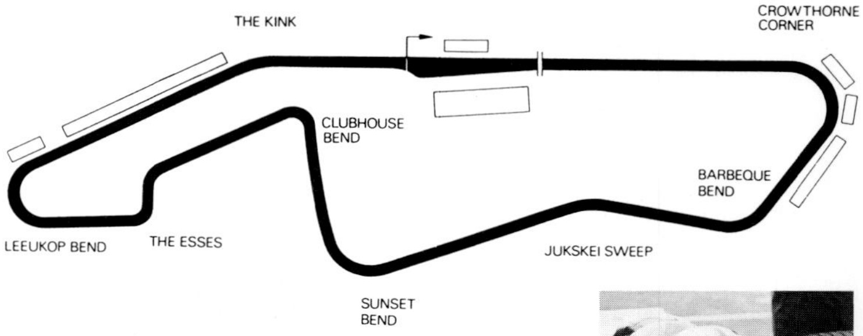

Im Jahre 1967 wurde der Große Preis von Südafrika erstmals auf der 4,094 km langen Bahn von Kyalami in der Nähe von Johannesburg ausgetragen.

Denis Hulme

Mitte links
Der damals dreißigjährige Neuseeländer Denis Hulme auf Brabham wurde Weltmeister 1967, wobei er nur bei den Grand Prix von Monaco und von Deutschland siegte. Bei den Grand Prix des ACF, von England und von Kanada kam er auf den Ehrenplatz.

Keith Duckworth

Oben
Keith Duckworth, der Vater des Cosworth-DFV-Motors.

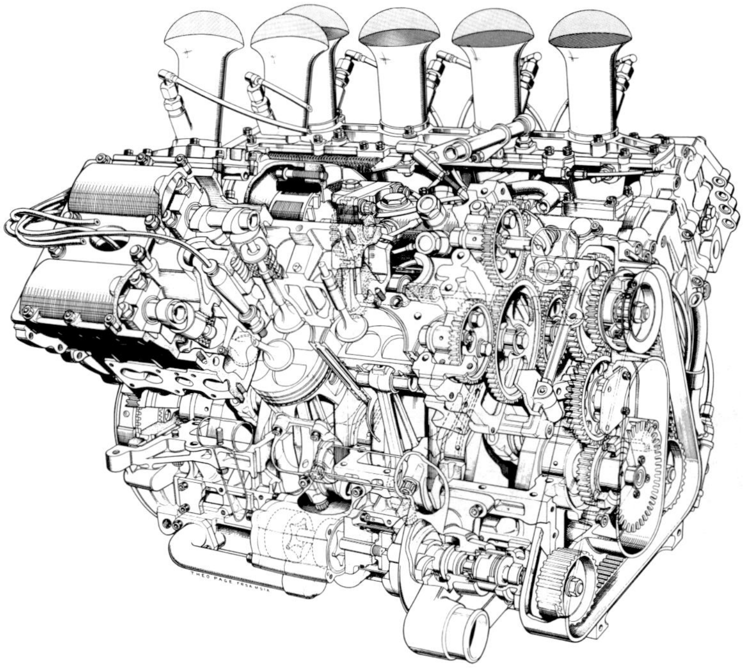

Rechts
Die Ford-Cosworth-DFV-V8-Viernockenwellenmaschine mit vier Ventilen pro Zylinder und Lucas-Einspritzung wies die Zylinderabmessungen 85,6 × 64,8 mm = 2993 cm³ auf.

Im März gewann Dan Gurney mit seinem Eagle-Weslake das Race of Champions in Brands Hatch mit 0,4 Sekunden Vorsprung vor Lorenzo Bandinis neuem Ferrari 312 mit innenliegenden Auspüffen. Joseph Siffert auf Cooper-Maserati wurde mit 2 Sekunden Rückstand Dritter. Nun glaubten die Fachleute, das große Jahr der Kombination Gurney/Eagle sei gekommen. Der neue Ferrari besaß ein schlankeres Chassis mit dem bekannten V12-Motor, dessen Zylinderköpfe seit dem Großen Preis von Italien 1966 drei Ventile pro Zylinder aufwiesen. Für 1967 hatte man aber Einlaß und Auslaß miteinander vertauscht, indem die Auspuffrohre in das V verlegt wurden. Damit ließ sich die Heckpartie kompakter und aerodynamisch günstiger gestalten. In Vorbereitung befanden sich vierventilige Zylinderköpfe.

In Monte Carlo erschien im Training auch eine neue Version des Maserati-Motors mit drei Ventilen und zwei Kerzen pro Zylinder. Völlig neu war in Monaco der von Jack Brabham gefahrene Brabham BT24 mit schlankem und vom Formel-2-Modell abgeleitetem Rohrrahmenchassis. Bei Repco hatte man den V8-Motor erneuert. Anstelle des bisherigen Oldsmobile-Blocks war ein eigener Leichtmetallblock getreten, der neue und flache Zylinderköpfe bekam, wobei die Verbrennungsräume in die Kolbenböden versetzt wurden. Dieses Typ 740 benannte Aggregat (88,9 × 60,3 mm = 2996 cm³), das nach wie vor nur eine Nockenwellen pro Zylinderreihe besaß, gab anfänglich 330 PS bei 8500 U/min ab und war mit einer Lucas-Einspritzung und -Zündung bestückt.

Leider sollte der Grand Prix von Monaco den tragischen Unfall des Mailänders Lorenzo Bandini bringen, der ausgangs der Schikane gegen die Abschrankungen prallte und vier Tage später den erlittenen Brandwunden erlag. Denis Hulme, der Pechvogel von Kyalami, siegte mit dem älteren Brabham BT19 vor Graham Hill auf Lotus 33-BRM V8 (man hatte den Hubraum des Achtzylinders auf 2070 cm³ gesteigert, die Leistung betrug 283 PS bei 10 000 U/min) und dem neuen Ferrari-Mann Chris Amon. Im Training war es Richie Ginther auf dem Eagle-Weslake nicht gelungen, sich zu qualifizieren, anschließend zog sich Ginther von der aktiven Laufbahn zurück. Jackie Stewart fuhr in Monaco mit dem alten BRM V8 mit 2070-cm³-Motor.

Der schreckliche Unfall Lorenzo Bandinis rief bei vielen das Verantwortungsbewußtsein wieder wach. Von nun an sagte man dem Feuer auf der Rennstrecke den Kampf an. Feuerwehrmänner in Asbestanzügen wurden bei den meisten Rennen entlang der Strecke sowie vor den Boxen aufgestellt. Die Feuerlöschfrage wurde eingehend geprüft. Insbesondere brachte aber die chemische Industrie bessere, flammfeste Overalls für Rennfahrer heraus. Mit den Jahren erzielte man vor allem auf dem Sektor der Schutzbekleidung für Piloten spektakuläre Resultate. Tonangebend wurden dabei die Nomex-Produkte des amerikanischen Dupont-Konzerns.

Von historischer Bedeutung wurde der Große Preis von Holland vom 4. Juni 1967 in Zandvoort. Hier debütierte der neue Lotus 49 mit dem ebenso neuen Ford-DFV-V8-Motor, gefahren von Jim Clark und Graham Hill. Der Auftritt war eine Sensation, welche den Rivalen die Sprache verschlug. Jim Clark steuerte sein elegantes, schlankes Fahrzeug zu einem klaren Sieg. Der Lotus 49 besaß ein unglaublich schmales Monocoquechassis, der Ford-Cosworth-Achtzylindermotor war Träger der Heckpartie. Das Fahrgestell war nicht von Colin Chapman persönlich, sondern von dessen talentiertem Mitarbeiter Maurice Phillipe konstruiert worden. Später baute Phillipe auch das Fahrgestell des vierradgetriebenen Lotus 63 von 1969 sowie den genial konstruierten, 1970 erschienenen, keilförmigen Lotus 72 mit seitlichen Kühlern. Phillipe ging 1971 nach Nordamerika und baute dort für das Team von Parnelli Jones einen USAC-Rennwagen mit Offenhauser-Motor, mit welchem Joe Leonard 1972 absoluter amerikanischer Meister wurde. Der Ford-Cosworth-DFV-Motor blieb 1967 laut Ford-Vertrag ausschließlich Lotus vorbehalten. Das V8-Aggregat aus Leichtmetall stellt eigentlich die Kombination zweier Ford-Cosworth-Formel-2-Triebwerke Typ FVA dar, die allerdings einen Graugußblock des Ford Cortina besaßen. Das Vierzylindertriebwerk hatte ebenfalls Keith Duckworth im Rahmen des gleichen, von Ford finanzierten Entwicklungsprogramms realisiert. Beiden Aggregaten stand ein großartiger Triumphzug mit vielen Siegen bevor. Die Merkmale der V8-Maschine (85,7 × 64,8 mm = 2993 cm³), für die Ford eine Anfangsleistung von 400 PS angab, lauteten: 90°-Motor mit vier Ventilen pro Zylinder, die in einem Winkel von 32° zueinander stehen. Die Ventile wurden über je zwei obenliegende Nockenwellen gesteuert, die durch Zahnräder angetrieben waren. Die Auslässe wurden außen an den Zylinderreihen angeordnet, die Einlässe lagen innerhalb der Drosselschieber. Der Motor besaß eine Lucas-Zündung, die eine normale 12-Volt-Spule verwendete. Beim Lotus 49 erfolgte die Kraftübertragung über ein ZF-Fünfganggetriebe. Obwohl dieses Modell auf Anhieb sehr erfolgreich war und überhaupt die stärkste Kombination von 1967 darstellte, wurde das Fahrzeug noch von Kinderkrankheiten geplagt, vor allem war das Fahrgestell nicht solid genug, es gab Aufhängungsschäden. Immerhin: 1967 gewann Jim Clark mit dem Mark 49 vier Große Preise der Weltmeisterschaft.

Die zuverlässigsten Formel-1-Monoposto der Saison waren immer noch die Brabham-Repco, obschon sie nicht so modern wie der Lotus 49 oder so leistungsstark wie die Ferrari, Eagle, Honda oder die BRM H16 waren. Die Brabham wiesen keine spektakulären technischen Merkmale auf, sondern alles war ausgeglichen, funktionell, einfach und doch zuverlässig. Sie entsprachen durchaus dem Charakter ihrer Schöpfer Jack Brabham und Ron Tauranac. In Holland belegten Brabham und Hulme hinter dem siegreichen Jim Clark die Ehrenplätze, dahinter folgten die drei Ferrari von Amon, Parkes und Scarfiotti. Der Tod Lorenzo Bandinis hatte bei den Leuten der Scuderia Ferrari die Kampfeslust gedämpft. Die schwere Bürde der fahrerischen Verantwortung lastete nun auf den jungen, aber soliden Schultern des 24jährigen Neuseeländers Chris Amon, der schon 1963, als Amon zwanzig war, von Reginald Parnell — ehemaliger Grand-Prix-Fahrer und Vater des späteren BRM-Rennleiters Tim Parnell — ans Steuer eines Formel-1-Wagens gesetzt wurde. Bei Ferrari fehlte 1967 ein absoluter Spitzenfahrer.

Von historischer Bedeutung war 1967 auch das 500-Meilen-Rennen von Indianapolis, denn hier ging Parnelli Jones mit einem von der Additivmarke STP, deren Präsident der korpulente und ehrgeizige Businessman Andy Granatelli war, finanzierten STP-Paxton-Turbinenwagen an den Start. Für Gasturbinen gab es in «Indy» noch keinerlei Limit, diese Triebwerke durften beliebig groß sein. Das Fahrzeug besaß eine Pratt-&-Whittney-Gasturbine, welche von der United Aircraft of Canada gebaut worden war und 540 PS abgab. Ausgefallen war die breite und bauchige Form des sich im Verlaufe des Rennens überlegen erweisenden STP Paxton. Das Chassis bestand aus einem zentralen Balken nach Monocoquebauweise, an welchem rechts das Cockpit und links die Gasturbine hing. Ein weiteres wesentliches Merkmal war der Vierradantrieb von Ferguson. Zwar erzielte Parnelli Jones mit dem STP Paxton bei den Qua-

Links
Jim Clark nach seinem historischen Sieg auf dem Lotus 49-Ford-Cosworth beim GP von Holland 1967.

Nachfolgende Doppelseite
Beim GP von Monaco 1967 holte sich Denis Hulme auf dem Brabham BT19 den ersten GP-Sieg.

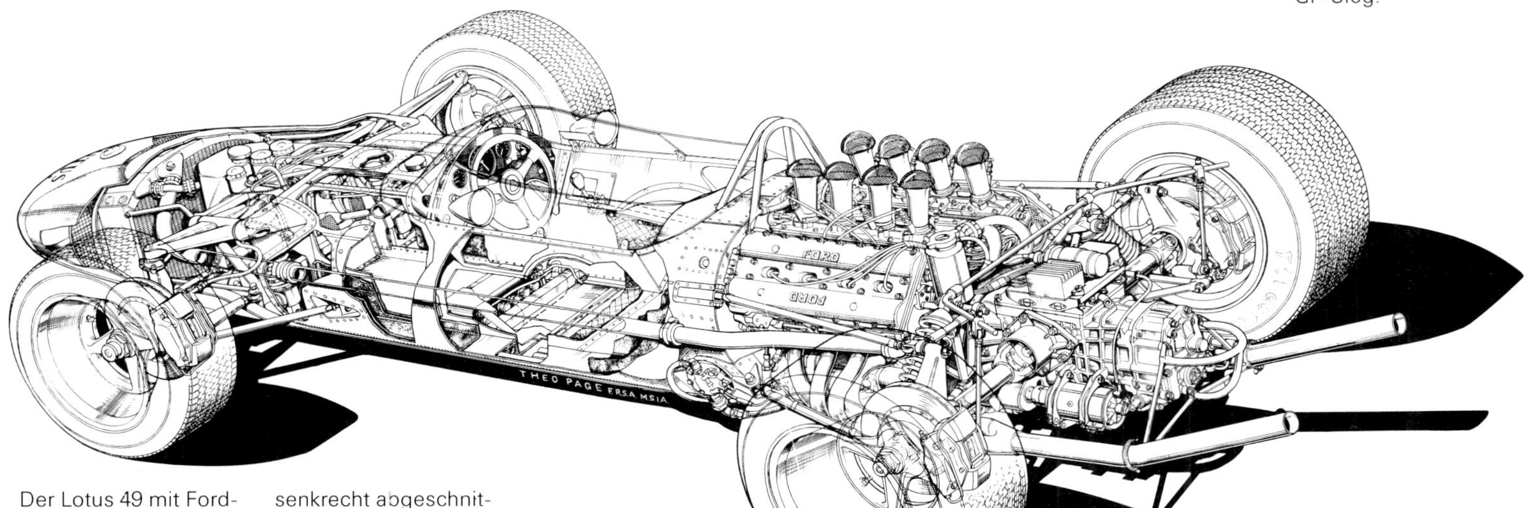

Der Lotus 49 mit Ford-Cosworth-DFV-Achtzylindermotor wies ein hinter dem Cockpit senkrecht abgeschnittenes Monocoque auf. Der Motor war tragend angeflanscht. Verantwortlicher Konstrukteur des Mark 49 war Maurice Phillippe.

lifikationen nur den sechstbesten Wert, aber im Verlaufe des Rennens spielte er die hervorragenden Qualitäten seines technischen Mittels voll aus. Jim Clark auf dem Lotus-Ford hatte sich diesmal bloß für das Mittelfeld qualifiziert, weiter zurück lag Denis Hulme auf einem Eagle-Ford, in der zweitletzten Reihe fuhr Jackie Stewart auf Lola-Ford los, in der hintersten Reihe lagen Graham Hill auf Lotus-Ford sowie Jochen Rindt auf Eagle-Ford. Parnelli Jones führte in der 197. von 200 Runden mit 30 Sekunden Vorsprung vor A. J. Foyt und dessen vom Vater des Piloten gebauten Coyote-Ford. Dann gab ein kleiner Bestandteil im Zwischengetriebe des STP Paxton nach, was die Sensation eines Gasturbinenerfolges zunichte machte. Foyt wurde zum dritten Male Sieger des 500-Meilen-Rennens. Jim Clark und Graham Hill waren schon ziemlich früh ausgeschieden, Jochen Rindt und Jackie Stewart mußten im Verlaufe der zweiten Rennhälfte die Waffen strecken. Denis Hulme fuhr einen hervorragenden vierten Platz heraus, während Parnelli Jones, der große Verlierer, mit einem sechsten Rang vorliebnehmen mußte. Im Hinblick auf 1968 taten sich dann STP und Lotus zusammen, nach der großartigen Demonstration seines Fahrzeuges ließ der ehemalige Rennfahrer und Gebrauchtwagenhändler Andy Granatelli in England die keilförmigen Lotus-Turbinenwagen Typ 56 bauen.

Die Grand-Prix-Saison 1967 wurde mit dem Großen Preis von Belgien in Spa fortgesetzt. Im Training wies der Lotus 49 Jim Clarks vorn ein die Frontverschalung von unten umschließendes Luftabweisblech (Spoiler) auf, das die Vorderachse bei hohem Tempo besser gegen die Fahrbahn drückte und damit dem Auftrieb entgegenwirkte. Später wurden solche Spoiler bei allen Rennwagen angebaut, man vergrößerte sie mit der Zeit zu wahren «Tragflächen», welche dank des Flügelprofils einen Abtrieb produzierten. In Spa führte Jim Clark wieder überlegen, dann fiel er aus, und Jackie Stewart auf dem diesmal einwandfrei laufenden BRM H16 mit neuem und etwas schlankerem Chassis rückte an die Spitze. Später verlangsamte ein Getriebedefekt die Fahrt des Schotten, und so brachte Dan Gurney seinen Eagle-Weslake zum zweiten Formel-1-Sieg. Es sollte zugleich der einzige Grand-Prix-Erfolg des Eagle bleiben, für dessen hervorragendes Fahrgestell der Engländer Tony Southgate mit verantwortlich gezeichnet hatte.

Mike Parkes auf Ferrari hatte auf der sehr schnellen und gefährlichen Ardennenrundstrecke einen schweren Unfall. Der Rennen fahrende Ingenieur erlitt eine komplizierte Beinverletzung, die ihn für lange Zeit kampfunfähig machte. Damit verlor der großgewachsene Engländer — für Parkes mußte man bei Ferrari ein längeres Chassis bauen — für immer den Anschluß an die Weltelite. Der damalige Ferrari-Rennleiter Franco Lini, ein bekannter Journalist, der das Amt des Sportchefs der Scuderia für ein Jahr innehatte, aber auch der technische Chef, Ingenieur Mauro Forghieri, machten sehr schwere Zeiten durch, denn im Juli kam auch der neu von Ferrari für die Langstrek-

Links
Jim Clark auf Lotus 49 anläßlich des Großen Preises von Belgien 1967 in Spa-Francorchamps. Beim zweiten Einsatz führte der Lotus klar, aber später wurde er durch zwei Boxenhalte zurückgeworfen.

Unten
Beim GP von Belgien 1967 holte Dan Gurney den einzigen Grand-Prix-Erfolg des Eagle V12, der kurz zuvor auch das Race of Champions gewonnen hatte.

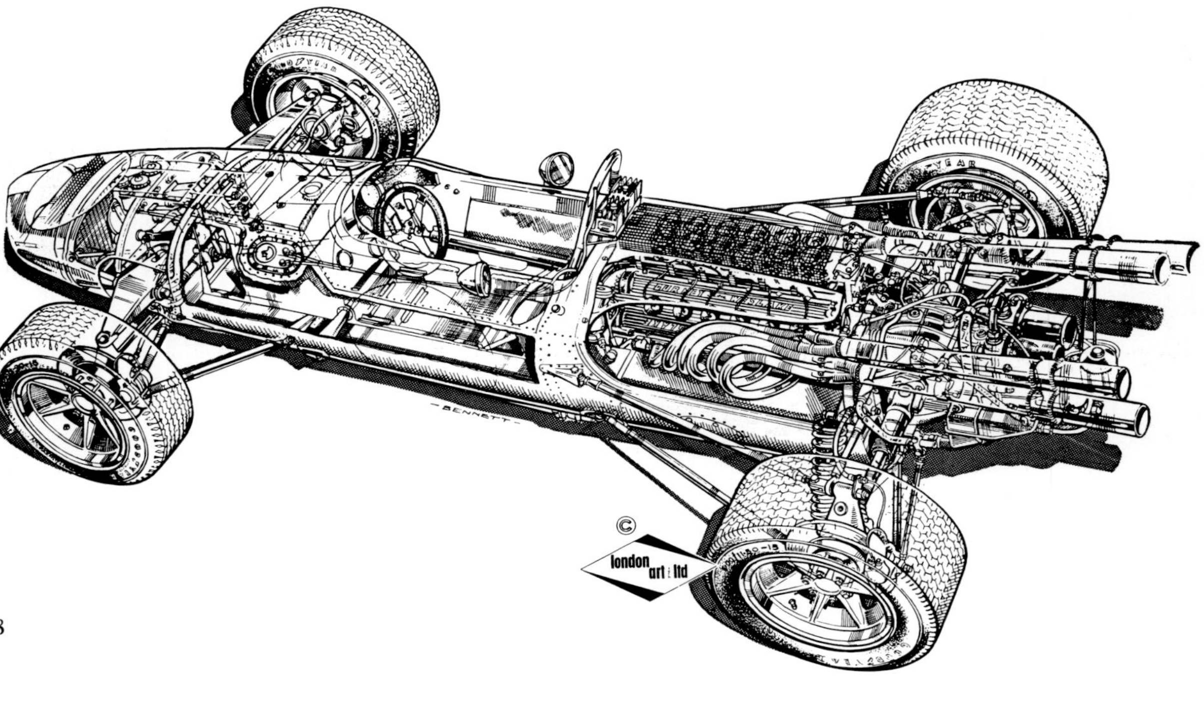

Der Eagle-Weslake wies ein hervorragendes Fahrgestell mit Monoquechassis auf. Der V12-Motor war von der Firma Harry Weslake in Rye unter der Gesamtleitung von Aubrey Woods konstruiert worden. Die Zylinderabmessungen der 60°-Einheit betrugen 72,8 x 60,3 mm = 2997 cm^3. Das Viernockenwellenaggregat leistete 390 PS bei 9500/min.

kenrennen und die Berg-Europameisterschaft verpflichtete Deutsche Günther Klass beim Training zum Mugello-Rennen in der Toskana mit einem superleichten Dino-Bergspider ums Leben.

Der Große Preis des ACF wickelte sich 1967 — wie in den Jahren 1906 und 1921 — in Le Mans ab. Der Automobile Club de l'Ouest hatte den neuen Bugatti-Circuit bauen lassen, der mit der großen Rundstrecke des berühmten 24-Stunden-Rennens kombiniert ist. Beim neuen Kurs übernahm man einen Teil der Zielgeraden der klassischen Strecke, ebenso einen anschließenden kurzen Abschnitt. Hinter dem Fahrerlager, auf dem riesengroßen Parkfeld, entstand der neue Parcours, der kurz vor den Boxen wieder in die Zielgerade einmündet. Der Bugatti-Circuit, von phantasielosen Straßenbauingenieuren entworfen, ist mit mehreren sehr ähnlichen U-Kurven versehen. Für den Veranstalter war der Grand Prix ein Reinfall, denn es gab unglaublich wenige Zuschauer, und seither ist der Grand Prix des ACF nie wieder in Le Mans ausgetragen worden.

In Le Mans kam das Brabham-Team mit Jack Brabham und Denis Hulme zu einem Doppelerfolg, während die Lotus 49 wieder von Kinderkrankheiten befallen wurden. Bruce McLarens neue Konstruktion Typ M5A (entworfen von Robin Herd) mit neuem BRM-V12-Motor war noch nicht startbereit, der Neuseeländer fuhr in der Sarthe auf einem Eagle-Weslake aus dem Stalle Dan Gurneys. Bei den vorhergehenden Formel-1-Rennen hatte McLaren sein Glück auf einer als Zwischenlösung gedachten Monocoquekonstruktion Typ M4B mit Formel-2-Chassis und BRM-V8-Motor versucht.

In Silverstone holte Jim Clark wieder zu einem Schlag aus. Mit dem Lotus 49 gewann er den Großen Preis von England zum fünften Male. Graham Hill war im Training mit seinem Lotus 49 infolge eines Aufhängungsschadens gegen eine Mauer gefahren, ohne sich zu verletzen. Auch im Rennen erlitt Graham Hill einen Aufhängungsdefekt, mit einem bedenklich schräg stehenden Hinterrad konnte er noch bis zu den Boxen rollen, eine Schraube hatte sich gelöst. Hinter Clark kreuzten Hulme auf Brabham BT24, Amon auf Ferrari 312 und Brabham auf Brabham als nächste das Ziel, wobei sich Amon und Brabham einen erbitterten Kampf lieferten. In Silverstone fuhr Jochen Rindt mit einem neuen, von Tony Robinson entworfenen Cooper T86-Maserati mit dem 36ventiligen V12-Motor. Das Chassis war schlanker, niedriger und leichter. Übrigens besaßen sowohl der neue Cooper als auch der Lotus 49 außenliegende Bremsscheiben, die aber nicht in den Rädern lagen, sondern von ihnen getrennt und somit direkt dem Luftstrom ausgesetzt waren, was eine bessere Kühlung ergab. Beim Lotus stellte man sogar eine ungewöhnliche Erscheinung fest: Die Bremsen wurden zu

Bei Maserati bekam der überarbeitete V12-Motor 1967 neue Zylinderköpfe mit drei Ventilen pro Zylinder (Typ 10/F1). Die Benzineinspritzung stammte von Lucas, ebenso die Transistorzündung. Die Zylinderabmessungen hatte man von den 70,4 × 64 mm = 2989 cm³ des Typs 9/F1 auf 75,2 × 56 mm = 2984 cm³ geändert. Die Leistung betrug rund 390 PS bei 10 000/min.

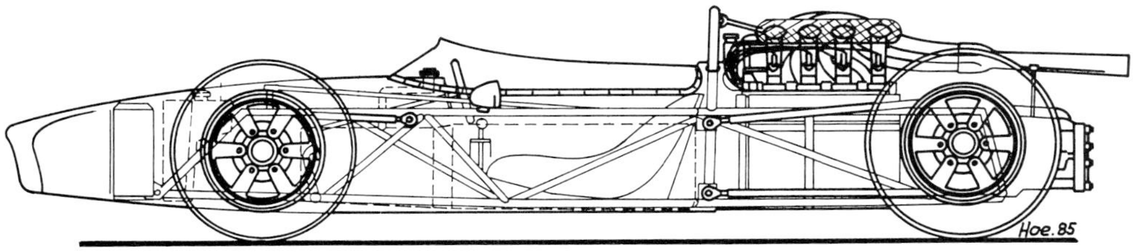

Oben
Der Brabham BT24 mit Repco-V8-Motor. Ron Tauranac hatte wieder ein unkompliziertes Rohrrahmen-Fahrgestell konstruiert, welches problemlos abgestimmt werden konnte.

Rechts
Beim Großen Preis von Belgien 1967 liegt hier Pedro Rodriguez auf dem Cooper T81-Maserati vor Chris Amon auf dem Ferrari 312, welcher «Vierventil»-Zylinderköpfe aufweist. Dahinter liegt Jochen Rindt auf Cooper.

Der Grand Prix des ACF 1967 ist auf dem 4,442 km langen Bugatti-Circuit von Le Mans ausgetragen worden.

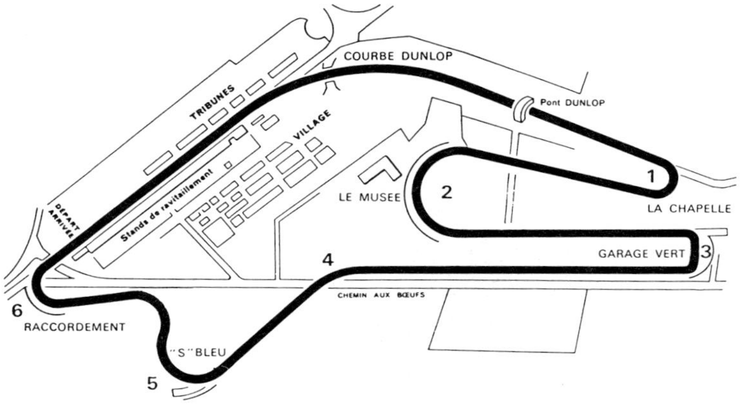

Unten
Start zum Großen Preis des ACF 1967 in Le Mans. Von links Hill und Clark auf Lotus, Brabham auf Brabham und Gurney auf Eagle.

stark gekühlt, so daß man die breiten und radial perforierten Scheiben im Hinblick auf den Großen Preis von Deutschland durch schmälere, konventionelle Bremsscheiben ersetzte, welche eine geeignetere Betriebstemperatur gewährleisteten.

Auch auf dem Nürburgring übernahm Jim Clark mit seinem Lotus 49 die Führung, aber ein Reifendefekt zwang ihn nach fünf Runden zur Aufgabe. Dan Gurney auf dem Eagle-Weslake kam an die Spitze des Feldes. Der Amerikaner hatte einen großen Tag und schüttelte die Konkurrenz deutlich ab. In der 13. Runde barst jedoch eine Antriebswelle des Eagle, dadurch kam Denis Hulme auf Brabham BT24-Repco zu einem Sieg. Sensationell war auf dem Nürburgring die Fahrt eines 22jährigen Belgiers, Sohn eines renommierten Fachjournalisten. Es handelte sich um Jacky Ickx, der beim Großen Preis von Deutschland auf einem Matra-Ford der Formel 2 (1600 cm³) konkurrierte und nach sechs Runden in vierter Position lag. Dann brach die Vorderradaufhängung.

Der Große Preis von Kanada, ausgetragen in Mosport, zählte 1967 erstmals für die Weltmeisterschaft. Hier erschien der neue Formel-1-Wagen Bruce McLarens, der Typ M5A, dessen Chassis von Robin Herd stammte. Neu war auch das BRM-V12-Aggregat (74,6 × 57,2 mm = 2988 cm³), das Tony Rudd ebenfalls vom alten V8-Motor abgeleitet hatte. In der folgenden Saison waren auch die BRM-Werkwagen mit diesem V12-Triebwerk bestückt, da sich der H16 kaum mehr auf einen befriedigenden Stand bringen ließ. Im Regenrennen von Mosport schied Jim Clark mit einem Zündungsschaden aus, Sieger wurde Jack Brabham vor Denis Hulme.

Einen sensationellen Rennverlauf mit atemberaubendem Finale brachte der Große Preis von Italien. Hier wies der Ferrari 312 erstmals neue Zylinderköpfe mit vier Ventilen pro Zylinder auf. Honda setzte ein neues Fahrzeug Typ RA300 mit dem bekannten V12-Motor ein. Das Fahrgestell mit Monocoquechassis war von Lola-Konstrukteur Eric Broadley entworfen worden, John Surtees war damals an Lola beteiligt und stellte damit die Verbindung zwischen den Japanern und dem Lola-Chef her. Boshafte Kommentatoren tauften den neuen Honda RA300 «Hondola», und im Lola-Register wurde der RA300 als Lola Mark 130 eingetragen. Jacky Ickx, der mit seinem Formel-2-Matra des englischen Tyrrell-Teams schon zahlreiche überzeugende Leistungen vollbracht hatte, gab hier auf einem Cooper T81-Maserati sein Formel-1-Debüt.

In der zweiten Saisonhälfte 1967 hatten die Motorleistungen folgenden Stand erreicht: Ferrari V12 mit 48 Ventilen: 408 PS bei 10 500 U/min; Ferrari V12 mit 36 Ventilen: 390 PS bei 10 000 U/min; Maserati V12 mit 36 Ventilen: 400 PS bei 10 000 U/min; Maserati

Unten
Der Große Preis von Kanada wurde 1967 in die Weltmeisterschaft aufgenommen und auf der 3,956 km langen Rundstrecke von Mosport in der Nähe von Toronto ausgetragen.

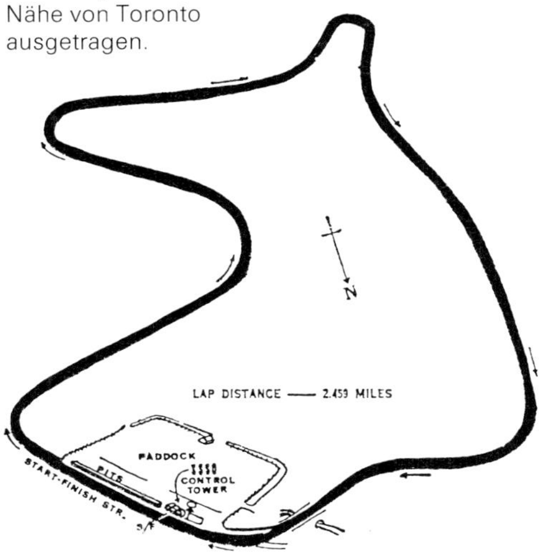

Mitte
John Surtees auf dem Honda RA300, mit welchem er den Großen Preis von Italien 1967 in Monza gewann. Das Fahrgestell des Honda war bei Lola gebaut worden.

Links
Denis Hulme auf Brabham BT24-Repco siegte auch beim Großen Preis von Deutschland auf dem Nürburgring. Der in Australien entstandene Repco-V8-Motor wies nach wie vor eine Nockenwelle pro Zylinderreihe auf.

V12 mit 24 Ventilen: 365 PS bei 9200 U/min; BRM H16 mit 32 Ventilen: 400 PS bei 11 000 U/min; BRM V12 mit 24 Ventilen: 375 PS bei 10 000 U/min; Ford-Cosworth V8 mit 32 Ventilen: 405 PS bei 8600 U/min; Weslake V12 mit 48 Ventilen: 400 PS bei 10 000 U/min; Honda V12 mit 48 Ventilen: 405 PS bei 10 000 U/min.

In Monza bot Jim Clark eine einzigartige Kostprobe seiner großen Klasse. Vom Start weg übernahm er die Spitze, mußte aber später die Boxen aufsuchen, um einen Reifen ersetzen zu lassen. In 15. Position liegend, nahm der Schotte das Rennen wieder auf und fuhr nun wie besessen, jedoch mit dem Können des großen Meisters. Nach 59 Runden, als Graham Hill, auf dem andern Lotus 49 in Führung liegend, ausschied, hatte Clark die Spitze wieder zurückerobert. Jetzt rang er mit Jack Brabham auf Brabham-Repco und John Surtees auf «Hondola» Rad an Rad um den Sieg. Ein mitreißendes Windschattenspektakel. Als die Dreiergruppe in der letzten Runde mit 260 km/h auf die Curva Grande zuschoß, gab Clarks Motor plötzlich nach, das Benzin war am Ende. Brabham und Surtees schoben sich an die Spitze, vor der Parabolica lagen die beiden auf gleicher Höhe, Brabham versuchte, den Honda von innen auszumanövrieren, aber Surtees gab nicht nach. Ausgangs der Parabolica hielt sich der Brabham im Windschatten Surtees', doch das Manöver gelang nicht restlos, mit einer halben Wagenlänge Vorsprung gewann John Surtees auf Honda den Großen Preis von Italien. Clark rollte an dritter Stelle mit stotterndem Motor durchs Ziel. Der Schotte war der Held des Tages. In der modernen Grand-Prix-Geschichte, in der bei einem Rennen von A bis Z jegliche Reserve durchgefahren werden muß, war es noch nie vorgekommen, daß ein Konkurrent, der die Boxen aufgesucht und dort fast eine Runde verloren hatte, wieder an die Spitze rückte. Das konnte nur einem ungewöhnlich begabten Könner mit einem entsprechenden Fahrzeug gelingen.

Aufregend war auch das Finish des Großen Preises der USA in Watkins Glen. Wieder waren es Clark und sein Lotus. Der Schotte führte in der 107. und vorletzten Runde klar vor Graham Hill, dessen Mark 49 einen ziemlich angeschlagenen Eindruck machte. In der letzten Runde brach an Clarks Wagen ein Aufhängungsbolzen. Das Hinterrad stellte sich bedenklich schräg. Mit vermindertem Tempo rollte der Schotte noch um den Kurs und wurde Sieger vor Hill, Hulme und Siffert, dessen veralteter Cooper T81-Maserati des Walker-Teams das Tempo der modernen Konstruktionen nicht mehr ganz mithalten konnte. Jim Clark gewann auch den Großen Preis von Mexiko. Brabham und Hulme auf ihren zuverlässigen BT24-Repco belegten die Ehrenplätze vor dem Honda Surtees'. In Mexiko feierte Clark den 24. Grand-Prix-Erfolg seiner Karriere, damit war der bisherige Rekord des großen Juan Manuel Fangio egalisiert.

Denis Hulme und Jack Brabham gewannen 1967 je zwei Weltmeisterschaftsläufe, Jim Clark auf Lotus-49-Ford siegte viermal. Weltmeister aber wurde dank seiner zahlreichen Ehrenplätze Denis Hulme. Er holte sich die höchste Auszeichnung mit 51 Punkten vor Jack Brabham mit 46 und Jim Clark mit 41 Punkten. Amon auf Ferrari und Surtees auf Honda belegten mit je 20 Punkten Position vier.

Die Weltmeisterschaft war sehr spannend verlaufen, sie hatte auch die große Bewährungsprobe der ihr zweites Jahr erlebenden Dreiliterformel gebracht, wobei sich die Ausgeglichenheit der Brabham-Repco nochmals bezahlt machte. Die Coupe der Formel-1-Konstrukteure ging wieder an Brabham. Mit Denis Hulme war ein Pilot Weltmeister geworden, der über hervorragende fahrerische Eigenschaften verfügte und die größten physischen Anstrengungen mühelos überstand. Allerdings saß auch diesmal ein stiller und nüchterner Mann mit gutem technischem Gefühl auf dem Thron, um den weder Presse noch Publikum einen großen Rummel inszenierten. Als Showman taugte der athletische, bärenstarke und zähe Naturbursche nicht.

Ende der Saison 1967 zog sich Maserati als Motorenlieferant von Cooper wieder aus der Formel 1 zurück. Der auf das Jahr 1956 zurückgehende schwere V12-Motor war veraltet, man wollte aber nicht viel Geld in eine Neukonstruktion stecken. Zwischen der Luxussportwagen herstellenden Modeneser Marke und Citroën war inzwischen eine enge technische Zusammenarbeit entstanden. Maserati entwickelte den V6-Motor des Citroën SM. Im Frühjahr 1969 übernahm Citroën bei Maserati eine Mehrheitsbeteiligung von 60 Prozent. Später kam die Marke mit dem Dreizack Neptuns im Wappenschild für einige Jahre restlos in französische Hände.

Rennwagen mit Flügeln

Der Ford-Cosworth-Motor gewinnt erstmals die WM (Graham Hill). In Hockenheim stürzt der große Jim Clark tödlich. Siffert auf dem Lotus des Walker-Teams gewinnt den Grand Prix von England.

Mit der Grand-Prix-Saison 1968 setzte die große Erfolgsära des Cosworth-DFV-V8-Motors ein, mit welchem zwischen 1968 und 1982 zwölf Fahrerweltmeisterschaften gewonnen wurden. Immer mehr Konstrukteure gingen auf dieses Aggregat über, das von nun an nicht mehr ausschließlich dem Lotus-Team reserviert blieb, auch McLaren und die neue Marke Matra bedienten sich 1968 dieses Triebwerkes. In seiner zweiten Grand-Prix-Saison gewann der englische V8 nicht weniger als 11 von 12 WM-Läufen. Ferrari verfügte zwar über ein hervorragendes V12-Aggregat, aber die italienische Marke mußte sich trotzdem mit einem einzigen Sieg begnügen.

Die Saison 1968 leitete auch das Zeitalter der aerodynamischen Hilfsmittel zur Erhöhung des Anpreßdruckes der Monoposto auf der Fahrbahn ein. Die Wagen bekamen am Heck Stabilisierungsflügel (oder einfach Heckflügel) und am Bug Luftflossen (oder Spoiler) angebaut. Ende der Saison waren sämtliche Konstruktionen mit solchen neuartigen Hilfsmitteln versehen. Die meisten Flügel und Flossen waren nicht auf wissenschaftlichen, sondern auf rein empirischen Grundlagen gebaut worden, so daß die Seriosität der Konstruktionen manchmal zu wünschen übrigließ: Es kam vor, daß die flügeltragenden Gestelle einknickten oder die einer zusätzlichen Belastung ausgesetzten Aufhängungen barsten, besonders bei den Lotus 49. Mit diesen für heutige Begriffe selbstverständlichen Flossen und Flügeln wird der Auflagedruck der Fahrzeugachsen unter dem Einfluß des Fahrtwindes stark erhöht. Die Wirkung variiert mit der Größe des Flügels und dem gewählten Anstellwinkel (die systematischen Windkanalversuche folgten erst nach Jahren). Mit Beginn des Flügelzeitalters wurde mit Transporteuren und Wasserwaagen vor den Boxen operiert. Man ging sogar zu beweglichen Flügeln über: Matra brachte einen solchen heraus, der automatisch von einem Elektromotor bewegt wurde. Die Impulse wurden ihm über das Bremspedal gegeben. In Monza erschien Ferrari mit einem hydraulisch gesteuerten Stabilisierungsflügel: Die Hydraulik war an den Ölkreislauf des Motors angeschlossen, die Steuerung erfolgte über Schaltung und Bremspedal. Ende der Saison experimentierte Brabham mit zwei großen, hoch über dem Fahrzeugkörper an Gestellen befestigten Flügeln, die an den Vorderrad- und Hinterradaufhängungen verankert waren. Man sprach vom Brabham-«Doppeldecker», dessen hinterer Flügel sich von Hand mittels Seilzug bewegen ließ. Die in den Kurven stark angewinkelten Flügel wollte man auf den Geraden zur Verminderung des Luftwiderstandes flach legen. Die Entwicklung wurde besorgniserregend, sie führte 1969 gezwungenermaßen zur Reglementierung, das heißt zur Rückentwicklung der gefährlich gewordenen Flügel.

Drei Große Preise wickelten sich 1968 bei Regen ab (Holland, Frankreich und Deutschland); die Reifenwahl fiel hier mit ins Gewicht; die Dunlop-Regenreifen mit superweicher Gummimischung und breiter zentraler Rille erwiesen sich als hervorragend. Das Fahren mit den superbreiten Reifen wurde im Regen noch problematischer, denn erstens reduziert ein breiter Reifen den spezifischen Auflagedruck zwischen Reifen und Fahrbahn, und zweitens wirbelt er eine Unmenge Wasser auf, was für den nachfolgenden Konkurrenten sehr gefährlich werden kann, weil die Sicht dadurch auf ein Minimum reduziert wird. Bei den normalen Reifen für trockene Fahrbahn registrierte man Laufflächenbreiten von 38 Zentimetern. Hatte das Jahr 1966 noch der allgemeinen Fertigung der Fahrzeuge gegolten, so ging man ab 1967 vor allem an eine konsequentere Verbesserung der Aerodynamik sowie an die Reduktion des Wagengewichtes heran. Vermehrt wurden Titan und Magnesium verwendet. Das teure Titan weist mindestens die gleiche Widerstandsfähigkeit wie Stahl auf, ist jedoch deutlich leichter. Aus Magnesium stellte man die Gußgehäuse sowie die breiten Felgen her.

Ein neues Kapitel im internationalen Rennsport nahm seinen Anfang: Die Werbung auf Rennwagen, die bisher nur in Amerika toleriert worden war und dort die sonderbarsten Blüten trieb, wurde von der CSI freigegeben. Ende 1967 zogen sich die Benzinfirmen BP und Esso als Geldgeber einiger Formel-1-Rennställe zurück. Dem Beispiel folgte auch Firestone: Wer die amerikanischen Rennreifen wünschte, mußte sie bezahlen, Gagen gab es keine mehr. Die knapp werdenden Mittel bewogen die Reglementsgewaltigen, neue Geldhähnen zu öffnen: Man gab somit die Reklame frei. Die Zigaretten-, Getränke-, Ski- oder Kosmetikwerbung auf Rennwagen setzte ein, was zwar den Vorteil hatte, daß diese in keiner Beziehung zur Autoindustrie stehenden Produkte mithalfen, den immer teurer werdenden Grand-Prix-Sport zu finanzieren, auf der anderen Seite aber wurde das Image des Spitzensportes in einem gewissen Sinne abgewertet. Schon beim Großen Preis von Monaco erschienen die bisher grünen, mit gelbem Mittelstrich verzierten Lotus 49 in Rot, das Team hieß jetzt offiziell «Gold Leaf Team Lotus», es warb für Zigaretten. Mit dieser branchenfremden Reklame wurden auch einige Rennfahrer verwöhnt und vermehrt auf das Geldscheffeln abgerichtet. Aus dem Sportler wurde ein geldhungriger Businessman. Die Reklame machte auch die bisherigen Landesfarben für Rennwagen bedeutungslos, nur Ferrari hielt seinem traditionellen italienischen Rot die Treue.

Leider stand die Saison 1968 auch im Zeichen einer Serie tödlicher Unfälle von Spitzenpiloten: Am 7. April kam Jim Clark bei einem Formel-2-Rennen in Hockenheim, am 7. Mai Mike Spence im Verlaufe einer Testfahrt in Indianapolis, am 8. Juni Lodovico Scarfiotti während einer Trainingsfahrt des Roßfeld-Bergrennens und am 7. Juli der Franzose Jo Schlesser im Verlaufe des Großen Preises von Frankreich in Rouen-les-Essarts ums Leben.

Auch die junge und dynamische französische Marke Matra griff 1968 in die Formel 1 ein. Das Raumfahrtunternehmen Matra hatte im Oktober 1964 die Automobile herstellende «Société Matra Sports» mit Sitz in Vélizy bei Paris gegründet. Matra baute zuerst Formel-3- und Formel-2-Rennwagen mit Ford-Motor, wobei die Formel-3-Konstruktion 1965 erstmals in Reims und die der Formel 2 erstmals 1966 auf dem Nürburgring siegte. Matra genoß in bezug auf die Fahrgestelle bald einen guten Ruf. Im April 1967 bekam das Unternehmen von der französischen Regierung einen Zuschuß von sechs Millionen Franc, die für den Bau und die Entwicklung eines Formel-1-Rennwagens mit eigenem Motor bestimmt waren. Auch auf dem Grand-Prix-Sektor wünschten die Franzosen Prestige. Der Betrag deckte zwar nur die Hälfte der Entwicklungskosten, Matra unterzeichnete aber auch einen Vertrag mit der französischen Benzinmarke Elf, die damit zum Sponsor wurde.

Es entstanden zwei Matra-Formel-1-Rennställe: Matra-Elf war das Werkteam, für das Jean-Pierre Beltoise fuhr; Matra-Inter-

In der Saison 1968 tauchte Matra erstmals in der Formel 1 auf. Jackie Stewart fuhr den Matra MS9 mit Cosworth-Motor und vertrat die Farben von Matra International, wobei es sich hier um die Organisation des Teams von Ken Tyrrell handelte. Die Aufnahme zeigt Stewart beim Race of Champions 1968.

Links
Joseph Siffert.

Rechts
Erster Sieg Joseph Sifferts in einem WM-Lauf. Mit seinem Lotus 49 gewann er den GP von England 1968 in Brands Hatch.

Jo Siffert

Rob Walker

national dagegen war die wohlorganisierte englische Renngemeinschaft des ehemaligen Holzhändlers Ken Tyrrell, dessen Farben Jackie Stewart schon in der Formel 3 und auch in der Formel 2 vertreten hatte. Tyrrells Pilot Nummer 1 hieß selbstverständlich wieder Jackie Stewart.

Jochen Rindt hatte Cooper 1967 verlassen und war zu Brabham gegangen. Denis Hulme dagegen wechselte zum Rennstall seines Landsmannes Bruce McLaren hinüber. Für Lotus fuhren Jim Clark und Graham Hill, später kam auch Jackie Oliver dazu. BRM stellte ein Team mit Pedro Rodriguez, Mike Spence

Mike Spence

und Richard Attwood zusammen. Cooper engagierte den Engländer Brian Redman, den Italobelgier Lucien Bianchi und den Italiener Lodovico Scarfiotti. Ferrari verfügte über zwei junge, talentierte Piloten: Chris Amon und Jacky Ickx.

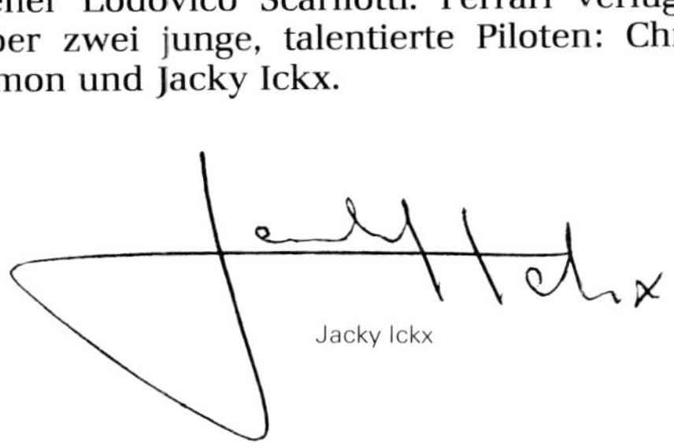

Jacky Ickx

Surtees blieb Honda treu, Gurney brachte seine Eagle nur noch sporadisch an den Start und kam gelegentlich auf den Wagen von Brabham oder McLaren zum Einsatz. Der Amerikaner war übrigens 1968 der erste Grand-Prix-Pilot, der mit dem modernen, das Gesicht schützenden Bell-Integralhelm fuhr, später folgten alle Rennfahrer seinem Beispiel.

Der Lotus 49 bekam anstelle des bisherigen ZF-Getriebes ein englisches Hewland-Getriebe, das einen schnelleren Wechsel der Übersetzung oder Abstufung ermöglichte.

Beim Großen Preis von Südafrika in Kyalami holte sich Jim Clark den 25. Grand-Prix-Sieg seiner Karriere, in der «ewigen Liste» war er damit alleiniger Spitzenreiter geworden. Es sollte sich zugleich um den letzten Formel-1-Erfolg dieses großartigen Fahrers und ebenso sympathischen wie bescheidenen Burschen handeln. Graham Hill wurde beim ersten Grand-Prix der Saison Zweiter.

In Südafrika feierte Matra das Formel-1-Debüt: Ken Tyrrell setzte den Typ MS9 mit provisorischem und vom Formel-2-Modell übernommenem Monocoquechassis, Ford-Cosworth-Motor und Hewland-Getriebe ein, der in den Händen Jackie Stewarts einen hervorragenden Eindruck hinterließ. BRM debütierte mit dem neuen Typ 126 mit Monocoquechassis, V12-Motor und Hewland-Getriebe, nachdem man die Weiterentwicklung des H16-Motors eingestellt hatte. Mit dem von Aubrey Woods konstruierten BRM-V12-Motor waren jetzt auch die Cooper T86B bestückt. Noch vor dem ersten europäischen Weltmeisterschaftslauf kam Jim Clark in Verlaufe eines Formel-2-Rennens in Hockenheim auf der regennassen Bahn am Steuer eines Lotus-Ford ums Leben. Es konnte nie genau — wenigstens nicht für Außenstehende — nachgewiesen werden, ob der größte Fahrer der damaligen Zeit Opfer eines Fahrgestellschadens geworden war — an der betreffenden Stelle gab es auch fast keine Zuschauer. Die damaligen Sicherheitsmaßnahmen entlang den Hochgeschwindigkeitspartien des Hockenheimringes ließen zu wünschen übrig, denn die Bäume standen nur wenige Meter von der Fahrbahn entfernt, und es lagen keine Leitplanken dazwischen.

Einen Monat nach Jim Clark stürzte Mike Spence in Indianapolis während einer Probefahrt mit dem Lotus-56-Turbinenwagen tödlich. Seit 1911 war Spence das 34. «Indy»-Todesopfer. Der unglückliche Engländer war nach Aufprall gegen die Schutzmauer von einem Vorderrad des eigenen Fahrzeuges erschlagen worden.

Die «500 Meilen» brachten die zweite und praktisch auch letzte Vorstellung der Turbinenrennwagen. Das Reglement sah bei diesen Aggregaten erstmals eine Einschränkung des Luftdurchlasses vor, der auf 15,99 Quadratzoll oder 103,21 cm^2 begrenzt wurde. STP hatte bei Lotus in England sechs Fahrzeuge mit der schon 1967 verwendeten und den neuen Reglementsvorschriften angepaßten Pratt-&-Whittney-Gasturbine bauen lassen. Die Lotus verfügten ebenfalls über einen Vierradantrieb von Ferguson. Wiederum brachte Lotus mit dem Mark 56 eine wegweisende Neukonstruktion heraus, nämlich ein Monocoquechassis, das die Form eines Keiles aufwies. Dank der Keilform wurde der Auflagedruck des Fahrzeuges auf die Fahrbahn unter Einwirkung des Fahrtwindes erhöht. Die ersten Testfahrten mit dem Typ 56 hatte noch Jim Clark unternommen. Schließlich qualifizierten sich drei STP-Lotus mit Joe Leonard, Graham Hill und Art Pollard, wobei Leonard die Pole Position einnahm. Das Rennen war enorm spannend und brachte einen mitreißenden Führungskampf zwischen dem Turbinenwagen Joe Leonards und dem Eagle-Offenhauser von Bobby Unser. Graham Hill geriet mit seinem «Keil» schon nach elf Runden in die Abschrankungen und schied aus. Zwanzig Runden vor Schluß führte Leonards Lotus mit acht Sekunden Vorsprung vor dem Eagle Bobby Unsers. In der 193. von insgesamt 200 Runden waren es nur noch fünf Sekunden. Erster Sieg eines Turbinenwagens? Nein. Sieben Runden vor Schluß brach die Antriebswelle für die Treibstoffpumpe der Gasturbine, und Leonard mußte sein Fahrzeug ausrollen lassen, Bobby Unser wurde Sieger. Damals waren

Bobby Unser

die «Indy»-Motoren von Ford und Offenhauser erstmals in größerer Zahl mit Abgasturboladern versehen worden, womit auch die Turboära im Spitzenrennsport ihren Anfang nahm. In der Formel 1 sollte das Turbodebüt allerdings viel später, nämlich 1977, erfolgen. Der Hubraum der aufgeladenen Aggregate war bei den «Indy»-Wagen auf 2,8 Liter beschränkt. Für den Turbo-Ford wurden 700 und für den Turbo-Offy 630 PS angegeben. Jochen Rindt auf dem Brabham BT25 mit Repco-Viernockenwellensaugmotor war schon in der fünften Runde infolge Kolbenbruchs ausgeschieden. Damit war die Zeit der Turbinenwagen in Indianapolis praktisch abgelaufen, denn 1969 wurde der Luftdurchlaß auf eine Fläche von 11,99 Quadratzoll oder 77,3 cm^2 limitiert, und diese Einschränkung ließ der Gasturbine keine Chance mehr. Ein Jahr später wurde beim 500-Meilen-Rennen auch der Vierradantrieb verboten. Indianapolis stellte allgemein auf Turboladermotoren um.

Die Fahrerweltmeisterschaft wurde in Europa mit dem Großen Preis von Spanien fortgesetzt, der seit 1954, als Mike Hawthorn mit dem Ferrari Squalo über den Mercedes-Benz von Juan Manuel Fangio siegte, erstmals wieder im WM-Programm figurierte. Rund 24 Kilometer außerhalb Madrids war die moderne Jarama-Rennstrecke entstanden, die zum Austragungsort des Großen Preises wurde. In Spanien brachte das McLaren-Team das neue, von Robin Herd entworfene Modell M7 mit Ford-Motor an den Start. McLaren probierte seitlich getrennt angebrachte Tanks nach dem Vorbild des Lancia D50 von 1954/1955 aus, doch kam man wieder davon ab. Im Training fuhr Jack Brabham den neuen BT26-Repco, der nicht mehr mit einem klassischen Rohrrahmen versehen war. Der BT26 wies eine mit aufgenieteten Blechen verstärkte Rohrkonstruktion nach Ferrari-Vorbild auf und wurde von einem neuen Repco-Viernockenwellenmotor angetrieben. Diese V8-Einheit Typ 760 (88,9 × 60,3 mm = 2996 cm^3) besaß vier Ventile pro Zylinder und leistete 390 PS bei 9000 U/min. Die höchstgezüchtete Version des australischen Achtzylinders war jedoch sehr defektanfällig und lief nur selten zufriedenstellend. Ende des Jahres faßte Repco den Entschluß, sich aus der Formel 1 zurückzuziehen. Wie schon erwähnt, hatte Rindt mit einer hubraumstärkeren Ausführung des Repco V8 sein Glück auch in Indianapolis versucht. Inzwischen war bei Lotus ein neuer Typ 49B mit im Vergleich zum Mark 49 um fünf Zentimeter verlängertem Radstand und verstärkten Aufhängungen entstanden. An der Modifikation des Fahrwerkes war neben Maurice Phillipe auch der junge Schweizer Techniker Joseph Marquart aus Winterthur beteiligt, der später Chefkonstrukteur von McLaren wurde — als Nachfolger von Robin Herd.

Josef Marquart

Den Großen Preis von Spanien gewann Graham Hill auf dem Lotus 49B-Ford vor Denis Hulme auf McLaren M7-Ford und Brian Redman auf Cooper T86B-BRM V12. In Jarama fuhr John Surtees den neuen und wieder unter der Gesamtleitung von Ing. Yoshio Nakamura entstandenen Honda RA301 V12 mit breiterem Monocoquechassis. Jean-Pierre Beltoise sprang hier auf dem definitiven Matra MS10-Ford für Jackie Stewart ein, der sich ein Handgelenk gebrochen hatte. Das Rennen verlief besonders spannend und abwechslungsreich. Zuerst führte Pedro Rodriguez auf dem neuen BRM P126 V12. Nachdem der Mexikaner von der Strecke abge-

Joshio Nakamura

kommen war, übernahm Beltoise auf dem Matra die Spitze, doch ein Ölleck setzte der Fahrt des einstigen französischen Motorradmeisters ein Ende, worauf Chris Amon auf

Beim Grand Prix von Südafrika 1968 liegt Graham Hill mit seinem Lotus 49-Cosworth vor dem Südafrikaner Sam Tingle auf LDS-Repco, der Jochen Rindt auf Brabham BT24-Repco auf der Kurveninnenseite vorbeiwinkt. Dieses Rennen gewann Jim Clark auf Lotus 49, wobei es sich um den 25. und letzten Grand-Prix-Erfolg des Schotten handelte, der kurz danach in Hockenheim tödlich verunglückte. In Kyalami traten die Lotus zum letzten Male im traditionellen «Racing Green» an, später trugen sie die Farben von JPS.

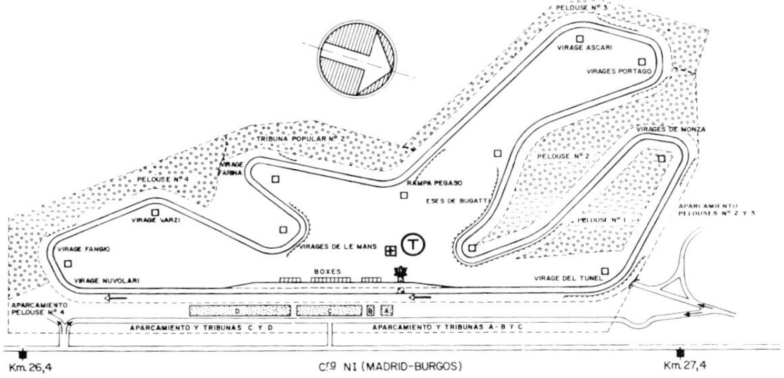

Endlich hatte auch Spanien seine permanente Rennstrecke. Der Rundkurs von Jarama weist eine Länge von 3404 m auf, die Anlage liegt rund 20 Kilometer von Madrid entfernt. Hier wurde der Große Preis von Spanien zwischen 1968 und 1981 zehnmal ausgetragen.

dem Ferrari 312/015-68 in Führungsposition kam. Aber ein Benzinpumpenschaden brachte den großen Pechvogel um den verdienten Erfolg. Schließlich kreuzte Graham Hill das Ziel als Sieger.

Nachdem Siffert in Südafrika auf dem veralteten Cooper-Maserati mitgekämpft hatte, bestritt er in Spanien seinen ersten Grand Prix am Steuer eines Lotus 49 des Walker-Teams.

Für den Großen Preis von Monaco meldete Matra-Elf erstmals den neuen MS11, der nicht von einem Ford-V8-Motor, sondern vom neuen Matra-V12-Aggregat mit vier Nockenwellen und Lucas-Einspritzung angetrieben wurde. Jeder Zylinder wies vier Ventile auf, das Triebwerk (79,7 × 50 mm = 2999 cm^3), das anfänglich 390 PS bei 10 500 U/min abgab, war von Matra in Zusammenarbeit mit dem spezialisierten Unternehmen Moteur Moderne unter der Leitung von Ingenieur Georges Martin konstruiert und verwirklicht worden. Auch der MS11 wies ein englisches Hewland-Getriebe auf. Seit 1957, als sich die Marke Gordini vom Grand-Prix-Sport zurückzog, hatte es keine blauen Formel-1-Wagen mehr gegeben. Übrigens wollte damals auch die weitgehend von Renault kontrollierte Marke Alpine in die Formel 1 einsteigen. Diese Absicht hatte Alpine-Chef Jean Rédélé schon Ende 1967 durchblicken lassen; Amédée Gordini baute einen V8-Motor, der sowohl für den Alpine-Sportwagen-Prototyp als auch für den Formel 1 bestimmt war. Im August 1968 drehte Alpine-Werksfahrer Mauro Bianchi auf der belgischen Bahn von Zolder mit dem Alpine-V8-Monoposto einige Proberunden, aber damals war das Schicksal des Formel 1 schon besiegelt, denn der erhoffte staatliche Zuschuß war ausgeblieben, und das Projekt wurde fallengelassen.

In Monaco fuhr der bisherige französische Formel-2-Spezialist Johnny Servoz-Gavin den zweiten Matra-Ford des Tyrrell-Teams. Nachdem Servoz-Gavin kurz in Führung gelegen hatte, schied er mit einer gebrochenen Halbachse aus. Graham Hill gewann diesen Grand Prix zum vierten Male. Sein Lotus wies vorn zwei Flügelstummel und hinten eine keilförmige Heckverschalung zwecks Erhöhung der Achsbelastung auf. Neu waren auch die Magnesiumränder des Lotus. Nach dem tödlichen Unfall Lorenzo Bandinis im Vorjahr — die damaligen Sicherheitsmaßnahmen hatten eine Polemik ausgelöst — sagte Ferrari diesmal für Monaco ab, ohne einen offiziellen Grund anzugeben. Man verkürzte die Renndistanz aus Sicherheitsgründen von den klassischen 100 auf 80 Runden, ebenso wurde die Schikane verlegt. Nach 15 Runden lagen in Monaco noch 7 der 16 gestarteten Fahrzeuge im Rennen, am Ziel waren es noch 5. Hervorragend schlug sich Dick Attwood auf dem von Len Terry konstruierten BRM 126 V12, er wurde Zweiter.

Dem am 9. Juni ausgetragenen Großen Preis von Belgien kam eine gewisse historische Bedeutung zu, denn auf der Ardennenrundstrecke tauchten erstmals Rennwagen mit — allerdings noch kleinen — getrennt über dem Heck montierten Stabilisierungsflügeln auf. Lotus begnügte sich damit, die Abrißkante der keilförmigen Heckverkleidung durch ein zusätzliches Blech zu erhöhen.

Der Ferrari 312 besaß einen über dem Motor befestigten Stabilisierungsflügel, und beim ersten Trainingslauf fuhr Chris Amon die schnellste Zeit. Bald erschien auch der Brabham mit einem Heckflügel, der ebenfalls über dem Motor befestigt war und somit auf das Chassis und nicht direkt auf die Aufhängung wirkte. In Belgien ging dem führenden Stewart auf dem Matra MS10-Ford das Benzin aus. McLaren auf seinem M7-Ford kam zu einem unerwarteten Sieg. Lodovico Scarfiotti, der dem Cooper-Team angehörte, meldete sich nicht für den Großen Preis von Belgien, er bestritt für Porsche die Berg-Europameisterschaft. Am gleichen Wochenende stürzte er mit einem superleichten Porsche Spider kurz nach dem Start zu einem Trainingslauf des Roßfeld-Bergrennens bei Berchtesgaden tödlich.

Der holländische Weltmeisterschaftslauf war der erste Regen-Grand-Prix des Jahres. Unter mißlichen Bedingungen lieferten Jakkie Stewart auf dem Matra MS10-Ford und Jean-Pierre Beltoise am Steuer des schweren MS11 mit Matra-V12-Motor eine großartige Demonstration ihres Könnens als Regenfahrer; sie belegten auch die Plätze eins und zwei. Es handelte sich um den ersten Formel-1-Sieg von Matra, und zudem legte der zweitklassierte Zwölfzylinder seine erste Bewährungsprobe ab. Zum Matra-Erfolg hatten auch die hervorragenden Dunlop-Regenreifen das Ihrige beigetragen. In Zandvoort belegte der Tessiner Silvio Moser auf seinem Brabham BT19-Repco des Charles-Vögele-Racing-Teams hinter Pedro Rodriguez auf BRM einen vielbeachteten fünften Platz, der für den kleinen Moser zwei MW-Punkte bedeutete.

Die Tradition des auf das Jahr 1906 zurückgehenden Grand Prix de l'Automobile Club de France (ACF) wurde 1968 abgebrochen. Als Organisator dieses auf der Rundstrecke von Rouen ausgetragenen Weltmeisterschaftslaufes zeichnete nicht mehr der ACF, sondern die Fédération Française du Sport Automobile (FFSA), und das Rennen hieß jetzt Grand Prix de France. In Rouen wiesen die Lotus 49B neuartige, hochliegende Heckflügel auf, welche nicht wie bei den Fahrzeugen der Konkurrenz am Chassis oder über dem Motor verankert waren, sondern die dünnen profilierten Stahlträger dieser Flächen waren direkt auf die Aufhängungen montiert, so daß sie einen unmittelbaren Druck auf die Antriebsräder ausübten. Diese «direkten» Flügel waren selbstverständlich viel wirksamer, sie stellten aber auch eine zusätzliche Belastung der Aufhängung dar, denn jede Bodenunebenheit wurde via Traggestell auf den Flügel übertragen. Im Training verunfallte Jackie Oliver mit dem 49B auf einer schnellen Geraden: Die Aufhängung war wieder einmal gebrochen. Wie durch ein Wunder kam der kleine Engländer praktisch ohne Verletzungen davon, obschon das Chassis total zertrümmerte und die Räder abgerissen wurden. Oliver war das erste Opfer einer technischen Richtung, die von den Konstrukteuren eingeschlagen wurde, ohne daß man sich auf seriöse wissenschaftliche Grundlagen gestützt hätte. Der ziemlich hoch liegende Heckflügel des Lotus hatte auch den Vorteil, daß er vom Fahrtwind in einer relativ ruhigen Zone bestrichen und nicht durch die vom Wagen selbst verursachten Wirbelungen gestört wurde. Entsprechend größer war die Wirkung der Fläche. Später stellte Colin Chapman die Flügel noch höher. Obschon diese neuartigen aerodynamischen Hilfsmittel auf den Geraden einen zusätzlichen Luftwiderstand hervorriefen, erzielten die Fahrer damit schnellere Rundenzeiten, denn in den Kurven war die Radhaftung viel größer, und beim Beschleunigen aus den Kurven heraus ließ sich das Drehmoment dank der höheren Radbelastung viel besser auf den Boden übertragen. Honda brachte ein vollkommen neues Modell nach Rouen: den Typ RA302E mit luftgekühltem V8-Motor. Seit dem Porsche-Achtzylinder von 1962 war dies der erste Formel-1-Rennwagen mit Luftkühlung. Ausnahmsweise wurde das Fahrzeug dem

Joe Leonard

Andy Granatelli

Beinahe gewann Jo Leonard auf dem Lotus 56 mit Pratt-&-Whittney-Gasturbine die 500 Meilen von Indianapolis 1968. Sieben Runden vor Schluß brach jedoch die Antriebswelle der Treibstoffpumpe der Gasturbine, und wieder hatte ein Fahrzeug des korpulenten Andy Granatelli (Hintergrund) den großen Sieg verpaßt.

Rechts
Beim Großen Preis von Italien 1968 in Monza hatten die Konkurrenten die Qual der Wahl: mit oder ohne Flügel fahren? Mit Flügel war man auf den Geraden langsamer, in den Kurven aber schneller, und ohne Flügel war es umgekehrt. Nach dem Start führt hier Bruce McLaren auf McLaren M7A-Cosworth vor Graham Hill auf Lotus 49-Cosworth und John Surtees auf Honda RA301.

französischen Formel-1-Debütanten Jo Schlesser anvertraut, der allerdings von den Langstreckenrennen her eine gewisse Erfahrung mit starken Fahrzeugen mitbrachte. John Surtees weigerte sich nach den ersten Probefahrten in Rouen, mit der Neukonstruktion zu starten. Er hielt den V8 nicht für einsatzreif. Leider verunglückte Jo Schlesser im Verlaufe der dritten Runde ausgangs der Nouveau-Monde-Kurve mit dem luftgekühlten Honda tödlich; der Wagen brannte völlig aus.

Die Reihen des japanischen Achtzylinders standen in einem Winkel von 120 ° zueinander. Das Triebwerk (88 × 61,4 mm = 2987 cm^3) leistete 390 PS bei 10 500 U/min und besaß eine indirekte Honda-Einspritzung. Auch das Fünfganggetriebe stammte von dieser Marke. Beidseits des Cockpits waren Luftschächte angebracht, welche die Kühlluft weiter beschleunigten. Die Luftkühlung wurde durch die Zirkulation großer Ölmengen verstärkt. Beim V8-Modell bestanden viele Teile aus Magnesium. Dieses superleichte Metall fängt, sobald ein Initialbrand mit sehr hoher Temperatur erzeugt wird, Feuer, das dann nur schwer oder überhaupt nicht mehr zu löschen ist. Der Honda RA302 erschien später wieder beim Training in Monza, wo John Surtees bloß einige Proberunden drehte. Der im Regen ausgetragene Große Preis von Frankreich brachte den ersten und auch überzeugenden Grand-Prix-Sieg von Jacky Ickx auf dem Ferrari 312, der allerdings nicht mit Dunlop-, sondern mit Firestone-Reifen ausgerüstet war. Der junge Belgier fuhr im Regen meisterhaft und lag praktisch von der ersten bis zur letzten Runde an der Spitze. John Surtees auf dem Honda RA301 mit V12-Motor wurde Zweiter vor Jackie Stewart auf dem Matra MS10-Ford und dem englischen Formel-1-Debütanten Vic Elford auf dem von Tony Robinson konstruierten Cooper T86B-BRM. Elford hatte sich bereits als Rallye- und Langstreckenfahrer ein gutes Renommee geschaffen.

Es folgte der Große Preis von England in Brands Hatch. Dieses großartige Rennen, ausgetragen am 20. Juli 1968, sollte den ersten Grand-Prix-Erfolg Joseph Sifferts bringen. Bisher hatte der Freiburger zwar drei Formel-1-Rennen (1963 in Syrakus, 1964 und 1965 in Enna), aber noch nie einen Weltmeisterschaftslauf gewonnen. Der seit Ende 1964 für das englische Team Rob Walker fahrende Schweizer — auch der Börsenmakler Jack Durlacher war als Financier zur Renngemeinschaft gestoßen — hatte vor dem Grand Prix einen funkelnagelneuen Lotus 49B mit hochliegendem Heckflügel erhalten. Der Rennwagen war noch während des Transports nach Brands Hatch im Camion fertigmontiert worden. Mit Ausnahme von BRM und Cooper wiesen alle Wagen in Brands Hatch Stabilisierungsflügel auf, Honda war zum «direkten», nach Lotus-Vorbild auf die Hinterradaufhängung aufgebauten Flügel übergegangen. Das Rennen stand ganz im Zeichen der Lotus 49, später griff auch Chris Amon auf Ferrari in den Spitzenkampf ein. Zuerst führte Graham Hill, nachdem er seinem Stallkollegen Jackie Oliver in der vierten Runde die Führung entrissen hatte. In der 27. Runde brach an Hills Wagen eine Antriebswelle. Wieder setzte sich Oliver an die Spitze, bis ihn in der 44. Runde ein Schaden an der Kraftübertragung aus dem Rennen warf. Dicht hinter ihm hatte Joseph Siffert mit seinem dunkelblauen Lotus ständig gelauert, jetzt war sein großer Moment gekommen. Chris Amon auf Ferrari lieferte dem Freiburger ein großartiges Duell, aber Siffert ließ sich mit seinem neuen Auto nicht unterkriegen. Mit 4,4 Sekunden Vorsprung vor Chris Amon gewann wieder ein Schweizer den Großen Preis von England. Im Jahre 1949 hatte Emanuel De Graffenried auf dem Maserati 4CLT48 mit 1,5-Liter-Kompressormotor in Silverstone gesiegt. Der dritte Schweizer Sieg in England sollte dann 1979 mit Clay Regazzoni auf dem überlegenen Williams-Ford folgen.

Beim Großen Preis von Deutschland herrschten so widrige Verhältnisse, wie man sie in der ganzen Renngeschichte praktisch kaum jemals erlebt haben dürfte. Die Eifel war teilweise in dichten Nebel gehüllt, zudem regnete es unaufhörlich. Die Witterung stellte die Durchführung des Rennens überhaupt in Frage. Von der Haupttribüne aus sah man die Boxen zeitweise nur als dunkle Silhouette. Auf dem Nürburgring lieferte Jackie Stewart auf dem Matra-Ford nach seinem großartigen Regenrennen von Zandvoort erneut eine sensationelle Kostprobe seines Könnens als Regen- und Nebelfahrer. Es schien, als werde der blaue Matra von einem Radar über den schwierigen Kurs dirigiert. Der zweitklassierte Hill kreuzte das Ziel erst vier Minuten nach dem Schotten.

In Monza sahen sich die Konkurrenten auf dieser schnellen Bahn vor die Wahl gestellt, entweder Heckflügel zu verwenden und damit auf den Geraden infolge des zusätzlichen Luftwiderstandes langsamer zu sein, um jedoch in den Kurven über mehr Anpreßdruck und Stabilität zu verfügen, oder umgekehrt. Die verschiedenartigsten Kombinationen verstellbarer Flügel wurden ausprobiert. Mehrere Konkurrenten traten überhaupt ohne Flügel an, so auch Denis Hulme, dessen McLaren-Ford dann auch siegte. Es gab wieder ein spannendes Rennen nach Monza-Tradition, denn die langen Geraden brachten die Pulks mit der Windschattenfahrerei, so daß sich die Gruppen nicht auflösen konnten. Schwächere Wagen liessen sich im Windschatten der stärkeren ziehen und kamen auf diese Weise besser mit. Die Spitze wechselte 16mal, Bruce McLaren auf McLaren-Ford, Jackie Stewart auf Matra-Ford, Joseph Siffert auf Lotus-Ford, Denis Hulme auf McLaren-Ford und John Surtees auf Honda V12 lösten einander in der Führungsposition ab. Hinter Denis Hulme kreuzte Johnny Servoz-Gavin auf Matra-Ford das Ziel als Zweiter, nachdem Jacky Ickx kurz vor dem Ziel infolge Benzinmangels

des Ehrenplatzes verlustig gegangen war. Der Eagle V12 trat in Monza zum letzten Male bei einem Großen Preis an. Dan Gurneys Unternehmen hatte sich mehr und mehr auf den Bau von USAC-Rennwagen konzentriert. Nach dem Großen Preis von Italien war die Lage in der Weltmeisterschaft offener denn je. Graham Hill führte mit 30 Punkten vor Jacky Ickx mit 27, Jackie Stewart mit 26 und Denis Hulme mit 24 Punkten. Jeder hatte noch eine Chance. Der italienische Pressekollege Ingenieur Enrico Benzing rechnete in Monza die durch die verwendeten Heckflügel entstehende zusätzliche Achsbelastung aus, wobei seine Berechnungen auf Flügeln der Dimensionen von 25 bis 30 × 100 bis 130 Zentimeter basierten. Er nahm dabei verschiedene Anstellwinkel an, seine Werte bezogen sich auf ein Tempo von 200 km/h (unterer Wert) oder 300 km/h (oberer Wert). Ermittelt wurde auch die durch den zusätzlichen Luftwiderstand bedingte und in PS ausgedrückte Leistungseinbuße.

Es ergaben sich folgende Werte:

Anpreßdruck:	
Anstellwinkel	Druck in kg
0°	25 bis 55 kg
5°	40 bis 110 kg
10°	60 bis 170 kg
15°	70 bis 250 kg
Leistungseinbuße:	
0°	1 bis 2,5 PS
5°	2 bis 8 PS
10°	5 bis 15 PS
15°	7 bis 25 PS
20°	12 bis 40 PS

Die Weltmeisterschaft wurde in Kanada auf der Rundstrecke des Mont Tremblant fortgesetzt, wo Chris Amon auf Ferrari von der 1. bis in die 72. Runde in Führung lag. Die defekte Kupplung des Ferrari — Amon schaltete deshalb, ohne zu kuppeln — hatte einen Getriebeschaden zur Folge, und der italienische Zwölfzylinder schied aus. Den Großen Preis von Kanada gewann Denis Hulme auf dem McLaren M7-Ford. Jacky Ickx war mit seinem Ferrari beim Training gestürzt und hatte sich ein Bein gebrochen, so daß er aus dem Kampf um den Titel ausschied.

Auch beim Großen Preis der USA gab es noch keine WM-Entscheidung. Am Ziel lautete die Reihenfolge Jackie Stewart, Graham Hill, John Surtees, Dan Gurney (McLaren-Ford) und Joseph Siffert. Vor dem Endlauf in Mexiko kamen noch Stewart, Hill und Hulme für den Titel in Frage. Auf der Magdalena-Mixhuca-Rundstrecke hatte Joseph Siffert einen ganz großen Tag. Mit seinem Lotus 49B erwies er sich als der Konkurrenz haushoch überlegen. Vielleicht spielte hier auch die Einstellung der Motoren eine Rolle, die in Mexiko besonders wichtig ist (dünne Luft, 2300 Meter über Meer). Nach einem schlechten Start eroberte sich der Schweizer die Spitze und schüttelte gleich das ganze Feld ab. Als er aber nach 26 Runden, klar in Führung liegend, wegen eines stupiden Defektes am Gasgestänge zwei Runden an den Boxen verbringen mußte, war es mit dem Traum eines zweiten Grand-Prix-Sieges vorbei. Wie ein Löwe stürzte sich Siffert wieder in den Kampf und fuhr eine Rekordrunde nach der andern. Schließlich wurde er noch Sechster, nachdem er dem führenden Graham Hill im Verlaufe der Aufholjagd wieder eine ganze Runde abgenommen hatte. In Mexiko war Siffert eine Klasse für sich. Für seine hervorragenden Leistungen wurde Joseph Siffert 1968 in der Schweiz zum zweiten Male die BP Racing Trophy verliehen, welche seit 1965 alljährlich einem Fahrer, einer Persönlichkeit oder einer Institution, die sich auf dem Gebiet des Automobilsportes besonders ausgezeichnet hat, zugesprochen wird.

Mit seinem dritten Saisonsieg sicherte sich der 39jährige Graham Hill den Weltmeistertitel zum zweiten Male. Er kam auf 48 Punkte, Stewart mit ebenfalls drei ersten Plätzen auf 36 und Hulme mit zwei Siegen auf 33 Punkte, während der in Kanada verunfallte Jacky Ickx bei 27 Punkten blieb. Zum dritten Male ging die Coupe der Formel-1-Konstrukteure (nach 1963 und 1965) an Lotus.

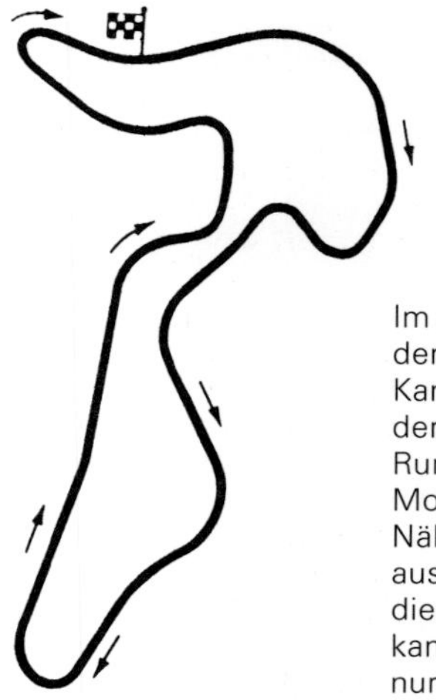

Im Jahre 1968 wurde der Große Preis von Kanada erstmals auf der 3,324 km langen Rundstrecke von Mont Tremblant in der Nähe von St. Jovite ausgetragen. Auf diesem Kurs ist der kanadische Grand Prix nur noch 1970 durchgeführt worden.

Mit Graham Hill war ein würdiger Pilot Weltmeister geworden. Allerdings vermochte Hill die Siege nicht mit der Jim Clark eigenen Leichtigkeit herauszufahren, der Schotte war in seinen letzten Jahren unerreicht. Nach dem Tode Jim Clarks gab es eine relativ breite Spitzengruppe mit mehreren fast gleichwertigen Fahrern: Graham Hill, Jackie Stewart, Denis Hulme, Jacky Ickx, Jack Brabham, Dan Gurney, Jochen Rindt, Chris Amon, John Surtees und Joseph Siffert. Gurney, Brabham und Rindt waren jedoch 1968 infolge des defektanfälligen Materials weniger in Erscheinung getreten.

Ende der Saison zogen sich mehrere Marken von der Formel 1 zurück: Dan Gurney beschloß, seine Eagle nur noch für die amerikanischen USAC-Rennen zu bauen, Honda verzichtete nach den eher enttäuschenden Resultaten ebenfalls auf eine weitere Beteiligung in der Formel 1, ebenso Cooper. Matra trat 1969 nur noch mit dem Matra-Ford zum Start an, das eigene V12-Aggregat kam erst 1970 wieder zum Einsatz.

Eine Marke, welche einer ganzen Epoche ihren Stempel aufgedrückt hatte, verschwand 1969 für immer: Cooper. Noch entstand zwar der Prototyp eines Formel-5000-Rennwagens (T90), der jedoch nicht mehr zum Einsatz kam. John Cooper gab seinen Betrieb auf und siedelte nach Ferring in Sussex um, wo er eine gewöhnliche Garage übernahm. Das Formel-1-Material war bereits versteigert worden. Das 1946 mit dem Bau der ersten und auch sehr erfolgreichen Cooper JAP 500 der damaligen Formel 3 begonnene Kapitel war endgültig abgeschlossen. Ein großer Name verschwand.

Matra griff 1968 auch mit einem eigenen V12-Motor in die Formel 1 ein. Entstanden war das Viernockenwellenaggregat mit 48 Ventilen in Zusammenarbeit mit der Firma Moteur Moderne, wobei Georges Martin für den Zwölfzylinder verantwortlich zeichnete. Die Zylinderabmessungen betrugen 79,2 × 50 mm = 2999 cm^3. Damals kam der V12 auf knapp 400 PS bei 10 500/min.

Erstes großes Stewart-Jahr 1969

Auf einem Matra-Ford wird der Schotte erstmals Weltmeister. Der Ford-Cosworth-Motor gewinnt bei allen Grand Prix. Enttäuschende Auftritte diverser allradgetriebener Formel-1-Rennwagen.

Die Saison 1969 brachte mehr oder weniger eine Monopolstellung des Ford-Cosworth-DFV-Motors, dessen sich nun Matra, McLaren, Brabham und Lotus bedienten. Die Grand-Prix-Saison stand ganz im Zeichen dieses Aggregates, das bei sämtlichen Weltmeisterschaftsläufen siegte.

Ferrari belegte mit dem 312 in Zandvoort und BRM mit dem P139 in Watkins Glen einen dritten Platz, das blieben die besten Resultate der Zwölfzylinder. In Südafrika und Monaco gab es beispielsweise je einen sechsfachen, in Clermont-Ferrand einen neunfachen, in Silverstone sogar einen zehnfachen, auf dem Nürburgring wieder einen sechsfachen und in Kanada einen siebenfachen Erfolg des Ford-V8-Motors. Die 1967 anläßlich des Großen Preises von Holland im Lotus 49 erstmals eingesetzte Maschine, welche damals 400 bis 410 PS bei 9000 U/min abgab, war in zwei Jahren auf rund 430 PS bei 9500 U/min gebracht worden. An der Leistungserhöhung waren in erster Linie das Auspuffsystem sowie Änderungen an den Zylinderköpfen beteiligt. Das Aggregat besaß zudem einen sehr hohen Zuverlässigkeitsgrad. Bei Matra gab es beispielsweise 1969 in 22 Einsätzen keinen einzigen Motordefekt. Die Formel-1-Wagen waren sich jetzt sehr ähnlich: ein Monocoquechassis, ein Ford-Motor und ein Hewland-Getriebe.

Ferrari und BRM gerieten mit ihren Zwölfzylindern ins Hintertreffen, BRM erprobte erstmals neue Zylinderköpfe mit vier Ventilen pro Zylinder. Ferrari gab zwar auch – wie Cosworth – 430 PS an, aber der Zwölfzylinder war nicht so elastisch wie der V8. Ferrari konkurrierte 1969 praktisch nur noch mit einem Fahrer: Chris Amon, denn Jacky Ickx war zu Brabham gegangen. Nach dem Rückzug Hondas wurde John Surtees – er hatte inzwischen eine eigene Marke gegründet, die Rennwagen der Formel 5000 baute – von BRM verpflichtet, Jochen Rindt trat dem Lotus-Team bei. Bei Brabham übernahm man das vorjährige Chassis des BT26 und versah es – anstelle des Repco-Viernockenwellenmotors – ebenfalls mit einem Ford-Motor. Die einzig echte Neukonstruktion war – wenn man von den Fahrzeugen mit Vierradantrieb absieht – der Matra MS80. Im Verlauf des Jahres entstand zwischen Matra und der von Chrysler kontrollierten Marke Simca eine technische Zusammenarbeit. Die Matra-Serienwagen wurden anschließend auch über das große Händlernetz von Chrysler/Simca verkauft. Der Matra MS80 mit Ford-Motor drehte beim Training zum Großen Preis von Südafrika in Kyalami einige Proberunden, sein Debüt beim Großen Preis von Spanien in Barcelona gestaltete sich gleich zu einem Sieg. Eine andere, kaum beachtete Neukonstruktion, bei der es sich nur um ein Übergangsmodell handelte, war der BRM P139. Mit dem Matra MS80 sollte Jackie Stewart nicht weniger als sechs von elf Wer-

Jackie Stewart

tungsläufen gewinnen, nach dem Großen Preis von Italien in Monza stand der Schotte bereits als Weltmeister fest. Der von Matra sowie vom Team Ken Tyrrells stets hervorragend präparierte und abgestimmte MS80 besaß ein Monocoquechassis, an das der Motor (wie schon beim Lotus 49) als Träger des Hecks stirnseitig angeflanscht war. Der Fahrzeugrumpf wurde ziemlich bauchig ausgebildet (kürzere und breitere Tanks in den Seitenholmen des Chassis), damit strebte man eine noch konsequentere Konzentration des Gewichts gegen den Schwerpunkt hin an. Diese Tendenz war später auch bei McLaren, BRM und Tyrrell festzustellen, und zwar bei den 1970 und 1971 herausgebrachten Modellen. Beim Matra hatte man die Stabilisierung durch aerodynamische Hilfsmittel am konsequentesten verfolgt. Die Bugflossen waren in Verbindung mit der Vorderradaufhängung beweglich angeordnet, und zwar vergrößerte sich ihr negativer Anstellwinkel beim Ausfedern, um die «Nase» wieder in Richtung Boden zu drücken, während er sich beim Bremsen verkleinerte und dadurch ein Durchfedern verhinderte. Ähnliche bewegliche und mit den Aufhängungen verbundene Flügel hatte damals auch Porsche für seinen Rennzweisitzer entwickelt. Schon im Frühling – vor dem Großen Preis von Monaco – machte aber die dringend notwendige Reglementierung der Flügel, welche auch das Verbot beweglicher Flügel einschloß, diese Entwicklungsarbeiten zunichte. Der große hintere Flügel des Matra MS80 stützte sich direkt auf die Achsschenkel ab und war auch beweglich. Betätigt wurde dieser Flügel durch einen Elektromotor, der beim Bremsen und beim Zurückschalten den negativen Anstellwinkel vergrößerte, wenn größtmögliche Bodenhaftung erforderlich war.

Seit 1969 waren die Rennwagen auch mit einem automatischen Feuerlöschsystem bestückt. Verwendet wurde vorwiegend eine Anlage der englischen Marke Graviner. Eine

Im Jahre 1968 wurde bei der Redaktion der «Automobil Revue» in Bern die Idee eines Sicherheitsrennwagens geboren. Anschließend entstand ein internationales Gremium von Spezialisten, das die Ideen konkretisierte, so daß der Sigma-Sicherheitsrennwagen dann bei Pininfarina in Turin gebaut werden konnte. Man übernahm die mechanischen Teile eines Ferrari 312 von 1966. Zahlreich waren die in die Konstruktion integrierten Sicherheitsmerkmale, wie zum Beispiel die Knautschzonen rundherum.

auf Temperatur reagierende Vorrichtung löste bei Brand das Löschsystem automatisch aus, und das Löschmittel, ein Gas, strömte aus perforierten Röhrchen, welche um den Motor oder auch im Cockpit angebracht wurden.

Den Großen Preis von Südafrika gewann Jackie Stewart noch auf dem vorjährigen MS10. In Kyalami stellten sich an beiden Brabham BT26-Ford Brüche an den Flügeln oder an deren Halterung ein.

In Spanien kündigte sich das Ende der «freien Flügelära» an, als auf der Montjuich-Stadtrundstrecke von Barcelona Graham Hill und auch Jochen Rindt mit ihren Lotus 49 wegen Schäden an den Flügeln oder deren Halterung in die Leitplanken krachten, wobei sich Rindt das Nasenbein brach. Mit einem gebrochenen Flügel schied in Spanien auch Jacky Ickx aus. Die Entwicklung der Flügel war besorgniserregend, die CSI mußte nun eingreifen. Übrigens gewann Jackie Stewart den Großen Preis von Spanien auf dem debütierenden Matra MS80 mit Flügeln.

In Monaco waren die Flügel nur noch beim Donnerstagtraining zulässig, dann sah sich die CSI gezwungen, eine Notsitzung einzuberufen, worauf die Flügel gegen den Widerstand der Konkurrenten sowohl für den Grand Prix von Monaco als auch für denjenigen von Holland generell verboten wurden. Die Konstrukteure befürchteten, ihre auf Flügel abgestimmten Fahrzeuge würden ohne diese aerodynamischen Hilfsmittel unstabil werden. Dem war jedoch nicht so. In Monaco holte sich Graham Hill auf dem Lotus 49B-Ford seinen fünften Sieg auf diesem Kurs. Jackie Stewart hatte anfänglich mit seinem Matra geführt, aber dann brach ein Antriebsgelenk.

Nach dem Flügelverbot traten die Rennwagen in Zandvoort mit schräg angeordneten, waschbrettähnlichen und am Rumpf befestigten Heckflächen auf. Die Flügelfrage sollte erst einen Tag nach dem Großen Preis von Holland eingehend von der CSI in Anwesenheit der Konstrukteurvertreter in einem Kongreßsaal in Amsterdam behandelt werden. Beim Training zum Großen Preis von Holland tauchten endlich zwei der neuen und vieldiskutierten Modelle mit Vierradantrieb auf, nämlich der Matra MS84 mit Ferguson-Vierradantrieb sowie der Lotus 63 mit Monocoquechassis und einem von Lotus selbst entwickelten Vierradantrieb. Bei diesem keilförmigen, von Maurice Phillipe entworfenen Lotus war das Cockpit so weit nach vorn versetzt, daß die Pedale vor der vorderen Antriebsachse angeordnet waren. Die Achse selbst befand sich über den Unterschenkeln des Piloten. Äußerlich hatte der Matra MS84 die gleiche Form wie der MS80, obschon beim neueren Modell ein Rohrrahmen verwendet wurde. Dieses Rohrchassis war als provisorische Lösung gedacht, weil sich an einem solchen Chassis die Rohre leicht wieder absägen und anders anordnen ließen.

In Zandvoort wurde kein Fahrzeug mit Vierradantrieb im Rennen eingesetzt. Schon bahnte sich eine gewisse Unsicherheit in bezug auf die Vorteile des 4 × 4-Konzeptes an. Bei McLaren befand sich das Modell M9 mit eigenem Vierradantrieb in Vorbereitung, für dessen Konstruktion der Schweizer Chefkonstrukteur Joseph Marquart verantwortlich zeichnete. An Modellen mit Vierradantrieb arbeiteten auch Ferrari und Cosworth.

Nachdem Jochen Rindt auf Lotus-Ford in Holland anfänglich in Führung gelegen hatte, holte sich hier Jackie Stewart auf seinem Matra MS80 den dritten überlegenen Sieg, gefolgt von Joseph Siffert auf dem Lotus 49B-Ford des Walker-Teams und Chris Amon auf Ferrari. Nach dem Großen Preis von Holland reglementierte die CSI die Flügelfrage wie folgt: Verbot von beweglichen sowie von direkt auf die Aufhängungen montierten Flügeln. Der höchste Punkt der Karosserie (oder der Druckflächen) darf sich nicht höher als 80 cm über dem niedrigsten Punkt der vollständig abgefederten Struktur des Fahrzeuges befinden. Hinter den Vorderrädern darf die Karosserie eine Breite von 110 cm nicht überschreiten, jedoch darf kein Teil der Karosserie vor den Vorderrädern, welcher eine Gesamtbreite von 110 cm (Luftabweisbleche oder Flossen) überschreitet, höhenmäßig über die Vorderradfelgen hinausragen. Der Teil der Karosserie, der sich vor den Vorderrädern befindet, kann bis zu einer Gesamtbreite von 150 cm erweitert werden.

Damit war die Flügelfrage auf eine vernünftige und befriedigende Art gelöst. Von nun an gab es nur noch Heckflächen oder Frontflossen, die entweder fest mit dem Fahrzeugrumpf verbunden waren oder einen Teil der Karosserie bildeten.

Der Engländer John Miles startete mit dem vierradgetriebenen Lotus 63 anläßlich des Großen Preises von Frankreich in Clermont-Ferrand, schied aber schon in der zweiten Runde mit defektem Fahrzeug aus. Matra-International, das von Tyrrell geführte Team, belegte in der Auvergne mit Stewart und Beltoise die beiden ersten Plätze vor dem Brabham-Ford von Jacky Ickx.

In Silverstone tauchte auch McLarens 4 × 4-Konstruktion auf, nämlich der von Marquart gebaute M9. Fahrer war der Engländer Derek Bell. Im Rennen stellten sich Bell und auch Jean-Pierre Beltoise mit vierradgetriebenen Fahrzeugen zum Kampf: Beltoise auf dem Matra MS84 und Bell auf dem McLaren M9. Jackie Stewart hatte seinen Matra MS80 im Training beschädigt, so daß er für das Rennen auf den MS80 von Beltoise umstieg. Dies zwang den Franzosen, mit dem MS84 anzutreten. Stewart siegte auch in Silverstone, allerdings wurde er hier hart von Jochen Rindt auf Lotus 49B bedrängt, der anfänglich auch führte, später aber wegen eines kleinen Schadens an der Vertikalflosse des Heckflügels — das verbogene Blech verursachte Vibrationen — eine halbe Minute an den Boxen verlor. In Silverstone waren alle drei vierradgetriebenen Modelle im Einsatz: Mit einem neunten Platz für Beltoise und einem zehnten für Miles kamen sie aber an den Schluß der Rangliste. Bell auf dem McLaren M9 war schon ziemlich früh mit einem Aufhängungsschaden ausgefallen.

Wie schon erwähnt, hatte ganz im stillen auch Cosworth einen Monoposto mit Vierradantrieb gebaut. Die Väter des Cosworth waren Keith Duckworth, Mike Costin sowie der ehemalige McLaren-Mitarbeiter Robin

Rechts
Beim Großen Preis von Südafrika in Kyalami gab es noch kein Flügelverbot, so daß Graham Hills Lotus 49 als «Doppeldecker» antrat. Beim Lotus waren die Flügelgestelle direkt auf die Aufhängungen aufgebaut, womit die Wirkung viel stärker ausfiel.

Mitte
Beim Großen Preis von Deutschland auf dem Nürburgring fuhr Mario Andretti den neuen Lotus 63 mit Vierradantrieb, dessen Heckflügel gemäß den neuen Vorschriften tief liegen und am Chassis befestigt sein mußte.

Links unten
Beim Großen Preis von Spanien 1969 in Barcelona verunfallten Jochen Rindt (Vordergrund) und Graham Hill mit ihren Lotus 49, weil die Halterung des Heckflügels brach. Danach wurden die Flügel reglementiert.

Herd. Ursprünglich hätte die eigenwillige Konstruktion ein Ford werden sollen, aber dann zog sich Ford wieder zurück. Dieses Fahrzeug erschien weder bei einem Rennen noch bei einem offiziellen Training, es drehte nur private Proberunden und wurde dann für immer in die Ecke gestellt. Ausgefallen wirkte die Form mit den seitlich hervorstehenden Tanks, deren Außenkante vorschriftsgemäß die Längsmittelachse der Reifen nicht überschritt. Auch der Vierradantrieb stammte von Cosworth. Schalt- und Transfergetriebe lagen unmittelbar hinter dem Fahrer, das Cockpit war leicht nach links versetzt. Selbstverständlich wurde auch dieser Rennwagen von einem Ford-Cosworth-V8-Motor angetrieben.

Nachdem aber auch einige Spitzenpiloten ausgiebige Trainingsfahrten auf den verschiedenen vierradgetriebenen Konstruktionen unternommen hatten, stand eines fest: Der Vierradantrieb brachte nicht die erhofften Vorteile.

An dieser Stelle sei ein treffender Beitrag aus der Feder des angesehenen belgischen Fachjournalisten Paul Frère zitiert. Der Bericht erschien Ende 1969 im «Auto-Jahr» unter dem Titel «Das vorläufige Fiasko des Vierradantriebes»:

«Man kann berechnen, daß ein moderner Grand-Prix-Wagen, dessen Hinterachse etwas mehr als 70 Prozent des Gesamtgewichts trägt, mit modernen Rennreifen (die auf trockener Bahn einen mittleren Haftwert von mehr als 1,2 haben) eine Beschleunigung von rund 10 m/sec^2 entwickeln kann. Bei entsprechender Übersetzung der Kraftübertragung wären die heutigen Motoren mit weit über 400 PS imstande, den Wagen eine noch wesentlich höhere Beschleunigung zu verleihen, wenn die Bodenhaftung der Antriebsräder dafür ausreichte. In der Praxis drehen bei Vollgas die Räder bei optimaler Übersetzung bis 150—160 km/h durch und sind infolgedessen nicht in der Lage, die volle Motorleistung auf die Straße zu übertragen. Eine Beschleunigung von über 10 m/sec^2 kann infolgedessen nur durch die zusätzliche Ausnützung der Bodenhaftung der Vorderräder erreicht werden. Theoretisch liegt dann die Grenze bei einem Wert, der sich aus Haftwert × Erdbeschleunigung ergibt (Erdbeschleunigung g = 9,81 m/sec^2). Daraus ergibt sich bei Vierradantrieb bei einem Haftwert von 1,2 und entsprechender Motorleistung eine maximale Beschleunigung von rund 12 m/sec^2, und ein Durchdrehen der Räder tritt bei einer Motorleistung von 430 PS nur bis 120—130 km/h auf. Aufgrund dieser Sachlage haben vier Firmen Vierradantriebkonstruktionen entwickelt: Matra, Lotus, McLaren und Cosworth, wovon die letztgenannte über das Stadium privater Versuchsfahrten nicht hinausging. Ein weiterer Vorteil des Vierradantriebs besteht darin, daß hinten schmälere Reifen verwendet werden können als jetzt üblich, wodurch sich der Luftwiderstand vermindert. Bei Regen vergrößern sich die Vorteile des Allradantriebs um ein Vielfaches, denn auf nasser Bahn drehen die Triebräder eines konventionellen Wagens bei Vollgas bis 250—270 km/h durch, so daß die volle Motorleistung niemals ausgenützt werden kann, bei Vierradantrieb jedoch nur bis 200—220 km/h, und bis zu dieser Geschwindigkeit beschleunigt ein solcher Wagen um über 20 Prozent besser. Da kein Rennen bei Regen ausgetragen wurde, konnte die Theorie allerdings in der Praxis keine Bestätigung finden.

Allradantriebwagen haben aber nicht nur Vorteile. Sie sind zwangsläufig schwerer (das Mehrgewicht kann allerdings auf 30 bis 40 kg reduziert werden), und die zusätzlichen Zahnräder in der Kraftübertragung verzehren einen größeren Anteil der Motorleistung. An diesen zwei Faktoren liegt es wahrscheinlich in erster Linie, daß sich die Wagen mit Vierradantrieb bisher nicht durchsetzen konnten, zumal Kurven, aus denen mit Geschwindigkeiten unter 130 km/h (wo der Vierradantrieb in klarem Vorteil ist) beschleunigt wird, auf modernen Rennstrecken relativ selten sind. Hinzu kommt noch, daß

GTX
GTX
5

In der ersten Runde des Großen Preises von Holland 1969 schießt das Mittelfeld durch die U-Kurve, die dem Hunze Rug vorausgeht. Es sind Piers Courage (16) auf dem Brabham BT26 des Teams von Frank Williams, Jo Siffert (10) auf dem Lotus 49B des Walker-Teams, Jean-Pierre Beltoise (5) auf dem Matra MS80 von Matra International, dann John Surtees (10) auf BRM P138, Jackie Oliver auf BRM P133 sowie Vic Elford (verdeckt) auf McLaren M7A. Ganz im Hintergrund liegt Silvio Moser auf seinem privaten Brabham BT24.

Vic Elford

diese Wagen noch nicht voll entwickelt sind und von den Piloten eine neue Fahrtechnik verlangen.

Die Anordnung des Antriebsaggregates ist bei allen Vierradantriebwagen ungefähr die gleiche. Der Motor (in allen Fällen Ford) ist mit der Kupplung nach vorn (also ‹umgekehrt›) eingebaut, und das Getriebe findet direkt hinter dem Fahrersitz Platz. Von dort wird die Kraft seitlich auf ein Ausgleichgetriebe übertragen, das das Drehmoment im Verhältnis von rund 25 Prozent nach vorn und 75 Prozent nach hinten überträgt. Das größere, auf die Hinterachse übertragene Drehmoment hat seine Berechtigung darin, daß letztere statisch ohnehin schon mehr belastet ist und beim Beschleunigen eine weitere dynamische Belastung stattfindet. Außerdem ist es sehr wichtig, daß, wenn die Haftgrenze erreicht ist, die Hinterräder zuerst durchdrehen, da sonst der Wagen in unmöglichem Ausmaß untersteuern würde. Daraus erklärt sich die Drehmomentverteilung von etwa 25:75, wobei die beteiligten Firmen wenig geneigt sind, das von ihnen gewählte Verhältnis genau anzugeben: Es scheint, daß auch relativ geringfügige Änderungen an diesem Verhältnis auf das Fahrverhalten einen erheblichen Einfluß haben. An der Hinterachse wird das bei allen Rennwagen übliche Sperrdifferential verwendet, und auch vorn scheint das Differential mit einer Sperre ausgerüstet zu sein, aber auch hierüber wahren die Interessenten größte Diskretion. Fest steht jedoch, daß nur im Matra MS84 das Ferguson-System verwendet wird, bei dem das zwischen den beiden Achsen liegende Ausgleich- und Drehmomentverteilungsgetriebe das überschüssige Drehmoment auf die andere Achse überträgt, sobald eine Achse um mehr als einen festgelegten Prozentsatz durchdreht. Die anderen Systeme nehmen keine solche Transferierung des Drehmoments vor.

Der bisher beste Erfolg eines Vierradantriebwagens wurde von Jochen Rindt im Gold-Cup-Rennen in Oulton Park (kein Weltmeisterschaftslauf) erzielt, bei dem er mit dem Lotus-Ford 63 auf den 2. Platz kam, jedoch mit einer Runde Rückstand gegen den

Unten
Graham Hill, der Weltmeister des Vorjahres, neben seinem Lotus 49 mit unglaublich hoch liegendem Heckflügel. Kurz danach kam das Flügelverbot.

Ganz unten
Mehrere Marken brachten 1969 allradgetriebene Formel-1-Wagen heraus. Bei Matra war es der MS84, der im Gegensatz zum «normalen» MS80 nicht über ein Monocoque, sondern über einen Rohrrahmen verfügte. Der Vierradantrieb mit innenliegenden Bremsen vorne und hinten stammte von Ferguson.

Brabham-Ford von Jacky Ickx und in Abwesenheit mehrerer Grand-Prix-Stars. Sicher ist jedoch, daß die unaufhörliche Steigerung der Leistung der Grand-Prix-Motoren dem Vierradantrieb mit der Zeit immer größer werdende Vorteile einräumen wird, so daß die heutigen Experimente, wenn auch nicht sofort, so doch in der Zukunft sicherlich Früchte tragen werden. Schon heute könnten sie sich auf einer regennassen Piste bezahlt machen, und man sollte sich nicht wundern, wenn im kommenden Jahre auch bei trockenem Wetter ein Wagen mit Allradantrieb in dem direkt auf ihn zugeschnittenen Grand Prix von Monte Carlo seine Überlegenheit bewiese.»

Aber die Weiterentwicklung des Vierradantriebes wurde Ende 1969 eingestellt, die teuren Konstruktionen wurden zu Museumsstücken. Die eigentliche Ära des Allradantriebes wurde erst 1981 — allerdings bei Rallyes — mit dem Audi Quattro eingeleitet. Im Jahre 1969 liefen die ersten europäischen Rennen der Formel 5000, welche von der amerikanischen Formel A abgeleitet war und die Verwendung von frisierten Serientriebwerken von maximal 5000 cm^3 Inhalt vorsah. Die inzwischen von John Surtees gegründete Marke verzeichnete 1969 die ersten bedeutenden Erfolge, und zwar mit dem von Len Terry (ehemaliger Eagle-Mitarbeiter) entworfenen Typ TS5 mit Chevrolet-Motor. Für 1970 kündigte der BRM Werksfahrer John Surtees ein eigenes Formel-1-Modell an.

Nach den enttäuschenden Ergebnissen wurde bei BRM Ende Juni 1969 eine interne Umstrukturierung vorgenommen. Ingenieur Tony Rudd, der jahrelang technischer Chef des Teams aus Bourne war, demissionierte und ging zu Lotus. Für die Motoren wurden nun Aubrey Woods und Joeff Johnson zuständig. Woods war schon Ende der vierziger Jahre sowie in den fünfziger Jahren bei BRM unter Peter Berthon tätig gewesen, 1960 zählte er dann zu den maßgebenden Technikern, die den 1961 erschienenen V8-Motor der 1,5-Liter-Formel konstruiert hatten. Für die Entwicklung der Fahrwerke verpflichtete BRM Tony Southgate, der von All American Racers (Eagle-Rennwagen) nach Bourne kam. Das Amt des Rennleiters hatte Tim Parnell (Sohn des ehemaligen Formel-1-Piloten Reginald Parnell) inne. Beim Training zum Großen Preis von Holland 1969 erschien auch erstmals der ziemlich bauchige BRM P139, aus welchem 1970 der P153 und 1971 der P160 hervorgingen. Tony Southgate standen bei der Fahrwerkskonstruktion auch Alec Osborne und Peter Wright zur Seite, für die Getriebe war Alec Stokes zuständig.

Auf dem Nürburgring gelang es Jacky Ickx auf dem Brabham BT26-Ford, Stewart und dessen Matra MS80-Ford die Führung nach sechs Runden zu entreißen. Der Belgier entpuppte sich als ein wahrer Meister des Nürburgrings, er siegte klar vor dem Schotten. Siffert hatte damals Pech. Auf dem Nürburgring fiel er in der letzten Runde, an dritter Stelle liegend, infolge Aufhängungsbruchs aus. Indianapolis-Sieger Mario Andretti stand erstmals auf dem Nurburgring, wobei er im Training trotz mangelnder Streckenkenntnis auf dem Lotus 63 mit Vierradantrieb hervorragende Zeiten fuhr, im Rennen aber von der Bahn abkam.

Spannend wie immer war der Große Preis von Italien. Wieder stellte sich die berüchtigte Windschattenfahrerei ein. Auf den langen Geraden Monzas sollten die nun tiefliegenden und am Rumpf befestigten Heckflügel die Spitzengeschwindigkeit um 15 bis 20 km/h herabsetzen, viele Fahrer entschieden sich deshalb, auf den Heckflügel zu verzichten. Es gab ein Fotofinish, indem Jackie Stewarts Matra das Ziel eine halbe Wagenlänge vor Jochen Rindts Lotus kreuzte, während Beltoise auf Matra und McLaren auf McLaren mit einigen zusätzlichen Wagenlängen Rückstand das Ziel durchfuhren.

In den Tagen, die dem Großen Preis von Italien vorausgegangen waren, hatte Ferrari in Modena die ersten Probefahrten mit einem neuen Formel-1-Modell absolviert. Es handelte sich um den Typ 312B1 mit flachem 180°-Zwölfzylindermotor. Nach Ferrari-Tradition war der Rohrrahmen mit aufgenieteten Blechen verstärkt, hinten wurde der Zwölfzylinder von unten an das Chassis an-

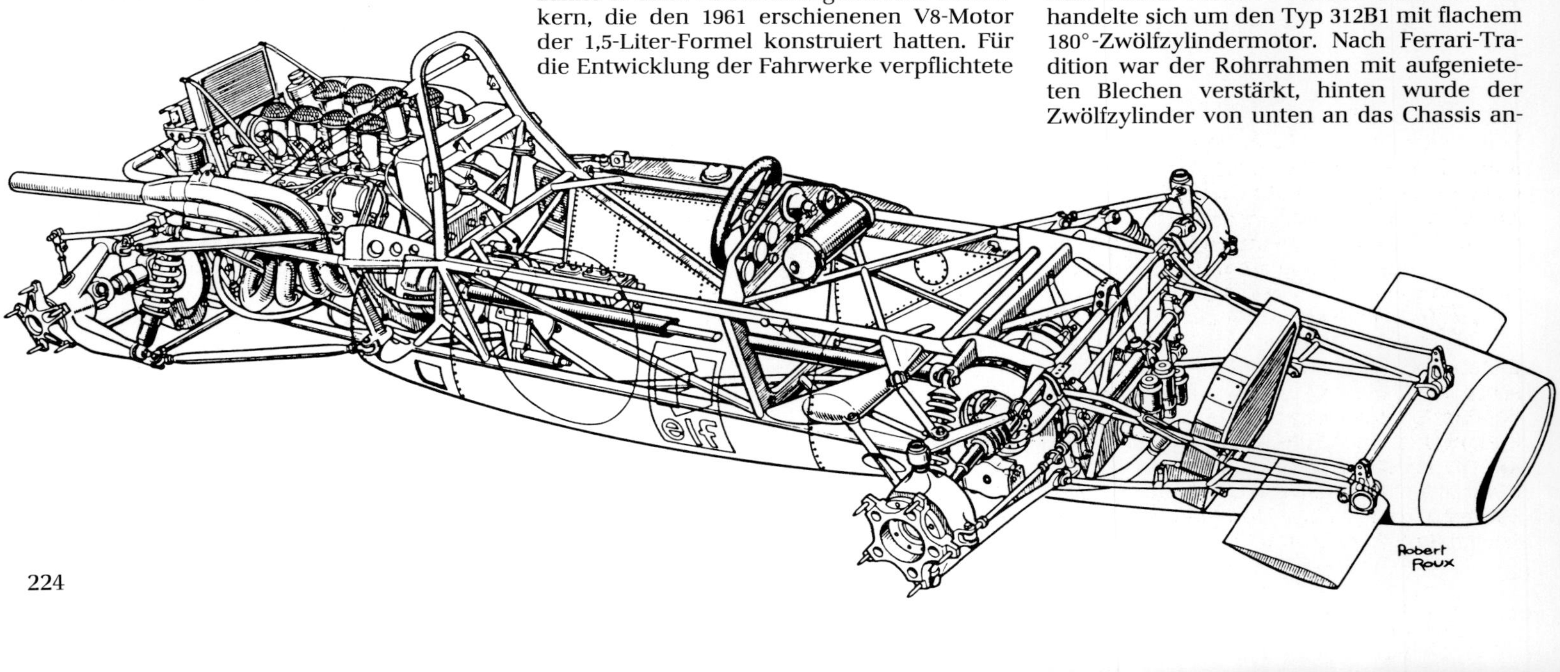

Jackie Stewart holte sich 1969 seinen ersten Weltmeistertitel, und zwar auf dem Matra MS80-Cosworth, mit welchem er hier anläßlich des Großen Preises von Frankreich mit leichtem Gegensteuer aus einer Kurve driftet.

gehängt. Mit diesem Modell kam Ferrari 1970 wieder zu den ersehnten Siegen.

Ickx unterbrach Stewarts Erfolgsserie auch beim Großen Preis von Kanada in Mosport, wo der Schotte von der Strecke abkam, während das Brabham-Team mit Ickx und Teamboß Brabham einen Doppelerfolg buchen konnte. Jochen Rindt auf Lotus 49B kam beim Großen Preis der USA zu dem schon längst fälligen ersten Grand-Prix-Sieg, der ihm die stolze Summe von 52 000 Dollar einbrachte. Der mit österreichischer Lizenz fahrende Deutsche war damals in die Schweiz übergesiedelt. In einem romantischen Dörfchen über dem Genferseee, ganz in der Nähe der Villa Jackie Stewarts, entstand sein luxuriöses Heim.

In Watkins Glen stürzte Graham Hill sehr schwer, der Weltmeister der Jahre 1962 und 1968 erlitt mehrere Frakturen, die ihn zu einer mehrmonatigen Pause zwangen. Der privat konkurrierende Schweizer Silvio Moser

Silvio Moser

auf Brabham BT24-Ford figurierte beim Großen Preis von Amerika auf einem vorderen Rang. Der kleine Tessiner holte sich mit Platz sechs einen Weltmeisterschaftspunkt. Anläßlich des Großen Preises von Mexiko errang das McLaren-Team endlich wieder einen Sieg. Denis Hulme auf dem M7-Ford gewann vor den beiden Brabham.

Der Kampf um die Weltmeisterschaft 1969 war aber schon längst entschieden. Seit den Zeiten Jim Clarks hatte eine Weltmeisterschaft noch nie so eindeutig im Zeichen eines Fahrers gestanden. Jackie Stewart wurde Weltmeister mit 63 Punkten vor Jacky Ickx mit 37, Bruce McLaren mit 26 und Jochen Rindt mit 22 Punkten. Die Coupe der Formel-1-Konstrukteure ging diesmal nach Frankreich, nämlich zu Matra.

Da die Mehrzahl der Grand-Prix-Konkurrenten nun über den gleichen Motor verfügte, spielten andere Elemente, denen früher nur eine untergeordnete Bedeutung beigemessen wurde, eine immer wichtigere Rolle. Die Qualität der verschiedenen Fahrgestelle unterschied sich nur noch um Nuancen, also fiel das Können des Piloten noch mehr ins Gewicht. Groß wurde die Bedeutung der Reifen. Dunlop hatte mit Stewart den Großteil der Siege herausgefahren, doch erzeugten Goodyear und Firestone praktisch ebenso hochwertige Reifen wie die englische Marke. Für trockene Bahnen hatten sich die Reifen mit sehr niedrigem Profilverhältnis (Höhe : Breite des Reifenquerschnitts 0,4 bis 0,45) endgültig durchgesetzt, was die Verwendung von Rädern mit 15 Zoll Durchmesser (zur Verringerung des Luftwiderstandes wurden vorn auch 13-Zoll-Felgen verwendet) und entsprechend größere Bremsen zuließ und eine gute Führung bei Querbeschleunigung gewährleistete. Hinten war man auf 14 bis 16 Zoll breite Felgen übergegangen, vorn wurden Breiten von 10 bis 12 Zoll gewählt. Die verschiedenen Marken fuhren 1969 mit folgenden Reifenfabrikaten: Matra und BRM auf Dunlop; Lotus und Ferrari auf Firestone; McLaren und Brabham auf Goodyear.

Nach monatelangen Verhandlungen übernahm der Turiner Industriegigant Fiat im Juni 1969 50 Prozent des Ferrari-Aktienpakets. Dott. Ing. h. c. Enzo Ferrari blieb Präsident der Firma und leitete weiterhin die Rennabteilung. Der ehemalige Fiat-Ingenieur Giuseppe Dondo wurde von Fiat als Generaldirektor eingesetzt, während der alte Freund Ferraris, Commendatore Francesco Bellicardi, ein Direktor der Fiat gehörenden Weber-Vergaserfabrik in Bologna, Delegierter des Verwaltungsrates wurde. Ingenieur Mauro Forghieri blieb technischer Leiter der Rennabteilung. Seit zwei Jahren war der Public-Relations-Mann Dott. Franco Gozzi auch Rennleiter der Scuderia. Fiat wollte den traditionellen Charakter der Marke aus Maranello, der stark von der Persönlichkeit ihres Gründers geprägt worden war, nicht ändern. Einige Jahre zuvor hatte sich Henry Ford II. vergeblich um das bemüht, was dann dem

Franco Gozzi

Fiat-Präsidenten Gianni Agnelli gelingen sollte, nämlich eine teilweise Übernahme der prestigereichen Marke.

Die «500 Meilen» von Indianapolis wurden 1969 von Mario Andretti auf einem amerikanischen Hawk-Ford mit Ford-V8-Turbomotor gewonnen. Andy Granatelli hatte für das 500-Meilen-Rennen bei Lotus den Typ 64 mit Ford-Motor und Vierradantrieb bauen lassen, aber dieses Modell bewährte sich bei den Testfahrten nicht, und Andretti stieg im letzten Moment auf seinen älteren Hawk um, mit dem er auch siegte. Von nun an interessierten sich die Grand-Prix-Fahrer europäischen Stils — ausgenommen Hulme — während rund eines Jahrzehnts kaum mehr für Indianapolis, einzig die englischen Konstrukteure (McLaren und Lola) beschickten das große Rennen mit Fahrzeugen, die im Auftrag amerikanischer Teams gebaut und auch von Amerikanern gefahren wurden.

Im April 1969 war eine neue englische Marke entstanden: March. Vier Männer hoben das Unternehmen aus der Taufe: Alan Rees, ehemaliger Formel-2-Fahrer, der später Manager des Roy-Winkelmann-Racing-Teams wurde, für das Jochen Rindt die Formel-2-Rennen bestritt; Robin Herd, ein ehemaliger Schulfreund von Alan Rees, der 1965 die ersten McLaren-Formel-1-Chassis gebaut hatte und dann vorübergehend zu Cosworth ging, wo er das Fahrgestell des vierradgetriebenen Monoposto entwarf; Max Mosley, ein Studienfreund Robin Herds von der Oxford University her, sowie Graham Coaker, der einst bei Hawker-Siddley im Flugzeugbau tätig war. Die drei Erstgenannten hatten Coaker auf den Rennplätzen kennengelernt. Der Sitz der March Engineering war in Bicester (Oxfordshire). Im Sommer 1969 wurden die Pläne des Unternehmens bekannt. Schon im September fuhr der Prototyp eines Formel-3-Wagens bei einem Rennen mit. Für 1970 wurden Formel-2- und Formel-1-Rennwagen angekündigt. Dem ehemaligen Formel-2-Piloten und Rechtsanwalt Max Mosley, der für die finanziellen Belange des Hauses zuständig war und auch für die Public Relations, gelang es, den italoamerikanischen STP-Präsidenten Andy Granatelli für den Plan zu gewinnen; STP wurde Sponsor von March. Robin Herd nahm die Konstruktion des Typ 701 Formel 1 an die Hand. Zu Beginn der Saison 1970 war das Fahrzeug startbereit.

Ein posthumer Weltmeister

Jochen Rindt auf Lotus gewinnt die WM, aber in Monza stürzt er tödlich. Genialer Lotus 72 mit Keilform. In der zweiten Saisonhälfte dominiert der Ferrari mit 180°-Motor. Stewart auf Tyrrell.

Jochen Rindt gewann mit dem Lotus 49B und dem Lotus 72 die Weltmeisterschaft 1970. Anläßlich des Trainings zum Großen Preis von Italien stürzte er dann in Monza tödlich. Der Automobilsport hatte einen posthumen Weltmeister.

Jochen Rindt

Nach der absoluten Ford-Cosworth-Dominanz von 1968 und 1969 machten die Zwölfzylindermotoren von Ferrari, BRM und Matra im Jahre 1970 das verlorene Terrain teilweise wieder wett und kamen zu Siegerehren (ausgenommen Matra), während sich Mitte der Saison eine gewisse Ford-Cosworth-Krise anbahnte, die zwar praktischer und nicht technischer Natur war. Die Weltmeisterschaft wurde von allen Marken mit neuen Modellen in Angriff genommen, es fand eine rigorose Erneuerung des Formel-1-Materials statt, wie man sie nur selten erlebt hatte. Auch neue Namen tauchten in der Formel 1 auf: March, De Tomaso, später auch Surtees und Tyrrell. Zum Kreis der etablierten Grand-Prix-Meister stießen neue junge Fahrer aus den Reihen der Formel-2- oder Langstreckenpiloten: der Schweizer Gianclaudio Regazzoni, der Schwede Ronnie Peterson, der Franzose François Cevert, der Brasilianer Emerson Fittipaldi, der Schwede Reine Wisell, der Italiener Ignazio Giunti, der Deutsche Rolf Stommelen, der Engländer Peter Gethin, der Australier Tim Schenken und der Franzose Henri Pescarolo. Echte Senkrechtstarter waren Gianclaudio Regazzoni und Emerson Fittipaldi, welche schon nach wenigen Formel-1-Starts auf je einen Weltmeisterschaftslaufsieg kamen. Leider sollte das Jahr 1970 auch tödliche Unfälle dreier Grand-Prix-Piloten bringen: Bruce McLaren, Piers Courage und Jochen Rindt. Letzterer stand praktisch nach dem Großen Preis von Deutschland als Weltmeister fest; beim Training zum Großen Preis von Italien kam der Titelträger jedoch ums Leben. Ende der Saison mußte der Automobilsport erstmals seinen Weltmeister posthum ehren.

Mit dem neuen Lotus 72 hatte die Marke aus Wymondham einmal mehr eine markante und wegweisende Konstruktion herausgebracht, die beim Großen Preis von Spanien präsentiert wurde. Allerdings war das Fahrgestell des Mark 72 mit keilförmigem Chassis, Drehstabfederung und seitlich neben dem Cockpit angebrachten Kühlern erst beim Großen Preis von Holland optimal abgestimmt. Hier feierte Jochen Rindt denn auch einen überlegenen Sieg. Nach dem Lotus 18 von 1960, dem Mark 25 (erster Monocoquerennwagen) von 1962 und dem Mark 49 von 1967 hatte Lotus erneut eine ihrer Zeit vorauseilende Konstruktion herausgebracht, doch auch dieses Modell wurde von Fahrgestellschäden heimgesucht, welche sogar fatale Folgen haben sollten. Der Entwurf des Lotus 72 stammte von Maurice Phillipe. Das keilförmige Monocoquechassis mit flacher Front gewährte einen zusätzlichen Anpreßdruck auf die Fahrbahn, das Fahrzeug war besonders windschlüpfig. Da der Bug keine Kühler enthielt, konnte man ihn verschließen, die Kühler lagen auf den Seiten. Bei einem Vergleichstest hatte sich herausgestellt, daß der Lotus 72 dank seiner aerodynamisch günstigen Form bei gleicher Motorleistung eine um 14 km/h höhere Spitzengeschwindigkeit als der bisherige Typ 49C erreichte. Lotus griff nach der Torsionsstabfederung, die freilich nicht neu war — Professor Porsche hatte sie schon in den dreißiger Jahren beim Auto Union angewendet. Beim Typ 72 realisierte man ein in Längsrichtung angebrachtes Federelement, indem man einen Torsionsstab in ein Torsionsrohr legte und diese am einen Ende miteinander verband. Die Torsionselemente wurden aus einer Nikkel-Chrom-Molybdän-Legierung hergestellt. Diese Anordnung verkürzte das Federelement auf rund die Hälfte. Lotus versetzte sowohl die Hinterrad- als auch die Vorderradbremsen zwecks Reduktion der ungefederten Massen nach innen. Vorn wurde die Bremswirkung mittels Wellen nach innen übertragen. Die Vorderradbremsen wiesen eine gewisse Schwäche auf, denn sobald der Wagen anhielt, waren sie nicht in der Lage, die angestaute Wärme abzugeben, was zum Schmelzen des Lagerfettes geführt hätte, wäre dem nicht durch äußeren Eingriff entgegengewirkt worden: Sobald der Wagen anhielt, wurden zwei elektrische Ventilatoren in die Bremsöffnungen der Karosserie gesteckt, welche den Bremsen Kühlluft zuführten.

Brabham erschien mit seiner ersten echten Monocoquekonstruktion, welche hinter dem Cockpit senkrecht abgeschnitten war, so daß der Ford-Cosworth-Motor dieses Typ BT33 Träger des Hecks wurde. Bei BRM war unter der Leitung von Tony Southgate der Typ P153 «mit dickem Bauch und Wespentaille» entstanden. Den V12-Motor hatte Aubrey Woods überarbeitet.

Der 1969 gegründeten Marke March waren zu Beginn ihrer Existenz zu viele Vorschußlorbeeren zuteil geworden. Nachdem Matra-Direktor Jean-Luc Lagardère Ende 1969 bekanntgegeben hatte, daß die Matra 1970 ausschließlich mit einem Matra-V12-Motor ausgerüstet sein dürften und das Ford-Aggregat für die französischen Wagen somit nicht mehr in Frage kam, weil Matra eine Bindung mit Simca/Chrysler eingegangen war, entschlossen sich Ken Tyrrell und sein Spitzenfahrer Jackie Stewart, auf eine weitere Zusammenarbeit mit der Marke aus Vélizy zu verzichten, weil sie großen Wert darauf legten, die Formel-1-Rennen auch in Zukunft mit dem erfolgversprechenden Ford-Cosworth-Motor bestreiten zu können. March war nun die einzige Marke, die verkäufliche Grand-Prix-Wagen mit Ford-Motor baute, so daß sich das Tyrrell-Team entschloß, drei neue March 701-Ford zu erwerben. Die französische Benzinmarke Elf blieb weiterhin der Geldgeber Tyrrells. March selbst stellte ein Werkteam mit Chris Amon und Joseph Siffert zusammen, daneben konkurierte auch Indianapolis-Sieger Mario Andretti mit einem weiteren, weitgehend von den STP-Leuten aus den USA betreuten Team, welchem Vince Granatelli, Sohn von

Oben
1970 stellte auch das Tyrrell-Team auf den March 701-Cosworth um, mit welchem Jackie Stewart den Großen Preis von Spanien in Jarama gewann. Die Aufnahme zeigt den Schotten in Monaco. Der March weist kleine seitliche Flügelstummel auf, die noch als Tanks ausgebildet waren und einen kleinen Abtrieb erzeugten.

Rechts oben
Während des Grand Prix von Spanien in Jarama wird Jean-Pierre Beltoise auf dem Matra MS120 mit V12-Motor hart von Jack Brabham auf Brabham BT33 mit Cosworth-Motor bedrängt.

Andy, vorstand. Einen privaten March 701 fuhr auch der blonde, großgewachsene Schwede Ronnie Peterson, der sich in den vorangegangenen Jahren mit seinem Tecno der Formel 3 als unwiderstehlich erwiesen hatte. Robin Herd hatte sich bei seiner ersten March-Formel-1-Konstruktion für konventionelle Lösungen entschieden, ohne irgendwelche technischen Experimente zu unternehmen. Das Monocoque mit außenliegenden Schraubenfedern und Stoßdämpfern wies in jeder Beziehung orthodoxe Lösungen auf, im Verlaufe der Saison sollte sich aber seine Unterlegenheit zeigen. Ständig wurden die March von Kinderkrankheiten heimgesucht, welche die Fahrer, vor allem Amon und Siffert, fast zur Verzweiflung trieben. Immerhin wies der erste March der Grand-Prix-Kategorie seitlich am Chassis aufschraubbare Tanks auf, welche eine Flügelprofilform aufwiesen und einen gewissen Abtrieb erzeugen sollten. Aber der von Robin Herd angedeutete Weg wurde dann nicht konsequent eingeschlagen, die Flügelautos sollten erst Ende der siebziger Jahre richtig aufkommen, als Colin Chapman die Formel 1 mit seinen Lotus erneut revolutionierte. Die March des Tyrrell-Teams waren besser vorbereitet als diejenigen des Werkes. Nach einjähriger Pause erschien der auch bei Langstreckenrennen verwendete Matra-V12-Motor auch in der Formel 1 wieder. Man baute ihn in ein neues, kastenförmiges Monocoquechassis Typ MS120 ein. Das Aggregat war kompakter geworden, man hatte die Brennräume sowie die Ventilwinkel geändert, die Nockenwellenpaare lagen jetzt unter einem gemeinsamen Gehäuse.

Bei McLaren war unter der Leitung Joseph Marquarts der neue M14 entstanden, der dem vorhergehenden M7 sehr ähnlich sah und eigentlich mit keinerlei wesentlichen Neuheiten aufwartete. Die Werkwagen wiesen nach wie vor Ford-Cosworth-Motoren auf. Daneben schloß McLaren ein besonderes Abkommen mit Alfa Romeo ab: Es betraf einen für den Italiener Andrea de Ada-

Andrea de Adamich

mich bestimmten McLaren, der einen Alfa-Romeo-Dreiliter-V8-Motor Typ 33.3 ($86 \times 64{,}4$ mm = 2993 cm^3) eingebaut bekam. Es handelte sich um das Triebwerk des Alfa-Romeo-Sportwagen-Prototyps. Autodelta (die Rennabteilung Alfa Romeos) übernahm die Wartung des Motors. Anfänglich fuhr de Adamich noch mit einem McLaren M7, dann stellte man dem Mailänder auch einen neuen M14 zur Verfügung. Die Kombination sollte sich jedoch nicht bewähren, die italienische Antriebseinheit war um 30 kg schwerer als der Ford-Motor, sie war auch nicht als Formel-1-Motor konzipiert worden, so daß der Einbau in das Chassis mit etlichen

Schwierigkeiten verbunden war, auch stellten sich Schwierigkeiten mit dem Ölkreislauf ein.

Der in Modena ansässige Argentinier Alejandro De Tomaso ließ einen neuen Grand-Prix-Monoposto Typ 505-38/1 bauen. Das Fahrgestell mit Monocoquechassis, welches durch Querspanten aus Elektronguß verstärkt war, wurde vom ehemaligen Maserati- und Lamborghini-Ingenieur Giampaolo Dallara konstruiert. Der De Tomaso lief unter den Farben des englischen Teams von Frank Williams, dessen Fahrer der englische Bierbrauersohn Piers Courage war. Ferraris neue Waffe Typ 312B1 war schon Ende 1969 erschienen, ohne damals bei Rennen eingesetzt zu werden. Markantes Kernstück dieses Einsitzers war der Zwölfzylinder-Boxermotor. Die flache Viernockenwellenmaschine ($78{,}5 \times 51{,}1$ mm = 2991 cm^3) wurde auf 11,8:1 verdichtet und soll damals 464 PS bei 11 600 U/min abgegeben haben. Zur Verringerung der Reibungsverluste hatten sich die Ferrari-Techniker entschieden, die Anzahl der Hauptlager von sieben auf vier zu reduzieren, was am Anfang zu vielen Schwierigkeiten mit Brüchen der Kurbelwelle führte. Der flache Zwölfzylinder wurde mit Lucas-Einspritzung und Marelli-Dinoplex-Zündung versehen. Die gemischte Rohrrahmen/Monocoque-Konstruktion nach altem Ferrari-Muster wies hinter dem Cockpit einen oberen Querspant auf. Der angebaute Längsträger zog sich nach hinten, von unten baute man den Motor an diesen Träger an. Anfänglich hatte Ferrari auch Schwierigkeiten mit dem Ölkreislauf, in der zweiten Hälfte der Saison erwies sich der 312B1 jedoch dank seiner hohen Motorleistung als der Konkurrenz überlegen. Einzig der im Sommer erschienene Tyrrell-Ford mit Jackie Stewart am Steuer konnte noch mitreden. Jacky Ickx und Gianclaudio Regazzoni führten den 312B1 in Zeltweg, in St. Jovite und in Mexiko sogar zu Doppelsiegen.

Im Verlaufe der Saison traten zwei neue Marken an: Surtees und Tyrrell. Bei Tyrrell stellte man trotz des Grand-Prix-Sieges Jakkie Stewarts in Spanien sehr bald fest, daß der March 701 ein unterlegenes und in der Konzeption veraltetes Fahrwerk besaß. Der ehemalige Holzhändler Ken Tyrrell entschloß sich kurzerhand, ein eigenes Fahrzeug zu bauen, das seinen Namen trug und ausschließlich für sein Team bestimmt war. Mit der Konstruktion wurde der ehemalige Ferguson-Mitarbeiter Derek Gardner beauftragt, der schon bei der Realisierung des Matra MS84 mit Vierradantrieb mitgewirkt hatte. Gardner baute ein hervorragendes Monocoquefahrzeug mit Ford-Motor, dessen Debüt schon im August erfolgte. Die ersten Entwurfzeichnungen des Tyrrell gingen auf den Februar 1970 zurück.

Die 1969 gegründete Team Surtees (TS) Research and Development mit Sitz in Edenbridge (Kent) baute einen schmalen Monocoquewagen mit Ford-Motor. Diser Typ TS5 debütierte anläßlich des Großen Preises von England in Brands Hatch und wurde von John Surtees selbst gefahren, der somit nach Jack Brabham, Dan Gurney und Bruce McLaren der vierte Grand-Prix-Pilot der modernen Geschichte war, der mit Eigenkonstruktionen in den Ring stieg. Die ersten Rennen der Saison bestritt Surtees noch auf einem älteren McLaren M7. In der Besetzung der Formel-1-Teams gab es einige Änderungen, auch hatte man ja neue Leute in den Spitzensport promoviert. Nach dem Weggang Chris Amons verpflichtete Ferrari wieder den Belgier Jacky Ickx. Hinzu kamen die Formel-1-Neulinge Gianclaudio Regazzoni und Ignazio Giunti, denen Ferrari Grand-Prix-Einsätze in Aussicht stellte, ohne jedoch konkreter zu werden. Der Tessiner Gianclaudio Regazzoni, von seinen Freunden kurz «Clay» genannt, war von 1967 bis 1970 Tecno-Werksfahrer. Nach seinen Formel-3-Einsätzen von 1967 und 1968 bestritt er für die junge Bologneser Marke von 1968 bis 1970 auch Formel-2-Rennen und vertrat damit nun zwei Marken. Er hatte sich einen Ruf als harter Kämpfer erworben und war seines Temperaments wegen als schwarzes Schaf gebrandmarkt. Ein Draufgänger, der sich vor nichts fürchtete und immer im letzten Moment bremste. Ignazio Giunti kam von Alfa Romeo und brachte Langstreckenerfahrung mit.

Nach dem Weggang von Jacky Ickx verpflichtete Brabham den Deutschen Rolf Stommelen, wobei die Fachzeitschrift «Auto,

Rolf Stommelen

Motor und Sport» für den Kölner die Eintrittsgebühr in das Brabham-Team entrichtete. Bei McLaren fuhren der Teamboß sowie dessen Landsmann Denis Hulme weiterhin mit den orangegelben Wagen; nach dem tödlichen Unfall Bruce McLarens und dem Indianapolis-Unfall Denis Hulmes, bei dem er sich Brandwunden an den Händen zuzog, rückte der englische Formel-5000-Spezialist Peter Gethin in das Formel-1-Team nach, ferner verpflichtete man auch den Amerikaner Dan Gurney. Die Matra-Simca MS120 wurden Jean-Pierre Beltoise sowie dem Formel-2-Spezialisten Henri Pescarolo anvertraut. Tyrrells Leute waren Jackie Stewart und Johnny Servoz-Gavin. Nach dem Großen Preis von Monaco beschloß der Franzose jedoch, den Helm an den Nagel zu hängen, so daß sein Landsmann François Cevert, der Schwager von Jean-Pierre Beltoise, ins Tyrrell-Team nachrutschte. Geldgeber Elf stellte die Bedingung, einen Franzosen als zweiten Mann zu verpflichten. Johnny Servoz-Gavin hatte Ende Mai erklärt: «Wahrscheinlich bin ich schon zu alt, um noch eine große Karriere zu machen, und zudem pakken mich manchmal Angstgefühle, es ist besser, wenn ich aufhöre.» Das war eine ehrliche und mutige Einsicht, viele Piloten, denen es ähnlich ergeht, ringen sich nicht zu einem solchen Entschluß durch. Das Gold-Leaf-Team Lotus zählte auf Jochen Rindt als Spitzenmann, John Miles war Fahrer Nummer 2, später kamen der Brasilianer Emerson Fittipaldi und Ende der Saison auch der Schwede Reine Wisell dazu. Bei BRM, dessen Rennwagen nun für die Produkte der Kosmetikfirma Yardley warben, saßen Pedro Rodriguez, der Engländer Jackie Oliver sowie der reiche Kanadier George Eaton in den Cockpits der P153. Eaton war nur ein mittelmäßiger Grand-Prix-Fahrer und mußte sich den Spaß deshalb eine schöne Stange Geld kosten lassen. Für das Walker-Team fuhr Graham Hill, der sich von seinem schweren Unfall in Watkins Glen nach mehreren Monaten wieder erholt hatte und nun einen Lotus 49C fuhr, später erwarb Walker einen Lotus 72. In der Schweizer Presse wirbelte der «Einkauf» Joseph Sifferts in das March-Team etwas Staub auf. Siffert bekam den Posten des zweiten Mannes nach Chris Amon. Ende 1969 war Ferrari an Siffert herangetreten, um ihn zu einem Vertragsabschluß zu bewegen. Ferrari wollte den Schweizer exklusiv, das heißt auch für die Langstreckenrennen haben, diese Prüfungen bestritt Siffert aber für Porsche, daneben vertrat er die Farben von BMW in der Formel 2. Um diesen beiden Marken treu bleiben zu können, verzichtete er auf das Ferrari-Angebot und trat dem March-Team bei. Aber March gab den Sitz im Cockpit des 701 nur gegen Bezahlung frei, Porsche griff in die Tasche.

In den letzten Jahren hatten die Reifen eine immer größere Bedeutung erlangt. Der stärkste Motor und der beste Champion nützten wenig, wenn das Fahrzeug nicht mit der geeigneten Reifenmischung antrat. Die zum Siege notwendige Nuance hätte gefehlt. Manchmal mixten die Spezialisten von Firestone, Goodyear oder Dunlop zwischen zwei Rennen eine neue Gummimischung zurecht, welche über Sieg oder Niederlage entscheiden konnte. Die Mischungen wurden immer weicher, mit einer Garnitur brachten die Konkurrenten bloß noch eine einzige Grand-Prix-Distanz unter Dach. Zudem waren die leichten, dünnen und seit der zweiten Hälfte der sechziger Jahre schlauchlosen Rennreifen sehr defektanfällig geworden, das Überfahren eines spitzen Steines genügte, um einen Schaden auszulösen.

Jackie Stewart bereitete sich immer gründlich auf die neue Saison vor, er unternahm die Reifentests für Dunlop. Das waren tagelange Probefahrten mit verschiedenen Reifentypen, wobei das Fahrzeug optimal abgestimmt wurde. Übrigens sollte 1970 das letzte Grand-Prix-Jahr der englischen Reifenfirma werden, die sich danach auf Kategorien konzentrierte, die einen mäßigeren Aufwand erforderten. Vor dem südafrikanischen, die Weltmeisterschaft eröffnenden Grand Prix hatte Jackie Stewart in Kyalami schon sehr viele Testkilometer zurückgelegt. Im Rennen übernahm er nach dem Start die Führung, aber schließlich wurde er von Brabham und dessen BT33-Ford verdrängt. Der 44jährige Australier kreuzte das Ziel als Sieger. Hulme auf McLaren M14 wurde Zweiter vor Stewart auf March 701; Beltoise auf dem Matra-Simca MS120 belegte Platz vier.

In den Tagen des Genfer Salons 1970 trafen sich Vertreter der CSI, der Rennställe und der Grand-Prix-Organisatoren am Genfer See, um ein neues Startgeldsystem zu besprechen. Gleichzeitig meldeten die Konkurrenten höhere Startgeldforderungen an. Die Veranstalter ließen jedoch wissen, daß sie nicht mehr imstande wären, diese Forderungen zu erfüllen. Die Verhandlungen kamen zunächst ins Stocken, dann aber entstand je-

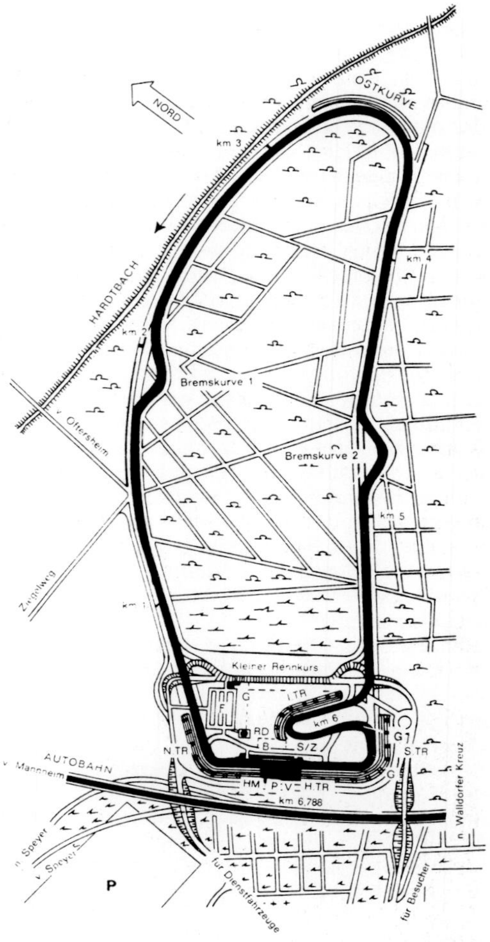

Die Bahn von Hockenheim mit ihren beiden langen und leicht gebogenen «Geraden» war zu schnell geworden und mußte im Hinblick auf den Grand Prix von Deutschland 1970 mit zwei Schikanen oder Bremskurven versehen werden, welche die Fahrer zwangen, das Tempo stark zu drosseln. Eine Runde war 6788 m lang. Nach dem Nürburgring-Boykott der Piloten hatte der AvD 1970 den GP nach Hockenheim verlegen müssen.

Rechts
Beim Großen Preis von Italien 1970 in Monza führt der Ferrari 312B von Clay Regazzoni das langgezogene Feld nach den Lesmo-Kurven vor dem March 701-Cosworth von Jackie Stewart und dem BRM P153 von Rodriguez an. In Monza feierte der Tessiner seinen ersten Grand-Prix-Erfolg, wobei es sich erst um seinen fünften Formel-1-Einsatz handelte.

nes berühmte «Genfer Abkommen», welches anfangs zu einem großen Durcheinander führte und zu Polemiken Anlaß gab, ehe es sich einspielte. Das bis dahin gültige System beruhte auf Startgeld und Einladung. Mit dem «Genfer Abkommen» legte man jedoch eine genaue Honorarskala fest. Es gab fixe Entschädigungen für die Transportkosten. Im Verlaufe des Rennens wurden von nun an auch Preisgeld-Zwischenklassements erstellt. Mit dem im «Genfer Abkommen» festgelegten Entschädigungs-, Start- und Preisgeldsystem konnten die Grand-Prix-Veranstalter von vornherein die Teilnahme der wichtigsten Konkurrenten sichern, die selbst mit einem festen Budget und dem Engagement ihrer Wagen für alle Rennen rechnen konnten. Dies ermöglichte den Teams, schon Anfang der Saison ein genaues Budget aufzustellen, so daß sie den Sponsors die Rechnung präsentieren konnten. Die einstigen Startgelder wurden zudem durch ein System ersetzt, wonach «je nach Leistung» bezahlt wurde, und zwar aufgrund der Placierungen im ersten, zweiten und dritten Viertel des Rennens. Am Schluß gab es noch das den einzelnen Rängen zustehende Preisgeld.

Bei den Großen Preisen von Spanien und Monaco kam es zu unliebsamen Episoden, da man hier noch nach dem alten System mit festen Startplätzen für die prominenteren Fahrer operierte, während der Rest des Feldes im Verlauf des Qualifikationstrainings um die verbleibenden Startplätze ringen mußte.

Beim Großen Preis von Spanien auf der Jarama-Rundstrecke lag Jackie Stewart auf March 701-Ford von der ersten bis in die letzte Runde an der Spitze. McLaren kam auf den Ehrenplatz vor Mario Andretti auf March. Diesen Grand-Prix-Sieg hatte March in erster Linie dem Können Jackie Stewarts sowie der hervorragenden Abstimmung seines Fahrzeuges durch die Leute des Tyrrell-Teams und von Dunlop zu verdanken. In der ersten Runde ereignete sich ein Unfall, der katastrophale Folgen hätte haben können. Eingangs einer langsamen Kurve versagten die Bremsen am BRM P153 Jackie Olivers. Das Fahrzeug schoß geradeaus und rammte dabei den Ferrari von Jacky Ickx seitlich, so daß dessen Treibstofftank aufgerissen wurde. Schlagartig gingen die beiden Wracks in Flammen auf. Oliver konnte sich schnell

aus dem Cockpit retten, Ickx brauchte etwas mehr Zeit. Schließlich aber kam auch der Belgier wieder zum Vorschein, der nun mit brennendem Overall auf die am Streckenrand stehenden Helfer zurannte. Man richtete einen Feuerlöscher auf den sich am Boden wälzenden Ickx. Der Belgier erlitt Brandwunden an Beinen und Händen, einige Wochen später aber konnte er schon wieder beim Großen Preis von Monaco antreten.

Das Rennen im kleinen Fürstentum erlebte eine dramatische Schlußphase. Zuerst führte Jackie Stewart auf dem dunkelblauen March-Ford überlegen, ein Motorschaden zwang ihn jedoch nach 21 Runden zur Aufgabe. Nun führte Jack Brabham auf seinem BT33 vor dem March von Chris Amon. Der Neuseeländer fiel aus und Jochen Rindt auf Lotus 49C rückte auf die zweite Position vor. Rindt fuhr hier zum letzten Male mit dem älteren Modell, der neue Typ 72 hatte sich im Training nicht bewährt. Brabham schien den Sieg trotz des ständig aufholenden Rindt sicher in der Tasche zu haben, aber in der allerletzten Kurve, bei der Spitzkehre des Gasometers, bremste der Australier zu spät und rutschte in die Leitplanken. Auf den letzten 150 Metern konnte Rindt in Führung gehen und so den Großen Preis gewinnen. Im Verlauf der letzten Runde, als die Bahn schon ziemlich schmierig war, stellte Rindt noch einen neuen Rundenrekord auf. Brabham rettete sich mit beschädigter Frontverschalung an zweiter Stelle durchs Ziel. Der Franzose Henri Pescarolo auf dem Matra-Simca MS120 wurde nach einem schönen Rennen Dritter. Der Grand Prix von Monaco hatte eine großartige Leistung Jochen Rindts gebracht. Der einst so wilde Draufgänger war zum Könner herangereift, seine angeborene Angriffslust jedoch war ihm erhalten geblieben.

Am 2. Juni verunglückte Bruce McLaren in Goodwood anläßlich einer Testfahrt mit dem McLaren-Chevrolet Typ M8D CanAm tödlich, als er das für Denis Hulme bestimmte Fahrzeug abstimmte. Bei vollem Tempo hatte sich die Heckverschalung geöffnet, der M8D prallte gegen eine Mauer.

Nach mehreren enttäuschenden Jahren kam BRM mit Pedro Rodriguez auf dem P153 beim Großen Preis von Belgien in Spa endlich wieder zu einem Sieg. Der letzte Grand-Prix-Erfolg dieser Marke ging auf Monaco 1966 zurück, den ersten Weltmeisterschaftslauf nach der neuen Dreiliterformel. Damals hatte Jackie Stewart auf dem alten, auf zwei Liter ausgebohrten BRM V8 gewonnen. In Belgien kam übrigens der mit einem Ferrari debütierende Giunti auf den vierten Platz.

Beim Großen Preis von Holland war der neue Lotus 72 soweit, Jochen Rindt und seinem keilförmigen Fahrzeug mit den seitlichen Kühlern war in Zandvoort nichts und niemand gewachsen. Gianclaudio Regazzoni debütierte hier ebenfalls in der Formel 1 und brachte dabei den Ferrari 312B1 auf einen vierten Platz, hinter dem Lotus 72 Jochen

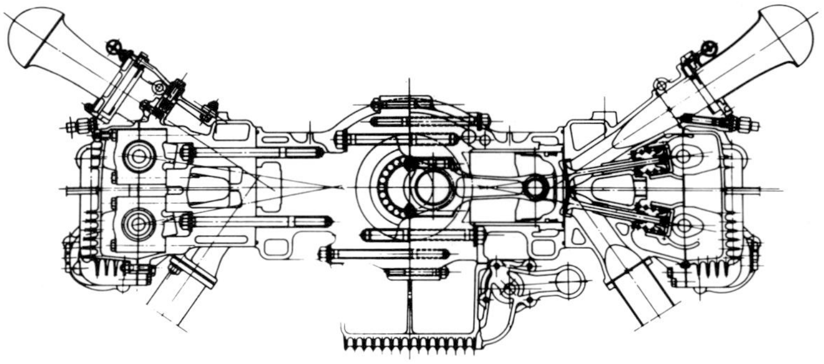

Der Ende 1969 erschienene Ferrari-Zwölfzylinder-180°-Motor des Typs 312. Das flache Aggregat wies nur vier Hauptlager auf. Die Zylinderabmessungen betrugen bis 1971 78,5 × 51,1 mm = 2991 cm³.

Rindts, dem March 701 Stewarts und dem Ferrari 312B1 von Jacky Ickx. Der hoffnungsvolle Anfang Giuntis und Regazzonis bewog Ferrari, die zwei Piloten von nun an bei den folgenden Weltmeisterschaftsläufen wechselweise als Fahrer Nummer 2 starten zu lassen.

Leider verunglückte Piers Courage in Zandvoort während des Rennens tödlich, nachdem sein De Tomaso-Ford von der Bahn abgekommen war und in Flammen aufging. Das McLaren-Team setzte hier den Ersatzmann Dan Gurney ein, der jedoch nicht mehr zu seiner einstigen Form zurückfand.

In Clermont-Ferrand, beim Großen Preis von Frankreich, führten anfänglich der Zwölfzylinder von Matra mit Beltoise sowie der Zwölfzylinder-Ferrari von Ickx. Beltoise warf ein Reifenschaden zurück, Ickx hatte Ventilschaden, Rindt auf Lotus 72 konnte den dritten Wertungslauf gewinnen. Nach dem Rennen von Clermont-Ferrand hatte man das Gefühl, die Ära der Zwölfzylinder breche an. In der Tat wurden die vielzylindrigen Rennwagen immer bedrohlicher, sie schienen der Ford-Vorherrschaft ein Ende bereiten zu wollen. Aber die Ford-Cosworth-Ära sollte noch lang nicht zu Ende sein.

Katastrophal gestaltete sich die Formel-1-Saison für Joseph Siffert auf dem March 701-Ford. Das Fahrzeug war dauernd schlecht vorbereitet und schied regelmäßig mit Defekten aus. Siffert gelang es nicht einmal, einen einzigen Weltmeisterschaftspunkt herauszufahren, obschon er in der Formel 2 auf BMW oder bei den Langstreckenrennen auf Porsche hervorragende Resultate und sogar Siege zu verzeichnen hatte.

In den Tagen, die dem Großen Preis von Frankreich vorausgingen, ließen die Formel-1-Piloten plötzlich durchblicken, daß sie nicht gewillt seien, den Großen Preis von Deutschland auf dem Nürburgring zu bestreiten. Die bisher «unangetastete» Bahn war im Verlaufe der Jahre nicht den neueren Sicherheitsanforderungen angepaßt worden, insbesondere gab es damals keine Leitplanken, die schleudernde Fahrzeuge vor den vielen Bäumen geschützt hätten. Die Grand-Prix-Fahrer faßten aber ihren Beschluß reichlich spät, denn in der noch verfügbaren Zeit bis zum Rennen war an einen Umbau der 22,8 Kilometer langen Nordschleife in der Eifel nicht mehr zu denken, diese Arbeiten hätten viele Wochen in Anspruch genommen. Also beschloß der organisierende Automobilclub von Deutschland, den Weltmeisterschaftslauf auf der schnellen Bahn von Hockenheim austragen zu lassen, die inzwischen mit den nötigen Sicherheitsanlagen versehen worden war.

Vorher traf sich der Grand-Prix-Zirkus in Brands Hatch zum Großen Preis von England. Hier schien Jack Brabham auf dem BT33 den Sieg sicher vor dem angreifenden Rindt und dessen Lotus 72 in der Hand zu haben, aber in der letzten Runde, etwa 200 Meter vor dem Ziel, ging Brabham das Benzin aus, und zum zweiten Male wurde Rindt im allerletzten Augenblick unerwarteter Sieger. Gianclaudio Regazzoni bestritt hier seinen zweiten Grand Prix und wurde nach einem harten Kampf gegen Hulme, dem er sich am Schluß noch knapp beugen mußte, Vierter. Auf dem achten Platz fuhr ein Formel-1-Debütant durchs Ziel. Es handelte sich um den noch nicht ganz 24jährigen Brasilianer Emerson Fittipaldi, welchem Colin Chapman den älteren Lotus 49C zur Verfügung gestellt hatte. Fittipaldi war 1968 nach England gekommen und bestritt hier die Formel-Ford-Rennen (Monoposto mit Ford-Cortina-1600-Motor). In der gleichen Saison stieg er auf einen Lotus der Formel 3 um, wobei er in beiden Kategorien eine dominierende Rolle spielte und sich durch angeborenes Talent auszeichnete, so daß er 1969 — nicht zuletzt dank der finanziellen Unterstützung, die ihm seine Geldgeber in Brasilien gewährten — auf einen Lotus Formel 2 umsteigen konnte.

Als die Startflagge zum Großen Preis von Deutschland im Motodrom von Hockenheim fiel, waren die großen Tribünen bis auf den letzten Platz besetzt. Die Zuschauer wurden Zeugen eines spannenden Duells zwischen Jochen Rindt auf Lotus 72 und Jacky Ickx auf Ferrari 312, wobei in der ersten Hälfte des Rennens auch Regazzoni auf Ferrari sowie die March-Fahrer Amon und Siffert in der Kopfgruppe mitmixten. Rindt und Ickx verdrängten sich gegenseitig von der Führerposition, schließlich gewann der Lotus ganz knapp vor dem Ferrari. Mit fünf Grand-Prix-Siegen stand Jochen Rindt schon Anfang August praktisch als neuer Weltmeister fest. Emerson Fittipaldi verblüffte, indem er den Lotus 49C auf Platz vier brachte.

Im Sommer erreichte die Ford-Cosworth-Motorenkrise, die rein praktischer Natur war, ihren Höhepunkt: Das Werk in Northampton war nicht mehr imstande, die vielen Aggregate zu überholen. Die verfügbaren Leute konnten bloß noch für die Instandhaltung und die Reparatur der Triebwerke ein-

Pedro Rodriguez

Oben
Mit dem BRM P153 mit V12-Motor gewann Pedro Rodriguez 1970 den Großen Preis von Belgien in Spa.

Links
Beim Großen Preis von Holland 1970 siegte Jochen Rindt erstmals mit dem Lotus 72, nachdem er in Monaco noch mit dem Lotus 49B gewonnen hatte.

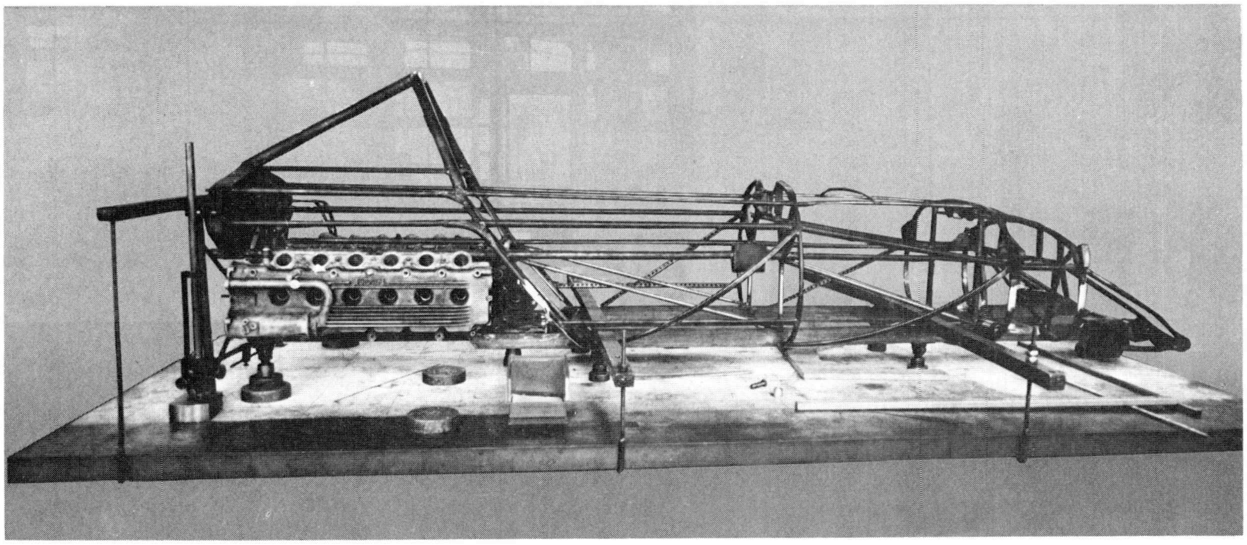

Auf dem Anreißtisch in Maranello entsteht ein Chassis des Typs 312B. Der dünne Rohrrahmen wurde nachträglich mit aufgenieteten Leichtmetallblechen beplankt, so daß eine sehr stabile Einheit entstand. Diese besondere Chassisbautechnk wendete Ferrari bis 1982 an. Der flache Zwölfzylindermotor wurde von unten an der Chassisverlängerung befestigt.

gesetzt werden, an eine Weiterentwicklung des Achtzylinders war nach den Angriffen Ferraris nicht zu denken. 1970 befanden sich an die siebzig Ford-Cosworth-V8-Motoren in Umlauf. Nach jedem Grand Prix mußte das Werk über ein Dutzend Aggregate revidieren, Cosworth war dieser Anforderung kaum mehr gewachsen. Die Ford-Konkurrenz schonte die Triebwerke im Training, man beschränkte sich auf ein minimales Rundenpensum.

Spitzenfahrern wie Rindt, Stewart oder Brabham standen sogenannte «Super-Cosworth» mit einigen zusätzlichen PS zur Verfügung. Beim erfolgreichen Achtzylinder stellte sich damals vielfach der gleiche Schaden ein: Es brach die äußere Nockenwelle beim hintersten Zylinder der rechten Reihe. Daneben gab es jedoch auch zahlreiche sogenannte Motorexplosionen, das heißt die gebrochenen Pleuel schlugen den Block kaputt. Mit der Zeit vermochte Cosworth jedoch die Krise zu meistern. In der ganzen Grand-Prix-Geschichte hat es übrigens nie eine Antriebseinheit mit derartiger Verbreitung gegeben.

Alle Formel-1-Motoren besaßen 1970 Zylinderköpfe mit vier Ventilen pro Zylinder sowie eine indirekte Benzineinspritzung von Lucas. Die Leistungsdaten und Merkmale der verschiedenen Konstruktionen lauteten 1970:

Ferrari 312B: Zwölfzylinder in 180°-Anordnung, 78,5 × 51,1 mm = 2991 cm^3, 464 PS bei 11 600 U/min, Literleistung 155 PS/l, mittlere Kolbengeschwindigkeit 19,7 m/sec;

Matra-Simca MS120: V12-Motor mit 60°-Winkel, 79,7 × 50 mm = 2999 cm^3, 430 PS bei 11 500 U/min, Literleistung 143 PS/l, mittlere Kolbengeschwindigkeit 19,1 m/sec;

BRM P153: V12-Motor mit 60°-Winkel, 74,5 × 57,2 mm = 2998 cm^3, 425 PS bei 10 500 U/min, Literleistung 142 PS/l, mittlere Geschwindigkeit 20 m/sec;

Ford-Cosworth DFV: V8-Motor mit 90°-Winkel, 85,6 × 64,8 mm = 2993 cm^3, 436 PS bei 10 000 U/min, Literleistung 145 PS/l, mittlere Geschwindigkeit 21,6 m/sec;

Alfa Romeo 33.3: V8-Motor mit 90°-Winkel, 86 × 64,4 mm = 2993 cm^3, 424 PS bei 9600 U/min, Literleistung 141 PS/l, mittlere Geschwindigkeit 20,6 m/sec.

Der Große Preis von Österreich, der 1970 erstmals auf der neuerbauten Rundstrecke von Zeltweg in der Steiermark ausgetragen wurde, nachdem man den für die WM zählenden Grand Prix im Jahre 1964 noch auf der holprigen Flugplatzrundstrecke von Zeltweg abgehalten hatte, brachte die große Wende: Hier stellte sich der längst fällige Ferrari-Sieg ein, wobei Jacky Ickx den ersten und Gianclaudio Regazzoni den zweiten Platz belegte.

In Zeltweg konnte der Tessiner Silvio Moser mit seinem Bellasi-Ford endlich bei einem Großen Preis starten, nachdem ihm bei den vorhergehenden Rennen niemals die Qualifikation geglückt war. Berücksichtigt man die erschwerenden Umstände (Zeit- und Geldnot), unter welchen dieses Fahrzeug entstanden war, dann mußte man trotz der ausbleibenden Rennresultate ob der vollbrachten Leistung staunen. Entworfen und gebaut wurde das Fahrzeug in der Werkstatt des in Novara ansässigen Tessiners Guglielmo Bellasi, der sich auf den Bau von Formel-3-Rennwagen spezialisiert hatte. Bellasi sowie Silvio Mosers Mechaniker Beat Schenker bauten das breite Monocoque-Auto zusammen. Die Aufhängungen wurden bei Brabham kopiert, zur Verfügung stand ein nicht mehr taufrischer Ford-Motor. Auf den Rennplätzen wurde das Fahrzeug von Mosers einzigem Mechaniker betreut, der pausenlos arbeiten mußte. Der Bellasi fiel bei den seltenen Startmöglichkeiten ständig aus.

Wenige Tage nach dem Großen Preis von Österreich erfolgte das Debüt des von Derek Gardner gebauten Tyrrell 01 mit Monocoquechassis, Ford-Motor und Hewland-Getriebe. Sein erstes Rennen bestritt Stewart damit beim Gold Cup in Oulton Park, wo er allerdings ausfiel. Beim Großen Preis von Italien ging Stewart noch auf dem unterlegenen March 701 an den Start. Hier sollte sich leider im Training der tragische Unfall Jochen Rindts ereignen. Beim Anbremsen der Parabolica brach am Lotus des Weltmeisters die vordere Bremswelle, der Mark 72 krachte in einem spitzen Winkel links gegen die Leitplanke, Rindt starb noch auf dem Transport ins Krankenhaus. Vor dem Großen Preis herrschte im Fahrerlager verständlicherweise eine sehr gedrückte Stimmung.

Bei seinem fünften Formel-1-Start gewann Gianclaudio Regazzoni ein spannendes und mitreißendes Rennen, er verwies dabei Stewart, Beltoise und Hulme auf die Plätze. Ickx war mit einem Kupplungsschaden ausgefallen.

Beim Großen Preis von Kanada auf der Rundstrecke des Mont Tremblant bestritt Stewart erstmals einen Grand Prix mit dem Tyrrell. Der Schotte übernahm die Führung vor den Ferrari und behauptete sie bis in die 31. Runde, dann mußte er wegen eines Aufhängungsschadens ausscheiden, und die Ferrari konnten mit Ickx und Regazzoni einen Doppelsieg feiern. Der Tyrrell 01-Ford war also ein ganz gefährlicher Rivale der nun sieggewohnten Ferrari-Zwölfzylinder. Bei Ferrari versuchte man sich damit zu trösten, daß man sich sagte, die Überlegenheit Stewarts sei auf dessen Dunlop-Reifen zurückzuführen, welche schon nach ganz wenigen Runden auf eine günstige Betriebstemperatur kamen, während die Firestone der Ferrari einer längeren Warmlaufzeit bedurften.

Ähnlich verlief der Große Preis der USA: Stewart auf Tyrrell führte von der 1. bis in die 83. Runde; um sich aber die Gegner vom Leibe zu halten, mußte der Schotte stark forcieren, Ölverluste zwangen ihn zur Aufgabe. Damit rückte der Mexikaner Pedro Rodriguez auf BRM P153 an die Spitze. Zweiter BRM-Sieg der Saison? Acht Runden vor Schluß mußte Rodriguez Benzin nachtanken, dies brachte ihn um den Sieg. Erster wurde der Brasilianer Emerson Fittipaldi auf Lotus 72. Es war der vierte Formel-1-Start des Südamerikaners, dessen Großvater aus Kalabrien ausgewandert war, um sein Glück in Brasilien zu versuchen. Rodriguez kam noch auf den zweiten Platz. Der sein Formel-1-Debüt feiernde Schwede Reine Wisell auf Lotus 72 wurde Dritter vor Jacky Ickx.

Die Weltmeisterschaft wurde mit dem Großen Preis von Mexiko abgeschlossen. Der Kampf verlief unter sehr gefährlichen Umständen, welche leicht katastrophale Folgen hätten haben können. Das Publikum stand dichtgedrängt unmittelbar am Streckenrand, die Leute waren über die Abschrankungen geklettert. Auch eine Verschiebung des Rennens um mehrere Stunden sowie die Bitte der Piloten an die Zuschauer, sich in Sicherheit zu bringen, fruchteten nicht. Mit sehr gemischten Gefühlen wurde das Rennen gestartet. Wieder dominierten die Ferrari von Ickx und Regazzoni, sie ernteten erneut einen Doppelsieg. Jackie Stewart kollidierte mit einem Hund, ein Fahrgestellschaden war die Folge.

Der tote Jochen Rindt war Weltmeister mit 45 Punkten, vor Ickx mit 40, Regazzoni mit 33, Hulme mit 27 und Brabham sowie Stewart mit je 25 Punkten. Grand-Prix-Neuling Fittipaldi belegte den zehnten Platz mit zehn Punkten. Selbstverständlich ging die Coupe der Formel-1-Konstrukteure an Lotus. Sensationell war der dritte WM-Rang von Clay Regazzoni. Der Vorhang fiel über eine Weltmeisterschaft, die von dunklen Schatten getrübt war.

Clay Regazzoni

Clay Regazzoni 1970 in Hockenheim, wo er erstmals in seiner Karriere bei einem Formel-1-Rennen in Führung lag. In der Formel 3 (Brabham und Tecno) und auch in der Formel 2 (Tecno) genoß der Tessiner in den sechziger Jahren den Ruf eines harten Draufgängers. 1970 wurde er Formel-2-Europameister auf Tecno.

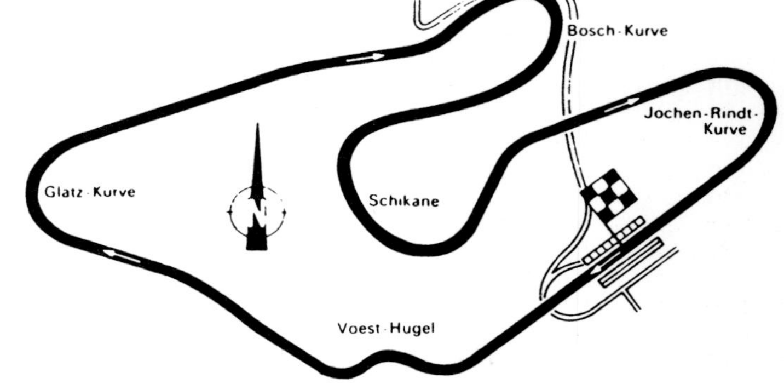

Der GP von Österreich wickelte sich 1970 erstmals auf dem Österreichring von Zeltweg ab. Damals wies der 5911 m lange Kurs die hier eingezeichnete Schikane, die nach der Zielgeraden folgt, noch nicht auf.

Die Formel-1-Wagen der 3-Liter-Formel (1966—1970)

Baujahr	Marke und Modell	Zylinderzahl	Hubraum	Bohrung	Hub	Leistung/PS	Höchstdrehzahl	Anzahl Ventile	Anzahl Nockenwellen	Anzahl Gänge	Trockengewicht
1966	Brabham BT12-Repco	8	2996	88,9	60,25	320	7 500	16	2	5	515
1966	BRM P83-H16	16	2997,86	69,85	48,89	400	11 000	32	6	6	690
1966	Cooper T81-Maserati	12	2989,48	70,4	64	360	9 500	24	4	5	605
1966	Ferrari 312 (24V)	12	2989,5	77	53,5	360	10 000	24	4	5	548
1966	Ferrari 312 (36V)	12	2989,5	77	53,5	390	10 000	36	4	5	540
1966	Ferrari Dino 246	6	2417	85	71	280	8 500	12	4	5	505
1966	Lotus L43-BRM	16	2997,86	69,85	48,89	425,8	10 500	32	6	6	580
1966	McLaren M2B-Ford	8	2999,174	95,5	52,32	321	9 000	32	4	5	530
1966	Honda RA273	12	2992	78	52,2	400	11 000	48	4	5	720
1967	Brabham BT20-Repco	8	2996	88,9	60,25	360	8 500	16	2	5	515
1967	Cooper T81-Maserati	12	2990	75,2	56	390	10 000	36	4	5	580
1967	Eagle TG2-Weslake	12	2997	72,8	60,3	390	9 500	48	4	5	530
1967	Honda RA300	12	2992	78	52,2	420	11 000	48	4		600
1967	Lotus 49-Ford	8	2993	85,7	64,8	400	9 000	32	4	5	510
1967	Ferrari 312 (48V)	12	2989,5	77	53,5	410	10 000	48	4	5	530
1967	McLaren M5A-BRM	12	2998	74,6	57,2	380	10 000	24	4	5	535
1968	Brabham BT24-Repco	8	2986	89	60	400	8 500	32	4	5	530
1968	BRM P133	12	2998	74,6	57,2	380	10 000	24	4	5	565
1968	Cooper 86B-BRM	12	2998	74,6	57,2	380	10 000	24	4	5	545
1968	Ferrari 312 (48V)	12	2989,5	77	53,5	415	10 000	48	4	5	530
1968	Honda RA301	12	2993	78	52,2	410	11 000	48	4	5	580
1968	Honda RA302	8	2987	88	61,4	380	10 500	32	4	5	500
1968	Lotus 49-Ford	8	2993	85,6	64,8	415	9 200	32	4	5	510
1968	Matra MS 11	12	2999	79,7	50	390	10 500	48	4	5	540
1968	McLaren M7A-Ford	8	2993	85,6	64,8	415	9 200	32	4	5	545
1969	Brabham BT26-Ford	8	2993	85,6	64,8	425	9 000	32	4	5	535
1969	BRM P138	12	2998	74,6	57,2	420	9 500	48	4	5	540
1969	Cosworth 4WD-Ford	8	2993	85,6	64,8	425	9 000	32	4	5	560
1969	Ferrari 312(48V)	12	2989	77	53,3	436	11 000	48	4	5	530
1969	Lotus 49-Ford	8	2993	85,6	64,8	425	9 000	32	4	5	530
1969	Lotus 63-Ford (4 × 4)	8	2993	85,6	64,8	425	9 000	32	4	5	600
1969	Matra MS10-Ford	8	2993	85,6	64,8	425	9 000	32	4	5	540
1969	Matra MS11	12	2985	79,7	50	420	9 000	48	4	5	560
1969	Matra MS80-Ford	8	2993	85,6	64,8	425	9 000	32	4	5	540
1969	Matra MS84-Ford (4 × 4)	8	2993	85,6	64,8	425	9 000	32	4	5	600
1969	McLaren M7A-Ford	8	2993	85,6	64,8	425	9 000	32	4	5	540
1969	McLaren M9A (4 × 4)	8	2993	85,6	64,8	425	9 000	32	4	5	565
1970	Brabham BT33-Ford	8	2993	85,6	64,8	450	10 000	32	4	5	540
1970	De Tomaso 505-38-Ford	8	2993	85,6	64,8	450	10 000	32	4	5	552
1970	Ferrari 312B	12	2998	79	52,8	458	11 500	48	4	5	540
1970	Matra MS120	12	2999	79,7	50	450	11 000	48	4	4	555
1970	McLaren M7D-Alfa	8	2993	86	64,4	425	10 000	32	4	5	530
1970	McLaren M14A-Ford	8	2993	85,6	64,8	450	10 000	32	4	5	545
1970	BRM P153	12	2998	74,6	57,2	450	11 000	48	4	5	530
1970	Lotus 72-Ford	8	2993	85,6	64,8	450	10 000	32	4	5	530
1970	March 701-Ford	8	2993	85,6	64,8	450	10 000	32	4	5	540
1970	Bellasi-Ford	8	2973	85,6	64,8	450	10 000	32	4	5	560
1970	Surtees TS7-Ford	8	2973	85,6	64,8	450	10 000	32	4	5	553
1970	Tyrrell 01-Ford	8	2973	85,6	64,8	450	10 000	32	4	5	540

Sieg der Tyrrell-Organisation

1971

Stewart holt sich den zweiten WM-Titel. Man fährt mit profillosen Slicks, die bei Regen nichts taugen. Lotus setzt auch den Turbinenwagen ein. Jo Siffert kommt in Brands Hatch ums Leben.

Nach der überzeugenden Demonstration der Zwölfzylinder-Ferrari in der zweiten Hälfte der Saison 1970 glaubte fast jedermann, daß die Weltmeisterschaft 1971 ganz im Zeichen der roten Boliden mit den hochdrehenden flachen Aggregaten stehen würde. Der Cosworth-DFV-Motor war nun schon eine vier Jahre alte Konstruktion, allgemein gab man dem englischen Achtzylinder nur geringe Chancen. Die Wirklichkeit sollte jedoch zeigen, daß dieses von Keith Duckworth konstruierte Triebwerk noch lange nicht am Ende war. Bei Cosworth waren die neuen Einheiten der Serie 11 entstanden, deren Leistung 440 bis 450 PS bei 10 500 U/min betrug. Ferrari gab für seine jüngste Version des Zwölfzylinders 480 PS bei 12 500 U/min an, allerdings schien dieser Wert etwas hoch gegriffen zu sein. Auf je 440 PS kamen der Matra- und der BRM-Zwölfzylinder. Bei Cosworth war es auch gelungen, einen sehr hohen Zuverlässigkeitsgrad des V8 zu verwirklichen; die Mitte 1970 entstandene Krise, durch den überforderten Kundendienst hervorgerufen, gehörte jetzt der Vergangenheit an.

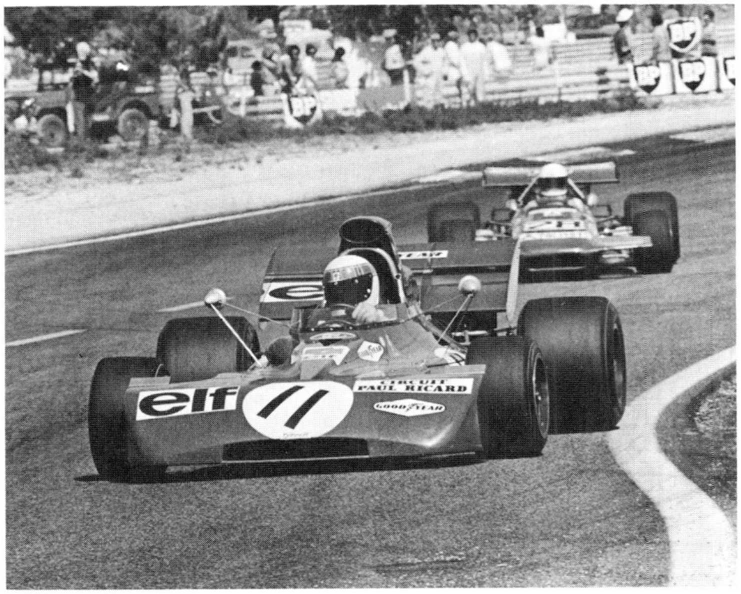

Zum zweiten Male holte sich der Schotte Jackie Stewart 1971 den Titel eines Weltmeisters. Diesmal auf dem ausgewogenen und stets hervorragend abgestimmten Tyrrell 01, mit welchem er hier beim Großen Preis von Frankreich in Le Castellet gezeigt wird. Der 01 wurde 1971 mit einer «vollen» Frontverschalung versehen; über dem Motor hatte man eine Ansaughutze angebracht, wie sie damals große Mode wurden.

Bei Ferrari hatte man sich Ende 1970 vergeblich um Jackie Stewart bemüht, der Schotte blieb Tyrrell und Ford treu. Die Tyrrell-Organisation war wie immer in jeder Beziehung vorbildlich, jedes Mitglied dieses Teams hatte seine bestimmte Aufgabe, es gab nie irgendwelche Hast oder Unordnung. Entsprechend waren auch die von Derek Gardner konstruierten Autos. Jackie Stewart auf Tyrrell (001 oder 002)-Ford sollte dann sechs von elf Weltmeisterschaftsläufen gewinnen, Ende der Saison stand der Schotte zum zweiten Male als eindeutiger, unbestrittener Weltmeister fest; seine Überlegenheit erinnerte an die einstige Dominanz Jim Clarks. Bei neun von elf Starts kam Stewart auch ins Ziel, ihm stand also ein ungewöhnlich zuverlässiges Fahrzeug zur Verfügung.

Im Hinblick auf die Saison 1971 hatte es einige Wechsel gegeben. Die enttäuschten March-Fahrer Chris Amon, Joseph Siffert und Mario Andretti verließen diese junge Marke. Amon unterzeichnete einen Zweijahresvertrag mit Matra, Siffert war von BRM engagiert worden und wurde hier Stallkollege des Mexikaners Pedro Rodriguez. Mario Andretti trat zu Ferrari über, so daß ein Jugendtraum des Italoamerikaners, einmal einen Ferrari Formel 1 zu fahren, endlich in Erfüllung ging. Der Schwede Ronnie Peterson — er fuhr 1970 den privaten March 701 des englischen Veteranenwagenliebhabers Colin Crabbe — wurde für zwei Jahre als March-Werksfahrer verpflichtet, Rolf Stommelen verließ das Brabham-Team und ging zu Surtees. Für Lotus fuhren weiterhin Emerson Fittipaldi und Reine Wisell, später bot Colin Chapman auch dem Formel-3-Spezialisten Dave Walker, einem Australier, die Chance, bei Formel-1-Rennen an den Start zu gehen. Graham Hill verließ das Walker-Team und wurde Brabham-Werksfahrer, sein Stallgefährte war hier der Australier Tim Schenken. Jack Brabham hatte sich Ende 1970 als Fahrer zurückgezogen, für die folgende Saison überließ er sein Formel-1-Team ganz seinem Freund Ron Tauranac, der es nun allein weiterführte. Rob Walker gab das eigene Team auf und tat sich mit John Surtees zusammen.

François Cevert

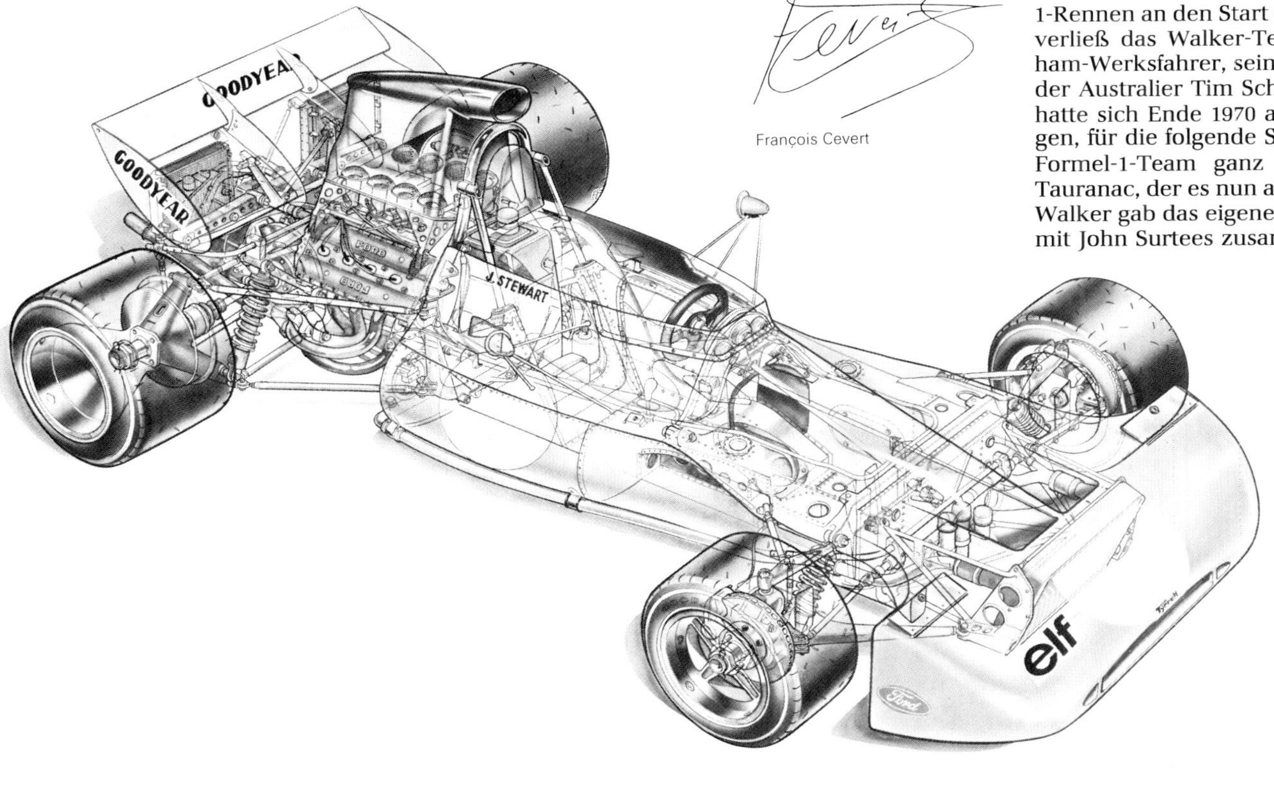

Der Mitte 1970 erschienene, von Derek Gardner konstruierte Tyrrell 01-Cosworth erwies sich auf Anhieb als eine Erfolgskonstruktion. Der erste Tyrrell war ganz im geheimen entstanden und dann überraschend in Oulton Park aufgetaucht.

Die Rennsaison 1971 sollte sehr tragisch beginnen: Der Italiener Ignazio Giunti verunglückte im Januar anläßlich des für die Markenmeisterschaft zählenden 1000-Kilometer-Rennens von Buenos Aires am Steuer eines Ferrari-312P-Sportwagen-Prototyps tödlich. Der Unfall wurde durch den Leichtsinn des Franzosen Jean-Pierre Beltoise verursacht. Bei dessen Matra war das Benzin ausgegangen. Der Fahrer wollte nun seinen Zweisitzer quer über die Zielgerade an die Boxen schieben. Der das Feld anführende Giunti erkannte die Gefahr zu spät und kollidierte mit dem praktisch stillstehenden blauen Fahrzeug. Es folgte eine heftige Explosion, und der Ferrari des unglücklichen Italieners brannte lichterloh. Beltoise wurde die Lizenz später für ein halbes Jahr entzogen.

Für die angehende Grand-Prix-Saison stellten verschiedene Marken neue Modelle bereit. Ralph Bellamy — ein ehemaliger Brabham-Mitarbeiter — hatte bei McLaren den M19 konstruiert, der besonders niedrig und flach war, über breite Tanks nach BRM- oder Tyrrell-Vorbild verfügte und hinten eine neuartige Aufhängung mit nach innen versetzten Schraubenfedern und Stoßdämpfern aufwies. Diese progressiv wirkende Aufhängung sollte sich aber nicht bewähren, sie wurde Ende der Saison durch eine klassische Aufhängung ersetzt. Eine ähnliche Hinterradaufhängung wurde auch beim neuen Ferrari 312B2 vorgesehen, die Schraubenfedern waren hier fast horizontal über der Hinterachse angeordnet. Der B2 hatte aber anfänglich viele Fahrgestellschwierigkeiten, vorerst kam er an die Fahrleistungen des B1 nicht heran. Im März gewann zwar Gianclaudio Regazzoni mit dem 312B2 das — für die Fahrerweltmeisterschaft nicht zählende — Race of Champions in Brands Hatch. Regazzonis Sieg wurde hier allerdings durch die glückliche Wahl der Reifen erleichtert. Bei March war unter der Leitung von Robin Herd das Modell 711 entstanden, das vorn einen ovalen und zentral an der geschlossenen «Schnauze» befestigten Flügel sowie seitliche Kühler und nach innen verlegte Vorderradbremsen mit Bremswellen nach Lotus-Vorbild aufwies. Ein Bremswellenbruch brachte jedoch einen Unfall Ronnie Petersons, und sogleich versah Herd die 711 mit klassischen und außenliegenden Vorderradbremsen, denn Jochen Rindts tödlicher Unfall in Monza war noch allen in Erinnerung. Die stromlinienförmige Verkleidung des March wurde von Frank Costin entworfen, einem Aerodynamiker, der schon die Karosserien der ersten Lotus-Rennsportwagen und der Vanwall Formel 1 entwickelt hatte. In der Praxis bewährte sich aber die Verschalung des March nicht, die Bleche verhinderten eine optimale Kühlung des Motors.

Ron Tauranac baute den neuen Brabham BT34 mit zwei vorn angebrachten und getrennten Wasserkühlern, dazwischen lag der Spoiler. Bei Surtees war der Typ TS9 entstanden, der dem TS7 sehr ähnlich sah und im Vergleich zu ihm nur Teilmodifikationen aufwies. Bei BRM hatte Tony Southgate aus dem P153 den sehr ähnlichen P160 mit fast identischer Form entwickelt. Dieses Fahrzeug bestach durch seine hervorragende Straßenlage. Nach einem Jahr der Zusammenarbeit mit McLaren traf Alfa Romeo für die Formel-1-Rennen ein Abkommen mit March. Andrea de Adamich und Giovanni Galli bekamen wechselweise einen March mit Alfa-Romeo-V8-Motor zur Verfügung gestellt, aber auch diesmal blieben dem Alfa-Triebwerk die glänzenden Formel-1-Resultate versagt.

Auf dem Reifensektor war der Rückzug Dunlops aus dem Grand-Prix-Sport zu verzeichnen; der bisherige Dunlop-Fahrer Jakkie Stewart unterzeichnete ein Dreijahresabkommen mit Goodyear. Die Reifenprofile waren noch flacher geworden. Dies geschah im Interesse einer Reduktion des Luftwiderstandes, denn die breiten Rennreifen machten jetzt allein 65 Prozent des Luftwiderstandes eines Rennwagens aus. Das Profilverhältnis der ultraflachen Reifen betrug nun ungefähr 30 Prozent, das heißt beim Reifenquerschnitt war die Breite rund dreimal so groß wie die Höhe. Viele Konstrukteure versahen ihre Rennwagen auch hinten mit 13-Zoll-Reifen, um so einen weiteren Beitrag zur Verminderung des Luftwiderstandes und des Gewichtes der ungefederten Massen zu leisten. Die Haftung der Fahrzeuge auf der Fahrbahn war nun derart hoch, daß die Rennwagen in den Kurven Querbeschleuni-

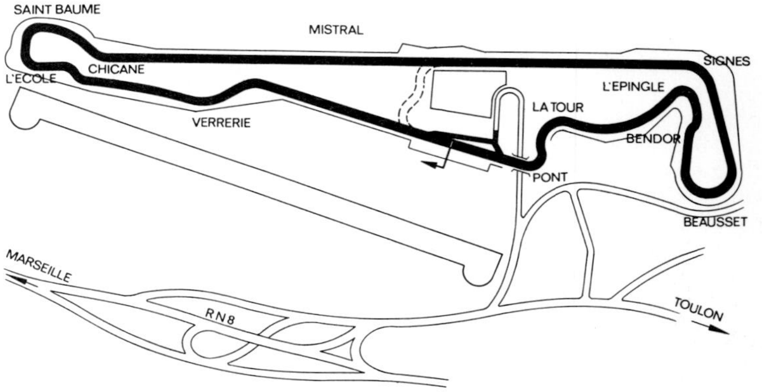

Getränkefabrikant Paul Ricard ließ in Le Castellet, zwischen Toulon und Marseille, einen modernen Circuit bauen, wobei der Grand Prix von Frankreich hier 1971 erstmals ausgetragen wurde. Man fuhr auf einer 5,810 km langen Bahnkombination. Die Anlage galt als besonders sicher.

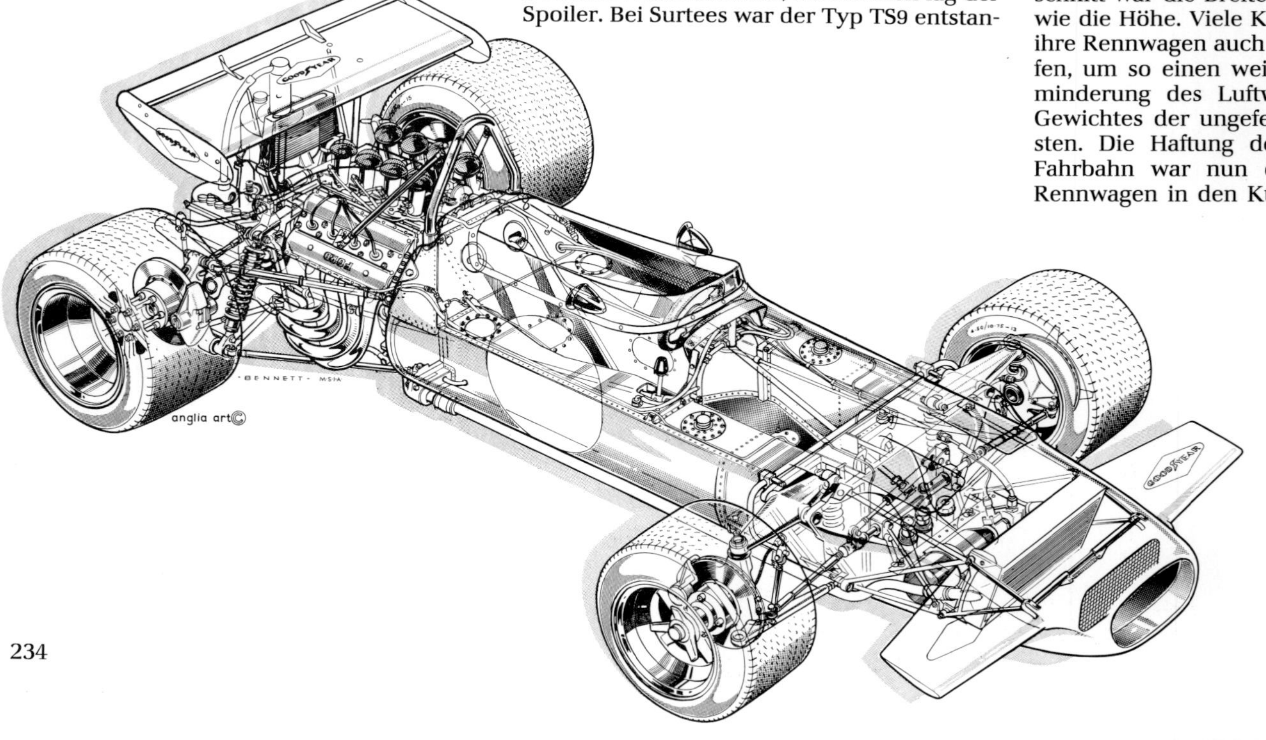

Der Brabham BT33 mit Ford-Cosworth-DFV-Motor wurde von 1970 bis Anfang 1972 eingesetzt. Der BT33 war der erste Brabham mit echtem Monocoquechassis und damit auch die erste derartige Konstruktion von Ron Tauranac. Mit dem BT33 bestritt Brabham 1970 seine letzten Formel-1-Rennen.

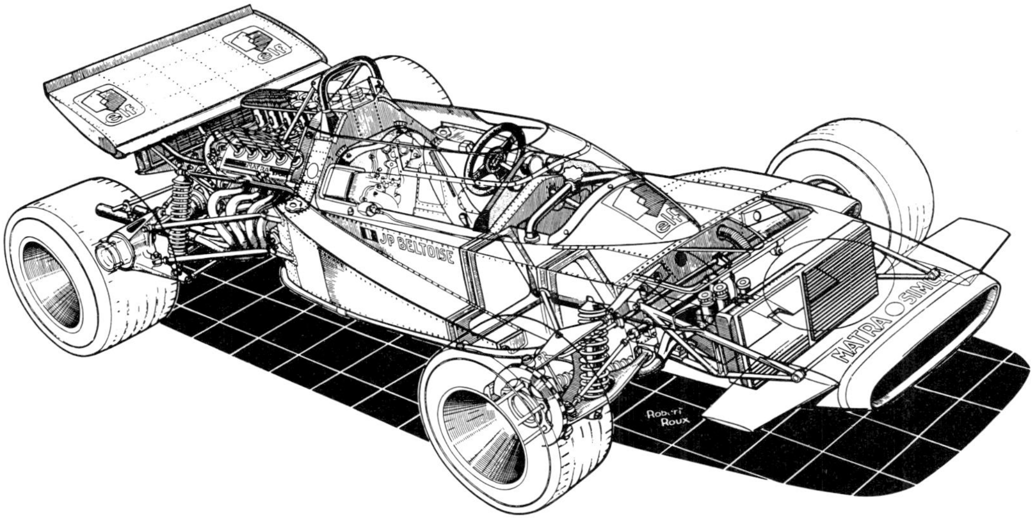

gungen von bis zu 1,6 g erreichten. Bei den ersten europäischen Grands Prix tauchten dann die profillosen Slicks-Reifen auf, wie man sie bisher bei den Karts oder den Dragsters gesehen hatte. Die glatten Auflageflächen der Slicks gewähren einen maximalen Bodenkontakt, allerdings sind sie bei nasser Fahrbahn nicht zu gebrauchen.

Die Weltmeisterschaftsserie wurde mit dem Großen Preis von Südafrika in Kyalami eröffnet, wo Denis Hulme auf dem neuen und von Ralph Bellamy konstruierten McLaren M19A lange an der Spitze lag, dann aber infolge eines Aufhängungsschadens zurückgeworfen wurde, so daß Mario Andretti auf dem vorjährigen Ferrari 312B1 zu seinem ersten Formel-1-Sieg kam. Hier war der Matra Chris Amons erstmals mit einer großen, über den Ansaugtrichtern des Motors angebrachten Lufthutze versehen, mit der man einen Staudruck und damit eine bessere Füllung der Zylinder anstrebte. Im Verlaufe der folgenden Monate gingen fast alle Formel-1-Konstrukteure zu solchen Hutzen über. Übrigens hatte Chris Amon mit dem Matra Ende Januar den für die Weltmeisterschaft nicht zählenden Großen Preis von Argentinien gewonnen, allerdings waren in Buenos Aires weder die Ferrari noch die BRM oder die Tyrrell an den Start gegangen. Buenos Aires brachte den ersten Erfolg des Formel-1-Motors von Matra. Hier feierte der einheimische Formel-2-Spezialist Carlos Alberto Reutemann auf dem privaten McLaren M7-Ford Joakim Bonniers sein Formel-1-Debüt und kam dabei auf einen schönen dritten Platz. Ende der Saison bestritt Reutemann dann sein erstes Formel-1-Rennen als Brabham-Werksfahrer.

Wie schon erwähnt, gewann Gianclaudio Regazzoni im März das Race of Champions mit dem neuen und wieder unter der Leitung von Ingenieur Mauro Forghieri konstruierten Ferrari 312B2. Einige Wochen später gab es wieder einen Formel-1-Sieg der italienischen Marke: Mario Andretti gewann auf dem älteren 312B1 beim Questor-Grand-Prix auf der neuen Rennstrecke von Ontario in Kalifornien. Dann aber setzte die große Erfolgsserie Jackie Stewarts und des Tyrrell-Ford ein. Souverän gewann der Schotte die Großen Preise von Spanien und Monaco. In Barcelona folgte ihm Jacky Ickx auf dem Ferrari 312B1 wie ein Schatten, ohne jedoch vorbeizukommen. In Monaco war dem Tyrrell Stewarts niemand gewachsen.

Beim Training zum Großen Preis von Monaco erschien ein Tyrrell erstmals mit neuartigen Vorderradbremsen von Girling, welche doppelte Bremsscheiben aufwiesen. Damit wollte man die beim Bremsen entstehende Wärme besser verteilen. Bei den sehr breiten 13-Zoll-Felgen waren die in den Rädern liegenden Vorderradbremsen gegen den Fahrtwind abgeschirmt, so daß man der starken

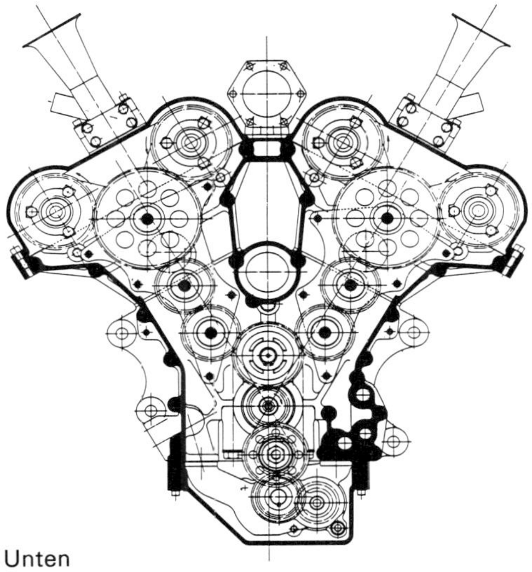

Unten
Der von 1970 bis 1975 eingesetzte und ständig weiterentwikkelte Lotus 72 mit Keilform, Torsionsstabfederung und innenliegenden Bremsen.

Oben
Der Lotus 56B mit Pratt-&-Whittney-Gasturbine.

Oben rechts
Der Matra MS120 (1970/1971) bekam einen V12-Motor mit zentralen Ansaugtrichtern, während die bisherige Version (Mitte rechts) noch zwischen den Nockenwellen liegende Trichter aufwies.

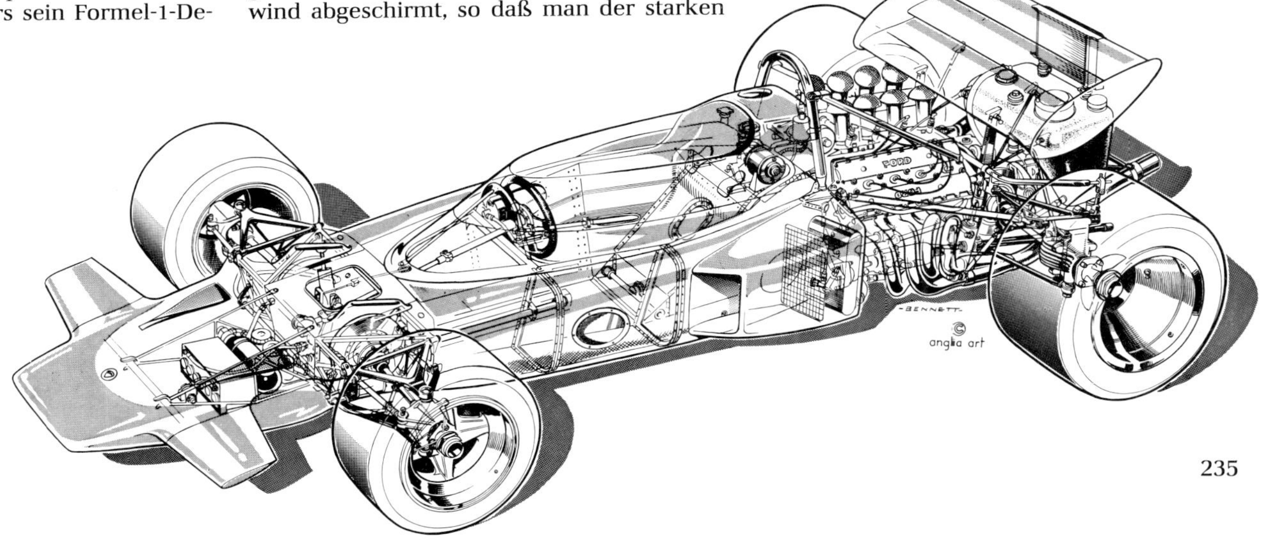

Erhitzung durch doppelte Bremsscheiben entgegenzuwirken versuchte.

Der Große Preis von Holland in Zandvoort wurde weitgehend durch die Reifen entschieden. Es fiel ein feiner Nieselregen. Bald stellte sich heraus, daß die Firestone-Konkurrenz klar im Vorteil war, während die mit Goodyear-Reifen versehenen Wagen das Nachsehen hatten. Ickx auf Ferrari 312B2 und Rodriguez auf BRM P160 lösten sich bald vom Feld und entrissen sich gegenseitig die Führung. Schließlich aber konnte der hervorragende Regenspezialist Ickx auch seinen mexikanischen Rivalen abschütteln. Viele Fahrer, so auch Jackie Stewart, wurden in Tête-à-queues verwickelt, oder sie kamen von der Bahn ab. Dave Walker fuhr hier den vom Indianapolis-Modell 1968 abgeleiteten Lotus 56 mit Pratt-&-Whittney-Gasturbine; auch er landete in den Abschrankungen. Auf Straßenrundstrecken europäischen Stils war das Turbinenauto, welchem Jochen Rindt eine große Zukunft vorausgesagt hatte, sehr

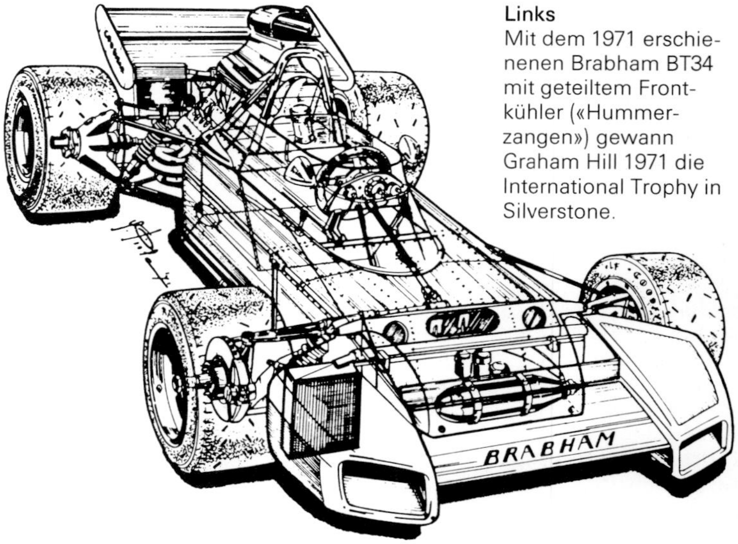

Links
Mit dem 1971 erschienenen Brabham BT34 mit geteiltem Frontkühler («Hummerzangen») gewann Graham Hill 1971 die International Trophy in Silverstone.

Unten
Beim Großen Preis von Österreich 1971 in Zeltweg fuhr Joseph Siffert mit seinem BRM P160 von der Pole Position aus einen großartigen Start-Ziel-Sieg heraus. In den letzten Runden entwich Luft aus dem linken Hinterrad des BRM, und Fittipaldis Lotus 72 kam immer näher . . .

schwer zu fahren. Diese Erfahrung machten auch Emerson Fittipaldi und Reine Wisell. Die Turbine erforderte eine Umstellung der Fahrweise, weil dieses viel langsamer beschleunigende Aggregat schon vor der Kurve wieder auf Hochtouren gebracht werden mußte, damit im Kurvenausgang ein guter Abzug gewährleistet werden konnte. Vor der Kurve mußte der Fahrer also gleichzeitig bremsen und auch Gas geben.

Jackie Stewart auf Tyrrell kam bei dem erstmals auf der neuen Rundstrecke von Le Castellet in der Nähe von Marseille ausgetragenen Großen Preis von Frankreich wieder zu einem klaren Sieg. Hier hatte man vor dem Rennen geglaubt, die starken Ferrari würden ihre Motorleistung auf der langen Mistral-Gegengeraden ausspielen können, aber Stewart und sein Tyrrell-Ford erwiesen sich in jeder Situation als der Konkurrenz überlegen. Es kam sogar der Verdacht auf, daß die Motoren der Tyrrell nicht mit vorgeschriebenem Benzin gespeist worden seien, aber eine Nachkontrolle ergab, daß dem nicht so war. Beim Großen Preis von England wurde sogar der Hubraum nachgemessen. Umsonst. In Le Castellet waren die Tyrrell mit einer neuartigen Frontverschalung bestückt, welche den Auftrieb verringerte und auch die Räder zum Teil verschalte. Später wurden solche Verschalungen auch von andern Konstrukteuren erprobt und angewendet.

Die BRM wurden Mitte Saison ständig durch Vibrationen im Fahrgestell behindert, welche Defekte im Zündsystem zur Folge hatten. Diese Vibrationen gingen weitgehend von den Reifen aus, sie stellten sich auch bei den Ferrari ein und wurden vorwiegend

durch den immer kleiner werdenden Außendurchmesser der Reifen hervorgerufen. Beim BRM gab es Defekte an der Zündspule, die am Überrollbügel befestigt und damit den Vibrationen besonders stark ausgesetzt war. Beim Großen Preis von Österreich waren die Zündspulen bereits am Zylinderkopf befestigt, die Schäden blieben von nun an aus. Bei Ferrari brachten die Vibrationen die Techniker fast zur Verzweiflung. Man stellte allerhand Versuche an, um das Übel zu beheben, jedoch ohne rechten Erfolg. Die Ferrari wurden fast das ganze Jahr hindurch von den heimtückischen Vibrationen geplagt. Übrigens war 1971 der Basler Dr. Peter Schetty Rennleiter der Scuderia Ferrari geworden, nachdem er 1969 auf dem 212E mit Zweilitermotor die Berg-Europameisterschaft gewonnen hatte. Ende 1970 faßte Schetty den Entschluß, sich als Fahrer zurückzuziehen, allerdings stand er Ferrari auch noch als Testpilot zur Verfügung. Im Juli kam der 31jährige Mexikaner Pedro Rodriguez im Verlaufe eines Rennens der Interserie in Nürnberg am Steuer eines privaten Ferrari-512-Sportwagens ums Leben. Es hatte sich bloß um einen Gelegenheitseinsatz Rodriguez' gehandelt; das Fahrzeug war ihm von Herbert Müller zur Verfügung gestellt worden. Rodriguez wurde von einem langsameren Konkurrenten behindert, es kam zu einer heftigen Kollision, der Ferrari-Fünfliter fing Feuer, Rodriguez hauchte kurz danach sein junges Leben aus. Ein großer Draufgänger, aber auch ein Könner mußte auf eine so tragische Weise, ohne eigenes Verschulden, abtreten.

Jackie Stewart setzte seine Siegesserie beim Großen Preis von England in Silverstone sowie beim Großen Preis von Deutschland auf dem erneuerten und mit Leitplanken versehenen Nürburgring fort. François Cevert auf dem zweiten Tyrrell, der schon in Frankreich Zweiter geworden war, belegte auch auf dem schwierigen Nürburgring den Ehrenplatz, nachdem er mit 7 Minuten, 20,1 Sekunden = 186,8 km/h einen neuen Rundenrekord aufgestellt hatte. Die Erfolge der Marke Tyrrell waren somit nicht ausschließlich auf das Können des großen Jackie Stewart zurückzuführen.

Joseph Sifferts großer Tag kam beim Großen Preis von Österreich in Zeltweg. Hier ließ der Schweizer schon im Training deutlich seinen Siegeswillen erkennen. Mit seinem BRM P160 lag er von der ersten bis in die letzte Runde in Führung, selbst Jackie Stewart mit seinem Tyrrell-Ford kam nicht vorbei. Aber in den letzten Runden hing des Schweizers Sieg nur an einem Faden, denn aus dem linken Hinterrad begann allmählich die Luft zu entweichen. Der folgende Emerson Fittipaldi auf Lotus 72 holte stark auf, aber Siffert rettete sich noch mit 5,2 Sekunden Vorsprung vor dem Brasilianer durchs Ziel. Es sollte dies Joseph Sifferts letzter Sieg sein. Bei diesem Großen Preis von Österreich 1971 bestritt übrigens Niki Lauda auf einem March seinen ersten WM-Lauf. Jackie Stewart war nach 34 Runden infolge Radverlustes von der Bahn abgekommen. Matra verzichtete auf die Teilnahme am Großen

Oben
1971 wurde die Bahn von Watkins Glen großzügig ausgebaut und auf 3,906 km verlängert.

Rechts
Der March 711 von 1971 wies eine originelle Formgestaltung auf, welche von Frank Costin stammte. Auf dieser Zeichnung ist der 711, dessen Spitzenfahrer Ronnie Peterson war, mit dem bei einigen Rennen von Andrea de Adamich oder Giovanni Galli verwendeten Alfa-Romeo-V8-Motor bestückt.

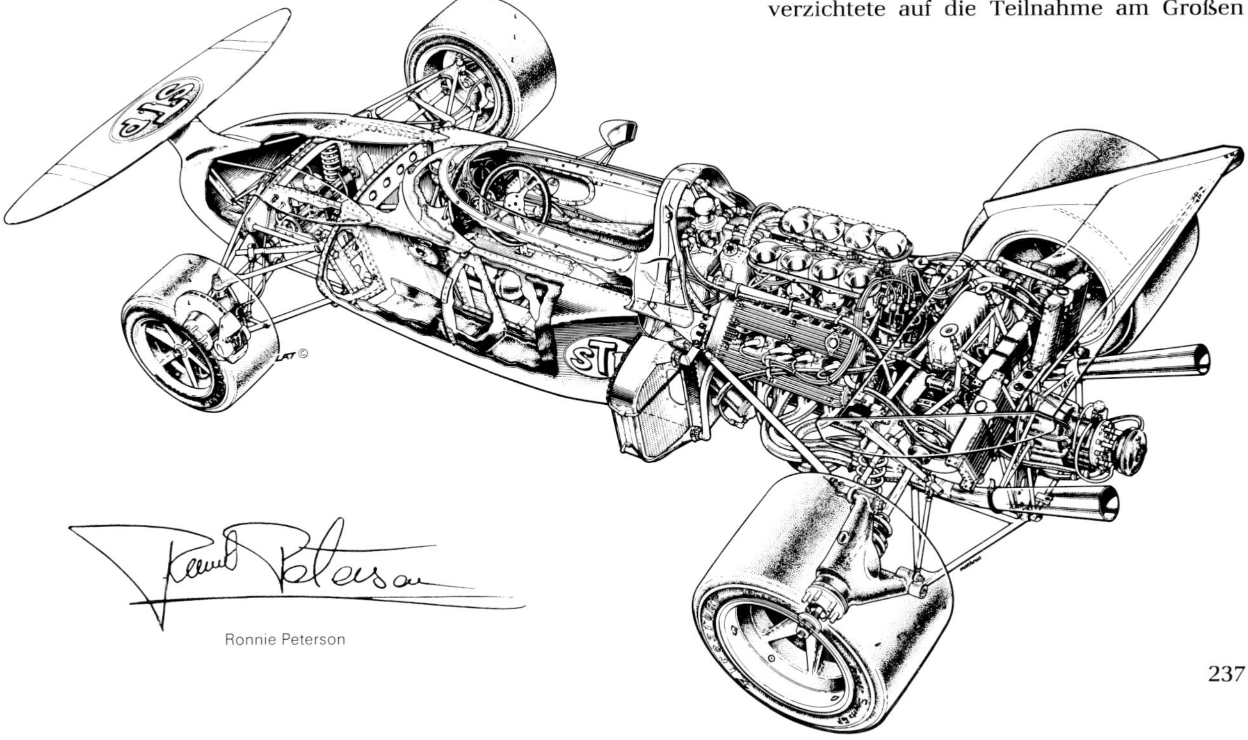

Ronnie Peterson

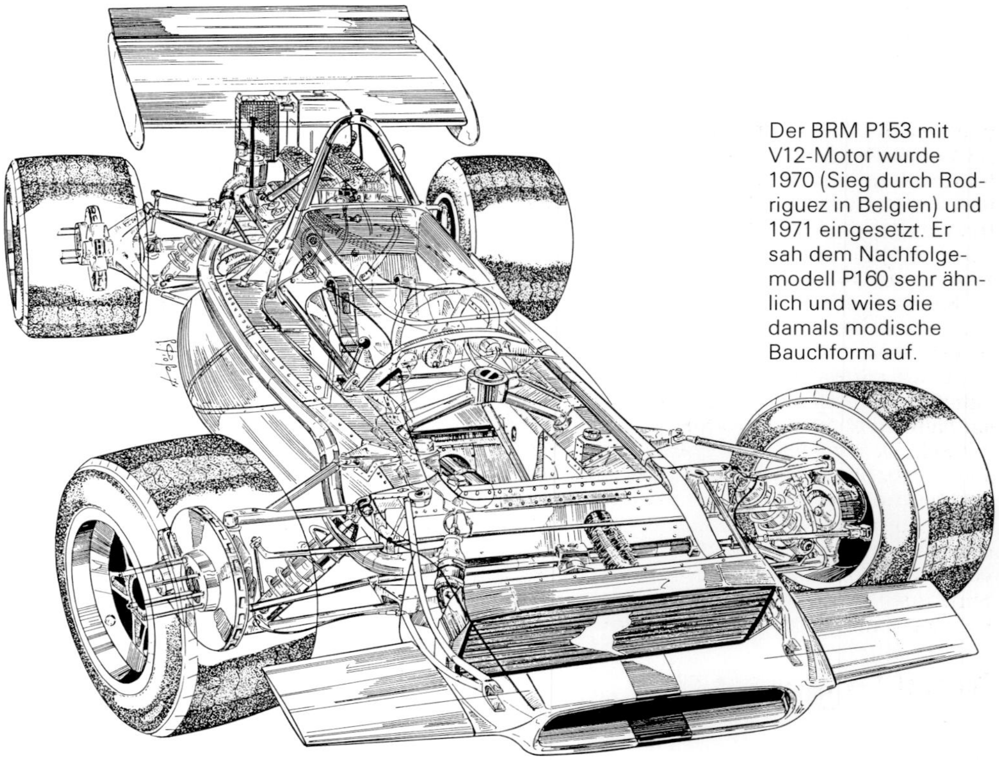

Der BRM P153 mit V12-Motor wurde 1970 (Sieg durch Rodriguez in Belgien) und 1971 eingesetzt. Er sah dem Nachfolgemodell P160 sehr ähnlich und wies die damals modische Bauchform auf.

Preis von Österreich, in Vélizy wollte man den MS120 gründlich überarbeiten. In der Tat erwies sich der blaue Monoposto beim anschließenden Großen Preis von Italien als sehr schnell, denn im Training fuhr Amon die beste Zeit. Im Rennen gab es dann die übliche Windschattenfahrerei. Regazzoni, Amon, Siffert, Peterson, Gethin, Hailwood und auch Stewart wechselten sich an der Spitze ab. Amon fiel infolge eines Schadens in der Bezinzufuhr zurück, Siffert wurde das Opfer eines Getriebedefektes, beim Fotofinish gewann überraschend Peter Gethin auf BRM P160. Der kleine Engländer hatte seine Rivalen in der letzten Runde vor der Parabolica mit einem gewagten Manöver ausgebremst, er gewann den italienischen Grand Prix mit etwa einem Meter Vorsprung vor dem Schweden Ronnie Peterson auf March. Mit einigen Wagenlängen Abstand wurden François Cevert auf Tyrrell und Mike Hailwood auf Surtees TS9 Dritter und Vierter. Große Beachtung fand das Rennen des ehemaligen Motorradchampions Mike Hailwood, der nach mehrjähriger Pause wieder in die Formel 1 eingriff. Emerson Fittipaldi fuhr hier den Lotus-56 Turbinenwagen und wurde Achter. Die Turbine bewährte sich also auch auf einer so schnellen Bahn nicht. Fittipaldi hatte sich unter dem Namen eines neuen, imaginären Teams gemeldet, denn Lotus wollte in Monza nicht offiziell antreten. Colin Chapman befürchtete ein gerichtliches Nachspiel im Zusammenhang mit dem tödlichen Unfall Jochen Rindts im Vorjahr. Peter Gethins Sieg in Monza war eigentlich mehr ein Zufallstreffer, bedingt durch die Windschattenfahrerei, welche das Endresultat nicht selten zu einem Lotterieentscheid macht. Dies schmälerte jedoch die Freude des englischen Jockeysohnes keineswegs.

Mike Hailwood

Der anschließende Große Preis von Kanada wickelte sich in Mosport bei Regen ab. Diesmal waren die Regenreifen von Goodyear, welche in Zandvoort so unterlegen gewesen waren, wieder auf der Höhe der Firestone-Produkte, denn Jackie Stewart fuhr einen klaren Sieg vor Ronnie Peterson heraus. Der Amerikaner Mark Donohue startete in Mosport erstmals bei einem Grand Prix. Das Team Roger Penskes hatte für Donohue einen McLaren M19-Ford vorbereitet, mit welchem der Amerikaner den dritten Platz belegte. Die Weltmeisterschaft wurde mit dem Großen Preis der USA auf der verlängerten, ausgebauten und nun noch sicherer gewordenen Rundstrecke von Watkins Glen abgeschlossen. Stewart lag anfänglich an der Spitze, aber dann gab sein Motor nach, und sein Teamgefährte François Cevert übernahm die Führung. Cevert holte sich seinen ersten Grand-Prix-Sieg vor Joseph Siffert und Ronnie Peterson. Seit Maurice Trintignant hatte übrigens erstmals wieder ein Franzose einen Grand Prix gewonnen. Die Internationale Sportkommission strich den Großen Preis von Mexiko aus dem Weltmeisterschaftskalender, nachdem sich die Veranstalter für außerstande erklärt hatten, die Si-

McLaren setzte 1971/72 den erfolgreichen, von Ralph Bellamy konstruierten M19 in den Versionen A, B und C ein. Schon beim Debüt 1971 in Kyalami lag Denis Hulme mit dem M19 lange in Führung. Auch dieses Fahrzeug wies eine bauchige Chassisform auf.

Mark Donohue

cherheit des Publikums voll zu garantieren. Im Vorjahr hatten sich die Zuschauer unmittelbar am Streckenrand aufgestellt. Das Rennen wäre in Mexiko zudem nur auf mäßiges Interesse gestoßen, nachdem Pedro Rodriguez im Juli ums Leben gekommen war. Jetzt hatten die Mexikaner kein Idol mehr.

Nach elf Weltmeisterschaftsläufen stand der beste Fahrer auf dem Siegerpodest: Jackie Stewart. Der Schotte auf dem Tyrrell-Ford war auf 62 Punkte gekommen. Ronnie Peterson hatte vor allem in der zweiten Saisonhälfte viel Boden gewonnen, so daß er am Schluß mit 33 Punkten als Vizeweltmeister feststand, gefolgt von François Cevert mit 26 Punkten. Jacky Ickx, Sieger in Holland, und Joseph Siffert, Sieger in Österreich, belegten mit je 19 Punkten gemeinsam die vierte Position. Emerson Fittipaldi brachte seine erste vollwertige Grand-Prix-Saison als Sechster unter Dach. Schon in ihrer ersten vollen Saison gewann die Marke Tyrrell die Coupe der Formel-1-Konstrukteure.

Die Formel-1-Serie hatte mit Ferrari-Siegen angefangen, dann aber kamen Schlag auf Schlag die Erfolge der Kombination Stewart/Tyrrell. Die Ferrari blieben hinter den Erwartungen zurück. Bei den letzten Rennen waren auch die BRM stark in Erscheinung getreten, in Bourne hatte man große Fortschritte erzielt. Auf nur mäßige Resultate kamen die Matra, die McLaren sowie die Brabham. Im Verlaufe der Saison waren sowohl beim Ferrari 312B2 als auch beim McLaren M19 die neuartigen Hinterradaufhängungen mit innenliegenden Stoßdämpfern und Schraubenfedern durch klassische Aufhängungen ersetzt worden. Der Ford-Cosworth-DFV-Motor hatte 1971 die vierte Weltmeisterschaft gewonnen; diese genial und dennoch relativ einfach aufgebaute Maschine war also noch lange nicht am Ende.

Dann kam der tragische Saisonschluß mit einem Formel-1-Rennen in Brands Hatch, das am 24. Oktober als Ersatz für den gestrichenen Großen Preis von Mexiko ausgetragen wurde. In Brands Hatch sollte Joseph Siffert am Steuer seines BRM P160 tödlich verunglücken. Die genaue Ursache des Unfalles wurde nie offiziell bekanntgegeben. Fest stand auf jeden Fall, daß der bisher beste Schweizer Pilot einem technischen Versagen zum Opfer fiel. Nach dem Aufprall gegen einen Erdwall fing der BRM Feuer, der Fahrer erstickte im Cockpit, die Feuerwehr und der übrige Rettungsdienst trafen erst mit einer gewissen Verspätung am Unfallort ein. Für Siffert kam jede Hilfe zu spät. In seiner Heimatstadt Freiburg erwiesen an die 40 000 Menschen diesem vorbildlichen Sportler und großartigen Menschen, der auch in den Tagen des Weltruhms bescheiden geblieben war, die letzte Ehre.

Formel-1-Wagen von 1971

Marke/Modell	Verantwortl. Konstrukteur(e)	Motor	Getriebe (Gangzahl)	Chassisbauweise	Radstand	Spur vorne Spur hinten	Reifenmarke	Trockengewicht in kg
Brabham BT 33	Ron Tauranac	Cosworth DFV (V8)	Hewland DG 300 (5)	OMC	2413	v 1486 h 1556	Goodyear	560
Brabham BT 34	Ron Tauranac	Cosworth DFV (V8)	Hewland FG 400 (5)	VMC	2413	v 1575 h 1600	Goodyear	570
BRM P 153	Tony Southgate	BRM P 142-60 (V12)	BRM (5)	OMC	2438	v 1524 h 1499	Firestone	550
BRM P 160	Tony Southgate	BRM P 142-60 (V12)	BRM (5)	OMC	2464	v 1473 h 1448	Firestone	540
Ferrari 312 B	Mauro Forghieri	Ferrari 312 B (12 Zyl. 180°)	Ferrari (5)	RRB	2380	v 1480–1545 h 1485–1555	Firestone	550
Ferrari 312 B2	Mauro Forghieri	Ferrari 312 B (12 Zyl. 180°)	Ferrari (5)	RRB	2300–2350	v 1380–1420 h 1380–1420	Firestone	560
Lotus 72	Colin Chapman Maurice Phillippe	Cosworth DFV (V8)	Hewland DG 300 (5)	OMC	2540	v 1448 h 1448	Firestone	550
Lotus 56 B	Colin Chapman Maurice Phillippe	Gasturbine Pratt & Whitney	Ferguson/ZF	OMC	2616	v 1587 h 1587	Firestone	600
March 711	Robin Herd Geoffrey Ferris	Cosworth DFV (V8)	Hewland FG 400 (5)	VMC	2438	v 1524 h 1524	Firestone	560
March 711	Robin Herd Geoffrey Ferris	Alfa Romeo 33.3 (V8)	Hewland FG 400 (5)	VMC	2438	v 1524 h 1524	Firestone	580
Matra MS 120 B	Georges Martin Robert Morin	Matra MS 71 (V12)	Hewland FG 400 (5)	VMC	2500	v 1640 h 1600–1700	Goodyear	560
McLaren M 19	Ralph Bellamy	Cosworth DFV (V8)	Hewland DG 400 (5)	VMC	2540	v 1600 h 1575	Goodyear	560
Surtees TS 7	John Surtees	Cosworth DFV (V8)	Hewland DG 300 (5)	VMC	2438	v 1473 h 1524	Firestone	550
Surtees TS 9	John Surtees	Cosworth DFV (V8)	Hewland FG 400 (5)	VMC	2534	v 1524 h 1549	Firestone	540
Tyrrell 01-03	Derek Gardner	Cosworth DFV (V8)	Hewland FG 400 (5)	OMC	2388–2535	v 1590 h 1590–1648	Goodyear	560

Chassisbauweise: OMC = offenes Monocoque, VMC = Voll-Monocoque, RRB = Rohrrahmen mit Blech beplankt

Wieder ein Südamerikaner

Mit dem Lotus 72 wird auch Fittipaldi Weltmeister. In Monaco sichert Beltoise BRM den letzten Grand-Prix-Erfolg. Ecclestone übernimmt das Brabham-Team. Man nähert sich der 500-PS-Grenze.

Emerson Fittipaldi war 1968 nach Europa gekommen und bestritt hier Formel-Ford- und Formel-3-Rennen. 1970 debütierte er in Brands Hatch in der Formel 1, zwei Jahre später, im Alter von nur 25 Jahren, wurde der 1946 in São Paulo geborene Brasilianer der bisher jüngste Weltmeister. Noch nie war ein Fahrer in so kurzer Zeit zur höchsten Auszeichnung gelangt wie dieser ruhige, überlegt fahrende Sohn eines Rundfunkreporters. Die 23. Weltmeisterschaft umfaßte zwölf Läufe, fünf davon wurden von Emerson Fittipaldi auf dem weiterentwickelten Lotus 72-Ford (genaugenommen war es der Lotus 72D) gewonnen, Jackie Stewart auf Tyrrell-Ford brachte es auf vier Siege. Jean-Pierre Beltoise auf BRM, Jacky Ickx auf Ferrari und Denis Hulme auf McLaren kreuzten das Ziel je einmal in erster Position.

Die Formel-1-Teams wurden zu Beginn der Saison teilweise neu gebildet. Bei Lotus blieb Emerson Fittipaldi selbstverständlich Fahrer Nummer 1, ihm zur Seite stand der Australier Dave Walker, während Colin Chapman den Vertrag mit dem Schweden Reine Wisell nicht erneuerte. Die keilförmigen Monoposto mit den seitlichen Kühlern hießen jetzt nicht mehr Lotus, sondern wurden «John Player Special» getauft, nachdem sich die Zigarettenmarke durch einen entsprechend tiefen Griff in die Tasche diese Exklusivität gesichert hatte. Die Fahrzeuge wurden schwarz gespritzt, mit goldenen Filets, ganz im Stile der betreffenden Zigarettenverpackung.

Bei Tyrrell saßen Jackie Stewart und François Cevert nach wie vor in den erfolgreichen Konstruktionen Derek Gardners, bei zwei Rennen kam auch der französische Formel-2-Spezialist Patrick Depailler in der Formel 1 zum Einsatz. Im March-Team bekam Ronnie Peterson den 23jährigen Wiener Industriellensohn Niki Lauda als Partner, der sich dank dem von einem österreichischen Bankhaus geleisteten Vorschuß in die Renngemeinschaft eingekauft hatte. Unverändert blieb das Ferrari-Team mit Jacky Ickx, Giancladio Regazzoni und Mario Andretti. Im

Arturo Merzario

Verlaufe der Saison kamen Giovanni Galli einmal und Arturo Merzario zweimal auf einem Ferrari-Grand-Prix-Wagen zum Einsatz. Einen großen Effort unternahm BRM. Der Tabakkonzern Philip Morris (Marlboro) traf ein Abkommen mit der Marke aus Bourne und investierte für ein Jahr zwei Millionen Franken in das englische Team, dessen Wagen nun Marlboro-BRM hießen, wobei pro Rennen der Einsatz von fünf Wagen vorgesehen wurde. Die drei offiziellen Marlboro-BRM-Fahrer waren Jean-Pierre Beltoise, der Neuseeländer Howden Ganley sowie Peter Gethin. Hinzu kamen zwei Fahrer der sogenannten Nationalteams, nämlich der Grazer Dr. Helmut Marko und der spanische Chirur-

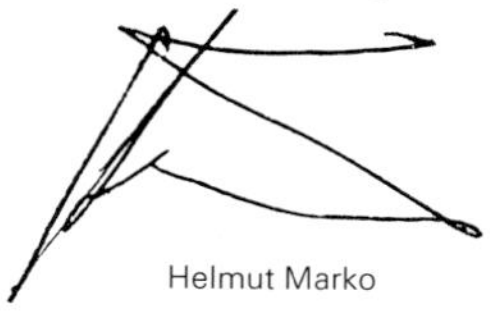

Helmut Marko

gensohn Alex Soler-Roig. Zu Gelegenheitseinsätzen kam dann auch Reine Wisell. BRM und Marlboro nahmen sich zu viel vor; mit der Vorbereitung von fünf Autos vor jedem Grand Prix waren die Leute überfordert. Trotzdem sollte Jean-Pierre Beltoise, bei strömendem Regen, den Großen Preis von Monaco gewinnen. Dieser Sieg gab auch BRM neuen Auftrieb. Aber es sollte der letzte Erfolg in der Geschichte von BRM bleiben.

Aus finanziellen Gründen hatte man sich bei Matra entschieden, die Saison nur noch mit einem Fahrzeug zu bestreiten, das von Chris Amon gefahren wurde. In das vom Kosmetikkonzern Yardley unterstützte McLaren-Team, dessen Fahrer Nummer 1 Denis Hulme blieb, wurde auch der Amerikaner Peter Revson aufgenommen. Es entstand damit eine recht komische Situation, weil Revson zu den Erben des amerikanischen Kosmetikkonzerns Revlon, Yardleys großem Konkurrenten, zählte. Auf McLaren kam gelegentlich auch der Engländer Brian Redman zum Einsatz, Ende der Saison bot man dem talentierten Südafrikaner Jody Scheckter eine Startmöglichkeit. John Surtees zog sich als Fahrer mehr und mehr zurück, um sich dem Management seines Teams und der Weiterentwicklung der Fahrzeuge zu widmen. Die TS9 wurden deshalb Mike Hailwood, Tim Schenken und Andrea de Adamich anvertraut. Der aus Triest stammende und mit der Tochter eines Alfa-Romeo-Direktors verheiratete de Adamich war nach zwei Jahren der Versuche mit Alfa-Romeo-Motoren (1970 mit McLaren- und 1971 mit March-Chassis) ebenfalls zu den Ford-Motoren übergegangen, sein Sponsor wurde der italienische Keramikfabrikant Pagnossin. Frank Williams verpflichtete erneut den Franzosen Henri Pescarolo, hinzu kam ein junges brasilianisches Talent, das sich 1971 in der Formel 2 ausgezeichnet hatte: Carlos Pace. Sponsor dieser Renngemeinschaft war die italienische Spielzeugmarke Politoys. Im Verlaufe der Saison erschien dann auch der neue Politoys-Ford, der vom Ford-Konstrukteur Len Bailey für Williams entworfen worden war. Dieses Monocoquefahrzeug vermochte jedoch nicht zu überzeugen. Meist setzte Williams' Renngemeinschaft die March 721-Ford ein.

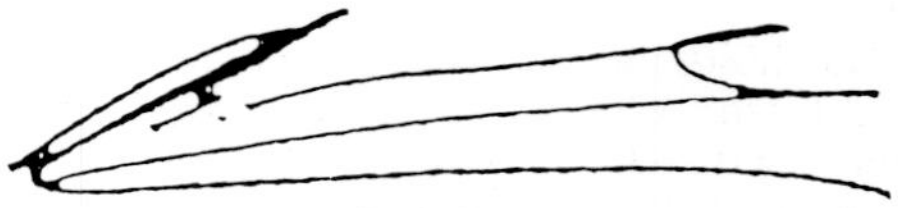

Bernie Ecclestone

Das Brabham-Team wurde von dem reichen Geschäftsmann Bernie Ecclestone aufgekauft, welcher dann im Verlaufe der Jahre

Der BRM P160 wurde von 1971 bis 1973 eingesetzt. Die Aerodynamik wurde dabei laufend modifiziert oder auch das Kühlsystem umgebaut. Die Zeichnung veranschaulicht die Version P160B von 1972 mit einer Ansaughutze über dem V12-Motor und den Ölkühlern im Heck.

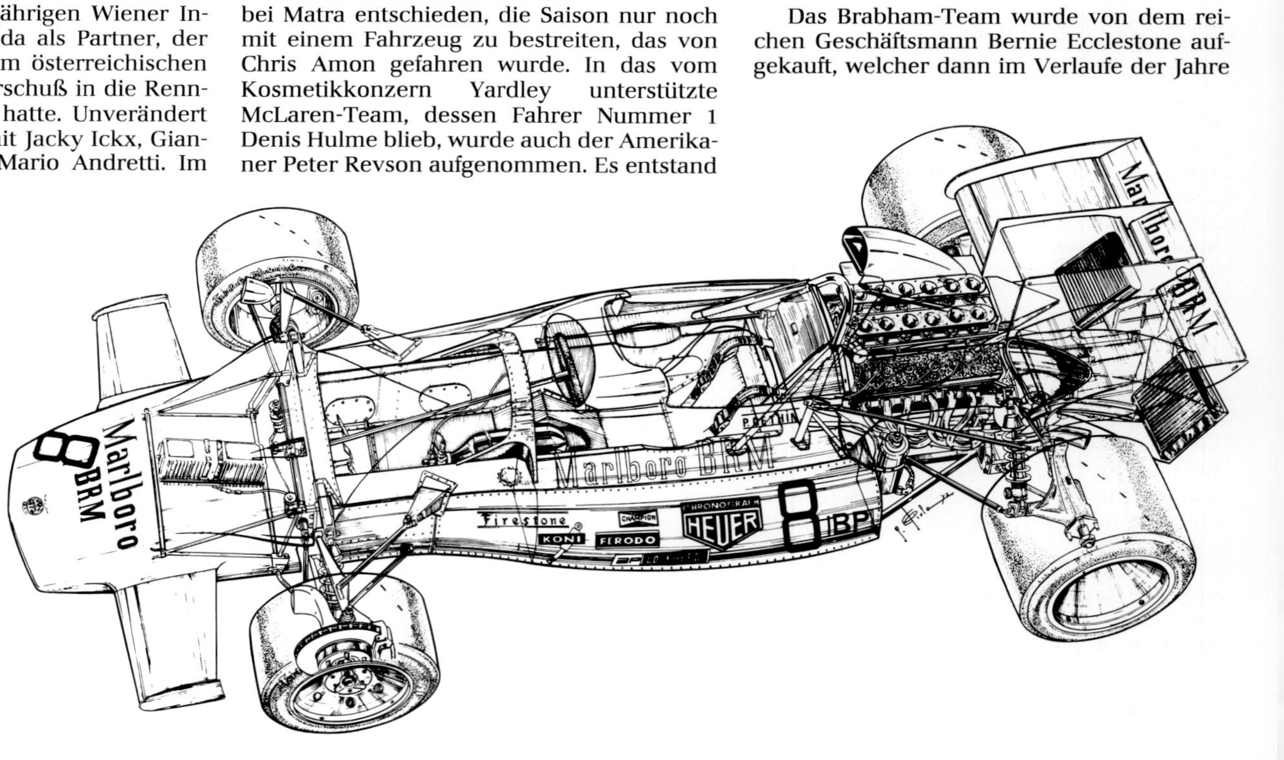

mehr und mehr zu einer Hauptfigur des gesamten Formel-1-Zirkus werden sollte. Ecclestone und Ron Tauranac verstanden sich aber nicht, so daß der australische Konstrukteur bald wieder seinen Hut nahm. Ecclestone ersetzte Tauranac durch den bisherigen McLaren-Konstrukteur Ralph Bellamy, der den bewährten M19 gebaut hatte. Als Fahrer verpflichtete Ecclestone Graham Hill, den Argentinier Carlos Reutemann sowie

Wilson Fittipaldi

den Brasilianer Wilson Fittipaldi, den älteren Bruder Emersons. Zwischen Rolf Stommelen und John Surtees waren Differenzen entstanden, welche Ende 1971 zur Trennung führten. Stommelen sicherte sich den deutschen Wohnwagenfabrikanten Günther Hennerici (Eifelland) als Geldgeber, das private Rennteam erstand einen March 721-Ford, der in Deutschland von dem eigenwilligen Stylisten Luigi Colani neu karossiert wurde, allerdings mit schlechten Ergebnissen. Noch vor Ende der Saison wurde diese Renngemeinschaft aus finanziellen Gründen aufgelöst, das Unternehmen in der Eifel war in die Hände eines Fensterrahmenfabrikanten übergegangen.

Die Bologneser Marke Tecno hatte 1971 beschlossen, ebenfalls in die Formel 1 einzugreifen. Das kleine Unternehmen hatte sich im Kart-Rennsport einen Namen gemacht, 1966 folgten die ersten Formel-3- und 1968 die ersten Formel-2-Konstruktionen, welche sich alle gut bewährten. Tecno-Boß Luciano Pederzani, ein Geschäftsmann, der sich aus Liebhaberei der Rennwagenkonstruktion verschrieben hatte, begnügte sich nicht damit, ein Fahrgestell zu bauen, um es mit einem Ford-Motor zu versehen, sondern man stellte bei Tecno den neuen Formel-1-Monoposto von A bis Z selbst her, ausgenommen das Getriebe, welches von Hewland übernommen wurde. In Bologna entstand ein flacher Zwölfzylindermotor nach Ferrari-Vorbild (81×48 mm = 2968 cm^3), dessen Leistung von Pederzani mit 440 PS bei 11 000 U/min angegeben wurde. Den Bolognesen war es gelungen, die Turiner Getränkefirma Martini & Rossi als Sponsor zu gewinnen, nachdem Martini bis zu diesem Zeitpunkt ein Sportwagenteam (Porsche-Fahrzeuge) für Langstreckenrennen unterstützt hatte. Schon Ende 1971 wurden die ersten Probefahrten mit dem neuen Tecno PA123 unternommen, und das Fahrzeug wurde der Presse vorgestellt. Bald stellte sich jedoch heraus, daß das Fahrgestell mit Rohrrahmen den Anforderungen nicht gewachsen war, so daß sich Pederzani wieder an die Arbeit

Links
Beim total verregneten Grand Prix von Monaco 1972 hatte Jean-Pierre Beltoise auf seinem BRM P160B V12 seinen großen Tag. Er fuhr einen Start-Ziel-Sieg heraus. Es war dies der letzte Grand-Prix-Erfolg von BRM.

Unten
Emerson Fittipaldi mit seiner Gattin nach dem Sieg im Großen Preis von Italien 1972 in Monza. Damit stand er auch als Weltmeister fest.

Emerson Fittipaldi

machte und einen neuen Monocoquerennwagen baute. Dieser Typ PA123 bestritt dann anläßlich des Großen Preises von Belgien in Nivelles seinen ersten Weltmeisterschaftslauf. Doch noch immer vermochte das Fahrgestell nicht zu befriedigen. Tecno verpflichtete den Italiener Giovanni Galli und den Engländer Derek Bell als Fahrer. David

John Wyer

Yorke, den bisherigen Mitarbeiter John Wyers in dessen renommiertem Langstreckenrennstall, ernannte man zum Rennleiter.

Das Formel-1-Feld wurde 1972 durch den englischen March-Fahrer Mike Beuttler vervollständigt, der von Londoner Börsenmaklern finanziert wurde.

In bezug auf die Technik brachte die Saison 1972 die allgemeine Tendenz, die Hinterachse der Fahrzeuge noch mehr zu belasten. Dies geschah durch Anbringen der Nebenaggregate im Heck wie auch durch eine starke Versetzung des Heckflügels nach hinten, so daß dieser nun deutlich hinter den Antriebsrädern zu liegen kam, wo er infolge der Hebelwirkung einen noch größeren Druck auf die Räder ausübte. Öltanks, Ölkühler, Auffangtanks, ja sogar die Wasserkühler (beim neuen BRM P180) wurden mehr und mehr nach hinten verschoben. Dieser extremen Belastung der Antriebsräder mußte vorn mit entsprechenden aerodynamischen Hilfsmitteln entgegengewirkt werden, um damit auch einen genügenden Anpreßdruck der Vorderräder auf die Fahrbahn zu gewährlei-

sten, sonst hätten die Rennwagen in den Kurven die Tendenz gehabt, geradeaus zu fahren. Der vordere Anpreßdruck wurde mit keilförmigen Frontverschalungen oder entsprechenden «Flügeln» realisiert.

Die Reifen wurden noch breiter. Auf die 13-Zoll-Felgen zog man überquadratische «Walzen» von bis zu 18 Zoll Breite (45,7 cm) auf, wie beispielsweise beim Surtees TS9. Der erfolgreiche Lotus 72D kam vorn mit 9 und hinten mit 14 Zoll breiten Reifen aus. Auf trockener Fahrbahn wurden selbstverständlich profillose Slicks verwendet. Im «Reifenkrieg» zwischen Goodyear und Firestone war man jetzt soweit, für das Qualifikationstraining spezielle Reifen mit superweicher Gummimischung zu verwenden, welche eine maximale Haftung gewährleisteten. Diese Qualifikationsreifen taugten aber nur für drei bis vier Runden, dann waren sie abgenützt. Mit solchen Reifen konnte sich jedoch ein Konkurrent einen guten Startplatz sichern. Diese Tendenz ließ freilich die Kosten noch weiter in die Höhe schnellen.

Auch auf dem Bremssektor gab es eine Neuheit. Nach den 1971 bei den Tyrrell angewendeten Bremsen mit doppelten Scheiben erschienen 1972 Bremsen mit querperforierten Scheiben, wie sie von Matra, Brabham und Tecno übernommen wurden. Bisher hatten die Scheiben zwecks Ventilierung ausschließlich radiale Kanäle, hinzu kam nun die Querperforierung, wie sie von Porsche schon seit einiger Zeit bei den Bremsen der Sportwagen und der Prototypen angewendet wurde. Diese Querperforierung ermöglicht eine bessere Wärmeabfuhr, die Bremsen sprechen besser an, besonders bei Regen. Es erschienen auch neue Scheibenbremsen mit vier Kolben, welche die Anwendung größerer Bremsbeläge ermöglichten.

Nach zwölfjähriger Pause wurde der Große Preis von Argentinien erstmals wieder in das Weltmeisterschaftsprogramm einbezogen. Im Training gab es eine Sensation, als der von Brabham neu verpflichtete Lokalmatador Carlos Alberto Reutemann — ein Farmerssohn aus Santa Fé — mit seinem Brabham BT34-Ford die schnellste Zeit fuhr und sich für das Rennen die Pole Position sicherte. Reutemann wurde von der staatlichen Erdölgesellschaft YPF unterstützt, welche in den letzten Jahren auch die argentinische Temporada auf die Beine gestellt hatte. Im Rennen führte aber Jackie Stewart auf Tyrrel 003-Ford von der ersten bis in die letzte Runde, während Reutemann nach einem guten Rennbeginn infolge eines Reifenschadens zurückgeworfen wurde. Stewart gewann vor Denis Hulme auf McLaren M19 und Jacky Ickx auf Ferrari 312 B2. Emerson Fittipaldi hatte in Argentinien mit einem Aufhängungsschaden die Segel streichen müssen.

Eine Beute des Schotten schien auch der anschließende Große Preis von Südafrika in Kyalami zu werden, aber nachdem Stewart bis in die 45. Runde an der Spitze gelegen hatte, fiel er mit einem Getriebeschaden aus, und Denis Hulme auf McLaren M19-Ford siegte vor Emerson Fittipaldi auf Lotus 72, Peter Revson auf McLaren und Mario Andretti auf Ferrari. In Südafrika feierte der Brasilianer Carlos Pace auf einem March 721 von Frank Williams sein Grand-Prix-Debüt.

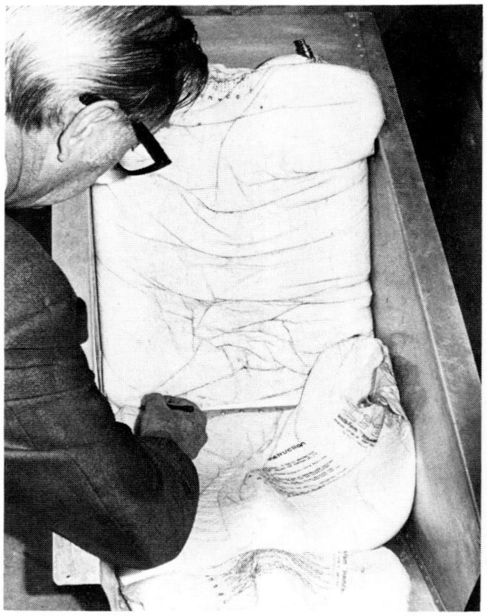

Max Mosley

Peter Revson

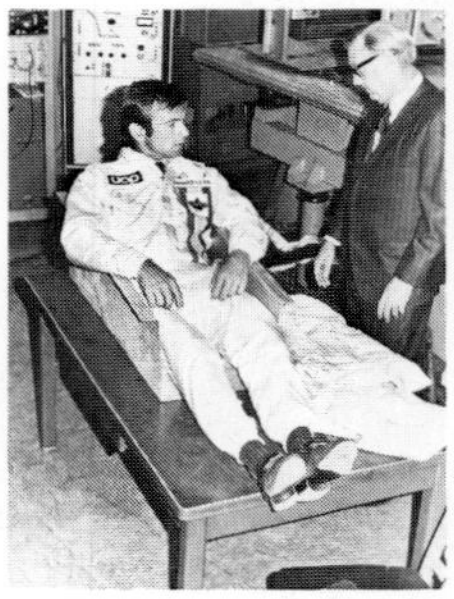

Bei Shadow macht Peter Revson die Sitzprobe. In die Monocoqueattrappe wurde ein mit weicher Kunststoffmasse gefüllter Sack eingelegt, auf den sich der Fahrer setzt. Mit dem entstandenen Abdruck kann dann die individuelle Sitzschale maßgerecht hergestellt werden.

Der erste europäische Grand Prix lief auf der spanischen Jarama-Rundstrecke. Hier debütierten mehrere Formel-1-Modelle. Graham Hill fuhr den neuen Brabham BT37, der von Ralph Bellamy vom BT34 abgeleitet worden war, allerdings versah Bellamy das Fahrzeug mit einem klassisch angeordneten Frontkühler und nicht mit getrennten und in Luftschächten untergebrachten Elementen wie beim BT34. Einige Wochen zuvor hatte der Argentinier Reutemann auf dem BT34 den für die Weltmeisterschaft nicht zählenden Großen Preis von Brasilien auf der Rundstrecke von Interlagos bei São Paulo gewonnen, nachdem der führende Emerson Fittipaldi auf Lotus mit einem Fahrgestellschaden ausgefallen war. Bei Saisonbeginn befand sich Reutemann in blendender Form, dann aber verunfallte er beim Training zu einem englischen Formel-2-Rennen, weil sich an seinem Brabham ein Rad gelöst hatte. Der Argentinier erlitt einen Fußknöchelbruch und war für einige Wochen kampfunfähig, so daß er die Großen Preise von Spanien und Monaco auslassen mußte.

In Spanien debütierte der neue BRM P180, gefahren von Peter Gethin. Bei diesem Modell hatte Tony Southgate die Antriebsräder extrem belasten wollen, indem er die Wasser- und die Ölkühler über dem Heck befestigte und sie in Luftschächte «verpackte». Die Front des P180 lief wie beim Lotus 72

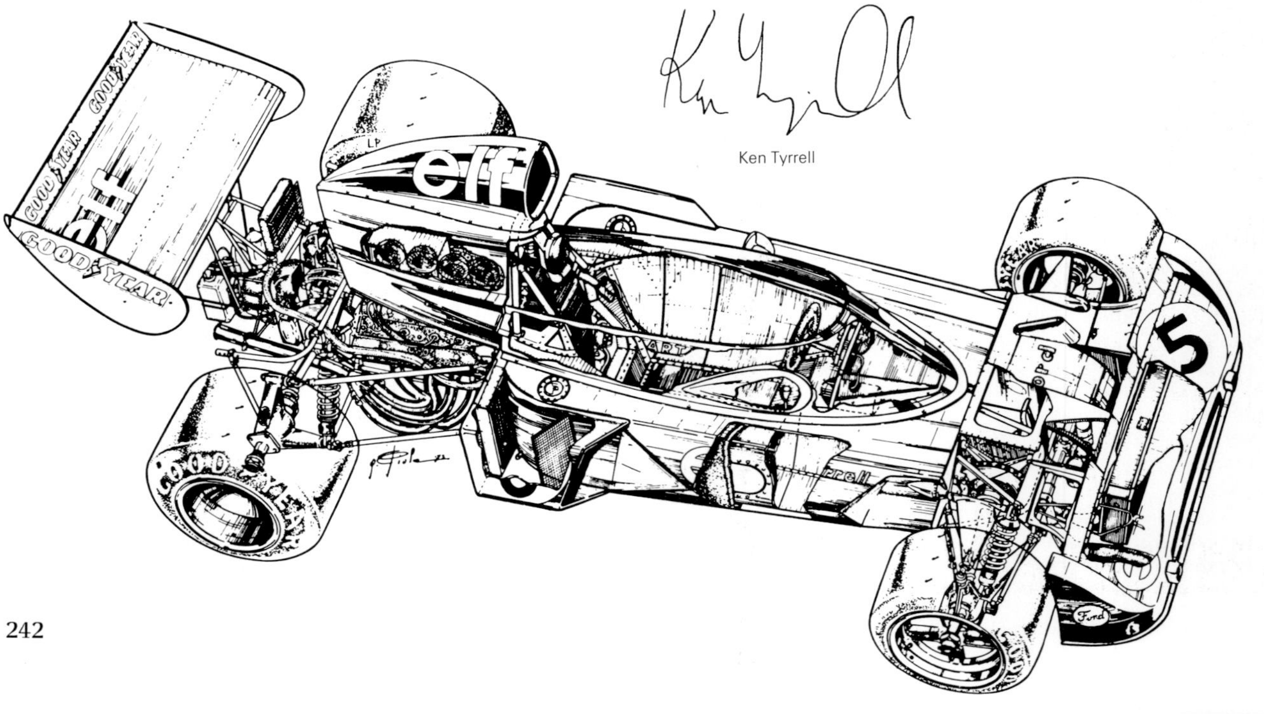

Ken Tyrrell

Links
Der Mitte 1972 erschienene Tyrrell 005 konnte an die Erfolgsserie seines Vorgängers anknüpfen. Die Vorderradbremsen lagen zuerst innen. Mit der großen Lufthutze über dem Motor wollte man einen gewissen Ladeeffekt erzeugen.

Rechts
Neben dem eigenwilligen March 721X-Cosworth stehen (von links) Neuling Niki Lauda, Manager Max Mosley, Konstrukteur Robin Herd und Chefmechaniker Pete Kerr.

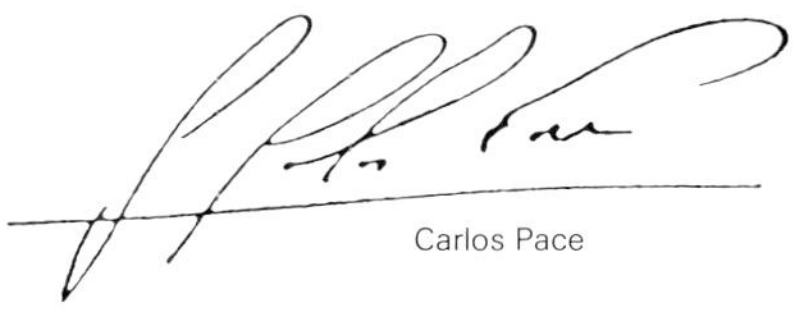

Carlos Pace

keilförmig aus. Das Fahrzeug bewährte sich aber nicht, die Straßenlage ließ zu wünschen übrig, im Laufe der Saison kam es nur sporadisch zum Einsatz.

March erschien mit zwei neuen Modellen: die Werksfahrer Peterson und Lauda mit dem 721X-Ford, der Privatfahrer Mike Beuttler mit dem 721G. Beim 721X hatte Robin Herd das Cockpit ziemlich weit nach vorn verschoben, das Fahrerabteil wurde von einem Sicherheitskäfig geschützt. Um die Massen besser gegen den Schwerpunkt hin zu konzentrieren, wurde das Getriebe vor der Hinterachse placiert. Im Gegensatz zu Lotus oder BRM wollte March also die Hinterachse nicht maximal belasten. Zu diesem Zweck verwendeten die Engländer ein Alfa-Romeo-Getriebe, wie es beim Sportwagen Typ 33TT3 — ebenfalls vor der Hinterachse — eingebaut wurde. Der 721X bewährte sich aber nicht, nach dem Großen Preis von Frankreich wurde er durch den 721G ersetzt, dessen Monocoquechassis mit seitlichen Kühlern vom Formel-2-Modell stammte.

Mit dem Großen Preis von Spanien setzte die Erfolgsserie Emerson Fittipaldis ein. Von der fünften Position aus arbeitete sich der Brasilianer in wenigen Runden bis an die Spitze vor und gab sie nicht mehr ab. Die beiden Ferrari 312B2 von Ickx und Regazzoni belegten die Ehrenplätze, danach schossen de Adamich auf Surtees TS9-Ford, Peter Revson auf McLaren M19-Ford, Carlos Pace auf March 721-Ford und der sein Grand-Prix-Debüt feiernde Wilson Fittipaldi auf Brabham BT33-Ford in einem geschlossenen Pulk über die Ziellinie. Jackie Stewart hatte sich mit seinem Tyrrell in einer Kurve gedreht und war ausgefallen.

Zu einem Regenrennen sondergleichen wurde der Große Preis von Monaco. Hier hatte Jean-Pierre Beltoise auf dem BRM P160 seinen ganz großen Tag, indem er bei diesen infernalischen Verhältnissen das Feld von der ersten bis in die letzte Runde anführte, ohne je einen Fehler zu begehen, während die meisten Konkurrenten Tête-à-queues oder gefährliche Schlenker in Kauf nehmen mußten.

Der organisierende Automobile Club von Monaco hatte die Boxen aus Sicherheitsgründen verlegen lassen und sie am Ort der alten Schikane placiert, während die neue und engere Schikane, die nur von einem einzigen Fahrzeug genommen werden konnte, weiter in Richtung Bureau de Tabac verlegt wurde. Diese Lösung befriedigte aber auch nicht. In Monaco stellte sich heraus, daß Jackie Stewart und sein Tyrrell-Ford nicht mehr die absolute Spitzenkombination darstellten, die Konkurrenz hatte die eigenen Fahrzeuge verbessert, und nicht zuletzt waren die Firestone-Reifen besser als diejenigen von Good-

Beim Großen Preis von England 1972 in Brands Hatch führt Ickx auf dem Ferrari 312B2 vor Stewart auf Tyrrell 01 und Fittipaldi auf Lotus 72. Ferrari kämpfte damals mit Handlingproblemen, und der 312B2 siegte nur auf dem Nürburgring. Stewart erlebte ein starkes Saisonfinale und gewann die beiden letzten WM-Läufe.

year, welche auch von Stewart gefahren wurden. Die Tyrrell des ersten Typs — 1970 bis 1972 — trugen übrigens noch keine eigentliche Modellbezeichnung, sondern es wurde lediglich die Fahrgestellnummer dieser ersten Serie von vier Wagen (001, 002, 003 und 004) angegeben. Monaco brachte eines der zwischenfallreichsten Rennen überhaupt, denn fast in jeder Runde gab es mindestens einen Dreher, die modernen Rennwagen waren mit ihren superbreiten Reifen, die nur eine ungenügende Wasserverdrängung ermöglichen, im Regen ziemlich hilflos. Jean-Pierre Beltoise meisterte seinen BRM P160 beispielhaft, in Monte Carlo war dem Franzosen niemand gewachsen, sein erster und dann auch einziger Sieg bei einem Weltmeisterschaftslauf war mehr als verdient.

Der Große Preis von Belgien war 1971 ausgefallen, weil die schnelle Ardennenrundstrecke von Spa als zu gefährlich taxiert wurde. Eine tiefgreifende Modifikation der Anlage hätte die Investition eines immensen Kapitals erfordert; also beschloß man, den belgischen Grand Prix 1972 auf der neuen, in der Nähe von Brüssel erbauten Bahn von Nivelles auszutragen, die allerdings nur 3,72 Kilometer lang war. Emerson Fittipaldi fuhr die Trainingsbestzeit vor Regazzoni. Jackie Stewart mußte infolge einer Zwölffingerdarmentzündung auf das Rennen verzichten, die Ärzte legten ihm nahe, auch bei den Rennen der nordamerikanischen CanAm-Serie nicht zu starten, um sich zu schonen. An der Can Am hätte Stewart mit einem McLaren-Werkwagen teilnehmen sollen. Fittipaldi auf Lotus 72 gewann den Großen Preis von Belgien eindeutig vor François Cevert auf Tyrrell und Denis Hulme auf McLaren. In Nivelles erfolgte das Grand-Prix-Debüt des zwölfzylindrigen Tecno PA123 mit Giovanni Galli am Steuer. Der Toskaner kollidierte vor einer Kurve mit dem ihn überholenden Regazzoni, so daß beide Wagen ausfielen.

Einige Tage nach dem Großen Preis von Belgien stellte das Tyrrell-Team der in Le Mans versammelten Fachpresse das neue Modell 005 vor. Konstrukteur Derek Gardner hatte sich für ein kastenförmig ausgebildetes und ziemlich breites Chassis mit aerodynamisch gut durchdachten Formen entschieden. Einige Hauptmerkmale waren: Monocoquechassis, innenliegende Vorderradbremsen mit Bremswellen sowie Verkleidung der Heckpartie. Während des Trainings zum Großen Preis von Frankreich in Clermont-Ferrand geriet aber François Cevert mit der Neukonstruktion in die Leitplanken, das Debüt des 005 mußte somit auf den Großen Preis von Europa in Brands Hatch verschoben werden.

Für den französischen Grand Prix hatte Matra ein neues Chassis Typ MS120D gebaut, welches wieder von Georges Martin und Robert Morin konstruiert wurde. Der Fahrzeugrumpf war bauchig ausgebildet und erinnerte an den Typ MS80 von 1969. Die Marke aus Vélizy trat in der Auvergne mit einer wohlgeschliffenen, neuen Waffe an, und

Die wichtigsten Daten und Merkmale der Formel-1-Motoren von 1972

Marke	BRM	Cosworth	Ferrari	Matra	Tecno
Typ	P 142 60	DFV	312 B	MS-72	PA 123
Zylinderanordnung	V12 60°	V8 90°	V12 180°	V12 60°	V12 180°
Bohrung × Hub (mm)	74,61 × 57,15	85,7 × 64,8	78,5 × 51,5	79,7 × 50	80,98 × 48,46
Hubraum (cm³)	2998	2990	2991	2993	2995
Anzahl Hauptlager	7	5	4	7	7
Einspritzung	Lucas	Lucas	Lucas	Lucas	Lucas
Zündung	Marelli	Lucas	Marelli	Ducellier	Marelli
Höchstleistung in PS bei U/min	440 10 800	450 10 000	470 11 600	470 11 500	430 11 000

Rechts
Emerson Fittipaldi gewann 1972 die GP von Spanien, Belgien, England, Österreich und Italien und stand dann mit deutlichem Vorsprung auf Stewart als Weltmeister fest. Das Foto zeigt ihn auf dem Nürburgring.

Unten
Rolf Stommelen auf dem privaten March 721 des deutschen Eifelland-Teams. Der March hatte eine von Stylist Luigi Colani geformte Karosserie mit zentralem Rückspiegel bekommen, die sich jedoch nicht bewährte.

Chris Amon stellte damit die Trainingsbestzeit auf. Das Ferrari-Team mußte auf den Einsatz Regazzonis verzichten, weil sich der Tessiner kurz zuvor in Zeltweg während einer Trainingspause zum 1000-Kilometer-Rennen beim Fußballspiel mit den Ferrari-Monteuren das Handgelenk gebrochen hatte. Ferrari bot in Frankreich dem Tecno-Fahrer Giovanni Galli eine Chance und stellte ihm einen 312B2 zur Verfügung, so daß der Tecno auf dem Circuit de Charade vom Engländer Derek Bell gefahren wurde. Übrigens war der Große Preis von Holland ausgefallen, auch die Bahn von Zandvoort bedurfte einer Modernisierung im Sinne vermehrter Sicherheit.

In Clermont-Ferrand schien der «jour de gloire» für Matra gekommen zu sein. Chris Amon übernahm souverän die Spitze, niemand war dem Neuseeländer und seinem blauen Auto gewachsen. Dann aber stellte sich das obligate Pech Amons ein: ein Reifenschaden. Jackie Stewart kam zum Siege, Emerson Fittipaldi wurde Zweiter, gefolgt von Amon, der nach dem Reifenwechsel eine schöne Aufholjagd gestartet hatte. In den Wochen, die dem Rennen vorausgegangen waren, hatte man die kurvenreiche Bergrundstrecke in diesem vulkanischen Gelände ausgebaut, ohne jedoch den Pistenrand mit einem Betonband zu befestigen. Beim Anschneiden oder Ausfahren der Kurven gerieten die Konkurrenten nun mit den Außenrädern über den Pistenrand hinaus, so daß ständig Steine aufgewirbelt und auf die Bahn geschleudert wurden. Diese Steine verursachten zahlreiche Reifenschäden, weil moderne Rennreifen nur über eine dünne Gummischicht sowie über eine sehr dünne, leicht verletzbare Karkasse verfügen. Jackie Stewart schlug ein aufgewirbelter Stein ein Loch in die Windschutzscheibe. Bei dem von Rennen zu Rennen besser werdenden Österreicher Dr. Helmut Marko waren die Folgen eines Steinschlages viel schlimmer: Ein aufgewirbelter Stein durchschlug ihm das Visier am Helm und verletzte ihn derart schwer am linken Auge, daß Marko seine Karriere wegen der durch den Unfall stark reduzierten Sehkraft abbrechen mußte. Beim Training zum Großen Preis von Europa und England in Brands Hatch verunfallte auch Jackie Stewart mit dem neuen Tyrrell 005, ohne sich jedoch zu verletzen. Ein Schaden an den innenliegenden Vorderradbremsen war die Ursache. Darauf beschloß Derek Gardner, die Vorderradbremsen auch bei seiner jüngsten Schöpfung wieder klassisch anzuordnen. In England schien endlich wieder ein Ferrari-Sieg fällig zu sein; Jacky Ickx auf dem 321B2 übernahm die Führung und verteidigte sie gegen die Angriffe Jackie Stewarts auf Tyrrell 003-Ford und Emerson Fittipaldis auf Lotus 72C-Ford. Aber nach 48 Runden mußte der Belgier wegen Ölverlustes die Waffen strekken, und Fittipaldi gewann das Rennen vor Stewart und Peter Revson. Der nach der Weltmeisterkrone greifende Brasilianer hatte diesmal klar vor dem regierenden Weltmeister dominiert. In Brands Hatch feierte der Sportwagenfahrer Arturo Merzario auf einem Ferrari 312B2 sein Formel-1-Debüt. Der kleine, hagere, aber zähe Italiener fuhr ein hervorragendes Rennen und schloß auf dem sechsten Rang ab, was zugleich den ersten WM-Punkt bedeutete. Er wurde mit dem von Marlboro zum Andenken an Joseph Siffert gestifteten «Prix Rouge et Blanc» ausgezeichnet, der in England erstmals vergeben wurde. Dieser aus einem kleinen Goldbarren bestehende Preis wurde von nun an nach jedem Weltmeisterschaftslauf demjenigen Piloten verliehen, der sich durch besonderen Kampfgeist hervortat. Die Jury setzt sich aus Journalisten der International Racing Press Association (IRPA) zusammen.

Für Ferrari und Jacky Ickx sollte der große Tag auf dem Nürburgring, beim deutschen Weltmeisterschaftslauf kommen. Hier fuhr der Belgier in der sagenhaften Zeit von 7 Minuten, 07,0 Sekunden die Trainingsbestzeit und lag von der ersten bis zur letzten Runde an der Spitze. Jackie Stewart auf dem älteren Tyrrell 003 und Gianclaudio Regazzoni auf Ferrari 312B2 duellierten hinter dem Leader um den Ehrenplatz. In einer Schlängelpartie touchierten sich die zwei Streithähne, Stewart drehte sich und fiel aus, Regazzoni aber hielt sein Fahrzeug kaltblütig auf Kurs und ging in zweiter Position durchs Ziel. Nach dem enttäuschenden Saisonanfang mit dem March 721 und später mit dem 721X erzielte Ronnie Peterson auf dem Nürburgring mit dem ein Formel-2-Chassis aufweisenden 721G das erste wirklich gute Resultat des Jahres und wurde Dritter. Im Verlaufe seiner Siegesfahrt verbesserte Ickx den Rundenrekord ständig und schraubte den Bestwert schließlich auf 7 Minuten, 13,6 Sekunden = 189,6 km/h. Emerson Fittipaldi schied in der Eifel mit einem Getriebeschaden aus.

Für Fittipaldi rückte der Weltmeistertitel nach seinem anschließenden Sieg beim Großen Preis von Österreich in Zeltweg in greifbare Nähe. Hier stellte sich Stewart erstmals mit dem neuen Tyrrell 005 zum Start. Anfänglich lag der Schotte an der Spitze, aber ein Fahrgestellschaden zwang ihn, das Tempo zu drosseln, so daß Fittipaldi seinem vierten Laufsieg entgegenfahren konnte. Der Große Preis von Österreich wickelte sich bei sehr großer Hitze ab, in den Benzinleitungen der Ferrari bildeten sich deshalb Dampfblasen, was ein Nachlassen der Leistung zur Folge hatte. In Zeltweg debütierte eine Neukonstruktion, der Connew-Ford. Dieser Monocoquerennwagen war von dem jungen englischen Ingenieur Peter Connew gebaut worden, der früher bei Surtees gearbeitet hatte. Auf dem Connew PC1-Ford startete der französische Grand-Prix-Neuling François Migault. Die Connew zur Verfügung stehenden Mittel reichten für eine einwandfreie Abstimmung des Fahrzeuges nicht aus.

Nach dem Großen Preis von Österreich konnten theoretisch auch noch Stewart,

Links
Beim Großen Preis von Südafrika in Kyalami gewann Denis Hulme auf dem flachen und bauchigen McLaren M19A-Cosworth. Es war dies der einzige Saisonerfolg McLarens. Ein Jahr zuvor hatte der M19 in Kyalami debütiert.

Unten
Nach erfolgreichen Formel-3- und Formel-2-Jahren versuchte Tecno 1972 sein Glück auch in der Formel 1, wobei sogar ein eigener 180°-Zwölfzylindermotor gebaut wurde. Das Tecno-Projekt war aber ein Flop. Hier der PA123 mit Derek Bell auf dem Nürburgring.

Hulme oder Ickx die Krone ergattern, dann aber hätte einer dieser drei Piloten alle drei verbleibenden Weltmeisterschaftsläufe gewinnen und Fittipaldi immer ausscheiden müssen, was in der Praxis unmöglich war.

Der italienische Grand Prix in Monza bekam ein neues Gesicht, da die Bahn mit zwei Schikanen «entschärft» wurde. Schon im Frühling hatte die Grand Prix Drivers' Association erklärt, daß die ein halbes Jahrhundert alte Bahn von Monza endlich modifiziert werden müsse, weil die Windschattenfahrerei auf den langen Geraden nicht mehr zu verantworten sei. Bei der Verwaltung der Anlage hätte es weder an Ideen noch an Mitteln gefehlt, aber das Gesetz verbietet es, im großen Park von Monza Bäume zu fällen, zudem verhinderten politische Intrigen eine tiefgreifende Modifikation der Bahn. Also entschloß man sich zu einer Notlösung und baute auf der Zielgeraden, vor dem Eingang des Hochgeschwindigkeitsbeckens, eine Schikane ein, welche mit einfachen Mitteln verwirklicht wurde. Zudem «entschärfte» man auch die Ascari-Kurve mit einer Schikane. Pro Runde mußten nun die Konkurrenten das Tempo zweimal stark drosseln, die Bremsen waren dabei einer harten Belastungsprobe ausgesetzt. Auf den Geraden gab es keine Windschattenfahrerei mehr, weil die Fahrzeuge die Schikanen in Einerkolonne passieren mußten. Diese Notlösung fand zwar kein einhelliges Lob, aber sie erfüllte ihren Zweck: Die gefährliche Windschattenfahrerei blieb aus. Jacky Ickx fuhr die Trainingsbestzeit vor Chris Amon. Ickx führte von der ersten bis in die 13. Runde, wurde dann für drei Runden an der Spitze von Regazzoni abgelöst, aber der kühne Tessiner kollidierte in der Schikane mit dem March von Carlos Pace, der Schwierigkeiten hatte und nur langsam durch die Schikane rollte. Regazzoni war trotz der warnenden gelben Flaggen auf dem Gas stehengeblieben, eine — wenn auch nur leichte — Kollision wurde unvermeidlich. In Führung liegend, fiel der Ferrari des Schweizers aus. Ickx übernahm wieder die Spitze und hielt sie bis in die 45. Runde, dann setzte ein Zündungsschaden der Fahrt des Belgiers ein Ende, so daß Fittipaldi seinem fünften Grand-Prix-Erfolg des Jahres und damit der definitiven Erringung des Weltmeistertitels entgegenfahren konnte. Jackie Stewart auf dem Tyrrell 005-Ford war schon am Start mit einer durchgebrannten Kupplung liegengeblieben. In Monza ging John Surtees wieder an den Start, und zwar mit seiner Neukonstruktion Typ TS14 mit Ford-Motor, welche gemäß den 1973 in Kraft tretenden Sicherheitsvorschriften gebaut worden war und ein breites Chassis mit seitlichen Knautschzonen aufwies. In diesen für eine eventuelle Kollision als Puffer ausgebildeten Partien waren die Wasserkühler untergebracht. Eine ähnliche Konstruktion nach den neuen Sicherheitsvorschriften von 1973 war auch bei Ferrari entstanden. Dieser Typ 312B3 mit breitem und kastenförmigem Chassis, in welchem die Wasserkühler seitlich hinter den Vorderrädern untergebracht waren, drehte seine ersten Proberunden schon im August, und zwar auf der Ferrari-Teststrecke von Fiorano. Die ersten Versuche hatten aber noch keine befriedigenden Resultate gebracht.

Jackie Stewart revanchierte sich bei den letzten Weltmeisterschaftsläufen des Jahres, indem er den Großen Preis von Kanada in Mosport sowie den Großen Preis der USA in Watkins Glen auf dem Tyrrell 005-Ford gewann. Fittipaldi glückten in Nordamerika keine großen Treffer mehr, den Weltmeistertitel hatte er aber schon in der Tasche.

Beim kanadischen Grand Prix fuhr auch François Cevert einen neuen Tyrrell. In Watkins Glen belegten die zwei Tyrrell sogar die Positionen eins und zwei, das dritte und ältere Fahrzeug, mit dem Franzosen Patrick Depailler am Steuer, kreuzte das Ziel an siebenter Stelle, so daß die drei Tyrrell gemeinsam eine neue Rekordsumme an Preisgeldern herausfuhren. Sensationell fiel in Watkins Glen das Formel-1-Debüt des erst 23jährigen südafrikanischen Talentes Jody Scheckter auf McLaren M19-Ford aus. Scheckter war die ganze Saison hindurch mit einem McLaren der Formel 2 stark in Erscheinung getreten, jetzt bot man ihm die Formel-1-Chance. Der Südafrikaner fuhr die viertschnellste Trainingszeit und lag von der zweiten Runde an auf dem dritten Platz hinter Stewart und Hulme. Später verdrängte ihn François Cevert von dieser Position, von der 17. bis in die 39. Runde hielt sich Scheckter auf Platz vier. Im später einsetzenden leichten Regen drehte sich der junge Draufgänger und fiel damit auf den neunten Platz zurück.

Damit war die Weltmeisterschaft 1972 abgeschlossen. Emerson Fittipaldi errang den Titel mit 61 Punkten vor Jackie Stewart mit 45, Denis Hulme mit 39 und Jacky Ickx mit 27 Punkten. In der Coupe der Formel-1-Konstrukteure ging der Sieg selbstverständlich an Lotus vor Tyrrell, McLaren und Ferrari.

Der Sieg von Jackie Stewart in Watkins Glen bedeutete zugleich den 51. Grand-Prix-Erfolg des von Keith Duckworth konstruierten Ford-DFV-Motors. Zwischen 1967 und 1972 hatte dieses Aggregat an insgesamt 68

Weltmeisterschaftsläufen teilgenommen. In der Renngeschichte stellt die Erfolgsserie des DFV einen einzigartigen Rekord dar. Der Achtzylinder war in sechs Saisons nie tiefgreifend modifiziert worden, es handelte sich immer nur um kleine Verbesserungen, welche die Leistung von 400 PS im Jahre 1967 auf 470 PS im Jahre 1972 ansteigen ließen. In ununterbrochener Folge wurden mit dem DFV von 1968 bis 1972 fünf Weltmeisterschaften gewonnen, aber die Karriere dieses englischen Erfolgstriebwerkes, dessen Konstruktion ursprünglich von Ford finanziert worden war, dauerte dann noch zwölf weitere Saisons. Lotus und Tyrrell waren 1972 die dominierenden Marken, hervorragend schloß auch McLaren ab. Denis Hulme hatte mit dem M19 den Großen Preis von Südafrika gewonnen. Ferrari blieb mit seinen defektanfälligen Zwölfzylindern, deren Leistung von den Technikern Maranellos mit rund 500 PS angegeben wurde, hinter den Erwartungen zurück, obschon Ickx beim Großen Preis von Deutschland souverän gesiegt hatte. In Brands Hatch und Monza wurde der Belgier, in Führung liegend, infolge von Defekten aus der Wertung geworfen. Das umfangreiche BRM-Team mit seinen Zwölfzylindern enttäuschte ebenfalls, trotz des unter besonderen Umständen herausgefahrenen Sieges von Jean-Pierre Beltoise im Grand Prix von Monaco. Die BRM-Leute waren überfordert, darunter litt auch die Weiterentwicklung des neuen Typ P180. Enttäuscht hatte auch der Matra-Zwölfzylinder, so daß die Franzosen am Ende der Saison beschlossen, sich von der Formel 1 zurückzuziehen, um sich auf die Langstreckenrennen zu konzentrieren. Ein stupider Reifenschaden hatte Chris Amon in Clermont-Ferrand um einen ersten Sieg bei einem Weltmeisterschaftslauf gebracht. Seit 1967 verfolgte der Neuseeländer dieses Ziel, und mehrmals lag ein erster Platz in greifbarer Nähe, dann kam stets sein sprichwörtliches Pech und brachte ihn um die verdienten Früchte. Amon gewann nie einen Grand Prix, obschon er zu den besten Piloten seiner Zeit zählte. March probierte es mit drei verschiedenen Formel-1-Modellen und enttäuschte. Die mit dem 721G gefundene Notlösung (Formel-2-Chassis) war die beste, kam aber zu spät. Das von Bernie Ecclestone geführte Brabham-Team war ebenfalls durch viele Defekte gehandikapt.

Die Saison 1972 war auch das Jahr der Südamerikaner. Emerson Fittipaldi wurde Weltmeister. Bei den Großen Preisen zeichneten sich auch sein Bruder Wilson, der andere Brasilianer Carlos Pace sowie der Argentinier Carlos Reutemann aus. Seit den Zeiten von Fangio, González, Marimon, Mieres und Menditeguy waren die Südamerikaner erstmals wieder en vogue.

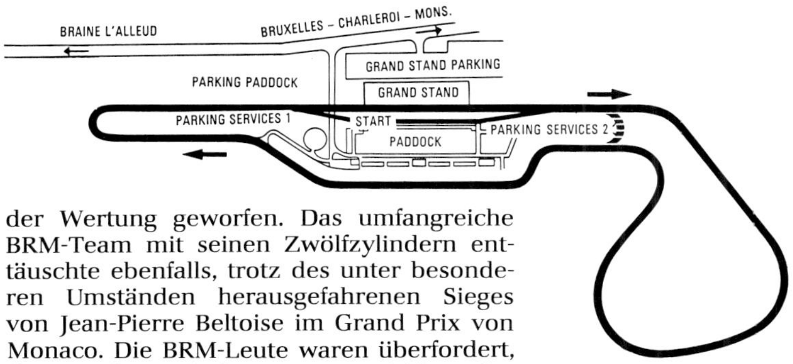

Der Große Preis von Belgien fand 1972 und 1974 auf der neuen, 3724 m langen Bahn von Nivelles in der Nähe von Brüssel statt. Diese Anlage geriet jedoch bald in finanzielle Schwierigkeiten.

Formel-1-Wagen von 1972

Marke/Modell	Verantwortl. Konstrukteur(e)	Motor	Getriebe (Gangzahl)	Chassisbauweise	Radstand	Spur vorne Spur hinten	Reifenmarke	Trockengewicht in kg
Brabham BT 37	Ron Tauranac Ralph Bellamy	Cosworth DFV (V8)	Hewland FG 400 (5)	VMC	2413	v 1575 h 1600	Goodyear	570
BRM P 160	Tony Southgate	BRM P 142-60 (V12)	BRM (5)	OMC	2464	v 1473 h 1448	Firestone	560
BRM P 180	Tony Southgate	BRM P 142-60 (V12)	BRM (5)	OMC	2540	v 1473 h 1499	Firestone	550
Connew PC 1	Peter Connew	Cosworth DFV (V8)	Hewland DG 300 (5)	OMC	2489	v 1574 h 1577	Firestone	580
Ferrari 312 B2	Mauro Forghieri	Ferrari 312 B (12 Zyl. 180°)	Ferrari (5)	RRB	2350	v 1420 h 1420	Firestone	560
Lotus 72 D	Colin Chapman Maurice Phillippe	Cosworth DFV (V8)	Hewland FG 400 (5)	OMC	2540	v 1448 h 1448	Firestone	560
March 721	Robin Herd	Cosworth DFV (V8)	Hewland FG 400 (5)	VMC	2438	v 1524 h 1524	Goodyear	570
Matra MS 120 C	Georges Martin Robert Morin	Matra MS 72 (V12)	Hewland FG 400 (5)	VMC	2500	v 1640 h 1700	Goodyear	560
McLaren M 19 C	Ralph Bellamy	Cosworth DFV (V8)	Hewland FG 400 (5)	VMC	2540	v 1600 h 1575	Goodyear	560
Politoys FX 3	Len Bailey	Cosworth DFV (V8)	Hewland FG 400 (5)	OMC	2413	v 1600 h 1549	Goodyear	580
Surtees TS 9 B	John Surtees	Cosworth DFV (V8)	Hewland FG 400 (5)	VMC	2534	v 1524 h 1549	Firestone	560
Tecno PA 123	Luciano Pederzani Gianfranco Pederzani	Tecno B 12 (12 Zyl. 180°)	Hewland FG 400 (5)	RRB	2470	v 1440 h 1434	Firestone	580
Tyrrell 005	Derek Gardner	Cosworth DFV (V8)	Hewland FG 400 (5)	VMC	2386	v 1590 h 1590	Goodyear	560

Chassisbauweise: OMC = offenes Monocoque, VMC = Voll-Monocoque, RRB = Rohrrahmen mit Blech beplankt

Dritter WM-Titel Stewarts

Vor dem letzten GP zieht sich Stewart endgültig zurück. Mit insgesamt 27 GP-Siegen (bei 99 Starts) hißt sich der Schotte an die Spitze der «ewigen Liste». Die Reifen entscheiden (fast) alles.

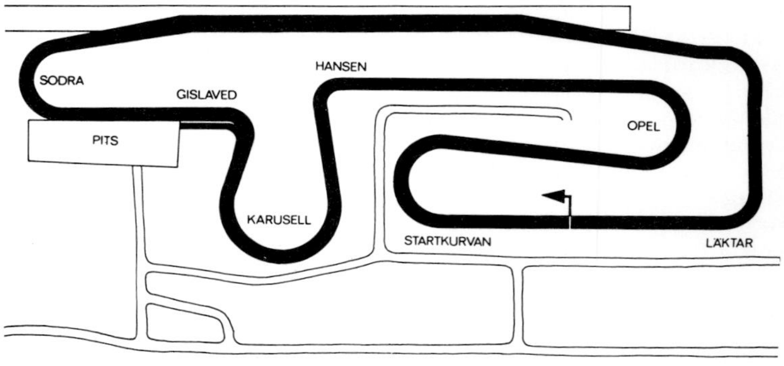

Im Jahre 1973 zählte der Große Preis von Schweden erstmals für die Fahrerweltmeisterschaft. Der 4018 m lange, auf einem Flugplatz angelegte Rundkurs von Anderstorp liegt in einer ziemlich abgelegenen Gegend.

Jackie Stewart, Emerson Fittipaldi und Ronnie Peterson beherrschten die Saison 1973, in der sich Stewart auf Tyrrell den dritten Weltmeistertitel holte. Danach zog sich der im Schweizer Waadtland ansässige Schotte von der aktiven Laufbahn zurück — er hatte es auf die Rekordzahl von 27 Grand-Prix-Siegen gebracht. In der «ewigen Liste» folgten damals Jim Clark mit 25 und Juan Manuel Fangio mit 24 Siegen.

Die Weltmeisterschaft umfaßte 15 Läufe, fünfmal durchfuhr Stewart auf dem Tyrrell 006 das Ziel als Sieger, Ronnie Peterson auf Lotus 72D, der sich vier erste Plätze holte, wurde in der WM nur Dritter, Emerson Fittipaldi auf Lotus ging mit drei Siegen als Vizechampion hervor. Tyrrell und Lotus waren die beiden dominierenden Marken jener Saison; technisch etwa gleichwertig war McLaren, dessen neues Modell M23 schon bei seinem Debüt in Südafrika die Fachleute verblüfft hatte. Eine deutliche Krise machten 1973 Ferrari und auch BRM durch; während sich aber Ferrari in den folgenden Jahren wieder mächtig nach vorn arbeiten konnte, geriet BRM mehr und mehr ins Abseits — ein Zustand, der sich bis Ende 1977 hinziehen sollte, als das englische Team die letzten Qualifikationsversuche unternahm. Auch der Reifenkrieg verschärfte sich: Goodyear behielt die Oberhand und gewann alle Wertungsläufe, während Firestone sich eines besseren Regenreifens rühmen konnte. Auf Goodyear fuhren Lotus, Tyrrell, Brabham, McLaren, Ferrari sowie March. BRM, Surtees, Iso (Williams) und ein privater March wurden von Firestone ausgerüstet. Die Reifen hatten in der Formel 1 weiterhin an Bedeutung gewonnen. Um die Rolle der Reifen genau zu fixieren, wurde ein Computer mit sämtlichen Daten einer Rennsaison gespeist. Die Antwort lautete: Für die Zeitunterschiede innerhalb einer Runde von anderthalb Minuten Dauer ist der Fahrer mit einer halben Sekunde, das Chassis mit einer halben Sekunde, der Motor mit 0,7 Sekunden verantwortlich. Hingegen können durch die Reifen bis zu 2 Sekunden gewonnen — oder auch verloren — werden. Die Reifenfirmen waren ständig bestrebt, mit optimal dosierten Mengen an Kautschuk, Ruß, Öl und zahlreichen Chemikalien die goldene Mitte zwischen maximaler Haftung und gerade noch ausreichender Widerstandsfähigkeit herauszufinden; man ging sogar so weit, für jede einzelne Marke und fast jede Rennstrecke die spezifische Reifenmischung zu ermitteln, denn nicht jeder Reifentyp war für jedes Fahrgestell gleich gut geeignet. Nachdem Firestone Ende 1972 erstmals von Rückzug gesprochen hatte, waren 1973 Lotus und Ferrari zu Goodyear gegangen. Die ständige Entwicklung noch weicherer Gummimischungen führte zu einer steigenden Empfindlichkeit der Pneus, so daß die Rennergebnisse nicht selten durch Reifenschäden bestimmt wurden. Kleine spitze Steinchen genügten schon, um Schaden zu verursachen. Ed Alexander, der Direktor des Goodyear-Renndienstes, meinte damals: «Im Laufe einer Saison spielen wir mit rund 300 Gummimischungen, nur etwa 30 verlassen das Laboratorium.» Goodyear hatte Ende 1972 erstmals einen Reifen von 26,5 Zoll (bisher 24 Zoll) Außendurchmesser auf einer 13-Zoll-Felge herausgebracht — ein Reifen mit tangentialem Federeffekt, inspiriert vom Drag Racing. Wenn der Fahrer aus der Kurve heraus beschleunigt, so tritt eine Zeitverzögerung ein zwischen dem Moment, wo die Radnabe ihre Drehzahl erhöht, und dem Augenblick, wo die Reifenfläche diese Drehzahl übernimmt. Diese Verzögerung wird blitzschnell durch eine Katapult- oder Schleuderwirkung wettgemacht, die dem Piloten hilft, schneller aus der Kurve heraus zu beschleunigen. Der hohen Reifenempfindlichkeit stand als Ausgleich die Tatsache gegenüber, daß die Luft dank dem ziemlich reduzierten Druck nur langsam aus einem defekten Pneu entweichen konnte, es kam zu sogenannten Slowpunctures, die es einem Piloten ermöglichten, noch mehrere Runden durchzustehen und sich ins Ziel zu retten. Beim Grand Prix von Spanien siegte Emerson Fittipaldi auf seinem Lotus 72D, obschon im letzten Renndrittel ständig Luft aus einem Reifen entwich.

Von den Motoren gab es 1973 eigentlich nur wenig zu berichten: Der Triumphzug des Ford-Cosworth-DFV-Motors ging weiter, Matra hatte sich Ende 1972 von der Formel 1 zurückgezogen, der V12 kam also nur noch bei Langstreckenrennen — und zwar mit Erfolg — zum Einsatz, wurde später aber wieder für den Ligier Formel 1 verwendet. Bei Ferrari hatte man Schwierigkeiten mit dem Fahrgestell, bei BRM zeigten sich die verschiedenartigsten Probleme. Kalamitäten ohne Ende gab es beim Tecno, mit ebenfalls flachem Zwölfzylindermotor, trotz neuer Fahrgestelle. Für den Cosworth DFV wurden 460 PS angegeben, der Ferrari soll über 20 bis 30 zusätzliche PS verfügt haben, die V12 von BRM kamen auf etwa 450 PS.

Das Tyrrell-Team trat mit den Wagen 005 und 006 an (zuerst war 006 die Chassisnummer, dann wurde diese Zahl zur Modellbezeichnung), die, 1972 noch mit nach innen verlegten Vorderradbremsen versehen, später — der Vibrationen wegen — auf konventionelle Bremsen umgerüstet werden mußten. Obschon Jackie Stewart mit diesem kur-

Oben
Jackie Stewart im Gespräch mit Teamboß Ken Tyrrell.

Links
Auch der kurze, von Derek Gardner konstruierte Tyrrell 06 war ein Erfolgsmodell, mit welchem Stewart 1973 Weltmeister wurde. Charakteristisch waren das flache Monocoque sowie die hohe Cockpitverkleidung.

zen und breiten Tyrrell die Weltmeisterschaft 1973 gewinnen sollte, lag das Fahrzeug nicht auf allen Strecken optimal. Anfänglich hatte man den Heckflügel zwecks Erreichung einer hohen Endgeschwindigkeit auf den Geraden ziemlich weit vorn placiert. Nach den Großen Preisen von Argentinien und Brasilien aber versetzte Konstrukteur Derek Gardner den Flügel weiter nach hinten, wodurch die Antriebsräder stärker belastet wurden. Sogleich verbesserten sich die Fahreigenschaften der Tyrrell, die stets von Jackie Stewart und von François Cevert pilotiert wurden; Ende der Saison kam Chris Amon nach dem Tecno-Debakel ebenfalls auf einem der blauen Wagen zum Einsatz.

Der 1970 erstmals erschienene Lotus 72, von welchem inzwischen die Versionen B, C und D entstanden waren, gewann mit Fittipaldi und Peterson immerhin noch sieben WM-Läufe. Viele Verbesserungen und Verstärkungen brachten eine Erhöhung des Trockengewichtes, so daß der offiziell «John Player Special» benannte Mark 72 rund 650 kg auf die Waage brachte. Im Verlaufe der Saison erprobte Lotus nicht weniger als fünf verschiedene Lufteinlaßgehäuse, und auch diverse Radnabenträger wurden getestet. Man setzte den Heckflügel weit nach hinten, und zwar tief, um trotz großer Hebelwirkung (dank dem großen Abstand zwischen Flügel und Antriebsachse), die mit einem größeren Anpreßdruck auf die Räder einhergeht, einen möglichst geringen Luftwiderstand zu erzielen. Nachdem Maurice Phillippe, der

Maurice Phillippe

maßgeblich an der Konstruktion des Lotus 72 mitgewirkt hatte, schon 1971 zu Parnelli in Kalifornien gegangen war, trat 1973 der Australier Ralph Bellamy, der schon bei Brabham und McLaren gearbeitet hatte, bei Lotus als Konstrukteur ein. Selbstverständlich wirkte Colin Chapman bei der Schaffung neuer Modelle nach wie vor mit.

Bei McLaren wurde das einst von Ralph Bellamy konzipierte Erfolgsmodell M19A durch den M23 ersetzt, der beim Großen Preis von Südafrika mit Denis Hulme ein überzeugendes Debüt lieferte und dann sogar bis 1977 eingesetzt wurde. Der keilförmige M23 mit seitlichen Wasserkühlern war eine besonders ausgewogene Konstruktion, für die Gordon Coppuck verantwortlich zeichnete. Das Fahrgestell wurde so ausgelegt, daß viele Einstellmöglichkeiten offenblieben, das Monocoquechassis entsprach schon den neuen Bauvorschriften, die eine verformbare Struktur verlangten. Auf den Seiten wurde das Chassis zwischen den Wän-

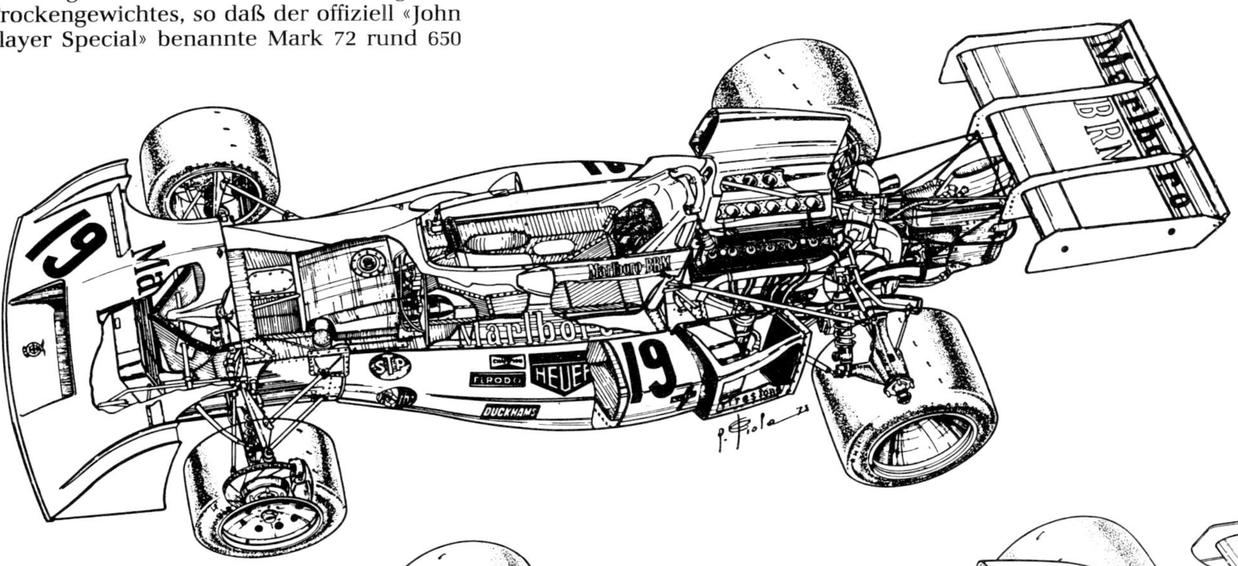

Wieder hatte man den bauchigen BRM V12 überarbeitet. Die Version 1973 hieß 160E. Zwecks Erhöhung des Abtriebs wurde das Fahrzeug mit einer breiten Frontverschalung sowie mit einem stark nach hinten verschobenen Heckflügel versehen.

Nachfolgende Doppelseite
Viele Hände bemühen sich um Weltmeister Jackie Stewart.

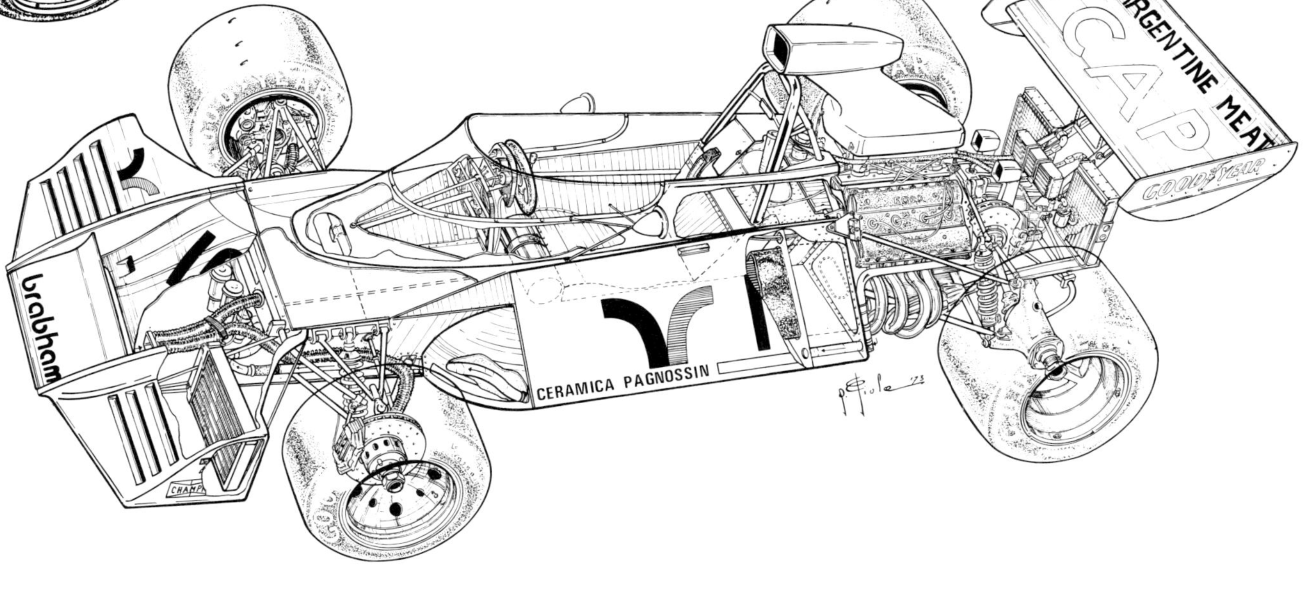

Rechts
Der 1973 erschienene Brabham BT42-Cosworth war der erste vom Südafrikaner Gordon Murray in Eigenregie konstruierte Formel-1-Wagen. Originell waren das Monocoque mit Prismaform sowie der zweigeteilte vordere Wasserkühler. Das Nachfolgemodell BT44 sah fast identisch aus.

elf

Unten
Der ehemalige Lotus-Mechaniker und Formel-3-Fahrer Maurice (Mo) Nunn, der mit guten Eigenkonstruktionen in der Formel 3 brilliert hatte, brachte 1973 den Formel-1-Wagen Ensign MN 01 heraus, welcher vom Geschäftsmann Rikky von Opel finanziert und auch gefahren wurde.

Links
Der amerikanische Rennstall UOP-Shadow tauchte 1973 mit dem Modell DN 01 in der Formel 1 auf, nachdem Shadow bisher an den CanAm-Rennen teilgenommen hatte. Gründer war der ehemalige Berufsoffizier Don Nichols, der beim Chemiekonzern UOP die notwendigen Finanzen fand. Von links: Fahrer George Follmer, Teamboß Don Nichols, Rennleiter Alan Rees, Konstrukteur Tony Southgate und Fahrer Jackie Oliver.

Unten
Der mehrfache ehemalige Motorradweltmeister sowie Automobilweltmeister von 1964 John Surtees hatte 1969 seine eigene Marke gegründet. Nach erfolgreichen Formel-5000-Konstruktionen entstanden auch Formel-1-Wagen. Das Surtees-Modell von 1973 war der TS14A-Cosworth, welcher hier vom Brasilianer Carlos Pace in Monte Carlo gefahren wird.

den ausgeschäumt, so daß ein Polster entstand, das nicht nur dem Fahrer größeren Schutz bot, sondern im Falle einer Kollision auch die innenliegenden Benzintanks besser gegen Beschädigungen abschirmte. Der 1973 erstmals erschienene M23 durchlief eine besonders lange Erfolgsserie, die bis Ende 1977 währte (Privatfahrer traten mit diesem Modell sogar noch 1978 an), wobei Emerson Fittipaldi 1974 mit diesem McLaren Weltmeister wurde und James Hunt sich 1976 mit dem gleichen Modell ebenfalls die Weltmeisterkrone holte.

Zum Chef des Brabham-Konstruktionsbureaus war 1972 ein junger, sehr schlanker und hochgewachsener Südafrikaner namens Gordon Murray avanciert, der später zu den genialsten Grand-Prix-Konstrukteuren überhaupt zählen sollte. Murray hatte mehrere Jahre unter Ron Tauranac sowie unter Ralph Bellamy gearbeitet. Für 1973 konstruierte er den Brabham BT42, der einen trapezförmigen Querschnitt aufwies und besonders eng, leicht, verwindungssteif und kompakt war. Diese Konstruktion, die von Carlos Reutemann sowie von Wilson Fittipaldi gefahren wurde, konnte zunächst noch keine Erfolge verzeichnen, erst 1974 gab es mit dem ähnlich konzipierten Nachfolgemodell BT43 auch Siege.

Wie bereits erwähnt, machte Ferrari 1973 ein absolutes Formtief durch. Es war dies eine Übergangs- und Aufbausaison, denn 1974 lag die italienische Marke dann wieder auf ausgesprochenem Erfolgskurs. Ende 1972 hatte man bei Ferrari das eigenartig flache und kastenförmige Modell 312B3 mit pflugartiger Frontpartie gebaut, das sich als Niete erwies und gar nicht erst zum Einsatz kam. Sogleich wurde eine andere Neukonstruktion in Angriff genommen, ebenfalls 312B3 genannt, die beim Großen Preis von Spanien in Barcelona erstmals eingesetzt wurde. Um Zeit zu gewinnen, ließ Ferrari das Chassis bei der darauf spezialisierten Firma John Thompson in Northampton anfertigen. In England entstand nach den Plänen Ferraris ein echter Monocoque — also nicht mehr ein Chassis der typischen Ferrari-Bauweise — mit einem inneren und mittels aufgenieteter Bleche verstärkten Rohrrahmen. Beim folgenden Modell 312T ging man bei Ferrari jedoch wieder zur gewohnten Chassisbauweise mit Hilfsrahmen über. Im Laufe der Saison gab es viele Probleme, an die Stelle vornliegender Kühler traten seitliche Längskühler. Um das Modell einer gründlichen Mise-au-point unterziehen zu können, blieb man dann im Sommer sogar den Großen Preisen von Holland und von Deutschland fern.

Beim Großen Preis von Südafrika griff die amerikanische Marke Shadow neu in das Formel-1-Geschehen ein, nachdem sich dieses Team bisher an den Rennen der amerikanischen CanAm-Serie beteiligt hatte. Finanziert wurde die neue Grand-Prix-Gemeinschaft vom Chemiekonzern UOP. Shadows-Gründer war der ehemalige Berufsoffizier Don Nichols, der den bisherigen englischen Eagle- bzw. BRM-Konstrukteur Tony Southgate mit dem Entwurf des neuen Shadow DN1 beauftragte. George Follmer, Can-Am-Meister 1972 auf Porsche, und Jackie Oliver wurden von Nichols als Fahrer verpflich-

Tony Southgate

George Follmer

Jackie Oliver

tet, zum Manager des neuen Teams ernannte man den bisherigen March-Mitarbeiter Alan Rees. Anläßlich des Grand-Prix-Debüts in Südafrika belegte Follmer auf Shadow gleich einen 6. Platz, womit er sich auch den ersten WM-Punkt sicherte. Noch besser ging es in Spanien, wo Follmer sogar in dritter Position abschloß. In Barcelona trat Graham Hill ebenfalls auf einem Shadow DN1 an, doch fuhr der zweifache Weltmeister für das von der Zigarettenmarke Embassy finanzierte Team.

Eine weitere neue Formel-1-Marke tauchte auf: Ensign, vom ehemaligen Lotus-Mechaniker und Formel-3-Fahrer Maurice (Mo) Nunn gegründet, der sich schon durch eine gute Formel-3-Konstruktion einen Namen gemacht hatte. Finanziert wurde das Formel-1-Team Ensigns von dessen Fahrer Rikky von Opel. Der junge Geschäftsmann mit Liechtensteiner Paß wagte den Sprung in die oberste Rennkategorie, nachdem er zuvor einige ausgezeichnete Formel-3-Resultate herausgefahren hatte. Bald jedoch mußte von Opel einsehen, daß die Formel 1 für ihn eine Nummer zu groß war — einsichtig zog er sich 1974 wieder zurück.

Die Weltmeisterschaft wurde mit dem Großen Preis von Argentinien eröffnet, wo der von Ferrari zu BRM übergegangene Gianclaudio Regazzoni mit dem P160B sogar auf der Pole Position stand — es sollte allerdings das letzte Mal sein, daß ein V12 aus Bourne als Qualifikationsschnellster abschloß. Regazzoni führte bis in die 28. Runde, dann eroberte Cevert auf Tyrrell die Spitze, die er in der 85. Runde an Fittipaldis Lotus 72D abtreten mußte. Der Brasilianer gewann vor den beiden Tyrrell 006 von Cevert und Stewart. Der anschließende Grand Prix von Brasilien figurierte erstmals

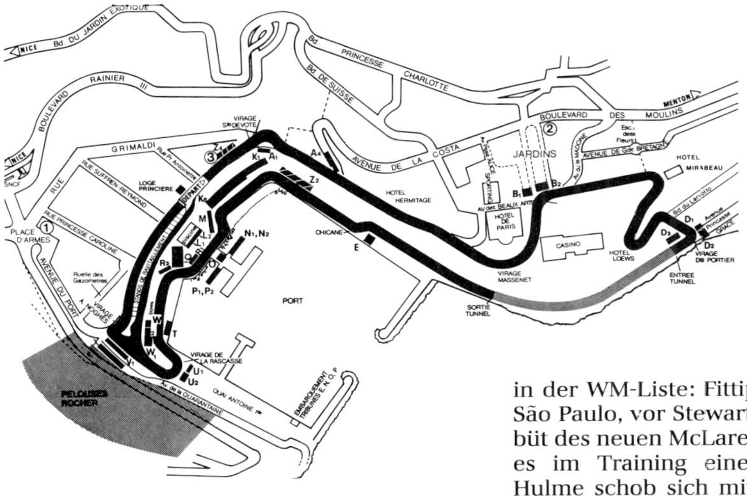

Im Jahre 1973 wurde der Grand Prix von Monaco erstmals auf einem im Bereiche des Hafens geänderten Circuit durchgeführt. Jetzt fuhren die Wagen um das Schwimmbecken sowie auch um das Restaurant «Rascasse» herum. Die Rundenlänge betrug nun 3278 m.

in der WM-Liste: Fittipaldi gewann auch bei São Paulo, vor Stewart und Hulme. Beim Debüt des neuen McLaren M23 in Südafrika gab es im Training eine Riesenüberraschung: Hulme schob sich mit der Neukonstruktion auf die Pole Position und lag auch vier Runden hindurch vorne. Danach ging die Führung für zwei Umläufe an den jungen Südafrikaner Jody Scheckter auf McLaren M19, aber schließlich setzte sich der aus der 10. Position gestartete Stewart an die Spitze und holte sich einen seiner großartigsten Siege. Blitzschnell hatte er seine Rivalen niedergekämpft, nachdem er während des Trainings einen bösen Unfall erlitten hatte. Allerdings sollte dem Stewart-Triumph ein kleiner Schönheitsfehler anhaften: Unter gelber Flagge hatte er einen andern Konkurrenten überholt, was das McLaren-Team veranlaßte, einen (später abgewiesenen) Protest einzureichen. Revson auf McLaren folgte auf dem Ehrenplatz vor Fittipaldi. Regazzoni erlitt mit seinem BRM einen schweren Unfall, der zu Hilfe herbeieilende Mike Hailwood rettete den an den Händen verletzten Schweizer aus dem brennenden Wrack.

Mit dem Großen Preis von Spanien trat das neue, Knautschzonen vorschreibende Formel-1-Reglement in Kraft: Die bisherigen Modelle wurden den neuen Bestimmungen angepaßt. Ferrari, Brabham und Iso (von

Der erfolgreiche McLaren M23-Cosworth wurde von 1973 bis 1978 eingesetzt, wobei 1974 Emerson Fittipaldi und 1976 James Hunt auf dem von Gordon Coppuck konstruierten Monoposto Weltmeister wurden. Das keilförmige Chassis und die in die Flanken verlegten Kühler waren vom Lotus 72 inspiriert. Die Zeichnung zeigt die Version von 1973.

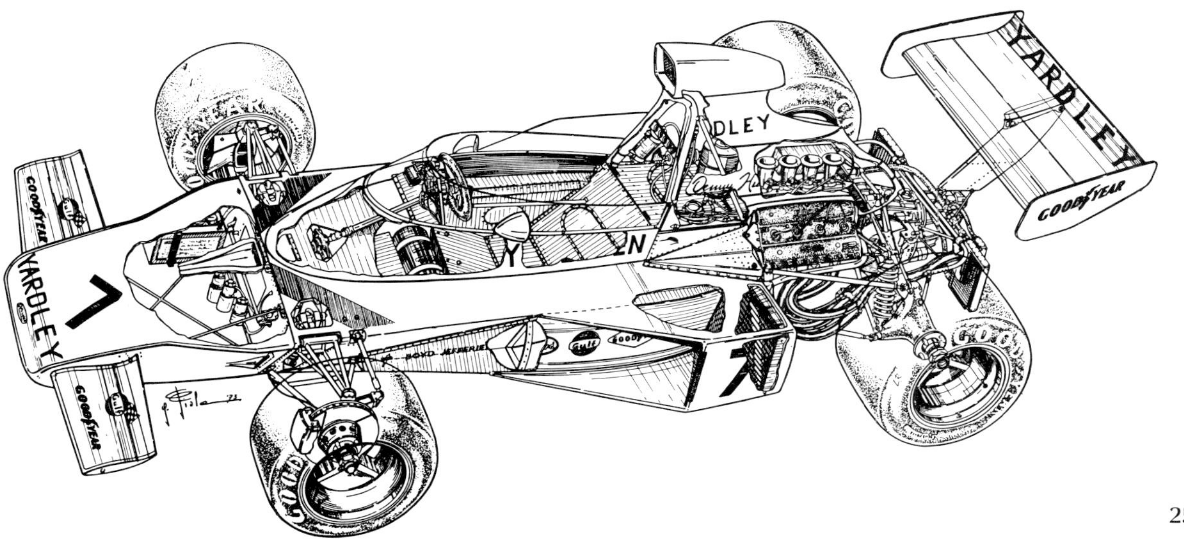

Frank Williams eingesetzt und von John Clarke konstruiert) traten hier mit Neukonstruktionen an. Emerson Fittipaldi sicherte sich den dritten Saisonsieg, nachdem Peterson auf dem Montjuich-Rundkurs lange in Führung gelegen hatte, dann aber wegen eines Getriebeschadens aufgeben mußte. Zolder war erstmals Austragungsort des Großen Preises von Belgien, wo während des Trainings endlose Diskussionen um den neuen und sich lösenden Belag entbrannten. Die Fahrer drohten mit Streik, schließlich lief das Rennen regulär, und die Tyrrell 006 feierten mit Stewart und Cevert einen Doppelsieg vor Fittipaldi, nachdem Stewart aus 8. Position gestartet war. Der Schotte kam in Monaco zu einem Start-Ziel-Sieg, gefolgt von den beiden Lotus 72D Fittipaldis und Petersons. Dort erregte der junge Österreicher Niki Lauda auf BRM P160E bei den Experten echtes Staunen, als er von der 4. bis in die 9. Runde die dritte Position behauptete, worauf ihn BRM-Boß Louis Stanley ganz unter Vertrag nahm,

Louis Stanley

nachdem Lauda bei den ersten Rennen der Saison nur «von Fall zu Fall» verpflichtet worden war. Bei diesem Grand Prix von Monaco ging erstmals der Engländer James Hunt auf einem privaten March bei einem WM-Lauf an den Start. Der blonde Brite fuhr für das Team des jungen englischen Lords Alexander Hesketh. Der folgende Grand Prix von Schweden in Anderstorp figurierte erstmals in der Liste der Grandes Epreuves; auf dem Flugplatzrundkurs feierte der neue McLaren M23 mit Denis Hulme den ersten Sieg. Lotus kam beim Großen Preis von Frankreich in Le Castellet wieder zu einem Erfolg: 1. Peterson, 2. Cevert, 3. Reutemann auf Brabham. Der englische Grand Prix in Silverstone fing schlecht an — Jody Scheckter auf McLaren löste eine Massenkollision aus, und das Rennen mußte unverzüglich abgebrochen werden. Die Bahn wurde in einstündiger Arbeit gesäubert, doch mehrere Konkurrenten konnten nicht mehr zum Neustart antreten, so auch der Italiener Andrea de Adamich, der im Cockpit seines Brabham BT42 eingeklemmt war und mühsam befreit werden mußte. Der Unfall brachte für de Adamich den vorzeitigen Abschluß der Formel-1-Karriere. Nach dem Neustart kam der Amerikaner Peter Revson auf McLaren M23 zu seinem ersten Erfolg in einem Weltmeisterschaftslauf. — Der Grand Prix von Holland in Zandvoort nahm einen tragischen Verlauf: Hier verunglückte der junge Engländer Roger Williamson auf dem March des Grand-Prix-Wagen-Sammlers Tom Wheatcroft (Donington Collection) tödlich. Der Sicherheitsdienst funktionierte an der Unfallstelle schlecht, so daß Williamson im brennenden Wrack, unter den Augen von Millionen Fernsehzuschauern, umkam, auch der mutige Einsatz des zu Hilfe eilenden David Purley war vergeblich. In Zandvoort feierte Tyrrell mit Stewart und Cevert einen Doppelsieg, James Hunt auf dem privaten March brillierte mit einem dritten Platz. Ferrari hatte auf den Start in Holland verzichtet, man

Oben
Im Jahre 1973 zählte der GP von Brasilien erstmals für die Weltmeisterschaft. Das Rennen wurde auf der Bahn von Interlagos bei São Paulo ausgetragen, welche 7960 m mißt.

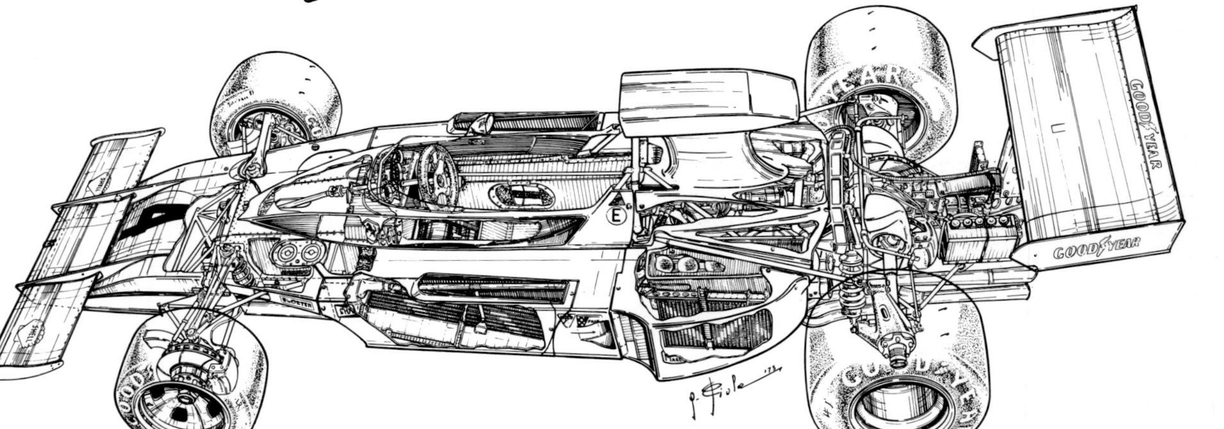

Links
Mitte Saison 1973 erschien dieser von Ing. Mauro Forghieri überarbeitete Ferrari 312B3, in dessen Flanken die großen Längskühler untergebracht wurden.

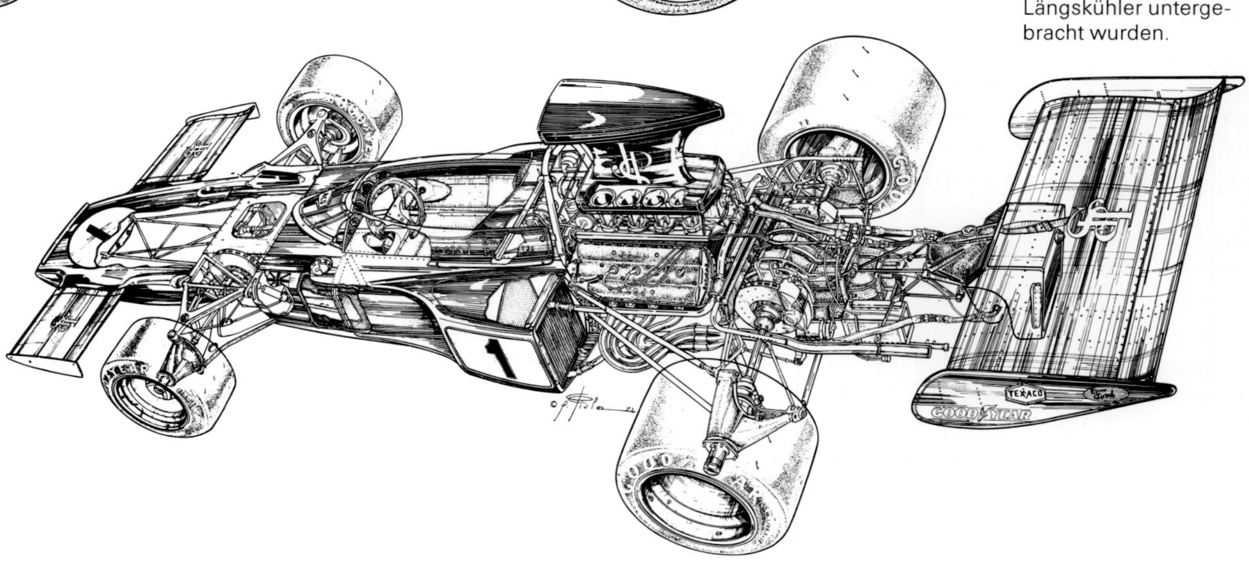

Rechts
Der keilförmige Lotus 72 war eine der bedeutendsten Konstruktionen der siebziger Jahre. Mit dem Mark 72 wurden 1970 Rindt und 1972 Fittipaldi Weltmeister. Diese Zeichnung zeigt die Version 72D von 1973 mit stark nach hinten verlegtem Heckflügel. Markant waren die Torsionsstabfederung sowie die auch vorne innenliegenden Bremsen.

Der seit 1925 durchgeführte Große Preis von Belgien wurde 1973 erstmals auf der in den sechziger Jahren entstandenen, 4,221 km langen Bahn von Zolder ausgetragen. Der schnelle Rundkurs von Spa war mittlerweile zu gefährlich geworden und mußte umgebaut und verkürzt werden.

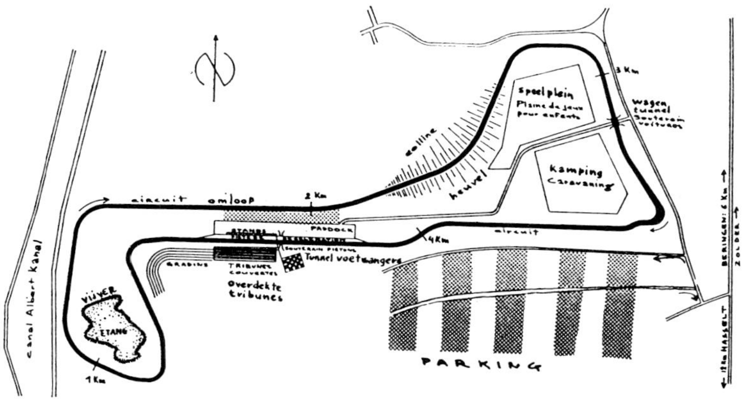

blieb auch dem folgenden Grand Prix von Deutschland fern. In dieser Rennpause baute Ingenieur Mauro Forghieri den 312B3 komplett um. Ferrari gab seinen Fahrer Jacky Ickx frei, der Belgier trat auf dem Nürburgring auf McLaren M23 an und wurde hinter den beiden Tyrrell von Stewart und Cevert sogar Dritter. — In Österreich gab es wieder einen Lotus-Sieg mit Peterson vor Stewart; der Brasilianer Carlos Pace auf Surtees TS14A wurde Dritter und fuhr — wie schon auf dem Nürburgring — einen neuen Rundenrekord. Monza brachte einen Lotus-Doppelsieg mit Peterson vor Fittipaldi. — Beim kanadischen Grand Prix kam es wieder einmal zu einem Chaos, hervorgerufen durch organisatorische Mängel wie auch durch die ungünstige Witterung. Die Trainingsunfälle häuften sich. Im Rennen führte Lauda von der 2. bis in die 19. Runde, später versagte die Kraftübertragung. Revson holte sich seinen zweiten und letzten Grand-Prix-Erfolg vor Fittipaldi, wobei das Schlußklassement infolge der chaotischen Zustände angezweifelt wurde; viele Beobachter waren der Meinung, der Sieg gehöre Fittipaldi.

Die Weltmeisterschaft fand anläßlich des Großen Preises der USA in Watkings Glen einen tragischen Abschluß: François Cevert auf Tyrrell verunglückte im Training tödlich, so daß Jackie Stewart, der allerdings schon als Weltmeister feststand, auf den Start verzichtete. Der Schotte zog sich damit auch definitiv von der aktiven Laufbahn zurück; den Entschluß hatte er übrigens schon am 5. April des gleichen Jahres gefaßt, zusammen mit Teamboß Ken Tyrrell sowie mit Walter Hayes, dem Vizepräsidenten von Ford of Europe. In Watkings Glen führte Ronnie Peterson von A bis Z; James Hunt auf March wurde Zweiter, nachdem er dem Leader rundenlang die Hölle heiß gemacht hatte. Jackie Stewart stand nach den 15 WM-Läufen mit 71 Punkten als Weltmeister fest, Fittipaldi folgte mit 55, Peterson mit 52 und der tote Cevert mit 47 Punkten. Stewart trat als erfolgreichster Grand-Prix-Fahrer der Geschichte ab: Bei 99 Starts in WM-Läufen hatte er es auf 27 Siege gebracht.

In der Coupe der Formel-1-Konstrukteure 1973 figurierte nicht Tyrrell, sondern Lotus vor Tyrrell und McLaren im ersten Rang.

Formel-1-Wagen von 1973

Marke/Modell	Verantwortl. Konstrukteur(e)	Motor	Getriebe (Gangzahl)	Chassisbauweise	Radstand	Spur vorne Spur hinten	Reifenmarke	Trockengewicht in kg
Brabham BT 42	Gordon Murray	Cosworth DFV (V8)	Hewland FG 400 (5)	VMC	2388	v 1422 h 1448	Goodyear	575
BRM P 160 E	Tony Southgate	BRM P 142-60 (V12)	BRM (5)	OMC	2464	v 1473 h 1448	Firestone	580
Ensign MN 01	Morris Nunn	Cosworth DFV (V8)	Hewland FG 400 (5)	OMC	2565	v 1549 h 1498	Firestone	585
Ferrari 312 B3	Mauro Forghieri Franco Rocchi Bussi	Ferrari 312 B (12 Zyl. 180°)	Ferrari (5)	VMC	2500	v 1625 h 1605	Goodyear	578
ISO IR	John Clarke	Cosworth DFV (V8)	Hewland FG 400 (5)	VMC	2489	v 1575 h 1524	Firestone	576
Lotus 72 D	Colin Chapman Maurice Phillippe	Cosworth DFV (V8)	Hewland FG 400 (5)	OMC	2540	v 1448 h 1448	Goodyear	578
March 731	Robin Herd	Cosworth DFV (V8)	Hewland FG 400 (5)	VMC	2438	v 1448 h 1448	Goodyear	576
McLaren M 23	Gordon Coppuck	Cosworth DFV (V8)	Hewland FG 400 (5)	VMC	2565	v 1464 h 1588	Goodyear	575
Shadow DN 1	Tony Southgate	Cosworth DFV (V8)	Hewland TL 200 (5)	OMC	2540	v 1473 h 1524	Goodyear	575
Surtees TS 14 A	John Surtees	Cosworth DFV (V8)	Hewland FG 400 (5)	VMC	2565	v 1524 h 1549	Firestone	590
Tecno PA 123	Alan McCall Edy Wyss	Tecno B12 (12 Zyl. 180°)	Hewland FG 400 (5)	VMC	2450	v 1600 h 1473	Firestone	590
Tyrrell 006	Derek Gardner	Cosworth DFV (V8)	Hewland FG 400 (5)	VMC	2386	v 1590 h 1590	Goodyear	578

Chassisbauweise: OMC = offenes Monocoque, VMC = Voll-Monocoque

McLaren knapp vor Ferrari

Punktegleich treten die WM-Leader Regazzoni auf Ferrari und Fittipaldi auf McLaren zum letzten und entscheidenden GP an. Ferrari enttäuscht, und Fittipaldi wird Weltmeister.

Rechts
Emerson Fittipaldi wurde 1974 zum zweiten Male Weltmeister.

Rechts außen
Beim GP von Spanien holte sich Lauda auf Ferrari 312B3 seinen ersten Grand-Prix-Sieg.

Die technisch überlegene Marke der Saison 1974 war Ferrari, aber die Weltmeisterschaft gewann trotzdem der von Lotus zu McLaren übergetretene Emerson Fittipaldi auf dem M23. Der Ausgang des Championats war ungemein spannend: Vor dem 15. und letzten Wertungslauf in Watkings Glen kamen noch drei Piloten für den Titel in Frage: Gianclaudio Regazzoni auf Ferrari 312B3, der punktegleiche (!) Emerson Fittipaldi auf McLaren und Jody Scheckter auf Tyrrell 007. In Watkins Glen versagten aber die Ferrari, und Fittipaldi holte seine zweite Weltmeisterkrone. Der im Laufe der Saison 1973 unter der Leitung von Ingenieur Mauro Forghieri umgebaute Ferrari 312B3 wurde im Hinblick auf 1974 noch weiter verfeinert, so daß der Zwölfzylinder schon bei dem die Weltmeisterschaft eröffnenden Großen Preis von Argentinien mit Regazzoni in der ersten Startreihe stand. Bei Ferrari konzentrierte man sich ausschließlich auf die Formel 1 und bestritt keine Langstreckenrennen mehr. Nach einem mißglückten BRM-Jahr kam Regazzoni nach Maranello zurück und brachte auch seinen Kollegen Niki Lauda mit. Die Testfahrten für 1974 wurden schon im Oktober in Fiorano und Vallelunga aufgenommen. Bevor sich die Startflagge zum Großen Preis von Argentinien senkte, hatte man bei Ferrari viele tausend Testkilometer zurückgelegt und sich mit wissenschaftlicher Methodik vorbereitet. Fiat, als Mitinhaber von Ferrari, stellte dem Rennstall auch ein umfangreicheres Budget zur Verfügung, die Vorbereitungen konnten jetzt viel gründlicher getroffen werden. Schließlich stand mit Niki Lauda auch ein Pilot mit überdurchschnittlichem Gespür für die Fahrwerkabstimmung zur Verfügung, ein Mann, der unermüdlich testete, bis der beste Weg gefunden war. Dank dem großzügigen Zuschuß aus der Fiat-Kasse wurde die gesamte Ferrari-Rennorganisation erneuert. Den kleinen blonden Sizilianer Ingenieur Giacomo Caliri ernannte man zum technischen Leiter auf den Rennplätzen; der Römer Luca di Montezemolo, der der Familie Agnelli nahestand und für eine Karriere im Rahmen des Fiat-Konzerns prädestiniert war, kam auf den Rennleiterposten. Für die Wagen von Regazzoni und Lauda standen getrennte Mechanikerequipen zur Verfügung, Giulio Borsari war für Regazzonis und Ermano Cuoghi für Laudas Wagen verantwortlich.

Bei McLaren hatte man mit dem 1973 aufgetauchten M23 eine bereits ausgereifte und bewährte Waffe in Händen: Mit Emerson Fittipaldi kam für 1974 nicht nur ein absoluter Spitzenmann neu ins Team, mit Texaco und Marlboro boten zugleich zwei ausgesprochen finanzkräftige Sponsors dem Team aus Colnbrook einen sicheren Rückhalt. Fittipaldi und Hulme pilotierten die in den Marlboro/Texaco-Farben gespritzten M23, ein dritter Wagen, mit dem ehemaligen Motorradchampion Mike Hailwood am Steuer, fuhr — wie bisher — unter den Farben der Kosmetikmarke Yardley. Allerdings erlitt Hailwood dann auf dem Nürburgring einen derart schweren Unfall, daß er seine Formel-1-Karriere wegen einer komplizierten Beinverletzung vorzeitig abbrechen mußte. Das vom ehemaligen amerikanischen Juristen Teddy Meyer geleitete McLaren-Team, dessen technischer Chef Gordon Coppuck war, galt übrigens seit Anfang der siebziger Jahre stets als hervorragend organisiert und gut eingespielt.

Für Lotus begann die Saison 1974 mit einer technisch heiklen Phase, der zu Jahresbeginn vorgestellte neue Mark 76 erwies sich als eine Fehlkonstruktion, die meisten Rennen mußten Ronnie Peterson und der von Ferrari auf Lotus umgestiegene Jacky Ickx auf dem alten und bewährten Mark 72D bestreiten. Die auf absolute Massenkonzentration im Heck ausgelegte keilförmige Konstruktion mit den auch vorn nach innen verlegten Scheibenbremsen zählte noch immer zu den besten Wagen des Grand-Prix-Feldes, obschon die Reglementbestimmungen mit der Knautschzonenvorschrift den Lotus hatten Speck ansetzen lassen. Für 1974 baute Ralph Bellamy den neuen Lotus 76, der offiziell «John Player Special» 9 hieß. Der schwarzgespritzte Monocoquewagen mit

Der Südafrikaner Gordon Murray zeichnete ab 1973 für alle Brabham-Konstruktionen verantwortlich.

Gordon Murray

Gordon Coppuck gelang mit dem McLaren M23 eine Spitzenkonstruktion, die von 1973 bis 1978 eingesetzt wurde. Später lief ihm John Barnard bei McLaren allmählich den Rang ab.

Gordon Coppuck

Goldfilets enthielt neuartige Konstruktionsmerkmale, so besaß er zum Beispiel einen Doppeldecker-Heckflügel sowie eine elektrische Kupplung, die wahlweise entweder mit dem klassischen Pedal oder aber elektrisch durch einen Knopf auf dem Schalthebelknauf betätigt werden konnte. Leider aber war dieses Lotus-Modell ein absoluter Schlag ins Wasser. Die drei von Ronnie Peterson 1974 eroberten Grand-Prix-Siege (Monaco, Frankreich und Italien), aber auch das von Jacky Ickx gewonnene Race of Champions in Brands Hatch gingen noch auf das Konto des alten Mark 72D.

Nach dem Abgang Jackie Stewarts und dem tödlichen Unfall François Ceverts verpflichtete Ken Tyrrell für sein Team zwei junge und noch relativ unerfahrene Piloten: den Franzosen Patrick Depailler und den ungestümen Krauskopf Jody Scheckter.

Der breite und ziemlich kurze Tyrrell 006 (1972/1973), mit dem Stewart die dritte Weltmeisterkrone seiner Karriere erobert hatte, war im Fahrverhalten unbeständig, so daß Derek Gardner im Hinblick auf die Saison 1974 das Modell 007 auf die Räder stellte, das im Gegensatz zu seinem Vorgänger einen sehr schlanken und keilförmigen Fahrzeugkörper mit seitlichen Kühlern wie auch einen deutlich längeren Radstand aufwies. Auf dem 007 fanden sich Depailler und Scheckter bald zurecht, das Fahrzeug ließ sich auch problemlos abstimmen, obschon der 007 einige ungewöhnliche technische Merkmale aufwies, nämlich eine progressive Vorderradfederung, nach innen verlegte Vorderradbremsen sowie eine hintere Torsionsstabfederung, wie sie bisher nur beim Lotus 72 verwendet worden war. Im Laufe der Saison 1975 sollten dann die Bremsen vorn wieder nach außen verlegt werden, auch ging man zur konventionellen Hinterradfederung über. Die sehr hohe und schmal ausgebildete Luftansaughutze leitete den Luftstrom ungestört auf den damit wirkungsvolleren Heckflügel.

Ab 1974 wurde übrigens die Distanz des Heckflügels zur Radachse limitiert: Der hinterste Punkt dieses aerodynamischen Hilfsmittels durfte – horizontal gemessen – nicht weiter als 100 cm hinter dem Radzentrum liegen, was einer Herabsetzung der Hebelwirkung gleichkam.

Unter der Leitung von Gordon Murray entstand bei Brabham der neue BT44, der sich äußerlich kaum vom bisherigen BT42

Links unten
Der Ferrari 312B3 in der Version 1974 war die an sich überlegene Konstruktion. Gianclaudio Regazzoni hätte mit dem B3 Weltmeister werden können, wenn man bei Ferrari nicht Lauda als Champion des Jahres vorprogrammiert gehabt hätte.

Rechts
Beim Großen Preis von Monaco 1974 führt Regazzoni auf Ferrari 312B3 vor dem Teamkollegen Lauda sowie vor Jarier auf Shadow DN 03, Peterson auf Lotus 72D und Reutemann auf Brabham BT44.

Die Bahn von Indianapolis besteht seit 1909, und seit 1911 wird hier jedes Jahr das 500-Meilen-Rennen ausgetragen. Die Strecke ist stets unverändert geblieben; man hat lediglich den Belag erneuert. Hingegen sind im Verlaufe der Jahrzehnte rundum viele Tribünen entstanden. Eine Runde mißt 2,5 Meilen oder 4,024 km.

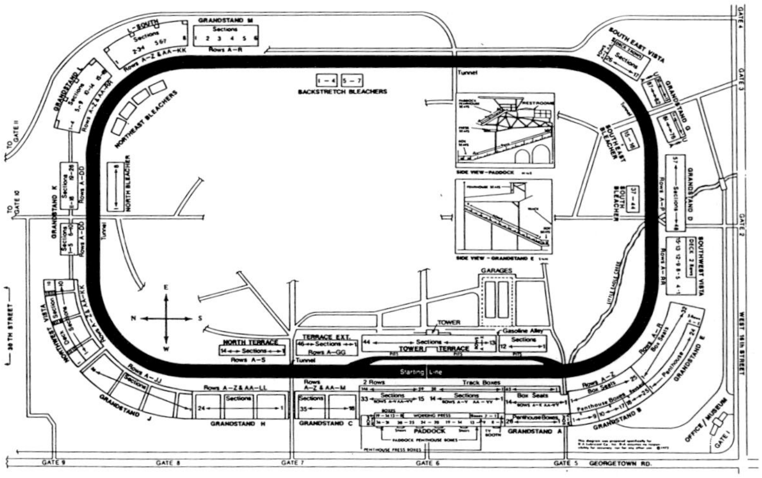

Mitte
Nach dem Großen Preis von Argentinien 1974 stehen von links Niki Lauda (2.), Denis Hulme (1.) und Clay Regazzoni (3.) auf dem Podest. Im Rennen hatte der Argentinier Carlos Reutemann auf Brabham bis in die letzte Runde klar geführt, aber dann ging ihm das Benzin aus.

Unten
Beim Großen Preis von Monaco 1974 liegt hier Emerson Fittipaldi mit seinem McLaren M23 mit zugespitzter Frontverschalung vor dem Brabham BT42 von John Watson, der für Hexagon Racing fuhr. Fast während der ganzen Saison wurde die WM von den Ferrari-Fahrern angeführt, beim letzten Lauf jedoch holte sich Fittipaldi den Titel.

unterschied. Neu war die progressiv ausgebildete Vorderradaufhängung. Im breiten Bug lagen die beiden seitlich angebrachten Wasserkühler, und der Querschnitt des Monocoquechassis war nach wie vor trapezförmig, womit sich der Schwerpunkt des Fahrzeuges besser nach unten verlagern ließ. Ein Mißgeschick brachte den BT44 bei seinem Debüt anläßlich des Großen Preises von Argentinien um den Sieg: Carlos Reutemann hatte seine Rivalen klar abgeschüttelt, sein erster Grand-Prix-Erfolg lag bereits in greifbarer Nähe, da ging dem BT44 in der vorletzten Runde das Benzin aus. Einige Wochen später, in Südafrika, gewann dann Reutemann doch.

Das BRM-Team wurde mit französischen Piloten besetzt: Beltoise, Pescarolo und Migault — die Motul-Sponsorgelder machten es möglich. Nachdem Tony Southgate Ende 1972 zu Shadow gegangen war und dort den DN1 gebaut hatte, avancierte Mike Pilbeam in Bourne zum BRM-Chefkonstrukteur; unter seiner Leitung entstand auch das neue Modell P201, das beim Großen Preis von Südafrika mit Jean-Pierre Beltoise ein vielversprechendes Debüt bot, später aber mehr und mehr abrutschte. Der BRM P201 hatte zwei seitlich neben dem Motor angebrachte Wasserkühler, die je in einem Luftschacht untergebracht waren. Die Vorderradbremsen hatte man nach innen verlegt und somit im Chassis verankert. Bei Shadow baute Tony Southgate das neue und sich äußerlich kaum vom Vorgänger unterscheidende Modell DN3, das in Argentinien debütierte. Als Fahrer verpflichtete man bei Shadow den bisherigen McLaren-Mann Peter Revson sowie den Formel-2-Europameister des Jahres 1973, Jean-Pierre Jarier. Leider stürzte dann Revson beim Vortraining zum Großen Preis von Südafrika tödlich, Ursache war der Bruch eines Aufhängungsteils am Shadow. Er wurde vorübergehend durch den Engländer Brian Redman und schließlich durch das junge Formel-3-Talent aus Wales, Tom Pryce, ersetzt.

Tom Pryce

Das Hesketh-Team, das ein Jahr zuvor einen March mit James Hunt eingesetzt hatte, baute für 1974 ein eigenes, Hesketh 308 getauftes Formel-1-Modell, selbstverständlich mit Cosworth-Motor. Verantwortlicher Kon-

Harvey Postlethwaite

strukteur war Dr. Harvey Postlethwaite, der sich zunächst für einfache Lösungen entschied und auf progressive Federung oder innenliegende Vorderradbremsen verzichtete. Der Hesketh 308 war in seinem ersten Jahr, mit Draufgänger James Hunt am Steuer, noch recht unbeständig, es gab viele Defekte und sogar Unfälle. Immerhin gewann Hunt mit dem 308 die nicht zur Weltmeisterschaft zählende «Daily Express» Trophy in Silverstone.

Das Team Surtees erlebte 1974 eine katastrophale Saison, trotz des neuen Modells TS16, das anfangs noch vom Brasilianer Carlos Pace wie auch von dem Deutschen Jochen Maß gefahren wurde. Im Laufe der Saison verließen aber diese beiden Fahrer enttäuscht das Team, und auch der wichtigste Sponsor nahm seinen Hut. Carlos Pace bestritt die zweite Saisonhälfte auf Brabham, während John Surtees seine Fahrer (Bell, Jabouille, Dolhem und Koinigg) von Fall zu Fall verpflichtete. Beim Training zum Großen Preis der USA sollte dann der junge Österrei-

Auf der Bahn von Dijon wurde der Grand Prix von Frankreich erstmals 1974 ausgetragen, allerdings war der Kurs damals noch 3289 m lang, weil es die Zusatzschlaufe oder Bretelle (Mitte oben) noch nicht gab. Diese wurde erst beim zweiten WM-Lauf in Dijon, 1977, befahren, wobei eine Runde nun 3800 m lang war.

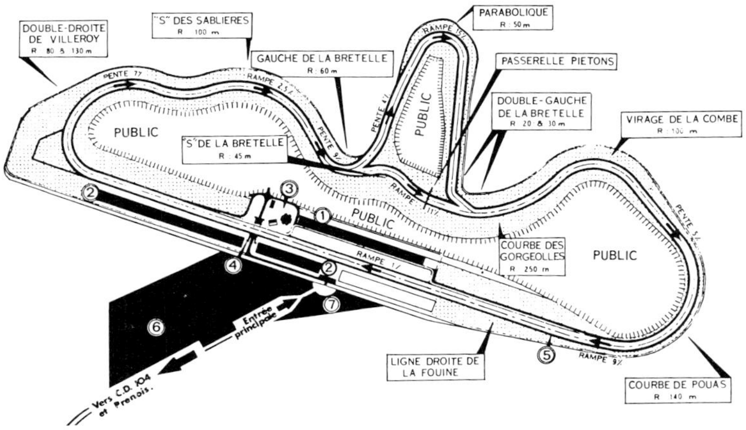

cher Helmut Koinigg auf Surtees tödlich verunglücken.

Mit eher beschränkten Mitteln schlug sich auch March durch: Auf dem 741 gab Hans-Joachim Stuck, Sohn des Auto-Union-Fahrers

Hans-Joachim Stuck

aus der Vorkriegszeit, sein Formel-1-Debüt in Argentinien. Auf March trat dann auch der Italiener Vittorio Brambilla (Bruder des ehemaligen Ferrari-Fahrers Ernesto Brambilla) an, gesponsort von der italienischen Werkzeugmarke Beta.

Lola kam 1974 nach längerer Unterbrechung wieder in die Formel 1 zurück, und zwar indirekt, im Rahmen des von Embassy (Tabakwaren) finanzierten und von Graham Hill geleiteten Teams, für das Eric Broadley den T370 bereitstellte. Gefahren wurde der Lola von Graham Hill sowie von Guy Edwards. Das Frank-Williams-Team setzte die Iso-Ford ein, benannt nach der italienischen Luxuswagenmarke Iso, wobei der bekannte Ingenieur Giampaolo Dallara zur Weiterentwicklung des Fahrzeugs beigezogen wurde. Allerdings fiel Iso später der allgemeinen Wirtschaftskrise zum Opfer, Dallara ging zu Lancia und arbeitete dort an der Mise-au-point des noch zu homologierenden Stratos; die einstigen und von John Clarke konstruierten Iso-Rennwagen wurden auf Williams umbenannt. Prominentester Iso-Fahrer war Arturo Merzario, später gab der Franzose Jacques Laffite sein Formel-1-Debüt auf einem Iso.

Daneben tauchten 1974 noch mehrere kleine Marken auf, die kaum aus den Hinterfeldpositionen herauskamen, falls sie sich überhaupt qualifizieren konnten. Es waren dies die Konstruktionen von Trojan (Konstrukteur Ron Tauranac), Token (Konstrukteur Ray Jessop), Amon und Lyncar, die bald wieder verschwanden. Besonders hart traf es den Neuseeländer Chris Amon, dessen Formel-1-Projekt schon pleite war, bevor er überhaupt richtig zum Fahren kam. Nur die anfänglich von Rikky von Opel finanzierte Marke Ensign überlebte, obschon von Opel sich im Laufe der Saison zurückzog. Aus Japan meldete sich Maki mit einer Eigenkonstruktion, aber auch dieses Team war eine Enttäuschung. All diesen Formel-1-Konstruktionen lag der altbekannte Ford-Cosworth-Motor in Verbindung mit einem Hewland-Getriebe zugrunde. Ende der Saison tauchten anläßlich des Großen Preises von Kanada zwei weitere, allerdings finanziell auf festen Füßen stehende amerikanische Rennställe auf, die auf eine solide Indianapolis-Erfahrung zurückblicken konnten. Es waren dies die Rennställe von Roger Penske und von Parnelli Jones, wobei Mark Donohue den Penske und Mario Andretti den Parnelli fuhr.

Parnelli Jones

Der Kampf um den Weltmeistertitel war ebenso ausgeglichen wie spannend. Rein theoretisch war die Kombination Niki Lauda/Ferrari 312B3 die weitaus schnellste, denn Lauda lag in den 15 Weltmeisterschaftsläufen über insgesamt 338 Runden in Führung. Mehrmals fiel er, klar an der Spitze liegend, aus, schließlich wurde er in der Weltmeisterschaft nur Vierter. Emerson Fittipaldi auf McLaren M23 lag über 77 Runden in Führung, wurde aber Weltmeister. Regazzoni verzeichnete mit seinem Ferrari 80 Führungsrunden und wurde mit knappem Rückstand Vizechampion. Scheckter auf Tyrrell war in 86 Umläufen Leader und wurde Weltmeisterschaftsdritter. Niki Lauda holte sich in Spanien seinen ersten Grand-Prix-Sieg vor

Jody Scheckter

Niki Lauda

dem Markenkollegen Regazzoni; einen Ferrari-Doppelerfolg gab es auch in Holland. Auf dem Nürburgring schleuderte Lauda bei einem gewagten Ausbremsmanöver schon in der ersten Runde von der Bahn, Regazzoni dagegen feierte einen Start-Ziel-Sieg. In Monaco lagen anfänglich die beiden Ferrari von Regazzoni und von Lauda in Führung, aber der Schweizer — vom Druck Laudas irritiert — drehte sich und fiel etwas zurück, während der Österreicher wegen eines technischen Defektes aufgeben mußte. In der Saison 1974 waren die Ferrari sehr stark, wobei Regazzoni eine ungewöhnliche Regelmäßigkeit an den Tag legte und bei den meisten Rennen immer wieder Punkte sammelte. Bei Lauda wollte es in der zweiten Saisonhälfte einfach nicht mehr klappen, vom Großen Preis von Deutschland an brachte er keine Punkte mehr zusammen. Sehr erfolgreich war Emerson Fittipaldi auf McLaren M23, der die Großen Preise von Brasilien, Belgien und Kanada gewann. Drei Siege gingen an Carlos Reutemann auf Brabham BT44, nämlich diejenigen von Südafrika, Österreich und den USA. Tyrrell feierte in Schweden mit den 007 von Scheckter und Depailler einen Doppel-

Patrick Depailler

sieg, und Scheckter kam auch in England auf den ersten Platz, nachdem in Brands Hatch der klar führende Ferrari von Niki Lauda wegen eines Reifenschadens zurückgefallen war. Auch der gute alte Lotus 72D blieb nicht ohne Siege: Auf dem schwarzen «JPS» gewann Ronnie Peterson in Monaco (nach dem Mißgeschick der Ferrari), in Frankreich sowie in Monza, wobei freilich die Ferrari von Lauda und Regazzoni auch in Italien klar in Führung gelegen hatten, dann aber mit Defekten aufgeben mußten.

Ungemein spannend präsentierte sich die Lage am Vorabend des die Weltmeisterschaft abschließenden Großen Preises der USA in Watkins Glen, wo Denis Hulme auf McLaren sein — übrigens letztes — Rennen bestritt, um sich dann nach Neuseeland zurückzuziehen. Fittipaldi auf McLaren und Regazzoni auf Ferrari führten den Zwischenstand der Weltmeisterschaft vor der 15. Runde mit je 52 Punkten an, dahinter folgte mit 45 Punkten Scheckter auf Tyrrell, der theoretisch ebenfalls eine Chance hatte, im letzten Lauf noch Weltmeister zu werden. In Watkins Glen mußten die Ferrari eine unerklärliche Schlappe einstecken: Lauda stand in der 3. und Regazzoni gar nur in der 5. Startreihe. Während des Rennens hatten beide 312-Fahrer Probleme mit den Stoßdämpfern, sie konnten in den Spitzenkampf gar nicht erst eingreifen. Während Lauda ganz ausfiel, kam

Regazzoni über die Mittelfeldpositionen nicht hinaus: Fittipaldi brauchte angesichts des mehr und mehr zurückfallenden Regazzoni kein Risiko einzugehen, ihm genügte ein einziger WM-Punkt. Der Brasilianer schloß die Prüfung in vierter Position ab. Carlos Reutemann auf Brabham feierte in Watkins Glen einen Start-Ziel-Sieg vor seinem Markenkollegen Pace; James Hunt auf Hesketh wurde Dritter. Regazzoni wurde Vizeweltmeister. Die Coupe der Formel-1-Konstrukteure gewann McLaren vor Ferrari und Tyrrell. Diesmal hatte Ferrari zwar die besten Wagen gehabt, aber die Teamstrategie und die Rivalität zwischen Lauda und Regazzoni kosteten der Scuderia aus Maranello die Weltmeisterschaft.

Beim vorletzten Weltmeisterschaftslauf, dem Grand Prix von Kanada in Mosport, hatten zwei amerikanische Teams ihr Formel-1-Debüt gefeiert. Mario Andretti fuhr den vom ehemaligen Lotus-Konstrukteur Maurice Phillippe gebauten Parnelli VPJ4-Ford und Mark Donohue den vom Engländer Geoffrey Ferris gebauten Penske PC1-Ford. Das Penske-Grand-Prix-Team war in Pool (England) stationiert, die Renngemeinschaft wurde geführt von dem Schweizer Heinz Hofer, der kurz danach durch einen Verkehrsunfall ums Leben kam.

Die Grand-Prix-Saison 1974 stand eindeutig im Zeichen von Goodyear — alle 15 Grand-Prix-Siege gingen an diese Reifenmarke. Bei Firestone wurde die Rennreifenentwicklung nicht mehr forciert, der totale Rückzug zeichnete sich bereits ab. Die 1974 mit Goodyear liierten Marken waren Brabham, McLaren, Ferrari, Lotus, Tyrrell, March, Shadow und Penske. Mit Firestone-Reifen waren BRM, Hesketh, Surtees, Iso, Ensign, Lola sowie der Parnelli des Firestone-Starfahrers Mario Andretti ausgerüstet.

Formel-1-Wagen von 1974

Marke/Modell	Verantwortl. Konstrukteur(e)	Motor	Getriebe (Gangzahl)	Chassisbauweise	Radstand	Spur vorne Spur hinten	Reifenmarke	Trockengewicht in kg
Brabham BT 44	Gordon Murray	Cosworth DFV (V8)	Hewland FG 400 (5)	VMC	2413	v 1519 h 1424	Goodyear	576
BRM P 201	Mike Pilbeam	BRM P 142-60 (V12)	BRM P 161/193 (5)	OMC	2591	v 1524 h 1524	Firestone	585
Ensign MN 01/02	Morris Nunn	Cosworth DFV (V8)	Hewland FG 400 (5)	OMC	2565	v 1549 h 1498	Firestone	585
Ferrari 312 B3	Mauro Forghieri	Ferrari 312 B (12 Zyl. 180°)	Ferrari (5)	VMC	2500	v 1600 h 1640	Goodyear	578
Hesketh 308	Harvey Postlethwaite	Cosworth DFV (V8)	Hewland FG 400 (5)	OMC	2540	v 1473 h 1549	Firestone	589
ISO IR	John Clarke	Cosworth DFV (V8)	Hewland FG 400 (5)	VMC	2489	v 1575 h 1524	Firestone	576
Lola T 370	Eric Broadley	Cosworth DFV (V8)	Hewland FG 400 (5)	OMC	2591	v 1626 h 1626	Firestone	592
Lotus 72 D	Colin Chapman Maurice Phillippe	Cosworth DFV (V8)	Hewland FG 400 (5)	OMC	2540	v 1448 h 1448	Goodyear	578
Lotus 76	Ralph Bellamy	Cosworth DF (V8)	Hewland FG 400 (5)	VMC	2565	v 1473 h 1575	Goodyear	578
March 741	Robin Herd	Cosworth DFV (V8)	Hewland FG 400 (5)	VMC	2489	v 1473 h 1473	Goodyear	580
McLaren M 23	Gordon Coppuck	Cosworth DFV (V8)	Hewland FG 400 (5)	VMC	2565—2579	v 1575 h 1578	Goodyear	575
Parnelli VPJ 4	Maurice Phillippe	Cosworth DFV (V8)	Hewland FG 400 (5)	VMC	2540	v 1499 h 1549	Firestone	578
Penske PC 1	Geoff Ferris	Cosworth DFV (V8)	Hewland FG 400 (5)	OMC	2540	v 1473 h 1524	Goodyear	582
Surtees TS 16	John Surtees	Cosworth DFV (V8)	Hewland FG 400 (5)	VMC	2438	v 1524 h 1524	Firestone	595
Shadow DN 3	Tony Southgate	Cosworth DFV (V8)	Hewland FL 200 (5)	OMC	2667	v 1473 h 1524	Goodyear	580
Token RJ 02	Ray Jessop	Cosworth DFV (V8)	Hewland DG 300 (5)	VMC	2464	v 1575 h 1575	Firestone	585
Trojan T 103	Ron Tauranac	Cosworth DFV (V8)	Hewland DG 500 (5)	OMC	2591	v 1556 h 1626	Firestone	580
Tyrrell 007	Derek Gardner	Cosworth DFV (V8)	Hewland FG 400 (5)	OMC	2591	v 1602 h 1501—1603	Goodyear	588

Chassisbauweise: OMC = offenes Monocoque, VMC = Voll-Monocoque

Endlich wieder Ferrari

Niki Lauda auf dem flachen Zwölfzylinder holt sich den WM-Titel klar. Die neuen Lotus-Modelle enttäuschen. Hesketh-Sieg mit James Hunt in Holland. Absolutes Reifenmonopol von Goodyear.

Die moderne Dreiliterformel erlebte 1975 ihre zehnte Saison. Die lange Gültigkeitsdauer der ursprünglich bis 1970 vorgesehenen Grand-Prix-Kategorie war nicht nur auf die Tatsache zurückzuführen, daß die Dreiliterformel ausgeglichene Wagenfelder und sehr spannende Rennen mit vielen Favoriten bot, auch der Wandel im modernen Automobilsport war für diese Entwicklung mit verantwortlich: Den kleinen Rennställen ging es ausschließlich um den Profit, die Rennen arteten zu einem Showbusineß aus, die technischen Ziele, die ursprünglich mit Rennformeln angestrebt wurden, fanden eigentlich kein Interesse mehr.

In zehn 3-Liter-Formel-1-Saisons waren alle Weltmeistertitel mit V8-Motoren gewonnen worden: 1966 und 1967 mit dem Repco, von 1968 bis 1974 fuhren alle Champions mit dem Ford-Cosworth-DFV-Motor. Die Saison 1975 wurde — im Rahmen der Dreiliterformel — erstmals zum Jahr der Zwölfzylinder, denn die Ende 1973 angelaufene «wissenschaftliche und aufwendige Welle» innerhalb der Scuderia Ferrari, deren technischer Lei-

Mauro Forghieri

ter seit 1962 (mit einem kurzen Unterbruch im Jahre 1972) immer noch der temperamentvolle Ing. Mauro Forghieri war, mit den pausenlosen Tests auf der werkseigenen Strecke von Fiorano trug 1975 reiche Frucht. Daß Niki Lauda Weltmeister werden würde, stand schon nach dem Großen Preis von Italien mit mathematischer Sicherheit fest. Ende Saison wies sein Konto 64,5 Punkte auf. Emerson Fittipaldi auf McLaren folgte mir nur 45 und Carlos Reutemann auf Brabham mit 37 Punkten. Lauda siegte bei den Großen Preisen von Monaco, Belgien, Schweden, Frankreich und der USA, während sein Teamkollege Regazzoni in Italien auf den ersten Platz kam. Bei 6 von 14 WM-Läufen stand also ein Ferrari-Fahrer auf dem Siegerpodest. Nachdem der bisherige 312B3, mit dem Ferrari 1974 wieder auf Siegeskurs gesteuert hatte, bei den zwei ersten WM-Läufen 1975 nicht mehr zu überzeugen vermochte, setzte Ferrari beim Großen Preis von Südafrika den neuen, schon im Herbst 1974 vorgestellten 312T ein, der über ein querstehendes und vor der Hinterachse placiertes Getriebe (T= trasversale = quer) verfügte. Beim Chassis hatte man auf die traditionelle «gemischte» Bauweise mit innerem und durch aufgenietete Blechfolien verstärktem Rohrrahmen zurückgegriffen. Die Anordnung des T-Getriebes brachte eine bessere Massenkonzentration in Richtung Schwerpunkt. Nach den Erfolgen zu schließen, war der Ferrari mit seinem bei rund 12 500 U/min nun mehr als 500 PS abgebenden Zwölfzylindermotor mit nur vier Hauptlagern die wohl ausgewogenste Konstruktion.

McLaren arbeitete am M23 weiter, die Radaufhängungen dieses Modells, 1975 von Emerson Fittipaldi und von Jochen Maß pilotiert, wurden im Laufe der Saison nicht weniger als fünfmal geändert. Auf kurvenreichen Strecken war das Auto nicht mehr in seinem Element. Gordon Coppuck spielte mit der Geometrie der Aufhängungen, dem Radstand und der Spur, wobei zwischen Motor und Getriebe verschieden lange Zwischenstücke eingesetzt wurden, mit denen sich der Radstand bestimmen ließ. McLaren gewann mit Fittipaldi den Großen Preis von Argentinien sowie den total verregneten Grand Prix von England, wo die überschwemmte Fahrbahn zu chaotischen Zuständen führte. Jochen Maß siegte bei dem wegen eines schweren Unfalls vorzeitig abgebrochenen Großen Preis von Spanien in Barcelona.

Die technische Krise war 1975 bei Lotus noch ausgeprägter, der Mark 76 von 1974 mußte in die Ecke gestellt und abermals der alte 72 D (mit wesentlich verlängertem Radstand) hervorgeholt werden. Aussichtslos mühten sich Ronnie Peterson und Jacky Ickx mit dem unterlegenen Material ab, nach dem Großen Preis von Frankreich trennte sich Ickx von Lotus. Colin Chapman setzte Nachwuchsleute, aber auch John Watson in sein zweites Auto, das im Laufe der Saison sogar mit einer konventionellen Federung mit Schraubenfedern (bisher Torsionsstäbe) versehen wurde, bedeutete doch der Austausch der in Längsrichtung eingebauten Torsionsstäbe einen mehrstündigen Zeitaufwand. Im September 1975 stellte Colin Chapman den neuen Lotus 77 vor, der einen ungewöhnlich engen Fahrzeugkörper mit zugespitzter Front besaß. Das besondere Merkmal des 77 waren die Aufhängungen: Die Bremssättel wurden hinten und vorn direkt am Chassis befestigt, an diesen Gußgehäusen waren die Querlenker angebracht. Von dieser Konstruktionsweise versprach man sich die Möglichkeit sehr schnellen Verstellens des Radstandes und der Spur, doch verschwanden diese ausgefallenen Aufhängungen Anfang 1976 wieder. Die jüngste Konstruktion von Ralph Bellamy und Colin Chapman wies übrigens auch wieder Schraubenfedern auf. Zu den erfolgreichen Marken zählte 1975 Brabham: Konstrukteur Gordon Murray hatte für Reutemann und Pace das Modell BT44B, das — von Details abgesehen — mit dem BT44 praktisch identisch war, bereitgestellt. Zudem war es dem Teamboß Bernie Ecclestone gelungen, die Getränkefirma Martini & Rossi als Sponsor zu gewinnen. Nach dem Ausscheiden des anfänglich überlegenen Jarier auf Shadow DN5 gewann Carlos Pace in Brasilien seinen einzigen Grand Prix, Reutemann fuhr auf dem Nürburgring einen ersten Platz heraus, allerdings erst nachdem Niki Laudas Ferrari wegen eines Reifenschadens zurückgefallen war.

Links unten
Auf dem Ferrari 312T holte sich Niki Lauda den Weltmeistertitel 1975. Erstmals verwendete Ferrari übrigens das vor der Hinterachse liegende Quergetriebe (deshalb die Bezeichnung T = trasversale). Verantwortlicher Konstrukteur war nach wie vor Ing. Mauro Forghieri.

Unten
Mit 26 Jahren wurde Niki Lauda 1975 erstmals Weltmeister. Der gebürtige Wiener hatte sich 1972 bei March eingekauft, 1973 kam er zu BRM, und von 1974 bis 1977 fuhr er für Ferrari, auf deren Wagen er 1975 und 1977 Weltmeister wurde.

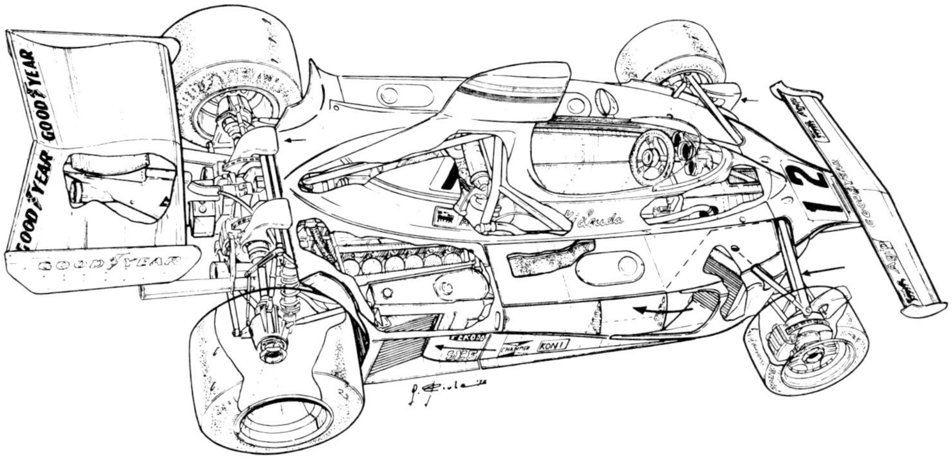

Bei Tyrrell kam der 007 mit Jody Scheckter und Patrick Depailler weiterhin zum Einsatz. Derek Gardner vereinfachte das Fahrgestell und versah den Tyrrell vorn mit in den Rädern liegenden Bremsen (bisher im Chassis), auch wurde auf die hintere Torsionsstabfederung verzichtet. Mit dem Tyrrell holte sich Jody Scheckter in Kyalami einen großartigen Sieg im Heimat-Grand-Prix, wobei das umgebaute Fahrzeug hier erstmals im Training zum Einsatz kam. Mit dem Prototyp flog Scheckter von der Bahn, man baute die neuen Aufhängungen in den Trainingswagen ein und schickte Scheckter damit am Renntag ins Aufwärmtraining: Motorschaden. Umbau des Motors. Sieg Scheckters im Rennen, nachdem im Training alles drunter und drüber gegangen war.

Bei Shadow hatte Tony Southgate für den Großen Preis von Argentinien das erste Exemplar des in Buenos Aires von Jean-Pierre Jarier pilotierten DN5 bereitgestellt, mit dem der Franzose in Argentinien und Brasilien Aufsehen erregte. Der an sich sehr konventionelle Shadow stand in Buenos Aires auf der Pole Position, dann aber brach das Differential während der Aufwärmrunde, so daß Jarier gar nicht starten konnte. In Interlagos kam der Franzose mit dem DN5 wieder auf den besten Startplatz, in der 5. Runde war er Leader, worauf er seine Rivalen mit erstaunlicher Leichtigkeit abschüttelte; aber in der 32. von 40 Runden stellte sich ein Schaden im Antrieb der Einspritzpumpe ein, und Carlos Pace auf Brabham konnte sich so den Heimsieg sichern. Bei den folgenden Rennen vermochte Jarier nicht mehr an seine südamerikanischen Spitzenleistungen anzuknüpfen, der DN5 sollte erst wieder beim GP von England — mit Tom Pryce — auf der Pole Position stehen. Das Geheimnis Jariers war ein Cosworth-Supermotor, der dem Franzosen versuchsweise zur Verfügung gestellt worden war, ehe dann diese neue Version des Achtzylinders in mehreren Exemplaren gebaut und an die Spitzenkonkurrenz abgegeben wurde.

Das Hesketh-Team mit seinem einzigen Fahrer James Hunt feierte 1975 in Holland den ersten Grand-Prix-Erfolg, wobei der Trainingsschnellste, Lauda, mit dem Ferrari auf der nassen Fahrbahn nach dem Start in Führung ging, dann jedoch mit dem Umstellen auf Trockenreifen zuviel Zeit verlor. James Hunt dagegen zählte zu den ersten Konkurrenten, die an den Boxen auf Slicks umstellten, was sich als taktisch klug erweisen sollte. In den letzten Runden lancierte Lauda harte Attacken gegen den führenden Hesketh, aber Hunt gewann, gefolgt vom Ferrari. Seit dem Großen Preis der USA 1974 wurde bei Hesketh mit einer Gummifederung ope-

Ganz unten
Kurz nach dem Start zum Grossen Preis von Spanien 1975 verursachte Mario Andretti auf Parnelli eine Massenkollision. Zu Schaden kamen dabei auch die beiden Ferrari von Niki Lauda und Clay Regazzoni, welche eliminiert wurden. Das Rennen mußte später wegen eines schweren Unfalls vorzeitig abgebrochen werden.

Unten
Graham Hill zog sich 1975 als Fahrer zurück, um sich auf die Führung seines eigenen Teams zu konzentrieren. Auf einem Hill-Cosworth kam auch der 23jährige Engländer Tony Brise (rechts) zum Einsatz. Beide kamen am 29. November 1975 bei einem Flugzeugunfall ums Leben.

Unten
Im Jahre 1975 führte der Automobil Club der Schweiz auf der Rundstrecke von Dijon den nicht für die Weltmeisterschaft zählenden, aber gutbesetzten Grand Prix des ACS durch. Es gewann Clay Regazzoni auf dem Ferrari 312T. Der Tessiner war der einzige Vertreter der Farben von Ferrari.

Carlos Reutemann

Links oben
Von 1975 an war auch Brasilien durch eine, wenn auch vorwiegend mit englischem Material realisierte Eigenkonstruktion in der Formel 1 vertreten. Es handelte sich um den Copersucar, der von der Vereinigung der brasilianischen Zuckerrohrproduzenten finanziert und von Wilson Fittipaldi gefahren wurde. Aber der Copersucar-Cosworth kam nie über eine Mittelfeldposition hinaus.

Unten links
Carlos Reutemann und Carlos Pace (ein Argentinier und ein Brasilianer) auf ihren Brabham BT44B-Cosworth mit prismaförmigen Monocoques.

riert, die beim Hesketh 308B nur vorne verwendet wurde: Außerhalb des Chassis lagen der Stoßdämpfer sowie der in einer andern Achse liegende Kolben, der auf das zylindrische Gummifederelement drückte. Beim folgenden Hesketh 308C stellte Harvey Postlethwaite auch hinten auf Gummifederung um, allerdings sollte sich diese Art von Federung nicht bewähren. Die Gummielemente waren von der Aeon Products entwickelt worden; sie sollten dazu beitragen, das Gewicht zu senken. March setzte den neuen Typ 751 mit Vittorio Brambilla ein, der in Belgien die Fachwelt anfangs verblüffte, als das von Robin Herd konstruierte Fahrzeug in der 4. Runde in Führung ging. Später gab es jedoch Bremsprobleme, und Brambilla schied aus. Eine zweite Show bot der Monzese in Schweden, als er seinen orangefarbenen 751 kurzerhand auf die Pole Position setzte und das Feld bis in die 16. Runde anführte — dann aber warf ihn ein Reifenschaden zurück, und später brach eine Antriebswelle. In Zeltweg schließlich kam Brambilla zu seinem einzigen Grand-Prix-Erfolg, als er der Konkurrenz während eines starken Gewitters mühelos davonfuhr und das Ziel des vorzeitig abgebrochenen Rennens schließlich mit 24 Sekunden Vorsprung auf James Hunts Hesketh durchfuhr. Zeltweg stand unter einem unheilvollen Stern: Beim Aufwärmtraining wurde der Amerikaner Mark Donohue auf einem March des Penske-Teams wegen eines Reifenschadens von der Bahn geschleudert, der ehemalige CanAm- und Indianapolis-Sieger erlitt innere Verletzungen und starb kurz nach dem Unfall. Die Witwe Mark Donohues ging dann gerichtlich gegen Goodyear vor, und nach mehrjährigem Hin und Her mußte dann die Reifenmarke Frau Donohue eine in die Dollarmillionen gehende Riesensumme als Entschädigung entrichten.

Auch der Große Preis von Spanien auf der Montjuich-Stadtpark-Rundstrecke brachte einen ungewöhnlichen und zudem sehr tragischen Rennverlauf. Schon während des Trainings war viel über Sicherheit diskutiert worden, die Fahrer streikten zunächst wegen der ungenügend gesicherten Bahn, an den Leitplanken fehlten teilweise die Schrauben. Unter dem Druck der Rennstallbesitzer ließen sich die Piloten schließlich doch zum Training und dann zum Start bewegen, zumal der Veranstalter mit einer Konfiskation des gesamten Rennmaterials drohte. Nur Emerson Fittipaldi ließ sich nicht breitschlagen und drehte schließlich bloß einige langsame Trainingsrunden, um seinem Team das Spesengeld zu sichern. Dem Start blieb er jedoch fern.

Im Rennen ging einiges schief: Gleich nach dem Start wurde der Ferrari von Lauda vom ungestüm nach vorn drängenden Parnelli Mario Andrettis leicht gerammt und stellte sich seinerseits dem Wagen des Markenkollegen Regazzoni in die Quere, so daß beide Ferrari aus dem Spitzenkampf eliminiert wurden. Es sollte aber noch viel schlimmer kommen: In der 26. Runde löste sich der Heckflügel des von Rolf Stommelen gefahrenen, in Führung liegenden Hill GH2-Ford, und zwar kurz nach dem Passieren der Boxen. Der unkontrollierbar gewordene Wagen knallte gegen die Abschrankungen und tötete vier hinter einem Abfangzaun stehende Personen: einen Streckenposten, zwei Feuerwehrleute und einen Reporter. Nach der 29. Runde winkte die Rennleitung den Grand Prix vorzeitig ab, zu diesem Zeitpunkt führte der McLaren von Jochen Maß, man erklärte ihn zum Sieger mit halber Punktezahl für die Weltmeisterschaft. Graham Hill konzentrierte sich mehr und mehr darauf, sein Embassy-Team zu managen, in Monaco wollte

Jochen Mass

er nochmals in den Ring steigen, zum Abschied. Aber der fünffache Monaco-Sieger schaffte die Qualifikation diesmal nicht. Vor dem Großen Preis von England drehte der nun 46jährige Hill vor seinem Publikum eine Abschiedsrunde. Am 29. November 1975 kamen dann mehrere Mitglieder des Hill-Embassy-Teams durch einen Unfall, auf dem Rückflug von den Testfahrten in Le Castellet, ums Leben. Die von Graham Hill selbst pilotierte Maschine prallte im Nebel, als sie zur Landung ansetzte, gegen Bäume. Graham Hill, sein junger Fahrer Tony Brise (23), der als hoffnungsvolles Talent galt und sein Formel-1-Debüt in Belgien gegeben hatte, Hill-Konstrukteur Andy Smallman sowie weitere Techniker kamen bei dem Flugzeugunglück ums Leben. Graham Hill hatte in seiner 17jährigen Formel-1-Karriere mit der Teilnahme an 176 Großen Preisen alle bisherigen Rekorde gebrochen, hatte 1966 die 500 Meilen von Indianapolis und 1972 das 24-Stunden-Rennen von Le Mans gewonnen.

Zu Beginn der Saison 1975, in Argentinien, hatte sich eine brasilianische Marke der Formel-1-Familie angeschlossen: Copersucar/Fittipaldi, finanziert von den Zuckerrohrproduzenten und aufgebaut von Wilson Fittipaldi, dem um drei Jahre älteren Bruder des zweifachen Weltmeisters. Die Neukonstruktion entstand unter der Leitung von Richard Devila; der Copersucar FD01-Ford wies anfänglich einen hinter dem Getriebe, ganz im Heck, liegenden Wasserkühler auf, der dann ziemlich schnell nach vorne rutschte. Stark ins Hintertreffen waren 1975 BRM (mit Bob Evans auf dem P201) und das Team Surtees geraten. Der ständig am Rande des Bankrotts balancierende Frank Williams hatte auf dem Nürburgring einen großen Tag, als sein Fahrer Jacques Laffite, von den vielen Reifenschäden der Spitzenkonkurrenten profitierend, mit dem von Ray Stokoe konstruierten Williams FW04 auf den zweiten Platz kam. In puncto Reifenschäden brachte das Rennen auf dem Nürburgring einen traurigen Rekord: 26 im Training und 12 im Rennen. Die einseitige Entwicklung hatte einen bedenklichen Stand erreicht.

Auf dem Reifensektor war die Saison 1975 besonders markant: Goodyear besaß das absolute Reifenmonopol, Firestone hatte sich zurückgezogen, nachdem Mario Andretti auf Parnelli beim Großen Preis von Argentinien als einziger Konkurrent noch mit Firestone-Reifen angetreten war; in Brasilien hatte jedoch auch Parnelli auf Goodyear umgestellt. Eine zweite Reifenmarke sollte in der Formel 1 erst anläßlich des Großen Preises von England 1977 wieder auftauchen — Michelin. Das

Die auf dem Areal eines ehemaligen Kriegsflugplatzes entstandene Bahn von Silverstone, welche seit Ende der vierziger Jahre Austragungsort vieler Rennen ist, wurde im Verlaufe der Jahre immer mehr ausgebaut. Das zunehmende Tempo mit Rundendurchschnitten von weit über 200 km/h machte bei Woodcote (unmittelbar vor dem Startplatz) den Einbau einer Bremsschikane notwendig. Rundenlänge: 4719 m.

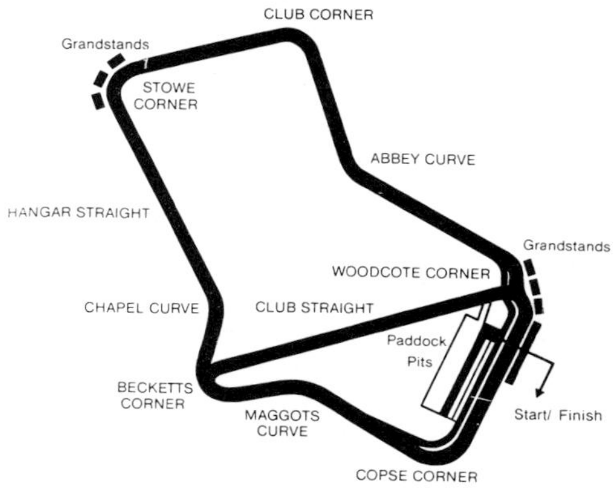

Beim Großen Preis von Belgien 1975 in Zolder liegt hier Jody Scheckter mit seinem Tyrrell 007-Ford vor Bob Evans auf einem BRM P201 mit V12-Motor sowie vor einem Hill-Ford. Während Jody Scheckter mit dem 007-Ford bereits den Großen Preis von Südafrika gewonnen hatte, zeichnete sich bei BRM schon deutlich der Anfang vom Ende ab. Unter der Regie von Louis Stanley vermochte die Marke aus Bourne nicht mehr zu ihrer einstigen Form zurückzufinden.

Rechts
Seit 1974 wurde in Buenos Aires die große um einen kleinen See führende Schlaufe (rechts im Bild), welche sonst nur bei Langstreckenrennen befahren wurde, auch in den Grand-Prix-Kurs einbezogen. Diese Bahnkombination ergab eine Rundenlänge von 5968 m.

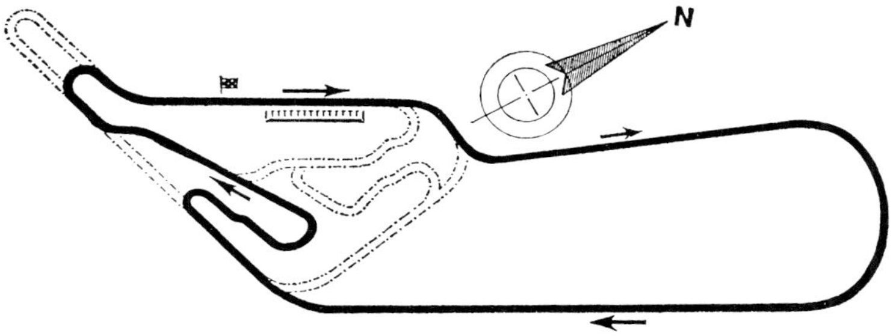

Mitte
Der junge Lord Hesketh, James Hunt (im Cockpit) sowie der von Harvey Postlethwaite konstruierte Hesketh 308C-Cosworth bildeten 1975 eine starke Kombination. Sie gewannen den Grand Prix von Holland.

Goodyear-Monopol brachte eine Entschärfung im Reifenkrieg, allmählich stellte man sich auf einen Einheitsreifen für alle Teams um. Es wurde also nicht mehr für jeden Wagen eine spezielle Reifenmischung eruiert. Der Einheitsreifen hat allerdings den Nachteil, daß er sich nicht für jeden Wagen gleich gut eignet. Jetzt mußte man also das Fahrgestell dem Reifen anpassen und nicht umgekehrt. Die Gummimischungen wurden härter, die Reifen weniger defektanfällig, wobei härtere Mischungen freilich auch schlechtere Rundenzeiten bedeuteten. Die Saison 1975 wurde auch durch die verregneten Grands Prix mitgeprägt. Dies bedeutete andere Streckenverhältnisse sowie Reifenwechsel während des Rennens. Die Reifen wurden in Monaco, Holland und England während des

Unten
Ein heftiges Gewitter entlud sich über dem Großen Preis von Österreich 1975 in Zeltweg. Aus Sicherheitsgründen mußte das Rennen, welches über eine Distanz von 54 Runden hätte führen sollen, nach 29 Runden abgebrochen werden. Überraschend gewann der große Regenspezialist aus Monza, Vittorio Brambilla, der einen March 751-Cosworth fuhr. Kurz nach der Zieldurchfahrt machte auch Brambilla eine Pirouette. Nach dem Start liegen hier Lauda auf Ferrari 312T sowie James Hunt auf Hesketh 308C-Cosworth in Front. Hinter Lauda liegen Depailler auf Tyrrell 007-Cosworth, Emerson Fittipaldi auf McLaren M23-Cosworth sowie Regazzoni auf Ferrari 312T.

Rennens gewechselt, in Österreich regnete es vor und während des Grand Prix, also wurde durchweg mit profilierten Regenreifen gekämpft. Geradezu grotesk ging es beim Grand Prix von England zu, in dessen Verlauf die Reifen bis zu dreimal gewechselt werden mußten, weil das Wetter besonders launisch war. Schließlich schossen die Fahrer mit profillosen Trockenreifen in einen lokalen Wolkenbruch, so daß ein halbes Dutzend Wagen in der gleichen Kurve in den Fangnetzen landete. In Silverstone wurde mit aller Deutlichkeit demonstriert, wie gefährlich die moderne Reifenentwicklung sein kann, sobald die Verhältnisse nicht mehr ideal sind. Jenen Grand Prix von England gewann Emerson Fittipaldi auf McLaren dank seiner klugen Taktik: Beim ersten Regenschauer fuhr er noch auf Trockenreifen weiter, erst beim zweiten Wolkenbruch stellte er auf Regenreifen um, aber nun mußte das Rennen abgebrochen werden, weil das halbe Feld von der Bahn geschlittert war, und Fittipaldi lag in Führung.

Formel-1-Wagen von 1975

Marke/Modell	Verantwortl. Konstrukteur(e)	Motor	Getriebe (Gangzahl)	Chassisbauweise	Radstand	Spur vorne Spur hinten	Reifenmarke	Trockengewicht in kg
Brabham BT 44 B	Gordon Murray	Cosworth DFV (V8)	Hewland FG 400 (5)	VMC	2413	v 1422 h 1549	Goodyear	578
BRM P 201	Mike Pilbeam	BRM P 142-60 (V12)	BRM (5)	OMC	2591	v 1524 h 1524	Goodyear	585
Ensign MN 04	Morris Nunn	Cosworth DFV (V8)	Hewland FG 400 (5)	VMC	2565	v 1499 h 1524	Goodyear	605
Ferrari 312 T	Mauro Forghieri Franco Rocchi	Ferrari 312 B (12 Zyl. 180°)	Ferrari (5)	RRB	2500	v 1500 h 1480–1540	Goodyear	580
Fittipaldi	Richard Divila	Cosworth DFV (V8)	Hewland FG 400 (5)	VMC	2410	v 1500 h 1550	Goodyear	602
Hesketh 308	Harvey Postlethwaite	Cosworth DFV (V8)	Hewland FG 400 (5)	OMC	2540	v 1473 h 1549	Goodyear	589
Hesketh 308 C	Harvey Postlethwaite	Cosworth DFV (V8)	Hewland FG 400 (5)	OMC	2565	v 1397 h 1422	Goodyear	580
Hill GH 1	Andy Swallman	Cosworth DFV (V8)	Hewland FG 400 (5)	OMC	2573	v 1626 h 1600	Goodyear	603
Lotus 72 D	Colin Chapman Maurice Phillippe	Cosworth DFV (V8)	Hewland FG 400 (5)	OMC	2540	v 1448 h 1448	Goodyear	590
Lotus 72 D (long wheelbase)	Colin Chapman Maurice Phillippe	Cosworth DFV (V8)	Hewland FG 400 (5)	OMC	2667	v 1549 h 1626	Goodyear	625
Maki F 101 C	Kenij Mimura Masao Ono	Cosworth DFV (V8)	Hewland FG 400 (5)	OMC	2540	v 1460 h 1610	Goodyear	620
March 751	Robin Herd	Cosworth DFV (V8)	Hewland FG 400 (5)	VMC	2540	v 1473 h 1473	Goodyear	576
McLaren M 23	Gordon Coppuck	Cosworth DFV (V8)	Hewland FG 400 (5)	VMC	2692	v 1651 h 1651	Goodyear	589
Parnelli VPJ 4	Maurice Phillippe	Cosworth DFV (V8)	Hewland FG 400 (5)	VMC	2540	v 1499 h 1562	Goodyear	580
Penske PC 1	Geoff Ferris	Cosworth DFV (V8)	Hewland FG 400 (5)	OMC	2489	v 1372 h 1473	Goodyear	584
Surtees TS 16	John Surtees	Cosworth DFV (V8)	Hewland FG 400 (5)	VMC	2489	v 1549 h 1600	Goodyear	610
Shadow DN 5	Tony Southgate	Cosworth DFV (V8)	Hewland FL 200 (5)	OMC	2667	v 1499 h 1575	Goodyear	589
Shadow DN 7	Tony Southgate	Cosworth DFV (V8)	Hewland FL 200 (5)	OMC	2667	v 1473 h 1549	Goodyear	612
Tyrrell 007	Derek Gardner	Cosworth DFV (V8)	Hewland FG 400 (5)	VMC	2593	v 1590 h 1575	Goodyear	625
Williams FW 04	Ray Stokoe	Cosworth DFV (V8)	Hewland FG 400 (5)	VMC	2540	v 1570 h 1570	Goodyear	591

Chassisbauweise: OMC = offenes Monocoque, VMC = Voll-Monocoque, RRB = Rohrrahmen mit Blech beplankt

Schicksalsstunde in der Eifel

WM-Leader Lauda verunfallt auf dem Nürburgring schwer, aber in Monza ist er wieder dabei. Beim abschließenden Rennen in Japan wirft er das Handtuch, so daß Hunt auf McLaren Champion wird.

Die Weltmeisterschaft 1976 war eine der spannendsten und ungewöhnlichsten der Geschichte; sie wurde in den allerletzten Runden des letzten Grand Prix, in Japan, entschieden, wobei sich der Titelkampf erstmals über die Rekordzahl von 16 Läufen erstreckte. In der ersten Hälfte der Saison lief alles zugunsten Niki Laudas auf Ferrari, der die zweite Weltmeisterkrone bereits sicher in Händen zu haben schien, dann aber überstürzten sich die Ereignisse, und schließlich ging der Titel an den Engländer James Hunt auf McLaren.

Es gab zwei spaktakuläre Teamwechsel: Im November 1975 schlug in Brasilien wie eine Bombe die Nachricht ein, Emerson Fittipaldi werde 1976 auf dem von den brasilianischen Zuckerrohrproduzenten finanzierten Copersucar starten, der allerdings bisher, mit Wilson Fittipaldi am Steuer, noch keine überzeugenden Resultate geliefert hatte, was sich dann selbst mit einem Fahrer vom Format eines Emerson nicht ändern sollte. Kurz zuvor hatte Lord Alexander Hesketh, für dessen Team James Hunt von 1973 bis 1975 gefahren war, seinen Rückzug aus der Formel 1 bekanntgegeben, weil er der Geldausgaben überdrüssig geworden war. James Hunt wurde von McLaren-Boß Teddy Meyer sogleich für den abgesprungenen Fittipaldi verpflichtet. Ein Teil des Hesketh-Materials wurde vom Team Frank Williams übernommen, und die Fahrzeuge wurden von Hesketh auf Williams umgetauft, wobei auch Konstrukteur Harvey Postlethwaite zu Williams ging. Im Laufe der Saison stieß der Austrokanadier Walter Wolf, ein Ölmillionär, als Sponsor zu Williams.

Das Lotus-Team wurde mit Ronnie Peterson und Mario Andretti neu formiert, aber schon nach dem Großen Preis von Brasilien trennte sich der blonde Schwede von Colin Chapman; in Südafrika saß der dunkelhaarige Formel-3-Spezialist Gunnar Nilsson, ebenfalls ein Schwede, im zweiten Lotus. Anfangs blieb der Lotus 77, der wieder mit konventionellen Aufhängungen versehen wurde (keine an den Bremssätteln befestigten Querlenker mehr), noch hinter den Erwartungen zurück, aber mit dem Großen Preis von Spanien 1976 wurde bei Lotus wieder ein deutlicher Aufwärtstrend registriert, und vor allem Mario Andrettis Mitarbeit zeitigte konkrete Resultate.

Bis Mitte der Saison war Ferrari die dominierende Marke, zuerst mit dem bisherigen 312T, auf dem Niki Lauda die Großen Preise von Brasilien (der Grand Prix von Argentinien mußte 1976 wegen politischer Unruhen abgesagt werden) und von Südafrika gewann. Bei dem neu ins Weltmeisterschaftsprogramm aufgenommenen Grand Prix USA West in Long Beach legte Clay Regazzoni auf dem 312T ein ungewöhnliches Formhoch an den Tag und lag von der ersten bis zur letzten Runde unangefochten in Führung, wobei er sowohl im Training wie im Rennen die schnellste Runde fuhr. Der neue Ferrari 312T2 — er debütierte beim Großen Preis von Spanien — war direkt vom 312T abgeleitet und wies ebenfalls ein Quergetriebe auf. Mit diesem Zwölfzylinder siegte Lauda in Monaco und Belgien; nachdem er in Brands Hatch hinter Hunt Zweiter geworden war, wurde ihm, allerdings nachträglich am grünen Tisch, auch für diesen Grand Prix der

Die Renngemeinschaft von Guy Ligier aus Vichy griff 1976 erstmals in die Formel 1 ein. Jacques Laffite fuhr diesen JS5 mit Matra-V12-Motor, mit welchem er in Long Beach Vierter wurde, was für Ligier auch die ersten WM-Punkte bedeutete. Charakteristisch war die riesengroße Lufthutze über dem V12, die besonders Sponsor Gitanes zu schätzen wußte.

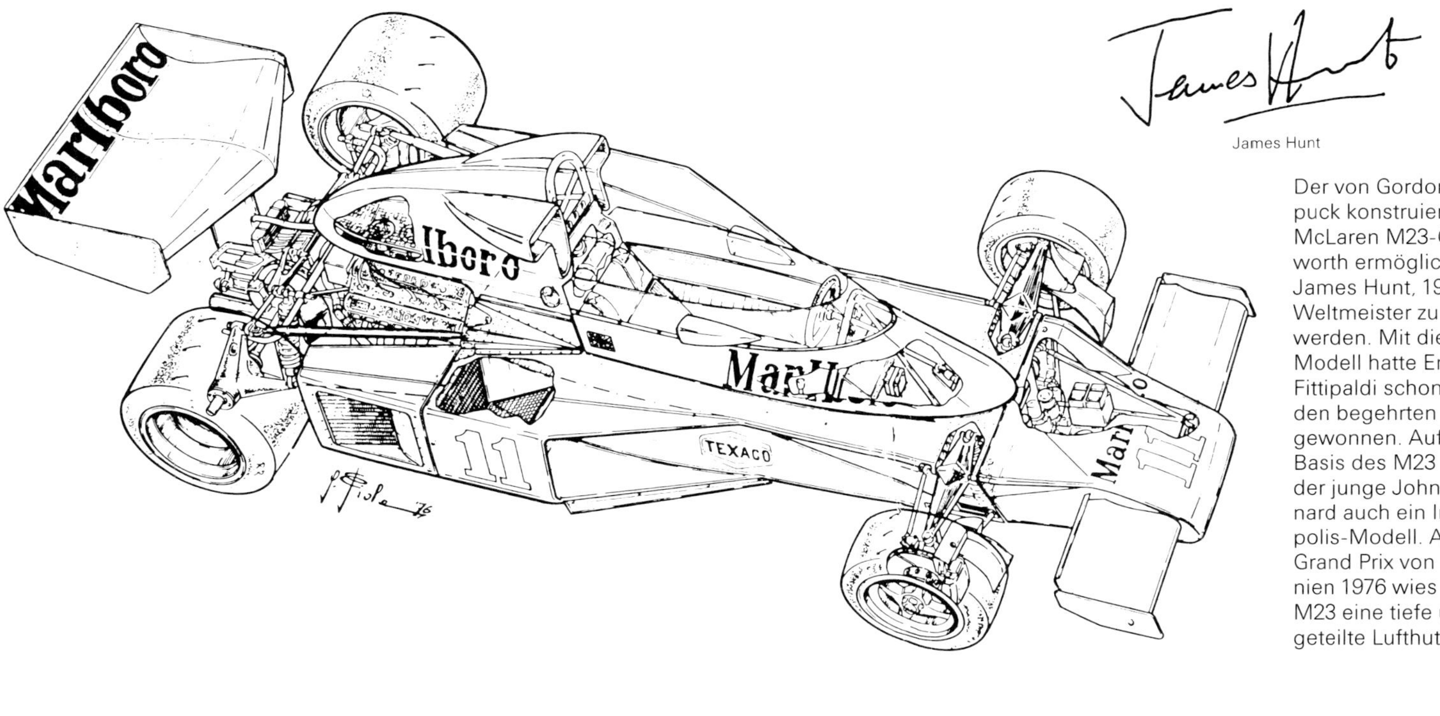

James Hunt

Der von Gordon Coppuck konstruierte McLaren M23-Cosworth ermöglichte es James Hunt, 1976 Weltmeister zu werden. Mit diesem Modell hatte Emerson Fittipaldi schon 1974 den begehrten Titel gewonnen. Auf der Basis des M23 baute der junge John Barnard auch ein Indianapolis-Modell. Ab Grand Prix von Spanien 1976 wies der M23 eine tiefe und geteilte Lufthutze auf.

Sieg zugesprochen. Zwischen 1974 und 1976 machte Ferrari Versuche mit einer De-Dion-Hinterachse, wobei auf der Teststrecke von Fiorano gelegentlich auch Reifen von Michelin erprobt wurden. Als der T2 im Oktober 1975 der Fachpresse vorgestellt wurde, wies er sogar eine De-Dion-Hinterachse auf, die aber nie bei einem Rennen zum Einsatz kam.

Mit dem Großen Preis von Spanien am 2. Mai traten auch die neuen Formel-1-Vorschriften in Kraft, die vor allem die Weiterentwicklung technischer Ekzesse verhindern sollten. Die Formel-1-Monoposto mußten nun vor den Pedalen eine Knautschzone aufweisen, um bei einem Aufprall die Füße des Fahrers zu schützen. In Höhe des Armaturenbrettes mußte das Cockpit von einem zweiten Überrollbügel geschützt sein. Der hintere Überhang (zwischen Radmitte und hinterstem Punkt des Stabilisierungsflügels gemessen) wurde von 100 auf 80 cm reduziert und der vordere Überhang auf 120 cm limitiert. Die Gesamtbreite des Wagens beschränkte man auf 215 cm und die Breite der hinteren Räder auf 21 Zoll oder 53,4 cm, wobei der Felgendurchmesser hinten auf 13 Zoll begrenzt wurde. Der oberste Punkt der Luftansaughutze oder Airbox durfte nicht höher als 85 cm über dem tiefsten gefederten Punkt liegen.

Nach der Lauda/Ferrari-Dominanz in der ersten Saisonhälfte ging die Fahrerweltmeisterschaft in eine Erfolgsserie von James Hunt auf McLaren M23 über. Der langhaarige, blonde, hochgewachsene Engländer gewann beim Großen Preis von Frankreich in Le Castellet, nachdem die beiden Ferrari von Regazzoni und Lauda hier mit gebrochenen Kurbelwellen ausgefallen waren. Hunt siegte auch in Brands Hatch, wurde aber nachträglich am grünen Tisch aus der Wertung genommen, so daß der Sieg Niki Lauda zufiel. Die McLaren/Hunt-Erfolgsserie fand in Deutschland, Holland, Kanada und in den USA ihre Fortsetzung, so daß Hunt in der zweiten Saisonhälfte enorm viele WM-Punkte scheffelte.

Die technische Sensation der Saison 1976 war der Tyrrell P34 mit sechs Rädern, der anläßlich des Großen Preises von Spanien in Jarama mit dem Franzosen Patrick Depailler sein erstes Rennen bestritt und hier sogleich einen überzeugenden Eindruck hinterließ. Schon im September 1975 war der Prototyp des neuartigen Sechsradautos aufgetaucht, auch hier zeichnete Derek Gardner als Konstrukteur verantwortlich. Der P34 besaß eine konventionelle Heckpartie mit normalgroßen Antriebsrädern; das Neue am Fahrgestell betraf die vordere Wagenhälfte: zwei hintereinander angeordnete Achsen und somit vier lenkbare Räder. Jedes Radpaar wurde durch ein Gestänge gelenkt, das mit einer Lenkplatte verbunden war, die die von der Zahnstange kommende Bewegung auf das einzelne Rad übertrug. Die vier Vorderräder hatten einen kleinen Durchmesser, die kleinen Reifen wurden auf 10-Zoll-Felgen aufgezogen. Die sehr schmale vordere Spur und der kleine Durchmesser der Leiträder versprachen eine Verringerung des Luftwiderstandes, konnten doch die Vorderräder praktisch in die Silhouette des Torpedos einbezogen werden. Allerdings blieb die Stirnfläche des Fahrzeuges die gleiche wie bei einer konventionellen Konstruktion, weil die hinteren Reifen normale Dimensionen hatten. In der Praxis sollte der P34 dann nicht die in ihn gesetzten Erwartungen erfüllen. Zwar hatte er 1976 eine sehr gute Phase mit zahlreichen Ehrenplätzen und einem Doppelsieg (Scheckter vor Depailler) beim Großen Preis von Schweden in Anderstorp, 1977 aber hatte der Sechsradwagen alle Mühe, mit der Spitze mitzuhalten. Trotz starker Verbreiterung der Spur konnte das Fahrverhalten nicht verbessert werden, wobei mit der breiteren Spur auch noch der bisher geringere Luftwiderstand preisgegeben wurde. Für 1978 wurde er durch den konventionellen Typ 008 ersetzt.

Nachdem alle Formel-1-Wagen in der Saison 1976 mit Goodyear-Reifen ausgerüstet waren, wurde die Rennreifenentwicklung bei dieser Marke vorübergehend «auf Eis gelegt» und allen Teams ein Einheitsreifen zur Verfügung gestellt, der aus einer eher harten und widerstandsfähigeren Gummimischung

Beim Großen Preis von Frankreich 1976 in Le Castellet führt Niki Lauda auf Ferrari 312T2 vor James Hunt auf McLaren M23-Cosworth und Regazzoni auf Ferrari. Lauda und Hunt waren die großen Animatoren jener Saison, in deren Verlauf sich die beiden ein spannendes Duell um den Weltmeistertitel lieferten. Beim allerletzten Rennen ging dann der Engländer als Champion hervor.

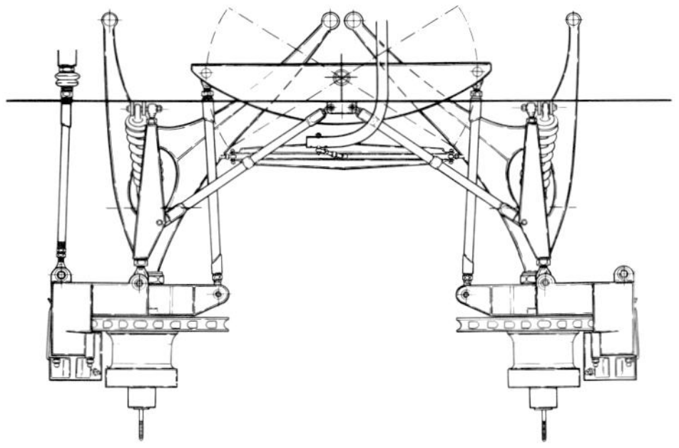

Links
Das Lenksystem des sechsrädrigen Tyrrell P34.

Oben
Diese spektakuläre Aufnahme zeigt Patrick Depailler auf dem Tyrrell P34-Cosworth während des Grand Prix von Monaco 1976. Der Franzose nimmt beim Hotel de Paris die Abfahrt in Richtung Mirabeau in Angriff. Dieses Bild veranschaulicht, daß die aerodynamischen Vorteile der sehr kleinen Vorderräder, welche kaum aus der Silhouette der Karosserie herausragten, durch die mächtigen Antriebsräder wieder zunichte gemacht wurden. Die Stirnfläche des Fahrzeuges war etwa die gleiche wie bei einer konventionellen Konstruktion. An der Cockpitverkleidung hatte man seitliche «Fenster» angebracht, durch die der Fahrer die kleinen vorderen Reifen beobachten konnte. Im großen und ganzen vermochte die Sechsradkonstruktion nicht zu überzeugen.

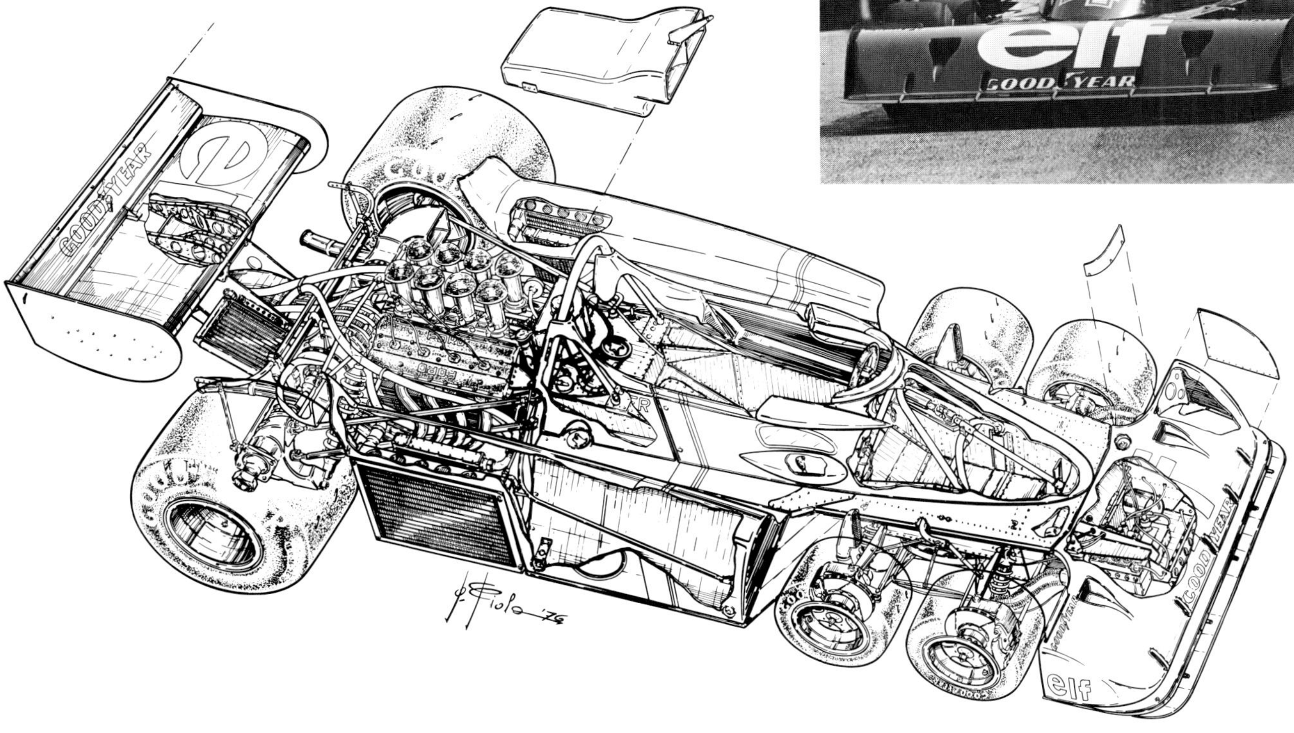

Oben
Anläßlich des Großen Preises von Spanien 1976 in Jarama tauchte der sechsrädrige und von Derek Gardner konstruierte Tyrrell P34 erstmals auf, nachdem die ersten Probefahrten mit dem Prototyp schon im September 1975 stattgefunden hatten. Der P34 feierte dann beim Großen Preis von Schweden 1976 in Anderstorp mit Scheckter und Depailler einen Doppelsieg.

bestand, so daß die Rundenzeiten des Vorjahres auf den meisten Strecken nicht mehr erreicht werden konnten.

Nach dem Übergang auf den harten Einheitsreifen beklagte man sich bei Ferrari über eine ungenügende Bodenhaftung, weil sich wegen der beim 312T2 gewählten Gewichtsverteilung mit relativ starker Belastung der Vorderachse die Antriebsreifen ungenügend erwärmten. Die Gewichtsverteilung Vorderachse zu Hinterachse betrug beim Ferrari 36,5:63,5, beim Lotus 34,5:65,5, beim McLaren 35,4:64,6 und beim Shadow 32,5:67,5 Prozent. Der Ferrari war die Formel-1-Konstruktion mit der prozentual am stärksten belasteten Vorderachse. Zu den Spitzenfavoriten avancierte 1976 auch der Ire John Watson auf dem Penske PC04, der beim Großen Preis von Österreich siegte und James Hunt dann auch beim Großen Preis von Holland in Zandvoort ein prächtiges Duell um die Spitze lieferte. Nach einjähriger Pause (Sieg Brambillas bei dem verregneten Großen Preis von Österreich 1975) kam March mit Ronnie Peterson in Monza wieder zu einem Sieg, nachdem der schnelle Schwede oftmals wegen Defekten ausgefallen war.

Zu den technischen Neuheiten der Saison 1976 zählte auch der indirekte Auftritt Alfa Romeos in der Formel 1. Die Mailänder Marke stellte Brabham den bewährten und bei Langstreckenrennen im Typ 33 erfolgreichen, flachen Zwölfzylindermotor (Zylinderabmessungen: $77 \times 53{,}6$ mm = 2995 cm^3) mit ebenfalls nur vier Hauptlagern zur Verfügung. Für die Aufnahme des Zwölfzylinders baute Gordon Murray den Brabham BT45, der sich zunächst als recht schwer und als ziemlich durstig erwies. Carlos Reutemann und Carlos Pace wurden oft durch technische Störungen zurückgeworfen, erst 1977 zählten die weiterentwickelten BT45B zur Formel-1-Elite. Carlos Reutemann war vom BT45 enttäuscht und verließ Brabham noch vor Ablauf der Saison, um dann in Monza erstmals auf einem Ferrari anzutreten. Mit

Die seit 1922 in Betrieb stehende Monza-Bahn wurde für die modernen Fahrzeuge allmählich zu schnell. Zuerst versah man die Vialone- oder Ascari-Kurve mit einer Schikane. Im Jahre 1976 kamen eine Doppelschikane am Ende der Zielgeraden und eine weitere Schikane vor der ersten Lesmo-Kurve hinzu. Nun war die Straßenrundstrecke 5800 m lang.

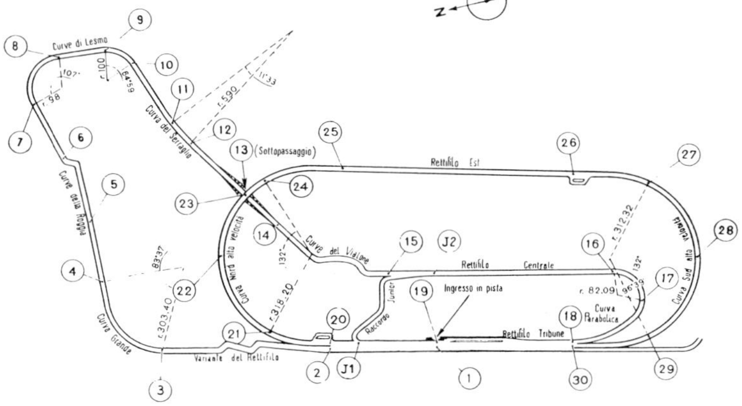

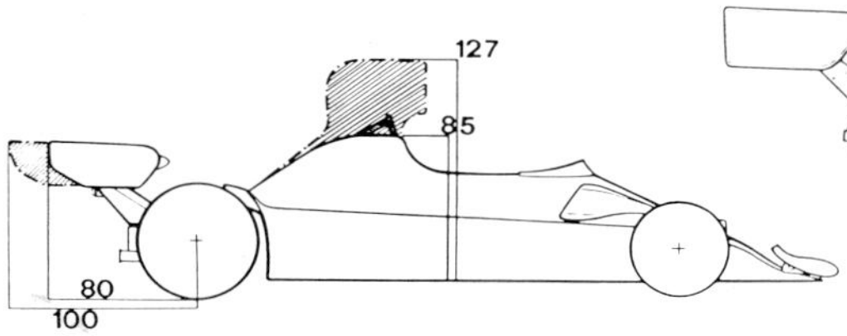

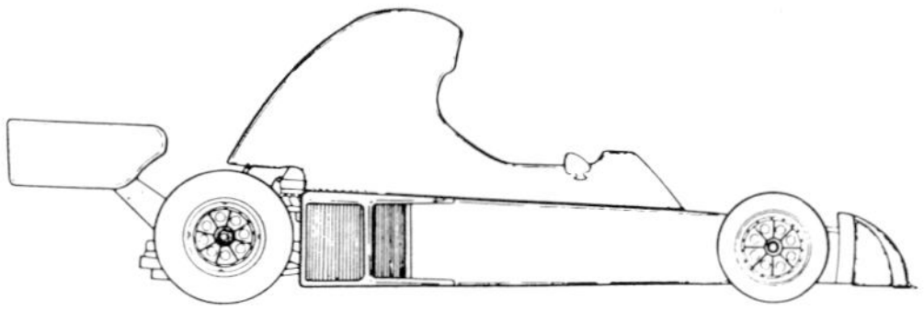

Mitte
Die Zeichnung links veranschaulicht die ab Grand Prix von Spanien 1976 in Kraft getretene Vorschrift, welche die Gesamthöhe der Karosserie auf 85 cm limitierte, während der Heckflügel um 20 cm nach vorn rutschen mußte (gemessen am hintersten Punkt). Die Zeichnung rechts zeigt den Ligier JS5-Matra mit der imposanten Ansaughutze, welche dann dem neuen Reglement zum Opfer fiel.

diesem spektakulären Übertritt ging Reutemann eines Großteils seiner Jahresgage verlustig, denn Bernie Ecclestone ließ seinen Fahrer nicht ungeschoren ins gegnerische Lager überwechseln. Mit der Verpflichtung Reutemanns deutete Ferrari an, daß Regazzonis Vertrag für 1977 nicht verlängert werden würde. Der Tessiner war in Maranello allmählich in Ungnade gefallen.

Die Saison 1976 war nicht nur unheimlich spannend, zahlreiche Polemiken drückten ihr den Stempel auf, es gab Disqualifikationen und Rehabilitationen, wie man sie auf Grand-Prix-Ebene noch nie erlebt hatte. Eröffnet wurde dieses unschöne Kapital mit dem Großen Preis von Spanien, wo der Sieger James Hunt knappe zwei Stunden nach Abschluß des Rennens aus der Wertung genommen wurde, weil die Nachkontrolle seines McLaren M23 ergeben hatte, daß das Fahrzeug um 18 mm zu breit war (neues Limit 215 cm). Die Kommissäre stellten auch fest, daß der Heckflügel des Ligier JS5 Matra von Jacques Laffite um 15 mm zu weit nach hinten versetzt war. Mit dem Schiedsspruch, den Sieger James Hunt aus der Wertung zu streichen — womit Lauda, der sich kurz vorher bei einem Traktorunfall eine Rippenver-

Rechts
Als Formel-1-Fahrer hatte Jacky Ickx 1976 bereits den Zenit überschritten. Beim Großen Preis von Holland mußte der erfolgreiche belgische Langstreckenfahrer seinen unterlegenen Ensign MN176 am Streckenrand abstellen.

Unten
In der Saison 1976 brachte die amerikanische Marke Penske den in England von Geoffrey Ferris konstruierten PC4 an den Start. Gefahren wurde der Penske-Cosworth von John Watson, der damit auch den GP von Österreich 1976 gewann.

Rechts
In Long Beach hatte der Tessiner Clay Regazzoni einen besonderen Tag: Von der Pole Position aus fuhr er mit seinem Ferrari 312T einen Start-Ziel-Sieg heraus.

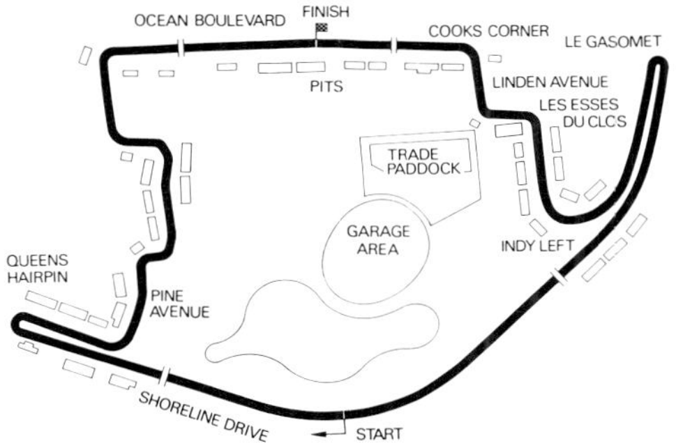

Links
Der erste Formel-1-Grand-Prix in Long Beach wurde 1976 auf einer 3251 m langen Straßenkombination der kalifornischen Küstenstadt durchgeführt.

Unten
In Long Beach führt Regazzoni auf Ferrari 312T vor Depailler auf Tyrrell 007, Hunt auf McLaren M23 und Lauda auf Ferrari 312T.

letzung zugezogen hatte, zum Sieger avancierte –, hatten die Verantwortlichen in Spanien eine mutige Entscheidung gefällt; in Jarama erwies es sich, daß es der CSI mit den neuen Vorschriften ernst war. Zwei Monate später aber folgte die kalte Dusche; McLaren drang mit seiner Berufung beim Appellationsgericht der FIA durch, und James Hunt wurde «rehabilitiert» — das bedeutete die nachträgliche Zuerkennung der Siegespalme im Großen Preis von Spanien. Lauda rutschte erneut auf die zweite Position ab. Die in Paris gefällte Entscheidung des FIA-Appellationsgerichtes schadete dem Ansehen des Grand-Prix-Sportes sehr. Die Polemiken wurden mit dem Großen Preis von England in Brands Hatch fortgesetzt, wo es beim Start eine Kollision gab: Der aus der zweiten Reihe gestartete Regazzoni auf Ferrari lag in der ersten Kurve auf gleicher Höhe wie sein Markenkollege Lauda, dieser aber blieb unbeirrt auf seiner Linie, die Wagen prallten aneinander, Regazzonis 312T stellte sich quer und rammte unter anderem auch Hunts McLaren. Mehrere Autos wurden in Mitleidenschaft gezogen, die Verantwortlichen beschlossen sogleich, das Rennen abzubrechen, um es dann neu zu starten. In der ausgedehnten Pause wurde James Hunts beschädigter McLaren wieder startbereit gemacht, so daß der Engländer damit auch zum zweiten Start antreten konnte. Anfangs führte Niki Laudas Ferrari, dann hatte der überlegene WM-Leader Probleme mit der Schaltung, James Hunt übernahm die Spitze und gewann. Ferrari aber legte Protest gegen McLaren ein mit der Begründung, daß Hunts Wagen nach Abbruch des Rennens praktisch

RMC
GOOD

Renault bringt ersten Turbo 1977

Während Lotus den ersten «Wing car» einsetzt und damit eine technische Revolution einleitet, debütiert der Renault V6 Turbo beim GP von England. Weltmeister wird wieder Lauda auf Ferrari.

Mit der Saison 1977 begann für die Formel 1 ein neues und technisch bedeutendes Kapitel: die Ära der «Wing-cars» oder Flügelwagen. Einmal mehr war Lotus-Boß Colin Chapman der geniale Erfinder eines neuen und revolutionären technischen Konzeptes, wenngleich der erste «Wing-car» eigentlich schon 1970, in Form des March 701-Ford, erschienen war. Dieser von Robin Herd konstruierte March wies als seitliche Flügelstummel ausgebildete Zusatztanks auf. Der erste March der Formel 1 war bekanntlich keine Erfolgskonstruktion, die von Herd verwirklichte Idee des Flügelautos wurde kaum beachtet, zum Durchbruch kam das Konzept erst 1977 mit dem Lotus 78-Ford, der beim Großen Preis von Argentinien mit Mario Andretti debütierte. Im Laufe der Saison entpuppte sich die Kombination Lotus 78/Mario Andretti — rein auf das Rundentempo bezogen — als praktisch unschlagbar, allerdings wurde sie mehrmals durch Motorschäden um den sicheren Erfolg gebracht. Das sogenannte Flügelautokonzept kann in der Formel 1 als die bedeutendste technische Errungenschaft der siebziger Jahre bezeichnet werden. Um die Entstehungsgeschichte des Lotus 78 zu verfolgen, muß man noch einige Jahre zurückgehen bis in die Saison 1975, als Lotus ein deutliches Formtief durchmachte, denn es war noch immer nicht gelungen, ein Auto auf die Räder zu stellen, das die Erfolgsserie des Mark 72 fortsetzen konnte.

Im Juli 1975 beschloß Colin Chapman, daß ein neues Formel-1-Modell konstruiert werden müsse. Schon im August stellte er ein 27 Seiten umfassendes Konzept für den Bau eines ersten Lotus-«Wing-car» auf, wobei er sich vornahm, das Ziel schrittweise zu erreichen. Für 1976 mußte zunächst noch ein konventionell konzipiertes Fahrzeug gebaut werden, um damit alle Fahrgestellfragen des zukünftigen Flügelautos zu klären. Der revolutionäre neue Lotus 78 sollte dann zu Beginn der Saison 1977 startbereit sein. Mit der Konstruktion des «Wing-car» fingen die Techniker Ralph Bellamy und Tony Rudd schon Ende 1975 an. Die aerodynamischen Versuche übertrugen sie Peter Wright, der schon 1969 mit Tony Rudd, damals noch Chefkonstrukteur von BRM in Bourne, ein «Wing-car»-Konzept für BRM ausgearbeitet hatte. Da jedoch dieses Konzept in der Praxis nie erprobt wurde, ist der March 701 von 1970 als das erste Flügelauto in die Geschichte eingegangen.

Bei der Konstruktion des Lotus 78 wurden allein an die 400 Stunden aufgewendet, um die verschiedenen Flügel/Kühler-Kombinationen im Windkanal zu testen. Im September 1976 gingen dann Bellamy und der Zeichner Martin Ogilvie daran, aufgrund der bei den Windkanalversuchen gewonnenen Erkenntnisse die endgültige Form des «Wing-car» zu zeichnen. Da das Chassis des angehenden Grand-Prix-Wagens damals schon bereitstand, konnte sogleich nach Fertigstellung der Karosserie mit den Tests begonnen werden. Am 21. Dezember 1976 wurde der neue Lotus 78 offiziell vorgestellt. Er besaß ein ungewöhnlich schmales Chassis, die beiden Flügelstummel waren seitlich, das heißt zwischen Vorder- und Hinterachse, angebracht. Integriert in diese an das Chassis angebauten Elemente waren die Kühler sowie die Benzintanks. Beim Lotus 78 bewirkten die seitlich montierten «Tragflächen» einen Abtrieb. Dazu wurden die gleichen Heck- und Frontflügel wie beim vorjährigen, konventionellen Lotus verwendet. Daraus resultierte ein Abtrieb, der im Vergleich zu den Konkurrenzwagen um rund 15 Prozent höher ausfiel. Allerdings war auch der Luftwiderstand größer. Im Laufe der Saison 1977 konnte immer wieder die Feststellung gemacht werden, daß der Lotus 78 beim Abbremsen sowie beim Beschleunigen aus niedriger Geschwindigkeit stets das schnellste Fahrzeug überhaupt war. Diesen wesentlichen Vorzügen stand freilich ein Handikap gegenüber: Auf den Geraden, bei Höchsttempo, war der Lotus «Wing-car» langsamer als der Durchschnitt seiner Rivalen. Wie entstand überhaupt bei einem Flügelauto ein Unterdruck oder Bodeneffekt, der das Fahrzeug zusätzlich gegen die Fahrbahn drückte? Bei einem flachen Flügel mit ungefähr flacher Oberseite und gewölbter Unterseite, also bei einem um 180° gedrehten Flugzeugflügel, kann man feststellen, daß an der Oberseite nur kleine Geschwindigkeits- und Druckveränderungen entstehen — damit wird an der Unterseite die Luft beschleunigt und ein Unterdruck erzeugt. Je größer der Druckunterschied zwischen Unter- und Oberseite, desto stärker der Abtrieb.

Bei dem die Weltmeisterschaft eröffnenden Großen Preis von Argentinien gab es eine Riesenüberraschung: Sieger wurde nicht ein Lotus, auch kein Ferrari oder McLaren, in Buenos Aires gewann vielmehr die Neukonstruktion eines debütierenden

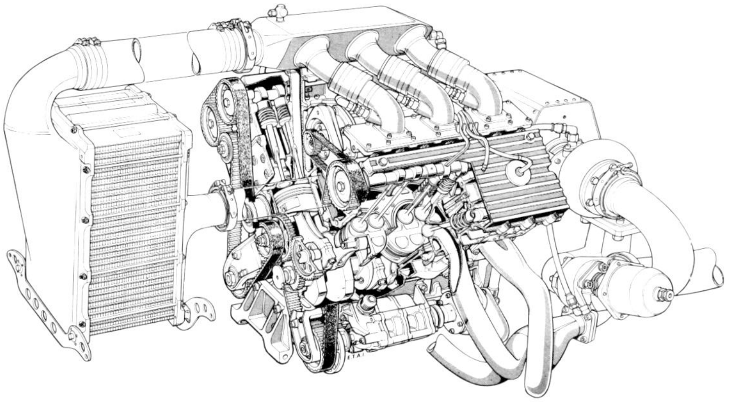

Links
Der Renault-Gordini-V6-Motor von 1492 cm³ Inhalt und vorerst nur einem Turbolader.

Unten
Renault-Turbo-Debüt beim Großen Preis von England 1977 in Silverstone. Jean-Pierre Jabouille liegt hier vor Fittipaldi auf Fittipaldi und Lunger auf McLaren.

Der Brabham BT45B mit flachem Alfa-Romeo-Zwölfzylindermotor und seitlichen Tanks war sehr schnell, aber oft wurde er von Defekten heimgesucht.

Unten
John Watson auf dem Brabham BT45B-Alfa Romeo. Beim Großen Preis von Frankreich in Dijon lag der Ire bis in die letzte Runde vor Andretti in Führung, dann ging dem Brabham das Benzin aus, und der Lotus-Fahrer holte sich den Sieg vor Watson.

Teams, nämlich der Wolf WR1-Ford, gefahren von Jody Scheckter. Der reiche Austrokanadier Walter Wolf hatte sein Team offiziell am 5. Juni 1976 gegründet, und schon am 9. Januar 1977 war der erste Sieg zu verzeichnen. Wolf hatte sich bewährte Leute in seine Renngemeinschaft geholt: Von Lotus kam der Rennmanager Peter Warr, von Hesketh der Konstrukteur Dr. Harvey Postlethwaite und von Tyrrell Jody Scheckter. Bei Ferrari saßen Niki Lauda und Carlos Reutemann in den 312T2, Ende 1976 war Gianclaudio Regazzonis Vertrag mit der italienischen Scuderia ausgelaufen, und der Tessiner stieg auf den Ensign um, womit er allerdings deutlich vom Erfolgskurs abkam. Spektakulär verlief die zweite WM-Runde, nämlich der Grand Prix von Brasilien in Interlagos, wo man bei Ferrari für Reutemann vor dem Abschlußtraining einen «Wunderflügel» bereithielt, mit dem sich der Argentinier in die erste Startreihe hievte. Hingegen wurde Niki Lauda nicht mehr optimal betreut. Bei Ferrari hatte man — nach der Aufgabe des Österreichers beim Großen Preis von Japan 1976 — nicht mehr volles Vertrauen in den Weltmeister von 1975, zwischen Lauda und seinem Team entstanden Spannungen. In Brasilien siegte Reutemann. Ein sehr tragisches Ende sollte der folgende Große Preis von Südafrika nehmen: Im Verlaufe des Rennens hielt der Italiener Zorzi mit seinem Shadow wegen eines Defektes auf der Zielgeraden an, worauf ein übereifriger Streckenposten von den Boxen aus über die Bahn rannte, um Zorzi mit einem Feuerlöscher zu Hilfe zu eilen. In diesem Moment jedoch schoß der Shadow des Engländers Tom Pryce vorbei und überfuhr den Posten, beim Aufprall wurde der Feuerlöscher gegen den Kopf des Piloten geschleudert, der sofort tot war, der führerlose Shadow raste noch die Zielgerade hinunter (mit dem toten Tom Pryce im Cockpit), um eingangs der ersten

Walter Wolf

Die wichtigsten Daten und Merkmale der Formel-1-Motoren von 1977

Marke	Alfa Romeo	BRM	Cosworth	Ferrari	Matra	Renault
Typ	115-12	P 142 60	DFV	312 B	MS-77	EF 1
Zylinderanordnung	V12 180°	V12 60°	V8 90°	V12 180°	V12 60°	V6 90° Turbo
Bohrung × Hub (mm)	77 × 53,6	74,61 × 57,15	85,7 × 64,8	80 × 49,6	79,7 × 50	86 × 42,8
Hubraum (cm³)	2995	2998	2990	2992	2993	1492
Anzahl Hauptlager	7	7	5	4	7	4
Einspritzung	Lucas	Lucas	Lucas	Lucas	Lucas	Kugelfischer
Aufladung	—	—	—	—	—	1 × Garrett
Zündung	Marelli	Lucas	Lucas	Marelli	Ducellier	Marelli
Höchstleistung in PS bei U/min	525 12 000	480 11 500	480 10 600	520 12 000	510 12 000	500 11 000

Links
James Hunt (Weltmeister 1976) anläßlich der Siegerehrung nach dem Großen Preis von Frankreich 1976 in Le Castellet. Die WM wurde 1976 in den allerletzten Runden entschieden.

ausgeschieden, dann während der Pause repariert worden sei, der Neustart des M23 daher gegen das Reglement verstoße. Zwei Monate später wurde James Hunt erneut aus der Wertung des Großen Preises von England genommen, am grünen Tisch war Niki Lauda zum Sieger avanciert. Auch diese Entscheidung war recht unfair, zumal die Ferrari-Fahrer die Startkollision von Brands Hatch verursacht hatten. Wahrscheinlich aber wollte man das Ferrari-Team für die nachträgliche «Rehabilitierung» Hunts in Spanien durch eine entsprechende Gegenleistung entschädigen.

Die Polemiken wurden im Rahmen des Großen Preises von Italien fortgesetzt, wo die technischen Kommissäre während des Trainings Benzinproben machten und den Treibstoff genau untersuchten. Es zeigte sich, daß sich das McLaren- und das Penske-Team nicht an die Treibstoffvorschriften gehalten hatten, der in ihren Wagen vorgefundene Treibstoff wies eine zu hohe Oktanzahl auf: Die Trainingsergebnisse von Hunt, Maß (beide McLaren) und Watson (Penske) vom Freitag wurden für ungültig erklärt, und diese Fahrer mußten sich nun im Samstagtraining neu qualifizieren. Aber am Samstag regnete es, und für Hunt oder Watson blieb nur noch eine Startposition in den hintersten Reihen übrig, so daß sie vom Spitzenkampf ausgeschlossen blieben. Markant für die Weltmeisterschaft 1976 war auch der schwere Unfall Niki Laudas auf Ferrari beim Großen Preis von Deutschland auf dem Nürburgring. Praktisch hatte Lauda den zweiten WM-Titel schon in der Tasche; aber im Verlaufe des deutschen Grand Prix stellte sich sein Ferrari in der zweiten Runde quer und schlug auf. Das Wrack fing Feuer und wurde zudem noch von einem folgenden Konkurrenten gerammt. Arturo Merzario, Harald Ertl und Brett Lunger eilten ihrem Kollegen Lauda zu Hilfe, zogen ihn aus dem brennenden Ferrari und retteten ihm so das Leben. Beim Aufprall war Laudas Helm weggeflogen, mit schweren Brandwunden an Kopf, Gesicht, Armen und Händen lieferte man den WM-Spitzenreiter in eine Spezialklinik ein — zwei oder drei Tage schwebte er in Lebensgefahr, denn durch das Einatmen ätzender Giftgase war seine Lunge schwer angegriffen. Wie durch ein Wunder erholte sich Lauda unglaublich schnell und konnte schon Wochen nach dem Nürburgring-Unfall wieder beim Großen Preis von Italien in Monza an den Start gehen. Mit seinem Ferrari schloß er hier auf Position vier ab — eine geradezu übermenschliche Leistung. Beim folgenden Großen Preis von Kanada kam Lauda auf Platz acht, in Watkins Glen schloß er in dritter Position ab, so daß die Lage vor dem 16., das Weltchampionat abschließenden Großen Preis von Japan, der erstmals für die Weltmeisterschaft zählte, ungemein spannend war: Niki Lauda führte den Zwischenstand seit dem ersten Lauf in Brasilien ununterbrochen an, sein Konto wies 68 Punkte auf. Dank seiner enormen Aufholjagd in der zweiten Saisonhälfte (wobei er auch davon profitierte, daß Lauda nach seinem Nürburgring-Unfall zwei Große Preise auslassen mußte) konnte James Hunt vor dem Grand Prix von Japan 65 Punkte vorweisen. Vor dem Schlußrennen auf der Piste am Fuße des Fudschijama regnete es in Strömen, die Strecke war teilweise in leichten Nebel gehüllt, man wartete, in der Hoffnung, die Verhältnisse würden besser. Schließlich senkte sich die Startflagge doch. Während James Hunt seinen McLaren unwiderstehlich in Führung schob, geschah in der zweiten Runde etwas Unfaßbares: Niki Lauda rollte zu den Boxen und stieg aus dem intakten Ferrari. «Mir ist mein Leben wichtiger als die Weltmeisterschaft», war der kurze Kommentar. Bei Ferrari wollte man Laudas Entscheidung vertuschen und gab, um ihn in Schutz zu nehmen, einen technischen Defekt als Grund an. Aber Lauda stand zu seinen Worten. Er war auf dem Nürburgring knapp dem Tod entronnen und wollte einfach nicht mehr ein derart risikoreiches Rennen bestreiten. Damit verzichtete er praktisch auch auf die Weltmeisterschaft. James Hunt fuhr im Regen wie der Teufel und schüttelte alle Gegner ab, bis er dann in der 62. von 73 Runden wegen eines Reifendefekts langsamer wurde. Nachdem ihm der Weltmeistertitel schon sicher schien, verlor nun der Engländer mehr und mehr an Boden, und Patrick

Im November 1976 stellte Walter Wolf sein neues Team für 1977 vor. Beim Wagen handelte es sich um den von Harvey Postlethwaite entworfenen Wolf WR1-Cosworth. Das Debüt des WR1 war 1977 sensationell, denn Scheckter siegte damit auf Anhieb.

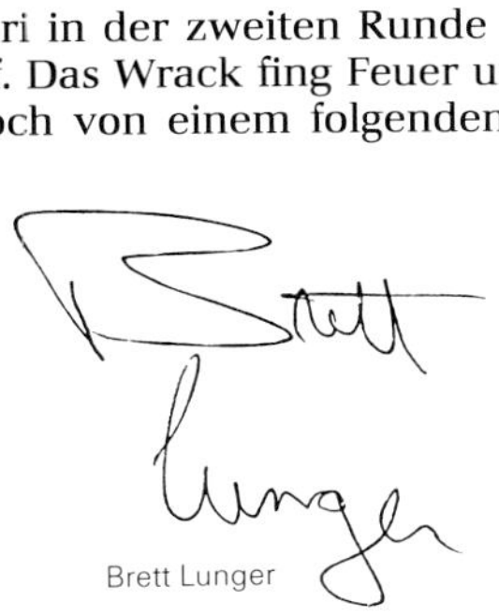
Brett Lunger

Depailler auf dem sechsrädrigen Tyrrell übernahm die Führung. Später aber ging Andretti auf dem Lotus 77 am P34 vorbei, in der 68. Runde hielt James Hunt an den Boxen, man ersetzte alle vier Räder. Neuer Stand des Rennens: Andretti (Lotus), Regazzoni (Ferrari), Jones (Surtees), Depailler (Tyrrell) und Hunt (McLaren). Würde der Titel doch Lauda zufallen? In den letzten Runden hatten auch Regazzoni und Jones Schwierigkeiten mit den Reifen und fielen zurück; James Hunt rückte wieder auf den 3. Platz vor, das bedeutete 4 WM-Punkte, somit hatte er Niki Lauda in der Gesamtwertung um 1 Punkt geschlagen. James Hunt war Weltmeister 1976! Die Coupe der Formel-1-Konstrukteure ging aber an Ferrari.

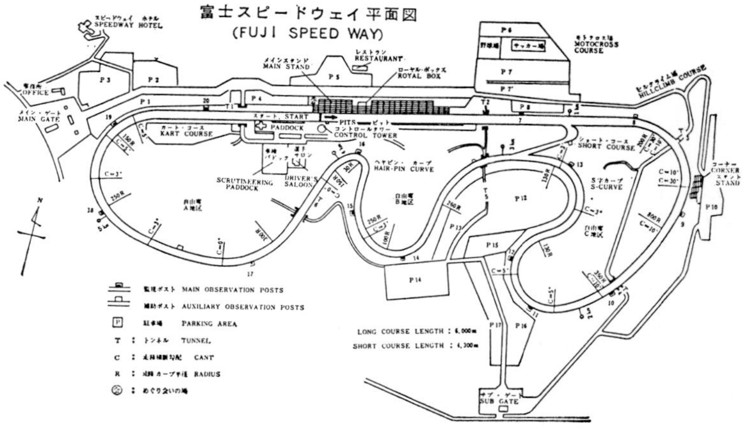

Die Weltmeisterschaft 1976 wurde auf der Rundstrecke von Fuji in Japan entschieden, wo das Rennen auf einer 4359 m langen Kombination (ohne die nierenförmige Partie rechts) ausgetragen wurde.

Formel-1-Wagen von 1976

Marke/Modell	Verantwortl. Konstrukteur(e)	Motor	Getriebe (Gangzahl)	Chassisbauweise	Radstand	Spur vorne Spur hinten	Reifenmarke	Trokkengewicht in kg
Brabham BT 45	Gordon Murray	Alfa Romeo 115-12 (12 Zyl. 180°)	Hewland TL 2-200 (6)	OMC	2502	v 1422 h 1524	Goodyear	605
Ensign MN 05	Morris Nunn Dave Baldwin	Cosworth DFV (V8)	Hewland DG 400 (5)	VMC	2616	v 1473 h 1575	Goodyear	604
Ferrari 312 T2	Mauro Forghieri Franco Rocchi	Ferrari 312 B (12 Zyl. 180°)	Ferrari (5)	RRB	2560	v 1403 h 1430	Goodyear	595
Fittipaldi FD 04	Richard Divila	Cosworth DFV (V8)	Hewland DG 400 (5)	VMC	2506	v 1510 h 1563	Goodyear	610
Hesketh 308	Harvey Postlethwaite	Cosworth DFV (V8)	Hewland TL 200 (5)	OMC	2540	v 1473 h 1543	Goodyear	590
Ligier JS 5	Paul Carillo	Matra MS 73 (V12)	Hewland TL 2-200 (5)	OMC	2608	v 1536 h 1600	Goodyear	605
Lotus 77	Colin Chapman Ralph Bellamy	Cosworth DFV (V8)	Hewland DG 400 (5)	VMC	2616–2794	v 1473 h 1575	Goodyear	593
March 761	Robin Herd	Cosworth DFV (V8)	Hewland DG 400 (5)	VMC	2591–2794	v 1397 h 1422	Goodyear	580
McLaren M 23	Gordon Coppuck	Cosworth DFV (V8)	Hewland DG 400 (5)	VMC	2743	v 1651 h 1626	Goodyear	595
McLaren M 26	Gordon Coppuck	Cosworth DFV (V8)	Hewland DG 400 (5)	VMC	2743	v 1651 h 1626	Goodyear	585
Penske PC 4	Geoff Ferris	Cosworth DFV (V8)	Hewland DG 400 (5)	VMC	2692	v 1422 h 1473	Goodyear	590
Shadow DN 5 B	Tony Southgate	Cosworth DFV (V8)	Hewland TL 200 (5)	OMC	2667	v 1499 h 1575	Goodyear	590
Shadow DN 8	Tony Southgate Dave Wass	Cosworth DFV (V8)	Hewland TL 200 (5)	OMC	2667	v 1473 h 1549	Goodyear	580
Surtees TS 19	John Surtees Ken Sears	Cosworth DFV (V8)	Hewland FGA 400 (5)	VMC	2489	v 1448 h 1473	Goodyear	594
Tyrrell P 34	Derek Gardner	Cosworth DFV (V8)	Hewland FG 400 (5)	OMC	2453/1993	v 1234 h 1473	Goodyear	587
Williams FW 05	Harvey Postlethwaite	Cosworth DFV (V8)	Hewland DG 400 (5)	OMC	2565	v 1397 h 1422	Goodyear	595

Chassisbauweise: OMC = offenes Monocoque, VMC = Voll-Monocoque, RRB = Rohrrahmen mit Blech beplankt

Castrol
Racing

Kurve noch den Ligier-Matra von Jacques Laffite zu rammen, der ebenfalls von der Bahn abkam. Der Shadow knallte mit unverminderter Tempo in die Abschrankungen. Traurige Bilanz des ungewöhnlichen Unfalls: zwei Tote — der Streckenposten und der Fahrer. Mit knapper Not gelang es Niki Lauda, einen ersten Sieg seit seinem schweren Nürburgring-Unfall davonzutragen, aber in den letzten Runden lag der Öldruck des Ferrari bedenklich tief, nachdem der Motor beim Überfahren eines Wrackteils des Pryce-Shadow zu Schaden gekommen war.

In Long Beach waren Andretti auf Lotus, Lauda auf Ferrari und Scheckter auf Wolf die großen und dominierenden Streithähne, die sich einen Kampf über die ganze Renndistanz lieferten. Hier am Pazifik wurde ein historischer Sieg erfochten: Erstmals gewann der Lotus 78 «Wing-car» mit Andretti. In Long Beach war nicht bloß Pryce nicht mehr dabei, auch der Brasilianer Carlos Pace fehlte — er war am 19. März mit einem Privatflugzeug abgestürzt. Brabham ersetzte ihn durch den Deutschen Hans-Joachim Stuck. Die krasse Überlegenheit des Lotus 78 wurde anläßlich des Großen Preises von Spanien in Jarama erstmals deutlich demonstriert: Mario Andretti stand auf der Pole Position, im Rennen fuhr er mit seinem Lotus 78 einen problemlosen Start-Ziel-Sieg heraus. Kurz vor dem Rennen hatte Niki Lauda forfait erklärt, weil er beim Aufwärmtraining in einer Kurve plötzlich einen unheimlichen Schmerz in der Rippengegend verspürt hatte. Dieser Startverzicht schürte die Polemiken noch mehr.

Nach dem Spanien-Sieg des Lotus glaubte man, die Überlegenheit des Mark 78 sei auf ein neuartiges Differential zurückzuführen, das von der Firma Getrag in Ludwigsburg entwickelt worden war; noch wollte niemand so recht an die Bedeutung des Flügelkonzepts glauben. In Spanien war James Hunt übrigens erstmals mit dem neuen McLaren M26 mit einem Chassis nach der Honigwaben-Sandwichbauweise angetreten, aber sowohl für Hunt als auch für das McLaren-Team leitete der Saisonanfang 1977 ein längeres Formtief ein.

Beim verregneten Großen Preis von Belgien ging alles drunter und drüber, der Trainingsschnellste, Andretti auf Lotus, torpedierte den neben ihm gestarteten Brabham-Alfa Romeo von Watson in der ersten Runde, so daß beide von der Bahn rutschten und ausfielen. Nach dem durch den Regen ausgelösten Durcheinander mit mehrmaligem Leaderwechsel siegte schließlich der Schwede Gunnar Nilsson, der in Zolder den einzigen Formel-1-Sieg seiner kurzen Grand-Prix-Karriere feierte; anderthalb Jahre später erlag er einem Krebsleiden.

Einen Start-Ziel-Sieg erkämpfte sich Jody Scheckter in Monaco, wobei der am 22. Mai 1977 ausgetragene Grand Prix zugleich den 100. Erfolg des Ford-Cosworth-DFV-Motors in einem Weltmeisterschaftslauf bedeutete. Diese Erfolgsserie erstreckte sich über genau zehn Jahre. Am 4. Juni 1967 hatte der Achtzylinder beim Großen Preis von Holland im Lotus 49 Jim Clarks mit einem klaren Sieg debütiert. Keith Duckworth, der Vater des DFV, konnte stolz sein auf dieses Jubiläum. Damals machte man bei Cosworth übrigens Versuche mit Magnesiumblöcken und Magnesiumköpfen, mit der Absicht, das Gewicht zu senken. Aber die Magnesiummotoren sollten sich wegen der stärkeren Ausdehnung dieses superleichten Metalls nicht bewähren. Es gab Lagerschäden, vor allem wenn die Motoren noch kalt waren. Der Cosworth-Achtzylinder hatte in seiner langen Karriere nicht nur hundert Grand-Prix-Siege geholt, 1975 hatte dieses Aggregat auch die 24 Stunden von Le Mans — mit dem Gulf-Mirage von Derek Bell/Jacky Ickx — gewonnen, zudem gingen bisher acht Fahrerweltmeisterschaften auf das Konto von Cosworth. — In Monaco feierte der talentierte Italiener Riccardo Patrese sein Formel-1-Debüt auf Shadow mit einem vielbeachteten 9. Rang, vor Fahrern wie Ickx auf Ensign oder Jarier auf ATS. Ickx war im Ensign MN177 Gianclaudio Regazzonis angetreten; der Tessiner selbst bestritt am gleichen Tage die 500 Meilen von Indianapolis, wo er mit seinem McLaren M16-Offenhauser schon in der 25. von 200 Runden wegen eines lecken

Oben
Zum vierten Mal wurde Antony Joseph Foyt 1977 Sieger des 500-Meilen-Rennens von Indianapolis. Das hatte bisher noch keiner geschafft. Hier gratuliert ihm Pete De Paolo, der 1925 in Indy gewonnen hatte.

Rechts
Mario Andretti auf Lotus 78 gewinnt den Großen Preis von Spanien 1977. Der Lotus 78 war der erste echte «Wing car», und in den folgenden Jahren wurde Colin Chapmans Prinzip einmal mehr von den übrigen Konstrukteuren kopiert.

Antony Joseph Foyt

Oben
François Castaing war der Vater des Renault-Gordini-V6-Motors.

Nachfolgende Doppelseite
Während des Grand Prix von Spanien 1977 lieferten sich Jody Scheckter auf Wolf WR1-Cosworth und Jochen Maß auf McLaren M23-Cosworth ein spannendes Duell um den dritten Platz. Scheckter blieb vorne.

Wolf
Castrol

Tankes ausfiel. Auf dem Reifensektor brachte die Saison 1977 gleiche Verhältnisse für alle: Da Goodyear sämtliche Rennställe mit Reifen versorgte, war die amerikanische Marke ohne Konkurrenz, allen Teams lieferte man die gleichen Pneus. Es gab keine Qualifikationsreifen mehr. Gefahren wurde mit härteren und widerstandsfähigeren Reifen; Reifenschäden waren wieder seltener geworden.

Beim Großen Preis von Schweden in Anderstorp spielte Mario Andretti die große Überlegenheit des Lotus 78 wieder voll aus. Mit klarem Vorsprung lag er vor dem Felde, aber im Regelmechanismus seines Motors hatte sich etwas verstellt, so daß der Treibstoffverbrauch ziemlich anstieg und Andretti das Benzin zweieinhalb Runden vor Schluß ausging. Dadurch gab es seit vielen Jahren erstmals wieder einen echten Franzosensieg: Jacques Laffite gewann auf dem Ligier JS7 mit Matra-V12-Motor. Es sollte dies auch der einzige Grand-Prix-Erfolg des Matra-Zwölfzylinders bleiben (Amon auf Matra hatte zwar 1971 den GP von Argentinien gewonnen, aber damals zählte das Rennen nicht für die Weltmeisterschaft). Beim Großen Preis von Frankreich in Dijon schien der erste Brabham-Alfa-Romeo-Erfolg endlich Wirklichkeit zu werden: John Watson führte mit dem Zwölfzylinder bis in die allerletzte Runde, gefolgt von Andretti, aber dann ging dem Brabham das Benzin aus, und Mario Andretti siegte auf Lotus 78, wobei sich Watson noch mit knapper Müh in zweiter Position über die Ziellinie retten konnte.

Der Große Preis von England in Silverstone brachte zwei bedeutende Grand-Prix-Debüts: Renault und Michelin griffen in den Kampf auf höchster Ebene ein. Renault hatte seit 1908 keine Grands Prix mehr bestritten, ähnlich sah es bei Michelin aus, der schon seit Jahren Rennreifen mit radialer Karkasse entwickelte, während die modernen Rennreifen der Konkurrenz diagonale Karkassen aufwiesen.

Industriegigant Renault hatte sich für die siebziger Jahre ein weitmaschiges Sportprogramm vorgenommen, das Formel-2-Rennen, Rallyes, die 24 Stunden von Le Mans und schließlich auch die Formel 1 vorsah. Für die Monoposto oder die zweisitzigen Rennwagen wurde immer der gleiche Mototentyp verwendet, nämlich ein von Renault-Gordini in Viry-Chatillon bei Paris unter der Leitung von Ingenieur François Castaign entwickeltes V6-Triebwerk in 90°-Anordnung, dessen Block aus einem speziellen dünnwandigen Eisenguß bestand. Charakteristisch war auch der kleine Winkel zwischen Einlaßventil und Einlaßkanal (bessere Füllung), was nur mit sehr langen Ventilschäften realisiert werden konnte. Dieser Sechszylinder tauchte zunächst 1973 im zweisitzigen Alpine A440 der Zweiliterklasse auf, 1975 gewann Jean-Pierre Jabouille auf Elf-Renault mit dem gleichen Motor die Formel-2-Europameisterschaft, ein Sieg, den René Arnoux 1977 auf Martini-Renault wiederholte. Für den Einsatz in Le Mans baute Renault-Gordini eine aufgeladene Version des Zweiliters, und sie brachte Renault 1978 auch den heißersehnten Sieg im 24-Stunden-Rennen ein. Für die Formel 1 baute man bei Renault-Gordini eine aufgeladene 1,5-Liter-Variante des V6, deren Zylinderabmessungen $86 \times 42{,}8$ mm $= 1492$ cm^3 betrugen. Der in Silverstone mit Jean-Pierre Jabouille debütierende Renault RS01 war der erste Grand-Prix-Wagen der Geschichte überhaupt, der mit einem Abgas-Turboladermotor bestückt war, wobei Renault (im Vergleich zu den Saugmaschinen) einen halb so großen Hubraum in Kauf nehmen mußte. Beim Renault V6 mußte man mit der für Turboaggregate typischen Verzögerung rechnen, was die Aufgabe des Fahrers auf kurvenreichen Strecken oder im Pulk erschwerte. Für den «vierventiligen» V6-Motor gab Renault eine Leistung von 500 PS bei 11 000 U/min an. Messungen auf längeren Geraden ergaben immer wieder, daß der Renault zu den schnellsten Fahrzeugen des Feldes zählte, somit war der Motor auch ausgesprochen leistungsstark. Es sollte jedoch über ein Jahr verstreichen, ehe Jabouille das Fahrzeug störungsfrei über eine ganze Grand-Prix-Distanz bringen konnte. Zuerst gab es Probleme mit dem Turbolader, dann mit den Kolben und den Kolbenringen. Aber dieser Renault-Auftritt leitete dann die moderne Turboära ein, obschon man den französischen V6 mit Aufladung vorerst noch belächelte.

Doch zurück zum Großen Preis von England 1977 in Silverstone: Watson auf Brabham-Alfa Romeo hatte den Sieg wiederum zum Greifen nahe, da streikte die Benzinzufuhr, und James Hunt konnte — nach einer bisher recht mageren Saison — endlich wieder einen Grand Prix gewinnen.

In Silverstone fuhr der 25jährige Gilles Villeneuve auf einem McLaren M23 sein erstes Formel-1-Rennen, wobei der Frankokanadier einen sehr guten Eindruck hinterließ. Einige Wochen später wurde er von Ferrari unter Vertrag genommen. Mit Niki Lauda

Oben
Im Jahre 1977 wurde der im Gesicht von seinem schweren Unfall aus dem Vorjahr gezeichnete Niki Lauda auf Ferrari zum zweiten Male Weltmeister. Aber gegen Ende Saison verschlechterte sich das Klima zwischen ihm und den Leuten der Scuderia Ferrari, so daß er sich von Ferrari trennte und zu Brabham ging.

Links
Niki Lauda auf dem Ferrari 312T2 anläßlich des Großen Preises von Monaco 1977, wo er hinter Scheckter auf den zweiten Platz kam. In seiner vierten Ferrari-Saison gewann Lauda die Grand Prix von Südafrika, von Deutschland und von Holland.

Mitte
Ing. Mauro Forghieri, der temperamentvolle Ferrari-Chefingenieur, zeichnete seit 1963 für fast alle Ferrari-Rennmodelle verantwortlich. Schon der Vater dieses talentierten Konstrukteurs arbeitete bei Ferrari.

In der Formel 1 tauchte Michelin 1977 (mit Renault) erstmals mit Radialreifen auf. Die französische Marke verwendete eine Konstruktion mit umgeschlagenen Gürtellagen. Später ging auch Goodyear auf Radialreifen über. Im Jahre 1981 tauchte auch Pirelli wieder in der Formel 1 auf, wobei auch die italienische Marke von Anfang an Radialreifen verwendete.

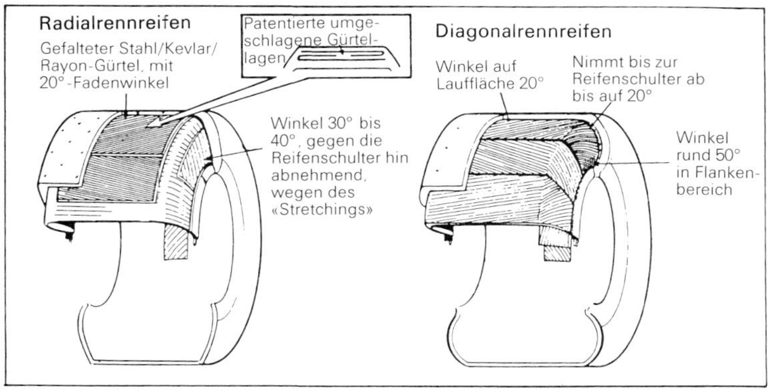

kam Ferrari beim Großen Preis von Deutschland, der nun wieder in Hockenheim ausgetragen wurde (die Nordschleife des Nürburgrings war als für Formel-1-Rennen nicht mehr geeignet erklärt worden), wieder zu einem Sieg, es sollte dies zugleich der 100. Grand-Prix-Erfolg von Goodyear sein. Um dieses Jubiläum würdig zu feiern, lud Goodyear den Honda-Ingenieur Nakamura und den ehemaligen amerikanischen Formel-1-Fahrer Richie Ginther nach Hockenheim ein, denn es war Ginther auf dem 1,5-Liter-Honda RA271 mit quergestelltem V12-Motor gewesen, der 1965 (letztes Rennen der 1,5-Liter-Rennformel) beim Grand Prix von Mexiko den allerersten Goodyear-Formel-1-Erfolg sichergestellt hatte. Beim Großen Preis von Österreich brachte der Regen wieder alles durcheinander, überraschend ging der Australier Alan Jones auf dem Shadow DN8-Ford als Sieger durchs Ziel; damit hatte Shadow auch erstmals einen Weltmeisterschaftslauf gewonnen. Dies bedeutete auch für den Schweizer Zigarrenfabrikanten und Sponsor Heinrich Villiger eine große Genugtuung. Mitsponsor des Shadow-Teams war der neapolitanische Geschäftsmann Franco Ambrosio, der jedoch den Formel-1-Rennen nicht mehr beiwohnen konnte, weil ihn seine Geschäftspraktiken mit dem Gesetz in Konflikt gebracht hatten ... Mario Andretti mußte in Zeltweg einmal mehr wegen eines Motorschadens aufgeben, Niki Lauda führte den WM-Zwischenstand klar an. Beim folgenden Großen Preis von Holland festigte der Österreicher seine Position mit einem weiteren Sieg. Am nächsten Tag jedoch folgte für die Ferrari-Fans eine kalte Dusche: Ferrari gab bekannt, daß die Zusammenarbeit mit dem angehenden Weltmeister Ende der Saison aufhöre. Die Begleitumstände dieses berühmten «divorzio» waren zum Teil unschön, sie lösten auch lange Pressepolemiken aus: In der ganzen Grand-Prix-Geschichte hatte der Teamwechsel eines Spitzenfahrers noch nie derart hohe Wellen geschlagen. Für den folgenden Großen Preis von Italien umgab sich Lauda vorsorglich mit Leibwächtern, doch alles verlief störungsfrei, nur der Sieg blieb aus — den holte sich Mario Andretti auf dem Lotus 78, Lauda wurde Zweiter. Um Weltmeister 1977 zu werden, fehlte dem Österreicher noch ein einziger Punkt, und den holte er sich in Watkins Glen, wo er hinter Hunt, Andretti und Scheckter auf Platz vier kam. Aber die Spannung zwischen Ferrari und Lauda war inzwischen fast unerträglich geworden: Beim folgenden Großen Preis von Kanada gab es eine weitere Überraschung, als der frischgebackene Weltmeister Niki Lauda aus Protest gegen Ferrari (in Watkins Glen hatte man unerwartet den für Laudas Wagen verantwortlichen Chefmechaniker Ermano Cuoghi entlassen) gänzlich auf den Start verzichtete, ebenso erklärte er auch für Japan forfait.

In Kanada gab der neu von Ferrari verpflichtete Kanadier Gilles Villeneuve sein Debüt auf dem italienischen Zwölfzylinder, doch kam der kleine Mann aus Quebec sowohl im Training als auch im Rennen von der Bahn ab. In Mosport gewann Jody Scheckter auf Wolf WR1 — der dritte Volltreffer der jungen Marke.

Nach einer langen Pechsträhne kam Patrick Depailler in Kanada auf seinem sechsrädrigen Tyrrell endlich wieder auf einen zweiten Platz, aber die Saison hatte gezeigt, daß sechs Räder nicht gerade das Ei des Kolumbus waren. Konstrukteur Derek Gardner hatte versucht, die Straßenlage seines P34 durch eine Verbreiterung der Spur zu verbessern, aber die Tyrrell verloren mehr und mehr an Boden, schließlich nahm auch Derek Gardner seinen Hut. Ken Tyrrell ersetzte ihn durch den ehemaligen Lotus-, Parnelli- und Copersucar-Mitarbeiter Maurice Philippe, der sogleich die Konstruktion des konventionellen vierrädrigen Tyrrell 008 an die Hand nahm. Die so glücklos begonnene Saison schloß James Hunt in Japan wieder mit einem Sieg ab, Reutemann auf Ferrari wurde in Fuji Zweiter und Depailler auf Tyrrell Dritter. Am Fuße des Fudschijama ereignete sich ein tragischer Unfall: Villeneuve auf Ferrari versuchte den Tyrrell Petersons vor einer Kurve auszubremsen, die Fahrzeuge berührten sich, Villeneuves Wagen wirbelte durch die Luft und erschlug zwei Zuschauer, die sich in einer verbotenen Zone aufgehalten hatten.

Damit war die 16 Läufe umfassende 28. Fahrerweltmeisterschaft gelaufen. Niki Lauda war zum zweiten Male Champion, vor Scheckter und Andretti. Einmal mehr gewann Ferrari die Coupe der Formel-1-Konstrukteure.

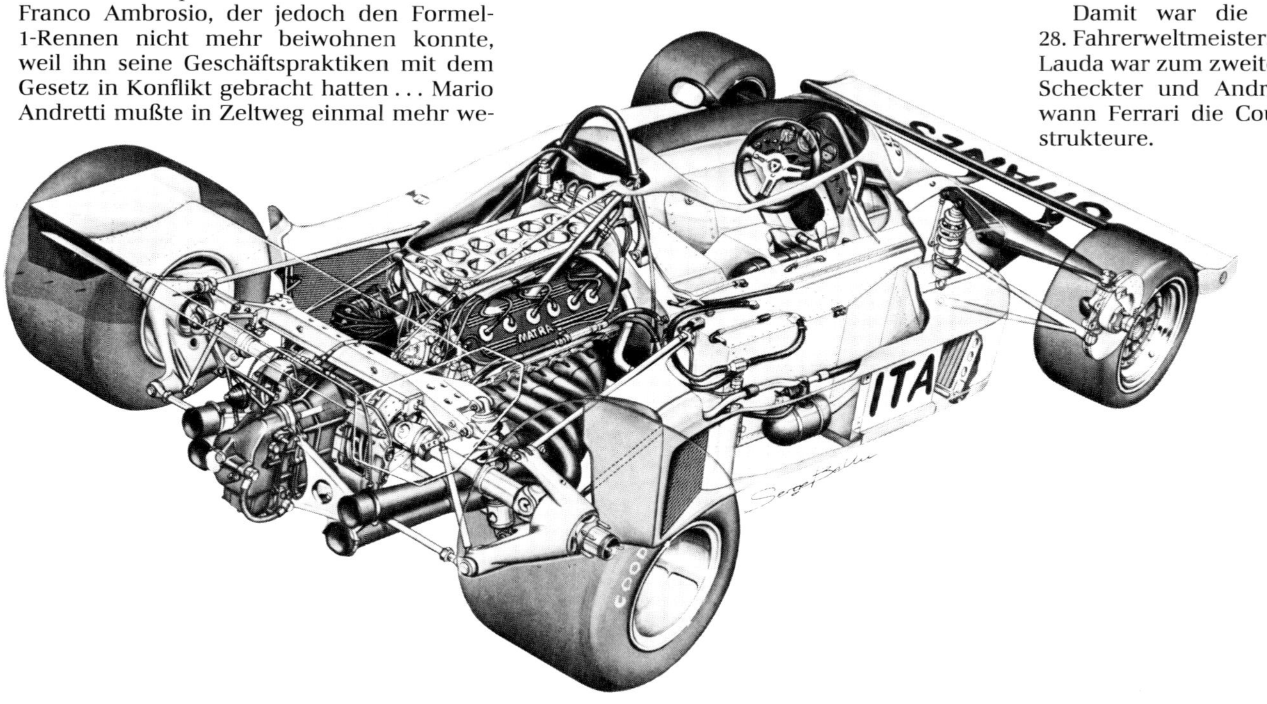

Mit dem Ligier JS7 mit Matra-V12-Motor gewann Laffite den GP von Schweden 1977. In Holland kam er auf den Ehrenplatz. Der JS7 war eine Konstruktion von Gérard Ducarouge und Paul Carillo. Später kam Ducarouge zu Alfa Romeo, und 1983 wechselte er zu Lotus. Laffite, Ligier und auch der Matra V12 feierten 1977 den ersten Sieg in einem WM-Lauf.

Eine einst berühmt gewesene Marke erlebte 1977 ihren letzten Auftritt, nämlich BRM (British Racing Motors) — einer der stolzen Namen Englands. Im Jahre 1949 hatte BRM seinen komplizierten V16-Rennwagen vorgestellt, der aber erst lief, als die 1,5-Liter-Kompressorformel passé war. Im Jahre 1959 gewann Joakim Bonnier auf dem Vierzylinder-BRM den Großen Preis von Holland, den ersten Grand-Prix-Erfolg von BRM; 1962 wurde Graham Hill auf dem V8 Weltmeister. Im Jahre 1972 — mit Beltoise in Monte Carlo — holte sich BRM den letzten Grand-Prix-Sieg, anschließend büßte die Marke aus Bourne mehr und mehr Boden ein, und Ende 1974 zog sich die Rubery Owen aus dem BRM-Unternehmen zurück, welches nun von Louis Stanley in Eigenregie übernommen wurde. Mit den Stanley-BRM versuchten 1975 Mike Wilds und Bob Evans ihr Glück, aber die V12-Wagen waren klar unterlegen. In der folgenden Saison trat Ian Ashley gelegentlich auf einem Stanley-BRM an, und Ende 1976 stellte Stanley in London sein neues Modell P207 vor, welches von Len Terry konstruiert worden war. Für 1977 wurde der Australier Larry Perkins verpflichtet, der mit dem unterlegenen Zwölfzylinder nicht viel erreichen konnte, so daß das Team dann aufgelöst wurde. Die werkseigene Rennwagensammlung an BRM-Boliden kam 1981 bei Christie's in London unter den Hammer, ein Teil des Wagenmaterials ging in den Besitz des Bauunternehmers Tom Wheatcroft, Inhaber des berühmten Rennwagenmuseums von Donington, über. Damit war der Schlußstrich unter das Kapitel BRM endgültig gezogen.

Formel-1-Wagen von 1977

Marke/Modell	Verantwortl. Konstrukteur(e)	Motor	Getriebe (Gangzahl)	Chassisbauweise	Radstand	Spur vorne Spur hinten	Reifenmarke	Trockengewicht in kg
ATS-Penske PC 4	Geoff Ferris	Cosworth DFV (V8)	Hewland FGA 400 (5)	VMC	2692	v 1422 h 1473	Goodyear	585
Brabham BT 45 B	Gordon Murray	Alfa Romeo 115-12 (12 Zyl. 180°)	Hewland-Alfa Romeo (6)	VMC	2489	v 1422 h 1524	Goodyear	615
Ensign MN 06	Morris Nunn Dave Baldwin	Cosworth DFV (V8)	Hewland FGA 400 (6)	VMC	2616	v 1473 h 1575	Goodyear	590
Ferrari 312 T2	Mauro Forghieri Franco Rocchi	Ferrari 312 B (12 Zyl. 180°)	Ferrari (5)	RRB	2560	v 1500—1550 h 1480—1520	Goodyear	590
Fittipaldi FD 05	Dave Baldwin	Cosworth DFV (V8)	Hewland FGA 400 (6)	VMC	2718	v 1524 h 1575	Goodyear	601
Hesketh 308 E	Frank Dernie Nigel Stroud	Cosworth DFV (V8)	Hewland FGA 400 (6)	OMC	2667	v 1651 h 1524	Goodyear	602
Ligier JS 7	Gérard Ducarouge Paul Carillo	Matra MS 76 (V12)	Hewland TL 2-200 (5/6)	VMC	2608	v 1536 h 1600	Goodyear	603
Lotus 78	Colin Chapman Ralph Bellamy	Cosworth DFV (V8)	Hewland FGA 400 (6)	VMC	2741	v 1702 h 1600	Goodyear	588
March 761 B	Robin Herd	Cosworth DFV (V8)	Hewland FGA 400 (6)	VMC	2500	v 1422 h 1473	Goodyear	593
March 771	Robin Herd Martin Walter	Cosworth DFV (V8)	Hewland FGA 400 (6)	VMC	2600	v 1422 h 1473	Goodyear	600
McLaren M 23	Gordon Coppuck	Cosworth DFV (V8)	Hewland-McLaren (6)	VMC	2718	v 1651 h 1664	Goodyear	600
McLaren M 26	Gordon Coppuck	Cosworth DFV (V8)	Hewland-McLaren (6)	VMC	2743	v 1600 h 1626	Goodyear	589
Renault RS 01	André de Cortanze Jean-Pierre Jabouille	Renault-Gordini EF 1 (V6 Turbo)	Hewland FGA 400 (6)	OMC	2500	v 1425 h 1525	Michelin	607
Shadow DN 8	Dave Wass Tony Southgate	Cosworth DFV (V8)	Hewland FGA 400 (6)	OMC	2642	v 1473 h 1524	Goodyear	605
Stanley-BRM P 207	Len Terry	BRM P 142-60 (V12)	BRM T 193 (5)	VMC	2642	v 1422—1549 h 1486—1549	Goodyear	615
Surtees TS 19	John Surtees Ken Sears	Cosworth DFV (V8)	Hewland FGA 400 (6)	VMC	2489	v 1475 h 1499	Goodyear	585
Tyrrell P 34	Derek Gardner	Cosworth DFV (V8)	Hewland FGA 400 (6)	OMC	2563/2103	v 1589 h 1473	Goodyear	620
Wolf WR 1	Harvey Postlethwaite	Cosworth DFV (V8)	Hewland FGA 400 (6)	OMC	2489	v 1524 h 1524	Goodyear	589

Chassisbauweise: OMC = offenes Monocoque, VMC = Voll-Monocoque, RRB = Rohrrahmen mit Blech beplankt

Lotus dominiert mit Flügelauto

Mario Andretti auf Lotus wird überlegener Weltmeister. Die meisten Konstrukteure kopieren das Lotus-Konzept. Schürzen erhöhen den Bodeneffekt vehement. Ferrari siegt mit Michelin-Radialreifen.

Die neue Rennsaison brachte die endgültige Bestätigung des «Wing-car»-Konzeptes; die von Colin Chapman vorgeschlagene Bauweise wurde im Laufe des Jahres von andern Konstrukteuren kopiert.

Lotus gewann nicht weniger als 8 von 16 Weltmeisterschaftsläufen, Andretti wurde sechsmal und der von Tyrrell auf Lotus umgestiegene Peterson zweimal als Sieger abgewinkt. Auf das Konto des älteren Lotus 78 gingen noch die Grand-Prix-Siege von Argentinien und Südafrika, beim Großen Preis von Belgien in Zolder debütierte das Nachfolgemodell, der Mark 79, mit Mario Andretti, und zwar gleich mit einem Erfolg. Der Lotus war 1978 mit Abstand überlegen; viermal — in Belgien, Spanien, Frankreich und Holland — konnte Colin Chapman gleich einen Doppelsieg verbuchen: mit Andretti auf dem ersten und Peterson auf dem zweiten Platz.

Mario Andretti

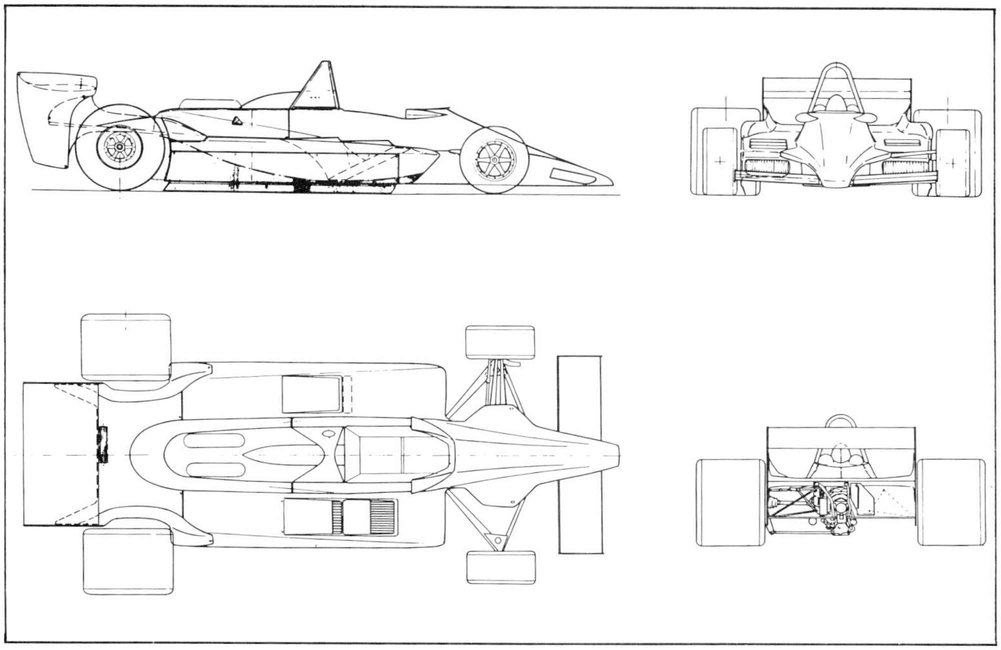

Mario Andretti hatte von den 1977 gesammelten Erfahrungen profitiert: Den schnellen Lotus konnte man nicht beliebig beanspruchen, das Auto mußte etwas schonend gefahren werden, gerade so schnell als für den Sieg notwendig. Andretti pflegte dabei nach dem Start das Feld abzuschütteln, um einen gewissen Sicherheitsvorsprung herauszufahren, worauf sich der Vorsprung stabilisierte — von der Leaderposition aus konnte er nun seine Rivalen gut kontrollieren. Der Italoamerikaner gewann in Argentinien, Belgien, Spanien, Frankreich, Deutschland und Holland.

Der Lotus Mark 79 war eine verfeinerte Ausführung seines unmittelbaren Vorgängers, bei der die Mängel des ersten Lotus-Flügelwagens behoben wurden. Im August 1977 zeichneten Martin Ogilvie und Geoff Aldridge den neuen Lotus 79. Auch bei dieser Konstruktion wollte man durch Aufbau eines Unterdruckgebietes unter dem Wagen den nötigen Abtrieb erzeugen. Das mit dieser Konstruktion angestrebte Ziel war es, Gewicht zu sparen und eine bessere Windschlüpfigkeit zu erreichen. Wiederum erarbeitete Wright die aerodynamischen Modifikationen, um die obere Seite des Lotus 79 gegenüber dem bisherigen 78 zu verfeinern. Die hinteren Dämpfer/Feder-Einheiten wurden nach innen, neben das Getriebe, versetzt, auch zog man die Auspuffrohre hoch und integrierte sie in das Innere des Seitenflügels. Um eine optimale Gewichtsverteilung zu erzielen, entfernte man die Tanks aus den Seitenteilen und verlegte sie in das eigentliche Chassis, das heißt, der Tank kam beim 79 unmittelbar hinter das Cockpit zu liegen. Damit wurde der Fluß des Luftstromes unter dem Flügel generell verbessert und der Flügel selbst dadurch wirksamer. Im Vergleich zum Mark 78 erreichte man mit dem Mark 79 mehr Abtrieb der Seitenflügel, und um den Gesamtabtrieb konstant zu halten, wurde ein weniger wirkungsvoller Heckflügel gewählt. Das Resultat dieser Neuerungen war positiv, denn im Vergleich zum Mark 78 war der Abtrieb gleich geblieben, hingegen war es beim Mark 79 gelungen, den Luftwiderstand um rund 15 Prozent zu reduzieren.

Während der Entwicklung der Mark 78 und 79 wurde laufend auch mit Skirts («Schürzen» oder seitliche Dichtleisten zwischen dem Chassis und der Fahrbahn) experimentiert. Die Aufgabe der «Schürzen» war folgende: Sie sollten verhindern, daß Luft von außen in das Unterdruckgebiet unter dem Flügel gesaugt wurde. Skirts hatten somit die gleiche Aufgabe wie die Seitenbleche

Oben
Andretti (Sieger), Peterson (links, Zweiter) und Hunt (Dritter) nach dem GP von Frankreich.

Rechts
Gegen den auf der Fahrbahn «klebenden» Lotus 79 von Mario Andretti war 1978 sozusagen kein Kraut gewachsen.

Oben
Der Lotus 79 war die logische Weiterentwicklung des Mark 78. Der Mark 79 gewann 1978 schon beim Debüt in Belgien. Die Karosserielinie war noch fließender ausgebildet, so daß das Fahrzeug auch auf den Geraden sehr schnell war. Man beachte die Linie der Seitenprofile (Strichpunktlinie, Seitenansicht).

Rechts
Jacques Laffite auf dem Ligier JS7 mit Matra-V12-Motor anläßlich des Großen Preises von Argentinien 1978. Diesmal holte sich Laffite keinen Podiumsrang.

Unten
Blick auf die Unterseite des Lotus 79 mit den umgekehrten seitlichen Flügelprofilen und den Schürzen, welche einen maximalen Bodeneffekt erzeugten.

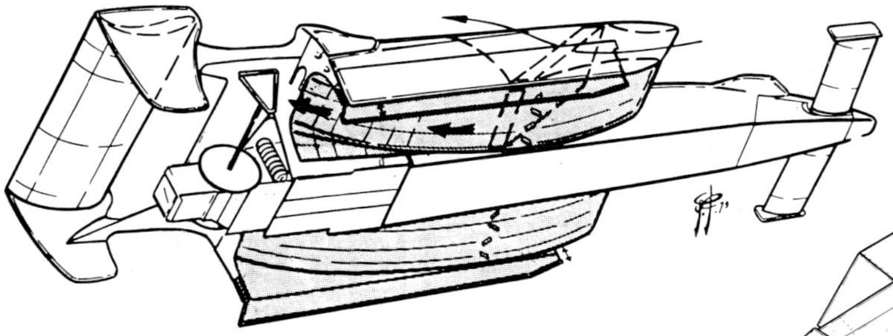

Mitte
Chassis des Ferrari 312T3. Wieder handelt es sich um eine dünne Konstruktion aus Vierkantrohr mit aufgenieteten Aluminiumblechen.

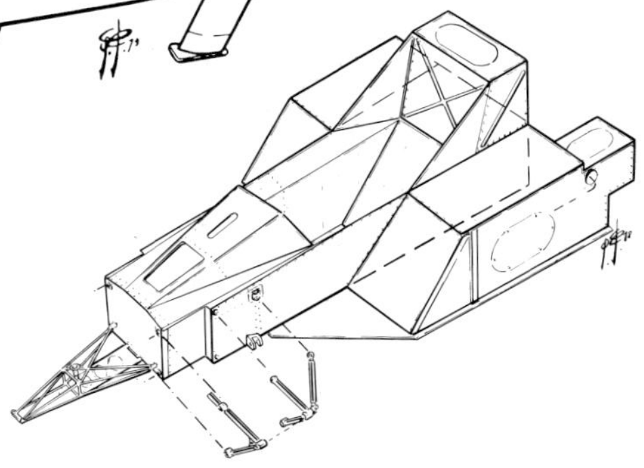

Unten
Jody Scheckter beim Training zum Grand Prix von Monaco 1978. Hier fuhr er (nur im Training) erstmals mit dem neuen Wolf WR5, welcher nicht an die Erfolge des WR1 anknüpfen konnte. Konstrukteur Harvey Postlethwaite hatte den Ölkühler vor dem Cockpit plaziert.

eines Heckflügels. Zuerst machte man bei Lotus Versuche mit Bändern, die mit Borsten versehen waren, doch die auf der Fahrbahn schleifenden Borsten waren schon nach einigen Runden wegrasiert. Man ging zu Kunststoffleisten über, die seitlich am Chassis befestigt wurden und ebenfalls ständig den Boden berührten. Durch die Reibung wurden die Leisten sehr heiß und nutzten sich gleichfalls schnell ab. Das Problem war das Fließen des Kunststoffes. Namhafte Chemiefirmen hatten alle Mühe, einen geeigneten Stoff zu liefern. Der Lotus-Flügelwagen machte bald Schule: Schon beim Großen Preis von Brasilien 1978 erschien auf der neuen Bahn von Jacarepagua bei Rio de Janeiro eine Konstruktion, die nach dem gleichen Flügelautoprinzip konzipiert war; der Arrows FA1. Der einstige Lotus-Techniker Tony Southgate, der im November 1977 zusammen mit einigen andern Leuten den Shadow-Rennstall verließ, um die neue Marke Arrows zu gründen, hatte vor dem Teamwechsel schon eine Flügelkonstruktion zu Papier gebracht. Zuerst zeichnete Southgate den Flügelwagen für Shadow, anschließend entstand eine Kopie des zukünftigen Shadow unter der Flagge Arrows'. Mit Ausnahme einiger unwesentlicher Kleinigkeiten waren der Arrows und der Shadow identisch.

Bei der Wahl der Seitenflügel kopierte Southgate nicht rigoros den Lotus, sondern ließ sich auch noch von Professoren des Imperial College beraten. Dr. Harvey, ein Dozent dieser Hochschule, legte dann die endgültige Form der späteren Arrows/Shadow-Konstruktion fest. Das Profil des Arrows/Shadow unterschied sich vom Lotus-Flügel ganz wesentlich, da Dr. Harvey den Abtrieb zum größeren Teil durch den Aufbau eines Überdruckgebietes auf der Oberseite erreichte.

Ende der Saison 1978 tauchten auch andere Flügelwagen auf. Beim Training zum Großen Preis von Holland erschien mit dem neuen und nur im Training eingesetzten ATS HS2/1 eine weitere Lotus-Kopie, für die der Deutsche Gustav Brunner und der Engländer John Gentry verantwortlich zeichneten. Im Oktober, als die Saison schon abgeschlossen war, präsentierte McLaren den neuen M28, der ebenfalls eine Lotus-Kopie darstellte; auch der Ende November vorgeführte neue Ligier JS11 (nun wieder mit Ford-Cosworth-Motor) war nach dem «Wing-car»-Prinzip konzipiert. Flügelwagen entstanden auch bei den kleineren Formeln (F2, F3, Super Vau). Im Nachteil waren nun jene Konstrukteure, die einen flachen Zwölfzylindermotor verwendeten (Ferrari und Alfa Romeo), weil sich ein flaches und breites Aggregat nicht optimal für das «Wing-car»-Konzept eignete. Der Motor nahm hinten zu viel Platz in Anspruch, so daß sich nur beschränkt eine Unterdruckzone realisieren ließ. Dies bewog Alfa Romeo, für 1979 eine enge 60°-Version des bisherigen und breiten 180°-Motors herauszubringen.

Nach den überlegenen Lotus, die — wie schon erwähnt — 1978 die Rekordzahl von acht Grand-Prix-Siegen holten, war Ferrari mit dem in Südafrika erstmals eingesetzten 312T3 (ebenfalls mit Quergetriebe) am erfolgreichsten. Carlos Reutemann gewann vier Grands Prix, nämlich Brasilien, Long Beach, England sowie den Grand Prix USA Ost in Watkins Glen; Gilles Villeneuve, Ferraris

Gilles Villeneuve

Neuakquisition, der sich als ein sehr schneller Fahrer entpuppte, obschon er anfänglich mehrere Ferrari zu Schrott fuhr, gewann in Montreal, auf dem neuen Nôtre-Dame-Circuit, seinen Heim-Grand-Prix.

Ferrari fuhr 1978 erstmals mit Michelin(-Radial)-Reifen (1977 nur von Renault verwendet), so daß sich Michelin nun mit zwei Teams, Renault und Ferrari, befassen mußte. Geradezu sensationell fiel der Ferrari-Sieg Anfang der Saison in Brasilien aus, wo Carlos Reutemann das Feld dank der Michelin-Radialreifen regelrecht deklassierte. Es war dies der erste Michelin-Grand-Prix-Sieg der modernen Geschichte, wenige Tage zuvor hatte Michelin mit dem Porsche von Nicolas die Rallye Monte Carlo gewonnen, mit Michelin-Pneus sollte Renault im folgenden Juni, mit dem Renault Alpine A442 Turbo von Pironi/Jaussaud, die 24 Stunden von Le Mans gewinnen. In der Tat ein Jahr wahrer Michelin-Euphorie.

Nach der Niederlage in Brasilien schlug man bei Goodyear Alarm, und schon beim folgenden Grand Prix, in Südafrika, mußte die Kombination Michelin/Ferrari eine deutliche Niederlage einstecken. Nachdem Riccardo Patrese auf dem sein zweites Rennen bestreitenden Arrows FA1-Ford über viele Runden klar in Führung gelegen hatte, dann aber wegen eines Motorschadens ausscheiden mußte, gewann Ronnie Peterson auf Lotus 78. Das Spitzenduell zwischen Ronnie Peterson und Patrick Depailler auf dem vierrädrigen Tyrrell 008 währte bis in die allerletzten Kurven. Depailler war das Benzin ausgegangen, auf den letzten Kilometern stotterte sein Motor.

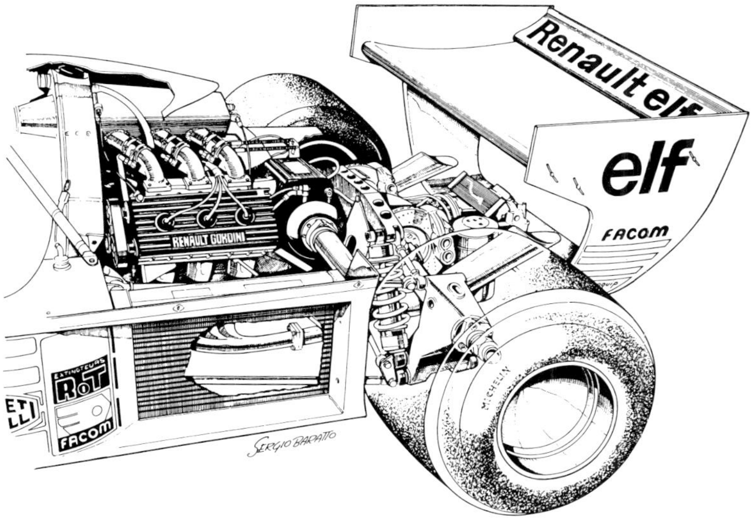

Der Renault RS01 bestritt 1978 seine erste volle Grand-Prix-Saison. Der V6-Motor mit 90°-Gabelwinkel (86 × 42,8 mm = 1492 cm³) wies noch einen einzigen Turbolader (von Garrett) auf und leistete damals etwas mehr als 500 PS bei 11 000 U/min. Die Zündung stammte von Marelli und die Einspritzanlage von Kugelfischer. Noch gab es viele Motorschäden.

Waren die über hervorragende Motoren verfügenden Ferrari in Südafrika unterlegen gewesen, so revanchierten sie sich wieder in Long Beach, wo Reutemann und Villeneuve die erste Startreihe bildeten. Im Rennen führte Neuling Villeneuve zeimlich lange, aber beim Überrunden des Shadow von Regazzoni kam es zu einer Kollision, die Villeneuve aus dem Rennen warf, so daß dann Reutemann siegreich durchs Ziel ging. In Long Beach beeindruckte auch der Australier Alan Jones auf dem neuen, von der arabischen Fluggesellschaft Saudia finanzierten Fahrzeug von Frank Williams, dem FW06 mit

Frank Williams

Ford-Motor, der von Patrick Head konstruiert worden war. Damit waren die mageren Jahre des Teams von Frank Williams endgültig vorbei. Eine Zeitlang schien es, als könnte Jones den führenden Ferrari von Reutemann in Long Beach verdrängen, später warf ein stotternder Motor den Williams zurück.

Nach einem recht turbulenten Großen Preis von Monaco wurde der Franzose Patrick Depailler auf dem von Maurice Phillippe gebauten Tyrrell 008 als Sieger ausgerufen. Es war dies der erste Formel-1-Erfolg Depaillers, es sollte auch der einzige Tyrrell-Sieg der Saison bleiben.

Für den Großen Preis von Schweden bereitete Brabham einen besonderen Coup vor. Der von Gordon Murray konstruierte BT46 mit flachem Alfa-Romeo-Motor wurde für Anderstorp mit einem sogenannten «Staubsauger» versehen, mit dem das Fahrzeug an der Wagenunterseite einen Unterdruck erzeugen konnte, was höhere Kurvengeschwindigkeiten ermöglichte. Der große Heckventilator war im Brabham BT46 in Längsrichtung eingebaut und wurde mittels einer nach hinten verlängerten Getriebewelle aktiviert. Das ganze Monocoquechassis war rundum mit Dichtleisten gegen die Fahrbahn abgedichtet, wobei der Raum zwischen der Wagenunterseite und der Fahrbahn vom Ventilator abgesaugt wurde, so daß Unterdruck entstand. Dank dem Ventilator wurde auch der Motor viel besser gekühlt. Das Rennen in Schweden veranschaulichte die enormen Vorzüge dieses Ventilatorsystems, denn nachdem Niki Laudas Brabham einmal Andrettis Lotus von der Spitze verdrängt hatte, konnte er ihn kurzerhand stehenlassen. Der «Staubsauger» hatte den Nachteil, daß die vom Ventilator unter dem Wagen angesaugten Steinchen, oder einfach Staub, nach hinten geschleudert wurden, insbesondere wenn der Brabham leicht über den Pistenrand fuhr, was für die nachfolgenden Konkurrenten recht unangenehm werden konnte. Dank dem «Staubsauger» kam Brabham erstmals seit 1975 wieder zu einem Formel-1-Sieg, auch brachte der GP von Schweden den ersten Erfolg eines Alfa-Romeo-Motors, seit Fangio 1951 auf dem Alfetta 1959 Weltmeister geworden war. Aber so ganz legal war die Sache mit dem «Staubsauger» nicht.

Wenige Wochen vor dem Debüt des Brabham-«Staubsaugers» hatten die andern Rennställe Wind von der Sache bekommen: sogleich machten sich einige Teams daran, auch ihre Autos mit dem neuartigen System auszurüsten. Allerdings sprach die CSI wenige Tage nach dem Brabham-Sieg ein Verbot des Ventilators aus. Genaugenommen war das System ohnehin illegal, denn ab 1969 — seit den Lotus-Unfällen von Hill und Rindt in Barcelona — waren alle «beweglichen aerodynamischen Hilfsmittel» an Rennfahrzeugen untersagt.

Links
Hans-Joachim Stuck auf dem ständig unterlegenen Shadow DN9-Cosworth. Einen solchen Wagen fuhr damals auch Clay Regazzoni. Konstrukteur Tony Southgate hatte mittlerweile Shadow längst verlassen, um zusammen mit ehemaligen Shadow-Mitarbeitern die neue Marke Arrows zu gründen.

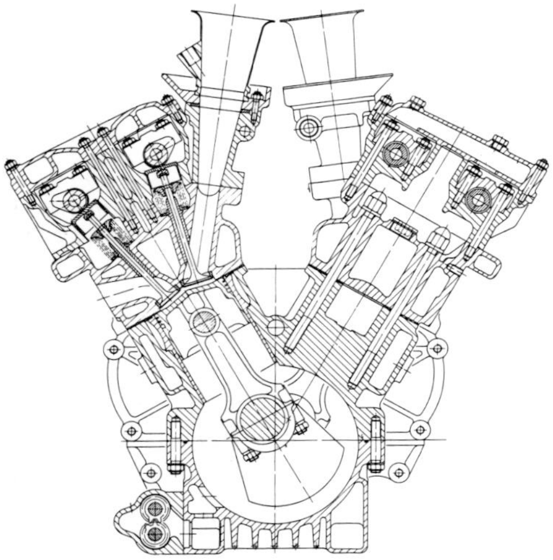

Unten
Bei Alfa Romeo entstand 1978 ein neuer V12-Motor, und zwar mit 60°-Gabelwinkel (bisher 180°). Die Zylinderabmessungen lauteten 78,5 × 51,5 = 2991 cm³.

Mitte
Der in Schweden erfolgreiche Brabham BT46B-Alfa Romeo mit dem berühmten «Staubsauger» am Heck, mit welchem an der Fahrzeugunterseite ein Vakuum gebildet wurde.

Die Idee des «Staubsaugers» war nicht neu: Schon 1970 hatte Jim Hall für die nordamerikanische CanAm-Serie den Chaparral-Chevrolet Typ J2 herausgebracht, in dessen Heck zwei große Ventilatoren rotierten; allerdings wurden die Propeller von einem separaten 750-cm³-Motorradmotor angetrieben.

Nach dem «Ventilator-Intermezzo» in Schweden erhielt die Fahrerweltmeisterschaft beim folgenden Großen Preis von Frankreich wieder ihr gewohntes Gesicht: Erneut gab es einen Lotus-Doppelerfolg mit Andretti und Peterson. Auch in Brands Hatch waren die Lotus nicht zu halten, allerdings schieden sie recht bald aus, so daß es schließlich wieder einmal einen Ferrari-Sieg mit Reutemann auf dem 312T3 gab. Im Zwischenstand der Fahrerweltmeisterschaft lagen jedoch Mario Andretti und Ronnie Peterson mit Abstand in Führung.

Mit dem erfolgreichen Eingreifen Michelins in das Formel-1-Geschehen hatte sich die Rivalität auf dem Reifensektor enorm verschärft. Die superweichen Qualifikationsreifen wie auch die überlegenen «Superreifen» für den Renneinsatz, die Goodyear nur für die Spitzenleute bereithielt, veranschaulichten das enorme Engagement. Goodyear sah sich nicht mehr in der Lage, pro Grand Prix an die zwei Dutzend Konkurrenten optimal zu betreuen. Anläßlich des Großen Preises von Belgien gab Goodyear die getroffene Auswahl erstmals offiziell bekannt. Mit besonderen Einsatzreifen oder mit Qualifikationsreifen sollten künftig acht Fahrer ausgerüstet werden, nämlich Andretti und Peterson auf Lotus, Lauda und Watson auf Brabham, Hunt auf McLaren, Scheckter auf Wolf, Depailler auf Tyrrell und Fittipaldi auf Copersucar. Hinzu kamen noch zwei von Grand Prix zu Grand Prix zu bestimmende Konkurrenten, und zwar die jeweils schnellsten unter den Konkurrenten mit «langsamen» Reifen des Freitagtrainings.

Im Verlaufe der folgenden Rennen stiegen Riccardo Patrese auf Arrows, Jacques Laffite auf Ligier und Alan Jones auf Williams in den Kreis der Goodyear-Bevorzugten auf, die übrigen Konkurrenten mußten dann meist mit den härteren «Normalreifen» vorliebnehmen, die spöttisch als «Holzreifen» bezeichnet wurden. Mit solchen Pneus war es praktisch ausgeschlossen, sich bei den Qualifikationen einen Platz unter den 12 bis 14 Schnellsten des Feldes zu holen.

Von dieser Goodyear-Rationalisierungspolitik wurden Fahrer wie Regazzoni auf Shadow, Stuck auf Shadow, Maß auf ATS, Stommelen auf Arrows oder Pironi auf Tyrrell besonders hart getroffen. Bei Shadow waren die «Holzreifen», aber auch die ungenügende Vorbereitung der Wagen dafür verantwortlich, daß Stuck und Regazzoni nie auf einen grünen Zweig kamen. Regazzoni, der zwischen 1970 und 1976 vier Große Preise gewonnen hatte, verpaßte 1978 sage und schreibe fünfmal die Qualifikation.

Seit Ende 1977 war zwischen Shadow und dem damals neu gegründeten Arrows-Team ein Rechtsstreit im Gange. Bevor der einstige Shadow-Konstrukteur Tony Southgate das Team Don Nichols' (Shadow) verließ, zeichnete er bekanntlich den DN9 nach dem «Wing-car»-Prinzip. Im November 1977 gaben dann die abtrünnigen ehemaligen Shadow-Mitarbeiter Alan Rees, Jackie Oliver und Tony Southgate die Gründung des Arrows-Teams bekannt, wobei sich herausstellte, daß der neue Arrows nichts anderes als die Kopie des etwas später erschienenen Shadow war. Im August 1978 gab ein englischer Richter der Klage von Shadow wegen Verletzung von Urheberrechten durch das Arrows-Racing-Team und seine verantwortlichen Leiter statt und stellte fest, daß der Arrows FA1 Formel 1 eine Kopie des Shadow DN9 war. Der Richter verfügte, daß der Arrows FA1 mit sofortiger Wirkung nicht mehr benutzt werden dürfe. Bei Arrows wurde damals längst mit einem derartigen Schiedsspruch gerechnet, denn als das Urteil publik wurde, drehte man in Zandvoort bereits mit einem neuen Arrows Mark 2 die ersten Proberunden. Bei diesem zweiten Arrows-Modell war vieles etwas anders, obschon es sich im Prinzip um einen direkt vom FA1 abgeleiteten, jedoch weiter verfeinerten Flügelwagen handelte. Ganz neu war die Hinterradaufhängung mit nach innen verlegten Schraubenfedern und Stoßdämpfern, die somit hinter den Flügelprofilen des Chassis einen wirksameren Luftabzug ermöglichte, was zugleich auch einen besseren Bodeneffekt bedeutete.

Im Rahmen des Großen Preises von Holland entstand in Formel-1-Kreisen ziemliche Aufregung, als die CSI nach einer am Samstag in Zandvoort abgehaltenen Sitzung bekanntgab, daß die Dichtleisten oder «Schürzen» zwischen dem Chassis und der Fahrbahn auf den 1. Januar 1979 verschwinden müßten. Ohne Dichtleisten war kein optimaler Bodeneffekt zu erzielen, damit würden die Qualitäten der Flügelwagen in Frage gestellt. Da mehrere Konstrukteure neue Wingcars in Vorbereitung hatten, akzeptierten sie das kurzfristige Dichtleistenverbot nicht, so daß die Formel 1 Constructors Association

Unten
Kurz nach dem Start zum Grand Prix der USA West in Long Beach 1978 liegen die beiden Ferrari 312T3 von Reutemann (11) und Villeneuve (12, halb verdeckt) sowie die beiden Brabham BT46-Alfa Romeo von Watson (2) und Lauda (1) an der Spitze des Feldes. Das Rennen gewann Carlos Reutemann. Hinter dem Spitzenquartett liegen hier der Lotus 78 von Andretti, der Williams von Jones, der Lotus von Peterson und der McLaren Hunts.

Rechts
Der Große Preis von Brasilien wurde 1978 erstmals nicht mehr auf der traditionellen Bahn von Interlagos bei São Paulo, sondern auf dem neuen, 5,031 km langen Circuit von Jacarepagua in der Nähe Rio de Janeiros ausgetragen (Zeichnung). Den Grand Prix von Brasilien gewann 1978 der Argentinier Carlos Reutemann auf dem mit Michelin-Radialreifen bestückten Ferrari 312T3. Es handelte sich um den ersten Formel-1-Erfolg des Radialreifens.

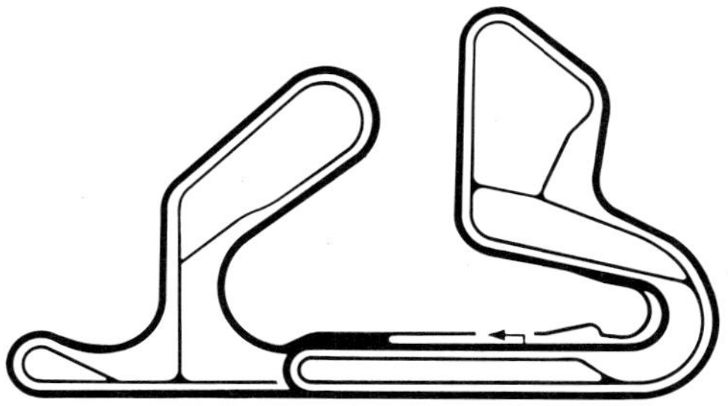

(FOCA), die immer mächtiger wurde und beispielsweise 1978 für ein 25 Wagen starkes Formel-1-Feld über 385 000 Dollar an Spesen-, Start- und Preisgeld forderte, in einem am Sonntag in Zandvoort veröffentlichten Communiqué erklärte, daß man dieses «Schürzenverbot» auch beim Großen Preis von Argentinien 1979 nicht respektieren werde. Später krebste die CSI zurück und gab damit klein bei.

Den europäischen Formel-1-Abschluß brachte der Große Preis von Italien in Monza, wo kurz nach dem Start eine Massenkollision entstand: Ronnie Peterson erlitt sehr schwere Verletzungen an den Beinen, denen er am folgenden Tag erlag. Nach mehreren Stunden wurde der Große Preis von Italien neu gestartet, Andretti auf Lotus und Villeneuve auf Ferrari dominierten, doch die beiden Favoriten waren zu früh losgefahren, so daß sie eine Strafminute aufgebrummt bekamen, was sie auf die Positionen 6 und 7 zurückwarf. Es gewann Niki Lauda auf Brabham-Alfa Romeo vor seinem Teamkollegen John Watson. Aber nach dem Rennen hatte niemand Lust zum Feiern; selbst Andrettis definitiver Gewinn der Weltmeisterschaft ließ bei Lotus in Anbetracht des schwer verletzten Peterson keine rechte Freude aufkommen.

Der Monza-Unfall löste lange Polemiken aus, man warf dem Rennleiter vor, er habe das Feld am Ende der Anwärmrunde zu früh losschießen lassen, bevor die hinteren Reihen überhaupt zum Stillstand gekommen waren. Auch warfen einige Piloten Riccardo Patrese ein leichtsinniges und riskantes Startmanöver vor, das die Kollision ausgelöst habe. Allerdings blieben diesbezügliche Beweise aus. Der Groll einiger Spitzenpiloten richtete sich gegen Patrese, so daß ein sogenanntes Fahrer-Sicherheitskomitee beim folgenden Großen Preis der USA Ost in Watkins Glen ein Startverbot Patreses erwirkte. Die beiden Übersee-Grands-Prix, die die WM 1978 abschlossen, brachten je einen Ferrari-Sieg: Reutemann in Watkins Glen und Villeneuve in Montreal. Auf der neuen Rundstrecke in Kanada, die in aller Eile auf der Nôtre-Dame-Insel (St.-Lorenz-Strom) erstellt

Rechts
Die Anfang der siebziger Jahre so erfolgreich gewesene Marke Tyrrell vermochte später nie mehr zu ihrer dominierenden Rolle zurückzufinden. Erfolgskonstrukteur Derek Gardner, der von 1970 bis 1977 für die Tyrrell verantwortlich gezeichnet hatte, wurde Ende 1977 durch den früheren Lotus- oder Parnelli-Konstrukteur Maurice Phillippe ersetzt, der den konventionellen Tyrrell 008 (Bild) baute. Mit diesem Modell gewann Depailler den Grand Prix Monaco 1978. Er blieb jedoch der einzige Erfolg des 008.

Unten
Nachdem der Grand Prix von Kanada früher auf den Rundstrecken von Mosport oder des Mont Tremblant stattgefunden hatte, wikkelte sich das Rennen ab 1978 stets auf dem 4670 m langen Circuit auf der Nôtre-Dame-Insel bei Montreal ab.

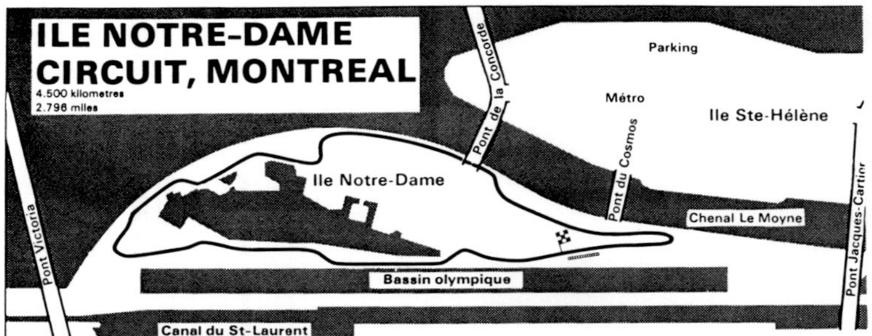

worden war, holte sich also Gilles Villeneuve in seiner ersten vollen GP-Saison einen Sieg. Nach dem Tode Petersons setzte Colin Chapman für die zwei nordamerikanischen Grands Prix den Franzosen Jean-Pierre Jarier in den Lotus 79 (gegen Bezahlung): Jarier fuhr in Watkins Glen die schnellste Runde und kämpfte sich durchs ganze Feld, nachdem er einen Reifen hatte ersetzen müssen. Anschließend rückte der Lotus des Franzosen bis auf die dritte Position vor, dann aber ging — vier Runden vor Schluß — dem Mark 79 das Benzin aus. Eine ähnliche Show bot Jarier in Montreal, wo sein Lotus auf der Pole Position stand. Wie eine Rakete schoß er los und führte bis in die 47. von 70 Runden. Ein Ölleck setzte der Fahrt des Lotus ein Ende; vor einem total aus dem Häuschen geratenen Publikum konnte Gilles Villeneuve, bei großer Kälte, einen Heimsieg herausfahren. Mario Andretti auf Lotus, der seit dem Großen Preis von Italien als Weltmeister 1978 feststand, konnte in Nordamerika nicht brillieren — in Watkins Glen war es ein Motorschaden gewesen, in Montreal rammte er den Brabham-Alfa von Watson. Das Schlußklassement der Fahrerweltmeisterschaft lautete: Sieger Mario Andretti mit 64 Punkten, gefolgt von seinem in Monza tödlich verunglückten Teamkollegen Ronnie Peterson mit 51 Punkten, Reutemann folgte mit 48 und Lauda mit 44 Punkten. Mario Andretti (38) hatte diesen Erfolg verdient, nach Brambilla (41) und Regazzoni (39) war er der älteste noch aktive Formel-1-Pilot, sein Grand-Prix-Debüt ging auf den GP der USA in Watkins Glen 1968 zurück. Aus der Coupe der Formel-1-Konstrukteure 1978 ging Lotus als überlegener Gewinner hervor, gefolgt von Ferrari und Brabham.

Ohne Sieg blieb 1978 das McLaren-Team, dessen Spitzenfahrer James Hunt nicht mehr an die einstige Form anknüpfen konnte, auch wurde der Weltmeister von 1976 mehrmals in Kollisionen verwickelt. Der zweite McLaren-Fahrer war Patrick Tambay, der dem Team als Nachfolger des zum deutschen ATS-Rennstall übergegangenen Jochen Maß beigetreten war. Das dem Leichtmetallfelgenfabrikanten Günter Schmid gehörende ATS-Team (ATS hatte die einstige Formel-1-Abteilung von March übernommen) mußte sich 1978 mit enttäuschenden Resultaten abfinden. Hingegen hatte das Copersucar-Team, wo man den ehemaligen Ferrari-Ingenieur Giacomo Caliri als Konsulenten beigezogen hatte, nach enttäuschenden Jahren gewisse Fortschritte erzielt. Beim Großen Preis von Brasilien 1978 erzielte Emerson Fittipaldi auf dem gelben Copersucar sogar einen zweiten Platz hinter Reutemann. Zu den schnellsten Konkurrenten des Feldes zählte wiederum Jody Scheckter auf dem neuen und ebenfalls von Dr. Harvey Postlethwaite konstruierten Wolf WR5, aber diesmal blieb die Marke Wolf ohne Sieg. Ende des Jahres wechselte Scheckter zu Ferrari über, während ihn Walter Wolf im Hinblick auf 1979 durch den bisherigen McLaren-Fahrer James Hunt ersetzte. Tyrrell hatte 1979 den Typ 008 mit konventionellem Fahrgestell eingesetzt, wobei es Patrick Depailler gelang, den Grand Prix von Monaco zu gewinnen; in Kyalami war ihm ein möglicher Sieg wegen des ausgehenden Treibstoffes entgangen. Sehr enttäuschend verlief die Saison für das Team Surtees (Brambilla, Keegan und Arnoux), das Ende des Jahres beschloß, sich aus dem Grand-Prix-Sport zurückzuziehen.

Im Frühling hatte Alfa Romeo einen eigenen Formel-1-Versuchsrennwagen fertiggestellt: Die Mailänder Marke äußerte die Absicht, womöglich einmal selbst in die Formel 1 einzugreifen. Ende Mai drehte der unter der Gesamtleitung von Ingenieur Carlo Chiti bei Autodelta in Settimo Milanese entstandene Alfa-Alfa auf der Versuchsstrecke von Balocco mit Brambilla auch die ersten Proberunden; das Auto war nicht mit Goodyear- oder Michelin-Reifen, sondern mit Pirelli-Reifen ausgerüstet. Nach erfolgreicher Beteiligung an Rallyes sowie nach Versuchen bei Sportwagen-, Formel-2- oder Formel-3-Rennen tastete die Marke die Möglichkeit ab, den P7-Radialreifen auch in der Formel 1 einzusetzen. Niki Lauda fuhr in Le Castellet mit dem Alfa-Alfa einige Proberunden. Die Sportpolitik von Alfa Romeo blieb 1978 noch undurchsichtig, jedenfalls wurde der Vertrag mit dem Brabham-Team zur Lieferung des Zwölfzylindermotors auch für 1979 erneuert: Die Tests mit dem Alfa-Alfa setzte man in Balocco fort.

Mit dem Großen Preis von Kanada in Montreal setzte eine Marke den endgültigen Schlußpunkt unter das Kapitel Formel 1: Matra. Nachdem man den Ende 1975 vorgestellten Ligier und dessen Nachfolger mit dem Matra-V12-Motor versehen hatte, wurde die Entwicklung des Zwölfzylinders Ende 1978 eingestellt; Ligier mußte für seinen JS11, der im November 1978 der Presse vorgestellt wurde, ebenfalls auf Cosworth DFV zurückgreifen.

Im Oktober 1978 tauchte in der Formel 1 ein neuer Name auf: Kauhsen. Der ehemalige deutsche Fahrer und Geschäftsmann hatte in aller Stille in Aachen einen neuen, aerodynamisch interessanten Rennwagen bauen lassen. Aber das Unternehmen sollte dann ein Fiasko werden.

Mit dem Jahr 1978 war die 29. Fahrerweltmeisterschaft der Geschichte gelaufen. Seit 1950 waren insgesamt 302 Wertungsläufe ausgetragen worden, 52 Piloten hatten sich in der langen Siegerliste eingetragen; die «ewige Liste» wurde angeführt von Jackie Stewart mit 27 Volltreffern, Jim Clark folgte mit 25, Juan Manual Fangio mit 24, Niki Lauda mit 17, Stirling Moss mit 16, Graham Hill, Jack Brabham und Emerson Fittipaldi mit je 14, Alberto Ascari mit 13, Mario Andretti mit 12, Ronnie Peterson und James Hunt mit je 10 Siegen. Die erfolgreichste Marke war bisher Ferrari mit insgesamt 73 Grand-Prix-Siegen, Lotus konnte 71 Volltreffer verbuchen.

Formel-1-Wagen von 1978

Marke/Modell	Verantwortl. Konstrukteur(e)	Motor	Getriebe (Gangzahl)	Chassisbauweise	Radstand	Spur vorne Spur hinten	Reifenmarke	Trockengewicht in kg
Arrows FA 1	Tony Southgate Dave Wass	Cosworth DFV (V8)	Hewland FGA 400 (5/6)	OMC	2565	v 1600 h 1549	Goodyear	589
ATS HS 1	Robin Herd John Gentry	Cosworth DFV (V8)	Hewland FGA 400 (5/6)	VMC	2720	v 1500 h 1525	Goodyear	585
Brabham BT 46	Gordon Murray	Alfa Romeo 115-12 (12 Zyl. 180°)	Hewland-Alfa Romeo (6)	VMC	2591	v 1422 h 1524	Goodyear	595
Ensign MN 06	Morris Nunn Dave Baldwin	Cosworth DFV (V8)	Hewland FGA 400 (6)	VMC	2616	v 1473 h 1575	Goodyear	590
Ferrari 312 T3	Mauro Forghieri	Ferrari 312 B (12 Zyl. 180°)	Ferrari (5)	RRB	2580	v 1600—1650 h 1450—1550	Michelin	598
Fittipaldi F 5 A	Ralph Bellamy	Cosworth DFV (V8)	Hewland FGA 400 (6)	VMC	2718	v 1689 h 1588	Goodyear	615
Hesketh 308 E	Frank Dernie Nigel Stroud	Cosworth DFV (V8)	Hewland FGA 400 (6)	OMC	2667	v 1651 h 1524	Goodyear	602
Ligier JS 7	Gérard Ducarouge Paul Carillo	Matra MS 76 (V12)	Hewland FGA 400 (5/6)	VMC	2760	v 1625 h 1600	Goodyear	595
Ligier JS 9	Gérard Ducarouge Paul Carillo	Matra MS 78 (V12)	Hewland FGA 400 (6)	VMC	2700	v 1625 h 1611	Goodyear	590
Lotus 78	Colin Chapman Ralph Bellamy	Cosworth DFV (V8)	Hewland FGA 400 (6)	VMC	2718	v 1702 h 1600	Goodyear	588
Lotus 79	Colin Chapman Martin Ogilvie	Cosworth DFV (V8)	Hewland FGA 400 (5)	VMC	2743	v 1730 h 1630	Goodyear	578
Martini Mk 23	Tico Martini	Cosworth DFV (V8)	Hewland FGA 400 (5/6)	OMC	2670	v 1540 h 1525	Goodyear	610
McLaren M 23	Gordon Coppuck	Cosworth DFV (V8)	Hewland-McLaren (6)	VMC	2743	v 1600 h 1626	Goodyear	589
Merzario A 1	Arturo Merzario	Cosworth DFV (V8)	Hewland FGA 400 (5)	VMC	2420	v 1530 h 1570	Goodyear	595
Renault RS 01	André de Cortanze Jean-Pierre Jabouille	Renault-Gordini EF 1 (V6 Turbo)	Hewland FGA 400 (6)	OMC	2500	v 1540 h 1520	Michelin	605
Shadow DN 9	Tony Southgate	Cosworth DFV (V8)	Hewland FGA 400 (5/6)	OMC	2686	v 1600 h 1549	Goodyear	587
Surtees TS 19	John Surtees Ken Sears	Cosworth DFV (V8)	Hewland FGA 400 (6)	VMC	2489	v 1475 h 1499	Goodyear	585
Surtees TS 20	John Surtees Ken Sears	Cosworth DFV (V8)	Hewland FGA 400 (5/6)	VMC	2667	v 1651 h 1600	Goodyear	583
Theodore TR 1	Ron Tauranac Len Bailey	Cosworth DFV (V8)	Hewland FGA 400 (6)	VMC	2544	v 1448 h 1493	Goodyear	610
Tyrrell 008	Maurice Phillippe	Cosworth DFV (V8)	Hewland FGA 400 (5/6)	OMC	2700	v 1626 h 1524	Goodyear	578
Williams FW 06	Patrick Head	Cosworth DFV (V8)	Hewland FGA 400 (6)	OMC	2540	v 1575 h 1550	Goodyear	588
Wolf WR 1	Harvey Postlethwaite	Cosworth DFV (V8)	Hewland FGA 400 (6)	OMC	2489	v 1524 h 1524	Goodyear	589
Wolf WR 5	Harvey Postlethwaite	Cosworth DFV (V8)	Hewland FGA 400 (6)	VMC	2642	v 1600 h 1575	Goodyear	577

Chassisbauweise: OMC = offenes Monocoque, VMC = Voll-Monocoque, RRB = Rohrrahmen mit Blech beplankt

Historischer Turboerfolg

Mit dem standfesten Ferrari 312 T 4 wird Jody Scheckter Weltmeister, aber in der zweiten Saisonhälfte dominiert Williams. In Dijon gewinnt Renault mit dem V6 Turbo den GP von Frankreich.

Mit der Saison 1979 stellten alle Spitzenrennställe — mehr oder weniger — total auf das «Wing-car»-Konzept um. Die dominierenden Marken waren dann Ferrari (6 Siege), Williams (5), Ligier (3) sowie Renault (1 Sieg), wobei sich Ferrari mit dem von Wolf zur Scuderia gekommenen Südafrikaner Jody Scheckter die Weltmeisterschaft holte. Gilles Villeneuve, ebenfalls auf Ferrari, wurde Vizeweltmeister. Aber vor allem in der zweiten Saisonhälfte dominierte der Australier Alan Jones auf dem neuen Williams FW07, welcher sich gesamthaft als das beste Fahrzeug der Saison entpuppte. Bei Ferrari machten sich einmal mehr die enorme Zuverlässigkeit und Stärke des flachen Zwölfzylindermotors bezahlt, aber die liegenden Zylinder verunmöglichten ein optimales «Wing-car»-Konzept, weil das breite, jedoch einen tiefen Schwerpunkt ergebende Triebwerk die Realisierung breiter Seitenprofile, welche wiederum einen guten Bodeneffekt ergeben hätten, beeinträchtigte.

Im Jahre 1979 stellte sich ein historisch bedeutendes Ereignis ein: Am 1. Juli, anläßlich des Großen Preises von Frankreich in Dijon, feierte Jean-Pierre Jabouille auf dem Renault RS10 mit dem Mitte 1977 erstmals aufgetauchten und seither ständig weiterentwickelten Renault-V6-Turbomotor von 1,5 Litern Inhalt den ersten Formel-1-Erfolg eines Turboaggregats in der Geschichte überhaupt. Aber auch Ferrari und Alfa Romeo hatten inzwischen die Konstruktion eines Turboaggregats in die Hand genommen, zumal die Leistungsausbeute bei den aufgeladenen und erst am Anfang der Entwicklung stehenden Motoren noch viele Möglichkeiten offenließ.

Im Hinblick auf 1979 orientierten sich die Rennkonstrukteure am genialen Lotus 79, der damit zum Prototyp der neuen Rennwagengeneration geworden war. Ein klassischer «Wing-car» oder Flügelwagen wies ein sehr schmales Monocoque auf mit hinter dem Fahrer plaziertem und als tragendes Element ausgebildetem Benzintank, der in die Monocoquekonstruktion integriert war. Der kompakte Tank zwischen Motor und Cockpit bedingte die Verschiebung des Sitzes nach vorn, woraus wiederum eine starke

Am 1. Juli 1979 fuhr Jean-Pierre Jabouille auf dem Renault RS10 anläßlich des Großen Preises von Frankreich in Dijon den ersten und historischen Turbosieg der Formel 1 heraus. Im gleichen Jahr wurde Arnoux auf dem RS10 zweimal Zweiter, während Jabouille sonst keine WM-Punkte mehr holte.

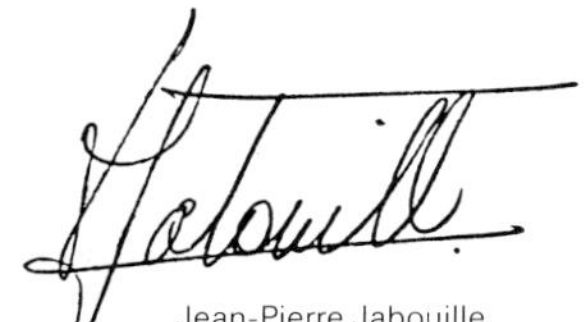

Jean-Pierre Jabouille

Rechts
Der 1979 in Dijon erfolgreiche Renault RS10, der ebenfalls als Wing-car ausgbildet war. Darunter das Turbosystem mit zwei Turboladern und zwei Ladeluftkühlern.

Unten
Der Renault-V6-Turbomotor bekam 1979 je einen KKK-Turbolader pro Zylinderreihe.

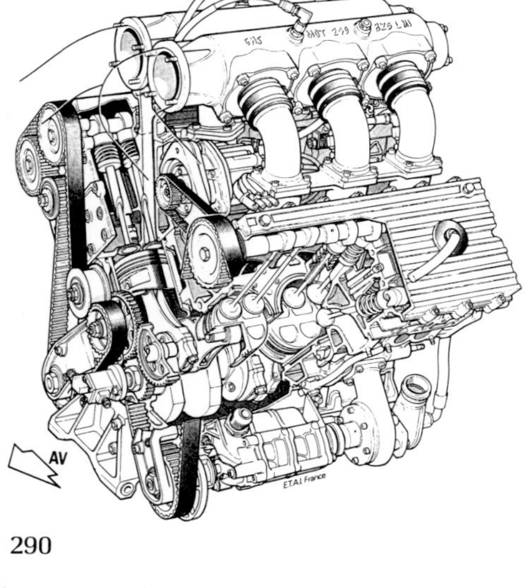

Unten
Jean-Pierre Jarier auf dem neuen Tyrrell 009 anläßlich des Großen Preises von Argentinien 1979. Der 009 stellte praktisch eine Kopie des im Vorjahr so erfolgreich gewesenen Lotus 79 dar. Aber der Tyrrell 009 vermochte keine Rennen zu gewinnen.

Mitte
Nach dem Ligier-Doppelsieg von Brasilien 1979 wird in Paris angestoßen. Von links Patrick Depailler, Guy Ligier, Jean-Marie Balestre und Jacques Laffite. Für den einstigen Rugby-Spieler Ligier war 1979 eine besonders erfolgreiche Saison.

Links
Zu Beginn der Saison 1979 erwiesen sich die Ligier JS11-Cosworth als enorm schnell. Jacques Laffite gewann die Grand Prix von Argentinien und Brasilien und Patrick Depailler (Bild) denjenigen von Spanien.

Jacques Laffite

Exponierung des Fahrers resultierte, insbesondere waren dessen Beine bei Unfällen einer starken Verletzungsgefahr ausgesetzt. Nun saßen die Piloten — wie in der guten alten Zeit — ziemlich aufrecht, mit angewinkelten Armen, in ihren Boliden. Die wegen des «Wing-car»-Konzepts rein aerodynamisch bedingte Konzentration des Treibstofftanks zwischen Cockpit und Motor brachte aber einen wesentlichen Vorteil: In dieser Lage waren die Benzinbehälter sehr gut geschützt, und die Feuergefahr war damit weitgehend gebannt. Wegen der schmalen Bauweise verwanden sich jedoch die Chassis, womit die Aufhängungen nicht optimal arbeiten konnten. An den Seiten der Monocoquekonstruktionen wurden die Wasser- und die Ölkühler angebaut, welche noch seitlich von den Längsflügelprofilen umschlossen waren. Diese großen Profile erzeugen einen wesentlichen Teil des gesamten Abtriebes der Monoposto, denn dank diesen im Vergleich zu einem Flugzeugflügel umgekehrt angeordneten Profilen baute sich eine hochwillkommene Unterdruckzone unter dem Wagen auf. Diese Zone mußte nun durch vertikal bewegbare und auf der Fahrbahn schleifende Schürzen oder Skirts von der Außenwelt abgeschirmt werden, um damit den Druckausgleich zwischen innen und außen entgegenzuwirken. Die von Kipphebeln betätigten Feder/Dämpfer-Einheiten wurden vorne und auch hinten innenliegend angebracht. Dank dieser Maßnahme ließen sich der Zu- und der Abfluß der unter den seitlichen Flügelprofilen hindurchströmenden Luft verbessern; ebenso war es damit möglich, teilweise auf die vorderen Spoiler zu verzichten (weniger Luftwiderstand), während man gleichzeitig auch mit kleineren und damit einen geringeren Luftwiderstand erzeugenden Heckflügeln auskommen konnte.

Ende 1978 wurde auch die bisherige Internationale Sportkommission (CSI) total umstrukturiert, und es entstand die neue Fédération Internationale du Sport Automobile (FISA), an deren Spitze der Franzose Jean-Marie Balestre als Präsident gewählt wurde.

Jean-Marie Balestre

Die FISA war zwar immer noch der Fédération Internationale de l'Automobile (FIA) untergeordnet, aber sie besaß mehr Autonomie als einst die CSI. Jean-Marie Balestre, ein früherer Journalist, der dann als Verlagsmanager die große Karriere machte, entpuppte sich alsbald als ein eigenwilliger, autoritärer und nicht selten umstrittener FISA-Präsident mit beachtlicher Durchschlagskraft. Insbesondere fand die vom raffinierten Bernie Ecclestone angeführte Vereinigung der Formel-1-Rennställe (FOCA) in Balestre einen redegewandten, mit allen Reglementen vertrauten und nicht immer bequemen Gesprächspartner vor.

Im Hinblick auf 1979 straffte die FISA die Rahmenbedingungen für die Teilnahme an der Formel-1-Weltmeisterschaft, indem nur diejenigen Teams und Fahrer WM-Punkte gutgeschrieben bekamen, welche sich bis zum 15. November 1978 bei der FISA in Paris für die Teilnahme an der Weltmeisterschaft schriftlich angemeldet hatten. Ein Team, das sich später neu am Championat beteiligen wollte, mußte sich mindestens drei Monate im voraus angemeldet und zudem eine Kaution von 30 000 Dollar hinterlegt haben. Zu einem Qualifikationstraining wurden nur mehr 28 Fahrzeuge zugelassen, die besten 24 konnten dann am Rennen teilnehmen (in Monaco nur 20).

In einem wesentlichen Punkt mußte die FISA nachgeben, und zwar in Sachen Schürzen, welche sie an sich 1979 verbieten wollte. Aber die FOCA blieb hart. Die Rennställe machten geltend, daß sie 1978 schon zuviel Geld in die Entwicklung der Schürzen investiert hätten.

Ende 1978 zog sich der Rennstall des ehemaligen Motorrad- und Automobilweltmeisters John Surtees zurück, nachdem dieses Team seit Jahren vergeblich um Erfolge gekämpft hatte. Es gab auch einige prominente Fahrerwechsel. Bei Lotus, dessen Mark 79 in der Saison 1978 den Ton angegeben hatte, bekam Weltmeister Mario Andretti den Argentinier Carlos Reutemann zur Seite gestellt, welcher somit Ferrari nach zwei Saisons verließ. Bei Ferrari nahm der bisherige Wolf-Pilot Jody Scheckter den Platz Reutemanns ein, derweil der in Italien ungemein populär werdende Kanadier Gilles Villeneuve der Scuderia treu blieb. Tyrrell vertraute seine Autos Didier Pironi sowie dem bisherigen ATS- und Lotus-Mann Jean-Pierre Jarier an. Bei Brabham blieb Niki Lauda die

1979

1: Lotus 80-Cosworth von Mario Andretti.
4: Tyrrell 009-Cosworth von Jean-Pierre Jarier.
5: Brabham BT48-Alfa Romeo von Niki Lauda.
7: McLaren M28-Cosworth von John Watson.
9: ATS D2-Cosworth von Hans-Joachim Stuck.
11: Ferrari 312T4 von Jody Scheckter.
14: Fittipaldi F6-Cosworth von Emerson Fittipaldi.
17: Shadow DN9/2B-Cosworth von Jan Lammers.
20: Wolf WR9-Cosworth von James Hunt.
22: Ensign MN179-Cosworth von Patrick Gaillard.
24: Merzario A2-Cosworth von Arturo Merzario.
26: Ligier JS11-Cosworth von Jacques Laffite.
30: Arrows A2-Cosworth von Jochen Mass.

Rechts
Beim Großen Preis von England 1979 in Silverstone fuhr Clay Ragazzoni den ersten Grand-Prix-Erfolg der Marke Williams heraus. Er gewann am Steuer des FW07-Cosworth, mit welchem er hier vor dem Tyrrell 009 Pironis liegt.

Unten
In Silverstone freut sich hier auch Emanuel de Graffenried über den Sieg von Clay Ragazzoni. Es handelt sich um den dritten Schweizer Erfolg beim Großen Preis von England, denn 1949 hatte in Silverstone de Graffenried und 1968 in Brands Hatch Joseph Siffert gewonnen.

Nummer eins, aber der Ire John Watson ging zu McLaren und wurde bei Brabham vom jungen brasilianischen Talent Nelson Piquet ersetzt. Dieser hatte nach einer brillanten Formel-3-Karriere in England 1978 bereits einzelne Grand Prix auf Ensign oder Brabham bestritten. McLarens Duo bestand nun aus Watson und aus dem Franzosen Patrick Tambay. Ligier setzte den treuen Jacques Laffite weiterhin ein und verpflichtete den bisherigen Tyrrell-Fahrer Patrick Depailler neu dazu. Renault erweiterte sein Team auf zwei Autos mit Jean-Pierre Jabouille sowie mit dem Nachwuchsmann René Arnoux, der bisher einige Formel-1-Rennen auf Surtees oder Martini (die französische Marke Martini hatte sich nach einem kurzen Intermezzo wieder aus der Grand-Prix-Szene zurückgezogen) bestritten hatte. Williams baute sein Team nach einigen vielversprechenden Resultaten durch Alan Jones mit dem FW06 im Jahr zuvor aus und engagierte den bisherigen Shadow-Piloten Clay Regazzoni neu dazu. James Hunt verließ McLaren und trat dem Team des Austrokanadiers Walter Wolf bei. Für Arrows fuhren nun Patrese sowie Jochen Mass (bisher ATS); Fittipaldi vertrat weiterhin die Farben seines brasilianischen Copersucar-Teams; Shadow verpflichtete ganz junge Fahrer, nämlich den Holländer Jan Lammers sowie den talentierten italienischen Formel-3- und Formel-2-Spezialisten Elio De Angelis; Arturo Merzario trat auf einer Eigenkonstruktion an; ebenso der reiche

Derek Daly

Hector Rebaque

Mexikaner Hector Rebaque, der sich praktisch einen Lotus 79 nachbauen ließ. Das Ensign-Team trat mit dem Iren Derek Daly an. Eine große Marke mit langer Renntradition bereitete sich auf das Formel-1-Comeback vor, nämlich Alfa Romeo, auf dessen Zwölfzylinder der ehemalige Formel-2-Europameister Bruno Giacomelli die Tests auf der Strecke von Balocco fortsetzte.

Auf dem Reifensektor standen sich weiterhin Goodyear (Diagonalreifen) und Michelin (Radialreifen) gegenüber, wobei sich die französische Marke weiterhin auf zwei Rennställe, nämlich auf Renault und auf Ferrari, beschränkte, was eine optimale Betreuung ermöglichte. Der amerikanische Reifenhersteller sah sich hingegen weiterhin gezwungen, den großen Rest des Feldes mit Pneus zu versorgen. Goodyear beschloß deshalb, eine Anzahl Fahrer zu privilegierten Piloten mit entsprechend erstklassiger Betreuung zu erklären. Insbesondere bekamen diese Fahrer bei den Qualifikationen das beste Material zur Verfügung gestellt, derweil die übrigen Konkurrenten jeweils mit härteren Pneus vorliebnehmen mußten. Von Goodyear bekamen Arrows, Brabham, Fittipaldi, Ligier, Lotus, McLaren, Tyrrell, Williams und Wolf kostenlos Qualifikations- und Rennreifen. Diese «Qualifiers» wurden dabei streng rationiert. Grundsätzlich gab es zuerst für die vier Weltmeister Fittipaldi, Lauda, Hunt und Andretti kostenlos «Qualifiers», und zusätzlich die jeweils bis dahin trainingsschnellsten Goodyear-Fahrer.

Der Bodeneffekt der Monoposto, in Verbindung mit optimalen Reifen, war jetzt das A und O der Formel 1. In den Jahren 1977 und 1978 hatten die Lotus 78 und 79 mit den Fahrern Mario Andretti, Ronnie Peterson, Gunnar Nilsson und Jean-Pierre Jarier sage und schreibe 19 Pole Positions, 13 Siege und eine Weltmeisterschaft (Andretti) geholt. Einen eindrücklicheren Qualitätsbeweis des Lotus-Flügelautokonzeptes hätte man sich kaum denken können. Vater der revolutionären Technik war — wie schon erwähnt — der geniale Colin Chapman zusammen mit seinem Aerodynamiker Peter Wright. Der enorme und aerodynamisch erzeugte Anpreßdruck zwischen den Reifen und der Fahrbahn hatte aber dann auch seine negativen Auswirkungen, indem die entstehende Querbeschleunigung von über 3 g die Piloten vor neue Schwierigkeiten stellte.

In den fünfziger Jahren, noch bevor man allgemein auf die Mittelmotorbauweise umgestellt hatte, vermochten die Monoposto eine Kurve mit Querbeschleunigungswerten von 0,6 bis 0,7 g zu bewältigen. Der einstige Traumwert von 1 g wurde Anfang sechziger Jahre zur Realität, als alle Monoposto einen Mittelmotor aufwiesen und die Reifen breiter wurden. Noch vor Mitte der siebziger Jahre hatten die besten Konstruktionen das Kap der 1,5 g umschifft; das war eine Sensation!

Im Winter 1978/1979 machte Ferrari Versuche mit dem bisherigen 312T, wie er 1978 eingesetzt worden war, sowie mit einer umgebauten Version dieses Modells mit seitlichen Flügelprofilen und vertikal beweglichen Schürzen. Eine bestimmte Kurve der Teststrecke von Fiorano, die einen Radius von 100 m aufweist, durchfuhr der 312T3 in

der alten Ausführung, das heißt ohne Seitenprofile oder Skirts, mit einem Tempo von 142 km/h, was einer Querbeschleunigung von 1,8 g entsprach. Der auf Bodeneffekt umgebaute Ferrari mit seitlichen Profilen und beweglichen Skirts konnte die gleiche Kurve (Motor und Fahrer gleich) mit einem Tempo von 157 km/h durchfahren; das ergab 2,2 g. Ebenso brachten die neuen Erkenntnisse eine Temposteigerung von 10,5 %.

Aber ausgerechnet bei Lotus, der Marke, welche die «Wing-cars» erfunden hatte, entstand im Hinblick auf 1979 der Mark 80, der sich dann als Fehlkonstruktion erweisen sollte, so daß Lotus wieder auf den bisherigen Mark 79 umstellen mußte. Mit dem Lotus 80 wollte Chapman den Abtrieb noch weiter erhöhen, und zwar bei konstant bleibendem Luftwiderstand. Die ersten Testfahrten deckten die Schwächen des neuen Lotus schonungslos auf: Das Auto, welches keine konventionellen Flügel mehr aufwies — man hatte die Seitenprofile bis zum Heck durchgezogen und auf Frontspoiler verzichtet — erzeugte in dieser Form nur ungenügenden Abtrieb, so daß der Wagen dann ebenfalls mit Flügeln versehen werden musste, die wiederum mehr Luftwiderstand erzeugten. Lotus arbeitete parallel sowohl am neuen Mark 80 als auch am Mark 79 weiter. Die Saison 1979 war kein Lotus-Jahr, es gab keinen einzigen Sieg.

Zur neuen Erfolgskonstruktion wurde der bei Williams unter der Leitung von Patrick Head entstandene FW07, der anläßlich des

Patrick Head

Großen Preises von Spanien mit Jones und Regazzoni debütierte. Der dem Lotus 79 nachempfundene FW07 wies ein extrem schmales Monocoque auf, in welchem sich der Fahrer vorn regelrecht mit den Füßen zu den Pedalen hindurchwinden mußte. Regazzoni war von diesem schmalen Fußraum nicht erbaut, vor allem dann, wenn er sich eine frontale Kollision vorstellte. Das Monocoque wurde aus Leichtmetallblech gefertigt — noch verwendete Head keine sogenannten exotischen Materialien. Die Leute von Williams arbeiteten wochenlang im Windkanal des Imperial College of London, und Mitte Saison gründete Williams zudem eine neue, von der eigentlichen Rennabteilung getrennte Entwicklungsabteilung, welche vom ehemaligen Hesketh-Konstrukteur Frank Dernie geleitet wurde. Dernies erste Aufgabe bestand darin, einen Windkanal mit Endlosband zu konstruieren. Dieser Tunnel sollte dann auch repräsentative Resultate bringen, weil sich die Räder der Modelle drehten, was zu realistischen aerodynamischen Verhältnissen führte.

Zu Beginn der Saison erwiesen sich die Ligier JS11, welche — nachdem man während Jahren den Matra-V12-Motor verwendet hatte — wieder einen Cosworth DFV aufwiesen, als praktisch unschlagbar. Alles, was die Aerodynamik betraf, wurde bei Ligier an die Firma SERA in Paris delegiert. Paul Carillo zeichnete ein schmales Monocoque nach «Wing-car»-Muster; gesamtverantwortlich für das Fahrgestell zeichnete Gérard Ducarouge.

Gérard Ducarouge

Schon bald zeichnete sich ab, daß die hellblauen Ligier vor allem auf kurvenreichen Abschnitten enorm schnell waren, hingegen lagen ihnen Vollgasgeraden nicht besonders gut.

Guy Ligier

Brabham hatte das neue Modell BT48 schon im Dezember 1978 fertiggestellt, wobei Konstrukteur Gordon Murray auch hier auf ein schmales Monocoque umstellte und es seitlich mit Längsprofilen versah. Zuerst wies der Brabham keinen Heckflügel auf, sondern Murray versuchte die Seitenprofile bis hinter die Hinterachse durchzuziehen; aber in dieser Form erzeugte das Fahrzeug — analog dem Lotus 80 — nicht genügend Abtrieb, so daß man auf einen normalen Flügel umstellte. Murray verwendete als erster Konstrukteur der modernen Ära wieder außenliegende Hinterradbremsen. Damit erzielte er günstigere Strömungsverhältnisse in der Gegend der Seitenflügel; allerdings nahm damit das Gewicht der ungefederten Massen wieder zu, was wiederum ein Nachteil war. Das schmale Monocoque bestand aus exotischen Materialien wie Honeycomb (Honigwabenstruktur) oder Graphitwhyskerfaser, in Verbindung mit den traditionellen Aluminiumfolien.

Eine wesentliche Neuheit stellte auch der Alfa-Romeo-Motor dar. In Settimo Milanese, bei Autodelta, war unter der Leitung von Ingenieur Carlo Chiti eine schmale Version des Zwölfzylinders (bisheriger Gabelwinkel 180°) entstanden, und zwar mit einem konventionellen Zylinderwinkel von 60 Grad. Die Zylinderabmessungen betrugen $78{,}5 \times 51{,}5$ mm $= 2991$ cm^3. Mit dem schmalen Motor war es nun auch möglich, ein «Wing-car»-Konzept zu realisieren, weil die Seitenprofile auch hinten breit ausgebildet werden konnten. Diesen Vorteil vermochte Ferrari wegen des nach wie vor flachen Zwölfzylinders nicht auszunutzen.

Die von Lauda und von Piquet gefahrenen Brabham BT48 mit Alfa-Romeo-V12-Motor hielten sich zwar bei den Qualifikationen meistens im vorderen Drittel, im Rennen aber erlitten sie oft mechanische Schäden. Beim letzten Einsatz des BT48, anläßlich des nicht für die Weltmeisterschaft zählenden Gran Premio Dino Ferrari in Imola, holte sich Niki Lauda dann einen Sieg; es sollte dies jedoch der einzige Brabham-Erfolg des Jahres bleiben. Ende Saison, anläßlich des Großen Preises von Kanada, trat Brabham dann mit dem neuen Modell BT49 an, das praktisch eine verkürzte Version des BT48 darstellte. Allerdings wies die Neukonstruktion nicht mehr den Alfa-Zwölfzylinder auf, sondern den altbekannten Cosworth DFV mit acht Zylindern. Beim letzten Rennen, in Watkins Glen, stand Piquet damit bereits in der ersten Startreihe.

Der Tyrrell 009 war ebenfalls eine Lotus-79-Kopie. Man munkelte, daß sich Tyrrell die Lotus-79-Pläne auf indirektem Wege, und zwar über eine japanische Modellautofirma, beschafft hatte und daß diese Unterlagen beim Bau des 009 mit verwendet worden seien. Konstrukteur Maurice Phillippe entwarf ein Leichtmetallmonocoque nach Sandwichbauweise mit Honeycomb-Zwischenschicht (Bienenwabenmuster), was dem Chassis eine hervorragende Verwindungsfestigkeit gab. Die Karosserie war bis ins Detail dem Lotus nachempfunden, doch im Verlaufe der Saison strebte Phillippe danach, den Gesamtabtrieb zu erhöhen, indem er einerseits die Unterseite des Seitenflügelprofils veränderte, anderseits aber auch die ursprünglich flache Oberseite mit einer Abrißkante versah. Die Aufhängungsgeometrie wurde bei Tyrrell anhand des Computers, also mit wissenschaftlichen Methoden konstruiert. Leider aber gab es bei den Tyrrell einige Aufhängungsschäden, die 009 vermochten 1979 im Kampf um den Sieg nie ein Wort mitzureden.

Das von Teddy Mayer geleitete McLaren-Team erlebte 1979 eine Formbaisse wie noch nie. Beim Fahrgestellbau wurden schwerwiegende Fehler begangen. Das für die Saison 1979 bestimmte Modell M28 wurde zwar

Links
Alljährlich wohnen rund 100 000 Menschen dem Großen Preis von Italien in Monza bei. Selbstverständlich fiebern die Italiener ausschließlich für die Marke Ferrari. Bis vor wenigen Jahren war es in Monza üblich, an der Strecke mittels mitgebrachter Baugerüste derartige Tribünen zu improvisieren. Später mußten diese gefährlichen Konstruktionen verboten werden.

schon im Oktober 1978 vorgestellt. Dieses Fahrzeug, bei welchem es sich ebenfalls um einen «Wing-car» handelte, hatte aber sage und schreibe 70 kg Übergewicht. Schon beim Großen Preis von Spanien wurde die neue Version M28B eingesetzt, aber auch dieser McLaren brachte nicht die erhofften Resultate, so daß sich Konstrukteur Gordon Coppuck Hals über Kopf an den M29 heranmachte, der dann beim GP von England debütierte. Aber 1979 blieb McLaren erfolglos.

Auch Renault stellte auf das «Wing-car»-Konzept um. Bei den ersten Rennen wurde noch der RS01 eingesetzt, wobei Jabouille das noch eine flache Unterseite aufweisende Fahrzeug in Südafrika dank Turbopower auf die Pole Position stellte; beim Großen Preis von Spanien, dem fünften WM-Lauf der Saison, trat Renault jedoch mit dem neuen RS10 mit seitlichen Flügelprofilen an. Nachdem Renault seit 1977 noch einen einzelnen amerikanischen Garrett-Turbolader verwendet hatte, wurde anläßlich des Großen Preises von Monaco auf zwei deutsche KKK-Lader umgestellt, also ein Ladegerät pro Zylinderreihe und nicht mehr ein gemeinsamer Turbo für alle Zylinder. Dadurch setzte der V6 im unteren Drehzahlbereich weicher und auch verzögerungsärmer ein. Ein wesentlicher Nachteil der Turbomotoren, nämlich das relativ langsame Reagieren auf Gas, war damit vermindert worden, was die Aufgabe des Fahrers erleichterte. Der aufgeladene Renault-Motor erwies sich als das eindeutig stärkste Formel-1-Triebwerk. Allerdings war die Entwicklung eines Turbomotors enorm aufwendig. Zuerst gab es große Probleme mit der Ladeluftkühlung, was zu zahlreichen Motordefekten führte. 1979 erreichte Renault dann das große Ziel doch: Sieg in einem Formel-1-Grand-Prix, zugleich der erste Turboerfolg der Formel 1. Die Franzosen, deren Motor unter der Gesamtleitung von Ingenieur François Castaing entstanden war, während Michel Tetu für das Fahrgestell

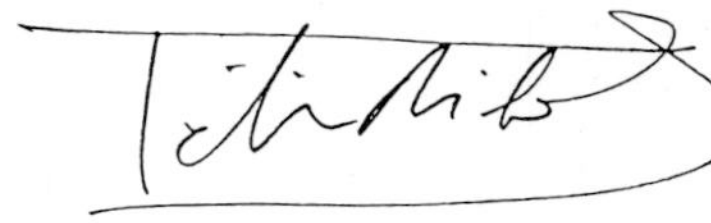

Michel Têtu

verantwortlich zeichnete, schafften den historischen Turboerfolg anläßlich des Großen Preises von Frankreich 1979 in Dijon.

Beim Saisonauftakt in Argentinien, aber auch in Brasilien waren die Ligier JS11 unschlagbar, wobei Jacques Laffite beide Male siegreich hervorging. In Brasilien sicherte sich Ligier sogar den Doppelsieg mit Depailler auf dem zweiten Platz. Ferrari setzte in Südamerika noch den vorjährigen 312T3 ein, der an der Fahrzeugunterseite praktisch noch flach ausgebildet war und wenig Ab-

Links
Auf dem Ferrari 312T4 wurde der Südafrikaner Jody Scheckter überlegener Weltmeister 1979. Der Ferrari war besonders zuverlässig, hingegen ermöglichte der flache Motor kein optimales Wing-car-Konzept.

Oben
Jody Scheckter hat vom Fürstenpaar in Monaco den Siegerpokal empfangen.

Rechts
Nelson Piquet auf Brabham BT48-Alfa Romeo beim Grand Prix von Monaco 1979.

trieb erzeugte. Aber in Südafrika debütierte Ferrari mit dem neuen 312T4 mit — allerdings nur schmalen — seitlichen Profilen und selbstverständlich beweglichen Schürzen. Auf Anhieb fuhren Villeneuve und Scheckter in Kyalami einen Doppelsieg heraus und erreichten das gleiche Resultat auch beim folgenden Großen Preis der USA West in Long Beach. Diese Ferrari-Überlegenheit war um so erstaunlicher, als der T4, ebenfalls mit dem traditionellen Quergetriebe, wegen des breiten 180°-Motors kein optimales «Wing-car»-Konzept zuließ, das heißt, neben dem Motor blieb wenig Raum für die nach hinten gezogenen Seitenprofile übrig. Beim Großen Preis von Spanien in Jarama schlug Ligier wieder zu, diesmal mit Patrick Depailler, der vor den beiden Lotus von Reutemann und Andretti durchs Ziel ging; der Argentinier fuhr dabei das bewährte Vorjahresmodell, den Mark 79, der Italoamerikaner jedoch den neuen Mark 80. In Spanien erfolgte dann auch das Debüt des später fast unschlagbaren Williams FW07, welcher in Jarama auf Anhieb zu überzeugen vermochte. Insgesamt sechsmal wechselte die Führung beim Großen Preis von Belgien, aber schließlich gewann wieder Jody Scheckter auf dem schier unzerstörbaren Ferrari. Bei diesem Rennen in Zolder debütierte Alfa Romeo wieder als eigenes Team, und zwar mit dem Typ 177, den man praktisch schon seit einem Jahr testete. Noch wies der Alfa Romeo den älteren und flachen 180°-Motor auf, wie er im Jahr zuvor noch von Brabham verwendet worden war, und nicht die neue 60°-Einheit des Brabham BT48. Der Typ 177 oder Alfa-Alfa, wie er auch genannt wurde, war noch altmodisch konzipiert und bloß als Versuchsobjekt gedacht, also kein Flügelauto. Bei den Qualifikationen eroberte sich Bruno Giacomelli in Zolder aber immerhin den 14. Startplatz, im Rennen wurde der Alfa Romeo jedoch durch eine Kollision eliminiert. Enorm spannend war der Grand Prix von Monaco, wo übrigens James Hunt, der Weltmeister von 1976, sein letztes Rennen bestritt (auf Wolf) und sich anschließend zurückzog. In den letzten Runden griff Regazzoni auf Williams den führenden Scheckter auf Ferrari hart an, so daß die beiden Wagen mit einer Zeitdifferenz von 0,44 Sekunden durchs Ziel schossen. In Dijon, beim Großen Preis von Frankreich, feierte Renault den schon erwähnten ersten Turboerfolg mit Jabouille. Ein historischer Sieg des Turbos, nachdem Renault im Jahr zuvor mit der Zweiliterversion seines aufgeladenen V6 auch die 24 Stunden von Le Mans gewonnen hatte. Aber Dijon brachte noch einen andern Höhepunkt, nämlich ein beinhartes Duell zwischen Villeneuve auf Ferrari und Arnoux auf Renault, welche sich im Verlaufe der letzten Runden hinter dem führenden Jabouille um den Ehrenplatz stritten. Mehrmals drohten sich die Heißsporne gegenseitig von der Bahn zu stoßen, denn in den Kurven «pollierte» jeder mit seinen Rädern die Flanken des andern. Millionen von Fernsehzuschauern verfolgten diesen einmaligen Kampf am Bildschirm — ein Duell, wie man es kaum je erlebt hatte. Villeneuve behielt die Oberhand.

Auf der schnellen Bahn von Silverstone konnten die Williams ihre Vorteile voll entfalten; in den schnellen Kurven war dieser ausgewogene «Wing-car» nicht zu schlagen. Lange führte Alan Jones, welcher dann mit einem überhitzten Motor ausfiel, so daß sein Teamkollege Clay Regazzoni seit Long Beach 1976, als er noch auf Ferrari fuhr, wieder einen Grand-Prix-Erfolg herausfahren konnte — übrigens den fünften und letzten seiner Karriere. Zudem brachte Silverstone auch den ersten Erfolg der Marke Williams.

Die zweite Saisonhälfte stand ganz im Zeichen von Alan Jones und Williams. Diese Kombination siegte bei den Großen Preisen von Deutschland in Hockenheim (vor Regazzoni), von Österreich in Zeltweg, von Holland in Zandvoort und von Kanada in Montreal. Ferrari gewann mit Scheckter in Monza (vor Villeneuve) sowie im verregneten Grand Prix der USA Ost in Watkins Glen.

Für den Großen Preis von Italien meldete Alfa Romeo eine Neukonstruktion an, nämlich den Typ 179, der als Flügelauto ausgelegt war und einen V12-60°-Motor (wie bisher von Brabham verwendet) aufwies. Die aerodynamische Gestaltung des Alfa Romeo war bei der SERA in Paris unter Robert Choulet definiert worden. Den neuen Alfa fuhr Bruno Giacomelli, während Vittorio Brambilla noch auf dem alten Modell mit flachem Motor antrat. Giacomelli arbeitete sich bis auf die 7. Position vor, dann geriet er von der Strecke.

Weltmeister 1979 wurde der Südafrikaner Jody Scheckter auf Ferrari vor seinem Teamkollegen Gilles Villeneuve, während der Australier Alan Jones auf Williams, der den Ton in der zweiten Saisonhälfte resolut angegeben hatte, im Endklassement auf den dritten Platz kam. Die enorme Zuverlässigkeit des bärenstarken, aber nicht mehr modernen Ferrari hatte sich bezahlt gemacht, denn in 12 von 15 Rennen landete Scheckter in den Punkterängen, dreimal wurde er Sieger, und einmal stand er auf der Pole Position. Villeneuve eroberte ebenfalls drei erste Plätze; insgesamt erzielte Ferrari also sechs Siege. Alan Jones wurde zwar viermal Sieger, aber in der Endabrechnung reichte es trotzdem nur für den dritten Gesamtrang. Renault hatte mit sechs Pole Positions gezeigt, welches Potential im Turbomotor steckt. Allerdings war das zukunftweisende Aggregat noch sehr defektanfällig, denn sonst lag ein Renault — stets mit René Arnoux — nur dreimal innerhalb der drei Ersten; in Dijon waren es sogar ein erster und ein dritter Rang.

Die Ligier, welche ihre Dominanz zu Beginn der Saison ausgespielt hatten, vermochten nach Siegen in Argentinien, Brasilien und Spanien nicht mehr an das einstige Formhoch anzuknüpfen. Enttäuschend verlief die Saison besonders für Lotus, aber auch für Brabham und für McLaren.

Die Erfolgsbilanz der beteiligten Reifenmarken ging knapp zugunsten von Goodyear aus, denn die Williams und die Ligier holten sich acht erste Plätze, während es die Ferrari und die Renault zusammen auf sieben Volltreffer brachten, womit sich das Radialreifenkonzept weiterhin bewährte.

Ende 1979 gab es während des Qualifikationstrainings in Kanada noch eine gewaltige Überraschung, als Niki Lauda plötzlich aus

Unten
Mario Andretti auf dem Lotus 80. Man beachte die auf dem Boden schleifenden Bug- und Seitenschürzen.

Ganz unten
Nach dem Start zum Grand Prix von Italien 1979 in Monza führt der Ferrari 312T4 Jody Scheckters das Feld an.

seinem Fahrzeug stieg und klipp und klar mitteilte, daß er mit der Rennerei ab sofort Schluß mache und sich zurückziehe. Der Österreicher hatte mittlerweile eine eigene Fluggesellschaft gegründet. Lauda machte punkto Formel 1 während zweier Saisons Pause, aber 1982 trat er wieder an, und zwar auf McLaren.

Am 25. Mai 1979 starb in Paris der ehemalige Rennkonstrukteur Amédée Gordini im Alter von 79 Jahren. Er hatte die Farben Frankreichs seit Ende der dreißiger Jahre mit eigenen Konstruktionen vertreten, wobei seine zierlichen und leichten Rennwägelchen vor allem von 1948 an erfolgreich waren. Die vorerst mit Simca liiert gewesene Ecurie Gordini, die regelmäßig bei Grand Prix an den Start ging, machte sich 1952 selbständig, wurde aber unaufhörlich von finanziellen Problemen geplagt. In der 2,5-Liter-Grand-Prix-Formel setzte Gordini zuerst die Sechszylinder ein, 1955 folgte der Achtzylinder. 1956 mußte der Formel-1-Rennstall aber aufgelöst werden. In den sechziger Jahren war Amédée Gordini, übrigens ein gebürtiger Italiener, eng mit Renault liiert; mehrere Renault-Modelle bekamen in der getunten Version die Zusatzbezeichnung Gordini. Man nannte ihn «le sorcier», den Zauberer. Er war eine bescheidene und sympathische Figur, welche in den fünfziger Jahren zum selbstverständlichen Dekor des Grand-Prix-Milieus gezählt hatte.

Formel-1-Wagen von 1979

Marke/Modell	Verantwortl. Konstrukteur(e)	Motor	Getriebe (Gangzahl)	Chassisbauweise	Radstand	Spur vorne Spur hinten	Reifenmarke	Trockengewicht in kg
Alfa Romeo T 177	Carlo Chiti	Alfa Romeo 115-12 (12 Zyl. 180°)	Hewland-Alfa Romeo (6)	VMC	2740	v 1660 h 1610	Goodyear	610
Arrows A 2	Tony Southgate Dave Wass	Cosworth DFV (V8)	Hewland FGA 400 (5)	VMC	2692	v 1765 h 1524	Goodyear	589
ATS D 2	—	Cosworth DFV (V8)	Hewland FGA 400 (5)	VMC	2731	v 1600 h 1600	Goodyear	590
Brabham BT 48	Gordon Murray	Alfa Romeo (V12 60°)	Hewland-Alfa Romeo (6)	VMC	2743	v 1702 h 1626	Goodyear	595
Ensign MN 09	Morris Nunn	Cosworth DFV (V8)	Hewland FGA 400 (5)	VMC	2667	v 1778 h 1626	Goodyear	612
Ferrari 312 T4	Mauro Forghieri	312 B (12 Zyl. 180°)	Ferrari (5)	RRB	2700	v 1700 h 1600	Michelin	584
Fittipaldi F 5 A	Ralph Bellamy	Cosworth DFV (V8)	Hewland FGA 400 (5)	VMC	2780	v 1706 h 1596	Goodyear	605
Fittipaldi F 6	Ralph Bellamy	Cosworth DFV (V8)	Hewland FGA 400 (5)	VMC	2780	v 1956 h 1621	Goodyear	582
Ligier JS 11	Gérard Ducarouge Paul Carillo	Cosworth DFV (V8)	Hewland FG 400 (5/6)	VMC	2794	v 1738 h 1600	Goodyear	582
Lotus 79	Colin Chapman Martin Ogilvie	Cosworth DFV (V8)	Hewland FG 400 (5)	VMC	2819	v 1778 h 1626	Goodyear	590
Lotus 80	Colin Chapman Martin Ogilvie	Cosworth DFV (V8)	Hewland FGA 400 (5)	VMC	2789	v 1700 h 1638	Goodyear	580
McLaren M 28	Gordon Coppuck	Cosworth DFV (V8)	Hewland FG 400/6 (6)	VMC	2870	v 1778 h 1626	Goodyear	588
McLaren M 29	Gordon Coppuck	Cosworth DFV (V8)	Hewland FG 400/6 (6)	VMC	2870	v 1740 h 1590	Goodyear	586
Merzario A 2	—	Cosworth DFV (V8)	Hewland FGA 400 (5)	OMC	2720	v 1680 h 1640	Goodyear	591
Renault RS 10	Michel Têtu	Renault-Gordini EF 1 (V6 Turbo)	Hewland FGA 400 (5)	VMC	2860	v 1720 h 1570	Michelin	600
Shadow DN 9/B	Tony Southgate John Baldwin	Cosworth DFV (V8)	Hewland FGA 400 (5)	OMC	2692	v 1715 h 1588	Goodyear	603
Tyrrell 009	Maurice Phillippe	Cosworth DFV (V8)	Hewland FGA 400 (5)	VMC	2794	v 1702 h 1613	Goodyear	592
Williams FW 07	Patrick Head	Cosworth DFV (V8)	Hewland FGA 400 (5)	VMC	2692	v 1738 h 1600	Goodyear	579
Wolf WR 9	Harvey Postlethwaite	Cosworth DFV (V8)	Hewland FGA 400 (5)	VMC	2667	v 1626 h 1626	Goodyear	585

Chassisbauweise: OMC = offenes Monocoque, VMC = Voll-Monocoque, RRB = Rohrrahmen mit Blech beplankt

Williams und Brabham vorne

Auf Williams wird der Australier Alan Jones Weltmeister, knapp vor dem Brasilianer Nelson Piquet auf Brabham. Ferrari arbeitet intensiv am Turbomotor, ebenso Alfa Romeo. Lotus bleibt erfolglos.

Machtkämpfe zwischen der FISA und der FOCA, aber auch eine Spaltung unter den Formel-1-Teams charakterisierten die Saison 1980, welche eindeutig im Zeichen der Skirts (Schürzen) und der «Wing-cars» stand, deren Bodeneffekt die Kurvengeschwindigkeiten beängstigend in die Höhe schnellen ließ. Die Rundenzeiten wurden im Durchschnitt von einem Jahr zum anderen um rund 3 Sekunden gesenkt. Erstmals machten sich auch die Fahrer Gedanken über die gefährliche Entwicklung, wurde doch eine Querbeschleunigung registriert, welche zum Beispiel in der Ostkurve des Hockenheimrings den sagenhaften Wert von 2,7 g erreichte. Die Zentrifugalkräfte nahmen in den schnell durchfahrenen Kurven bedenkliche Dimensionen an; insbesondere bekamen es die Piloten mit Nackenschmerzen zu tun, weil die Halsmuskeln dem auf die Außenseite treibenden Kopf ständig entgegenwirken mußten. darüber hinaus war es für einen Piloten notwendig, seine Füße konzentriert auf den Pedalen zu halten, weil die Seitenkräfte die Füße ständig beiseite schieben wollten. Dank der durch den Bodeneffekt erzeugten Zusatzhaftung schossen die Wagen wie auf Schienen um die Kurven, ohne Slide — und damit auch nicht besonders spektakulär.

Nachdem Renault seit 1977 mit dem Turbomotor mitmischte, Ferrari im Frühjahr 1980 ebenfalls sein erstes Turbomodell, den 126 mit V6-Motor in 120°-Anordnung, vorstellte und auch Alfa Romeo durchblicken ließ, daß an einem aufgeladenen V8 gearbeitet wurde, machte sich im englischen Lager eine gewisse Angst vor der zu erwartenden Turboentwicklung bemerkbar, so daß sich die Briten zur Wehr setzten und versuchten, die Turbomotoren womöglich auf dem Reglementsweg kaltzustellen. Aber auch die Saison 1980 wurde nicht zu einem ausgesprochenen Turbojahr, obschon sich Renault mit Jean-Pierre Jabouille und René Arnoux insgesamt drei Grand-Prix-Siege holte. Sonst aber blieb die französische Supermaschine, welche zwischen 50 und 70 PS mehr abgab als die Dreiliter-Saugmotoren, sehr defektanfällig: bei Renault verzeichnete man sehr viele Ventilfederbrüche und Kolbenschäden.

Zu den großen Favoriten avancierten allmählich der Australier Alan Jones auf dem Williams FW07, von welchem Patrick Head inzwischen die Version FW07B konstruiert hatte, sowie das brasilianische Talent Nelson Piquet auf dem Brabham BT49, ebenfalls mit Cosworth-Motor. Der schmale und ausgesprochen kompakte Cosworth DFV, dessen Siegeszug seit dem erfolgreichen Debüt im Lotus 49 Jim Clarks anläßlich des Großen Preises von Holland 1967 anhielt, war auch das ideale Aggregat für die Realisierung eines optimalen «Wing-cars». Ferraris bewährter und über 12 000 U/min drehender Zwölfzylinder in 180°-Anordnung, dessen erste Erfolge auf das Jahr 1970 zurückgingen und mit welchem Jody Scheckter und Gilles Villeneuve 1979 in der Weltmeisterschaft noch die beiden ersten Plätze belegt hatten, wurde durch die stürmische «Wing-car»-Entwicklung — trotz des unbestrittenen PS-Potentials — zu einer ungeeigneten Waffe, welche es der liegenden Zylinder wegen nicht ermöglichte, ein Fahrzeug mit einem guten Abtrieb auf die Räder zu stellen. Aber gerade der Abtrieb war nun für Sieg oder Niederlage entscheidend, denn die dank des horrenden Bodeneffektes schlagartig angestiegene Kurvengeschwindigkeit konnte von einem Fahrzeug mit ungenügendem Abtrieb auch nicht mit einem deutlichen Leistungsplus des Motors wettgemacht werden.

Auf den 1979 erfolgreich gewesenen Ferrari 312T4 folgte 1980 der 312T5, der sich jedoch als völlig unterlegen erwies, wobei sich Jody Scheckter beim Großen Preis von England gar nur für die vorletzte Startreihe qualifizieren konnte, während er dann in Montreal, beim 112. und vorletzten Grand Prix seiner Karriere, gar aus dem Startfeld ausgeschlossen blieb. Und dabei riskierten die Ferrari-Piloten Kopf und Kragen.

Wiederum versah Michelin Renault und Ferrari mit Radialreifen, derweil Goodyear, dessen Formel-1-Reifen nun nicht mehr in England, sondern in Akron/USA hergestellt wurden, alle übrigen Teams betreuen mußte, so daß sich der amerikanische Reifenhersteller veranlaßt sah, die Anzahl Reifentypen und Gummimischungen einigermaßen einzuschränken. Aber bei 14 WM-Läufen ging Goodyear elfmal siegreich hervor, während sich Michelin diesmal mit den drei Renault-Erfolgen bescheiden mußte.

Eine Rekordzahl von insgesamt zwanzig Teams beteiligte sich 1980 am Formel-1-Geschehen, einigen blieb jedoch der Zutritt zum Startfeld fast regelmäßig verwehrt, weil sie an den Qualifikationshürden scheiterten. Die Renngemeinschaften waren: Arrows, ATS, Alfa Romeo, Brabham, Brands Hatch Racing (mit der südafrikanischen Fahrerin Desirée Wilson), Ensign, Ferrari, Fittipaldi, Ligier, Lotus, McLaren, Osella, RAM, Renault, Shadow, Theodore-Shadow, Theodore-Rainbow, Tyrrell, Williams-Leyland (das offizielle Williams-Team) sowie Williams GP Engineering.

Inzwischen waren auch die Kosten für die Grand-Prix-Veranstalter ordentlich in die Höhe geschnellt, mußte doch ein Organisator für ein 25 Wagen starkes Feld die hübsche Summe von 540 000 Dollar berappen. Dieses Geld wurde dann von der FOCA nach dem berühmten Schlüssel — je nach Leistung eines jeden Teilnehmers —, in Bruchteile von Prozenten aufgeteilt und an die Teams ausbezahlt.

Die bedeutendsten Rennställe traten mit folgenden Fahrerformationen an: Ferrari behielt den regierenden Weltmeister Jody Scheckter sowie den ungestümen kanadischen Draufgänger Gilles Villeneuve; Giacomelli blieb bei Alfa Romeo, wo der bisherige Ligier-Fahrer Patrick Depailler neu verpflichtet wurde; Brabham hatte mit Nelson Piquet ein großes Talent unter Vertrag, das nach dem Abgang Niki Laudas zur Nummer 1 avancierte, während die dann eher farblosen Zunino (Argentinien) und Rebaque (Mexiko) im zweiten Wagen saßen; Reutemann verließ Lotus und ging als Partner von Alan Jones zu Williams; bei Lotus, wo Mario Andretti trotz der enttäuschenden Saison 1979 weiterhin im Team blieb, wurde Reutemann durch den bisherigen jungen Shadow-Piloten

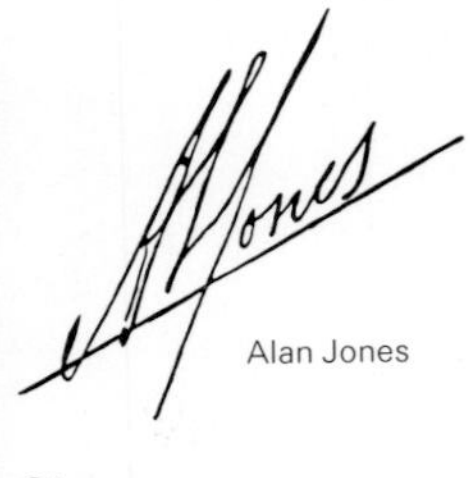

Alan Jones

Oben
Der Australier Alan Jones (hier mit seiner Gattin), Weltmeister 1980.

Links
Alan Jones auf dem Williams FW07.

Nach dem Start zum Großen Preis von Belgien in Zolder 1980 führt Didier Pironi auf Ligier JS11-Cosworth das Feld vor den beiden Williams FW07 von Jones und Reutemann an. In Belgien gewann Pironi, der somit auch zu seinem ersten Grand-Prix-Sieg kam. Für Ligier handelte es sich nach rund einjähriger Pause wieder um den ersten Erfolg.

Nachfolgende Doppelseite
In der zweiten Hälfte der Saison 1979 dominierte der Australier Alan Jones auf seinem einen optimalen Bodeneffekt erzeugenden Williams FW07-Cosworth. Die seitlichen Schürzen «dichten» den Fahrzeugkörper gegen die Fahrbahn hin ab.

Elio De Angelis ersetzt, welcher sich aber von seinem bisherigen und noch gültigen Shadow-Vertrag loskaufen mußte; Tyrrell verpflichtete Jean-Pierre Jarier und Derek Daly; bei Ligier blieb Laffite, während man den bisherigen Tyrrell-Fahrer Didier Pironi neu einstellte; Clay Regazzoni, der 1979 in Silverstone den ersten Williams-Erfolg geholt hatte, konnte seinen Vertrag nicht verlängern und kam in das unterlegene Ensign-Team Mo Nunns; bei McLaren, wo man weiterhin in einer tiefen Krise steckte, wurde dem Iren John Watson das junge französische Formel-3-Talent Alain Prost zur Seite gestellt, womit Patrick Tambay ohne Engagement dastand, worauf sich der Franzose in die USA begab, wo er auf einem Lola Can-Am-Meister des Jahres wurde; die bisherige Formel-2-Marke Osella trat dem Grand-Prix-Kreis mit dem in Rom lebenden Amerikaner Eddie Cheever bei, wobei der junge Ingenieur Giorgio Stirano, der später die eigene Marke Alba gründete, den ersten Osella Formel 1 konstruierte; im Team des deutschen ATS-Leichtmetallfelgenfabrikanten Günter Schmid fuhr nun der Schweizer Marc Surer (Formel-2-Europameister 1979), der damit seine erste volle Formel-1-Saison bestritt; die meisten übrigen Teams machten nur sporadisch mit, ohne irgendwelche Chancen.

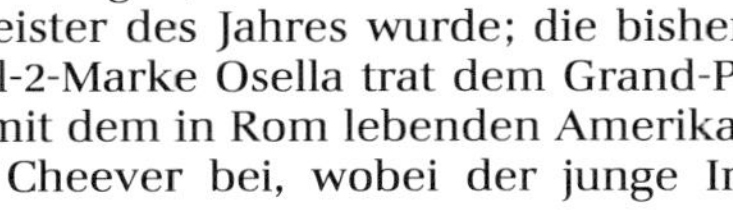

Marc Surer

Giorgio Stirano

Da 1979 prominente Teams wie Lotus, McLaren und Arrows mit «revolutionären» Ideen im Ground-Effect-Bereich erfolglos geblieben waren, entwarfen die Konstrukteure für die neue Saison verhältnismäßig konventionelle Wagen, welche sich im Aufbau und in der Wirkungsweise der Aerodynamik sehr ähnlich sahen.

Die 1979 von vielen Teams gemachte Erfahrung, daß die Wagen in langsamen Kurven sehr schlecht einzulenken waren, veranlaßte die Techniker, die statische Massenverteilung so zu ändern, daß die Vorderachse wieder mehr belastet wurde. Dies wurde mit einer erneuten Verschiebung des Fahrersitzes nach vorne erreicht, so daß die Füße des Piloten nur durch eine Polyesterverkleidung und eine Metallplatte «geschützt» waren. Wegen der schmalen Sandwichbauweise hatten sich die Chassis der Saison 1979 in ihrer Längsachse sehr stark verwunden, so daß man mehr und mehr dazu überging, anstelle des billigen Aluminiums neu Honigwaben-Sandwichstrukturen zu verwenden, um die Monocoques damit verwindungssteifer zu machen. An den seitlichen Monocoquewänden wurden etwa auf der Höhe des Fahrers beidseits die Öl- und die Wasserkühler angebracht, wobei die meisten Teams auch mit Wärmetauschern anstelle von Ölkühlern experimentierten. Diese Wärmetauscher wurden in den Kühlwasserkreislauf integriert, so daß jetzt nicht mehr die Luft, sondern das Wasser, das natürlich von der Luft gekühlt wurde, die Kühlung bewerkstelligte. Dadurch mußten aber die Wasserkühler vergrößert werden. Trotzdem versprach man sich von diesem Kompromiß einen Gewinn in bezug auf Gewicht und Aerodynamik, da einerseits die schweren Ölkühler gegen die leichten Wasserkühler aus Aluminium ausgetauscht werden konnten, anderseits mehr Ölkühlfläche wegfiel, als Wasserkühlfläche dazukam, und sich der Luftwiderstand verkleinern ließ.

Schon 1979 erwies sich die Gestaltung der Seitenprofile als äußerst schwierig, obschon zwar alle Autos wie Flügelwagen aussahen, die wenigsten unter ihnen aber einen maximalen Bodeneffekt erzeugten. In der Saison 1980 sah es schon besser aus, da sich nun fast alle Teams mit Forschungsprogrammen im Windkanal auseinandersetzten. Weil durch die intensive Arbeit an den seitlichen Flügeln bei gleichem Widerstand viel mehr Abtrieb erzeugt wurde als im Vorjahr, war es auch möglich, die Frontflügel ganz oder teilweise wegzulassen, während man die Heckflügel in den meisten Fällen sogar verkleinern

FLY

saudia
saudia
27

konnte, was wiederum weniger Luftwiderstand bedeutete. Die Größe der Heckflügel war also einigermaßen ein Indikator für den Wirkungsgrad der in den seitlichen Caissons untergebrachten Seitenflügel.

Williams-Konstrukteur Patrick Head ging bei der Optimierung des Seitenflügels so weit, daß er Anbauteile des Motors, wie normalerweise die am Cosworth-Motor links unten angebrachte Benzinpumpe, nach oben verlegte, um sie damit aus dem Luftstrom zu schaffen, wo sie störende Turbulenzen erzeugte. Dadurch konnte die Verschalung an der Motorunterseite enger und wirkungsvoller gestaltet werden.

Beim Brabham BT49, der Ende 1979 aufgetaucht war, bestand das Monocoque zu einem großen Teil aus Karbonfasern (Kohlenstoff). Dieses Material war zwar sündhaft teuer, erhöhte aber die Verwindungsfestigkeit des Chassis enorm. Schon wenige Jahre danach sollten dann Kohlenstoffmonocoques in der Formel 1 zur Selbstverständlichkeit werden. Brabham-Konstrukteur Gordon Murray arbeitete damals noch nicht im Windkanal, sondern ließ im Gegensatz zu den meisten übrigen Kollegen alle Modifikationen auf der Rennstrecke durchtesten, was sich nur ein Team mit großzügigem Budget leisten konnte. Murray experimentierte auch mit einem amerikanischen Weismann-Getriebe (bekannt von Indianapolis), das im Vergleich zum allgemein angewendeten englischen Hewland-Getriebe Typ FGB400 weniger breit war und damit dem Bodeneffektprinzip entgegenkam.

Wie der Brabham und der Williams war auch der Ligier JS11/15 eine Weiterentwicklung des Vorjahresmodells. Dieser Wagen wurde bezüglich Aerodynamik vom Ingenieurbüro SERA in Paris geplant (bei SERA wurde auch die Gestaltung des Renault und des Alfa Romeo vorgenommen). In den Werkstätten des in Vichy beheimateten Ligier-Teams konstruierten Paul Carillo und Hervé Guilpin die Grand-Prix-Wagen unter der Leitung des ehemaligen Flugzeugingenieurs Gérard Ducarouge. Dem allgemeinen Trend folgend, verlegte man auch bei Ligier die Hinterradbremsen nach außen in die Räder, um einen besseren Wirkungsgrad der Seitenflügel zu erreichen (allerdings erhöhte sich dabei das Gewicht der ungefederten Massen), so daß jetzt nur noch Ferrari innenliegende Bremsen verwendete. Aber in Anbetracht des breiten Zwölfzylinders lagen die Bremsen des 312T5 ohnehin nicht im unmittelbaren Bereich des Luftstroms, der sich von den gezwungenermaßen schmalen Seitenprofilen nach hinten zog.

Bei Renault wurde der in Dijon erfolgreich gewesene RS10 weiterentwickelt, und es entstand der RS20. Durch die Verwendung von Titan und Magnesium gelang es, das Gewicht zu senken. Viel gearbeitet wurde auch an der Aerodynamik dieses ausgewogenen und weiterhin über den stärksten Motor verfügenden Flügelwagens.

Bei Lotus zeichnete Martin Ogilvie unter der Aufsicht von Colin Chapman den Mark 81, von welchem es vorerst eine Version mit kurzem Radstand gab, um die Untersteuertendenz in Kurveneingängen abzubauen. Da dieser Wagen jedoch kaum schneller war als sein Vorgänger, zeichnete dann Nigel Stroud ein neues Chassis, das verwindungssteifer war. Gleichzeitig wurde das Cockpit um 12 cm nach vorne verlegt. In Verbindung mit 15-Zoll-Felgen bekam man die Untersteuertendenz in den Griff, aber die Saison 1980 wurde trotzdem nicht zu einem Lotus-Jahr.

Rechts
Mit dem Lotus 81-Cosworth von 1980 vermochte Mario Andretti nicht mehr an seine einstige Erfolgsserie anzuknüpfen.

Unten
Männer des Ligier-Teams. Von links nach rechts Jacques Laffite, Gérard Ducarouge und Didier Pironi.

René Arnoux

Oben
Herzlicher Empfang des Renault-Teams im Flughafen von Roissy nach René Arnoux' Sieg im Großen Preis von Brasilien 1980. Links (mit Krawatte) Rennleiter Jean Sage, rechts (Vordergrund) Chefmechaniker Gérard Champion.

Links
Die beiden Renault RE20 1980 in Kyalami. Vorne Jabouille (Pole Position), dahinter Arnoux (Sieger).

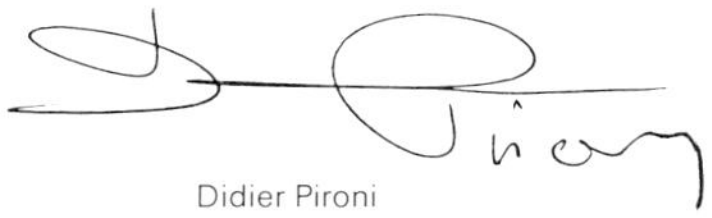

Didier Pironi

Große Fortschritte erzielte man bei Alfa Romeo/Autodelta mit dem Ende 1979 eingesetzten Typ 179. Dieses Auto fiel zwar durch seine nicht überaus ästhetische Formgebung, mit stumpfem Bug, auf, die allerdings aerodynamisch sehr wirkungsvoll war. Die Karosserie und die Flügel wurden ebenfalls von Robert Choulet entwickelt und waren begreiflicherweise der Ligier-Ausführung sehr ähnlich, zumal sie ja aus der gleichen Pariser Küche von SERA stammten. Anfang Saison war der Alfa Romeo sehr unzuverlässig; ständig gab es kleine, an sich vermeidbare Defekte, welche zu Ausfällen führten. Sehr positiv wirkte sich hier die Testarbeit Patrick Depaillers aus, dank dessen Wirken es gelang, den Zwölfzylinder im Verlaufe der Monate allmählich auf Vordermann zu bringen.

Bei Tyrrell konstruierte der ehemalige Lotus- und Parnelli-Mann Maurice Phillippe den neuen 010. Dieser erwies sich zwar als schneller als der 009, aber zu einem Siegerauto wurde auch er nicht. Es war auffallend, daß dieses Team seit dem Weggang des ehemaligen Tyrrell-Ingenieurs Derek Gardner im Jahre 1977 nicht mehr an die einstige Erfolgsperiode anknüpfen konnte, wenn vom Sieg Depaillers 1978 in Monaco abgesehen wird. Es war interessant, daß bei der Entwicklung des 010 der Amerikaner Karl Kempf, seines Zeichens Doktor der Physik und Spezialist für angewandte Mathematik, mithalf, indem er die wichtigsten Größen im Rennwagenbau, wie Abtrieb, Bewegung des Autos um seine drei Achsen (Längs-, Quer- und Hochachse), Motor, Drehzahl (und damit die Geschwindigkeit) sowie die Biegung der Querlenker unter Belastung, mit Hilfe elektronischer Sonden maß und die erhaltenen Werte auf einem Bordcomputer speicherte. Mit Hilfe dieser Daten war es Phillippe möglich, das Verhalten des Wagens, unabhängig von den Aussagen des Fahrers, genau zu beurteilen. Tyrrell testete im Frühjahr 1980 auch ein neues Aufhängungssystem: Die oberen Querlenker der Vorder- und der Hinterradaufhängung waren dabei konventionell, die unteren Querlenker konnten hingegen mittels Hydraulikzylindern so verstellt werden, daß der negative Sturz der Räder unter allen Fahrzuständen konstant blieb. Die Steuerung der Hydraulikzylinder oblag einem Computer, welcher laufend den Sturz der vier Räder maß und die Zylinder entsprechend lenkte. Das System funktionierte prinzipiell, doch brachte es keine spürbaren Verbesserungen, und die an sich revolutionäre Lösung verschwand wieder.

Bei McLaren wurde 1980 eine Umstrukturierung in die Wege geleitet. Gordon Coppuck arbeitete erfolglos am M29 weiter, welcher in der zweiten Saisonhälfte 1979 jedoch keine wesentlichen Resultate gebracht hatte. Auf den M29 folgten der M29B und — beim Großen Preis von Spanien 1980 — der M29C. Beim Großen Preis von Holland trat McLaren dann mit dem M30 an — mit stark nach vorn verlegtem Fahrersitz. Am M30 wirkte bereits John Barnard mit, der einige Jahre zuvor unter der Leitung von Gordon Coppuck an der Realisierung des erfolgreichen M23 mitgewirkt hatte und später dann für den in den USA Furore machenden Chaparral in der CART-Formel verantwortlich zeichnete. John Barnard kam zusammen mit Ron Dennis zu McLaren, welcher noch Ende der sechziger Jahre bei Brabham als junger Mechaniker mitgewirkt hatte, dann aber ein eigenes Formel-2-Team aufbaute. Im Verlaufe des Jahres 1980 wurde McLaren, auch dank der Unterstützung des großzügigen Sponsors Marlboro, volkommen umstrukturiert. Aus der Firma McLaren Cars oder Team McLaren wurde McLaren International; Ron Dennis avancierte zum neuen starken Mann, mit John Barnard als Chefkon-

Ron Dennis

John Barnard

strukteur an der Seite, während Gordon Coppuck das Team nach 15 Jahren verließ. Ab 1981 änderten auch die Typenbezeichnungen der Wagen, indem das erste Modell von McLaren International nicht M31, sondern MP4/1 getauft wurde. In diesem Team beeindruckte 1980 der talentierte junge Franzose Alain Prost, welchen Teddy Mayer im Winter zu Testfahrten nach Le Castellet eingeladen hatte, wo Prost, als frischgebackener Formel-3-Europameister, eine bessere Zeit als der etablierte John Watson in die Bahn legte, was Prost dann im Verlaufe der Saison auch bestätigte.

Die übrigen Teams waren 1980 mehr oder weniger Statisten: Arrows, ATS, Ensign und Fittipaldi setzten «normkonforme» Flügelautos ein. Shadow verschwand im Verlaufe der Saison ganz von der Bildfläche, weil kein Sponsor mehr gefunden werden konnte, so daß sich der Besitzer des Teams, der Amerikaner Don Nichols, veranlaßt sah, sein Material dem Millionär Teddy Yip aus Hongkong zu verkaufen. Aber die Saison wurde auch von den vorerwähnten Machtkämpfen zwischen der FISA und der FOCA gekennzeichnet — Machtkämpfe, die sich bis 1981 weiterzogen. Die FISA wollte das Schürzenverbot durchsetzen, aber gerade an den Skirts wollten die in der Formula One Constructors Association (FOCA) vereinigten Teams festhalten, wobei präzisiert werden muß, daß Ferrari, Alfa Romeo und Renault nicht Mitglied der FOCA waren. Einen ersten Höhepunkt erreichte die Krise vor dem Großen Preis von Spanien; aber schon vorher, in Zolder und in Monaco, war Feuer im Dach gewesen, denn bei diesen Grand Prix hatten die Fahrer der FOCA-Teams demonstrativ nicht an der obligatorischen Fahrerbesprechung vor dem Start teilgenommen, worauf FISA-Präsident Jean-Marie Balestre mit einer Buße von 2000 Dollar pro Fahrer konterte, mit Lizenzentzug dazu. In Spanien war dann das Lager klar gespalten, und zwar in die drei FISA-treuen Teams Ferrari, Alfa Romeo und Renault einerseits und die restlichen Teams anderseits. Dem Rennen in Spanien gingen stundenlange Diskussionen voraus; die Formel 1 schien zu zerfallen, die FISA erklärte das Rennen für ungültig, der Grand Prix lief trotzdem — unter FOCA-Regie sowie mit Fahrern, deren Lizenz ungültig war. Natürlich entzog die FISA diesem Grand Prix auch den WM-Status. Die FISA-treuen Teams nahmen selbstverständlich nicht am Rennen teil. Alan Jones siegte zwar in Jarama, aber es gab keine WM-Punkte.

Am 24. Juni, nur fünf Tage vor dem Großen Preis von Frankreich, der wegen der schweren Krise ebenfalls auf wackeligen Füßen stand, versammelten sich die Vertreter aller Formel-1-Rennställe in einem Londoner Hotel. Man verhandelte neun Stunden lang. Schließlich einigte man sich, und das Rennen von Le Castellet konnte laufen. Die Schürzen, die der FISA längst ein Dorn im Auge waren, blieben. Diese Hilfsmittel erhöhten nicht nur den Bodeneffekt ungemein, sondern sie waren auch sehr gefährlich, weil ein plötzliches Nichtfunktionieren einer Schürze, zum Beispiel durch Beschädigung, hervorgerufen durch einen Ausrutscher auf die Wiese oder bei der Fahrt über die Betonumrandung einer Kurve, den Bodeneffekt schlagartig verringerte, so daß ein Fahrer plötzlich aus der Kurve fliegen konnte.

Durch die politischen Machtkämpfe und Intrigen hatte die Formel 1 an Glaubwürdigkeit eingebüßt. Auch die Zuschauerzahlen litten unter dieser negativen Entwicklung.

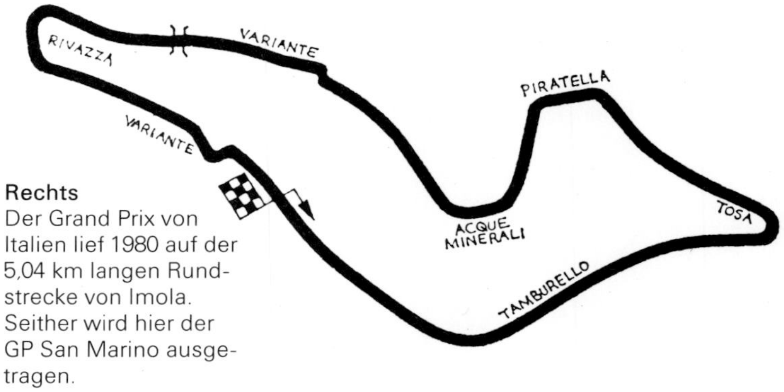

Rechts
Der Grand Prix von Italien lief 1980 auf der 5,04 km langen Rundstrecke von Imola. Seither wird hier der GP San Marino ausgetragen.

Unten
Nelson Piquet auf dem Brabham BT49-Cosworth während des von ihm gewonnenen Großen Preises von Holland in Zandvoort. Piquet erwies sich als der gefährlichste Widersacher Alan Jones' im Kampf um die Weltmeisterschaft 1980.

Die Fernsehanstalten fragten sich, ob die Rennen noch live übertragen werden sollten. Jetzt sprangen die Sponsoren auf die Barrikaden, denn bei den ausbleibenden TV-Übertragungen kamen sie punkto Werbewirkung schlechter weg. In Anbetracht der Macht des Geldes mußten die Rennställe einsichtig werden und sich arrangieren, damit die WM überhaupt fortgesetzt werden konnte.

Doch zurück zum Sport: Die Saison brachte ein spannendes WM-Duell zwischen Alan Jones, dessen Vater in den fünfziger Jahren zu den prominentesten Piloten Australiens gezählt hatte, und dem jungen Brasilianer Nelson Piquet, Sohn eines ehemaligen Ministers und Arztes. Beim Eröffnungsrennen in Argentinien siegte der Williams FW07B Jones', vor dem Brabham BT49 Piquets. In Brasilien konnte Renault dank der Mehrleistung seines Turbos zuschlagen, und René Arnoux kam hier zu seinem ersten Grand-Prix-Erfolg vor dem jungen Römer Elio De Angelis auf dem Lotus 81 und Jones auf Williams, wobei aber der Ehrenplatz Lotus' für diese Marke das beste Saisonresultat darstellen sollte. In Südafrika, auf rund 1800 m Höhe, konnten die Renault Turbo die Vorteile der Aufladung voll auswerten (weniger Leistungseinbuße), und die französischen Sechszylinder standen in der ersten Startreihe. Wieder gewann Arnoux. Einen schweren Unfall erlitt der Schweizer Marc Surer auf ATS während des Trainings, als er wegen eines Bremsversagers gegen die Abschrankungen prallte, wobei er sich Beinbrüche zuzog. In Long Beach feierte Piquet den ersten Grand-Prix-Erfolg seiner Karriere. Alain Jones sah sich durch eine Kollision eliminiert, und auf den Ehrenplatz kam ebenfalls eine Marke, welche sonst im Abseits stand, nämlich Arrows mit dem A3 von Riccardo Patrese. Dieser Grand Prix der USA West auf dem Straßencircuit von Long Beach nahm auch eine tragische Wende: Gianclaudio Regazzoni auf dem Ensign MN11 erlitt in der 51. Runde einen schweren Unfall, als bei seinem Wagen das Bremspedal brach und das Fahrzeug, ohne Bremsen, zuerst gegen den am Pistenrand stehenden Brabham von Zunino prallte und dann im Auslauf der U-Kurve frontal gegen eine Betonmauer krachte. Regazzoni überlebte wie durch ein Wunder den unheimlich starken Aufprall, aber an jenem 30. März 1980, bei seinem 132. Grand-Prix-Einsatz, war die Karriere dieses großartigen Kämpfers, dessen Formel-1-Debüt auf das Jahr 1970 zurückgeht, zu Ende. Der Tessiner blieb querschnittgelähmt; seither ist der sympathische Clay, der auch zu den großen Fahrerpersönlichkeiten seiner Zeit zählte, an den Rollstuhl gefesselt.

Beim Großen Preis von Belgien in Zolder gewann wieder ein «Neuling», nämlich Didier Pironi auf dem Ligier JS11/15, der die beiden Williams von Jones und Reutemann hinter sich ließ.

Hingegen kam Williams mit Reutemann in Monte Carlo zu Siegerehren, vor Laffite auf Ligier und Piquet auf Brabham, wobei Jones hier mit einem Getriebedefekt liegenblieb. Hier, in Monte Carlo, ereignete sich ein berühmter Startunfall, als der Ire Derek Daly auf Tyrrell im dichten Pulk zu vehement auf die Schikane von Sainte Dévote zuschoß und eine Massenkarambolage auslöste, in deren Verlauf sein Tyrrell 010 über mehrere Fahrzeuge hinwegflog. In Monaco sind Kollisionen im Nadelör von Sainte Dévote gang und gäbe, so daß sämtliche Objektive hier stets bereitstehen. Die Sequenzen des spektakulären Unfalles, bei welchem es zum Glück keine Verletzten gab, gingen im Fernsehen sowie in der Presse rund um die Welt. Bei der Mailänder Waschmaschinenfirma Candy, dem Sponsor von Tyrrell, rieb man sich die Hände, denn so intensiv (Replays in Slow

Links
Patrick Depailler auf dem Alfa Romeo Tipo 179 mit V12-Motor anläßlich des Großen Preises von Belgien 1980. Kurz danach kam der Franzose bei Tests in Hockenheim ums Leben.

Unten
Bei einem Meeting in Magny-Cours 1980 wird hier FISA-Präsident Jean-Marie Balestre von den französischen Formel-1-Piloten gefeiert. Von links Jacques Laffite, Didier Pironi, René Arnoux, Jean-Pierre Jarier, Jean-Pierre Jabouille, Alain Prost und Patrick Depailler. Balestre war auch Präsident des französischen Automobilsportverbandes (FFSA).

motion) war der Candy-Schriftzug den TV-Zuschauern noch nie eingeprägt worden — Glück im Unglück.

Auf Monaco folgte der Grand Prix von Spanien in Jarama, wo der Krach zwischen der FISA und der FOCA im schließlich illegal erklärten Rennen dazu führte, daß sich die FISA-treuen Teams Ferrari, Alfa Romeo und Renault nicht am Grand Prix beteiligten. «Spanien» zählte auch nicht für die WM. Anschließend zogen sich weitere dunkle Wolken am Formel-1-Himmel zusammen, dann kam der 24. Juni mit der Londoner Sitzung der beteiligten Teams, die es ermöglichte, die Saison fortzusetzen. In Le Castellet gewann Jones den Großen Preis von Frankreich vor den beiden Ligier von Pironi und Laffite. Beim Heim-Grand-Prix war Renaults Ausbeute mager: fünfter Platz von Arnoux, Ausfall von Jabouille. Anschließend siegte Alan Jones in Brands Hatch, und Laffite gewann in Hockenheim. Auf dem schnellen Kurs von Zeltweg kam Renault mit Jabouille auf den ersten Platz vor den beiden Williams.

Kurz vor dem Großen Preis von Deutschland wurde die Grand-Prix-Welt von einem tragischen Ereignis überschattet: Am 1. August, zehn Tage vor dem deutschen Grand Prix, kam Patrick Depailler anläßlich einer Testfahrt mit dem Alfa Romeo in Hockenheim wegen eines nie geklärten Unfalls in der Ostkurve ums Leben. Ein großer Sportler war nicht mehr, ein Mann, der das Rüstzeug hatte, einmal Weltmeister zu werden. Zudem verlor Alfa Romeo einen hervorragenden Testfahrer, dessen Tätigkeit bereits ihren Niederschlag hinterlassen hatte.

In Italien war seit 1979 ein Konkurrenzkampf zwischen Monza und Imola als Austragungsort des nationalen Grand Prix im Gange. In Imola hatte man den Autodromo Dino Ferrari, benannt nach dem 1956 an Leukämie verstorbenen Sohn Enzo Ferraris, seit Jahren ausgebaut und verbessert, so daß sich der ursprünglich reine Straßenrundkurs zu einem permanenten Autodrom durchgemausert hatte und nun Ansprüche auf eine WM-Prüfung erhob, um so mehr als diese Gegend Italiens als besonders motorsportfreundlich gilt. Seit 1949 lief der Große Preis von Italien also erstmals nicht im ehrwürdigen und 1922 eröffneten Autodrom von Monza, was für die Mailänder unfaßbar war.

Für das 1980 chronisch unterlegene Ferrari-Team brach in Imola offiziell die Turboära an, denn Gilles Villeneuve qualifizierte sich nicht auf dem 312T5 mit Zwölfzylinder-Saugmotor, sondern auf dem neuen und als «Wing-car» konzipierten Turbowagen Typ 126, dessen sechs Zylinder in 120°-Anordnung (81 × 48,4 mm = 1496 cm³) von zwei KKK-Turbos aufgeladen wurden. Mit dem erstmals an einem offiziellen Training teilnehmenden Turbo-Ferrari war Villeneuve um 0,6 Sekunden schneller als mit dem Saugmotor; diesen verwendete aber der Kanadier für das Rennen. Schon in der 6. Runde verunfallte Villeneuve wegen eines Reifenplatzers. Übrigens arbeitete Ferrari auch an einer andern Version des 126er Motors, nämlich an einer solchen, welche nicht von KKK-Ladegeräten, sondern von einer Comprex-Druckwellenmaschine der Firma Brown-Boveri aufgeladen wurde. Nach einer längeren Versuchszeit mit dem Comprex gab man aber später ausschließlich der KKK-Version den Vorzug.

In Imola hielt auch Alfa Romeo in den Boxen für die Presse eine Überraschung bereit: nämlich den auf einen Sockel montierten, neuen V8-Turbomotor mit 90°-Winkel (74 × 43,5 mm = 1496,7 cm³), welcher aber noch nicht gleich das Erbe des V12 antreten sollte, denn erst 1983 stellte man dann bei Alfa Romeo endgültig auf den Turbo um.

Nach dem Großen Preis von England ließ Jody Scheckter durchblicken, daß er sich Ende Saison zurückziehen würde; bei Ferrari handelte man rasch, und einen Tag nach dem Großen Preis von Italien lud der Commendatore die Presse ein, um ihr mitzuteilen, daß sein Team 1981 aus Gilles Villeneuve und Didier Pironi bestehen würde.

Vor dem vorletzten WM-Lauf, dem Großen Preis von Kanada in Montreal, führte Brabham-Fahrer Nelson Piquet die WM-Tabelle mit 54 Punkten an, Williams-Pilot Alan Jones lag einen Punkt zurück. Vor dem Start auf der Insel Notre-Dame lag knisternde

Spannung in der Luft. Jones und Piquet bildeten die erste Reihe. Gleich nach dem Start, in der ersten Kurve, boxte Jones seinen direkten Rivalen gegen die Leitplanken, es entstand eine Massenkollision, das Rennen wurde abgebrochen, Piquet stieg auf sein Ersatzfahrzeug um und mußte dann im neugestarteten WM-Lauf nach 24 Runden, als er die Spitze vor Jones hielt, mit einem Motorschaden aufgeben, derweil der Australier einen ungefährdeten Sieg herausfahren konnte. Jones führte nun mit 62 Punkten, Piquet war bei 54 Zählern stehengeblieben. In Watkins Glen stand keiner von beiden auf dem besten Startplatz, sondern der überraschende Bruno Giacomelli auf dem inzwi-

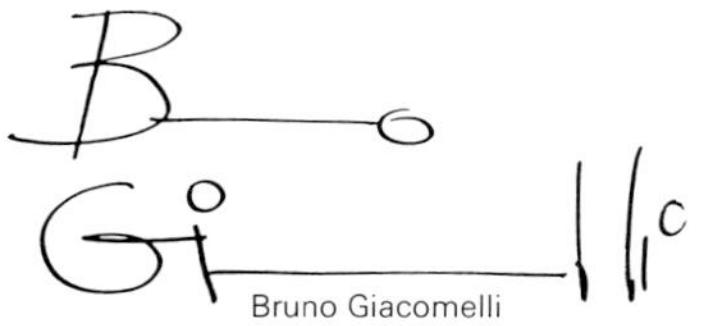
Bruno Giacomelli

schen stark verbesserten Alfa Romeo 179 mit V12-Motor, vor Piquet und Jones. Zuerst bot Giacomelli eine Show, denn 32 Runden lang führte der Alfa Romeo das Feld klar an, dann meldete sich prompt Alfa Romeos Defekthexe wieder, die Elektrik des Zwölfzylinders streikte, und der aus den Mittelfeldpositionen allmählich nach vorn gekommene Jones wurde Sieger und zugleich Weltmeister, um so mehr als Piquet schon nach 25 Runden von der Strecke geraten war. Piquet konnte sich mit dem undankbaren Titel eines Vizeweltmeisters trösten vor Reutemann, Laffite, Pironi und Arnoux. Williams gewann erstmals die Coupe der Formel-1-Konstrukteure vor Ligier und Brabham. Ferrari, Weltmeister des Vorjahres, mußte sich in der Teamwertung mit der 10. Position begnügen.

Formel-1-Wagen von 1980

Marke/Modell	Verantwortl. Konstrukteur(e)	Motor	Getriebe (Gangzahl)	Chassisbauweise	Radstand	Spur vorne Spur hinten	Reifenmarke	Trockengewicht in kg
Alfa Romeo 179	Carlo Chiti	Alfa Romeo 33 TT 12 (V12 60°)	Alfa Romeo (6)	VMC	2740	v 1720 h 1570	Goodyear	595
Arrows A 3	Tony Southgate	Cosworth DFV (V8)	Hewland FG 400 (5)	VMC	2591	v 1727 h 1600	Goodyear	581
ATS D 4	Nigel Stroud Gustav Brunner	Cosworth DFV (V8)	Hewland FGA 400 (5)	VMC	2692	v 1702 h 1600	Goodyear	579
Brabham BT 49	Gordon Murray	Cosworth DFV (V8)	Hewland FGA 400 (5)	VMC	2642	v 1702 h 1626	Goodyear	580
Ensign MN 10—MN 14	Ralph Bellamy Nigel Bennet	Cosworth DFV (V8)	Hewland FGA 400 (5)	VMC	2743	v 1676 h 1588	Goodyear	598
Ferrari 312 T5	Mauro Forghieri	Ferrari 312 B (12 Zyl. 180°)	Ferrari (5)	RRB	2700	v 1650 h 1610	Michelin	610
Ferrari 126 CK	Mauro Forghieri	Ferrari 126 C (V6 Turbo)	Ferrari (5)	RRB	2700—2850	v 1760—1780 h 1680—1650	Michelin	620
Fittipaldi F 7	Harvey Postlethwaite	Cosworth DFV (V8)	Hewland FGA 400 (5)	VMC	2642	v 1778 h 1626	Goodyear	592
Fittipaldi F 8	Harvey Postlethwaite	Cosworth DFV (V8)	Hewland FGA 400 (5)	VMC	2616	v 1727 h 1626	Goodyear	586
Ligier JS 11/15	Paul Carillo	Cosworth DFV (V8)	Hewland FGA 400 (5)	VMC	2800	v 1778 h 1608	Goodyear	575
Lotus 81	Martin Ogilvie Peter Wright	Cosworth DFV (V8)	Lotus-Hewland FGA 400 (5)	VMC	2678	v 1727 h 1626	Goodyear	590
McLaren M 29	Gordon Coppuck	Cosworth DFV (V8)	McLaren-Hewland FG 400 (6)	VMC	2705	v 1740 h 1590	Goodyear	586
McLaren M 30	Gordon Coppuck	Cosworth DFV (V8)	McLaren-Hewland FG 400 (6)	VMC	2731	v 1753 h 1626	Goodyear	600
Osella FA 1	Giorgio Stirano	Cosworth DFV (V8)	Hewland FGA 400 (5)	VMC	2710	v 1720 h 1620	Goodyear	600
Renault RE 20	Michel Têtu	Renault-Gordini (EF 1 V6 Turbo)	Hewland FGA 400 (5)	VMC	2860	v 1720 h 1570	Michelin	615
Shadow DN 12	Vic Morris Chuck Graemiger	Cosworth DFV (V8)	Hewland FGA 400 (5)	VMC	2578	v 1575 h 1600	Goodyear	607
Tyrrell 010	Maurice Phillippe	Cosworth DFV (V8)	Hewland FGA 400 (5)	VMC	2692	v 1702 h 1588	Goodyear	581
Williams FW 07 B	Patrick Head	Cosworth DFV (V8)	Hewland FGA 400 (5)	VMC	2692	v 1727 h 1626	Goodyear	585

Chassisbauweise: VMC = Voll-Monocoque, RRB = Rohrrahmen mit Blech beplankt

Jahr der teuren Wagenheber

Die politischen Machtkämpfe lassen das Prestige der Formel 1 schrumpfen. Schürzenverbot mittels Tricks umgangen. Piquet auf Brabham wird nach spannender Saison erstmals Weltmeister.

Kaum war die Saison 1980 vorbei, entbrannte der politische Kampf zwischen der FISA und der FOCA von neuem. Die meisten englischen Teams wollten sich von der FIA und der FISA trennen und einen eigenen Automobilsport-Weltverband gründen, nämlich die World Federation of Motorsport (WFMS), welche von der FOCA Anfang November 1980 auch ausgerufen wurde, wobei Ecclestone der Presse mitteilte, die WFMS werde nun eine eigene Weltmeisterschaft durchführen, nämlich das World Professional Championship. Im Rahmen einer Pressekonferenz erklärte Bernie Ecclestone, mit 15 Rennstrecken seien entsprechende Verträge zur Durchführung von Grand Prix abgeschlossen worden. Die FISA konterte eine Woche danach mit einer Erklärung, laut welcher der FOCA die Verbreitung ungenauer oder sogar falscher Informationen vorgeworfen wurde. Ebenso ließ die FISA die Öffentlichkeit wissen, daß die meisten Automobilclubs keine sogenannten WFMS-Rennen in ihrem Lande dulden würden. Auf der Seite der FISA standen die Rennställe von Alfa Romeo, Ferrari, Renault, Osella, Ligier sowie das neu in die Formel 1 eingreifende englische Toleman-Team.

Bereits rund einen Monat nach der Gründung der World Federation of Motorsport fiel diese sogenannte Vereinigung jedoch wie ein Kartenhaus zusammen, denn die Automobilclubs, die Automobilsportverbände, die Grand-Prix-Organisatoren und die Sponsoren stellten sich hinter die FISA; niemand wollte mit einer wilden Weltmeisterschaft etwas zu tun haben.

Weltweit hatte die Formel 1 schwer an Prestige und Glaubwürdigkeit eingebüßt. Am 4. Dezember 1980 traf eine Meldung aus Akron die Formel 1 wie ein Blitz: Goodyear war über die zerfahrene Situation verärgert und erklärte urplötzlich den Rückzug aus der Formel 1, womit ein Großteil der Teams ohne Reifen dastand.

Der auf den 25. Januar 1981 angesetzt gewesene Große Preis von Argentinien konnte nicht mehr zum vorgesehenen Datum durchgeführt werden, weil die Lage noch immer nicht geklärt war. Sowohl die FISA als auch die FOCA reichten gegenseitig Klagen ein. Die Engländer wollten das ganze Formel-1-Geschäft kontrollieren und die FISA ausgeschaltet wissen. Aber so konnte es nicht mehr weitergehen.

Am 19. Januar 1981 trafen sich dann die Vertreter aller Rennställe am Sitz von Ferrari in Modena, wo im Verlaufe eines dreizehnstündigen Gesprächs gemeinsame Vorschläge zuhanden der FISA ausgearbeitet wurden. Es war dies die Basis des dann berühmten Concorde-Abkommens, benannt nach der Place de la Concorde in Paris, wo sich der Sitz der FIA und der FISA befindet. Im Februar kam dann endlich ein Friedensschluß zwischen der FISA und der FOCA zustande, und am 4. März einigten sich die Parteien auf einen gemeinsamen Terminkalender. Das neue Concorde-Abkommen hielt unter anderem fest, daß die FIA die Sportohheit behalten und die FISA das ausführende Organ sein sollte. Die FOCA konnte jetzt im Auftrag der FISA mit Veranstaltern und Fernsehgesellschaften verhandeln, aber die Verträge mußten von nun an von der FISA bestätigt werden.

Bei den Formel-1-Rennwagen mußten an Stelle der bisherigen und vertikal beweglichen Schürzen oder Skirts unbewegliche Schürzen treten, welche mindestens 60 mm über der Fahrbahn zu liegen hatten. Sechsrädrige Rennwagen wurden verboten, ebenso der Vierradantrieb. Inzwischen war am 7. Februar der Große Preis von Südafrika gelaufen, an welchem sich nur die FOCA-Teams beteiligten, und zwar traten die Wagen in der bisherigen Schürzenkonfiguration an. Selbstverständlich entzog die FISA diesem Rennen den WM-Status, so daß die Weltmeisterschaft erst am 15. März mit dem Grand Prix der USA West in Long Beach begann.

Die FISA hatte also das Schürzenverbot endlich — allerdings rein theoretisch — durchgeboxt, doch diese Vorschrift wurde

Nelson Piquet

Links
Mit seinem Brabham BT49 C-Cosworth, welchen er hier in Hockenheim fährt, wurde der Brasilianer Nelson Piquet 1981 erstmals Weltmeister. Die seitlichen Schürzen des Brabham streiften die Fahrbahn und erzeugten damit einen besseren Abtrieb.

Oben
Infolge der zwischen der FISA und der FOCA entstandenen Differenzen mußte der Große Preis von Argentinien 1981 auf den Monat April verlegt werden. Es gewann Nelson Piquet auf Brabham vor Carlos Reutemann auf Williams (links) und Alain Prost auf Renault. Reutemann übernahm dabei die Führung in der WM.

später von den Konstrukteuren mit einem neuen Trick umgangen. Nachdem sich Goodyear kurzfristig für den Rückzug aus der Formel 1 entschieden hatte, erklärte sich Michelin bereit, alle Teams — wenigstens bei den ersten Rennen der Saison — mit Reifen zu beliefern.

In den verschiedenen Rennställen waren inzwischen Umbesetzungen vorgenommen worden. Ferrari ersetzte — wie schon erwähnt — den zurückgetretenen Jody Scheckter durch Didier Pironi, während Gilles Villeneuve blieb. Andretti verliess Lotus und ging als Partner von Bruno Giacomelli zu Alfa Romeo. Bei Lotus wurde der Weltmeister von 1978 durch Nigel Mansell ersetzt, De Angelis blieb im Team. Williams nahm die neue Saison mit Jones und Reutemann in Angriff. Bei Brabham blieb Nelson Piquet, in den zweiten Wagen kam der Mexikaner Hector Rebaque. Renault ersetzte den Ende 1980 beim Training in Kanada schwer verletzten Jean-Pierre Jabouille, der zu Ligier ging, durch den talentierten Alain Prost, während René Arnoux im angestammten Rennstall blieb. 1981 griff Talbot im Rahmen einer großangelegten Kampagne auch in die Formel 1 ein, und zwar liierte sich der französische Automobilhersteller mit dem Ligier-Team, so daß die neuen Wagen offiziell Talbot-Ligier getauft wurden. Der Rennstall aus Vichy stellte dabei wieder auf den Matra-V12-Motor um, welcher gründlich überarbeitet worden war. Die Abmessungen der hochdrehenden Zwölfzylindermaschine, mit der Ligier schon in den siebziger Jahren erfolgreich gewesen war, betrugen 79,7 × 50 mm = 2993 cm³. Die auf den neuen JS17 startenden Fahrer waren Jacques Laffite und Jean-Pierre Jabouille. Später mußte Jabouille allerdings wegen seiner nur langsam ausheilenden Beinverletzungen durch seinen Landsmann Jean-Pierre Jarier sowie durch Patrick Tambay ersetzt werden. Emerson Fittipaldi, der Weltmeister von 1972 und 1974, zog sich als Fahrer vorübergehend zurück, um sich ganz der Leitung seines stets erfolglosen Teams zu widmen. Die Fahrer des in England stationierten brasilianischen Stalles waren der Finne Keke Rosberg und der Brasilianer Chico Serra. Bei McLaren International, das nun ausschließlich von Ron Dennis sowie von Chefkonstrukteur John Barnard geleitet wurde, behielt man John Watson, ersetzte aber Jochen Mass durch den jungen italienischen Draufgänger Andrea De Cesaris, der von der Formel 2 kam. Arrows behielt Riccardo Patrese und stellte ihm seinen Landsmann Siegfried Stohr zur Seite.

Das deutsche ATS-Team von Leichtmetallfelgenfabrikant Günter Schmid fuhr mit dem Holländer Jan Lammers und später mit dem ehemaligen schwedischen Schlagzeuger Slim Borgudd. Tyrrell formierte sein Team neu und ersetzte Jarier und Daly durch den Amerikaner Eddie Cheever sowie durch den italienischen Europameister der Formel 3, Michele Alboreto. Ensign begann die Saison mit Marc Surer, ersetzte ihn jedoch später durch den Chilenen Eliseo Salazar, weil dieser frische Sponsoren mitbrachte, wobei Surer dann zu Theodore wechselte.

Ein neues Team machte in der Formel 1 seine Aufwartung, nämlich der bisherige Formel-2-Rennstall Toleman, welcher dem großen englischen Transportunternehmen von Ted Toleman gehörte. Toleman debütierte zwar erst beim ersten europäischen Lauf, nämlich beim GP von San Marino in Imola. Die Fahrer waren der Formel-2-Europameister von 1980, Brian Henton, sowie Derek Warwick.

Mit Toleman sollte 1981 auch die italienische Reifenmarke Pirelli wieder in die Formel 1 eingreifen, nachdem sich der Mailänder Reifengigant Ende 1957 aus dem Grand-Prix-Sport zurückgezogen hatte. Dem

Oben
Beim Lotus 88 bestand des Fahrgestell aus dem Primärchassis (links), das starr mit dem Front- und dem Heckflügel verbunden war, sowie aus dem konventionellen Sekundärchassis (rechts), das die üblichen Aufhängungen aufwies. Das weichgefederte Primärchassis senkte sich ab und erzeugte mehr Abtrieb. Aber der Lotus 88 wurde als illegal erklärt.

Links
Der Lotus 87 war punkto Konzept konventionell aufgebaut. Neu war die Monocoquekonstruktion, welche hier aus mit Kohlefaserlaminaten verleimten Honigwaben bestand. Lotus und auch McLaren waren die ersten Marken, welche 1981 sogenannte Kohlenstoffchassis herausbrachten.

Rechts
Der Kanadier Gilles Villeneuve auf Ferrari 126 CK mit aufgeladenem 120°-V6-Motor anläßlich des Grand Prix von Monaco 1981. Hier feierte die Marke Ferrari den ersten Formel-1-Sieg mit Turbomotor. Bis Ende 1980 hatte Ferrari noch den erfolgreichen Dreiliter-Zwölfzylinder-Saugmotor verwendet.

CERAMICHE
RAGNO
CERAMICHE
RAGNO
MICHELIN
27
Agip
olivetti

Derek Warwick

Beispiel Michelins folgend, verwendete Pirelli ebenfalls Radialreifen. Auch die englische Reifenmarke Avon beteiligte sich im gleichen Jahr erstmals wieder an Grand Prix. Als die Saison angelaufen war, kam auch Goodyear auf seinen Entschluß zurück, und bei den europäischen WM-Läufen griffen auch die Amerikaner wieder ein. Goodyear beschränkte sich dabei auf drei Teams: Brabham, Lotus und Williams.

Nachdem die neuen Bestimmungen eine durchgehende Bodenfreiheit von 60 mm vorschrieben, was die festen Schürzen, die sich nicht vertikal bewegen konnten, nutzlos machte, griffen die Konstrukteure — zuerst die Engländer — sogleich zu einem neuen Trick. Weil der Abstand der flexiblen Dichtleisten von der Fahrbahn nur im Stillstand kontrolliert werden konnte, entwarfen die Konstrukteure Trickfederungen, die es ermöglichten, das Fahrzeug während der Fahrt abzusenken, so daß die Schürzen die Fahrbahn wieder streiften und der Abstand zwischen der Schürze und der Fahrbahn erneut geschlossen werden konnte, was einen einwandfreien Bodeneffekt gewährleistete.

Auch auf rein technischer Ebene gab es Fortschritte zu verzeichnen. Um bei den Monocoques die Verwindungssteifigkeit noch weiter zu verbessern, wurde vermehrt zu exotischen Werkstoffen gegriffen, und anstelle des traditionellen Aluminiums verwendeten die meisten Teams Kohlefaserplatten für die kritischen Stellen des Monocoques. Eine neue Ära des Chassisbaus brach an. Lotus und McLaren gingen nämlich noch einen Schritt weiter und bauten erstmals ganze Monocoques aus Kohlefaserlaminaten, wobei diesen Graphitwhyskerfasern noch Kevlarfasern beigemischt wurden. Diese vergrößerten das Energieabsorptionsvermögen der Platten. Diese Kohlenstoff/Kevlar-Platten wurden teilweise mit Nomex-Honigwaben verklebt, was die Verwindungssteifigkeit noch weiter erhöhte.

Die Michelin-Reifen, welche zu Beginn der Saison von allen Teams verwendet wurden, waren noch auf die Abtriebskräfte der klassischen Schürzenwagen ausgerichtet, somit wurden diese Reifen wegen des nun reduzierten vertikalen Abtriebs weniger belastet und erreichten deshalb die optimale Betriebstemperatur nicht mehr, was zu einer Verminderung der Haftung führte. Kurzfristig mußten die Fahrzeuge wieder mit Front- und mit Heckflügeln versehen werden, denn damit ließ sich die stark reduzierte Wirkung der seitlichen Längsprofile einigermaßen kompensieren, was jedoch mit einem erhöhten Luftwiderstand verbunden war. Beim ersten WM-Lauf der Saison in Long Beach produzierten zum Beispiel die Seitenflügel des Williams FW07C laut Konstrukteur Patrick Head nur etwa einen Viertel des entsprechenden Vorjahresabtriebs bei Höchstgeschwindigkeit. Die Tatsache, daß die Bodenfreiheit durchgehend mindestens 60 mm betragen mußte, machte die Konstrukteure — wie schon erwähnt — einmal mehr erfinderisch.

Colin Chapman stellte im Frühjahr einen neuen, genial konzipierten Lotus, den Mark 88, vor, welcher über zwei voneinander völlig getrennte Chassis verfügte. Das sogenannte Primärchassis, das starr mit den Frontflügeln, den Seitenflügeln und dem Heckflügel verbunden war, hatte die Aufgabe, die aerodynamischen Kräfte des Fahrzeugs auf die Räder zu übertragen. Es war je

Die wohl atemberaubendste Zielankunft der Geschichte fand 1981 anläßlich des Großen Preises von Spanien in Jarama statt, als nicht weniger als fünf Wagen innerhalb von 1,24 Sekunden durchs Ziel schossen: der Ferrari 126 CK von Gilles Villeneuve, der Talbot-Ligier JS 17-Matra von Jacques Laffite, der McLaren MP4-Cosworth von John Watson, der Williams FW07 C-Cosworth von Carlos Reutemann und der Lotus 87-Cosworth von Elio De Angelis. Mehrere hundert Millionen Fernsehzuschauer verfolgten diesen aufregenden Finish am Bildschirm. Punkto Fahrgestell war der Ferrari eher unterlegen, aber die Kraft des Turbomotors machte den 126 CK auf den Geraden unwiderstehlich.

Alain Prost

Rechts
In Dijon stand der kleine Alain Prost erstmals auf dem Siegerpodest eines Formel-1-Rennens.

Unten
René Arnoux auf dem Renault RE 30.

durch eine Schraubenfeder/Dämpfer-Einheit mit den vier Rädern verbunden. Das Sekundärchassis war im Aufbau ein traditionelles Monocoque mit üblichen Aufhängungen, die die Kräfte auf die Räder weitergaben. Dieses Monocoque war wie beim Chassis des McLaren MP4 vollständig aus teilweise mit Honigwaben verleimten Kohlefaserlaminaten gefertigt und schon deshalb revolutionär. Die Legalität des Lotus 88 wurde jedoch von Anfang an bestritten, und als das Fahrzeug beim Training in Long Beach antrat, kamen bereits die ersten Proteste. Nach einigen Trainingseinsätzen verschwand dieser Lotus mit der sich absenkenden «Karosserie» wieder, denn es gab auch einen Rechtsstreit. Die Grundidee beim Mark 88 war ja die, mit Hilfe progressiver Federung des Primärchassis einen Schürzeneffekt zu erreichen, da sich dieses Chassis durch den Einfluß der Luftkräfte mitsamt den Seitenflügelteilen zum Boden hin senkte.

Inzwischen war es jedermann klar, daß das Absenken der Seitenkästen einen Teil des durch das Wegfallen der Schürzen verlorenen Abtriebs der Seitenflügel wieder zurückbrachte. Somit entstanden hydropneumatische Hebeeinrichtungen, dank denen sich das Chassis während der Fahrt tieferlegen ließ. Brabham-Konstrukteur Gordon Murray fand als erster eine Lösung. Er nutzte dabei die Tatsache, daß die durch das neue Reglement geforderten 60 mm Bodenfreiheit nur bei ruhendem Fahrzeug gemessen werden konnten, und versah den Brabham BT49C Anfang Saison mit einer Hebeeinrichtung, die den Wagen bei Stillstand auf die geforderte Mindesthöhe drückte. Während der Fahrt hingegen war der Bodenabstand fast gleich Null. Brabham arbeitete mit axial zum Dämpfer verschiebbarem Federteller, wobei die Verschiebung hydraulisch erfolgte. Bald wurde das Prinzip von den meisten Teams kopiert; es entstanden auch unterschiedliche Lösungen zur Absenkung der Fahrzeugkörper. Zuerst wurde noch gegen Brabham protestiert, insbesondere als Nelson Piquet mit dem BT49C schon beim zweiten Lauf, in Argentinien, auf der Pole Position stand. Die Absenkhydraulik wurde schließlich aber doch geduldet und auch von den meisten Marken übernommen, um so mehr als die FISA das Prinzip nach dem Großen Preis von San Marino als legal erklärte. Ab dem Grand Prix von Belgien waren solche Anlagen diskussionslos zugelassen.

Nachdem Renault seit 1977 mit einem V6-Turbomotor von 1,5 Litern Inhalt in der Formel 1 mitmischte, ging auch Ferrari 1981 endgültig auf den Turbo über. Es handelte sich um eine 120°-Einheit in V6-Anordnung, welche 1980 anläßlich der Qualifikationen zum Großen Preis von Italien in Imola erstmals bei einem offiziellen Training mit Villeneuve aufgetaucht war. Würde auch Ferrari so lange wie Renault auf den ersten Turbosieg warten müssen? fragte man sich allgemein.

Seit 1980 arbeitete in England auch Motorenkonstrukteur Brian Hart an einem aufge-

Oben
Die hydropneumatischen Hebeeinrichtungen der Formel-1-Wagen brachten 1981 diese eigenartigen Steuerhebel, welche im Cockpit angebracht wurden. Während der Fahrt konnte der Fahrer das Auto tiefer legen, derweil er es vor der Einfahrt in die Boxen wieder «hochpumpen» mußte. Die Aufnahme zeigt die beiden Steuerhebel am Osella.

Rechts
Mario Andretti am Steuer des Alfa Romeo 179 C mit V 12-Motor, aufgenommen 1981 in Long Beach. Alfa Romeo beteiligte sich zwischen 1979 und 1982 mit einem eigenen Team an Grand-Prix-Rennen, ohne aber jemals einen Sieg davontragen zu können. Im Jahre 1983 ging dann das Alfa-Romeo-Material an Euroracing über.

Brian Hart

Der Williams FW07 C-Cosworth von 1981. Die großen Seitenprofile, in die vorne die Kühler eingelegt waren, erzeugten einen hervorragenden Abtrieb. Mit kleinen Schürzen war auch der Frontflügel versehen. Einmal mehr war Konstrukteur Patrick Head ein guter Wurf gelungen.

ladenen Vierzylinder, welcher sich als Saugmotor in der Formel 2 bewährt hatte und nun auf die Formel 1 adaptiert wurde. In Imola tauchten die von Pirelli bereiften Toleman erstmals mit dem Hart Turbo Typ 415T auf, welcher mit einem amerikanischen Garrett-Lader arbeitete und zuerst eher bescheidene 490 PS abgab. Die Abmessungen des Leichtmetall-Vierzylinders, welcher später mit einem festen Zylinderkopf nach dem Monoblockprinzip (Sacklochzylinder) versehen wurde, betrugen 81 × 72,6 mm = 1496 mm. Zuerst erwies sich Harts Maschine als besonders defektanfällig, erst in Monza kam ein Toleman ins Ziel. Mit dem mäßigen Potential der Toleman-Hart fehlte somit auch Pirelli eine echte Vergleichsmöglichkeit.

Bei Ferrari wiesen die Einsatzmotoren zwei KKK-Turbolader auf, aber man arbeitete versuchsweise auch mit der Comprex-Druckwellenmaschine von BBC weiter. Später wurde der Comprex wieder fallengelassen. Nur bei einigen Trainings fuhren die Ferrari-Piloten auch mit der Comprex-Version.

Im Verlaufe der Saison, als die hydropneumatischen Hebevorrichtungen immer perfekter arbeiteten und die Chassis während der Fahrt nur wenige Millimeter über der Fahrbahn lagen, kristallisierte sich ein neues Problem heraus: Wegen des stark reduzierten Federweges mußte zu unglaublich harten Federn gegriffen werden, welche die Arbeit der Piloten sehr erschwerten, weil nun die Fahrer einer unheimlichen Rütteltortur ausgesetzt waren. Die Piloten klagten über Hals-, Rücken-, Bandscheiben- und Wirbelsäulenschmerzen, so daß ein Alan Jones sogar damit drohte, die Formel-1-Fahrerei an den Nagel zu hängen, um nicht im Rollstuhl zu enden. Die Grand-Prix-Boliden waren praktisch zu ungefederten Karts geworden.

Immerhin: 1981 gab es zwar eine sehr umstrittene, aber unglaublich spannende und ausgeglichene Weltmeisterschaft, welche in Long Beach begann und in Las Vegas ihren krönenden Abschluß fand.

Die ausgeklügelten Williams FW07C mit Cosworth-Motor feierten in Long Beach und in Brasilien (Siege von Jones und Reutemann) je einen Doppelerfolg, während sich Piquet mit seinem von Anfang an absenkbaren Brabham BT49C in Argentinien sowie beim ersten Grand Prix von San Marino in Imola auf den ersten Platz hisste. In Belgien, wo die Absenkhydraulik nach langen Diskussionen endlich als legal galt, gewann Reutemann vor Jacques Laffite auf dem Talbot-Ligier JS17 mit Matra-V12-Motor. In Monaco folgte der erste Erfolg des Ferrari 126CK mit V6-Turbomotor, herausgefahren von Gilles Villeneuve, der allerdings vom Pech des zuerst klar führenden Nelson Piquet auf Brabham (Unfall) und von Alan Jones auf Williams (Dampfblasenbildung in der Benzinzufuhr) profitieren konnte. Der folgende Große Preis von Spanien war an Spannung kaum zu überbieten: Von der 14. Runde an hißte sich Villeneuve mit seinem fahrgestellmäßig eher unterlegenen Ferrari an die Spitze eines Führungsquintetts, welches praktisch während der ganzen Renndistanz beisammenblieb. Dank riskanter Fahrweise in den Kurven und dank imposanter Turbokraft auf der Zielgeraden vermochte der kleine Kanadier seine stets angreifenden Kollegen ständig in Schach zu halten, und am Ziel gingen die fünf ersten Fahrer, nämlich Villeneuve auf dem Ferrari 126CK, Laffite auf dem Talbot-

Die wichtigsten Daten und Merkmale der Formel-1-Motoren von 1981

Marke	Alfa Romeo	Cosworth	Ferrari	Hart	Matra	Renault
Typ	312	DFV	126 C	415 T	MS 81	EF 1
Zylinderanordnung	V12 60°	V8 90°	V6 120° Turbo	4 R, Turbo	V12 60°	V6 90° Turbo
Bohrung × Hub (mm)	78,5 × 51,5	85,7 × 64,8	81 × 48,4	81 × 72,6	79,7 × 50	86 × 42,8
Hubraum (cm³)	2991	2990	1496	1496	2993	1492
Anzahl Hauptlager	7	5	4	5	7	4
Einspritzung	Lucas	Lucas	Lucas	Lucas	Lucas	Kugelfischer
Aufladung	—	—	2 × KKK	1 × Holset	—	2 × KKK
Zündung	Marelli	Lucas	Marelli	Lucas	Marelli	Marelli
Höchstleistung in PS bei U/min	520 12 000	490 10 750	550 11 500	490 9500	520 12 000	550 11 500

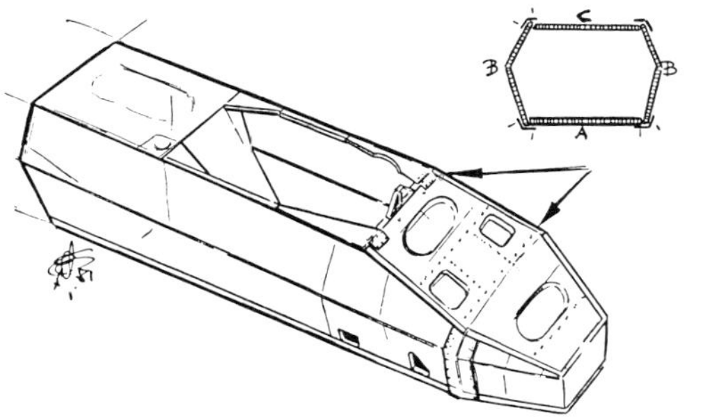

Unten
Das sechskantige Monocoque des Tyrrell 011 bestand aus zusammengeleimten Bienenwaben-Sandwich-Platten, welche eine leichte und besonders stabile Konstruktion ergaben.

Rechts
Ein maßstabgetreues Holzmodell des Talbot-Ligier JS 17-Matra wird im Windkanal getestet. Mit den achtziger Jahren wurden ausgiebige Windkanalversuche in der Formel 1 unerläßlich.

Ligier JS17-Matra, Watson auf dem McLaren MP4-Cosworth, Reutemann auf Williams FW07C-Cosworth und De Angelis auf Lotus 87-Cosworth, innerhalb von 1,24 Sekunden durchs Ziel. Das hatte es noch nie gegeben.

Immerhin: 1981 mußte sich Ferrari mit den beiden Erfolgen von Villeneuve begnügen. Beim Großen Preis von Frankreich in Dijon, welcher infolge Regens unterbrochen und dann — mit Stand bei Abbruch — neu gestartet werden mußte, kam Renault nach längerer Durststrecke wieder zu einem Sieg. Im Burgund hißte sich der junge Alain Prost auf dem RE30 erstmals in seiner Karriere auf den ersten Platz eines Grand Prix.

In Silverstone, beim Großen Preis von England, konnte McLaren endlich seine Jahre dauernde Krise abschließen, denn auf dem schnellen Rundkurs gewann John Watson auf dem MP4-Cosworth mit Kohlenstoffmonocoque, was gleichzeitig auch den ersten Erfolg der ganz modernen Chassisgeneration, welche sogleich Schule machte, bedeutete. Der unter der Leitung von John Barnard entstandene MP4 galt als eine der fortschrittlichsten Konstruktionen. Das Monocoque aus Kohlenstoff/Kevlar-Fasern war nicht in England, sondern bei der auf die Raumfahrt spezialisierten amerikanischen Firma Hercules entstanden. Hinsichtlich Festigkeit bewährten sich die McLaren-Monocoques auch deshalb, weil Heißsporn Andrea de Cesaris 1981 an die zwei Dutzend Ausrutscher heil überstand.

Mit dem Brabham BT49C gewann Piquet in Deutschland, Laffite fuhr in Österreich mit seinem Talbot-Ligier JS17 den ersten Platz heraus. In Holland hißte sich Prost mit dem Renault Turbo auf den ersten Platz, ebenso beim Großen Preis von Italien. Beim verregneten Grand Prix von Kanada auf der Insel Notre-Dame bei Montreal eroberte sich der drahtige Laffite mit seinem Zwölfzylinder den zweiten Saisonsieg, und vor dem neu in die Weltmeisterschaft einbezogenen und das Championat abschließenden Grand Prix in Las Vegas, der auf einem umstrittenen und an eine Kartbahn erinnernden Rundkurs auf dem Riesenparkplatz des Caesars Palace stattfand, kamen noch drei Piloten für die Weltmeisterkrone in Frage: Piquet, Reutemann und Laffite.

Jones auf Williams gewann das anstrengende Rennen mit den vielen U-Kurven vor Prost sowie vor Bruno Giacomelli auf dem von Erfolglosigkeit gezeichneten Alfa Romeo 179C mit V12-Motor. Weltmeister wurde Nelson Piquet auf Brabham, der seinen argentinischen Rivalen Carlos Reutemann auf Williams um nur einen Punkt hinter sich ließ, während Jones dem Franzosen Laffite den dritten Schlußrang noch dank dem Las-Vegas-Erfolg vor der Nase wegschnappte.

Eine unheimlich spannende Weltmeisterschaft, aber zugleich ein umstrittenes Championat, in dessen Verlauf jedoch endlich eine gewisse Ruhe und Ordnung in die Formel 1 eingekehrt war. Im Concorde-Abkommen hatten die Rennställe untereinander einerseits und die FISA anderseits eine schriftlich definierte Form des Zusammenlebens gefunden. Das Concorde-Abkommen war Friedensvertrag und Reglement zugleich, und nur dank diesem Papier hatte sich die Formel 1 im Verlaufe der Saison 1981 wie Phönix aus der Asche erhoben.

Noch blieb der Cosworth DFV das erfolgreichste Formel-1-Aggregat, denn acht Rennen wurden von der bis zu 500 PS starken Saugmaschine gewonnen. Renault schloß die Saison mit drei Siegen ab, und Ferrari holte sich im ersten Turbojahr zwei Volltreffer. Zwei erste Plätze waren auch an den Zwölfzylinder von Matra gegangen. Nach Renault, Ferrari und Hart tauchte 1981 eine weitere Marke mit einem Turbomotor auf, nämlich BMW. Bei der BMW Motorsport GmbH in München war unter der Gesamtleitung von Ingenieur Paul Rosche ein aufgeladener Vier-

Paul Rosche

zylinder der Formel 1 entstanden, welcher auf einer jahrelangen Erfahrung aus der Formel 2 basierte. Ebenso war der Vorgänger dieses Turbomotors, dessen Graugußblock der Serie entstammte, auch schon in der Fahrzeuggruppe 5 (Spezial-Gran-Turismo-Wagen) als Triebwerk eines BMW 320 von 1,4 Litern Motorinhalt ausgiebig erprobt worden. Die Formel-1-Konfiguration des Sechzehnventilers mit KKK-Lader stellte selbstverständlich eine wesentliche Weiterentwicklung dar. Den BMW-Vierzylinder hatte sich FOCA- und Brabham-Boß Bernie Ecclestone exklusiv gesichert, und beim Training zum Großen Preis von England in Silverstone tauchte die Kombination Brabham/BMW erstmals mit Nelson Piquet auf. Der Brasilianer qualifizierte sich mit dem BT50 zwar für die zweite Startreihe, doch das Rennen bestritt er wieder mit dem BT49C-Cosworth. Das eigentliche Renndebüt war auf den Großen Preis von Italien angesetzt, aber schließlich bestritt der BT50-BMW sein erstes Rennen erst Anfang 1982 in Kyalami.

Tyrrell war seit 1978 immer noch erfolglos, aber auch Lotus und Alfa Romeo kamen 1981 nicht auf erste Plätze. Nach dem Mark-88-Debakel stellte man bei Lotus auf den konventionelleren Mark 87 um, mit welchem

De Angelis und Mansell im Kampf um den Sieg jedoch nie ein Wort mitreden konnten. Bei Alfa Romeo wurden die an sich potenten Zwölfzylinder von Fahrgestellproblemen geplagt, so daß auch ein Mario Andretti von den vordersten Positionen ausgeschlossen blieb.

Die allmählich zunehmende Anzahl Turbosiege von Renault und Ferrari bewies, daß sich das neue und vor allem noch von Temperaturproblemen heimgesuchte Motorenkonzept mehr und mehr durchzusetzen begann, so daß der endgültige Durchbruch in unmittelbarer Zukunft erfolgen mußte. Die Ära des Saugmotors ging in der Formel 1 allmählich ihrem Ende entgegen. In bezug auf die reine Leistung war ihm nämlich der Turbo klar überlegen, erreichten doch die Sechszylinder von Renault und Ferrari mindestens 560 PS, während die Saugmaschinen nicht über 490 bis 530 PS kamen. Sieben Pole Positions wurden 1981 von Turbowagen herausgefahren, im Rennen aber erwiesen sich die Dreiliter-Saugmaschinen als zuverlässiger.

Im Oktober 1981 wurden die ersten Prüfstandversuche mit einem neuen 1,5-Liter-Turbomotor, der für die Formel 1 bestimmt war, aufgenommen. In Triesen (Liechten-

John Watson

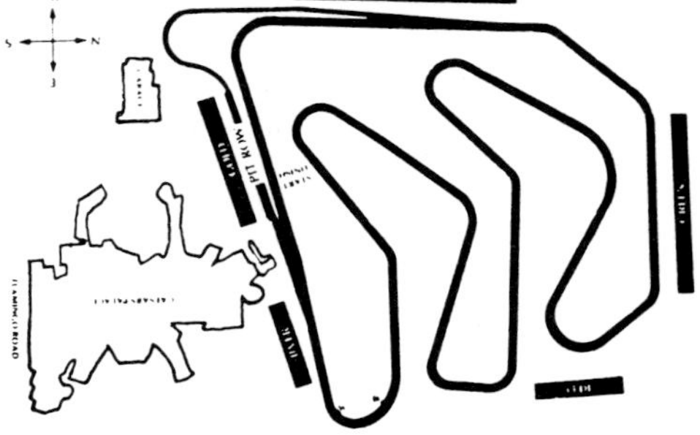

Links
Mit großem Aufwand wurde 1981 auf dem riesigen Parkareal des Caesars Palace von Las Vegas erstmals eine GP-Strecke abgesteckt. Die Rundenlänge betrug 3640 m.

Mitte
John Watson auf dem McLaren MP4-Cosworth in Buenos Aires. Die Konstruktion John Barnards wies bereits ein Kohlenstoff-Monocoque auf.

Unten
Positionskämpfe kurz nach dem Start zum Großen Preis von Frankreich in Dijon 1981. Vorne liegen der Theodore TY01 von Marc Surer sowie der McLaren MP4 von Andrea De Cesaris. Dahinter folgen der Arrows A3 von Patrese, der Williams FW07 C von Alan Jones sowie der Tyrrell 011 von Eddie Cheever.

stein) hatte Motorenspezialist und Tuner Max Heidegger zusammen mit dem deutschen Ingenieur Rolf-Peter Marlow einen Leichtmetall-Sechszylinder verwirklicht, der unkonventionell konzipiert war: sechs Zylinder in Reihe, zentraler Kraftabtrieb, zwei KKK-Turbolader, schräggestellter Block. Mit viel Enthusiasmus hatte man das kostspielige Projekt in Fürstentum in aller Stille angepackt. Max Heidegger verließ sich dabei auf eine einstige mündliche Zusage des McLaren-Managers Ron Dennis, wonach dieses Team den Sechszylinder für den Grand-Prix-Einsatz verwenden würde. Aber als das erste Exemplar des ungewöhnlichen Triebwerkes auf dem Triesener Prüfstand drehte, gab McLaren bekannt, daß man soeben ein Abkommen mit Porsche getroffen habe, wobei die deutsche Firma den Bau und die Weiterentwicklung eines neuen V6-Turbomotors (später als TAG-Porsche bekannt und auch erfolgreich), der exklusiv für McLaren bestimmt war, übernahm. Aus dem Projekt Heideggers wurde nichts.

Formel-1-Wagen von 1981

Marke/Modell	Verantwortl. Konstrukteur(e)	Motor	Getriebe (Gangzahl)	Chassisbauweise	Radstand	Spur vorne Spur hinten	Reifenmarke	Trockengewicht in kg
Alfa Romeo 179 C	Carlo Chiti	Alfa Romeo (V12 60°)	Alfa Romeo (6)	VMC	2740	v 1700 h 1500	Michelin	595
Arrows A 3 B	Tony Southgate Dave Wass	Cosworth DFV (V8)	Hewland FGA 400 (5)	VMC	2629	v 1854 h 1626	Pirelli	585
ATS HGS (D 5)	Hervé Guilpin	Cosworth DFV (V8)	Hewland FGA 400 (5)	VMC	2700	v 1820 h 1690	Avon	585
Brabham BT 49 C	Gordon Murray	Cosworth DFV (V8)	Hewland FGA 400 (5)	VMC	2718	v 1702 h 1588	Goodyear	586
Ensign MN 15	Ralph Bellamy Nigel Bennet	Cosworth DFV (V8)	Hewland FGA 400 (5)	VMC	2642	v 1753 h 1626	Avon	610
Ferrari 126 CK	Mauro Forghieri Antonio Tomaini	Ferrari 126 (V6 Turbo)	Ferrari (5)	RRB	2700–2850	v 1760–1780 h 1680–1650	Michelin	620
Fittipaldi F 8 C	Harvey Postlethwaite	Cosworth DFV (V8)	Hewland FGA 400 (5)	VMC	2637	v 1762 h 1829	Michelin	590
Lotus 81 B	Martin Ogilvie Peter Wright	Cosworth DFV (V8)	Hewland FGA 400 (5)	VMC	2819	v 1803 h 1676	Michelin	588
Lotus 87	Martin Ogilvie Peter Wright	Cosworth DFV (V8)	Hewland FGA 400 (5)	VMC	2705	v 1778 h 1600	Goodyear	587
March 811 RM	Robin Herd	Cosworth DFV (V8)	Hewland FGA 400 (5)	VMC	2692	v 1727 h 1575	Avon	590
McLaren MP 4	John Barnard	Cosworth DFV (V8)	Hewland FGA 400 (5/6)	VMC	2642	v 1727 h 1676	Michelin	585
Osella FA 1 B	Enzo Osella Giorgio Stirano	Cosworth DFV (V8)	Hewland FGA 400 (5)	VMC	2700	v 1715 h 1650	Michelin	600
Renault RE 20 B	Michel Têtu	Renault-Gordini EF 1 (V6 Turbo)	Hewland FGA 400 (5)	VMC	2860	v 1720 h 1630	Michelin	615
Renault RE 30	Michel Têtu	Renault-Gordini EF 1 (V6 Turbo)	Hewland FGA 400 (5)	VMC	2730	v 1740 h 1630	Michelin	600
Talbot-Ligier JS 17	Michel Beaujon	Matra MS 81 (V12)	Hewland FGB 400 (5)	VMC	2780	v 1710 h 1678	Michelin	585
Theodore TY 01	Tony Southgate	Cosworth DFV (V8)	Hewland FGA 400 (5)	VMC	2743	v 1753 h 1600	Avon	589
Toleman TG 181	Rory Byrne John Gentry	Hart 415 T (4 Zyl. Turbo)	Hewland FGB 400 (5)	VMC	2692	v 1715 h 1676	Pirelli	592
Tyrrell 010	Maurice Phillippe	Cosworth DFV (V8)	Hewland FGA 400 (5)	VMC	2692	v 1702 h 1588	Avon	590
Tyrrell 011	Maurice Phillippe	Cosworth DFV (V8)	Hewland FGA 400 (5)	VMC	2692	v 1727 h 1575	Avon	589
Williams FW 07 C	Patrick Head	Cosworth DFV (V8)	Hewland FGA 400 (5)	VMC	2692	v 1727 h 1600	Goodyear	587

Chassisbauweise: VMC = Voll-Monocoque, RRB = Rohrrahmen mit Blech beplankt

Rütteltortur für die Piloten

Dank maximalem Bodeneffekt erreicht die Querbeschleunigung unheimliche Werte. Steinharte Federung stellt die Fahrer vor große Probleme. Mit nur einem Sieg wird Rosberg Weltmeister.

Unten
Wassertrick bei Williams: Ein Mechaniker füllt vor der Gewichtskontrolle Wasser in das Fahrzeug ein, um damit das «Trockengewicht» auf das verlangte Limit zu bringen.

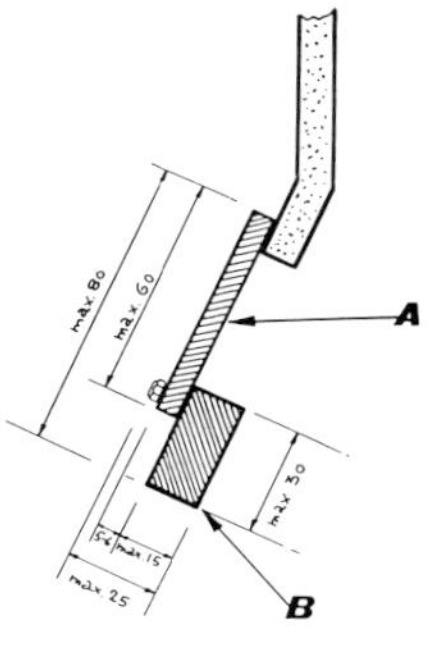

Links
So mußten die Schürzen 1982 gebaut sein. An die Seitenwand der Karosserie (punktierte Schnittfläche) mußte eine flexible Partie (A) befestigt sein, die mit einem Gleitschuh (B) versehen sein mußte.

Unten
Nach dem GP von Brasilien 1982 brach Nelson Piquet auf dem Podium erschöpft zusammen. Keke Rosberg (Zweiter) scheint seinen Kollegen aufzumuntern. Rechts Alain Prost (Dritter).

Streitereien, Boykotts und auch gewisse Betrügereien charakterisierten die Saison 1982, vor allem bei den ersten Rennen. Eine gewisse Stabilität kehrte erst wieder mit dem Großen Preis von Belgien ein, nachdem die FISA klare Richtlinien herausgegeben hatte, die von den beteiligten Parteien auch akzeptiert wurden.

Geprägt wurde die Saison auch von der Tatsache, daß der Bodeneffekt dank den seitlichen Längsprofilen und den schließlich wieder erlaubten Schürzen prohibitive Dimensionen annahm, insbesondere deshalb, weil die FISA die Bodenfreiheit der Wagen, welche 1981, als die hydraulischen Hebevorrichtungen ihr Unwesen getrieben hatten, 60 mm — allerdings nur im Stillstand — betragen mußte, wieder freigab. Damit wurden die Hebevorrichtungen auch ausgeschaltet. Jetzt aber traten die Autos wieder mit einer minimalen Bodenfreiheit an, welche die aerodynamische Wirkung der Seitenprofile entsprechend vergrößerte, wodurch der Bodeneffekt weiter anstieg, so daß im Verlaufe der Saison horrende Querbeschleunigungen von bis zu 4 g registriert wurden. Dies machte die Arbeit der Fahrer zur nicht mehr zu verantwortenden Tortur, wurden doch auch die Federwege auf minimale Werte von rund 25 mm reduziert. Mit andern Worten, bei den steinhart gefederten Fahrzeugen übernahmen praktisch die Reifen und die leicht flexiblen Querlenker, welche damit zu Blattfedern umfunktioniert wurden, die eigentliche Aufgabe der Federn. Die Piloten klagten ständig über Rücken- und Halsbeschwerden.

Immer mehr wurde der Ruf nach einer drastischen Senkung des Bodeneffektes laut, weil sich die unvorstellbaren Querkräfte in den Kurven ins schier Unerträgliche steigerten. Die FISA hatte die Schürzen also wieder zugelassen, wenn auch nur solche, die sich nicht vertikal bewegen durften, sondern diese Dichtleisten, die in ihrer Größe limitiert waren, mußten fest an den vertikalen Seitenplatten der die Längsprofile abdeckenden Verschalung angebracht sein. Die Skirts streiften die Fahrbahn und waren nach innen gerichtet, um damit ein Hinauskippen beim Abheben des Fahrzeugs zu vermeiden. Die Schürzen bestanden aus Urethan, und die den Boden streifende Partie fertigte man aus Leisten hochwertigen Hartholzes an.

Die aerodynamische Effizienz der Rennwagen wurde durch eine weitere Optimierung der Seitenflügelprofile verbessert. Nahezu alle Teams erarbeiteten diese Profile in einem Windkanal. Dort stellte sich deutlich heraus: Je effizienter ein Boden/Unterseite-Venturi-System war, desto anfälliger wurde es auf Störeinflüsse, wenn zum Beispiel eine Dichtleiste den Boden vorübergehend nicht berührte.

Im Hinblick auf 1982 reduzierte die FISA auch das Mindestgewicht der Formel-1-Wagen, welche nun um 5 kg leichter sein durften, das heißt, ohne Benzin, jedoch mit Öl und Wasser mußte ein Fahrzeug mindestens 580 kg schwer sein. Damit wollte man denjenigen Teams einen Dienst erweisen, welche noch mit dem leistungsmäßig unterlegenen Saugmotor fuhren, denn für diese Konstrukteure war es dank des weiter poussierten Leichtbaus möglich, an das Gewichtslimit heranzukommen. Hingegen blieb dies für die Hersteller von Turboautos vollkommen ausgeschlossen, weil aufgeladene Aggregate wegen der Turbolader und der Ladeluftkühler mit zusätzlichen Aggregaten bestückt werden mußten.

Und genau beim Gewicht setzten die vorwiegend englischen Konstrukteure an, indem sie einen Gewichtstrick anwendeten, der es ihnen erlaubte, die Vorschrift zu umgehen. Ein solcher Trick war schon 1981, vor allem von Williams, Brabham und Lotus, praktiziert worden. Er hatte darin bestanden, die Fahrzeuge vor dem Wägen regelrecht «im Öl zu ertränken», indem Motor und Getriebe übermäßig mit Öl gefüllt wurden, so daß die Autos in dieser Form gar nicht fahrbar waren. Nachdem es die Vorschriften 1982 zuließen, daß die im Verlaufe des Rennens verbrauchte Kühlflüssigkeit nachgefüllt wurde, griffen die Engländer zu einem neuen Kniff, nämlich zur sogenannten «Wasserkühlung» der Bremsen. Bei Saisonbeginn verwendeten Williams, Brabham, Lotus, Arrows und McLaren erstmals dieses fiktive Kühlsystem. Von einem Wasserbehälter aus wurde dabei über Plastikleitungen Wasser zu den Bremsen geführt. Die in den Seitenkästen verstauten Wassertanks waren nun während des Trainings und des Rennens leer und wurden dann nur vor der Gewichtskontrolle mit Wasser gefüllt, womit dann ein an sich untergewichtiges Fahrzeug auch das vorgeschriebene Limit von 580 kg erreichen konnte.

Die FISA reagierte auf diesen Gewichtstrick recht spät. Die beiden Erstklassierten des Großen Preises von Brasilien, Nelson Piquet auf Brabham und Keke Rosberg auf Williams, wurden nach den Protesten von Renault und Ferrari nachträglich disqualifiziert, und zwar wegen des zu tiefen Gewichts ihrer Wagen. Zwischen den Grand Prix von San Marino und Belgien verbot dann die FISA dieses Vorgehen endgültig, aber inzwischen hatte es in der Formel 1 noch andere Probleme gegeben, die zum Beispiel zum Boykott des Grand Prix von San Marino durch die englischen FOCA-Teams geführt hatten.

Schon im Spätherbst 1981 kündigte Niki Lauda sein aufsehenerregendes Comeback an — nach zwei Jahren Pause. Ein völlig überraschender Entschluß. Die vom zweifachen Weltmeister gegründete Lauda-Air war in finanzielle Engpässe geraten, welche es Lauda als ratsam erscheinen ließen, von den Dollarmillionen, die Sponsor Marlboro für ein Comeback bereithielt, Gebrauch zu machen. Der Österreicher unterzeichnete einen Vertrag mit McLaren, wo Andrea De Cesaris Ende 1981 nach zwei Dutzend Ausrutschern und entsprechend vielen Unfallschäden an seinem Fahrzeug ausgetreten war, um zu Alfa Romeo zu gehen. Die McLaren MP4 wurden nun Niki Lauda und John Watson anvertraut.

Alan Jones zog sich Ende 1981 für einige Jahre aus der Formel 1 zurück und nahm dann vorwiegend an Langstreckenrennen teil, so daß Frank Williams Keke Rosberg verpflichtete, der von Fittipaldi kam, während der bisherige Williams-Pilot Carlos Reutemann nach zwei Grand-Prix-Einsätzen 1982 (Südafrika und Brasilien) ebenfalls den Hut nahm und sich nach Argentinien zurückzog. Er wurde in Long Beach vorübergehend von Andretti, später aber vom Iren Derek Daly abgelöst. Mario Andretti, der Weltmeister von 1978, sah sich nach einer enttäuschenden Alfa-Romeo-Saison 1981 ohne ein Angebot eines Spitzenteams dastehen und zog es deshalb vor, Abschied von der Formel 1 zu nehmen, um sich wieder ganz der amerikanischen CART-Serie der «Indy»-Rennwagen zu verschreiben. Trotzdem kam dann Andretti, quasi als Lückenbüßer, 1982 noch bei drei Grand Prix zum Einsatz.

Ferrari trat 1982 wieder mit Gilles Villeneuve und Didier Pironi an. Bei der Scuderia wechselte lediglich die Reifenmarke, denn nach vier Michelin-Saisons stellte man in Maranello wieder auf Goodyear um. Lotus behielt Elio De Angelis und Nigel Mansell. Auch das Renault-Duo, bestehend aus René Arnoux und Alain Prost, blieb erhalten; bei Brabham bekam Nelson Piquet den bisherigen Arrows-Piloten Riccardo Patrese zur Seite gestellt, und bei Talbot-Ligier wurde der in Rom aufgewachsene Amerikaner Eddie Cheever zum neuen Stallkollegen Jacques Laffites. Alfa Romeo, dessen Neukonstruktion unter der Leitung des ehemaligen Ligier-Ingenieurs Gérard Ducarouge entstand, vertraute seinen V12 Bruno Giacomelli an, wobei bei Autodelta in Settimo Milanese weiterhin an der Mise-au-point des schon 1980 vorgestellten, aber noch nicht eingesetzten V8-Turbomotors gearbeitet wurde. Für das Turiner Team Osella starteten Jean-

Enzo Osella

Pierre Jarier sowie der ehemalige Formel-2-Pilot Riccardo Paletti. Teddy Yips Theodore-Team verpflichtete zuerst Derek Daly, aber nach dem Rückzug Reutemanns wechselte der Ire zu Williams, und bei Theodore wurde er zuerst durch den kleinen Holländer Jan Lammers, später durch Geoff Lees und schließlich durch den Formel-3-Fahrer Tommy Byrne ersetzt. Bei Toleman, dessen Team weiterhin mit dem Hart-Turbomotor fuhr, blieb Derek Warwick, während Brian Henton durch den ehemaligen italienischen Formel-2-Fahrer Teo Fabi ersetzt wurde. Mi-

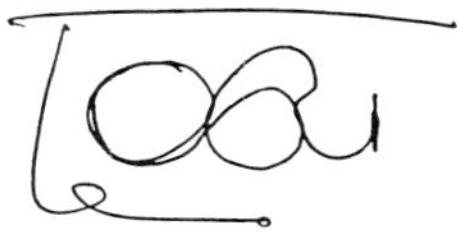

Teo Fabi

chele Alboreto blieb bei Tyrrell, im zweiten Wagen saßen dann der Schwede Slim Borgudd sowie auch Brian Henton. Emerson Fittipaldi reduzierte seine auf schwachen Füßen stehende Renngemeinschaft auf nur noch einen Wagen, der vom Brasilianer Chico Serra gefahren wurde; das Arrows-Team stieg mit dem Schweizer Marc Surer und dem bisherigen italienischen Formel-3-Fahrer Mauro Baldi in die neue Saison ein. Das kleine Ensign-Team des Engländers Mo Nunn verpflichtete den Kolumbianer Roberto Guerrero; March trat mit dem Brasilianer Raul Boesel und dem in die Formel 1 zurückgekehrten Deutschen Jochen Mass an; das in England stationierte deutsche ATS-Team verpflichtete den Chilenen Eliseo Salazar und den bisher auf Tourenwagen- und

Beim Großen Preis von Monaco 1982 ringen hier der spätere Überraschungssieger Riccardo Patrese auf dem Brabham BT49 C-Cosworth, Didier Pironi auf dem Ferrari 126C2 und Andrea De Cesaris auf dem Alfa Romeo 182 um die Führung. Dahinter folgen Michele Alboreto auf dem Tyrrell 011-Cosworth sowie Keke Rosberg auf dem Williams FW08 C-Cosworth. Nach einem turbulenten Finale holte sich Riccardo Patrese den ersten Grand-Prix-Sieg seiner Karriere.

Formel-2-Rennen spezialisiert gewesenen Deutschen Manfred Winkelhock.

Manfred Winkelhock

Auf der Motorenseite zeichnete sich 1982 mehr und mehr eine leistungsmäßige Überlegenheit der Turboaggregate ab, welche aber immer noch sehr defektanfällig blieben (Temperaturprobleme), insbesondere jene von Renault und Hart, während die Sechszylinder von Ferrari auch hinsichtlich der Standfestigkeit gute Fortschritte erzielten. Übrigens arbeitete jetzt der Engländer Dr. Harvey Postlethwaite bei Ferrari, wo er sich mit der Fahrgestellkonstruktion befaßte. Monatelang blieb es ein Geheimnis, doch dann sickerte Mitte 1982 durch, daß Ferrari für seinen V6 auch die Wassereinspritzung verwendete. Das System, eigentlich längst bekannt aus der Flugzeugindustrie, wurde in der zweiten Jahreshälfte 1981 in Zusammenarbeit mit Agip entwickelt. Im Monocoque des Ferrari war ein 20-Liter-Wasserbehälter untergebracht. Das Einspritzsystem wurde vom Ladedruck gesteuert, wobei dem Treibstoff in einer Mischvorrichtung Wasser beigemengt, das Gemisch anschließend zerstäubt und in die Brennräume eingespritzt wurde. Durch Injizieren von Wasser entzog man der Umgebung Wärme, dadurch ließen sich die Abgastemperaturen leicht vermindern. Dank der verbesserten Innenkühlung wurde das Material vermehrt geschont. Nach Ferrari ging dann auch Renault auf die Wassereinspritzung über.

Während die Saugmotoren weiterhin bei 490 bis maximal 530 PS stehengeblieben waren, konnte bei den Turbos eine weitere Leistungssteigerung festgestellt werden. Für Ferrari und Renault nannte man an die 600 PS, Hart kam auf maximal 560 PS.

Bei der BMW Motorsport GmbH hatte man inzwischen intensiv am aufgeladenen Vierzylinder weitergearbeitet, welcher dann beim Großen Preis von Südafrika in den neuen Brabham BT50 von Piquet und Patrese debütierte. Die Zylinderabmessungen betrugen 89,2 × 60 mm = 1499 cm³. Das mit einem KKK-Lader versehene Aggregat wies eine vollelektronische Bosch-Motronic-Einspritzanlage auf.

Bei den FOCA-Teams blieb die Aversion gegen die Turbomotoren aber erhalten, stellten doch diese Aggregate eine wesentliche Kosteneskalation dar. Die englischen Konstrukteure versuchten immer wieder, den Turbo zu bekämpfen, allen voran selbstverständlich Cosworth. Selbst das Brabham-Team stellte nur zögernd auf den Turbo um, Ecclestone wendete diesbezüglich eine Verzögerungstaktik an und griff nach dem Brabham/BMW-Auftritt von Kyalami für die folgenden Rennen wieder auf den Cosworth DFV zurück, womit die Weiterentwicklung bei BMW gehemmt wurde. Aber schließlich — während der Tage des Großen Preises von Belgien — sprach BMW ein Machtwort: Entweder stelle Brabham nun definitiv auf BMW-Motoren um, oder BMW löse den Zusammenarbeitsvertrag auf.

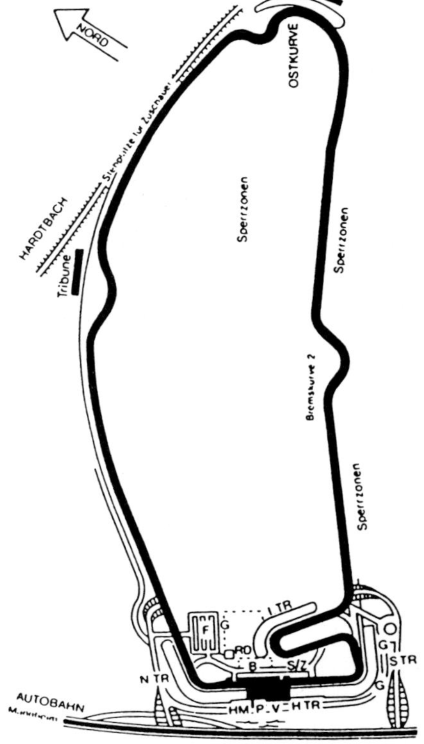

Links
Die Bahn von Hockenheim wurde im Hinblick auf den Großen Preis von Deutschland 1982 mit einer weiteren Schikane versehen. Vor der Ostkurve, welche von den Flügelautos praktisch voll genommen werden konnte, baute man eine Bremskurve ein. Eine Runde war nun 6789 m lang.

Rechts
Der Brabham BT50 mit BMW-Turbomotor tauchte 1981 erstmals beim Training zum Großen Preis von England auf. Das Renndebüt erfolgte anläßlich des Großen Preises von Südafrika 1982.

Auf schnellen Strecken waren die Turbos klar überlegen, auf kurvenreichen Circuits verminderte das bekannte Turbohandicap, hervorgerufen durch das verzögerte Ansprechen auf Gasgeben oder Gaswegnehmen, jedoch die Chancen der aufgeladenen Triebwerke, obschon man auch diesbezüglich weitere Fortschritte erzielt hatte.

Die Idee mit der Wasserkühlung der Bremsen ermöglichte einen noch rigoroseren Leichtbau. Es wurden vermehrt sogenannte exotische Werkstoffe verwendet. Ein gut konstruierter und von einem Saugmotor (Cosworth, Alfa Romeo und Matra) angetriebener Rennwagen konnte mit Hilfe konventioneller Werkstoffe wie Stahl, Aluminium, Titan und Magnesium noch in die Nähe des 580-kg-Limits gebracht werden. Eine weitere Reduktion der Fahrzeugmasse auf etwa 520 kg war jedoch nur durch die Verwendung der in der Luft- und der Raumfahrt schon seit Jahrzehnten verarbeiteten Sandwichwerkstoffe anstelle des klassischen Aluminiums in leicht bis mittelfest beanspruchten Partien des Autos möglich. Ein solcher Sandwichwerkstoff bestand prinzipiell aus einer Honigwabenstruktur, die beidseitig mit den Deckplatten verleimt war. Die «Honeycomb»-Sektion bestand entweder aus Nomex oder aus Aluminium, die Deckplatten dagegen wurden aus Aluminium oder Faserverbundwerkstoff hergestellt. Beim Faserverbundwerkstoff verteilte man Kevlar- oder Karbonfasern oder oftmals auch eine Kombination dieser beiden Fasertypen in unregelmäßiger Richtung in der Ebene und leimte sie durch einen Harzbinder zusammen.

Im Jahre 1982 wurde die klassische, seit zwei Jahrzehnten angewandte Aluminiumblech-Monocoquebauweise von allen Formel-1-Teams aufgegeben. Die meisten Konstrukteure arbeiteten an der Aluminiumsandwichform, einer Bauart, welche in der Formel 1 erstmals 1979 beim Bau des von Postlethwaite konstruierten Wolf WR9 angewandt worden war. Ein mit Honigwabenplatten gebautes Monocoque bestand im wesentlichen aus etwa sieben Querplatten, die mit den Längsplatten verleimt und vernietet waren. Das Monocoque verformte sich vorwiegend im Bereich des Cockpits und mußte dort entsprechend verstärkt werden. Dies geschah vor allem mit Hilfe von Karbonplatten, welche auch sonst an kritischen Stellen zur Versteifung herangezogen wurden. Ein in dieser Art gebautes Monocoque war leichter und zugleich verwindungssteifer als eine normale Aluminiumkonstruktion.

Die Teams von McLaren, Lotus, Alfa Romeo und (Ende Saison) auch Toleman gingen in der Werkstoffwahl für das Monocoque noch einen Schritt weiter und verwendeten mit Kevlarfasern angereicherte Karbonfaserplatten. Die Honigwaben bestanden zum Beispiel beim Lotus aus Nomex, Alfa Romeo und Toleman setzten Aluminium ein. Die so gebauten Monocoques konnten im Vergleich zu einem aus Aluminiumsandwich gefertigten Chassis bis zu 40 % leichter gebaut werden. Ein Composite-Monocoque wog nun an die 20 kg, während ein Aluminiumsandwichchassis seine 35 kg auf die Waage brachte. Diese modernen Konstruktionen waren jedoch enorm teuer. Lotus zum Beispiel benötigte pro Monocoque für rund 17 000 Franken Material. Sehr groß war auch der Verarbei-

tungsaufwand. Das Biegen der Honigwabenstrukturen erforderte neuartige, sehr teure Abkantmaschinen. Ebenso benötigte man beim Verarbeiten der Composites einen Kühlschrank, da die Karbonfasermatten bei minus 20 Grad gelagert werden mußten. Nach dem Formen des Karbonfaserteils mit Hilfe eines Negativs mußte das Produkt während etwa fünf Stunden in einem Ofen gebakken werden. Dies führte dazu, daß die Karbonfasermonocoques nicht mehr in der eigenen Werkstatt hergestellt werden konnten: Man mußte außenstehende Firmen aus der Flugzeugbranche zuziehen, was mit langen Lieferfristen verbunden war.

Karbonfaserwerkstoffe wurden jedoch auch außerhalb des Monocoques eingesetzt. Hatte man die Flügel früher aus Aluminiumrippen mit darauf aufgezogenen Aluminiumblechen hergestellt, so wurden jetzt mehr und mehr innerlich ausgeschäumte Karbonfaserflügel verwendet. Schon seit Jahren war auch die Tendenz festzustellen, daß bei der Herstellung von Karosserieverkleidungen die früher benutzten Glasfasern durch moderne Kevlarfasern ersetzt wurden. 1982 verschwanden dann die Glasfasern komplett. Die Kevlarfasermatten wurden nun extrem dünnschichtig verarbeitet und an den kritischen Punkten mit unidirektionalen (alle Fasern parallel zueinander, daher maximale Festigkeit in Richtung der Fasern) Karbon/Roving-Laminaten mit Faserrichtung parallel zum Kraftfluß verstärkt.

Kohlenstoff kam auch bei den Scheibenbremsen zur Anwendung. Nachdem Brabham bereits seit Ende der siebziger Jahre in Zusammenarbeit mit Dunlop, AP-Lockheed und Ferodo mit Karbonfaser-Bremsscheiben experimentiert hatte, versuchten sich 1982

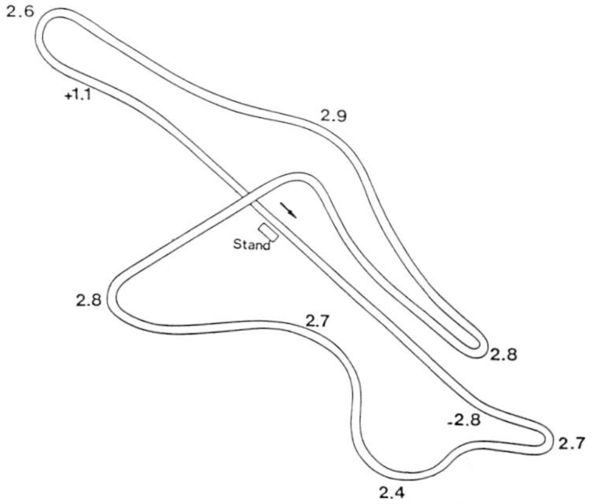

auch andere Firmen (zum Beispiel die italienische Firma Brembo, in Zusammenarbeit mit Ferrari) mit dieser Bauweise. Der Vorteil der Kohlenstoff-Bremsscheiben lag in einem Massengewinn von mehr als 20 kg pro Bremssystem. Da diese Bremsen jedoch damals nie mehr als zwanzig Minuten rennmäßigen Fahrens erlaubten, konnten sie vorerst nur im Training benützt werden, wenn es um die Qualifikation ging. Aber schon nach wenigen Jahren sollten diese ungemein teuren Bremsanlagen bei den Formel-1-Wagen auch in Rennen eingesetzt werden.

In den Jahren 1982 und 1983 kam in der Formel 1 auch der Schnelltanktrick zur Anwendung, der wesentliche Vorteile brachte. Die Idee wurde von Brabham-Konstrukteur Gordon Murray lanciert, der diesen Kniff erstmals beim Großen Preis von England anwenden wollte. Weil aber die beiden Brabham-BMW in Silverstone vorzeitig ausfielen, mußte die Premiere auf den Großen Preis von Deutschland verschoben werden. Das Schnelltanken funktionierte folgendermaßen: Ein Rennwagen startete mit halbvollem Tank (rund 120 Liter, die Behälter faßten maximal 250 Liter Treibstoff) sowie mit einer besonders weichen Gummimischung, die nur bis zur Hälfte des Rennens halten mußte. Bei halber Distanz fuhr der Wagen an die Boxe, wo er mit Hilfe von 13 Personen mit frischen Reifen sowie mit Benzin für die zweite Rennhälfte versehen wurde. Die Betankung erfolgte dabei mit Schnelltankanlagen nach Indianapolis-Muster. Den Radwechsel besorgten je zwei Leute pro Rad. Murray war sicher, daß die während des Boxenstopps verlorene Zeit auf der Strecke mit dem wegen der geringeren Fahrzeugmasse und der weicheren Reifen schnelleren Auto mehr als wettgemacht werden konnte, was sich dann in der Praxis auch bestätigte.

In bezug auf die Aerodynamik kamen 1982 weitere Finessen dazu: Man baute jetzt auch besonders schmal ausgebildete Getriebe, welche den Luftstrom hinter den Seitenprofilen kaum beeinträchtigten. Im Auf-

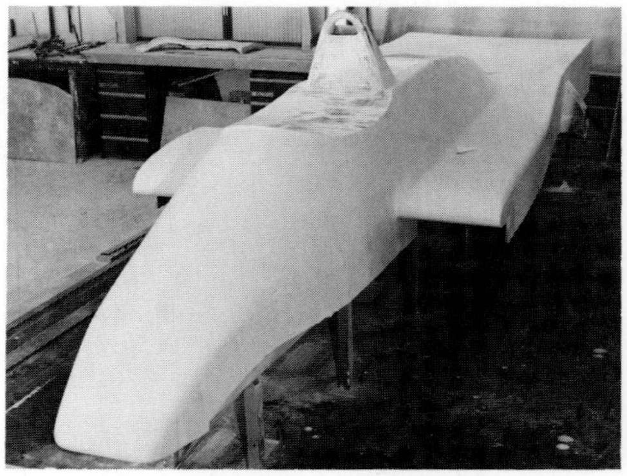

Oben
Die rohe Kunststoffkarosserieschale des Talbot-Ligier JS 19.

Links
Der Talbot-Ligier JS 19 mit Matra-V 12-Motor entsteht. Von links Eddie Cheever, Jean-Pierre Jabouille und Jacques Laffite sowie die Techniker J.-P. Paoli und J.-C. Guénard. In das Leichtmetall-Monocoque wurden auf der Höhe des Cockpits (oben) zwei Kohlenstoffplatten eingenietet.

Ganz oben
Auf der 3000 m langen Ferrari-Teststrecke von Fiorano bei Maranello machte ein französisches Ärzteteam 1981 eine wissenschaftliche Untersuchung, wobei die Einwirkung der Querbeschleunigung auf den menschlichen Körper sowie auch die Herzfrequenz analysiert wurden. Auf dieser Skizze ist die damals festgestellte Querbeschleunigung eingetragen, welche in g angegeben wird. Sie erreichte in der schnellsten Kurve den Maximalwert von 2,9 g.

hängungsbau setzte sich mehr und mehr ein neues Konzept durch, nämlich die Pullrod-Aufhängung, welche schon 1974 von Gordon Murray beim Brabham BT44 erstmals bei der Vorderradaufhängung verwendet worden war. Dabei war das obere Auge der Feder/Dämpfer-Einheit mit dem Chassis verbunden, das untere Auge hingegen über zwei Gestänge einerseits am Monocoque und anderseits am äußeren Ende des oberen Querlenkers angelenkt. Je nach Gestängegeometrie resultierte daraus ein mehr oder weniger progressiver Federeffekt. Beim BT49 verwendete Murray das Pullrod-System dann zum erstenmal an der Hinterradachse. Dieses Aufhängungskonzept wurde schließlich von zahlreichen andern Konstrukteuren übernommen.

Die Formel-1-Saison begann gleich mit einem Paukenschlag, und zwar streikten vor dem Großen Preis von Südafrika plötzlich die Fahrer. Stein des Anstoßes waren die Bedingungen für die von der FISA neugeschaffene Superlizenz, welche die Piloten verärgerten, denn zum Erhalt des exklusiven Ausweises sollten sie eine Erklärung unterschreiben, welche ihrer Meinung nach eine untragbare Einschränkung ihrer persönlichen Freiheit darstellte. In Kyalami weigerten sich die Piloten aus Protest, am ersten Training teilzunehmen. Nun versprach die FISA eine Vertagung bis zur nächsten Sitzung; immerhin bekamen die Fahrer gesalzene Bußen aufgebrummt, die dann später von den Teams bezahlt wurden.

In Kyalami, auf fast 1800 m Höhe, dominierten die Turbos das Training, denn in Anbetracht der dünneren Luft waren die Saugmotoren stärker benachteiligt. Hier debütierten auch die beiden neuen Brabham BT50 mit BMW-Vierzylindermotor, in welchen Piquet und Patrese saßen. Auf den besten Startplatz kam der Renault von Arnoux vor dem Brabham-BMW von Piquet, dem Ferrari von Villeneuve, dem Brabham-BMW von Patrese, dem Renault von Prost, dem Ferrari von Pironi und dem Williams-Cosworth von Keke Rosberg. Somit standen sechs Turbowagen auf den sechs besten Startplätzen. Der Großteil der Turbokonkurrenz blieb jedoch im Rennen infolge technischer Probleme auf der Strecke; die debütierenden Brabham schieden aus. Immerhin, der Sieg ging an einen Turbowagen, nämlich an den Renault RE30 von Alain Prost, dem der Williams FW07C-Cosworth von Reutemann und der Renault von Arnoux folgten.

Die Turbos standen auch beim Großen Preis von Brasilien in der ersten Startreihe. Das Rennen aber gewann Nelson Piquet, und zwar nicht auf dem Brabham-BMW Turbo, sondern auf dem BT49D-Cosworth, zumal die Defektanfälligkeit des BMW-Vierzylinders das Brabham-Team bewogen hatte, mit dem Saugmotor anzutreten. In Brasilien aber wurden sowohl der Sieger Piquet als auch der zweitklassierte Rosberg auf Williams nachträglich disqualifiziert, nachdem Renault und Ferrari gegen den Gewichtstrick mit dem Wassertank (Bremskühlung) protestiert hatten. Am grünen Tisch wurde der Sieg später Alain Prost zugesprochen.

Der Große Preis von Brasilien war auch das letzte Rennen von Carlos Reutemann, welcher 1971 sein erstes Formel-1-Rennen bestritten hatte. Später nahm er gelegentlich noch am Argentinien-Rallye teil.

Long Beach war wieder eine typische Strecke für die Saugmotoren: Hier setzte sich überraschend Niki Lauda, der nach seinem Comeback erst das dritte Rennen bestritt, auf dem McLaren MP4 Cosworth mit Kohlenstoffmonocoque durch. Vor dem Großen Preis von San Marino in Imola flackerten die Streitigkeiten zwischen den vorwiegend englischen FOCA-Teams und den übrigen Rennställen wieder auf, und plötzlich erklärten die FOCA-Teams, sie würden das Rennen in der Emilia boykottieren, und zwar aus Protest gegen die Disqualifikation von Piquet und Rosberg in Brasilien. Die FOCA wollte nämlich den Trick mit den Wassertanks legalisiert wissen, denn damit hätte die mit Cosworth-Motoren fahrende Konkurrenz weiterhin mit untergewichtigen Fahrzeugen antreten können. Mit nur 14 Startern kam trotzdem ein spannendes Rennen vor 70 000 Zuschauern zustande. Auch FOCA-Mitglied Tyrrell brachte seine Fahrzeuge an den Start, denn so wollte es der italienische Sponsor. Es gab einen vom Publikum frenetisch gefeierten Doppelsieg der Ferrari 126C2 mit Pironi auf dem ersten und Villeneuve auf dem zweiten Platzrang. Aber zwischen diesen beiden Piloten brachte dieser Grand Prix dann Unstimmigkeiten, weil Villeneuve der Meinung war, Pironi hätte ihn, als er — Villeneuve — die Führung innehielt, zu Unrecht attackiert und ihm dann auch den Sieg weggeschnappt.

Zwischen dem Grand Prix von San Marino und dem Grand Prix von Belgien tagte die FISA, wobei nun der Wasserkühltrick endgültig verboten wurde. Brabham setzte in Zolder weiterhin den bisherigen BT49 mit Cosworth-Motor und nicht den BT50 mit BMW-Turbomotor ein, was BMW veranlaßte, ein Ultimatum zu stellen. Die Engländer waren einfach gegen das Aufkommen der Turbos. Ken Tyrrell legte sogar einen offiziellen (und an sich lächerlichen) Protest gegen den Turbomotor ein, dessen Legalität er allgemein in Frage stellte, kam aber damit nicht durch.

Der Finne Keke Rosberg auf Williams FW08-Cosworth (die ersten Rennen der Saison bestritt er noch auf dem FW07 C) wurde Weltmeister 1982, obschon er nur einen einzigen Grand Prix gewann.

Keke Rosberg

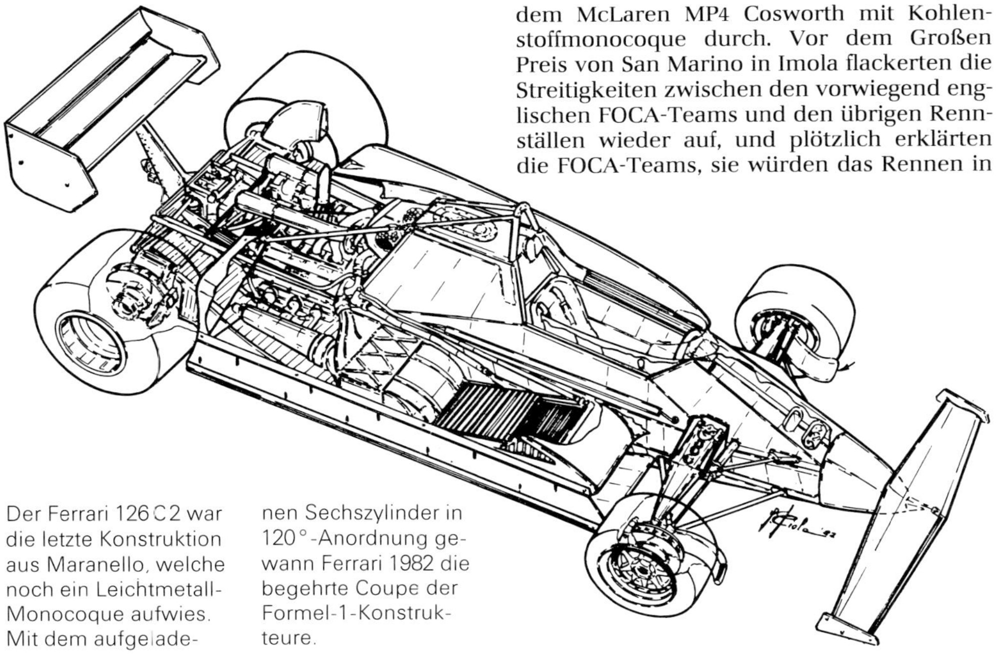

Der Ferrari 126 C2 war die letzte Konstruktion aus Maranello, welche noch ein Leichtmetall-Monocoque aufwies. Mit dem aufgeladenen Sechszylinder in 120°-Anordnung gewann Ferrari 1982 die begehrte Coupe der Formel-1-Konstrukteure.

Mit dem Großen Preis von Belgien trat endlich wieder eine gewisse Stabilität ein, der Anlaß wurde aber durch einen tragischen Trainingsunfall überschattet: Beim zweiten Qualifikationstraining verunglückte der Kanadier Gilles Villeneuve mit seinem Ferrari 126C2 tödlich, und zwar wegen einer Auffahrkollision mit dem March 821 des Deutschen Jochen Mass. Dieser war im Begriff, seine Runde mit vermindertem Tempo zu Ende zu fahren. Villeneuve schoß mit seinem Ferrari über die bekannte Kuppe und bemerkte den dahinter rollenden Mass zu spät — der Unfall war unvermeidlich. Villeneuve verlor sein junges Leben in den Abendstunden, Ferrari zog auch Pironi zurück. Das Rennen wurde von den Saugmotorwagen dominiert, indem John Watson auf McLaren MP4B-Cosworth vor Rosberg auf dem debütierenden Williams FW08-Cosworth und Lauda auf McLaren gewann. Bei der Gewichtskontrolle war Laudas Auto jedoch um 1,4 kg zu leicht, so daß der Österreicher aus der Rangliste gestrichen werden mußte.

Besonders aufregend war der Große Preis von Monaco, wo in den letzten Runden bei einsetzendem Regen alles drunter und drüber lief und schließlich Riccardo Patrese auf dem Brabham BT49-Cosworth siegreich hervorging. Damit hatte der Paduaner auch seinen ersten Weltmeisterschaftslauf gewonnen. Der folgende Grand Prix in Detroit stellte ein Novum dar; er wurde auf einem kurvenreichen und von Betonmauern und Fangnetzen gesäumten Stadtcircuit im Zentrum der Autometropole ausgetragen. Die Bahn, über welche normalerweise der tägliche Verkehr rollte, war besonders holprig und rutschig. Auch hier kamen die Turbos nicht zum Zuge. Erneut gewann Watson auf dem McLaren MP4-Cosworth vor Eddie Cheever auf dem Talbot-Ligier JS17B mit Matra-V12-Motor, derweil Pironi auf dem Ferrari 126C2 auf die dritte Position kam. Eine kleine Sensation gab es bei den Qualifikationen, als Nelson Piquet auf dem Brabham BT50 mit BMW-Turbomotor nach verschiedenen technischen Schwierigkeiten die Qualifikation verpaßte und dann dem Rennen als Zuschauer beiwohnen mußte. Für diese Schlappe revanchierte sich der Brasilianer eine Woche später beim Großen Preis von Kanada, wo er seinen Brabham-BMW vor Teamkollege Riccardo Patrese, der allerdings noch den Brabham-Cosworth fuhr, zum ersten Erfolg steuerte. Leider wurde auch dieses Rennen von einem tragischen Unfall überschattet: Beim Start war Didier Pironi auf der Pole Position stehengeblieben. Die unmittelbar hinter ihm losbrausenden Konkurrenten kamen heil am Ferrari vorbei, aber der aus der vorletzten Reihe gestartete Paletti auf dem Osella FA1C mit Alfa-Romeo-V12-Motor sah den stillstehenden Ferrari zu spät und fuhr mit vollem Tempo gegen Piro-

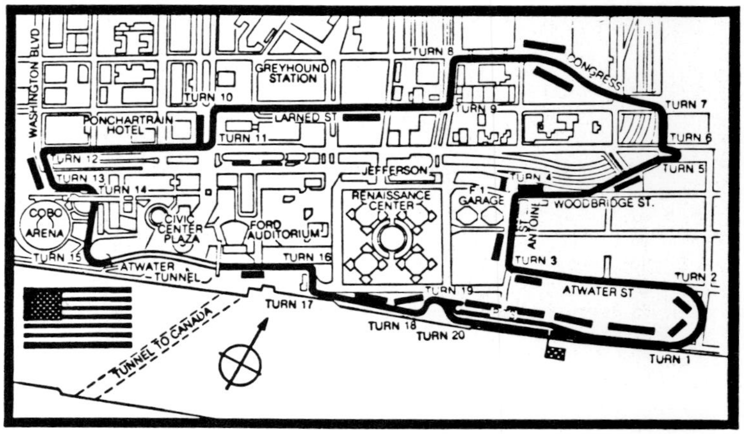

Im Jahre 1982 wurde im Zentrum der Autostadt Detroit erstmals ein Formel-1-Grand Prix ausgetragen. Der Kurs führte rund um das Renaissance Center, wobei eine Runde 4023 m lang war. Mit dem Rennen wollte Detroit Imagewerbung betreiben.

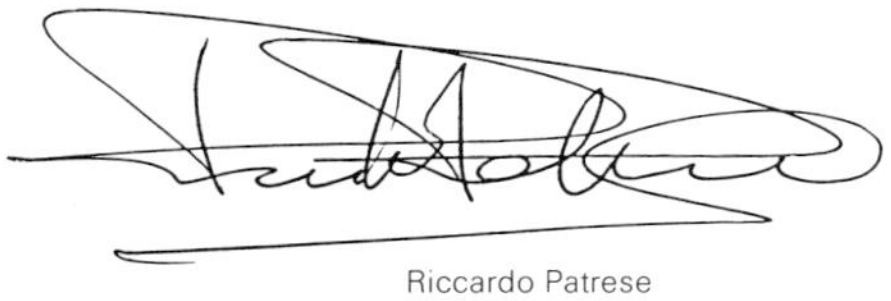

Riccardo Patrese

Aus Protest boykottierten die meisten englischen FOCA-Teams den Grand Prix von San Marino 1982 in Imola, weil man die Disqualifikationen von Piquet und Rosberg nach dem GP von Brasilien bereinigt wissen wollte. Das Rennen fand trotzdem statt, mit nur 14 Fahrzeugen, wobei die Ferrari 126C2 mit Pironi (hinten) vor Villeneuve dominierten. Und das Publikum war in großen Scharen aufmarschiert, denn ein Ferrari-Sieg lag in der Luft.

Mit dem Renault RE 30 B gewann René Arnoux 1982 den Großen Preis von Italien in Monza, wobei er die Ferrari von Tambay und Andretti auf die Plätze verwies. Diese Aufnahme veranschaulicht, wie die Schürzen das Fahrzeug gegen die Fahrbahn hin «abdichteten».

nis Heck. Paletti war auf der Stelle tot, Pironi blieb unverletzt.

Beim Großen Preis von Holland war Ferrari wiederum — mit Pironi — erfolgreich vor dem Brabham-BMW von Piquet. Im zweiten Ferrari saß jetzt der Franzose Patrick Tambay als Ersatz für Gilles Villeneuve. In Brands Hatch, anläßlich des Großen Preises von England, mußten die Turbowagen erneut eine Schlappe einstecken, denn hier gewann wieder Niki Lauda auf dem McLaren-Cosworth. Pironi und Tambay belegten allerdings die Ehrenplätze.

Endlich holte sich Renault, anläßlich des Großen Preises von Frankreich in Le Castellet, einen Doppelsieg mit Arnoux auf dem ersten und Prost auf dem zweiten Platz. Der Erfolg wurde jedoch durch die Tatsache getrübt, daß sich Arnoux nicht an die Stallorder hielt, die einen Sieg des in der Weltmeisterschaft viel besser plazierten Prost vorsah, so daß Arnoux bei Renault in Ungnade fiel.

Inzwischen führte Didier Pironi die Weltmeisterschaft mit einem Vorsprung von 9 Punkten auf Watson an. Bei den Qualifikationen zum folgenden Großen Preis von Deutschland in Hockenheim fuhr Pironi mit seinem Ferrari am Freitag die schnellste Zeit heraus, und als es am Samstag regnete, war er seines besten Startplatzes endgültig sicher. Im Regentraining kam es dann zu einer Auffahrkollision zwischen dem Renault Prosts und dem Ferrari Pironis, wobei der WM-Leader nach mehreren Überschlägen schwer verletzt aus seinem Wrack befreit werden mußte. Mit komplizierten Knochenbrüchen wurde Pironi ins Krankenhaus eingeliefert; damit war seine Karriere als Formel-1-Fahrer zu Ende, denn es verstrichen Jahre, ehe die Beine des Franzosen ausgeheilt waren. Pironi ging in Hockenheim des in greifbarer Nähe liegenden Weltmeistertitels verlustig, um so mehr als die Ferrari 126C2 in jener Saison besonders zuverlässig waren.

Den Großen Preis von Deutschland gewann trotzdem ein Ferrari, nämlich derjenige Patrick Tambays, womit der Franzose,

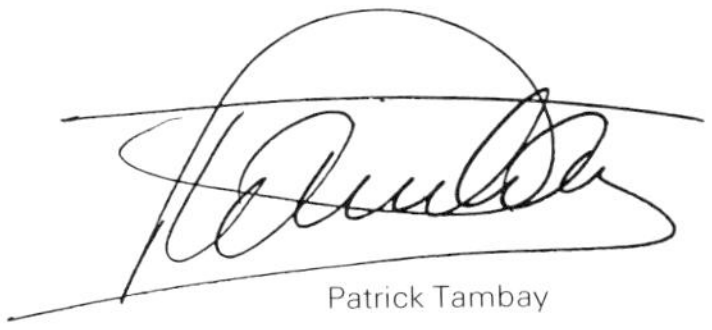

Patrick Tambay

der sich Anfang Saison vorübergehend aus der Formel 1 zurückgezogen hatte, zu seinem ersten Grand-Prix-Erfolg kam. In Hokkenheim praktizierte das Brabham-Team übrigens erstmals die Tankstopps, aber Piquet fiel hier wegen einer Kollision mit Salazar und Patrese wegen eines Motorschadens aus. Eine Niederlage mußten hingegen die Turbowagen beim Großen Preis von Österreich auf der schnellen Bahn von Zeltweg hinnehmen, wo die Turbokonkurrenz von Schäden heimgesucht wurde. Es kam zu einem aufregenden Finish: Elio De Angelis auf Lotus 91-Cos-

Elio De Angelis

worth kreuzte die Ziellinie mit einer Wagenlänge Vorsprung auf den Williams FW08-Cosworth des Finnen Keke Rosberg, der in den letzten Runden mächtig nach vorne gerückt war. Somit stand auch der Römer De Angelis erstmals als Sieger auf dem Podest. Eine weitere Niederlage mußten sich die Turbowagen auch beim Großen Preis der Schweiz auf der Rundstrecke von Dijon gefallen lassen, wo Rosberg seinen ersten Erfolg in einem WM-Lauf holte und gleichzeitig die Führung im WM-Zwischenstand übernahm. Im Burgund, wo Ferrari mit nur einem Auto angetreten war, mußte Tambay auf die Teilnahme am Rennen verzichten, weil er unter starken Rückenschmerzen litt, die von der steinharten Federung seines «Wing-cars» herrührten. Vor dem Großen Preis von Italien verpflichtete Ferrari, als Ersatz für den schwerverletzten Pironi, seinen einstigen Piloten Mario Andretti, der den 126C2 sogleich auf die Pole Position stellte — zur großen Freude der Tifosi, die hier einen weiteren Erfolg ihrer bevorzugten Marke witterten. Im Rennen setzte sich Arnoux auf Renault aber dann vor den beiden Ferrari von Tambay und Andretti durch. Die Saison fand ihren Abschluß wieder mit dem Grand Prix von Las Vegas in Nevada auf dem umstrittenen Rundkurs mit den vielen U-Kurven, welcher auf dem Riesenparkplatz zwischen Betonmauern angelegt worden war. Hier waren die Turbos wieder nicht in ihrem Element.

Michele Alboreto

Es gewann der Mailänder Michele Alboreto auf dem Tyrrell 011 mit Cosworth-Motor. Erster Grand-Prix-Erfolg für den talentierten Alboreto, aber auch erster Volltreffer für das seit 1978 sieglos gebliebene Tyrrell-Team.

Obschon er nur einen einzigen Lauf gewonnen hatte, stand Keke Rosberg jetzt als Weltmeister 1982 fest. Mit nur einem Erfolg war übrigens 1958 auch der Engländer Mike Hawthorn auf Ferrari zu seinem Weltmeistertitel gekommen. Didier Pironi wurde mit 5 Punkten Rückstand noch WM-Zweiter, punktegleich mit John Watson.

Den Ferrari-Piloten war die Weltmeisterschaft entgangen, aber Ferrari konnte sich immerhin mit der Coupe der Formel-1-Konstrukteure trösten, die nach Maranello ging, obschon die Ferrari weder in Belgien noch beim Großen Preis der Schweiz in Dijon an den Start gegangen waren. Damit war übrigens auch erstmals ein Team mit Turbomotor siegreich aus der Markenwertung hervorgegangen. Für Ferrari war die Saison 1982 aber trotzdem katastrophal: In Zolder war Gilles Villeneuve ums Leben gekommen, und in Hockenheim fand die Karriere Didier Pironis einen unglücklichen Abschluß.

Insgesamt wurden acht Grand Prix von den aufgeladenen Motoren gewonnen, ebenso viele Siege gingen an die Saugmotoren.

Im Verlaufe der Saison 1982, als die «Wing-cars» des enormen Bodeneffektes wegen, welcher den Anpreßdruck bei Maximaltempo um mehr als 2 Tonnen erhöhte, prohibitive Kurvengeschwindigkeiten erreichten und die Fahrer der steinharten Federungen wegen nicht mehr zu verantwortenden Rütteltorturen ausgesetzt waren, wurde einmal mehr der Ruf nach mehr Sicherheit laut. Man plädierte für die Abschaffung der Flügelautos mit den Seitenprofilen und forderte flache Fahrzeugböden. Ebenso waren die Piloten wegen der stark nach vorn verschobenen Cockpits mit den vor der Vorderachse liegenden Pedalen einer großen Verletzungsgefahr bei Unfällen ausgesetzt. Schon beim Training in Südafrika war der Baselbieter

Marc Surer mit seinem Arrows schwer gestürzt, wobei er sich mehrere Bein- und Fußbrüche zugezogen hatte. Jetzt mußte die FISA handeln, um die gefährliche Entwicklung wieder auf gesunde Bahnen zurückzuführen.

Ende Jahr, als die Teams bereits in Le Castellet mit der Testarbeit an den neuen Modellen für 1983 beschäftigt waren, traf aus England eine Hiobsbotschaft ein: Am 16. Dezember starb Antony Colin Bruce Chapman, einer der genialsten Konstrukteure der Renngeschichte, ganz unerwartet im Alter von erst 54 Jahren. Er erlag einer Herzattacke. Der Gründer und Boß von Lotus hatte den Rennfahrzeugbau mit seinen einzigartigen Einfällen mehrmals revolutioniert.

Formel-1-Wagen von 1982

Marke/Modell	Verantwortl. Konstrukteur(e)	Motor	Getriebe (Gangzahl)	Chassisbauweise	Radstand	Spur vorne Spur hinten	Reifenmarke	Trockengewicht in kg
Alfa Romeo 182	Gérard Ducarouge	Alfa Romeo (V12 60°)	Alfa Romeo (5/6)	KMC	2720	v 1800 h 1670	Michelin	585
Arrows A 4	Dave Wass	Cosworth DFV (V8)	Hewland FGA 400 (5)	LMC	2705	v 1778 h 1626	Pirelli	580
ATS D 5	Hervé Guilpin Tim Wardrop	Cosworth DFV (V8)	Hewland FGA 400 (5)	LMC	2718	v 1826 h 1727	Michelin	585
Brabham BT 49 D	Gordon Murray	Cosworth DFV (V8)	Hewland FGA 400 (5)	LMC	2718	v 1727 h 1600	Goodyear	580
Brabham BT 50	Gordon Murray	BMW M 12/13 (4 Zyl. Turbo)	Brabham-Hewland (5)	LMC	2769	v 1753 h 1600	Goodyear	585
Ensign N 181	Nigel Bennett	Cosworth DFV (V8)	Hewland FGA 400 (5)	KLMC	2692	v 1727 h 1600	Michelin	580
Ferrari 126 C2	Harvey Postlethwaite	Ferrari 126 (V6 Turbo)	Ferrari (5)	LMC	Trans. 2650 Long. 2800	v 1750 h 1650	Goodyear	582
Fittipaldi F 8 D	Richard Divila	Cosworth DFV (V8)	Hewland FGA 400 (5)	LMC	2637	v 1880 h 1727	Pirelli	585
Lotus 87 B	Martin Ogilvie Peter Wright	Cosworth DFV (V8)	Hewland FGA 400 (5)	KKMC	2705	v 1778 h 1600	Goodyear	587
Lotus 91	Martin Ogilvie Colin Chapman	Cosworth DFV (V8)	Lotus-Hewland (5)	KKMC	2748—2849	v 1883 h 1701	Goodyear	580
March 821	Adrian Reynard	Cosworth DFV (V8)	Hewland FGA 400 (5)	LMC	2781	v 1734 h 1581	Avon	585
McLaren MP 4 B	John Barnard	Cosworth DFV (V8)	McLaren-Hewland (5/6)	KMC	2692	v 1816 h 1626	Michelin	580
Osella FA 1 C	Enzo Osella Hervé Guilpin	Cosworth DFV (V8)	Hewland FGA 400 (5)	LMC	2720	v 1850 h 1705	Pirelli	580
Renault RE 30 B	Michel Têtu	Renault-Gordini EF 1 (V6 Turbo)	Renault-Hewland (5)	LMC	2730	v 1740 h 1630	Michelin	585
Talbot-Ligier JS 17 B	Michel Beaujon	Matra MS 81 (V12 60°)	Hewland FGB 400 (5)	LMC	2780	v 1710 h 1678	Michelin	585
Talbot-Ligier JS 19	Michel Beaujon Jean-Pierre Jabouille	Matra MS 81 (V12 60°)	Talbot-Ligier/Hewland (5)	LMC	2700	v 1800 h 1600	Michelin	590
Theodore TY 01/02	Tony Southgate	Cosworth DFV (V8)	Hewland FGA 400 (5)	LMC	2667	v 1778 h 1600	Goodyear	585
Toleman TG 181	Rory Byrne	Hart 415 T (4 Zyl. Turbo)	Hewland FGB 400 (5)	LMC	2692	v 1765 h 1708	Pirelli	590
Tyrrell 011	Maurice Phillippe	Cosworth DFV (V8)	Hewland FGA 400 (5)	LMC	2769	v 1727 h 1626	Goodyear	580
Williams FW 07 C	Patrick Head	Cosworth DFV (V8)	Hewland FGA 400 (5)	LMC	2692	v 1727 h 1600	Goodyear	589
Williams FW 08	Patrick Head	Cosworth DFV (V8)	Hewland FGA 400 (5)	LMC	2591	v 1803 h 1613	Goodyear	580

Chassisbauweise: LMC = Leichtmetall-Monocoque, KLMC = Kohlefaser/Leichtmetall-Monocoque, KMC = Kohlefaser-Monocoque, KKMC = Kohlefaser/Kevlar-Monocoque

Ende der Saugmotorära

1983

Mit Piquet auf Brabham-BMW geht erstmals der Fahrer eines Turbowagens als Weltmeister hervor. Weitere Turbomotoren tauchen auf: Honda und TAG-Porsche. 155. und letzter GP-Sieg des Cosworth V8.

Nach den von Streitigkeiten, Boykotts und Betrügereien sowie von den Machtkämpfen zwischen der FISA und der FOCA gekennzeichneten Saisons 1980 bis 1982 folgte 1983 endlich wieder ein Jahr ohne Skandale. Die FOCA, welche dem Turbomotor und der damit zu erwartenden Kosteneskalation den Kampf angesagt hatte, resignierte, und der Turbo konnte ungehemmt seinen Siegeszug fortsetzen. Die Saison 1983 blieb auch von schweren Unfällen verschont.

Es gab eine wesentliche Reglementsänderung, indem die «Wing-cars» zum Verschwinden gebracht wurden. Die neuen Vorschriften besagten, daß der Fahrzeugunterboden der Grand-Prix-Wagen flach ausgebildet sein müsse — jene Partie des Chassis also, welche zwischen dem hintersten Punkt des Vorderradreifens und dem vordersten Punkt des Hinterradreifens liegt. Der Bodeneffekt sank drastisch und wurde teilweise mit größeren Front- und Heckflügeln kompensiert. Mit dem Wegfall der großen Seitenprofile, welche Ende 1982 den Anpreßdruck bei Höchsttempo um gut 2 Tonnen erhöht hatten, mußten die Fahrzeuge nicht mehr steinhart gefedert werden. Es gab wieder «menschlichere» Autos, und Rücken- oder Halsbeschwerden der Piloten gehörten der Vergangenheit an.

Mit der Verminderung des Bodeneffektes sank das Kurventempo deutlich, und dort, wo früher voll gefahren werden konnte, war jetzt wieder eine Verlangsamung des Tempos erforderlich. Die Piloten, die mit den «Wing-cars» zu hilflosen «Passagieren» ihrer Boliden geworden waren, konnten jetzt wieder mit handlicheren Autos antreten. Das tiefere Kurventempo machte auch längere Bremswege nötig. Einen weiteren wichtigen Beschluß fällte man im Hinblick auf 1983: er betraf das Mindestgewicht der Formel-1-Wagen. Dieses wurde nun von 575 auf 540 kg herabgesetzt, was in Anbetracht dessen möglich war, daß die Konstrukteure nun dank konsequenter Anwendung von Kohlenstoff beim Chassisbau an dieses Limit herankommen konnten, ohne daß die Solidität eine Einbuße erlitten hätte.

Hatte Brabham in der zweiten Saisonhälfte 1982 dank der blitzschnellen Tankstopps mit Reifenwechsel vordemonstriert, wie sich im Rennen durch diesen Trick Zeit gewinnen läßt, so wurden nun die Boxenstopps, welche von den Teams in 9 bis 15 Sekunden erledigt wurden, von fast allen übrigen Rennställen praktiziert. Damit brachte der Trick schließlich niemandem mehr einen Vorteil, und 1984 wurden dann diese Tankstopps auch verboten.

Im Jahre 1983 erschienen weitere Turbomotoren. Beim Training zum Großen Preis von Italien 1982 tauchte kurz der 90°-V8-Motor von Alfa Romeo, mit Avio-Turboladern bestückt, auf, dessen Zylinderabmessungen 74 × 43,5 mm = 1497 cm³ betrugen. Er wurde Anfang Saison endlich eingesetzt. Im Rahmen des Genfer Automobilsalons, im März 1983, stellte TAG (Tecnique d'Avant Garde), die Firma des arabischen Financiers Mansour Ojjeh, den von Porsche im Auftrag von

Mansour Ojjeh

TAG entwickelten und gebauten V6-Turbomotor vor, der einen Gabelwinkel von 80° aufwies und ausschließlich für McLaren bestimmt war. Die Zylinderabmessungen des in Weißach unter der Gesamtleitung von Ingenieur Hans Mezger entstandenen Sechs-

Hans Mezger

zylinders betrugen 82 × 47,3 mm = 1498 cm³. Der McLaren-TAG-Porsche tauchte dann beim Großen Preis von Holland mit Niki Lauda erstmals auf.

Aber auch Honda hatte auf der Basis des in der Formel 2 erfolgreichen V6, ebenfalls mit 80°-Winkel, eine von Ihi-Turbinen aufgeladene Formel-1-Maschine entwickelt, welche ebenfalls am Genfer Salon zu sehen war. Die Zylinderabmessungen des Honda V6 blieben geheim. Dieser Motor wurde am Grand Prix von England im Spirit 201 des jungen Schweden Stefan Johansson erstmals bei einem WM-Lauf eingesetzt. Spirit stellte aber für Honda nur eine Übergangslösung dar, denn später arbeiteten die Japaner exklusiv mit Williams zusammen.

Nachdem Renault den 1977 erstmals eingesetzten und ständig weiterentwickelten V6 Turbo bisher ausschließlich für die eigenen Wagen verwendet hatte, trat 1983 auch Lotus mit einem Renault-Sechszylinder an. Der seit 1967 erfolgreiche DFV von Cosworth hatte also einen schweren Stand, denn auch Teams, welche ihm seit Jahren die Treue gehalten hatten, nämlich ATS, McLaren und Williams, stellten 1983 auf Turbomotoren um. Hingegen kam das Ligier-Team, das sich wieder von Talbot gelöst hatte, in das Cosworth-Lager zurück.

Alfa Romeo zog sich Ende 1982 als offizielles Werkteam aus der Formel 1 zurück, wobei das gesamte Rennmaterial dem in Senago bei Mailand ansässigen bisherigen Formel-3-Rennstall von Gianpaolo Pavanello abgetreten wurde, obschon Alfa Romeo weiterhin hinter dieser Euroracing getauften Renngemeinschaft stand. Die Euroracing-Alfa-Romeo wurden weiterhin unter der Leitung des Franzosen Gérard Ducarouge betreut. Jetzt traten sie also mit dem neuen V8-Turbomotor an, dessen Vater der Autodelta-Direktor Ingenieur Carlo Chiti war. Die bisherigen V12-Saugmotoren stellte Alfa Romeo hingegen — ab Saisonmitte — dem Turiner Rennstall von Enzo Osella zur Verfügung.

Bei BMW wurde die Weiterentwicklung in enger Zusammenarbeit mit Brabham fortgesetzt, aber 1983 erwarb auch das ATS-Team aufgeladene Vierzylinder aus München, welche damals zu einem Stückpreis von 153 000 Mark verkauft wurden und — wie alle übrigen Turboaggregate — alle 300 bis 500 km einer Revision unterzogen werden mußten. Die Turbos verteuerten den Formel-1-Betrieb ungemein, zumal das Umfeld der aufgeladenen 1,5-Liter-Maschinen mit viel technischem Aufwand verbunden war: die raffinierte Elektronik für Zünd- und Einspritzanlage, welche dann ab 1984, als der Benzinverbrauch pro Grand Prix von bisher 250 auf 220 Liter gesenkt wurde, von größter Bedeutung war, dann die Aufladung, die Motor- sowie die Ladeluftkühlung.

Die Leistung der Turbomotoren nahm weiter zu, 1983 gab man für die Turbos zwischen 700 und 800 PS an, derweil die Cosworth-Konkurrenz mit 200 bis 300 PS weniger auskommen mußte. Aber auch bei Cosworth war man nicht untätig geblieben. Nachdem es bisher auch eine kurzhubige Version des DFV gegeben hatte, entstand im Werk unter der Leitung des Schweizer Technikers Mario Illien die ebenfalls kurzhubige Version DFY, welche einen neuen Zylinderblock sowie neue Zylinderköpfe aufwies. Die Zylinderabmessungen des DFY betrugen 90 × 58,8 mm = 2991 cm³. Diese jüngste Version des erfolgreichen Achtzylinders drehte an die 11 000 U/min und leistete 15 bis 20 PS mehr. Mit dem DFY sollte dann Michele Alboreto auf Tyrrell beim Großen Preis in Detroit den 155. und letzten Cosworth-Grand-Prix-Sieg herausfahren. Eine einzigartige Erfolgsserie, wenn man bedenkt, daß Jim Clark auf dem Lotus 49, anläßlich des Großen Prei-

Von 1983 an mußte die Fahrzeugunterseite flach ausgebildet sein, das heißt, diejenige Partie, welche zwischen den Vorder- und den Hinterrädern lag. Damit waren die sogenannten «Wing cars» aus der Welt geschafft.

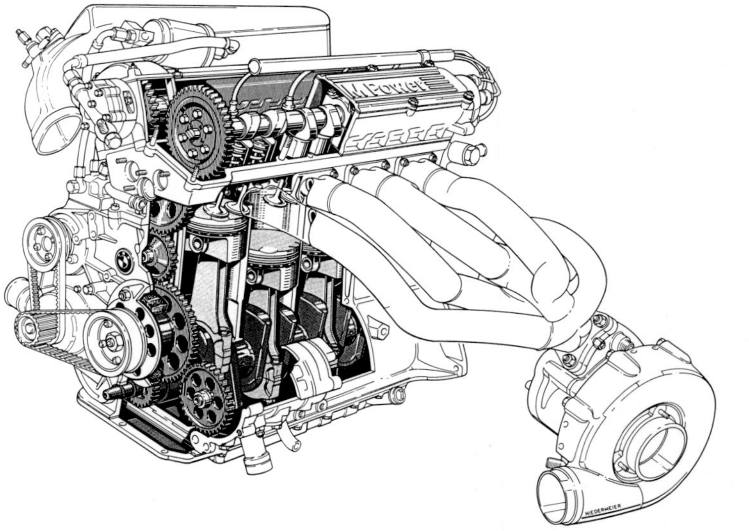

Links
Mit dem 16ventiligen und von einem KKK-Turbolader aufgeladenen Vierzylinder des Typs M 12/13 von BMW wurde Nelson Piquet 1983 Weltmeister. Die Zylinderabmessungen dieser Maschine betrugen 89,2 × 60 mm = 1499 cm³.

Unten
Der Renault RE 40, für dessen Fahrwerk Michel Têtu verantwortlich gezeichnet hatte, war das letzte Formel-1-Modell aus Viry-Châtillon, das noch auf Rennsiege kam.

ses von Holland 1967, den debütierenden Achtzylinder gleich zu dessen erstem Grand-Prix-Erfolg geführt hatte. Nach 16 Jahren ging also der Formel-1-Siegeszug des ursprünglich von Ford finanzierten englischen Achtzylinders zu Ende.

Harts Vierzylinder nach Monobloc-Prinzip kam in der zweiten Saisonhälfte auf einzelne Achtungserfolge, denn mehrmals sah Derek Warwick auf dem Toleman-Hart überhaupt die Ziellinie. Die Fortschritte schrieb Motorenbauer Brian Hart in erster Linie der Umstellung auf englische Holset-Turbolader zu. Während die schrumpfende Cosworth-Konkurrenz in der ersten Saisonhälfte (Siege in Long Beach, Monaco und Detroit) neben den Turbos einigermaßen mitkam, stand die WM ab dem Großen Preis von England ausschließlich im Zeichen der aufgeladenen Motoren, welche auf den vorwiegend schnellen Strecken ihre schier unbegrenzte Potenz hemmungslos entfalten konnten.

Die Teams setzten sich 1983 wie folgt zusammen: Williams trat wieder mit Keke Rosberg an und verpflichtete den langjährigen Ligier-Piloten Jacques Laffite dazu; Brabham behielt selbstverständlich den Spitzenmann Nelson Piquet, während Riccardo Patrese von Arrows übernommen wurde. Nachdem Arnoux bei Renault seit dem Grand Prix von Frankreich 1982 etwas in Ungnade gefallen war, ersetzte man ihn durch den Amerikaner Eddie Cheever, der damit zum neuen Stallgefährten Alain Prosts wurde; bei Ferrari blieb Tambay, neu hinzu kam René Arnoux; Euroracing-Alfa Romeo fuhr mit Andrea De Cesaris und Mauro Baldi; bei Lotus blieb die bisherige Zusammensetzung, bestehend aus De Angelis und Mansell, unverändert, ebenso bei McLaren mit Lauda und Watson. Arrows verpflichtete das belgische Nachwuchstalent Thierry Boutsen, der von der Formel 2 kam, während der Schweizer Marc Surer in dem von Jackie Oliver geleiteten Team verblieb. Tyrrell griff mit Alboreto und dem Amerikaner Danny Sullivan in das Geschehen ein, wobei zu Sullivan zu bemerken bleibt, daß er dann 1985 die 500 Meilen von Indianapolis gewinnen sollte. Ligier fuhr mit Jarier und dem Brasilianer Boesel, Toleman mit Warwick und Giacomelli, Osella mit Ghinzani und Corrado Fabi (dem Bruder von Teo Fabi), ATS mit Winkelhock, March-RAM mit Acheson und Salazar, Theodore mit Guerrero sowie mit dem ehemaligen Motorradweltmeister Johnny Cecotto, und das nur sporadisch fahrende Spirit-Team verpflichtete den Schweden Stefan Johansson.

Die Reifenmarke Pirelli nahm mit Lotus erstmals wieder ein Team der Spitzengarnitur unter Vertrag, um so mehr als Lotus neuerdings mit Renault-Turbomotoren antrat.

Wie schon angedeutet, änderte das «Wing-car»-Verbot und damit die Umstellung auf flache Fahrzeugböden die Aerodynamik der Wagen wesentlich. Die FISA setzte für 1983 auch neue Maximaldimensionen für die Heckflügel fest. Diese durften zwar etwas höher plaziert werden, indem der oberste Punkt 100 cm hoch liegen durfte (bisher 90 cm), die Breite des Flügels wurde aber von 110 auf 100 cm reduziert. Der hintere Überhang, bezogen auf die Hinterachse, durfte noch 60 cm (bisher 80 cm) betragen, so daß die Hebelwirkung damit abnahm. Die Kürzung von Überhang und Breite verringerte zwar den Abtrieb, aber die Tatsache, daß die Flügel nun um 10 cm höher liegen durften, machte die Abtriebsverminderung wett, weil der Flügel in der höheren Position dank des weniger turbulenten Luftstroms besser funktionierte.

Betrug bei einem mit dem Cosworth V8 ausgerüsteten Wagen das Verhältnis des maximalen Abtriebswertes von Vorderflügel, Seitenprofilen (1983 nur noch Diffusoren am Heck) und Heckflügel 1982, als die «Wing-cars» noch das Bild beherrschten, auf einer relativ schnellen Strecke etwa 0 bis 50 kg/2000 kg/350 kg, so lag das Verhältnis 1983 bei etwa 250 kg/300 kg (hauptsächlich dank den Luftdiffusoren, weil die Seitenprofile nicht mehr zulässig waren)/450 kg, woraus deutlich hervorgeht, daß der eigentlichen Wagenkörper nun einen viel kleineren Abtrieb erzeugte, hingegen hatte die Wirkung der Front- und der Heckflügel zugenommen. Bei Wagen mit Turbomotor mußte mit dem Heckflügel mehr Druck produziert werden als bei den Saugmotorautos und zwar auch wegen der Motorcharakteristik. Da die Turbokraft mit einer Verzögerung von 0,5 bis 1 Sekunde (je nach Motor) mehr oder weniger schlagartig einsetzte, neigten die Turboautos dazu, im Kurvenausgang blitzartig mit dem Heck auszubrechen, da die Kraftspitzen nicht mehr an die Fahrbahn abgegeben werden konnten. Mit hohen Antriebslasten an der Hinterachse konnte diese Eigenart, die vom Fahrer schwer zu kontrollieren war, zumindest in den schnellen Kurvenausgängen vermindert werden. Die aerodynamische Balance ließ sich dann mittels einer entsprechenden Vergrößerung der Frontflügel wiederherstellen. Somit erzeugten Turbowagen zwar einen höheren Luftwiderstand als Saugmotorautos, aber ihre Aggregate gaben auch eine entsprechend höhere Leistung ab. Bei den Turbomotoren wurde dauernd viel Zeit und Geld in die Verbesserung des Ansprechverhaltens investiert, und mit dieser Entwicklungsarbeit leisteten die Motorenbauer indirekt einen wesentlichen Beitrag zur Verbesserung des Fahrverhaltens der Wagen.

Bei den Turbowagen, deren Aerodynamik vermehrt auf Abtrieb eingestellt war, wurden nun folgende Abtriebswerte von der Kombination Frontflügel, Diffusoren (am Heck hochgezogene Luftkanäle) und Heckflügel ermittelt, nämlich im Verhältnis 300 kg/300 kg/550 kg, im Gegensatz zu 1982 (mit Seitenprofilen), als für die Turbowagen noch ein Verhältnis von 0 bis 100 kg/2000 kg/450 kg registriert wurde.

Im Verlaufe der Saison kamen dann mehr und mehr Heckflügel mit Seitenstummeln auf, welche vor der hinteren Radmitte zu liegen hatten, so daß sie hier vom Reglement nicht mehr als Flügel, sondern als Karosserieteil eingestuft wurden und gleich breit sein durften wie der Fahrzeugkörper, nämlich 140 cm. Dieses kombinierte Flügelwerk bestand aus einem normalen, 100 cm breiten Heckflügel mit um etwa 50 cm über der Hinterachse nach vorne gezogenen Flügelendscheiben. An den Außenseiten dieser Endscheiben wurden vor der Hinterachse an beiden Seiten 20 cm breite Flügelstummel angebracht, was das gesamte System 140 cm breit werden ließ. Der Mehrabtrieb der seitlichen Flügelstummel war beachtlich und betrug bis zu 80 kg.

Das Fahrzeuggewicht, das nun mindestens 540 kg betragen mußte, wurde jetzt durch rigorose Kontrollen überwacht, indem die Wagen während des Trainings in der Boxeneinfahrt auf eine portable, aus vier Einheiten bestehende Waage rollen mußten. Mit dem Piloten an Bord wurde nun der Monoposto blitzschnell gewogen, wobei das Gewicht des Fahrers zu Beginn sowie Mitte Saison festgehalten und dann direkt vom Gesamtgewicht abgezogen wurde. Nachdem es nun nach dem Rennen nicht mehr möglich war, Wasser nachzufüllen, blieb das Mogeln mit dem Gewicht praktisch ausgeschlossen. Einige Teams praktizierten es trotzdem, indem sie das Fahrzeug untergewichtig ins Rennen schickten und es kurz vor Schluß, etwa zwei bis drei Runden vor dem Fallen der Schachbrettfahne, noch schnell mit 50 bis 60 Litern Benzin betankten, womit das Gewicht am Ziel wieder stimmte. Diese List war aber nur für jene Konkurrenten interessant, welche noch mit dem Cosworth-Motor antraten. Die Turbokonkurrenz schaltete nämlich den Tankstopp mit Reifenwechsel nach der halben Renndistanz ein.

Oben
Nelson Piquet, Weltmeister 1983, auf seinem Brabham BT52-BMW.

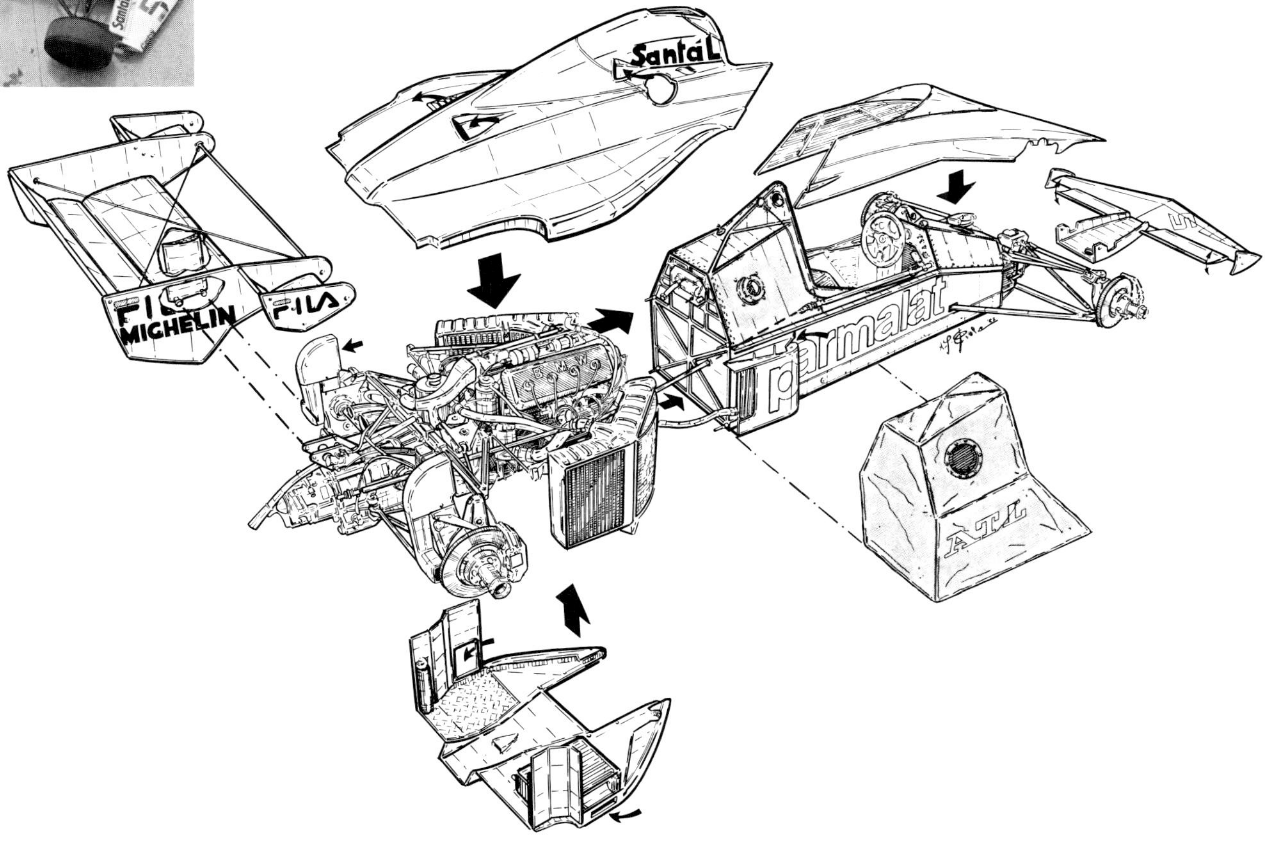

Rechts
Der Brabham BT52-BMW wurde Anfang März 1983 in München der Presse vorgestellt und dann gleich zum ersten Grand Prix nach Brasilien spediert, wo Piquet damit auch siegte. Typisch waren beim BT52 nicht nur die Pfeilform, sondern auch das wieder nach hinten verschobene Cockpit. Die senkrechten Kühler und Wärmetauscher waren um den Motor herum konzentriert. Rechts der in das Monocoque eingelegte Gummitank.

parmalat
FLY saudia
RENAULT elf
elf
benetton
25
4

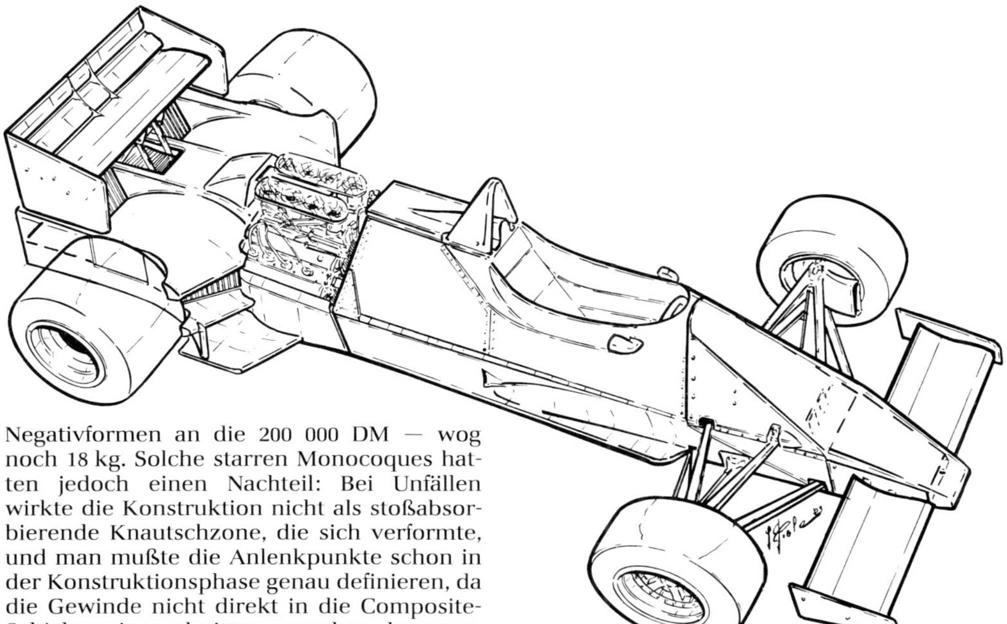

Rechts
Beim Ligier JS21, der wieder einen Cosworth-Motor aufwies, waren die Kühlelemente vor und hinter der Hinterachse plaziert. Besonders originell war die aerodynamische Gestaltung des Hecks. Auf dem unteren Bild wird Fahrgestellspezialist Guilpin gerade Zeuge eines Wutausbruchs seines Chefs, Guy Ligier.

Links
In Monte Carlo, vor der engen Passage von Sainte-Dévote, wird hier 1983 ein Quintett von Danny Sullivan (Indianapolis-Sieger von 1985) auf Tyrrell 011-Cosworth angeführt. Hinter dem Amerikaner folgen dessen Landsmann Eddie Cheever auf Renault RE40, Jean-Pierre Jarier auf Ligier JS21-Cosworth, Keke Rosberg auf Williams FW08D-Cosworth und Riccardo Patrese auf Brabham BT52-BMW.

Die um 35 kg herabgesetzte Gewichtslimite gab den Turboteams den Anstoß zur kompromißlosen Konstruktion mittels Composite/Leichtbau-Technologie und somit zu den bereits bekannten Monocoques aus Kohlenstoff und Kevlar. Man ersetzte die klassischen Aluminiumlegierungen in leicht bis mittelfest belasteten Fahrzeugteilen und griff zu einer zentralen Honigwabenstruktur aus Aluminium oder Nomex, welche beidseitig mit einer Deckplatte aus Aluminium oder faserverbunden verleimt war. Die Faserverbunde bestanden wiederum aus Kevlar- oder Karbonfasersträngen (oder einer Kombination der beiden Sorten). Neben fixfertigen Platten konnten die Konstrukteure die verschiedenen Komponenten auch separat kaufen.

In dieser Zeit entstanden auch die ersten geschlossenen Karbonfasermonocoques, die gar keine Karosserie mehr benötigten. Diese Chassis wiesen außen keine ebenen Flächen mehr auf, und bei der Herstellung derselben konnte man auch Rücksicht auf die speziellen Eigenheiten des Composites nehmen. Mit dieser werkstoffgerechten Konstruktionsart wurden noch nie dagewesene Verwindungssteifheiten erreicht. Das erste derartige Kohlestoffmonocoque war 1983 das von Gustav Brunner entworfene Chassis des ATS D7, welches bei der Schweizer Firma Seger + Hoffmann in Steckborn TG entstanden war. Dieses Unternehmen hatte sich auf die Herstellung von Kohlenstoff/Kevlar-Teilen für Hochleistungsfahrzeuge spezialisiert. Ein derartiges Monocoque war praktisch starr. Das ATS-Monocoque, welches in der Herstellung unglaublich teuer war — das erste Exemplar kostete samt Modellen oder Negativformen an die 200 000 DM — wog noch 18 kg. Solche starren Monocoques hatten jedoch einen Nachteil: Bei Unfällen wirkte die Konstruktion nicht als stoßabsorbierende Knautschzone, die sich verformte, und man mußte die Anlenkpunkte schon in der Konstruktionsphase genau definieren, da die Gewinde nicht direkt in die Composite-Schicht eingeschnitten werden konnten. Diese Gewinde mußten vorher in Metallplatten eingeschnitten werden, die dann in die Karbonfaserstruktur eingebettet wurden. Darunter litt natürlich die Flexibilität bezüglich der Aufhängungsgeometrie.

Gewicht sparte man auch mehr und mehr beim Bremssystem, indem — vor allem bei den Qualifikationen — auch Kohlenstoff-Bremsscheiben verwendet wurden. In der Praxis ergaben sich jedoch — wegen der hohen Wärmeleitfähigkeit von Kohlenstoff — wesentliche Temperaturprobleme. Die zu hohen Bremssatteltemperaturen führten zu Dichtungsproblemen bei den Bremskolben. Diesen versuchte man mit Kolben aus Titan zu begegnen. Auch die Bremsflüssigkeit erhitzte sich wesentlich und verursachte einen Druckabfall im Bremssystem. Aus diesem Grunde wurden die Bremsleitungen aus den Bremssätteln heraus an die Oberfläche verlegt. Trotz diesen Schwierigkeiten verwendeten zuerst Brabham (dieses Team hatte schon 1976 die ersten Versuche mit Kohlenstoffbremsen unternommen) und dann auch McLaren regelmäßig Kohlenstoffbremsen, und in den folgenden Jahren gingen praktisch alle Marken auf diese Bremstechnik über. Auch wenn solche Bremsen sehr teuer waren, brachten sie doch eine Gewichtsersparnis von rund 15 kg im Vergleich zu einem konventionellen Bremssystem mit Stahlgußscheiben. Kohlenstoffbremsen verwendete man im Flugzeugbau seit zwei Jahrzehnten. Während hier aber eine Maschine beim Landen eine einzige Vollbremsung vollziehen muß und sich das System dann wieder abkühlen kann, folgen sich die Vollbremsungen bei einem Rennwagen hingegen Schlag auf Schlag.

Die Weltmeisterschaft begann in Brasilien, wo Nelson Piquet mit dem von Gordon Murray konstruierten Brabham BT52-BMW vor dem Williams FW08D-Cosworth Rosbergs siegte. Der Finne wurde aber anschließend disqualifiziert, weil sein Fahrzeug nach dem Boxenstopp angeschoben worden war, so daß Lauda mit dem McLaren MP4/1-Cosworth auf den Ehrenplatz nachrutschte, vor Laffite auf Williams. John Watson startete beim folgenden Grand Prix der USA West hoffnungslos aus der 11. Startreihe, aber am Schluß kreuzte er das Ziel mit dem McLaren-Cosworth als Sieger vor Niki Lauda sowie dem Ferrari 126C2 von René Arnoux. Bei dem für einmal im Frühling laufenden Großen Preis von Frankreich in Le Castellet konnte Renault die intensive Testarbeit auf dieser Piste voll ausspielen, und Alain Prost siegte mit dem RE40, vor Piquet und dem zweiten Renault-Piloten, Eddie Cheever. In Südfrankreich wurde De Cesaris' Euroracing-Alfa Romeo bei einer Kontrolle — nach dem Freitagtraining — ohne Behälter der Feuerlöschanlage erwischt und deshalb disqualifiziert. Bei Euroracing machte man dafür Gérard Ducarouge verantwortlich und packte die Gelegenheit beim Schopf, ihn zu entlassen, zumal zwischen Ducarouge und der Mailänder Renngemeinschaft scheinbar Spannungen entstanden waren. Ein kapitaler Fehler der Alfa-Leute, denn mit Ducarouge spielten sie der Konkurrenz einen Spitzentechniker in die Arme. Der Franzose wechselte gleich zu Lotus, wo er in nur fünf Wochen den Lotus 94T-Renault auf die Räder stellte, mit welchem die Marke Colin Chapmans wieder ordentlich Auftrieb bekam.

Beim Großen Preis von San Marino in Imola wiederholte Ferrari den Vorjahressieg. Es gewann Patrick Tambay; René Arnoux wurde mit dem 126C2B Dritter, dazwischen schob sich Alain Prost mit dem Renault. Der ungestüme Draufgänger Rosberg auf dem wiederum von Patrick Head konstruierten Williams FW08 erkämpfte sich in Monte Carlo trotz unterlegenem Cosworth-Motor einen großartigen Erfolg. Auf den Stadtrundstrecken konnten die 520 PS der besten Cosworth-Saugmotoren eben noch mitmischen, und die Turbowagen von Piquet und Prost mußten sich in der Principauté mit den Ehrenplätzen begnügen. In Monaco blieben die McLaren-Cosworth vom Rennen ausgeschlossen: Watson und Lauda, welche noch in Long Beach auf den ersten und den zweiten Platz gekommen waren, vermochten sich beim werbeträchtigsten Grand Prix, bei dem man weltweit mit den größten TV-Zuschauerzahlen rechnet, nicht zu qualifizieren. Seit 1971 wurde der Große Preis von Belgien erstmals wieder auf der schnellen Ardennenrundstrecke von Spa-Francorchamps ausgetragen. Man hatte den Kurs inzwischen von 14,1 auf 6,94 km verkürzt und modern ausgebaut. Wer hier nicht mit einem Turbomotor fuhr, blieb Statist. Aus der zweiten Reihe heraus kam Andrea De Cesaris mit dem Euroracing-Alfa Romeo 183T mit V8-Turbomotor in die Spitzenposition, die er 18 Runden lang innehielt; dann gab der Motor seines Wagens den Geist auf, und das Rennen gewann Alain Prost. In Detroit wurde der 155. und dann auch letzte Grand-Prix-Sieg des Cosworth-Saugmotors Wirklichkeit; der junge und talentierte Mailänder Michele Alboreto konnte auf dem von Maurice Phillippe konstruierten Tyrrell 012 mit dem neuen, kurzhubigeren Cosworth DFY in der Metropole des Automobils vom Pech der Turbokonkurrenz profitieren und — nach Las Vegas 1982 — seinen zweiten USA-Erfolg sicherstellen.

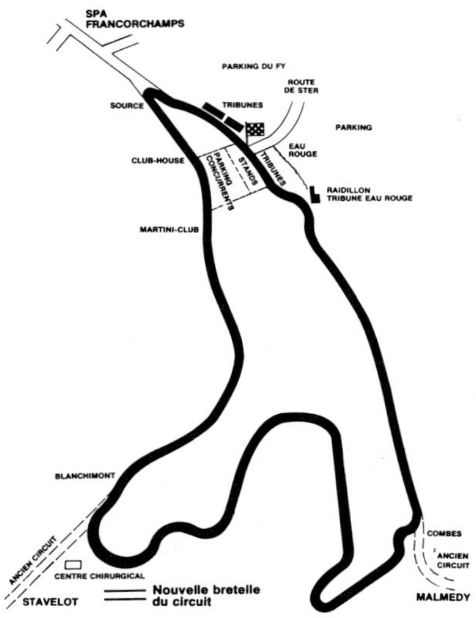

Von nun an gab es in der Formel 1 ausschließlich Turbosiege. Ferrari gewann in Kanada mit Arnoux; die beiden Ferrari standen auch beim folgenden Grand Prix von England in Silverstone in der ersten Reihe, aber schließlich gewann Prost vor Piquet und Tambay. Bei diesem Rennen praktizierte auch McLaren erstmals die Tankstopps, nachdem sich dieses Team lange geweigert hatte, diesen Trick anzuwenden.

Der durch einen perfekt organisierten Tankstopp erreichte Nettozeitgewinn konnte während eines Grand Prix mehr als eine Mi-

Links
In den siebziger Jahren war die seit 1925 bestehende Rundstrecke von Spa-Francorchamps von ursprünglich 14,2 auf 6,949 km verkürzt und modern ausgebaut worden. Hier wurde nun 1983 erstmals wieder der Große Preis von Belgien ausgetragen. Am unteren Bildrand ist die fortsetzung der alten Rundstrecke sichtbar.

Unten
Präsentation des TAG-Porsche-Motors anläßlich des Genfer Automobilsalons 1983. Von links Hans Mezger (Vater des Sechszylinders), Peter W. Schutz (Vorstandsvorsitzender der Firma Porsche), Ron Dennis (Teammanager von McLaren) und Mansour Ojjeh (Besitzer von TAG).

Ganz unten
Weltmeister Nelson Piquet auf Brabham BT52-BMW.

Links
Wahrscheinlich hat Alain Prost mit seinem Renault RE40 in der Tarzan-Kurve von Zandvoort die Chance, schon 1983 Weltmeister zu werden, verspielt, als er den führenden Brabham BT53 von Nelson Piquet von innen rammte.

Unten
FIA-Preisverteilung Ende 1983 in Paris: Weltmeister Nelson Piquet (Mitte), WM-Zweiter Alain Prost (rechts) sowie René Arnoux (WM-Dritter). Prost unterlag mit nur 2 Punkten Rückstand auf den Brasilianer, der seinen zweiten Titel in der Tasche hatte.

Nachfolgende Doppelseite
Dieser Meisterschnappschuß des italienischen Fotografen Franco Villani wurde Ende 1983 mit dem Sonderpreis «Dino Ferrari» für das beste Formel-1-Bild der Saison ausgezeichnet. Das Bild zeigt den Tankstopp René Arnoux' anläßlich des Großen Preises von San Marino in Imola.

nute betragen. Dabei brachte der totale Boxenstopp rund 25 Sekunden Verlust, nämlich 5 Sekunden bei der Zufahrt zu den Boxen, 10 Sekunden beim Arbeiten am Auto und weitere 10 Sekunden bei der Ausfahrt aus den Boxen. Dem standen aber vielleicht gegen 2 Sekunden schnellere Rundenzeiten — bei Rundenzeiten um zwei Minuten herum — gegenüber (Durchschnittswert, denn nach dem Start sowie unmittelbar nach dem Boxenstopp waren größere Differenzen möglich).

Beim Großen Preis von England tauchte übrigens erstmals der Honda-V6-Turbomotor — im Spirit des Schweden Johansson — bei einem Weltmeisterschaftslauf auf. Honda wollte mit dem Spirit-Team Erfahrungen sammeln im Hinblick auf einen vollen Einsatz im folgenden Jahr, und zwar mit Williams, denn Spirit vermochte nicht zum gewünschten Fortschritt beizutragen.

Ferrari gewann mit René Arnoux auf dem 126C2C den Großen Preis von Deutschland in Hockenheim vor dem Alfa Romeo 183T mit Andrea De Cesaris am Steuer. Somit stand endlich ein Alfa-Romeo-Achtzylinder auf dem Ehrenplatz. Renault siegte beim schnellen Großen Preis von Österreich mit Alain Prost vor Arnoux auf Ferrari. Später sollte sich dann herausstellen, daß dieser Erfolg des RE40 zugleich der letzte Grand-Prix-Sieg des Renault-Teams blieb, denn weder 1984 noch 1985 schafften die französischen Rennwagen je wieder einen Volltreffer, und Ende 1985 zog sich Renault aus der Formel 1 zurück, das heißt, anschließend beschränkte man sich darauf, Lotus, Ligier und Tyrrell mit V6-Motoren zu beliefern. Einen Ferrari-Doppelsieg gab es beim Großen Preis von Holland mit Arnoux auf dem ersten und Tambay auf dem zweiten Platz. In Zandvoort hatte Prost wahrscheinlich die Chance, Weltmeister 1983 zu werden, endgültig verspielt, denn in der Tarzan-Kurve versuchte er den führenden Brabham von Piquet mit einem Gewaltakt auszubremsen. Die beiden Fahrzeuge kollidierten und schieden aus. Ende der Saison fehlten dann Prost zwei Punkte zum Titel.

BMW soll in Zandvoort — bei den Qualifikationen — erstmals über 800 PS verfügt haben. Ingenieur Paul Rosche hatte den Vierzylinder nochmals gründlich überarbeitet, und von nun an setzte eine Erfolgsserie des BMW-Motors ein, wobei Piquet zwei weitere Volltreffer lancieren konnte.

In Zandvoort gab es auch eine vielbeachtete Premiere, nämlich diejenige des von Porsche gebauten TAG-V6-Motors, mit welchem hier Niki Lauda im McLaren MP4/1 antrat. Übrigens wies der McLaren auch eine später vielbeachtete und von fast allen Teams kopierte Flaschenhalsform auf, das heißt, der Wagenkörper verengte sich vor der Hinterachse, womit ein Turbulenzabbau in der Zone der Hinterräder angestrebt wurde. Aus diesen turbulenten Überdruckzonen wurde die Luft zwischen den Rädern und der Karosserie hindurch nach hinten abgesaugt. In Zandvoort setzte man den Porsche-Motor vorsichtshalber noch mit wenig Ladedruck ein, aber es gab Bremsprobleme, und Lauda schied aus, derweil Watson mit dem McLaren-Cosworth auf den dritten Platz kam.

Piquet gewann anschließend die Grand Prix von Italien in Monza und von Europa in Brands Hatch. Der BMW-Motor war nicht mehr zu halten. Vor dem letzten Rennen, dem Großen Preis von Südafrika in Kyalami, kamen noch Piquet auf Brabham und Prost auf Renault für die Weltmeisterkrone in Frage; bei Arnoux bestand nur noch eine rein theoretische Chance für den Titelgewinn. In Kyalami debütierte Williams mit dem neuen FW09 mit Honda-V6-Motor, wobei die Kombination auf Anhieb eine gute Figur machte. Während Piquet dem Rennen gelassen entgegensah, war man bei Renault ziemlich nervös, zumal das Team der Régie die Weltmeisterschaft um jeden Preis gewinnen mußte. Aber Alain Prost schied nach 35 von 77 Runden mit einem Schaden am Turbolader aus, und Nelson Piquet, der lange führte, konnte es sich leisten, das Tempo gegen den Schluß des Rennens leicht zu drosseln, so daß sein Teamkollege Riccardo Patrese den Grand Prix, gefolgt vor De Cesaris auf dem Euroracing-Alfa Romeo und Piquet auf Brabham, gewinnen konnte. Lauda auf dem noch jungen McLaren-TAG-Porsche fuhr ein erstaunliches Rennen und lag von der 69. bis in die 71. Runde sogar in zweiter Position. Der TAG-Porsche entfaltete bereits seine hervorragenden Qualitäten, Lauda wurde aber kurz vor Schluß durch einen Elektrikschaden aus dem Rennen geworfen.

Nelson Piquet war nach 1981 zum zweiten Male Weltmeister vor Alain Prost, welchem — wie schon erwähnt — zwei Punkte zum Titel fehlten. René Arnoux auf Ferrari wurde Dritter. Erstmals ging die Weltmeisterkrone an einen Fahrer eines Turbowagens. Ferrari konnte sich wieder mit dem Gewinn der Coupe der Formel-1-Konstrukteure trösten, welche schon im Jahr zuvor dank des Turbosechszylinders nach Maranello gegangen war. Renault kam hier vor Brabham auf den Ehrenplatz. Die Spannungen innerhalb des Renault-Teams führten dazu, daß sich Prost zwei Tage nach der Niederlage von Kyalami vom französischen Rennstall trennte, wobei er via Sponsor Marlboro sogleich bei McLaren Unterschlupf fand. Eine besonders glückliche Lösung für den kleinen Franzosen mit der Hakennase, wie sich in den folgenden Jahren herausstellen sollte.

Marlboro
WORLD CHAMPIONSHIP TEAM
Agip
Agip
Agip
28
MAGNETI MARELLI
olivetti

Marlboro
WORLD CHAMPIONSHIP TEAM
Agip
Agip
Agip

Formel-1-Wagen von 1983

Marke/Modell	Verantwortl. Konstrukteur(e)	Motor	Getriebe (Gangzahl)	Chassisbauweise	Radstand	Spur vorne Spur hinten	Reifenmarke	Trockengewicht in kg
Arrows A 6	Dave Wass	Cosworth DFV (V8)	Hewland FGA (5)	LMC	2692	v 1791 h 1670	Goodyear	540
ATS D 6	Gustav Brunner	BMW M 12/13 (4 Zyl. Turbo)	ATS-Hewland (5)	KMC	2615	v 1727 h 1626	Goodyear	540
Brabham BT 52	Gordon Murray	BMW M 12/13 (4 Zyl. Turbo)	Brabham-Hewland (5)	KMC	2845	v 1753 h 1651	Michelin	540
Euroracing 183 T/B	Gérard Ducarouge	Alfa Romeo 158 (V8 Turbo)	Alfa Romeo-Hewland (5/6)	KMC	2720	v 1680 h 1820	Michelin	558
Ferrari 126 C2/B	Harvey Postlethwaite	Ferrari 126 C (V6 Turbo)	Ferrari (5)	LMC	2660	v 1770 h 1660	Goodyear	578
Ferrari 126 C3	Harvey Postlethwaite	Ferrari 126 C (V6 Turbo)	Ferrari (5)	KMC	2600	v 1770 h 1660	Goodyear	552
Ligier JS 21	Michel Beaujon	Cosworth DFV (V8)	Hewland FGB (5)	LMC	2630	v 1800 h 1652	Michelin	540
Lotus 92	Martin Ogilvie	Cosworth DFV (V8)	Lotus-Hewland (5)	KKMC	2799	v 1786 h 1672	Pirelli	580
Lotus 93 T	Martin Ogilvie	Renault EF 1 (V6 Turbo)	Lotus-Hewland (5)	KKMC	2667	v 1816 h 1664	Pirelli	560
Lotus 94 T	Martin Ogilvie Gérard Ducarouge	Renault EF 1 (V6 Turbo)	Lotus-Hewland (5)	KKMC	2654	v 1816 h 1664	Pirelli	545
McLaren MP 4/1C	John Barnard	Cosworth DFV (V8)	McLaren-Hewland (5/6)	KMC	2682	v 1810 h 1683	Michelin	540
McLaren MP 4/1E	John Barnard	TAG/Porsche TTE-PO 1 (V6 Turbo)	McLaren-Hewland (5/6)	KMC	2682	v 1810 h 1683	Michelin	562
Osella FA 1 D	Hervé Guilpin Tony Southgate	Cosworth DFV (V8)	Hewland FGA (5)	LMC	2700	v 1780 h 1695	Michelin	557
Osella FA 1 E	Tony Southgate	Alfa Romeo (V12 60°)	Hewland FGA (5)	KLMC	2750	v 1750 h 1670	Michelin	565
RAM 01	Dave Kelly	Cosworth DFV (V8)	Hewland FGA (5)	LMC	2692	v 1791 h 1670	Pirelli	540
Renault RE 30 C	Michel Têtu	Renault EF 1 (V6 Turbo)	Renault-Hewland (5)	LMC	2730	v 1740 h 1630	Michelin	545
Renault RE 40	Michel Têtu	Renault EF 1 (V6 Turbo)	Renault-Hewland (5)	KMC	2730	v 1740 h 1630	Michelin	545
Spirit 201 C	Gordon Coppuck	Honda B 7 LE (V6 Turbo)	Hewland FGB (5)	LMC	2654	v 1753 h 1651	Goodyear	580
Theodore N 183	Nigel Bennett	Cosworth DFV (V8)	Hewland FGA (5)	KLMC	2692	v 1753 h 1575	Goodyear	550
Toleman TG 183 B	Rory Byrne	Hart 415 T (4 Zyl. Turbo)	Hewland FGB (5)	KMC	2692	v 1848 h 1683	Pirelli	540
Tyrrell 011	Maurice Phillippe	Cosworth DFV/DFY (V8)	Hewland FGA (5)	LMC	2718	v 1803 h 1626	Goodyear	540
Tyrrell 012	Maurice Phillippe	Cosworth DFV/DFY (V8)	Hewland FGA (5)	KLMC	2642	v 1727 h 1473	Goodyear	540
Williams FW 08 C	Patrick Head	Cosworth DFV/DFY (V8)	Hewland FGA (5)	LMC	2604	v 1803 h 1575	Goodyear	540

Chassisbauweise: LMC = Leichtmetall-Monocoque, KMC = Kohlefaser-Monocoque, KKMC = Kohlefaser/Kevlar-Monocoque, KLMC = Kohlefaser/Leichtmetall-Monocoque

Kampf um Benzintropfen 1984

Die Konkurrenten müssen mit 220 Litern Treibstoff auskommen.
Einzigartige Erfolgsserie der McLaren mit TAG-Porsche-V6-Turbomotor.
Mit einem halben Punkt Vorsprung auf Prost wird Lauda Weltmeister.

Stellte der Treibstoffverbrauch bisher keine wesentlichen Probleme dar, weil pro Rennen 250 Liter Benzin zur Verfügung standen, so rückte der Verbrauch in der Saison 1984, welche auch die 35. Auflage der Fahrerweltmeisterschaft bedeutete, in den Mittelpunkt des technischen Interesses. Die neue Limite von 220 Litern pro Grand Prix trat in Kraft, wobei die Tankstopps während des Rennens selbstverständlich verboten wurden. Die Einschränkung bereitete großes Kopfzerbrechen: einerseits mußten die Motorenspezialisten mittels Zünd- und Einspritzelektronik versuchen, das Maximum aus dem möglichst sparsam einzusetzenden Treibstoff herauszuholen, anderseits machten sich die technischen Kommissäre Sorgen über die Kontrolle dieser Benzinmenge, weil sich möglicherweise kleine versteckte Reservoirs in den Monocoques unterbringen ließen. Ebenso wußte man schon zu Beginn der Saison, daß die Rennställe den Treibstoff tiefkühlen würden. Dadurch konnte die Dichtevariation des Treibstoffes in Funktion der Temperatur ausgenützt werden. Aber die Teams ließen sich auch Spezialtreibstoffe mixen, ohne dabei die Vorschriften zu verletzen, zumal das Reglement fast nur die Oktanzahl (maximal 102 ROZ) limitierte.

Mit der Kürzung der Treibstoffmenge wollte die FISA die PS-Eskalation eindämmen, denn eine reduzierte Benzinmenge kam auch einer Drosselung der Leistung gleich.

Nachdem McLaren und auch Williams in der zweiten Saisonhälfte 1983 auf Turbomotoren umgestellt hatten und Arrows Ende Saison mit BMW ein Abkommen für die Verwendung des Vierzylinders traf, blieb nur mehr Tyrrell dem Cosworth-Saugmotor treu; alle übrigen Rennställe traten sonst 1984 (Arrows stellte nach den ersten Rennen auf den Turbo um) mit Turbowagen an.

Bei Brabham baute Gordon Murray den bisherigen pfeilförmigen BT52 auf den BT53 um, wobei hinten die Aufladung und die Ladeluftkühlung anders angeordnet wurden, so daß das Fahrzeug seitliche Pontons bekam, in welchen diese Nebenaggregate untergebracht waren. Weltmeister Nelson Piquet bestritt bereits seine sechste Brabham-Saison. In den zweiten Brabham kam Teo Fabi, der zwischenhinein auch einige Rennen der amerikanischen CART-Serie bestritt, nachdem er 1983 bei diesem Championat der «Indy»-Rennwagen mit einem hervorragenden zweiten Schlußrang abgeschlossen hatte. Sensationell war Fabis Leistung bei den Indianapolis-Qualifikationen 1983 gewesen, als er seinen March auf die Pole Position stellte. Wenn also Teo Fabi bei den CART-Rennen antrat, dann wurde er bei Brabham durch seinen Bruder Corrado ersetzt. Die Brabham BT53 waren wiederum mit Michelin-Reifen bestückt.

Bei Tyrrell hatte Maurice Phillippe den 012 weiterentwickelt, das Chassis bestand aus einer mit Karbonfasern verstärkten Leichtmetall-Sandwichkonstruktion. Ken Tyrrell holte zwei junge Talente in sein Team, nämlich den erfolgreichen englischen Formel-3-Spezialisten Martin Brundle sowie den deutschen Formel-2-Fahrer Stefan Bellof,

Martin Brundle

welcher die große Hoffnung seines Landes darstellte. Bei Williams war das neue, von Patrick Head konstruierte Modell FW09 mit Honda-V6-Motor schon Ende 1983 aufgetaucht. Es wies noch immer ein Leichtmetall-monocoque auf, denn bei Williams wurde gespart.

Rechts
Beim GP von Österreich zeigt die McLaren-Boxenmannschaft dem führenden Niki Lauda die Tafel mit den Angaben «1. Position, noch 5 Runden bis zum Ziel, 10,5 Sekunden Vorsprung auf den Zweiten».

Unten
Dem Halter der Pole Position schenkte Piaggio jeweils einen Vespa-Roller. Hier ist Alain Prost an der Reihe (Zandvoort 1984).

Unten rechts
Den vorzeitig abgebrochenen Großen Preis von Monaco 1984 gewann Alain Prost auf seinem McLaren MP4/2-TAG-Porsche. Man beachte die zusätzlichen seitlichen Flügelstummel am Heckflügel, welche vor der Linie der Hinterachse liegen mußten und 1985 verboten wurden

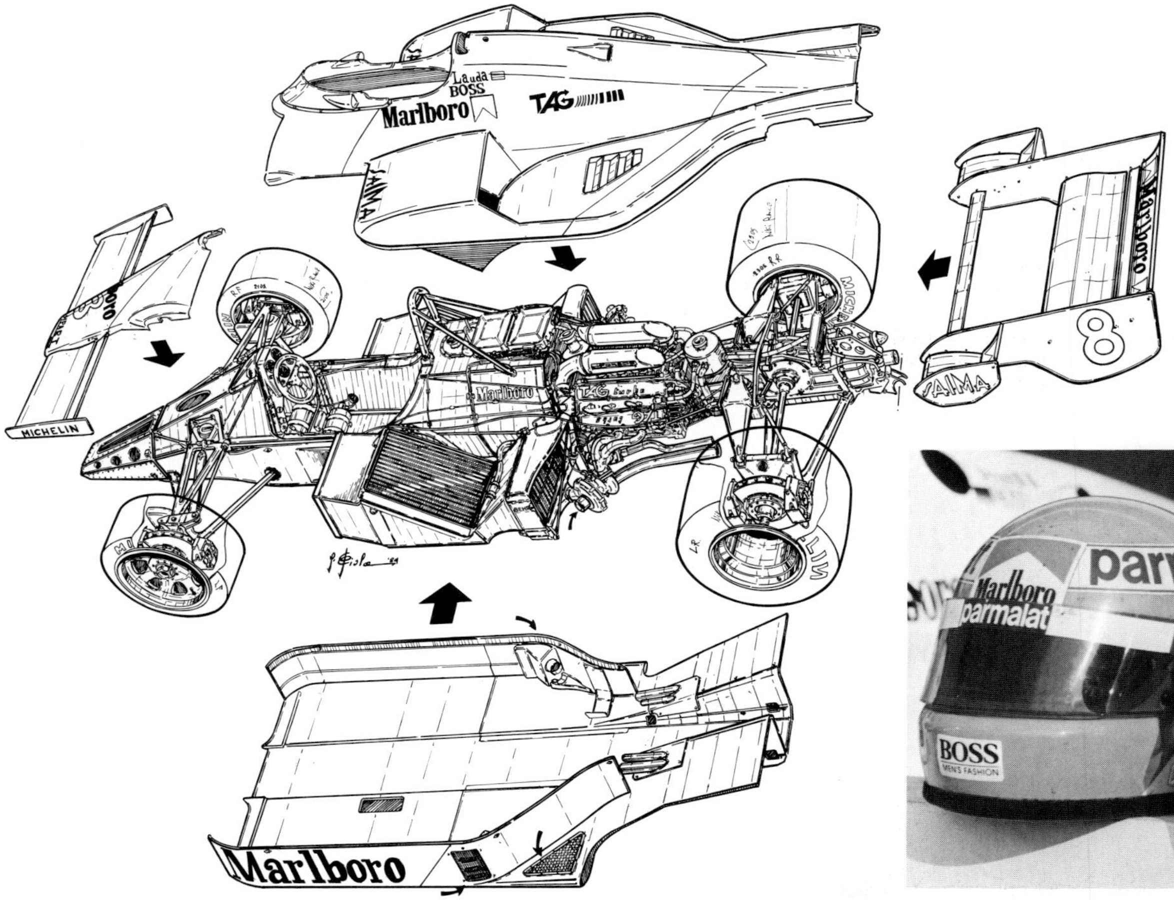

Links
Der McLaren MP4/2-TAG-Porsche war die dominierende Formel-1-Konstruktion der Saison 1984. Mit diesem Modell gewann Prost in einer Saison 7 und Lauda 5 Grand Prix. Charakteristisch war die sich nach hinten verjüngende Flaschenhalsform.

Unten
Lauda und Prost lassen sich für einmal von den Helmen vertreten.

McLaren stellte im Winter das Modell MP4/2 mit TAG-Porsche-Motor vor, das dem bisherigen MP4/1 sehr ähnlich sah. Der Radstand war nach hinten verlängert worden, damit variierte auch die Gewichtsverteilung, was John Barnard veranlaßte, auch die Aerodynamik zu modifizieren. Hinten versah man den McLaren mit einer noch schlankeren Flaschenhalsform, womit ein besserer Abzug der Luft, mit entsprechend günstigerem Anströmen des Heckflügels, angestrebt wurde. Das Kohlenstoff/Kevlar-Monocoque stammte wieder von der Firma Hercules (USA), wobei das Chassis noch mit einer Karosserie verschalt wurde. John Watson wurde durch den bisherigen Renault-Fahrer Alain Prost ersetzt, worauf Watson — obschon er noch zur Elite zählte — keinen Unterschlupf mehr in einem Team fand. Selbstverständlich gehörte Niki Lauda weiterhin dem McLaren-Team an, das nach wie vor mit Michelin unter Vertrag stand. Bei Porsche in Weißach hatte man inzwischen weiter am TAG-Motor gearbeitet, insbesondere an der Elektronik, wobei hier Bosch einen wesentlichen Beitrag leistete.

Ferrari überarbeitete seinen V6-Motor, der KKK-Lader aufwies, weiter und versah ihn mit einer neuen, vollelektronischen Einspritzung von Weber-Marelli, die dann jedoch erst ab Mitte Saison endgültig zum Einsatz kam. Inzwischen hatte Ferrari durchblikken lassen, daß man auch an einem neuen Vierzylindermotor arbeitete. Das weiterhin mit Goodyear-Reifen fahrende Team ersetzte Patrick Tambay durch den bisherigen Tyrrell-Piloten Michele Alboreto, der nach Siegen in Las Vegas und Detroit zu den großen Hoffnungen Italiens zählte. Seit 1973 (Arturo Merzario) saß damit erstmals wieder ein Italiener in einem offiziellen Ferrari der Formel 1. René Arnoux blieb in der Scuderia, deren neuer Wagen Typ 126C4 unter der Leitung von Ingenieur Mauro Forghieri und Dr. Harvey Postlethwaite entstand. Die neue Kohlenstoff/Kevlar-Konstruktion bestand aus einer Zelle ohne Karosserie, die Vorderradaufhängungen waren direkt in die Monocoquewand eingeschraubt.

Renault stellte auf die Neukonstruktion RE50 um, ebenfalls mit Kohlenstoff/Kevlar-Einzellenmonocoque. Überarbeitet wurde auch der V6-Motor, der jetzt nicht mehr den traditionellen Stahlgußblock, sondern einen Leichtmetallblock besaß. Zudem rüstete man das Triebwerk versuchsweise auch mit der eigenen vollelektronischen Renox-Einspritzanlage aus. Renault operierte sowohl mit deutschen KKK- als auch mit amerikanischen Garrett-Turboladern. Die neuen Renault-Piloten waren Patrick Tambay (bisher Ferrari) sowie Derek Warwick (bisher Toleman).

Neben Lotus bezog nun auch Ligier die Motoren von Renault. Die Neukonstruktion aus Vichy war der JS23, der unter der Gesamtleitung von Michel Beaujon entstanden war und Andrea De Cesaris (bisher Euro-

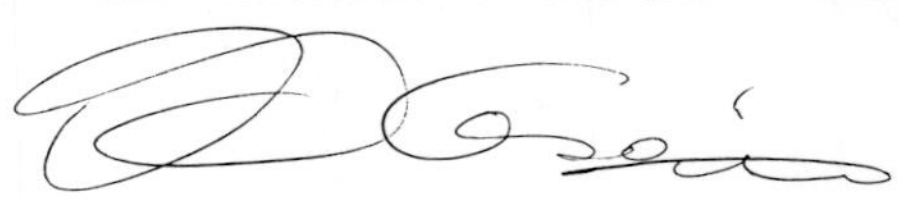

Andrea De Cesaris

racing-Alfa Romeo) sowie dem bisherigen französischen Formel-3-Spezialisten François Hesnault anvertraut wurde. Die Ligier blieben 1984 hinter den Erwartungen zurück. Lotus stellte von Pirelli- auf Goodyear-Reifen um. Für Elio De Angelis und Nigel Mansell realisierte Gérard Ducarouge den Mark 95T mit Renault-V6-Motor. Bei Toleman entwikkelte Rory Byrne den TG184 mit Kohlenstoff/

Rory Byrne

Diese vier Zeichnungen des Ferrari 126 C4 von 1984 veranschaulichen, mit welchem Aufwand in der Formel 1 operiert wird. Beim Ferrari wurde die Aerodynamik laufend modifiziert, wobei die seitlichen Pontons, der Heckflügel und die tiefliegenden Luftextraktoren auf der Höhe des Getriebes immer wieder anders gestaltet wurden.

Die oberste Zeichnung zeigt den 126 C4, wie er beim GP von Frankreich eingesetzt wurde, darunter folgen die Versionen des GP von Deutschland und des GP von Italien sowie die Ausführung, wie sie Ende Saison in Fiorano ausprobiert wurde. Bei der untersten Zeichnung münden die Auspüffe direkt aus den Luftextraktoren ins Freie.

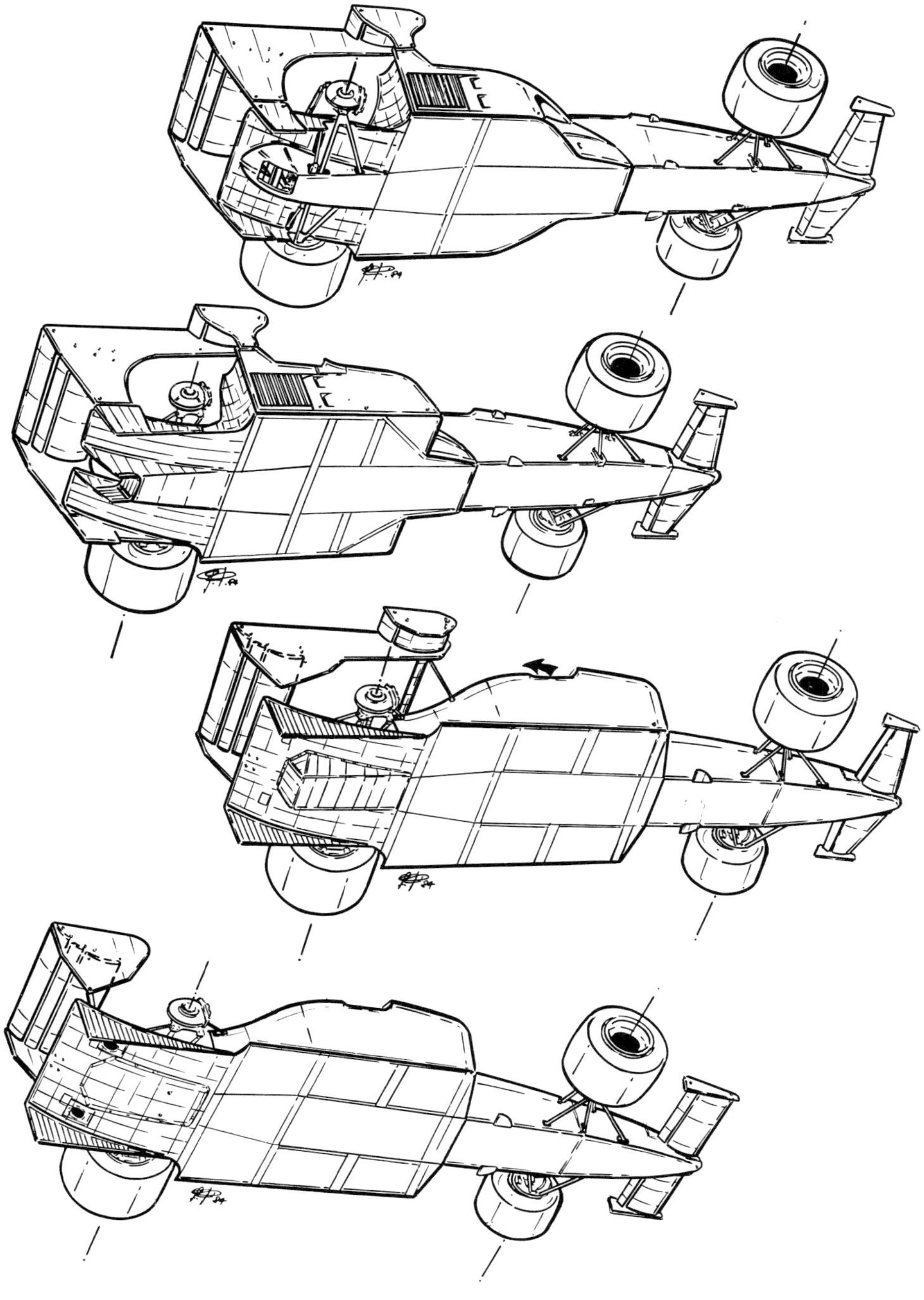

Kevlar-Monocoque und zusätzlicher Karosserie, wobei der Hart-Vierzylinder, der nicht tragend ausgebildet war, hinten in einem an das Monocoque angeschraubten Rohrrahmen ruhte. Toleman verpflichtete den vielversprechenden Brasilianer Ayrton Senna, ein Talent, welches sich in der englischen Formel-3-Meisterschaft mehrfach ausgezeichnet hatte, sowie den ehemaligen Motorradweltmeister Johnny Cecotto aus Venezuela.

Pavanellos Euroracing-Alfa-Romeo-Team trat einen bisherigen Alfa Romeo 183T an Osella ab, und unter der Leitung von Ingenieur Luigi Marmiroli entstanden die neuen 184T mit Einzellenmonocoque und Alfa-Romeo-V8-Motor, welche von Riccardo Patrese (bisher Brabham) sowie von Eddie Cheever

Eddie Cheever

(bisher Renault) gefahren wurden. Das Kohlenstoff/Kevlar-Monocoque der Mailänder Monoposto ließ man in England bei der Firma Advanced Composyte herstellen. Bei Arrows in Milton Kaynes bereitete Dave Wass das neue Turbomodell A7 mit BMW-Vierzylindermotor vor, welches dann beim Großen Preis von Belgien debütierte. Die Arrows-Motoren wurden nicht bei der BMW Motorsport GmbH in München überholt, sondern bei der Heini Mader Racing Compo-

Heini Mader

nents in Gland (Waadtland), wo der einstige Rennmechaniker Mader einen neuen, modern ausgebauten Betrieb für die Wartung von Hochleistungsmotoren eröffnet hatte. Arrows-Fahrer waren wieder der Schweizer Marc Surer sowie der Belgier Thierry Boutsen.

Thierry Boutsen

Das unaufhörlich von Personalwechseln gebeutelte deutsche ATS-Team baute den neuen D7 mit BMW-Motor und Einzellenmonocoque aus Kohlenstoff/Kevlar, mit welchem wieder Manfred Winkelhock fuhr. Gegen Saisonende kam auch der junge österreichische Formel-3-Spezialist Gerhard Berger zu ATS. Noch vor Saisonbeginn hatte Konstrukteur Gustav Brunner dieses Team Rich-

Gustav Brunner

tung Euroracing verlassen. Das Spirit-Team, welches 1983 noch den Honda-V6-Motor verwendet hatte, mußte auf den leistungsmäßig unterlegenen Hart-Vierzylinder umstellen. Es handelte sich um die damals kleinste und auch finanzschwächste Formel-1-Renngemeinschaft, deren technischer Chef nach wie vor der ehemalige McLaren-Konstrukteur

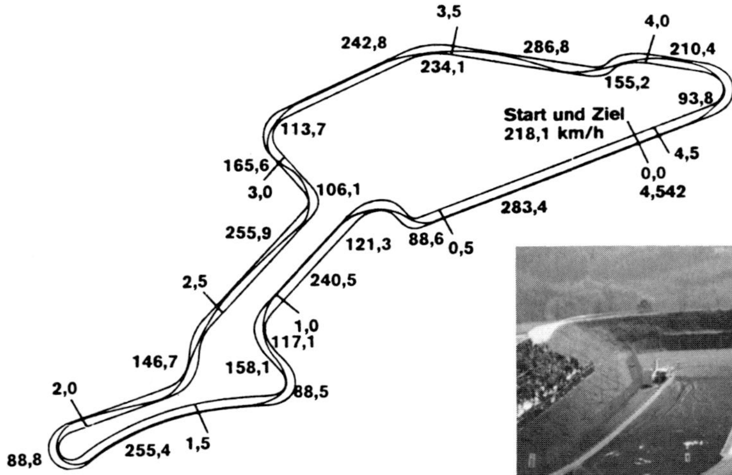

Im Jahre 1984 wurde der neue Nürburgring eröffnet. Die hochmoderne Anlage weist eine Rundenlänge von 4542 m auf. Angegeben wird hier das vom Computer im voraus errechnete Tempo an den diversen Punkten der Strecke (Basis Porsche 935).

Der neue Nürburgring ist eine hochmoderne und sichere Anlage, aber für die Zuschauer ist die Faszination der alten Strecke nicht mehr vorhanden, weil man weit von der Bahn entfernt auf großen und sterilen Betontribünen steht.

Unten
Manfred Winkelhock auf dem ATS D7-BMW anläßlich des Großen Preises von Holland 1984 in Zandvoort.

Gordon Coppuck war. Auf dem einzigen Spirit fuhren 1984 zuerst Mauro Baldi, dann der Holländer Huub Rothengatter.

Enzo Osella aus Volpiano bei Turin übernahm zuerst einen Alfa Romeo 183T von Euroracing, dann baute man das Modell FA1F mit Alfa-Romeo-Turbomotor, wobei das Monocoque bei der auch für Renault und Ligier tätigen Turiner Firma CMA (Composite Material Aeronautic) entstand. Die Osella-Fahrer waren Piercarlo Ghinzani, der in Bergamo auch eine Lancia-Vertretung führte, sowie der Österreicher Jo Gartner. Das von John Macdonald geführte englische RAM-Team (benannt nach den Namen der Gründer Mick Ralph und John Macdonald) trat mit den unter Dave Kelly konstruierten RAM 02 an. Das Chassis wurde von einer Kunststoffzelle mit Leichtmetallunterzug gebildet. Die von Hart-Motoren angetriebenen 02 wurden vom Franzosen Philippe Alliot sowie vom Formel-2-Europameister Dr. Jonathan Palmer pilo-

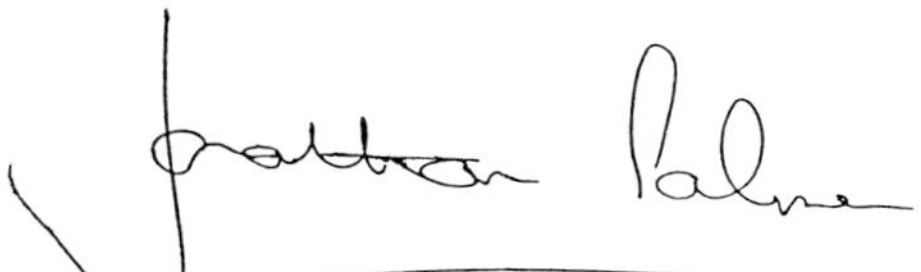

Jonathan Palmer

tiert. Verschwunden war das Theodore-Team des asiatischen Geschäftsmannes Teddy Yip, welcher nicht mehr bereit war, noch tiefer in die Tasche zu greifen.

Im Hinblick auf 1984 stellte auch Goodyear endgültig auf Radialreifen um. Der US-Reifengigant hatte bisher nur Regenreifen mit radialer Karkasse hergestellt. Damit gab es in der Formel 1 ausschließlich Radialreifen, nämlich von Goodyear, Michelin und Pirelli.

Mit dem französischen Reifenhersteller waren Brabham, McLaren, Renault und Ligier unter Vertrag; mit italienischen Pneus fuhren RAM, ATS, Toleman, Osella und Spirit (somit die schwächeren Teams); mit Goodyear waren Tyrrell, Williams, Lotus, Arrows, Euroracing sowie Ferrari liiert.

Im Mittelpunkt stand also das Problem des Treibstoffverbrauchs, das die Spezialisten zwang, die neue Aufgabe mit grösstem Aufwand zu lösen. In der modernen Motorentechnologie wurde das Motormanagement mittels Computersystemen gesteuert, wobei hier speziell der Zündzeitpunkt, der Benzineinspritzzeitpunkt, die Einspritzdauer sowie die Einspritzmenge in Funktion des Betriebszustandes des Motors durch den Computer bestimmt wurden. Im Rahmen der Treibstoffvorschrift von 102 ROZ Oktanzahllimite gab es für die Chemiker aber noch viel Spielraum, und es wurden spezielle und auch entsprechend teure Benzine mit hoher Klopffestigkeit gemixt. Die Einführung der 220-Liter-Volumen-Restriktion für den Benzintank, welche eigentlich den Fortschritt im Motorenbau, gleichzeitig aber auch eine Leistungslimitierung während des Rennens zum Ziele hatte, führte jedoch zu Maßnahmen zur Erhöhung des spezifischen Gewichts des Benzins. Damit ließ sich die 220-Liter-Regel umgehen, und zwar mittels Benzinkühlung vor dem Start. Allmählich schleppten die Teams große Tiefkühlanlagen für den Treibstoff zu den Boxen, denn damit ließ sich die Dichtevariation in Funktion der Temperatur ausnützen. Eine Temperaturabnahme um 1 Grad hatte eine Erhöhung der Dichte von 1 % zur Folge. Die Benzintiefkühlung, welche meistens auf etwa –30 Grad getrieben wurde (in einigen Fällen kühlte man den Treibstoff sogar auf mehr als –50 Grad ab), ermöglichte es, mehr Treibstoff in die Tanks einzufüllen. Die Dichte-Erhöhung beim Kühlen führte somit konkret dazu, daß bis zu 235 Liter Treibstoff, zum Beispiel durch Kühlung auf –53 Grad, auf das legale Volumen von 220 Litern «geschrumpft» werden konnten. 15 Liter zusätzlicher Treibstoff bedeuteten auf einem Rundkurs mittlerer Länge jedoch um die fünf zusätzliche Runden, was im Rennen über Zielankunft oder Benzinpanne entscheiden konnte.

Diejenigen Teams, welche schon beim ersten Grand Prix des Jahres, in Brasilien, tiefgekühltes Benzin in ihre Wagen eingefüllt hatten, erlebten dann infolge des um eine halbe Stunde verzögerten Starts bange Momente, weil man befürchtete, daß sich das Benzin in der heißen Sonne allmählich wieder «ausdehnen» und die Tanks sprengen würde. Dies geschah aber nicht, weil sich Benzin nur langsam erwärmt.

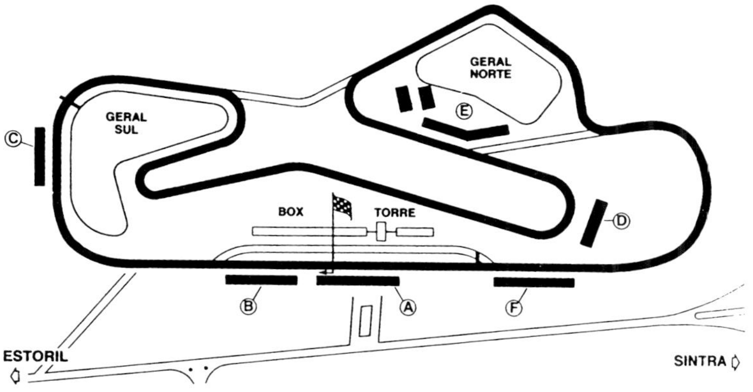

Auf der 4350 m langen Bahn von Estoril wurde 1984 erstmals der Grand Prix von Portugal ausgetragen. Seit 1960 (Porto) hatte es keinen portugiesischen WM-Lauf mehr gegeben.

Sogleich bewiesen die McLaren MP4/2-TAG-Porsche, daß sie in der Saison 1984 nur schwer zu schlagen sein würden. Prost gewann in Brasilien, Lauda in Südafrika. Dies waren auch die ersten Siege des noch sehr jungen Sechszylindermotors aus Weißach, an dessen Weiterentwicklung auch Bosch einen wesentlichen Beitrag geleistet hatte. In Brasilien ging im Renault Tambays das Benzin vor dem Ziel aus, andere Konkurrenten mußten in den letzten Runden den Fuß heben, um mit dem Treibstoffrest noch über die Ziellinie zu kommen. Die Grand Prix drohten zu Economy Runs auszuarten, denn nun mußten viele Fahrer ihre Gangart — vor allem in der zweiten Rennhälfte — dem Verbrauch anpassen und auf die vom Publikum so geschätzten Duelle verzichten. Die Mehrzahl der Automobilsportfans war von der «Verbrauchsformel» nicht begeistert, denn sie drohte, die Grand Prix langweilig werden zu lassen. Dem war aber nicht so.

Beim Großen Preis von Belgien in Zolder stimmte bei Ferrari alles optimal zusammen, und Michele Alboreto auf dem 126C4 fuhr seinen Gegnern davon. Aber es sollte dies der einzige Ferrari-Erfolg der Saison bleiben. In Zolder debütierte der Arrows A7 mit BMW-Turbomotor, gefahren vom Belgier Thierry Boutsen; Marc Surer mußte noch mit dem Arrows A6 mit Cosworth-Motor vorliebnehmen. Beim Großen Preis von San Marino in Imola ging kurz vor Schluß De Angelis (Lotus), De Cesaris (Ligier) und auch Cheever (Euroracing) der Treibstoff aus. Einmal mehr klappte es jedoch bei McLaren, wo die raffinierte Motorelektronik für einen optimalen Verbrauch sorgte: Alain Prost gewann das Rennen klar vor René Arnoux auf Ferrari und Elio De Angelis auf Lotus, der sich noch knapp mit leerem Tank ins Ziel retten konnte. Beim Großen Preis von Frankreich in Dijon zeigte Renault zwar die Zähne und Tambay führte mit dem RE50 während vieler Runden, schließlich aber gewann doch Niki Lauda auf McLaren. In Monaco regnete es unaufhörlich, und Rennleiter Jacky Ickx mußte den Grand Prix vorzeitig abbrechen, so daß nur die halben WM-Punkte zur Verteilung gelangten. Alain Prost auf McLaren führte, aber in den letzten Runden, als es immer stärker regnete, kam der talentierte Ayrton Senna auf dem Toleman mit Hart-Motor dem Leader immer näher, und hätte man das Rennen um eine Runde später abgebrochen, dann wäre die Sensation mit einem Sieg des Neulings und Regenspezialisten Senna perfekt gewesen. Die Schachbrettfahne rettete jedoch Alain Prost, worauf die Presse mit einer Polemik konterte, indem man Ickx, der die Langstreckenrennen seit Jahren für Porsche bestritt, vorwarf, er habe dem McLaren-TAG-Porsche einen Dienst erweisen wollen.

Die Brabham BT53 mit BMW-Motor waren 1984 zwar schnell, aber die Standfestigkeit des bei den Qualifikationen dank zusätzlichem Ladedruck auf rund 1000 PS getriebenen Vierzylinders, der dann im Rennen auf rund 800 PS eingestellt wurde, ließ zu wünschen übrig, denn Piquet sah das Ziel nur selten. Inzwischen hatte sich BMW veranlaßt gesehen, vom serienmäßigen Graugußblock abzukommen, denn an einigen «Ecken» des Gußstücks traten Risse auf. Also ließ man spezielle Graugußblöcke nach Serienvorbild mit etwas mehr Wandstärke an den kritischen Stellen herstellen.

Im Regen von Monaco hatte sich ein weiterer Neuling ausgezeichnet, nämlich der Deutsche Stefan Bellof auf dem Tyrrell 012 mit Cosworth-Motor, welcher hinter Prost und Senna auf den dritten Platz kam.

Schon seit dem Großen Preis von Frankreich fuhr Toleman plötzlich mit Michelin-Reifen, denn zwischen dem englischen Team und Pirelli hatten sich Meinungsverschiedenheiten finanzieller Natur ergeben, welche zur Trennung führten. Der Verlauf der Saison brachte eine gewisse Überlegenheit der Michelin-Pneus, welche gemäß den Aussagen der Piloten einen Vorteil von einer Sekunde pro Runde ausgemacht haben soll.

Die sehr schnelle, aber nicht besonders standfeste Kombination Piquet/Brabham-BMW zeigte sich bei den nordamerikanischen Rennen von der besten Seite; sowohl in Montreal als auch in Detroit ging der Sieg an Nelson Piquet. Dallas in Texas beherbergte 1984 erstmals einen Grand Prix. Der kurvenreiche Stadtkurs setzte sich aus normalen Straßen zusammen, wobei die Bahn mit massiven Betonklötzen abgesichert wurde. Es gab große Probleme mit dem sich

Oben
Blick auf das Kommandopult des Williams FW09-Honda. Mit «Drinks» sowie «Radio» haben Spaßvögel die beiden Bedienungsknöpfe am Lenkrad angezeichnet.

Rechts
Beim Großen Preis von Holland 1984 wird der Williams FW09-Honda von Keke Rosberg von den beiden Lotus 95T-Renault von Elio De Angelis und Nigel Mansell angegriffen.

lösenden Belag, der noch in der Nacht vor dem Rennen an einigen kritischen Stellen erneuert werden mußte. Bei diesem schwierigen Rennen kollidierten zahlreiche Konkurrenten mit der Betonmauer. Lange Zeit führte Mansell auf Lotus, der Sieg ging dann aber an Keke Rosberg auf dem Williams FW09 mit Honda-Motor. Es war dies der erste Erfolg des japanischen Sechszylinders, der auf Anhieb ein beachtliches Leistungspotential zu entfalten vermochte. Aber die Standfestigkeit des Honda ließ allgemein noch zu wünschen übrig, ebenso das Fahrgestell des FW09, welches nicht optimal auf der Fahrbahn lag. Dank des Könnens, der Improvisationskunst und der Risikofreudigkeit des spektakulär und entfesselt fahrenden Keke Rosberg kam es dann eben doch zum unerwarteten Williams-Honda-Sieg.

Die zweite Saisonhälfte stand fast ausschließlich im Zeichen Niki Laudas und Alain Prosts, welche auf ihren McLaren-TAG-Porsche das Geschehen beliebig dominierten. Lauda gewann in Brands Hatch, auf dem Österreichring (endlich ein Heimsieg des bisher zweifachen Weltmeisters) sowie in Monza. Alain Prost belegte in Hockenheim, in Zandvoort sowie beim Großen Preis von Europa auf dem neuen Nürburgring den ersten Platz. Vor der Schlußrunde, dem Großen Preis von Portugal in Estoril, führte Niki Lauda den Zwischenstand mit 66 Punkten vor seinem Teamkollegen, der 62,5 Punkte aufwies, an. Estoril (hier führte man übrigens erstmals einen WM-Grand-Prix durch) mußte entscheiden. Souverän setzte sich Prost an die Spitze des Feldes, derweil sich Lauda, der um jeden Preis einen zweiten Platz erobern mußte, um Weltmeister zu werden, vorerst noch durch das Feld zu kämpfen hatte. Prost schien der Titelgewinn sicher. Lauda aber überholte einen Gegner nach dem andern. Lange leistete Stefan Johansson auf dem Toleman-Hart erbittert Widerstand. Lauda erhöhte den Ladedruck und

Stefan Johansson

kam schließlich durch. Ebenso profitierte er von einigen Ausfällen; am Ziel war er Zweiter. Damit hatte Niki Lauda — nach 1975 und 1977 — seinen dritten Weltmeistertitel in der Tasche, und zwar mit nur einem halben Punkt Vorsprung auf den traurig gestimmten Alain Prost. Der kleine Franzose hatte sage und schreibe sieben Grand Prix in ein und derselben Saison gewonnen — ein absoluter Rekord —, während Laudas Konto «nur» fünf Volltreffer aufwies. Aber der Österreicher konnte mehr Ehrenplätze vorweisen.

Mit 12 Siegen in 16 WM-Läufen hatte McLaren 1984 ebenfalls für ein Rekordergebnis gesorgt, die Coupe der Formel-1-Konstrukteure ging selbstverständlich auch an den englischen Rennstall, der den Preis mit einem Riesenvorsprung auf Ferrari gewann. In der Fahrerwertung kam der regelmäßige Elio De Angelis auf Lotus auf den dritten Platz, nachdem der Römer in den meisten Grand Prix ins Ziel gekommen war und dabei fast immer punktete. Beim Großen Preis von Deutschland hatte De Angelis in den er-

Die wichtigsten Daten und Merkmale der Formel-1-Motoren von 1984

Marke	Alfa Romeo	BMW	Cosworth	Cosworth	Ferrari	Hart	Honda	Renault	TAG-Porsche
Typ	890 T	M 12/13	DFV	DFY	126 C	415 T	RA 163 E	EF 4	TTE-PO1
Zylinderanordnung	V8 90° Turob	4 R Turbo	V8 90°	V8 90°	V6 120° Turbo	4 R Turbo	V6 80° Turbo	V6 90° Turbo	V6 80° Turbo
Bohrung x Hub	74 x 43,5	89,2 x 60	85,7 x 64,8	90 x 58,8	81 x 48,4	88 x 61,5	?	86 x 42,8	82 x 47,3
Hubraum	1497	1499	2990	2991	1496	1496	?	1492	1498
Anzahl Hauptlager	5	5	5	5	4	5	5	4	5
Einspritzung	Bosch	Bosch	Lucas	Lucas	Lucas/ Weber-Marelli	Lucas	Honda	Bosch	Bosch
Aufladung	2 x Alfa Avio	1 x KKK	—	—	2 x KKK	1 x Holset	2 x IHI	2 x KKK/ 2 x Garrett	2 x KKK
Zündung	Marelli	Bosch	Lucas	Lucas	Marelli	Marelli	Honda	Marelli	Bosch
Höchstleistung in PS bei U/min	620 11 000	640 10 500	510 10 800	530 11 000	660 11 000	560 9800	650 11 000	650 11 500	650 11 500

sten Runden sogar geführt. Die Leistung des Renault reichte aber nicht aus, um 1984 Rennen zu gewinnen.

Die Saison hatte also klar im Zeichen der überlegenen McLaren mit TAG-Porsche-Motor und der Michelin-Reifen gestanden. Eine kaum zu schlagende Kombination, gepaart mit den zwei Klassepiloten Niki Lauda und Alain Prost. Der Franzose hatte sich als der schnellere Fahrer erwiesen, aber der Österreicher vermochte seine hervorragenden taktischen Fähigkeiten besser auszuspielen.

Gekennzeichnet wurde die Saison auch von den vielen Verbrauchsproblemen und von der alles beherrschenden Motorelektronik, welche den Betrieb der superstarken Aggregate steuerte und dafür sorgte, daß jeder Benzintropfen rationell ausgewertet wurde. Diejenigen Teams, deren Motoren noch über mechanische Einspritzanlagen verfügten, hatten das Nachsehen und waren gezwungen, das Ziel mit gedrosseltem Ladedruck anzusteuern. Als ausgesprochener Benzinvertilger galt der V8 von Alfa Romeo, der mit mäßigem Ladedruck ins Rennen geschickt werden mußte, so daß die Euroracing mit Patrese und Cheever nur selten in den Vordergrund dringen konnten.

Als das große Talent des Jahres hatte sich der Brasilianer Ayrton Senna entpuppt, der schon in Zandvoort bekanntgab, daß er 1985 auf Lotus antreten würde, obschon sein Toleman-Vertrag eine mehrjährige Verbindung vorsah, aus der er sich loskaufen mußte. Als Strafe stellte ihm Toleman in Monza keinen Wagen zur Verfügung.

Das Tyrrell-Team, das noch immer mit dem Cosworth-Saugmotor fuhr, geriet Mitte Saison in eine peinliche Situation. Die Kommissäre stellten fest, dass Tyrrell während der Boxenstopps nicht Benzin, sondern eine ungewöhnliche, dunkle Flüssigkeit in die Tanks einfüllte, wobei diese Flüssigkeit auch Bleikügelchen enthielt. Man warf Tyrrell unter anderem Gewichtsbetrug vor; sämtliche WM-Punkte wurden dem Team abgesprochen. Tyrrell protestierte heftig und versuchte sich zu rechtfertigen, aber ab dem Grand Prix von Italien bekam das Team bis Ende Saison Startverbot. Immerhin: Für die folgende Saison konnte sich Tyrrell dann ebenfalls den Turbomotor sichern, nämlich den Sechszylinder von Renault, obschon Ken Tyrrell dem Turbo vorher während Jahren den Kampf angesagt und dessen Legalität mit einem formellen Protest in Frage gestellt hatte. In Anbetracht ihrer leistungsmäßigen Unterlegenheit schafften die Tyrrell die Qualifikation anläßlich des Großen Preises von Österreich nicht, so daß Zeltweg den ersten Grand Prix der Geschichte erlebte, der ausschließlich mit Turbowagen bestritten wurde.

Ende Saison zog sich das deutsche, jedoch in England stationierte ATS-Team aus der Formel 1 zurück, weil Günter Schmid die Kosteneskalation nicht mehr mitmachen

Links
Stefan Bellof auf dem Tyrrell 012-Cosworth während des Trainings zum Grand Prix von Monaco 1984. Hinter dem Deutschen liegt der Schweizer Marc Surer auf Arrows.

Unten
Beim GP von Monaco liegt Lauda, der Weltmeister von 1984, mit seinem McLaren MP4/2-TAG-Porsche vor Patrese auf Euroracing 184T-Alfa Romeo und Arnoux auf Ferrari 126C4.

Nachfolgende Doppelseite
Nelson Piquet mit seinem Brabham BT53-BMW während einer Vollbremsung. Die leichteren Kohlenstoff-Bremsscheiben, mit welchen die herkömmlichen Stahlscheiben ersetzt werden, glühen hellrot auf.

Santal
Castrol
MICHELIN
parmalat
parmalat

MW M Power

wollte. Dafür meldete eine andere deutsche Renngemeinschaft ihren Eintritt in das Formel-1-Geschehen an, nämlich Zakspeed in Niederzissen. Nach jahrelanger Erfahrung mit Tourenwagen- und Langstreckenrennen, in Verbindung mit Ford, war bei Zakspeed 1984 ein Formel-1-Rennwagen entstanden, dessen Debüt auf 1985 angesetzt wurde. Auch der neue Vierzylinder-Turbomotor war eine Zakspeed-Konstruktion.

Ein Ereignis besonderer Art gab es 1984 zu verzeichnen: Am 12. Mai wurde der neue Nürburgring eröffnet, nachdem auf der alten Nordschleife der weltberühmten Rennstrecke seit 1976 keine Formel-1-Rennen mehr ausgetragen worden waren. Mit einem Kostenaufwand von über 80 Millionen Mark war in der Eifel ein Superautodrom mit Betontribünen rundherum entstanden – eine Bahn, die zudem ein Maximum an Sicherheit bietet. In der modernen und sterilen Anlage vermißt der weit vom unmittelbaren Renngeschehen stehende Zuschauer jedoch die Ambiance des alten Rings. Zur Eröffnung kamen an die 120 000 Zuschauer, es gab ein Riesenmotorsportfest bei naßkaltem Wetter mit vielen Gästen und einem Rennen der älteren und der jüngeren Grand-Prix-Prominenz, welche im Regen auf identischen Mercedes-Benz 190E 2.3-16 zum Kampf antrat. Talent Ayrton Senna siegte. Später mußte man in der Eifel feststellen, daß der neue Nürburgring nicht mehr als außergewöhnlicher Publikumsmagnet wirkte.

Am Ende der Saison erlebten die mit Michelin zusammenarbeitenden Teams eine böse Überraschung. Auf dem Höhepunkt des Erfolgs erklärte der Reifengigant aus Clermont-Ferrand, daß er sich aus der Formel 1 zurückziehen werde. Kurz zuvor hatte Brabham-Boß Bernie Ecclestone einen Vertrag mit Pirelli unterzeichnet, und schon im folgenden Winter absolvierte Nelson Piquet auf dem Brabham-BMW in Kyalami ein gigantisches Testprogramm mit Pirelli-Reifen, um für die folgende Saison bestens gerüstet zu sein.

Eine Überraschung wurde auch aus Paris gemeldet, wo der langjährige Renault-Sportchef und einstige Le-Mans-Sieger Gérard Larrousse nach Saisonende den Hut nahm, um bei Ligier in Vichy den Posten des Rennleiters zu übernehmen. Dem Beispiel Lar-

Gérard Larrousse

rousses folgte auch Ingenieur Michel Tétu, der als besonders fähiger Fahrgestellspezialist galt. Das Renault-Team, dem 1984 Erfolge versagt blieben, wurde im Hinblick auf 1985 umstrukturiert, und zum neuen Gesamtverantwortlichen für die sportlichen Belange wurde Gérard Toth ernannt.

Auch bei Ferrari gab es eine wesentliche personelle Änderung: Ingenieur Mauro Forghieri, der die Ferrari-Grand-Prix-Wagen seit 1961 zu fast allen Rennplätzen begleitet hatte und auch gesamtverantwortlich für die Rennabteilung in Maranello war (später wurde die Rennabteilung von Ferrari in ein neues Werk nach Fiorano bei Maranello disloziert), schied aus der Rennabteilung aus. Neuer Chef wurde Piero Lardi-Ferrari, der Sohn des greisen Commendatore. Die Funktion des Ferrari-Rennleiters hatte schon seit mehreren Jahren Marco Piccinini inne. Nach seinem Ausscheiden aus der Rennabteilung befaßte sich Mauro Forghieri mit dem Projekt eines Ferrari-Straßenwagens mit Vierradantrieb.

Aus Oberitalien waren weitere Überraschungen zu verzeichnen: Im Herbst 1984 verließ Ingenieur Carlo Chiti nach rund zwanzigjähriger Tätigkeit bei Alfa Romeo die Mailänder Marke, welche in ihrer jüngsten Formel-1-Geschichte erfolglos dastand. Für die Alfa-Romeo-V8-Motoren war nun unter anderem der ehemalige Lancia-Techniker Gianni Tonti verantwortlich, der kurz danach die Konstruktion eines neuen Vierzylinders der Formel 1 an die Hand nahm. Die Firma Autodelta, als langjährige Rennabteilung von Alfa Romeo, wurde als eigenständiges, wenn auch Alfa Romeo gehörendes Unternehmen aufgelöst, obschon die Formel-1-Motoren weiterhin in Settimo Milanese (dem Sitz der bisherigen Firma Autodelta) überholt wurden. Hier wurde der Personalbestand drastisch gesenkt.

Im Oktober 1984 gründete der Toskaner Geschäftsmann Piero Mancini zusammen mit einigen Partnern die Firma Motori Moderni mit Sitz in Novara, wo Ingenieur Carlo Chiti als Direktor eingesetzt wurde. Sogleich entwarf Chiti hier einen neuen V6-Motor der Formel 1. Nach wenigen Monaten intensivster Arbeit brachte Motori Moderni das Kunststück fertig, den V6 im Februar 1985 in Gang zu setzen. Bestimmt war Chitis jüngstes Formel-1-Triebwerk für den neuen Grand-Prix-Wagen des Minardi-Teams aus

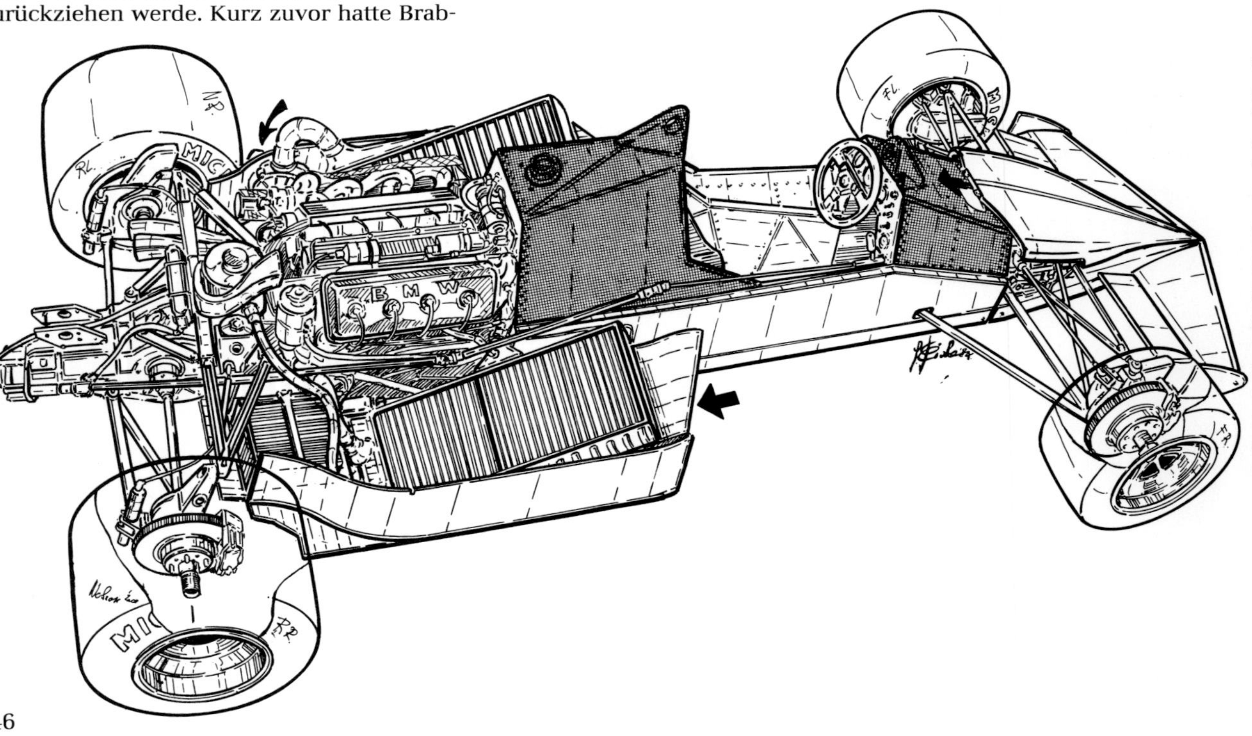

Der Brabham BT53-BMW war die Weiterentwicklung seines sehr ähnlichen Vorgängers, mit welchem Piquet 1983 Weltmeister wurde. Beim BT53 hatte man jedoch die seitlichen Pontons länger ausgebildet, weil die Kühlelemente fast liegend angeordnet waren. Nelson Piquet gewann mit dem BT53 die Rennen von Montreal und Detroit, sonst aber gab es viele Ausfälle.

Faenza, welches bisher am Formel-2-Geschehen beteiligt war und nun den Sprung in die oberste Kategorie wagte. Verantwortlich für die Konstruktion des Minardi Formel 1 zeichnete Ingenieur Giacomo Caliri, ein Sizilianer, der nach mehreren Jahren Tätigkeit

Giacomo Caliri

bei Ferrari in Modena ein eigenes Konstruktionsbüro eröffnet und später bei verschiedenen Rennteams als Konsulent mitgewirkt hatte. Am 21. Februar 1985 wurde der Minardi M185 mit Motori-Moderni-V6-Motor der Presse vorgestellt.

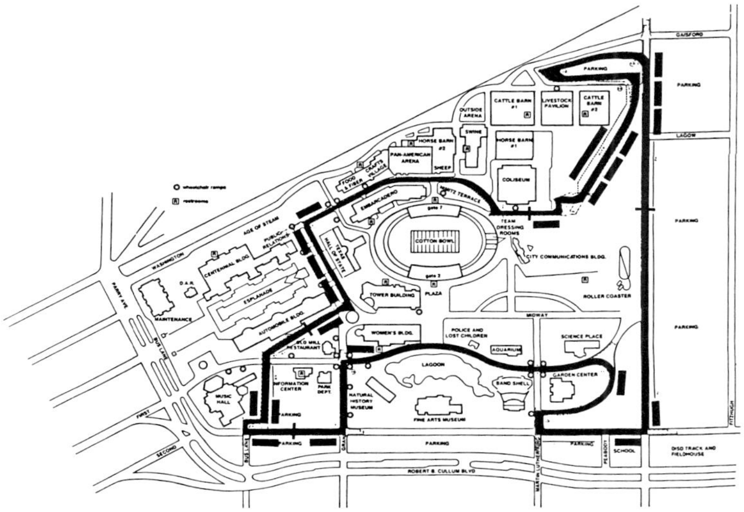

Im Jahre 1984 hatte auch Dallas seine Formel-1-Attraktion. Man fuhr auf einer 3,9 km langen Straßenkombination, auf der Keke Rosberg siegte. Viele Konkurrenten prallten in Dallas gegen die Betonmauern.

Formel-1-Wagen von 1984

Marke/Modell	Verantwortl. Konstrukteur(e)	Motor	Getriebe (Gangzahl)	Chassisbauweise	Radstand	Spur vorne Spur hinten	Reifenmarke	Trockengewicht in kg
Arrows A 7	Dave Wass	BMW M 12/13 (4 Zyl. Turbo)	Hewland (5)	LKMC	2667	v 1727 h 1600	Goodyear	543
ATS D 7	Gustav Brunner	BMW M 12/13 (4 Zyl. Turbo)	Hewland-ATS (5)	KMC	2735	v 1795 h 1700	Pirelli	548
Brabham BT 53	Gordon Murray	BMW M 12/13 (4 Zyl. Turbo)	Brabham-Hewland (6)	KMC	2946	v 1702 h 1626	Michelin	545
Euroracing 184 T	Luigi Marmiroli	Alfa Romeo 890 T (V8 Turbo)	Alfa Romeo-Hewland (5/6)	KMC	2720	v 1810 h 1680	Goodyear	546
Ferrari 126 C4	Harvey Postlethwaite Mauro Forghieri	Ferrari 126 C (V6 Turbo)	Ferrari (5)	KMC	2743	v 1816 h 1664	Goodyear	542
Ligier JS 23	Michel Beaujon	Renault EF 4 (V6 Turbo)	Hewland (5)	KMC	2810	v 1800 h 1652	Michelin	580
Lotus 95 T	Gérard Ducarouge	Renault EF 4 (V6 Turbo)	Lotus-Hewland (5)	KKMC	2775	v 1800 h 1700	Goodyear	540
McLaren MP 4/2	John Barnard	TAG/Porsche TTE-PO 1 (V6 Turbo)	McLaren-Hewland (5)	KMC	2794	v 1803 h 1651	Michelin	540
Osella FA 1 F	Enzo Osella	Alfa Romeo 890 T (V8 Turbo)	Hewland (5)	KMC	2830	v 1750 h 1600	Pirelli	557
RAM 02	Dave Kelly	Hart 415 T (4 Zyl. Turbo)	RAM-Hewland (6)	KMC	2769	v 1753 h 1607	Pirelli	550
Renault RE 30	Michel Têtu	Renault EF 4 (V6 Turbo)	Renault-Hewland (5)	KMC	2680	v 1802 h 1670	Michelin	540
Spirit 101 B	Gordon Coppuck	Hart 415 T (4 Zyl. Turbo)	Hewland (5)	LMC	2730	v 1829 h 1626	Pirelli	550
Toleman TG 184	Rory Byrne John Gentry	Hart 415 T (4 Zyl. Turbo)	Hewland (5)	KMC	2800	v 1765 h 1676	Michelin	540
Tyrrell 012	Maurice Phillippe	Cosworth DFV (V8)	Hewland (5)	LMC	2642	v 1651 h 1473	Goodyear	540
Williams FW 09/09 B	Patrick Head	Honda RA 163-E (V6 Turbo)	Williams-Hewland (5)	LMC	2769	v 1778 h 1676	Goodyear	558

Chassisbauweise: LKMC = Leichtmetall/Kohlefaser-Monocoque, KMC = Kohlefaser-Monocoque, KKMC = Kohlefaser/Kevlar-Monocoque, LMC = Leichtmetall-Monocoque

Kosten- und PS-Eskalation

Stürmische Entwicklung der Turbomotoren: bis zu 1100 PS bei den Qualifikationen sowie 900 PS im Rennen. Überlegen geht Prost auf McLaren als erster französischer Weltmeister hervor.

Das Wettrüsten der Teams ging in den Wintermonaten 1984/1985 wie gewohnt weiter mit vielen Tests in Le Castellet, auf der Jacarepaguá-Strecke bei Rio de Janeiro, in Estoril, in Kyalami und in Imola.

Nach der neuen vertraglichen Bindung mit Brabham konzentrierte sich Pirelli intensiver auf die Formel 1, zumal der Reifen- und Kabelgigant jetzt endlich mit einem Spitzenteam zusammenarbeiten konnte, welches einen konkreten Maßstab für den eigenen Stand der Technologie bot. Brabham und Pirelli testeten vor Saisonbeginn vor allem in Kyalami, wo Nelson Piquet, von Gordon Murray und vom Pirelli-Ingenieur Mario Mezzanotte betreut, ein unheimliches Testprogramm von über 12 000 Kilometern abspulte und dabei sämtliche möglichen Aufhängungseinstellungen und Reifen durchtestete.

Durch den Ende 1984 erfolgten Rückzug Michelins aus der Formel 1 mußten sich nebst Brabham auch McLaren, das Erfolgsteam des Vorjahres, sowie Renault und Ligier nach einem neuen Partner umsehen. Während McLaren und Renault auf Goodyear umstellten, liierte sich Ligier mit Pirelli. Die an der Weltmeisterschaft 1985 teilnehmenden Teams verteilten sich wie folgt auf die beiden im Grand-Prix-Sport verbliebenen Reifenmarken: Goodyear rüstete McLaren, Tyrrell, Williams, Lotus, Renault, Arrows, Euroracing, Ferrari sowie Zakspeed und später auch Lola-Beatrice aus; mit Pirelli-Reifen traten Brabham, Ligier, RAM, Toleman, Osella sowie das neue Minardi-Team an. Zuerst hatte sich für Toleman eine sehr kritische Situation ergeben, nachdem das englische Team im Verlaufe der Saison 1984 plötzlich von Pirelli- auf Michelin-Reifen umgestellt hatte. Nach dem Rückzug Michelins stand Toleman vorerst ohne Pneus da, und Pirelli erklärte sich außerstande, mehr als sechs Rennställe zu betreuen. Zu Beginn der Saison rechnete man aber noch mit dem kleinen Spirit-Team, welches jedoch keinen nennenswerten Sponsor anzubieten hatte und auch keine Möglichkeit sah, mit dem vorhandenen Budget über eine Saison zu kommen. Zuerst schien es, als würde sich Toleman — ebenfalls ohne Sponsor, aber auch ohne Reifen — zurückziehen; dann aber, im Mai, trat der italienische Sponsor Benetton (Bekleidungsindustrie) aufs Tapet (welcher schon Euroracing mitfinanzierte), indem er auch Toleman eine kräftige Finanzspritze verpaßte. Diese Operation ermöglichte es dann auch, den Pirelli-Vertrag der mittellosen Spirit-Leute zu «übernehmen», so daß Toleman in Monaco mit Pirelli-Reifen antreten konnte, während sich Spirit aus der Formel 1 zurückzog. Auf die Fortsetzung der Formel-1-Aktivitäten verzichtete 1985 auch das in England stationiert gewesene deutsche ATS-Team von Günter Schmid.

Die Umstellung auf eine andere Reifenmarke bedeutete für die betreffenden Teams (McLaren, Renault, Brabham, Ligier und Toleman), ihre Fahrgestelle auf die neuen Reifen umzubauen; vor allem bei der Erfolgsmarke McLaren stellte man sich die Frage, ob das englische Team die Umstellung auf Goodyear-Reifen anstandslos über die Bühne bringen würde.

Die Formel-1-Vorschriften wurden auf 1985 wieder leicht geändert. Um das Kurventempo — wenn auch nur schwach — zu verringern, wurden die seitlichen Flügelstummel an den Heckflügeln verboten. Jetzt mußten also die Konstrukteure ohne diesen Mehrabtrieb auskommen. Dies kompensierte man mit einer steileren Heckflügeleinstellung, was zwar mehr Abtrieb in den Kurven, jedoch auch einen zusätzlichen Widerstand auf den Geraden bedeutete. Die Frontpartie der Chassis mußte hinsichtlich Beinschutz für die Fahrer bestimmten Anforderungen gerecht werden. Pro Rennen hatten die Monoposto weiterhin mit maximal 220 Litern Treibstoff auszukommen, wobei die Renndauer nach wie vor nicht mehr als zwei Stunden und die Grand-Prix-Distanz nicht mehr als 320 km betragen durfte. Für 1986 hatte man sich mittlerweile auf eine weitere Reduktion, nämlich auf 195 Liter, geeinigt. Nach den Erfahrungen mit dem Tyrrell-Team, das 1984 jeweils kurz vor Rennschluß noch sogenanntes Wasser nachgetankt hatte, um die Fahrzeuge wieder auf das Gewichtsminimum von 540 kg zu bringen — wobei man eben eine Flüssigkeit einzufüllen pflegte, welche jene mysteriösen Bleikügelchen enthielt, was dann zum Ausschluß der Tyrrell 1984 geführt hatte —, wurde für 1985 das Nachfüllen irgendwelcher Flüssigkeit während des Rennens untersagt. Ebenso durften bestimmte Teile am Fahrzeug nicht während des Boxenstopps durch schwerere Teile ersetzt werden. Von einiger Bedeutung war ein weiteres Verbot: Der Treibstoff durfte vor dem Start nicht mehr tiefgekühlt werden, was im Klartext bedeutete, daß auf die 1984 dank Tiefkühltrick zusätzlich eingefüllten 10 bis 15 Liter Treibstoff jetzt verzichtet werden mußte.

Nach langen Verhandlungen mit den Teams hatte die FISA im Herbst 1984 auch die wichtigsten Vorschriften für die folgenden Jahre festgelegt. Man einigte sich für 1988 auf einen Maximalhubraum für Turbomotoren von 1200 cm^3, wobei auch eine Verminderung des Tankvolumens von 195 (1986 und 1987) auf 180 Liter beschlossen wurde. Die 1200-cm^3-Turboformel fiel jedoch bald wieder ins Wasser, denn bereits im Herbst 1985 wurde der 1,2-Liter-Beschluß rückgängig gemacht. Damit wollte man die Kosten senken, denn sonst wären die Konstrukteure gezwungen gewesen, ab 1988 neue Motoren zu bauen. Es wurde jetzt festgehalten, daß die 1,5-Liter-Turboformel, bei der ab 1986 die 3-Liter-Saugmotoren nicht mehr startberechtigt waren, bis Ende 1990 in Kraft zu bleiben hatte. Für den Treibstoffverbrauch gab es folgende Abstufungen: 1986 und 1987 195 Liter, 1988 bis 1990 185 Liter. Mit der schrittweisen Senkung der für ein Rennen verfügbaren Treibstoffmenge sollte selbstverständlich die immer zunehmende Motorenleistung eingedämmt werden.

Für die Motorenspezialisten stand nach wie vor der Verbrauch im Mittelpunkt. Um die nur mehr 1985 pro Rennen verfügbaren 220 Liter Treibstoff von maximal 102 ROZ optimal auszunützen, konzipierte man die vollelektronischen Einspritzanlagen noch raffinierter, so daß die Motorleistung weiter anstieg. Die stärksten Formel-1-Triebwerke traten 1985 im Renneinsatz mit Leistungen an, die zwischen 820 und 900 PS lagen. Die Fahrer konnten aber das «Dampfrad» im Cockpit kurzfristig auf noch mehr Ladedruck drehen und somit bei harten Positionskämpfen zusätzlich aus dem schier unermeßlichen PS-Reservoir schöpfen. Derartige Ladedruck-Dreingaben von weit über 4 bar mußten aber vorsichtig gewählt werden, zumal ein derart hoch beanspruchtes Triebwerk den Dienst mit einem schweren Schaden quittieren oder den letzten Rest an Benzin wenige Runden vor Schluß verbrauchen konnte.

In der Zwischensaison gab es nur wenig spektakuläre Fahrerwechsel. McLaren be-

Dank hervorragenden Plazierungen (Siege in Kanada und Deutschland, zweite Plätze in Brasilien, Monaco und England) führte Michele Alboreto den Zwischenstand der Weltmeisterschaft mit seinem Ferrari 156/85 bis Mitte Saison an, dann aber folgte eine Serie Ausfälle, die sich bis in die Saison 1986 hineinzog. Hinter Alain Prost wurde Alboreto 1985 noch Vizeweltmeister.

hielt selbstverständlich das Erfolgsduo Lauda/Prost; Tyrrell trat nach der Zwangspause von Ende 1984 wieder mit Martin Brundle und Stefan Bellof an; bei Williams blieb Rosberg, und Laffite, der wieder zu Ligier ging, wurde durch den bisherigen Lotus-Piloten Nigel Mansell ersetzt; bei Brabham, wo Nelson Piquet schon die siebente Saison für Bernie Ecclestone bestritt, verpflichtete man den bisherigen Ligier-Fahrer François Hesnault neu. Der Franzose fuhr jedoch nur die ersten Rennen (bis Monaco), dann wurde er — nach seinen vielen Drehern — durch Marc Surer ersetzt, welcher Anfang Jahr noch ohne Verpflichtung dagestanden hatte; das RAM-Team vertraute seine neuen, jetzt vom Österreicher Gustav Brunner konstruierten Wagen Manfred Winkelhock (bisher ATS) und Philippe Alliot an. Bei Lotus bestritt der regelmäßig fahrende Elio De Angelis inzwischen die sechste Saison für den einst von Colin Chapman gegründeten Rennstall, aber der auch Klavier spielende Römer bekam jetzt einen recht unbequemen Draufgänger an die Seite gestellt, nämlich das junge Talent Ayrton Senna-Da Silva aus Brasilien. Patrick Tambay und Derek Warwick traten ihre zweite gemeinsame Renault-Saison an. Marc Surer, der sich nun ganz den Rallyes — seiner zweiten großen Liebe — verschreiben wollte, schied aus dem Arrows-Team aus, und Teamboß Jackie Oliver ersetzte den Schweizer durch den Österreicher Gerhard Berger, Thierry Boutsen blieb. Toleman stand — wie schon erwähnt — bei Saisonbeginn ohne Sponsor- und Reifenvertrag da. Als Fahrer war der Schwede Stefan Johansson vorgesehen, aber so weit kam es nicht, denn kurz vor dem zweiten WM-Lauf, in Portugal, verpflichtete Ferrari den blonden Skandinavier ganz überraschend. Toleman nahm die neue Saison nach dem Eingreifen Benettons (ab GP von Monaco) mit dem vorjährigen Brabham-Fahrer Teo Fabi auf, später kam Osella-Pilot Piercarlo Ghinzani dazu. Euroracing-Alfa Romeo stellte sich wieder mit Eddie Cheever und Riccardo Patrese. Osella begann die Saison mit Ghinzani, und als der Bergamaske später auf Toleman umstieg, wurde er im Turiner Team durch den Holländer Huub Rothengatter ersetzt. Ligier nahm wieder Jacques Laffite (bisher Williams) unter Vertrag, De Cesaris blieb. Ferrari hatte die Verträge mit Alboreto und Arnoux schon vor dem Winter erneuert, aber der Franzose wurde dann schon nach dem ersten Rennen, dem Grand Prix von Brasilien, auf freien Fuß gesetzt, weil die Leute Ferraris den kleinen Mann aus Grenoble für nicht mehr genügend schnell hielten.

Die neu in die Formel 1 eingreifenden Teams von Minardi und Zakspeed (später auch Lola-Beatrice) konzentrierten sich auf ein Fahrzeug pro Rennen. Der Formel-3-Europameister von 1983, Pierluigi Martini, kam in den Minardi mit Motori-Moderni-V6-Triebwerk; den neuen Zakspeed bekam der bisherige RAM-Pilot Dr. Jonathan Palmer anvertraut.

Im Januar 1985 kündigte ein amerikanischer Riesenkonzern, Beatrice, seinen Plan an, ab dem Großen Preis von Italien in die Formel 1 eingreifen zu wollen. Beatrice verpflichtete den ehemaligen Weltmeister Alan Jones als Fahrer, welcher seit seinem Rückzug aus der Formel 1 Ende 1981 vorwiegend Langstrecken- und Tourenwagenrennen bestritten hatte, ständig mit Übergewicht kämpfend. Im Auftrag von Beatrice entstand in Poyle, in der Nähe des Londoner Flughafens, ein neues Werk, nämlich die Formula One Race Car Engineering (FORCE), die vom früheren McLaren-Manager Teddy Mayer,

Teddy Mayer

Ganz oben
Beim Großen Preis von Monaco 1985 belegten Alain Prost und Michele Alboreto den ersten und den zweiten Platz.

Oben
John Barnard, der McLaren-Erfolgskonstrukteur.

Rechts
Beim GP von Holland fuhr Niki Lauda den letzten Sieg seiner erfolgreichen Karriere heraus.

zusammen mit Tyler Alexander, geleitet wurde. Maßgeblich am Beatrice/FORCE-Projekt mit beteiligt war auch Carl Haas, der bekannte amerikanische Lola-Importeur, dessen Fahrzeuge in den USA bei der CanAm sowie bei der CART-Meisterschaft erfolgreich in Erscheinung getreten waren. Mittlerweile entstand bei Lola das erste Formel-1-Modell von Beatrice; die Konstrukteure waren John Baldwin, Neil Oatley sowie der langjährige Lola-Chef Eric Broadley. In seiner ersten Saison mußte das Beatrice-Team noch den chancenlosen Hart-Vierzylindermotor verwenden, nachdem man vergeblich nach dem TAG-Porsche gegriffen hatte. Schließlich sicherte sich die angloamerikanische Renngemeinschaft, für welche Beatrice ein großzügiges Budget bereithielt, einen neuen Motor, und zwar exklusiv (ab 1986). Es handelt sich um den schon im Dezember 1983 von Ford angekündigten und von Cosworth in England im Auftrag des Riesen aus Detroit zu bauenden V6-Turbomotor, bei dessen Entstehung Cosworth sowie das Forschungszentrum in Detroit eng zusammenarbeiteten. Die ersten Prüfstandversuche liefen im Sommer 1985, und zwar sowohl in England als auch in den USA.

Carl Haas

Nach dem Weggang von Renault-Sportchef Gérard Larrousse, der zusammen mit dem Fahrgestell- und Aerodynamikspezialisten Michel Tétu zu Ligier ging, wurde die in Viry-Châtillon (südlich von Paris) stationierte Formel-1-Abteilung der Régie vollkommen reorganisiert. Zum neuen Chef für sämtliche Sportaktivitäten ernannte Renault-Präsident Georges Besse Gérard Toth, der sich in seiner bisherigen Tätigkeit bei Renault noch nie mit Motorsport befaßt hatte. Jean Sage, dessen Hobby alte Vollblutsportwagen (vor allem von Ferrari) waren, blieb als Rennleiter im Amt. Patrice Ratti und Jean-Marc d'Adda zeichneten für die neuen Fahrwerke verantwortlich, und Bernard Dudot war weiterhin für den Motorenbereich zuständig.

Jean Sage

Bei Renault entstand das neue Modell RE60 mit Einzellenmonocoque, welchem ein vollkommen umkonstruierter V6-90°-Motor mit Sechsganggetriebe eingebaut wurde. Auf den bisherigen EF4-Motor folgte die Zwischenlösung EF4bis mit den gleichen Zylinderabmessungen von 86 × 42,8 mm = 1492 cm³. Nach den ersten Rennen kam dann die ganz neue Version EF15 mit verlängertem Hub, deren Abmessungen 80,1 × 49,4 mm = 1492 cm³ lauteten. Der EF15 wies einen günstigeren Drehmomentverlauf auf, die Neukonstruktion war auf eine Maximaldrehzahl von 12 000 U/min ausgelegt und wies die vollelektronische Benzineinspritzung der konzerneigenen Firma Renix auf.

Unten
In der ersten Jahreshälfte 1985 entstand in England der Lola THL1 mit Hart-415-T-Motor. Von links Manager Teddy Mayer sowie die Techniker Neil Oatley und John Baldwin.

Rechts
Nigel Mansell feierte 1985 (Brands Hatch und Kyalami) seine ersten Grand-Prix-Siege, und zwar auf dem Williams FW10B-Honda. Hier scheint jedoch für Mansell sowie für Frank Williams ein Problem vorzuliegen.

Auch bei Ferrari hatte man die Rennabteilung teilweise umbesetzt, nachdem der langjährige technische Chef, Ingenieur Mauro Forghieri (übrigens der Sohn eines ehemaligen Ferrari-Mitarbeiters), im Herbst 1984 in Maranello mit neuen Aufgaben außerhalb der Rennabteilung betraut worden war. Jetzt waren bei Ferrari, dessen Rennabteilung nun Piero Lardi-Ferrari, der Sohn des Commendatore, vorstand, folgende Leute für die Technik zuständig: Dr. Harvey Postlethwaite konstruierte die Fahrgestelle und befaßte sich auch mit der Aerodynamik; Ingenieur Ildo Renzetti und Ingenieur Luciano Caruso waren für die Motoren und die Getriebe verantwortlich; auf den Rennplätzen oblag Antonio Tomaini die technische Leitung des Teams. Marco Piccinini, der bei Verhandlungen mit der FISA und der FOCA als ein besonders gewandter, hartnäckiger und zielstrebiger Partner galt und sich in Reglementsfragen wie in der eigenen Westentasche auskannte, blieb weiterhin als Ferrari-Rennleiter im Amt, mittlerweile war Piccinini auch Mitglied des Verwaltungsrates von Ferrari geworden. Im Sommer 1985 sickerte allmählich durch, daß man sich bei Ferrari auch mit dem Projekt eines Indianapolis-Rennwagens befaßte. Ein alter Wunsch des Commendatore, der schon 1952 mit Alberto Ascari einen «Indy»-Versuch unternommen hatte. Ferrari ließ durchblicken, daß an einem 2,65-Liter-V8-Turbomotor für den Einsatz bei CART-Rennen gearbeitet werde. Dieses Triebwerk lehnte sich an den von Lancia seit 1983 bei Langstreckenrennen verwendeten und ebenfalls von Ferrari konstruierten Achtzylinder an. Auf Formel-1-Ebene wurde bei Ferrari auch an einem Vierzylinder gearbeitet (später wurde dieser Vierzylinder jedoch wieder fallengelassen); für die neue Saison blieb man jedoch beim 120°-V6, der inzwischen total überarbeitet worden war. Die beiden KKK-Turbolader, welche bisher im Innern des V untergebracht waren, wurden auf die Außenseiten verlegt, wodurch es möglich war, die Motorverschalung flacher auszubilden, was wiederum eine wirksamere Anströmung des Heckflügels zur Folge hatte. Ferrari verwendete weiterhin ein Quergetriebe. Schon beim Großen Preis von Italien 1984 (nur im Training) wiesen die Ferrari die von McLaren propagierte Flaschenhalsform auf, welche jetzt beim neuen Modell, dem 156/85, noch konsequenter ausfiel. Als Leistung für seinen vollkommen umkonstruierten Sechszylinder gab Enzo Ferrari anläßlich der Präsentation des neuen Modells am 16. Februar (zwei Tage vor dem 87. Geburtstag Ferraris) 780 PS bei 11 000 U/min an, und zwar bei einem Ladedruck von 3,5 bar. Diese Leistung entsprach der Rennversion, die Qualifikationseinstellung brachte gegen 1000 PS. Selbstverständlich wies die neue Einheit die vollelektronische Benzineinspritzanlage von Weber-Marelli auf, ebenso die von Ferrari seit 1982 angewandte Wassereinspritzung.

Piero Lardi-Ferrari

Marco Piccinini

So funktioniert die Longines-Zeitmessung heute

Bei der Durchfahrt durch die Fotozellen (1) wird die Zeit festgehalten, die zum «TL 80» (2) zur Identifikation weitergeschickt wird. Gleichzeitig löst der Sender (3) das Magnetband auf der Ziellinie aus (4) und schickt diesen Impuls weiter zur Identifikation (5), wo auch wieder die Zeit aus dem «TL 80» (2) verarbeitet wird. Weiter geht es beim Olivetti-Computer P 6066 (6), wo beide Zeiten verglichen bzw. weitergegeben werden. Bei 7 (Imprim) werden die Druckvorlagen erstellt, beim GSN (8) erfolgt die Verteilung der Daten per Monitor an Presse/Jury/Boxen oder an das «live» übertragende Fernsehen. Monitoren (9) geben den Zeitnehmern die Kontrolle über die Einblendungen. Die interne Videoanlage besteht aus der Kamera (10) mit Blick auf die ganze Streckenbreite. Sie gibt ihre 100 Bilder pro Sekunde an das Aufnahmegerät 11 (VCR) und den Kontrollmonitor (12) weiter.

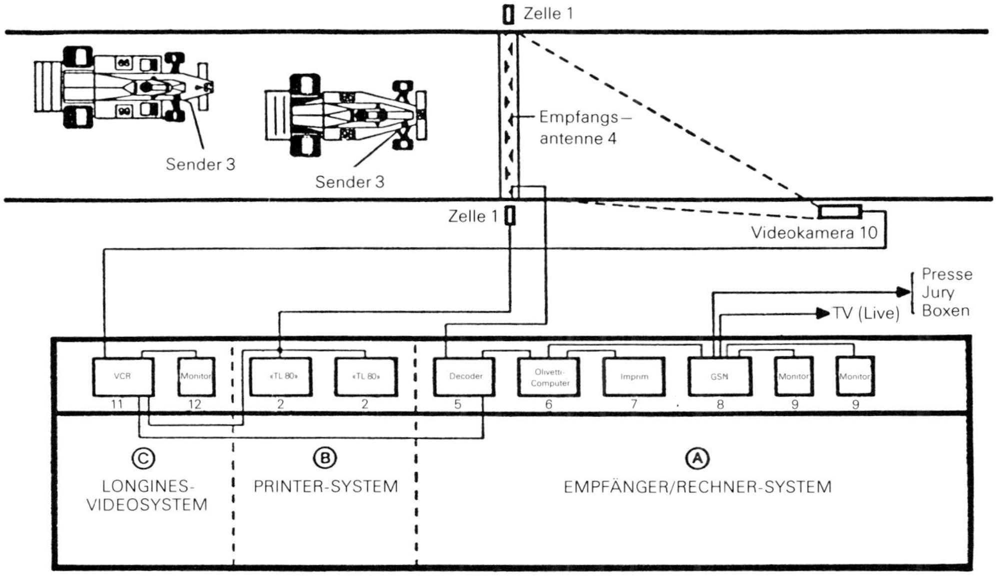

Das für die Konstruktion des jüngsten Ferrari-Chassis notwendige Programm war bei Aermacchi auf dem Computer durchgerechnet worden. Die die Aerodynamik betreffenden Berechnungen führte man hingegen in Zusammenarbeit mit der amerikanischen Computerfirma Gould durch. Bei der Vorstellung des neuen 156/85 meinte Enzo Ferrari: «Der Computer beschleunigt den ganzen Berechnungsprozeß. Man spart enorm viel Zeit. Aber die Basis des Ganzen ist noch immer dieselbe, nämlich die Genialität der Ingenieure. Früher konnte es drei Monate dauern, bis eine neue Kurbelwelle durchgerechnet und optimal ausgewuchtet war; heute kann die gleiche Arbeit mit einem entsprechenden Computerprogramm in neun Stunden bewältigt werden.»

Bei seinem neuen Modell MP4/2B stützte sich McLaren auf Bewährtes, so daß sich das Fahrzeug nicht wesentlich von seinem Vorgänger unterschied. John Barnard verfeinerte seine Erfolgskonstruktion, welche auf die nun zu verwendenden Reifen von Michelin adaptiert werden mußte. Im Porsche-Versuchszentrum von Weißach arbeiteten die Motorenspezialisten unter der Leitung von Ingenieur Hans Mezger am zuverlässigen, sparsamen und 1984 so erfolgreich gewesenen Sechszylinder weiter. Im März gab McLaren am Genfer Salon bekannt, daß das Team weitgehend in den Besitz der TAG-Gruppe übergegangen sei, wobei auch die baldige Schaffung eines modernen Zentrums für Forschung und Entwicklung in England in Aussicht gestellt wurde. Der Name dieses aufwendigen Zukunftsprojektes: TAG/McLaren Research and Development.

Williams baute erstmals einen Wagen mit Kohlenstoff/Kevlar-Monocoque, den FW10, bei welchem Patrick Head sonst konventionelle Lösungen traf. Viel gearbeitet wurde in Japan am Honda-V6-Motor, dem man eine innere Keramikbeschichtung nachsagte. Im Verlauf der Saison (beim Großen Preis von Frankreich) traten die Williams dann mit einer neuen, langhubigeren Version des Honda an, welche sich als enorm leistungsstark erwies, wobei auch punkto Standfestigkeit wesentliche Fortschritte erzielt wurden. Der Sechszylinder, der 1984 nur einmal, in Dallas, und zwar auch dank der verwegenen Fahrweise von Keke Rosberg, gewonnen hatte, vermochte 1985 vier Siege davonzutragen.

Tyrrell stellte 1985 ebenfalls auf Renault-Motoren um, die dem Team im Leasing-Verfahren zur Verfügung gestellt wurden. Zuerst mußten Martin Brundle und Stefan Bellof noch mit dem Cosworth-Saugmotor vorliebnehmen, aber beim Großen Preis von Frankreich in Le Castellet trat der wieder von Maurice Phillippe konstruierte neue 014 mit französischem Turbomotor erstmals auf. Damit war die Saugmotorära der 1966 in Kraft getretenen ursprünglichen Dreiliterformel, welche dann allmählich zur 1,5-Liter-Turboformel wurde, abgeschlossen.

An dieser Stelle muß nochmals auf die einzigartige Karriere des Cosworth-DFV-Achtzylindermotors hingewiesen werden, der mit Abstand das erfolgreichste Triebwerk seiner Zeit gewesen ist, in deren Verlauf der Grand-Prix-Sport einen großen Aufschwung erlebte. Debütiert hatte der DFV (Double Four Valves) beim Großen Preis von Holland 1967 mit dem Lotus 49 Jim Clarks, der in Zandvoort sogleich siegte. Im Verlaufe der Jahre wurde das Aggregat laufend verbessert und die Leistung angehoben, obschon die Grundstruktur nie geändert worden war. 1983 erschien die Version DFY mit kurzem Hub; mit ihr siegte Alboreto auf Tyrrell beim Großen Preis in Detroit. Von 1967 bis 1983 gewann der V8 bei 155 Grand Prix, zwölfmal holte ein Fahrer den Weltmeistertitel mit dem DFV, achtmal gewann eine Marke mit dem DFV in der Coupe der Formel-1-Konstrukteure. Siegreich war das Cosworth-Wunderding auch in Le Mans (1975 und 1980) sowie im CART-Rennsport für Indianapolis-Wagen, und zwar in der aufgeladenen 2,65-Liter-Version DFX, wo dieses Triebwerk 1976 erstmals auftauchte. Insgesamt hat man 382 DFV gebaut. Einbezogen in diese Zahl sind auch 40 Exemplare für Langstreckenrennen mit der Bezeichnung DFL (3,3 und 3,9 Liter), ebenso die Einheiten der Turboversion DFX für den Einsatz in den USA sowie die paar DFY. Anschließend wurde jedoch die Produktion nicht eingestellt, sondern es folgte die gedrosselte Formel-3000-Version, die ab 1985 zum Einsatz kam.

Doch zurück zum Defilee der Formel-1-Teams von 1985. Das neue Brabham-Modell hiess BT54. Es war eine Weiterentwicklung der beiden Vorgänger, bei der Gordon Murray die Aufhängungen den Pirelli-Reifen anpassen mußte. Als Brabham am 25. März 1985 beim Hauptsitz von BMW in München der Presse die Neukonstruktion vorstellte, kamen die Journalisten kaum aus dem Staunen heraus. Nachdem nämlich der italienische Milchkonzern Parmalat seit 1978 Hauptsponsor der Renngemeinschaft Bernie Ecclestones gewesen war, präsentierte sich der neue Brabham in München mit zwei riesengroßen seitlichen Aufschriften des italienischen Computerkonzerns Olivetti. Das war eine Überraschung, obschon Olivetti schon seit Jahren in der Formel 1 eng mit Longines bei der Auswertung der Zeitmessung zusammenarbeitete und somit mit dem Grand-Prix-Sport eng verbunden war.

Apropos Zeitmessung: Inzwischen waren auch diesbezüglich, und zwar dank Elektronik, große Fortschritte zu verzeichnen, weshalb hier auch diese Seite der Formel 1 kurz ausgeleuchtet sein soll. Zuerst blättern wir auf das Jahr 1978 zurück, als Longines beim Grand Prix der USA West in Long Beach erstmals sechs konkurrierende Formel-1-Wagen versuchsweise mit kleinen codierten Sendern bestückt hatte. Die Ziellinie bestand aus einem Aluminiumband, das als Empfangsantenne diente und bei jeder Durchfahrt der mit Sendern versehenen Autos deren Signal aufnahm. Weil die sechs Sender mit verschiedenen Frequenzen arbeiteten, ließen sich die einzelnen Fahrzeuge mühelos auseinanderhalten. Die gesendeten Signale wurden über einen Decoder an den auf Tausendstelsekunden messenden und druckenden Chronographen und auch an den Olivetti-Computer weitergeleitet, der automatisch Zeiten und Klassemente lieferte. Über die totale Automatisierung der Zeitmessung hinaus bedeutete das System mit den codierten Sendern einen bedeutenden Fortschritt punkto Fernsehinformation. Die zuständigen Olivetti-Techniker holten über einen Symbolgenerator Klassemente, Rundenzeiten, Abstände und weitere einer Fernsehübertragung dienliche Fakten auf den Bildschirm. Im Jahre 1981 wurden erstmals zehn Grand Prix auf diese Art chronometriert, ab 1982 dann alle Formel-1-Rennen. Die Schweizer Firma Longines in St-Imier bildete also auch einen festen Bestandteil der weltweiten Grand-Prix-Bewegung.

Viel Gesprächsstoff lieferten 1985 auch die Kosten- und die PS-Eskalation. Insbesondere war mehr und mehr klar, daß die Qualifikationen, wenn — ohne Rücksicht auf den Benzinverbrauch — mit maximalem Ladedruck sowie mit superweichen und eine bis zwei Runden haltenden Spezialreifen um die Startplätze gekämpft wurde und sich allmählich herausstellte, daß die stärksten Qualifikationsmotoren bis zu 1150 PS abgaben, die Kosten in sinnlose Bereiche schnellen ließen. Auf solche Spitzenwerte kamen der BMW-Vierzylinder sowie der Honda V6, während Ferrari bei den Qualifikationen gegen 1000 PS erreicht haben soll, etwa gleich viel wie Renault. Hatten derartige PS-Zahlen noch einen Sinn? Bei McLaren operierte man nicht mit speziellen Qualifikationsmotoren, weshalb Prost im Jahr seines WM-Titels auch nur zweimal auf der Pole Position stand. Bei fünf Grand Prix konnte er aber trotzdem als Sieger vom Podest herunterlächeln.

Im Renneinsatz traten die stärksten Motoren jeweils mit einer Leistung zwischen 820 und 900 PS an. Diese Entwicklung war besorgniserregend und animierte die Beteiligten dazu, über die Möglichkeit eines Ladedrucklimits zu diskutieren. Eine solche Beschränkung befürwortete Renault; Ferrari und BMW waren aber strikte dagegen, sie verlangten eine rigorose Reglementsstabilität. Man diskutierte auch über einen möglichen neuen Qualifikationsmodus und schlug vor, die Qualifikationen in naher Zukunft über fünf oder zehn zusammenhängende Runden zu ermitteln. Damit hätte man die kurzlebigen Qualifikationsreifen und auch

Zum Saisonbeginn war der Franzose François Hesnault zweiter Brabham-Pilot, aber schon nach wenigen Rennen wurde er ersetzt, und zwar durch den Schweizer Marc Surer (Bild), der hier den BT54-BMW in Spa fährt.

die Qualifikationsmotoren ausgeschaltet. Schließlich blieb aber doch alles beim alten, denn niemand hatte die zündende Zukunftsidee.

Wie schon erwähnt, tauchten 1985 drei neue Teams in der Formel 1 auf: das Gian-

Giancarlo Minardi

carlo Minardi aus Faenza gehörende Team Minardi mit dem Motori-Moderni-V6 und Zakspeed mit einer vierzylindrigen Eigenentwicklung; hinzu kam dann später das bereits erwähnte Beatrice-Team mit Lola-Chassis und Hart-Motor. Der von Ingenieur Chiti konstruierte Motori Moderni V6 in 90°-Anordnung wies die Zylinderabmessungen 80 × 49,7 mm = 1499 cm³ auf. Das junge Werk in Novara gab eine Leistung von 720 PS bei 11 000 U/min an. Die mechanische Bosch-Kugelfischer-Einspritzung des MM-Turbomotors war elektronisch gesteuert, später wurde sie durch eine Einspritzanlage ersetzt, welche von Lucas ursprünglich für den Ferrari V6 entwickelt worden war. Im Verlaufe der ersten Saison begnügte man sich bei den KKK-Ladern mit dem eher mäßigen Ladedruck von 3,2 bar absolut, um Motorschäden

Gianni Marelli

zu verhüten. Damit vermochte aber Fahrer Martini nicht aus den Backgroundpositionen herauszukommen.

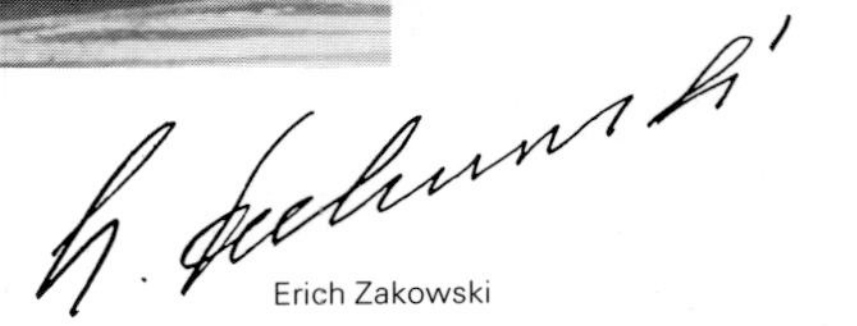

Erich Zakowski

Schon im Sommer 1984 hatte man bei der von Erich Zakowski geführten Firma Zakspeed in Niederzissen den neuen Formel-1-Wagen mit Zakspeed-Vierzylindermotor mehr oder weniger fertiggestellt, aber das Debüt erfolgte erst beim Grand Prix von Portugal 1985. Das Fahrgestell mit Kohlenstoff/Kevlar-Monocoque entstand unter der Leitung des Engländers Paul Brown, der früher bei Chevron, March und dann bei Maurer (Formel 2) gearbeitet hatte. Für den deutschen Vierzylindermotor zeichnete Ingenieur Norbert Kreyer verantwortlich, dem dann auch der italienische Ingenieur Gianni Marelli, ein früherer Mitarbeiter von Ferrari und Alfa Romeo, beratend zur Seite stand. Zakspeeds Vierzylinder wies die Abmessungen 90,4 × 58,25 mm = 1495 cm³ auf. Aufgeladen wurde der Leichtmetallmotor von einer amerikanischen Garrett-Einheit; zuerst arbeitete der Zakspeed noch mit einer mechanischen Einspritzanlage. Seit 1982, als Porsche noch in der 1,5-Liter-Formel an den Start ging, stellte der Zakspeed den ersten vollständig in Deutschland hergestellten Formel-1-Wagen dar. Als Fahrer stand Jonathan Palmer zur Verfügung; als sich dieser dann Ende August durch einen Trainingsunfall vor dem 1000-km-Rennen von Spa verletzte, kam der Münchner Christian Danner (Danner wurde 1985 Europameister der Formel 3000) zum Einsatz.

Zu Beginn der Saison, in Brasilien, schien vorerst alles beim alten geblieben zu sein, denn nach einer kurzen anfänglichen Führung von Rosberg auf dem Williams FW10-Honda siegte Alain Prost auf dem McLaren MP4/2B-TAG-Porsche vor Michele Alboreto auf Ferrari 156/85. Beim Großen Preis von Portugal in Estoril ging im starken Regen alles drunter und drüber, und Ayrton Senna, der seine hervorragenden Qualitäten als Regenfahrer bereits 1984 in Monaco demonstriert hatte, deklassierte seine Rivalen während seines Start-Ziel-Führungsrittes richtiggehend. Es war nicht nur der erste Grand-Prix-Erfolg des talentierten Senna, sondern auch der erste Sieg des Renault-Motors in einem «fremden» Fahrgestell. Beim Lotus, der wieder von Gérard Ducarouge konstruiert worden war, handelte es sich um den Typ 97T. Alain Prost mußte in Portugal miterleben, wie sein McLaren auf der Geraden wegen einer Wasserlache plötzlich ausbrach und an den Leitplanken aufschlug. Alboreto auf Ferrari kam wieder auf den Ehrenplatz vor De Angelis auf Lotus. Im zweiten Ferrari saß hier erstmals der Schwede Johansson, als Ersatz für den entlassenen Arnoux.

Beim Großen Preis von San Marino in Imola schüttelten die Verbrauchsprobleme die Resultate in einer ungewöhnlichen Art und Weise durcheinander: Senna führte wieder, aber nach 56 Runden ging ihm der Treibstoff aus, worauf — und das zur großen Freude des Publikums — der Ferrari Johanssons an die Spitze rückte, aber nur für eine Runde, dann war nämlich auch dessen Tank leer. Jetzt rückte der McLaren Prosts auf den ersten Platz vor dem Lotus De Angelis', und Prost schoß schließlich auch als Sieger durchs Ziel. Bei der nachträglichen Kontrolle wog aber sein MP4/2B nur 538 statt mindestens 540 kg. Dies bedeutete Disqualifikation Prosts und zweiter Sieg von De Angelis in der Formel 1. Prost revanchierte sich daraufhin mit einem Sieg in Monaco, wo ihm das Benzin auf der Ehrenrunde ausging. Zweiter wurde Alboreto, dessen Ferrari vor allem auf Stadtrundstrecken stark war.

Der Große Preis von Belgien hätte ursprünglich am 2. Juni in Spa-Francorchamps stattfinden sollen. Die Ardennenrundstrecke wies aber einen frischen Belag auf, der sich während des Trainings in den Kurven und den Beschleunigungspartien auflöste und somit eine große Gefahr darstellte, weil die Wagen auf den losen Steinchen wegrutschten. Nach langem Hin und Her verschob man das Rennen auf den 15. September. Die Weltmeisterschaft wurde so erst wieder mit dem Großen Preis von Kanada fortgesetzt. Die in der ersten Saisonhälfte großartig disponierten Ferrari 156/85 von Alboreto und Johansson holten in Montreal einen Doppelsieg vor dem McLaren Prosts. Johansson und Alboreto mußten sich beim folgenden Grand Prix, in Detroit, mit den Positionen 2 und 3 begnügen, denn hier feierte Keke Rosberg auf dem Williams FW10-Honda einen nie in Frage stehenden Triumph.

Beim Großen Preis von Frankreich in Le Castellet erwies sich Nelson Piquet auf dem Brabham BT54 mit BMW-Motor als unwiderstehlich — endlich wieder ein Erfolg für diese Kombination. Das hochsommerliche Wetter und das hohe Tempo von Le Castellet paßten optimal zu den Pirelli-Reifen. Seit den Maserati- und den Vanwall-Siegen im Jahre 1957 (anschließend hatte sich Pirelli bis und mit 1981 aus der Formel 1 zurückgezogen) erntete die italienische Reifenmarke erstmals wieder einen Sieg.

Der Große Preis von England in Silverstone wurde vom Rennleiter um eine Runde zu früh abgewunken. Prost gewann wieder überlegen, denn der zweitklassierte Alboreto büßte auf seinen direkten WM-Rivalen mehr als eine Runde ein, obschon der Italiener im WM-Zwischenstand die Führung seit dem Großen Preis von Kanada an sich gerissen hatte. Allerdings verzeichneten die Ferrari seit Le Castellet eine Formbaisse, besonders auf schnellen Strecken. Das Fahrgestell des 156/85 lag nicht optimal auf der Fahrbahn, und auch der 120°-Sechszylinder bot in Anbetracht der ständig forcierten Leistungsstei-

Unten
Mit Zakspeed stieg 1985 wieder eine deutsche Marke in die Formel 1 ein. Bei Zakspeed entstand nicht nur das vom Engländer Paul Brown konstruierte Fahrgestell des Typs 841, sondern auch der Vierzylinder-Turbomotor.

Nachfolgende Doppelseite
Die typischen Turboflammen, wie sie beim Zurückschalten entstehen. Im Verlaufe der Saison 1985 hatten erstmals sämtliche Formel-1-Konkurrenten auf die enorm teuren Turbomotoren umgestellt. Im Bild ein Ferrari 156/85 in Monaco.

Agip

gerung nicht mehr jene legendäre Standfestigkeit, die den Ferrari-Motoren sonst eigen war. Immerhin: Auf dem Nürburgring, beim Großen Preis von Deutschland, schlug Michele Alboreto nochmals zu und gewann vor Alain Prost auf McLaren und Laffite auf dem Ligier JS25-Renault. Diesem Ferrari-Erfolg auf dem Nürburgring kam eine besondere Bedeutung zu, denn fünfzig Jahre zuvor, beim Großen Preis von Deutschland 1935, hatte ebenfalls ein Fahrzeug der damals noch in Modena ansässigen Scuderia Ferrari den deutschen Grand Prix gewonnen, nämlich Tazio Nuvolari auf dem Alfa Romeo P3, welchem damals — mit etwas Glück — ein Erfolg über die schier unschlagbaren Auto Union und Mercedes-Benz geglückt war.

Diesmal hatte das Nürburgring-Weekend mit einer veritablen Überraschung begonnen, beim Freitagtraining (am Samstag regnete es) sicherte sich der kleine Mailänder Teo Fabi auf dem von Rory Byrne konstruierten Toleman TG185 mit dem inzwischen ebenfalls mit einer elektronischen Benzineinspritzung (realisiert von ehemaligen Mitarbeitern der Firma Lucas) bestückten und mittlerweile auch potenter gewordenen Hart-Vierzylinder mit Holset-Turbolader den besten Startplatz, aber beim Start versagte die Kupplung des Toleman. Für Pirelli stellte die Pole Position Fabis eine weitere Bestätigung der gemachten Fortschritte dar. Aber auch der TG185 mußte zu den besten Konstruktionen der Saison gezählt werden. Alle übrigen Qualifikationsbestzeiten oder Siege der Saison waren eine Goodyear-Angelegenheit.

Seit dem Training zum dann verschobenen Großen Preis von Belgien saß der Baselbieter Marc Surer im zweiten Brabham BT54-BMW. Zuerst kam er mit der Murray-Konstruktion eher mäßig auf Touren, und seine Rennen richtete Surer aufs Ankommen aus; aber so ab dem Großen Preis von Holland, insbesondere aber beim Großen Preis von Europa in Brands Hatch, fing der Schweizer an, seine Angriffslust vehement zu entfalten.

Vor dem Heim-Grand-Prix in Österreich überraschte Niki Lauda die Presse am Samstag mit der Meldung (wie schon Ende 1979 in Kanada), daß er sich nach Abschluß der Saison wieder aus der Formel 1 zurückziehen werde. Nachträglich köderte Bernie Ecclestone den McLaren-Piloten mit einem fürstlichen Angebot (die Rede war von 6,5 Millionen Dollar Jahresgage), um den dreifachen Weltmeister zu einer Saison 1986 als Brabham-Fahrer umzustimmen. Nach dieser Offerte zögerte Lauda wieder, überlegte wochenlang, und ließ sich die Sache nochmals gründlich durch den Kopf gehen. Schließlich — vor dem letzten WM-Lauf in Adelaide — bestätigte er seinen zweiten Rückzug doch, um sich ganz seiner eigenen Fluggesellschaft, der Lauda-Air, zu widmen. In Zeltweg führte er das Feld sogar an, aber einmal mehr ließ ihn die Technik im Stich (wie so oft in der Saison 1985), und erneut gewann Alain Prost, der im WM-Zwischenstand damit gleich viele Punkte aufwies wie Alboreto. Auf dem Österreichring produzierte Andrea De Cesaris mit seinem Ligier-Renault einen spektakulären Überschlag. Er blieb unverletzt, aber der Crash war bei Guy Ligier der Tropfen, der das Faß zum Überlaufen brachte. De Cesaris bekam für den Rest der Saison keinen Ligier-Renault mehr, man ersetzte ihn in Monza durch den vielversprechenden französischen Formel-3000-Fahrer Philippe Streiff. In Zeltweg wurde auch publik, daß Keke Rosberg nach vier Williams-Jahren 1986 anstelle des ausscheidenden Lauda für McLaren fahren werde.

Beim folgenden Rennen, in Holland, gab auch Nelson Piquet seine Zukunftspläne bekannt, nämlich seinen Übertritt (1986) zu Williams-Honda.

Zwei tragische Unfälle trübten das internationale Rennsportgeschehen im Sommer 1985: Am 11. August verunfallte der deutsche RAM-Pilot Manfred Winkelhock anläßlich des 1000-km-Rennens von Mosport in Kanada am Steuer eines Porsche 956 des Kremer-Teams tödlich. Im Verlaufe des

Links unten
Mit dem Sieg Keke Rosbergs in Detroit 1985 wurde die eigentliche Erfolgsära des Honda-V6-80°-Turbomotors eingeläutet. Der Williams FW10-Honda gewann mit Rosberg oder mit Mansell in Detroit, Brands Hatch, Kyalami und Adelaide.

Rechts
Am Tag vor dem Großen Preis von Österreich gab Niki Lauda vor der versammelten Presse in Zeltweg seinen Rücktritt als Formel-1-Fahrer auf Ende Saison 1985 bekannt. Neben dem amtierenden Weltmeister steht McLaren-Teamboss Ron Dennis.

1000-km-Rennens von Spa kam am 1. September ein zweiter Grand-Prix-Pilot bei einem Langstreckenrennen ums Leben, nämlich der Gießener Stefan Bellof am Steuer eines Porsche 962 des Brun-Teams. Bellof galt als die große Hoffnung des deutschen Automobilsportes. Im Jahre 1984 war er als Porsche-Werksfahrer nach mehreren Erfolgen bei 1000-km-Rennen als Endurance-Weltmeister hervorgegangen. Bei den Formel-1-Rennen selbst war seit dem Tode Riccardo Palettis 1982 in Kanada (Startkollision) kein Fahrer mehr ums Leben gekommen.

Bei Niki Lauda und dessen McLaren klappte es endlich wieder beim Großen Preis von Holland in Zandvoort. Der Österreicher siegte mit 0,23 Sekunden Vorsprung auf seinen Stallgefährten Alain Prost, welchem Lauda in Zandvoort nichts schenkte. Jeder fuhr sein eigenes Rennen. Der zweite Rang ermöglichte es Prost, in der Weltmeisterschaft die alleinige Führung vor Alboreto zu übernehmen. Für Niki Lauda brachte der holländische Grand Prix von 1985 den 25. Grand-Prix-Erfolg seiner 1973 begonnenen Formel-1-Karriere. In der «ewigen Liste» lag er damit nur noch hinter Jackie Stewart, der 27 Grand Prix gewonnen hatte. Auf 25 Erfolge hatte es auch Jim Clark gebracht. Der fünffache Weltmeister Juan-Manuel Fangio, der allerdings nur bei 51 Grand Prix gestartet war, blieb mit 24 Siegen auf Position vier.

Am 27. August traf eine Nachricht aus Paris die Formel-1-Welt wie ein Blitz aus heiterem Himmel: Renault gab auf Ende Saison den Rückzug des eigenen Teams bekannt. Der große Konzern steckte seit Jahren in den roten Zahlen, und Präsident Georges Besse ging nun rigoros mit dem Rotstift um. Renault hatte 1977 in die Formel 1 eingegriffen, und die Franzosen waren die ersten gewesen, die mit einem 1,5-Liter-Turbomotor den Kampf gegen die damals noch überlegenen Fahrzeuge mit Dreiliter-Saugmotor aufnahmen. Zwischen 1979 und 1983 holten sich die gelb-weiß-schwarzen Monoposto total 15 Grand-Prix-Siege (9 mit Prost, 4 mit Arnoux und 2 mit Jabouille). Aber die Jahre 1984 und 1985 waren für Renault besonders enttäuschend, ohne einen Formel-1-Sieg der eigenen Wagen. Mit Renault-Motoren gewannen hingegen Senna und De Angelis 1985 drei WM-Läufe. Wie vertraglich vereinbart, verpflichtete sich Renault, Lotus bis Ende 1987 und Tyrrell bis Ende 1986 mit Motoren zu beliefern. Anfang November wurde auch eine derartige Vertragsverlängerung mit Ligier abgeschlossen.

Die Saison wurde mit dem Großen Preis von Italien in Monza fortgesetzt, wo vorerst Keke Rosberg die Leistung seines Sechszylinders in 80°-Anordnung ordentlich entfaltete, aber schließlich gewann wieder der regelmäßige Prost auf seinem zuverlässigen McLaren.

In Monza erfolge das Debüt des amerikanisch-englischen Beatrice-Teams mit dem bei Lola gebauten TH1L, gefahren von Alan Jones, der aber wegen des unterlegenen und chronisch defektanfälligen Hart-Motors schon frühzeitig von der Bildfläche verschwand. Beim «nachgeholten» Großen Preis von Belgien in Spa-Francorchamps regnete es beim Start, was für den Lotus-Renault-Mann Ayrton Senna, der das Geschehen nach Belieben dominierte, den Idealzustand bedeutete. Mansell kam mit dem Williams-Honda auf den Ehrenplatz. Beim Grossen Preis von Europa in Brands Hatch fuhr Nigel Mansell den ersten Sieg seiner Formel-1-Karriere heraus, vor Senna und Rosberg. Prost kam mit seinem McLaren auf die vierte Position, womit er in Brands Hatch endgültig als Weltmeister feststand — der erste Franzose, der dies in der seit 1950 bestehenden Fahrerweltmeisterschaft je geschafft hatte. Ein verdienter Champion, war doch Prost des Titels 1983 und auch 1984 ganz knapp verlustig gegangen.

In Brands Hatch setzte sich Marc Surer mit seinem Brabham rigoros ins Licht. Lange hielt er mit dem Fahrzeug, welches bisher von Nelson Piquet gefahren worden war, die zweite Position, bis er wegen eines Schadens am Turbolader zur Aufgabe gezwungen war.

Große Enttäuschung bei Ferrari, denn erstens hatte Alboreto die WM endgültig verloren, und zweitens war der Mailänder seit dem Großen Preis von Italien dreimal hintereinander ausgeschieden. Ein Zustand, der sich in den zwei verbleibenden Läufen auch fortsetzte.

Dem Großen Preis von Südafrika ging eine lange Polemik voraus: Weltweit plädierten viele Kreise wegen der Rassentrennungspolitik der Regierung für einen totalen Boykott des Rennens. Die französische Regierung legte Renault und Ligier nahe, auf die Teilnahme zu verzichten, worauf sich diese Teams abmeldeten. In Kyalami ließen einige Sponsoren ihre Werbeaufschriften abdekken, um die Kundschaft nicht zu verärgern. In Südafrika waren die Williams-Honda nicht zu halten: Wieder gewann Nigel Mansell vor seinem Teamkollegen Keke Rosberg, der wegen des ausgelaufenen Öls eines defekten Hart-Motors einen gefährlichen Schlenker ins Gelände produzierte und deshalb die Führung an Mansell verlor. Prost kam mit stotterndem Motor als Dritter ins Ziel, weil die Elektrik streikte. In Kyalami fuhr der bisherige Ligier-Pilot Philippe Streiff wegen des Verzichts des französischen Teams auf einem Tyrrell-Renault, nachdem der zweite Tyrrell beim vorhergehenden Großen Preis von Europa erstmals vom italienischen Formel-1-Debütanten und Formel-3000-Spezialisten Ivan Capelli gefahren worden war.

Ihren Abschluß fand die Formel-1-Saison mit dem erstmals in den Weltmeisterschaftskalender aufgenommenen Großen Preis von Australien, der in Adelaide durch hervorragende Organisation bestach und dort auf einer 3,8 km langen Straßenkombination lief. Das begeisterte Publikum bekam ein spannungsgeladenes WM-Finale vor ausverkauften Tribünen serviert. Senna auf Lotus führte, machte dann aber mehrere Fahrfehler und schied aus. Auch Lauda hißte sich kurz auf den ersten Platz, ihm wurden die Kohlenstoffbremsen zum Verhängnis, die einseitig zogen und ihn gegen die Leitplanken prallen ließen. Schließlich gewann ein großartig disponierter und spektakulär fahrender Keke Rosberg, der auf diesem Stadtkurs einmal mehr einen ungewöhnlichen Kampfgeist entfaltete und das Publikum begeisterte. Der Finne ging trotz dreier Boxenstopps für Reifenwechsel siegreich durchs Ziel. Marc Surer auf Brabham hielt sich lange in dritter Position, bis ihn einmal mehr ein Defekt plagte. Die Ligier-Renault von Jacques Laffite und Philippe Streiff kreuzten die Ziellinie auf den Ehrenplätzen. Ivan Capelli, der Neuling, belegte bei seinem zweiten Tyrrell-Einsatz den hervorragenden vierten Rang. Übrigens schied Alain Prost in Adelaide — erstmals in der Saison 1985 — mit einem technischen Schaden aus. Viel häufiger waren die Defekte hingegen an Niki Laudas McLaren gewesen.

Enttäuschend war die Saison nicht nur für Ferrari verlaufen, ging doch die Coupe der Formel-1-Konstrukteure ebenfalls an McLaren, sondern auch Renault mußte auf eine erfolglose letzte Rennsaison zurückblicken. Gérard Toth hatte seine Demission schon vor dem australischen Grand Prix eingereicht. Die Euroracing mit Alfa-Romeo-V8-Motor, gefahren von Eddie Cheever und Riccardo Patrese, holten keinen einzigen

Im Jahre 1985 wurde in Australien erstmals ein Weltmeisterschaftslauf ausgetragen. In Adelaide hatte man mit viel Aufwand einen 3780 m langen Circuit vorbereitet, welcher sich aus normalen Straßen zusammensetzte.

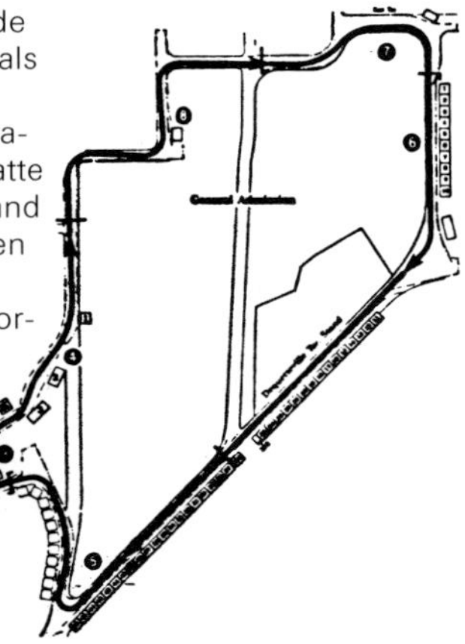

WM-Punkt. Besonders hart traf es auch jene Teams, welche mit dem Hart-Vierzylinder in das Geschehen eingegriffen hatten, nämlich Toleman, RAM und zuletzt auch Beatrice-Lola, weil Harts Maschinen sowohl beim Training als auch im Rennen laufend durch Motorschäden eliminiert wurden. Im Oktober war es Benetton gelungen, sich für die Toleman im Hinblick auf 1986 BMW-Motoren zu sichern. Auch diese Vierzylinder mußten in der Schweiz, bei Heini Mader in Gland VD, revidiert werden.

Im November kündigte Alfa Romeo den Rückzug als Motorenlieferant von Euroracing und Osella an, gleichzeitig stellte man die Weiterentwicklung des 1983 erstmals eingesetzten Achtzylinders ein. Seit etwa einem Jahr arbeiteten Alfa-Romeo-Techniker auch am neuen Vierzylinder, dessen Abmessungen 92 × 56,4 mm = 1499,7 cm³ betrugen. Diese Einheit entstand in Settimo Milanese, bei der neugebildeten Alfa-Romeo-Rennabteilung «Alfa Corse», deren Sitz sich in den Hallen der ehemaligen Firma Autodelta befand, welche Ende 1984 aufgelöst worden war. Alfa Romeo gab im November bekannt, daß man 1986 in Sachen Formel 1 pausieren werde mit der Absicht, 1987 mit dem neuen Motor wieder dabeizusein. Auch Alfa Romeo steckte eben tief in den roten Zahlen, vor allem wegen des Arna-Projekts.

Trotz weltweiter Popularität des Grand-Prix-Rennsportes hatte die gigantische Kosteneskalation ihre Schatten vorausgeworfen. Ende Jahr bangten auch einige etablierte Formel-1-Fahrer um einen Platz im Startfeld.

Formel-1-Wagen von 1985

Marke/Modell	Verantwortl. Konstrukteur(e)	Motor	Getriebe (Gangzahl)	Chassisbauweise	Radstand	Spur vorne Spur hinten	Reifenmarke	Trockengewicht in kg
Arrows A 8	Dave Wass	BMW M 12/13 (4 Zyl. Turbo)	Hewland (5)	KLMC	2794	v 1778 h 1651	Goodyear	545
Brabham BT 54	Gordon Murray	BMW M 12/13 (4 Zyl. Turbo)	Brabham-Hewland (6)	KKMC	2962	v 1682 h 1606	Pirelli	540
Euroracing 185 T	Luigi Marmiroli	Alfa Romeo 890 T (V8 Turbo)	Alfa Romeo-Hewland (5/6)	KKMC	2720	v 1810 h 1680	Goodyear	546
Ferrari 156/85	Harvey Postlethwaite Antonio Tomaini Ildo Renzetti	Ferrari 126 C (V6 Turbo)	Ferrari (5)	KKMC	2762	v 1797 h 1664	Goodyear	558
Ligier JS 25	Michel Têtu	Renault EF 4 B (EF 15) (V6 Turbo)	Hewland (5)	KKMC	2835	v 1790 h 1662	Goodyear	540
Lola-FORCE THL-1	Neil Oatley John Baldwin	Hart 415 T (4 Zyl. Turbo)	FORCE-Hewland (6)	KKMC	2794	v 1803 h 1626	Goodyear	557
Lotus 97 T	Gérard Ducarouge	Renault EF 4 B (EF 15) (V6 Turbo)	Lotus-Hewland (5)	KKMC	2720	v 1816 h 1620	Goodyear	540
McLaren MP 4/2 B	John Barnard	TAG/Porsche TTE-PO 1 (V6 Turbo)	McLaren-Hewland (5)	KKMC	2794	v 1803 h 1651	Goodyear	540
Minardi M 185	Giacomo Caliri	Motori Moderni (V6 Turbo)	Minardi-Hewland (5)	KKMC	2607	v 1813 h 1661	Pirelli	550
Osella FA 1 G	Giuseppe Petrotta	Alfa Romeo 890 T (V8 Turbo)	Hewland (5)	KKMC	2830	v 1750 h 1600	Pirelli	557
RAM 03	Gustav Brunner	Hart 415 T (4 Zyl. Turbo)	RAM-Hewland (6)	KKMC	2794	v 1778 h 1626	Pirelli	550
Renault RE 60/60 B	Bernard Touret	Renault EF 4 B (EF 15) (V6 Turbo)	Renault-Hewland (6)	KKMC	2800	v 1800 h 1650	Goodyear	540
Toleman TG 185	Rory Byrne	Hart 415 T (4 Zyl. Turbo)	Toleman (5)	KKMC	2692	v 1816 h 1683	Pirelli	545
Tyrrell 014	Maurice Phillippe	Renault EF 4 B (EF 15) (V6 Turbo)	Tyrrell-Hewland (6)	KKMC	2756	v 1765 h 1638	Goodyear	550
Williams FW 10/FW 10 B	Patrick Head	Honda RA 166 E (V6 Turbo)	Williams-Hewland (6)	KKMC	2794	v 1803 h 1651	Goodyear	545
Zakspeed 841	Paul Brown	Zakspeed (4 Zyl. Turbo)	Hewland (6)	KKMC	2820	v 1800 h 1600	Goodyear	565

Chassisbauweise: KKMC = Kohlefaserverstärktes Kunststoffmonocoque, KLMC = Kohlefaser/Leichtmetall-Monocoque

Unwiderstehlicher Honda V6

Noch 195 Liter Benzin pro GP. Nigel Mansell und Nelson Piquet auf den Williams-Honda gewinnen zusammen neun WM-Läufe, aber Weltmeister wird trotzdem wieder Alain Prost auf McLaren-TAG-Porsche.

Die Saison 1986 stand eindeutig im Zeichen der schier unschlagbaren Williams FW 11 mit Honda-V6-Motor. Diese Kombination hatte schon Ende 1985 eine beeindruckende Überlegenheit demonstriert, welche 1986 noch krasser ausfiel. In Japan hatte man sehr viel in die Weiterentwicklung des Sechszylinders investiert, dessen Zylinderabmessungen stets geheimgehalten wurden. Experten vermuteten im Honda-Motor eine Keramikbeschichtung der thermisch stark belasteten Teile oder überhaupt Vollkeramikteile. Der Honda-80°-Motor erwies sich im Renneinsatz nicht nur als enorm leistungsstark, sondern er war vor allem auch sparsam, was den Williams-Honda-Fahrern Nelson Piquet und Nigel Mansell ermöglichte, aus einem umfangreicheren Leistungspotential zu schöpfen als ihre Rivalen.

Mit der Saison 1986 trat auch eine weitere Verbrauchsbeschränkung in Kraft, indem nun eine Grand-Prix-Distanz nicht mehr mit 220, sondern mit 195 Litern Treibstoff bewältigt werden mußte, was die Motoren- und die Elektronikspezialisten zwang, weiter zu forschen, um die pro Rennen verwertbare Treibstoffmenge noch intensiver auszunützen. Ab 1986 waren die Drei-Liter-Saugmotoren nicht mehr startberechtigt, aber von diesem Verbot nahm man eigentlich kaum Notiz, zumal die Sauger längst passé waren und seit Anfang 1985 auch von keinem Team mehr verwendet wurden.

In Zusammenhang mit dem Jahr 1986 darf ein historisch bedeutendes Ereignis nicht unerwähnt bleiben: Am 29. Januar feierte das Automobil seinen 100. Geburtstag. Auf den 29. Januar 1886 ging die Patentierung für ein «Fahrzeug mit Gasmotorenbetrieb» zurück, «dessen Gas aus vergasenden Stoffen durch einen mitzuführenden Apparat erzeugt wird». Die Patentierung hatte Karl Benz beantragt. Im gleichen Jahr baute auch Gottlieb Daimler eine Motorkutsche mit Benzinmotor. Die beiden großen Autopioniere wurden nun nach hundert Jahren groß gefeiert, wobei selbstverständlich die Firma Daimler-Benz bei den Festivitäten federführend wirkte.

Im Januar 1986 nahm das Formel-1-Milieu dieses Jubiläum nur am Rande wahr, denn zu diesem Zeitpunkt rüstete man längst wieder für die neue Saison, wobei die ersten gemeinsamen Tests auf der Jacarepagua-Bahn bei Rio de Janeiro liefen.

Carl Benz

Gottlieb Daimler

Es gab einige spektakuläre Wechsel, insbesondere — wie schon erwähnt — von Nelson Piquet und Keke Rosberg, weil der Brasilianer nach sieben Jahren Zugehörigkeit zu Brabham von Bernie Ecclestone Abschied nahm, um den Dienst im Rennstall von Frank Williams fortzusetzen, während Keke Rosberg nach vier Williams-Jahren zu McLaren überwechselte, wo er Weltmeister Alain Prost als neuen Teamkollegen vorfand. Nigel Mansell blieb noch bei Williams.

Euroracing-Chef Pavanello sah sich Anfang 1986 gezwungen, sein Formel-1-Team aufzulösen, zumal Alfa Romeo längst angekündigt hatte, daß die Weiterentwicklung des V8-Motors eingestellt, eine einjährige Formel-1-Pause eingeschaltet und 1987 neu mit dem Vierzylinder eingestiegen werde. Die bisherigen Euroracing-Alfa-Romeo-Fahrer Eddie Cheever und Riccardo Patrese mußten sich nach neuen Teams umsehen; Patrese ging zu Brabham, wo auch Elio De Angelis unter Vertrag genommen wurde, nachdem sich der Römer bei Lotus — neben Ayrton Senna — benachteiligt gefühlt hatte und deshalb die Marke nach sechs Jahren Zusammenarbeit verließ. Eddie Cheever fand keinen Unterschlupf mehr in einem Formel-1-Team und mußte sich damit abfinden, 1986 für Jaguar die Langstreckenrennen zu bestreiten, nachdem er eine Zeitlang noch als Tyrrell-Pilot in Frage gekommen war. Aber in den zweiten Tyrrell — neben Martin Brundle — kam dann der Franzose Philippe Streiff, weil er einen entsprechenden Sponsor bereithielt. Durch die bereits im August 1985 angekündigte Auflösung des Renault-Formel-1-Teams sah sich auch Derek Warwick ohne einen Formel-1-Vertrag (Tambay hatte einen Platz im Lola-Haas-Team gefunden). Der Engländer galt als logischer Kandidat für den zweiten Platz bei Lotus, aber diesen bekam dann der junge schottische Edelmann Johnny Dumfries. Gegen die Lotus-Kandidatur Warwicks hatte Ayrton Senna opponiert, ihm war ein unerfahrener junger Kollege viel lieber, weil er ihn auch nicht stören konnte. Patrick Tambay hatte sich mit Carl Haas und dessen Lola-Force-Team arrangiert, für das der Weltmeister von 1980, Alan Jones, schon die letzten Rennen der Saison 1985 auf dem Lola THL 1 mit Hart-Vierzylindermotor bestritten hatte, weil der Ford V6 noch nicht bereit war. Auf den Lola wurde die Beatrice-Sponsoraufschrift Anfang 1986 viel kleiner gestaltet; der amerikanische Verbrauchsgütergigant Beatrice hatte nämlich beschlossen, sich wieder aus der Formel 1 zurückzuziehen, nachdem die Konzernleitung ausgewechselt worden war und sich das neue Management nicht für diese Art von Sponsoring interessierte. Hingegen arbeiteten Ford und Cosworth weiterhin am gemeinsamen Ford-V6-Turbomotor, dessen Debüt auf das erste Rennen der Saison, den Großen Preis von Brasilien, angesetzt gewesen war; aber schließlich mußte die Premiere auf den Grand Prix von San Marino verschoben werden.

Das österreichische Talent Gerhard Berger wechselte von Arrows zu dem ganz von

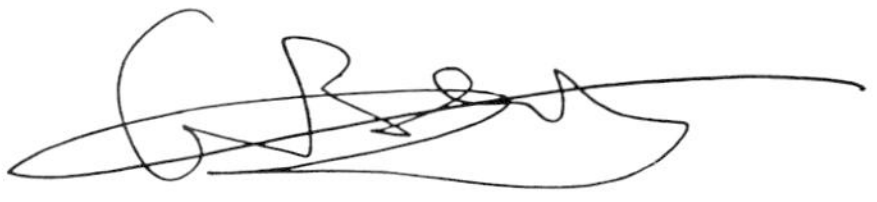

Gerhard Berger

Benetton aufgekauften Toleman-Team, welches nun auch in Benetton Formula Ltd. umgetauft wurde, wobei die personelle Besetzung der unter italienische Kontrolle geratenen englischen Renngemeinschaft in etwa unverändert blieb. Chefkonstrukteur blieb Rory Byrne. Neu war die Tatsache, daß die Benetton nicht einen Hart-Motor bekamen, sondern den Managern der italienischen Bekleidungsfirma gelang es, mit BMW zusammenzuarbeiten, so daß die Benetton mit deutschen Vierzylindern ausgerüstet wur-

Das Jahr 1986 stand auch im Zeichen des 100. Geburtstages des Automobils. Zu den ganz großen Pionieren zählten Karl Benz und Gottlieb Daimler, welche 1886 eine Motorkutsche mit Benzinmotor (Daimler) bzw. ein Dreiradfahrzeug mit Gasmotor (Benz) gebaut hatten.

den. Die Triebwerke überholte nicht die BMW Motorsport GmbH in München wie im Falle der für Brabham bestimmten Motoren, sondern die Aggregate kamen nach jedem Rennen zu der Heini Mader Racing Components in Gland VD in die Revision, wo man die für Arrows bestimmten BMW-Vierzylinder schon seit 1984 überholte.

Der Hart-Motor verschwand 1986 wieder aus der Formel 1, nachdem weder Toleman noch RAM mit diesem Vierzylinder auf befriedigende Ergebnisse gekommen waren. Auch John McDonalds RAM-Team mußte für die neue Saison abgemeldet werden, obschon es Anfang Jahr noch danach ausgesehen hatte, als ob eine australische Interessengemeinschaft RAM finanziell wieder auf die Beine helfen würde.

Ende Februar unternahm Ford auf der eigenen Prüfstrecke in Boreham (England) mit dem neuen V6-Motor, der in den ebenfalls neuen Lola THL 2 eingebaut war, die ersten Probefahrten. Das Debüt erfolgte jedoch erst am 27. April in Imola. Ford gab die Zylinderabmessungen des V6 mit 120°-Gabelwinkel vorerst nicht bekannt. Bei der Entwicklung und der Konstruktion des neuen V6 wurde der Elektronik selbstverständlich eine ganz wesentliche Rolle zugedacht, brauchte es doch ein äußerst komplexes System, um die Benzineinspritzung, die Zündung und den Einsatz des Turboladers zu steuern. Für dieses an die 11 000 U/min drehende Triebwerk verwendete Ford das EEC-IV-Serienmodul, das bereits in die Scorpio- und die Sierra-Modelle eingebaut wurde. Der angloamerikanische V6 wies zwei Garrett-Turbolader auf.

Im Frühling 1986 gab Alfa Romeo im Rahmen einer allgemeinen Image-Aufwertung die Bildung einer neuen Rennabteilung bekannt, welche Alfa Corse getauft wurde. Alfa Corse war nichts anderes als die Nachfolgerin der einstigen Firma Autodelta, in deren Räumlichkeiten nun Alfa Corse als Unterabteilung des Hauptwerkes den Betrieb aufnahm. Alfa Romeo bestätigte dabei die Weiterentwicklung des neuen Vierzylindermotors der Formel 1, mit der Absicht, dieses Triebwerk ab 1987 einem Topteam zur Verfügung zu stellen.

Auf dem Motorensektor hielt Renault anläßlich der Tests in Brasilien für die anwesenden Presseleute noch eine kleine Überraschung bereit, und zwar gaben die Franzosen die neue Version ihres EF-15-V6-Motors bekannt, welche nicht mehr über Ventilfedern verfügte, sondern diese wurden durch ein pneumatisches Drucksystem ersetzt. Herzstück dieses EF-15-C-Aggregates war eine Stickstoff-Druckflasche, deren Volumen rund einen halben Liter ausmachte, wobei der kleine Behälter unter einem Druck von 120 bis 180 bar stand. Jedes der 24 Ventile wies einen koaxial angeordneten Steuerkolben auf, welcher mittels Leitung mit der zwischen den beiden Zylinderreihen plazierten Druckflasche verbunden war, so daß das von diesen koaxialen Kolben gesteuerte Ventil ständig gegen die Nockenwelle gedrückt wurde. Laut Ing. Bernard Dudot, dem Chef der Formel-1-Motoren-Entwicklung von Renault, sei es durch dieses pneumatische System möglich, die Höchstdrehzahl der Sechszylinders von bisher 11 500 auf bis zu 12 500 U/min zu steigern, weil die Ventile dank des Drucksystems nicht mehr ins Flattern gerieten. Auch 1986 traten Lotus, Tyrrell

Bernard Dudot

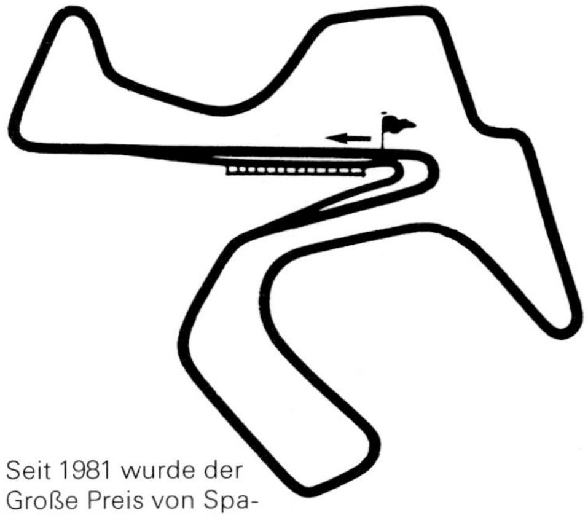

Seit 1981 wurde der Große Preis von Spanien 1986 erstmals wieder durchgeführt, und zwar auf der neuen, 4218 m langen Rundstrecke von Jerez im Süden des Landes.

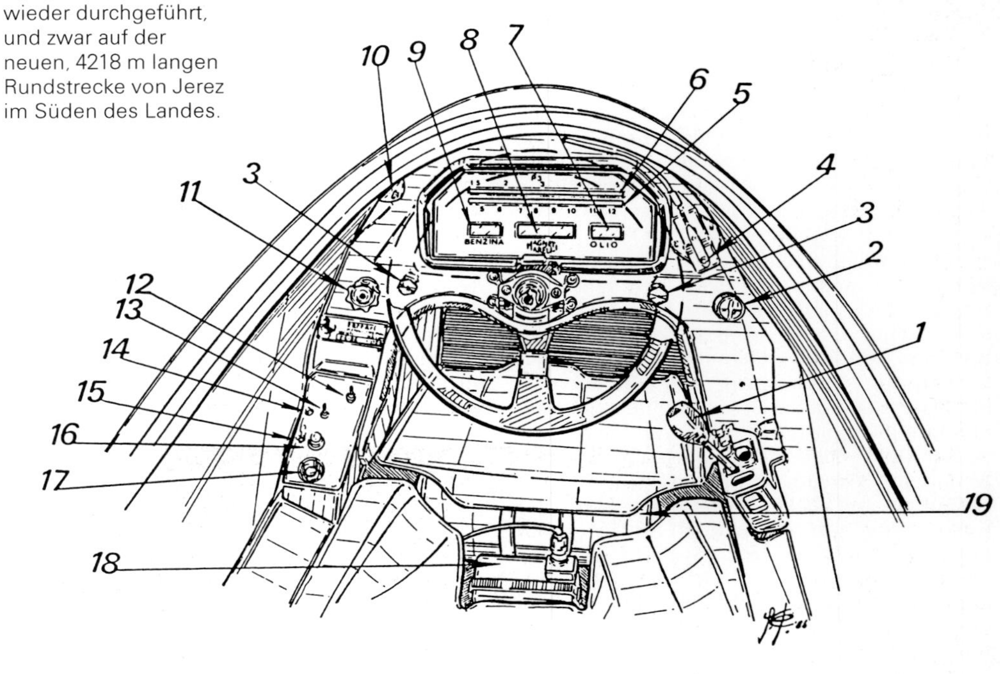

Am Kommandopult eines modernen Formel-1-Rennwagens (Ferrari F1-86)

1 Getriebeschalthebel (5 Vorwärtsgänge plus Rückwärtsgang), 1. Gang hinten links, Rückwärtsgang vorne links usw. Vor Einlegen des Rückwärtsganges muß eine Sperre gelöst werden
2 Drehknopf für die Einstellung des Ladedruckes (nach rechts drehen = mehr Ladedruck)
3 Düsen der Bordlöschanlage
4 Stromkreisunterbrecher
5 Waagrechter Drehzahlanzeiger, verschiedene Farben
6 Ladedruckanzeige
7 Öldruckanzeige
8 Digitalanzeige oder Display, welches den Treibstoffvorrat angibt und auch anzeigt, wie viele Runden bei gleicher Fahrweise noch zurückgelegt werden können
9 Benzindruckanzeige
10 Schalter für das Display (Verbrauchsanzeige)
11 Bremskraftverteiler (nach rechts drehen = mehr Bremswirkung vorne sowie umgekehrt)
12 Wahl der am Armaturenbrett abzulesenden Computerdaten
13 Schalter für Heckleuchte (muß bei Regen eingeschaltet werden)
14 Schalter, mit welchem der Drehzahlbegrenzer außer Betrieb gesetzt werden kann. Wird nur kurzfristig bedient, zum Beispiel beim schwierigem Überholmanöver oder beim Finish. Der Schalter ist mittels eines dünnen Drahtes plombiert, so daß an den Boxen sogleich festgestellt werden kann, ob der Motor hochgejagt worden ist
15 Schalter für Feuerlöscher
16 Anzeige für Feuerlöschanlage
17 Roter Notschalter für Feuerlöschanlage
18 Bordfeuerlöscher

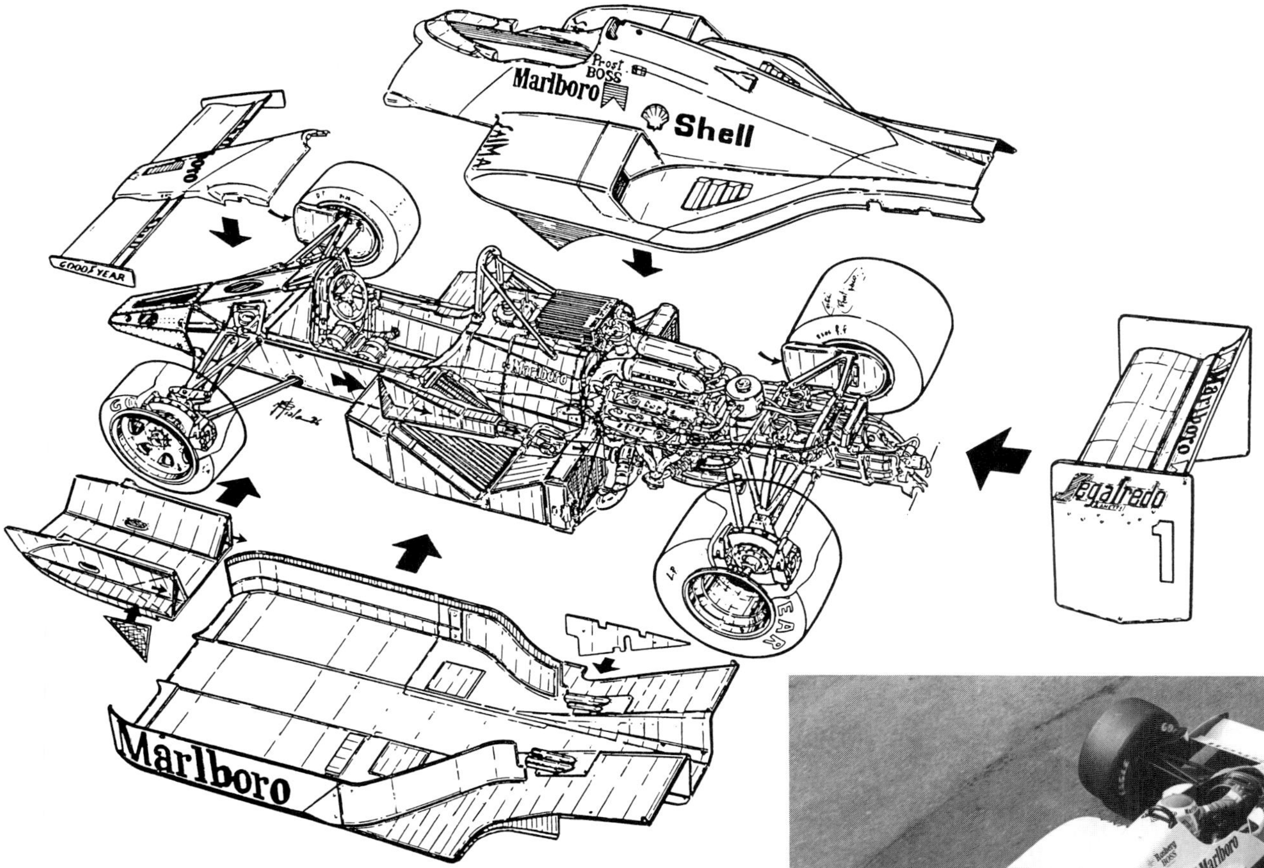

Links
Die 1986 eingesetzte Version des McLaren war der MP4/2C-TAG-Porsche, welcher im Vergleich zum Vormodell nicht wesentlich verändert worden war. Modifiziert hatte man die Anordnung der seitlichen Kühlelemente sowie die Luftzufuhr zu den Turboladern zwischen Monocoque und Kühlern. Einmal mehr war John Barnard ein guter Wurf gelungen. Auf dem McLaren-TAG-Porsche gewann Prost 1986 vier GP, damit war er abermals Weltmeister.

Rechts
Ende 1985 wechselte Keke Rosberg (Bild) von Williams auf McLaren, aber auf dem MP4/2C-TAG-Porsche vermochte er meistens nicht ganz an die Leistungen Alain Prosts heranzukommen.

und Ligier mit Renault-Motoren an: Nach der Schließung des eigenen Formel-1-Teams konzentrierte man sich in Viry-Châtillon darauf, diese drei Rennställe mit Aggregaten zu versorgen. Der bisherige Renault-Formel-1-Rennleiter Jean Sage übernahm nun die Funktion des Verbindungsmanns zwischen Renault und den mit Renault-Motoren fahrenden Teams.

Für einige Piloten blieb die Situation bis kurz vor dem ersten WM-Lauf noch offen; die allerletzten Cockpits wurden erst vor dem Grand Prix von Brasilien zugeteilt. Das Minardi-Team entließ den bisherigen Fahrer Pierluigi Martini und verpflichtete Andrea De Cesaris sowie Alessandro Nannini neu, bei Arrows fand Marc Surer im letzten Moment noch Unterschlupf, wo er den Platz des zu Benetton gegangenen Berger einnahm. Auch Zakspeed dehnte sein Team auf zwei Wagen aus, die Jonathan Palmer und Huub Rothengatter anvertraut wurden. Ligier behielt Jacques Laffite weiterhin unter Vertrag und verpflichtete René Arnoux dazu, der damit nach fast einjähriger Pause wieder ein Formel-1-Rennen bestreiten konnte, nachdem ihn Ferrari nach dem ersten Lauf der Saison 1985 kurzerhand entlassen hatte. Mit Ausnahme von Osella, Zakspeed und Arrows erneuerten alle Teams ihr Wagenmaterial gleich von Anfang an, wobei der neue Lola-Force des Typs THL 2 erst mit dem ersten Auftritt des neuen Ford-V6-Motors debütieren konnte; die beiden ersten Rennen mußten Jones und Tambay noch mit dem Hart-Motor bestreiten. Erst in Imola, beim Grossen Preis von San Marino, bekam vorerst Jones den neuen Sechszylinder, obschon sich mittlerweile klar herausgestellt hatte, daß Tambay der schnellere Fahrer war.

Mit Ausnahme von Brabham stellten alle Teams mehr oder weniger konventionelle Neukonstruktionen auf die Räder, logische Weiterentwicklungen der vorjährigen Modelle. Bei Brabham ging hingegen Erfolgskonstrukteur Gordon Murray eigene Wege, und in enger Zusammenarbeit mit BMW entwickelte er einen ultraflachen Rennwagen mit fast liegend eingebautem BMW-Vierzylindermotor und extrem langem Radstand von nicht weniger als 304 cm. Dieser Brabham BT 55-BMW wurde zuerst als die revolutionäre Lösung angepriesen, und bis vor der ersten Probefahrt hatte man das Gefühl, in Zukunft werde alles auf das BT-55-Konzept umstellen müssen. Der BT 55 wies eine um 23 cm tiefere Karosserie auf als sein Vorgänger, der Vierzylindermotor war unter der Leitung des BMW-Rennmotoreningenieurs Paul Rosche vollständig umkonstruiert worden: Man baute den Vierzylinder um 72 Grad geneigt ein, wobei die Kurbelwelle rechts neben der Längsmittelachse zu liegen kam. Die tiefe Bauweise und die Lage des Motors erforderten auch ein spezielles Getriebe, welches bei der amerikanischen Firma Weisman als 7-Gang-Einheit entstand, und zwar als Quergetriebe. Im offiziellen Communiqué berichtete Sponsor Olivetti von einem ungewöhnlich hohen Aufwand, die Rede war von 732 Zeichnungen, 117 000 Arbeitsstunden sowie von einer Gesamtinvestition von 6,8 Millionen Pfund.

Nachdem sich Lauda Ende 1985 definitiv zurückgezogen hatte und die übrigen Spitzenfahrer, nämlich Senna, Rosberg, Piquet und Prost, mit unterzeichneten Verträgen dastanden, verpflichtete Bernie Ecclestone die beiden Italiener Elio De Angelis und Ric-

Die wichtigsten Daten und Merkmale der 1985/1986 neu erschienenen Formel-1-Motoren

Marke	Alfa Romeo	Ford	Motori Moderni	Renault	Zakspeed
Typ	415.85.T	?	F.1 Turbo	EF 15 (C)	841
Zylinderanordnung	4 R Turbo	V6 120°	V6 90° Turbo	V6 90° Turbo	4 R Turbo
Bohrung × Hubraum (mm)	92 × 56,4	?	80 × 49,7	80,1 × 49,4	90,4 × 58,25
Hubraum (cm³)	1499,7	?	1499	1492	1495
Anzahl Hauptlager	5	4	4	4	5
Einspritzung	Bosch	Ford	Weber/Marelli	Renault	Bosch
Aufladung	1 × Garrett/ 1 × KKK	2 × Garrett	2 × KKK	2 × Garrett	1 Garrett
Zündung	Bosch	Ford	Marelli	Marelli	Zakspeed
Höchstleistung in PS bei U/min	860 10 500	?	720–750 11 300	780–850 12 000	700–750 10 000

cardo Patrese für seine BT 55. Schon bei den allerersten Probefahrten stellte sich jedoch heraus, daß die ultraflache Konstruktion, die den Beinamen «Flunder» bekam und in deren Cockpit der Fahrer eine fast liegende Stellung einnahm, womöglich ein Flop war. Zuerst gab es große Kühl- und Getriebeprobleme, später klagten die Fahrer über mangelhafte Traktion, und bei den ersten Rennen kamen die futuristischen BT 55 gar nie über die Mittelfeldpositionen hinaus.

Oben
Marc Surer kam 1986 wieder zu Arrows zurück, wo er auf dem A8-BMW zum Einsatz kam. Beim Training in Spa ist hier ein kleiner Brand ausgebrochen. Der Große Preis von Belgien sollte der 82. und auch letzte WM-Lauf Surers sein, denn eine Woche später, am 31. Mai 1986, erlitt er den schweren Unfall am Hessen-Rallye.

Eine weitere Marke meldete ihren baldigen Auftritt in der Formel 1 an, nämlich das kleine französische Team AGS (Automobiles Gonfaronaises Sportives), das vom Südfranzosen Henri Julien in Gonfaron im Verlaufe

Henri Julien

der Jahre recht erfolgreich mit Eigenkonstruktionen von der Formule Renault bis in die Formel 2 und sogar in die Formel 3000 geführt worden war und nun ab dem Grand Prix von Italien 1986 mit der Unterstützung des italienischen Jolly Clubs mit einer von einem Motori-Moderni-Triebwerk aktivierten Grand-Prix-Konstruktion in der obersten Disziplin debütieren wollte. Der seit Jahren für Julien tätige belgische Konstrukteur Christian Vanderpleyn entwarf ein Kohlenstoff-Monocoquechassis, das bei der spezialisierten französischen Firma MOC realisiert wurde. Julien hatte bei Renault – nach der Auflösung des Formel-1-Teams der Régie – viele Getriebe- sowie Aufhängungsteile preisgünstig aufgekauft, welche er nun für seinen eigenen AGS JH 21 C verwendete. Als Fahrer wurde der Italiener Ivan Capelli verpflichtet, der nach einigen Formel-1-Einsätzen Ende 1985 wieder mit der Formel 3000 hatte vorliebnehmen müssen.

Nach den Ende 1985 geernteten Erfolgen von Williams war man allgemein auf die Neukonstruktion dieser Marke gespannt, welche den starken Honda-V6-80°-Motor noch für ein Jahr exklusiv verfügbar hatte. Patrick Head entschloß sich zu einer eher konventionellen Konstruktion, dem FW 11, der von Nigel Mansell und Nelson Piquet gefahren wurde, wobei sich der Williams-Honda mehr oder weniger als das beste Formel-1-Fahrzeug der Saison entpuppte, um so mehr als die Honda-Techniker den Sechszylinder des Typs RA 163 E intensiv weiterentwickelt und auch erfolgreich dem neuen 195-Liter-Verbrauchslimit angepaßt hatten. McLaren trat mit den MP 4/2C an, welche sich äußerlich kaum von ihren Vorgängern unterschieden, denn auch John Barnard war nicht der Mann plötzlicher revolutionärer Lösungen, sondern er pflegte Bewährtes noch konsequenter zu verfeinern. Bei Lotus entstand unter der Leitung von Gérard Ducarouge der Mark 98 T mit Renault-Motor, welchem jedoch ein relativ hoher Verbrauch nachgesagt wurde,

Rechts
Wieder einmal hatte die Bahn von Monaco eine kleine Retusche erfahren. Neu gestaltet wurde die berühmte Schikane am Hafen. Am Tag des Grand Prix von Monaco 1986 veröffentlicht die Mailänder «Gazzetta Sportiva» diese Zeichnung des berühmten Circuits in der Principauté.

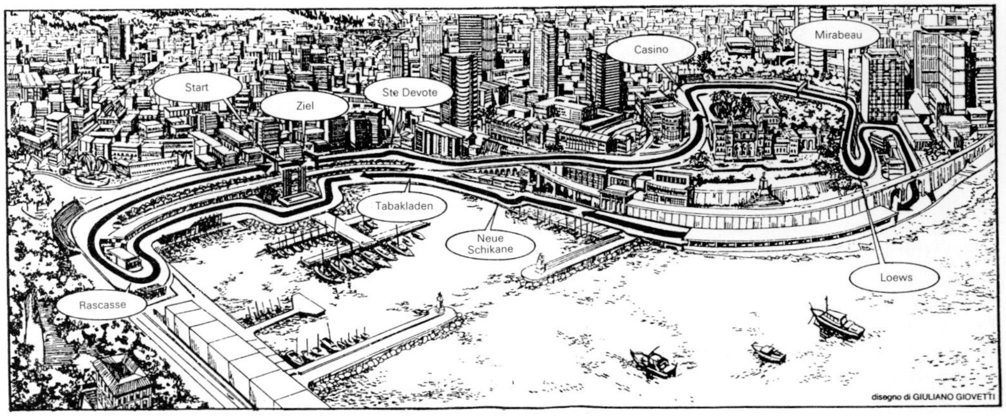

Rechts unten
Seit 1973 zeichnet der geniale Südafrikaner Gordon Murray für die Konstruktionen Brabhams verantwortlich. Mehrmals revolutionierten seine Ideen den Fahrwerkbau in der Formel 1, so daß viele Insider in ihm den eigentlichen Nachfolger Colin Chapmans sahen. Für einmal jedoch gelang dem innovativen Rennwagenbauer mit dem BT55 kein glücklicher Wurf.

Rechts
Auf dem Papier schien der Brabham BT55 den Rennwagenbau zu revolutionieren, aber im Renneinsatz waren die Resultate ernüchternd.

Unten
Während des Trainings zum Großen Preis von Deutschland 1986 vermittelt der Paduaner Riccardo Patrese dem Münchner Ing. Paul Rosche seine Eindrücke. Seit den siebziger Jahren war Rosche bei BMW für den Bau von Rennmotoren verantwortlich. Unter seiner Gesamtleitung sind auch die Vierzylinder-Turboaggregate der Formel 1 entstanden.

so daß Superstar Ayrton Senna im Rennen die Kraft maßvoll einsetzen mußte. Bei Ferrari entstand unter der Gesamtleitung von Dr. Harvey Postlethwaite der F1-86, mit welchem dann Alboreto und Johansson nie direkt in einen Spitzenkampf eingreifen konnten. Bei Ferrari gelang es einfach nicht mehr, ein hervorragendes Fahrgestell auf die Räder zu stellen, derweil man in Maranello immer wieder bewies, daß der V6-Motor über ein Leistungspotential verfügte, der es dem F1-86 zum Beispiel auf der Mistral-Geraden von Le Castellet ermöglichte, eine Spitze von 342,2 km/h zu erreichen. Die Straßenlage, das Traktionsvermögen und die Aerodynamik ließen aber stets zu wünschen übrig.

Im Hinblick auf 1986 gelang FOCA-Boß Bernie Ecclestone ein fast unglaublicher Coup: Er brachte das Kunststück fertig, einen Grossen Preis in einem osteuropäischen Land auf die Beine zu stellen, nämlich jenen von Ungarn, der nach langwierigen Verhandlungen mit Vertretern des Ungarischen Automobil-Clubs sowie der dortigen Behörden zustande kam. Am 15. Oktober 1985 wurden auf einem rund 20 Kilometer vom Stadtzentrum Budapests entfernten hügeligen Gelände die Arbeiten zum Bau eines hochmodernen und großzügig angelegten Autodroms, dem Hungaroring, aufgenommen. Der Kurs weist eine Rundenlänge von 4014 m auf. Die Anlage konnte bereits am 15. Juni 1986 mit einer kleinen Rennveranstaltung eröffnet werden. Aber die Hauptprobe, nämlich der Große Preis von Ungarn als Lauf der Fahrerweltmeisterschaft, war auf den 10. August angesetzt, wobei die Ungarn, nicht zuletzt auch dank eines großen Aufwands an Werbung, eine riesige Zuschauermenge mobilisierten. Auch in Spanien gab es eine neue Rennstrecke, nämlich bei Jerez de la Frontera im Süden des Landes, wo der Große Preis von Spanien nach fünfjährigem Unterbruch auf dem neuen Rundkurs (Rundenlänge 4191 m) die Fortsetzung seiner langen Tradition fand. Neu in den WM-Kalender wurde auch wieder der Große Preis von Mexiko aufgenommen, den man seit 1970 nicht mehr durchgeführt hatte, um so mehr als die Mexikaner seit dem Tode von Pedro Rodriguez über keinen Grand-Prix-Piloten mehr verfügten. Der Magdalena-Mixhuca-Circuit in Mexico City, auf dem bereits in den sechziger Jahren Rennen liefen, wurde modern ausgebaut und von 5000 auf 4421 m verkürzt, indem man zwei Partien der alten Anlage ausließ. Insbesondere mußte die Bahn den Anforderungen an die Sicherheit angepaßt werden.

Kurz vor der WM-Premiere wurde das Williams-Team von einem schweren Schlag heimgesucht: Am 8. März verunfallte Teamboß Frank Williams mit einem Mietauto in der Nähe von Le Castellet sehr schwer. Der Engländer hatte den Tests seiner Wagen beigewohnt und fuhr abends zum Hotel. In einer Kurve verlor Williams die Herrschaft über sein Fahrzeug. Dieses überschlug sich, so daß er mit sehr schweren Verletzungen in eine Klinik in Marseille transportiert werden mußte. Die Diagnose war vernichtend: Querschnittlähmung — seither ist Frank Williams an den Rollstuhl gefesselt. Aber die Saison 1986 sollte noch Schlimmeres bringen: Am 13. Mai verunfallte Elio De Angelis auf dem Brabham BT 55 anläßlich einer Testfahrt in Le Castellet (anscheinend wegen eines abgebrochenen Heckflügelteils) derart schwer, daß er zwei Tage danach starb. Die gesamte Infrastruktur Le Castellets wurde bei dieser Gelegenheit in Frage gestellt, zumal kostbare Zeit verstrich, bis das brennende Wrack gelöscht und der unglückliche Fahrer herausgezogen war. Am 31. Mai gab es noch zwei weitere tragische Unfälle: Jo Gartner, der 1984 auf Osella mehrere Grand Prix bestritten hatte, geriet im Verlaufe des 24-Stunden-Rennens von Le Mans zu Beginn der Hunaudières-Geraden von der Strecke und wurde auf der Stelle getötet. Einen halben Tag zuvor war Marc Surer, der sich auch den Rallyes verschrieben und ein entsprechendes Abkommen mit Ford unterzeichnet hatte, anläßlich des Hessen-Rallyes von der Straße abgekommen und schwer gestürzt. Sein Beifahrer, Michel Wyder, kam im lichterloh brennenden Wrack ums Leben. Mit vielen Knochenbrüchen und inneren Verletzungen wurde er ins Spital transportiert. Die Heilung nahm viele Monate in Anspruch, so daß die Formel-1-Saison für den Baselbieter nach fünf Einsätzen vorüber war. Bei Arrows wurde er dann durch Christian Danner ersetzt, während Derek Warwick bei Brabham den Platz von De Angelis einnahm. Nach dem Unfall De Angelis' faßte man übrigens den Beschluß, die Grand-Prix-Strecke von Le

Christian Danner

Castellet von bisher 5,8 auf 3,318 km zu kürzen, womit die berüchtigte S-Partie von La Verrerie, in der De Angelis auch verunglückt war, wegfiel.

Die Saison stand im Zeichen der Williams FW 11-Honda, der Lotus 98 T-Renault und McLaren MP4/2C-TAG-Porsche, wobei die Williams-Honda bald einmal aus diesem kleinen Favoritenkreis herausstachen. Bei den

Qualifikationen, wo der schier unermeßlichen Leistungseskalation keine Grenzen gesetzt zu sein schienen, kristallisierte sich Ayrton Senna auf dem Lotus 98 T als Spitzenmann heraus. Im Rennen mußte der Brasilianer aber jeweils den Williams-Honda den Vortritt lassen, wollte er nicht ohne Treibstoff liegenbleiben. Prost und der McLaren-TAG-Porsche stellten noch immer die schnelle und ausgeglichene Kombination dar, welche stets für einen Sieg gut war, aber die 1984 und 1985 demonstrierte Überlegenheit des von Porsche konstruierten Motors war so gut wie dahin, Honda hatte viel Boden gutgemacht und das Zepter klar an sich gerissen.

Piquet gewann auf Williams-Honda den Grossen Preis von Brasilien. In Jerez, beim Großen Preis von Spanien, siegte Senna auf dem Lotus-Renault mit einer halben Wagenlänge Vorsprung auf Mansell auf Williams-Honda. In Imola, beim Großen Preis von San Marino, kam Weltmeister Alain Prost wieder zu Siegerehren, wobei er in der Emilia mit dem allerletzten Tropfen Benzin noch stotternd durchs Ziel rollte, so daß der TAG-Motor damit erstmals mit Verbrauchsproblemen konfrontiert wurde. Keinerlei Verbrauchsprobleme gab es hingegen wegen der kürzeren Renndistanz beim Grand Prix von Monaco, so daß Prost hier seinen dritten aufeinanderfolgenden Sieg in der Principauté holen konnte. Dann aber setzte die Erfolgsserie des unwiderstehlichen Engländers Nigel Mansell ein, der sich einen Sieg nach dem andern holte. Der auf der Insel Man wohnhafte Mansell kam bei den Formel-1-Rennen von Belgien in Spa, von Kanada in Montreal, von Frankreich auf dem verkürzten Kurs von Le Castellet sowie auch von England auf der Bahn von Brands Hatch zu Siegerehren, so daß sein Teamkollege Nelson Piquet gegen Mitte Saison allmählich in den Schatten Mansells verdrängt wurde. Beim Großen Preis von Deutschland jedoch ging der Brasilianer wieder siegreich durchs Ziel, während Mansell wegen eines Fahrgestellproblems auf den dritten Platz zurückfiel. Auf den Volltreffer von Hockenheim ließ Nelson Piquet zwei Wochen später auch auf dem Hungaroring, beim Großen Preis von Ungarn, einen Sieg folgen: Wieder kam Senna auf den zweiten und Mansell auf den dritten Platz. Senna stand zwar meistens auf der Pole Position, aber in der ersten Saisonhälfte lagen für das brasilianische Talent nur zwei Siege drin, nämlich in Spanien sowie in Detroit. Die Fahrkunst der Williams-Rivalen scheiterte mehr und mehr an der Überlegenheit des Honda-Sechszylinders, dem man 1986 in der Rennabstimmung — trotz des auf 195 Liter reduzierten Verbrauchs — eine Leistung von 900 bis 920 PS nachsagte. Diese Werte wurden jedoch nur von den Beobachtern geschätzt und nie von Honda bekanntgegeben, zumal die Japaner mit technischen Auskünften knauserten. Selbst die Zylinderabmessungen des 80°-Motors wurden geheimgehalten. Bei den Qualifikationen, wo der Verbrauch keine Rolle spielte, soll bei maximalem Ladedruck (bis zu 4,5 bar absolut) mit 1200 PS gefahren worden sein. Selbstverständlich verwendeten die Teams dabei besondere Qualifikationsmotoren (von den Spitzenteams verzichtete nur McLaren-TAG auf Qualifikationsmotoren) in Verbindung mit Qualifikationsreifen.

Die Brabham BT 55, für die Pirelli, dessen Rennreifenabteilung von Entwicklungsingenieur Mario Mezzanotte geleitet wurde, besondere Reifen entwickelt hatte in der Hoffnung, die Goodyear-Phalanx endgültig zu durchbrechen, mußten sich mit mittelmäßigen Resultaten begnügen. Als bestes Pirelli-Team entpuppte sich zuerst Ligier mit den

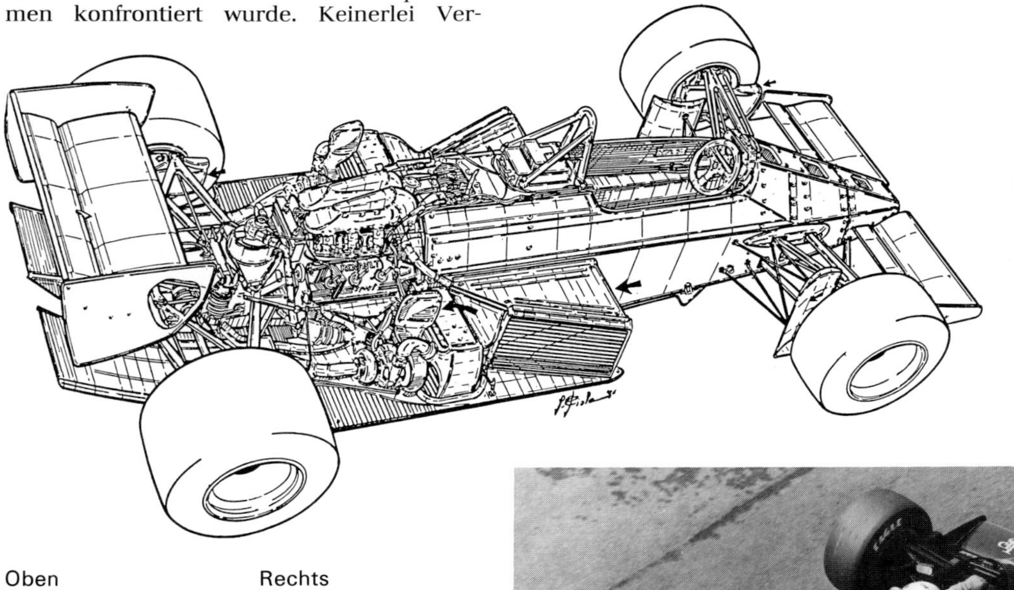

Oben
Der Lotus 98T mit Renault-V6-Turbomotor von 1986 war schon die vierte Lotus-Formel-1-Konstruktion des Franzosen Gérard Ducarouge.

Rechts
Zahlreiche Pole Positions gingen 1986 an die enorm schnelle Kombination Senna/Lotus 98T-Renault.

Oben
Gérard Ducarouge, der ehemalige Matra-, Ligier- und Alfa-Romeo-Konstrukteur, der seit 1983 für die Lotus der Formel 1 verantwortlich zeichnete, im Gespräch mit dem brasilianischen Supertalent Ayrton Senna. Der Verbleib von Ducarouge und Senna bei Lotus war die von Honda für die dann vereinbarte Zusammenarbeit mit Lotus ab 1987 gestellte Bedingung.

Ayrton Senna

Nach dem tödlichen Unfall Elio De Angelis' im Mai 1986 wurde beschlossen, den Großen Preis von Frankreich auf einer von 5810 auf 3318 m verkürzten Version der Bahn von Le Castellet auszutragen.

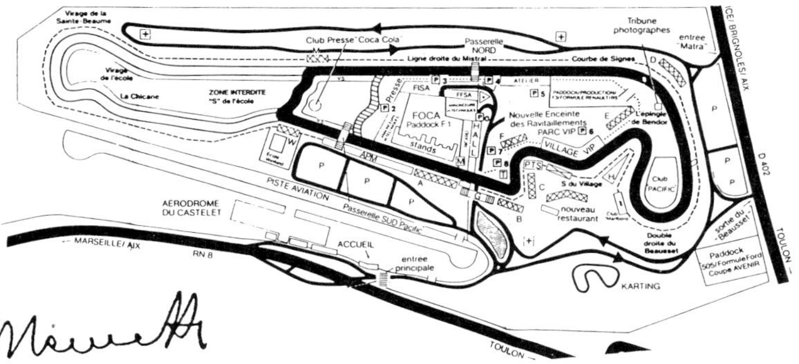

Derek Ongaro

Mario Mezzanotte

von Têtu konstruierten JS 27-Renault, die von Jacques Laffite und René Arnoux mehrmals auf die Punkteränge gebracht wurden, wobei Laffite in Detroit sogar auf die zweite Position kam. Laffite, mittlerweile 43 Jahre alt, egalisierte anläßlich des Großen Preises von England in Brands Hatch einen seit über einem Jahrzehnt existierenden, von Graham Hill gehaltenen Beteiligungsrekord an Weltmeisterschaftsläufen: 178 Grand Prix. Aber ausgerechnet 200 Meter nach seinem 178. WM-Start wurde Laffite in eine durch Thierry Boutsens Arrows ausgelöste Massenkollision verwickelt. Nach halbstündiger Arbeit konnten die Helfer den Franzosen, der zahlreiche Knochenbrüche erlitten hatte, aus dem Cockpit befreien. Mit großer Wucht war der Ligier frontal in die Abschrankungen geprallt.

Schon zwei Wochen zuvor hätte es beim Großen Preis von Frankreich zur Katastrophe kommen können, weil der Motor im Ferrari von Alboreto kurz vor dem Startzeichen abstarb, so daß der Mailänder verzweifelt die Arme in die Luft hob. In diesem Falle hätte Derek Ongaro, der seit 1980 am Schaltpult steht und jeden Grossen Preis mittels Ampel startet, das Startprozedere abbrechen und alles von neuem beginnen sollen, aber der für die Sicherheit auf den Rennstrecken zuständige englische FISA-Mann hatte Alboreto übersehen, schaltete unbehelligt auf Grün, und das Feld schoß am stillstehenden Ferrari vorbei. Wie durch ein Wunder geschah Alboreto nichts. Für die Scuderia Ferrrari stellte übrigens dieser Große Preis von Frankreich 1986 seit 1950 die 400. Teilnahme an einem Weltmeisterschaftslauf dar. Sie stand aber nicht unter einem glücklichen Stern. Zur Kollision kam es beim Start zum Großen Preis von Deutschland in Hockenheim, wo sich der Ligier des für Laffite eingesprungenen Alliot und der Ferrari von Johansson rund 150 m nach dem Start berührten, wobei sich der Ferrari querstellte und den Benetton Fabis rammte, welcher seinerseits in den Abschrankungen landete und liegenblieb. Johansson und Alliot konnten das Rennen hingegen nach einem Boxenstopp fortsetzen. Die sich unaufhörlich häufenden Startkolli-

Beim Großen Preis von England 1986 in Brands Hatch führt Nelson Piquet auf Williams FW11-Honda das Feld nach einer Runde vor Gerhard Berger auf Benetton B186-BMW und Nigel Mansell auf Williams-Honda an. Das Fahrzeug des Leaders schlägt auf einer Bodenwelle auf, weshalb die Funken sprühen.

sionen waren ein Indiz dafür, daß die enorme Leistungen erbringenden 1,5-Liter-Turbomotoren schwer zu beherrschen waren; eine kleine Unregelmäßigkeit im Startvorgang konnte bereits zur Massenkollision führen. Zwar machte sich auch die nach wie vor von Jean-Marie Balestre präsidierte FISA längst besorgt Gedanken über die atemberaubende Krafteskalation. Apropos Jean-Marie Balestre: im Herbst 1985 war der bisherige Präsident der Fédération Française du Sport Automobile (FFSA) und der Fédération Internationale du Sport Automobile (FISA) auch noch Präsident der Fédération Internationale de l'Automobile (FIA), als Nachfolger des zurückgetretenen Fürsten Paul-Alfons von Metternich, geworden — eine noch größere Kumulierung von Spitzenämtern war auf internationaler Automobilclubebene gar nicht mehr möglich. Die FISA faßte am 26. Juni

Fürst Paul-Alfons von Metternich

1986 neue Beschlüsse und hob vor allem das altbekannte Qualifikationssystem im Hinblick auf 1987 auf. Um die superstarken Qualifikationsmotoren auszuschalten, fällte man dabei einen höchst zweifelhaften Beschluß: Bei den Trainings von Freitag und Samstag sollte ab 1987 keine offizielle Zeitnahme mehr erfolgen, sondern für den Samstagnachmittag war ein Qualifikationsrennen über 25 % der vorgesehenen Distanz abzuhalten, ebenso war die Benzinmenge proportional zu den für einen ganzen Grand Prix verfügbaren 195 Litern zu reduzieren. Die Ergebnisse dieses Laufes waren jedoch nur zu 30 % für die Startaufstellung zu berücksichtigen, die restlichen 70 % mußten aus dem Klassement des vorhergehenden Rennens und dem Zwischenstand in der WM errechnet werden. Damit wollte die FISA die superstarken Qualifikationsmotoren weitgehend ausschalten, aber man schuf mit zwei Starts pro Weekend eine zusätzliche Unfallmöglichkeit. Ebenso war es für den normalen Rennbesucher überhaupt nicht mehr möglich, die Startpositionen zu errechnen, dazu brauchte es schon einen Computer. Die meisten Teams nahmen auch das in Aussicht gestellte Qualifikationssystem höchst enttäuscht zur Kenntnis. Schließlich schien es, als müsse sich die FISA die Angelegenheit nochmals gründlich durch den Kopf gehen lassen. Die Internationale Sportkommission beschloß auch, daß die Motorleistung ab 1. Januar 1989 unwiderruflich auf rund 600 PS reduziert werden müsse. Zur Diskussion standen zwei Lösungen: neue Hubraumlimiten von 1100 oder 1200 cm^3 oder auch die obligatorische Verwendung eines Saugmotors von maximal 3500 cm^3 Inhalt. In den letzten Jahren waren Formel-1-Vorschriften jedoch schon so oft wieder über den Haufen geworfen und durch andere ersetzt worden, daß die im Sommer festgehaltenen neuen Bestimmungen noch nicht so ernst genommen wurden.

Am 27. Juni traf eine überraschende Meldung aus München ein: Der BMW-Vorstand hatte beschlossen, die Formel-1-Aktivitäten auf Ende 1986 einzustellen und die Vierzylinder nicht mehr weiterzuentwickeln. Wahrscheinlich hatte die Erfolglosigkeit der Brabham BT 55-BMW zu diesem Vorstandsentscheid beigetragen. Immerhin, 1983 hatte Nelson Piquet auf dem Brabham BT 52 mit BMW-Vierzylindermotor die Fahrerweltmeisterschaft gewonnen. Kurz danach, am 6. Juli, meldeten Alfa Romeo und Ligier ein überraschendes Abkommen, laut welchem sich Alfa Romeo verpflichtete, Ligier ab 1987 während dreier Saisons exklusiv mit Formel-1-Motoren zu beliefern, und zwar kostenlos. Zudem konnte Ligier sogar mit einer gewissen finanziellen Unterstützung durch die zwar in einer tiefen Krise steckende Mailänder Firma rechnen, für deren Übernahme sich 1986 auch Ford sehr interessierte.

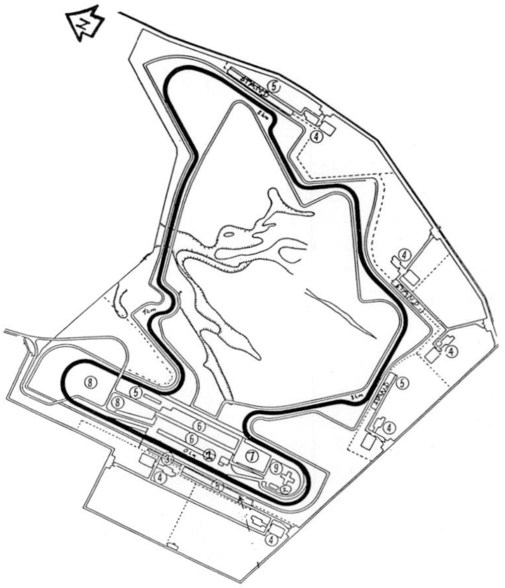

Im Oktober 1985 hat man die Arbeiten zum Bau des Hungarorings in die Hand genommen. Mitte Juni 1986 war die Anlage bezugsbereit. Eine Runde misst 4014 m.

Weitere Überraschungen folgten an den Trainingstagen zum Großen Preis von Deutschland in Hockenheim. Am 25. Juli gab Keke Rosberg, der bei McLaren etwas im Schatten Alain Prosts stand und unbewußt zur Nummer zwei abgerutscht war, auf Ende Jahr seinen Rückzug als Formel-1-Fahrer bekannt. Am folgenden Tag, dem 26. Juli, hielt auch Honda für die Presse wichtige Mitteilungen bereit: In Hockenheim wurde die Verlängerung der Zusammenarbeit mit Williams bekanntgegeben. Hinzu kam aber noch ein zweites Team, nämlich Lotus, dessen Vertrag mit Renault an sich erst Ende 1987 ausgelaufen wäre. Aber ab 1987 stellte die englische Marke ebenfalls auf japanische Motoren um, wobei Honda seinem neuen Vertragspartner die Verpflichtung eines japanischen Piloten als zweiten Fahrer aufzwang. Es handelte sich um Satoru Nakajima, der 1986 die Formel-3000-Rennen auf Ralt-Honda bestritt und in Japan alle Tests mit den Williams-Honda gefahren war. Wenige Wochen zuvor hatte Williams übrigens noch intensiv mit Renault verhandelt, und man stand praktisch vor einem Vertragsabschluß, doch dann meldete sich Honda wieder mit günstigeren Bedingungen bei Williams, und die beiden Partner verlängerten ihre Zusam-

Rund hundert Meter vor dem Ziel im Großen Preis von Deutschland in Hockenheim ging am McLaren MP4/2C-TAG-Porsche Alain Prosts der Treibstoff aus, so daß der Weltmeister in der Verzweiflung sogar seinen Wagen weiterschob, was allerdings verboten ist. Schon in Imola war er — zwar als Sieger — mit stotterndem Motor durchs Ziel gerollt. Erstmals hatte somit auch der TAG-Porsche-Motor Verbrauchsprobleme. Aber Prost wurde trotzdem wieder Weltmeister.

Mitte rechts
Dem kleingewachsenen englischen Boß der FOCA, Bernie Ecclestone, ist 1986 das Kunststück gelungen, mit dem Grand Prix von Ungarn auch einen osteuropäischen Lauf in den WM-Kalender einzubeziehen.

Unten
Punkto Publikumsandrang brachte der Grand Prix von Ungarn neue Dimensionen: am Renntag strömten 200 000 Zuschauer in den Hungaroring; mit den Qualifikationstagen zusammen hatte man total 380 000 Eintritte registriert.

Rechts
Gebaut wurde der Hungaroring unter der Gesamtleitung einer Frau. Es entstand eine hochmoderne Anlage, welche auch die westlichen Besucher in Staunen versetzte. Vorbildlich war auch die Organisation des ersten Grand Prix.

menarbeit um weitere zwei Jahre. Mit Honda hatte im Juli 1986 auch McLaren intensiv verhandelt, zumal TAG-Besitzer Mansour Ojjeh nicht mehr gewillt schien, noch mehr Millionen in die von Porsche gebauten TAG-Motoren der McLaren zu pumpen. Und Porsche war nur gegen Bezahlung bereit, die Weiterentwicklung des Weissacher Grand-Prix-Motors fortzusetzen. Aber mit den Vertragsabschlüssen zwischen Williams und Honda einerseits sowie Lotus und Honda anderseits ging McLaren jeder Chance verlustig, 1987 auf den so begehrten Honda-Motor umzustellen. Der TAG-Motor aus dem Hause Porsche, der vor 1986 nie irgendwelche Verbrauchsprobleme gekannt hatte und diesbezüglich als besonders sparsam galt, schaffte in Hockenheim erstmals die Renndistanz nicht, und sowohl Rosberg als auch Prost blieben in der letzten Runde mit trockenen Tanks liegen (Prost rund 100 m vor dem Ziel).

Bei Ferrari wurden 1986 alle Hebel in Bewegung gesetzt, um einen neuen Spitzenkonstrukteur nach Maranello zu bekommen, wo der Österreicher Gustav Brunner übrigens schon seit Herbst 1985 am Indianapolis-Modell (V8-Turbomotor) der CART-Serie arbeitete. Ferrari nahm auch Fühlung mit Lotus-Konstrukteur Gérard Ducarouge auf, aber nach reiflicher Überlegung entschied sich dieser zum Verbleib bei Lotus. Ferrari köderte auch den McLaren-Mann John Barnard, dem es besonders schwerzufallen schien, von England wegzuziehen. Ferrari befand sich seit über einem Jahr schwer in der Klemme.

Zu einem geradezu unglaublichen Erfolg wurde der Große Preis von Ungarn auf dem neuen Hungaroring. Über 200 000 Eintrittskarten fanden für den Renntag neugierige Abnehmer, und am Grand Prix säumte eine unübersehbare Menschenmenge, wie man sie wahrscheinlich bei einem Weltmeisterschaftslauf noch nie gesehen hatte, die hochmoderne und in jeder Beziehung vorbildliche Anlage. Der Automobilsport erlebte auf dem Hungaroring einen denkwürdigen Tag von historischer Bedeutung. Es handelte sich auch um den ersten Weltmeisterschaftslauf in einem osteuropäischen Land überhaupt, zu welchem auch andere osteuropäische Delegationen als Beobachter gepilgert waren. Denn auch in andern Ländern des Ostblocks ist die Rennsportbegeisterung sehr groß.

Kurz nach dem ungarischen Großereignis bestätigte das Innenministerium sogar, daß dem Rennen 200 000 Zuschauer beigewohnt hätten, aber an den Trainings- und Qualifikationstagen zusammen seien total 380 000 Eintritte registriert worden. Das waren neue Dimensionen. Auf dem Hungaroring lieferten sich Nelson Piquet auf Williams-Honda und Ayrton Senna auf Lotus-Renault ein mitreißendes Duell, das zugunsten des Williams-Piloten ausging.

Mittlerweile machte es den Anschein, als könnte die Karriere des TAG-Porsche-Motors Ende Saison zu einem Abschluß kommen, denn TAG-Besitzer Mansour Ojjeh schien die teure Weiterentwicklung des Sechszylinders nicht mehr finanzieren zu wollen, und McLaren verhandelte jetzt mit Renault, um eventuell 1987 mit der Régie zusammenzuspannen. Beim folgenden Großen Preis von Österreich standen plötzlich die beiden von Pirelli bereiften Benetton B186 mit BMW-Vierzylindermotor mit Teo Fabi und Gerhard Berger nicht nur in der ersten Startreihe, sondern sowohl Berger als auch Fabi führten, erstmals in ihrer Karriere, den Grand Prix an (Fabi nur etwa 100 m weit), doch bald einmal wurden die Wagen von Defekten heimgesucht, so daß Alain Prost auf McLaren den dritten Saisonerfolg an seine Fahne heften konnte, womit er in der «ewigen Liste» mit total 24 Grand-Prix-Siegen den fünffachen Weltmeister Juan Manuel Fangio eingeholt hatte. Die Williams schieden in Zeltweg aus.

Inzwischen nahm Alfa Romeo auf der eigenen Teststrecke von Balocco die ersten Probefahrten des neuen, bei Alfa Corse unter der Gesamtleitung von Gianni Tonti gebauten und für Ligier bestimmten Vierzylinder-Turbomotors des Typs 415.85 T auf, der die ersten Fahrversuche in einem älteren Euroracing-Fahrgestell absolvierte. Bei den Grand Prix von Italien in Monza und von Portugal in Estoril setzten die von Goodyear bereiften Williams FW011-Honda ihre Siegesserie unwiderstehlich fort, wobei Piquet in Monza — sein Fahrzeug wurde wie gewohnt von Frank Dernie betreut — den vierten Saisonsieg sicherstellte, derweil Nigel Mansell — sein Williams wurde von Patrick Head betreut — in Portugal auf den fünften Saisonvolltreffer kam. In Estoril ging Ayrton Senna in der letzten Runde der Treibstoff aus, so daß er endgültig aus dem Quartett, welches noch für den WM-Titel in Frage kam, nämlich Mansell, Piquet, Prost und Senna, ausschied. Mansell aber kristallisierte sich in Estoril noch konkreter zum WM-Kandidaten heraus, denn jetzt führte er mit zehn Punkten Vorsprung auf Nelson Piquet. Nach dem Großen Preis von Portugal stand die Kombination Williams-Honda auch endgültig als Sieger der Coupe der Formel-1-Konstrukteure 1986 fest. Eine große Genugtuung war diese Auszeichnung besonders für die Japaner, deren 80-Grad-Motor seit drei Jahren an den Grand Prix teilnahm, wobei Honda die Entwicklung mit einem maximalen Aufwand vorantrieb. Die enormen Fortschritte auf dem Gebiet der Turbomotoren und die damit verbundene Leistungseskalation zeichneten sich auch in horrenden Spitzentempi ab. Bei den Qualifikationen zum Großen Preis von Italien zum Beispiel wurde ein inoffizieller «Weltrekord» registriert: Auf der Zielgeraden — vor der ersten Bremsschikane — wurde für den Benetton B186-BMW Gerhard Bergers ein Tempo von 351 km/h gemessen. Wenn man bedenkt, daß moderne Rennwagen einen sehr schlechten Luftwiderstandsbeiwert aufweisen (breite Reifen, Flügel), dann ist dieser Wert um so eindrücklicher.

Die Kosteneskalation warf auch ihre Schatten: Anfang September meldete Pirelli den Rückzug aus der Formel 1, denn die Ausbeute stand nicht ganz in Einklang mit den hohen Entwicklungskosten. Pirelli hatte 1985 und 1986 voll mit Brabham gerechnet und angenommen, mit den Konstruktionen Gor-

Oben
Rory Byrne (links), der erfolgreiche englische Toleman- und Benetton-Konstrukteur, zusammen mit dem talentierten Tiroler Gerhard Berger.

Rechts
Ab Mitte Saison 1986 waren die Benetton B186 mit BMW-Motor und Pirelli-Reifen, wobei Berger (Bild) dann sich und seiner Marke in Mexiko den ersten GP-Sieg sicherte.

Unten
Der Williams FW11 und der Honda RA-163E-V6-Motor stellten die herausragende Kombination der Saison 1986 dar. Für den Williams hatten einmal mehr Patrick Head und Frank Dernie verantwortlich gezeichnet. Dank eines großen technologischen Aufwandes war es bei Honda gelungen, das 80°-Aggregat trotz hoher Leistung auch standfest zu machen. Die Stärke des Honda V6 lag ebenfalls im relativ mäßigen Verbrauch.

Rechts
Nigel Mansell und Nelson Piquet, beide auf den Williams FW11-Honda, während des Großen Preises von England 1986 in Brands Hatch. Der Engländer ließ seinen Teamkollegen nicht vorbei, und zwischen den beiden flammte eine ausgesprochene Rivalität auf. Die Williams-FW-11-Honda gewannen 9 WM-Läufe (5 Siege von Mansell und 4 von Piquet), so daß Williams-Honda in der Coupe der Formel-1-Konstrukteure siegte. Aber Fahrerweltmeister wurde trotzdem wieder Prost auf McLaren.

Unten
Was bereitet hier wohl dem zweifachen Weltmeister Nelson Piquet Sorgen? Sind es die Siege, die ihm Teamkollege Nigel Mansell wegschnappt? Hat er den Engländer unterschätzt?

Ganz unten
Nachdem Nigel Mansell 1985 in Brands Hatch schon den Großen Preis von Europa gewonnen hatte, siegte er hier 1986 auch im Großen Preis von England. Der auf der Insel Man lebende Brite scheint auf dem Siegerpodium vom Erfolgsgefühl überwältigt zu sein. Mansell führte die WM bis vor dem 16. und letzten Lauf (GP von Australien) an, dort brachte ihn ein geplatzter Reifen um den in greifbarer Nähe liegenden WM-Titel.

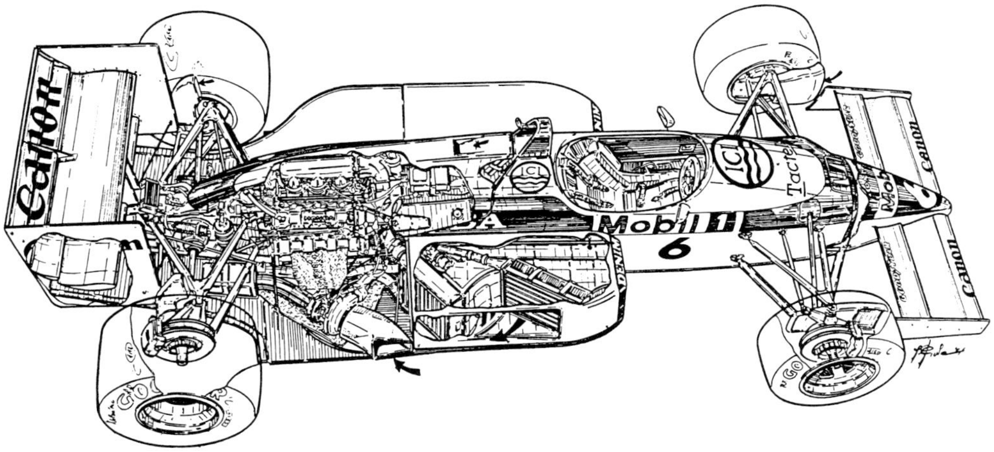

don Murrays die Weltmeisterschaft zu gewinnen. Aber 1985 siegte Nelson Piquet nur in Frankreich, sonst gab es viele Defekte. Und 1986 erwies sich der ursprünglich als revolutionär eingestufte BT55 punkto Resultate als recht mittelmäßig. Die mit Ford-Motoren bestückten Lola THL2 waren in Österreich und in Italien endlich auf Punkteränge gekommen, aber mehr als ein vierter Platz Jones' in Zeltweg lag nicht drin. Nachdem sich McLaren, TAG und Porsche wieder für eine Zusammenarbeit einigen konnten, schien Renault im Hinblick auf 1987 der letzten Chance verlustig gegangen zu sein, mit einem Spitzenteam zusammenzuarbeiten. Ende September machte BMW den im Juni verkündeten Beschluß eines Ausstiegs aus der Formel 1 wieder rückgängig und verpflichtete sich, Brabham (der ursprüngliche Vertrag mit Brabham lief auch erst Ende 1987 aus) und (eventuell) Benetton auch 1987 mit Motoren zu beliefern.

In Anbetracht der horrenden Kosteneskalation mußte die Lage neu überdacht werden, und allmählich wurde der Ruf nach einer zukünftigen Formel mit ausschließlich Saugmotoren laut. Man dachte dabei an ein Limit bei 3,5 Litern. Aber für die Übergangszeit war noch eine Zwischenlösung nötig, die es sowohl dem bestehenden Turbomotor als auch dem Saugmotor ermöglichen mußte, mit ähnlichen Chancen in den Kampf zu steigen.

Noch vor Abschluß der Weltmeisterschaft lud der 88jährige Commendatore Enzo Ferrari die Presse zu einer Informationsrunde ein, um ihr mitzuteilen, was seit Wochen schon bekannt war. Man hatte den bisherigen McLaren-Erfolgskonstrukteur John Barnard unter Vertrag genommen. Gleichzeitig gab Ferrari auch bekannt, dass man 1987 die Grand-Prix-Saison mit Michele Alboreto und Gerhard Berger bestreiten werde. Ferrari war übrigens seit 1948 ununterbrochen im Grand-Prix-Rennsport dabei; man nahm 1987 somit die 40. Rennsaison in Angriff.

Im Sommer 1986 führte FISA-Präsident Jean-Marie Balestre Konsultationen durch, um die neue Grand-Prix-Formel festzulegen, wobei sich herausstellte, daß die meisten Rennställe sich eine Zukunft mit weniger Leistung und weniger teurem Material wünschten. Man plädierte sogar für die Abschaffung des Turbomotors, mit welchem die Kosten unheimlich in die Höhe geschnellt waren. Am 3. Oktober 1986 wurden in Paris die bis Ende 1989 gültigen Vorschriften bekanntgegeben: Der 1986 verboten gewesene Saugmotor wurde ab 1987 wieder startberechtigt, wobei das Hubvolumen der Saugmaschinen maximal 3500 cm^3 betragen durfte, und das bei einem auf 500 kg herabgesetzten Mindestgewicht, welches bei Turbowagen weiterhin bei 540 kg belassen wurde. Die Zylinderzahl beschränkte man auf 12. Für Turboaggregate gab es 1987 erstmals eine Limitierung des Ladedruckes mittels Überdruckventil, welches sich bei 4 bar absolut zu öffnen hatte. Das Tanklimit von 195 Litern pro Grand Prix galt 1987 sowohl für Turbowagen als auch für Fahrzeuge mit Saugmotor. An den die Fahrgestelle sowie die Außendimensionen betreffenden Vorschriften wurde vorläufig nichts geändert, das heißt, von 1988 an mußten die Pedale hinter der Vorderachslinie liegen, um den Fahrer damit besser zu schützen.

Noch hatte der Turbomotor 1987 Erfolgschancen gegenüber dem 3,5-Liter-Saugmotor. Aber schon die nächste Stufe, das heißt die für 1988 festgelegten Formel-1-Vorschriften, raubte dem aufgeladenen Triebwerk jede Erfolgsmöglichkeit, denn nun mußten sich die Überdruckventile bei einem Ladedruck von 2,5 bar absolut öffnen, was einer wesentlichen Herabsetzung der Leistung gleichkam. Zudem mußte ein Fahrzeug mit Turbomotor einen Grand Prix mit nur 150 Litern Treibstoff bewältigen, während es für Rennwagen mit Saugmaschine keinerlei Limit der Benzinmenge mehr gab. Damit war der Turbomotor 1988 total kaltgestellt; von 1989 an wurden Motoren mit Aufladung in der Formel 1 überhaupt verboten.

Auf die am 3. Oktober 1986 veröffentlichten Beschlüsse reagierten die meisten Konstrukteure eher positiv, insbesondere deshalb, weil die zukünftigen 3,5-Liter-Saugmotoren nicht derartig gigantische Geldsummen zu verschlingen drohten wie die bisherigen 1,5-Liter-Turboaggregate, von denen ja auch noch spezielle Superexemplare als Qualifikationsmotoren bereitgestellt werden mußten. Mit dem Ladedrucklimit wurden 1987 auch die Qualifikationsmotoren aus der Welt geschafft. Enttäuscht über die Kaltstellung von Turbomotoren war man selbstverständlich bei Honda, nachdem die Japaner immense Geldsummen in die Entwicklung ihrer schier unschlagbar gewordenen Sechszylinder investiert hatten. Die englischen Teams, und damit die FOCA, waren über die Limitierung der Zylinderzahl auf 12 enttäuscht; sie hatten sich maximal acht Zylinder gewünscht, um damit wieder mit dem Cosworth antreten zu können. Mit den 12 Zylindern habe die FISA bloß Ferrari einen Dienst erweisen wollen, argumentierten die Engländer.

Vor dem Großen Preis von Mexiko traf im Oktober aus England eine aufsehenerregende Meldung ein: Gordon Murray, der seit 1970 für Brabham gearbeitet und seit 1973 für alle Formel-1-Wagen Brabhams verantwortlich gezeichnet hatte, trennte sich von der Marke Bernie Ecclestones.

Die Weltmeisterschaft 1986 hätte beim vorletzten Lauf, nämlich auf dem modern ausgebauten, auf 4421 m verkürzten und Pedro sowie Ricardo Rodriguez gewidmeten Circuit im Magdalena-Mixhuca-Park von Mexico City entschieden werden können, aber auf über 2200 m Höhe holte sich nicht einer der beiden Williams-Honda den Sieg, sondern der Österreicher Gerhard Berger auf Benetton B186 mit BMW-Vierzylindermotor und Pirelli-Reifen kam zum ersten Erfolg seiner 1984 begonnenen Formel-1-Karriere, gefolgt von Prost und Senna. Auch für Benetton, den von der großen Bekleidungsmarke aus Treviso aufgekauften ehemaligen Toleman-Rennstall, dessen Chefkonstrukteur Rory Byrne war, handelte es sich um den ersten Grand-Prix-Sieg, nachdem Byrnes Autos schon seit zwei Jahren aufsehenerregende Einzelleistungen vordemonstriert hatten. Seit Nelson Piquets Sieg beim Großen Preis von Frankreich 1985 (auf Brabham) kamen sowohl BMW als auch Pirelli erstmals wieder zu einem Erfolg. Den Mexiko-Sieg hatten Berger, Benetton und auch BMW besonders auch den Pirelli-Reifen zu verdanken, denn Gerhard Berger kam ohne Reifenwechsel über die Distanz, während seine Rivalen ein-, zwei- und sogar dreimal neue Pneus fassen mußten. Aber Pirelli hatte bereits den Rückzug aus der Formel 1 angekündigt.

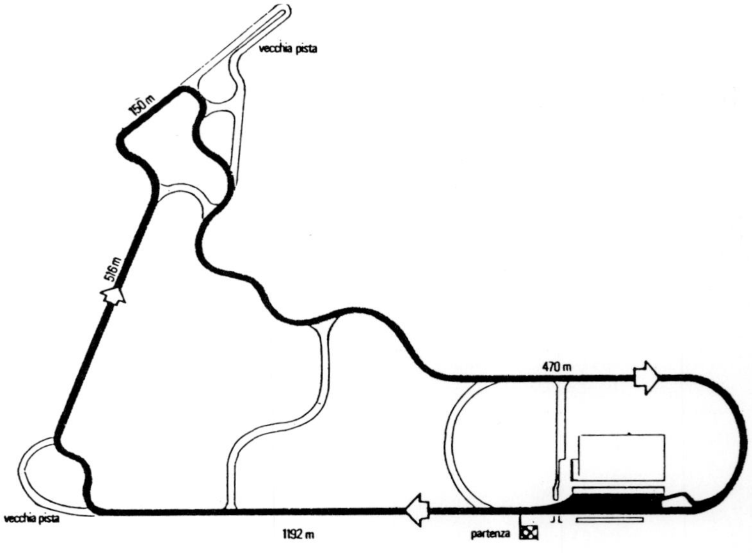

Nach 16jähriger Pause wurde im Autodrom des Magdalena-Mixhuca-Parks von Mexico City 1986 erstmals wieder ein Weltmeisterschaftslauf ausgetragen. Die auf «Circuito Ricardo y Pedro Rodriguez» getaufte Anlage wurde modern ausgebaut, ebenso hat man die Strecke von 5000 m auf 4421 m verkürzt.

Vor dem letzten WM-Lauf, dem 16. der Saison, der in Form des Großen Preises von Australien in Adelaide auf dem Programm stand, kamen weiterhin drei Piloten für den Weltmeistertitel in Frage, nämlich Nigel Mansell, Alain Prost und Nelson Piquet.

Die Formel 1 bot Spannung wie eh und je.

Auf der Stadtrundstrecke von Adelaide wurden die unglaublich vielen Zuschauer Zeugen eines dramatischen WM-Finals, der zuerst von dem seine Schlußvorstellung gebenden Keke Rosberg auf McLaren-MP-4/2C-TAG-Porsche dominiert wurde, denn von der 7. Runde an führte der Finne klar. Solange weder Prost noch Piquet vorn lagen, brauchte sich Nigel Mansell keine großen Sorgen wegen des WM-Titels zu machen, denn nur mit einem Sieg konnte ihm einer der beiden Rivalen den in greifbarer Nähe liegenden Titel noch wegschnappen; vorausgesetzt, daß Mansell dabei nicht einen Podiumsrang herausfuhr. Zu Beginn der zweiten Rennhälfte (total 82 Runden) hieß die Reihenfolge: Rosberg, Piquet, Mansell und Prost. Damit wäre Mansell Weltmeister geworden. Aber in der 62. Runde stellte sich am McLaren von Leader Rosberg ein Reifenschaden ein (Rosberg hatte die Pneus noch nicht gewechselt), so dass der Finne eliminiert blieb. Damit führte Piquet vor Mansell und Prost. Noch konnte Mansell dank eines zweiten (oder auch dritten) Ranges Weltmeister werden. Aber dann kam die ganz große Enttäuschung für den Engländer: Ein Antriebsreifen wurde auf einer Geraden in Fetzen gerissen. Auch Mansell blieb damit im letzten Rennviertel eliminiert. Der neue Leader, Piquet, der urplötzlich wieder Weltmeister werden konnte (vorausgesetzt, er hätte gewonnen), mußte nun frische Reifen fassen, womit Prost das Feld anführte. Der Franzose hatte seinen Boxenstopp zum Reifenwechsel schon längst hinter sich, so daß er seinen 25. Grand-Prix-Sieg und damit auch seinen zweiten Weltmeistertitel (vor Mansell und Piquet) endgültig herausfahren konnte. Mit 72 Punkten stand Alain Prost erneut als Champion fest; vor ihm hatten es nur Ascari (1952/1953), Fangio (1954, 1955, 1956 und 1957) sowie Brabham (1959/1960) geschafft, mindestens zweimal hintereinander Weltmeister zu werden. In der «ewigen Liste» der Weltmeisterschafts-Grand-Prix-Sieger führte nach wie vor Jackie Stewart mit 27 ersten Plätzen, aber mit 25 Volltreffern teilte nun Prost die zweite Position mit Clark und Lauda. In der Coupe der Formel-1-Konstrukteure stand die Kombination Williams-Honda mit 5 Siegen von Mansell und 4 Siegen von Piquet als Gewinner fest; McLaren-TAG kam mit 4 Siegen von Prost auf den zweiten Platz, gefolgt von Lotus-Renault mit vier ersten Plätzen von Ayrton Senna. Beachtlich war auch die Tatsache, daß die Kombination McLaren-TAG-Porsche seit 1984 dreimal hintereinander den Fahrerweltmeister gestellt hatte. Das hatte vorher noch kein Team geschafft.

Formel-1-Wagen von 1986

Marke/Modell	Verantwortl. Konstrukteur(e)	Motor	Getriebe (Gangzahl)	Chassisbauweise	Radstand	Spur vorne Spur hinten	Reifenmarke	Trockengewicht in kg
AGS JH21C	Christian Vanderpleyn	Motori Moderni (V6 Turbo)	Renault-Hewland DGR (5/6)	KMC	2830	v 1810 h 1654	Pirelli	560
Arrows A 8	Dave Wass	BMW M 12/13 (4 Zyl. Turbo)	Arrows-Hewland (6)	LKMC	2794	v 1778 h 1650	Goodyear	540
Arrows A 9	Dave Wass	BMW M 12/13 (4 Zyl. Turbo)	Arrows-Hewland (6)	KMC	2921	v 1854 h 1676	Goodyear	540
Benetton B 186	Rory Byrne	BMW M 12/13 (4 Zyl. Turbo)	Benetton-Hewland (5/6)	KMC	2690	v 1816 h 1682	Pirelli	540
Brabham BT 55	Gordon Murray	BMW M 12/13/1 (4 Zyl. Turbo)	Weisman (6/7)	KMC	3048	v 1778 h 1675	Pirelli	555
Ferrari F1-86	Harvey Postlethwaite	Ferrari 126 C	Ferrari (5/6)	KMC	2766	v 1807 h 1663	Goodyear	548
Lola-FORCE THL-1	Neil Oatley	Hart 415 T (4 Zyl. Turbo)	FORCE-Hewland (6)	LKMC	2794	v 1803 h 1625	Goodyear	555
Lola-FORCE THL-2	Neil Oatley	Ford (V6 Turbo)	FORCE-Hewland (6)	LKMC	2794	v 1803 h 1625	Goodyear	545
Ligier JS 27	Michel Têtu	Renault EF 4 B (EF 15) (V6 Turbo)	Ligier-Hewland (6)	LKMC	2835	v 1790 h 1662	Pirelli	555
Lotus 98 T	Gérard Ducarouge	Renault EF 4 B (EF 15) (V6 Turbo)	Lotus-Hewland (5)	KKMC	2600	v 1816 h 1620	Goodyear	540
McLaren MP 4/2 B	John Barnard	TAG-Porsche TTE-PO 1 (V6 Turbo)	McLaren (5)	KKMC	2794	v 1816 h 1676	Goodyear	540
McLaren MP 4/2 C	John Barnard	TAG-Porsche V6 Turbo	McLaren (5)	KKMC	—	v — h —	Goodyear	540
Minardi 185	Giacomo Caliri	Motori Moderni (V6 Turbo)	Minardi M 101 (5)	KMC	2605	v 1800 h 1661	Pirelli	550
Osella FA 1 G	Giuseppe Petrotta	Alfa Romeo 890 T (V8 Turbo)	Hewland DGR (5)	KMC	2830	v 1800 h 1670	Pirelli	560
Osella FA 1 H	Giuseppe Petrotta	Alfa Romeo 890 T (Turbo)	Hewland DGR (5)	KMC	2860	v 1800 h 1670	Pirelli	560
Tyrrell 015	Maurice Phillippe	Renault EF 4 B (EF 15) (V6 Turbo)	Tyrrell-Hewland (5)	KMC	2756	v 1765 h 1651	Goodyear	560
Williams FW 011	Patrick Head Frank Dernie	Honda RA 166 E (V6 Turbo)	Williams-Hewland (6)	KKMC	2794	v 1803 h 1651	Goodyear	540
Zakspeed 841 (861)	Paul Brown	Zakspeed (4 Zyl. Turbo)	Zakspeed-Hewland (5)	KMC	2820	v 1800 h 1600	Goodyear	565

Chassisbauweise: LKMC = Leichtmetall/Kohlefaser-Monocoque, KKMC = Kohlestoff/Kevlar-Monocoque, KMC = Kohlestoff-Monocoque

Pop-off-Ventile und aktive Aufhängungen

Die FIA drosselt die Leistung der Turboaggregate und läßt auch wieder Saugmotoren (3,5 Liter) zu. Mansell auf Williams-Honda gewinnt sechs Läufe, aber Teamkollege Piquet wird wieder Weltmeister.

Nach einer ungewöhnlich langen Winterpause begann die 38. Weltmeisterschaft am 12. April mit dem Großen Preis von Brasilien auf der Bahn von Jacarepagua bei Rio de Janeiro. Während der Wintermonate waren die Karten im Formel 1-Zirkus weitgehend neu verteilt worden, denn es hatte ziemlich viele Wechsel gegeben; fast alle Teams traten schon zu Beginn der Saison mit Neukonstruktionen an. Insgesamt bewarben sich 17 Rennställe, bei der FIA hatten sich 27 Piloten angemeldet. Nach der Streichung des GP von Kanada enthielt der Kalender 16 Läufe.

Die markanteste Reglementsänderung betraf das von der FIA diktierte Ladedrucklimit, womit die Turboaggregate ihr Leistungspotential nicht uneingeschränkt entfalten konnten, denn jetzt bekamen die aufgeladenen Triebwerke ein Überdruck- oder Pop-off-Ventil, das austauschbar war und an der Ansaugkammer des Turbosystems angebracht werden mußte. Mit diesem, dem Ladedruck begrenzendem Ventil waren die Qualifikationsmotoren, die 1986 durch weit über 5 bar Ladedruck angeblich auf 1300 oder 1400 PS gekommen waren, ausgeschaltet. Jetzt verteilte die FIA vor jedem Rennen die von einer amerikanischen Firma hergestellten Ventile, die laut Vorschrift bei einem Ladedruck von maximal 4 bar anzusprechen und sich zu öffnen hatten. In der Praxis waren diese Pop-pff-Ventile zu einfach konzipiert und arbeiteten zu ungenau. So gab es beim Eröffnungsrennen in Brasilien viel Ärger, weil sich die Ventile meistens irgendwo im Bereich zwischen 3,5 und 3,9 bar öffneten, was einer weiteren Drosselung der Höchstleistung gleichkam. Übrigens traf das Ladedrucklimit die drehfaulen Vierzylindermotoren härter als die V6-Maschinen. Im Verlaufe der Saison flüsterte man sich in den Fahrerlagern diskret zu, die Techniker hätten mittlerweile herausbekommen, wie man ein Pop-off-Ventil (angeblich unter Ausnützung der Schwerkraft) kurzfristig legal überlisten konnte, wobei es hieß, der Trick bringe bis zu 4,3 bar.

Nach einjährigem Ausschluß waren die Saugmotoren wieder zugelassen, allerdings hatte die FIA den Maximalhubraum der turbolosen Triebwerke von den einstigen 3 auf 3,5 Liter limitiert, zumal man - und zwar als Nachfolgerin der Formel 2 mit Zweilitermotoren - inzwischen auch die Formel 3000 (maximal 3 Liter Hubraum) lanciert hatte. Den Saugmotorrennwagen der Formel 1 bot die FIA insoweit einen gewissen Gewichtsvorteil an, als die 3,5-Liter-Monoposto nur noch 500 kg zu wiegen hatten, während das bisherige Limit von 540 kg für die Turbomonoposto erhalten blieb. Für die leistungsmäßig weiterhin unterlegene Saugmotorkonkurrenz hielt die FIA noch ein Zuckerchen bereit und schrieb zwei Sonderpokale aus: die Marken kämpften um die Coupe Colin Chapman und die Fahrer um die Coupe Jim Clark.

Bei den Ansaugkammern des TAG-Porsche-V6-Motors waren die Pop-off-Ventile hinten horizontal angebracht.

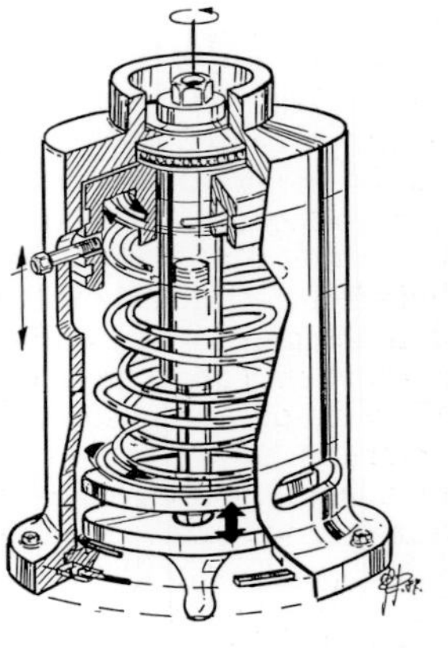

Blick in das Interieur eines Pop-off-Ventils, welches sich 1987 bei einem Maximalladedruck von 4 bar öffnete.

Ayrton Senna auf Lotus 99T-Honda gewinnt den Grand Prix von Monaco 1987. Es handelt sich um den ersten Erfolg eines Rennwagens mit aktiver Aufhängung.

Zu den wesentlichen Änderungen von 1987 zählte auch die Tatsache, daß Goodyear nach dem Ende 1986 erfolgten Rückzug Pirellis aus der Formel 1 jetzt einziger Reifenlieferant war, was wenigstens zu einer Beruhigung der Lage führte, denn damit war der Reifenkrieg aus der Welt geschafft. Goodyear beschloß, allen Teams jeweils den gleichen Reifentyp zu geben, somit wurde niemand technisch bevorzugt; allerdings erfolgte dadurch praktisch eine Einfrierung der Weiterentwicklung, wenigstens auf Formel 1-Ebene. Jedes Team bekam nun pro Fahrzeug und Wochenende zehn Reifengarnituren (Training, Qualifikationen, Warm-up und Rennen zusammen). Nach den superstarken Qualifikationsmotoren waren jetzt auch die superweichen Qualifikationsreifen aus der Welt geschafft.

Ende 1986 hatte sich Renault auch als Motorenlieferant ganz aus der Formel 1 zurückgezogen, weil sich die Führung der mit roten Zahlen operierenden Régie für rigorose Sparmaßnahmen entschlossen hatte. Renault war 1977 als Trendsetter auf Grandprix-Ebene aufgetaucht, und zwar mit dem ersten Formel 1-Wagen mit Turbomotor. Im Hinblick auf den Renault-Rückzug hatte Lotus schon im Sommer 1986 die bevorstehende Zusammenarbeit mit dem Motorenlieferanten Honda angekündigt.

Seit dem 1. Januar 1987 gehörte Alfa Romeo zum Fiat-Imperium, aber vor der Übernahme durch den Turiner Giganten hatte man bei Alfa Romeo ein Abkommen mit dem Ligier-Team vereinbart und sich verpflichtet, der französischen Renngemeinschaft den neuen Vierzylinder-Turbomotor zu liefern. Diese Abmachung paßte in Turin nicht ins Gesamtkonzept, denn man wollte der zur Hälfte ebenfalls zu Fiat gehörenden Marke Ferrari nicht einen konzerneigenen Rivalen in die Quere stellen. Unter einem nicht ganz lupenreinen Vorwand (negative Äußerungen Arnoux' über den neuen Alfa-Vierzylinder) kündigten die Italiener den von den einstigen Alfa-Romeo-Managern mit Ligier vereinbarten Vertrag, was jedoch erst wenige Wochen vor Beginn der Weltmeisterschaft geschah. Wieder stand Ligier ohne Motor da. Die Franzosen entschlossen sich zu einer Notlösung und verpflichteten BMW zur Lieferung von Vierzylindermotoren mit Turbolader. Nachdem Brabham schon 1986 auf den komplett neuen und fast liegend um ultraflachen Fahrgestell eingebauten BMW-Vierzylinder umgestellt hatte, kaufte der amerikanische Arrows-Sponsor USF&G die ursprünglichen und noch senkrecht stehenden Münchner Vierzylinder auf und beschloß, das Projekt in Verbindung mit dem Schweizer Motorentuner Heini Mader in Eigenregie weiterzuführen. Die Aggregate wurden von BMW auf den Namen des konzerneigenen Unternehmens Megatron umgetauft und von nun an in der Schweiz gewartet und weiterentwickelt. Zur Firma Heini Mader Racing Components nach Gland im Waadtland kam auch der bisherige BMW-Motoreningenieur Gerhard Schumann, der in München unter Paul Rosche an der Weiterentwicklung des Turboaggregates mitgewirkt hatte. BMW selbst hatte im Sommer 1986 die Absicht geäußert, sich Ende Saison aus der Formel 1 zurückzuziehen, worauf Brabham-Chef Bernie Ecclestone die Bayern auf deren vertragliche Verpflichtungen sowie auf die möglichen Folgen eines Vertragsbruchs aufmerksam machte. Daraufhin zog BMW es vor, das Formel 1-Engagement wie ursprünglich vorgesehen bis Ende 1987 aufrechtzuerhalten.

Der Megatron-Vierzylinder (ex BMW) trieb 1987 die Arrows und nun auch die von Fiat/Alfa Romeo plötzlich fallengelassenen Ligier an. Benetton hatte ende 1986 mit Berger den GP von Mexiko gewonnen und damit den letzten Erfolg des BMW-Vierzylinders geholt, doch 1987 stellte das italienisch/englische Team exklusiv auf den Ford-V6-Turbomotor um, den vorher das mit Lola-Wagen konkurrierende Team von Carl Haas verwendet hatte. Haas wollte sich wieder ausschließlich auf die amerikanischen CART-Rennen konzentrieren. Seine englische Firma FORCE, die dem Formel 1-Team als Basis gedient hatte, verkaufte Haas an Bernie Ecclestone.

Abtretende Teams wurden immer wieder durch neue ersetzt. Bereits im November 1986 gab der frühere Renault-Sportchef Gérard Larrousse, der anschließend als Ligier-Teammanager fungiert hatte, zusammen mit seinem Freund Didier Calmels die Gründung eines neuen Formel 1-Teams bekannt, das auch Larrousse & Calmels getauft wurde. Die Franzosen ließen ihre Monoposto bei Lola bauen und entschieden sich für den Ford-Cosworth-3,5-Liter-Motor, der nun die neue Bezeichnung Cosworth DFZ bekam. Die Achtzylinder für das Larrousse & Calmels-Team lieferte wiederum die Heini Mader Racing Components im Leasing-Verfahren. Bei Mader war inzwischen der ehemalige Cosworth-Ingenieur Tim Whiskerd tätig, der sich mit der Eigenentwicklung des V8 befaßte. Mader belieferte 1987 Arrows und Ligier mit den aufgeladenen Megatron-Vierzylindern sowie Larrousse & Calmels, das reorganisierte March-Team und auch AGS mit Cosworth-DFZ-Achtzylindern.

Siegerehrung in Monte Carlo. Von links Lotus-Rennleiter Peter Warr, Fürst Rainier, Ayrton Senna, FIA-Präsident Jean-Marie Balestre, Michele Alboreto und Nelson Piquet.

Satoru Nakajima war der erste japanische Formel-1-Pilot, der eine Grand-Prix-Saison bestritt.

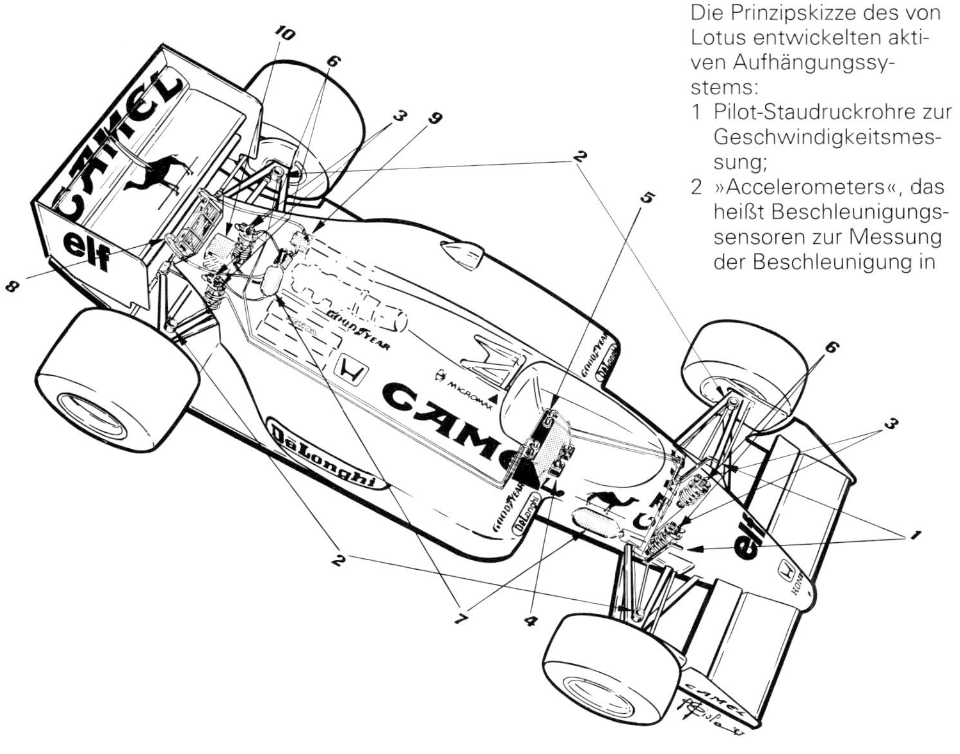

Die Prinzipskizze des von Lotus entwickelten aktiven Aufhängungssystems:
1 Pilot-Staudruckrohre zur Geschwindigkeitsmessung;
2 »Accelerometers«, das heißt Beschleunigungssensoren zur Messung der Beschleunigung in Hochrichtung der Querlenker;
3 elektromagnetische Regelventile zur Steuerung der Feder/ Dämpfer-Elemente;
4 zwei Beschleunigungssensoren zur Messung der Quer- und Längsbeschleunigung des Fahrgestells;
5 Zentralcomputer
6 Federn, die das Fahrzeug beim Ausfall der aktiven Aufhängung vom Boden fernhalten;
7 Ölspeicher, die bei Bedarf an die Feder/ Dämpfer-Elemente liefern;
8 Hydraulikölkühler;
9 Ölpumpe zum Aufbau des Speicherdruckes;
10 Hydrauliktank innerhalb des Getriebes.

Im Jahre 1987 wurde Nelson Piquet – diesmal auf einem Williams FW 11B mit Honda-V6-Turbomotor – zum dritten Male Automobilweltmeister. Der Brasilianer gewann die Großen Preise von Deutschland, Ungarn und Italien; bei den Grand Prix von Brasilien, Monaco, der USA, Frankreich, England, Österreich und Mexiko kam er auf den Ehrenplatz.

Rechts
Die Aerodynamik ist in der Formel 1 ein Gebiet, das einen großen Aufwand erfordert. Die Querschnittskizzen veranschaulichen die Anordnung der Heckflügelprofile des Lotus 99T-Honda: Links beim Grand Prix von England und rechts beim Grand Prix von Frankreich.

Im Hinblick auf die neue Formel 1-Saison hatten auch zwei der prominentesten Rennkonstrukteure den Arbeitgeber gewechselt: Seit dem 1. November 1986 arbeitete der ehemalige McLaren-Erfolgskonstrukteur John Barnard bei Ferrari, wo man den Engländer zum Technischen Direktor der renommierten Rennabteilung ernannt hatte. Barnard waren ungewöhnliche Kompetenzen zuerkannt worden. Der wortkarge Engländer, der sich in puncto Einstellung niemals in das italienische Milieu integrieren wollte, hatte einen Dreijahresvertrag erhalten, und zwar zu ausgezeichneten Konditionen. Damit waren Spezialisten wie Gustav Brunner und Dr. Harvey Postlethwaite John Barnard unterstellt. Dieser aber wollte gar nicht in Maranello arbeiten, sondern ließ im englischen Guildford eine Forschungs- und Entwicklungszentrale einrichten, die GTO hieß und so etwas wie ein englischer Arm Ferraris wurde. In Guildford konnte Barnard somit für die italienische Firma wirken, ohne auf sein bisheriges englisches Umfeld verzichten zu müssen. In Italien war der Brite nicht gut gelitten, um so mehr, als sich Barnard nicht italienfreundlich gab und dies bei seinen ersten Interviews auch zum Ausdruck brachte. Bei Fiat in Turin (die Firma Ferrari gehörte ja zur Hälfte Fiat) war man zu der vor allem von Enzo Ferrari (mittlerweile 89jährig) und von dessen Rennleiter Marco Piccinini gewollten Verpflichtung Barnards recht kritisch eingestellt, aber einem Enzo Ferrari wollte niemand dreinreden, zumal der greise Mann inzwischen seinen außerehelichen Sohn Piero Lardi Ferrari zum eigentlichen Direktor der Rennabteilung ernannt hatte. Was aber nichts daran änderte, daß Enzo Ferrari immer noch uneingeschränkt herrschte.

Bei dem von Ron Dennis energisch geführten McLaren-Rennstall wurde der zu Ferrari gegangene John Barnard durch den bisherigen Brabham-Chefkonstrukteur Gordon Murray ersetzt. Übrigens war der einer reichen saudiarabischen Familie entstammende Mansour Ojjeh, der auch Vizepräsident von TAG (Technique d'Avant-Garde) war, zugleich Hauptaktionär von McLaren International geworden. Der stets diskret im Hintergrund bleibende Ojjeh hatte die Mehrheit unmittelbar nach dem Grand Prix von Portugal des Jahres 1984 (in Estoril hatte Niki Lauda damals die WM mit einem halben Punkt Vorsprung auf Prost auf dem McLaren-TAG-Porsche gewonnen) übernommen. Genauer ausgedrückt: Die der Ojjeh-Familie gehörende Firma TAG erwarb damals die MacLaren-Aktien-Majorität, nachdem TAG Besitzer der Anteile von John Barnard, Teddy Mayer, Crayton Brown und David Alexander geworden war. Nur Ron Dennis hatte seine Aktien nicht hergeben wollen.

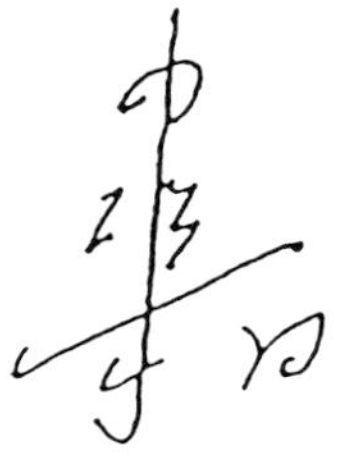

Satoru Nakajima

Ende 1986 zogen sich einige prominente Fahrer aus der Formel 1 zurück, zum Beispiel der vom Lola-Ford des Haas-Teams so enttäuschte Alan Jones (der Australier war 1980 auf Williams-Ford Weltmeister geworden) und Patrick Tambay, ebenso Keke Rosberg (Weltmeister 1982, ebenfalls auf Williams-Ford). Letzterer war 1986 bei McLaren etwas in den Schatten Alain Prosts gerückt, so daß etwas vom einstigen Glanz verlorenging. Während sich Jones eher still und leise nach Australien zurückzog, um sich dort seinen Geschäften zu widmen, konzentrierte sich Patrick Tambay auf Langstrecken-Rallies à la »Paris-Dakar«, welche so etwas wie eine zweite Karriere Tambays wurden. Keke Rosberg blieb als businessman weiterhin im Sportmilieu; gelegentlich trat er im Deutschen Fernsehen als Co-Kommentator für Formel 1-Rennen in Erscheinung.

Grand-prix-Neulinge oder Fahrer, die bisher nur sporadisch an WM-Läufen teilgenommen hatten, bekamen für 1987 einen Ganzjahresvertrag: Der Franzose Pascal Fabre (AGS), der Spanier Adrian Campos (Minardi), die Italiener Alex Caffi (Osella) und Ivan Capelli (March) sowie der von Honda dem Lotus-Team als Mitgift im Rahmen des Motorenvertrages aufgezwungene Japaner Satoru Nakajima. Einzelne Formel 1-Rennen hatten bisher nur Caffi und Capelli bestritten. Bei den letzten Rennen der Saison sollte dann auch der Tessiner Franco Forini auf einem Osella zum Einsatz kommen, nachdem es dem italienische Formel 3-Meister von 1985 gelungen war, die entsprechenden Sponsorenbeiträge zusammenzubringen.

Nach zehnjähriger Pause hatte die FIA den Großen Preis von Japan erneut in den WM-Kalender einbezogen. Das Rennen fand nicht mehr – wie in den siebziger Jahren – in Fuji statt, sondern auf der Honda gehörenden 5,85 km langen Bahn von Suzuka.

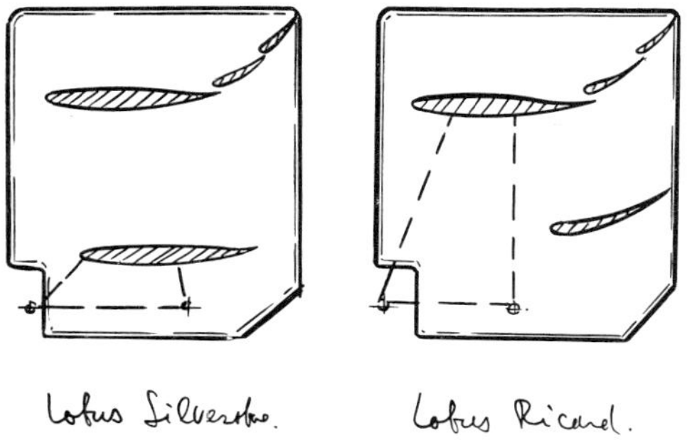

Das von der FIA eingeführte Ladedrucklimit von 4 bar wirkte sich 1987 praktisch nur auf die Qualifikationsläufe aus, weil die Motoren während eines Grand Prix für die Dauer einer Runde niemals mehr als 4 bar ohne mechanische Folgen hätten verkraften können. Zudem hätte die auf 196 Liter pro Grand Prix beschränkte Treibstoffmenge von maximal 102 ROZ kaum gelangt, um über die ganze Distanz zu kommen. Hingegen mußte bei den Qualifikationen neuerdings nur mehr mit 850 bis etwa 980 PS (vorher waren es ja bis zu 1400 PS gewesen) um die Startplätze gekämpft werden. Daß die Fahrzeuge mit Turbomotor weiterhin überlegen sein würden, bezweifelte mittlerweile niemand mehr, kamen doch die Cosworth-DFZ-Motoren auf maximal 560 bis 580 PS, wobei auch diese Maschinen mit 195 Liter Treibstoff pro Grand Prix auskommen mußten; denn für die Sauger wurde der Konsum erst ab 1988 frei, während die Turbokonkurrenz 1988 sogar nur 150 Liter verbrauchen durfte.

Im März 1987 unterzeichneten die direkt an der Formel 1 beteiligten Parteien das neue Concorde-Abkommen: Dies war ein 110 Seiten umfassender und bis zum 31. Dezember 1991 verbindlicher Vertrag, in welchem die für die nächsten fünf Jahre geltenden Spielregeln des Grand Prix-Sports festgehalten wurden. Diesmal blieb das Concorde-Abkommen praktisch ein Geheimdokument, in das nur die Sportbehörde sowie die Teams Einblick hatten. Enthalten waren auch die Fernsehrechte, wobei 30 % des Gesamtbetrages in die Tasche der FIA flossen; 24 % waren für das Konto von FOCA-Manager Bernie Ecclestone bestimmt, den Jean-Marie Balestre mittlerweile sogar zum Vizepräsidenten der FIA ernannt hatte. Ecclestone war für die meisten geschäftlichen Belange der Formel 1 zuständig. 46 % des TV-Kuchens erhielten die Teams. Die bisherige Aufteilung hatte 10, 30 und 60 % gelautet, die FIA kassierte nun deutlich mehr als bisher. Die zehn bestklassierten Teams einer Weltmeisterschaft konnten von nun an in der folgenden Saison kostenlos zu den Übersee-Grand Prix reisen, ihre Transportspesen wurden aus dem Pool beglichen. Im neuen Concorde-Abkommen hielt man auch fest, daß alle bedeutenden technischen Vorschriften (Motor, Getriebe oder Mindestgewicht der Wagen) bis Ende 1991 unverändert zu bleiben haben, Modifikationen an den die Fahrgestelle betreffenden Vorschriften durften erst nach einer zwölfmonatigen Übergangszeit in Kraft treten. Pro Saison durften nicht mehr als 16 Grand Prix vorgesehen sein (davon maximal drei in Nordamerika), denn noch mehr Rennen waren den Teams nicht zuzumuten. Mit den einzelnen Rennstrecken schloß man

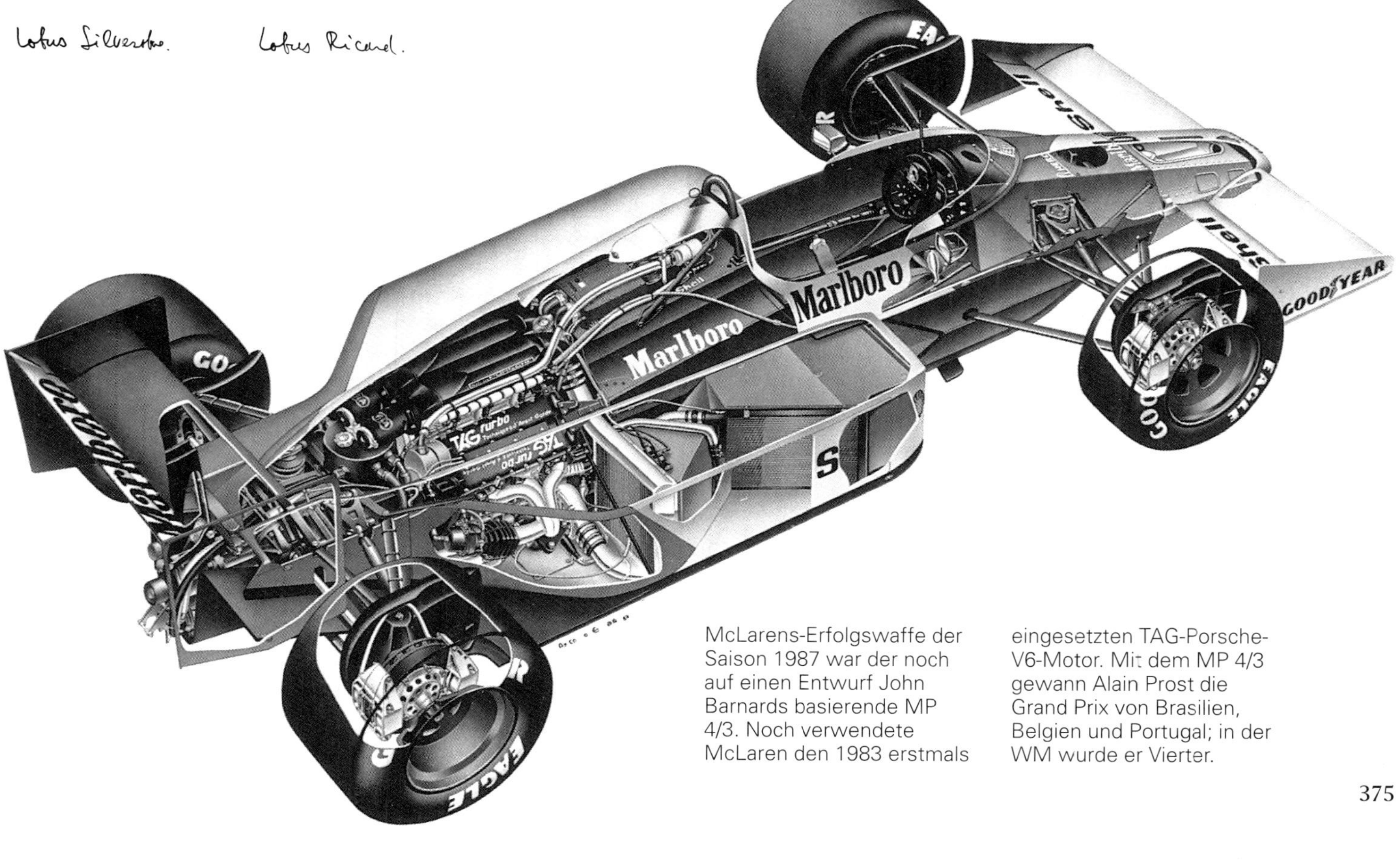

McLarens-Erfolgswaffe der Saison 1987 war der noch auf einen Entwurf John Barnards basierende MP 4/3. Noch verwendete McLaren den 1983 erstmals eingesetzten TAG-Porsche-V6-Motor. Mit dem MP 4/3 gewann Alain Prost die Grand Prix von Brasilien, Belgien und Portugal; in der WM wurde er Vierter.

Fünfjahresverträge ab, womit bestimmte Grand Prix nicht mehr alternierend auf zwei verschiedenen Strecken durchgeführt werden durften. Diese Vorschrift hatte vor allem im Fall der Grand Prix von Frankreich (Le Castellet oder Dijon), von England (Silverstone oder Brands Hatch) und Deutschland (Hockenheim oder Nürburgring) seine Bedeutung; Le Castellet, Silverstone und Hockenheim erhielten den Zuschlag, Dijon, Brands Hatch und Nürburgring hatten das Nachsehen und mußten sich für die nächsten fünf Jahre auf zweitrangige Großanlässe konzentrieren.

Wie gewohnt hatten die Teams gründlich für die neue Saison aufgerüstet. Das Erfolgsteam McLaren, das 1984 mit Niki Lauda sowie 1985 und 1986 mit Alain Prost den Weltmeister gestellt hatte, trat 1987 abermals mit dem regierenden Weltmeister an; der zurückgetretene Keke Rosberg wurde durch Stefan Johansson ersetzt. Das neue Modell war der MP 4/3, welcher noch unter der Regie John Barnards entworfen worden war. Der Mitte Saison 1983 erstmals aufgetauchte TAG-Porsche-Motor stieg nun schon in seine fünfte Saison ein.

Unter der Gesamtleitung von Patrick Head, dem wie gewohnt Frank Derie als Spezialist für die Aerodynamik zur Seite stand, war bei Williams der FW 11B entstanden, der eine verfeinerte Version des Vorjahresmodells war und weiterhin vom starken Honda-V6-Motor des Typs RA 167 angetrieben wurde. In der zweiten Saisonhälfte (Monza) setzte Williams dann erstmals ein Fahrzeug mit computergesteuerter hydraulischer Niveauregulierung ein, die den Abstand zwischen dem Chassis und der Fahrbahn konstant hielt, was einen wirkungsvolleren Abtrieb ergab. Diese Niveauregulierung erfolgte unabhängig vom Gewicht des Wagens, der im Verlaufe des Rennens sukzessive leichter wurde, weil sich der Tank entleerte. Auf den Williams fuhren weiterhin Nelson Piquet und Nigel Mansell, die allerdings keine harmonierende Kombination bildeten, zumal sich starke Rivalitätsgefühle zwischen den beiden Spitzenfahrern gebildet hatten.

Bei Ferrari hatte Gustav Brunner die Konstruktion des neuen Typs F1-87 schon nach dem Grand Prix von Italien des Vorjahres in die Hand genommen, so daß der dann im November zu Ferrari gekommene John Bernard praktisch ein weitgehend vollendetes Projekt vorfand. Bis Ende 1986 hatte man bei Ferrari auch am angekündigten Indianapolis-Projekt mit dem aufgeladenen V8-Motor von 2,65 Litern Inhalt gearbeitet, doch die Indianapolis-Pläne wurden nun wieder auf Eis gelegt: John Barnard wünschte eine totale Konzentration auf die Formel 1, und zudem hätte FISA-Präsident Jean-Marie Balestre eine Teilnahme Ferraris am CART-Sport, der mit der Formel 1 zu konkurrieren drohte, nicht gerne gesehen. Böse Zungen behaupteten, Ferrari habe das Indy-Projekt als Gegenleistung dafür »geopfert«, daß Balestre das zukünftige Formel 1-Reglement in einem wichtigen Punkt nach den Wünschen Ferraris richtete. Der Indy-Ferrari, dessen Motor im Herbst 1986 der Presse vorgestellt worden war, blieb somit eine Totgeburt. Vergebens hatte man den Achtzylinder jedoch nicht gebaut, denn als die konzerneigene Marke Alfa Romeo dann im Herbst 1988 beschloß, in den CART-Rennsport einzugreifen, lag mit Ferraris V8 eine brauchbare Basis vor, die lediglich umgetauft und modernisiert werden mußte. Im Hinblick auf die Formel 1-Saison 1987 entstand bei Ferrari nicht nur ein neues Fahrgestell des Typs F1-87, vielmehr bauten der frühere Renault-Ingenieur Jean-Jacques His und Ildo Renzetti einen vollkommen neuen V6-Turbomotor, wobei der Zylinderwinkel von den bisherigen und seit 1980 angewendeten 120 auf 90 Grad reduziert wurde. Die Zylinderabmessungen von 81 x 48,4 mm = 1496m4 cm^3 blieben unverändert. Beibehalten wurde die digitale elektronische Einspritzanlage von Weber-Marelli, und der enge V6 wurde mit amerikanischen Garrett-Turboladern versehen. Es entstand auch ein völlig neues Getriebe, bei dem man die seit 1975 angewendete Tradition des Quergetriebes zugunsten eines Längsgetriebes mit ZF-Sperrdifferential aufgab. Hinter dem neuen Ferrari F1-87 standen mehrere Väter: Gustav Brunner hatte das Gesamtkonzept schon im September des Vorjahres in die Hand genommen; für das Kevlar/Kohlenstoff-Monocoque zeichnete Dr. Harvey Postlethwaite verantwortlich. Um die Aerodynamik kümmerte sich der ehemalige Renault-Ingenieur Migeot, und nachdem John Barnard zu Ferrari gestoßen war, übernahm dieser die Gesamtkoordinierung. Im Verlauf der Saison sollte Ferrari dann nicht ganz an die Spitzenleistungen der Honda-Sechszylinder herankommen; erst bei den zwei letzten Rennen, in Japan und Australien, glückten zwei Siege. Auf den F1-87 fuhren Michele Alboreto sowie der neu von Benetton gekommene Gerhard Berger, dessen Talent man in Maranello sogleich richtig eingeschätzt hatte.

Thierry Boutsen

Bei Brabham war man seit dem 5. Juli 1985 immer noch sieglos, das von Bernie Ecclestone geführte Team sank allmählich in die Mittelmäßigkeit ab. John Baldwin und Dave North bauten den neuen BT 56, der nicht mehr so ultraflach war wie sein unmittelbarer Vorgänger, mit dem Gordon Murray geglaubt hatte, er würde das Formel 1-Konzept womöglich revolutionieren. Im Heck baute man den BMW-Vierzylinder weiterhin fast liegend, das heißt um 72 Grad geneigt, ein. Ecclestone behielt Riccardo Patrese unter Vertrag und stellte dem Paduaner dessen Landsmann Andrea De Cesaris zur Seite. Auf den dunkelblau/weiß gespritzten Brabham war der Olivetti-Schriftzug deutlich kleiner geworden, was auf eine verminderte Bereitschaft für Sponsoring seitens des italienischen Konzerns schließen ließ.

Piercarlo Ghinzani

Wie schon erwähnt, stellte Lotus vom Renault- auf den Honda-V6-Motor um. Und wieder wirkte die einst von Colin Chapman gegründete Marke innovativ, denn erstmals brachte Lotus – schon zu Beginn der Saison – einen Rennwagen mit der sogenannten aktiven Aufhängung (active suspension) an den Start. Es war dies ein von einem Computer hydraulisch gesteuertes Aufhängungssystem, an dem Lotus schon seit Jahren arbeitete. Mittels zahlreicher Sensoren wurde der Computer laufend mit Informationen gefüttert, worauf das Elektronenhirn entsprechende Befehle an die Hydraulik gab. Der Franzose Gérard Ducarouge, der seine fünfte Lotus-Saison antrat, hatte für die neue Saison den 99 T konstruiert, wobei dessen Fahrer Nummer 1, nämlich Senna, zum Jahresbeginn als einer der großen WM-Favoriten eingestuft wurde. Den zweiten Lotus 99 T pilotierte der bisherige japanische Formel 2-Fahrer Satoru Nakajima, dessen Engagement Honda zur Bedingung gemacht hatte, obschon der Japaner noch nicht über eine ausreichende Erfahrung verfügte, trotz sei-

Philippe Alliot

Gabriele Tarquini

ner Tätigkeit als Honda-Testpilot. Bei Lotus war auch der Sponsor komplett neu: Es handelte sich um die Firma Reynolds Tobacco, die auf den gelb umgespritzten englischen Rennwagen für Camel-Zigaretten warb, so daß Marlboro damit auf der Formel 1-Promotionstufe endlich ein gleichwertiger Rivale erwachsen war.

Benetton stellte einmal mehr auf einen anderen Motor um. Den wieder von Rory Byrne entworfenen B 187 versah man - wie schon erwähnt - mit dem bisher von Lola oder FORCE verwendeten Ford-V6-Motor des Typs TEC F1. Benetton bekam das bei Cosworth in enger Zusammenarbeit mit Ford in Dearborn entstandene Aggregat, das noch zu keinen überzeugenden Resultaten gekommen war, exklusiv. Teo Fabi und Thierry Boutsen fuhren mit den B 187-Ford, die nach dem Rückzug Pirellis mit Goodyear-Reifen bestückt wurden. Vor allem in der ersten Saisonhälfte erwies sich der für seinen hohen Treibstoffverbrauch bekannte Ford V6-Motor als der schwache Punkt der an sich schnellen Benetton, gegen Saisonmitte stellten sich jedoch gewisse Fortschritte ein, nachdem die Spezialisten von Ford und Cosworth das Turbosystem überarbeitet hatten.

Das von Jackie Oliver und Alan Rees geführte Arrows-Team hatte mit Ross Brawn einen neuen Konstrukteur verpflichtet, der den Typ A 10 mit Megatron-(BMW)-Motor baute. Der Amerikaner Eddie Cheever und der Engländer Derek Warwick standen als Fahrer zur Verfügung; bei Mader wurden die Megatron-Vierzylinder im Auftrag von USF&G gewartet und auch weiterentwickelt. Mit gleichen Megatron-Aggregaten ging auch Ligier in den Kampf; hier hatte Chefkonstrukteur Michel Têtu nach der Kündigung des Alfa-Romeo-Vertrages die für den italienischen Vierzylinder bestimmt gewesenen Fahrgestelle des Typs 29B auf 29C umbauen und an den Megatron anpassen müssen. Die einzige Verbindung zu Alfa Romeo stellte noch Piercarlo Ghinzani dar, der die Saison als Teamkollege von René Arnoux bestritt. Têtus neue Rennwagen waren beim Saisonauftakt in Rio de Janeiro noch nicht startbereit, sie tauchten erst beim folgenden WM-Lauf, in Imola, auf, nachdem man bei Ligier nicht einmal die Zeit für einen kurzen Test im Hinblick auf das Debüt gefunden hatte.

Nach mehrjähriger Pause tauchte auch March wieder in der Formel 1 auf. Mit dem japanischen Konzern Leyton House hatten die Briten einen sehr zahlungskräftigen Sponsor gefunden, mit dem sich ein ehrgeiziges Programm durchführen ließ. Gordon Coppuck und Andy Brawn konstruierten den March 781, der durch den von Mader gelieferten Ford-Cosworth-DFZ-Motor angetrieben wurde. Ivan Capelli, der vorher sporadisch auf Tyrrell oder AGS einzelne Formel 1-Rennen bestritten hatte, wurde als Fahrer verpflichtet. Der Mailänder hatte sich nach dem Gewinn der Formel 3-Meisterschaft auch den Titel eines Formel 3000-Meisters geholt und galt allgemein als großes Talent mit Zukunft.

Nach dem Ausstieg Renaults stellte Tyrrell wieder auf Ford-Cosworth-Motoren um. Maurice Phillipe und Brian Lisles bauten den Typ 016, an dessen Steuer nun der von Zakspeed zu Tyrrell gekommene englische Arzt Jonathan Palmer sowie der großgewachsene Franzose Philippe Streiff saßen. Später kam auch der junge Franzose Yannick Dalmas zum Einsatz.

Das neue Team von Larrousse & Calmels hatte für den bei Lola unter Ralph Bellamy entstandenen LC 87 den Franzosen Philippe Alliot verpflichtet. Eigentlich hatte Larrousse ursprünglich bei der Formel 3000 anfangen wollen; als die FIA jedoch die Saugmotoren wieder zuließ, entschied er sich für den sofortigen Einstieg in die Königsklasse.

Das Minardi-Team aus Faenza blieb weiterhin beim von Carlo Chiti bei Motori Moderni konstruierten V6-Turbomotor, der allerdings als besonders defektanfällig galt. Alessandro Nannini, der Industriellensohn aus Siena, dessen Schwester die berühmte Rocksängerin Gianna Nannini ist, sowie der Spanier Adrian Campos, der willkommene Gelder von Sponsor Lois brachte, fuhren mit den Sechszylindern.

Enzo Coloni

Rechts
Im Jahre 1987 stellte Benetton vom bisherigen BMW-Vierzylinder auf den Ford-V6-Motor um. Der von Ford und Cosworth gemeinsam entwickelte Sechszylinder erwies sich als wenig standfest, ebenso verbrauchte er viel Treibstoff. Im Bild der Benetton B 187-Ford mit Thierry Boutsen anläßlich des GP von Monaco.

Links
Der ehemalige Renault- oder Ligier-Teamboss Gérard Larrousse und dessen Freund Didier Calmels griffen 1987 mit einem neuen Team in die WM ein. Ihr Fahrer Philippe Alliot pilotierte einen Lola LC 87-Cosworth.

Links
Der ursprünglich noch von Gustav Brunner konstruierte und dann unter John Barnard weiterentwickelte Ferrari F1-87 mit V6-Turbomotor erlebte in der zweiten Saisonhälfte ein Crescendo. Am Schluß gewann Gerhard Berger damit die Grand Prix von Japan und Australien.

Unten
Im Jahre 1987 wurde das 40. Jubliäum der Marke Ferrari gefeiert. Der 89jährige Enzo Ferrari überreicht seinen beiden Fahrern Michele Alboreto (links) und Gerhard Berger ein Erinnerungsgeschenk.

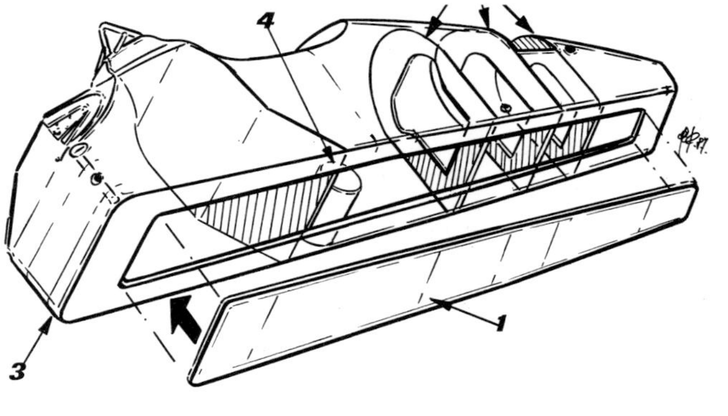

Skizze des Ferrari-Monocoques. Veranschaulicht werden die einzelnen Elemente aus Kohlenstoff und Kevlar, die dann im Autoklav unter Druck verleimt und »gebacken« wurden.

Bei dem an chronischer Geldknappheit leidendem Team von Osella vertraute man den FA 1 I mit aufgeladenem und von Osella weiterentwickeltem Alfa Romeo-V8-Motor dem jungen Alex Caffi an, zum Einsatz kam auch Gabriele Tarquini, und am Ende der Saison saß dann der Tessiner Franco Forini in einem der Achtzylinder. Beim kleinen französischen Team AGS baute Christian Vanderpleyn den JH 22 mit Ford-Cosworth-Motor, mit welchem Pascal Fabre die meisten Rennen bestritt; am Ende der Saison bekam auch der Brasilianer Roberto Moreno eine Chance. Beim Training zum Großen Preis von Italien tauchte mit Coloni eine neue Marke auf, deren Gründer Enzo Coloni war. Techniker Roberto Ori hatte ein konventionelles Fahrzeug mit Cosworth-Motor entworfen, wobei es Nicola Larini in Monza noch nicht gelang, sich für das Rennen zu qualifizieren, so daß das Grand Prix-Debut Colonis auf Jerez verschoben werden mußte. Beim deutschen Team Zakspeed in Niederzissen in der Eifel bauten Chris Murphy und Heinz Zöllner den neuen Typ 871, dessen Antrieb weiterhin mittels des von Zakspeed gebauten Vierzylinders mit Turbolader erfolgte. Der Münchner Christian Danner und der Engländer Martin Brundle wurden als Fahrer verpflichtet, wobei die Zakspeed an einem chronischen Leistungsmangel litten.

Mit den achtziger Jahren hatte auch die Telemetrie in der Formel 1 ihren Einzug gehalten. Dies ist ein computerunterstütztes Datenerfassungs- und Verarbeitungssystem, mit dem die wichtigsten Funktionen an den

Seit seinem Autounfall ist Teamchef Frank Williams an den Rollstuhl gefesselt. Trotzdem führt er seinen Rennstall mit eiserner Faust. Für die Farben Williams' gewann Nelson Piquet 1987 die WM, aber am Ende Saison verließ er das Team, um für Lotus zu fahren.

Fahrzeugen kontinuierlich erfaßt werden. Aufhängungen, Chassis, Karosserie, Reifen, Motor und Motorperipherie können dabei ständig, das heißt an jedem Punkt der Rennstrecke, kontrolliert werden. Die erfaßten Daten lassen sich dabei entweder in einen Bordcomputer speichern oder via Funk an die Boxen senden und dort wiederum in einem Computer memorieren. Dies dient der Erfassung vom Temperaturen, Drücken, Kräften, Bewegungen, Geschwindigkeiten sowie Beschleunigungen während der Fahrt rund um einen Circuit. Durch die Erfassung der so gewonnenen Informationen ist es möglich, das System Fahrer/Wagen besser zu verstehen und dementsprechend zu optimieren. Als Pioniere der elektronischen Datenerfassung an Rennfahrzeugen galten Ford und Firestone, die schon Mitte der sechziger Jahre bei der Entwicklung des Ford GT-40-Rennwagens erstmals Elemente der modernen Meßtechnik verwendeten. Auch Goodyear entwickelte ein System, das bei der Entwicklung der McLaren-Offenhauser für Indianapolis in den Jahren 1973 und 1974 eingesetzt wurde. 1975 führte Goodyear das System schon in der Formel 1 ein, wobei die Teams von Shadow und Ferrari ausgewählt wurden, im Rahmen des Goodyear-Langzeitprogramms »Fahrzeugdynamik« mit diesem Erfassungssystem zu arbeiten. Es ging damals kurzfristig darum, die Reifen für 1976 zu definieren. Stammten die ersten Impulse der elektronischen Datenerfassung an Grand Prix-Wagen von Reifenherstellern, so waren es Anfang der achtziger Jahre die Motorenhersteller der Formel 1, die im Zuge der immer komplizierter werdenden Turbotechnologie bestimmte Motorenparameter ständig überwachen wollten. Besonders Renault, Ferrari, BMW, Porsche und später dann auch Honda trieben die Entwicklung sehr komplizierter Meßsysteme voran, wobei diese Firmen die Problematik der »on-car«-Datenspeicherung realisierten. Dies führte zum Einsatz der Telemetrie. Die zu messenden Längenveränderungen, Geschwindigkeiten, Beschleunigungen, Temperaturen, Kräfte, Drücke und Vibrationen werden - wie beim konventionellen »on-car«-Datenerfassungssystem - mittels geeigneter Fühler abgetastet und in analoge elektrische Signale umgewandelt.

Selbstverständlich konnten sich nur finanzstarke Teams ein solches Telemetriesystem leisten, das jeweils die Installation zahlreicher elektronischer Geräte in den Boxen erforderte, wobei diese Apparaturen und deren Bildschirme ständig von Spezialisten überwacht werden mußten. Den diesbezüglich größten Aufwand betrieb 1987 Honda; beim Eröffnungsrennen in Rio waren nicht weniger als 39 Honda-Techniker in der Computerzentrale tätig, während Bosch zur Betreuung der TAG-Porsche-Motoren nur drei Mann nach Brasilien delegiert hatte. Auch die Ferrari waren 1987 an ein Telemetriesystem angeschlossen, ebenso die Brabham-BMW. Die meisten der übrigen Teams konnten sich diese aufwendige Form von Datenerfassung nicht leisten.

Die Weltmeisterschaft stand vor allem im Zeichen der Williams-Renault und des McLaren-TAG-Porsche von Prost; gelegentlich vermochte Ayrton Senna mit seinem Lotus-Honda mit aktiver Aufhängung zuzuschlagen, und gegen Ende der Saison erlebte man dann ein beachtliches Crescendo von Ferrari. Beim ersten WM-Lauf in Rio dominierte Prost auf McLaren-TAG-Porsche klar; Mansell auf Williams-Honda fiel einem Reifenschaden zum Opfer, und dessen Teamgefährte Piquet kam in zweiter Position ins Ziel. Ferrari-Debutant Gerhard Berger schloß mit seinem F1-87 auf Platz vier ab. Mansell machte damals eine besonders starke Phase durch und gewann den Großen Preis von San Marino in Imola, wo Piquet nach einem Trainingsunfall vom Arzt Startverbot bekam, so daß er das Rennen von der Sprecherkabine der italienischen RAI aus verfolgte und vor den begeisterten TV-Zuschauern mitkommentierte. Senna auf dem Lotus-Honda mit elektronisch gesteuerter Aufhängung kam in der Emilia auf den Ehrenplatz, gefolgt vom Ferrari Alboretos. Letzterer rückte im Verlauf der Saison mehr und mehr etwas in den Schatten seines Teamkollegen Gerhard Berger. Eine Überraschung bot sich den Journalisten während des Trainings zum Großen Preis von Belgien in Spa, als sich die Kunde verbreitete, der seit den frühen sechziger Jahren als Ferrari-Chefingenieur tätig gewesene Mauro Forghieri habe Ferrari plötzlich verlassen, um bei Lamborghini einen neuen V12-Motor der Formel 1 zu konstruieren. Lamborghini war in den Besitz von Chrysler übergegangen, und im Rahmen einer Umkonstruierung hatten die Chrysler-Bosse, angeführt von Iacocca, beschlossen, mit Lamborghini in die Formel 1 einzusteigen. In Modena wurde eine neue Forschungs- und Entwicklungszentrale, die Lamborghini Engineering, gegründet, wo dann Forghieri auch die Arbeiten zum Bau eines V12-Motors sowie eines entsprechenden Getriebes in die Hand nahm. Bei den Grand Prix war Forghieri mittlerweile regelmäßig präsent, und zwar als Co-Kommentator von Tele Monte Carlo. Der renommierte Ingenieur war bei Ferrari mehr oder weniger seit über zwei Jahren in »Ungnade« geraten und mit der Realisierung des allradangetriebenen Sportwagens beauftragt worden.

Beim Großen Preis von Belgien gab es eine Kollision zwischen dem Williams von Mansell und dem Lotus von Senna, Prost fuhr einem ungefährdeten Sieg entgegen, es war der 27. Grand Prix-Erfolg seiner Karriere, so daß der kleine Franzose damit den seit 1973 vom Schotten Jackie Stewart gehaltenen Rekord egalisiert hatte. In Monte Carlo sah es wieder nach einem überlegenen Sieg des unwiderstehlichen Mansell aus, doch plötzlich stellte sich im Auspuffsystem des Honda-V6 ein Schaden ein und Mansell mußte seinen kraftlosen Wagen resigniert auslaufen lassen. Damit kam es zu einem historischen Sieg des Lotus 99 T-Honda mit aktiver Aufhängung, herausgefahren von Ayrton Senna,. Die Pionierleistung Lotus' ist ein Grund dafür, das aktive Aufhängungssystem etwas genauer unter die Lupe zu nehmen. Die revolutionäre und von Lotus teilweise auf einem Straßenfahrzeug getestete Aufhängungsart wies zahlreiche Sensoren auf, die ihre Informationen an eine Zentrale weiterleiteten. Am Bug des Fahrzeuges waren zwei Staudruckrohre zur Geschwindigkeitsmessung installiert, und an den Querlenkern waren Beschleunigungsmesser angebracht, welche die Bewegungen eines jeden Rades in der Vertikalen registrierten. Jede Aufhängung war zudem mit einem Hydrauliksystem verbunden, und über diesen Hydrauliken hatte man Meßinstrumente angebracht, welche die Vertikalbewegungen erfaßten. Unter dem Sitz des Fahrers lagen zwei weitere Beschleunigungssensoren zur Messung der

Quer- und Längsbeschleunigung des Fahrgestells. Im Cockpit befand sich eine nach dem Trägheitsprinzip arbeitende »Plattform«, die sämtliche einwirkenden Kräfte wie Querbeschleunigung, Roll- und Nickbewegungen erfaßte. Hier war auch ein Zentralcomputer untergebracht, der die von den Aufhängungen gelieferten Informationen in Empfang nahm und koordinierte. Die vom Computer gesteuerten hydraulischen Federelemente standen vertikal und wurden noch je von einer Schraubenfeder umschlossen, wobei diese Federn nur in Notfällen wirksam wurden: sie hielten das Fahrzeug beim Ausfall der aktiven Aufhängung vom Boden fern. Das System wies außerdem einen Ölspeicher auf, der bei Bedarf Öl an die Feder/Dämpfer-Elemente lieferte, ebenso gab es eine Ölpumpe zum Aufbau des Speicherdrucks.

Es war mittlerweile bekannt, daß auch Williams an einem ähnlichen, wenn auch einfacheren System der elektronisch gesteuerten Aufhängung arbeitete, mit der sich der Abstand zwischen dem Fahrzeug und der Fahrbahn ständig annähernd konstant halten und damit eine gewisse Saugwirkung unter dem Wagenkörper erzeugen ließ. Diese Aufhängungssysteme lassen sich mit einem Skifahrer vergleichen, der über Bodenschwellen fährt: die Füße machen das Gehirn rechtzeitig auf die Bodenwellen aufmerksam, und das Gehirn erteilt den Füßen den Befehl, durchzudrücken.

Im Verlaufe der Jahre 1987 und 1988 befaßten sich auch andere Teams mit elektronische gesteuerten Aufhängungen, denn nach dem Lotus-Sieg in Monte Carlo glaubte man, eine neue Ära würde einsetzen. Aber die Erfahrungen zeigten, daß dem nicht ganz so war, zumal die Vorteile der hochkomplizierten und enorm teuren Aufhängungsart vorerst kein überzeugendes Bild brachten.

Nach dem Monaco-Sieg siegten Ayrton Senna und dessen Lotus auch auf der Standrundstrecke von Detroit, wo Mansell von einem Krampf im Bein behindert wurde,

Oben links
In Monza wurde die Zusammenarbeit zwischen McLaren und Honda im Rahmen einer Pressekonferenz bekanntgegeben, ebenso der Übertritt Sennas zu McLaren. Von links Ayrton Senna, Alain Prost, McLaren-Teamchef Ron Dennis sowie Honda-Chefingenieur Yoshitoshi Sakurai.

Oben rechts
Beim Grand Prix von Portugal 1987 fuhr Alain Prost auf McLaren-TAG-Porsche den 28. Erfolg in einem WM-Grand-Prix heraus. Damit führte der kleine Franzose die »ewige Liste« alleine an, gefolgt von Jackie Stewart mit 27 Volltreffern.

während dessen Teamkollege Piquet auf den Ehrenplatz kam. Einen großen Tag erwischte Mansell hingegen beim Großen Preis von Frankreich in Le Castellet: der Engländer siegte klar, Piquet und Prost wurden auf die Plätze verwiesen, derweil Lotus auf der ziemlich schnellen Bahn eher benachteiligt schien.

Im Sommer wurde plötzlich aus Italien gemeldet, Gustav Brunner verlasse die Scuderia Ferrari, nachdem sich der Österreicher mit dessen Chef, dem Engländer John Barnard, nicht gut verstand, um so mehr als ihn Barnard auch nicht mehr an der Weiterentwicklung des F1-87 teilhaben ließ. Eine großartige Honda-Demonstration bot der Große Preis von England in Silverstone: wieder ein klarer Sieg von Mansell auf Williams-Honda, gefolgt von Piquet auf Williams-Honda, Senna auf Lotus-Honda und dem Japaner Nakajima auf Lotus-Honda. Somit waren vier Honda-Motoren in Front.

Der bisher auf zweite Plätze abonnierte Nelson Piquet gewann den Großen Preis von Deutschland in Hockenheim, nachdem Nigel Mansell mit einem Motorschaden und Alain Prost wegen eines abgesprungenen Keilriemens an seinem TAG-Motor aufgegeben hatte. Johansson auf McLaren-TAG-Porsche kam auf den zweiten Platz, nachdem man den TAG-Motor bei Porsche im Hinblick auf Hockenheim noch gründlich vorbereitet hatte. Ferrari steckte in einem totalen Tief, und John Barnard ging von nun an nicht mehr zu den Rennen, sondern zog sich ganz nach Guildford in England zurück, um sich bei der Firma GTO auf en Entwurf des zukünftigen Ferrari zu konzentrieren. Auf den Rennplätzen war nun Harvey Postlethwaite für die F1-87 verantwortlich, an welchen sich übrigens schon einige Aufhängungsschäden eingestellt hatten. Die Umdispositionen bei Ferrari, in Verbindung mit den ständigen Modifikationen an Aufhängungen und Aerodynamik, trugen Früchte, denn beim Großen Preis von Ungarn auf dem Hungaroring bei Budapest stand Gerhard Berger mit dem italienischen V6 plötzlich in der ersten Reihe, neben dem qualifikationsschnellsten Nigel Mansell, der allerdings das Rennen verlor, weil sich an seinem Williams-Honda eine Radmutter gelöst hatte! Berger lag rundenlang in zweiter Position, fiel dann aber mit einem Schaden in der Kraftübertragung aus. Piquet auf Williams-Honda siegte, aber man hatte den Eindruck, der Brasilianer habe nur dann Erfolg, wenn seine stärksten Rivalen, nämlich Mansell, Prost oder Senna, von irgendwelchen technischen Problemen heimgesucht wurden. Bei dem infolge zweier Massenkollisionen dreimal gestarteten Großen Preis von Österreich mußte sich Piquet mit dem Ehrenplatz hinter Mansell begnügen. Mittlerweile war zwischen den beiden Streithähnen eine große Rivalität entstanden. Auf dem Österreichring wurde zudem bekannt, daß die ehe zwischen Williams und Honda zum Ende der Saison zum Scheitern verurteilt sein würde, denn Honda wollte offensichtlich nicht mehr mit diesem englischen Team zusammenarbeiten. In Zeltweg setzten sich die Benetton-Ford wieder etwas ins Licht und belegten mit Fabi den dritten und mit Boutsen den vierten Platz. Auf dem Österreichring war Alain Prosts letzte Chance, 1987 wieder Weltmeister zu werden, endgültig dahin, denn nach diversen technischen Problemen kam er nur auf den 6. Schlußrang. Im Zwischenstand der WM führte Nelson Piquet mit 54 Punkten, vor Senna mit 43 und Mansell mit 39, während Prost es bisher nur auf 31 Punkte gebracht hatte. Noch kamen also Piquet, Senna und Mansell für den Titel in Frage.

Am 23. August ereignete sich ein tragischer Unfall: bei einem Motorbootrennen in der Nähe der Insel Wight im Ärmelkanal kam der ehemalige französische Spitzenfahrer Didier Pironi ums Leben. Fünf Jahre zuvor hatte er auf Ferrari die Weltmeisterschaft überlegen angeführt, dann kam der schwere Unfall beim Timing, der seiner Karriere als Formel 1-Pilot ein Ende setzte. Später widmete sich Pironi dann dem Offshore-Rennsport, der auch zu seinem Verhängnis werden sollte. Mit Pironi kamen auch zwei Begleiter ums Leben.

Die Weltmeisterschaft wurde mit dem Großen Preis von Italien in Monza fortgesetzt, wo sich im Honda-Motor Nigel Mansells Temperaturprobleme einstellten. Erneut siegte Piquet, gefolgt von Senna, Mansell und Berger. In Monza trat Piquet übrigens mit einem Williams mit elektronisch gesteuerten Aufhängungen an, es hatte sich somit schon bei dessen erstem Renneinsatz bewährt. Mansell ging in der Lombardei noch mit konventionellen Aufhängungen an den Start, denn der Engländer, der die aktiven Aufhängungen noch von seinen Lotus-Zeiten her gut kannte, weil er viel Testarbeit verrichtet hatte, hielt nicht viel von der »active suspension«.

Einen Tag vor dem Großen Preis von Italien in Monza lud Honda die Journalisten zu einer Pressekonferenz ein, auf der Chefingenieur Sakurai erklärte, daß Honda seine Motoren ab 1988 Williams nicht mehr zur Verfügung stellen werde, hingegen nehme man McLaren neu unter Vertrag. Gleichzeitig gab Honda bekannt, daß Ayrton Senna ab 1988 an der Seite Alain Prosts die Farben von McLaren-Honda vertreten werde. Damit hatte Honda praktisch die besten Piloten unter Vertrag. Williams hingegen wurde von den Japanern fallengelassen. Beobachter interpretierten dies als eine Bestrafung Williams, der sich nicht immer in allen Belangen den Japanern angepaßt hatte. Williams hatte sich auch nicht damit einverstanden erklärt, Satoru Nakajima in sein Team aufzunehmen.

Kurz nach Bekanntwerden der bevorstehenden Trennung erklärte Frank Williams, daß sein Team in der folgenden Saison mit englischen Judd-V8-Saugmotoren antreten werde. John Judd und dessen Tuningfirma Engine Developments in Rugby (England) hatten sich seit Jahren auf die Wartung von Rennmotoren spezialisiert: Judd überholte Formel 3-Motoren auf VW-Basis, arbeitete an den für Ralt bestimmten Formel 2-Motoren von Honda und überholte Cosworth-Formel 1-Motoren. Mit den von Judd präparierten Cosworth DFV waren Alan Jones 1980 und Keke Rosberg 1982 (beide auf Williams) Weltmeister geworden. Jetzt baute man bei Judd einen eigenen V8-Saugmotor von 3,5 Liter Hubraum, dessen Debüt 1988 erfolgen sollte. John Judd hatte seine Lehre als Motorenexperte bei Coventry-Climax absolviert, später arbeitete er bei der Repco an V8-Motoren, mit welchen Brabham 1966 und Hulme 1967 die Weltmeisterschaft gewannen. Bei der Firma Judd, deren Mehrheitsaktionär Jack Brabham war, besaß man auch Erfahrung mit Indianapolis-Triebwerken, denn nachdem Judd jahrelang die Cosworth DFX der CART-Serie überholt hatte, brachte er einen eigenen Indy-V8-Motor heraus. Beim neuen Formel 1-Achtzylinder stammte übrigens der Motorblock von Honda, wobei es sich um das japanische Formel 3000-Triebwerk handelte. Als sich Williams im September 1987 an John Judd wendete, hatte dessen Unternehmen bereits Abmachungen mit March und Ligier getroffen, und eigentlich wäre der 40 Mann-Betrieb in Derby damit ausgelastet gewesen, aber Judd belieferte 1988 doch drei Formel 1-Teams.

Zurück in die Saison 1987. Die von Ferrari im Sommer unternommenen Anstrengungen trugen beim Grand Prix von Portugal in Estoril Früchte: Michele Alboreto brachte seinen Sechszylinder auf die Pole Position, womit seit dem 5. April 1985 (Alboreto in Brasilien) erstmals wieder ein Ferrari auf dem besten Startplatz stand. Gerhard Berger setzte sich an die Spitze des Feldes und führte bis kurz vor Schluß, aber dann stellte sich sein Ferrari, hinter dem Weltmeister Alain Prost auf McLaren Druck machte, quer, was Prost ermöglichte, den 28. Grand Prix-Erfolg seiner Karriere bei 121 Starts herauszufahren, womit er in der »ewigen Liste« alleiniger Spitzenreiter geworden war. Mansell auf Williams-Honda war durch Elektrikprobleme aus dem Rennen geworfen worden; Berger auf Ferrari kam auf den Ehrenplatz und Piquet auf Williams belegte die dritte Position, gefolgt von Fabi auf Benetton, dessen aufgeladener V6-Motor wieder zu viel Treibstoff verbraucht hatte. Bei den Großen Preisen von Spanien und von Mexiko ging ein großartiger Nigel Mansell auf Williams-Honda als Sieger hervor, so daß sich vor dem vorletzten Lauf, dem Großen Preis von Japan in Suzuka, folgender WM-Zwischenstand ergeben hatte: Nelson Piquet führte mit 73 gültigen Punkten, gefolgt von Nigel Mansell mit 61 und Ayrton Senna mit 51 Punkten.

Noch wäre es somit für Mansell möglich gewesen, seinem Teamkollegen Piquet den dritten WM-Titel streitig zu machen. Bisher hatte der Brite sechs Siege herausgefahren, ebenso acht Pole Positions; Piquet konnte nur drei Siege, jedoch sieben zweite Plätze vorweisen. Gespannt blickte man der Auseinandersetzung in Suzuka entgegen, denn hier würde die Entscheidung fallen. Und sie kam in einer unerwarteten Form: Mansell erlitt einen Trainingsunfall und mußte auf den Start verzichten, obwohl er keine sichtbaren Verletzungen erlitten hatte. Beim Aufprall gegen die Leitplanken war jedoch sein Rücken zu Schaden gekommen. Mit dem Startverzicht Mansells war Nelson Piquet Weltmeister 1987. Im Rennen schied Piquet wegen eines Motorschadens aus; das Rennen gestaltete sich zu einem Ferrari-Triumph, denn von der Pole Position aus führte Gerhard Berger ohne Unterbrechung (ausgenommen während des Reifenstopps). Seit August 1985 (Großer Preis von Deutschland auf dem Nürburgring mit Sieg von Alboreto) hatte Ferrari keinen Grand Prix gewonnen. Übrigens traten die Williams Ende 1987 bei den Übersee-Rennen wieder mit konventionellen Aufhängungen an, weil man vermeiden wollte, daß die Konkurrenz während des langen Transports das elektronisch kontrollierte Aufhängungssystem, mit dem man in Monza erfolgreich gewesen war, näher unter die Lupe nahm. Ferrari setzte seinen Triumphzug auch in Adelaide beim abschließenden Grand Prix von Australien fort, wo Berger mit dem F1-87 abermals auf der Pole Position stand und dann während des ganzen Rennens führte. Markenkollege Alboreto, der im Verlaufe der Saison klar in den Schatten des österreichischen Kollegen gerückt war, kam in zweiter Position durchs Ziel. Dieser 93. Ferrari-Erfolg bei einem für die Weltmeisterschaft zählenden Grand Prix stellte zugleich den 200. Grand Prix-Erfolg für Goodyear dar. Seinen ersten Volltreffer hatte der amerikanische Reifengigant beim Grand Prix von Mexiko 1965 (Ginther auf Honda) landen können.

Im Schlußklassement der Weltmeisterschaft 1987 führte Nelson Piquet auf Williams-Honda die Liste mit 73 Punkten an, gefolgt von seinem Teamkollegen Nigel Mansell mit 61, Ayrton Senna auf Lotus-Honda mit 57, Alain Prost auf McLaren-TAG-Porsche mit 46 und Gerhard Berger auf Ferrari mit 36 Punkten. Das Championat der Formel 1-Konstrukteure hatte Williams-Honda mit einem Riesenvorsprung von 137 Punkten gewonnen, gefolgt von McLaren-TAG-Porsche mit 76, Lotus-Honda mit 64 und Ferrari mit 51

Nach zehnjähriger Pause wurde der Grand Prix von Japan 1987 wieder in das WM-Programm einbezogen. Diesmal war die 5,859 km lange Bahn von Suzuka Austragungsort.

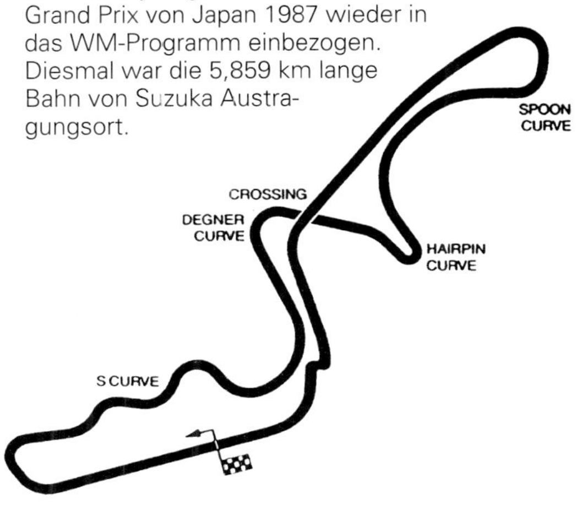

Punkten. Seit 1984 war die Weltmeisterschaft erstmals nicht mehr von einem McLaren-TAG-Porsche-Piloten gewonnen worden. Die für Fahrer mit Saugmotorwagen ausgeschriebene Jim-Clark-Trophäe errang Jonathan Palmer auf Tyrrell-Cosworth mit 95 Punkten, gefolgt vom Markenkollegen Philippe Streiff mit 74 Punkten. In der Markenwertung der Saugmotorfahrzeuge gewann Tyrrell-Cosworth mit 169 den Colin-Chapman-Pokal, gefolgt von Lola-Cosworth mit 56 und von AGS-Cosworth mit 39 Punkten.

Während die meisten Teams allmählich Farbe im Hinblick auf 1988 bekannten, zog Bernie Ecclestone sein Brabham-Team Ende der Saison zurück, ganz still und leise, ohne offizielle Communiqués. Es hieß, daß Brabham nach einjähriger Pause wieder in die Formel 1 eingreifen werde, aber dies sollte nicht mehr unter der Regie Bernie Ecclestones erfolgen, denn der schlaue FOCA-Chef verkaufte Ende 1988 die Firma Motor Racing Developments Ltd., sprich Brabham, an die Fiat-Gruppe, die somit eine zweite Alfa Romeo-Rennabteilung einrichtete. Alfa Romeo hatte nämlich beschlossen, sich an der von der FIA angekündigten Kategorie der sogenannten Silhouette-Cars (auch Pro-Car-Rennserie genannt) zu beteiligen, wobei das Fahrgestell des hierzu bestimmten Alfa Romeo-Modells mit V10-Motor von 3,5 Liter Hubraum auch bei Brabham gebaut wurde. Aber die FIA-Idee dieser Rennkategorie von Fahrzeugen, die äußerlich wie normale Serienwagen aussahen, aber von einem Formel 1-Motor angetrieben wurden, erwies sich als Flop, sie trat nie in Kraft. Im Oktober 1988 wurde die Firma Motor Racing Developments Ltd., Herstellerin der Brabham-Wagen, von Fiat weiterverkauft. Allgemein galt noch immer Ecclestone als ihr Besitzer, zumal die Übernahme durch die Fiat-Gruppe geheim geblieben war.

Nach der einzigartigen Erfolgsserie des V6-Motors hatte man bei Honda schon im Frühjahr 1987 die Konstruktion des zukünftigen Formel 1-Triebwerkes in die Hand genommen. Anläßlich des Automobilsalons von Tokio stand das 3,5 Liter-Triebwerk, das gemäß den neuen Vorschriften als Saugmotor konzipiert sein mußte, in einem Schaukasten des Honda-Standes. Es handelte sich um einen V10, allerdings folgte 1988 bereits ein anderes V10-Projekt, mit welchem dann im August 1988 auch die ersten Tests – mit einem McLaren-Fahrgestell – vorgenommen wurden.

Formel-1-Wagen von 1987

Marke/Modell	Chefkonstrukteur/ andere Ingenieure	Motor	Getriebe (Anzahl Gänge)	Radstand (mm)	Spur vorne Spur hinten	Trockengewicht in kg
AGS JH22	Christian Vanderpleyn	Ford-Cosworth DFZ (V8 SM)	Hewland-Renault (5/6)	2870	v 1700 h 1560	520
Arrows A 10	Ross Brawn	Megatron M 12/13 (4 Zyl. Turbo)	Arrows-Hewland (6)	2743	v 1803 h 1625	540
Benetton B 187-	Rory Byrne	Ford TEC FI (V6 Turbo)	Benetton-Hewland (5/6)	2690	v 1816 h 1682	540
Brabham BT 56	Dave North John Baldwin	BMW M 12/13-1 (4 Zyl. Turbo)	Brabham-Weismann (6)	2794	v 1803 h 1676	540
Coloni FC	Roberto Ori	Ford-Cosworth DFZ (V8 SM)	Hewland-Coloni (6)	2800	v 1750 h 1550	510
Ferrari F1-87	John Barnard Gustav Brunner	Ferrari (V6 Turbo)	Ferrari (6)	2800	v 1791 h 1673	542
Ligier JS 29 C	Michel Tétu	Megatron M 12/13 (4 Zyl. Turbo)	Ligier-Hewland (6)	2835	v 1790 h 1665	550
Lola LC-87	Ralph Bellamy	Ford-Cosworth DFZ (V8 SM)	Lola-Hewland (6)	2603	v 1714 h 1600	500
Lotus T 99	Gérard Ducarouge	Honda RA 167 E (V6 Turbo)	Lotus (6)	2720	v 1800 h 1650	540
March M 871	Gordon Coppuck Andy Brawn	Ford-Cosworth DFZ (V8 SM)	March (6)	2742	v 1798 h 1669	500
McLaren MP 4/3	Gordon Murray	TAG-Porsche TTE-PO 1 (V6 Turbo)	McLaren (6)	2768	v 1816 h 1676	540
Minardi M 186	Giacomo Caliri	Motori-Moderni MM F1 T (V6 Turbo)	Minardi-Hewland (5)	2690	v 1812 h 1661	550
Osella FA 1 L	Giuseppe Petrotta	Alfa Romeo T 890 (V6 Turbo)	Hewland DGB (5)	2830	v 1800 h 1670	570
Tyrrell 016	Maurice Phillippe Brian Lisles	Ford-Cosworth DFZ (V8 SM)	Tyrrell-Hewland (5/6)	–	v – h –	500
Williams FW 011 B	Patrick Head Frank Dernie	Honda RA 167 E (V6 Turbo)	Williams-Hewland (6)	2794	v 1803 h 1651	540
Zakspeed 871	Chris Murphy Heinz Zöllner	Zakspeed (4 Zyl. Turbo)	Zakspeed (6)	2840	v 1800 h 1600	550

Monocoque: alle Monocoque bestehen aus einer Kombination von Kevlar mit Kohlenstoff, zum Teil auch Honeycomb-Innenschicht aus Leichtmetall.
SM: Saugmotor
Hubraum: Saugmotoren 3,5 Liter, Turbomotoren 1,5 Liter

15 Siege der McLaren-Honda

In ihrer letzten Saison dürfen die Turbomotoren noch 150 Liter Treibstoff verbrauchten. Ayrton Senna (McLaren-Honda) wird Weltmeister. In Modena stirbt neunzigjährig Enzo Ferrari.

Ein Erfolgstrio im Gespräch: von links McLaren-Fahrgestell-Ingenieur Steve Nichols, Ayrton Senna und Alain Prost. Der unter der Leitung von Steve Nichols entstandene McLaren MP 4/4 mit Honda-V6-Motor erwies sich auf Anhieb als ein unschlagbares Fahrzeug.

Ein neues Formel 1-Team entstand auch in Brescia. Es handelte sich um die Scuderia Italia, welche den von Alex Caffi pilotierten Dallara 1988 mit Cosworth-Motor einsetzte.

Wenn man die frühen fünfziger Jahre ausklammert, als die Felder kleiner und alles andere als ausgeglichen waren, dann ist eine Weltmeisterschaft nie so überlegen von einem einzigen Rennstall dominiert worden wie 1988, als die McLaren MP 4/4 mit Honda-V6-Turbomotor bei 15 von 16 Rennen siegten. Zehnmal vermochte die englisch/japanische Kombination sogar einen Doppelerfolg herauszufahren. Die 39. Weltmeisterschaft brachte zugleich das letzte Jahr der Turbomotoren, die ab Saison 1989 in der Formel 1 nicht mehr zulässig waren. Die im Oktober 1986 beschlossene stufenweise Zurückbindung der Turboaggregate brachte 1988 eine weitere leistungsmäßige Angleichung der aufgeladenen Motoren an die allerdings weiterhin unterlegenen Saugmaschinen. Mit dem tieferen Ladedrucklimit sank die Leistung der Turbos wesentlich. Die Ladeturbinen konnten nur mehr eine beschränkte Luftmenge in die Zylinder befördern, zumal sich das von der FIA gestellte Pop-off-Ventil nun bei maximal 2,5 bar öffnete (1987 war es 4 bar gewesen; vor 1987 war der Ladedruck noch frei). Bei 2,5 bar Ladedruck betrug die Höchstleistung der Turbos nun an die 650 bis 700 PS, also hatte man die Leistung durch das neue Limit um 250 bis 300 PS gedrosselt. Die besten 3,5 Liter-Saugmotoren leisteten 1988 knappe 600 PS und konnten damit kaum für einen Sieg in Frage kommen.

Immerhin versprach ein leistungsmäßig näher zusammengerücktes Feld spannendere Rennen. Die Turbos durften bei einem Grand Prix nicht mehr als 150 Liter Treibstoff verbrauchen, (maximal 102 ROZ), nachdem es im vorhergehenden Jahr noch 195 Liter waren; hingegen gab es für die Saugmotorkonkurrenz keinerlei Verbrauchslimit mehr. Die Fahrzeuge mit Turbomotor hatten 1988 weiterhin ein Mindestgewicht von 540 kg auf die Waage zu bringen, die Sauger durften um 40 kg leichter sein.

Nachdem McLaren und Honda im September 1987 ihre für 1988 geplante Zusammenarbeit bekanntgegeben hatten, stand fest, daß der von Porsche entwickelte und in den Weltmeisterschaften von 1984, 1985 und 1986 erfolgreich gewesene TAG-V6-Turbomotor verschwinden würde, zumal TAG-Chef Mansour Ojjeh, der auch maßgeblich an McLaren beteiligt war, nicht beabsichtigte, die teure Weiterentwicklung des deutschen Sechszylinders weiterhin zu finanzieren.

Honda hatte sich für 1988 nicht nur den besten Rennstall - McLaren - geangelt; mit Ayrton Senna und Alain Prost standen auch die damals vermutlich besten Fahrer überhaupt zur Verfügung.

Außer Porsche (TAG) hatte Ende 1987 auch BMW offiziell der Formel 1 den Rücken gekehrt, nachdem die Zusammenarbeit mit Brabham 1987 alles andere als erfolgreich gewesen war. Überhaupt zog sich Brabham Ende 1987 vorübergehend aus der Formel 1 zurück, um eine Denkpause einzuschalten (so wurde der Rückzug offiziell begründet), aber mittlerweile verkaufte Bernie Ecclestone seinen Rennstall an die Fiat-Gruppe (1988 arbeitete man bei Brabham für Alfa Romeo), was jedoch erst ein Jahr später publik wurde. BMW war indirekt dennoch nicht ganz aus der Formel 1 verschwunden, denn die ältere Version des Münchner Vierzylinders mit senkrecht stehendem Block trieb als Megatron 1988 wiederum die Arrows an. In der Formel 1 war Deutschland, die europäische Autonation Nummer 1, ansonsten nur noch durch Zakspeed vertreten.

Zwei Spitzenteams, nämlich Williams und Benetton, stellten vorzeitig auf Saugmotoren um; Williams hatte schon vor dem Grand Prix von Italien angekündigt, daß sein Team sich dem neuen Judd-Achtzylinder-Saugmotor zuwenden würde, und das exklusiv mit Ford zusammenarbeitende Benetton-Team rüstete seinen neuen Wagen mit einem weitgehend neuen und aus der Zusammenarbeit zwischen Cosworth und Ford entstandenen Ford-V8-Saugmotor des Typs DFR aus. Im Frühjahr 1988 gab Ford ein Abkommen mit Yamaha zur Verwendung von fünfventiligen japanischen Zylinderköpfen bekannt, aber aus der Zusammenarbeit zwischen Ford und Yamaha wurde dann doch nichts. Der neue Ford V8 des Typs DFR behielt die traditionellen Zylinderköpfe mit vier Ventilen pro Zylinder.

Die in der Formel 1 auftauchende englische Motorenmarke Judd, deren Majorität der australische Exweltmeister Jack Brabham besaß, rüstete in deren ersten Grand-Prix-Saison gleich drei Teams aus, nämlich Williams (bisher Honda), Ligier (bisher Megatron) und March (bisher Cosworth). Nachdem der Amerikaner Carl Haas sein Lola-FORCE-Team Ende 1986 aus der Formel 1 zurückgezogen und die Firma FORCE an Bernie Ecclestone verkauft hatte, und nachdem Ende 1987 auch Brabham (wenn auch nur vorübergehend) von der Grand Prix-Bildfläche verschwunden war, tauchten 1988 gleich drei neue Teams auf: in Deutschland hatte der ehemalige ATS-Besitzer Günter Schmid ein neues Formel 1-Team auf die Beine gestellt, das auf den Namen der ebenfalls Schmid gehörenden Felgenmarke Rial getauft wurde. Der Sitz von Rial lag in Russgönheim bei Mannheim. In Brescia gründete der Industrielle Giuseppe Lucchini, ein passionierter Sammler historischer Renn- und Sportwagen, einen neuen Formel 1-Rennstall, der die Bezeichnung Scuderia Italia erhielt und dann mit von Dallara in Varano (Parma) gebauten Wagen antrat. Der dritte Neuling war Euro-Brun, eine vom Luzerner Walter Brun zusammen mit dem in Senago bei Mailand ansässigen Gianpaolo Pavanello gegründete Renngemeinschaft, die materiell auf dem einstigen Euroracing-Rennstall fußte. Euroracing hatte von 1983 bis 1985 von aufgeladenen Alfa Romeo-V8-Motoren angetriebene Rennwagen eingesetzt.

Insgesamt umfaßte die neue Liste der Grand Prix-Kandidaten nicht weniger als 18 Teams; einige waren darunter, die nur einen Wagen einsetzten. Nicht weniger als 34 Fahrer bewarben sich für die maximal 26 Startplätze. Nachdem jedoch das Reglement höchstens 30 Fahrzeuge zum Qualifikationstraining zuließ, sah man sich veranlaßt, beim ersten und freien Training am Freitag eine Vorqualifikation einzuschalten, in deren Verlauf der langsamste Konkurrent der neuen Teams (erste Saisonhälfte; in der zweiten Saisonhälfte mußten die schlechtesten Teams der ersten acht Rennen bei der Vorqualifikation antreten) eliminiert wurde.

Eine nicht unbedeutende Rolle spielte die Schweizer Tuningfirma Heini Mader Racing Components in Gland (Waadtland): Zwölf von 31 Fahrern traten mit von Mader überholten Motoren an. Bei diesem Unternehmen des ehemaligen Rennmechanikers, der 1973 die Firma des 1972 in Le Mans tödlich verunglückten Joakim Bonnier übernommen hatte, ließen folgende Rennställe ihre – Cosworth – Triebwerke revidieren: AGS, Rial, Minardi, Larrousse & Calmels, Coloni, Euro-Brun und die Scuderia Italia. Hinzu kam das Arrows-Team, dessen aufgeladene Megatron-Vierzylinder ebenfalls in der Schweiz gewartet wurden. Das auf halbem Weg zwischen Lausanne und Genf angesiedelte Unternehmen beschäftigte 1988 immerhin 48 Mitarbeiter. Bei Mader wurden damals auch ein Dutzend Formel 3000-Konkurrenten mit Cosworth-DFV-Dreilitermotoren beliefert. In

Nachdem Gustav Brunner Ferrari 1987 verlassen hatte, konstruierte er den neuen Rial mit Cosworth-Motor. Gründer des Rial-Teams war der ehemalige ATS-Besitzer Günter Schmid, welcher für 1988 Andrea De Cesaris verpflichtete.

In Monaco liegt Thierry Boutsen auf dem Benetton B 188-Ford vor Grand Prix-Neuling Yannick Dalmas auf Lola LC 88-Cosworth. Schon 1988 hatte Benetton auf den 3,5 Liter-Saugmotor umgestellt, wobei es sich um eine besondere Version des Ford-Cosworth (DFR) mit tieferliegender Kurbelwelle handelte.

Walter Brun (Mitte) und Giancarlo Pavanello gründeten im Hinblick auf 1988 das neue Euro-Brun-Team, dessen Fahrer der Argentinier Oscar Larrauri (links) sowie der junge Italiener Stefano Modena (rechts) waren. Der Sitz der italienisch/schweizerischen Renngemeinschaft befand sich in Senago bei Mailand.

Rechts
Eine neue englische Motorenmarke tauchte 1988 in der Formel 1 auf: Judd. Mit Judd-V8-Saugmotoren fuhr auch Williams. Im Hintergrund links Firmenchef John Judd, in der Mitte der Williams-Aerodynamiker Frank Dernie.

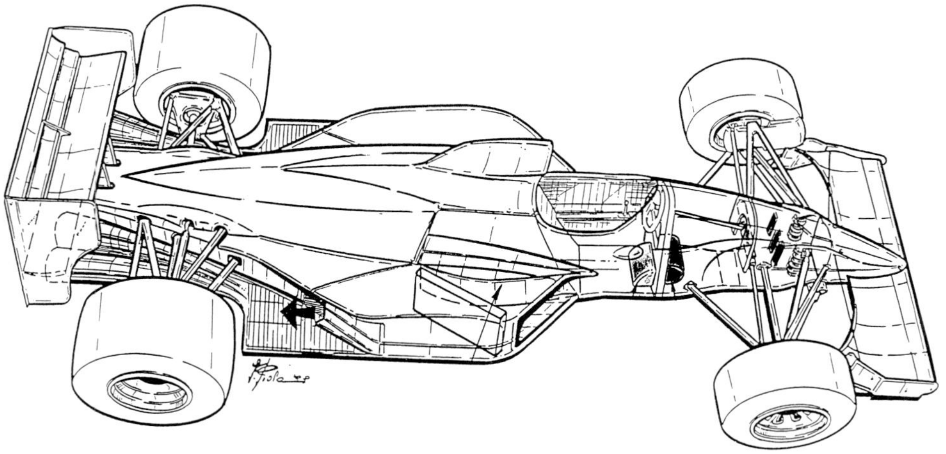

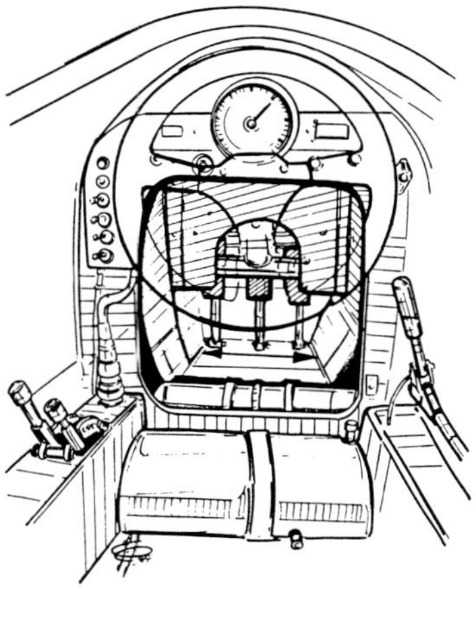

Links
Blick in das March-Cockpit mit dem ultraschmalen (25 cm) Fußraum. Ein Spant trägt das Armaturenbrett, ein weiterer das Lenkgetriebe. Durch diesen Spant paßte nur ein Fuß nach dem andern, nicht beide gleichzeitig. Der Fahrer saß mit leicht angehobenen Beinen.

Oben
Der unter der Leitung von Adrian Newey konstruierte March M 881 wies eine charakteristische und wegweisende aerodynamische Form mit ultraschmalem »Concorde-Schnabel« auf. Neweys Konstruktion machte Schule. Mit diesem Saugmotorwagen lag Ivan Capelli in Japan sogar ganz kurz in Führung.

Gland bezog man die Triebwerke von Cosworth, Worcester, in Form von Bestandteilen, die dann in der Schweiz zusammengebaut wurden. Mader pflegte die Aggregate an die Teams zu vermieten, womit die Revisionen automatisch in Gland zu erfolgen hatten, ebenso bot sich für Unbefugte keine Möglichkeit, in das Innenleben der Motoren zu blicken. Mader hatte 1988 42 Cosworth DFZ 3,5 Liter zu betreuen, die für die Formel 1 bestimmt waren; hinzu kamen 43 DFV von 3 Liter Inhalt, die in der Formel 3000 zum Einsatz kamen. Insgesamt hatte Mader 85 Cosworth-Achtzylinder in Umlauf; daneben betreute er drei Dutzend Megatron-Turbo-Vierzylinder, die von Arrows-Sponsor USF & G in Auftrag gegeben worden waren. An der Weiterentwicklung des Megatron arbeitete der ehemalige BMW-Ingenieur Gerhard Schumann; mit den englischen V8 befaßte sich bei Mader vor allem der ehemalige Cosworth-Ingenieur Tim Whiskerd. Je nach den finanziellen Möglichkeiten brauchte ein Team im Durchschnitt fünf bis sechs Triebwerke pro Fahrgestell. Nur mit einer derartigen Menge ließen sich Engpässe ausschalten. Mader empfahl für seine Cosworth eine Revision pro 1000 Betriebskilometer; die viel stärker beanspruchten Megatron mußten alle 650 Kilometer in die Werkstatt. Für die Revision eines Cosworth wurden etwa 100 Arbeitsstunden aufgewendet; ein Megatron-Vierzylinder erforderte pro Überholung einen Aufwand von gut 150 Arbeitsstunden. Die Revisionen der Formel 1-Triebwerke waren sehr teuer: rund 25 000 Schweizer Franken (rund 17 000 US-Dollar) für den Cosworth sowie 35 000 bis 40 000 Schweizer Franken (24 000 bis 27000 US-Dollar) für einen Megatron. Der Preis richtete sich dabei nicht allein nach den Arbeitsstunden, sondern auch nach dem Aufwand an Neuteilen. Im Durchschnitt bestritt ein Motor ein Rennen und die folgenden Testfahrten sowie auch ein Qualifikationstraining, dann war es Zeit, daß das Triebwerk ausgebaut wurde. Ein neuer Cosworth-DFZ-Motor kostete 125 000 Schweizer Franken oder rund 83 000 US-Dollar. Mader baute die DFZ gegen Ende 1988 allmählich auf die bis dahin nur von Benetton verwendete DFR-Version des V8 um. Der modernere DFR besaß eine tieferliegende Kurbelwelle sowie eine flacher ausgebildete Ölwanne, was einen tieferen Schwerpunkt ergab. Diese Umstellung erforderte auch neue Zylinderköpfe. Bei dem 1988 zuerst ausschließlich von Benetton verwendeten Ford-Cosworth-DFR-Motor stammte die Elektronik von Ford in Detroit, Mader dagegen bezog die Hardware von Cosworth, während die Programmierung in Gland erfolgte. Einige Motoren erhielten die Elektronik von Magneti Marelli; hier handelte es sich um ein verteilerloses Zünd- und Einspritzsystem mit vollprogrammierbarer Einspritzung, das sich bei Temperatur- und Barometerstandveränderungen von selbst regulierte. Das Magneti-Marelli-

John Judd

System wies mehr programmierbare Punkte im Kennfeld auf.

In den Wintermonaten machte die Meldung über ein französisches Motorenprojekt in der Presse die Runde. Es handelte sich um einen besonderen von Guy Nègre konstruierten MGN-Zwölfzylinder mit drei Reihen zu je vier ventillosen Zylindern. Anstelle von Ventilen verwendete Nègre rotierende Wellen, die Ein- und Auslaß steuerten. Nègre versprach sich von seinem Zwölfzylinder, an dessen Finanzierung eine Bank beteiligt war, eine große Zukunft, doch leider fand das mit relativ bescheidenen Mitteln entstandene Werk keinen Anschluß an die Formel 1, trotz des Interesses, das AGS eine Zeitlang an diesem Projekt bekundet hatte.

Die meisten Fachleute waren sich vor Beginn der Saison darin einig, daß die Turbokonkurrenz trotz des auf 2,5 bar reduzierten Ladedrucks, in Verbindung mit der auf 150 Liter begrenzten Treibstoffmenge, weiterhin dominieren würde. Es hieß, die Sauger würden höchstens auf Stadtrundstrecken oder auf Circuits ohne lange Geraden gewisse Chancen haben, wie zum Beispiel in Monaco, Detroit, Budapest und Adelaide. Trotz ihres im Vergleich zu den Turbos von 540 auf 500 kg reduzierten Mindestgewichts waren die Saugmotoren am Start kaum leichter, denn sie mußten an die 20 bis 30 kg mehr Treibstoff mitführen, weil die Saugmaschinen pro Grand-Prix-Distanz einen Mehrverbrauch von 25 bis 40 Liter aufwiesen. Beim verwendeten Treibstoff handelte es sich weiterhin um »schweres Benzin«, das verschiedene Additive enthielt, um eine maximale Klopffestigkeit zu erreichen; im Prinzip mußten die Chemiker nur die Vorschrift von maximal 102 ROZ einhalten. Ein Liter Spezialgemisch kostete immerhin 15 Schweizer Franken oder rund 10 US-Dollar.

In Anbetracht des herabgesetzten Ladedrucklimits und der geringeren Treibstoffmenge, die bei einem Grand Prix verbraucht werden durfte, mußten die nun mechanisch und thermisch geringer als bisher beanspruchten Turbomotoren stark überarbeitet und den neuen Anforderungen angepaßt werden, denn ein für 4 bar Ladedruck konzipierter Motor konnte bei 2,5 bar nicht optimal arbeiten. Die Verdichtung, die Höchstdrehzahl, die Brennräume, in einigen Fällen auch das Bohrung/Hub-Verhältnis, vor allem aber das elektronische Motormanagement mußten auf die geänderten Anforderungen adaptiert werden. Um auf höhere Drehzahlen zu kommen, genügte nicht allein eine Verkürzung des Hubes, vielmehr galt es, alle sich im Motor bewegenden Teile im Gewicht zu reduzieren. Während die Höchstleistung der Turboaggregate anfangs auf etwa 630 bis 660 PS geschätzt wurde (gegen Ende der Saison sagte man dem Honda V6 sogar mehr als 700 PS nach), mußte die Saugmotorkonkurrenz mit einer Leistung von 570 bis etwa 600 PS auskommen. Es handelte sich dabei noch um Saugmotoren der sogenannten »alten« Generation, obschon der Judd V8 ein Newcomer in der Formel 1 war. Die »neue« Saugmotorgeneration wurde erst für 1989 erwartet: aufwendig konstruierte Zehn- und Zwölfzylinder mit zum Teil fünfventiligen Zylinderköpfen, wie sie von Honda, Ferrari, Renault oder Subaru-Motori Moderni angekündigt wurden. Auch Ford und Yamaha kündigten neue V8-Konstruktionen an.

Eine neue Vorschrift trat 1988 in Kraft: Bei Neukonstruktionen mit Turbomotor sowie bei allen Wagen mit Saugmotor mußten die Pedale hinter der Vorderachslinie liegen, um den Füßen und Beinen des Fahrers bei Unfällen einen besseren Schutz zu bieten. Dies bedeutete, daß die mit einem Turbomotor konkurrierenden Marken ihre 87er Fahrgestelle noch in der letzten Turbosaison verwenden durften, sofern die Gesamtstruktur des Wagens nicht geändert wurde. Ferrari, Zakspeed und Arrows traten dann auch mit vorjährigen und verbesserten Fahrgestellen an; von den Turboteams bauten nur McLaren und Lotus neue Fahrgestelle. Bei McLaren

Alex Caffi

sah man sich wegen der Umstellung vom TAG-V6- auf den Honda-V6-Turbomotor gezwungen, ein neues Auto auf die Räder zu stellen, und bei Lotus entschied man sich für eine Neukonstruktion, weil das noch mit einer aktiven Aufhängung bestückte vorjährige Fahrgestell kein Optimum an Fahreigenschaften geboten hatte. Lotus stellte 1988 wieder auf konventionelle Aufhängungen um. Rennställe, die vom Turbo- auf einen Saugmotor umstiegen, wie zum Beispiel Williams (von Honda V6 auf Judd V8), Ligier (von Megatron-Vierzylinder auf Judd V8) oder Benetton (von Ford V6 auf Ford V8) mußten ohnehin komplett neue Autos bauen.

McLaren galt zusammen mit Ferrari vorerst noch als Topfavorit der WM 1988. Erstens

Sergio Rinland

handelte es sich bei dem englischen Rennstall um ein gut organisiertes Team mit hervorragenden Technikern, und zweitens verfügte man mit dem Honda V6 Turbo über den leistungsstärksten Motor, der 1987 mit Williams und Lotus bei den meisten WM-Läufen dominiert hatte. Erstmals entstand bei McLaren in den achtziger Jahren ein neues Fahrgestell, dessen Basis nicht mehr von dem Ende 1986 zu Ferrari gegangenen John Barnard stammte. Für die Neukonstruktion zeichneten Steve Nichols und Neil Oatley verantwortlich; Gordon Murray überwachte das Projekt und zeichnete für den kompletten technischen Bereich McLarens verantwortlich. Der neue McLaren MP 4/4-Honda mit seinem schlanken Monocoque tauchte erst sehr spät auf, nämlich rund zwei Wochen vor Beginn der WM in Brasilien. Bei den Tests von Imola im März hatten die meisten Teams ihre Arbeiten bereits abgeschlossen, als der MP 4/4 auf dem emilianischen Circuit mit Prost und Senna seine Runden zu drehen begann und dabei sämtliche Trainingsbestzeiten der vorhergehenden Woche pulverisierte. McLaren rückte auf Anhieb in die Rolle des einzigen WM-Favoriten vor. Auch Ferrari räumte man gewisse Erfolgsmöglichkeiten ein, obwohl der Auftritt McLarens bei den Tests in Imola für die Sympathisanten der italienischen Marke eine kalte Dusche bedeutet hatte. Mittlerweile war Gerhard Berger zum unbestrittenen Fahrer Nummer 1 avanciert, denn 1987 hatte der Österreicher regelmäßig demonstriert, daß er schneller als Michele Alboreto war. Bei Ferrari behielt man das Fahrgestell von 1987 bei: Es handelte sich immer noch um die von Gustav Brunner konzipierte Konstruktion (Brunner war inzwischen zu Rial gegangen), die im Verlaufe der Monate von John Barnard und von Harvey Postlethwaite modifiziert worden war. Unter der Gesamtleitung des für die Motorenentwicklung verantwortlichen Ingenieurs Jacques His paßte man in Maranello den aufgeladenen V6 den neuen Anforderungen an. Im Verlauf der Saison stellte sich dann heraus, daß der Sechszylinder seine Kraft zu brutal entfaltete und auch zuviel Treibstoff verbrauchte. Ein bedeutendes Ereignis gab es in Modena und Umgebung am 20. Februar zu feiern: Commendatore Dottore Ingegnere h.c. Enzo Ferrari feierte seinen 90. Geburtstag. Das Ereignis wurde in der Presse weltweit gewürdigt, stand doch der große Mann aus Modena praktisch seit sechs Jahrzehnten im Mittelpunkt des Renngeschehens.

Bei Lotus entwarf Gérard Ducarouge den Mark 100 T mit Honda-V6-Motor, der nicht mehr die sehr aufwendige und komplizierte aktive Aufhängung des 99 T aufwies. In Norwich hatte man wieder zur konventionellen Aufhängung zurückgefunden. Zu diesem Zeitpunkt war Hazel Chapman, die Witwe des Ende 1983 unerwartet verstorbenen Colin Chapman, noch zu 80 % am Formel 1-Team beteiligt. Das Team Lotus operierte unabhängig von der im Januar 1986 von der General Motors übernommenen Group Lotus, Hersteller der Lotus-Serienwagen. Rennleiter Peter

Bei 15 von 16 Grand Prix waren 1988 die McLaren-Honda-Piloten siegreich. Bei einem WM-Lauf (GP von Italien) gewann hingegen Gerhard Berger auf dem Ferrari F1-87/88C.

Rechts
Bei McLaren stimmte 1988 alles: man verfügte über ein hervorragendes Fahrgestell, die Honda-V6-Turbomotoren waren leistungsstark und zuverlässig, ebenso konnte man auf die besten Piloten zählen: Ayrton Senna und Alain Prost. Zu den großen Stärken McLarens zählte auch die perfekte Organisation. Hier wird Sennas Wagen beim Grand Prix von Brasilien abgefertigt. Mit dem Fahrer sind 20 Mann im Einsatz.

Links
Während des Grand Prix von Belgien in Spa/Franchorchamps biegen der March-Judd von Ivan Capelli und der Williams-Judd von Nigel Mansell nach den Boxen in die langsame Kurve von La Source ein.

Warr hatte den zu McLaren gegangenen Ayrton Senna, der für Chefkonstrukteur Gérard Ducarouge einen idealen Arbeitspartner bei der Mise-au-point und Weiterentwicklung der Lotus gewesen war, durch dessen Landsmann und regierenden Weltmeister Nelson Piquet ersetzt. Der dreifache Weltmeister hatte jedoch den Zenit seiner Karriere bereits hinter sich und zudem harmonierte die Zusammenarbeit zwischen Ducarouge und Piquet nicht. Der Japaner Satoru Nakajima, dessen erste Formel 1-Saison ziemlich farblos gewesen war, verblieb im Team.

Bei Williams entwarfen Chefkonstrukteur Patrick Head und Frank Dernie, Spezialist für Aerodynamik, den FW 12, der nach der Trennung von Honda mit einem Judd-Achtzylinder versehen wurde. Ein besonderes Merkmal des FW 12 war sein vor der Hinterachse liegendes und quer eingebautes Sechsganggetriebe, dessen Anordnung eine günstigere Gewichtsverteilung versprach. Schon bei den Wintertests stellte sich klar heraus, daß der Williams-Judd, der March-Judd und der Benetton-Ford als die eindeutig schnellsten Saugmotorwagen galten. Nachdem Benetton 1986 einen BMW-Turbo und 1987 einen Ford-Turbomotor verwendet hatte, wurde bei Ford Ende 1987 beschlossen, den Rennstall des Bekleidungsriesen aus Treviso 1988 exklusiv mit dem neuen Ford-DFR-V8-Saugmotor zu beliefern, zumal der aufgeladene V6 in Bezug auf dessen Treibstoffverbrauch nur schwer in den Griff zu bekommen war. Der neue Ford DFR stellte eine modernisierte Version des bisherigen DFZ von Cosworth dar. Beim DFZ war es wegen der im Durchmesser 5 cm kleineren Kohlenstoffkupplung möglich, die Kurbelwelle und damit auch den Schwerpunkt um rund 25 mm zu senken. Der neue Benetton B 188 war einmal mehr eine Schöpfung des Südafrikaners Rory Byrne, dem damit abermals ein hervorragender Wurf gelungen war. Der schmale »Schnabel« des B 188 zählte zu den markantesten Merkmalen dieses Modells, mit welchem der Belgier Thierry Boutsen und der von Minardi zu Benetton gekommene Italiener Alessandro Nannini an den Start gingen. Als besonders fortschrittlich wurde auch der neue und von Adrian Newey entworfene March 881 eingestuft, in dessen vorderer Partie des Monocoques die Beine des Fahrers allerdings kaum Bewegungsraum hatten. Ivan Capelli und der neu von March verpflichtete Brasilianer Mauricio Gugelmin kamen zwar im engen Cockpit zuerst nicht ganz zurecht, doch in puncto Aerodynamik und Fahrgestell war Adrian Newey sowie dem langjährigen March-Boss Robin Herd ein Meisterstück moderner Rennwagenbaukunst gelungen. Seit einem Jahr befand sich der March-Formel 1-Rennstall im Besitz des japanischen Konzerns Leyton House. Nachdem das Team aus Bicester 1987 noch mit Cosworth-Motoren angetreten war, hatte es nun auf den neuen Judd V8 umgestellt.

Unten
Ayrton Senna, der angehende Weltmeister 1988, im Gespräch mit dem Honda-Chefingenieur Osamu Goto.

Rechts
Ayrton Senna auf dem McLaren MP 4/4 mit Honda-V6-Turbomotor (Monaco). Diese Kombination gewann bei 8 Grand Prix, ebenso ging Senna als Weltmeister hervor.

Osamu Goto

Bei Arrows überarbeitete Chefkonstrukteur Ross Brawn das bisherige Fahrgestell des Typs A 10 und brachte es als A 10B heraus. Die Heini Mader Racing Components ließ dem Megatron-Vierzylinder mit Garrett-Turbolader nach monatelangen Prüfstandversuchen viele Verbesserungen angedeihen, um den ehemaligen BMW-Motor den neuen Vorschriften optimal anzupassen. Die Fahrer waren wieder Eddie Cheever und Derek Warwick. Das von Gérard Larrousse und Didier Calmels geleitete und mit Lola-Wagen konkurrierende Team setzte zwei neue Fahrzeuge ein, wobei neben Philippe Alliot auch der Nachwuchsmann Yannick Dalmas verpflichtet wurde. Zur Verfügung stand der Lola LC 88 mit von Mader präpariertem Cosworth-DFZ-Motor. Mittlerweile hatten Larrousse und Calmels bekanntgegeben, daß ihr Team ab 1989 den bei der Lamborghini Engineering in Modena unter der Leitung von Ing. Mauro Forghieri entstehenden Lamborghini-V12-Saugmotor verwenden würde. Minardi behielt 1988 nicht mehr den aufgeladenen V6 von Motori Moderni bei, sondern versah die neuen Wagen ebenfalls mit einem Cosworth V8. Unter der Gesamtleitung von Ing. Giacomo Caliri entstand der M 199 für die beiden Spanier Adrian Campos und Luis Perez Sala, wobei Campos nach wenigen Rennen einsah, daß er nicht für die große Grand Prix-Karriere prädestiniert war, so daß er sich zurückzog und durch Pierluigi Martini ersetzt wurde. Die neugegründete Scuderia Italia mit Sitz in Brescia hatte bei Dallara in Varano (Parma) einen Wagen in Auftrag gegeben: Der BMS Dallara war vom argentinischen Ingenieur Sergio Rinland konzipiert; als Fahrer hatte man den ebenfalls aus Brescia stammenden Alex Caffi verpflichtet, der 1987 auf Osella gestartet war. Auch beim Dallara griff man zum Cosworth-Achtzylinder.

Die Tyrrell Organisation Ltd. Im englischen Woking spielte längst nicht mehr jene Rolle wie einst in den glorreichen Zeiten Jackie Stewarts oder Jody Scheckters. Für die neue Saison bauten Maurice Phillippe und Brian Lisles den 019, wobei die Cosworth-Achtzylinder bei der von Cosworth kontrollierten Motorenfirma Brian Harts gewartet wurden. Als Fahrer stand der Arzt Dr. Jonathan Palmer zur Verfügung, dem man im letzten Moment den Formel 1-Neuling Julian Bailey zur Seite stellte. Wie schon erwähnt, tauchte Günter Schmid, der ehemalige Besitzer von ATS, mit einem neuen und Rial getauften Team auf. Schmid hatte seine ATS-Anteile verkauft und war nach und nach Besitzer der ursprünglich ebenfalls ATS gehörenden Felgenfirma Rial geworden. Unter diesem neuen Namen bildete sich nun in Fussgönheim in der Nähe Mannheims ein kleines Formel 1-Team. Der Österreicher Gustav Brunner, der Ferrari im Sommer 1987 wieder verlassen hatte, baute den Rial ARC 01, der dem von Brunner ein Jahr zuvor

Luciano Pavanello

Philippe Streiff

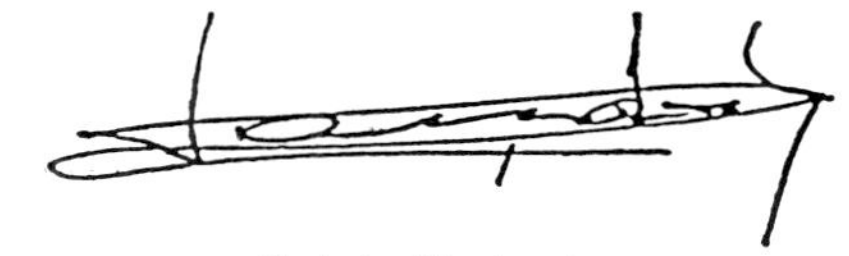

Christian Vanderpleyn

bei Ferrari entworfenen F1-87 recht ähnlich sah und mit einem Cosworth-V8 aus dem Hause Maders versehen wurde. Ein besonderes Merkmal des Rial waren die vorn an den Unterseiten angebrachten Aussparungen im Monocoque, in denen längs die Feder/Dämpfer-Einheiten eingebaut waren. Rial verpflichtete den römischen Draufgänger Andrea De Cesaris als Fahrer.

Ligier wechselte vom Megatron-Turbomotor zum Judd-V8-Saugmotor. Chefkonstrukteur Michel Têtu stellte eine ungewöhnliche Chassiskonstruktion auf die Räder; denn der neue Ligier JS 31, dessen Fahrer René Arnoux und Stefan Johansson waren, besaß hinten noch eine Art Zusatzmonocoque. Zwischen dem Judd-Motor und der Hinterachskonstruktion war eine kastenförmige, einen Zusatztank enthaltende Konstruktion gelegt, die das Heck trug. Têtu strebte mit der Zweiteilung des Chassis eine kleinere Stirnfläche des Fahrzeugkörpers an, insbesondere aber wollte er die gewichtigen Teile näher an den Schwerpunkt bringen. Der normale, hinter dem Sitz des Fahrers in das Hauptmonocoque eingelegte Treibstofftank wurde beidseitig nach vorn verlängert, so daß er im Bereich zwischen dem Motor und dem Cockpit kürzer wurde, was wiederum ermöglichte, den Motor näher an das Cockpit heranzubringen. Im Rennen wurde zuerst dem hinteren, zwischen dem Motor und der Hinterachse liegenden Zusatztank Treibstoff entnommen, womit sich die Gewichtsverteilung während der allmählichen Entleerung verbessern sollte. In der Praxis aber erwies sich der JS 31 als ein Flop, der ständig von Fahrgestell- und Aerodynamikproblemen geplagt wurde.

Die 1988 von Piercarlo Ghinzani sowie vom deutschen Formel 1-Neuling Bernd Schneider gefahrenen Zakspeed 187 waren nichts anderes als Vorjahreswagen, deren aufgeladene Zakspeed-Vierzylinder besonders drastisch unter dem Ladedrucklimit litten und nie auf eine optimale Leistung kommen konnten, so daß die Zakspeed ständig mit Qualifikationsproblemen konfrontiert wurden. Eine erstaunliche Neukonstruktion brachte das kleine südfranzösische AGS-Team heraus, nämlich den unter Christian Vanderpleyn entstandenen JH 23 mit Cosworth-Motor von Mader. Anfangs Jahr war es Henri Julien gelungen, einen zahlungskräftigen Sponsor zu angeln, leider nicht für die ganze Saison. Mit dem JH 23 bot der großgewachsene Philippe Streiff vor allem in der ersten Saisonhälfte einige beachtliche Leistungen, doch die begrenzten finanziellen Mittel ermöglichten keine systematische Weiterentwicklung, so daß Streiff mit seinem JH 23 in den Startaufstellungen immer weiter in den Hintergrund rückte.

Im Februar 1988 stellten der Schweizer Walter Brun und der Italiener Giancarlo Pavanello ihr gemeinsam gegründetes Formel 1-Team in Luzern vor. Pavanellos bisheriger Euroracing-Rennstall mit Sitz in Senago bei Mailand diente als Basis; hier konstruierte Mario Tolentino den ER 188, dessen Fahrgestell sich noch an den Euroracing-Alfa Romeo anlehnte. Für die mit Cosworth-DFZ-Motoren von Mader bestückten Euro-Brun engagierte man als Fahrer Stefano Modena (Formel 3000-Champion 1987) sowie den Argentinier Oscar Larrauri (er fuhr bereits für Brun Motorsport bei Landstreckenrennen). Nach einem eher vielversprechenden Saison-Beginn bereitete es den Euro-Brun-Piloten Mühe, sich überhaupt zu qualifizieren. Am Ende der Saison stellte man fest, daß ihre Monocoques viel zu wenig verwindungsfest waren.

Das in Volpiano bei Turin ansässige Team von Enzo Osella behielt für 1988 den aufgeladenen Alfa Romeo-V8-Motor bei. Er war bei Osella mittlerweile stark überarbeitet worden, so daß er nicht mehr als Alfa Romeo definiert werden durfte. Der ehemalige Ferrari-Techniker Antonio Tomaini bereitete den FA 1/L vor, an dessen Steuer der italienische Formel 3-Meister von 1986, Nicola Larini (im Vorjahr hatte er auf Coloni sein Formel 1-Debut gegeben), saß. Schließlich war da noch das junge mittelitalienische Coloni-Team, das im Herbst 1987 sein Formel 1-Debut gegeben hatte und nun seine erste volle Saison bestritt. Enzo Coloni verpflichtete den bisherigen Formel 3000-Piloten Gabriele Tarquini, der auf dem von Roberto Ori gezeichneten CF 188 an der WM 1988 teilnahm. Die Motoren bezog Coloni von Mader. Auf den Rennplätzen wurde der Coloni vom jungen Schweizer Renningenieur Peter F. Wyss betreut. Auch bei Coloni mußte man mit einem recht schmalen Budget auskommen.

Wie schon erwähnt, war die Saison 1988 zugleich das letzte Jahr der Turbomotoren, die das Geschehen bei allen 16 WM-Läufen diskussionslos dominierten. Nur beim Großen Preis von Japan in Suzuka gelang es einem Fahrzeug mit Saugmotor, nämlich dem March-Judd von Ivan Capelli, auf einer Distanz von etwa 200 bis 300 m das Feld anzuführen, ansonsten wurden die Grand Prix mit einzelnen Ausnahmen von den McLaren MP 4/4-Honda dominiert. Nur bei drei Grand Prix, nämlich in Silverstone, Monza und Australien, gelang es Gerhard Berger auf Ferrari, die Spitze des Feldes zu übernehmen, wobei Berger beim Großen Preis von Italien in Monza auch als Sieger durchs Ziel ging. Allerdings hatten die auch in der Po-Ebene dominierenden McLaren Pech gehabt, so daß Ferrari hier unerwartet zu seinem einzigen Saisonerfolg kommen konnte.

Antonio Tomaini

Ayrton Senna auf McLaren-Honda gewann neun Rennen, Alain Prost holte sich acht erste Plätze; zehnmal feierten die McLaren-Honda einen Doppelerfolg. Bei 15 Grand Prix stand ein MP 4/4 auf der Pole Position (13mal war es Senna), und 12mal fuhr ein McLaren-Pilot 1988 die schnellste Runde des Rennens. Beim vorletzten WM-Lauf, dem Großen Preis von Japan in Suzuka, konnte sich Ayrton Senna endgültig als Weltmeister feiern lassen. Nach Emerson Fittipaldi und Nelson Piquet war er der dritte Brasilianer, der erfolgreich nach der Krone griff. Beim abschließenden Grand Prix von Australien hatte Senna Getriebeprobleme, aber Alain Prost nützte in Adelaide auch sein 35. GP-Sieg nichts, - die WM war für den Franzosen endgültig verloren, wenngleich Prost sogar mehr WM-Punkte als Senna herausgefahren hatte. Nur die elf besten Resultate bei 16 Rennen zählten. In der ganzen Geschichte der WM war Prost überhaupt der erste Pilot, der in einer einzigen Saison mehr als 100 Punkte herausfuhr, von welchen nach Abzug der Streichresultate aber nur 87 für das Endklassement berücksichtigt werden konnten.

Mit Ayrton Senna wurde zweifelsohne der schnellste Mann der Saison 1988 Weltmeister; allerdings hatte sich Senna auch Fahrfehler zuschulden kommen lassen, wie zum Beispiel beim Grand Prix von Monaco, als er, in Führung liegend, gegen die Leitplanken fuhr und aufgeben mußte, so daß Alain Prost zu einem weiteren Monaco-Erfolg kam. Auch beim Großen Preis von Italien vergab Senna den greifbaren Sieg, als er kurz vor Schluß den Williams-Judd des für den verletzten Mansell eingesprungenen Franzosen Jean-Louis Schlesser in einer Schikane überholen wollte, wobei es zur Kollision kam. Senna fiel aus. Der Brasilianer hatte das Rennen zuerst klar angeführt, aber weil die Honda-Motoren von Nakajima und Prost Defekten zum Opfer fielen, veranlaßten die Honda-Techniker, Sennas Motor via Funkbefehl mit einem reicheren Gemisch zu versorgen, wodurch der Verbrauch zunahm, so daß Senna in der letzten Runde den Fuß

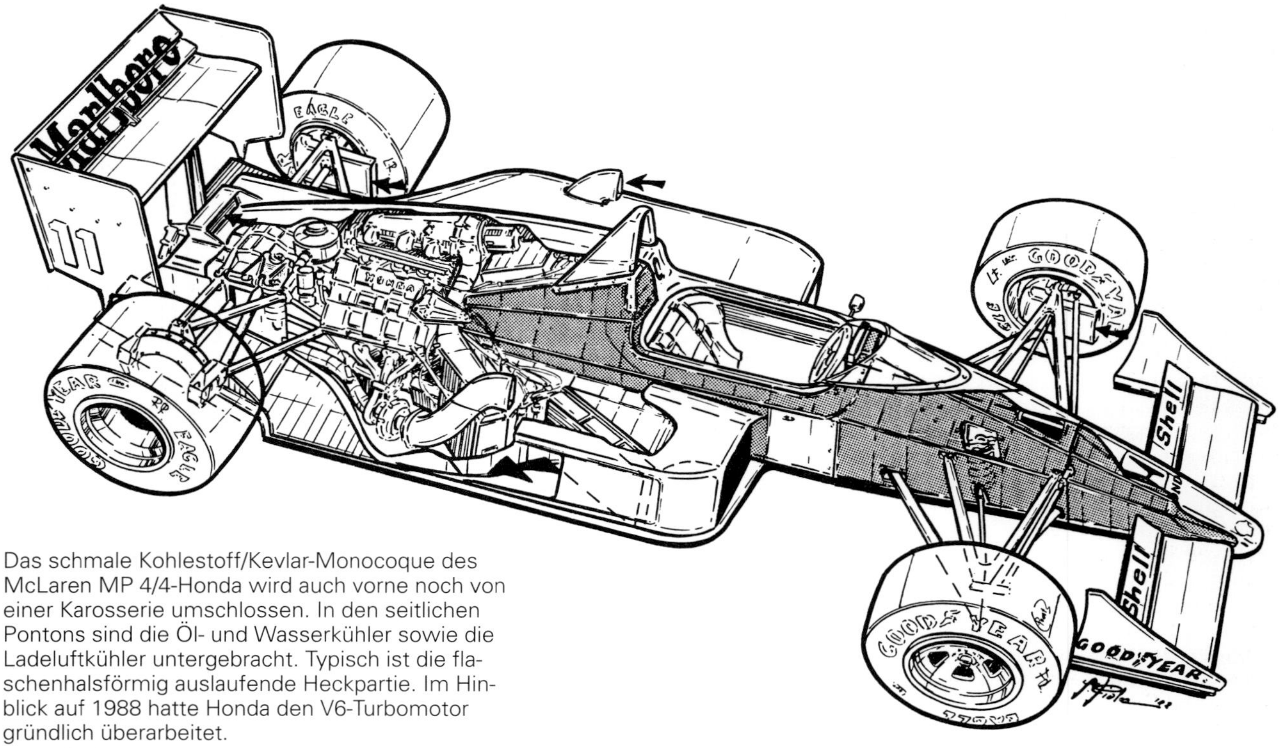

Das schmale Kohlestoff/Kevlar-Monocoque des McLaren MP 4/4-Honda wird auch vorne noch von einer Karosserie umschlossen. In den seitlichen Pontons sind die Öl- und Wasserkühler sowie die Ladeluftkühler untergebracht. Typisch ist die flaschenhalsförmig auslaufende Heckpartie. Im Hinblick auf 1988 hatte Honda den V6-Turbomotor gründlich überarbeitet.

ziemlich heben mußte, um überhaupt ins Ziel zu gelangen. Dies ermöglichte den beiden folgenden Ferrari von Berger und Alboreto näher und näher an den führenden McLaren zu kommen, und als dieser mit dem Williams Schlessers kollidierte, hatte Ferrari gewonnenes Spiel: Es siegte Berger vor dem mit wenigen Metern Rückstand folgenden Alboreto. Somit erlebte Monza einen Monat nach dem Tode Enzo Ferraris einen Doppelsieg der Wagen aus Maranello. Im Sommer hatte Ferrari seine F1-87/88 mit elektrisch gesteuerten Stoßdämpfern versehen, die es ermöglichten, die Wagenhöhe währen der Fahrt zu verstellen.

Der Tod Enzo Ferraris am 14. August 1988 war eines der bedeutendsten Ereignisse des Automobilsportjahres 1988, war doch mit dem berühmten Commendatore die renommierteste Figur der Automobilsportgeschichte für immer abgetreten. Er starb an einem Sonntagvormittag in seinem Haus in Modena im Beisein seiner engsten Angehörigen. Zugegen war auch Piero Lardi Ferrari. Die Nachricht vom Tod eines der berühmtesten Italiener des 20. Jahrhunderts wurde erst am folgenden Tag, dem 15. August, also am italienischen Ferragosto (Ferientag), von der RAI verkündet. Zu diesem Zeitpunkt hatte man Enzo Ferrari bereits zur letzten Ruhe getragen, der Beisetzung hatten nur die engsten Angehörigen beigewohnt. Der Tod des Commendatore zog weltweit ein großes Echo nach sich, und viele Publikationen berichteten ausführlich über das Leben und Werk des Emilianers.

Angesichts des nahenden Endes Enzo Ferraris hatte man schon Wochen zuvor in Turin wie in Maranello umdisponiert und einige Positionen neu besetzt. Piero Lardi Ferrari war aus der Rennabteilung ausgetreten, um die neugeschaffene Funktion des Vizepräsidenten der Ferrari S.p.A. zu übernehmen. Vittorio Ghidella, Boss von Fiat-Auto, blieb weiterhin Präsident von Ferrari; Ing. Pier-Giorgio Cappelli wurde zum obersten Chef der Rennabteilung ernannt, ihm unterstand auch John Barnard, der nun zusammen mit Ing. Pier-Guido Castelli technischer Direktor der Rennabteilung wurde, wobei er weiterhin bei der Ferrari gehörenden Firma GTO im englischen Guildford operierte. Marco Piccinini blieb noch bis Saisonende Rennleiter, verblieb aber im Vorstand des Unternehmens. Ende 1988 kam eine weitere Überraschung aus Turin: Fiat-Auto-Chef Vittorio Ghidella demissionierte, womit er auch als Präsident der Ferrari S.p.A. zurücktrat. Nach dem Tode des Commendatore war Ferrari zu 90 % in Fiat-Besitz übergegangen, so war es schon 1969 vereinbart worden, als der Gigant damals 50 % der Ferrari-Anteile übernommen hatte. Piero Lardi Ferrari war vom Commendatore zum alleinigen Erben ernannt worden, gemäß Vereinbarung verblieben ihm 10 % der Ferrari-Aktien. Nach der Demission Ghidellas setzte Fiat Ing. Piero Fusaro als neuen Ferrari-Präsidenten ein, denn Fusaro kannte sich in Maranello bestens aus, zumal er hier schon von 1975 bis 1979 als Direktor gewirkt hatte, dann aber wieder nach Turin zurückgerufen worden war, um mit neuen Aufgaben betraut zu werden.

Am 18. Februar 1988 feierte Commendatore Ing. Dott. h. c. Enzo Ferrari in Modena seinen 90. Geburtstag. Am 14. August 1988 ist dann die wohl markanteste Figur der Automobilsportgeschichte gestorben. Seit den zwanziger Jahren war Ferraris Name eng mit dem Rennsport verbunden.

Für Ferrari nahm das Jahr 1988 einen außergewöhnlich turbulenten Verlauf. Im Sommer hatten auch einige Spitzentechniker Maranello verlassen, so auch Dr. Harvey Postlethwaite, der zu Tyrrell ging, ebenso der französische Motorenkonstrukteur Ing. Jean-Jacques His, der wieder in den Dienst von Renault trat, denn mittlerweile baute man bei Renault bereits einen Formel 1-Motor. Jean-Claude Migeot, ebenfalls ein ehemaliger Renault-Mann, in Maranello für Aerodynamik zuständig, folgte Postlethwaite und ging zu Tyrrell nach England. In Anbetracht all dieser Wechsel war es verständlich, daß Ferrari von vielen Problemen geplagt wurde, insbesondere waren es diesmal die Motoren, die nicht zu befriedigen vermochten. Der zu hohe Treibstoffverbrauch, der die Fahrer zwang, in entscheidenden Situationen Gas wegzunehmen, sowie das zu brutal einsetzende Drehmoment wurden von Berger und Alboreto immer wieder angeprangert und für das relativ enttäuschende Abschneiden der Sechszylinder verantwortlich gemacht, obwohl die Ferrari hinter den McLaren insgesamt am besten abschlossen. Fahrgestell und Aerodynamik vermochten für einmal einigermaßen zu befriedigen. Im August 1988 trat auch ein deutscher Ingenieur in den Dienst Ferraris: es handelte sich um den bisherigen Porsche-Mann Ralph Hahn, der in Weissach an der Seite Hans Mezgers am erfolgreichen TAG-Motor mitgearbeitet hatte.

In den achtziger Jahren war die McLaren-Erfolgsserie beeindruckend. Worin lag das Geheimrezept des vom ehemaligen Rennmechaniker Ron Dennis geführten McLaren-Teams? Die meisten Ingenieure des Formel 1-Milieus waren der Meinung, bei McLaren und bei Honda würde zwar auch nur mit Wasser gekocht, aber bei dieser Kombination stimme einfach jedes Detail haargenau: das von Steve Nichols und Neil Oatley unter der Gesamtaufsicht von Gordon Murray konzipierte Fahrgestell sowie die Aerodynamik, ebenso die Gesamtorganisation des Teams, wo jeder auf seine Aufgabe eingespielt war. Bestimmt hatte Honda mehr in die Rennmotorenentwicklung investiert als jede andere Marke je zuvor, so daß die Japaner ihren Partnern auch die sparsamsten, zuverlässigsten und leistungsstärksten Motoren überhaupt zur Verfügung stellen konnten. Bei Honda war Ing. Nabokiho Kawamoto Präsident der Forschungs- und Entwicklungsabteilung. Ende 1987 hatte übrigens der auf den Rennplätzen für die Honda-Sechszylinder verantwortlich gewesene Ing. Yoshitoshi Sakurai die Firma verlassen; seine Position wurden vom kleinen Osamu Goto übernommen. Goto war zugleich für den Motor Alain Prosts verantwortlich. Honda setzte 1988 zwei Versionen seines damals unschlagbaren Sechszylinders ein: den XE 2 und den XE 3, wobei die Wahl je nach den Eigenschaften der Strecke getroffen wurde. Am Ende der Saison kam eine gewisse Polemik auf, als plötzlich davon die Rede war, Ayrton Senna werde von Honda bevorzugt behandelt, zumal Alain Prost mehrmals technische Schwierigkeiten gehabt hatte. Selbst FIA-Präsident Jean-Marie Balestre mischte sich ein und ließ Honda im Hinblick auf den Großen Preis von Japan ein Schreiben zukommen, in welchem er die Verantwortlichen des japanischen Hauses ersuchte, allen mit Honda-Motoren an der Weltmeisterschaft teilnehmenden Konkurrenten gleiche Chancen zu bieten. In der Presse war auch die Meinung aufgekommen, Honda wolle die WM absichtlich noch bis zum Großen Preis von Japan offenhalten, um damit den Höhepunkt der Saison, die große Entscheidung - Senna oder Prost - vor dem eigenen Publikum herbeizuführen. Und in Suzuka, beim vorletzten Lauf, siegte Senna klar vor seinem Teamgefährten Prost, der von Getriebeproblemen geplagt wurde. Das Sechsganggetriebe war eigentlich der einzige schwache Punkt der McLaren MP 4/4-Honda, sowohl Senna als auch Prost hatten bei mehreren Rennen Getriebeschwierigkeiten gehabt. Beim Start zum Eröffnungslauf in Rio de Janeiro war Senna sogar mit blockiertem Getriebe stehengeblieben. Die Sechsgangeinheit war bei McLaren unter der Leitung von Dave North in Zusammenarbeit mit dem amerikanischen Getriebespezialisten Pete Weissman entstanden, der einige Jahre zuvor die von Brabham verwendeten Getriebe konstruiert hatte. Trotz gelegentlicher Getriebeprobleme waren die McLaren indessen nicht zu schlagen: ob auf schnellen oder auf kurvenreichen Strecken, stets lagen Senna und Prost vorne. Im Regen vermochte Senna seine Klasse noch eindrucksvoller zu demonstrieren, wie in Silverstone oder in Hockenheim. Am Ende der Saison mußte sich Alain Prost sagen lassen, er, den man auch den »Professor« nannte, habe nun den Höhepunkt seiner Karriere hinter sich, denn Senna war regelmäßig schneller als der kleine Franzose gewesen, wobei Senna auch meistens auf der Pole Position stand. Viele Fans wurden von Prost in Silverstone schwer enttäuscht, als der zweifache Weltmeister unter dem sintflutartigen Regen nicht nur weit zurückfiel, sondern schließlich auch das Handtuch warf und seinen intakten McLaren an den Boxen stehen ließ. »Das ist ein unverzeihlicher Faux-pas eines Weltmeisters«, kommentierte Clay Regazzoni bissig. Am Ende der Saison beklagte sich Prost über Honda und meinte, die Japaner hätten Senna begünstigt. Derartige Äußerungen wurden bei Honda ganz und gar nicht geschätzt.

Zu den besten Formel 1-Wagen der Saison zählten 1988 auch die Benetton B 188 mit Ford-DFR-Motor, gefahren vom Belgier Thierry Boutsen (sechsmal Dritter), oder vom Italiener Alessandro Nannini. Letzterer erwies sich als eine große Entdeckung. Hervorragend schlugen sich auch die Williams FW 12 mit Judd-Saugmotor, gefahren von Nigel Mansell und Riccardo Patrese. Mansell eroberte sich im Regen Silverstones einen verdienten zweiten Platz, nachdem er wenige Tage zuvor Chefkonstrukteur Patrick Head endgültig davon hatte überzeugen können, daß man mit der aktiven Aufhängung Schluß machen und auf konventionelle Aufhängungen umstellen müsse. Während der Qualifikationstage in Silverstone war es durchgesickert, daß Nigel Mansell 1989 für Ferrari fahren würde, was für Michele Alboreto bedeutete, daß er nach einem anderen Team Ausschau halten mußte, denn Bergers Vertrag lief erst 1989 aus. Große Fortschritte verzeichneten die March 881-Judd vor allem ab Mitte der Saison. Der ungestüme Mailander Ivan Capelli entwickelte sich dabei zu einem absoluten Spitzenmann, der unbedingt für einen Sieg gut war. Sein Teamkollege Mauricio Gugelmin erwies sich als ein zuverlässiger Stallkamerad, der sich in seiner ersten Formel 1-Saison gut zu schlagen verstand.

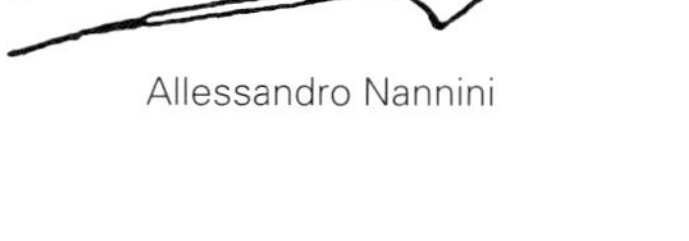

Alessandro Nannini

Giar Paolo Dallara

Zu Beginn der Weltmeisterschaft 1988 hatte Weltmeister Nelson Piquet, der bei Lotus den zu McLaren gegangenen Ayrton Senna ersetzte, noch mit guten Einzelleistungen aufgewartet, dann aber ging es bei Lotus deutlich bergab, um so mehr, als sich Chefkonstrukteur Gérard Ducarouge und Nelson Piquet nicht sehr gut verstanden, was mit ein Grund war, aus dem der Franzose Lotus Ende der Saison verließ, um in den Dienst von Larrousse & Calmels zu treten.

Hinter den alles beherrschenden McLaren-Honda sowie den Ferrari, Benetton, March, Williams und Lotus waren die übrigen Marken meistens klar unterlegen. Gelegentlich warteten die Arrows mit guten Einzelleistungen auf, wie zum Beispiel beim Großen Preis von Italien, wo Cheever und Warwick hinter den beiden Ferrari die Plätze drei und vier belegten. Recht gut schlugen sich zudem Jonathan Palmer auf Tyrrell oder auch der seine zweite Formel 1-Saison bestreitende Alex Caffi auf dem Dallara, der vor allem ab Mitte der Saison gute Fortschritte machte. De Cesaris auf dem Rial verzeichnete eine ganze Serie Crashs, immerhin lag er mehrmals erstaunlich weit vorne und schloß die Meisterschaft mit drei WM-Punkten ab. Minardi holte sich mit dem 6. Rang Martinis in Detroit den ersten WM-Punkt überhaupt. Leer gingen Lola, Dallara, AGS, Coloni, Ligier, Euro-Brun, Zakspeed und Osella aus, wobei in erster Linie die Coloni-, Ligier-, Euro-Brun-, Osella- und Zakspeed-Piloten immer wieder um die Qualifikation bangen mußten, ebenso der Tyrrell-Pilot Bailey. Immerhin bewarben sich jeweils 31 Konkurrenten für 26 Startplätze.

Mit großem Vorsprung auf Ferrari gewann McLaren das Championat der Formel 1-Konstrukteure; das englische Team verpaßte die 200-Punkte-Grenze nur haarscharf, denn die MP 4/4 fuhren insgesamt das

Rekordtotal von 199 Punkten heraus. Ferrari folgte mit 65, Benetton-Ford mit 46 (später wurde Benetton die beim GP von Belgien herausgefahrenen Punkte wieder gestrichen), Lotus-Honda mit 21, Williams-Judd, Arrows-Megatron und March-Judd mit je 20, Tyrrell mit fünf, Rial mit drei und Minardi mit einem Punkt. Für Benetton folgte nach Saisonschluß noch eine kalte Dusche: Die nach dem GP von Belgien entnommenen Benzinproben hatten ergeben, daß die Benetton mit einer Treibstoffmischung von mehr als 102 ROZ gefahren waren, worauf Thierry Boutsen (3.) und Alessandro Nannini (4.) aus den Resultaten gestrichen wurden. Zudem bekam Benetton eine Strafe von 250 000 Dollar aufgebrummt. Bei der Erteilung von Bußgeldbescheiden war die FIA in der Ära Jean-Marie Balestres durchaus nicht zimperlich.

Mit dem Großen Preis von Australien am 13. November 1988 war in der Formel 1 die Ära der Turbomotoren zu Ende gegangen. Sie hatte am 16. Juli 1977 mit dem Auftritt des Renault RS 01 mit 1,5 Liter-V6-Motor mit Turbolader, gefahren von Jean-Pierre Jabouille, in Silverstone begonnen. In zwölf Grand Prix-Saisons hatte der Turbomotor eine stürmische Entwicklung durchgemacht. Astronomische Summen mußten in die aufgeladenen Aggregate investiert werden, bis man unter anderem auch die Temperatur- und Materialprobleme in den Griff bekommen hatte. Die Literleistung hatte von rund 400 PS/l im Jahre 1977 auf etwa 900 PS/l im Jahre 1986 (letztes Jahr, in welchem der Ladedruck noch frei war) zugenommen. Mittlerweile hatte der Turbolader sich übrigens auch bei den Serienwagen durchgesetzt.

Formel-1-Wagen von 1988

Marke/Modell	Chefkonstrukteur/ andere Ingenieure	Motor	Getriebe (Anzahl Gänge)	Radstand (mm)	Spur vorne Spur hinten	Trockengewicht in kg
AGS JH23	Christian Vanderpleyn	Ford-Cosworth DFZ (V8 SM)	AGS (5/6)	2680	v 1710 h 1640	500
Arrows A 10 B	Ross Brawn	Megatron M 12/13 (4 Zyl. Turbo)	Arrows (6)	2743	v 1803 h 1625	540
Benetton B 188	Rory Byrne	Ford DFR (V8 SM)	Benetton (6)	2690	v 1816 h 1682	500
Coloni FC 188	Roberto Ori	Ford-Cosworth DFZ (V8 SM)	Coloni-Hewland (6)	2820	v 1790 h 1650	520
Dallara BMS 188	Sergio Rinland	Ford-Cosworth DFZ (V8 SM)	BMS-Hewland (6)	2880	v 1792 h 1672	500
EuroBrun ER 188	Mario Tolentino	Ford-Cosworth DFZ (V8 SM)	EuroBrun-Hewland (6)	2740	v 1820 h 1670	500
Ferrari F1-87/88 C	John Barnard Harvey Postlethwaite	Ferrari (V6 Turbo)	Ferrari (6)	2800	v 1791 h 1673	540
Ligier JS 31	Michel Tétu	Judd CV (V8 SM)	Ligier	2865	v 1790 h 1662	525
Lola LC-88	Ralph Bellamy	Ford-Cosworth DFZ (V8 SM)	Lola-Hewland FGB (5)	2700	v 1714 h 1600	515
Lotus T 100	Gérard Ducarouge	Honda RA 168 E (V6 Turbo)	Lotus (6)	2770	v 1800 h 1650	540
March M 881	Adrian Newey	Judd CV (V8 SM)	March (6)	2850	v 1770 h 1670	500
McLaren MP 4/4	Gordon Murray Steve Nichols	Honda RA 168 E (V6 Turbo)	McLaren/Weismann (6)	–	v – h –	–
Minardi M 188	Giacomo Caliri	Ford-Cosworth DFZ (V8 SM)	Minardi (5)	2670	v 1787 h 1651	506
Osella FA 1 L	Antonio Tomaini	Alfa Romeo/Osella T 890 (V8 Turbo)	Osella-Hewland (6)	2776	v 1800 h 1672	560
Rial ARC 01	Gustav Brunner	Ford-Cosworth DFZ (V8 SM)	Rial (5/6)	2800	v 1800 h 1672	500
Tyrrell 017	Maurice Phillippe Brian Lisles	Ford-Cosworth DFZ (V8 SM)	Tyrrell (5/6)	–	v – h –	500
Williams FW 012 B	Patrick Head Frank Dernie	Judd CV (V8 SM)	Williams-Hewland (6)	2743	v 1803 h 1676	500
Zakspeed ZK 871 B	David Kelly	Zakspeed (4 Zyl. Turbo)	Zakspeed (6)	2830	v 1810 h 1617	550

Monocoque: alle Monocoques bestehen aus einer Kombination von Kevlar mit Kohlenstoff, zum Teil auch Honeycomb-Innenschicht aus Leichtmetall.
SM: Saugmotor
Hubraum: Saugmotoren 3,5 Liter, Turbomotoren 1,5 Liter

Beginn einer neuen Saugmotor-Ära

Die McLaren-Honda V10 von Ayrton Senna und Alain Prost erobern zehn Siege. Nach einem polemischen Saisonschluß wird Prost zum dritten Mal Weltmeister. Halbautomatisches Getriebe mit sieben Gängen von Ferrari.

Hatten die achtziger Jahre bislang klar im Zeichen der Turbomotoren gestanden, so begann 1989 eine neue Ära der Saugmaschinen. Von nun an waren in der Formel 1 ausschließlich Aggregate ohne Aufladung von maximal 3,5 Liter Hubraum zulässig. Wieder zeigte sich McLaren klar überlegen, doch immerhin waren die MP 4/5 mit Honda V10-Motor nicht so erfolgreich wie das unmittelbare Vorgängermodell mit V6-Turbomotor, denn 1989 kam McLaren »nur« auf zehn Siege. Dreimal gewann Ferrari, zweimal Williams-Renault und einmal Benetton-Ford. Mit einem Riesenvorsprung gewann McLaren einmal mehr die Meisterschaft der Formel 1-Konstrukteure; der Kampf um den Weltmeistertitel blieb theoretisch bis zum Schluß offen, obwohl Alain Prost die Bestenliste schon im Sommer mit einem großen Vorsprung auf den von diversen Ausfällen zurückgeworfenen Ayrton Senna anführte. Senna konnte nur dank der »Streichresultate« gegen Saisonende etwas Boden gutmachen. Die 40. Auflage der 1950 erstmals durchgeführten Fahrerweltmeisterschaft stand im Zeichen einer umfangreichen Beteiligung: bei der FISA hatten sich 20 Teams mit insgesamt 39 Fahrern angemeldet. Dieses Überangebot veranlaßte die FISA, bei jedem Grand Prix erstmals Vorqualifikationen durchzuführen, und zwar jeweils am Freitag von 8 bis 9 Uhr. Im Rahmen dieses einstündigen Tests wurden die vier Schnellsten un-

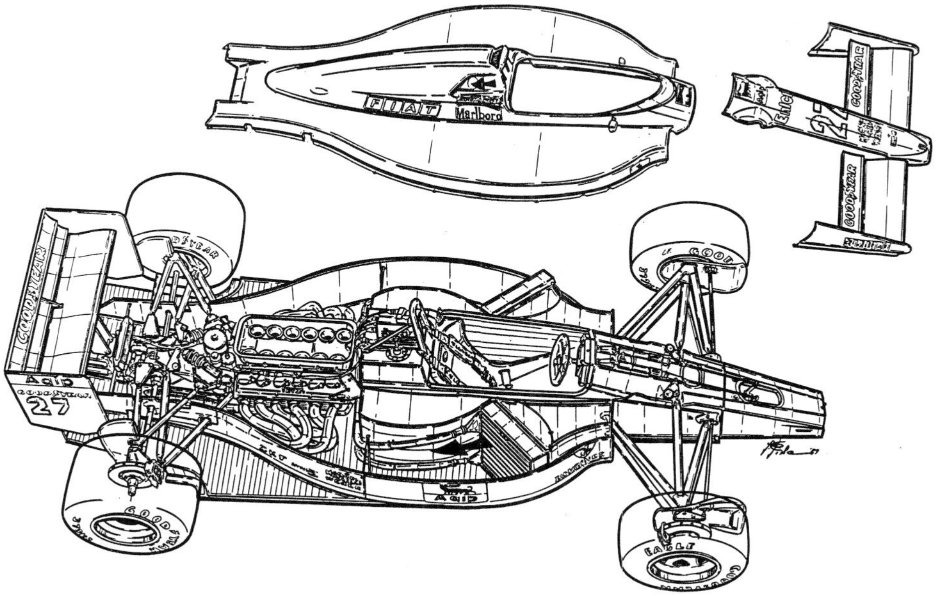

Der Ferrari F1-89 war eine Konstruktion John Barnards und wurde von einem V12-Motor mit 65°-Zylinderwinkel angetrieben. Bei den Aufhängungen handelte es sich um Pushrod-Konstruktionen. An den Seiten des Monocoques wurden zusätzliche Tanks angebracht. Man beachte die Flaschenhalsform des Hecks, welches einen optimalen Abzug des Luftstromes ermöglichte.

Nigel Mansell im Ferrari F1-89, der auch als Tipo 640 bezeichnet wurde. Neben dem Überrollbügel befanden sich die beiden seitlichen Lufteintrittsöffnungen für den Zwölfzylindermotor, die später durch eine hohe Lufthutze ersetzt wurden. Das bedeutendste neue Merkmal des F1-89 war das halbautomatische Getriebe. Schon beim Debut in Brasilien siegte Mansell mit dem F1-89.

ter 13 Teilnehmern zur eigentlichen Qualifikation zugelassen. Die 30 Qualifikationsteilnehmer kämpften nun am Freitag und Samstag wie gewohnt um die 26 Startplätze. Den Vorqualifikationen mußten sich entweder die erstmals in der Formel 1 konkurrierenden Teams oder jene stellen, die in der zweiten Hälfte der Saison 1988 am schlechtesten abgeschnitten hatten.

Nachdem Goodyear 1987 und 1988 alle Teams mit Reifen beliefert hatte und somit eine Beruhigung auf dem Reifensektor eingetreten war, griff Pirelli nach einjähriger Pause wieder in die Formel 1 ein. Dadurch entbrannte ein neuer Reifenkrieg, zumal die Hersteller wieder superweiche Qualifikationsreifen lieferten. Goodyear schloß mit fünf Teams Verträge ab, nämlich mit McLaren, Ferrari, Benetton, Williams und Lotus, wobei diese Rennställe nicht nur Gratismaterial erhielten: Goodyear zahlte auch Jahresgagen. Die ebenfalls mit Goodyear-Reifen fahrenden Teams von Tyrrell, Arrows, March, Ligier, Onyx, Rial und AGS mußten die Reifen allerdings bezahlen. Ähnlich war die Lage bei Pirelli, dessen Vertragspartner Minardi, BMS-Dallara, Zakspeed und Brabham waren, hingegen gehörten Osella, Coloni und Euro-Brun zu jenen, die Pneus ebenfalls bezahlen mußten.

Jedes Team war verpflichtet, an allen 16 WM-Läufen teilzunehmen. Wer gegen diese Regel verstieß, hatte von der FISA eine Geldstrafe zu erwarten. Für die finanzschwachen Renngemeinschaften waren diese Bedingungen besonders hart, und es gab auch Konkurrenten, die sich bei keinem Grand Prix für einen Start qualifizierten; dennoch waren sie gezwungen, überall anzutreten.

Die neue Vorschrift, daß die Pedale aus Sicherheitsgründen hinter der Vorderachse zu liegen hatten, ließ die Cockpits wieder etwas nach hinten rutschen, was eine Verkürzung des dem Tank und dem Motor vorbehaltenen Raum gleichkam. Dementsprechend mußte auch das Motorkonzept angepaßt werden: acht, zehn oder zwölf Zylinder. Angesichts des gekürzten Platzangebots wäre ein V8 die günstigste Lösung gewesen, aber im Vergleich zu einem V12 dreht ein V8 weniger

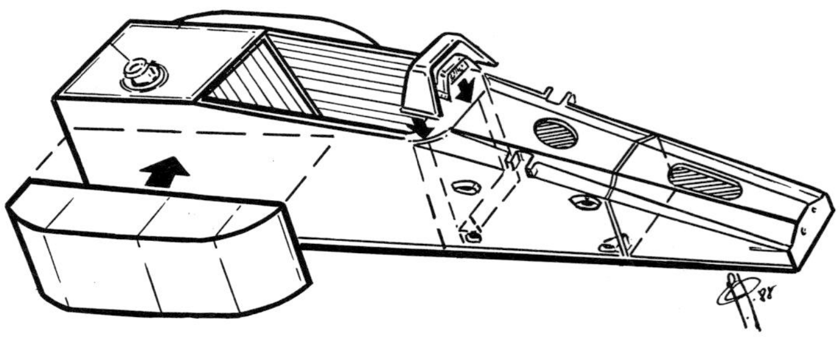

Das Monocoque des Ferrari F1-89 ist in Guildford bei GTO entstanden. Das Ganze bildete eine Überlebenszelle, wobei die Frontpartie abnehmbar war. Ungewöhnlich waren die beiden seitlichen Zusatztanks.

Links
Blitzschneller Radwechsel am Ferrari F1-89 Nigel Mansells während des Grand Prix von Brasilien, wo der Brite als Sieger hervorging. Mit dem Renningenieur, der alles überwacht, sind total 15 Personen im Einsatz.

Unten
Der Ferrari F1-89 war der erste Rennwagen mit halbautomatischem Getriebe. Der Fahrer bediente das Siebenganggetriebe mittels zweier Wippenschalter hinter dem Volant. Rechts wurde hochgeschaltet, links wieder zurückgeschaltet. Die Hände blieben ständig am Lenkrad.

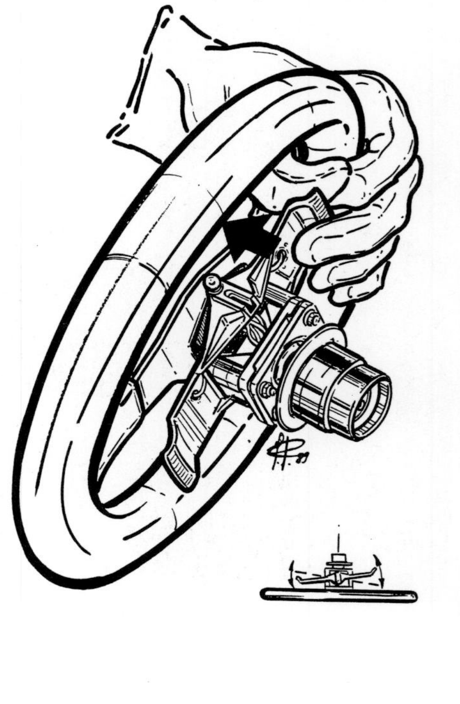

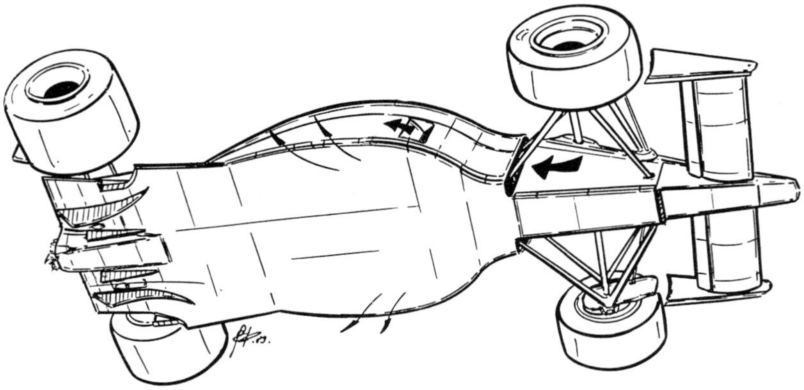

Der Ferrari F1-89 von unten. Laut Reglement mußte der Unterboden bis auf die Höhe des vordersten Punktes der Antriebsräder flach sein. Am Heck wurde die Verschalung hochgezogen, womit ein besserer Extraktioneffekt und damit auch mehr Abtrieb erzeugt wurde. Am Ende der kegelförmigen Frontpartie befand sich ein Absatz, mit welchem der Auftrieb reduziert wurde.

hoch, ebenso versprachen acht Zylinder zumindest auf dem Papier nicht ganz die von einem höherdrehenden Zwölfzylinder zu erwartende Leistung. Aber ein V12 baut länger als ein V8, deshalb war es notwendig, den Tank in die Flanken des Monocoque auszudehnen, um auf das gewünschte Volumen von 200 bis 300 Liter zu kommen. Den Kompromiß zwischen dem leistungstärkeren, längeren, schwereren, höher drehenden und wahrscheinlich auch mehr verbrauchenden V12 und dem weniger hoch drehenden, etwas leistungsschwächeren, jedoch kürzeren, leichteren und weniger Treibstoff verbrauchenden V8 bot die bislang nie angewendete Lösung eines V10-Motors. Es gab zwar keine Verbrauchsbegrenzung mehr, dennoch behielten die Motorenkonstrukteure den Verbrauch weiterhin im Auge, denn ein mäßiger Treibstoffkonsum bedeutete auch weniger Benzin in den Tanks, und zehn Liter weniger am Start kamen einem Gewichtsvorteil von 7,5 kg gleich. Allerdings blieb das 102 ROZ-Limit weiterhin bestehen, hingegen war man nicht mehr an sogenannten schweren Treibstoffen, wie man sie für die Turbos verwendet hatte, interessiert – die Chemiker arbeiteten bereits an neuen Mischungen.

Nachdem sich die Motorenkonstrukteure in den achtziger Jahren im großen Stil der Weiterentwicklung der Turboaggregate gewidmet hatten, galt es sich 1989 voll auf die Saugmaschinen zu konzentrieren. Die Weiterentwicklung derartiger Rennmotoren war seit Jahren zum Stillstand gekommen. Leider war nun auch das mit den Turbos gesammelte Know-how weitgehend wertlos geworden. Obwohl man es nicht mehr mit den astronomisch hohen Leistungen der Turboaggregate zu tun hatte (1986 waren die Qualifikationsmotoren bis auf 1400 PS gekommen), versprach auch die neue Saugmotor-Ära hohe Entwicklungskosten. Einige Motorenkonstrukteure entwickelten unterschiedliche Versionen ihrer Aggregate: zum Beispiel einen Typ für Stadtrundstrecken, wo ein gutes Drehmoment im unteren Drehzahlbereich erforderlich war, und eine Variante für schnelle Strecken mit steilerer Leistungskurve und mehr PS. Es kursierten Gerüchte, daß auch mit unterschiedlichen Zylinderabmessungen operiert wurde, um den individuellen Anforderungen der Strecken besser

Oben
Nigel Mansell mit dem neuen Ferrari-Sportdirektor Cesare Fiorio, der sein Amt kurz vor Saisonbeginn angetreten hatte.

Links
Der McLaren MP4/5 mit Honda-V10-Motor des Typs RA109E (Gabelwinkel 72°). Es handelte sich hier um das Spitzenmodell der Saison 1989. Zehn von 16 Grand Prix sahen den McLaren-Honda als Sieger, wobei Prost mit vier ersten Plätzen auch Weltmeister wurde. Die unter der Leitung von Neil Oatley entstandene Konstruktion wurde in der ersten Saisonhälfte mit einem »Außenbord«-6-Gang-Längsgetriebe eingesetzt, später stellte man auf ein Quergetriebe um.

Links
Der Tiroler Gerhard Berger bestritt 1989 seine dritte Ferrari-Saison. Während des Großen Preises von San Marino in Imola erlitt er in der Tamburello-Kurve einen ziemlich schweren Unfall, wobei er Brandwunden an den Händen davontrug, weshalb er den folgenden Grand Prix von Monaco auslassen mußte. Nach vielen Ausfällen siegte Berger in Portugal.

Unten
Der Grand Prix der USA ist schon auf diversen Strecken ausgetragen worden: Sebring, Riverside, Watkins Glen, Long Beach, Las Vegas, Dallas und Detroit. Im Jahre 1989 lief das Rennen in den Straßen von Phoenix. In der Hauptstadt Arizonas setzte sich Alain Prost auf dem McLaren MP4/5-Honda durch.

gerecht zu werden. Leider blieben die Zylinderabmessungen der meisten Formel 1-Maschinen ein Geheimnis.

In der Saison 1989 kamen nicht weniger als neun verschiedene 3,5 Liter-Saugmotoren zum Einsatz: das hatte es im Grand Prix-Sport noch nie gegeben. Selbstverständlich behielt Cosworth das V8-Konzept bei; schon 1988 waren die Versionen DFZ und DFR eingesetzt worden. Für einen ebenfalls von Cosworth gebauten Achtzylinder entschieden sich auch Ford, Judd (auf den CV von 1988 folgte die Version EV) und Yamaha. Renault und Honda brachten V10-Konstruktionen heraus, während sich Ferrari und die jetzt auch der Formel 1 zuwendende Marke Lamborghini für die ihrem Image besser anstehende V12-Variante entschieden. Bei der jungen Modeneser Firma Life arbeitete man an einem V12-Motor mit drei Zylinderreihen; in Österreich hatte man bei der Firma Neotech einen V12 in Arbeit, und bei Motori Moderni in Novara beschäftigte sich Ing. Carlo Chiti mit einem von Subaru in Auftrag gegebenen 180°-Zwölfzylindermotor.

Die führende Konstruktion der neuen Ära war zweifelsohne der von Ford und Cosworth gemeinsam entwickelte und bei Cosworth in Northampton entstandene Ford V8-Motor mit 75°-Gabelwinkel, von dem 25 Exemplare gebaut wurden. Im Vergleich zum bisherigen Cosworth V8 mit 90°-Gabelwinkel war die neue Ford-Maschine schmaler, was aerodynamische Vorteile brachte. Die Hauptmerkmale waren ein Leichtmetallblock, vier Ventile pro Zylinder sowie eine von Ford entwickelte Motorelektronik. Auch Ford verschwieg die Hauptdaten des neuen Achtzylinders, der ausschließlich für das Benetton-Team bestimmt war. Die Leistung wurde von Insidern auf 615 bis 630 PS bei 11 500/min geschätzt. Mit diesem Achtzylinder gewann Alessandro Nannini den Großen Preis von Japan, nachdem die McLaren und die Ferrari in Suzuka ausgeschieden waren. Den 1988 von Benetton verwendeten DFZ-Motor gab Ford für seine Kunden frei, wobei Cosworth einen Umbausatz an die Tuner lieferte, mit dem der bisherige DFZ mit höherliegender Kurbelwelle auf DFR umgebaut werden konnte. Bei Cosworth konzentrierte man sich 1989 ausschließlich auf den 75°-Ford-Motor, hingegen befaßten sich die Tuningfirmen Longford & Peck, Brian Hart und Heini Mader Components mit den Revisionen und der Weiterentwicklung des DFR.

Judds V8 des Typs CV mit konventionellem 90°-Gabelwinkel war schon 1988 von Williams, Ligier und March verwendet worden. Im Hinblick auf 1989 brachte Judd die Version EV seines Achtzylinders heraus, dessen Gabelwinkel 76° betrug. Der EV war ausschließlich für das vom japanischen Sponsor Leyton House unterstützte March-Team bestimmt. Der neue Vierventil-Achtzylinder ermöglichte durch seine schmale Bauweise ein aerodynamisch günstigeres Konzept. Im Ver-

Rechts
Der in den Straßen von Phoenix erstellte Circuit des US-Grand-Prix war 3620 m lang und wies vorwiegend 90°-Kurven auf.

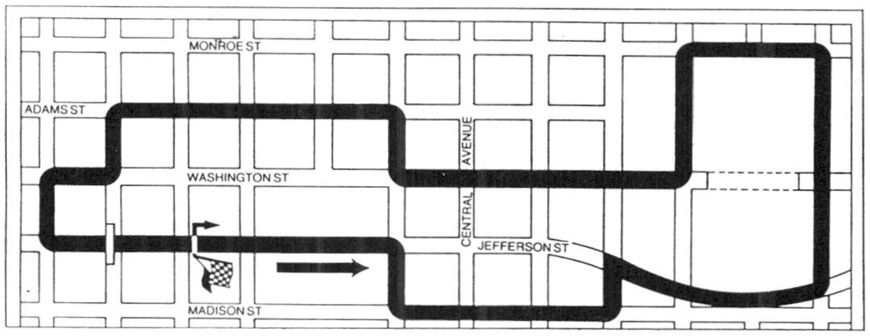

Der Williams FW12C mit Renault-RS1-V10-Motor (67°-Gabelwinkel) war direkt von seinem Vorgänger abgeleitet. Auch hier handelte es sich um eine Konstruktion von Patrick Head. Große Fortschritte machte der Renault-V10-Motor im Verlaufe der Saison, denn die Leistung nahm um rund 50 PS zu, während die Höchstdrehzehl um 1000/min. anstieg.

Links
Der Grand Prix von Kanada wickelte sich bei sindflutartigen Regen ab. Nach dem Ausfall Ayrton Sennas kam der Belgier Thierry Boutsen auf Williams FW12C mit Renault-V10-Motor zu einem schönen Sieg.

laufe der Saison ließ John Judd durchblicken, daß in seinem Werk auch an einem V10-Motor gearbeitet werde. Während der ältere Judd-Achtzylinder des Typs CV eine englische Lucas-Motorelektronik in Verbindung mit einer Zytek-Einspritzanlage aufwies, erhielt der neue EV-Motor eine Marelli-Anlage.

Auf Judd-Motoren stellte 1989 auch Lotus um; gleichzeitig trennten sich Williams und auch Ligier von Judd. Team Lotus schloß mit der Tuningfirma Tickford ein Abkommen zur Entwicklung von Spezialzylinderköpfen mit je drei Nockenwellen sowie fünf Ventilen pro Zylinder. Allerdings erwies sich der Judd-Tickford-Fünfzylinder, der von Mitte der Saison an beim Training eingesetzt wurde, als eine Fehlentwicklung.

1989 wandte sich der japanische Motorradhersteller Yamaha erstmals dem Formel 1-Geschehen zu. Yamaha hatte bereits fünfventilige Formel 2-Motoren für die nationale Meisterschaft entwickelt und entschied sich ebenfalls für einen schmalen 75°-Gabelwinkel; die Zylinderköpfe wiesen traditionell fünf Ventile pro Zylinder auf. Unter den V8-Motoren war Yamahas OX88 die einzige Konstruktion, deren Nockenwellen nicht von Zahnrädern, sondern von Zahnriemen aktiviert wurden. Die ausschließlich von Zakspeed verwendeten Yamaha-Motoren erwiesen sich im ersten Einsatzjahr noch als sehr anfällig, auch waren sie leistungsmäßig unterlegen (die Rede war von 570 bis 590 PS). Dem Zakspeed-Yamaha-Fahrer Bernd Schneider sollte es nur zweimal gelingen, sich überhaupt für ein Rennen zu qualifizieren.

Mit den bereits erwähnten Zehnzylinder-Rennmotoren wartete die Saison 1989 mit einer wesentlichen Neuheit auf. Kenner behaupteten allerdings, ein Zehnzylinder sei schwingungstechnisch und auch strömungstechnisch schwer in den Griff zu bekommen. Für V10-Lösungen entschieden sich Honda und Renault. Den Honda RA 109E konnte man bereits im November 1987 auf der Tokio Moto Show bewundern; die Japaner hatten sich schon seit längerem mit dem Projekt befaßt. Im August 1988 unternahmen McLaren und Honda mit dem neuen 72°-V10 die ersten Tests. Honda entschloß sich für einen dünnwandigen Motorblock aus Stahlguß, der mehr Verwindungsfestigkeit ohne Gewichtsnachteil versprach. Die erste Version des japanischen V10 mit vier Ventilen pro Zylinder wies noch einen Nockenwellenantrieb durch Zahnriemen auf, als aber die Saison 1989 begann, hatten die Honda-Ingenieure ihr Triebwerk auf einen Nockenwellenantrieb über Zahnräder umgebaut. Zuerst kam die sogenannte »Basisversion« des V10 zum Einsatz; beim zweiten Rennen, in Imola, standen bereits 10 PS mehr als in Brasilien zur Verfügung. In Monaco waren die Zehnzylinder zudem um 3 kg leichter als bisher, und in Silverstone hatte die Leistung (seit dem GP von Brasilien) um 18 PS zugenommen. In Belgien setzte Honda die Version »Specification 5« ein, die zusätzliche 5 PS abgab; in Monza war es dann die »Specification 4«, die im Vergleich zum Saisondebut ein Leistungsplus von 28 PS aufwies. Für den Grand Prix von Japan in Suzuka stand eine modifizierte »Specification 4« zur Verfügung, mit der das avisierte Ziel einer Leistungssteigerung von 30 PS innerhalb von acht Monaten erreicht war. Sowohl die Zylinderabmessungen als auch die Höchstleistung und die maximale Drehzahl wurden von Honda geheimgehalten, aber man schätzte, daß die Leistung des RA 109E im Verlauf der Saison von 640 auf 670 PS bei etwa 12 800/min zugenommen hatte. Motormanagement und Einspritzanlage stammten selbstverständlich von Honda.

Jean Alesi

Links
Einen schönen Williams-Renault-Doppelsieg gab es anläßlich des Großen Preises von Kanada in Montreal. Thierry Boutsen gewann vor Riccardo Patrese. Damit nahm eine jahrelange Erfolgsstory der Kombination Williams/Renault ihren Anfang.

Oben
Der junge Südfranzose Jean Alesi, dessen Eltern Süditaliener waren, entpuppte sich als die große Entdeckung der Saison 1989. Er bestritt gleichzeitig die Formel-3000-Meisterschaft und ging hier als Champion hervor.

Nigel Mansell und Ferrari eroberten in Ungarn den zweiten Sieg der Saison, nachdem es Mansell auf dem Hungaroring gelungen war, Senna anhand eines geschickten Manövers von der Spitze zu verdrängen.

Während Senna und Prost mit dem V10 von einem Sieg zum anderen eilten, arbeitete dasselbe japanische Team von Motorenspezialisten aber bereits an einem neuen V12, der im November 1989 auf der Motor Show in Tokio zu sehen war. Auf den Rennstrecken war das von Osamu Goto geführte Honda-Technikerteam für die Zehnzylinder der McLaren verantwortlich.

Nach kurzer Pause fand Renault 1989 wieder in die Formel 1 zurück, allerdings beschränkten sich die Franzosen ausschließlich auf die Lieferung von Motoren. Der neue Zehnzylinder des Typs RS1 war wieder unter der Gesamtleitung von Bernard Dudot entstanden, wobei der frühere Renault-Ingenieur Jean-Jacques His, der zwischenzeitlich für Ferrari gearbeitet und dort auch einen V6 Turbo sowie den neuen V12-Saugmotor entworfen hatte, im Sommer 1988 wieder zu seinen alten Renault-Kollegen stieß.

Bei Renault entschied man sich für einen Leichtmetallblock mit 67°-Zylinderwinkel, wobei die Nockenwellen von Zahnriemen angetrieben wurden. Wie schon bei der letzten Generation der Turbo-Sechszylinder verzichtete man auf Ventilfedern; die vier Ventile pro Zylinder wurden pneumatisch geschlossen. Der französische Zehnzylinder wies eine Marelli-Motorelektronik auf, die Einspritzanlage stammte von Weber-Marelli. Mit einem Gesamtgewicht von 141 kg galt der RS1 als ungewöhnlich leicht. Die Leistung wurde anfänglich auf etwa 610 PS bei 12 500 /min geschätzt: im Verlaufe der Saison dürfte sie um etwa 50 PS zugenommen haben.

Die Renault-V10 wurden exklusiv von Williams verwendet; mit dem französischen Aggregat gewann der Belgier Thierry Boutsen die verregneten Großen Preise von Kanada und Australien. Insgesamt baute Renault 40 Exemplare seines V10, wobei 1989 fünf Evolutionsstufen zu verzeichnen waren. Im Verlaufe der Saison modifizierte man zweimal die Brennräume, zweimal griff man nach anderen Kolben. Auch stellte man von einer auf zwei Einspritzdüsen pro Zylinder um und modifizierte die Einlaßkanäle. In Australien kam sogar ein Qualifikationsmotor mit speziellen Pleueln zum Einsatz, der höher drehte, wobei die Drehzahl um 1000/min zunahm.

Der Ferrari V12 des Typs 3500 war bereits 1989 von dem ehemaligen Renault-Ingenieur Jean-Jacques His konzipiert worden, wobei sich die Fertigstellung des Motors verzögerte. Wie Honda entschied sich auch Ferrari für einen dünnwandigen Stahlgußblock, und entsprechend der schon seit 1969 beim 312-180°-Motor praktizierten Konstruktionstechnik versahen die Italiener ihren Zwölfzylinder mit nur vier Hauptlagern. Eine erste Version tauchte im Sommer 1988 bei ersten Tests auf, wobei die Zylinderköpfe noch vier Ventile pro Zylinder aufwiesen. Im Hinblick auf den ersten Renneinsatz waren die Treibwerke aber mit fünfventiligen Zylinderköpfen versehen worden. Die Nockenwellen wurden über Zahnräder angetrieben, den ungewöhnlichen Zylinderwinkel von 65° hatte His nach Absprache mit dem Fahrgestellkonstrukteur John Barnard gewählt.

Ferrari gab 1989 als einzige Marke die Zylinderabmessungen ihrer Neukonstruktion offiziell bekannt: 84 x 52,6 mm = 3498 cmΔ. Später gab es eine Version mit kürzerem Hub. Wie schon beim aufgeladenen V6, versah Ferrari den V12 mit einem Marelli-Motormanagement sowie mit einer Weber-Marelli-Einspritzanlage. Nach dem Zehnzylinder von Honda erwies sich Ferraris V12 1989 als leistungsstärkstes Aggregat. Die Leistung des 11,5 : 1 verdichteten 3500 wurde bei Saisonbeginn auf 615 bis 630 PS geschätzt; später dürften es 640 bis 650 PS bei 12 500/min gewesen sein, wobei der Drehzahlunterbrecher erst bei 13 600/min in Aktion trat.

Für einen V12-Motor entschied man sich auch bei Lamborghini, eine Firma, die von Chrysler übernommen worden war. Es handelte sich dabei um den ersten motorsportlichen Auftritt der Nobelmarke aus der Emilia. Die Rennmotoren entstanden allerdings nicht im Hauptwerk von Sant'Agata, sondern bei der neugegründeten Lamborghini Engineering in Modena, wo der ehemalige Ferrari-Ingenieur Mauro Forghieri als Technischer Direktor arbeitete. Forghieri konstruierte einen V12 mit Leichtmetallblock, dessen Zylinderreihen einen Winkel von 80° bildeten. Am 16. September 1988 wurden die Versuche auf dem Prüfstand aufgenommen. Die Lamborghini-Maschine des Typs 3512 mit ebenfalls nur vier Hauptlagern wies vier Ventile pro Zylinder auf, wobei die Nockenwellen von Zahnrädern angetrieben wurden. Zuerst arbeitete man mit einer Marelli-Motorelektronik sowie mit einer Weber-Marelli-Einsritzanlage, aber schon nach dem ersten Rennen rüstete Lamborghini das Triebwerk mit einer Bosch-Anlage aus. Mit dem Lamborghini-Motor waren 1989 ausschließlich die Lola des Teams von Gérard Larrousse bestückt, allerdings erwies sich der 3512 vorerst noch als ziemlich defektanfällig; bei der Lamborghini Engineering hatte man im Vergleich zu Honda, Renault oder Ferrari mit recht bescheidenen Mitteln auskommen müssen. Die Leistung des Motors dürfte in der ersten Saison bei 615 bis 630 PS bei 12 800/min gelegen haben.

Eine interessante Neukonstruktion entstand bei der jungen emilianischen Firma Life Racing Engines, deren Konstruktionsbureau noch in Reggio stand, während Life gleichzeitig ein neues Werk in Formigine in der Nähe Maranellos bauen ließ. Der langjährige ehemalige Ferrari-Mitarbeiter Franco Rocchi konstruierte einen V12-Motor mit drei Zylinderreihen à je vier Zylinder. Unter sich bildeten die drei Zylinderreihen einen Winkel von je 60°; auf jeden Kurbelzapfen entfielen drei Pleuel, ähnlich wie bei den Sternmotoren im Flugzeugbau. Das W12-Konzept mit fünf Hauptlagern bot den großen Vorteil, daß es kaum länger als ein V8 war. Rocchis interessante Konstruktion kam 1989 allerdings noch nicht zum Einsatz.

Wenn man bedenkt, daß die Zehn- und Zwölfzylindermotoren 1989 auf 630 bis etwa 660 PS gekommen sind, dann ergab dies für die 3,5 Liter großen Triebwerke eine Literleistung von 180 bis 188 PS/l. Die V8 kamen auf etwa 600 bis 625 PS, was 171 bis 178/l entsprach. Offiziell machte indessen niemand irgendwelche Leistungsangaben, die Werte wurden von den Insidern nur geschätzt. Wer geglaubt hatte, die Umstellung auf Saugmotoren würde die Entwicklung der Triebwerke weniger kostenintensiv als bei den bisherigen Turboaggregaten ausfallen lassen, täuschte sich; anläßlich der Präsentation des neuen V12-Motors von Honda im November 1989 teilte Chefingenieur Nabuhiko Kawamoto mit, daß die Entwicklung von Saugmotoren bereits 10 bis 15 % mehr als bei Turbomotoren koste.

Einen neuen Trend gab es auf dem Gebiet der Getriebe zu verzeichnen. Nachdem man seit der allgemeinen Umstellung auf die Mittelmotorbauweise Ende der fünfziger Jahre fast ausnahmslos hinter der Hinterachse liegende Längsgetriebe verwendet hatte, zeichnete sich seit 1988 eine Tendenz in Richtung der vor der Antriebsachse liegenden Quergetriebe ab, wie sie Ferrari in der zweiten Hälfte der siebziger Jahre bei der 312-T-Reihe verwendet hatte. Williams kam 1988 mit einem neuen Quergetriebe heraus; 1989 stellten auch Arrows, Lamborghini (Lola), McLaren (ab Mitte der Saison) und Onyx auf Sechsgang-Quergetriebe um. Diese Anordnung bot zwei Vorteile: erstens wirkte sie sich günstig auf die Gewichtsverteilung aus, weil das Getriebe zwischen den Achsen lag, und zweitens ermöglichte diese Lösung eine aerodynamisch bessere Gestaltung des Hecks, denn durch ein vor der Hinterachse liegendes Getriebe ließ sich die Unterbodenverschalung am Heck glattflächig hochziehen. March und Benetton verzichteten zwar auf die Quergetriebekonstruktion, aber sie verlegten ihre Längsgetriebe vor die Hinterachse. Die übrigen Teams - mit Ausnahme von Ferrari - verwendeten konventionelle Längsgetriebe, die hinter der Antriebsachse angeordnet waren. Ferrari bestückte den F1-89 mit einem an sich konventionellen Längsgetriebe mit sieben Gängen, ungewöhnlich war dabei die Steuerung des Gangwechsels.

An der Weltmeisterschaft 1989 beteiligte sich die Rekordzahl von zwanzig Teams. Als Kronfavorit stieg die Kombination McLaren-Honda wieder in das Championat ein. Schon bei den Tests im Spätherbst 1988 hatte sich herausgestellt, daß der Honda-V10-Motor über eine sagenhafte Leistung verfügte. Der Zehnzylinder wurde in einem adaptierten Fahrgestell des Typs MP 4/4, wie es 1988 verwendet worden war, ausprobiert. Mittlerweile arbeiteten Neil Oatley und Steve Nichols am neuen Fahrgestell des Typs MP 4/5, das beim ersten Grand Prix debütierte und in der ersten Saisonhälfte noch mit dem bisher verwendeten Längsgetriebe ausgerüstet war. Das neue Quergetriebe entstand bei McLaren unter Mitwirkung des amerikanischen Spezialisten Pete Weissman. Selbstverständlich stieg McLaren mit dem regierenden Weltmeister Ayrton Senna sowie mit dem zweifachen ehemaligen Weltmeister Alain Prost in die neue Saison ein.

Bei Ferrari war das Auto der Zukunft, nämlich der F1-89, schon im Juli 1988 in einer ersten Version des Typs 639 getestet worden, worauf die Version 640 entstanden war,

Alessandro Nannini sowie Benetton machten eine enttäuschende erste Saisonhälfte durch, aber beim vorletzten WM-Lauf, in Japan, gewann Nannini mit dem B189-Ford. Die Aufnahme zeigt den Toskaner während des Grand Prix von England in Silverstone.

Gerhard Berger auf Ferrari F1-89 während des Grand Prix von Italien, wo der Österreicher nach einer langen Pechsträhne hinter Alain Prost auf McLaren-Honda auf den Ehrenplatz kam.

die sich nur in Details vom Prototyp unterschied. Diese Neukonstruktion war der erste und auch einzige Ferrari, der vollständig unter der Gesamtleitung von John Barnard entstanden ist. In der englischen Ferrari-Dependance (GTO) in Guildford entstand das komplette Fahrgestell des F1-89 samt dem Kohlestoff/Kevlar-Monocoque; die Schlußmontage mit dem Kompletteinbau der Mechanik erfolgte dann in Maranello. Die interessanteste technische Neuheit des Ferrari war das halbautomatische Getriebe mit sieben Gängen, bei dem die Schaltvorgänge mittels zwei kleiner, hinter dem Lenkrad angebrachten Kipphebelchen ausgelöst wurden, das sich mit den Fingerspitzen bedienen ließ: Rechts schaltete man hoch, links hinunter. Das Kupplungspedal brauchte nur beim Start bedient zu werden, anschließend erfolgte die Betätigung der elektrohydraulisch gesteuerten Kupplung automatisch.

In der ersten Saisonhälfte wurden die Ferrari allerdings häufig von Getriebeproblemen heimgesucht; die elektrohydraulische Steuerung machte den Technikern viel zu schaffen. Erst gegen Saisonmitte bekam man die Schwierigkeiten in den Griff.

Schon im Sommer 1988 war bekanntgegeben worden, daß Nigel Mansell in der folgenden Saison für Ferrari fahren würde, während Gerhard Bergers Vertrag erst Ende 1989 auslief. Nach über einem Jahrzehnt der Mitarbeit bei der Scuderia zog sich Rennleiter Marco Piccinini von seinem Amt zurück, sein Nachfolger wurde Cesare Fiorio. 25 Jahre lang hatte er sich mit den Sportaktivitäten bei Lancia befaßt, wobei er allmählich zum Sportchef der gesamten Fiat-Gruppe avanciert war.

Das neue Benetton-Modell war Anfang der Saison noch nicht einsatzbereit, deshalb mußte der im englischen Witney etablierte Rennstall im ehemaligen Werk von Toleman zunächst noch das vorjährige Modell B 188 mit Ford-DFR-Motor einsetzen. Es zeigte sich, daß der neue und exklusiv für Benetton bestimmte Ford-75°-Motor, der bei Cosworth entstand, nicht in das bisherige Fahrgestell eingebaut werden konnte; deshalb wurde das Debüt des neuen Benetton mehrere Male hinausgeschoben. Zuerst gab es Schwierigkeiten mit den Aufhängungen, dann mußte man bei Cosworth Schwingungen der Kurbelwelle beseitigen. Benettons Fahrer Nummer 1 war Alessandro Nannini; neu im Team war der junge englische Formel 3000-Pilot Johnny Herbert, der allerdings wegen einer im August 1988 in Brands Hatch erlittenen Unfallverletzung zu Beginn der Saison 1989 noch an Krücken ging. Trotz seines vielversprechenden vierten Platzes anläßlich seines Formel 1-Debuts in Brasilien wurde Herbert beim Grand Prix von Frankreich durch Emanuele Pirro ersetzt, der bislang unter anderem als Testfahrer für McLaren-Honda aktiv gewesen war.

Bei Williams adaptierte Patrick Head den bisher eingesetzten FW 12, der 1988 noch mit einem Judd-Motor bestückt war. Es entstand das Übergangsmodell FW12C mit Renault-V10-Motor. Der FW12C bewährte sich so gut, daß sich Head mit seiner Neukonstruktion, dem FW 13, bis zum Ende der Saison zeit ließ und sie erst beim Großen Preis von Portugal präsentierte. Im Spätsommer 1989 verließ übrigens der argentinische Williams-Ingenieur Enrique Scalabroni das englische Team und ging zu Ferrari, denn am 31. Oktober lief der Dreijahresvertag John Barnards mit den Italienern aus. Bei Williams behielt man Riccardo Patrese und Thierry Boutsen ersetzte den zu Ferrari gegangenen Nigel Mansell.

Exklusiv für March hatte Judd den neuen V8 mit 76°-Zylinderwinkel bereitgestellt; das neue Modell CG 891 (die Buchstaben CG standen für den kurz zuvor tödlich verunglückten italienischen March-Mitarbeiter

Bei den letzten Grand Prix der Saison zeichnete sich der aus der Romagna stammende Pierluigi Martini auf Minardi M189 mit Ford-DFR-Motor besonders aus. Auch bei Minardi hatte man auf die neue Konstruktionsphilosophie mit schmaler Frontpartie und hochliegender Lufthutze umgestellt. Mit den Pirelli-Reifen erzielte Martini verblüffende Qualifikationsresultate.

Unten
Während des Großen Preises von Belgien wird der führende Alain Prost auf McLaren MP4/5-Honda hart von Ferrari F1-89 von Nigel Mansell verfolgt. Die beiden kamen auf den ersten und zweiten Rang.

Rechts
FISA-Präsident Jean-Marie Balestre trat gerne an der Seite der Stars auf dem Siegerpodium in Erscheinung. Nach dem Grand Prix von Belgien wird er vom Sieger, Ayrton Senna, sowie von Alain Prost (Zweiter) und Nigel Mansell »eingerahmt«.

Cesare Gariboldi) entstand unter der Leitung von Adrian Newey. Die aerodynamisch anspruchsvolle Konstruktion debütierte erst beim Grand Prix von Monaco; Ivan Capelli und Mauricio Gugelmin vermochten mit dem heiklen CG 891 jedoch nicht an die exzellenten Resultate des Vorjahres anknüpfen, denn ihr Fahrzeug erwies sich als aerodynamisch sehr kompliziert.

Lotus' Waffe der Saison 1989 war der Mark 101 mit Judd-Motor, wobei die Neukonstruktion vom bisherigen Williams-Aerodynamiker Frank Dernie stammte. Der mehrheitlich der Familie Chapman gehörende Rennstall machte allerdings eine schwierige Phase durch: weder Nelson Piquet noch dessen japanischer Teamkollege Satoru Nakajima vermochten in den Kampf um Spitzenpositionen einzugreifen. In der Mitte der Saison wurde Teammanager Peter Warr seines Amtes enthoben; seine Position übernahm der Ingenieur Tony Rudd, der in den sechziger Jahren den erfolgreichen BRM mit V8-Motor konstruiert hatte. Das Projekt des fünfventiligen Judd-Tickford-Motors wurde fallengelassen.

Nach einjähriger Pause kehrte Brabham in die Formel 1 zurück. Ende 1987 hatte Bernie Ecclestone die Firma heimlich an die Fiat-Gruppe verkauft, und im folgenden Jahr war hier der Alfa Romeo 164 mit V10-Motor entstanden, der für die (totgeborene) Pro-Car-Rennserie bestimmt gewesen war. Im Herbst 1988 wechselte das Brabham-Team erneut den Besitzer, und zwar erwarb der Schweizer Finanzmann Joachim Lüthi die Kontrolle über den Traditionsrennstall, nachdem der Luzerner Walter Brun bei der Übernahme dieses Unternehmens anfänglich ebenfalls eine Rolle gespielt hatte. Allerdings geriet Lüthi im Spätsommer 1989 in Schwierigkeiten, so daß die Besitzverhältnisse in Frage gestellt waren. Allerdings waren die Gebäude und das Grundstück, auf dem der Betrieb stand, nach wie vor Eigentum Bernie Ecclestones, ebenso die komplette Sammlung aller bislang von Brabham gebauten Formel-Wagen. Den neuen Brabham BT 58 mit Judd-Motor und Pirelli-Reifen entwarf der bisherige Dallara-Mitarbeiter Sergio Rinland: Der Argentinier stellte den Brabham-Piloten Stefano Modena und Martin Brundle eine ausgereifte Konstruktion zur Verfügung.

Tyrrell erlebte in der Saison 1989 einen Aufwärtstrend. Der frühere englische Ferrari-Mitarbeiter Dr. Harvey Postlethwaite und dessen ehemaliger französischer Ferrari-Kollege Jean-Claude Migeot, ein Spezialist für Aerodynamik, bauten den 018 mit Cosworth-Motor, mit dem Jonathan Palmer und der bisherige Ferrari-Mann Michele Alboreto an den Start gingen. Jedoch verließ Alboreto das Tyrrell-Team infolge finanzieller Differenzen schon im Frühsommer wieder und ging zu Larrousse. Seine Stelle übernahm der Südfranzose Jean Alesi, der in der gleichen Saison auch die Formel 3000-Meisterschaft bestritt und in dieser Kategorie als Champion hervorging. Auf Anhieb machte der draufgängerische Sohn sizilianischer Eltern auch in der Formel 1 Furore.

Arrows fuhr weiterhin mit Eddie Cheever und Derek Warwick; Ross Brown baute den A 11 mit Cosworth DFR-Motor und neuem Quergetriebe. Bei Dallara konstruierte Ing. Gianpaolo Dallara den für die Scuderia Italia der Brescia Motor Sport bestimmten BMS 189, dessen Cosworth-DFR-Motoren bei Mader gewartet wurden. Bei der Scuderia Italia blieb Alex Caffi weiterhin unter Vertrag, neu in das Team kam Andrea De Cesaris, der bislang auf Rial gefahren war. Für Osella in Volpiano bei Turin baute Antonio Tomaini den neuen FA1-M89 mit Cosworth-Motor, wobei man sich bei Osella erstmals intensiv mit der Aerodynamik befaßte und zahlreiche Windkanalversuche unternahm. Als Fahrer standen Piercarlo Ghinzani und Nicola Larini zur Verfügung. Für das von Gérard Larrousse geführte LC-Team entstanden bei Lola die LC 89, für die der bisherige Lotus-Mann Gérard Ducarouge federführend war. Als interessante Neuheit galt der Lamborghini-V12-Motor vom Typ 3512, der in Modena unter der Gesamtleitung von Mauro Forghieri entstanden war. Larrousse standen Philippe Alliot und der junge Yannick Dalmas als Fahrer zur Verfügung, später trat Alboreto an die Stelle Dalmas'. Bei Minardi hatte man das Konstruktionsbüro neustrukturiert: gemeinsam bauten Aldo Costa, Tommaso Carletti und der frühere Lotus-Mitarbeiter Nigel Coperthwaite den M 189 mit Cosworth-DFR-Motor, dessen Fahrer Pierluigi Martini sowie der Spanier Luis Perez Sala waren. Man registrierte einen deutlichen Qualitätssprung, insbesondere verblüffte gegen Saisonende Martini mit aufsehenerregenden Qualifikationszeiten, die auch für die Qualitäten der Pirelli-Reifen sprachen.

Das von Vichy nach Magny-Cours umgesiedelte Ligier-Team verpflichtete den brasilianischen Konstrukteur Ricardo Divila, der zusammen mit Michel Beaujon den JS 33 mit Cosworth-DFR-Motor baute – leider kamen René Arnoux und der Formel 1-Neuling Olivier Grouillard damit nie auf einen grünen Zweig.

Die große Formel 1-Familie wurde 1989 um ein weiteres Mitglied bereichert: um den englischen, von Mike Earle geführten Onyx-Rennstall, für dessen ORE 1 mit Cosworth-Motor Alan Jenkins verantwortlich zeichnete. Als Geldgeber hatte Earle den belgischen Mathematiker und Börsenexperten Jean-Pierre Van Rossem mit seiner Firma Moneytron gewinnen können. Onyx stieg mit Stefan Johansson und mit dem belgischen Formel 1-Neuling Bertrand Gachot ein, wobei Gachot gegen Ende der Saison durch den bisher in der Formel 3000 konkurrierenden Finnen J.J. Lehto ersetzt wurde, der 1989 nebenbei als Ferrari-Testfahrer tätig war.

Gespannt war man auf die neue Kombination Zakspeed-Yamaha. Leider litten die

Große Freude herrschte auf dem Siegerpodium von Suzuka: Alessandro Nannini hat soeben (nach der berühmten Kollision zwischen den führenden Senna und Prost) den Großen Preis von Japan gewonnen. Zweiter wurde sein Freund Riccardo Patrese (links), vor dessen Markenkollegen Thierry Boutsen. Im folgenden Jahr erlebte Nannini den schweren Helikopterunfall, so daß Suzuka der einzige Grand-Prix-Erfolg seiner Karriere blieb.

von Gustav Brunner konstruierten ZK 189 an akutem PS-Mangel, es hieß, ihre Leistung läge deutlich unter 600 PS, woraus für Bernd Schneider und den als Yamaha-Mitgift verpflichteten Japaner Aguri Suzuki praktisch ein Dauerzustand der Nichtqualifikation resultierte. Hoffnungslos ins Hintertreffen abgerutscht waren 1989 das Coloni-Team, Euro-Brun und auch Rial, wenngleich Rial in der ersten Saisonhälfte noch ein paar Punkte einfahren konnte. Bei Euro-Brun war man zunächst noch mit einem umgebauten Vorjahresmodell angetreten, mit dem Formel 1-Neuling Gregor Foitek aus Zürich jedoch regelmäßig im Netz der Vorqualifikationen hängenblieb. Als Foitek seinen Platz dem argentinischen Langstreckenspezialisten Oscar Larrauri überließ, besserte sich die Misere nicht. Auch das neue, im Juli aufgetauchte Modell ER 189 mit Judd-Motor und Pirelli-Reifen, entworfen von George Rayton, dem bisherigen Mitarbeiter John Barnards, war eine Enttäuschung. Einen Besitzwechsel gab es beim AGS-Team. Es wurde von dem Geschäftsmann Cyril de Rouvre übernommen, wobei der Gründer Henri Julien weiterhin eine beratende Funktion ausübte. AGS bereitete das Übergangsmodell JH 23B-Cosworth vor, die Fahrer waren wieder Philippe Streiff und der deutsche Nachwuchsmann Joachim Winkelhock, der Bruder des in Kanada tödlich verunglückten Manfred Winkelhock. Leider erlitt der Franzose Streiff in Rio de Janeiro einen schweren Trainingsunfall, den er zwar überlebte, aber mit den Folgen einer Querschnittslähmung. AGS mußte ihn durch den Italiener Gabriele Tarquini ersetzen. Dieser erzielte zwar am Anfang einige gute Resultate, dann aber rutschte AGS allmählich in den Hintergrund.

Für die schwachen Teams war die Saison 1989 wegen der Vorqualifikationen, denen sie sich zu unterziehen hatten, ungewöhnlich hart. Aufgrund der in der zweiten Saisonhälfte 1988 erzielten Resultate erstellte man die Liste der 26 zu den Qualifikationen zugelassenen Konkurrenten; die anderen mußten durch Vorqualifikationen versuchen, eine der insgesamt vier verfügbaren »Eintrittskarten« zu den Qualifikationen zu ergattern. Dieser Vorselektion hatten sich dreizehn Fahrer zu unterziehen: Brundle und Modena auf Brabham, Ghinzani und Larini auf Osella, Caffi auf Dallara, Raphanel auf Coloni, Foitek auf Euro-Brun, Schneider und Suzuki auf Zakspeed, Johansson und Gachot auf Onyx, Weidler auf Rial sowie Winkelhock auf AGS.

In der Saison 1989 erzielten die Monoposto mit 3,5 Liter-Saugmotor etwa dieselben Rundenzeiten wie die bisherigen 1,5 Liter-Turbo-Rennwagen, und zwar nicht nur wegen der Fortschritte im Fahrgestellbau und in der Aerodynamik, sondern auch wegen des besseren Ansprechverhaltens der Saugmotoren. Bei ihnen gab es kein »Turboloch« mehr, jene bei aufgeladenen Maschinen typische Verzögerung im Ansprechen des Gaspedals. Ein Wagen mit Saugmotor ließ sich viel besser durch Kurvenkombinationen fahren. Mittlerweile wurden bei Grand Prix-Autos Querbeschleunigungswerte von bis zu 3,3 g gemessen, und auch das Beschleunigungsvermögen hatte rasant zugenommen. Mit stehendem Start ließ sich in 5,2 bis 5,3 Sekunden ein Tempo von 200 km/h erreichen. Solche Werte waren durch extremen Leichtbau möglich geworden, so daß einige Wagen nicht einmal das Mindestgewicht von 500 kg erreichten. In einigen Fällen erhielten die Wagen zum Ausgleich Ballast. Das genaue Trockengewicht der Monoposto wurde von allen Konstrukteuren geheimgehalten oder mit der lapidaren Angabe »500 kg« angegeben. Bei den von der FISA vorgenommenen Gewichtskontrollen in der Boxenstraße konnte man ja auch nie wissen, wieviel Treibstoff sich noch in den Tanks befand.

Bei der aerodynamischen Gestaltung ihrer neuen Modelle hatten sich etliche Konstrukteure von March 881 von 1988 inspirieren lassen: der sogenannte »Concorde-Schnabel« machte Schule. Dessen Hauptvorteil lag darin, daß er den im Bereich der schmalen Frontpartie entstehenden Auftrieb abbaute, außerdem ermöglichte es der schmale »Schnabel«, die Frontflügel breiter und damit wirksamer auszubilden. Ein weiterer Vorteil dieser Frontgestaltung war die bessere Luftzufuhr zu den seitlichen Kühlern.

Einige Teams verpflichteten neben ihren zwei Grand Prix-Fahrern einen Testpiloten. Wie schon erwähnt, waren dies J.J. Lehto bei

Der neue Williams FW13 mit Renault-V10-Motor debutierte erst anläßlich des Grand Prix vo Portugal. Beim WM-Schlußlauf, in Australien, holte sich dieses Modell mit Thierry Boutsen dann auch den ersten Sieg.

Dramatischer Moment in Suzuka: Kollision zwischen den beiden führenden McLaren-Honda von Senna und Prost in der Schikane. Der Franzose muß aussteigen, der Brasilianer kann weiterfahren, aber er wird dann disqualifiziert, so daß Alain Prost Weltmeister ist.

Ferrari und Emanuele Pirro bei McLaren. Benetton arbeitete bei den Tests auch mit Johnny Dumfries zusammen, und im Lotus saß gelegentlich der Formel 3000-Spezialist Martin Donnelly.

Als am 26. März 1989 die 40. Fahrerweltmeisterschaft mit dem Großen Preis von Brasilien auf dem auf den Namen Nelson Piquets umgetauften Circuit von Rio de Janeiro ihren Auftakt erlebte, bildeten McLaren und Honda eine favorisierte Kombination. Sie hatte sich bei den Tests gegenüber der gesamten Konkurrenz als überlegen erwiesen. Gewisse Chancen räumte man auch Ferrari ein, wenngleich die Testfahrten in den Wintermonaten eine besorgniserregende Anfälligkeit des halbautomatischen Siebenganggetriebes aufgedeckt hatten. Im Verlauf der Saison erfuhren die Prognosen eine weitgehende Bestätigung, auch wenn die McLaren MP4/5-Honda nicht ganz so überlegen waren, wie im Vorjahr die MP 4/4 mit V6-Turbomotor. Der schnellste Mann war Ayrton Senna auf McLaren, der sich vor allem bei den Qualifikationen als unschlagbar erwies: bei 13 Grand Prix stand er auf der Pole Position. Beim Großen Preis von Australien bei Saisonschluß qualifizierte sich der Brasilianer für seine 43. Pole Position, wobei er abermals Weltmeister geworden wäre, hätten ihn nicht einige Defekte oder andere Zwischenfälle einige Male zum Aufgeben gezwungen. Senna gewann sechs Grand Prix, nämlich in Imola, Monaco, Mexiko, Deutschland, Belgien und Spanien. Seine Überlegenheit läßt sich auch an der Zahl von 2295 Kilometern ablesen, die er 1989 in Führung lag. Aber 1217 Führungskilometer reichten einem Alain Prost, um zum dritten Mal den Weltmeistertitel zu erlangen. Es folgten Patrese auf Williams-Renault mit 428 km, Mansell auf Ferrari mit 333 km, Berger auf Ferrari mit 236 km, Boutsen auf Williams-Renault mit 227 km, Warwick auf Arrows-Cosworth mit 18 km, Nannini auf Benetton-Ford mit 18 km und Martini auf Minardi-Cosworth mit 4,4 km.

Bei der Saisonpremiere in Brasilien kollidierte Senna schon in der ersten Kurve mit dem Ferrari Bergers. Daraufhin übernahm Patrese die Führung, bis die Leistung seines Renault-Zehnzylinders nachließ und es einen Ferrari-Überraschungssieg mit Nigel Mansell gab. Daß das neue, halbautomatische Ferrari-Getriebe halten würde, hatte selbst bei Ferrari niemand geglaubt, denn bei den Tests hatte es damit immer wieder Probleme gegeben. Senna revanchierte sich mit klaren Siegen beim GP von San Marino in Imola, in Monaco und in Mexiko, wo seinem McLaren-Honda niemand gewachsen war. Das halbautomatische Getriebe bereitete Ferrari wochenlang große Sorgen: Nigel Mansell vermochte nach seinem Brasilien-Erfolg bei den fünf folgenden WM-Läufen keine Punkte mehr zu erringen. Gerhard Berger erlitt in Imola einen schweren Unfall, als ein Frontflügel seines Ferrari barst und der Österreicher in der Tamburello-Kurve mit hohem Tempo in die Abschrankungen donnerte. Wenige Augenblicke nach dem Aufprall ging das Ferrari-Wrack in Flammen auf, aber Berger konnte von den mutigen Streckenposten gerettet werden. Beim Grand Prix von Monaco mußte er pausieren, aber in Mexiko war er wieder dabei.

Alain Prost hatte sich eine günstige Ausgangsposition geschaffen, indem er bei den ersten drei Grand Prix je einen zweiten Platz einfuhr und sich damit im Zwischenstand in Führung brachte. Bei dem von Detroit in das heiße Phoenix in Arizona umgesiedelten Grand Prix der USA, der auf einer 3,8 km langen und nur rechtwinklige Kurven aufweisenden Straßenkombination ausgetragen wurde, fiel Senna mit einem Zündungsdefekt aus – Prost holte sich den ersten Sieg der Saison.

Beim Großen Preis von Kanada brachte unaufhörlich niederprasselnder Regen alles durcheinander. Ayrton Senna demonstrierte abermals sein großes Können, nur ließ kurz vor Schluß sein Motor nach, so daß der Belgier Thierry Boutsen auf Williams-Renault zu seinem ersten Grand-Prix-Erfolg kam, womit auch der Renault-Zehnzylinder seien ersten Sieg geerntet hatte. Beim Grand Prix von Frankreich in Le Castellet ereignete sich gleich nach dem Start eine von Mauricio Gugelmin ausgelöste Massenkollision, die einen Neustart erforderte. Hier debütierte der Südfranzose Jean Alesi auf Tyrrell, nachdem sich Michele Alboreto und Ken Tyrrell getrennt hatten. Senna wurde schon am Start durch einen Differentialschaden eliminiert, und es gewann sein Teamkollege Alain Prost vor Nigel Mansell auf Ferrari, der damit seit dem Großen Preis von Brasilien endlich wieder ein positives Resultat erzielte. Für Aufsehen sorgte in Le Castellet der Formel 1-Debutant Jean Alesi, der im Verlauf des Rennens kurzfristig die zweite Position einnahm, schließlich auf Rang vier zurückfiel. Nach wie vor stand Gerhard Berger ohne einen WM-Punkt da; ständig hatte er mit seinem Ferrari Pech gehabt und aufgeben müssen. Beim Grand Prix von England in Silverstone schied auch Senna aus, weil er in einer Kurve wegen eines Getriebeschadens von der Strecke rutschte, so daß Prost ungestört einem dritten Saisonsieg entgegenfahren konnte. In Silverstone waren die McLaren-Honda mit einem neuen, rund 15 kg leichteren Quergetriebe erschienen, das sich auf Anhieb bewährte. Und mit dem endlich zuverlässig gewordenen Ferrari kam Mansell wieder auf den zweiten Platz.

Nach seinem Pech in Phoenix, Montreal, Le Castellet und Silverstone fuhr Senna beim verregneten Großen Preis von Deutschland in Hockenheim wieder auf Erfolgskurs, vor Alain Prost, der jedoch in der Weltmeisterschaft mit großen Vorsprung führte. Den dritten Rang belegte Mansell, während sich Berger wegen eines Unfalls wieder nicht unter den Klassierten befand. Übrigens galt von jetzt an die neue Ordnung für die Vorqualifikationen: Die beiden Brabham-Fahrer oder auch Dallara-Pilot Caffi brauchten diese Prüfung nicht zu absolvieren, dagegen waren zum Beispiel die beiden Lola-Lamborghini-Piloten Alliot und Alboreto zu jenen 13 abgerutscht, die sich am Freitagmorgen den Zugang zu den Qualifikationen erkämpfen mußten.

Das faszinierendste und spannendste Rennen des Jahres war der Große Preis von Ungarn. Zuerst gab Riccardo Patrese auf dem alten Williams FW12C-Renault den Ton an, doch gelang es Nigel Mansell aus dem vorderen Mittelfeld heraus einen Rivalen nach dem anderen zu überholen. Als Patreses Motor auch noch Schwächezeichen von sich gab, verdrängte Mansell im Verlaufe eines mitreißenden Duells den führenden Senna vom ersten Platz, so daß Ferrari auf dem kurvenreichen und nur kurze Geraden aufweisenden - die Zielgerade ausgenommen - Hungaroring zu einem zweiten Saisonsieg kam. Die McLaren-Honda vermochten ihr Beschleunigungsvermögen aus langsamen Kurven heraus nicht auszuspielen, ebensowenig bot sich auf den kurzen Geraden die Möglichkeit, das Leistungsplus voll zur Geltung zu bringen. Senna kam daher auf den Ehrenplatz, gefolgt von Thierry Boutsen auf Williams-Renault. Inzwischen hatte sich auch herausgestellt, daß der unter der Leitung John Barnards entstandene Ferrari über das beste Fahrgestell verfügte.

Nach der Kollision mit Senna begibt sich Alain Prost zu Fuß zu den Boxen. Den dritten Weltmeistertitel hat er in der Tasche, ebenso den Ferrari-Vertrag für 1990.

Eine einzigartige Regenschlacht war auch der Kampf um den Großen Preis von Belgien in Spa-Francorchamps, wo Ayrton Senna einmal mehr seinem Ruf als Regenmeister gerecht wurde und vor Prost und Mansell durchs Ziel fuhr. Gerhard Berger war wieder ausgefallen: zum zehnten Mal bei zehn Starts ...

Beim Großen Preis von Italien schien Ayrton Senna der Sieg sicher zu sein. In der 44. Runde setzte ein Motorschaden der Fahrt des führenden Brasilianers jedoch ein Ende, und wieder nutzte Alain Prost seine Chance. Endlich kam auch Gerhard Berger auf Ferrari ins Ziel, und zwar auf dem zweiten Platz; Nigel Mansell hatte mit einem Getriebeschaden aufgeben müssen. Prost wurde in Monza eine ungewöhnliche Begeisterung zuteil, denn kurz vor dem Grand Prix von Italien hatte der Franzose für 1990 einen Ferrari-Vertrag unterschrieben. Hingegen stand schon seit Anfang Juli fest, daß Prost bei McLaren durch den bisherigen Ferrari-Mann Berger ersetzt wurde. Vor dem Großen Preis von Italien war ebenfalls bekannt geworden, daß der bisherige argentinische Williams-Fahrgestell-Ingenieur Enrique Scalabroni im Oktober seinen Dienst bei Ferrari aufnehmen würde. Daß es Ferrari im Verlaufe der Saison gelungen war, gegenüber McLaren Boden gutzumachen, fand auch beim Großen Preis von Portugal in Estoril seine Bestätigung. Erstmals dominierte Ferrari: Gerhard Berger kam zu seinem einzigen Saisonsieg, gefolgt von Alain Prost, dessen Vorsprung in der WM noch größer geworden war, denn Senna wurde wegen einer Kollision mit Mansell eliminiert. Der Zwischenfall war dramatisch. Einige Runden zuvor hatte der um den Sieg kämpfende Nigel Mansell beim Boxenstop für einen Reifenwechsel zu spät gebremst und war im Rückwärtsgang einige Meter zurückgerollt. Der Engländer bekam die schwarze Flagge gezeigt, weil Rückwärtsfahren nicht erlaubt ist. Viermal schoß Mansell an der schwarzen Flagge vorbei, ohne sie zu beachten (später sagte er, daß er sie nicht gesehen habe). In der 48. Runde schließlich berührten sich sein Ferrari und der McLaren Sennas in einer Kurve und blieben nach wilden Schlenkerbewegungen im Sturzraum liegen. Wegen Nichtbeachtens der schwarzen Flagge wurde Mansell von der Teilnahme am folgenden Großen Preis von Spanien ausgeschlossen. Zwar protestierte Ferrari beim Appellationsgericht der FIA, aber ohne Erfolg.

Innerhalb des McLaren-Teams herrschten seit Monaten gewisse Spannungen; seit dem Großen Preis von San Marino wechselten Ayrton Senna und Alain Prost praktisch kein Wort mehr. Prost warf seinem Teamkollegen vor, er habe sich nicht an eine gemeinsame Abmachung gehalten und ihn in Imola von der Spitze verdrängt. In Zeitungsinterviews

Die Formel-1-Motoren von 1989

Marke	Cosworth	Ferrari	Ford	Honda	Judd (1988)	Judd (1989)	Judd-Tickford
Typ	DFR	036	75 DEG	RA 109 E	CV	EV	Tickford
Zylinderanordnung	V8	V12	V8	V10	V8	V8	V8
Zylinderwinkel	90°	65°	75°	72°	90°	76°	90°
Bohrung x Hub	90 x 68,8	84 x 52,6	96 x 60,4*	92 x 52,5*	94 x 63	95 x 61,7*	94 x 63
Hubraum	3491	3498	3497,4*	3493	3497,6	3498,7*	3497,6
Anzahl Hauptlager	5	4	5		5	5	5
Kröpfungswinkel	180°	120°	180°	72°	180°	180°	180°
Motorblock	Alu	Stahlguß	Alu	Stahlguß	Alu	Alu	Alu
Nockenwellenantrieb	Zahnräder	Zahnräder	Zahnräder	Zahnräder	Zahnräder	Zahnräder	Zahnräder
Anzahl Nockenwellen	4	4	4	4	4	4	4
Ventile pro Zylinder	4	5	4	4	4	4	5
Verdichtung	12:1	11,5:1	12:1*		13:1	12:1	13:1
Zündung	Lucas (Marelli)	Magneti-Marelli	Ford EED	Honda PGM IG	Lucas	Magneti-Marelli	Lucas
Einspritzung	Cosworth (Weber-Marelli)	Weber-Marelli	Ford EEC IV	Honda PGM F1	Zytek	Zytek	Zytek
Höchstleistung bei /min	590–610 11000	650–660* 12500	640* 11600	660–670* 12800	600–610* 11200	610* 11500	600* 11200
Länge x Breite x Höhe				620x550x540			
Gewicht	155 kg			150 kg			
Marke	**Lamborghini**	**Life**	**Neo-Tech**	**Renault**	**Subaru-Motori-Moderni**	**Yamaha**	
Typ	3512	F35		RS1	1235	OX88	
Zylinderanordnung	V12	W12	V12	V10	V12	V8	
Zylinderwinkel	80°	2 x 60°		67°	180°	75°	
Bohrung x Hub	88 x 47,9*			90 x 54,9	84 x 52,6		
Hubraum	3496*	3493		3492,6	3498	3489	
Anzahl Hauptlager	4	5		6	4	5	
Kröpfungswinkel	120°	120°		72°	120°		
Motorblock	Alu	Alu	Alu	Alu	Alu	Alu	
Nockenwellenantrieb	Zahnräder	Zahnräder	Zahnräder	Zahnriemen	Zahnriemen	Zahnriemen	
Anzahl Nockenwellen	4	6	4	4	4	4	
Ventile pro Zylinder	4	4	4	4 pneumat.	5	5	
Verdichtung	11:1	13:1			11,8:1		
Zündung	Bosch	Magneti-Marelli	Bosch	Magneti-Marelli	Magneti-Marelli	Yamaha (Bosch)	
Einspritzung	Bosch	Weber-Marelli	Bosch	Weber-Marelli	Weber-Marelli	Yamaha (Bosch)	
Höchstleistung bei /min	610–620* 12800	600 12000		640–650* 12500	610–620* 12300	580–600* 11000	
Länge x Breite x Höhe	620x?x?			668x550x440		570x560x?	
Gewicht	160 kg		150 kg	141 kg	159 kg		

* keine Werksangaben, sondern von Ing. Enrico Benzing, Milano geschätzte Werte

Für den Lotus-Traditionsrennstall verlief die Saison 1989 sehr enttäuschend: Der Mark 101 mit Judd-V8-Motor vermochte nicht mit den schnellsten Rivalen Schritt zu halten. Der dreifache Weltmeister, Nelson Piquet, mußte sich diesmal mit dem achten WM-Rang begnügen.

attackierten sich beide gegenseitig; Prost machte auch Honda und McLaren Vorwürfe, indem er behauptete, man stelle Senna das bessere Material zur Verfügung. McLaren und Honda ließen diese Anschuldigungen nicht auf sich sitzen, Prost mußte sie zurücknehmen.

Wollte Ayrton Senna noch Weltmeister werden, dann mußte er die drei verbleibenden Grand Prix von Spanien, Japan und Australien gewinnen. In Spanien war ihm wieder niemand gewachsen: Berger wurde Zweiter, gefolgt von einem Prost, der keinerlei Risiken eingehen wollte. Unmittelbar vor dem Rennen hatte Benetton bekanntgegeben, daß der bisherige Ferrari-Konstrukteur John Barnard am 1. November 1989 in die Dienste der Marke aus Witney treten würde, Ferrari-Präsident Piero Fusaro und Barnard hatten sich auf eine weitere Zusammenarbeit nicht einigen können.

Einen dramatischen Höhepunkt stellte der Große Preis von Japan in Suzuka dar, wo Alain Prost besonders motiviert schien und vor Ayrton Senna ständig in Führung lag, bis dieser vor einer Schikane einen Angriff inszenierte und versuchte, innen an seinem Teamkollegen vorbeizukommen. Prost aber wich nicht von der Ideallinie – es kam zur Kollision, beide Fahrzeuge blieben im Auslauf der Schikane stehen. Während Prost sogleich ausstieg und sich schon als Weltmeister wähnte, weil ja Senna nicht mehr auf die notwendige Anzahl Siege kommen konnte, ließ der sich zuerst aus dem Gefahrenbereich schieben, worauf er seinen Wagen durch die Streckenposten wieder in Gang bringen ließ und durch den Auslauf der Schikane auf die Bahn zurückrollte. Unmittelbar vor Schluß des Rennens drängte Senna – nachdem er an den Boxen eine neue Frontverkleidung erhalten hatte – den führenden Nannini von der Spitze und schoß als Erster durchs Ziel. Aber er wurde disqualifiziert, weil er nach dem Zwischenfall die Schikane ausgelassen und damit den Weg verkürzt hatte. McLaren protestierte und wollte den entgangenen Sieg anerkannt haben, doch Alessandro Nannini auf Benneton-Ford behielt den obersten Podiumsrang. McLaren drohte daraufhin, gegen die FISA vor einem zivilen Gericht zu klagen. Dies nahm die FISA zum Anlaß, den Fall Senna nochmals gründlich zu analysieren. Dem abtretenden Weltmeister warf man nachträglich alte Sünden vor (Kollisionen in früheren Rennen) und suspendierte den Brasilianer für sechs Monate auf Bewährung, auch bekam Senna eine Strafe von 100 000 Dollar aufgebrummt. Alain Prost war endgültig zum

Formel-1-Wagen von 1989

Marke/Modell	Chefkonstrukteur/ andere Ingenieure	Motor	Getriebe (Anzahl Gänge)	Radstand (mm)	Spur vorne Spur hinten	Reifen-marke
AGS JH24	Claude Galopin	Cosworth DFR V8 90°	AGS (6)	2794	v 1803 h 1695	G
Arrows A 10 B	Ross Brawn James Robinson	Cosworth DFR V8 90°	Arrows (6) Q	2844	v 1803 h 1676	G
Benetton B 189	Rory Byrne	Ford V8 75°	Benetton VH (6)	2690	v 1816 h 1622	G
Brabham BT 58	Sergio Rinland John Baldwin	Judd CV V8 90°	Brabham (6)	2794	v 1803 h 1676	P
Coloni C 3	Christian Vanderpleyn Michel Costa	Cosworth DFR V8 90°	Coloni (6)	2800	v 1810 h 1660	P
Dallara BMS 189	Gianpaolo Dallara Mario Tolentino Allessandro Mariani	Cosworth DFR V8 90°	Dallara (6)	2858	v 1792 h 1676	P
EuroBrun ER 189	George Rayton Roberto Ori	Judd CV V8 90°	EuroBrun (6)	2905	v 1810 h 1600	P
Ferrari F1-89	John Barnard Giorgio Ascanelli Fabrizio Nardon	Ferrari 3500 V12 65°	Ferrari (7)	2880	v 1800 h 1698	G
Ligier JS 33	Ricardo Divila Michel Beaujon	Cosworth DFR V8 90°	Ligier-Hewland (6)	2850	v 1810 h 1698	G
Lola LC 89	Gérard Ducarouge Chris Murphy	Lamborghini 3512 V12 80°	Lamborghini (6) Q	2850	v 1810 h 1620	G
Lotus T 101	Frank Dernie Mike Coghlan	Judd CV V8 90°	Lotus (6)	2900	v 1800 h 1650	G
March CG 891	Adrian Newey Tim Holloway	Judd EV V8 76°	March (6) VH	2794	v 1778 h 1651	G
McLaren MP 4/5	Gordon Murray Steve Nichols Neil Oatley	Honda RA 109 E V10 72°	McLaren (6) Q	2896	v 1820 h 1670	G
Minardi M 189	Aldo Costa Nigel Copperthwaite Tommaso Carletti	Cosworth DFR V8 90°	Minardi (6)	2927	v 1800 h 1640	P
Onyx ORE 1	Alan Jenkins Bernie Marcus	Cosworth DFR V8 90°	Onyx (6) Q	2819	v 1816 h 1676	G
Osella FA1-M89	Antonio Tomairi Ignazio Lunetta	Cosworth DFR V8 90°	Osella-Hewland (6)	2850	v 1800 h 1680	P
Rial ARC 02	Bob Bell Stefan Faber	Cosworth DFR V8 90°	Rial (6)	2800	v 1800 h 1600	G
Tyrrell 018	Harvey Postlethwaite Jean-Claude Migeot	Cosworth DFR V8 90°	Tyrrell (6)	2920	v 1808 h 1670	G
Williams FW 12 C	Patrick Head Enrique Scalabroni	Renault RS1 V10 67°	Williams (6) Q	2997	v 1803 h 1600	G
Williams FW 13	Patrick Head Enrique Scalabroni	Renault RS1 V10 67°	Williams (6) Q	2921	v 1803 h 1676	G
Zakspeed 891	Gustav Brunner Peter F. Wyss Nino Frison	Yamaha OX 88 V8 75°	Zakspeed (6)	2820	v 1800 h 1650	P

Monocoque: alle Fahrzeuge wiesen Kohlestoff/Kevlarkonstruktionen auf
Reifenmarke: G = Goodyear; P = Pirelli
Trockengewicht: das genaue Trockengewicht wurde nicht bekanntgegeben, bei den meisten Fahrzeugen dürfte es zwischen 500 und 515 kg gelegen haben.

dritten Mal Weltmeister, denn auch ein Sieg im verbleibenden letzten WM-lauf von Adelaide hätte Senna nichts genützt.

In Australien brachte der unaufhörlich niederprasselnde Regen alles durcheinander. Sollte man das Rennen starten oder nicht? Die glatte Straßenoberfläche auf dem Stadtcircuit war besonders heimtückisch, weil sie keinerlei Drainage des Wassers bot, Aquaplaning war an der Tagesordnung. Infolge einer Kollision mußte das Rennen schon nach einer Runde wieder abgebrochen werden, wobei es Prost vorzog, auf eine Fortsetzung des Kampfes zu verzichten und sich in sein Hotel zurückzuziehen. Der Grand Prix von Australien war durch weitere dramatische Zwischenfälle gekennzeichnet: nicht weniger als 13 Fahrzeuge fielen durch Kollisionen und Unfälle aus. Besonders heimtückisch war die lange Gerade, auf der die von den Fahrzeugen verursachte Gischt stark sichtbehindernd war. So krachten Senna und Piquet voll in das Heck von überrundeten Rivalen, weil sie diese einfach nicht sehen konnten. Durch Unfälle schieden auch die beiden Ferrari aus. Souverän fuhr Thierry Boutsen auf dem Williams-Renault seine Runden, ihm unterlief kein einziger Fehler; zum zweiten mal wurde der Belgier in dieser Saison Sieger in einem Regenrennen. Alessandro Nannini auf Benetton, der Sieger von Suzuka, wurde Zweiter; er gehörte ebenfalls zu den wenigen, die von Zwischenfällen verschont geblieben waren. Riccardo Patrese auf Williams-Renault rundete das schöne Resultat für die FW 13 ab; übrigens bestritt der Paduaner in Adelaide den 192. Grand Prix seiner 1978 begonnenen Formel 1-Karriere.

Damit war die 40. Weltmeisterschaft abgeschlossen. Nach Siegen in den USA, Frankreich, England und Italien und vielen Ehrenplätzen hatte Alain Prost mit 76 Punkten seinen dritten Weltmeistertitel errungen. Senna war bei 60 Punkten stehengeblieben, Patrese hatte Nigel Mansell die dritte Position noch beim letzten Rennen weggeschnappt und folgte mit 40 Punkten. Es folgten Mansell mit 28 und Boutsen mit 37 Punkten. Im Wettbewerb um den Pokal der Formel 1-Konstrukteure hatte die Kombination McLaren-Honda wieder haushoch dominiert: mit 141 Punkten ging der begehrte Preis an die englisch/japanische Renngemeinschaft. Williams-Renault kam mit 77 Punkten auf den Ehrenplatz, gefolgt von Ferrari mit 59 und Benetton-Ford mit 39 Punkten. Alain Prost war als Gesamtsieger der Saison hervorgegangen. In einem im November 1989 veröffentlichten Communiqué analysierte Honda die Saison und nahm auch zu den Vorwürfen Prosts Stellung, die Prost im Verlauf der Saison geäußert hatte. Der für die Formel 1-Motoren verantwortliche Ingenieur, Osamu Goto hielt fest, daß man Senna und Prost stets gleichstarke Motoren zur Verfügung gestellt habe. Honda ließ bei dieser Gelegenheit durchblicken, daß Alain Prost 1988, als die Turbomotoren in einem Rennen nicht mehr als 150 Liter Treibstoff verbrauchen durften, dank ökonomischer Fahrweise mit den Verbrauchslimits viel besser als Senna zurechtgekommen sei. In der Saison 1989 habe sich Senna jedoch meist als der schnellere Pilot erwiesen. Als Beispiel führte Honda die anläßlich der Qualifikationen in Monza telemetrisch erfaßten Daten an. Senna war um rund zwei Sekunden schneller als Prost gewesen, worauf Prost die Vermutung geäußert hatte, daß Sennas Wagen mit einem stärkeren Motor bestückt gewesen sei. Laut Honda hatte die Telemetrie (Datenerfassung auf Distanz) aber klar zu erkennen gegeben, daß beide Fahrzeuge auf der Geraden gleich schnell waren, in den Kurven aber Senna meist schneller gewesen war. Die Parabolica-Kurve unmittelbar vor der Zielgeraden habe Senna zum Beispiel mit 1000/min mehr als Prost durchfahren, wobei der Brasilianer auch mit 24 km/h mehr Tempo aus der Kurve heraus in die Zielgerade geschossen sei. Honda wies auch die Vorwürfe zurück, man habe die Motorleistung via Telemetrie von den Boxen aus während der Rennen beeinflussen können. Osamu Goto: »Dieser Vorwurf trifft auf keinen Fall zu, obwohl wir die technologischen Möglichkeiten dazu besitzen. Aber getan haben wir es nie«.

Die McLaren-Honda, Ferrari, Williams-Renault und teils auch die Benetton-Ford waren die Protagonisten dieser Weltmeisterschaft. Selten hatten auch andere Marken im Kampf um vorderste Positionen mitgemischt; von diesem Quartett trennte sie ein großer Abstand. Im Vergleich zu 1988 hatte besonders March an Boden verloren; Ivan Capelli war es nicht gelungen, auch nur einen WM-Punkt herauszufahren. Enttäuscht hatten auch die Lotus-Judd, auch hatte der dreifache ehemalige Weltmeister Nelson Piquet jegliche Motivation vermissen lassen. Bei den letzten Rennen des Jahres 1989 hatte Pierluigi Martini mit seinem Minardi-Cosworth für einige Aufmerksamkeit gesorgt und bei den Qualifikationen hatte er die Vorzüge der Pirelli-Reifen demonstrieren können, wenngleich sie im Rennen nicht ganz mit den Reifen von Goodyear Schritt zu halten vermochten. Die Brabham-Judd und auch die Dallara-Cosworth hatten sich vor allem in der ersten Saisonhälfte in den Vordergrund gebracht und teils mit hervorragenden Resultaten brilliert.

Der neue und von Lola verwendete Lamborghini-V12-Motor war noch defektanfällig gewesen; Philippe Alliot holte sich mit diesem Aggregat einen einzigen WM-Punkt. Mittlerweile hatte auch Honda seine Zwölfzylinder-Waffe parat: Das neue Triebwerk konnte auf der Tokio Motor Show bewundert werden. Es schien sich die Erkenntnis durchgesetzt zu haben, daß der V12 doch die spezifisch günstigste Lösung in der Ära der Saugmotoren darstellte.

Literleistung bei 200 PS

Senna holt sich den zweiten WM-Titel knapp vor Prost.
Ferrari greift in den Titelkampf ein. Beeindruckender Tyrrell 019.
Immer mehr japanisches Kapital fließt in Formel 1.

Die Wochen vor dem Beginn der 41. Fahrerweltmeisterschaft waren von einer Auseinandersetzung zwischen der FISA und Ayrton Senna gekennzeichnet. Der Brasilianer warf der internationalen Sportbehörde vor, sie habe die vorhergehende Fahrerweltmeisterschaft manipuliert – das war eine Beleidigung an die Adresse des FISA-Präsidenten Jean-Marie Balestre, der darauf mit einer Strafe von 100.000 Dollar reagierte; darüberhinaus verlangte er eine offizielle Entschuldigung Sennas, dem er ansonsten den Entzug seiner Superlizenz androhte. Es entstand eine unerfreuliche Diskussion, in deren Verlauf Senna erkennen ließ, daß er keine Lust verspürte, sich bei Balestre zu entschuldigen, wobei er auf die Sympathien der Öffentlichkeit zählen konnte. Mitte Februar, kurz vor Ablauf des Termins für die Erneuerung der Superlizenz, gab es dann doch einen Kompromiß.

Für die Saison 1990 trugen sich bei der FISA 19 Teams mit insgesamt 35 Fahrzeugen für die Teilnahme an der Weltmeisterschaft ein, so daß auch in diesem Jahr Vorqualifikationen nicht zu umgehen waren. Ende 1989 hatte Günter Schmid sein Rial-Team aus der WM zurückgezogen, ebenso Erich Zakowski sein Zakspeed-Team, nachdem dieses mit dem Yamaha-V8-Motor auf keinen grünen Zweig gekommen war. Dafür kam das Team Life mit Sitz in Formigine bei Maranello hinzu, das allerdings nur einen Wagen anmeldete. Eigentlich hatte jedes Team zwei Wagen für die WM einzutragen, aber man drückte ein Auge zu: Außer Life durften auch Osella und Coloni mit nur einem Monoposto konkurrieren.

Einige Fahrer zogen sich zurück. René Arnoux und der Spanier Luis Perez Sala fanden keinen Unterschlupf mehr, der Amerikaner Eddie Cheever entschied sich für eine Teilnahme an den CART-Rennen in den USA, Piercarlo Ghinzani zog sich zurück, und Pierre-Henri Raphanel, Jonathan Palmer sowie Bernd Schneider wechselten in die Sportwagen-Rennszene, während Christian Danner und Johnny Herbert in die japanische Formel-3000-Meisterschaft auswichen.

Die Sicherheitsvorschriften waren hinsichtlich der Dimensionierung des Cockpits und der Festigkeit des Monocoque im Bereich des Cockpits und des Tanks geändert worden. Von jetzt an mußten die Monocoques einem Crashtest unterzogen werden – Festigkeitsprüfungen, die in spezialisierten und von der FISA offiziell anerkannten Instituten vorgenommen werden mußten. Die Fahrzeugkörper hatten bestimmten Anforderungen gerecht zu werden, ohne Schaden zu nehmen. Neue Cockpit-Dimensionen wurden festgelegt, weil die Fahrzeuge immer enger geworden waren, womit die Verletzungsgefahr bei Unfällen zugenommen hatte. Nach den jüngsten Vorschriften mußte ein Fahrer innerhalb von fünf Sekunden ohne fremde Hilfe den Wagen verlassen können.

Ayrton Senna auf dem McLaren MP4/5B mit Honda-V10-Motor, mit welchem er 1990 mehrere Pole Positions und Siege eroberte und dann auch Weltmeister wurde. Vor dem Grossen Preis von Belgien gab McLaren bekannt, daß Senna auch in der folgenden Saison für dieses Team fahren werde.

Auch mehr Beinfreiheit wurde verlangt. Die von der FISA festgelegten Richtlinien hatten automatisch die Herstellung neuer Monocoques zur Folge, wobei diese Vorschriften erst am 13. Mai, also zum Grand Prix von San Marino, Gültigkeit erlangten.

Der Einfluß japanischen Kapitals im Grand-Prix-Geschäft wurde immer deutlicher. Einige Teams waren teilweise oder sogar ganz in japanschen Besitz übergegangen; Akira Akagi zum Beispiel hatte die Formel-1- und die Formel-3000-Abteilungen von March erworben, womit der Name des Teams jetzt »Leyton House« lautete. Bei Arrows erwarb das japanische Unternehmen Footwork Anteile, und der einst Bernie Ecclestone und später dem Schweizer Finanzjongleur Joachim Lüthi gehörende Brabham-Rennstall wurde von der japanischen Firma Middlebridge erworben. Middlebridge war auch an Onyx beteiligt, bis Peter Monteverdi dieses Team übernahm. Auch Gérard Larrousse sah sich veranlaßt, Japaner an seinem Team zu beteilgten.

Auf dem Motorensektor wurden für die Saison 1991 einige Neuheiten angekündigt. So schloß Porsche einen Dreijahresvertrag mit Arrows zur exklusiven Lieferung eines V12-Motors ab. Die englische Firma Ilmor, die sich bei CART-Rennen der Indy-Car-Formel mit einen Chevrolet-V8-Motor einen guten Namen gemacht hatte, einigte sich mit Leyton House für 1991 auf den Bau eines V10-Motors mit 72°-Winkel, während Yamaha einen Vertrag mit Brabham schloß und sich verpflichtete, dieses Team mit einem neuen V12-Motor mit 70°-Winkel zu beliefern.

Im Verlauf der Saison wurden weitere Abmachungen angekündigt. Aufsehenerregend war das Abkommen zwischen Minardi und Ferrari: 1991 sollten die Rennwagen aus Faenza mit Zwölfzylindermotoren aus Maranello bestückt werden. Nie zuvor hatte Ferrari seine Motoren einem andern Team zur Verfügung gestellt. Auch Giuseppe Lucchini

Ayrton Senna ist ein Fahrer, der alles mit »wissenschaftlicher« Akribie angeht. Im Jahre 1990 gewinnt er den Grand Prix von Belgien zum drittenmal hintereinander. Beim Grand Prix von Italien holt er sich dann den 26. Sieg in einem WM-Lauf.

Nobuhiko Kawamoto

Giuseppe Lucchini

hatte sich um Ferrari-Aggregate beworben, indes vergeblich – seine Scuderia Italia traf deshalb mit Judd ein Abkommen für 1991 zur exklusiven Belieferung mit neuen Zehnzylindern.

Die Kostenspirale bewegte sich weiterhin nach oben. Wer geglaubt hatte, mit den 3,5-Liter-Saugmotoren würde man die Kosten im Vergleich zu den bisherigen V6-Turboaggregaten besser in den Griff bekommen, sah sich getäuscht. Schon Ende 1989 hatte Ing. Nabuhiko Kawamoto, Chef der Entwicklungs- und Forschungsabteilung bei Honda, bekanntgegeben, daß die Entwicklung des Honda V10 15 % teurer sei als die des V6 Turbo. Und bei der Präsentation des neuen Tipo 641 ließ Ferrari-Präsident Piero Fusaro die Journalisten wissen, daß der Übergang vom Turbo- auf den Saugmotor die Entwicklungskosten sogar um 30 % in die Höhe getrieben hatte. Allerdings war der Aufwand bei Ferrari schon immer besonders hoch gewesen. Für das Formel-1-Programm stellte Ferrari nicht weniger als 90 Motoren bereit – um schließlich zwei Fahrzeuge bei den Grand Prix mitfahren zu lassen.

Bei Renault Sports war bereits nach einem Jahr der Zusammenarbeit mit Williams (1989) eine zweite Version des V10-Motors entstanden; sie trug die Bezeichnung RS2. Von diesem Aggregat wurden 40 Einheiten hergestellt, während ebensoviele RS1 auf einen Schlag zum Schrott erklärt wurden.

Bei der Lamborghini Engineering wurden an die 50 Zwölfzylinder hergestellt, die sich allerdings auf zwei Teams verteilten. Bei der Cosworth Engineering in Northampton wurden im Auftrag des Autogiganten aus Dearborn 25 Ford-HB-V8-Motoren für Benetton bereitgestellt.

Die Leistungen sämtlicher 3,5-Liter-Saugmotoren waren beträchtlich gestiegen. Bei den V10- und den V12-Maschinen soll die Zunahme an die 20 bis 30 PS ausgemacht haben, was aber wegen des damit verbundenen höheren Treibstoffkonsums auch größere Tanks erforderte, so daß das Tankvolumen von rund 190 auf bis zu 220 Liter angehoben werden mußte.

Gerüchte kursierten um die verwendeten Treibstoffe, denn in den Labors der Mineralölfirmen wurden mittels diverser Additive Mischungen hergestellt, die zwar die vom Reglement festgelegte Grenze von 102 Oktan respektierten, doch wurden die Spezialgemische von neutralen Experten als gesundheitsschädigend bezeichnet.

Die Spitzenleistung der Ferrari- und auch der Honda-Motoren soll 1990 – zumindest bei den Qualifikationen – um die 700 PS betragen haben, womit man sich im Leistungsbereich von 200 PS pro Liter bewegte; im Renneinsatz wurden die Maschinen dann jeweils um 20 bis 30 PS gedrosselt, weil sonst die Aggregate nicht gehalten hätten. Die Leistungssteigerungen waren durch die Ver-

Links
Die ersten Grand Prix des Jahres wurden noch mit dem Ferrari 641 bestritten, in Imola debutierte dann der 641/2. Anlässlich des Grossen Preises von Brasilien holte dann Prost mit dem 641/2 seinen ersten Ferrari-Erfolg. Endlich waren die Ferrari wieder zuverlässig.

Oben
Großer Bahnhof für Alain Prost im November 1989 bei Ferrari. Der dreifache Weltmeister tritt erstmals bei seinem neuen Team in Fiorano auf. Prost hat sich dann als der geeignete Fahrer erwiesen, um Ferrari wieder auf Vordermann zu bringen.

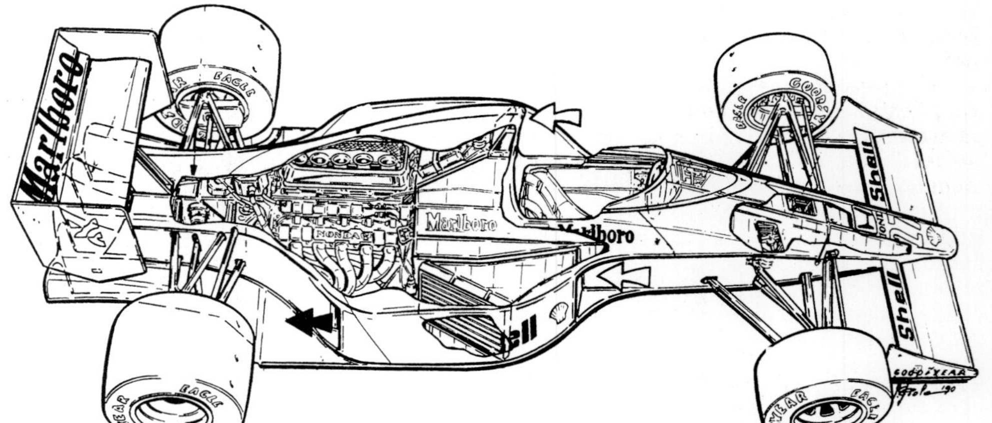

Beim McLaren MP4/5B handelte es sich um eine Weiterentwicklung des MP4/5. Die grosse Stärke dieses Modells lag auch im Honda-V10-Motor, der sich als die potenteste Formel-1-Maschine entpuppt hat. Hingegen war das Fahrgestell nicht mehr so überlegen wie seine unmittelbaren Vorgänger.

Enrique Scalabroni

wendung neuer Materialien sowie durch die Reduzierung innerer Reibung erzielt worden, aber auch durch der Herabsetzung der Gewichte der sich bewegenden Teile. Mit der Elektronik war es nun möglich, in den arbeitenden Motor »hineinzusehen«, dadurch bekam man die Schmierung und auch die Verbrennungsvorgänge noch besser in den Griff. Die Zwölfzylinder drehten jetzt bis 13.500/min, und dank ausgeklügelter Elektronik konnte jeder Tropfen Treibstoff optimal verbrannt und ausgewertet werden. Auch der Drehmomentverlauf ließ sich verbessern, indem die Motoren elastischer wurden. Bei dem im Lamborghini-Zwölfzylinder Typ 3512 verwendeten Bosch-System M 1.8 arbeiteten 15 Mikroprozessoren, die dem Triebwerk über eine Bandbreite von 7000/min ein brauchbares Drehmoment entlockten, wobei das Maximum bei 9000/min erreicht wurde. Die Elastizität der Saugmotoren in Verbindung mit aerodynamischen Fortschritten und Verbesserungen auf dem Reifensektor ermöglichten es trotz geringerer Leistungen, neue Rundenbestzeiten aufzustellen. Und dabei kamen die einstigen Turbos – zumindest bei den Qualifikationen – im Vergleich zu den Saugern auf eine fast doppelt so hohe PS-Zahl.

Die Reifen wurden 1990 von Goodyear und von Pirelli gestellt. Die Amerikaner rüsteten McLaren, Ferrari, Williams, Arrows, Lotus, Leyton House (ex March), Benetton, Ligier, Lola-Larrousse, Coloni, Onyx (aus Onyx wurde im Verlauf der Saison Monteverdi-Onyx), AGS und Life aus. Mit Pirelli waren Brabham, Osella, die Scuderia Italia (Dallara), Minardi und Euro-Brun liiert. Zu Saisonbeginn gaben auch Tyrrell und Pirelli ihre Zusammenarbeit bekannt. In der Saison zuvor hatten sich die Pirelli-Reifen bestens bewährt, insbesondere bei den Qualifikationen.

Als Spitzenteams galten weiterhin McLaren, Ferrari, Williams und Benetton. Weltmeister Alain Prost stieg 1990 auf Ferrari um, wobei er auch die ihm als Weltmeister zustehenden Startnummer 1 nach Maraello mitnahm, was gewiße Polemiken auslöste. Bei Ferrari ersetzte Alain Prost den Tiroler Gerhard Berger, der bei McLaren zum neuen Teamkollegen Ayrton Sennas wurde. Auch im Bereich der Spitzeningenieure gab es Wechsel zu verzeichnen: John Barnard, der von November 1986 bis Oktober 1989 bei Ferrari gearbeitet und für die Konstruktion des bewährten Tipo 640 verantwortlich gezeichnet hatte, war zu Benetton gegangen, wo er den Posten eines Technischen Direktors bekleidete, und seit Oktober 1989 arbeitete der bisherige, aus Argentinien stammende Williams-Konstrukteur Enrique Scalabroni in Maranello. Anfang Januar sicherte sich Ferrari auch die Dienste des bisherigen amerikanischen McLaren-Mitarbeiters Steve Nichols, der einst bei Hercules in Salt Lake City im Staate Utah an der Schaffung des ersten McLaren-Karbon-Monocoque mitgwirkt hatte und dann nach England zu McLaren gegangen war.

Steve Nichols

Links
Ayrton Senna und der McLaren MP4/5B mit Honda-V10-Motor haben 1990 bewiesen, daß sie die absolute Erfolgskombination verkörpern. Nachdem Ferrari diesmal stärker als im Vorjahr war, fiel die Dominanz von McLaren-Honda nicht mehr so überlegen aus. Der auf Ferrari umgestiegene Alain Prost hat sich als der gefährlichste Rivale Sennas erwiesen. Die beiden lieferten sich spannende Duelle, bis es dann zur Kollision anlässlich des Grand Prix von Japan kam. Insgesamt haben die brasilianischen Piloten (Fittipaldi, Piquet und Senna) bislang sieben Weltmeisterschaften gewonnen.

Oben
Sensationeller Führungsritt Jean Alesis auf Tyrrell 018 anläßlich des Grossen Preises der USA auf den Strassen von Phoenix. Während 33 Runden vermochte der französische Draufgänger die Spitze zu halten, dann mußte er sich Senna beugen. Im Bild liegt Alesi vor dem Leyton House des überrundeten Capelli sowie vor dem McLaren von Senna.

Adrian Newey

Während den ersten Runden des Grand Prix von San Marino in Imola sind heisse Positionskämpfe im Gang. Patrese auf Williams-Renault (späterer Sieger) liegt vor dem Ferrari Mansells, der soeben von Jean Alesi auf dem debutierenden Tyrrell 019 überholt wird. Es folgen Prost auf Ferrari sowie Piquet auf Benetton.

Brabham hat 1990 den Besitzer gewechselt und gehört nun dem japanischen Middlebridge-Unternehmen. Anläßlich des Grand Prix von San Marino debutiert das Modell BT59 mit Judd-EV-Motor mit 76°-Gabelwinkel.

Zunächst standen den Ferrari-Fahrern Alain Prost und Nigel Mansell die Wagen vom Typ 641 zur Verfügung, bei denen es sich um eine unter Scalabroni entstandene Weiterentwicklung des von Barnard entworfenen 640 handelte. Äußerlich sahen der 640 und der 641 fast identisch aus. Schon nach zwei Rennen wurde der 641 jedoch durch den seinem Vorgänger ebenfalls sehr ähnlich sehenden 641/2 ersetzt. Auf Wunsch John Barnards entstanden die Chassis und auch die Aufhängungen bei der GTO (Guildford Technical Operations) in England. Das halbautomatische Siebenganggetriebe, das 1989 so oft von Störungen heimgesucht worden war, erfuhr eine komplette Überarbeitung, wodurch eine weitgehende Betriebssicherheit erreicht wurde. Aber es gab weiterhin einige Probleme mit dieser revolutionären Kraftübertragung, die bislang nur von Ferrari verwendet wurde. Am 2. Februar stellte Ferrari der Presse in Fiorano sowohl das neue Modell 641 und dessen Fahrer vor, als auch den Technikerstab, der für das Fahrzeug verantwortlich zeichnete. Präsident Piero Fusaro ließ wissen, daß Ferrari besser denn je auf die neue Saison vorbereitet sei: Die Fahrzeuge hätten Hunderte von Windkanalstunden und einige tausend Testkilometer absolviert. Erstmals in der mittlerweile über vierzigjährigen Geschichte Ferraris wurde den Journalisten jedoch kein Blatt mit allen technischen Daten ausgehändigt. Auch in Maranello hatte man auf totale Geheimhaltung umgestellt, ganz nach japanischem Vorbild. Es ließ sich lediglich in Erfahrung bringen, daß Ferrari an drei Versionen des V12-Motors arbeitete. Es waren dies der schon 1989 verwendete und inzwischen weiterentwickelte 036, der 037 mit kürzerem Hub sowie eine für Qualifikationen bestimmte Variante des 037, bei der das Gewicht aller sich bewegenden Teile noch weiter reduziert worden war. Neben den beiden für den Renneinsatz bestimmten Fahrern hatte Ferrari den jungen Testpiloten Gianni Morbidelli engagiert.

Das favorisierte Team war nach wie vor McLaren. Dort konnte man auf den bewährten Honda-V10-Motor zählen, dessen Leistung im Verlauf der Saison 1989 um gute 30 PS zugenommen hatte; das neue Chassis fußte auf der Vorjahreskonstruktion. Bei McLaren war allerdings ein gewisser Verlust an wichtigen Mitarbeitern im Formel-1-Bereich zu verzeichnen. Gordon Murray befaßte sich seit 1989 mit dem Supercar-Projekt McLaren F1 mit BMW-V12-Motor, und Steve Nichols war im Januar 1990 zu Ferrari gegangen. So lag die Verantwortung für die Konstruktion des neuen Grand-Prix-Wagens allein bei Neil Oatley und Tim Wright; ihr neuer MP4/5B war mit dem vorhergehenden MP4/5 fast identisch. Als Antriebsquelle diente wieder der Honda V10 vom Typ RA 100E mit 72°-Gabelwinkel; das Aggregat war mit einem Sechsgang-Quergetriebe verblockt. Der der Honda-Zehnzylinder erwies sich als das beste Aggregat des Jahres, allerdings erlangte der Ferrari V12 gegen Mitte der Saison ein gleichhohes Niveau. In Hockenheim erschien Hondas Evolutionsversion, die in der Beschleunigung wiederum etwas besser als der Ferrari war. Als Schwachstelle am Fahrzeug erwies sich das Getriebe, das gelegentlich Schäden zeitigte.

McLaren-Fahrer Nummer Eins war selbstverständlich Ayrton Senna, der als bester Pilot seiner Epoche eingestuft werden durfte. Selten unterliefen ihm Fehler; er vermochte Rennen selbst dann zu gewinnen, wenn sein Fahrzeug nicht optimal lief.

Bei Honda wurde in jener Zeit an einem V12-Projekt gearbeitet. Diesen Motor bekam das Publikum erstmals im November 1989 auf der Motor Show in Tokio zu sehen; im März 1990 wurde der japanische Zwölfzylinder auch auf dem Genfer Automobil-Salon ausgestellt. Die ersten Tests mit dieser Maschine, deren Debut für 1991 vorgesehen war, wurden mit einem modifizierten MP4/5B-Fahrgestell im Juli in Silverstone, danach in Monza vorgenommen. Testfahrer war der schottische Formel-3000-Pilot Allan McNish, aber auch Senna und Berger wurden hinzugezogen.

Williams fuhr seit 1989 mit dem Renault-V10-Motor, mit dem Thierry Boutsen zwei verregnete Grand Prix gewonnen hatte.

Neil Oatley

Beim Grand Prix von San Marino in Imola kann Riccardo Patrese auf dem Williams FW13B-Renault einen schönen Sieg feiern. Für den Paduaner handelt es sich um die 195. Teilnahme an einem Weltmeisterschaftslauf.

Unten
Der Williams FW13B mit Renault-RS2-V10-Motor zählt zu den Spitzenkonstruktionen des Jahres, auch wenn es mit diesem Fahrzeug nicht immer gelingt, die McLaren oder Ferrari zu schlagen. Nach dem Sieg Patreses in Imola folgte derjenige Boutsens auf dem Hungaroring.

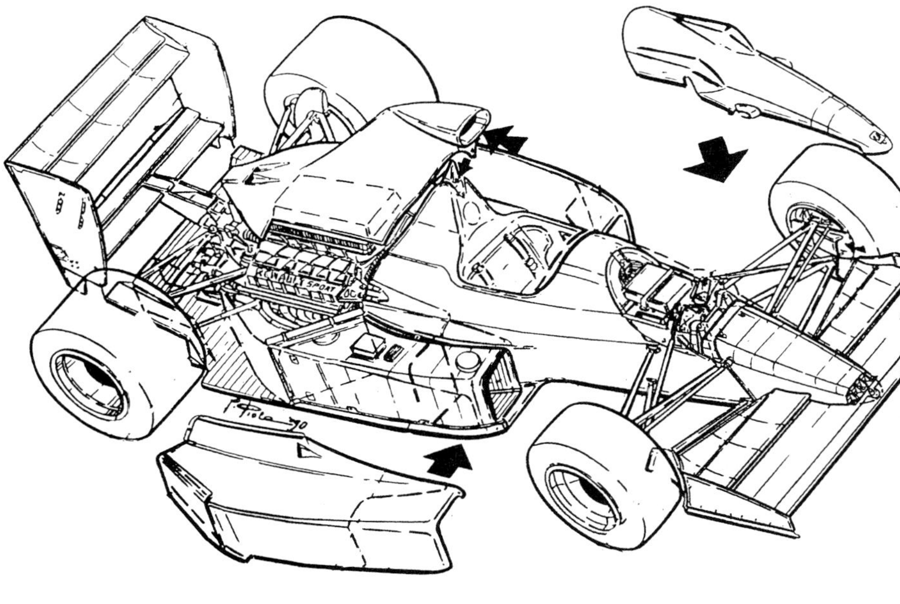

Ende der Saison 1989 war der neue Williams FW13 mit Renault-RS1-Motor erschienen, dessen Nockenwellen noch immer von Zahnriemen angetrieben wurden. Beim FW13 hatte es gewisse Aufhängungsprobleme gegeben, weshalb die Leute in Didcot alsbald die Version FW13B mit einer komplett neuen Vorderradaufhängung bauten. Wieder war Patrick Head für das Projekt verantwortlich, allerdings stand ihm jetzt nicht mehr Enrique Scalabroni als Mitarbeiter zur Verfügung. An seine Stelle trat der Aerodynamiker Adrian Newey, der bislang für die aerodynamisch raffinierten, aber schwer abzustimmenden Leyton-House-Rennwagen verantwortlich gezeichnet hatte.

In der Renault-Motorenfabrik von Viry-Châtillon südlich von Paris war inzwischen die zweite Version des von Bernard Dudot konstruierten Renault V10 entstanden. An diesem Projekt RS2 war auch der ehemalige Ferrari-Ingenieur Jean-Jacques His beteiligt, der schon vor seinem Abstecher nach Maranello bei Renault gearbeitet hatte. His modifizierte den Ventiltrieb und ersetzte die Zahnriemen des Nockenwellenantriebs durch Zahnräder. Die Maschine wurde kompakter und auch etwas kürzer als der RS1.

Für die Kombination Williams und Renault begann die Saison vielversprechend: Beim dritten WM-Lauf, dem Grand Prix von San Marino in Imola, holte sich Riccardo Patrese am Lenkrad seines FW13B mit RS2-Motor den Sieg.

Eine Umstrukturierung gab es Ende 1989 bei Benetton. In der Mitte der Saison 1989 hatte sich der frühere Teammanager Peter Collins zurückgezogen; als neuen Generaldirektor setzte Benetton den Italiener Flavio Briatore ein, der bislang mit dem Motorsport nichts zu tun gehabt hatte. Im November nahm John Barnard den Dienst auf; Benetton beabsichtigte, irgendwo ein neues, modernes Werk zu errichten, denn die Hallen von Witney, wo einst Toleman untergebracht war, erwiesen sich mittlerweile als zu klein. Ende 1989 war der von Rory Byrne konstruierte B190 mit Ford-HB-Motor bereit, doch der frisch zu Benetton gestoßene John Barnard nahm einige Modifikationen vor. Die für 1990 verfügbaren Fahrer von Benetton waren Alessandro Nannini, der jetzt seine dritte Benetton-Saison antrat, sowie der dreifache Weltmeister Nelson Piquet, der auf ein wenig erfolgreiches Jahr mit Lotus zurückblickte. Bei Cosworth in Northampton – dieses Unternehmen ging 1990 in den Besitz von Vickers über, nachdem es vorher Carlton Communications gehört hatte – wurde der Ford-HB-V8-Motor mit 75°-Gabelwinkel weiterentwickelt. Leistung und Standfestigkeit wurden verbessert, während das über einem Jahr ebenfalls in Entwickung befindliche V12-Projekt gedrosselt wurde. Es erreichte niemals seine Einsatzreife.

Das interessanteste und in bezug auf Aerodynamik innovativste Fahrzeug der Saison 1990 war der Tyrrell 019 mit dem älteren, bei Brian Hart getunten Ford-Cosworth-DFR-V8-Motor mit 90°-Gabelwinkel. Der Tyrrell 019 war von Harvey Postlethwaite gemeinsam mit dem französischen Aerodynamiker Jean-Claude Migeot konstruiert worden. Mit seinem hochgestellten und besonders schlanken »Schnabel« erinnerte der 019 an das Concorde-Flugzeug; der Frontspoiler war geknickt. Mit dem südfranzösischen Draufgänger Jean Alesi am Steuer machte der revolutionäre Tyrrell Furore, obwohl die Leistung im Vergleich zu den V10- und V12-Motoren der Konkurrenz eher mäßig war. Die Stärke des 019 war sein aerodynamisches Konzept – der ungewöhnlich hohe Abtrieb in Verbindung mit reduziertem Luftwiderstand. Eine gelungene Synthese, resultierend aus Hunderten von Windkanalstunden. Der hochgestellte Schnabel war unten abgerundet und ermöglichte damit einen optimalen Luftdurchfluß in Richtung zum flachen Unterboden. Die Bodenfreiheit war unter dieser flachen Partie auf 20 bis 30 mm reduziert. Dank seiner aerodynamischen Vorzüge war der Tyrrell 019 auf langen Geraden manchmal sogar schneller als Wagen mit leistungsstärkeren Motoren.

Ab und zu gelang es Alesi, in den Spitzenkampf einzugreifen, wie zum Beispiel in Phoenix. In Monaco hielt er die zweite Position bis ins Ziel. Bei den Qualifikationen in Monza sicherte sich Alesi auf Tyrrell den fünften Startplatz, wobei er sich schon im Verlauf der ersten Runde hinter den beiden McLaren sowie vor den Ferrari in die dritte Position vorschob. Bei Höchsttempo erzeugte der 019 einen Gesamtabtrieb von rund 1,7 Tonnen, während die Querbeschleunigung in den Kurven an die 4 g erreichte, was die Arbeit des Fahrers allerdings sehr erschwerte, weil die Halsmuskeln unter Einwirkung der enormen Seitenkräfte arg strapaziert wurden. Angesichts der beachtlichen Resultate Tyrrells stellte Honda dem englischen Team für 1991 die neuen V10-Triebwerke in Aussicht, zumal McLaren gleichzeitig auf den V12 umstellte.

Das mit dem Tyrrell 019 erreichte Kurventempo war imposant und stimmte die kritischen Beobachter nachdenklich. Doch blenden wir noch einmal etwas zurück: Im Jahre 1953 konnte ein Formel-1-Rennwagen eine bestimmte Kurve mit einem Tempo von 160 km/h durchfahren, wobei eine Querbeschleunigung von 0,7 g erzeugt wurde. Mit dem Lotus 79 von 1978, der mit seitlichen Schürzen versehen war, konnte der gleiche Bogen mit einem Tempo von 240 km/h gemeistert werden, dabei wurden 2 g gemessen. 1990 konnte der Tyrrell 019 die gleiche Kurve mit 290 km/h durchfahren; erzeugt wurden dabei 4 g.

Die vom Team mit Leyton House eingesetzten Fahrzeuge liefen 1990 mit dem V8-Motor Judd EV mit 76°-Gabelwinkel. Ivan Capelli und Mauricio Gugelmin hatten allerdings Mühe, sich mit diesen Fahrzeugen zu qualifizieren. Die von Adrian Newey entwickelte Aerodynamik des CG901 hatte im Windkanal zwar hervorragende Resultate gebracht, aber auf der Piste herrschten andere Verhältnisse – die Leyton House erwiesen sich als schwer beherrschbar. Alles funktionierte einwandfrei, wenn die Fahrbahn absolut eben war, doch sobald der Abstand zwischen dem Unterboden und der Fahrbahn durch Unebenheiten variierte, nahm der Bodeneffekt schlagartig ab. Differenzen von ein bis zwei Millimeter genügten, um das ganze System aus der Balance zu werfen. Nur beim Großen Preis von Frankreich auf der mit einem neuen und besonders ebenen Belag versehenen Bahn von Le Castellet fanden die Leyton-House-Techniker ideale Bedingungen vor, so daß sich die Fahrzeuge hier optimal abstimmen ließen. Ähnliche Verhältnisse herrschten beim Großen Preis von England auf der Bahn von Silverstone, leider mußte Capelli hier wegen eines beschädigten Benzinschlauchs die Segel streichen.

Das Team von Gérard Larrousse, dessen Fahrzeuge bei Lola in Huntingdon in Zusammenarbeit mit Ducarouge entstanden, nahm seine zweite Saison in Angriff, und zwar mit dem Lamborghini-V12-Motor, dem man inzwischen eine beachtliche Zuverlässigkeit bescheinigen durfte. Larrousse wurde unter anderem von japanischen Sponsoren finanziert, weshalb er auch den japanischen Fahrer Aguri Suzuki in sein Team aufnehmen mußte, nachdem dieser bei Zakspeed eine eher enttäuschende Saison hinter sich gebracht hatte. Der andere Larrousse-Pilot war der ehemalige französische Formel-3000-Fahrer Eric Bernard. Auf Lamborghini-Motoren stellte auch Lotus um, aber die berühmte und einst von Colin Chapman ge-

Oben
Große Überraschung während des Grand Prix von Frankreich in Le Castellet. Mit seinem Leyton House CG901 liegt Ivan Capelli von der 33. bis in die 78. Runde an der Spitze. Erst dann kam der Ferrari von Alain Prost vorbei. Auf Kursen mit einem absolut flachen Belag spielte die raffinierte Aerodynamik des Leyton House optimal.

Rechts
Pierluigi Martini auf dem Minardi M190 mit Cosworth-DFR-V8-Motor. Das Fahrzeug ist mit Pirelli-Reifen ausgestattet. Allerdings vermochte Martini 1990 nicht mehr an die Exploits aus der zweiten Saisonhälfte von 1991 anzuknüpfen.

Aldo Costa

gründete Traditionsmarke spielte nicht mehr ihre einstige Rolle als Leader. Allerdings war der vom Engländer Derek Warwick und vom Iren Martin Donnelly pilotierte Mark 102 ein recht gutes Mittelfeldauto. Längst konnte im alten Schloß Ketteringham Hall, dem Sitz des Team Lotus, nicht mehr mit der großen Kelle angerichtet werden, zumal der nach wie vor der Familie Chapman gehörende Rennstall nicht über genügende finanzielle Ressourcen verfügte.

Außer Ferrari gab es in Italien fünf weitere Formel-1-Rennställe, so die Scuderia Italia, die 1990 ihre dritte Saison bestritt und die Dallara BMS190 einsetzte, mit von Mader in der Schweiz präparierten Cosworth-DFR-Motoren bestückt. Die bei Dallara in Varano in der Nähe von Parma gebauten Rennwagen wurden von den römischen Piloten Andrea De Cesaris und Emanuele Pirro gefahren. In der Saison 1989 hatten die Dallara zwar einige gute Resultate erzielt, diesmal aber blieben sie hinter den Erwartungen zurück.

Bei Minardi brach euphorische Freude aus, als Ferrari diesem Team für die kommende Saison die Lieferung von V12-Motoren zusagte. Der von Aldo Costa konstruierte M190 mit von Mader vorbereitetem Cosworth-DFR-V8-Motor debutierte in Imola. Die Fahrer waren Pierluigi Martini, der auf eine positive Saison 1989 zurückblicken konnte und in deren Verlauf er auch auf Pirelli-Reifen beachtliche Qualifikationsresultate erzielt hatte, sowie Paolo Barilla, einem Sprößling aus der berühmten Teigwaren-Fabrikantendynastie, der bislang in erster Linie Sportwagenrennen bestritten hatte.

Das Osella-Team mit Sitz in Volpiano bei Turin war inzwischen weitgehend in den Besitz des Fondmetal-Felgenherstellers Gabriele Rumi übergegangen. Der neue Osella FA1 ME war eine Konstrukton von Antonio Tomaini und Ignazio Lunetta, Fahrer war der Franzose Olivier Grouillard.

Das Team von Enzo Coloni mit Sitz in Passignano sul Trasimeno verwendete 1990 den von Carlo Chiti bei Motori Moderni in Novara gebauten Subaru-Zwölfzylindermotor in 180°-Anordnung. Subaru Coloni Racing meldete nur ein Fahrzeug für die WM, gefahren vom jungen Belgier Bertrand Gachot. Angesichts enttäuschender Resultate zog sich Subaru bereits in der Mitte der Saison aus der Formel 1 zurück. So mußte sich Coloni einen anderen Motorenhersteller suchen und stellte auf den Cosworth-DFR-Motor um, aber die Qualifikation wurde immer wieder verpaßt.

In der Saison 1990 debutierte ein weiteres italienisches Team in der Formel 1. Es nannte sich Life Racing Engines und hatte seinen Sitz in Formigine bei Maranello (Modena). Bei Life entwarf der ehemalige Ferrari-Motorenkonstrukteur Franco Rocchi einen neuen Zwölfzylinder, dessen Zylinder nach Flugmotoren-Vorbild in drei Vierzylinderreihen angeordnet waren. Auf dem Papier bot dieses Konzept den Vorteil kürzerer Baulänge im Vergleich zu einem konventionellen V12. Leider erlangte das Life-Projekt F-35 nie die notwendige Reife und verpaßte jeden Qualifikationslauf: Nach einigen Proberunden erlitt der Life-Zwölfzylinder regelmäßig einen Motorschaden. Nachdem jungen Australier Gary Brabham, Sohn des dreifachen Weltmeisters Jack Brabham, versuchte Bruno Giacomelli sein Glück mit dem Life-Rennwagen – ebenfalls vergebens. Der Life wies ein Chassis des First-Teams aus Lambrate bei Mailand auf, das damit schon 1989 in die Formel 1 einsteigen wollte, aber auf der Strecke blieb, weil die Mittel fehlten.

Das italienisch/schweizerische Euro-Brun-Team mit Sitz in Senago bei Mailand trat 1990 seine dritte Formel-1-Saison an. Auch bei Euro-Brun mangelte es an finanziellen Mitteln, so daß man mit dem im Vorjahr erstmals in Hockenheim eingesetzten ER190 weiterfahren mußte. Der bisherige Euro-Brun-Konstrukteur George Rayton, ein ehemaliger GTO-Mitarbeiter von John Barnard, verließ das Team und ging zu Tyrrell, worauf man ihn durch den Holländer Van der Grint ersetzte. Auch er vermochte den Euro-Brun nicht zu beflügeln: Der brasilianische Fahrer Roberto Moreno und sein italienischer Kollege Claudio Langes sahen sich in der Regel fast nach jeder Vorqualifikation aus dem Feld eliminiert.

Unter den englischen Teams hatte Brabham noch immer einen klangvollen Namen, aber er spielte nicht mehr die Rolle von einst,

Oben
Nach seinem ersten Ferrari-Erfolg anlässlich des Grossen Preises von Brasilien holte Alain Prost auf dem Ferrari 641/2 hintereinander auch die Siege bei den Grand Prix von Mexiko, Frankreich und England.

Unten
Die hochgestellte Front des eleganten Tyrrells wird alsbald als «Concorde Schnabel» bezeichnet. Die verantwortlichen Ingenieure hinter diesem Fahrzeug sind Harvey Postlethwaite und Jean-Claude Migeot, deren Konzept dann von andern Konstrukteuren kopiert wurde.

als diese Renngemeinschaft noch vom schlauen Bernie Ecclestone geführt wurde. Jetzt kontrollierte das japanische Unternehmen Middlebridge, das auch die Mehrheit von Onyx hielt, den Traditionsrennstall. Zuerst hieß es, Middlebridge werde Brabham schließen, um nur noch mit Onyx weiterzumachen; eine Vermutung, die nicht zutraf. Hingegen wurde Onyx innerhalb kurzer Zeit an den ehemaligen Autohersteller Peter Monteverdi aus Binningen bei Basel verkauft.

Bei Brabham war das Modell BT50 mit Judd-EV-76°-Motor entstanden. Es handelte sich noch immer um ein von Sergio Rinland konstruiertes Modell. Rinland selbst wechselte zu Saisonanfang von Brabham zu Tyrrell, kam dann aber wieder zu Brabham zurück, als sich hier die Lage geklärt hatte. Die Fahrer waren Stefano Modena sowie der Schweizer Gregor Foitek; letzterer bestritt aber nur zwei Rennen mit Brabham, dann trat David Brabham an seine Stelle. Der Onyx-Rennstall machte eine sehr bewegte Zeit durch und wurde 1989 teilweise von dem eigenwilligen belgischen Börsenmakler Jean-Pierre van Rossem finanziert. Dieser aber geriet bald in finanzielle Schwierigkeiten, die ihn veranlaßten, Onyx an Middlebridge abzutreten. Die neuen japanischen Besitzer gaben die Renngemeinschaft dann kurzfristig an Monteverdi weiter. Dieser übernahm den Rennstall im März 1990 und entließ schon nach kurzer Zeit einige Techniker, so auch den Chefkonstrukteur Alan Jenkins und den schwedischen Fahrer Stefan Johansson. Neue Fahrer der Onyx-Monteverdi wurden Gregor Foitek, dessen Vater ebenfalls in das Team investiert hatte, sowie der Finne JJ Lehto.

In den ersten Rennen erzielte das Team einzelne ermutigende Resultate, dann aber wurden die Onyx-Monteverdi ORE 1 mit ihren Cosworth-Motoren immer häufiger von technischen Defekten heimgesucht. Auch gingen die Finanzmittel zur Neige, so daß die Renngemeinschaft bei den Qualifikationen in Ungarn ihren letzten Auftritt absolvierte.

Mit Cosworth-Motoren fuhren 1990 auch die Arrows A11B, pilotiert von den Italienern Alex Caffi und Michele Alboreto. Sie erzielten nur mittelmäßige Resultate, dennoch blickte bei Arrows jedermann hoffnungsvoll in die Zukunft, denn diese sah nach dem Abkommen mit Porsche zur exklusiven und laut Vertrag drei Jahre währenden Lieferung eines neuen V12-Motors ab 1991 vielversprechend aus.

In Frankreich gab es neben Lola-Larrousse zwei weitere Teams: Ligier und AGS. Beide traten mit Cosworth-DFR-Motoren an. Guy Ligiers Rennstall wurde nach Magny-Cours verlegt, in ein neben der Rennstrecke entstehendes Industriegebiet. Für 1991 und die folgenden Jahre hatte Magny-Cours von der FIA die Zusage für die Durchführung des Großen Preises von Frankreich erhalten. Ligier steckte seit einiger Zeit in einer technischen Krise; trotz finanzstarker Sponsoren war es nicht mehr gelungen, konkurrenzfähige Rennwagen zu bauen. Aber Guy Ligier war ein persönlicher Freund des Staatspräsidenten Mitterand, und nicht zuletzt aufgrund dieser Beziehung hatte die Régie Renault Ende 1990 Ligier seine begehrten V10-Motoren für 1992 zugesagt. In der Saison 1990 waren Michel Beaujon, der Brasilianer Ricardo Divila und Claude Galopin für die Technik der JS33B verantwortlich. Für die Fahrer Philippe Alliot und Nicola Larini verlief die Saison jedoch ziemlich enttäuschend.

Das Siegerpodium nach dem Grossen Preis von Italien in Monza: Ayrton Senna ist Sieger, Alain Prost belegte den zweiten und Gerhard Berger den dritten Platz. Dieses Trio hat die meisten Rennen des Jahrs belebt. In der gleichen Reihenfolge belegten die drei im Schlussklassement der WM die drei vordersten Plätze, allerdings kam dann noch Nelson Piquet dazu (ex-aequo mit Berger).

AGS war inzwischen in den Besitz des Geschäftsmanns Cyril de Rouvre übergegangen. Er verlegte den Sitz des Teams von Gonfaron in die neuen Hallen neben der südfranzösischen Rennstrecke von Le Luc. Indes, der von Michel Costa konstruierte JH25 mit Cosworth-Motor ermöglichte es den Fahrern Yannick Dalmas und Gabriele Tarquini so gut wie nie, aus dem Bereich der Vorqualifikationen herauszukommen.

Eröffnet wurde die Saison 1990 mit dem Großen Preis der USA auf der Stadtrundstrecke von Phoenix, Arizona. Auf die Pole Position kam hier Gerhard Berger vor Pierluigi Martini auf einem von Pirelli bereiften Minardi. Im Rennen gab es jedoch eine Überraschung, als Neuling Jean Alesi auf Tyrrell vom Start weg die Führung übernahm und sie 33 Runden lang hielt, obschon Ayrton Senna auf McLaren ihm dicht auf den Fersen blieb. Die beiden Ferrari fielen mit Motorproblemen aus, und es gewann Senna vor dem entfesselten Alesi, der damals schon seit einigen Wochen einen Vertrag mit Williams im Hinblick auf 1991 in der Tasche hatte. Dritter wurde Thierry Boutsen auf Williams-Renault vor Nelson Piquet auf Benetton-Ford. Der ehemalige Weltmeister hatte mit Benetton einen besonderen Vertrag unterzeichnet: für jeden WM-Punkt wurden ihm 50.000 Dollar gutgeschrieben. Ein Sieg war also 500.000 Dollar wert.

Nach mehrjähriger Pause kehrte der Grand Prix von Brasilien 1990 nach Interlagos bei Sao Paulo zurück. Die Rennstrecke hatte man total umgebaut, modernisiert, verkürzt und den jüngsten Sicherheitsanforderungen angepaßt. Die Ferrari, die in Arizona so sehr enttäuscht hatten, kamen in Südamerika mit Alain Prost und Nigel Mansell zu einem Doppelsieg. Senna kollidierte mit dem Japaner Nakajima und mußte sich mit der dritten Position begnügen.

Auf Brasilien folgte eine mehrwöchige Pause, die es den Teams ermöglichte, die Fahrzeuge zu verbessern und zu testen. Der nächste Auftritt erfolgte in Imola beim Großen Preis von San Marino, wo die neuen Sicherheitsvorschriften für die Wagen in Kraft traten. Wieder ging die Pole Position an Ayrton Senna, es war die 44. in seiner Karriere. In die erste Startreihe kam auch sein Teamkollege Berger. Obwohl die Ferrari bei den Qualifikationen mit dem neuen und kurzhubigeren Motor vom Typ 037 antraten, war für sie nur ein fünfter und ein sechster Platz drin. Auf dem Circuito Enzo e Dino Ferrari übernahm Senna die Führung, wurde aber später durch eine defekte Felge zurückgeworfen, so daß Boutsen auf Williams-Renault an die Spitze rücken konnte. Aber auch der Belgier mußte mit einem Motor-

Der Technische Direktor von Renault Sports, Bernard Dudot, ist der Vater des Renault-V10-Motors. Hier unterhält sich Dudot mit dem Belgier Thierry Boutsen.

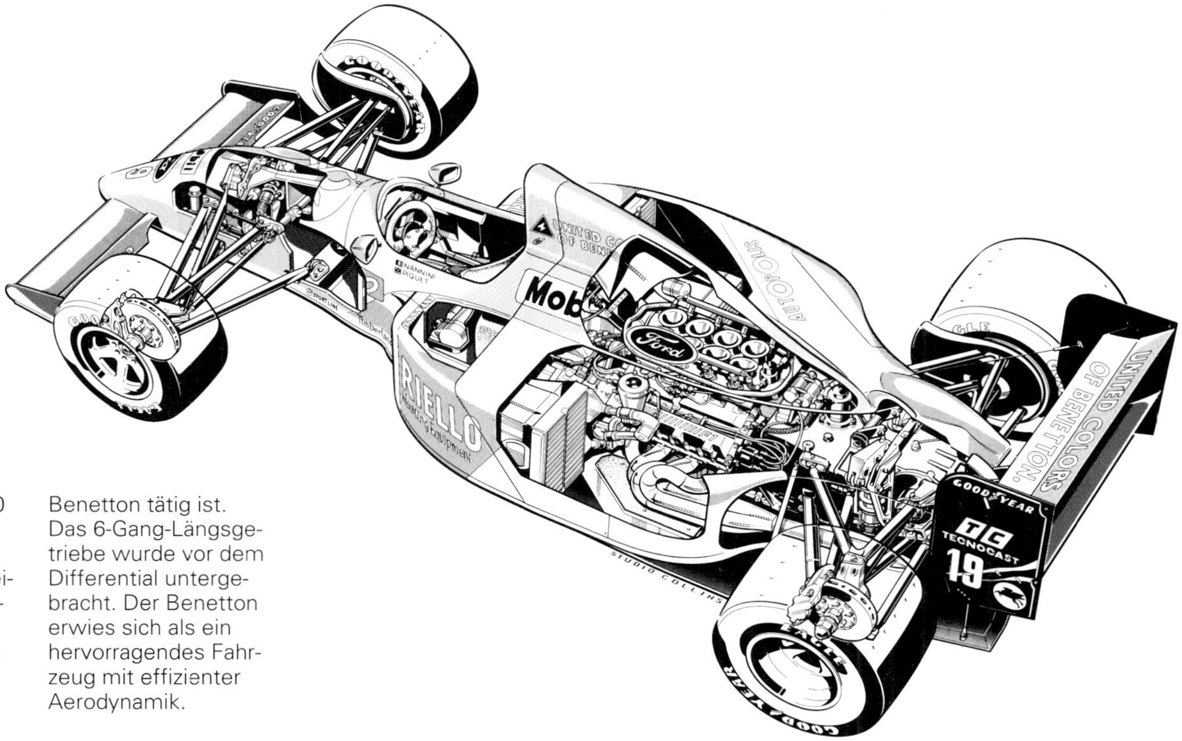

Beim Benetton B190 mit Ford-V8-Motor (Gabelwinkel 75°) handelt es sich um eine weitere Konstruktion des Südafrikaners Rory Byrne, obwohl John Barnard seit Ende 1989 bei Benetton tätig ist. Das 6-Gang-Längsgetriebe wurde vor dem Differential untergebracht. Der Benetton erwies sich als ein hervorragendes Fahrzeug mit effizienter Aerodynamik.

schaden aufgeben, worauf Berger auf McLaren die Führung übernahm, schon bald aber von Riccardo Patrese auf Williams FW13B-Renault überholt wurde, wobei der Italiener bei seiner 195. Teilnahme an einem Grand Prix auch zu einem Sieg kam. Senna vermochte sein Können erst wieder in Monaco voll auszuspielen: Von der ersten bis in die letzte Runde hielt er auf dem monegassischen Straßenkurs die Führung und siegte. Für Verblüffung hatte Jean Alesi auf dem Tyrrell 019-Cosworth mit hochgestelltem »Concorde-Schnabel« gesorgt, als er während des gesamten Rennens die zweite Position hielt, wobei sich der temperamentvolle Südfranzose der Attacken Bergers erwehren mußte. Beide Ferrari waren mit Elektrikproblemen ausgefallen.

Von der Pole Position aus startete Senna auch in Montreal; das Rennen war zeitweise verregnet. Sein Sieg im Großen Preis von Kanada bedeutete den 23. Volltreffer des McLaren-Honda-Piloten. Fast während des ganzen Rennens hatte Gerhard Berger geführt, wurde aber wegen eines Frühstarts mit einer Strafminute belegt, wodurch er sich auf die vierte Position zurückversetzt sah. Den zweiten Platz belegte Nelson Piquet auf Benetton-Ford vor Mansell auf Ferrari, der Schaltprobleme gehabt hatte. Auf Platz fünf kam Prost auf Ferrari – ihn hatten Bremsprobleme geplagt...

In Mexiko führte zuerst Berger auf McLaren, aber schließlich erkämpften sich die beiden Ferrari einen Doppelsieg mit Prost vor Mansell. Senna schied wegen eines Reifendefekts aus. Bei Ferrari hatte mittlerweile der im Herbst des Vorjahres von Fiorano zur Gestione Sportiva gekommene Argentinier Enrique Scalabroni den Dienst quittiert, wodurch Ferrari einen guten Chassis-Experten verlor. Eine Änderung gab es auch bei Leyton House (ex March) zu verzeichnen: Adrian Newey, dessen CG901 enttäuscht hatten, verließ das Team und ging zu Williams, um an der Seite Patrick Heads zu arbeiten. Bei Leyton House war nun Gustav Brunner allein für die Technik verantwortlich.

In den Tagen, die dem Großen Preis von Mexiko vorausgingen, hätte der Formel-1-Rennwagen eines neuen Rennstalls vorgestellt werden sollen. Es handelte sich um die neue Marke Glas, für deren Monoposto von Lamborghini bezogene V12-Motoren vorgesehen waren. Das Fahrgestell hatte Ing. Mauro Forghieri bei der Lamborghini Engineering in Modena entworfen, die Konstruktion hatte der mexikanische Finanzmann Gonzalez Luna in Auftrag gegeben. Luna gedachte mit seinem zukünftigen Team an der WM 1991 teilzunehmen. Wenige Tage vor dem Rennen war der Auftraggeber jedoch spurlos verschwunden, nachdem Luna die ersten Anzahlungen an Lamborghini überwiesen hatte. Später wurde das von Lamborghini an die Hand genommene Projekt nach langen Verhandlungen mit dem italienischen Kaufmann Patrucco unter dem neuen Markennamen Lambo 1 fortgeführt. Im Hinblick auf das Debut in der Saison 1991 nahm Mauro Baldi erste Tests am Steuer des Lambo 1 vor. Damals bestritt Baldi Langstreckenrennen der Marken-WM mit den Sauber-Mercedes-Benz.

Nach den beiden Rennen in Übersee wurde die Weltmeisterschaft Anfang Juli in Le Castellet mit dem Großen Preis von Frankreich fortgesetzt. Diesmal qualifizierte sich Nigel Mansell auf dem Ferrari 641/2 für den besten Startplatz. Das Rennen verlief sehr abwechslungsreich, wobei Ivan Capelli auf Leyton-House-Judd die große Überraschung lieferte: Sein auf diese topfebene Piste optimal abgestimmter Wagen kam ohne Reifenwechsel über den längten Teil der Distanz, während alle Konkurrenten im Verlauf des Rennens zum Reifenwechhsel an die Boxen mußten. Nach dem Boxenstopp der Spitzenleute konnte Ivan Capelli die Führung übernehmen, die er von der 33. bis in die 68. Runde beibehielt. Dann aber lancierte Alain Prost auf Ferrari seine Attacken, und in den letzten Runden waren auch die Reifen des führenden Leyton House am Ende – Alain Prost konnte an diesem 8. Juli 1990 für Ferrari den 100. Erfolg in einem WM-Grand Prix herausfahren. Der erste Sieg Ferraris in einem Weltmeisterschaftslauf ging auf den 14. Juli 1951 zurück, als es dem Argentinier José Froilan Gonzalez auf dem Ferrari Tipo 375 mit 4,5-Liter-V12-Motor gelang, den bislang als unschlagbar geltenden Alfa Romeo Tipo 159 zu besiegen.

Beim Grand Prix von England in Silverstone bestritt Riccardo Patrese seinen 200. Weltmeisterschaftslauf – ein absoluter Rekord. Mansell stand mit seinem Ferrari wieder auf der Pole Position, neben ihm lauerte

Nelson Piquet auf dem Benetton B190 mit Ford-HB-V8-Motor. Nach zwei enttäuschenden Jahren mit Lotus fand Piquet mit dem Benetton wieder auf den Erfolgskurs zurück und gewinnt die Grand Prix von Japan und Australien.

Senna auf McLaren-Honda. Die McLaren machten damals eine kritische Phase durch, insbesondere ließ ihr Fahrgestell zu wünschen übrig. In England siegte Alain Prost auf Ferrari, Senna mußte sich hinter Thierry Boutsen auf Williams-Renault mit einem dritten Platz begnügen. Mansell hatte wegen eines Getriebeschadens vorzeitig aufgeben müssen.

Überraschend ließ Nigel Mansell die Öffentlichkeit in Silverstone wissen, daß er sich am Ende der Saison von der aktiven Laufbahn zurückziehen werde (ein Entschluß, den er jedoch revidierte). Angeblich soll man vorher selbst bei Ferrari nichts von Mansells Absicht gewußt haben.

Mit seinem Sieg in England übernahm Alain Prost die Führung in der Weltmeisterschaft, er hatte jetzt 41 Punkte auf dem Konto, Senna lag um zwei Punkte darunter. Die übrigen Teilnehmer waren schon klar abgeschüttelt, so daß die WM nun eine Angelegenheit zwischen Prost und Senna war. Mittlerweile hatten sowohl McLaren als auch Honda weitere Fortschritte erzielt, so daß sich die Fahrleistungen des MP4/5B bis zum Großen Preis von Deutschland in Hockenheim noch verbessert hatten. Senna siegte erwartungsgemäß, und zwar vor Alessandro Nannini auf Benetton-Ford, dem es gelungen war, von der 18. bis in die 33. Runde die Führung zu halten. Der junge Fahrer aus Siena war mit relativ harten Reifen gestartet, die einen Wechsel während des Rennens verzichtbar machten. Diesmal befanden sich die Ferrari nicht in Hochform; Prost mußte sich vor Patrese auf Williams-Renault mit einem dritten Platz begnügen.

In Hockenheim hatte sich klar herausgestellt, daß es den Technikern Hondas gelungen war, die Leistung des V12 noch anzuheben. Um so größer war die Überraschung, als es Thierry Boutsen war, der sich auf Williams FW13B-Renault beim Großen Preis von Ungarn für die Pole Position qualifizierte und dort von der ersten bis in die letzte Runde in Führung lag. Indes, einmal mehr hatte sich auf dem Hungaroring herausgestellt, daß diese Strecke für Formel-1-Wagen zu eng ist. Überholmanöver waren sehr schwierig. Senna rammte Nannini, worauf dieser von der Strecke abkam, ebenso rammte Berger Mansells Ferrari, was zu allerhand Ärger führte. Boutsen kreuzte die Ziellinie vor Senna, Piquet und Patrese. Das Resultat auf dem Hungaroring ließ Senna wieder die Führung in der WM übernehmen, die ihm um so sicherer war, als Prost wegen eines Schadens in der Kraftübertragung hatte aufgeben müssen. Erstmals hatte Ferrari die Version 037 im Rennen eingesetzt, nachdem dieser kurzhubigere V12 bislang nur bei den Qualifikationsläufen in Imola aufgetaucht war.

Beim GP von Belgien gab es etliche Startkollisionen; das Rennen mußte nicht weniger als dreimal gestartet werden. Zwar konnte Senna auf dem schnellen Ardennen-Circuit von Spa-Francorchamps die Überlegenheit seines McLaren-Honda V10 voll ausspielen, aber Prost auf Ferrari blieb dem Brasilianer ständig auf den Fersen. Dennoch stellte Senna seinen 25. Grand-Prix-Erfolg sicher, jetzt mit 61 Punkten an der Spitze liegend. Der am Ziel um nur drei Sekunden distanzierte Prost lag damit um 13 Punkte zurück. Auch in Monza mußte das Rennen zweimal gestartet werden, weil sich Derek Warwick auf Lotus 102-Lamborghini am Eingang der Zielgeraden überschlug und mit den Rädern nach oben liegenblieb. Senna nahm das Rennen von seiner 49. Pole Position aus in Angriff und fuhr den sechsten Saisonerfolg heraus, gefolgt von Prost, Berger, Mansell und Patrese. Im Verlauf der traditionellen Pressekonferenz nach dem Rennen reichten sich die beiden WM-Rivalen, die seit einem Jahr kein Wort mehr miteinander gesprochen hatten, wieder die Hand – allerdings hatte sie ein italienischer Journalist dazu freundlich aufgefordert. Es war noch nicht der echte Frieden zwischen den beiden.

Eine Woche nach dem GP von Italien bot Ferrari dem bereits für ein weiteres Jahr an Benetton gebundenen Alessandro Nannini einen Vertrag für 1991 an. Doch schon einen Tag später gab Nannini seinen Verzicht auf die Offerte bekannt: Er wollte auch weiterhin für Benetton fahren. Der Toskaner präzisierte, daß der ihm unterbreitete Vertrag nicht den vereinbarten Abmachungen entsprochen habe. Nach Nanninis Absage entschied man sich bei Ferrari für Jean Alesi, der zu diesem Zeitpunkt jedoch bereits Abmachungen mit Tyrrell und mit Williams getroffen hatte. Ferrari mußte ihn von diesen Verträgen zu einem hohen Betrag freikaufen.

Formel-1-Wagen von 1990

Marke/Modell	Chefkontrukteur/ andere Ingenieure	Motor	Getriebe (Anzahl Gänge)	Radstand (mm)	Spur vorne Spur hinten	Reifen-marke
AGS JH25	Michel Costa Peter F. Wyss Claude Rouelle	Cosworth DFR V8 90°	Hewland-Messier (6)	2820	v 1800 h 1670	G
Arrows A 11 B	Ross Brawn James Robinson	Cosworth DFR V8 90°	Arrows (6)	2895	v 1803 h 1676	G
Benetton B 190	John Barnard Rory Byrne Giorgio Ascanelli	Ford UB V8 75° (Series IV)	Benetton (6)	2921	v 1816 h 1680	G
Brabham BT 59	Sergio Rinland	Judd EV V8 76°	Brabham (6)	2921	v 1803 h 1701	P
Coloni C 3B/2	Christian Vanderpleyn	Subaru Motori Moderni 12zyl. 180°	–	–	v – h –	G
Coloni C 3B	Christian Vanderpleyn	Cosworth DFR V8 90°	Coloni (6)	2850	v 1810 h 1670	G
Dallara BMS 190	Gianpaolo Dallara Allessandro Mariani Nigel Copperthwaite	Cosworth DFR V8 90°	Dallara (6)	2898	v 1816 h 1686	P
EuroBrun ER 190	K. Van der Grint	Judd CV V8 90°	EuroBrun (6)	2905	v 1810 h 1688	P
Ferrari 641 (641/2)	Pierguido Castelli (Enrique Scalabroni) Steve Nichols	Ferrari 3500 V12 65° (036, 037)	Ferrari (7) halbautomatisch	2880	v 1800 h 1600	G
Larrousse-Lola 90	Gérard Larrousse Eric Broadley Michel Têtu	Lamborghini 3512 V12 80°	Lamborghini (6)	2850	v 1810 h 1620	G
Leyton House CG 901	Chris Murphy (Adrian Newey) Gustav Brunner	Judd EV V8 76°	Leyton House (6)	2845	v 1778 h 1676	G
Life F 190	–	Life F 35 W12 2 x 60°	Life-Hewland (6)	–	v – h –	G
Ligier JS 33	Michel Beaujon Ricardo Divila Claude Galopin	Cosworth DFR V8 90°	Ligier (6)	2820	v 1790 h 1662	G
Lotus 102	Frank Dernie	Lamborghini 3512 V12 80°	Lamborghini-Lotus (6)	2950	v 1800 h 1650	G
McLaren MP 4/5 B	Neil Oatley Tim Wright Gordon Kimball	Honda RA 100 E V10 72°	McLaren (6)	2940	v 1820 h 1670	G
Minardi M 190	Aldo Costa Tommaso Carletti	Cosworth DFR V8 90°	Minardi (6)	2940	v 1800 h 1640	P
Monteverdi-Onyx ORE 1	(Alan Jenkins) Ken Anderson	Cosworth DFR V8 90°	Onyx (6)	2819	v 1816 h 1676	G
Osella FA1 Me	Antonio Tomaini Ignazio Lunetta	Cosworth DFR V8 90°	Osella (6)	2860	v 1800 h 1710	P
Tyrrell 019	Harvey Postlethwaite Jean-Claude Migeot	Cosworth DFR V8 90°	Tyrrell (6)	–	v – h –	P
Williams FW 13B	Patrick Head Adrian Newey	Renault RS2 V10 67°	Williams (6)	2920	v 1803 h 1676	G

Monocoques: alle Konstruktionen bestehen aus Karbonfiber.
Reifenmarke: G = Goodyear; P = Pirelli
Trockengewicht: über das Trockengewicht wurden keine Angaben gemacht, die Werte liegen in etwa zwischen dem vorgeschriebenen Minimum von 505 und 520 kg.

Cesare Fiorio

Die 13. Runde der WM wurde in Portugal ausgetragen, wo die beiden Ferrari die erste Startreihe belegten. Beim Start ließ Mansell die Räder jedoch zu lange durchdrehen, worauf sich sein Zwölfzylinder leicht querstellte und dem Teamkollegen Prost den Weg abschnitt. Die beiden McLaren von Senna und Berger profitierten von dieser Situation und übernahmen die Spitzenpositionen. Erst nach 49 Runden hatte sie Nigel Mansell eingeholt und ging in Führung. Mansell gewann vor Senna, Prost, Berger und Piquet.

Bei Ferrari hatte das Startintermezzo zwischen Mansell und Prost die internen Polemiken angeheizt: Prost hielt seinem Teamkollegen vor, er habe ihn absichtlich abgedrängt. Der Franzose attackierte auch Sportchef Cesare Fiorio, dem er vorwarf, er habe es versäumt, klare Anweisungen zu erteilen, die es ihm, Prost, ermöglicht hätten, die Weltmeisterschaft zu gewinnen. Eine gewisse Funkstille trat ein, als die Zwölfzylinder aus Maranello beim Großen Preis von Spanien in Jerez einen Doppelsieg landeten, mit Prost auf dem ersten und Mansell auf dem zweiten Platz. Diesmal hatte Senna das Rennen mit überhitztem Motor aufgeben müssen, weil Karosserieteile, die von Gabriele Tarquinis AGS stammten, die Luftzufuhr zu den Kühlern beeinträchtigt hatten. Mit diesem 44. Grand-Prix-Erfolg seiner Karriere, der auch seinen fünften Saisonsieg bedeutete, lag Prost nur noch neun Punkte hinter dem WM-Leader Senna.

Am 12. Oktober 1990 erlitt Alessandro Nannini einen schweren Helikopterunfall, als die Maschine im Begriff war, auf einem Grundstück in unmittelbarer Nähe seines Wohnhauses zu landen. Bei diesem Unfall wurde der rechte Unterarm Nanninis abgetrennt; schwer verletzt wurde auch seine linke Hand. Im Verlauf einer mehrstündigen und komplizierten Operation gelang es den Chirurgen, den Arm wieder anzunähen. Allerdings war die Formel-1-Laufbahn des sympathischen Toskaners damit zu Ende. Dennoch: Nach etwas mehr als zwei Jahren, in der Saison 1993, setzte Nannini seine Karriere als Rennfahrer auf Alfa Romeo im Rahmen der Deutschen Tourenwagen-Meisterschaft fort.

Die Weltmeisterschaft 1990 wurde beim vorletzten Lauf in Japan auf der Rundstrecke von Suzuka entschieden. Das Euro-Brun-Team war bereits im Begriff, sich wegen finanzieller Schwierigkeiten aufzulösen, so daß es auf die Präsenz in Japan verzichtete. Damit wurde Roberto Moreno frei, der mit dem Euro-Brun-Judd vergeblich versucht hatte, sich für einen Grand Prix zu qualifizieren. Benetton stellte dem Brasilianer das Fahrzeug Nanninis zur Verfügung. Auf die Fernost-Expedition verzichtete übrigens auch das kleine italienische Team Life mit dem Fahrer Bruno Giacomelli, obwohl man inzwischen den komplizierten W12-Motor durch einen Judd-V8 ersetzt hatte.

In Suzuka ereignete sich kurz nach dem Start ein höchst unerfreulicher Zwischenfall. Prost schoß nach dem Grünlicht an die Spitze, und Senna versuchte, seinen Rivalen auf der Innenseite der ersten Kurve zu überholen, was vollkommen unmöglich war, denn Prost hatte die »Türe zugemacht«. Die Kollision war unvermeidlich – beide Fahrzeuge kreiselten auf das Kiesbett und kamen hier zum Stillstand. Damit war die Weltmeisterschaft zu Gunsten Sennas entschieden. Hatte sich Senna für die Kollision rächen wollen, die Prost im Jahr zuvor in Japan provoziert hatte? Der 1990er GP von Japan bot noch weitere Theatercoups, denn nach der Kollision zwischen Prost und Senna übernahm Gerhard Berger die Spitze, aber schon nach einer Runde geriet auch er von der Strecke. In der gleichen Kurve, in der Prost und Senna nach dem Start kollidiert waren, rutschte der Tiroler ins Kiesbett. Jetzt schien Nigel Mansell auf Ferrari einem leichten Sieg entgegenfahren zu können, um so mehr, als es dem Briten im Verlauf des Rennens gelang, die beiden Benetton-Ford von Piquet und Moreno klar abzuschütteln. Aber auch Mansell blieb nicht verschont, denn als er nach einem Radwechsel aus der Boxenstraße vehement herausbeschleunigte, trug die Kraftübertragung seines Wagens einen Schaden davon – und der Ferrari rollte aus.

Nach dem Ausfall der vier stärksten Konkurrenten sahen sich Piquet und Moreno auf Benetton plötzlich an der Spitze des Feldes. Nach dreijähriger Pause – sein letzter Erfolg ging auf den Grand Prix von Italien 1987 zurück – gewann Nelson Piquet endlich wieder einen Grand Prix. Und ein glücklicher Moreno, der sich während der ganzen Saison mit dem Euro-Brun ständig im Vorqualifikationsbereich hatte herumschlagen müssen, kam auf den zweiten Platz. Eine große Genugtuung gab es auch für das japanische Publikum, denn zum einen kam Aguri Suzuki auf Lola-Larrousse-Lamborghini ebenfalls auf einen Podiumsrang, und zum anderen wurde Satoru Nakajima auf Tyrrell-Cosworth Sechster.

Die Kollision zwischen Prost und Senna zog erneut heftige Auseinandersetzungen nach sich. Es wurde behauptet, der Brasilianer habe in der ersten Kurve zu aggressiv agiert und er habe Prost absichtlich abgeschossen, während Prost vorgeworfen wurde, er habe Senna den Weg zu brüsk abgeschnitten und auf der Ideallinie beharrt. Auf jeden Fall waren die Beziehungen zwischen den beiden Spitzenfahrern wieder getrübt.

Nachdem die Weltmeisterschaft mit dem Großen Preis von Japan entschieden war, ging es bei dem das Championat abschließenden Großen Preis von Australien auf den Straßen von Adelaide nur noch um den dritten WM-Gesamtrang. Berger, Piquet, Boutsen und Mansell kamen für die Bronzemedaille in Frage. Der Grand Prix von Australien stellte übrigens den 500. WM-Wertungslauf seit der Einführung dieses Championats im Jahre 1950 dar, wobei nicht übersehen werden darf, daß das 500-Meilen-Rennen von Indianapolis zwischen 1950 und 1960 ebenfalls für die Fahrer-WM gezählt hatte, wenngleich in Indianapolis auch mit Rennwagen einer andern Formel gekämpft wurde.

Die Polemik zwischen Prost und Senna fand in Adelaide ihre Fortsetzung. Der schwer enttäuschte Franzose sprach sogar von der Möglichkeit eines Rückzugs vom Sport... In Australien belegten die beiden McLaren-Honda die erste Startreihe vor den beiden Ferrari. Für Senna war es die 52. Pole Position, die er dann auch optimal auswertete, als er in Führung ging. Bis zwanzig Runden vor Schluß hielt er den ersten Platz, dann gaben das Getriebe und auch die Bremsen seines Wagens nach, und Senna prallte bei einem Bremsmanöver gegen die Abschrankungen. Davon profitierte wiederum Nelson Piquet auf Benetton-Ford; er führte nun vor Prost, Mansell, Berger, Boutsen und Patrese. Mansell, der auf frische Reifen umgestellt hatte, ging an seinem Teamkollegen Prost vorbei und kam dann dem führenden Piquet bedrohlich nahe. In der vorletzten Kurve inszenierte der Brite eine letzte große Attacke, aber der Coup gelang nicht – Piquet gewann auch dieses Rennen. In 188 Grand Prix hatte der Brasilianer damit 22 Siege herausgefahren. Mansell kam auf den Ehrenplatz vor Prost, Berger und Boutsen.

McLaren-Honda gewann 1990 sechs Rennen (alle mit Senna), auch bei Ferrari gab es sechs Volltreffer zu verzeichnen (fünf mit Prost, einen mit Mansell). Williams-Renault holte sich zwei Siege (einmal war Patrese und einmal Boutsen erfolgreich), auch Benetton-Ford kam zweimal (mit Piquet) zum Zuge. Senna, der 1988 zum ersten Mal Weltmeister geworden war, stand am Ende der Saison mit 78 Punkten erneut als Champion fest; Prost wurde mit 71 Punkten WM-Zweiter, und mit 43 Punkten teilten sich Piquet und Berger in die dritte Position. In der Markenweltmeisterschaft ging der Titel an McLaren-Honda mit 121 Punkten, Ferrari kam auf 110 und Benetton-Ford auf 71 Punkte. Platz vier belegte Williams-Renault mit 57 Punkten. Damit fiel der Vorhang über das Szenarium einer bewegten Grand-Prix-Saison, die sehr im Zeichen von Auseinandersetzungen gestanden hatte, den Rennsportfans aber hatte sie spannende Spitzenduelle zwischen McLaren-Honda und Ferrari geboten.

Duell Senna gegen Mansell 1991

Die McLaren-Honda V12 und die Williams-Renault V10 dominieren. Senna holt dritten WM-Titel. Ferrari enttäuscht und Jordan überrascht. Debut des Talents Michael Schumacher.

Gary Anderson

Die Grand-Prix-Saison 1991 stand eindeutig im Zeichen zweier dominierender Kombinationen: Ayrton Senna auf McLaren MP4/6-Honda mit dem neuen japanischen V12-Motor einerseits und Nigel Mansell auf Williams FW14-Renault V10 andererseits. Auch bekam die Formel 1 die Turbulenzen des Weltgeschehens zu spüren. Der Golfkrieg und die anschließende allgemeine Wirtschaftskrise warfen ihre Schatten voraus.

Das Reglement sah für die neue Saison nur wenig Änderungen vor. So mußten die Frontspoiler von 150 auf 140 cm Breite reduziert werden, der Heckflügel 10 cm näher an die Hinterachse heranrutschen, und der Abstand zwischen der Hinterachse und dem hintersten Punkt des Heckflügels durfte nur mehr maximal 50 cm betragen. Mit diesen Maßnahmen sollten die Abtriebskräfte vermindert werden.

Nachdem sich an der Treibstoff-Front ein Krieg mit teuren Mixturen entfacht hatte, gab es auch in dieser Beziehung gewisse Einschränkungen. Erlaubt waren jetzt maximal 102 ROZ, höchstens 2 % Sauerstoff, maximal 0,2 % Wasserstoff und nicht mehr als 5 % Benzol. Das Volumen der Tanks war wieder freigestellt, die Fahrzeuge traten in den Rennen mit 210 bis 220 Liter Treibstoff an. Selbstverständlich brachte ein mäßiger Verbrauch einen Gewichtsvorteil. Aber trotz der Limitierungen bot sich den Chemikern der Benzinfirmen immer noch genügend Spielraum: Elf, Agip, Shell, Mobil oder BP entwickelten teure Treibstoffgemische, die ganz wesentlich zur Leistungsteigerung der Motoren beitrugen. Die Rede war von bis zu 50 zusätzlichen PS, wobei die Höchstleistung der Motoren zwischen 580 und 720 PS lag. Aber diese Entwicklung führte auch zu übelriechenden und gesundheitsschädigenden Mixturen. Es heißt, daß die Firma Elf an die fünfzig Treibstoffmischungen für die Zehnzylinder von Renault ausprobiert haben soll. Auch wurde der Treibstoff den jeweilgen Anforderungen der Strecken angepaßt. Nachdem Agip auf diesem Gebiet bislang als Spitzenreiter gegolten hatte, gab nun Elf den Ton an. Vom Grand Prix von England an verzeichnete aber auch Shell große Fortschritte, was auf die Resultate der McLaren-Honda Einfluß hatte. Mit den Spezialgemischen strebte man bei den hochverdichteten Motoren eine noch schnellere und intensivere Verbrennung an, vor allem aber wiesen die Spezialtreibstoffe ein geringeres spezifisches Gewicht auf; bei vollem Tank soll dies gegenüber einem konventionellen Gemisch einen Gewichtsvorteil bis zu 15 kg gebracht haben. Wenn man bedenkt, daß pro 6 kg Mehrgewicht über den Daumen mit einem Zeitverlust von 0,1 Sekunde pro Runde gerechnet wird, schlug dies durchaus zu Buche. Die FISA wurde durch die Treibstoff-Problematik alsbald sensibilisiert und stellte für 1992 strengere Vorschriften in Aussicht.

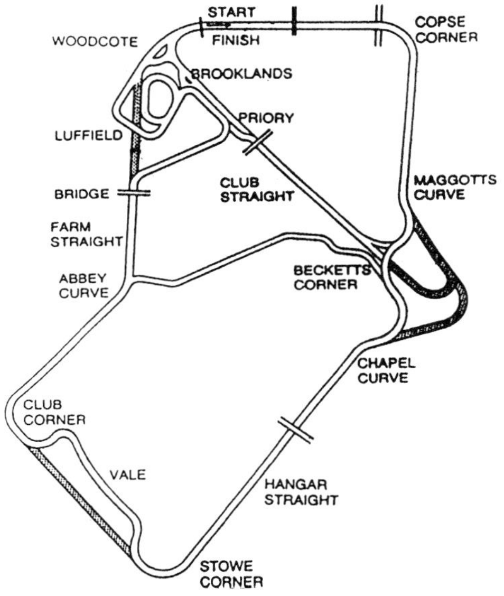

Kurz nach dem Zweiten Weltkrieg wurde der ehemalige Militärflugplatz von Silverstone zu einer schnellen Rennstrecke umfunktioniert. Im Verlaufe der Jahre brachte man dauernd Verbesserungen an. Im Hinblick auf den Grand Prix von England 1991 erfolgte ein gründlicher Umbau der Anlage. Mehrere schnelle Kurven wurden dank zusätzlicher Kurven entschärft, so daß das Tempo gedrosselt und die Anlage auch sicherer wurde. Die Rundenlänge betrug nun 5226 m.

Oben
Der Ire Eddie Jordan (Vordergrund) hat 1991 mit seinem Team den Sprung in die Formel 1 gewagt. Den neuen Jordan 911 mit Ford-V8-Motor hat sein Landsmann Gary Anderson (Hintergrund) konstruiert. Das Chassis und die Karosserie, die hier noch nicht lackiert sind, bestehen selbstverständlich aus Kohlenstoff.

Auch für die Sicherheit wurde 1991 wesentlich mehr als bisher getan. Die Monocoques mußten einem noch strengeren Crashtest unterzogen werden, wobei die Vorschriften für die Durchführung der Versuche für das Monocoque und die abnehmbare Frontpartie des Wagenkörpers eine neue Definition erfuhren. Im Bereich des Cockpits und des Tanks mußten die Fahrerzellen höheren Anforderungen als bisher gerecht werden. Unter anderem schleuderte man die mittels Wasser auf 780 kg (Startgewicht) gebrachten Monocoques mit einem Tempo von 11 m/s entsprechend 39,6 km/h frontal gegen eine Wand, was in der Praxis zwar kaum vorkommen kann, wobei sich aber ledigich die vorne an das Monocoque aufgeschraubte Nase, die auch den Frontflügel trug, wie eine Handharmonika zusammendrücken sollte. Der als Sicherheitszelle konzipierte Monocoque-Körper durfte bei diesem Test keine bleibenden Deformationen davontragen. Auch bei großer seitlicher Belastung durften keine Formveränderungen an den Wänden des Monocoques auftreten. Der Überrollbügel mußte in allen Richtungen eine mehreren Tonnen entsprechende Belastung standhalten.

Etwas umstritten waren die von der FISA neu eingeführten Sanktionen in Form von Zeitstrafen, die bei fahrlässigen Handlungen eines Fahrers im Rennen verhängt werden konnten. Allmählich pendelte sich der zehn

Eddie Jordan

Sekunden betragende Strafstop vor den Boxen ein.

Neue Namen tauchten auf, andere verschwanden. So debutierte 1991 in der Formel 1 die junge englische Motorenmarke Ilmor, und nach mehrjähriger Pause wurde Porsche als Motorenkonstrukteur wieder im Grand-Prix-Sport aktiv, nachdem McLaren von Ende 1983 bis Ende 1987 mit den von Porsche gebauten TAG-V6-Turbomotoren erfolgreich an der Weltmeisterschaft teilgenommen hatte. Neu in die Formel 1 griff das bislang in der Formel 3000 erfolgreiche, in Silverstone stationierte Team des Iren Eddie Jordan ein. Hingegen verschwanden Onyx-Monteverdi, Euro-Brun und auch Life Ende 1990 von der Bildfläche. Das Turiner Osella-Team wurde 1991 von der Sportfelgenfirma Fondmetal übernommen und auf diesen Namen umgetauft; einen andern Namen bekam auch Arrows, das sich nun Footwork nannte. Neu war auch das Modena-Team.

Die 16 Läufe umfassende Weltmeisterschaft enthielt vier Grand Prix, die entweder auf neuen oder auf tiefgreifend umgebauten Rennstrecken durchgeführt wurden. Der Circuit »Gilles Villeneuve« auf der Insel Notre-Dame in Montreal wurde den neuen Anforderungen angepaßt; gründlich umgebaut wurde auch die Strecke von Silverstone, die man mit zusätzlichen Kurven »entschärfte«, so daß die Rundendurchschnitte nicht mehr so hoch ausfallen konnten. Nachdem Le Castellet jahrelang Austragungsort des GP von Frankreich gewesen war, übernahm nun der dank der Unterstützung durch den Staatspräsidenten Mirrerand großzügig ausgebaute Circuit von Magny-Cours in der Nähe von Nevers diese Rolle. Auch die Katalanen hatten mittlerweile eine neue Rennstrecke erhalten, sie lag bei Montmelo in der Nähe Barcelonas und war Austragungsort des Großen Preises von Spanien in den folgenden Jahren.

Insgesamt beteiligten sich 18 Teams an der 1991er Fahrerweltmeisterschaft, trotz wirtschaftlicher Schwierigkeiten, die später zum Schrumpfen des Formel-1-Bestandes führten – einige Teams sahen sich zunehmenden Schuldenbergen konfrontiert.

Die 18 Teams brachten 1991 bis zu 34 Fahrzeuge auf die Piste; Ende Saison waren es dann noch 31. Allerdings gab es wieder die unliebsamen Vorqualifiktionen, jeweils am Freitag von 8 bis 9 Uhr veranstaltet, die das Feld für das offizielle Training und die eigentlichen Qualifikation auf 30 Teilnehmer reduzierten. Zum Start wurden nach wie vor maximal 26 Wagen zugelassen. Die Schwächsten des Feldes mußten die Koffer nach den einstündigen Vorqualifikationen wieder packen.

Auf dem Reifensektor standen sich wiederum Goodyear und Pirelli gegenüber. Die italienische Marke rüstete Benetton, Dallara, Brabham und Tyrrell aus, die übrigen 14 Teams wurden von Goodyear versorgt.

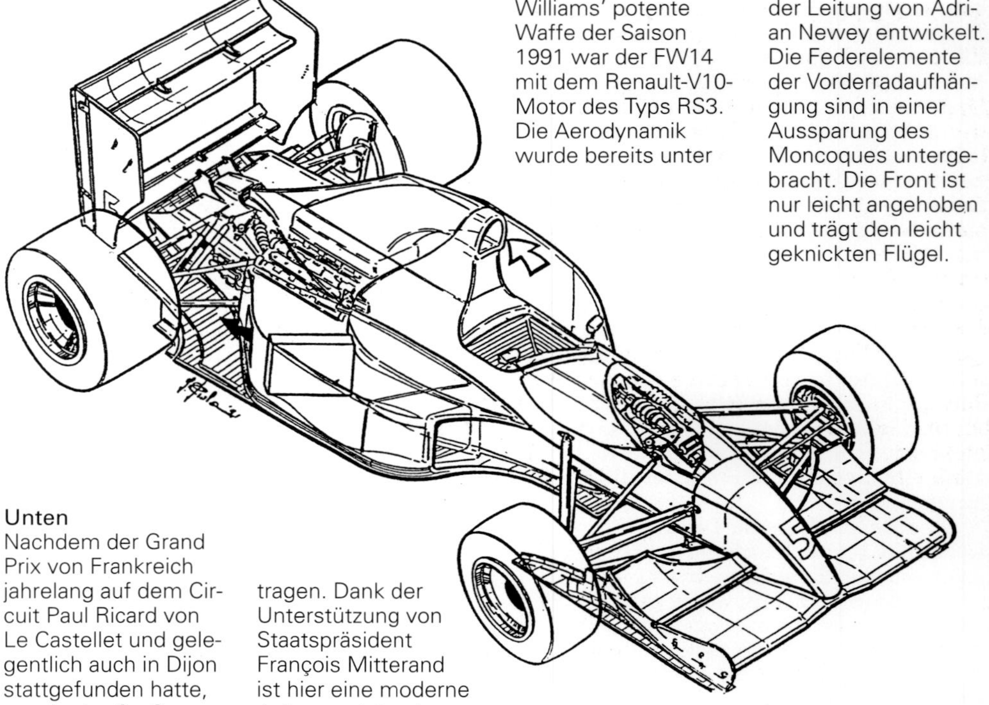

Williams' potente Waffe der Saison 1991 war der FW14 mit dem Renault-V10-Motor des Typs RS3. Die Aerodynamik wurde bereits unter der Leitung von Adrian Newey entwickelt. Die Federelemente der Vorderradaufhängung sind in einer Aussparung des Moncoques untergebracht. Die Front ist nur leicht angehoben und trägt den leicht geknickten Flügel.

Unten
Nachdem der Grand Prix von Frankreich jahrelang auf dem Circuit Paul Ricard von Le Castellet und gelegentlich auch in Dijon stattgefunden hatte, wurde das Großereignis ab 1991 in Magny-Cours ausgetragen. Dank der Unterstützung von Staatspräsident François Mitterand ist hier eine moderne Anlage entstanden. Rundenlänge: 4271 m.

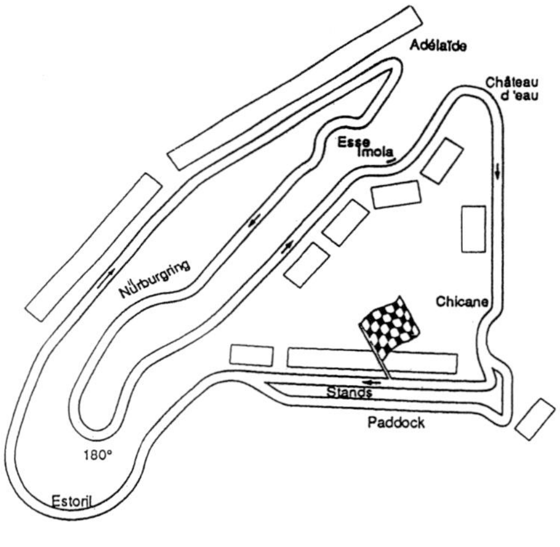

McLaren, die Weltmeistermarke von 1990, stellte 1991 vom bewährten bisherigen Honda-V10 auf den neuen Honda-V12-Motor des Typs RA121E um, nachdem McLaren seit dem vorhergehenden Sommer die Zwölfzylindermaschine eingehend getestet hatte. Der V12 versprach höhere Drehzahlen und etwas mehr Leistung, aber das Aggregat brauchte mehr Treibstoff, wog einige zusätzliche Kilo und hatte auch eine größere Baulänge als der Zehnzylinder. McLaren schuf keine eigentliche Neukonstruktion, mit dem MP4/6 stand lediglich eine Weiterentwicklung des Vorgängers zur Verfügung. In Woking arbeitete man auch an einer halbautomatischen Kraftübertragung, die aber 1991 bei einem Grand Prix noch nicht eingesetzt wurde. Zu Beginn der Saison gewann Ayrton Senna mit dem McLaren-Honda V12 gleich vier Grand Prix hintereinander, dann aber bahnte sich mit vier Volltreffern eine Williams-Renault-Erfolgsserie an. Bei Honda reagierte das von Ing. Akimasa Yasuoka geführte Team mit einer V12-Neukonstruktion, die Ayrton Senna und dem von Ferrari zu McLaren gewechselten Gerhard Berger schon ab Juli zur Verfügung stand. Am Ende der Saison galt der Honda-V12 als die potenteste Maschine. Die zweite Version des japanischen V12 war kleiner und leichter, und vom GP von England an wies das Aggregat teleskopische Ansaugstutzen auf. McLaren und Honda blieben aber auch von Defekten nicht verschont. Sechsmal schied Berger infolge technischer Störungen aus; bei Senna versagte die Treibstoffanzeige, oder aber man verrechnete sich mit dem Verbrauch, wobei dem Weltmeister der Treibstoff in Silverstone und Hockenheim dramatischerweise kurz vor dem Ziel ausging.

Im Verlauf der Saison speckte man die unter der Leitung von Neil Oatley konstruierten MP4/6 um 18 kg ab; gegen Saisonende waren die Wagen aus Woking praktisch unschlagbar. Für die Aerodynamik zeichnete der von Ferrari zu McLaren gegangene Franzose Henri Durand verantwortlich, der mit Bob Bell im Windkanal arbeitete. An Sennas Wagen traten technische Mängel seltener als bei Bergers Auto auf, so daß man den Eindruck bekam, der Tiroler spiele unfreiwillig Versuchskaninchen.

Williams war auf die gleiche Stufe wie McLaren zu setzen. Chefkonstrukteur Patrick Head und der von Leyton House zu Williams gewechselte Adrian Newey hatten dort den hervorragenden FW14 mit dem starken Renault-V10-Motor gebaut. Die mit pneumatischen Ventilen versehene Maschine aus Viry-Châtillon, die jetzt bis zu 14.000/min drehte, war seit 1989 ständig weiterentwickelt worden; als Typ RS3 gab es sie nun in der dritten Version. Bei Williams entschied man sich ebenfalls für den erstmals von Tyrrell 1990 beim 019 präsentierten »Concorde-Schnabel«, allerdings mit einem nur leicht angewinkelten Frontflügel. Für den Williams registrierte man 1991 eine Querbeschleunigung bis zu 4 g, und bei Höchsttempo entwickelte das Fahrzeug einen maximalen Abtrieb von 1,7 Tonnen – rund die Hälfte davon entfielen auf die Flügel, der Rest wurde vom Unterboden mit den Extraktoren produziert. Nach zwei Ferrari-Jahren kehrte Nigel Mansell 1991 wieder zu Williams zurück, während Patrese bereits seine vierte Williams-Saison antrat. Besonders wertvoll war sein Beitrag als Testfahrer.

Im Gegensatz zu McLaren und Ferrari, wo die neuen Rennmodelle auf bisherigen Projekten basierten und nur weiteretwickelte Versionen der vorhergehenden Wagen darstellten, entstand bei Williams ein komplett neues Auto. Der FW14 galt als die beste Konstruktion der Saison. Mansell gewann damit auch fünf Rennen, Patrese zwei. Allerdings verpaßte Nigel Mansell den Weltmeistertitel nach 1986 und 1987 zum drittenmal, ebenso verlor Williams den Titel eines Konstrukteur-Weltmeisters beim letzten Rennen an McLaren. Als Schwachstelle entpuppte sich beim Williams das neue halbautomatische Getriebe, für das man sich in Didcot nach Ferrari (dort seit 1989) entschieden hatte. Die halbautomatische Sechsgangeinheit, in Querrichtung eingebaut (beim Ferrari war es ein Längsgetriebe), brachte bei den ersten Rennen etliche Ausfälle, allerdings gelang es Williams, die Kraftübertragung innerhalb kurzer Zeit betriebssicher zu machen. Zwei Siege wurden von Williams indes praktisch verschenkt: einmal in Kanada – starb dem klar führenden Nigel Mansell in der letzten Runde nach einer Spitzkehre der Motor ab, weil man auf dem Computer eine zu tiefe Standarddrehzahl eingestellt hatte, und in Portugal vergab Williams die Chance eines weiteren Sieges durch Mansell, weil sich das rechtes Hinterrad seines Wagens nach einem Boxenstop bereits nach wenigen Metern selbständig machte.

Insgesamt enttäuschend verlief 1991 der Auftritt Ferraris, denn nach der guten Vorjahressaison, in der Prost und Mansell zusammen sechs Siege eingefahren hatten, und den guten Resultaten bei den Wintertests hatte man den Zwölfzylindern aus Maranello viel zugetraut. Alain Prost galt als einer der großen Favoriten; ihm zur Seite stellte man den jungen Südfranzosen Jean Alesi, der 1990 sein erstes Formel-1-Lernjahr mit einigen beeindruckenden Einlagen am Steuer des Tyrrell absolviert hatte. Ähnlich wie bei McLaren, entstand bei Ferrari keine eigentliche Neukonstruktion, vielmehr schuf man eine Weiterentwicklung des bisherigen 641/2. Das neue Modell trug die Typenbezeichnung 642, und seine für den 18. Februar anberaumte Präsentation erfolgte nicht in Maranello oder Fiorano, sondern auf der Ferrari (und damit Fiat) gehörenden, neu ausgebauten Rennstrecke von Mugello in

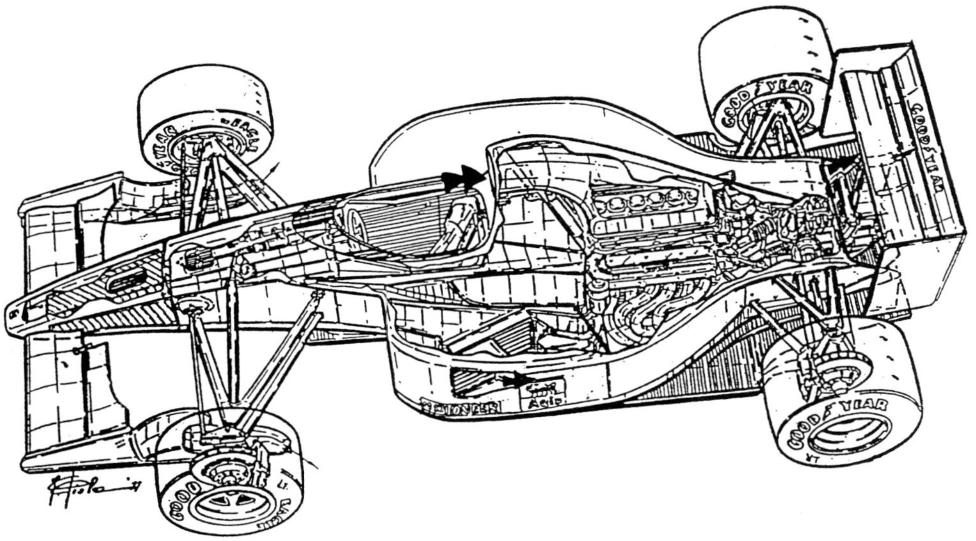

Oben
Der Ferrari F1-91, der auch die interne Typenbezeichnung 643 trug, war das letzte Modell, das noch auf der Konstruktion John Barnards fusste, welche erstmals 1989 zum Einsatz kam. Im Gegensatz zum Vorjahresmodell 642 ist die konische Frontpartie leicht angehoben, so daß der Frontflügel aus einem durchgehenden Element gefertigt werden konnte.

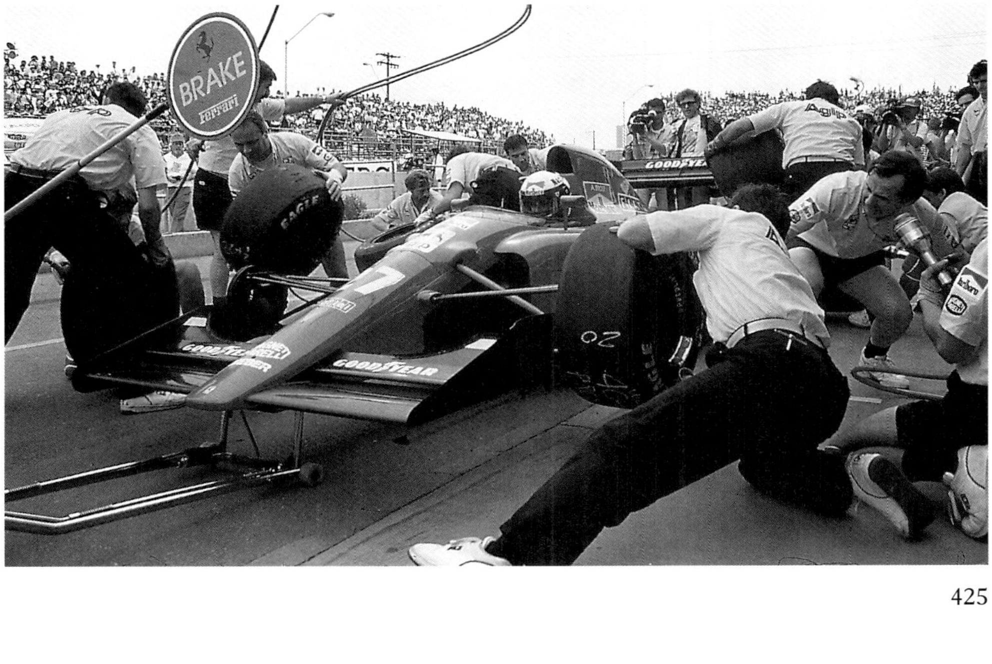

Rechts
Am Ferrari F91 von Alain Prost werden während des Grand Prix der USA in Phoenix die Reifen gewechselt. Hinter Senna wurde Prost Zweiter.

Der dreifache Weltmeister Nelson Piquet bestreitet 1991 seine letzte Formel-1-Saison und pilotiert dabei einen Benetton B 191-Ford. In der Weltmeisterschaft wird er noch Sechster.

der Toskana. Doch der 642 erfüllte die in ihn gesetzten Erwartungen nicht, und so tauchte beim GP von Frankreich bereits das Nachfolgemodell 643 auf.

Das Jahr 1991 war bei Ferrari von internen Spannungen und von Personalwechseln gekennzeichnet. Nachdem der argentinische Konstrukteur Enrique Scalabroni Ferrari vor einem Jahr verlassen hatte, war im Juni 1990 der aus den USA stammenden ehemaligen McLaren-Konstrukteur Steve Nichols an seine Stelle getreten. Unter seiner Leitung war auch der 642 entstanden. Der Aerodynamiker Henri Durand hatte Ferrari ebenfalls den Rücken gekehrt, um zu McLaren zu gehen. Im November 1990 trat dessen Landsmann Jean-Claude Migeot an seine Stelle – jener Aerodynamiker, der bei Tyrrell in Zusammenarbeit mit Harvey Postlethwaite den »Concorde-Schnabel« erfunden hatte. Alain Prost, der die Weltmeisterschaft 1990 mit nur sieben Verlustpunkten gegenüber Ayrton Senna verloren hatte, fühlte sich bei Ferrari auch nicht mehr wohl, insbesondere waren Spannungen zwischen ihm und Sportdirektor Cesare Fiorio entstanden, bis Fiorio im Mai 1991 die Scuderia nach etwas mehr als zwei Jahren wieder verlassen mußte.

Dem V12-Motor mit 65°-Gabelwinkel, Stahlgußblock, fünf Ventilen pro Zylinder und neuerdings teleskoptischen Ansaugstutzen sagte man damals an die 715 PS bei 14.600/min nach, das entprach einer Literleistung von rund 204 PS. Das Nachfolgemodell 643, erstmals beim Grand Prix von Frankreich eingesetzt, schien einen wesentlichen Fortschritt darzustellen, denn in Magny-Cours belegte Alain Prost mit nur fünf Sekunden Rückstand auf Nigel Mansell den zweiten Platz. In Belgien stand Prost auf der zweiten Startposition, später mußte Ferrari jedoch abermals Enttäuschungen hinnehmen. Nachdem Cesare Fiorio unmittelbar nach dem GP von Monaco seines Amtes enthoben worden war, setzte Ferrari-Präsident Piero Fusaro an die Spitze des Rennstalls ein Triumvirat, bestehend aus dem ehemaligen Lancia-Ingenieur Claudio Lombardi, Piero Ferrari, dem Sohn des Commendatore, und Marco Piccinini. Dennoch fiel das Ergebnis 1991 mager aus: Ferrari gewann keinen einzigen Grand Prix. Prost belegte in den USA, Frankreich und Spanien je einen zweiten Platz, Alesi fuhr drei dritte Ränge heraus. Die Zwölfzylinder kamen einfach nicht an die McLaren-Honda oder die Williams-Renault heran. Die Spannung im Team wurde immer stärker, Fusaro versuchte zu beschwichtigen. Als Alain Prost anläßlich des Grand Prix von Portugal gegenüber Journalisten auch noch abfällige Bemerkungen über die Fahreigenschaften des Ferrari äußerte und meinte, das Auto fahre sich wie

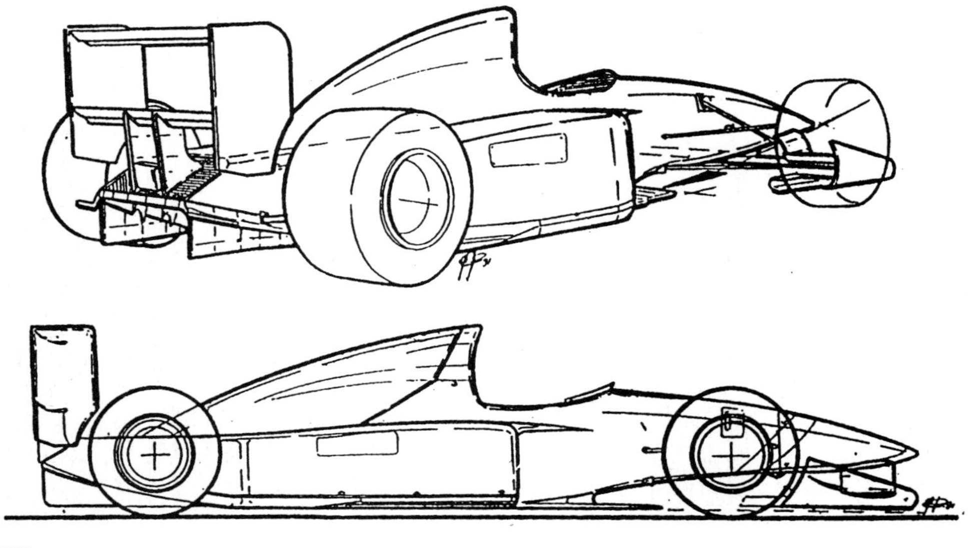

Der Benetton B191 mit Ford-V8-Motor zählte zu den ersten Formel-1-Konstruktionen mit kontinuierlich nach vorne hochgezogenem Fahrzeugkörper. Damit wurde der Unterboden optimal angeströmt, ebenso konnte der Frontflügel effizienter arbeiten. Später wurde dieses Konstruktionsprinzip von allen Marken übernommen. Die flache Partie des Unterbodens durfte nach Reglement erst ab vorderstem Punkt des Hinterrades hochgezogen werden. Dank dieser Heckform (Diffusor) wurde mehr Abtrieb erzeugt.

Gianni Morbidelli

Luca di Montezemolo

ein Lastwagen, war das Maß voll. Man feuerte den ehemaligen Weltmeister vor dem letzten Grand Prix der Saison in Australien, so daß hier Testfahrer Gianni Morbidelli, der die Saison bislang auf Minardi bestritten hatte, mit dem Ferrari des Franzosen antrat. Im November 1991 trat dann auch Ferrari-Präsident Fusaro von seinem Posten zurück; ersetzt wurde er durch den der Familie Agnelli nahestehenden Luca Cordero di Montezemolo, der schon in den siebziger Jahren, in den Zeiten von Clay Regazzoni und Niki Lauda, als rechte Hand Enzo Ferraris bei der Führung des Teams mitgewirkt hatte.

Das Benetton-Team hatte seinen Sitz noch immer in den mittlerweile viel zu eng gewordenen ehemaligen Werkhallen von Toleman in Witney, wo der 1989 von Benetton aus den USA geholte Italiener Flavio Briatore als Direktor tätig war. Insgesamt blieb Benetton 1991 hinter den Erwartungen zurück, obwohl der tüchtige, im Oktober 1989 von Ferrari gekommene Chefkonstrukteur John Barnard für die Fahrgestelle verantwortlich zeichnete. Mit dem ehemaligen Ferrari-Mann Giorgio Ascanelli hatte man auch einen erfahrenen Renningenieur im Team. Es entstand der Benetton B 191 mit hochgestellter Nase, unter welcher mittels zweier gebogener Bügel der durchgehende Frontflügel geführt wurde. Barnard hatte einen beachtlichen Qualitätssprung in das Team gebracht: Dank neuer Ressourcen kamen modernere technische Einrichtungen und damit auch der Aufschwung. Als Reifenlieferaant löste Pirelli Goodyear ab, die Fahrer waren Nelson Piquet, der sich allerdings in einer absteigenden Phase seiner großartigen Karriere befand, sowie dessen Landsmann Roberto Moreno. Im Juni verließ John Barnard jedoch das Benetton-Team wieder, um an einem Gruppe-C-Projekt von Toyota mitzuarbeiten. In Witney nahm daraufhin der südafrikanische Chefkonstrukteur Rory Byrne seinen Job wieder auf. Der passionierte Flugmodellbauer und Cricketspieler hatte zwischendurch an einem Formel-1-Projekt bei Reynard mitgearbeitet, das aber scheiterte, weil Reynard den in Aussichht gestellten Yamaha-Motor nicht erhielt. Auch der amerikanische Renningenieur Gordon Kimball stieß 1991 zu Benetton.

Seit 1987 war das Benetton-Team mit Ford liiert. Es verwendete weiterhin den bewährten Ford-V8-Motor vom Typ HB, der einen 75-°-Gabelwinkel aufwies und mit Ford-Elektronik arbeitete. Allerdings fehlten dem Ford-V8 im Vergleich zu Renault oder Ferrari einige PS. Damals ging der allgemeine Trend in Richtung V12-Motor: Ferrari verwendete seit 1989 einen Zwölfzylinder, Honda stellte 1991 auf den V12 um. Auch bei Cosworth in Northampton arbeitete man seit zwei Jahren im Auftrag von Ford an einem Zwölfzylinderprojekt, das allerdings nie bis zur Einsatzreife gedieh.

Nach einem dritten Platz in Phoenix stellte sich bei Benetton in Montreal die große und sehr angenehme Überraschung ein: Als der bis eine halbe Runde vor Schluß führende Nigel Mansell auf Williams-Renault seinen Motor absterben ließ, sah sich Nelson Piquet unerwarteterweise als Sieger dieses Rennens. Es handelte sich um den 13. und letzten Grand-Prix-Erfolg des damals 39jährigen Brasilianers, der sich bei Saisonschluß aus der Formel 1 zurückzog und im folgenden Jahr beim Training zum 500-Meilen-Rennen von Indianapolis einen schweren Unfall mit komplizierten Beinverletzungen erlitt. Piquets Zufallssieg von Montreal blieb auch der einzige und vorläufig letzte GP-Erfolg der Reifenmarke Pirelli, die sich dann Ende Saison aus der Formel 1 zurückzog.

35 % des 1986 gegründeten Benetton-Rennstall erwarb im Juli der Schotte Tom Walkinshaw, der damit zum zweiten Direktor des Teams avancierte. Seinem Kollegen Flavio Briatore gelang im Spätsommer ein Meistercoup, als er das junge Talent Michael Schumacher unter Vertrag nahm. Bislang hatte der 22jährige Deutsche aus Kerpen Sportwagenrennen auf Sauber-Mercedes-Benz bestritten. Beim Großen Preis von Belgien 1991 gab er in einem Jordan-Ford seinen Einstand in der Formel 1 und hinterließ sogleich einen großartigen Eindruck. Briatore hatte die Fähigkeiten des jungen Mannes sofort erkannt, und schon beim nächsten Rennen, dem Großen Preis von Italien, saß Schumacher in einem Benetton-Ford. Die Farben Benettons vertrat »Schumi« bis Ende 1995.

Das 1991 in der Formel 1 debutierende und in Silverstone stationierte Team des Iren Eddie Jordan entpuppte sich als eine echte

Links
Beim Großen Preis von Belgien hinterläßt Formel-1-Debutant Michael Schumacher mit seinem Jordan 191-Ford sogleich einen sehr starken Eindruck. Im Rennen scheidet er aber schon in der ersten Runde aus.

Unten
Michael Schumachers erster Formel-1-Einsatz auf Jordan-Ford in Spa-Francorchamps wird auch mit Mercedes-Benz-Geldern finanziert. Sogleich stellt er seinen Jordan auf den siebten Startplatz. Anschließend wird er von Benetton verpflichtet.

Michael Schumacher

Roberto Moreno

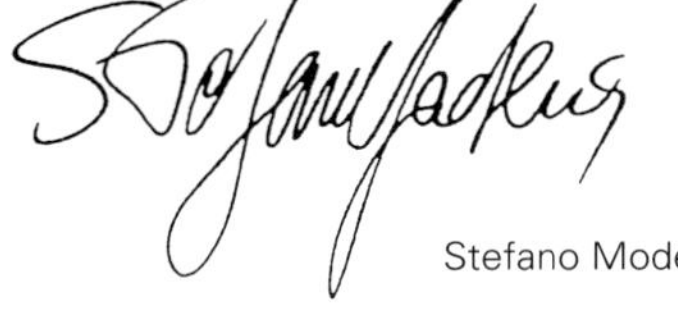
Stefano Modena

Pierluigi Martini

JJ Lehto

Überraschung. Jordan hatte seine Renngemeinschaft 1980 unter dem Namen Eddie Jordan Racing gegründet; seitdem war er in der Formel 3 und in der Formel 3000 aktiv. Der junge Brite Martin Brundle wurde 1983 auf einem Wagen Jordans Zweiter der englischen Formel-3-Meisterschaft, nachdem schon 1982 ein gewisser Ayrton Senna am Steuer eines Jordan Monoposto sein erstes Formel-3-Rennen bestritten hatte. Zwei Jahre danach gewann Johnny Herbert aus Warwick unter den Farben Jordans die englische Formel-3-Meisterschaft, und im gleichen Jahr ging Martin Donelly mit dem gleichen Team in der Formel-3000-Meisterschaft als Gesamtsieger hervor. Die gleiche Auszeichnung holte sich 1989 der Südfranzose Jean Alesi mit einem Wagen Jordans. In der Saison 1990 fuhren der Ire Eddie Irvine, der Italiener Emanuele Naspetti und der Deutsche Heinz-Harald Frentzen auf den Reynard-Ford dieses Teams. Im gleichen Jahr gründete Eddie Jordan die Formel-1-Renngemeinschaft Jordan Grand Prix, und im Hinblick auf 1991 konstruierte der Ire Gary Anderson, ein gelernter Rennmechaniker und Renningenieur, den Jordan 191. Dem schlauen Eddie Jordan war es gelungen, den bislang ausschießlich von Benetton verwendeten Ford-HB-V8-Motor auch für seine Fahrzeuge zu erhalten – und schon bei den ersten Testfahrten im Februar 1991 verblüffte der Jordan 191-Ford durch gute Rundenzeiten, gefahren von Andrea De Cesaris und Bertrand Gachot. Zweifelsohne war Gary Anderson ein ganz hervorragender Wurf gelungen. Die dann im Verlauf der Saison von den Jordan-Ford erzielten Resultate bestätigten dies.

Jordan galt als der Aufsteiger des Jahres. Nach De Cesaris und Gachot fuhren Ende Saison auch der Brasilianer Roberto Moreno und der Italiener Alessandro Zanardi für den Rennstall des Iren. Eddie Jordan war auch derjenige, der Michael Schumacher 1991 eine erste Chance in der Formel 1 bot. Ein besonderer Zufall hatte zu diesem Debut geführt: Vor dem Grand Prix von Belgien war Stammfahrer Bertrand Gachot wegen eines Verkehrsdeliktes in der Londoner City für ein paar Wochen ins Gefängnis gewandert, worauf ihn Eddie Jordan im Hinblick auf das Rennen in den Ardennen durch Michael Schumacher ersetzte. Etliche Kandidaten hatten bei Jordan angeklopft, und es heißt, daß Schumachers Sponsoren für das Grand-Prix-Debut des jungen Deutschen immerhin eine Garantiesumme von 450.000 DM bereitgestellt haben sollen. Bei den Qualifikationen in Spa-Francorchamps war Schumacher mit der siebentschnellsten Zeit schneller als Andrea De Cesaris, im Rennen jedoch schied der Deutsche schon in der ersten Runde wegen eines Kupplungsschadens aus. In Monza saß Schumacher dann in einem Benetton.

Der Traditionsrennstall Ken Tyrrells, der seit 1968 in der Formel 1 mitmischte, trat 1991 mit dem Modell 020 an, konstruiert von Harvey Postlethwaite und George Rayton. Als Antriebseinheit diente der bislang von McLaren verwendete Honda-V10-Motor, der nicht mehr vom Werk direkt, sondern von der japanischen Tuningfirma Mugen vorbereitet wurde. Tyrrell liierte sich mit Pirelli, allerdings kam diesem Team nicht der gleiche erstklassige Service wie Benetton zu. Der zu Ferrari gegangene Fahrer Jean Alesi wurde durch Stefano Modena ersetzt, hinzu kam der Japaner Satoru Nakajima. Modena stand in Monte Carlo überraschend in der ersten Startreihe neben Ayrton Senna; im Rennen folgte er dem führenden Brasilianer bis in die 43. Runde, dann gab sein Motor den Geist auf. In Montreal wurde Modena überraschend Zweiter, nachdem er hinter dem unerwarteten Sieger Piquet durchs Ziel gegangen war. Danach aber sank Tyrrell allmählich zur Bedeutungslosigkeit ab, nachdem das englische Team 1990 mit einigen brillianten Resultaten aufgewartet hatte. Im Sommer 1991 verließ Chefkonstrukteur Harvey Postlethwaite den Rennstall und ging zu Sauber in Hinwil in der Nähe von Zürich, wo man nach Erfolgen in Sportwagenrennen im Begrff war, sich auf die Formel 1 umzustellen.

Das Minardi-Team aus Faenza setzte 1991 seine von Aldo Costa und dem Aerodynamiker René Hilhorst konstruierten M191 ein. Ostern 1990 hatte Minardi die Lieferzusage für die Ferrari-V12-Motoren für seine M191 erhalten, womit Giancardo Minardi ein großes Ziel erreicht hatte. Endlich ein Siegerwagen? Als Fahrer waren Pierluigi Martini und Gianni Morbidelli engagiert. Doch die hochgesteckten Erwartungen sollten sich nicht erfüllen – zwei vierte Plätze, herausgefahren von Pierluigi Martini, waren die magere Ausbeute. So trennten sch am Ende der Saison Minardi und Ferrari wieder.

Die Giuseppe Lucchini, einem Großindustriellen aus Brescia, gehörende Renngemeinschaft BMS (Brescia Motor Sport) Scuderia Italia S.p.A., die 1991 ihre vierte Formel-1-Saison in Angriff nahm, setzte wieder die bei Dallara in Varano (Parma) konstruierten Rennwagen ein. Lucchini sicherte sich exklusiv den neuen Judd-V10-Motor des Typs GV, während die bisherigen Judd-V8-Triebwerke erstmals von Lotus verwendet wurden. Für die Technik auf den Rennplätzen waren Ing. Paolo Stanzani und Alessandro Mariani verantwortlich. Die Dallara 191-Judd V10 wurden von dem Finnen Jyrki Järviletho, der sich JJ Lehto nennen ließ, und

Bertrand Gachot

Der Schweizer Motoreningenieur Mario Illien ist mit seinen Chevrolet-V8-Motoren im IndyCar-Rennsport sehr erfolgreich. Nun hat er auch einen Ilmor V10 für die Formel 1 gebaut, der 1991 in den Leyton House zum Einsatz kommt.

Emanuele Pirro

Peter Wright

Stefano Modena auf dem Tyrrell 020-Honda mit dem charakteristischen »Concorde-Schnabel« mit geknicktem Frontflügel. In Monaco liegt Modena bis in die 42. Runde in zweiter Position.

dem aus Rom stammenden Emanuele Pirro pilotiert, die jedoch ständig von kleinen Defekten behindert wurden und oft ausfielen. Mit etwas Glück kam Lehto beim Grand Prix von San Marino in Imola auf den dritten Platz, ansonsten holte sich der Finne keine Punkte. Pirro schloß in Monaco als Sechster ab, auch er ging bei den verbleibenden Rennen leer aus.

Lotus, der nach Ferrari älteste Rennstall des Formel-1-Szenariums, war Ende 1990 nur mehr ein Scherbenhaufen. Der einstige Benetton-Manager Peter Collins sowie der deutsche Rennstallbesitzer Horst Schübel übernahmen das Team daraufhin von der Familie Chapman, allerdings hatte Lotus mittlerweile sowohl den Sponsor Camel als auch den Liefervertrag für die Lamborghini-V12-Motoren eingebüßt. Enrique Scalabroni und Frank Coppuck schufen eine verbesserte Version des bisherigen Wagens, den Mark 102B mit Judd-V8-Motor. Auf Lotus fuhren der junge und talentierte Finne Mika Häkkinen, der Engländer Johnny Herbert, dessen Landsmann Julian Bailey sowie der Deutsche Michael Bartels, dem jedoch praktisch keine Trainingsmöglichkeit geboten wurde. Ein fünfter Platz Mika Häkkines und ein sechster von Julian Bailey brachten Lotus die einzigen WM-Punkte. Im Oktober verließ Scalabroni das allmählich sinkende Schiff; Collins ersetzte den Argentinier durch den Briten Chris Murphy, der das Fahrzeug trotz der begrenzten Mittel weiterentwickelte. Dem stark reduzierten Technikerstab gehörte übrigens auch Peter Wright an – jener Mann, der einst die Schürze für den Rennwagen erfunden hatte.

Ein anderer Traditions-Rennstall befand sich ebenfalls auf Talfahrt: Brabham. Verblaßt war der Glanz des einstigen Siegers zu jener Zeit, als die Motor Racing Developements noch von Bernie Ecclestone geführt wurde und Weltmeister hervorbrachte. Für die Saison 1991 baute der Argentinier Sergio Rinland den BTY60 mit einem Yamaha-V12-Motor. Nach den katastrophalen Ergebnissen mit dem V8-Motor im Jahr 1989 hatte Yamaha eine einjährige Denkpause eingelegt, um dann 1991 in Zusammenarbeit mit Brabham mit einem neuen V12 anzutreten. Die Bereifung kam von Pirelli. Dennoch: Brabham rutschte mit seinen Fahrern Martin Brundle und Mark Blundell sogar in den ungeliebten Vorqualifikationsbereich ab – mehr als ein fünfter und ein sechster Platz schauten als positivste Resultate nicht heraus.

Der Rennstall des ehemaligen Renn- und Rallyefahrers, Le-Mans-Gewinners und Renault-Sportchefs Gérard Larrousse kam nach einer recht guten Saison 1990 mit dem Lamborghini-V12-Motor im anschließenden Jahr trotz akuter Geldnot noch einigermaßen über die Runden. Die Lamborghini-Zwölfzylinder schnappte sich zwar Ligier, so daß Larrousse seine Lola-Rennwagen mit Ford-Achtzylindern versehen mußte. Aber schon zum Jahresbeginn gab es ein Problem: im Winter 1990/1991 wurden dem Team Larrousse die im Vorjahr gesammelten WM-Punkte wegen eines Formfehlers bei der Anmeldung für die folgenden WM wieder aberkannt; der Rennstall hieß Larrousse und die Marke Lola, dies sei bei der Anmeldung nicht richtig angegeben worden. Die Sache hatte ihre Konsequenzen, denn jene Teams, die keine WM-Punkte gesammelt hatten, mußten im folgenden Jahr die Frachtkosten zu den Rennen in Übersee aus eigener Tasche bezahlen, und das waren hohe Beträge. Zudem galt nun Larrousse als neues Team, das bei den Vorqualifikationen anzutreten hatte. Die Lola L91 des französischen Teams waren von Lola-Chef Eric Broadley konstruiert, als Fahrer standen Eric Bernard und Aguri Suzuki zur Verfügung. Am Schluß, beim Grand Prix von Australien, versuchte auch Bertrand Gachot sein Glück auf einem Lola. Insgesamt schauten für Larrousse zwei sechste Plätze heraus. Im Sommer 1991 trennte sich Gérard Ducarouge von Larrousse und ging zu Ligier.

Das ursprünglich aus der March-Equipe hervorgegangene Leyton-House-Team, das dem japanischen Finanzier Akira Akagi gehörte, erlebte im August 1991 einen bösen Absturz, als Akagi in Japan in eine illegale Finanzmanipulation verwickelt und unter Hausarrest gestellt wurde. Im Jahr 1990 hatte Akagi dem erfolgreichen Schweizer Motorenkonstrukteur Mario Illien den Auftrag erteilt, exklusiv für Leyton House einen Formel-1-Motor zu bauen. Der einstige Cosworth-Ingenieur Illien hatte 1983 gemeinsam mit seinem Kollegen Paul Morgan, dann zusammen mit dem amerikanischen Rennstallbesitzer Roger Penske sowie mit der Unterstützung von Chevrolet die Motorenfirma Ilmor (Illien und Morgan) in Brixworth bei Northampton gegründet. Im Auftrag von Chevrolet baute Ilmor-V8-Turbomotoren für die amerikanische IndyCar-Serie, wobei die Ilmor-Chevys 1988 bis 1993 sämtliche 500-Meilen-Rennen von Indianapolis sowie zahlreiche andere Rennen dieser Kategorie gewannen. Im Hinblick auf die Formel-1-Saison 1991 entstand bei Ilmor ein neuer 3,5-Liter-V10-Motor des Typs LH10. Die Maschine wies einen Gabelwinkel von 72° auf, die Elektronik stammte von Zytek. Die Leyton House des Typs CG911 mit Ilmor-Zehnzylindermotor wurden von dem Italiener Ivan Capelli und dem Brasilianer Mauricio Gugelmin gefahren. Der CG911, bei dem es sich um eine Weiterentwicklung des noch von Adrian Newey konstruierten Vorjahresmodells handete, entstand unter der Leitung von Chris Murphy, vom Österreicher Gustav Brunner stammte ein neues Quergetriebe. Auch Gordon Coppuck zählte zum Ingenieurteam. Die einzigen WM-Punkte für dieses Team holte Ivan Capelli in Ungarn.

Gegen Ende der Saison mußte der Italiener angesichts der prekären finanziellen Lage des Teams seinen Platz dem Tiroler Sauber-Mercedes-Sportwagenpiloten Karl Wendlinger überlassen, der einen Etat von Mercedes-Benz mitbrachte. Die kritische Situation des Teams veranlaßte Mario Illien, die exklusiv für Leyton House gebauten Motoren zurückzukaufen. In der folgenden Saison trat dieser Rennstall schließlich wieder unter March-Flagge an.

Zu jenen Teams, die 1991 keinen einzigen WM-Punkt ergattern konnten, zählten Ligier, Footwork, AGS, Fondmetal (ex Osella), Coloni sowie das neue Modena-Team. Besonders enttäuschend war die neue Kombination Footwork (ex Arrows) mit Porsche. Die Footwork wurden von dem erfahrenen Haudegen Michele Alboreto sowie von Alex Caffi und Stefan Johansson gefahren. Das von Jackie Oliver geleitete Team mit Sitz im englischen Milton Keynes war von Arrows auf Footwork umbenannt worden, weil Ende 1990 der Japaner Wataru Ohasi die Mehrheit übernommen hatte. Bei Porsche in Weissach war unter der Leitung von Hans Mezger ein

Ivan Capelli

Böse Überraschung für Nigel Mansell während des Grand Prix von Portugal in Estoril. Nach dem Reifenwechsel schießt er wieder los, aber ein Rad war nicht festgeschraubt und macht sich selbständig.

neues Formel-1-Aggregat in V12-Anordnung gebaut wrden, das einen Mittelabtrieb aufwies und praktisch aus zwei zusammengeflanschten V6-Einheiten aus der einstigen TAG-Turboära bestand, weshalb der Zwölfzylinder ziemlich lang, schwer und voluminös ausfiel. In Milton Kaynes konstruierte Alan Jenkins den Footwork FA12, dessen hochgestellter Schnabel eine neue aerodynamische Lösung verkörperte. Im Gegensatz zum Tyrrell war der Frontflügel nicht geknickt; das durchgehende Profil wurde von einer unten am Schnabel senkrecht angebrachten Mittelfloße geführt. Damit versprach man sich vom Flügel mehr Effizienz, weil das Profil durchgehend über die ganze Breite wirksam war. Bei den ersten Rennen verwendete man ein Fahrgestell aus dem Vorjahr, das mit dem neuen Porsche-Motor bestückt war. Der auch chassismäßig neue FA14 debutierte erst in Imola. Indes, der Porsche-Motor hätte laut Mezger noch ein Jahr gebraucht, um voll einsatzreif zu sein, und so gab es Probleme mit dem Ölkreislauf und der Kühlung. Vor allem war der Motor einfach zu groß und zu schwer. Auch das Fahrwerk zeigte Schwächen. Vom GP von Frankreich an stellte Footwork auf den Ford-DFR-V8-Motor um, aber auch mit diesem Aggregat schauten für die »Fußwerker« keine WM-Punkte heraus.

Osella in Volpiano bei Turin hatte seinen Formel-1-Rennstall an den Fondmetal-Felgenfabrikanten Gabriele Rumi verkauft, dessen Betrieb sich in der Nähe von Bergamo befand. Fondmetal eröffnete ein Konstruktionsbüro in England, genannt Fomet. Tino Belli schuf den Fondmetal GR1 mit Ford-DFR-Motor, der in der ersten Saisonhälfte von Olivier Grouillard pilotiert wurde; nach 13 Rennen gab es einen Wechsel, als Gabriele Tarquini von AGS zu Fondmetal kam, während Grouillard den umgekehrten Weg nahm. Beide Fahrer blieben mehrmals in den Vorqualifikationen hängen, es gab für den GR1 keine WM-Punkte.

Auch für Ligier Sports verlief die Saison 1991 schlecht: Der Rennstall mit Sitz neben der Rennstrecke von Magny-Cours, der über genügend Geld und sogar über einen eigenen Windkanal verfügte, ging ohne WM-Punkte aus. Nachdem die Ligier 1990 noch mit Cosworth-Motoren bestückt waren, gelang es Ligier, die Lamborghini-V12-Aggregate dem Larrousse-Team wegzuschanppen und diese für eine Saison zu verwenden. Die Fahrer waren Thierry Boutsen und Erik Comas. Dem Konstrukteur Michel Beaujon und dem frisch von Lotus gekommenen Aerodynamiker Frank Dernie gelang es jedoch nicht, die Ligier auf Vordermann zu bringen. Im Juli erschien zwar die verbesserte Version JS35B, aber auch sie brachte nicht die erhofften Resultate. Im August ging Gérard Ducarouge nach seinen Jahren bei Alfa Romeo, Lotus und Lola wieder zu Ligier zurück.

In Italien hatte sich das mit Lamborghini liierte Modena-Team etabliert, das zu 40 % Carlo Patrucco gehörte, den Rest teilten sich fünf weitere Eigner. Die Lambo 291 mit Lamborghini-V12-Motor vom Typ 3512 entstanden unter der Leitung des ehemaligen Ferrari-Chefingenieurs Mauro Forghieri, der bei der Lamborghini Engineering in Modena, wo die Formel-1-Motoren gebaut wurden, als Technischer Direktor tätig war und sich nebenbei mit dem Lambo-Rennwagen befaßte. Einen entsprechenden Auftrag hatte Forghieri vom damaligen Lamborghini-Präsidenten Emile Navarro erhalten. Das Lamborghini nahestehende Rennwagenprojekt war bereits ein Jahr zuvor im Auftrag eines mexikanischen Finanziers entstanden, dieser aber war in Schwierigkeiten geraten und dann verschwunden. Beim Lambo 291 war alles neu: der Motor, das Getriebe und auch das Fahrgestell. Forghieri und seine Leute mußten mit einem Schmalkostbudget auskommen, teure Lösungen waren tabu. Nicola Larini und der junge Belgier Eric van de Poele kämpften mit den Lambo auf verlorenem Posten, insgesamt kam es nur zu sechs Starts. In Imola nahm van de Poele kurz vor Schluß immerhin die fünfte Position ein, dann aber ging ihm der Treibstoff aus. Nach einer Saison verschwand das Modena Team wieder.

Nicola Larini

Ihre letzte Formel-1-Saison- erlebten 1991 auch das südfranzösische AGS-Team sowie der Rennstall Enzo Colonis. Mit dem von Michel Costa gebauten AGS JH27, bestückt mit Cosworth-Motor, kam Gabriele Tarquini nur zu drei Starts. Stefan Johansson, der vorzeitig seinen Vertrag mit Footwork gelöst hatte, sowie der Italiener Fabrizio Barbazza vermochten nie aus dem unerbittlichen Bereich der Vorqualifikationen herauszukommen.

Der AGS-Rennstall, der zwei Jahre dem Finanzmann Cyril de Rouvre gehört hatte, ging 1991 in italienischen Besitz über und wurde nun von Patrizio Cantú und Gabriele Ravanelli geführt. Doch die finanziellen Probleme vrringerten sich nicht. Einziger AGS-Fahrer war Gabriele Tarquini, der am Ende der Saison gegen Olivier Grouillard von Fondmetal ausgetauscht wurde. Und Enzo Coloni schleppte seinen Rennstall mit dem C4-Cosworth und ein paar Mechanikern von Vorqualifikation zu Vorqualifikation, ohne je an einem Rennen teilnehmen zu können. Der portugiesische Fahrer Pedro Chaves und nach ihm der Japaner Naoki Hattori schafften die Qualifikation mit dem unterlegenen Material kein einziges Mal. Im Verlauf der Saison verkaufte Coloni dann die Mehrheitanteile seines Rennstalls dem Schuhfabrikanten Andrea Sassetti, der in der nachfolgenden Saison selbst Regie zu führen versuchte.

Im ersten Saisonviertel schien kein Kraut gegen Weltmeister Ayrton Snna und dessen McLaren MP4/6 mit Honda-V12-Motor gewachsen zu sein. Der 31jährige Brasilianer gewann hintereinander die Großen Preise der USA in Phoenix, von Brasilien in Interlagos, von San Marino in Imola und von Monaco in Monte Carlo. Bei der WM-Premiere in Arizona wurde Prost auf Ferrari noch Zweiter, vor Nelson Piquet auf Benetton-Ford. Hier stellte sich auch heraus, daß die an sich schnellen Williams FW14-Renault einen

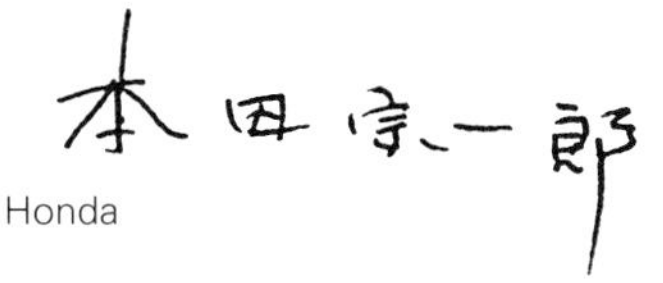

Soichiro Honda

schwachen Punkt aufwiesen, nämlich ihre halbautomatische Kraftübertragung. Das gleiche Bild ergab sich beim GP von Brasilien, allerdings kam Patrese auf Williams hinter Sieger Senna auf den zweiten Platz, nachdem Mansell mit defekter Kraftübertragung ausgefallen war. Hinter dem drittklassierten Gerhard Berger auf McLaren-Honda schoß Alain Prost auf Ferrari an vierter Stelle durchs Ziel. Große Enttäuschung für das italienische Publikum beim Grand Prix von San Marino: Sechs Italiener vermochten sich gar nicht erst für den Start zu qualifizieren, nämlich Tarquini und Barbazza auf AGS, Caffi und Alboreto auf Footwork, Pirro auf Dallara und Larini auf Lambo. Die zweite bittere Pille folgte im Verlauf der Formationsrunde nach einem Gewitterregen, als Prost nicht mehr auftauchte. Sein Ferrari war auf der überschwemmten Fahrbahn ins Kiesbett gerutscht und steckengeblieben. Ähnliches war auch Berger auf McLaren widerfahren, letzterer aber bekam sein Auto wieder flott. Schließlich fiel der Ferrari-Neuling Alesi im Rennen aus, so daß die Schlappe für Ferrari total war. Auch Mansell hatte Pech und blieb am Start mit Problemen an der Kraftübertragung liegen: Senna und Berger hatten ihre Chance, McLaren-Honda einen Doppelsieg zu sichern. In Monaco errang Senna den vierten Erfolg auf dieser Piste; immerhin kam Mansell diesmal auf den zweiten Platz, gefolgt von Alesi auf Ferrari, während Prost erneut mit Problemen zu kämpfen hatte. Am 14. Mai, zwei Tage nach dem Grand Prix von Monaco, verließ Cesare Fiorio unerwartet die Scuderia Ferrari. Zu seinem »Abschuß« hatte ein enttäuschter Alain Prost wesentlich beigetragen.

Den Grand-Prix-Sieg in Kanada auf dem komplett umgebauten und 4,43 km langen Circuit auf der Insel Notre-Dame in Montreal hatte Nigel Mansell praktisch in der Tasche, als er in einer Spitzkehre, nur eine halbe Runde vor dem Ziel, aus Mangel an Konzentration den Motor absterben ließ, was dem nachfolgenden Nelson Piquet auf Benetton-Ford überraschend den Sieg ermöglichte. Zweiter wurde Modena auf Tyrrell-Honda, gefolgt von Riccardo Patrese auf Williams-Renault. Der vierte Platz ging an Andrea De Cesaris auf dem seine erste GP-Saison bestreitenden Jordan-Ford. Mansell mußte sich mit einem sechsten Platz begnügen. Und wieder waren die beiden Ferrari mit Prost und Alesi ausgefallen.

Beim Großen Preis von Mexiko hatte der Paduaner Riccardo Patrese endlich wieder eine Gelegenheit, sein Können zu beweisen, nachdem er seinen Williams FW14-Renault V10 schon bei den Qualifikationen auf die Leaderposition gebracht hatte. Mit 1,3 Sekunden Rückstand kam Mansell auf den zweiten Platz. Senna hatte beim Training einen spektakulären Überschlag vollführt; zum Glück blieb der WM-Leader unverletzt. Im Rennen wurde er Dritter, gefolgt von

Oben
Während des Grand Prix von Australien in Adelaide herrschen prohibitive Verhältnisse, denn pausenlos prasselt der Regen nieder. Nach 16 Runden gibt der führende Senna wie vereinbart der Rennleitung ein Handzeichen, worauf der Rennabbruch erfolgt.

Rechts
Nach dem Großen Preis von Japan wird Ayrton Senna, der den Sieg Gerhard Berger überlassen hat, von der Witwe Soichiro Hondas beglückwünscht.

Andrea De Cesaris auf dem fahrgestellmäßig jetzt hervorragenden Jordan-Ford.

Erneut hatte Ferrari zwei Ausfälle hinnehmen müssen, was man zum Anlaß nahm, die Fahrzeuge für den französischen Grand Prix gründlich zu überarbeiteten. Mit ihren neuen 643 gaben Prost und Alesi auf der 4,271 km langen Piste von Magny-Cours bei Nevers ihren Einstand. In der ersten Reihe standen diesmal Patrese und Prost, wobei der Ferrari-Fahrer vor den Augen des Präsidenten François Mitterand bis in die 21. Runde und dann noch einmal von der 32. bis in die 54. Runde führte. Aber das Rennen gewann schließlich Nigel Mansell auf dem nun zuverlässigen Williams mit 5 Sekunden Vorsprung auf den Ferrari Prosts.

Es schien, als habe man bei Ferrari mit dem neuen 643 die Probleme endlich in den Griff bekommen. Senna war in Magny-Cours immerhin Dritter geworden. Und war McLaren im Begriff, gegenüber Williams wieder Boden zu verlieren? Diese Vermutung schien sich beim Grand Prix von England zu bestätigen, wo Nigel Mansell vom Start bis ins Ziel führte. Berger wurde Zweiter – und Senna ging kurz vor Schluß der Treibstoff aus, so daß er hinter Prost nur Vierter wurde. Das Rennen lief auf der komplett umgebauten und mit diversen neuen Kurven versehenen Bahn von Silverstone, die somit etwas langsamer geworden war. Die Rundenlänge des in den vierziger Jahren auf einem ehemaligen Kriegsflugplatz entstandenen Circuits betrug nun 5,225 km. Für Mansell bedeutete das Rennen in Silverstone den 17. Grand-Prix-Erfolg, womit er sich in der ewigen Liste als bester Engländer, mit einem Sieg mehr als Stirling Moss, eintrug. Jim Clark mit 25 und Jackie Stewart mit 27 Grand-Prix-Erfolgen waren keine Engländer, sondern Schotten. Für den Grand Prix von England hatte Shell McLaren übrigens einen besonders effizienten Treibstoff zur Verfügung gestellt.

Mansell dominierte auch beim Großen Preis von Deutschland in Hockenheim, wo der Engländer vor seinem Markenkollegen Patrese siegte. Seinen Triumphmarsch setzte Senna am Steuer des McLaren mit Honda-V12-Motor auf dem Hungaroring fort. In Ungarn mußten sich Mansell und Patrese mit den Ehrenplätzen begnügen – Senna hatte vom Start bis zum Ziel in Führung gelegen.

Eine vielbeachtete Meldung ging am 5. August 1991 um die Welt: Im Juntendo-Hospital von Tokio starb der 84jährige Soichiro Honda, Gründer der Honda Motor Company. Am 17. November 1906 in Komyo in der Nähe von Hamamatsu geboren, hatte Soichiro Honda schon mit 18 Jahren einen Wagen mit einem Curtiss-Wright-Flugzeugmotor versehen und damit an Wettbewerben teilgenommen. Der von der Technik faszinierte Japaner gründete mit 40 Jahren in Hamamatsu das Honda Technical Research Institute für die Herstellung von Fahrrad-Hilfsmotoren. Aus diesen bescheidenen Anfängen entstand das Honda-Imperium, das während vieler Jahrzehnte stets eine enge Bindung zum Motorsport pflegte.

Wie bereits erwähnt, war unmittelbar vor dem Grand Prix von Belgien der Formel-1-Pilot Bertrand Gachot in London inhaftiert worden, weil es zwischen ihm und einem andern Verkehrsteilnehmer zu einer Auseinandersetzung gekommen war. Jordan stand damit ohne einen seiner Stammfahrer da – eine große Chance für den damals 22jährigen Michael Schumacher, der den vakanten Sitz im Jordan 191-Ford einnehmen durfte, nachdem Teamchef Eddie Jordan eine entsprechende Garantiesumme kassiert hatte. Schumacher hinterließ bei den Qualifikationen einen ausgezeichneten Eindruck und stellte als Debutant seinen Jordan auf den siebenten Startplatz. Im Rennen fiel er allerdings bereits in der ersten Runde wegen eines Schadens an der Kupplung aus. Sogleich setzte Benetton-Manager Flavio Briatore alle Hebel in Bewegung, um Schumacher für den folgenden Großen Preis von Italien unter Vertrag zu nehmen.

Beim GP von Belgien lagen abwechselnd Senna, Mansell, Alesi und auch Piquet in Führung, schließlich aber errang Ayrton Senna auf dem seit Silverstone wieder bestens funktionenden McLaren-Honda den Sieg. Berger wurde Zweiter vor Nelson Piquet.

Piquet bestritt beim nachfolgenden Rennen in Monza seinen 200. Grand Prix. In Monza saß nun Schumacher erstmals in einem Benetton, für ihn war der Brasilianer Moreno zu Jordan gegangen. Eine Williams-Erfolgswelle setzte ein: Nigel Mansell siegte vor Senna und Prost, während Schumacher mit 34,4 Sekunden Rückstand einen beachtlichen fünften Rang belegte, womit er seine zwei ersten WM-Punkte gutgeschrieben bekam. Ein Fehler beim Reifenwechsel am Mansells Williams kostete diesem wahrscheinlich den Sieg beim nachfolgenden Grand Prix von Portugal. Die Radmutter hinten rechts war noch nicht festgezogen, als man dem Fahrer das Okay-Zeichen für die Weiterfahrt gab – schon nach wenigen Metern machte sich das Rad jedoch selbständig. Der Sieg ging an seinen Teamkollegen Patrese, Senna kam auf den Ehrenplatz. Ferrari belegte mit Alesi den dritten Rang, gefolgt von Pierluigi Martini auf dem Minardi mit Ferrari-V12-Motor. Diesmal wurde Schumacher Sechster.

Der Grand Prix von Spanien wurde 1991 nach 16jähriger Pause wieder auf katalanischem Boden ausgetragen. Bei der Ortschaft Montmelò in der Nähe von Barcelona war ein moderner Circuit mit einer Rundenlänge von 4,747 km entstanden. Auf regenfeuchter Bahn zeigte Michael Schumacher erstmals so

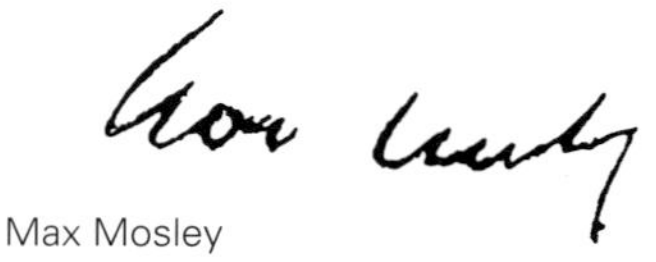

Max Mosley

richtig seine Fähigkeiten: In der ersten Runde fuhr er hinter Berger und Senna an dritter Position, später kämpfte der Deutsche mit Mansell um den zweiten Platz, bis er durch einen Dreher zurückgeworfen wurde. Mit der sechsten Position landete Schumi aber wieder auf einem Punkterang. Sieger in Spanien wurde Mansell auf Williams-Renault, gefolgt von Prost auf Ferrari, Patrese auf Williams-Renault und Alesi auf Ferrari. Wegen einer ungünstigen Reifenwahl mußte sich Senna diesmal mit dem fünften Platz begnügen.

Nach Abschluß der europäischen Saison führte Senna den Zwischenstand mit 85 Punkten vor Mansell mit 69 und Patrese mit 48 Punkten an. Prost war von seinem Ferrari schwer enttäuscht und hielt mit beißender Kritik auch nicht zurück.

Anläßlich des FIA-Herbstmeetings am 9. Oktober 1991 in Paris wurde der seit Herbst 1978 als FISA-Präsident amtierende Franzose Jean-Marie Balestre von seinem Posten abgewählt. 43 Delegierte stimmten für den englischen Anwalt, ehemaligen Rennfahrer und March-Mitbegründer Max Mosley, während nur 29 Delegierte für den bisherigen FISA-Präsidenten votierten. Mosley war seit 1988 Präsident der FISA-Kommission der Konstrukture. Gleichzeitig wurde die Auflösung der bisherigen FISA, die 1978 als eigenständige und de jure von der FIA getrennte Organisation von Jean-Marie Balestre ins Leben gerufen worden war, beschlossen. Künftig sollten alle großen Entscheidungen im Automobilsport vom Weltrat der von Mosley geführten FIA gefällt werden. Balestre blieb weiterhin Präsident des französischen Automobilsportverbandes FFSA, auf internationaler Ebene wurde es jedoch sehr still um den exzentrischen und nicht unumstrittenen Franzosen.

Bei den Grand-Prix-Rennen in Japan und in Australien hatte Ayrton Senna wieder eindeutig Oberhand. Honda war es gelungen, dem Zwölfzylinder einige zusätzliche PS einzuhauchen, so daß die japanische Maschine nun als potentester Formel-1-Motor galt. Mit einer Leistung von vermutlich mehr als 700 PS war es in der Geschichte des Motorsports erstmals gelungen, mit einem Saugmotor die magische Literleistung von 200 PS zu erreichen. Auf 100 PS/l war 1953 erstmals Maserati mit dem A6GCM der Formel 2 gekommen, mit dem Juan Manuel Fangio den Großen Preis von Italien des gleichen Jahres gewann. In Suzuka führte Ayrton Senna auf McLaren-Honda von der 24. bis in die vorletzte Runde, Teamkollege Gerhard Berger folgte ihm dabei wie ein Schatten. Unmittelbar vor dem Ziel hob Senna kurz den Fuß und ließ seinen Freund passieren, so daß der verblüffte Tiroler zu einem unerwarteten Sieg kam. Senna hatte seinem Kollegen absichtlich den ersten Platz überlassen, weil jener während der ganzen Saison viel Testarbeit geleistet hatte, ohne siegen zu können. Berger konnte sich allerdings über seinen geschenkten Japan-Erfolg nicht richtig freuen. McLaren verwendete übrigens nach wie vor ein sequentielles Sechsganggetriebe; nur die Ferrari und Williams waren bislang mit einer halbautomatischen Kraftübertragung unterwegs. Zwar arbeitete man bei McLaren seit geraumer Zeit an einem halbautomatischen Getriebe, es war bis jetzt aber nur im Testbetrieb eingesetzt worden.

Mit seiner Zweitplazierung in Suzuka stand Ayrton Senna zum drittenmal als Weltmeister fest. Mansell war auf dem japanischen Kurs mit Bremsproblemen ausgeschieden, und für Alain Prost bedeutete Suzuka den letzten Einsatz auf Ferrari: Vor dem letzten Grand Prix der Saison, ausgetragen in Australien, wurde der dreifache Weltmeister von Ferrari vor die Tür gestellt. Die Italiener hatten Prost nicht verzeihen können, daß er sich in Portugal so unloyal und abfällig über sein Fahrzeug geäußert hatte. In Adelaide wurde der Spitzenmann durch den bisherigen Minardi-Fahrer und Ferrari-Testpiloten Gianni Morbidelli ersetzt, der zumindest über Erfahrungen im Umgang mit dem halbautomatischen Getriebe verfügte.

Der Grand Prix von Australien, der den 516. Weltmeisterschaftslauf seit 1950 darstellte, wurde von Ayrton Senna mit 1,2 Sekunden Vorsprung auf Nigel Mansell gewonnen. Berger wurde Dritter, gefolgt von Piquet, der in Adelaide den 204. und letzten Grand Prix seiner erfolgrichen Karriere bestritt, die er 1978 auf einem Ensign-Ford beim Großen Preis von Deutschland in Hockenheim begonnen hatte. Patrese, der bei Williams einen wesentlichen Teil der Testarbeit geleistet hatte, wurde Fünfter, gefolgt von Morbidelli, der damit Ferrari noch einen WM-Punkt sicherte.

Mit sieben Siegen (in USA, Brasilien, San Marino, Monaco, Ungarn, Belgien und Australien) und 96 Punkten hatte sich Ayrton Senna den dritten Weltmeistertitel nach 1988 und 1990 gesichert. Insgesamt 33 Grand-Prix-Siege und 60 Pole Positions hatte Senna bislang herausgefahren. Vizeweltmeister wurde Nigel Mansell mit 72 Punkten; der Engländer war fünfmal Sieger (in Frankreich, England, Deutschland, Italien und Spanien) geworden. Riccardo Patrese kam mit 53 Punkten und zwei Siegen (in Mexiko und Portugal) auf den dritten Platz; mit 43 Punkten konnte sich Japan-Sieger Gerhard Berger für den vierten WM-Rang qualifizieren, ihm folgte der vor der Schlußrunde in Australien von Ferrari gefeuerte Alain Prost mit 34 Punkten auf dem fünften Platz, vor Kanada-Sieger Nelson Piquet mit 26,5 Punkten. In der Weltmeisterschaft der Konstrukteure ging der Titel an McLaren-Honda mit acht Siegen und 139 Punkten vor Williams-

Renault mit sieben Siegen und 125 Punkten, Ferrari mit 55,5 Punkten sowie Benetton-Ford mit einem Sieg und 38,5 Punkten. Grand-Prix-Debutant Jordan-Ford belegte den beachtlichen fünften Platz mit 13 Punkten. Trotz eines nicht über allen Zweifeln erhabenen Fahrgestells hatte McLaren den Gesamtsieg davongetragen – das Team aus Woking war eben besser als Williams organisiert und hatte am Schluß auch den besten Motor, obschon der Renault-V10 über ein besseres Drehmoment als der Honda-V12 verfügte. Last not least hatte ein Ayrton Senna mit den Qualitäten eines Weltmeisters den MP4/6 pilotiert...

Am 28. November 1991 kam eine aufsehenerregende Nachricht aus Stuttgart. Die Firma Mercedes-Benz, die seit einigen Jahren erfolgreich mit dem Schweizer Rennsportwagenhersteller Sauber in Hinwil zusammenarbeitete, gab den Verzicht auf die noch im Sommer in Aussicht gestellte Teilnahme an der Fahrerweltmeisterschaft bekannt. Indes, bei Sauber arbeitete schon seit Sommer 1991 der ehemalige Tyrrell- und Ferrari-Konstrukteur Harvey Postlethwaite an einem Formel-1-Wagen, für den der bei Ilmor in England konstruierte Zehnzylindermotor vorgesehen war. Der von Mercedes-Benz ausgesprochene Verzicht traf die am Sauber-Projekt arbeitenden Leute wie ein Blitz aus heiterem Himmel. Am C12-Monoposto wurde in Hinwil trotzdem weitergearbeitet. Postlethwaite, der sich vorgenommen hatte, Mercedes-Benz erfolgreich in die Formel 1 einzuführen, war durch den Beschluß aus Untertürkheim so sehr enttäuscht, daß er seinen Dienst in Hinwil quittierte und wieder zu Ferrari ging.

Formel-1-Wagen von 1991

Marke/Modell	Verantwortliche(r) Konstrukteur(e)	Motor	Getriebe/ Anzahl Gänge	Radstand (mm) Spur vorne/hinten	Trocken-gewicht	Reifen-marke
AGS JH26/JH 27	Michel Costa	Cosworth DFR V8 90°	AGS (6), Q	2760 1800/1670	510	G
Benetton B 191	John Barnard Rory Byrne	Ford HB V8 75°	Benetton 6, Q	2880 1816/1710	505	P
BMS Dallara 191	Gian Paolo Dallara Nigel Copperthwaite	Judd GV V10 72°	Dallara 6, Q	2868 1810/1676	515	P
Brabham BT60Y	Sergio Rinland	Yamaha OX 99 V8 90°	Brabham 6, Q	2946 1803/1549	525	P
Coloni C 4/91	Christian Vanderpleyn	Cosworth DFR V8 90°	Coloni 6, L	2850 1810/1670	530	G
Ferrari 642/643	Steve Nichols Jean-Claude Migeot	Ferrari 037 V12 65°, 5V	Ferrari 7, L halbautomatisch	2830 1800/1675	505	
Fondmetal GR 1	Tino Belli	Cosworth DFR V10 72°	Fondmetal 6, Q	2875 1800/1680	515	G
Footwork FA 12	Alan Jenkins	Porsche 3512 / V12 80° Cosworth DFR / V8 90°	Footwork-Hewland 6, Q	2946 1810/1676	530	G
Jordan 191	Gary Anderson	Ford HB V8 75°	Jordan-Hewland 6, Q	2898 1800/1680	505	G
Lambo 291	Mauro Forghieri	Lamborghini 3512 V12 80°	Lambo 6, Q	2850 1803/1676	525	G
Larrousse L-91	Gérard Ducarouge Michel Tétu	Cosworth DFR V8 80°	Larrousse-Lamborghini 6, Q	2850 1810/1620	525	G
Leyton House CG 911	Gustav Brunner Chris Murphy	Ilmor LH 10 V10 72°	Leyton House 6, Q	2845 1803/1676	520	G
Ligier JS 35B	Frank Dernie Michel Beaujon	Lamborghini 3512 V12 80°	Lamborghini 6, Q	2950 1800/1662	530	G
Lotus 102B	Enrique Scalabroni Frank Coppuck	Judd EV V8 76°	Lotus 6, Q	2950 1800/1650	535	G
McLaren MP 4/6	Neil Oatley Henri Durand	Honda RA 121E V12 60°	McLaren 6, Q	2960 1803/1676	505	G
Minardi M 191	Aldo Costa René Hilhorst	Ferrari 037 V12 65°	Minardi MR 108 6, Q	2900 1800/1640	518	G
Tyrrell 020	Harvey Postlethwaite George Ryton	Honda RA 101E V10 72°	Tyrrell 6, Q	2946 1803/1676	517	P
Williams FW 14	Patrick Head Adrian Newey	Renault RS3 V10 67°, PV	Williams 6, Q halbautomatisch	2927 1803/1676	505	G

Reifenmarke: G = Goodyear; P = Pirelli
Motoren: 5V = 5 Ventile; PV = pneumatische Ventile
Getriebe: 6 oder 7 = Gangzahl; Q = Quergetriebe; L = Längsgetriebe

Endlich schafft es Nigel Mansell

Mit seinem überlegenen Williams-Renault gewinnt Mansell neun Grand Prix. Technische Dominanz Williams' durch aktive Aufhängungen und Antischlupfregelung. Prost macht Pause. Michael Schumachers erster Sieg.

Links
Nigel Mansell hat 1992 neun Grand Prix auf Williams-Renault gewonnen, dem Briten ist auch die Weltmeisterkrone sicher. Zwischen ihm und dem Williams-Team sind jedoch Spannungen entstanden, so daß Mansell per Ende Saison die Formel 1 verläßt und seine Karriere bei der amerikanischen IndyCar-Serie fortsetzt, wo er dann 1993 ebenfalls den Meistertitel holt.

Rechts
Die spannendsten Runden des Jahres boten Ayrton Senna auf McLaren-Honda und Nigel Mansell auf Williams-Renault als sie in den letzten Phasen des Grand Prix von Monaco verbissen um den Sieg kämpften. Mansell kam aber nicht mehr vorbei.

Mehrere Male war dem seit 1980 in der Formel 1 aktiven Nigel Mansell die Weltmeisterschaft knapp entgangen – 1992 erreichte er endlich dieses Ziel, und zwar in grandioser Weise. Der auf der Isle of Man ansässige Brite gewann 1992 nicht weniger als neun Grand-Prix-Rennen, stand 14 Mal auf der Pole Position, brachte es auf die Rekordzahl von 108 Punkten und sicherte sich den Titel mit sage und schreibe 52 Punkten Vorsprung auf seinen Teamkollegen Riccardo Patrese.

Den Williams-Renault-Piloten stand eine der Konkurrenz technisch stark überlegene Waffe in Form des FW14B zur Verfügung. Dieses Fahrzeug brillierte mit einem hervorragenden Fahrgestell, einer effizienten Aerodynamik und einem leistungstarken und zuverlässigen Renault-V10-Motor mit neuerdings auf 67° reduziertem Gabelwinkel. Auch hatte dieses Fahrzeug aktive, elektronisch gesteuerte Aufhängungen sowie eine Antischlupfregelung. Die lange Jahre von Williams geleistete Entwicklungsarbeit auf dem Gebiet der aktiven Aufhängungen trug nun ihre Früchte. Zwar hatte 1987 schon Nelson Piquet auf einem Williams FW11B-Honda beim Großen Preis von Italien einen Sieg mit aktivem Fahrwerk davongetragen, doch hatte Williams auf diesem Gebiet inzwischen weitere große Fortschritte getätigt und damit einen enormen Vorprung auf seine Rivalen errungen.

Nach seiner zweiten Ferrari-Saison tat der dreifache Weltmeister Alain Prost 1992 etwas, das sich bislang noch kein Spitzenpilot je geleistet hatte: er pausierte für ein Jahr. Noch im Winter 1991/92 hatte es danach ausgesehen, als würde er sich bei Ligier beteiligen. Schließlich aber verhandelte er mit Frank Williams im Hinblick auf 1993. Um die Jagd nach seinem vierten Weltmeistertitel erfolgreich zu bestehen, wollte sich Prost eben das beste Fahrzeug sichern. Daß der Franzose 1993 auf Williams fahren würde, erfuhr die Öffentlichkeit erst einige Monate zuvor.

Die Gagen der Spitzenfahrer hatten mittlerweile schwindelerregende Höhen erreicht. 12 bis 20 Millionen Dollar Jahreshonorar waren bei den Topleuten zu einer gängigen Größenordnung geworden. Dieser Entwicklung wollte FOCA-Chef Bernie Ecclestone Einhalt gebieten und führte ein 5-Millionen-Dollar-Limit ein, aber schon bald sickerte durch, daß diese Vorschrift elegant umgangen und zusätzliche Summen »unter dem Tisch« bezahlt wurden.

Ende 1991 zog sich Pirelli aus der Formel 1 zurück, so daß nun Goodyear einmal mehr alle Teams beliefern mußte. Der Gigant aus Akron stellte allen Konkurrenten gleiches Reifenmaterial zur Verfügung. Von nun an fuhr man wieder mit Einheitsreifen, die Qualifikationsreifen verschwanden. Trotz dieser Umstellung war es 1992 in neun von 15 Fällen gelungen, noch schnellere Zeiten für die Pole Position zu erzielen, was auf höhere Motorleistungen, auf verbesserte Fahrwerke und auf noch effizientere Aerodynamik zurückzuführen war.

Ab August 1992 fand man auch im Bereich des Treibstoffs wieder auf vernünftigere Bahnen zurück: Die FIA führte vom Grand Prix von Ungarn an sehr strenge Kontrollen durch. Für die Saison 1992 hatte die FIA die spezifische Dichte des Treibstoffes eingeschränkt, was die Experten vor schwierige Aufgaben stellte. Zulässig waren Treibstoffe mit maximal 102 ROZ, der Sauerstoffanteil war auf höchstens 2 % und der Stickstoffanteil auf maximal 0,2 % begrenzt. Das Benzin durfte ausschließlich Kohlenwasserstoffe enthalten; Alkohol, Stickstoffverbindungen und andere kraftvertstärkende Additive waren verboten. Mit diesen Vorschriften wurden die »Rennsäfte« ziviler, die übelriechenden und ätzenden Gemische verschwanden. Als in Ungarn erstmals rigorose Kontrollen durchgeführt wurden, verstießen aber noch 14 von 16 Teams gegen die Benzinvorschriften. Ein letztes Mal drückte die FIA ein Auge zu, später kannten die Prüfer kein Pardon mehr. Die Ära der Supergemische hatte 1990 Agip eingeläutet, damals soll das von der italienischen Erdölgesellschaft gemixte Benzin den Ferrari-Motoren auf einen Schlag ein Plus von 20 PS gebracht haben. Elf und Shell zogen später nach. Die potentesten Motoren drehten 1992 über 14.000/min und die Höchstleistung der besten Aggregate betrug 750 PS, womit man klar über der 200-PS/l-Marke lag. Selbstverständlich war ein Teil der jüngsten Fortschritte ebenfalls den Spezialgemischen zuzuschreiben. Man schätzte, daß diese Kraftstoffe ein Plus von etwa 50 PS gebracht haben. Jean-Claude Fayard, Chef der Abteilung für Spezialtreibstoffe bei Elf, meinte 1992, für die Renault-Formel-1-Motoren habe man mehr als 75 Benzinsorten ausgetüftelt, und es seien weitere 250 Zusammensetzungen getestet worden, die sich nicht eigneten und deshalb nicht verwendet wurden. Dieser enorme Aufwand in den Labors machte den Treibstoff der Grand-Prix-Motoren unheimlich teuer; die Rede war von etwa 200 Dollar pro Liter. Für einen Grand Prix benötigte man rund 220 Liter pro Wagen, der Verbrauch lag bei 70 bis 75 Liter auf 100 Kilometer. Während eines Grand-Prix-Weekends konsumierte ein Fahrzeug somit rund 750 Liter. Der Treibstoff war übrigens bleifrei, weil das Blei die Sensoren verschmutzt hätte. Mit den ab Grand Prix von Ungarn angewendeten Treibstoffvorschriften soll die Leistung der besten Motoren angeblich wieder um 30 PS zurückgegangen sein. Nach wie vor verriet kein Motorenhersteller exakte Leistungsangaben.

Mit dem neuen Zehnzylinder von Renault, der die Typenbezeichnung RS4 trug und einen von 72 auf 67° reduzierten Gabelwinkel aufwies, war es gelungen, die Drehzahl im Vergleich zum vorhergehenden RS3C um 1000/min anzuheben; mit diesem RS3C trat 1992 Ligier an. Die potenteste Version des Ford HB V8 mit 75°-Gabelwinkel soll auf die für einen Achtzylinder beachtliche Drehzahl von 12.200/min gekommen sein. Diese hohen Drehzahlen hatte man auch der von Renault erstmals angewendeten, dann von Honda, Ford und Ferrari übernommenen Technik der pneumatischen Ventile zu verdanken, bei der es keine Ventilfedern mehr gab. Einzelne Formel-1-Motoren wiesen auch teleskopische Ansaugrohre auf, eine Lösung, für die sich 1992 Ferrari, Honda und Renault entschieden.

Neben Ferrari und Williams verfügte 1992 auch McLaren über ein halbautomatisches Getriebe, das einen Gangwechsel in nur drei Hundertstelsekunden zuließ. Diese halbautomatischen Getriebe, die es dem Pi-

loten ermöglichten, die Hände ständig am Lenkrad zu belassen, boten einen weiteren wesentlichen Vorteil: Fehlschaltungen blieben ausgeschlossen, weil die Automatik nur bei geeigneter Drehzahl den nächsten Gang einlegte – damit wurden viele Motorschäden vermieden. Die Schaltwippen oder die Schaltknöpfe am Volant ermöglichten es, die Monocoques in aerodynamischer Hinsicht noch etwas günstiger zu gestalten, weil sich die bisher für die Schaltung notwendige seitliche Aussparung erübrigte. Ferrari, Williams und auch Tyrrell hatten ihre Fahrzeuge zudem mit einer elektronisch gesteuerten Antischlupfregelung bestückt, die es ermöglichte, optimal mit Vollgas zu starten oder aus langsamen Kurven heraus ideal zu beschleunigen. Sobald ein Antriebsrad durchdrehte, schaltete die Elektronik einen Zylinder ab und die Leistung wurde vorübergehend leicht vermindert, wodurch das durchdrehende Rad wieder »anpackte«.

Bestens vorbereitet stieg Willliams in die WM ein. Vor allem hatte Riccardo Patrese im Hinblick auf die Rennsaison sehr viel Testarbeit geleistet. Neben ihm und Nigel Mansell übernahm auch der als Testfahrer verpflichtete Damon Hill einen Teil dieser Arbeit; daneben bestritt er die Großen Preise auf Brabham. Patrese und Hill legten mit dem FW14B gemeinsam bis zum Saisonbeginn an die 12.000 Testkilometer zurück. Jetzt funktionierten auch die aktiven Aufhängungen einwandfrei; sie sorgten in erster Linie dafür, daß der Abstand zwischen der Fahrzeugunterseite und der Fahrbahn immer konstant blieb. Auch auf Unebenheiten verhielt sich das Fahrzeug problemlos, weil die aktive Aufhängung diese auf ideale Art schluckte. Während eines ganzen Rennens blieb das Set-up einwandfrei. Die Qualitäten des FW14B waren so gut, daß das ab Sommer bereitstehende Nachfolgemodell FW15 gar nicht eingesetzt zu werden brauchte. Die Spitzentechniker von Williams, Chefkonstrukteur Patrick Head und Aerodynamiker Adrian Newey, hatten einmal mehr ganze Arbeit geleistet. Hinzu kam der wichtige Beitrag der Renault-Motoreningenieure Bernard Dudot und Jean-Jacques His, deren Team wie gewohnt eine potente Maschine bereitgestellt hatte.

Schon nach dem Grand Prix von Ungarn stand Nigel Mansell als Weltmeister fest, wenngleich auch der launische Brite fast immer von dem Gefühl besessen war, alles habe sich gegen ihn verschworen.

Während der Tage des Großen Preises von Belgien rückte Ayrton Senna mit einer sensationellen Erklärung heraus: Der Spitzenfahrer, dessen Vertrag mit McLaren Ende 1992 auslief, erklärte sich bereit, 1993 für Williams gratis zu fahren – ein großzügiges Angebot, das sich aber nicht realisieren ließ, denn in dem zwischen Prost und Williams bereits lange zuvor vereinbarten Vertrag hatte

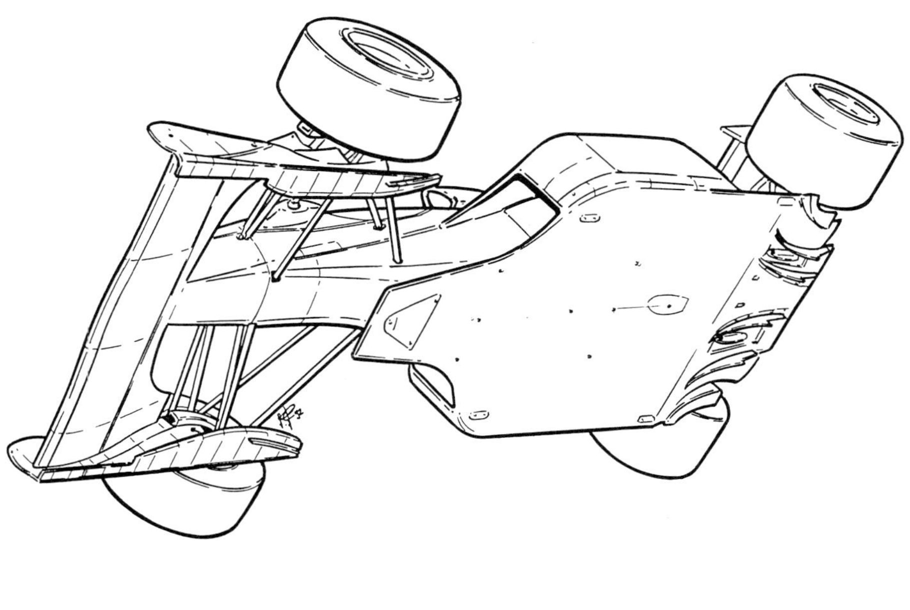

Der 1992 erfolgreiche Williams FW14B-Renault weist an den Seitenteilen des Frontflügels lange Luftleiter auf, welche möglichst viel Luft mit wenig Widerstand an den Vorderrädern vorbeileiten sollen. Dank der hochgestellten Frontpartie wird der Unterboden besser angeströmt, womit mehr Abtrieb erzeugt wird. Das Quergetriebe ermöglicht es, die Heckverkleidung besser hochzuziehen (Extraktionseffekt). Hier befinden sich vertikale Flösschen, welche die Luft kanalisieren. Nachdem die Williams bis Mitte Saison mit dem Renault-RS3B-V10-Motor eingesetzt wurden, verwendet man ab Grand Prix von Ungarn den RS4. Auf einem Ersatzauto wird in Spa erstmals ein Motor mit variablen Ansaugstutzen ausprobiert.

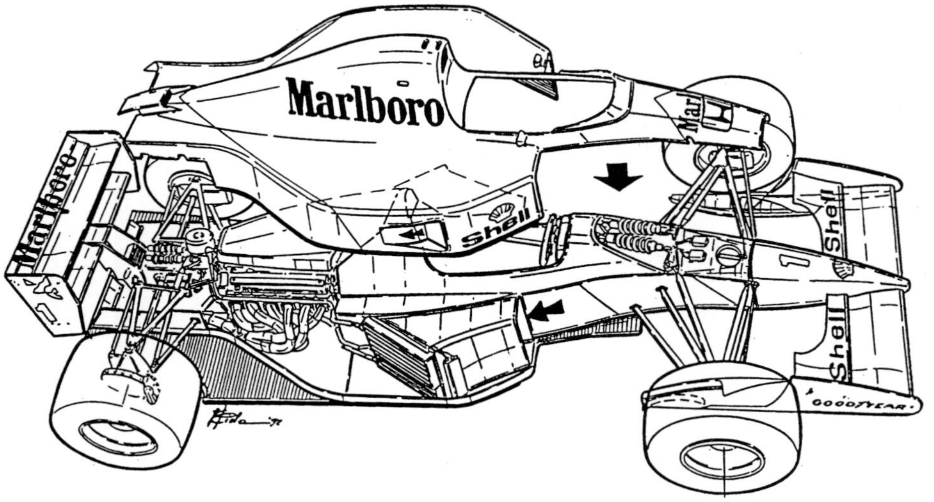

Beim dritten Grand Prix der Saison setzt McLaren das neue Modell MP4/7 mit Honda-V12-Motor ein. Die verantwortlichen Ingenieure rund um dieses Modell sind Neil Oatley, Tyler Alexander, der Aerodynamiker Henri Durand sowie Steve Hallam und Giorgio Ascanelli. Erstmals wendet McLaren ein Monocoque an, das an der Frontpartie nicht mehr aus flachen Elementen zusammengebaut ist, weshalb sich auch die vordere Karosserie erübrigt. Das Monocoque weist die Aussenform auf. Der MP4/7 ist der erste Rennwagen mit elektronischem Fly-by-wire-Gaspedal. Die Aufhängungen sind noch konventionell gebaut, erst beim Training zum Grossen Preis von Italien taucht ein McLaren MP4/7 mit aktiven Aufhängungen auf, die jedoch erst ab 1993 bei Rennen zum Einsatz kommen.

der Franzose die Mitgliedschaft seines Rivalen Senna im Williams-Team ausdrücklich ausgeschlossen.

Riccardo Patrese, der sich einem Nigel Mansell 1991 fast ebenbürtig erwiesen hatte, blieb 1992 klar hinter seinem Kollegen zurück. Diese Differenz hatte zweifelsohne die aktive Aufhängung ausgemacht, an die sich nicht alle Piloten gleichermaßen zu gewöhnen verstanden. Aber als Fahrer war Patrese die zentrale Figur bei der Entwicklung des FW14B.

Ohne Unterbrechung hatte McLaren von 1988 bis 1991 den Weltmeister gestellt. Vier Champions in Folge – das hatte bislang noch kein Team geschafft. 1992 ging es bei McLaren jedoch deutlich abwärts, obwohl der MP4/7A mit Honda-V12-Motor immerhin fünf Siege errang, drei durch Senna und zwei durch Berger. Bei den zwei ersten Grand Prix, gefahren in Südafrika und Mexiko, setzte McLaren noch das verbesserte Vorjahresmodell MP4/6B ein. Dieser McLaren wies noch konventionelle Aufhängungen auf; erst beim Training zum Großen Preis von Italien setzte Ron Dennis ein Auto mit aktiven Aufhängungen ein, der »aktive« McLaren bestritt 1992 jedoch noch keine Rennen. Besonders interessant am McLaren war das halbautomatische Getriebe: der Fahrer mußte mittels der Schaltknöpfe am Volant lediglich die Schaltrichtung – hinauf oder hinunter – festlegen, den Rest besorgte die Automatik, die selbsttätig arbeitete; sie orientierte sich an der Motordrehzahl. Stellte sich eine Panne ein, konnte der Fahrer mittels Wippe hinter dem Lenkrad immer noch manuell schalten.

McLaren war 1992 auch das erste Team, dessen Rennwagen (ab Grand Prix von Brasilien) mit einem elektronischen drive-by-wire-Gaspedal ausgerüstet waren: Zwischen dem Gaspedal und den Drosselklappen gab es keine mechanische Verbindung mehr. Das elektronische Gaspedal hatte den Vorteil, daß die Gasmenge progressiv gesteuert werden konnte. Die wichtigsten Ingenieure hinter dem MP4/7A waren wieder Neil Oatley, der französische Aeroynamiker Henri Durand sowie David North und Tyler Alexander. Vielleicht hat sich nachteilig für McLaren ausgewirkt, daß sich Ayrton Senna wie gewohnt eine zweimonatige Pause zwischen zwei Saisons gönnte, um damit die eigenen Batterien mit frischer Energie zu laden, während er die Testarbeit seinen Kollegen überließ. In Brasilien, beim dritten WM-Lauf, zelebrierte McLaren einen einzigartigen Auftritt, als das Team nicht weniger als sechs Rennwagen nach Interlagos schaffte, auch solche mit aktiven Aufhängungen. Senna und Berger qualifizierten sich dennoch nur für die Startplätze drei und vier; die Williams waren eindeutig besser. Auch der Honda-Zwölfzylindermotor erwies sich schwächer als der V10 von Renault. Mit den McLaren-Honda ging es erst gegen Mitte der Saison, vom Grand Prix von Kanada an, wieder aufwärts.

Als drittbestes Team der Saison erwies sich 1992 Benetton. Der in England situierte Rennstall des italienischen Bekleidungsrie-

Seit Mitte 1991 weiss man, daß Michael Schumacher ein Ausnahmetalent ist. Mit seinem Benetton B192-Ford belegt er 1992 bereits den dritten Platz der Weltmeisterschaft. Den ersten Grand-Prix-Sieg holt der Deutsche in Spa-Francorchamps.

Flavio Briatore

Lotus International ist 1992 bereits ein langsam sinkendes Schiff. Immerhin gelingt es trotz schmalem Budget, noch 13 WM-Punkte zu ergattern. Johnny Herbert (Bild) und der junge Finne Mika Häkkinen pilotieren den Mark 107 mit Ford-HB-Motor. In Magny-Cours sowie auf dem Hungaroring gelingt es Häkkinen sogar, je einen vierten Platz herauszufahren.

sen mit Hauptsitz in Treviso verfügte über den besten »klassischen« Rennwagen; die Benetton wiesen weder ein halbautomatisches Getriebe noch eine aktive Aufhängung oder eine Antischlupfregelung auf. Sie wurden weiterhin vom Ford-HB-Motor mit acht Zylindern angetrieben, dessen Leistung allerdings nicht an die der Aggregate von Renault, Honda oder Ferrari herankam. Benetton verwendete die HB-Motoren der Serien VI und VIII, wobei die Fahrer den HB Serie VI vorzogen.

Bei den ersten Grand Prix des Jahres 1992 standen Michael Schumacher und seinem Teamkollegen Martin Brundle zunächst nur das Vorjahresmodell B191B zur Verfügung. Erst später setzte Benetton den B192 ein, der sich äußerlich allerdings kaum von seinem Vorgänger unterschied. In der Regel sind erfolgreiche Rennwagen auch schön, aber dies traf beim Benetton mit seiner hochgezogenen und eher stumpfen Front ganz und gar nicht zu – die Form des zuverlässigen und auch schnellen Autos war eher häßlich. Die Saison 1992 war das erste Jahr, in welchem sich die Benetton als gefährliche Rivalen für Williams, McLaren und Ferrari erwiesen. In Belgien errang auch Michael Schumacher seinen ersten Sieg, wobei sich der erst 23jährige Deutsche in der Weltmeisterschaft schließlich den dritten Rang sicherte, nachdem es dem geborenen Siegertyp gelungen war, elfmal in der Punktwertung ins Ziel zu kommen. Der Kerpener stellte seinen Teamkollegen Martin Brundle total in den Schatten, so daß der Brite bei den ersten Rennen einfach den Rhythmus nicht finden konnte. Im Frühling dachte man bei Benetton sogar an die Möglichkeit, Brundle durch den von der Formel 1 zurückgetretenen Nelson Piquet zu ersetzen, der sich aber bei einem Trainingsunfall in Indianapolis derartig schwer verletzte, daß die Fortsetzung seiner Rennfahrerkarriere in Frage gestellt war. Brundle überwand schließlich die Krise und kassierte in der zweiten Saisonhälfte auch ein paar WM-Punkte. Damit befand sich das von Flavio Briatore und Tom Walkinshaw geführte Team eindeutig im Aufwind. John Barnard hatte Ende 1991 Benetton verlassen, um zu Toyota zu gehen; für die Konstruktion der Grand-Prix-Autos zeichete daher jetzt Ross Brown verantwortlich, mit dem der frühere Chefkonstrukteur Benettons, Rory Byrne, zusammenarbeitete.

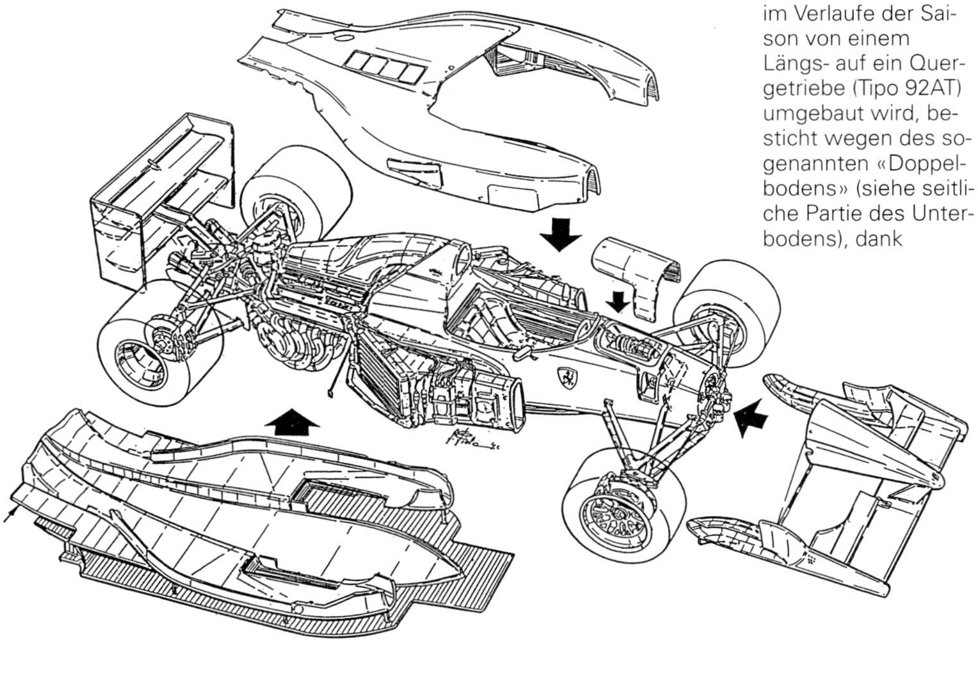

Links
Der Ferrari F92A, der im Verlaufe der Saison von einem Längs- auf ein Quergetriebe (Tipo 92AT) umgebaut wird, besticht wegen des sogenannten «Doppelbodens» (siehe seitliche Partie des Unterbodens), dank welchem man annahm, mehr Abtrieb erzeugen zu können. Aber das erste Ferrari-Modell, das nicht mehr auf der 1988 erschienenen und dann ständig weiterentwickelten Konstruktion John Barnards basiert und von Steve Nichols und Jean-Claude Migeot konstruiert worden ist, bewährt sich nicht. Die Weiterentwicklung wird von Harvey Postlehtwaite übernommen, der von Sauber zu Ferrari zurückgegangen ist. Die Lufttrichter zu den seitlichen Kühlern sind deutlich vom Monocoque getrennt, dazwischen kann mehr Luft hindurchfliessen.

Oben
Ing. Paolo Massai, der bei Ferrari für den Rennmotorenbau gesamtverantwortlich zeichnet, scheint hier via Endoskop nach fehlenden PS Ausschau zu halten.

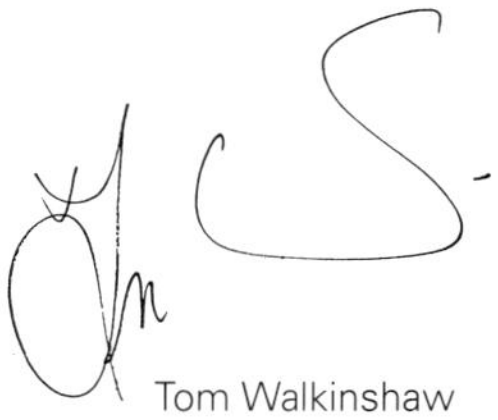

Tom Walkinshaw

Ing. Claudio Lombardi

Jean-Claude Migeot

Einmal mehr gab es bei Ferrari eine Neuorganisation mit Umbesetzungen wichtiger Positionen. Ende 1991 hatte Luca di Montezemolo den Präsidentensessel des Unternnehmens bestiegen, nachdem er in den vorangegangenen Jahren der Organisation der in Italien durchgeführten Fußball-Weltmeisterschaft vorgestanden war. Seit der Entlassung Cesare Fiorios im Mai 1991 hatte der ehemalige Lancia-Ingenieur Claudio Lombardi bei Ferrari die Position eines Sportchefs bekleidet; jetzt ernannte man ihn zum Chef der Motorenabteilung, assistiert vom Motoreningenieur Paolo Massai.

Luca di Montezemolo holte zwei seiner alten Freunde zu Ferrari zurück. So erhielt der dreifache Weltmeister Niki Lauda, der sich seit seinem Rückzug als Fahrer intensiv der Führung seiner Fluggesellschaft widmete, einen Beratervertrag. Lauda war im Prinzip nur an den Grand Prix anwesend, ansonsten widmete er sich weiterhin seinem eigenen Unternehmen. Auch Sante Ghedini – ebenfalls ein Ferrari-Mann der siebziger Jahre – wurde zurückgeholt: Ihm oblag das Managing der Rennmannschaft, wenn auch mit sehr begrenzten Kompetenzen.

Als Fahrer standen Ferrari 1992 der französische Draufgänger Jean Alesi sowie der von Leyton House bzw. March gekommene Mailänder Ivan Capelli zur Verfügung. Alesi fuhr ständig am Limit und holte aus dem unterlegenen Material ein Maximum heraus. Capelli hingegen war dem Druck bei Ferrari nicht gewachsen, von Rennen zu Rennen wurde er allmählich »demontiert« mit der Folge, daß seine Leistungen hinter den Erwartungen zurückblieben. Wahrscheinlich war es bei Capelli ein rein psychisch bedingter Absturz, denn in seinen March-Jahren hatte der gern zu Späßen aufgelegte Capelli immer wieder mit brillanten Leistungen aufgewartet. Die italienische Presse ging mit ihm auch nicht gerade zimperlich um. Während Ferrari via Niki Lauda immer wieder versuchte, Ayrton Senna für die Zukunft zu engagieren (dieser soll eine Forderung von 30 Millionen Dollar präsentiert haben), wurde Ivan Capelli bei den zwei letzten Grand Prix der Saison durch den Testfahrer Nicola Larini ersetzt.

Im Juli 1992 kehrte John Barnard zu Ferrari zurück. Von November 1986 bis zum Ende der Saison 1989 hatte er bereits für Ferrari bei der GTO in Guildford, wo die Formel-1-Fahrgestelle konstruiert wurde, gearbeitet. Jetzt übernahm er bei Ferrari die Position eines Technischen Direktors der Rennabteilung und zeichnete auch für Konstruktion,

Bei den zwei letzten Grand Prix des Jahres kommt der aus Zandvoort stammende Holländer Jan Lammers auf dem March CG911 mit Ilmor-V10-Motor zum Einsatz. Lammers, der frisches Geld in die leere March-Kasse brachte, hatte schon in den achtziger Jahren Formel-1-Rennen bestritten.

Entwicklung und Forschung verantwortlich. Barnard unterschrieb einen Fünfjahresvertrag. Wieder ließ er sich von Ferrari eine Konstruktionsfirma in England einrichten, nämlich die FD&D (Ferrari Design and Development) mit Sitz in Shalford, unweit der mittlerweile an McLaren verkauften GTO in Guildford. Mit Barnard kam auch dessen Landsmann George Ryton als Konstrukteur zu Ferrari. Ryton hatte einst bei Lola gearbeitet und sich bei der GTO in Guildford unter Barnard mit dem Fahrgestellbau beschäftigt; für kurze Zeit war er auch für Euro-Brun tätig gewesen. Ende 1991 war auch Harvey Postlethwaite von Sauber zu Ferrari gegangen.

Ferraris Rennwagen für die Saison 1992 war selbstverständlich vor der Rückkehr

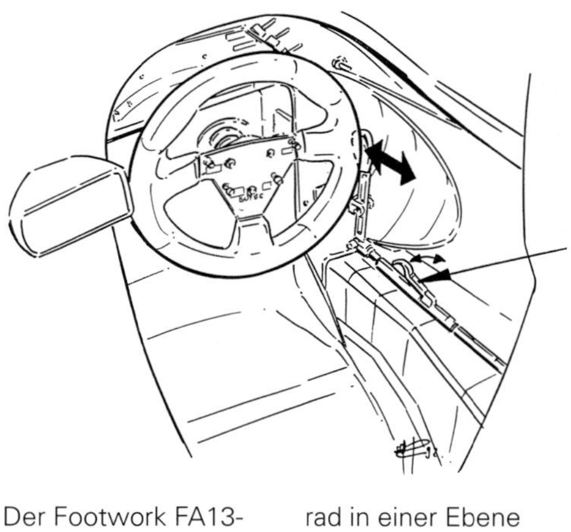

Der Footwork FA13-Mugen/Honda verfügt noch nicht über ein halbautomatisches Getriebe, sondern der Gangwechsel erfolgt über eine sequentielle Schaltung. Der Hebel wird wie bei einem Motorrad in einer Ebene entweder nach vorne oder rückwärts bewegt und springt immer wieder in die Mittelsetellung. Mit dem kleinen Hebel wird der Rückwärtsgang eingelegt.

Barnards und Postlethwaites entstanden. Es handelte sich um das Modell F 92 AT mit dem fünfventiligen V12-Motor in einem 65°-Gabelwinkel. Der F 92 AT war von Grund auf eine Neukonstruktion, für die der Amerikaner Steve Nichols und der französische Aerodynamiker Jean-Claude Migeot verantwortlich zeichneten. Die beiden hatten sich für ein originelles Konzept entschieden, das theoretisch aerodynamische Vorteile versprach, und auch im Windkanal wurden positive Resultate gemessen, dennoch erwis sich der F 92 AT in der Praxis als ein Flop. Das Fahrzeug wies einen sogenannten doppelten Boden auf: Unter den die Kühler umschließenden Caissons führte beidseitig je ein nach der Seite offener Kanal hindurch, was eine zusätzliche schmale Fläche zur Erzeugung von Abtrieb ergab. Doch der doppelte Boden sollte sich als ein Reinfall erweisen. Ferrari erzielte nur wenige positive Resultate – während der gesamten Saison kam Alesi trotz hohem fahrerischen Einsatz auf nur magere 18 WM-Punkte, Capelli blieb sogar bei drei Zählern stehen. Für Ferrari war die Saison 1992 eine Katastrophe. In der Marken-WM reichte es für den ältesten Formel-1-Rennstall mit 21 Punkten hinter Williams, McLaren und Benetton nur für den vierten Platz, wobei Lotus mit 13 Punkten auf Rang fünf folgte. Nur schaffte Lotus dies mit einem Schmalkost-Budget, das nur einen Bruchteil dessen ausmachte, was Ferrari zur Verfügung stand.

Lotus erwies sich überhaupt als die Überraschung des Jahres; die von diesem Team erbrachten Resultate waren beachtlich. Nach wie vor gab es finanzielle Sorgen mit Altlasten, die noch aus den Zeiten des Ende 1982 verstorbenen Firmengründers Colin Chap-

Ross Brown

Olivier Grouillard

Mika Häkkinen

Frank Dernie

Aguri Suzuki

man stammten. Der als Sponsorenjäger bekannte ehemalige Rennfahrer Guy Edwards mußte für Lotus neue Finanzquellen ausfindig machen. Teammanager Peter Collins und Chefkonstrukteur Peter Wright führten die Renngemeinschaft mit minimalen Kosten durch die Saison, wobei der junge Finne Mika Häkkinen den achten und Johnny Herbert den 15. Schlußrang der WM belegten. Die Saison wurde noch mit dem älteren Modell 102D mit Ford-HB-Motor in Angriff genommen; erst anläßlich des Grand Prix von Spanien stellte Lotus der Presse den Mark 107-Ford vor, dessen Debut dann mit Herbert in Imola erfolgte. Ursprünglich war der Lotus 107 bei March als CG 921 entstanden; Vater des Projektes war der Österreicher Gustav Brunner. Das Projekt wurde dann von einigen Technikern, die vom krisengeschüttelten March-Team zu Lotus wechselten, mitgenommen und dann als Lotus 107 realisiert. Interessant am neuen Lotus war seine halbaktive Aufhängung, die unter Bezeichnung »reactive suspension« lief und eine elektronisch gesteuerte Niveauregulierung darstellte. Parallel dazu gab es am relativ schnellen Lotus 107 noch eine konventionelle Aufhängung, auf die das Fahrzeug sogleich umgestellt werden konnte. Lotus vermochte sich selbstverständlich weder ein halbautomatisches Getriebe noch eine Antischlupfregelung zu leisten. Das beste Resultat des Jahres war ein vierter Rang Mika Häkkinens beim Großen Preis von Frankreich in Magny-Cours.

Giancarlo Minardi aus Faenza kämpft mit seinem seit 1985 in der Formel 1 aktiven Team laufend um die Existenz, aber immer wieder bringt er es fertig, die nächste Saison irgendwie zu finanzieren. Seine Familie betreibt die älteste Fiat-Vertretung Italiens.

Ende 1991 befaßte sich der mittlerweile 68jährige Ken Tyrrell mit dem Gedanken, sein Team zu verkaufen. Die ständig anspruchsvoller und raffinierter gewordene Technologie warf immer größere finanzielle Probleme auf, zumal die weltweit ungünstige Wirtschaftslage die Sponsoren nicht sehr spendenfreudig stimmte. Tyrrell und Mugen hatten sich Ende 1991 getrennt, das Team stellte 1992 auf die leichten Ilmor-V10-Motoren um, für die der ehemalige Leyton-House-Ingenieur und neuerdings Tyrrell-Chefkonstrukteur Mike Caughlan die B-Version des vorhergehenden Fahrgestells konstruierte. Den Tyrrell-Piloten der Saison 1992, Andrea De Cesaris und Olivier Grouillard, standen somit die 020B-Ilmor zur Verfügung. McLaren-Chef Ron Dennis, der für kurze Zeit Mitinhaber dieser Renngemeinschaft war, zog sich 1992 von Tyrrell zurück. Das neue Modell war mit einer Niveauregulierung bestückt, ebenso mit einer Antischlupfregelung. Andrea De Cesaris legte eine beachtliche Reife sowie viel Angriffslust an den Tag und belegte in der ersten Saisonhälfte zwei fünfte Plätze, wonach das Team eine gewisse technische Krise durchmachte. Immerhin kam dann De Cesaris noch in Monza auf einen sechsten und in Suzuka auf einen vierten Platz, so daß der Römer in der Weltmeisterschaft den neunten und Tyrrell in der Marken-WM den sechsten Rang belegten.

Erik Comas auf Ligier JS37-Renault. Trotz des potenten Renault-Zehnzylinders kommt Ligier 1992 nur auf sechs WM-Punkte. Für die Technik sind bei Ligier zuerst Frank Dernie und dann Gérard Ducarouge verantwortlich. Gesamthaft sind die blauen Wagen aus Magny-Cours ziemlich enttäuschend.

Alan Jenkins

Karl Wendlinger

Peter Collins

Endlich kam Ligier 1992 zu seinen Renault-V10-Motoren, aber auch mit diesen Wunderaggregaten gelang es dem Team aus Magny-Cours nicht, aus der Misere herauszukommen. Im Winter 1991/92 liebäugelte Alain Prost mit dem Gedanken, sich finanziell an Ligier zu beteiligen, und er fuhr mit dem neuen, von Frank Dernie konstruierten Ligier JS37-Renault auch einige Tests, zog sich dann aber doch zurück. Die Ligier-Fahrer waren der Belgier Thierry Boutsen und der Franzose Erik Comas, wobei Comas, der übrigens im Verlaufe der Saison vier Monocoques durch Unfälle zerstörte, dreimal und Boutsen ein einziges Mal in den Punkterängen abschlossen. Beim GP von Brasilien wollte es die Ironie des Schicksals sogar, daß die beiden Ligier gemeinsam kollidierten und sich damit gegenseitig ins Aus beförderten. Boutsen gab klar zu verstehen, daß der JS37 ein Flop war, und vor dem Grand Prix von Belgien verließ Frank Dernie das französische Team und ging zu Benetton. In Magny-Cours war jetzt der dem – mit Ligier ständig rivalisierenden – Larrousse-Rennstall abgeworbene Gérard Ducarouge für die Technik gesamtverantwortlich. Obwohl der Renault-Zehnzylinder ein starker Motor war, gab es für Ligier nur sechs WM-Punkte, Das war sehr wenig, wenn man bedenkt, daß die französische Renngemeinschaft auf finanzstarke Sponsoren wie Gitanes, Elf und Loto zählen konnte.

Der Honda-V10-Motor, der 1989 und 1990 von McLaren sowie 1991 als Mugen-Honda von Tyrrell verwendet worden war, trieb 1992 die Footwork-Rennwagen an. Die Tuningfirma Mugen gehörte Soichiro Hondas Sohn Hirotoshi und war mit der Wartung und Weiterentwicklung des Zehnzylinders betraut. Footwork-Chef Jackie Oliver hatte einen schlauen Schachzug getätigt und den Japaner Aguri Suzuki neben Michele Alboreto als zweiten Fahrer engagiert, wobei Suzuki die als etwas übergewichtig geltende Mugen-Honda-Maschinen vom Typ MF-351H als Mitgift mitbrachte. Unter der Leitung von Chefkonstrukteur Alan Jenkins entstand für 1992 ein Fahrgestell, das vom Vorjahresmodell abgeleitet war und die Typenbezeichnung FA13 trug. Mit dem Footwork legte Michele Alboreto eine erstaunliche Regelmäßigkeit an den Tag, denn er fuhr fast jedes Rennen zu Ende und legte mit insgesamt 4281 km auch die längste Distanz aller Fahrer in der Saison zurück. In Brasilien, Spanien und Imola errang er einen sechsten sowie zwei fünfte Ränge, dann folgte eine Serie mit sechs siebenten Plätzen, wobei der Mailänder schließlich noch in Portugal auf einen WM-Punkt kam, was für Footwork insgesamt sechs WM-Punkte ausmachte; Suzuki ging leer aus. Auch mit dem im Vergleich zu früheren Motoren potenteren Mugen-Honda-Zehnzylinder war es Footwork nicht gelungen, aus dem Mittelmaß herauszukommen. In der zweiten Saisonhälfte arbeitete Alan Jenkins an aktiven Aufhängungen.

Das Team March Formula One machte 1992 eine Gratwanderung durch. Im Sommer 1991 war Akira Akagi wegen eines Finanzskandals in Untersuchungshaft gekommen, und es gab keine Mittel, um ein neues Auto zu bauen. Das Team setzte die bekannten CG 911 mit 2175A-V10-Motoren von Ilmor ein, die kaum weiterentwickelt werden konnten. Als Fahrer wurden der Tiroler Karl Wendlinger und der französische Schauspielersohn Paul Belmondo verpflichtet, später ersetzte man sie durch Emanuele Naspetti aus Italien und Jan Lammers aus Holland. Die ursprünglich für March gedachte und von Gustav Brunner konzipierte Neukonstruktion startete bekanntlich unter Lotus-Flagge. Der vierte Platz Karl Wendlingers in Kanada brachte March die drei einzigen WM-Punkte. Der Österreicher hatte für 1993 einen Vertrag mit Sauber unterschrieben und finanzierte seine March-Einsätze mit Sauber-Vor-

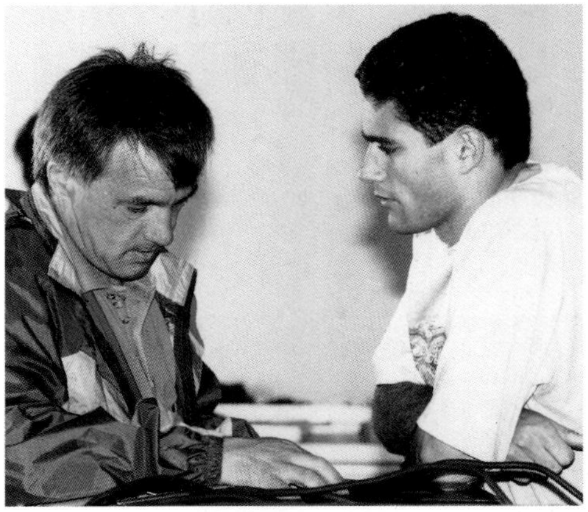

Links
Der aus Österreich stammende March-Ingenieur Gustav Brunner zusammen mit seinem Landsmann und March-Fahrer Karl Wendlinger. Brunner hatte den March einst in Zusammenarbeit mit dem Mitte 1990 zu Williams gegangenen Aerodynamiker Adrian Newey konstruiert und dann weiterentwickelt.

Oben
Der Ferrari F-92A mit V12-Motor, der von Jean Alesi und Ivan Capelli (zuletzt wurde Capelli durch den Testpiloten Nicola Larini ersetzt) gefahren wird, brachte für das Haus in Maranello keine Wende. Das enttäuschende Modell mit dem sogenannten »doppelten Boden« kam nicht über zwei dritte Plätze Alesis hinaus.

Paul Belmondo

Erik Comas

Mauricio Gugelmin

Andrea Chiesa

Gabriele Rumi

Ukyo Katayama

schüssen auf die künftige Gage. Bei den zwei letzten Grand Prix mußte Wendlinger seinen Platz Jan Lammers abtreten; auch Paul Belmondo mußte das Cockpit nach elf Einsätzen räumen, denn auch ihm war das Geld ausgegangen. Ende August verließ Gustav Brunner das March-Team und ging zu Minardi nach Faenza.

Eine große Enttäuschung mußte 1992 BMS Dallara Scuderia Italia hinnehmen. In Brescia (BMS) sowie in Varano (Dallara) hatte man große Hoffnungen auf die potenten Ferrari-V12-Motoren gesetzt, doch die BMS Dallara erlitten dasselbe Schicksal wie die Minardi-Ferrari im Jahr zuvor. Mehr als zwei sechste Plätze vermochte Pierluigi Martini nicht herauszufahren. JJ Lehto kam überhaupt nie auf den Punkterängen ins Ziel. Zwar durfte man die BMS Dallara 192-Ferrari als zuverlässig bezeichnen, aber sie waren viel zu langsam, ebenso stimmte die Balance nicht. Das Chassis wurde von den Fahrern als zu flexibel beurteilt. Im August gab die dem Stahldustriellen Giuseppe Lucchini aus Brescia gehörende Renngemeinschaft bekannt, daß sie 1993 auf Lola-Chassis umstellen werde.

Die 1991 neu in der Formel 1 aufgetauchte und in Silverstone stationierte Renngemeinschaft des Iren Eddie Jordan hatte sich in ihrem erstem Grand-Prix-Jahr einen guten Ruf erworben, nicht zuletzt dank des hervorragenden Chassis des ebenfalls aus Irland stammenden Gary Anderson. In seinem zweiten Formel-1-Jahr ließ Eddie Jordan seine Monoposto mit dem Yamaha-V12-Motor des Typs OX99 ausrüsten, denn die japanischen Maschinen, deren Leistung dann allerdings hinter den Erwartungen zurückblieb, wurden Jordan gratis geliefert. Doch die Ehe zwischen den Jordan 192 und den Yamaha-Zwölfzylindern verlief nicht sehr glücklich. Es gab häufig Motorschäden, die in erster Linie auf Temperaturprobleme zurückzuführen waren. Neu war das Siebenganggetriebe mit sequentieller Schaltung. Die Balance zwischen dem Chassis und dem im Vergleich zum vorherigen Ford-V8-Motor längeren und schwereren Yamaha V12 stimmte nicht, so daß Stefano Modena und Mauricio Gugelmin Mühe bekundeten, mit dem Auto zurechtzukommen. Gugelmin, als guter Tester bekannt, mußte sogar vier Nichtqualifiationen hinnehmen, was auch Modena widerfuhr, womit die Motivation der Fahrer weiter abnahm. Den einzigen WM-Punkt der Saison eroberte der Italiener beim letzten Rennen des Jahres. Jordan und Yamaha hatten zwar einen Vierjahresvertrag geschlossen, aber bereits nach einer Saison fand die Zusammenarbeit ihr vorzeitiges Ende.

Auf nur einen WM-Punkt kaum auch das Team von Minardi aus Faenza, das von den bisherigen Ferrari- auf Lamborghini-Motoren umstellte. Aldo Costa und der holländische Aerodynamiker René Hilhorst entwarfen den M 192, der als Antriebsquelle die 80°-V12-Maschine des Typs 3512 von Lamborghini Engineering bekam. Zu jener Zeit arbeitete der ehemalige Ferrari-Chefingenieur Mauro Forghieri als Technischer Direktor der zum Chrysler-Konzern gehörenden Lamborghini Engineering, die de jure von der Automobili Lamborghini in Sant'Agata getrennt war. Bei Lamborghini mußten die Zwölfzylinder mit ziemlich schmalem Budget weiterentwickelt werden. Für Minardi fuhren der ehemalige Ferrari-Testpilot Gianni Morbidelli aus Pesaro sowie der 21jährige Brasilianer Christian Fittipaldi, der 1991 Formel-3000-Meister geworden war. Christian Fittipaldi war der Sohn des ehemaligen Formel-1-Fahrers Wilson Fittipaldi sowie Neffe des zweifachen Weltmeisters und Indianapolis-Siegers Emerson Fittipaldi. In Magny-Cours erlitt Christian einen Unfall, worauf er bei den folgenden drei Grand Prix von Alessandro Zanardi ersetzt wurde. Im Spätsommer ging der bisherige March-Ingenieur Gustav Brunner zu Minardi. Erst beim vorletzten Grand Prix in Japan gab es den einzigen WM-Punkt.

Wie Minardi und Jordan eroberte auch das französische Venturi-Larrousse-Team 1991 nur einen einzigen WM-Punkt. Gérard Larrousse hatte nach einem wenig aussichtsreichen Kampf ums Überleben einen Teil seiner Renngemeinschaft an Venturi verkauft, einem kleinen französischen Sportwagen-Hersteller. In einem englischen Konstruktionsbüro entwarf der ehemalige March-Konstrukteur Robin Herd den Venturi-Larrousse LC92, der ebenfalls von einem Lamborghini-V12-Motor Typ 3512 angetrieben wurde. Die Fahrer waren der Belgier Bertrand Gachot, der großartigen Einsatz zeigte, sowie der japanische Formel-3000-Pilot Ukyo Katayama, der den japanischen Sponsor Central Park mitbrachte. Der sechste Platz Gachots in Monaco, herausgefahren auf unterlegenem Material, bedeutete allerdings den einzigen WM-Punkt für Venturi-Larrousse.

Auch der dem Felgenfabrikanten Gabriele Rumi (sein Großonkel hatte in den fünfziger Jahren die hochtourigen Rumi-Motorräder produziert) gehörende Fondmetal-Rennstall erlebte keine gute Saison und zog sich nach dem Großen Preis von Italien aus der Formel 1 zurück. Der GR 02 mit Ford-HB-

Seit 1985 wird der Grand Prix von Südafrika erstmals wieder ausgetragen. Auf dem modernen umgebauten Circuit von Kyalami führt Nigel Mansell auf Williams FW14-Renault das Feld an. Hinter dem Briten folgen Patrese auf Williams sowie die beiden McLaren-Honda-Fahrer Senna und Berger.

Den letzten Formel-1-Auftritt hatte Kyalami in Südafrika 1985 erlebt. Die total umgebaute und auf 3821 m verkürzte Rundstrecke wurde 1988 wieder eröffnet, aber der Grand Prix wurde hier erst wieder 1992 ausgetragen.

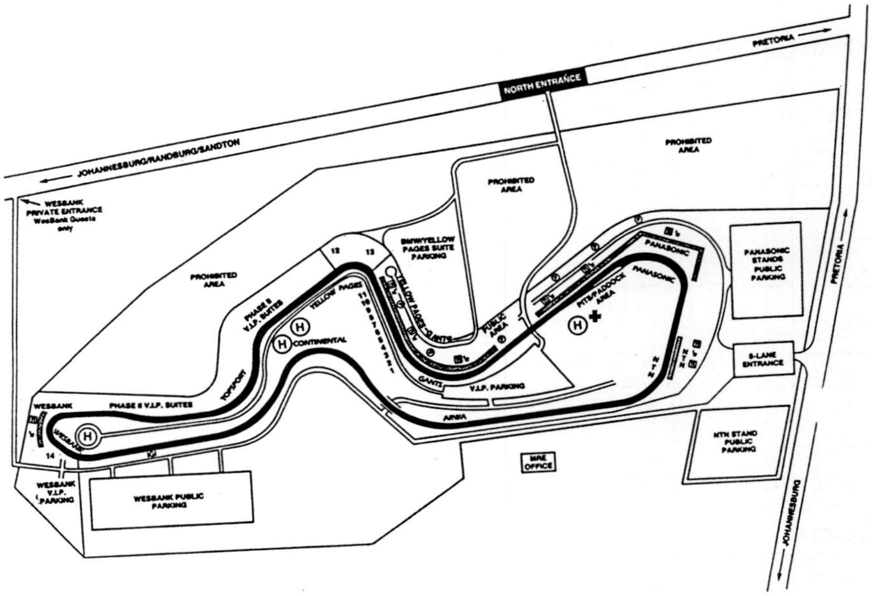

Christian Fittipaldi

Motor war eine Konstruktion des Argentiniers Sergio Rinlad; das Fahrzeug kam leider erst beim GP von Kanada richtig zum Einsatz. Vorher mußten der Italiener Gabriele Tarquini und der Italoschweizer Andrea Chiesa noch mit dem älteren GR 01 zurechtkommen. Der großgewachsene Chiesa hatte Mühe beim Fahren, besonders schwierig war für ihn das Schalten wegen der engen Platzverhältnisse im kurzen Cockpit. Der GR 02 sollte schon beim Großen Preis von Frankreich seinen Einstand geben, aber ausgerechnet bei diesem Rennen wurde Chiesa in eine Startkarambolage verwickelt, worauf er wieder mit dem GR 01 antreten mußte. In Silverstone kam Tarquini nach einer langen Ausfallserie endlich ins Ziel, wenn auch nur in 14. Position. In Ungarn ersetzte man Chiesa durch den Belgier van de Poele. Einen letzte GP-Auftritt gab es für Fondemetal in Monza. Danach beschloß Gabriele Rumi, nur mehr Formel-1-Technologie anzubieten: in Casumaro, in der Nähe von Ferrara, entstand hierfür ein Fondmetal-Forschungszentrum mit Windkanal, wo sich eine Gruppe von Spezialisten mit aerodyamischen Projekten befaßte.

Seine letzte Saison erlebte 1991 – nach fast dreißigjähriger Aktivität – auch ein Rennstall mit großer Tradition, nämlich Motor Racing Developments, besser als Brabham-Team bekannt. Unter Bernie Ecclestone, dem Brabham von 1971 bis 1988 unterstand, war es kontinuierlich aufwärtsgegangen. Die Besitzverhältnisse wechselten daraufhin mehrmals, auch der ominöse Schweizer Finanzjongleur Joachim Lüthi gab sich kurzfristig als Brabham-Eigner aus, bis er hinter schwedischen Gardinen verschwand. Brabham machte 1992 noch bis zum Großen Preis von Ungarn mit, dann war kein Geld mehr in der Kasse. Gläubiger meldeten sich, und der einstige Erfolgsrennstall, der in seiner langen Geschichte, die immerhin Starts in 399 Grand-Prix -Rennen umfaßt, vier Weltmeister gestellt hatte, verschwand für immer.

Eric van de Poele

1992 hatte man den BT60B mit einem Judd-GV-V10-Motor versehen. Am Anfang der Saison leistete sich das Team einen besonderen Gag und verpflichtete die ehemalige Formel-3000-Fahrerin Giovanna Amati, die zwar großes Medieninteresse auf sich zog, aber in einem Formel-1-Auto, mit welchem sie bislang keinen einzigen Kilometer zurückgelegt hatte, war die attraktive Römerin total überfordert.

Nachdem sich der Medienrummel um die schöne Giovanna etwas gelegt hatte, wurde sie noch vor dem Großen Preis von Spanien durch Damon Hill, Sohn des Weltmeisters von 1962 und 1968, ersetzt. Hill vermochte sich während der Saison immerhin zweimal und van de Poele einmal zu qualifizieren.

Giovanna Amati

Eine Frau in der Formel 1! Die Römerin Giovanna Amati bringt Formel-3000-Erfahrung mit und versucht ihr Glück auf dem unterlegenen Brabham BT60B-Judd; sie kommt aber nie über die Vorqualifikationen hinaus. Nach glücklosen Versuchen wird sie durch Damon Hill ersetzt.

Geradezu lächerlich wirkte der Auftritt des vom im Rennsport unerfahrenen italienischen Schuhfabrikanten Andrea Sassetti ins Leben gerufenen Team Andrea Moda Formula. Bis Ende August quälte es sich durch die Saison, dann wurde diese Renngemeinschaft von der FIA kurzerhand als Formel-1-unwürdig erklärt und von der Teilnahme an Grand-Prix-Rennen ausgeschlossen. Andrea Sassetti, der eher auf eine Rockbühne gepaßt hätte, veschwand mit seiner Truppe.

Sassettis Mannschaft hatte sich aus den Resten des Coloni-Teams zusammengesetzt, von welchen es die Fahrgestelle übernahm und sie mit Judd-GV-V10-Motoren versah, in Verbindung mit der vorjährigen Dallara-Hinterachskonstruktion. Als Fahrer hätten zuerst Alex Caffi und Enrico Bertaggia zur Verfügung stehen sollen, doch schon beim ersten Grand Prix, ausgetragen in Südafrika, wurden die Andrea Moda mit dem Hinweis abgelehnt, das Team müsse auch Hersteller des Fahrgestells sein. Der meist in Schwarz gekleidete Teamchef ließ daraufhin bei der damals zum Teil dem FIA-Präsidenten Max Mosley gehörenden Firma Simtek neue Fahrgestelle bauen, deren Konstruktion ursprünglich für ein anderes Projekt vorgesehen gewesen war. Erst beim GP von Brasilien drehten die Andrea Moda S 192 im Training endlich ihre ersten Runden; mittlerweile hatte Sassetti seine beiden ursprüglichen Fahrer durch den Brasilianer Roberto Moreno und den in der Branche unbekannten Engländer Perry McCarthy ersetzt. Das Team bot blamable Auftritte, und nur ein einziges Mal konnte sich ein Andrea Moda überhaupt qualifizieren – in Monaco, mit Rober-

Die technischen Daten der Formel-1-Motoren von 1992

Marke	Ford	Honda	Renault	Judd	Ilmor	Ferrari	Honda	Lamborghini	Yamaha
Typ	HB SerIV	RA 101E	RS3	GV	LH10	037	RA 121E	3512	OX 99
Zylinderanordnung	V8	V10	V10	V10	V10	V12	V12	V12	V12
Zylinderwinkel	75°	72°	72°	72°	72°	65°	60°	80°	70°
Kurbelwinkel	180°	72°	72°	72°	72°	120°	120°	120°	120°
Bohrung	94,0*	94,0*	92,0*	92,0*	86,6	86,0*	–	85,0*	84,0*
Hub	63,0*	50,3*	52,6*	52,6*	59,4	50,2*	–	51,3*	52,5*
Boh./Hub-Verhältnis	0,67	0,54	0,57	0,57	0,69	0,58	–	0,60	0,63
Hubraum in cm³	3497,6	3493,0	3496,6	3497,6	3498	3499,2	3493,0	3493,2	3493,0
Motorblock	Alu	Alu	Alu	Alu	Alu	Guß	Alu	Alu	Alu
Hauptlager	5	–	6	–	–	4	–	4	–
Nockenwellen	4 OHC	4 OHC	4 OHC	4 OHC	4 OHC	4 OHC	4 OHC	4 OHC	4 OHC
Nockenwellenantrieb	Kette	Zahnräder	Zahnräder	Zahnräder	Zahnräder	Zahnräder	Zahnräder	Zahnräder	Zahnräder
Ventile pro Zylinder	4	4	4 (pneum.)	4	4	5	4	4	5
Einspritzanlage	Ford EEC IV	Honda PGM FI	Weber-Marelli	Weber-Marelli	Zytek	Weber-Marelli	Honda PGM FI	Bosch	Bosch
Zündung	Ford EED	Honda PGM IG	Marelli	Marelli	Zytek	Marelli	Honda PGM IG	Bosch	Bosch
Verdichtung	13,5	–	–	–	12,0	13,5	–	13,0	–
Leistung Renneinsatz	645*	680*	680*	660	670	700	700	655	650
max. Drehzahl	12200*	13200*	13500*	13500	12600	13800	14000	13000	13200
spez. Leistung	184,4	194,7	194,5	188,7	190,0	200,0	200,4	187,5	186,1
mittl. Kolbengeschw.	25,6	22,1	23,7	23,7	–	23,1	–	22,2	23,1
max. Kolbengeschw.	41,4	35,6	38,1	38,1	–	37,1	–	35,7	37,1

* keine offiziellen Werksangaben, Werte von Ing. Enrico Benzing, Milano, geschätzt

to Moreno am Steuer, der im Rennen nur bis in die 12. Runde kam. In Spa-Francorchamps wurde Sassetti sogar in Handschellen abgeführt. Es hieß, er habe Rechnungen mit ungedeckten Schecks beglichen.

Im Jahre 1992 rüstete auch ein Schweizer Unternehmen für die Formel 1: die von Peter Sauber gegründete P. P. Sauber AG in Hinwil bei Zürich. Peter Sauber hatte 1970 seine erfolgreiche Karriere mit seinem kleinvolumigen C1-Sportwagen begonnen. Von 1985 an arbeitete Sauber mit Mercedes-Benz zusammen, wobei die Sauber-Mercedes-Benz unter anderen die 24 Stunden von Le Mans 1989 sowie auch zweimal die Sportwagenweltmeisterschaft der Gruppe C gewannen. Im Jahre 1991 beschloß man in Hinwil, den Sprung in die Formel 1 zu wagen, wobei Sauber im Stillen damit rechnete, daß auch Mercedes-Benz in der anspruchsvollsten Rennsportkategorie mitmachen werde. Am 28. November 1991 beschloß die Firmenleitung in Stuttgart jedoch, Sauber auf dem Weg in die Formel 1 nicht zu begleiten. Zu diesem Zeitpunkt hatte Harvey Postlethwaite den Sauber C12 in Hinwil bereits konstruiert. Als sich Stuttgart gegen eine Beteiligung an der Formel 1 aussprach, ging Postlethwaite zu Ferrari zurück.

Der Sauber C12 mit Ilmor-V10-Motor erlebte sein Roll-out am 1. September 1992 auf der Bahn von Lurcy-Lévy in Frankreich. In der Zeit vom 29. Oktober bis 3. November testete Sauber auf der Bahn von Barcelona, wo Karl Wendlinger und JJ Lehto Rundenzeiten hinlegten, die aufhorchen ließen. In seiner großzügig konzipierten, ultramodernen Fabrik in Hinwil beschäftigte Sauber damals 80 Mitarbeiter. Nach dem Weggang Postlethwaites zeichneten der ehemalige Mercedes-Benz-Ingenieur Leo Ress und der von Ferrari gekommene Amerikaner Steve Nichols für die Fahrgestelltechnik der Sauber verantwortlich.

Wie schon erwähnt, wurde die Weltmeisterschaft 1992 klar von Nigel Mansell dominiert, der bereits die ersten fünf Grand Prix gewann. Er siegte in Südafrika, Mexiko, Brasilien, Spanien und San Marino. Später setzte sich der schnurrbärtige Brite auch noch in Frankreich, England, Deutschland sowie in Portugal durch. Das machte neun Volltreffer in einer Saison – ein neuer Rekord! Dank ihrer einwandfrei funktionierenden aktiven Aufhängung in Verbindung mit der Antischlupfregelung waren die Williams oft derartig überlegen, daß sie sogar sechs Doppelsiege herausfuhren; dies war in Südafrika, Mexiko, Brasilien, San Marino, Frankreich und England der Fall. Jedesmal ging Mansell vor seinem Teamkollegen Patrese durchs Ziel.

Der erste Lauf zur Weltmeisterschaft fand in Südafrika auf der auf 2200 m Höhe liegenden und auf 4,261 km verkürzten Bahn von Kyalami statt. Seit 1985 traten die Formel-1-Wagen erstmals wieder in Kyalami an, auf einem komplett erneuerten Retortenkurs, der wenig Überholmöglichkeiten bot. Die Williams-Renault dominierten durchwegs mit Mansell auf dem ersten Platz, gefolgt von Patrese und von Senna, dessen McLaren-Honda mit konventionellen Aufhängungen nicht ganz den Williams zu folgen vermochte. Ähnlich war das Bild beim Grand Prix von Mexiko. Im Training erlitt Senna einen schweren Sturz, wie schon 1991; im Rennen fiel er mit einem Schaden in der Kraftübertragung seines an sich nicht besonders konkurrenzfähigen McLaren aus, während Mansell vor Patrese und Schumacher auf Benetton-Ford siegte. Unterlegen waren hier die Ferrari mit Alesi und Capelli: den F92A fehlte Leistung, auch die Balance war schlecht. Ivan Capelli war schon am Start wegen einer Kollision mit dem March-Ilmor des Tirolers Karl Wendlinger liegengeblieben.

McLaren-Chef und -Teilinhaber Ron Dennis blickt etwas gelangweilt auf die Serie Monitoren, die jedem Formel-1-Team an der Boxenmauer für die Überwachung von Training und Qualifikationen zur Verfügung stehen. Via Funk steht er mit seinen Fahrern sowie mit allen führenden Teammitgliedern in Verbindung.

Der 1986 wiederaufgenommene Grand Prix von Mexiko war bei den Teilnehmern nicht besonders populär. Der Belag des Autodromo Hermanos Rodriguez ähnelte einem Waschbrett. 1992 sollte der letzte Auftritt des Grand-Prix-Zirkus in der verschmutzten Luft von Mexico-City sein. Auch hier wieder ein Doppelsieg der Williams vor Schumachers Benetton.

Die Überlegenheit der Williams bescherte dem Team aus Didcot auch in Brasilien einen zweifachen Erfolg, erneut vor dem stark aufholenden Michael Schumacher, der mit seinem Benetton B192-Ford allerdings eine Runde einbüßte. In Südamerika gab es für Ferrari wenigstens ein Trostpflaster, als Alesi und Capelli die Plätze vier und fünf belegten. Mit Defekten an der Elektronik fielen die beiden McLaren MP4/7-Honda von Ayrton Senna und Gerhard Berger aus. Zwischen Senna und Schumacher ergaben sich Spannungen: Der Deutsche warf dem Brasilianer eine gefährliche Fahrweise vor.

Beim Großen Preis von Spanien auf der neuen Strecke von Montmelò bei Barcelona gewann WM-Leader Nigel Mansell in einem Regenrennen; hinter dem Briten kamen ebenfalls zwei ausgesprochene Regenspezialisten durchs Ziel, nämlich Michael Schumacher auf Benetton, der einige Attacken auf Leader Mansell lanciert hatte, sowie Jean Alesi auf Ferrari. Der Südfranzose hatte auf der nassen Fahrbahn die Schwächen des italienischen Zwölfzylinders ausgleichen können. Drei Runden vor Schluß war ein weiterer Regenkünstler von der Strecke geraten, nämlich Ayrton Senna. In den Leitplanken landete in Spanien auch Riccardo Patrese. Bei Brabham hatte man die nie über die Vorqualifikationen hinausgekommene Giovanna Amati durch den Williams-Testfahrer Damon Hill ersetzt, doch der dunkelhaarige Brite scheiterte mit dem unterlegenen Brabham BT60B-Judd bereits bei den Qualifikationen.

Mansell und sein Williams waren unschlagbar. Beim GP von San Marino in Imola holte sich die Erfolgskombination den fünften Sieg in Folge. Wieder kam Patrese auf den zweiten Platz; mit klarem Rückstand auf die Williams eroberte Senna den noch verbleibenden Podiumsrang. Vierter wurde Brundle auf Benetton-Ford, der zwar neben dem aufgehenden Stern Schumacher chancenlos dastand, aber nach anfänglichen Schwierigkeiten von jetzt an bei allen folgenden Rennen (ausgenommen in Kanada) Punkte sammeln konnte.

Anfang Mai traf eine schlechte Nachricht aus Indianapolis ein. Nelson Piquet, dem in der zweiten Saisonhälfte 1991 bei Benetton als Teamkollege Michael Schumacher zugeteilt worden war und dabei eher blaß außah, hatte der Formel 1 den Rücken gekehrt und versuchte stattdessen, in der amerikanischen IndyCar-Serie Fuß zu fassen. Beim Training in Indianapolis erlitt er dabei einen Unfall mit schweren Beinverletzungen. Piquet verbrachte viele Wochen in der Klinik. Seine große Rennkarriere, die ihm drei Weltmeistertitel eingebracht hatte, war damit zu Ende. Piquet bestritt später noch Rennen auf Tourenwagen und mit Gran-Turismo-Fahrzeugen.

Beim Grand Prix von Monaco wurde dem Publikum ein phantastisches Finale serviert. Bis in die 70. Runde führte wie gewohnt Mansell mit seinem Williams-Renault, dann aber löste sich an seinem Fahrzeug ein Rad, wodurch ein kurzer Boxenstop erforderlich wurde. Sogleich nutzte Ayrton Senna die Situation und übernahm die Führung. Die Runden 71 bis 78 brachten nun das Duell zweier Giganten der Grand-Prix-Szene. Mansell fuhr nach dem Boxenstop auf Biegen und Brechen, um wieder zu Senna aufzuschließen – was ihm auch gelang. In den letzen Runden donnerten der Williams und der McLaren Rad an Rad um den Stadtcircuit im Fürstentum: Senna verstand es meisterhaft, seinem Rivalen ein Passieren unmöglich zu machen... es herrschte knisternde Spannung. Das Duell zwischen den beiden Könnern verlief fair, wie später auch Nigel Mansell festhielt. Der Brite kam nicht durch, Senna gewann 0,215 Sekunden vor Mansell. Ihm folgten Patrese als Dritter und Schumacher als Vierter.

Nach fünf Volltreffern hatte die Williams-Erfolgsserie erstmals eine Unterbrechung erfahren. Zugleich schien der GP von Monaco bei McLaren einen Aufwärtstrend eingeleitet zu haben, denn beim Großen Preis von Kanada in Montreal stand Senna auf dem besten Startplatz – vor den beiden Williams. Im Rennen führte der Brasilianer wieder, in der 37. Runde sah er sich jedoch wegen eines Elektrikproblems eliminiert, worauf überraschend sein Teamkollege Gerhard Berger, der an der Seite eines so starken Fahrers wie Senna zu einem Schattendasein verurteilt war, als Sieger durchs Ziel fuhr. Die beiden Williams schieden aus.

Beim Grand Prix von Frankreich in Magny-Cours hatte man wieder zur alten Ordnung zurückgefunden. Mansell gewann vor dem Teamkollegen Patrese, während Senna schon in der ersten Runde durch eine Kollision ausschied. Ein ähnliches Bild ergab sich beim Grand Prix von England in Silverstone: Williams-Doppelsieg mit Mansell und Patrese, gefolgt von den beiden Benetton-Ford, nur daß diesmal Brundle kurz vor Schumacher durchs Ziel ging. Senna war mit einem Defekt an der Kraftübertragung stehengeblieben.

Nach Schumachers überzeugenden Darbietungen konnten die deutschen Zuschauer ihren Liebling erstmals beim Heim-Grand-Prix in Hockenheim bewundern. Und sie kamen in Riesenscharen, denn Schumi war längst zum großen Publikumsmagneten avanciert. Am Start stand er noch auf dem sechsten Platz. Wieder führte Mansell, hinter ihm kämpften Senna und Patrese um die zweite Position. Doch schon von der 15. Runde an lag der vom Publikum frenetisch angefeuerte Schumacher an vierter Stelle. Beim Versuch, Senna in der vorletzten Runde noch von der zweiten Position zu verdrängen, geriet Patrese mit seinem Williams-Renault von der Strecke, worauf Schumacher auf das Podium steigen konnte: Hockenheim tobte vor Begeisterung. Beim Grand Prix von Ungarn genügte Nigel Mansell ein zweiter Platz hinter dem siegreichen Senna, um endgültig als Weltmeister 1992 ausgerufen zu werden.

Bei einem von Regenschauern begleiteten Grand Prix von Belgien in Spa-Francorchamps lautete die Startreihenfolge Mansell, Senna, Schumacher und Patrese, die auch nacheinander das Rennen anführten. Michael auch Schumacher auf Benetton lag ab der 34. von 44 Runden an der Spitze, gab sie nicht mehr ab und wurde somit erstmals Sieger eines Grand Prix, nachdem er und sein Team bei den wechselhaften Bedingungen beim Umstellen auf Regenreifen oder Slicks mit einer geschickten Taktik aufgewartet hatten. Man war sich längst im Klaren, daß Michael Schumacher ein Ausnahmetalent war, ein geborener zukünftiger Weltmeister.

Beim GP von Italien in Monza gab Honda den Rückzug aus der Formel 1 per Ende 1992 bekannt. Im Training gab es eine interessante Feststellung: Erstmals tauchten die McLaren-Honda mit aktiven Aufhängungen auf, allerdings war das System für den Einsatz im Rennen noch nicht reif. Seit Wochen wurde auch die Frage diskutiert, ob Weltmeister Mansell seinen Vertrag mit Williams wohl um ein weiteres Jahr verlängern würde. Und McLaren-Boß Ron Dennis kündigte an, daß 1993 der IndyCar-Spitzenfahrer Michael Andretti, Sohn des Weltmeisters Mario Andretti von 1978, auf McLaren fahren werde.

Für Insider erreichte die Spannung in Monza zwischen dem Warm-up und dem Start zum Grand Prix ihren Höhepunkt, als Nigel Mansell die Journalisten kurzfristig zusammenrief und ihnen mitteilte, daß er eine wichtige Mitteilung über seine zukünftige Karriere zu machen habe. Doch kurz bevor Mansell seinen vorbereiteten Text zu verlesen begann, trat ein Williams-Mitarbeiter an ihn heran und flüsterte ihm etwas ins Ohr. Anschließend gab Mansell den Pressevertretern bekannt, daß er sich zum Saisonende 1992 aus der Formel 1 zurückziehen werde, weil Williams bis Monza auf seine Bedingungen zur Vertragserneuerung nicht eingegangen sei. Im Anschluß an dieses Statement ergriff der Williams-Mitarbeiter das Wort und sagte, daß man Mansells Forderungen nun doch akzeptiere – der aber hatte sich entschieden und meinte, nun sei es zu spät, er mache vorläufig Schluß mit der Formel 1. Seit einigen Tagen hatte der Brite einen Vertrag des amerikanischen Newman/Haas-Teams für die Teilnahme an der IndyCar-Serie 1993 vorliegen, auf den er auch einging. In der folgenden Saison trat Mansell bei den nordamerikanischen Rennen mit großem Erfolg an.

In Monza schien es, als beabsichtigte Mansell, seinem Teamkollegen Patrese den Sieg zu ermöglichen, der jahrelang die aufwendige Testarbeit bei Williams erledigt hatte. Der Weltmeister führte bis in die 19. von 53 Runden, als er dem Italiener die Spitze überließ. Patrese hatte in der 48. Runde jedoch Schwierigkeiten mit der Hydraulik, nachdem Mansell schon sieben Runden zuvor mit Getriebeproblemen konfrontiert worden war, und so gewann nicht er, sondern Ayrton Senna auf McLaren-Honda, vor den beiden Benetton-Ford von Martin Brundle und Michael Schumacher. Wieder waren beide Ferrari ausgefallen.

Beim Grand Prix von Portugal holte Nigel Mansell seinen neunten und letzten Saisonerfolg, vor den beiden McLaren-Honda von Berger und Senna. Schumachers Motor starb beim Start ab, worauf der Deutsche sein Rennen aus der letzten Startreihe heraus aufbauen mußte. Aber das war angesichts des Unfalls von Riccardo Patrese auf der Zielgeraden nur Nebensache. In der 44. Runde lag der Italiener in der Zielkurve hinter dem McLaren-Honda Gerhard Bergers. Plötzlich drosselte der Tiroler sein Tempo, um zwecks Reifenwechsel an die Boxen zu gehen, versäumte es aber, ein Handzeichen zu geben. Patrese war von Bergers Manöver total überrascht und rammte den McLaren von hinten, worauf der Williams an den Hinterrädern Bergers hochkletterte, Auftrieb bekam und sich im Verlaufe eines fast hundert Meter langen Fluges, in dessen Verlauf er sogar Bergers Wagen überholte, rückwärts überschlug. Patreses Wagen rutschte nach der Landung noch 150 Meter weiter, ehe er zum Stillstand kam. Der Fahrer wurde nur leicht verletzt – das Ganze hätte zu einer Katastrophe führen können, wenn der Williams in das Boxenareal katapultiert worden wäre.

Beim Großen Preis von Japan in Suzuka, wo Honda einen letzten offiziellen Formel-1-Auftritt vor dem heimischen Publikum absolvierte, fielen die prominenten Akteure Senna, Mansell und auch Schumacher aus. Patrese feierte den sechsten und auch letzten Grand-Prix-Erfolg seiner langen Karriere, die nach einer weiteren Saison (auf Benetton-Ford) Ende 1993 mit der Rekordzahl von 256 WM-Läufen ihren Abschluß fand. Der Paduaner gewann vor Berger und Brundle.

Den Saisonabschluß brachte wie gewohnt der Grand Prix von Australien in den Straßen von Adelaide. Mansell führte hier vor Senna, bis der abtretende Weltmeister seinen Nachfolger in einer Spitzkehre am Heck rammte und beide ausfielen. Es gewann Berger auf McLaren-Honda, so daß der japanische Zwölfzylinder bei seinem letzten Auftritt siegreich blieb. Schumacher kam mit seinem Benetton-Ford auf den Ehrenplatz, vor dem regelmäßig seine Punkte hereinholenden Martin Brundle auf Benetton und Jean Alesi auf dem noch immer enttäuschenden Ferrari. In der Endabrechnung der Weltmeisterschaft stand Nigel Mansell mit 108 Punkten an oberster Stelle, gefolgt von seinem Teamkollegen Riccardo Patrese mit 56, Michael Schumacher mit 53, Ayrton Senna mit 50 und Gerhard Berger mit 49 Punkten. In der Weltmeisterschaft der Konstrukteure führte die Kombination Williams-Renault das Klassement mit der ungewöhnlich hohen Punktezahl 164 an, vor McLaren-Honda mit 99, Benetton-Ford mit 91 und Ferrari mit sage und schreibe nur 21 Punkten. Besonders bei Renault war man glücklich: Zum ersten Mal hatten die französischen Motorenlieferanten mit ihrem Zehnzylinder die Weltmeisterschaft gewonnen.

Gerhard Berger auf McLaren MP4/7-Honda gewinnt in Adelaide den Grand Prix von Australien nach 1987 (damals auf Ferrari) abermals. Es ist dies nach Kanada der zweite Saisonerfolg des Tirolers, der bereits einen Ferrari-Vertrag für 1993 in der Tasche hat.

Formel-1-Wagen von 1992

Marke/Modell	Verantwortliche(r) Konstrukteur(e)	Motor/Typ	Getriebe/Anzahl Gänge Anordnung	Radstand (mm) Spur vorne/hinten	Trocken-gewicht
Andrea Moda S 192	Paul Burgess (Simtek)	Judd GV V10 72°	Andrea Moda, 6 Q	2850 1810/1670	525
Benetton B 192	Ross Brawn Rory Byrne	Ford HB V8 75°, PV	Benetton 6, Q	2880 1816/1710	505
BMS Dallara 192	Gian Paolo Dallara Alessandro Mariani Paolo Stanzani	Ferrari 037 V12 65°, 5V	Dallara 6, Q	2868 1810/1676	510
Brabham BT60B	Tim Densham David Morgan	Judd GV V10 72°	Brabham 6, Q	2946 1803/1549	510
Ferrari F 92 AT	Steve Nichols Jean-Claude Migeot	Ferrari E/A 92 bis E/G 92 V12 65°m 5V, TA	Ferrari, 6, Q halbautomatisch Antischlupfregelung	2925 1810/1678	505
Fondmetal GR 02	Sergio Rinland Tommaso Carletti Peter F. Wyss	Ford HB V8, 75°, PV	Fondmetal 6, Q	2875 1800/1680	515
Footwork FA 13	Alan Jenkins Bob Bell	Mugen Honda MF-351H V10, 72°, PV	Footwork-XTrac, 6, Q	2946 1810/1676	510
Jordan 192	Gary Anderson	Yamaha OX99 V12, 70°, 5V	Jordan/Yamaha/ XTrac, 7, Q	2925 1800/1680	515
Ligier JS 37	Frank Dernie Gérard Ducarouge	Renault RS3C V10, 72°, PV	Ligier/XTrac, 6, Q	2900 1800/1680	505
Lotus 107	Peter Wright Chris Murphy	Ford HB V8, 75°, PV	Lotus, 6, Q	2950 1800/1650	530
March CG 911	Gustav Brunner John Gentry Gordon Coppuck	Ilmor 2175 A V10, 72°	Leyton-House, 6, Q	2845 1803/1676	520
McLaren MP 4/7 A	Neil Oatley Henri Durand Tyler Alexander	Honda RA 122E/B V12, 75°, PV, TA DBW	McLaren 6, Q halbautomatisch	2960 1803/1676	505
Minardi M 192	Aldo Costa René Hilhorst	Lamborghini 3512 V12, 80°	Lamborghini/Minardi 6, Q	2940 1800/1680	515
Tyrrell 020 B	Mike Caughlan George Ryton	Ilmor 2175A V10, 72°	Tyrrell, 6, Q Antischlupfregelung	2946 1803/1620	510
Venturi-Larrousse LC-92	Robin Herd Michel Têtu	Lamborghini 3512 V12, 80°	Lamborghini, 6, Q	2940 1810/1620	520
Williams FW 14B	Patrick Head Adrian Newey	Renault RS4 V10, 67°, PV, TA	Williams/XTrac, 6, Q halbautomatisch Antischlupfregelung	2817 1739/1617	510

1992 waren alle Formel 1-Rennwagen mit Goodyear-Reifen ausgerüstet.
Abkürzungen zu den Motoren: PV = pneumatische Ventile; TA = teleskopische Ansaugrohre; 5V = 5 Ventile pro Zylinder; DbW = Drive-by-wire oder elektronisches Gaspedal (nur McLaren)
Abkürzungen zu den Getrieben: 6 oder 7 = Gangzahl; Q = Quergetriebe.
1992 bestritten nur die Williams die ganze Saison mit aktiven Aufhängungen; Ferrari setzte nur bei den zwei letzten Grand Prix einen Wagen mit aktiven Aufhängungen ein; McLaren setzte nur beim Training zum Grand Prix von Italien einen Wagen mit aktiven Aufhängungen ein.

Jahr des Elektronikrausches 1993

Prost holt vierten Weltmeistertitel vor Senna. Nigel Mansell wechselt erfolgreich in die amerikanische IndyCar-Serie. Letztes Jahr der aktiven Aufhängungen und der Antischlupfregelung.

Alain Prost (Sieger) und Ayrton Senna (Zweiter) auf dem Podium des Grand Prix von Spanien in der Nähe Barcelonas. Seit Jahren sprachen die beiden kaum mehr miteinander. Die Spannungen bestanden seit den gemeinsamen Kollisionen, welche die WM entschieden.

Das Jahr 1993 brachte den Höhepunkt der Elektronik. In der Branche wurde von einem regelrechten Elektronikrausch gesprochen. Aktive Aufhängungen, Antischlupfregelungen und auch das elektronische Gaspedal »drive by wire« stellten für den Piloten zwar Fahrhilfen dar, aber die Fahrzeuge wurden dadurch nicht nur technisch raffinierter und perfekter, sondern auch immer teurer, so daß nur noch sehr finanzstarke Teams in der Lage waren, den hohen technologischen Aufwand mitzumachen. Besonders dünn wurde die Decke, als sich auch noch bedeutende Sponsoren wie Camel und Canon Ende 1993 aus der Formel 1 zurückzogen.

Als problematisch erwiesen sich die aktiven Aufhängungen, deren Beherrschungsansprüche einzelne Teams fast zur Verzweiflung trieben. Im Personenwagenbau gab es keine ernstzunehmende Anwendungsmöglichkeit für derartige Fahrwerke; sie stellten nur noch ein »l'art pour l'art« dar. In der Saison 1993 wurden sie von Williams, McLaren, Benetton, Ferrari, Footwork und Lotus benutzt (bei Lotus handelte es sich um ein vereinfachtes Prinzip). Footwork übernahm das von McLaren entwickelte System und ersparte sich somit eine zeitraubende Eigenentwicklung. Diese betrieb man hingegen bei Sauber. Aber dann wurde – nach Absprache zwischen den Teams und der FIA – beschlossen, die aktiven Aufhängungen und die Antischlupfregelung ab 1994 zu verbieten. Bei der Diskussion um die Elektronik (selbstverständlich wurde das elektronische Motormangement davon nicht tangiert) gab es zwei Strömungen: McLaren und Williams, die durch erhebliche Invenstitionen vor allem bei der aktiven Aufhängung einen technischen Vorsprung erzielt hatten, setzten sich für die Beibehaltung der »Elektronischen« ein, hingegen waren Ferrari und Benetton für eine Vereinfachung der Technologie und damit für das Verbot der aktiven Aufhängungen und der Antischlupfregelung. Ferrari hatte bei der »Aktiven« zu lange gezögert und sich zu spät an die komplexen Probleme herangemacht. Die FIA begründete das ab 1994 in Kraft tretende Elektronikverbot unter anderem damit, daß die WM ein Championat der Fahrer sei, weshalb das Können der Piloten im Vordergrund zu stehen habe. Elektronische Fahrhilfen seien deshalb auch aus dieser Perspektive heraus zu verbieten. Das Elektronikverbot wurde relativ kurzfristig beschlossen, nämlich Ende 1992, somit knapp mehr als ein Jahr vor dem Inkrafttreten des Verbots. Damit wurde das Concorde-Abkommen umgangen, nach welchem bedeutende Änderungen der Vorschriften mindestens zwei Jahre im Voraus definiert sein mußten. Je nach Interessenlage stimmten die Teams für oder gegen die Einhaltung des Concorde-Abkommens.

Neue Vorschriften traten 1993 in Kraft, um das Kurventempo zu drosseln. Auch war man bestrebt, die Wagen noch sicherer zu machen. Die Gesamtbreite der Grand-Prix-Monoposto wurde von 215 auf neu 200 cm limitiert; die Antriebsräder wurden schmaler, indem man die maximale Breite von 18 auf 15 Zoll herabsetzte. Die Höhe der Heckflügel mußte von 100 auf 95 cm vermindert werden, und der vordere Überhang erfuhr eine Verkürzung von bisher 120 auf 90 cm, was die Wirkung der Flügel einschränkte. Noch strenger wurden die Crashvorschriften für das Monocoque und die an der Frontpartie des Chassis aufgesetzte »Nase«. Auch wurde ab 1993 an den Trainings- und Qualifikationstagen die Benutzung von Reservewagen verboten; ein Ersatzfahrzeug durfte erst am Renntag verwendet werden. Limitiert wurde auch die Anzahl der an freiem Training und an den Qualifikationen maximal zu fahrenden Runden: 23 am Vormittag beim freien Training, zwölf bei den eigentlichen Qualifikationen. Das war wenig, aber im Jahresdurchschnitt wurden damit etliche der teuren Motorrevisionen eingespart.

Nachdem Alain Prost 1992, als Nigel Mansell auf Williams-Renault Weltmeister wurde, ein Jahr Pause eingelegt hatte, übernahm er 1993 bei Williams die Rolle des Nummer-1-Piloten. Mit dem FW15C V10 stand ihm auch das beste Fahrzeug zur Verfügung. Aber die Aufgabe des Franzosen war nicht leicht, er stand permanent unter Erfolgszwang. Für jeden Fehler wurde er hart kritisiert – von ihm wurden nur Siege erwartet. Als Teamkollegen stellte man ihm Damon Hill an die Seite; der Engländer, der 1992 auf einem der unterlegenen Brabham-Yamaha einige Rennen bestritten hatte, bewährte sich brillant und avancierte zu einem neuen Stern am

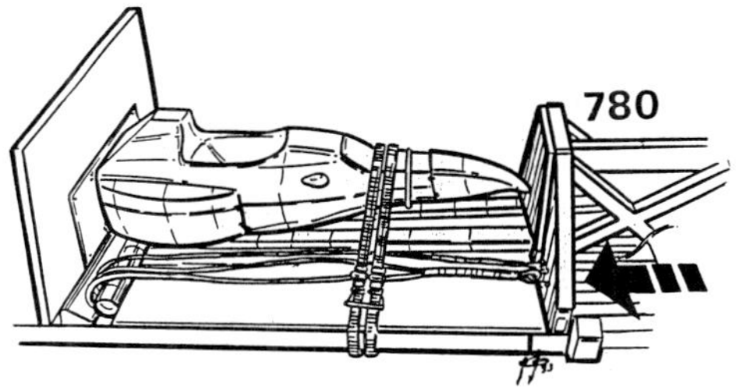

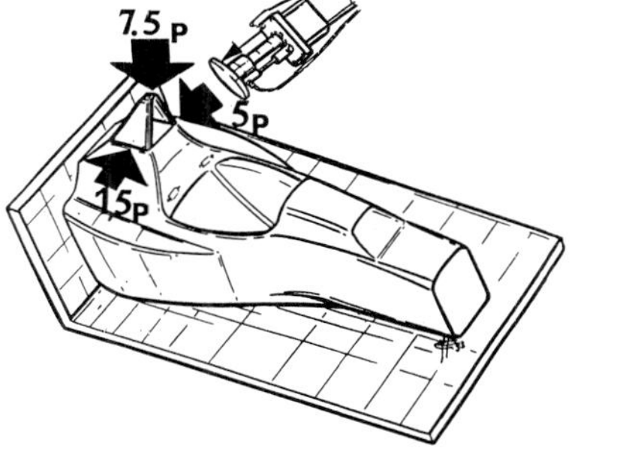

Beim Crashtest wurden das Monocoque (Zeichnung oben), die Frontpartie und auch der Überrollbügel einer harten Beanspruchung unterzogen. Beim frontalen Crashtest wurde das mittels Ballast (Wasser) auf 780 kg beschwerte Monocoque samt aufgesetzter Frontpartie («Nase») im Labor mit einer Aufprallkraft von 23,6 t gegen eine Wand geschleudert. Dabei wurde die «Nase» wie eine Handorgel zusammengedrückt, aber das Monocoque mußte intakt bleiben. Beim Test mit dem Überrollbügel (Zeichnung unten) wirkten Kräfte aus drei verschiedenen Richtungen mit einer Kraft von mehreren Tonnen auf diese Schutzvorrichtung ein.

Damon Hill

Grand-Prix-Himmel. Um das Williams-Team und Alain Prost entstand vor Saisonbeginn ein Wirbel, als sich Williams bei der FIA um Stunden zu spät für die Fahrer-WM anmeldete. Aber auch Prost lieferte vor dem ersten Grand Prix Diskussionsstoff, weil er sich erlaubt hatte, im Rahmen eines Interviews scharfe Kritik an der FIA zu üben.

Im Verlauf der Saison erwiesen sich Alain Prost und der Williams FW15C-Renault als die beste Kombination. Prost gewann sieben von 16 Rennen und stand nach dem drittletzten Lauf als Champion fest. Damon Hill, der seine erste volle Formel-1-Saison bestritt, gewann dreimal (Ungarn, Belgien und Italien) und hätte sogar auf fünf erste Plätze kommen können, wäre er bei zwei Rennen nicht vom Pech verfolgt gewesen. Nachdem Williams 1992 nicht weniger als fünf Doppelsiege herausgefahren hatte, mußte sich das Team diesmal mit einem Zweifacherfolg begnügen. Als gefährlichster Rivale der Williams-Renault erwies sich Ayrton Senna auf McLaren-Ford, der es trotz der im Vergleich zum Renault-Zehnzylinder mäßigeren Leistung des V8 auf immerhin fünf Erfolge brachte. Bis zum Juni bot Senna Prost die Stirn, dann aber fuhr der Franzose seinem Widersacher auf und davon.

Die große Überlegenheit der Williams-Renault war auf deren aktive Aufhängungen, auf die Antischlupfregelung, auf den leistungsstarken und zuverlässigen Renault-V10-Motor sowie auf die günstige Aerodynamik zurückzuführen. Da aktive Aufhängungen 1994 nicht mehr verwendet werden durften, stellte man deren Weiterentwicklung bei Williams Mitte 1993 ein. Beendet wurde auch die in Zusammenarbeit mit der holländischen Firma Van Doorne's Transmissie ent-

In der Saison 1993 versuchte auch Michael Andretti (im Wagen), der IndyCar-Meister von 1991, in der Formel 1 Fuss zu fassen. McLaren bot ihm vor Saisonbeginn viel zu wenig Testmöglichkeiten, weil sich das Team total auf Senna konzentrierte, ebenso waren die meisten Strecken für den Amerikaner neu, so daß die Saison für ihn enttäuschend ausfiel. Nach dem Grand Prix von Italien zog sich der Sohn des grossen Mario Andretti wieder nach USA zurück, so daß Testfahrer Mika Häkkinen (rechts) wieder im McLaren zum Einsatz kam.

Mike Andretti

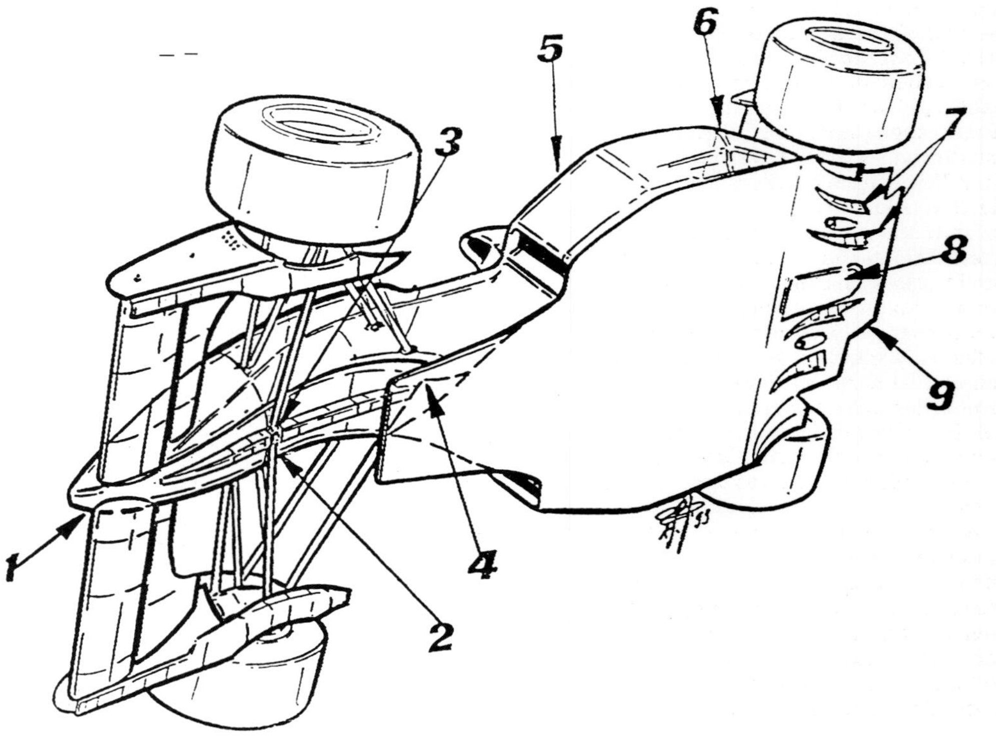

McLaren MP4/8-Ford von unten. 1) Die Frontpartie ist hochgezogen, um mehr Abtrieb zu erzeugen; 2) Anlenkpunkte der Vorderradaufhängung; 3) Zwischen dem hinteren Ende der Vorderräder und dem vorderen Ende der Hinterräder (Tangenten) muss der Unterboden ganz flach sein; 4) Verlängerung des Unterbodens, um dem Reglement zu entsprechen; 5) Seitenkästen mit den innenliegenden Kühlern; 6) Beginn der nach hinten auslaufenden Flaschenhalsform; 7) Leitflöschen; 8) Getriebeverschalung; 9) Verkleidung unter dem Heck, die nach hinten hochgezogen ist und als Extraktor wirkt.

wickelten stufenlosen CVT-Kraftübertragung, die im Verlauf der Saison 1994 vermutlich einsatzreif gewesen wäre. Auch in diesem Bereich hatte Williams viereinhalb Jahre Forschung und Entwicklung investiert – umsonst. Das Team aus Didcot mußte die Saison 1993 übrigens auch mit zwei neuen Fahrern angehen: Nigel Mansell hatte schon vor dem Start zum Großen Preis von Italien 1992 seinen Wechsel zur nordamerikanischen IndyCar-Rennserie bekanntgegeben, und Riccardo Patrese hatte bei Benetton unterschrieben. Daraufhin wurde der bisherige Williams-Testpilot Damon Hill als zweiter Fahrer verpflichtet. Auch der Williams FW15C war unter der Leitung von Patrick Head, dem Technischen Direktor und Partner von Williams, und Adrian Newey realisiert worden. Bei Renault war unter der Leitung von Bernard Dudot und Jean-Jacques His die Version RS5 des bewährten V10 mit 67°-Gabelwinkel entstanden, der das Drehmoment über ein transversales Williams-X-Trac-Sechsganggetriebe weitergab.

Mit seinem überlegenen Fahrzeug stand Alain Prost 1993 nicht weniger als dreizehnmal auf der Pole Position. Er gewann sieben Grand Prix, womit er sein Rekordkonto auf 51 Volltreffer aufrundete. Allerdings wurde dem Franzosen das Siegen nicht allzu leicht gemacht. In Monaco beispielsweise winkte man ihn wegen eines (diskutablen) Frühstarts zu einem Zehnsekunden-Stafstop herein, und als Prost sein Rennen fortsetzen wollte, starb der Motor ab, was ihn um eine ganze Runde zurückwarf. Umstritten war auch die anläßlich des Großen Preises von Deutschland ausgesprochene Stop-and-go-Strafe. Prost erfuhr harte Kritiken seitens der französischen Presse, die ihn vor allem nach den Grand Prix von Brasilien (Unfall), von Europa in Donington (falsche Reifenwahl), und von Monaco scharf angriff. Prost gingen diese Attacken sehr nahe und er dachte während der Saison an einen vorzeitigen Rückzug. Schließlich aber war ihm der vierte Weltmeistertitel sicher, und damit war er hinter dem fünffachen Titelhalter Juan Manuel Fangio die Nummer zwei in der »ewigen Liste«. Als im Herbst 1993 jedoch Ayrton Senna und das Williams-Team einen Zweijahresvertrag schlossen, stand für Prost fest, daß er sich am Ende der Saison von der aktiven Laufbahn zurückziehen würde, denn mit seinem Erzrivalen wieder im gleichen Team zu fahren, kam für ihn nicht in Frage. Die beiden vertrugen sich schon lange nicht mehr.

Nach fünf Jahren erfolgreicher Zusammenarbeit mit Honda mußte sich McLaren Ende 1992 nach einem neuen Motorenlieferanten umsehen, denn die Japaner zogen sich aus der Formel 1 zurück. Ron Dennis versuchte an den V10 von Renault heranzukommen, zu diesem Zweck zog er sogar in Erwägung, das mit Renault unter Vertrag stehende Ligier-Team zu kaufen. Schließlich einigte sich McLaren mit Ford, so daß die MP4/8 mit dem bei Cosworth hergestellten HB-V8-Motor ausgerüstet wurden. Nachdem Ford jedoch bereits einen Vertrag mit Benetton als bevorzugtem Team abgeschlossen hatte, mußte sich McLaren mit einem sogenannten Kundenmotor begnügen, der nicht immer dem allerletzten Entwicklungsstand zu entsprechen brauchte. Zudem hatte McLaren die im Vergleich zum V10 von Renault schwächeren Ford-Achtzylinder zu bezahlen; Hondas potente Triebwerke waren gratis geliefert worden. Die zeitweise unklare Motorensitation wirkte sich auf die Realisierung des neuen McLaren nachteilig aus; das Fahrzeug wurde erst mit Verspätung fertig.

Honda hatte bislang auch mitgeholfen, Sennas hohe Honorarforderungen zu erfüllen, was nun wegfiel. Der brasilianische Superstar war sich über seine Zukunft nicht ganz schlüssig, nachdem Prost ihm beim Wunschteam Williams zuvorgekommen war. Senna dachte zeitweilig an die Möglichkeit einer einjährigen Pause, um dann 1994 zu Williams zu gehen. Sein Landsmann Emerson Fittipaldi versuchte zudem, Senna in die amerikanische IndyCar-Serie zu locken. So unternahm der dreifache Weltmeister kurz vor Weihnachten 1992 in den USA eine Probefahrt am Steuer eines Penske-Chevrolet, doch zu einem Abschluß kam es nicht. Schließlich einigte sich Senna mit Ron Dennis auf einen »von-Rennen-zu-Rennen-Vertrag«, wobei der Brasilianer, der sich selbst als freier Mitarbeiter McLarens definierte, für jeden Grand-Prix-Start eine Million Dollar forderte. Diese Liaison erstreckte sich bis zum Großen Preis von Frankreich.

Zweiter McLaren-Pilot war Michael Andretti. Der frühere IndyCar-Champion hatte bereits im September 1992 einen Vertrag mit McLaren unterzeichnet, mußte dann aber ungenügend vorbereitet in die Weltmeisterschaft einsteigen, denn bei McLaren hatte man dem Amerikaner, der die Grand-Prix-Strecken nicht kannte, nur wenige Testmöglichkeiten bieten können. Andrettis Situation war um so schwieriger, als er neben einem Teamkollegen wie Ayrton Senna zu bestehen

Links
Nigel Mansell, der Weltmeister von 1992, bestritt 1993 die nordamerikanische IndyCar-Serie mit einem Lola-Ford des Teams Newman-Haas und wurde prompt auch IndyCar-Champion. Der Brite wurde in den USA schlagartig populär.

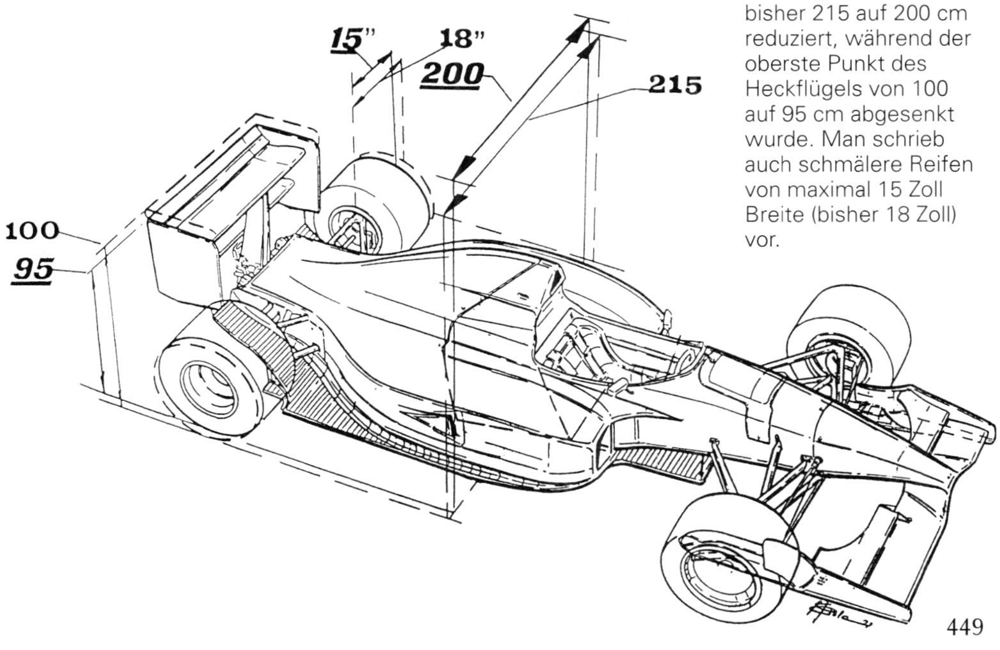

Unten
Im Jahre 1993 traten neue Vorschriften in Kraft. Die Gesamtbreite der Wagen wurde von bisher 215 auf 200 cm reduziert, während der oberste Punkt des Heckflügels von 100 auf 95 cm abgesenkt wurde. Man schrieb auch schmälere Reifen von maximal 15 Zoll Breite (bisher 18 Zoll) vor.

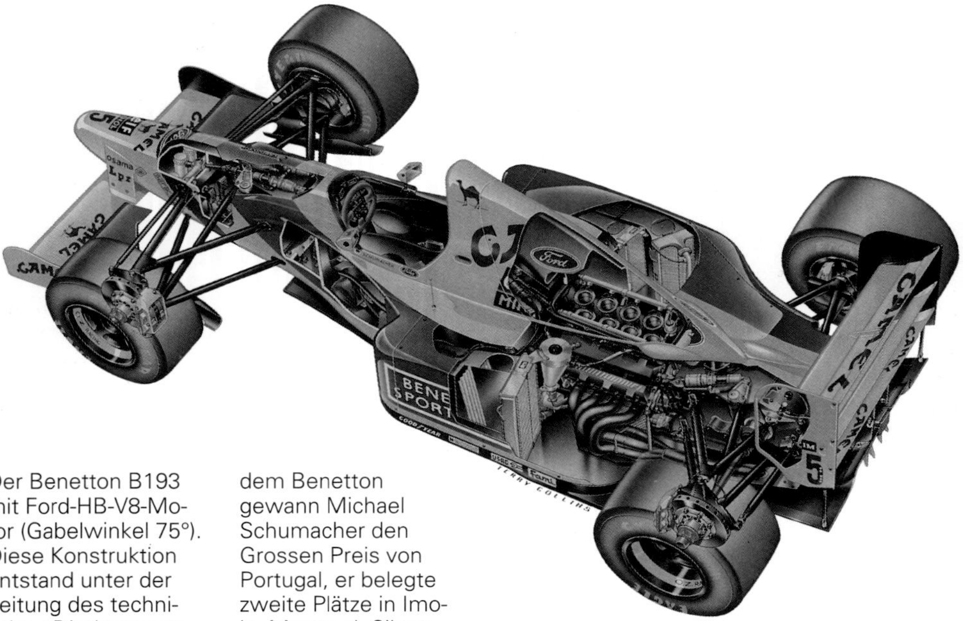

Der Benetton B193 mit Ford-HB-V8-Motor (Gabelwinkel 75°). Diese Konstruktion entstand unter der Leitung des technischen Direktors von Benetton, Ross Brawn, und des Aerodynamikers Rory Byrne. Der Benetton besass aktive Aufhängungen, eine Antischlupfregelung sowie ein elektronisches Drive-by-wire-Gaspedal. Mit dem Benetton gewann Michael Schumacher den Grossen Preis von Portugal, er belegte zweite Plätze in Imola, Montreal, Silverstone, Hockenheim und Belgien. In der Weltmeisterschaft der Konstrukteure kam Benetton-Ford hinter Williams-Renault und McLaren-Ford auf den dritten Platz.

hatte, auf den sich das Interesse des Teams konzentrierte. Ron Dennis nahm auch den Finnen Mika Häkkinen (ex-Lotus) unter Vertrag, allerdings nur als Testfahrer und Ersatzpilot.

Der wieder unter der Leitung von Neil Oatley und Henri Durand gebaute McLaren MP4/8 erwies sich als ein sehr guter Wurf, vor allem bei Regen, wenn ein Könner wie Ayrton Senna am Steuer saß. Die aktiven Aufhängungen und auch die Antischlupfregelung, die während des Beschleunigungsvorgangs bei Bedarf einen Zylinder abschaltete, funktionierten beim McLaren einwandfrei, ebenso gut bewährte sich die Aerodynamik. Senna gewann die Grand Prix von Brasilien, von Europa in Donington, von Monaco sowie die beiden abschließenden Rennen in Japan und in Australien. In Interlagos profitierte er von einem Fahrfehler Alain Prosts. Ein großartiges Rennen bestritt Senna in Donington, wo er der Welt einmal mehr sein Können auf regennasser Piste demonstrierte.

Die erste Runde des Großen Preises von Europa ging in die Geschichte ein. Hinter Prost, Hill und Schumacher hatte sich Senna für den vierten Startplatz qualifiziert. Im Regen kam er eher schlecht weg und lag zunächst an fünfter Stelle hinter dem Sauber-Fahrer Karl Wendlinger. Doch schon im Verlauf der Startrunde schnappte sich Senna zuerst Wendlinger, in der folgenden Kurve mußte Schumacher auf Benetton-Ford dran glauben, anschließend nahm sich Senna Hill auf Williams vor, während der führende Prost schon einen gewissen Vorprung hatte. Doch der Franzose bekam Schwierigkeiten mit der Schaltung seines halbautomatischen Getriebes – zweimal befand er sich unfreiwillig im Leerlauf. Dies ermöglichte dem ungestümen Senna, die erste Runde als Leader zu beenden: Das Publikum hatte seine Sensation. In Monaco lieferte Senna einen weiteren Beweis seines Könnens, allerdings vermochte er hier vom Pech seiner Rivalen Prost (Strafstop an den Boxen) und Schumacher (Defekt an den aktiven Aufhängungen) zu profitieren. Immerhin gewann er dieses schwierige Rennen zum fünften Mal in Folge und zum sechsten Mal insgesamt. Senna beklagte sich dennoch über einen zu schwachen Motor, so daß sich Fod veranlaßt sah, vom GP von England an das McLaren-Team mit Motoren der gleichen Entwicklungsstufe zu versorgen, wie man sie an Benetton lieferte.

Michael Andretti kam in seiner einzigen Formel-1-Saison auf keinen grünen Zweig. Mehrmals mußte er wegen Kollisionen kurz nach dem Start aufgeben; spektakulär war sein Unfall in Interlagos, wo er nach einer Berührung mit Gerhard Bergers Ferrari gemeinsam mit dem Tiroler von der Strecke flog. Auch beging Andretti den Fehler, keinen Wohnsitz in Europa zu nehmen, so daß er nach jedem Rennen in die USA fliegen mußte. Erst beim Großen Preis von Italien qualifizierte er sich nach einem schönen Rennen als Drittplazierter für einen Podiumsrang, doch ausgerechnet vor diesem WM-Lauf hatte er seinen Mechanikern mitgeteilt, daß dies sein letzter Grand-Prix-Start sei und er wieder zu seinen IndyCar-Rennen zurückgehen werde. Die schlechten Erfahrungen eines ausgewiesenen Könners wie Michael Andretti in der Formel 1 stimmten einige IndyCar-Fahrer in Sachen Formel-1-Intentionen besonders vorsichtig. Allerdings bedeutete Andrettis Rückzug für Mika Häkkinen die große Chance – endlich kam der Finne bei den folgenden drei Rennen zum Einsatz. Allerdings klassierte er sich nur in Japan, wo er hinter Senna und Prost Dritter wurde. Sennas Volltreffer beim folgenden letzten WM-Lauf in Adelaide war der 104. Grand-Prix-Sieg der Marke McLaren, die jetzt die Erfolgsliste erstmals anführte. Ferrari hatte viele Jahre an der Spitze gelegen, war aber bei 103 Siegen stehengeblieben.

Mit fünf ersten Plätzen war die Saison für McLaren sehr erfolgreich verlaufen. Sowohl Ayrton Senna in der Fahrer-WM als auch McLaren-Ford in der Marken-WM waren zu Vizemeistertiteln gekommen. Für 1994 einigte sich Ayrton Senna mit Williams; schon vor drei Jahren hatte er den Wunsch gehabt, für dieses Team zu fahren. Noch im Herbst 1993 unternahm McLaren Tests mit dem Lamborghini-V12-Motor, wobei Senna und auch Häkkinen respektable Zeiten erzielten. Doch dann ging Ron Dennis zu Peugeot und schloß am 8. Oktober 1993 mit den Franzosen einen Vierjahresvertrag ab.

Peugeot war in der Formel-1-Szene bislang nicht vertreten. Nach zweimaligem Gewinn der 24 Stunden von Le Mans hatte der PSA-Kozern indes beschlossen, mit Peugeot den Sprung in die Grand-Prix-Formel zu wagen, wofür ein neuer V10-Motor entwickelt wurde. Bei Lamborghini und auch bei Chrysler – damals Besitzer von Lamborghini – war die Enttäuschung wegen des nicht zustandegekommenen Vertrages mit McLaren so groß, daß man beschloß, sich aus der Formel 1 zurückzuziehen.

Den dritten Platz in der Markenweltmeisterschaft belegte 1993 das Benetton-Team, dessen Spitzenmann Michael Schumacher in der Fahrerwertung auf die vierte Position kam. Schumacher, der wieder einen Sieg – diesmal in Portugal – feiern konnte, erwies sich als der eigentliche »Fahrer des Jahres«. Sein Teamkollege war der bisherige Williams-Mann Riccardo Patrese, der sich aber in einer absteigenden Phase befand und sich besonders mit den aktiven Aufhängungen Probleme hatte. Trotzdem kam Patrese in der Fahrerweltmeisterschaft auf den fünften Platz, allerdings mit 32 Punkten Rückstand auf Schumacher.

Schon nach den zwei ersten Grand Prix dachte man bei Benetton darüber nach, Riccardo Patrese zu ersetzen. Da er stets etwas stiefmütterlich behandelt wurde, war sein Selbstvertrauen nicht mehr sehr groß. In der zweiten Saisonhälfte kam der Paduaner etwas besser in Schwung, und vom Grand Prix von England an schloß er fünfmal in den Punkterängen ab, wobei sein bestes Saison-

Der Ferrari F93A mit V12-Motor war noch eine Konstruktion, die unter Harvey Postlehtwaite entstanden war, während sich John Barnard auf das Modell 1994 konzentrierte. Die Ferrari-Piloten Gerhard Berger (Bild) und Jean Alesi hatten viele Ausfälle zu verzeichnen.

resultat ein zweiter Platz auf dem Hungaroring war.

Der Benetton B193 mit Ford-HB-Motor der Serie VII (höchste Entwicklungsstufe) galt vom Fahrgestell her als die beste Konstruktion der Saison. Die beiden ersten Grand Prix, gefahren in Südafrika und in Brasilien, bestritt Benetton noch mit dem älteren Modell, dann tauchte der B193B auf, der wieder den hochgestellten und ästhetisch nicht gerade ansprechenden Schnabel aufwies. Doch die von Rory Byrne und Ross Brawn konstruierte aktive Aufhängung funktionierte bestens. Zunächst war die Antischlupfregelung noch nicht verfügbar; sie wurde erstmals beim Grand Prix von Monaco verwendet, wo Schumacher nach der Stop-and-go-Strafe des anfänglich führenden Alain Prost die Spitze des Feldes übernahm. Allerdings glückte ihm wegen eines Versagens des Hydrauliksystems der Aufhängung der Sieg nicht. Von der Antischlupfregelung war Schumacher nach dem Grand Prix von Monaco begeistert und meinte, die Differenz sei enorm.

Wegen seines unterlegenen Motors vermochte Schumacher die Williams-Renault-Fahrer nicht ernsthaft zu bedrohen, aber für die McLaren-Ford stellte die Kombination Michael Schumacher/Benetton-Ford eine ständige Gefahr dar, vor allem solange Senna der Ford-HB-Motor der Serie VII nicht zur Verfügung stand. Wie schon erwähnt, stellte Ford später beiden Teams gleiche Triebwerke zur Verfügung. Die Benetton-Ford waren sehr zuverlässig: Schumacher verzeichnete bei 16 Starts nur vier Ausfälle, die sich auf technisches Versagen zurückführen ließen. Fünfmal belegte er den zweiten Platz (San Marino, Kanada, England, Deutschland und Belgien), dreimal dritte Plätze (Brasilien, Spanien und Frankreich). Beim Großen Preis von Portugal holte sich Schumacher dann den ersehnten Sieg, als er Alain Prost am Ziel um 0,9 Sekunden schlagen konnte. Dennoch war Prost der vierte Weltmeistertitel gewiß. Benetton verwendete übrigens kein ABS-Bremssystem, hingegen tauchte Ende Saison der B193 mit Vierradlenkung auf, die 1994 allerdings den neuen Vorschriften zum Opfer fiel und nicht weiter verwendet werden durfte.

Ferrari blieb auch 1993 sieglos. Seit 1990 hatten die italienischen Zwölfzylinder keinen Grand Prix mehr gewonnen. Immerhin fiel die Saison 1993 nicht so katastrophal wie 1992 aus; am Horizont zeichnete sich ein leichter Silberstreif ab. Trotz eines riesigen Aufwandes belegte Ferrari, der Rennstall mit dem weitaus größten Budget, nur die vierte Position in der Weltmeisterschaft der Konstrukteure, nachdem Jean Alesi und Gerhard Berger zusammen bloß 28 Punkte geholt hatten. Eine englische Zeitschrift betitelte Ferraris Saison mit einem bissigen »Die Kunst zu verlieren«. Der Ferrari F93A war ein Entwurf des 1992 zu Ferrari gekommenen ehemaligen englischen GTO-Mitarbeiters George Ryton, der in Guildford mit John Barnard zusammengearbeitet hatte. Angetrieben wurde das in Maranello konstruierte Fahrzeug vom bekannten V12-Motor mit 65°-Zylinderwinkel, der die Typenbezeichnung 041 trug. Seit August 1992 war Ing. Claudio Lombardi Chef der Rennmotorenabteilung von Ferrari. Zu Beginn der Saison war der Wagen noch ziemlich enttäuschend, doch im Verlaufe der Monate gelang es den Leuten in Maranello, den F93A einigermaßen auf Vordermann zu bringen. Ferrari bereiteten die aktiven Aufhängungen große Schwierigkeiten, auch gab der nach wie vor mit fünf Ventilen pro Zylinder versehene V12-Motor, der im Frühjahr elektronisch gesteuerte teleskopische Ansaugstutzen bekam (Version TT = tromboncini telescopici), nicht die erforderliche Leistung ab. Und wegen des großen Durstes der Maschine mußten Alesi und Berger am Start mehr Treibstoff als ihre Rivalen mitführen. Ferrari baute den Zwölfzylinder dann von fünf auf vier Ventile pro Zylinder um; diese Version wurde ab Hockenheim beim Training und dann ab Monza im Rennen eingesetzt; sie brachte deutliche Fortschritte. Für Jean Alesi war die Saison bis zum Großen Preis von Italien wenig erfolgreich: Nur in Monaco schrieb man ihm einige WM-Punkte gut, als er dort den dritten Platz belegte.

Am 1. Juli 1993 übernahm der bisherige Chef von Peugeot Talbot Sport, Jean Todt, das Amt des Ferrari-Sportdirektors. Der einstige Rallyenavigator wählte damit nicht den bequemsten Job, aber unter seiner Gesamtleitung wurde die Ferrari-Rennabteilung reorgaisiert und später auf den Erfolgskurs zurückgebracht.

Der Engländer John Barnard hatte von Ende 1986 bis Ende 1989 schon für Ferrari gearbeitet. Seit Juli 1992 arbeitete der prominente Konstrukteur erneut für Ferrari. Dazwischen ist Barnard für Benetton und später noch für Toyota tätig gewesen. Barnard liess in England die Ferrari Design & Development (FDD) mit Sitz in Shalford einrichten; hier wurden die zukünftigen Ferrari-Fahrgestelle konstruiert.

Aber in Monza gelang es Jean Alesi, seinen F93A auf Rang zwei zu plazieren, was zuglich das beste Saisonresultat für Ferrari blieb. Die Herzen seiner Fans ließ Alesi dann anläßlich des Großen Preises von Portugal höher schlagen, als er aus der dritten Startreihe heraus einen Bombenstart hinlegte und sich durch ein gewagtes Manöver in der ersten Kurve in Führung brachte, die er 19 Runden lang hielt. Seit 1990 lag erstmals wieder ein Ferrari an erster Position! Das von Schumacher auf Benetton-Ford gewonnene Rennen beendete Alesi jedoch nur als Vierter. Nach einem weiteren vierten Platz in Australien nahm er in der Weltmeisterschaft den sechsten Rang ein, womit er um zwei Positionen vor seinem 1993 zu Ferrari zurückgekehrten Teamkollegen Gerhard Berger lag. Der Tiroler wurde Opfer einer Serie spektakulärer Unfälle, die er zum Glück

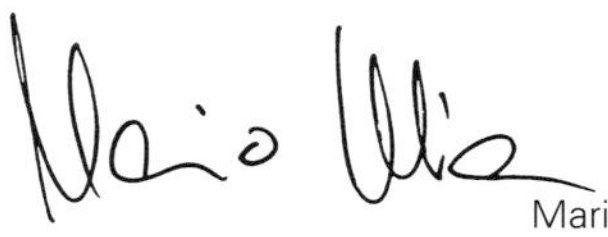

Mario Illien

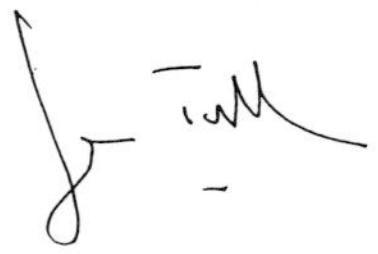

Jean Todt

Im Rahmen des Grand Prix von Belgien in Spa-Francorchamps feiert Gerhard Berger seinen 34. Geburtstag. Zu den geladenen Gästen gehören auch sein ehemaliger Teamkollege Ayrton Senna sowie Jean Alesi und Jean Todt.

schadlos überstand. Kritische Beobachter hatten den Eindruck, Berger, der drei McLaren-Jahre als chancenloser Teamkollege Sennas hinter sich hatte, fahre über seine Verhältnisse. Ab Spätsommer litt er an einer Entzündung am linken Ellbogen, die ihn beim Fahren behinderte; aber einen operativen Eingriff mußte er auf das Saisonende verschieben.

In der Leitung der Ferrari-Sportabteilung trat per 1. Juli 1993 eine bedeutende Änderung ein, als der bisherige Peugeot-Sportchef Jean Todt zum Direktor der »Gestione Sportiva« ernannt wurde. Drei Wochen vor seinem Amtsantritt hatte der Franzose noch die Peugeot-Mannschaft bei ihrem zweiten Sieg beim 24-Stunden-Rennen von Le Mans geleitet. Der einstige langjährige Rallyebeifahrer Jean Todt, der sich als Organisator mit herausragenden Führungsqualitäten einen Namen gemacht hatte, brachte wieder eine gewisse Souveränität in die Ferrari-Sportabteilung. Es gelang ihm, die besten Leute zu koordinieren; später holte er auch einige Peugeot-Ingenieure zu sich, darunter Gilles Simon, der in Modena den ersten Ferrari-V10-Motor konstruierte. Der Zehnzylinder debutierte allerdings erst in der Saison 1996.

John Barnard war im Juli 1992 zu Ferrari zurückgekehrt. Nach seiner Tätigkeit bei Benetton hatte der englische Konstrukteur in der zweiten Jahreshälfte 1991 auch für Toyota gearbeitet. Ursprünglich war vorgesehen, daß Barnard für Ferrari eine Neukonstruktion auf die Räder stellen sollte, die den F93A noch im Sommer hätte ablösen müssen, aber der Beschluß der FIA, die technischen Vorschriften der Formel 1 im Hinblick auf 1994 wesentlich zu ändern (Verbot der aktiven Aufhängungen sowie der Antischlupfregelung, des ABS, der vollautomatischen Kraftübertragung und der Vierradlenkung) machte diesen Plan zunichte, weil die Neukonstruktion nur bei den letzten Rennen der Saison 1993 hätte eingesetzt werden können.

In seiner ersten Ferrari-Phase, die sich von Ende 1986 bis Ende 1989 erstreckte, hatte sich Barnard im englischen Guildford ein GTO (Guildford Technical Operations) getauftes Entwicklungszentrum für die Konstruktion neuer Ferrari-Formel-1-Rennwagen einrichten lassen. Später, als Barnard zu Benetton wechselte, verkaufte Ferrari die GTO-Zentrale an McLaren. In seiner zweiten Ferrari-Phase ließ sich Barnard ein ähnliches Forschungszentrum aufbauen, genannt FD&D (Ferrari Design & Development) mit Sitz in Shalford, ganz in der Nähe der einstigen GTO. Hier wurden jetzt die Ferrari-Grand-Prix-Autos konstruiert. Einiger Wirbel entstand in der italienischen Presse Ende 1993, als durchsickerte, daß der Ferrari-V12-Motor unter Einbeziehung von Honda-Ingenieuren aus dem japanischen Wako überarbeitet worden sei. Ferrari war die Angelegenheit peinlich und man versuchte, die Angelegenheit herunterzuspielen, indem behauptet wurde, daß es sich nur um einen bei Automobilfirmen üblichen Meinungs- und Erfahrungsaustausch handele. Aus Japan meldete sich jedoch Honda-Chef Nabuhiko Kawamto (der in den sechziger Jahren noch als Rennmechaniker im Honda-Team gearbeitet hatte) und gab zu, daß seine Leute Ferrari beraten hätten und daß es sich dabei keineswegs nur um einen Austausch von Informationen unter Ingenieuren gehandelt habe.

Ferrari erzielte gegen Ende der Saison zwar gewisse Fortschritte; im Bereich der aktiven Aufhängungen und der Kraftübertragung bekam man die Probleme einigermaßen in den Griff. Auch zeigte der von fünf auf vier Ventile pro Zylinder umgebaute V12-Motor mehr Temperament. Dennoch hatte Ferrari beim GP von Australien in Adelaide, wo die Saison abgeschlossen wurde, einen absoluten Negativrekord zu verzeichnen: Seit Alain Prosts Sieg beim Großen Preis von Spanien 1990 stand die stolze italienische Marke in 50 Grand- Prix-Rennen ohne einen Volltreffer da. Und Jean Alesi, der zu den schnellsten und aggressivsten Fahrern der Formel 1 zählte, wartete immer noch auf seinen ersten Grand-Prix-Erfolg.

Ligier befand sich 1993 nach etlichen schlechten Jahren wieder im Aufwärtstrend, hatte den Besitzer gewechselt und gehörte nun zum überwiegenden Teil dem französischen Geschäftsmann Cyril de Rouvre, der von 1989 bis 1991 Besitzer des AGS-Rennstalls gewesen war, dort allerdings einen hohen Schuldenberg hinterlassen hatte. Im September 1992 hatte sich Ron Dennis für den Kauf Ligiers interessiert, doch der McLaren-Chef wollte mit einem solchen Deal nur an Renault-Motoren herankommen. In Magny-Cours wurde unter der Leitung von Gérard Ducarouge der JS39 gebaut, der von dem so begehrten Renault-RS5-V10-Motor angetrieben wurde. Ligier verzichtete auf eine Eigenentwicklung des halbautomatischen Getriebes und kaufte die von Williams in Zusammenarbeit mit X-Trac entwickelte Einheit ein. Doch obwohl bedeutende französische Sponsoren viel Geld investierten, saß 1993 kein französischer Pilot im JS39; vielmehr hatte man die Briten Martin Brundle und Mark Blundell verpflichtet.

Ein neues Team trat 1993 der Formel-1-Familie bei: der Schweizer Rennstall Sauber aus Hinwil in der Nähe von Zürich. Von links Ilmor-Motorenkonstrukteur Mario Illien, Sauber-Chefkonstrukteur Leo Ress sowie Teamdirektor Peter Sauber.

Peter Sauber

Links
Die erste Runde des verregneten und erstmals in Donington durchgeführten Grand Prix von Europa ging in die Geschichte ein. Die Sensation lieferte Ayrton Senna mit seinem McLaren MP4/8-Ford. Von der vierten Startposition aus fiel Senna nach dem Start noch um einen Platz zurück, worauf er in der Startrunde Wendlinger auf Sauber, Schumacher auf Benetton, Hill auf Williams und schliesslich auch Prost auf Williams überholte und damit nach einem Umgang in Führung lag.

Unten
Der Große Preis von Europa wurde 1993 auf dem 4,02 km langen Circuit von Donington ausgetragen. Schon in den dreißiger Jahren hatten in Donington Grand-Prix-Rennen stattgefunden.

Pedro Lamy

Diese trugen auch zu positiven Resultaten bei, indem sie ihre Erfahrungen und Eindrücke untereinander austauschten, was für die Techniker von großem Nutzen war, weil damit in eine gleiche Richtung gearbeitet werden konnte.

Wenn etwas bei Ligier exzellent war, dann der Renault-Zehnzylinder. Ligier fuhr mit konventionellen Aufhängungen; die Arbeiten an den aktiven Aufhängungen hatte man eingestellt, als der Beschluß veröffentlicht wurde, die »Aktiven« ab 1994 zu verbieten. Mit 13 WM-Punkten belegte Martin Brundle, der immerhin siebenmal in die Punktwerung kam, den siebenten Rang der Weltmeisterschaft; Mark Blundell holte dreimal Punkte und schloß mit insgesamt zehn Punkten auf dem zehnten Platz ab. In der WM der Konstrukteure kam Ligier mit 23 Punkten und drei Podiumsrängen auf die fünfte Position. Wenn man bedenkt, daß es Ferrari trotz des wesentlichen finanziellen und technischen Mehraufwandes auf nur fünf zusätzliche Punkte gebracht hatte, stand Ligier gar nicht so schlecht da.

Es ließ sich nicht geheimhalten, daß Teambesitzer Cyril de Rouvre zweifelhafter Geschäfte wegen mit dem Gesetz in Konflikt geraten war. Im Herbst 1993 äußerte Benetton ein gewisses Interesse an der Übernahme des Ligier-Teams, das schon der Renault-Motoren wegen nach wie vor attraktiv war.

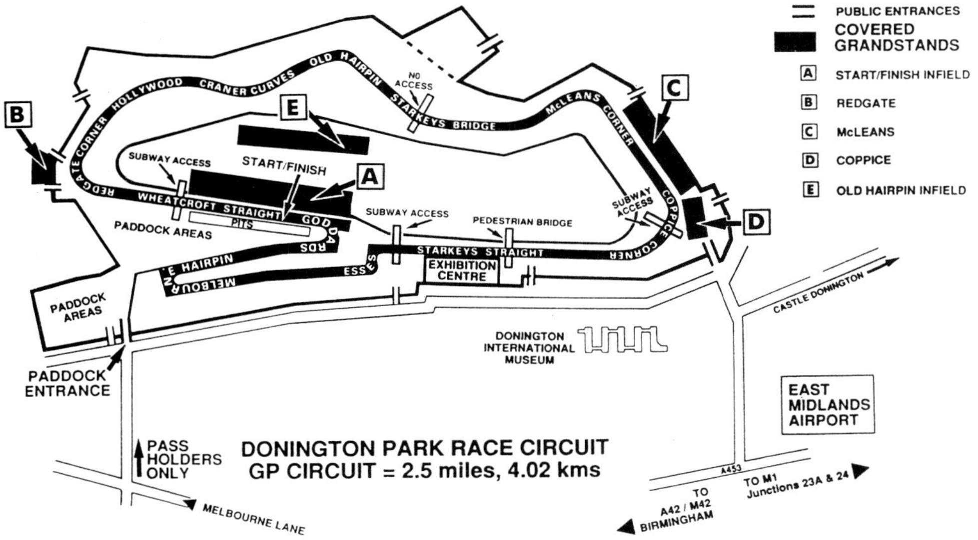

Erstaunlicherweise schaffte es Lotus noch immer, sich über Wasser zu halten. Die Saison 1993 aber war die vorletzte eines Teams, das in den Zeiten des genialen Colin Chapman in der großen Formel tonangebend gewesen war. Dem australischen Manager Peter Collins gelang es ein weiteres Mal, die Renngemeinschaft mit einem minimalen Etat durch die Klippen einer Saison zu lotsen. Peter Wright und Chris Murphy waren für den Mark 107B verantwortlich, der mit einem Ford-HB-Motor der Serie VI angetrieben wurde und über eine vereinfachte aktive Aufhängung verfügte, die von Lotus als »reactive suspension« bezeichnet wurde. Das System befriedigte jedoch nicht ganz. Im Verlauf der Saison wurden die 107B zudem mit einer Antischlupfregelung versehen. Die Lotus-Piloten waren der Brite Johnny Herbert und der Italiener Alessandro Zanardi, der beim Training zum Großen Preis von Belgien in Spa einen fürchterlichen Unfall erlitt. Zum Glück wurde er nicht schwer verletzt, aber man mußte ihn durch den Portugiesen Pedro Lamy ersetzen, der frisches Sponsorengeld mitbrachte und somit besonders willkommen war. Mit drei vierten und einem fünften Platz holte sich Herbert elf WM-Punkte und wurde Gesamtneunter; Zanardi mußte mit einem sechsten Rang in Brasilien vorliebnehmen und ging zum Schluß leer aus. Lamy bestritt die vier letzten Rennen, kam aber ebenfalls nicht in die Punktwertung. Am Ende der Saison gelang Peter Collins ein beachtlicher Coup: Er bekam für 1994 einen Vertrag mit dem Motorenhersteller Mugen/Honda und schnappte damit Footwork die japanischen Zehnzylinder weg.

In der Saison 1993 trat der Formel 1 auch ein Schweizer Team bei: der Sauber-Renn-

stall mit Sitz in Hinwil im Kanton Zürich. Für die Schweiz war dies ungewöhnlich, denn erstens waren Rundstreckenrennen auf dem Gebiet der Eidgenossenschaft seit 1956 verboten, und zweitens ist es für ein Schweizer Unternehmen ohnehin schwer, im internationalen Rennsport zu bestehen, weil Lohn- und Preisniveau in der Schweiz sehr hoch sind und sich hier nur wenige im Motorsport aktive Firmen ansiedeln konnten, so daß sich auch nie eine entsprechende Infrastruktur, etwa nach englischem Vorbild, bildete. Zudem war 1993 für einen Einstieg in die Formel 1 gerade besonders ungünstiges Jahr, weil Europa in einer Wirtschaftskrise steckte. Peter Sauber schaffte das Debut in der Formel 1 nicht zuletzt deshalb, weil er seit 1985 mit Mercedes-Benz zusammenarbeitete. Die Sauber-Rennsportwagen der Gruppe C mit Mercedes-Benz-V8-Motor gewannen 1989 und 1990 die Markenweltmeisterschaft, 1989 holten sie sich zudem in Le Mans einen Doppelsieg. Die technologisch sehr aufwendigen Sportwagenrennen fanden inzwischen jedoch nicht mehr jenen Niederschlag in den Medien wie einst, so daß sich beide Unternehmen aus dieser Kategorie zurückzogen. Nachdem sich Mercedes-Benz aber verpflichtet hatte, bis Ende 1993 mit Sauber zusammenzuarbeiten, lancierte Sauber 1991 sein Formel-1-Programm, obwohl Mercedes-Benz seinen offiziellen Segen dazu noch nicht erteilt hatte. Unter anderem wurde Rennkonstrukteur Harvey Postlethwaite engagiert, der den Sauber C12 der Formel 1 entwarf. Postlethwaite war es auch, der die Leute von Mercedes-Benz davon überzeugte, daß es besser sei, wenn man den Formel-1-Motor nicht bei einem Großkonzern, sondern bei einer kleinen, aber hochspezialisierten Firma bauen ließ, weil ein solches Unternehmen im Motorsport viel flexibler reagieren könnte als ein Industriegigant. Die Wahl fiel auf die Firma Ilmor im englischen Brixworth bei Northampton, die von den einstigen Cosworth-Ingenieuren Mario Illien und Paul Morgan gegründet worden war und auch auf die Unterstützung des amerikanischen Rennstallbesitzers Roger Penske zählen konnte. Mit Erfolg baute man bei Ilmor die von Illien konstruierten und für die amerikanischen IndyCar-Rennen bestimmten Chevrolet-V8-Turbomotoren, die von 1988 bis 1993 sämtliche 500-Meilen-Rennen von Indianapolis sowie zahlreiche andere IndyCar-Rennen gewannen (1994 setzte sich in Indianapolis dann ein bei Ilmor gebauter Mercedes-Benz-Stoßstangenmotor durch).

Nach dem Rückzug der Stuttgarter aus ihrem GP-Engagement liefen bei Sauber die Arbeiten am C12-Projekt unter der Leitung des deutschen Ingenieurs Leo Ress weiter, der seit 1983 für die erfolgreichen Sauber-Rennsportwagen verantwortlich gezeichnet hatte. Eine Weiterentwicklung der bislang von Leyton House, March und Tyrrell verwendeten Ilmor-V10-Motoren der Formel 1 sicherte sich Suber ab 1993 exklusiv; die Zehnzylinder wurden von LH10 in 2175A umbenannt. Im Verlauf des Jahres 1992 kamen bei Sauber weitere Spitzentechniker dazu; den Posten eines Technischen Direktors erhielt der aus den USA stammende ehemalige McLaren- und Ferrari-Konstrukteur Steve Nichols, und man verpflichtete auch den ehemaligen Ferrari-Ingenieur Luigi Mazzola. Für das Testteam war der ehemalige Porsche-Ingenieur Walter Näher verantwortlich. Allerdings verließ Nichols das Hinwiler Unternehmen – aus persönlichen Motiven – noch vor Beginn der Weltmeisterschaft 1993.

Mittlerweile wuchs der Mitarbeiterstab der Firma Sauber AG auf fast 90 Leute. Man war dort zwar imstande, komplette Fahrgestelle zu produzieren, dennoch wurden die Monocoques der C12 bei der Firma DPS (David Pryce & Phil Sharp) in England gebaut. Das halbautomatische Sechsgang-Längsgetriebe wurde bei Sauber konstruiert, dessen Herstellung erfolgte jedoch ebenfalls in England bei der Firma X-Trac. Die Karosserieteile entstanden bei der Schweizer Firma Paucoplast in Altendorf, woher bereits seit

Norbert Haug

Leo Ress

Links
Kurz nach dem Start zum Grossen Preis von Italien in Monza führt Alain Prost auf Williams-Renault das Feld in der ersten Schikane an. Hinter dem WM-Leader folgt Jean Alesi auf Ferrari. Ayrton Senna auf McLaren-Ford ist an einem Rad des Williams-Renault von Damon Hill hochgeklettert, wobei der Engländer den Weg in Richtung Kiesbett abkürzen muss.

Rechts
Die Weltmeisterschaft 1993 wurde mit dem Grand Prix von Südafrika in Kyalami eröffnet. Hier ringen Alain Prost auf Williams FW15C-Renault und Ayrton Senna auf McLaren MP4/8-Ford um die Führung. Dahinter lauert Michael Schumacher auf Benetton B193-Ford. Anfangs Saison wurde Benetton mit den besseren Ford-Motoren als McLaren beliefert.

Jahren die Karosserien der Sauber-Sportwagen kamen. Als Fahrer verpflichtete das Sauber-Team Karl Wendlinger, der schon auf den Sauber-Sportwagen (auch zusammen mit Michael Schumacher und Heinz-Harald Frentzen) Sportwagenrennen bestritten hatte, ebenso den Finnen JJ Lehto. Die Tests mit dem Sauber C12 mit ebenfalls auf Sauber umbenanntem Ilmor-V10-Motor wurden im Herbst 1992 aufgenommen; die Probefahrten fielen während des Winters vielversprechend aus. Ungewöhnlich war im Sauber-Team die Wahl einer jungen Frau als Teammanagerin: Dieses Amt übte die ehemalige Mercedes-Benz-Mitarbeiterin Carmen Ziegler aus, die als bisherige Assistentin des Mercedes-Benz-Sportchefs Norbert Haug auf diese Aufgabe vorbereitet worden war.

Bei Ilmor wollte man schon zum Saisonbeginn eine neue, 2175B genannte Version des Zehnzylinders bereitstellen, aber sie debütierte erst im Rahmen des Großen Preises von Italien 1993. Mercedes-Benz gab später zu, daß man weiterhin, wenn auch nur wie ein Schatten, hinter Sauber stehe: Die dunkelblauen Rennwagen trugen dann auch die Aufschrift »concept by Mercedes-Benz« auf der Motorhaube.

Saubers erster Auftritt beim Großen Preis von Südafrika auf der umgebauten Bahn von Kyalami brachte gleich zwei WM-Punkte: Lehto sicherte sich im Regen einen vielbeachteten fünften Platz. In Imola wurde der Finne sogar Vierter, während es in Monaco, wo sich die beiden Sauber rundenlang auf den Positionen sieben und acht verfolgten, zu einer Kollision unter den C12 kam, durch die Lehto ganz aus dem Rennen und Wendlinger um einige Runden zurückgeworfen wurde. Die C12 stellten bei den Qualifikationen in der Regel relativ gute Zeiten auf, hingegen blieben sie im Rennen eher hinter den Erwartungen zurück.

Im Sommer machte das Sauber-Team ein ausgesprochenes Tief durch. Lehto holte überhaupt keine Punkte mehr, während Wendlinger in Kanada und Ungarn nur jeweils einen sechsten Platz herausfuhr. Man arbeitete an der Entwicklung einer aktiven Aufhängung, aber dieses Projekt wurde nicht zu Ende geführt, als bekannt wurde, daß die aktiven Aufhängungen ab 1994 nicht mehr zulässig sein würden. Beim Großen Preis von Italien stand den Sauber der neue 2175B-Motor mit kürzerem Hub zur Verfügung, der dem Team zu neuem Aufschwung verhalf. Wendlinger wurde in Monza Vierter, und in Portugal holte er noch zwei Punkte, womit er in der Fahrer-WM mit insgesamt sieben Punkten den zwölften Rang einnahm. Mit fünf Punkten teilte sich Lehto mit dem jungen Brasilianer Christian Fittipaldi den 13. WM-Rang. Mit zwölf Punkten belegte Sauber in seinem ersten Formel-1-Jahr die siebente Position. Beobachter waren der Meinung, bei Sauber konzentriere man sich zu stark auf Karl Wendlinger, so daß sich JJ Lehto etwas isoliert vorkam.

Im August lud Sauber den in der japanischen Formel 3000 aktiven Deutschen Heinz-Harald Frentzen zu einem Test nach Mugello ein. Frentzen, der schon zusammen mit Schumacher und Wendlinger auf den Sauber-Mercedes Sportwagenrennen bestritten hatte und sich damals als der Schnellste der drei erwies, wartete auf Anhieb mit sehr guten Zeiten auf und wurde darauf für die Saison 1994 als Ersatz für den Ausscheidenden Lehto verpflichtet.

Ein Team, das mit relativ bescheidenen finanziellen Mitteln 1993 viel erreichte, war Minardi. Die Tatsache, daß nicht weniger als vier Piloten mit den M193 bei den Grand Prix antraten, veranschaulicht, daß man ab und zu auf Fahrer mit frischen Sponsoren-Beziehungen angewiesen war. Auf Minardi starteten Christian Fittipaldi, der 1992 wegen einer Trainingsverletzung ein Tief durchgemacht hatte, ferner der langjährge Minardi-Mann Pierluigi Martini sowie der Monzese Fabrizio Barbazza, der 1987 mit einem dritten Schlußrang bei den 500 Meilen von Indianpolis Furore gemacht hatte. Er brachte Geld für acht Grand-Prix-Starts mit. Schließlich kam noch der Franzose Jean-Marc Gounon zu einigen Minardi-Einsätzen. Seit Herbst 1992 arbeitete der Österreicher Gustav Brunner im Konstruktionsbüro des Teams in Faenza; zusammen mit Aldo Costa baute er einen relativ konventionellen Rennwagen mit gewöhnlichem sequentiellem Getriebe (kein Halbautomat) und hydraulischer Niveauregulierung. Für Hightech-Elemente reichten die Finanzen nicht. Minardi verwendete jene Ford-HB-Motoren, mit denen 1991 die von Tom Walkinshaw Racing (TWR) eingesetzten Jaguar der Gruppe C versehen waren. Angeblich soll es sich mittlerweile um die schwächste Version des Achtzylinders gehandelt haben, die der Serie IV entsprach. Immerhin kam Minardi mit sieben WM-Punkten auf den achten Rang der Weltmeisterschaft der Konstrukteure, womit man besser dastand als vorher mit den sehr teuren V12-Motoren von Lamborghini und Ferrari. Christian Fittipaldi belegte in Südafrika einen hervorragenden vierten Platz, in Monaco wurde er Fünfter. Barbazza schloß in Donington und Imola mit je einem sechsten Rang ab. Das beinahe vor dem Bankrott stehende Minardi-Team fand Ende Saison einen Rettungsanker: Giuseppe Lucchini, ein Industrieller aus Brescia, löste seinen Formel-1-Rennstall BMS-Scuderia Italia auf und beteiligte sich an Minardi.

In der letzten Runde des Großen Preises von Italien ereignete sich nur wenige Meter vor dem Ziel ein Unfall, der in die Geschichte einging. In siebenter und achter Position

Robin Herd

Junge Gesichter in der Formel 1: von links der Ire Eddie Irvine, der Finne JJ. Lehto, der Brasilianer Christian Fittipaldi und der Finne Mika Häkkinen.

liegend schossen die beiden Minardi mit Fittipaldi und Martini aus der letzten Kurve heraus auf das Ziel zu. Martini hatte Getriebeprobleme, und sein brasilianischer Teamkollege wollte ihn überholen, wobei sich die Reifen der beiden Fahrzeuge berührten. Christian Fittipaldis Minardi wurde dabei leicht angehoben, wodurch er bei einem Tempo von rund 300 km/h schlagartig Auftrieb bekam, sich auf der breiten Zielgeraden vor den Boxen rückwärts überschlug, wieder auf die Räder fiel – eines wurde durch den Überschlag abgerissen – und noch hinter dem Wagen Martinis in achter Position über den Zielstrich schlitterte. Fittipaldi war bei diesem Salto wie durch ein Wunder unverletzt geblieben.

Der vom ehemaligen Grand-Prix-Fahrer Jackie Oliver geführte Footwork-Rennstall machte 1993 seine 16. Formel-1-Saison durch. Der neue FA14 mit dem zwar leistungstarken, aber auch schweren und ziemlich durstigen Mugen/Honda-V10-Motor debutierte erst beim dritten WM-Lauf, ausgetragen in Donington, und war zunächst enttäuschend. Die Footwork-Piloten waren Derek Warwick und Aguri Suzuki, wobei es nur dem Briten zweimal gelang, Punkte einzufahren, nämlich mit einem sechsten Platz in Silverstone und einem vierten auf dem Hungaroring. Footwork hatte kein eigenes System aktiver Aufhängungen entwickelt, sondern trat vom achten WM-Lauf an mit »fremden« Aktivaufhängungen an, nachdem man das System von TAG-McLaren erworben hatte. Das modernisierte Fahrwerk ermöglichte es Warwick, für Footwork die vier einzigen WM-Punkte herauszufahren.

In Hockenheim erhielt Jackie Oliver den Bescheid, daß ihm 1994 die Mugen/Honda-Motoren nicht mehr zur Verfügung stehen würden, diese sollte von jetzt an Lotus erhalten. Ende der Saison teilte Wataru Ohashi, Chef des japanischen Footwork-Konzerns, dem bislang von ihm großzügig finanzierten Team mit, daß er in der folgenden Saison nicht mehr bereit war, 30 Millionen Dollar in den Rennstall zu pumpen.

Einmal mehr stand auch der französischen Equipe Larrousse das Wasser bis zum Hals. Zuerst schien es, als könnte Gérard Larrousse mit der mexikanischen Bierfirma Corona einen lukrativen Abschluß tätigen, aber dann wechselte in Mexiko das Management. Die von Robin Herd und Michel Têtu konstruierten LH93 mit Chrysler-Lamborghini-V12-Motor wurden von Philippe Alliot und Erik Comas gefahren; leere Kassen zwangen dann Larrousse, gegen Saisonschluß den japanischen Formel-3000-Fahrer Toshio Suzuki in den Wagen von Alliot zu setzen. Man hoffte, im Hinblick auf 1994 die neuen Peugeot-V10-Motoren zu bekommen, und zwar gratis – um so mehr, als Larrousse gut mit dem neuen Peugeot-Sportchef Jean-Pierre Jabouille befreundet war. Indes, Peugeot entschied sich für eine Zusammenarbeit mit McLaren.

Wie ein Paukenschag hatte der 1991er Auftritt Jordans gewirkt. Aber in den beiden folgenden Saisons gab es einen Abwärtstrend zu verzeichnen, wobei das Jahr 1993 mit nur drei WM-Punkten einen besonderen Tiefpunkt kennzeichnete. Nicht weniger als sechs Piloten wechselten sich am Steuer der Jordan 193 mit Hart-V10-Motor ab: der junge Brasilianer Rubens Barrichello, der Ende 1992 von Ferrari entlassene Italiener Ivan Capelli, der Belgier Thierry Boutsen, der Italiener Marco Apicella, dessen Landsmann Emanuele Naspetti sowie der Ire Eddie Irvine. Nur in Japan kamen die Jordan in die Punktwertung, als das vielversprechende Talent Barrichello den fünften und sein von der Formel 3000 gekommener Teamkollege Irvine den sechsten Platz belegten. Mit drei WM-Punkten schnitt Jordan mit den Hart-Zehnzylindern zwar etwas besser als 1992 ab,

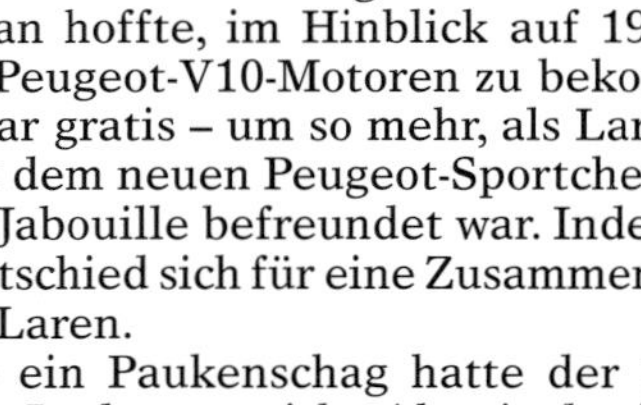

Rubens Barrichello

als die Jordan noch von Yamaha-Maschinen angetrieben wurden und nur einen einzigen WM-Punkt einfuhren. Der an sich sehr routinierte Ivan Capelli baute einen Unfall und wurde danach von Thierry Boutsen ersetzt. Für den großgewachsenen Belgier war aber das Cockpit zu kurz, so daß er zu weit aus dem Auto herausragte und die Luftzufuhr zum Motor behinderte. Beim Großen Preis von Europa in Donington setzte sich Rubens Brrichello im Regen groß in Szene, als er sich bis auf den zweiten Platz vorarbeitete, dann aber vom fallenden Benzindruck im Stich gelassen wurde. Beim Großen Preis von Japan schlug Eddie Irvine wie eine Bombe ein und zeigte einem Ayrton Senna rundenlang das Heck. Der irische Neuling ließ sich vom berühmten Brasilianer lange Zeit nicht überrunden, was nach dem Rennen zu einem unschönen Intermezzo führte.

Nachdem Yamaha im Verlauf der Jahre Zakspeed, Brabham und Jordan wenig erfolgreich mit Motoren beliefert hatte, ging die japanische Marke 1993 eine Zusammenarbeit mit Tyrrell ein. Aber leider gab es auch in dieser Kombination keine positiven Ergebnisse zu verzeichnen: Die beiden Tyrrell-Piloten Ukyo Katayama und Andrea De Cesaris vermochten keinen einzigen WM-Punkt herauszufahren. Der auf dem Judd-V10 fußende Yamaha-Zehnzylinder vom Typ OX10 fiel fünfmal infolge eines Defektes aus; das Aggregat gab auch eine nur ungenügende Leistung ab. Auch mit dem Tyrrell 021 war nicht alles zum besten bestellt. Chefkonstrukteur Mike Caughlan verließ das Team, an seine Stelle trat Harvey Postlethwaite, der

Luca Badoer

am Tyrrell-Team auch finanziell beteiligt war. Im Oktober verbündete sich Tyrrell mit dem itlienischen Felgenfabrikanten Gabriele Rumi, der einst den Fondmetal-Rennstall geführt hatte. Rumi hatte die Firma Fondmetal Technologies mit eigenem Windkanal in Casumaro bei Ferrara gegründet. Jetzt entstand die Aerodynamik der Tyrrell bei Fondmetal, darüberhinaus zählte Fondmetal zu den Sponsoren dieses Teams. Seit Michele Alboretos Sieg 1983 in Las Vegas wartete das einstige Spitzenteam Tyrrell auf einen 24. Grand-Prix-Erfolg.

Die dem Industriellen Giuseppe Lucchini gehörende Renngemeinschaft Brescia Motor

Eric Broadley

Sport (BMS) Scuderia Italia, die jahrelang mit Fahrgestellen von Dallara im Einsatz war, stellte 1993 auf Lola-Chassis um und erlebte damit eine katastrophale Saison, obwohl die Lola T9330 von Ferrari-V12-Motoren angetrieben wurden. Allerdings handelte es sich bei den Triebwerken aus Maranello nicht um Einheiten der jüngsten Ausführung. Die von Michele Alboreto und vom Formel-3000-Champion Luca Badoer gefahrenen Autos erwiesen sich vor allem als unhandlich. Sie produzierten einen ungenügenden Abtrieb und waren in den Kurven sehr langsam – im Verlauf der Saison scheiterte man siebenmal schon in der Vorqualifikation. Die von Lola-Boß Eric Broadley geführten Engländer, die Leute von BMS und von Ferrari schienen sich nicht verständigen zu können.

Michele Alboreto verlangte eine Neukonstruktion, wenn auch vergebens, denn zum Ende der Saison machte Beppe Lucchini den Laden dicht und begnügte sich in den beiden folgenden Jahren damit, sich als Geldgeber mit Minardi zur Minardi-Scuderia Italia zu verbinden. Die BMS-Männer hingegen, die nicht dem Minardi-Rennstall beitraten, konzentrierten sich künftig auf den Einsatz von Renntourenwagen.

Eddie Irvine

Formel-1-Wagen von 1993

Marke/Modell	Verantwortliche(r) Konstrukteur(e)	Motor/Typ Zylinderwinkel	Getriebe/Gangzahl Anordnung	Radstand (mm) Spur vorne/hinten	Trocken-gewicht	aktive Auf-hängung	Anti-schlupf-regelung	Drive-by-wire (Gas)
Benetton B 193	Ross Brawn Rory Byrne	Ford HB (Series 7) V8, 75°, PV	Benetton 6 G, Q halbautomatisch	2880 1690/1618	505	X	X	X
Ferrari F 93 A	Harvey Postlethwa te	Ferrari 041 V12, 65°, PV	Ferrari, 6 G, Q halbautomatisch	2930 1690/1605	505	X	X	
Footwork FA 14	Alan Jenkins	Mugen/Honda RA101E, V10, 72°	Footwork-XTrac, 6 G, Q halbautomatisch	2946 1676/1600	510	X	X	
Jordan 193	Gary Anderson	Hart 1035 V10, 72°	Jordan-XTrac 6 G, Q	2805 1690/1610	510	NR	X	
Larrousse LH 93	Robin Herd	Lamborghini C101 V12, 80°	Larrousse-Lamborghini 6 G, Q, sequentiell	2940 1692/1618	515		X	
Ligier JS 39	Gérard Ducarouge	Renault RS5 V10, 67°, PV	Ligier/XTrac, 6, Q halbautomatisch	2995 1690/1600	505		X	
Lotus 107B	Peter Wright Chris Murphy	Ford HB (Serie 6) V8, 75°	Lotus-XTrac, 6 G, Q, manuell	2900 1650/1610	505	X	X	
Lola T9330 BMS	Eric Broadley	Ferrari E1A92 V12, 65°, 5V	BMS-Hewland 6 G, Q, sequentiell	2975 1690/1610	510	X	X	X
McLaren MP 4/8	Neil Oatley Henri Durand	Ford HB (Serie 7) V8, 75°, PV	McLaren 6 G, Q halbautomatisch	2845 1690/1615	505	X	X	X
Minardi M 193	Gustav Brunner Aldo Costa	Ford HB (Serie 6) V8, 75°	Minardi, 6 G, Q sequentiell	2806 1678/1600	505	NR	X	
Tyrrell 021	Mike Caughlan	Yamaha OX10A V10, 72°, PV	Tyrrell, 6 G, Q manuell	2900 1695/1610	505		X	
Sauber C12	Leo Ress	Sauber (Ilmor) 2175B	Sauber-XTrac, 6 G, L halbautomatisch	2930 1960/1610	505		X	
Williams FW 15 C	Patrick Head Adrian Newey	Renault RS5 V10, 67°, PV	Williams-XTrac, 6 G, Q halbautomatisch	2990 1670/1600	505	X	X	X

1993 waren alle Formel 1-Rennwagen mit Goodyear-Reifen ausgerüstet.
Abkürzungen zu den Motoren: PV = pneumatische Ventile; TA = teleskopische Ansaugrohre; 5V = 5 Ventile pro Zylinder;
Abkürzungen zu den Getrieben: 6 = Gangzahl; Q = Quergetriebe.
Zur Kolonne »aktive Aufhängungen«: NR = Niveauregulierung

Ayrton Senna stirbt in Imola

Eine unvergleichliche Saison mit schweren Unfällen und krassen Eingriffen im Reglement. Michael Schumacher auf Benetton-Ford wird beim letzten Grand Prix knapp Weltmeister.

Die Grand-Prix-Saison 1994 nahm einen ganz besonderen Stellenwert ein. Sie wurde gekennzeichnet von den Unfällen in Imola, bei denen der österreichische Formel-1-Neuling Roland Ratzenberger am Samstag und der dreifache Weltmeister Ayrton Senna am Sonntag während des Rennens um den Großen Preis von San Marino ihr Leben verloren.

Auf diese traurigen Ereignisse reagierte die FIA mit neuen, noch im Verlauf des Frühjahrs und Sommers stufenweise in Kraft tretenden Sicherheitsmaßnahmen. Eigentlich hat die FIA auf die Unfälle mit einer Überreaktion gekontert: Die Teams wurden vor fast unlösbare Probleme gestellt.

Die Saison wurde aber auch von unerfreulichen Ereignissen im Disziplinarbereich geprägt, von vermuteteten, aber nicht bewiesenen Betrügereien. Für positive Schlagzeilen sorgten die Überlegenheit des Ausnahmetalents Michael Schumacher auf Benetton-Ford und die Erfolgsserie des Briten Damon Hill, Sohn des Weltmeisters von 1962 und 1968 Graham Hill, auf Williams-Renault. Schumi und Hill gewannen zusammen 14 von 16 Weltmeisterschaftsläufen. Die Entscheidung im spannenden WM-Duell zwischen diesen beiden Titelaspiranten fiel erst beim Saisonabschluß anläßlich des Großen Preises von Australien. Der Ausgang einer Kollision zwischen diesen Kronfavoriten gab den Ausschlag – Weltmeister wurde Michael Schumacher mit einem einzigen Punkt Vorsprung auf Damon Hill, nachdem Schumacher wegen diverser Sanktionen wie Startverbote und Disqualifikation nur in zwölf Rennen Punkte gesammelt hatte.

Nicht allein der Verlust Sennas, auch weitere schwere Unfälle trübten das Grand-Prix-Geschehen von Ende April bis Mitte Mai. Bei den Freitag-Qualifikationen in Imola am 29. April stürzte der Brasilianer Rubens Barrichello mit seinem Jordan-Hart, wurde aber nicht schwer verletzt. Und am darauffolgenden Samstag erlitt der neu in die Formel 1 gekommene Österreicher Roland Ratzenberger auf Simtek-Ford beim Abschlußtraining einen derart schweren Unfall, daß er auf der Stelle an seinen Verletzungen verschied. Am Sonntag, den 1. Mai, in der siebenten Runde des Großen Preises von San Marino, passierte das Unglück, das zum Tode Sennas führte. Der dreifache Weltmeister Ayrton Senna schoß mit seinem in Führung liegenden Williams-Renault in der berüchtigten Kurve von Tamburello über den Sturzraum hinweg und prallte in die Betonmauer. Beim Aufprall drang ein Teil des rechten vorderen Querlenkers durch den Helm des Champions und verursachte tödliche Kopfverletzungen.

Der Tod Ayrton Sennas löste auch deshalb weltweit so große Bestürzung aus, weil Millionen von Fernsehzuschauern den Brasilianer sterben sahen. Seit der Ermordung John Kennedys 1963 in Dallas hatte der unerwartete Tod einer Berühmtheit nie ein solches Aufsehen erregt. Auch beim amerikanischen Präsidenten waren Millionen vor dem Bildschirm dabei. In Brasilien wurde der Verlust des erfolgreichen Spitzensportlers als nationale Katastrophe empfunden, ihm wurde ein Staatsbegräbnis zuteil, wie man es noch nie erlebt hatte. Mehr als eine Million Menschen säumten die Straßen von Sao Paulo, als der Nationalheld zur letzten Ruhe getragen wurde. Ayrton Senna war eben nicht nur ein großer Könner als Formel-1-Rennfahrer, er war auch eine Persönlichkeit von Format, ein religiöser Mensch – ein Mann, der sich zudem für die armen Kinder seines Landes eingesetz hatte.

Warum mußte Ayrton Senna sterben? Ein Fahrfehler galt als ausgeschlossen. Hatte der Williams-Renault wegen einer Kuppe aufgesetzt und war für einen Augenblick unkontrollierbar geworden? Als wahrscheinlichste Hypothese galt der Bruch der Lenksäule des Williams, die aus Platzgründen an einer bestimmten Stelle besonders dünn ausgebildet war und an dieser Verengung auch riß. Oder ist der Riß erst beim Aufprall gegen die Begrenzungsmauer auf der Außenseite der Tamburello-Kurve entstanden, in der in früheren Jahren auch schon Nelson Piquet und Gerhard Berger mit hohem Tempo von der Bahn geflogen und gegen die Abschrankungen geprallt waren?

Im Cockpit Sennas hat man eine österreichische Fahne gefunden. Der große Champion hatte sie bei der Auslaufrunde zu Ehren des am Vortag tödlich verunglückten Roland Ratzenberger hochhalten wollen, um damit in aller Öffentlichkeit des gefallenen Kameraden zu gedenken. Aber soweit kam es nicht.

Der Tod der Rennfahrer Ratzenberger und Senna wirkte wie ein Schock. Seit dem tödlichen Unfall des Italieners Riccardo Paletti beim Start zum Großen Preis von Kanada 1982 in Montreal hatte es bei keinem Grand Prix mehr ein solches Unglück gegeben, was für die großen Fortschritte auf dem Gebiet der Sicherheit sprach; Elio De Angelis war 1986 bei privaten Tests in Le Castellet ums Leben gekommen. Doch die Unglücksserie von 1994 war mit den Unfällen von Imola noch nicht abgeschlossen: Am 12.

Links
Zwei Wochen nach der Tragödie von Imola gedenken die Fahrer vor dem Start zum Grand Prix von Monaco der in Imola gefallenen Rennkollegen Ayrton Senna und Roland Ratzenberger.

Rechts
Eine drückende Stimmung lag über Monaco, als der Grand Prix gestartet wurde. Beim Training ist auch Karl Wendlinger schwer gestürzt. Die erste Startreihe wird symbolisch für Senna und Ratzenberger freigehalten.

Mai stürzte Karl Wendlinger mit seinem Sauber-Mercedes beim Training zum Großen Preis von Monaco schwer und fiel dabei in ein tiefes Koma, das 19 Tage dauerte. Zum Glück hatte Wendlinger keine schweren Verletzungen davongetragen; im Verlauf der Monate erholte sich der Österreicher, so daß er im folgenden Jahr sogar wieder Grand-Prix-Rennen bestreiten konnte, aber er vermochte nicht mehr an seine einstige Form anzuknüpfen. Bei Sauber wurde Wendlinger 1996 endgültig ersetzt.

Nach der Katastrophe von Imola löste Wendlingers Unfall einen neuen Schock aus, worauf die FIA Sofortmaßnahmen zur Hebung der Sicherheit anordnete. Zum Teil waren die am Tag vor dem Grand Prix von Monaco im Rahmen einer Pressekonferenz vom FIA-Präsidenten Max Mosley bekanntgegebenen neuen Richtlinien in einigen Punkten unrealistisch und stießen bei etlichen Formel-1-Konstrukteuren auf Ablehnung. Auf jeden Fall stellten die an den Fahrzeugen vorzunehmenden Modifikationen für die Teams, vor allem für die finanzschwachen Rennställe, eine erhebliche finanzielle Belastung dar.

In Monaco hatten sich auch die Fahrer wieder organisiert. Die ehrwürdige Grand Prix Drivers Associacion (GPDA), die in den sechziger Jahren unter dem Präsidium des Schweden Joakim Bonnier und dann unter dem Schotten Jackie Stewart eine gewisse Bedeutung erlangt hatte, dann aber sanft entschlief, wurde zu neuem Leben erweckt. Man zog auch den seit 1985 nicht mehr aktiven Niki Lauda wieder hinzu, weil derartige Vereinigungen starke Persönlichkeiten an ihrer Spitze brauchen. Via GPDA wollten die Fahrer bei Sicherheitsfragen künftig mitreden, vor allem forderten sie Änderungen an den Rennstrecken. In Barcelona wurde draufhin eine improvisierte Schikane eingebaut, eine weitere errichtete man auf dem Circuit von Montreal. Modifiziert wurden kritische Punkte auch in Silverstone, ebenso in Hockenheim, wo die bereits bestehenden Schikanen Änderungen erfuhren. In Spa wurde die berüchtigte Passage von Eau Rouge entschärft; hier legte man zwei langsame Kurven an, die dieser Stelle, die zu den kritischsten aller Grand-Prix-Circuits zählte, jeden Reiz nahm. Schließlich entschärfte man auch die zweite Lesmo-Kurve von Monza, indem man aus dem schnellen Bogen, der die Klasse der besten Piloten deutlich in den Vordergrund stellte, einen farblosen Winkel machte.

Das technische Reglement wurde 1994 nicht erst nach den schweren Unfällen modifizert; wesentliche Änderungen an den technischen Vorschriften waren bereits im vorigen Sommer beschlossen worden. Nach dem Elektronikrausch zu Beginn der neun-

Links
Michael Schumacher ist Weltmeister 1994. Das ganze Benetton-Team ist begeistert; Teamdirektor Flavio Briatore (rechts) sowie Tom Walkinschaw haben ihren Fahrer auf die Schultern gehisst. Die Weltmeisterschaft der Konstrukteure hat aber Williams-Renault gewonnen.

Rechts
Die Tankanlagen für die ab 1994 obligatorischen Tankstopps lieferte die französische Firma Intertechnique. Der trocken 500 kg schwere Behälter konnte maximal 300 Liter Treibstoff aufnehmen. Pro Tankstopp war es möglich, bis zu 200 Liter einzufüllen. Der Treibstoff floss 1994 mit 1,6 bar Druck in den Tank. Nach dem Tankzwischenfall mit Verstappen in Hockenheim, baute Intertechnique im Hinblick auf 1995 kleinere Tankanlagen.

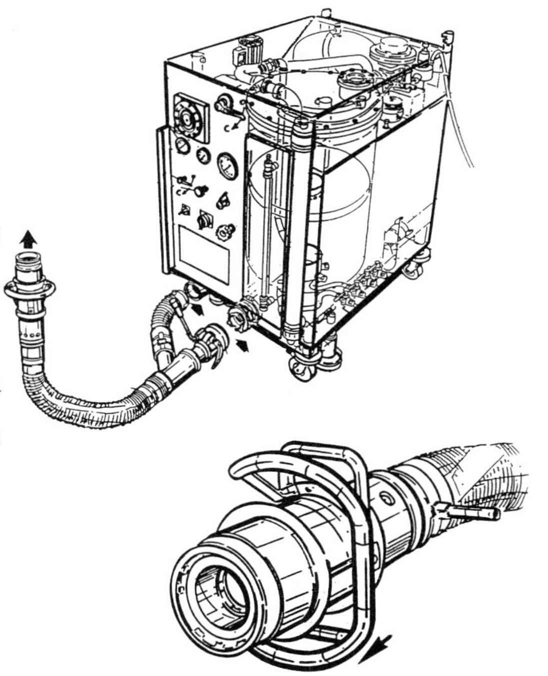

McLaren trat 1994 mit den V10-Motoren des Formel-1-Neulings Peugeot an. Mit den MP4/9-Peugeot holten Mika Häkkinen (Bild) und Martin Brundle mehrere Podiumsränge. Aber Ende Saison brach McLaren den Mehrjahresvertrag mit Peugeot und stellte auf Mercedes-Benz-Motoren um.

ziger Jahre wurden alle elektronischen Hilfsmittel, die das Fahren erleichterten, ab 1994 von der FIA verboten. Dies betraf die aktiven Aufhängungen, das ABS-Bremssystem, die Antischlupfregelung, die vollautomatischen Getriebe, die stufenlosen Getriebe, die programmierbaren Getriebe und das elektronische fly-by-wire-Gaspedal, das den konventionellen mechanischen Gaszug ersetzt hatte. Nur tangierte dieses Elektronikverbot nicht den Motorenbereich, hier gewährte man der Entwicklung weiterhin freien Lauf. Nicht erlaubt war zudem jeglicher Eingriff am Fahrzeug während der Fahrt via Telemetrie.

Über Sinn und Nutzen des Elektronikverbots waren sich die Ingenieure nicht ganz einig: vor allem die Techniker der finanzkräftigen Teams befürworteten den technischen Fortschritt und vertraten die Meinung, die Formel 1 sei so etwas wie das Aushängeschild der höchsten Automobilbaukunst, weshalb man der Technologie in dieser Disziplin freien Lauf gewähren lassen müsse. Die Vertreter der finanzschwächeren Rennställe hingegen begrüßten die Eindämmung der teuren Technologie, denn damit ließen sich die Kosten wieder unter Kontrolle bringen. Insbesondere das Verbot der aktiven Fahrwerke brachte eine deutliche Entlastung ihrer Budgets, ganz zu schweigen von den hohen Entwicklungskosten, mit denen die Rennställe in Bezug auf die gerade aufkommenden programmierbaren Kraftübertragungen konfrontiert worden wären.

Während die auf dem Gebiet der aktiven Aufhängungen gesammelten Erkenntnisse für den Alltagswagen so gut wie nutzlos gewesen wären, stieß das ABS-Verbot allgemein auf Unverständnis, zumal mittlerweile alle Serienautos der gehobenen Klasse mit einem solchen Bremsystem versehen waren. Die Experten waren dem Elektronikverbot gegenüber skeptisch und wiesen darauf hin, daß Kontrollen sehr schwierig sein würden, insbesondere sei es schier unmöglich, beim Start eines 26 Wagen starken Feldes selbst mittels Einsatz elektronischer Spezialgeräte herauszubekommen, wer sich weiterhin der Antischlupfregelung bediene. FIA-Präsident Max Mosley gab jedenfalls unmißverständlich zu verstehen, daß eventuelle Betrüger mit sehr harten Strafen zu rechnen hatten.

Die neuen Vorschriften machten das Fahren wieder schwieriger, und genau das war von der FIA auch angestrebt worden, denn die weltbesten Piloten kämpften bei den Grand Prix auch um die Fahrerweltmeisterschaft, somit mußte die Fahrkunst nach strengeren Regeln honoriert werden.

Mit der Saison 1994 wurden auch die Tankstops wieder eingeführt, die man 1984 verboten hatte. Von den Tankstops versprach sich FIA-Vizepräsident und FOCA-Boß Bernie Ecclestone eine allgemeine Belebung der Grand-Prix-Rennen, zumal die Wettbewerbe manchmal infolge mangelnder Spitzenduelle und seltener Überholvorgänge in Monotonie verfallen waren. Und langweilige Rennen drohten das Grand-Prix-Geschäft wegen des sinkenden Interesses schrumpfen zu lassen – die Zuschauerzahlen waren bei einzelnen Rennen bereits zurückgegangen. Mit den Tankstops bot man auch Ferrari und

Mit dem Benetton B194 mit Ford-Zetec-R-V8-Motor holte Michael Schumacher 1994 den Weltmeistertitel. Gebaut wurde der B194 unter der Gesamtleitung von Ross Brawn und des Aerodynamikers Rory Byrne. Auch dieses Erfolgsmodell war eine logische Weiterentwicklung seines bewährten Vorgängers. Als besonders effizient galt die Aerodynamik. Mit dem B194-Ford gewann Michael Schumacher acht Grand Prix, hinzu kam noch der nachträglich am grünen tisch abgesprochene Erfolg beim Grand Prix von Belgien.

dessen besonders durstigen V12-Motoren ein Zuckerchen, denn mit mäßigeren Benzinmengen an Bord verringerte sich der Gewichtsnachteil der roten Boliden. Die Tankstops schufen einen gewissen Ausgleich zwischen den V8-, V10- und V12-Motoren. Mittlerweile war jedermann klar, daß ein Ferrari-Rennstall mit vermehrten Erfolgschancen infolge der weltweit enormen Popularität dieser Marke das Interesse rund um die Formel 1 sogleich anheben würde. Mit den obligatorischen Tankstops mit Reifenwechsel, die einen Grand Prix in zwei, drei oder gar vier Sprints unterteilten, enstanden aber auch neue Gefahrenquellen, denn bei jedem Tankvorgang herrscht eine gewisse Feuergefahr, die sich auch mit den besten Sicherheitsmaßnahmen nicht ganz aus der Welt schaffen läßt.

Die speziellen Schnelltankanlagen entwickelte die auch auf dem Gebiet der Luftfahrt tätige französische Firma Intertechnique. Der Treibstoff floß mit einem Druck von 2 bar in die Sicherheitstanks der Wagen, pro Sekunde 12 Liter. Angekoppelt wurde mittels eines Sicherheitsverschlusses.

Nach den Unfällen von Imola und Monaco beschloß die FIA kurzfristig noch eine ganze Menge weiterer, aufwendiger Sicherheitsmaßnahmen, durch die in erster Linie das Tempo der Fahrzeuge gedrosselt werden sollte. Bis zum Großen Preis von Spanien, der zwei Wochen nach dem Rennen von Monaco stattfand, mußten die kompliziert ausgebildeten und wie schmale, verdrehte Schaufeln aussehenden Endscheibenverlängerungen an den Frontflügeln verschwinden, die den Luftstrom möglichst störungsfrei um die Vorderräder zu leiten pflegten. Und am Heck der Rennwagen mußten Luftextraktoren oder tunnelförmigen Diffusoren verkürzt werden; sie hatten mit dem hintersten Punkt des Heckflügels bündig zu sein. Ferner mußte bis zum Großen Preis von Kanada auf handelsübliches bleifreies Benzin umgestellt werden. Spezialmischungen, wie sie von den Chemikern der Benzinfirmen im Rahmen der bisherigen Treibstoffvorschriften noch entwickelt werden konnten, waren nicht mehr zulässig. Um den Staueffekt der Lufthutzen über dem Motor weitgehend zu eliminieren, mußte hinten an diesen Hutzen eine Öffnung vorhanden sein, die – allerdings erst vom Großen Preis von Deutschland an – flächenmäßig anderthalb mal so groß wie die vordere Eintrittsöffnung zu sein hatte. Man schrieb auch eine Verstärkung der Anlenkpunkte der Vorderradaufhängungen vor, wobei das Mindestgewicht ab Grand Prix von Kanada von bislang 505 auf 515 kg angehoben wurde.

Eine weitere Vorschrift trat vom Großen Preis von Deutschland an in Kraft; auch sie sollte den Bodeneffekt vermindern. Demnach mußten die Rennwagen am Unterboden mit einem mindestens 300 mm breiten und 10 mm dicken Brett aus sogenanntem

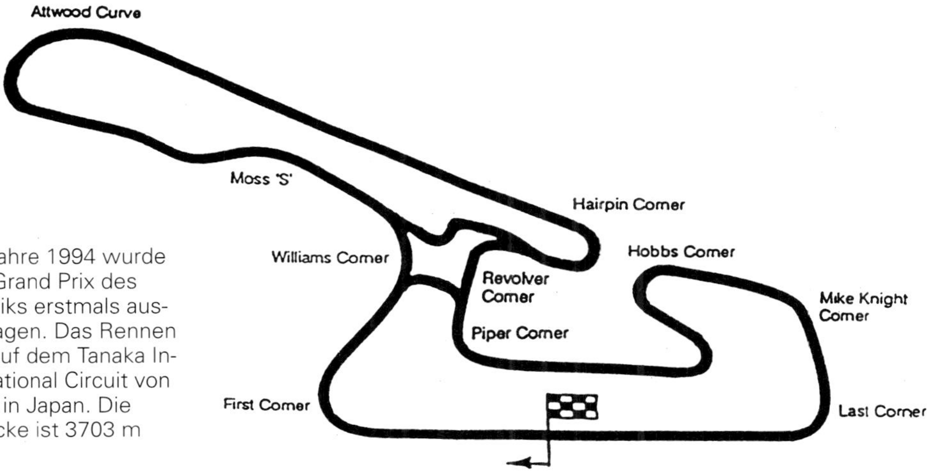

Im Jahre 1994 wurde der Grand Prix des Pazifiks erstmals ausgetragen. Das Rennen lief auf dem Tanaka International Circuit von Aida in Japan. Die Strecke ist 3703 m lang.

Schon in der ersten Kurve des erstmals in Aida (Japan) ausgetragenen Grand Prix des Pazifiks hat es gekracht. Häkkinen auf McLaren-Peugeot hat den Williams-Renault von Senna leicht gerammt, so daß dieser ins Kiesbett befördert wird und auch den Ferrari des Alesi-Ersatzes Nicola Larini mitreißt.

Panzerholz (imprägniertes hartes Sperrholz) versehen werden, wodurch sich der Abstand zwischem den seitlichen und die Kühler enthaltenden Caissons vergrößerte, was wiederum den Bodeneffekt herabsetzte. Dieses Holzbrett durfte sich während eines Rennens um maximal 10 % (Dicke oder Gewicht) abschleifen, weshalb man die Wagen etwas höher einstellen mußte. Später sollten an diesen Holzbrettern an vorgeschriebenen Punkten Gleitschuhe bzw. Plättchen aus Metall angebracht werden. Die sich über viele Wochen erstreckenden Änderungsarbeiten zogen immense Kosten nach sich.

Für die Weltmeisterschaft des Jahres 1994 htten sich bei der FIA 14 Teams eingetragen lassen. Neue wie auch prominente Namen mit großer Tradition waren darunter.

Mercedes-Benz hatte 1993 noch nicht so richtig Farbe bekennen wollen; die bei Ilmor entstandenen und für Sauber bestimmten Motoren, die auch das Sauber-Logo auf den Ventildeckeln trugen, liefen noch unter dem diskreten Motto »concept by Mercedes-Benz«. Nun aber trugen die im englischen Brixworth entstandenen Zehnzylinder den Mercedes-Benz-Schriftzug, zumal die Stuttgarter auch die bislang von Chevrolet gehaltenen 25 % der Ilmor-Aktien übernommen hatten. Bei Ilmor entstand auch ein neuer, für den Einsatz in Indianapolis bestimmter Mercedes-Benz-Stoßstangenmotor, der sich anläßlich des 500-Meilen-Rennens 1994 als unschlagbar erweisen sollte.

In die Formel 1 griff 1994 auch die französische Traditionsmarke Peugeot ein, die von 1991 bis 1993 nicht zuletzt durch zwei Siege in den 24 Stunden von Le Mans (1992 und 1993) erfolgreich bei Sportwagenrennen vertreten war. Den Einritt in die Formel 1 hatte Peugeot am 15. September 1993 angekündigt, allerdings nur als Motorenlieferant, wobei noch nicht bekanntgegeben wurde, mit welchem Rennstall man zusammengehen wollte. Schon in der Urzeit des Grand-Prix-Sports, unmittelbar vor dem Ersten Weltkrieg, hatte Peugeot mit seinen fortschrittichen Vierzylinder-Rennwagen eine führende Rolle gespielt.

Ganz unerwartet zog sich Chrysler-Lamborghini Ende 1993 aus dem Grand-Prix-Geschehen zurück, nachdem sich diese Moto-

In der modernen Formel 1 stehen im Hintergrund der Boxen die elektronsichen Geräte der Telemetrie. Während der Fahrt werden vom Fahrzeug aus laufend Daten auf die Bildschirme übermittelt, so daß die Ingenieure hier ständig ablesen können, was am Fahrzeug und im Motor vorgeht. Unter anderem können auch sämtliche Temperaturen festgestellt werden.

renmarke im Herbst desselben Jahres mit McLaren praktisch schon für die nächste Saison geeinigt hatte. Als dann McLaren und Peugeot am 8. Oktober 1993 bekanntgaben, daß sie in Zukunft den Erfolg auf Formel-1-Ebene mit vereinten Kräften anzugehen gedachten, war bei der Lamborghini Engineering die Enttäuschung groß. Dazu der damalige Direktor der Lamborghini Engineering, Daniele Audetto: »Nachdem McLaren im Sommer und Herbst 1993 unseren Lamborghini-V12-Motor mit sehr guten Resultaten getestet hatte, einigten wir uns per Handschlag mit McLaren-Chef Ron Dennis auf eine zukünftige Zusammenarbeit. Dennis war von den von Häkkinen und Senna auf dem McLaren-Lamborghini in Pembrey, Estoril oder Silverstone erzielten Rundenzeiten begeistert. Alles sah für die Beteiligten vielversprechend aus. In Anwesenheit wichtiger Chrysler-Manager wie Bob Lutz und François Castaing hielt Ron Dennis nach der mündlichen Zusage fest, ein Handschlag unter Gentlemen sei mehr wert als jeder schriftliche Vertrag. McLaren hatte sich auch einverstanden erklärt, sich mit zehn Millionen Dollar an der Weiterentwicklung unseres Zwölfzylinders zu beteiligten, nachdem Chrysler erneut zwei Millionen investiert hatte, in der Annahme, der Deal mit McLaren komme zustande. Aber unmittelbar vor der offiziellen Bekanntgabe der Peugeot/McLaren-Zusammenarbeit Anfang Oktober rief mich Ron Dennis an und ließ mich wissen, Business sei Business; seine Firma beschäftige an die 300 Leute und er müsse auch deren Interessen wahren. McLaren hatte sich hinter unserem Rücken mit Peugeot geeinigt, wobei die Franzosen ihren neuen Zehnzylinder McLaren gratis zur Verfügung stellten. Nachdem ich unsere Partner in Detroit über das Telefongespräch mit Ron Dennis orientiert hatte, erhielt ich anderntags die Order, die Lamborghini Engineering zu schließen.« Chrysler verkaufte Lamborghini Ende Januar 1994 an eine indonesische Gruppe, die damit zum siebenten Besitzer dieser Marke wurde.

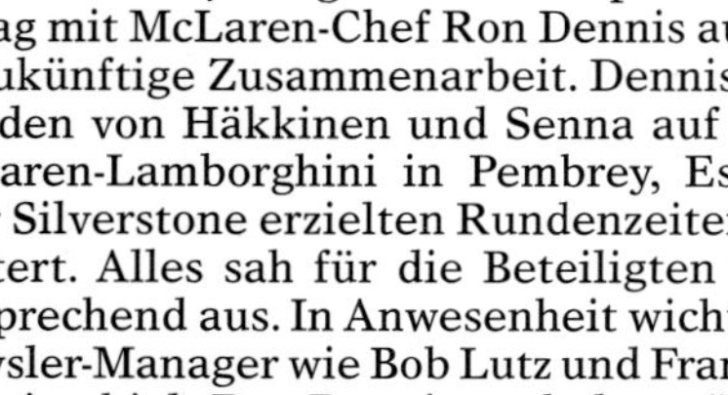

Daniele Audetto

Nicht mehr in der Formel 1 vertreten war 1994 auch die Scuderia Italia aus Brescia, die 1993 ihre Lola-Ferrari mit katastrophalen Resultaten eingesetzt hatte und sich fortan dem Tourenwagenrennsport widmen wollte. Giuseppe Lucchini, dem die Scuderia Italia gehörte, beteiligte sich ab 1994 an Minardi und plazierte hier eine hochwillkommene Finanzspritze, worauf der Rennstall aus Faenza in Minardi Scuderia Italia umgetauft wurde.

Auch Sponsoren aus der Tabakbranche, nämlich Camel (Benetton) und Chesterfield (Scuderia Italia) zogen sich 1994 aus der Formel 1 zurück. Dafür kaufte sich die japanische Zigarettenmarke Mild Seven in die Formel 1 ein, die mit Benetton und Tyrrell auf den Circuits warb. Und mit den kleinen englischen Rennställen Pacific und Simtek, die mit sehr beschränkten Budgets operieren mußten, gab es zwei Newcomer.

Williams verfügte 1994 zwar über den besten Grand-Prix-Wagen und über den besten Motor (Renault V10), aber Weltmeister wurde Michael Schumacher auf Benetton-Ford, während sich Williams-Renault den Titel in der Weltmeisterschaft der Konstrukteure holte. Nachdem auch McLaren versucht hatte, Schumacher vertraglich zu binden, verlängerte der Deutsche im Dezember 1993 seinen Vertrag mit Benetton um weitere zwei Jahre. Die neuen Benetton B194 entstanden in der 1992 bezogenen neuen Musterfabrik im englischen Enstone, die wie eine Klinik wirkte. Benetton-Chefkonstrukteur war wiederum der Technische Direktor Ross Brawn, der die Arbeiten am B194-Projekt gemeinsam mit dem Aerodynamiker Rory Byrne und dem Entwicklungschef Pat Symonds leitete. Generaldirektor war nach wie vor der Piemontese Flavio Briatore, dem Alessandro Benetton, Sohn des Gründers des Benetton-Imperiums aus Treviso, Luciano Benetton, als Präsident der Benetton Formula 1 Ltd. vorstand.

Eigentlich sollte die Saison 1994 für Michael Schumacher noch ein Lehrjahr werden, denn bei Benetton rechnete man damit, daß der Deutsche erst 1995 imstande sein würde, sich den Weltmeistertitel zu holen. Aber es kam anders. 1994 wurde zum ersten Schumacher-Jahr, und nicht zum Benetton-Jahr. Daß Ayrton Senna nicht mehr am Leben war, mochte Schumachers Chancen etwas verbessert haben. Für das Benetton-Team stellte Ford exklusiv den wieder bei Cosworth in Northampton gebautenV8-Motor vom Typ Zetec-R mit Ford-Elektronik zur Verfügung, der eine deutlich bessere Leistung als der bisherigen Ford-HB-Motor abgab. Michael Schumacher lieferte einen beeindruckenden Saisonbeginn und gewann hintereinander den Großen Preis von Brasilien sowie den des Pazifiks auf der neuen Rennstrecke von Aida in Japan. Dieser 1994 erstmals in das WM-Programm aufgenommene Circuit von 3,703 km Länge gehörte dem reichen Hajime Tanaka. Angesichts des limitieren Straßennetztes mußten die Zuschauer in Aida mit insgesamt 1801 Bussen anreisen, was dank vorbildlicher Organisation reibungslos vonstatten ging.

Nachdem Senna in Brasilien mit seinem Williams-Renault wegen eines Drehers eliminiert worden war, gab es für ihn auch in Aida schon in der ersten Kurve Schwierigkeiten, denn der Brasilianer wurde durch den McLaren-Peugeot von Mika Häkkinen gerammt und landete im Kiesbett.

Im Unglücksrennen von Imola holte sich Schumacher seinen dritten Saisonsieg; der vierte folgte in Monaco. Auf der Montmelò-Rundstrecke bei Barcelona verlor Schumacher – einmal mehr klar in Führung liegend – nach 22 Runden überraschend an Boden und mußte die Führung Damon Hill auf Williams-Renault überlassen, der das Rennen auch gewann. Schumacher kam trotz eines Getriebeproblems auf den zweiten Platz. Nach dem Rennen fanden die Benetton-Techniker heraus, daß die Getriebehydraulik nicht korrekt arbeitete; Schumacher hatte 43 Runden des Rennens ausschließlich im fünften Gang bestreiten müssen. Viele Insider hielten es für gänzlich ausgeschlossen, daß der WM-Leader seinen zweiten Platz mit nur einem Getriebegang hatte herausfahren können – aber dies war tatsächlich der Fall gewesen...

Der Kerpener siegte auch bei den Großen Preisen von Kanada und von Frankreich, wobei er in Magny-Cours wie aus einem Gewehrlauf abgefeuert aus der zweiten Startreihe heraus in Führung ging und damit die beiden vor ihm losgezogenen Williams-Fahrer Damon Hill und Nigel Mansell überraschte. Nigel Mansell, der seine zweite IndyCar-Saison in den USA bestritt, nachdem er 1993 dort sogar den Meistertitel gewonnen hatte, war von Williams vorerst nur für den Großen Preis von Frankreich verpflichtet worden, weil dies mit seinen Verpflichtungen in den USA nicht anders in Einklang zu bringen war. Nach Schumachers Katapultstart in Magny-Cours schöpfte man den Verdacht, Benetton verwende weiterhin die inzwischen verbotene Antischlupfregelung, was sehr schwer zu beweisen war.

Bis jetzt hatte Schumacher schon sechs Siege errungen; in der WM lag er mit 66 von maximal 70 möglichen Punkten in Führung. Hill folgte mit 29 Punkten – ein Rückstand, den er praktisch nicht mehr aufholen konnte. Als Favorit trat er auch beim Großen Preis von England in Silverstone an, wo aber sein Triumphmarsch mit einen Dämpfer endete.

In Silverstone führte Schumacher mit seinem Benetton-Ford nach 15 Runden das Feld an. Doch schon nach drei weiteren Umgängen zeigte man dem Leader die schwarze Flagge. Was war geschehen?

Im Verlauf der beiden Formationsrunden vor dem Start hatte Schumacher, der die zweite Startposition einnahm, den das Feld anführenden Williams von Hill überholt, was laut Reglement nicht erlaubt ist. Nach Vorschrift hätte Schumacher nach diesem Überholmanöver am Schluß des Feldes starten müssen. Aber er reagierte nicht auf die schwarze Flagge und fuhr drei Runden unbeirrt weiter. Aber auch die Rennleitung verhielt sich falsch – sie hätte Schumacher die schwarze Flagge sofort zeigen müssen, nicht erst in der fünften Runde. Das Benetton-Team wurde informiert, daß man Schumacher mit einer Fünf-Sekunden-Zeitstrafe belegen müsse. Bei Benetton verstand man dies dahingehend, die fünf Sekunden würden am Schluß des Rennens der Zeit addiert, was laut Reglement nur in den letzten zwölf Runden praktiziert wird. Endlich hielt Schumacher doch an, um seine kurze Strafe in der Boxenstraße abzusitzen. Das Rennen gewann Damon Hill auf Williams-Renault; Michael Schumacher, der beteuerte, die schwarze Flagge anfangs nicht gesehen zu haben (was ihm aber niemand so richtig abnehmen wollte), schoß als Zweiter durchs Ziel.

Die Angelegenheit hatte ein Nachspiel bei der FIA. Schumacher wurde wegen Nichtbeachtens der schwarzen Flagge nicht nur aus der Wertung des Grand Prix von England gestrichen, sondern auch für zwei Grand Prix gesperrt. Das Startverbot wurde bei den Großen Preisen von Italien und von Portugal wirksam.

In Ungarn holte sich der überlegene WM-Leader den siebenten Saisonerfolg, und in Belgien war auch der achte Volltreffer unter Dach. Indes, einige Stunden nach dem Rennen ließ man das Benetton-Team wissen, das Holzbrett unter dem Unterboden des Schumi-Wagens, der sogenannte skid block, weise nicht mehr die geforderte Mindeststärke auf. Während des Rennens hatte sich also das Sperrholzbrett, durch das der Bodenabstand unter den Seitenteilen des Wagen zwecks Verminderung des Abtriebes größer gehalten werden sollte, zum Teil abgeschliffen, was auf einen ungenügenden Bodenabstand schließen ließ. Schumacher wurde erneut aus der Wertung gestrichen, so wollten es die strengen Vorschriften, die erst beim GP von Deutschland in Kraft getreten waren. In Monza und auch in Portugal, wo man den WM-Leader durch JJ Lehto ersetzte, stellte sich heraus, daß Benetton ohne Schumacher alsbald in die Mittelmäßigkeit abrutschte.

Nachdem also Schumacher in der ersten Saisonhälfte einen großen Punktevorsprung auf seinen Rivalen Damon Hill herausgefahren hatte, wußte der Engländer die Ausschlüsse Schumachers geschickt zu nutzen und gewann die Grand Prix von England, Belgien, Italien und Portugal, womit er 40 WM-Punkte beisammenhatte.

Die Weltmeisterschaft, die in der ersten Saisonhälfte zu einem Schumacher-Alleingang auszuarten gedroht hatte, war plötzlich wieder offen. Aber eigentlich war es eine künstlich geschaffene Spannung. Hier und da wurden sogar der Vorwurf geäußert, die FIA habe Michael Schumacher mit Absicht so hart bestraft, um dem Championat wieder die notwendige Spannung zurückzugeben. Bei seinem Neuauftritt in Jerez, wo der Große Preis von Europa ausgetragen wurde, stellte Schumacher jedenfalls seinen Benetton-Ford wieder auf die Pole Position, und im Rennen siegte er vor Damon Hill. Der Brite rehabilitierte sich beim verregneten Großen Preis von Japan in Suzuka, wo die Boxenstoppstrategie bei Williams besser als die bei Benetton funktionierte, und schlug hier seinen Rivalen so knapp, daß die beiden das große Finale in Adelaide mit gleichen Titelchancen antraten: Schumacher führte den Zwischenstand mit 92 Punkten an und hatte damit nur einen Punkt mehr als Hill aufzuweisen.

Der GP von Australien brachte eine dramatische Entscheidung. Schumacher lag bis zur 36. Runde vor Hill an der Spitze, dann geriet er in einer Kurve über den Pistenrand

Wie effizient der Überrollbügel und die Sicherheitsgurte in einem Grand-Prix-Auto sind, geht aus dieser Aufnahme hervor. Während des Trainings zum Grossen Preis von Portugal hat sich Damon Hill mit seinem Williams FW16B-Renault in der Schikane langsam überschlagen. Nur das Flügelwerk ist leicht zu Schaden gekommen.

hinaus und schlug gegen die Abschrankungen, worauf er sein angeschlagenes Fahrzeug wieder über die Auslaufzone zurück auf die Bahn bringen wollte. Der dichtauffolgende Hill bemühte sich in der nächsten Rechtskurve, links an Schumacher vorbeizuziehen – hier machte der Benetton-Fahrer jedoch instinktiv die Tür zu, und es kam zur unvermeidlichen Kollision, die sowohl Schumacher als auch Hill eliminierte. Damit war Michael Schumacher auf Benetton B194-Ford mit einem Punkt Vorsprung auf Damon Hill Weltmeister des Jahres 1994. Erstmals fiel der begehrte Titel einem deutschen Piloten zu, zugleich war Schumacher der jüngste Weltmeister der Geschichte. Zwar hatte auch Jochen Rindt, der Weltmeister von 1970, einen deutschen Paß besessen, dennoch galt er als Österreicher.

Damon Hill, der seine Rennkarriere auf dem Motorrad begonnen hatte, wuchs in der zweiten Saisonhälfte über sich hinaus. Er verfügte mit dem Williams-Renault über das beste Fahrzeug, und er machte trotz geringer Grand-Prix-Erfahrung relativ wenig Fehler. Nach dem Ausfall von Schumacher und Hill wurde der Große Preis von Australien von Nigel Mansell auf Williams-Renault gewonnen, mit nur 2,5 Sekunden Vorsprung auf den Ferrari von Gerhard Berger.

Erstaunlich war auch die Tatsache, daß Schumacher die Weltmeisterschaft 1994 mit einem Achtzylindermotor gewann. Ford hatte Benetton den neuen V8 mit der Typenbezeichnung Zetec-R exklusiv zur Verfügung gestellt. Diese bei Cosworth entstandene Maschine mit ebenfalls 75°-Gabelwinkel wies einen noch kürzeren Hub als der von den übrigen Teams verwendete Ford-HB-Motor auf. Der Zetec-R war zudem mit der Ford-Elektronik bestückt und drehte maximal 14.500/min, das waren 1000/min. mehr als die alten HB-Maschinen. Beim neuen Achtzylinder waren die Brennräume mit Keramik beschichtet, die Pleuel und die Ventile bestanden aus Titan. Ein Magnesiumkolben mit nur einem Dichtungsring und einem Ölabstreifring wog nur 305 g. Die Leistung wurde auf 740 bis 750 PS geschätzt und lag damit sicher unter der des Renault V10 oder des Ferrari V12. Das Triebwerk mußte – wie alle Grand-Prix-Aggregate – nach 400 bis 500 km in die Revision, was in der Regel mit einem Zeitaufwand von rund 120 Stunden verbunden war.

Am 10. Januar lud Benetton die Presse in das neue Werk von Enstone ein. Neben Michael Schumacher stellte Teamchef Flavio Briatore auch den Finnen Jyrki Järvilehto, genannt JJ Lehto, vor; als Testfahrer und Nachwuchsmann hatte man noch den holländischen Formel-3-Spezialisten Jos Verstappen verpflichtet. Der noch wenig erfahrene Holländer kam beim Eröffnungsrennen der Saison in Interlagos unverhofft zu seinem ersten Einsatz, weil Lehto am 21. Januar bei einem Test in Silverstone einen Unfall hatte. Erst in Imola war Lehto wieder einsatzbereit, aber sein Benetton blieb am Start stehen und wurde mit großer Wucht vom Lotus des jungen Portugiesen Lamy gerammt. Lehto trat auch in Monaco und Spanien an, aber seit seinem Unfall im Januar fand er nicht mehr zu seiner einstigen Form zurück und wurde dann in Ungarn und Belgien wieder durch Verstappen ersetzt. Bei den zwei letzten Grand Prix lieh sich Briatore bei Lotus Johnny Herbert und stellte ihn Schumacher zur Seite.

Michael Schumacher überragte seine Teamkollegen bei weitem und stellte sie in den Schatten. Mit dieser Tatsache waren schon Koryphäen wie Nelson Piquet, Riccardo Patrese und Martin Brundle konfrontiert worden. Wer neben Schumacher im gleichen Team fuhr, sah alt aus.

Das Benetton-Team, das in der Weltmeisterschaft der Marken hinter Williams-Renault zwar nur den zweiten Platz belegte, sorgte auch für weiteren Gesprächsstoff. Gewisse Indizien ließen darauf schließen,

Diese Perspektive des Ferrari 412T1 mit Gerhard Berger am Steuer veranschaulicht, wie schmal die Frontpartie mit dem Doppelflügel ausgebildet ist. Damit werden die seitlichen Kühler und auch der Heckflügel optimal angeströmt. Typisch ist auch die Flaschenhalsform des Hecks, die einen maximalen Luftdurchfluss zwischen dem Wagenkörper und den Antriebsrädern ermöglicht. Mit dem 412T1 gewann Berger den Grand Prix von Deutschland.

Seit Renault 1977 an Formel 1-Rennen teilnimmt, ist Bernard Dudot für die Motoren verantwortlich. Er ist der technische Direktor von Renault Sport mit Sitz in Viry-Châtillon, der Ortschaft südlich von Paris.

Jos Verstappen

Beim abschliessenden Grand Prix von Australien auf den Strassen Adelaides ging es zwischen Schumacher und Hill um den Titel. Entsprechend hart war das Duell zwischen den beiden, die sich dann in der 36. Runde durch eine gemeinsame Kollision eliminierten, womit Schumacher der Titel endgültig zufiel.

daß die B194 1994 bei einigen Rennen mit der verbotenen Antischlupfregelung eingesetzt worden waren, was aber nicht eindeutig bewiesen werden konnte. Am 26. Juli hatte die FIA dem Benetton-Team eine gewaltige 500.000-Dollar-Strafe aufgebrummt, weil Benetton die Software, die von den Kommissaren des Grand Prix von San Marino nach dem Rennen bei einigen Teams zwecks Überprüfung eingezogen wurde, nicht zugänglich gemacht hatte. Vor dem Großen Preis von Deutschland in Hockenheim versuchte Chefkonstrukteur Ross Brawn die Fachpresse während eines einstündigen Vortrages davon zu überzeugen, daß man keine Antischlupfregelung werwendet habe und mit einer reinen Weste dastehe. Aber alle diese Vedachtsmomente warfen einen gewissen Schatten auf die von Michael Schumacher gewonnene Weltmeisterschaft. Hatte Benetton womöglich doch gemogelt?

Das Team stand auch in Hockenheim im Rampenlicht, als am Fahrzeug Verstappens beim Tanken Feuer ausbrach. Zum Glück konnten die Flammen sogleich gelöscht werden, aber man war haarscharf an einer Katastrophe vorbeigegangen, was einmal mehr die Gefahren der Tankstops aufzeigte. Später stellte sich heraus, daß jemand in der Verschlußmechanik, mit der der Benzinschlauch an das Fahrzeug angekoppelt wurde, eine Dichtung entfernt hatte, wodurch wahrscheinlich mehr als die zulässigen 12 Liter pro Sekunde in den Tank des Benetton flossen. Wegen der undichten Verbindung hatte sich etwas Benzin auf den heißen Auspuff ergossen. Benetton teilte später mit, ein junges Mitglied der Crew habe die Dichtung versehentlich ausgebaut. Die Begründung überzeugte zwar wenig, aber nach all den negativen Schlagzeilen, die die Formel 1 schon geliefert hatte, zog man es bei der FIA vor, die Sache nicht zu verfolgen. Weitere Strafmaßnahmen hätten dem bereits angeschlagenen Ansehen des Grand-Prix-Sports noch mehr geschadet.

Das Williams-Team war für die Saison 1994 wieder gut gewappnet. Nachdem Alain Prost 1993 seinen vierten Weltmeistertitel auf Williams-Renault erobert hatte, sicherte sich Frank Williams für das folgende Jahr die Dienste Ayrton Sennas, und jedermann war davon überzeugt, daß dem Könner Senna niemand den vierten Titel streitig machen würde. Prost hatte sich Ende 1993 zurückgezogen, weil er nicht im gleichen Team wie Senna fahren wollte; Nigel Mansell bestritt 1994 seine zweite IndyCar-Saison, und Schumacher auf dem Benetton-Ford schien vorerst noch keine akute Gefahr darzustellen. Damon Hill wurde als zweiter Pilot weiterverpflichtet.

Bei Renault Sports in Viry-Châtillon wurde der erfolgreiche V10-Motor unter der Leitung von Bernard Dudot weiterentwickelt und für die neue Saison die Version RS6 bereitgestellt. Das Verbot der vollautomatischen oder stufenlosen Getriebe traf Williams 1994 besonders hart, denn seit 1990 arbeitete man gemeinsam mit der holländischen Firma Van Doorne's Transmissie in Tilburg an einer stufenlosen CVT-Kraftübertragung (Continuously Variable Transmission), die nun einsatzreif gewesen wäre. Die ganze Entwicklungsarbeit war umsonst gewesen.

Als Testfahrer engagierte Williams den jungen Schotten David Coulthard, der sich in der Formel 3000 bewährt hatte. Nach der Katastrophe von Imola rutschte Coulthard als Fahrer Nummer zwei nach und debutierte in Spanien. Damon Hill fuhr in Barcelona den ersten Grand-Prix-Erfolg seiner Karriere heraus, allerdings wurde ihm die Aufgabe hier wegen des Getriebedefektes von Schumacher erleichtert. Renault wollte nach dem Verlust von Ayrton Senna unbedingt wieder einen Star im Team haben, weshalb Christian Contzen, der Direktor von Renault Sport, alle Hebel in Bewegung setzte, um Nigel Mansell zurückzuholen. Man einigte sich vorerst auf den Grand Prix von Frankreich, am Schluß der Saison kam der Weltmeister von 1992 auch in Jerez, beim Großen Preis von Europa, sowie in Japan und Australien auf Williams-Renault zum Einsatz, wobei er dann in Adelaide – nach der Kollision zwischen Schumacher und Hill – sogar den letzten Sieg seiner Formel-1-Karriere herausfuhr. Der Brite, der auch bei der IndyCar-Serie nicht mehr an die Erfolge des Vorjahres anknüpfen konnte, hatte mittlerweile den Zenith seiner Karriere überschritten.

Mit den sechs Siegen Damon Hills (Spanien, England, Belgien, Italien, Portugal und Japan) und dem Erfolg Mansells in Australien (plus einigen weiteren Puntkerängen) gewann Williams-Renault die Weltmeisterschaft der Formel-1-Konstrukteure mit 118 Punkten; Benetton-Ford folgte mit 15 Punkten Rückstand.

Ferrari stand seit 1990 noch immer ohne einen Grand-Prix-Sieg da. Seit Juli 1993 führte Jean Todt die Sportabteilung. Bei der FD&D (Ferrari Design & Development) in Shalford hatte man unter der Leitung von John Barnard den 412T1 konstruiert, der in

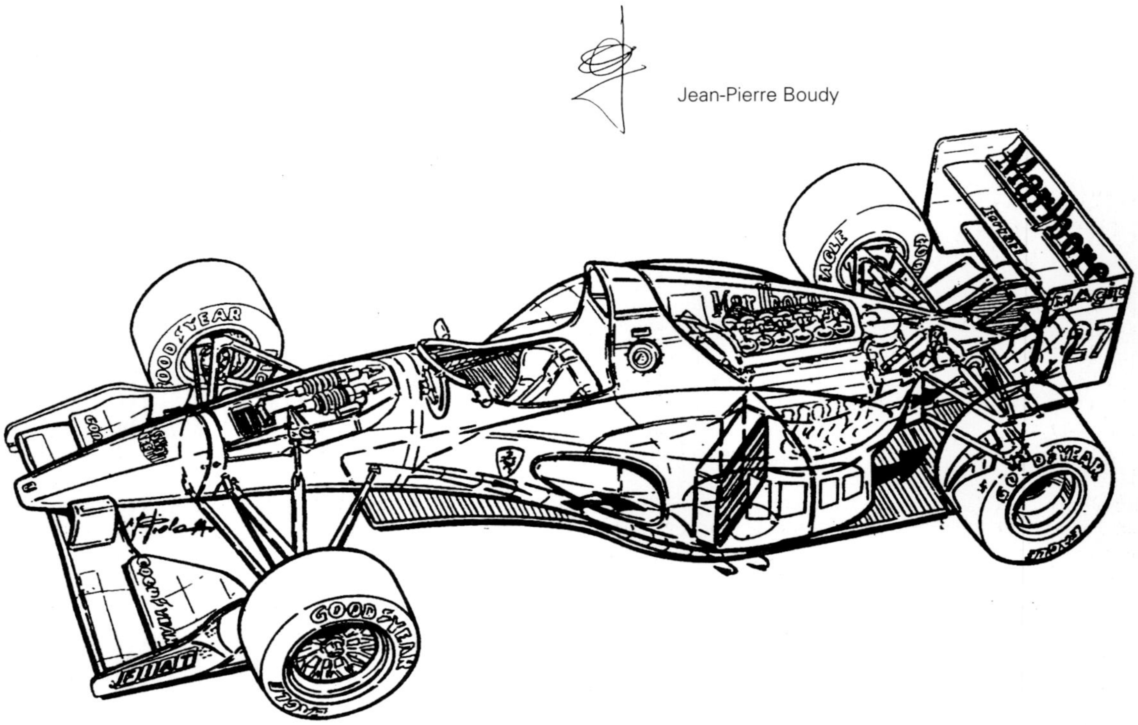

Jean-Pierre Boudy

Der Ferrari 412T1 mit V12-Motor des Typs 043 (Gabelwinkel 65°). Chefkonstrukteur John Barnard zeichnete für diese Konstruktion gesamtverantwortlich, im Verlaufe der Saison erfolgte die Weiterentwicklung unter der Leitung von Gustav Brunner. Die Aufhängungen wurden mehrmals modifiziert. John Barnard verzichtete bei den Anlenkpunten der Vorderradaufhängung auf die konventionellen Uniballs und befestigte die Querlenker teilweise an »starren« Winkeleisen. Ein herausragendes Merkmal war das aus geschweissten Stahlelementen bestehende Getriebegehäuse.

Maranello unter der Leitung des Ende 1993 von Minardi zu Ferrari zurückgekehrten Österreichers Gustav Brunner weiterentwickelt wurde. Harvey Postlethwaite hatte Ferrari wieder in Richtung Tyrrell verlassen. Claudio Lombardi war weiterhin für die Motoren verantwortlich, und im Januar 1994 stieß auch der ehemalige Honda- und McLaren-Ingenieur Osamu Goto zu Ferrari.

Nach drei enttäuschenden Jahren zeichnete sich in Maranello 1994 endlich wieder ein Aufwärtstrend ab. Einen Nachteil stellte zwar nach wie vor das V12-Konzept wegen des Mehrgewichts und des höheren Verbrauchs dar, aber angesichts der wiedereingeführten Tankstops war der Gewichtsnachteil nicht mehr so gravierend. Die Ferrari waren auf Strecken mit langen Geraden im Vorteil, so daß in Hockenheim und Monza die Vorzüge des Zwölfzylinders zur Geltung kommen mußten, denn hier konnten sie ihr Leistungsplus voll ausspielen.

In der Mitte der Saison wurde der seit 1989 eingesetzte und laufend weiterentwickelte V12 mit 65°-Gabelwinkel, der seit 1993 mit Vierventiltechnik arbeitete, durch eine flacher bauende Neukonstruktion mit 75°-Gabelwinkel ersetzt. Neu war auch das Getriebegehäuse, das nicht mehr aus Leichtmetall, sondern aus zusammengeschweißten Stahlelementen bestand. Noch vor dem ersten Renneinsatz in Brasilien wurden am 412T1 nicht weniger als 64 Detailmodifikationen vorgenommen.

Als Fahrer wurden von Ferrari Gerhard Berger und der seit 1991 sieglos für die Scuderia kämpfende Südfranzose Jean Alesi bestätigt. Beim Training in Imola setzte Ferrari erstmals den neuen V12 mit 75°-Gabelwinkel ein, der angeblich 16.200 /min drehte. Mit 820 PS soll es sich damals um die potenteste Formel-1-Maschine überhaupt gehandelt haben. In Aida und Imola sprang Testfahrer Nicola Larini für Jean Alesi ein, nachdem der Franzose am 31. März anläßlich eines Tests in Mugello gestürzt war und sich eine Rückenwirbelverletzung zugezogen hatte. In Imola kam Larini sogar auf den zweiten Platz (1993 hatte der ehemalige Formel-1-Fahrer aus der Toscana auf Alfa Romeo 155 V6 die Deutsche Tourenwagen-Meisterschaft gewonnen).

Gerhard Berger ging der Tod seiner beiden Freunde Ayrton Senna und Roland Ratzenberger sehr nahe. Der Tiroler überlegte, mit der Rennerei Schluß zu machen. Doch vor dem GP von Monaco ließ er die Presse wissen, daß er das Trauma überwunden habe und wieder fahren wollte. Bei der Renaissance Ferraris spielte er eine wichtige Rolle, weil er auch ein guter Testfahrer war; dem fahrerisch sehr talentierten Alesi ging etwas von dieser technischen Fähigkeit ab.

Beim Großen Preis von Frankreich in Magny-Cours setzte Ferrari ertmals die unter Gustav Brunner entwickelte Version 412T1B mit modifizierter Aerodynamik und neuer Hinterradaufhängung ein. In Silverstone gab es wieder etwas Neues: das Quergetriebe wies nicht mehr ein Gehäuse aus geschweißten Stahlelementen, sondern eines aus Titan auf, das noch weniger wog. Beim Großen Preis von Deutschland in Hockenheim kam der 75°-Motor erstmals im Rennen zum Einsatz. Gerhard Berger startete auf der Pole Position, und endlich gewann auch Ferrari wieder einen Grand Prix; es war der 104. Ferrari-Erfolg bei einem WM-Lauf. Allerdings schieden Schumacher und Hill in Hockenheim vorzeitig aus. Die endlos scheinende Durststrecke Ferraris hatte fast vier Jahre lang gedauert.

In Monza dominierte Jean Alesi im Training und in den Qualifikationen, und auch im Rennen zog er aus der Pole Position als Leader los. Beim ersten Tankstopp unterlief ihm jedoch ein Fehler, als er den ersten Gang einlegen wollte. Mit blockiertem Getriebe blieb der Ferrari bewegungslos stehen...

Neben seinem Sieg in Hockenheim belegte Berger zweite Plätze in Aida, Monza und Adelaide, während Alesis beste Plazierung ein zweiter Rang in Silverstone war. In der Endabrechnung für die Marken schaute für Ferrari Rang drei heraus, allerdings mit einem großen Punkterückstand auf Williams-Renault und Benetton-Ford.

Nach 1992 (Honda) und 1993 (Ford) wechselte McLaren erneut seinen Motorenlieferanten und schloß mit Peugeot einen Vierjahresvertrag. Doch gleichzeitig begann für McLaren eine längere Durststrecke. Ende 1993 hatte man Ayrton Senna an Williams verloren, und für längere Zeit sollte es keinen einzigen Sieg mehr geben, nachdem diese Marke seit einem Jahrzehnt beinahe nur Erfolge gekannt hatte. Als Fahrer stand 1994 wieder Mika Häkkinen fest, der schon Ende 1993 – nach der Verabschiedung Michael Andretti im Anchluß an den Grand Prix von Italien – für dieses Team gefahren war. Dennis hatte versucht, Alain Prost anzuheuern, der aber bloß an einem Test teilnahm und keinen Vertrag unterschrieb. Daraufhin verpflichtete Dennis seinen Landsmann Martin Brundle. Den neuen McLaren vom Typ MP4/9 hatte das bewährte Ingenieurteam Neil Oatley, Henri Durand und Steve Hallam konstruiert.

Bei Peugeot Sport war unter der Leitung von Jean-Pierre Boudy ein neuer V10-Motor, zunächst A4, später A6 genannt, mit 72°-Zylinderwinkel entstanden. Er war für McLaren bestimmt. Dieser Zehnzylinder war aber nicht von der in Le Mans erfolgreichen V10-

Maschine des Peugeot 905 Rennsportwagens (mit 80°-Gabelwinkel) abgeleitet. In Vélizy waren 220 Mitarbeiter bei Peugeot Sport tätig, von denen sich 130 ausschließlich mit den Formel-1-Aggregaten beschäftigten. 80 dieser Motoren wurden hergestellt, wobei in der »Rennfabrik« der alten Traditionsmarke nur die Endmontage und die Prüfstandversuche vorgenommen wurden, die Einzelteile ließ man bei diversen andern Firmen anfertigen. Boudy, der sich bereits von 1969 bis 1983 bei Renault mit dem Rennmotorbau befaßt hatte, gilt als Vater der pneumatischen Ventile, die erstmals in den Renault-Formel-1-Turbomotoren Verwendung gefunden hatten. Später setzten auch andere Konstrukteure pneumatische Ventile ein.

Erste Prüfstandversuche fanden in Vélizy am 20. Dezember 1993 statt. Dem Peugeot-Motor fehlten zunächst noch einige PS, auch war das Aggregat nicht zuverlässig genug; gelegentlich gab es Überhitzungserscheinungen. Immerhin qualifizierte sich Häkkinen mit einem solchen Motor schon bei seinem dritten Einsatz in Imola auf den dritten Rang, und dritte Plätze gab es auch in England, Italien und Portugal sowie beim Grand Prix von Europa in Jerez. In Belgien kam der Finne nach der Disqualkifikation Schumachers hinter Hill sogar auf den zweiten Rang. In der Weltmeisterschaft wurde Häkkinen Vierter. Martin Brundle gewöhnte sich nur schwer daran, daß der McLaren nicht mehr als zwei Pedale aufwies. Man mußte mit dem linken Fuß bremsen, und hier machte sich seine alte Verletzung bemerkbar. Die Kupplung bedienten die McLaren-Piloten von Hand am Volant.

Der 1994 von Peugeot als Direktor der Sportabteilung eingesetzte ehemalige Grand-Prix-Fahrer Jean-Pierre Jabouille (1979 war er der erste Grand-Prix-Sieger, der ein Rennen mit einem Turbomotor gewann) wollte bei McLaren seinen Landsmann Philippe Alliot als Fahrer unterbringen, dieser aber kam nur zu einem einzigen Einsatz, nämlich beim GP von Ungarn, für den Häkkinen gesperrt war. Die Ehe zwischen McLaren und Peugeot war indes nur von kurzer Dauer, denn schon im Herbst 1994 gaben die beiden Parteien Ihre Trennung bekannt, wonach sich McLaren im Hinblick auf 1995 mit Mercedes-Benz liierte, während Peugeot einen Kontrakt mit Jordan schloß.

Auch das Jordan-Team hatte im Herbst 1993 versucht, von Peugeot-Motoren zu bekommen, doch schließlich mußte man beim Hart-Zehnzylinder des Typs 10-35 mit 72°-Gabelwinkel bleiben. Für Jordan kam das Elektronikverbot genau zum richtigen Zeitpunkt, denn damit konnte man sich teure Entwicklungsarbeiten ersparen. Das neue Modell 194 war wieder eine Konstruktion Gary Andersons; auch der Amerikaner Steve Nichols hatte zeitweilig für Jordan gearbeitet. Als Fahrer verblieben der Brasilianer Rubens Barrichello sowie der Ire Eddie Irvine im Team. Barrichello erlitt jedoch durch seinen Trainingsunfall in Imola sowie durch den Tod seines Idols Ayrton Senna einen großen Schock, von dem er sich vorerst erholen mußte, und Irvine wurde beim Grand Prix von Brasilien in eine Kollision verwickelt – er kassierte hierfür von der FIA eine harte Bestrafung. Drei Rennen mußte er auslassen und eine Buße von 10.000 Dollar zahlen. Jordan ersetzte die beiden Fahrer durch Aguri Suzuki und Andrea De Cesaris.

Einen Höhepunkt seiner Karriere erlebte Rubens Barrichello bei den Freitagqualifikationen zum Großen Preis von Belgien in Spa-Francorchamps. Es hatte geregnet; als ihn Gary Anderson zwölf Minuten vor Schluß mit Slicks auf die Bahn schickte, war die Fahrschneise weitgehend abgetrocknet. Barrichello legte die Tagesbestzeit hin und konnte am folgenden Tag nicht mehr von der Pole Position verdrängt werden – es regnete wieder. Das war Glück. Im Verlaufe der Saison fuhr der 22jährige Brasilianer fünf vierte sowie einen dritten Rang (in Aida) heraus, womit er in der WM Sechster wurde. De Cesaris kam in Monaco als Vierter ins Ziel. In der Weltmeisterschaft der Marken errang Jordan-Hart die fünfte Position, und das mit einem sehr viel kleineren Budget als die vier vor dieser Renngemeinschaft liegenden Teams Williams, Benetton, Ferrari und McLaren.

Mitte Oktober, in den Tagen des Grand Prix von Europa in Jerez, wurde bekannt, daß Peugeot seine Motoren 1995 Jordan zur Verfügung stellen werde. In Silverstone, Sitz des Jordan-Teams, konnte man tief aufatmen: Damit war man bei Jordan die hohen Kosten für die Motorenrevisionen los. Hart stellte die Weiterentwicklung seines V10 ein, und ab 1995 wurde nur die V8-Maschine eingesetzt, die noch immer Ventilfedern aufwies.

Das französische Ligier-Team war zu Saisonbeginn so gut wie herrenlos, denn Cyril de Rouvre, der in einen Finanzskandal verwickelt war und 1991 schon AGS ruiniert hatte, wurde von Ligier nicht akzeptiert. Es gab auch kein Geld für eine Weiterentwicklung – also fuhr man mit den vorjährigen Fahrzeugen. Im Mai 1994 kam die Renngemeinschaft überraschend unter die Kontrolle von Benetton-Manager Flavio Briatore; es hieß, der in England ansässige Italiener habe 85 % des Rennstalls von Guy Ligier übernommen. Angeblich hatte sich Briatore das Geld bei einer Bernie Ecclestone gehörenden Firma geborgt. Mit der Übernahme durch Briatore wurde der frühere Ferrari-Sportdirektor Cesare Fiorio, der im Mai 1991 aus der italienischen Scuderia ausgeschieden war, als Teamchef eingesetzt. Von Benetton kehrte der Ingenieur Frank Dernie wieder nach Magny-Cours zurück, während der langjährige französische Ingenieur und Chefkonstrukteur Gérard Ducarouge das Ligier-Team verließ, womit er endgültig aus der Formel-1-Szene ausschied.

Als Fahrer hatte Ligier anfangs den Formel-3000-Meister Olivier Panis sowie Eric Bernard engagiert. Letzterer vermochte allerdings seit seinem Unfall 1991 in Suzuka nicht mehr an seine einstige Form anzuknüpfen. Beim Großen Preis von Europa in Jerez wurde er durch Johnny Herbert ersetzt, während der junge französische Formel-3000-Fahrer Franck Lagorce bei den zwei letzten Rennen zum Einsatz kam. Frank Der-

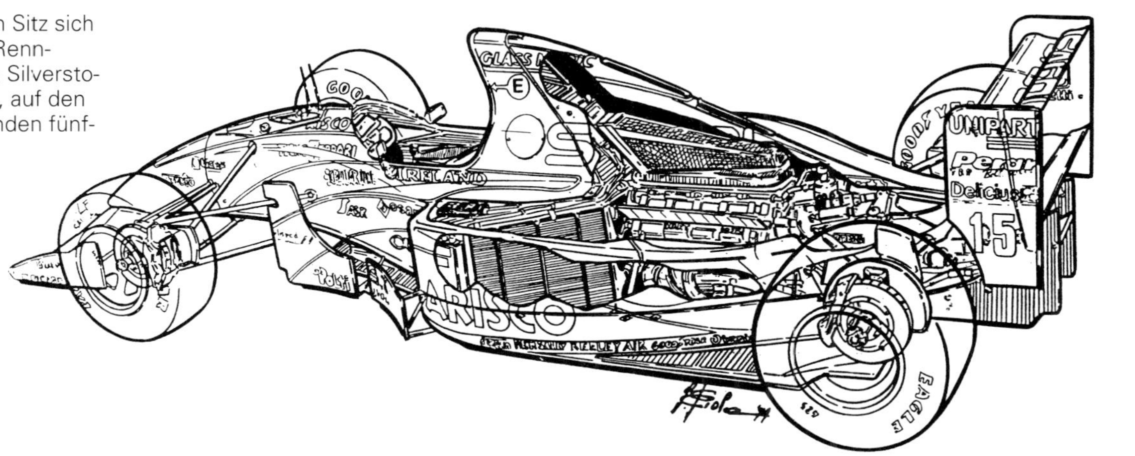

Der Jordan 194 mit Hart-V10-Motor des Typs 10-35 (Gabelwinkel 72°) war eine Konstruktion des (wie Eddie Jordan) ebenfalls aus Irland stammenden Gary Anderson. Die seitlichen Leitprofile neben dem Cockpit beruhigten den Luftstrom und wurden von fast allen Konstrukteuren angewendet. In der Markenwertung der WM 1994 kam Jordan, dessen Sitz sich neben der Rennstrecke von Silverstone befindet, auf den hervorragenden fünften Rang.

Die Formel-1-Motoren von 1994

Marke	Ferrari	Ferrari	Ford	Ford	Hart	Ilmor
Typ	041	043	HB Series VIII	Zetec-R	10.35	2175A
Zylinderzahl	12	12	8	8	10	10
Zylinderwinkel	65°	75°	75°	75°	72°	72°
Kurbelwinkel	120°	120°	180°	180°	144°	144°
Bohrung in mm	90,00*	92,00*	94,00*	99,75*	94,00	86,60
Hub in mm	45,82*	43,85*	62,94*	55,90*	50,40	59,40
Bohrungs-Hub-Verhältnis	0,51	0,48	0,67	0,56	0,54	0,69
Hubraum in cm³	3497,9	3498,0	3494,3	3494,8	3497,6	3498
Material Motorblock	Stahlguß	Stahlguß	Leichtmetall	Leichtmetall	Leichtmetall	Leichtmetall
Anzahl Hauptlager	7	7	5	5	6	–
Anzahl obenl. Nockenwellen	4 OHC	4 OHC	4 OHC	4 OHC	4 OHC	4 OHC
Ventilsteuerung	Zahnräder	Zahnräder	Kette und Zahnräder	Kette und Zahnräder	Zahnräder	Zahnräder
Ventile pro Zylinder	4 (pneum.)	4 (pneum.)	4 (pneum.)	4 (pneum.)	4	4
Motormanagement Art der Einspritzanlage	Magneti Marelli elektronisch	Magneti Marelli elektronisch	Ford EEC V** elektronisch	Ford EEC V elektronisch	Zytek/elektr. Bosch-Einspritzdüsen	Zytek elektronisch
Zündung Art	Magneti Marelli statisch	Magneti Marelli statisch	Ford EED statisch	Ford EED statisch	Zytek statisch	Zytek statisch
Verdichtungsverhältnis	12,7	12,8	12,6	12,9	12,5	–
Art des Einsatzes	Rennen (Qual.)	Rennen (Qual.)	Rennen (Qual.)	Rennen (Qual.)	Rennen (Qual.)	Rennen (Qual.)
Leistung in PS	780 (805)*	820 (850)*	705 (725)*	755 (765)*	715 (725)	670 (685)
Höchstdrehzahl	15300 (15700)*	16200 (16500)*	13200 (13700)*	14300 (14800)*	13300 (13800)	12800 (13100)
Literleistung in PS/L	223,0	234,4	201,8	216,0	204,4	191,6
mittl. Kolbengeschw. (m/sec.)	23,4	23,7	27,7	26,6	22,3	24,0
max. Kolbengeschw. (m/sec.)	37,6	38,1	44,7	43,0	35,9	38,6
Mitteldruck	13,1	13,0	13,8	13,6	13,8	13,5
Produkt	306,5	308,4	381,0	362,3	309,1	323,1
max. Kolbenbeschleunigung	71,900	77,200	73,500	76,600	59,800	61,700
Gewicht in kg	128	130	130	135	135	125
Leistungsgew. in kg/PS	0,164	0,159	0,184	0,179	0,189	0,187
Länge x Breite x Höhe (mm)	660x445x520	660x510x485	595x591x521	620x591x621	622x560x535	593x519x555

* keine Werksangaben; von Ing. Enrico Benzing, Milano, geschätzte Werte
** Magneti Marelli bei Minardi

nie brachte am Ligier JS39B mit Renault-RS6-Motor einige aerodynamische Modifikationen an, so daß man das Auto wieder einigermaßen in den Mittelfeldbereich bekam. Es gab beim Großen Preis von Deutschland in Hockenheim sogar ein Traumresultat, als Panis und Bernard hinter Berger auf Ferrari die Plätze zwei und drei belegten. Allerdings vermochten die beiden hier auch von den vielen Ausfällen bei der Spitzenkonkurrenz zu profitieren. Das Resultat von Hokkenheim war also weitgehend ein Glückstreffer. Panis schaffte noch einen sechsten Platz in Ungarn, weitere Punkte fielen für die Ligier nicht ab. Olivier Panis' Fahrstil zeichnete sich durch eine bemerkenswerte Regelmäßigkeit aus: Bei 16 Starts kam der junge Pilot 14 mal ins Ziel.

In der Marken-WM belegte Ligier den sechsten Platz, punktgleich mit Tyrrell. Mit dem Ende der Saison lief allerdings der Renault-Vertrag aus, wobei Briatore am Ball blieb und die Weichen anders zu stellen half: Für die folgenden Jahre erhielt Benetton den Zuschlag und damit auch den begehrten Renault-Zehnzylinder, während es Briatore gelang, Ligier für die nächsten Jahre den Mugen-Honda-V10-Motor zu sichern. Zur gleichen Zeit ging Tom Walkinshow als Manager zu Ligier, worauf Cesare Fiorio das Team wieder verließ.

Der englische Traditionsrennstall Tyrrell aus Ockham, Surrey, hatte 1993 keinen einzigen WM-Punkt erringen können. Doch die Saison 1994 brachte die Engländer wieder etwas nach vorne. Harvey Postlethwaite war zu Tyrrell zurückgekehrt, er besaß schließlich auch eine Minderheitsbeteiligung an der Tyrrell Racing Organisation Ltd. Zusammen mit Mike Gascoyne und dem im Technologiezentrum von Fondmetal in Casumaro tätigen Aerodynamiker Jean-Claude Migeot baute er den Tyrrell 022, dessen Motor eine Yamaha-Zehnzylinder vom Typ OX10A war. Anfangs hatte Yamaha 1989 in Zusammenarbeit mit Zakspeed in der Formel 1 mitgemischt, sich dann mit Brabham, später mit Jordan und schließlich mit Tyrrell liiert. In der Saison 1994 zeigte der japanische Fahrer Ukyo Katayama bei Tyrrell gute Leistungen; sein Teamkollege war Mark Blundell. Letzterer wurde nach einem dritten sowie zwei fünften Plätzen WM-Zwölfter, Katayama brachte es nach zwei fünften und einem sechsten Platz auf den 17. Schlußrang. In der Teamwertung belegte Tyrrell-Yamaha den sechsten Platz, punktgleich mit Ligier.

Der Sauber-Rennstall aus Hinwil nahm 1994 seine zweite Formel-1-Saison in Angriff. Nach dem recht guten Einstieg von

Mike Gascoyne

André de Cortanze

Heinz-Harald Frentzen

Marke	Mercedes-Benz	Mugen-Honda	Peugeot	Renault	Yamaha
Typ	Ilmor 2175B	MH351H-C	A6 EV2	RS6/B	OX-10A
Zylinderzahl	10	10	10	10	10
Zylinderwinkel	72°	72°	72°	67°	72°
Kurbelwinkel	144°	144°	144°	144°	144°
Bohrung in mm	93,00*	93,00*	93,00	98,00*	94,00*
Hub in mm	51,50*	51,50*	51,50	46,38*	50,40*
Bohrungs-Hub-Verhältnis	0,55	0,55	0,55	0,47	0,54
Hubraum in cm³	3498,3	3498,3	3498,3	3498,4	3497,6
Material Motorblock	Leichtmetall	Leichtmetall	Leichtmetall	Leichtmetall	Leichtmetall
Anzahl Hauptlager	–	6	6	6	–
Anzahl obenl. Nockenwellen	4 OHC	4 OHC	4 OHC	4 OHC	4 OHC
Ventilsteuerung	Zahnräder	Zahnräder	Zahnräder	Zahnräder	Zahnräder
Ventile pro Zylinder	4 (pneum.)	4 (pneum.)	4 (pneum.)	4 (pneum.)	4 (pneum.)
Motormanagement Art der Einspritzanlage	Magneti Marelli elektronisch	Honda PGM-F1 elektronisch	TAG Electr. System elektronisch	Magneti Marelli elektronisch	Zytek elektronisch
Zündung Art	Magneti Marelli statisch	Honda PGM-IG statisch	TAG Electr. System statisch	Magneti Marelli statisch	Zytek statisch
Verdichtungsverhältnis	–	12,6	12,8	12,9	–
Art des Einsatzes	Rennen (Qual.)	Rennen (Qual.)	Rennen (Qual.)	Rennen (Qual.)	Rennen (Qual.)
Leistung in PS	730 (745)*	740 (760)*	735 (750)*	780 (790)*	715 (730)*
Höchstdrehzahl	13500 (14000)*	14000 (14600)*	14200 (14600)*	15000 (15400)*	13600 (14000)*
Literleistung in PS/L	208,7	211,5	210,1	223,0	204,4
mittl. Kolbengeschw. (m/sec.)	23,2	24,0	24,4	23,2	22,8
max. Kolbengeschw. (m/sec.)	37,3	38,6	39,2	37,3	36,7
Mitteldruck	13,9	13,6	13,3	13,4	13,5
Produkt	322,4	326,8	324,6	310,2	309,1
max. Kolbenbeschleunigung	62,900	67,700	69,600	70,000	62,500
Gewicht in kg	123	135	133	134	130
Leistungsgew. in kg/PS	0,168	0,182	0,181	0,172	0,182
Länge x Breite x Höhe (mm)	592x496x545	620x550x520	620x538x408	623x550x413	622x555x417

* keine Werksangaben; von Ing. Enrico Benzing, Milano, geschätzte Werte

1993 erhofften sich die Schweizer einen Sprung nach vorn, um so mehr, als Partner Mercedes-Benz sich nun als Motorenlieferant mit vollem Namen engagierte. Die Mercedes-Benz-V10-Aggregate mit 72°-Gabelwinkel, die bei der zu 25 % Mercedes gehörenden englischen Firma Ilmor weiterentwickelt worden waren, trugen die Modellbezeichnung 2175B. Als Technischer Direktor trat Anfang des Jahres der bisherige Peugeot-Ingenieur André de Cortanze in Saubers Dienste. Unter der Leitung von Leo Ress entstand für 1994 der Sauber C13, eine Weiterentwicklung des C12. Das Testteam für diesen Wagen stand unter der Leitung von Walter Näher; Fahrer waren der bisherige Sauber-Pilot Karl Wendlinger sowie der neu in der Formel 1 auftauchende Heinz-Harald Frentzen, der schon einige Jahre zuvor mit den Sauber-Mercedes-Rennsportwagen gefahren war und danach seine Karriere bei der japanischen Formel 3000 fortgesetzt hatte.

Das Sauber-Team mußte 1994 einige Tiefschläge einstecken. Zuerst erwies sich ein Sponsor als zahlungsunfähig. Dank guter Verbindungen zu verschiedenen kleineren Sponsoren, insbesondere aber durch den Partner Mercedes-Benz gelang es, doch noch über die Runden zu kommen. Ein harter Rückschlag war der Trainingsunfall Karl Wendlingers in Monaco. Man fürchtete um das Leben des Österreichers, der sich nur sehr langsam erholte. In Monza war Wendlinger wieder als Zuschauer dabei, und Ende Oktober saß er anläßlich eines Tests wieder am Volant eines C13. Es galt herauszufinden, ob Wendlinger für das folgende Jahr wieder als Fahrer in Frage kommen konnte.

Der Tiroler wurde während der Saison durch den Finnen Lehto sowie durch den Italiener Andrea De Cesaris ersetzt. Aber Saubers Spitzenfahrer blieb Heinz-Harald Frentzen, der sich überhaupt als einer der schnellsten Formel-1-Piloten erwies. Das Team machte im Verlauf der Saison Fortschritte: die Mercedes-Motoren bekamen eine Leistungspritze verabreicht, die Aerodynamik des C13 wurde durch einen neuen Unterboden verbessert, auch wurden Front- und Heckflügel optimiert. Vom GP von Belgien an ging es ordentlich aufwärts. Beim Großen Preis von Europa in Jerez stand Frentzen auf dem vierten Startplatz, in Suzuka war er bei den Qualifikationen sogar Dritter. Im Verlauf der Saison qualifizierte sich der Deutsche zehnmal unter den zehn schnellsten Fahrern des Feldes. Dennoch: Insgesamt war man bei Sauber von der zweiten Formel-1-Saison enttäuscht. Die Schweizer hatten gehofft, in der Teamwertung um ein paar Ränge besser zu liegen. Bestes Resultat blieb ein vierter Platz Frentzens in Magny-Cours. In der Weltmeisterschaftswertung der Marken lag das Team mit 12 Punkten nur auf dem achten Rang.

Seit dem Sommer hatten sich zwischen Mercedes-Benz und Sauber neue Spannungen ergeben. Die beiden Partner lebten sich allmählich auseinander. Mercedes-Sportchef Norbert Haug verhandelte mit andern Teams und ging mit McLaren für die nächsten Jahre eine neue Verbindung ein, obschon McLaren ein Jahr zuvor einen Vierjahresvertrag mit Peugeot unterzeichnet hatte. Vom GP von Deutschland an wußte die Öffentlichkeit, daß es zu einer Trennung zwischen Stuttgart und Hinwil kommen würde. Mercedes verabschiedete sich allerdings mit

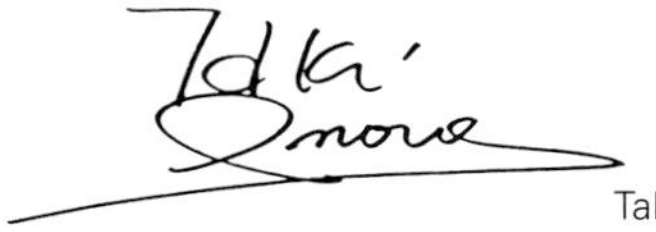

Taki Inoue

Andrea Montermini

George Ryton

Karl Wendlinger auf Sauber C13-Mercedes gefolgt vom 22jährigen Brasilianer Rubens Barrichello auf Jordan 194-Hart. Beim Training zum Grand Prix von Monaco erlitt dann Wendlinger einen schweren Unfall, der seiner Karriere als Grand-Prix-Fahrer später ein Ende setzte.

einer großzügigen finanziellen Geste. Doch daß jetzt Schluß sein sollte, blieb vielen unverständlich.

Im November stand dann auch für Sauber der neue Motorenlieferant fest: Ford. Nachdem Benetton – das Team, mit dessen B194 Michael Schumacher 1994 den Titel eines Weltmeisters errungen hatte – zu Renault abgesprungen war, wählte Ford für die nächsten zwei Jahre das Sauber-Team als bevorzugten Rennstall. Sauber erhielt dadurch exklusiv den Ford-Zetec-R-V8-Motor, mit welchem Michael Schumacher soeben Champion geworden war.

Jackie Olivers Footwork/Arrows-Rennstall (genau genommen hieß der Rennstall Footwork und die Wagen Arrows) war seit 1978 in der Formel 1 aktiv, ohne je einen Grand Prix gewonnen zu haben. Nachdem 1993 Derek Warwick und Aguri Suzuki die FA15 aus Milton Kaynes pilotiert hatten, engagierte Oliver für 1994 den Italiener Gianni Morbidelli und den Brasilianer Christian Fittipaldi. Die Mugen/Honda-V10-Motoren verlor Footwork Ende 1993 an Lotus, so daß die neuen Wagen mit dem Ford-HB-V8-Aggregat ausgerüstet werden mußten. Immerhin hatte Ayrton Senna 1993 mit dem bei Cosworth gebauten Achtzylinder – und zwar mit der besten Ausführung des Ford HB – noch fünf Grand Prix gewonnen.

Bis in den Sommer gab es bei den Arrows technische Probleme, vor allem mit den Getrieben. Christian Fittipaldi wurde Vierter in Aida, ebenso beim GP von Deuschland. Morbidelli folgte seinem Kollegen in Hockenheim auf Rang fünf; in Belgien wurde der Italiener Sechster, so daß Footwork in der Marken-WM mit neun Punkten den neunten Platz belegen konnte. In der Fahrer-WM wurden Christian Fittipaldi Vierzehnter, Morbidelli Zweiundzwanzigster. Als sich Ende 1994 Jordan und Hart trennten, unterzeichnete Jackie Oliver mit Hart einen Zweijahresvertrag für die Verwendung des älteren V8-Motors.

Das Minardi Team aus Faenza konnte ab 1994 für zwei Jahre auf die finanzielle Unterstützung der Scuderia Italia zählen, nachdem sich der Rennstall Giuseppe Lucchinis aus Brescia aus der Formel 1 zurückgezogen hatte. Minardi litt 1994 unter den Reglementsänderungen, die eine starke finanzielle Belastung für die Teams darstellten. Zuerst baute man die Fahrzeuge aus dem Vorjahr um, bis Giancarlo Minardi im Sommer die von Aldo Costa, Gabriele Tredozi und René Hilhorst konstruierten M194 vorstellte, die wieder mit dem Ford-HB-Motor liefen. Minardi bestritt die zehnte Formel-1-Saison, in Spa ging der Rennstall zu seinem 150. Grand Prix an den Start. Die Minardi-Fahrer Pierluigi Martini und Michele Alboreto holten zusammen zwei fünfte sowie einen sechsten Platz, so daß Minardi in der Marken-WM mit fünf Punkten auf Platz zehn kam. Am Ende der Saison zog sich der Mailänder Michele Alboreto – Vizeweltmeister 1985 – aus der Formel 1 zurück und trat 1995 auf Alfa Romeo bei den DTM/ITC-Rennen an.

Gérard Larrousse, Le-Mans-Sieger 1973 und 1974, später Sportdirektor von Renault und 1987 Inhaber eines eigenen Formel-1-Rennstalls, steckte seit jeher in Geldnöten. Die Saison 1994 wurde die letzte seiner Renngemeinschaft, deren Grand-Prix-Wagen unter der Leitung des einstigen March-Mitbegründers und Chefkonstrukteurs Robin Herd entstanden. Michel Têtu betreute die Wagen auf den Rennplätzen, während es Patrick Tambay oblag, Sponsoren zu finden. Die LH94 mit Ford-HB-Motor wechselten oft die Fahrer, angesichts seiner prekären Finanzlage mußte Larrousse immer wieder andere Piloten mit etwas Sponsorengeld engagieren. So wurden im Verlauf des Jahres die LH-Ford von den Franzosen Olivier Beretta, Erik Comas, Philippe Alliot und Yannick Dalmas pilotiert, zum Schluß kamen auch der Japaner Hideki Noda und der Schweizer Jean-Denis Delétraz auf einem Larrousse zum Einsatz. Während der ganzen Saison schauten nur zwei sechste Plätze heraus. Gérard Larrousse meldete sich zwar Ende 1994 für die Weltmeisterschaft 1995 an, doch das Team mußte den Betrieb einstellen – 1994 blieb sein letztes Formel-1-Jahr.

Überhaupt keine WM-Punkte erlangten 1994 die drei englischen Teams Simtek, Pacific und Lotus. Das vom Techniker Nick Wirth geführte Simtek-Team, an dem einst auch FIA-Präsident Max Mosley finanziell beteiligt war, kämpfte mit großen finanziellen Sorgen. In seine Simtek S941-Ford setzte Nick Wirth den Australier David Brabham, Sohn des dreifachen Weltmeisters Jack Brabham (Brabham gehörte zu den Geldgebern Simteks), sowie den Österreicher Roland Ratzenberger. Aber Ratzenberger kam dann in Imola ums Leben. Auf Simtek traten auch Andrea Montermini, Jean-Marc Gounon, Domenico Schiattarella sowie Takachito Inoue an. Ein Fahrzeug wurde durch Ratzenberger in Imola und ein zweites durch Montermini in Barcelona zerstört.

Ähnlich war die Situation bei dem von Keith Wiggins geleiteten ehemaligen Formel-3000-Team Pacific, dessen Rennwagen vom Typ PR01 mit Ilmor-V10-Motoren der ersten Generation 2175A bestückt waren, wie sie einst Leyton House (March) verwendet hatte. Die Pacific-Fahrgestelle des Typs PR01 waren eine mittlerweile drei Jahre alte Reynard-Konstruktion. Paul Belmondo und Bertrand Gachot fuhren die Wagen dieses zweiten Einsteigerteams des Jahres 1994. Trotz aller Schwierigkeiten begann Pacific in der Mitte der Saison zusammen mit Frank Coppuck und andern Technikern mit der Konstruktion des neuen PR02, der im folgenden Jahr zum Einsatz kommen sollte.

Das Team Lotus, der nach Ferrari zweitältester Formel-1-Rennstall, dessen Grand-Prix-Debut auf das Jahr 1958 zurückging, erlebte 1994 seine letzte Formel-1-Saison. Die weltweite Krise hatte auch viele Rennställe erfaßt; etliche Sponsoren waren nicht mehr zu großen Investitionen bereit. Bei dem vom Australier Peter Collins geführten Team Lotus entstand unter Peter Wright und Chris Murphy der Mark 109, bei dem es sich lediglich um einen modernisierten Mark 107 handelte. Der Mugen/Honda-V10-Motor des Typs ZA-5C, der vom 1993er Footwork stammte, galt als besonders schwer. Collins verpflichtete erneut den Briten Johnny Herbert sowie den jungen Portugiesen Pedro Lamy, der aber in der Woche vor dem Grand Prix von Spanien bei einer Testfahrt in Silvestone einen schweren Unfall erlitt und für den Rest der Saison ausfiel. Auf Lotus fuhren dann der junge Finne Mika Salo, der völlig unbekannte Belgier Philippe Adams, der Italiener Alessandro Zanardi und schließlich auch der Franzose Eric Bernard. Vor dem Großen Preis von Italien stellte Mugen/Honda eine neue Version des V10-Motor zur Verfügung, die leichter und auch leistungsstärker war. Johnny Herbert qualifizierte sich mit seinem Mark 109 in Monza überraschend für den vierten Startplatz, im Rennen wurde der Brite jedoch schon in der ersten Runde von Eddie Irvine gerammt und fiel aus. Mittlerweile zog der Pleitegeier seine Kreise über Ketteringham Hall, wo das Team Lotus zu Hause war, und Mitte September meldete das Unternehmen Konkurs an. Bernie Ecclestones Organisation übernahm noch die Transportkosten für die Grand Prix in Japan und Australien. Inzwischen war ein gerichtlich bestellter Konkursverwalter eingesetzt worden – die Auflösung des Team Lotus wurde Anfang 1995 endgültig vollzogen. Damit verschwand einer der berühmtesten Grand-Prix-Rennställe der Geschichte von der Bildfläche.

Mika Salo

Lotus ist in seiner langen Grand-Prix-Karriere immer wieder tonangebend gewesen, vor allem in den Zeiten seines genialen Gründers Colin Chapman. Im Dezember 1982 erlag er einer Herzattacke. Der Rennwagenbau hatte durch seine Ideen wesentliche Impulse erfahren. Auch in der Zeit nach Colin Chapman hatte Lotus, nicht zuletzt dank des großen Talents Ayrton Senna, viele Erfolge verbuchen können. Nicht betroffen von der Pleite war die Firma Lotus Cars Ltd. mit Sitz in Hethel bei Norwich, an der sich erst Toyota, dann General Motors beteiligte, ehe die Firma zu Romano Artiolis Bugatti-Gruppe kam und 1996 schließlich dem malaysischen Proton-Konzern angegliedert wurde. Ein wechselvolles Schicksal.

Nur die Historiker erinnerten sich im Sommer 1994 eines bedeutenden Jubiläums: Der Automobilsport feierte am 22. Juli seinen hundertsten Geburtstag. Vor einhundert Jahren hatte mit der Fernfahrt von Paris nach Rouen über eine Strecke von 126 km der damals als Zuverlässigkeitsfahrt ausgeschriebene erste automobilsportliche Wettbewerb für pferdelose Wagen stattgefunden...

Keith Wiggins

Formel-1-Wagen von 1994

Marke/Modell	Verantwortliche(r) Konstrukteur(e)	Motor/Typ	Getriebe/Anzahl Gänge Anordnung	Radstand (mm) Spur vorne/hinten	Trocken-gewicht
Benetton B 194	Ross Brawn Rory Byrne	Ford Zetec-R V8 75°, PV	Benetton, 6 G, Q halbautomatisch	2880 1690/1618	515
Ferrari 412T1B	John Barnard Gustav Brunner George Ryton	Ferrari 043, V12, 75° TA, PV, (Ferrari 041, V12, 65°, TA, PV)	Ferrari 6 G, Q halbautomatisch	2950 1690/1605	515
Footwork FA 15	Alan Jenkins	Ford HB V8, 72°	Arrows/XTrac, 6 G, Q halbautomatisch	2921 1676/1600	515
Jordan 194	Gary Anderson	Hart 10-35 V10, 72°	Jordan, 6 G, Q halbautomatisch	2950 1698/1618	515
Larrousse LH94	Robin Herd	Ford HB V8, 75°, PV	Benetton, 6 G, Q halbautomatisch	2940 1692/1618	520
Ligier JS 39B	Frank Dernie (Gérard Ducarouge)	Renault RS6 V10, 67°, PV	Williams/XTrac, 6 G, Q0 halbautomatisch	2995 1690/1600	525
Lotus 109	Peter Wright Chris Murphy	Mugen/Honda ZA-5C V10, 72°	Lotus/XTrac, 6 G, Q halbautomatisch	2950 1650/1615	515
McLaren MP 4/9	Neil Oatley Henri Durand	Peugeot A6 V10, 72°, PV	McLaren/TAG, 6 G, Q halbautomatisch	2845 1690/1615	515
Minardi M194	Aldo Costa Gabriele Tredozi René Hilhorst	Ford HB V10, 75°, PV	Minardi/XTrac, 6 G, Q halbautomatisch	2806 1678/1600	520
Pacific PR01	Paul Brown Keith Wiggins	Ilmor 2175A V10, 72°	Pacific/XTrac, 6 G, L manuell	2900 1636/1613	525
Sauber C13	Leo Ress André de Cortanze	Mercedes 2175B V10, 72°, PV	Sauber-XTrac, 6 G, Q halbautomatisch	2930 1680/1600	515
Simtek S941	Nick Wirth	Ford HB V8, 75°, PV	Simtek/XTrac, 6 G, Q manuell	2880 1698/1600	520
Tyrrell 022	Harvey Postlethwaite Jean-Claude Migeot Mike Gascoyne	Yamaha OX10A V10, 72°, PV	Tyrrell, 6 G, Q, pneumatisch halbautomatisch	2900 1698/1610	515
Williams FW 16B	Patrick Head Adrian Newey	Renault RS6 V10, 67°, PV	Williams/XTrac, 6 G, Q halbautomatisch	2990 1670/1600	515

1994 waren alle Formel 1-Rennwagen mit Goodyear-Reifen ausgerüstet.
Abkürzungen zu den Motoren: PV = pneumatische Ventile; TA = teleskopische Ansaugrohre; 5V = 5 Ventile pro Zylinder;
Abkürzungen zu den Getrieben: 6 G = Gangzahl; Q = Quergetriebe.

Schumacher wird erneut Weltmeister

Umstellung auf Dreilitermotoren, die um fast 100 PS schwächer sind. Schumacher auf Benetton-Renault dominiert klar, obwohl der Williams-Renault das bessere Auto ist.

Mit der 46. Fahrerweltmeisterschaft traten wieder einmal neue Vorschriften in Kraft. In erster Linie ging es darum, den Abtrieb der Fahrzeuge zu vermindern, ebenso die Leistung der Motoren, deren Hubraumlimit 1995 von 3500 auf 3000 ccm reduziert wurde, was bis zu 100 PS ausmachte. Während die stärksten 3,5-Liter-Motoren 1994 rund 820 PS abgegeben hatten, kamen die besten Dreiliter nun trotz der leicht erhöhten Literleistung auf 715 bis 730 PS. Die spezifische Leistung betrug 210 bis 240 PS/l. Auch war es gelungen, die Höchstdrehzahlen anzuheben: Beim Ferrari-Zwölfzylinder beispielsweise sprach man von 17.100/min. Der Renault V10 soll 16.000/min gedreht haben, der Ford-Zetec-R-V8 14.900 /min – offizielle Angaben wurden jedoch schon seit Jahren nicht mehr veröffentlicht.

Um den Abtrieb in den Kurven und damit auch das Kurventempo leicht herabzusetzen, mußten die Monoposto nun einen Unterboden mit einem 50 mm hohen Absatz unter dem Monocoque aufweisen. Durch diesen mit einer 10 mm starken Sperrholzplatte – die im Verlauf eines Rennens nicht über ein bestimmtes Maß abgeschliffen werden durfte – bewehrten Absatz nahm der Bodeneffekt ab, indem der Abstand zwischen der Fahrbahn und den seitlichen Caissons größer wurde. Dank dieser Maßnahme soll der Abtrieb um 15 bis 18 % abgenommen haben; die maximale Querbeschleunigung sank von etwas mehr als 4 g zu Beginn der Saison 1994 auf etwa 3 g. Alles in allem bedeutete dies eine Erhöhung der Rundenzeiten von ein bis zwei Sekunden.

Schon bei der Präsentation Ende Januar 1995 beim Hauptsitz in Treviso, gab man sich bei Benetton siegesgewiss. Im Vordergrund Teamdirektor Flavio Briatore zusammen mit Weltmeister Michael Schumacher. Dahinter der Boss des Konzerns, Luciano Benetton, sowie dessen Sohn, Alessandro Benetton, der Präsident von Benetton Formula Ltd. ist.

Links
Auslegeordnung des Benetton B195 mit dem Renault-V10-Motor des Typs RS7, mit welchem Michael Schumacher auch Weltmeister 1995 geworden ist. Benetton-Renault hat zudem auch die Weltmeisterschaft der Formel-1-Konstrukteure gewonnen.

Luciano Benetton

Die für 1995 vorgesehenen Reglementsänderungen bedeuteten einen Eingriff in mehrere Konstruktionsbereiche und zwangen die Teams mehr oder weniger zum Bau komplett neuer Wagen. Ein Formel-1-Rennwagen, der 1994 trocken 515 kg auf die Waage bringen mußte, wurde nun auch anders gewogen: Ab 1995 hatte ein Grand-Prix-Monoposto leer, jedoch einschließlich Fahrer mit Helm und Overall mindestens 595 kg zu wiegen. Die Tanks hatten 1994 noch mindestens 200 Liter Treibstoff fassen müssen, während 1995 das Volumen der Tanks freigestellt war. Da jedoch mindestens ein Tankstop obligatorisch war, reduzierten die Konstrukteure das Fassungsvermögen der Behälter auf 90 (Simtek) bis 150 (Benetton) Liter. Die meisten Wagen konnten um die 140 Liter aufnehmen.

Etwas gelockert wurde das Elektronikverbot. Erlaubt war jetzt wieder das elektronische drive-by-wire-Gaspedal, durch das die Progression beim Gasgeben zu variieren war. Doch die Antischlupfregelung und die vollautomatische Kraftübertragung blieben weiterhin tabu. Die über weniger PS und weniger Abtrieb verfügenden Fahrzeuge stellten nun höhere Anforderungen an die Fahrkunst der Piloten – wer schnell sein wollte, mußte über sehr viel Fahrgefühl verfügen.

Für die Sicherheit wurde ebenfalls viel getan. Nach der Unfallserie von 1994 hatte FIA-Präsident Mosley einen Expertenrat zusammengerufen, der zu untersuchen hatte, wie ein Grand-Prix-Fahrer den schwersten denkbaren Unfall überleben kann. Vorsitzender des Gremiums war Professor Sid Watkins, ein Spezialist für Kopfverletzungen, der sich seit 1978 intensiv mit der medizinischen Versorgung bei Formel-1-Rennen beschäftigte und als Kapazität auf diesem Gebiet galt. Dieser Gruppe gehörten auch der Rennkonstrukteur Dr. Harvey Postlethwaite an, ebenso Gerhard Berger als Fahrer, der FIA-Sicherheitschef Roland Bruynseraede (seit Jahren Starter der Grand Prix) sowie Charlie Whiting als Technischer Delegierter der FIA. Involviert waren auch die Unfallforschungs-Institute MIRA (London), Impact Attenuation (New York), CSI (Mailand) sowie die Monash University (Australien). Man fand viel heraus und schuf neue Grundlagen für den Rennwagenbau ganz allgemein, indem zum Beispiel die Mindeststärke der gepolsterten Kopfstütze an der Cockpitrückwand auf 75 mm festgelegt wurde, wodurch die Belastung für Kopf und Genick bei einem Aufprall von vorne oder rückwärts um 50 % gesenkt wurde. Laut Professor Watkins darf man dem Kopf eine maximale Verzögerung von 80 g zugestehen.

Aufgrund der jüngsten Erkenntnisse verschärfte die FIA auch den seit 1985 obligatorischen Crashtest für Monocoques. Die Geschwindigkeit, mit der die auf ein Gewicht von 780 kg (Startgewicht eines Formel-1-Wagens) beschwerte Überlebenszelle frontal gegen eine Wand gefahren wurde, erhöhte man von 39,6 auf 43,2 km/h. Bei diesem Versuch, wobei der im Cockpit festgeschnallte Dummy einer Verzögerung von 41,6 g unterzogen wurde, durfte nur die vorne aufgeschraubte Nase des Fahrzeugkörpers eingedrückt werden, das Monocoque mußte intakt bleiben. Am Übergang zwischen Chassis und Nase drückte eine Hydraulikpresse mit einer Kraft von 4000 kg (bis 1994 waren es 3000 kg), wobei de Befestigungspunkte unbeschädigt bleiben mußten. Damit wollte man vermeiden, daß die Front eines Wagens bei einem Aufprall abgetrennt wird, ohne Bewegungsenergie absorbiert zu haben. Neu definiert wurde auch der dynamische Crashtest von der Seite. Ein 45 x 45 cm großer, 780 kg schwerer Bolzen rammte das Chassis mit 18 km/h in die Flanke. Die Überlebenszelle durfte dabei keinerlei Schaden nehmen, und auf den Fahrer durften bei diesem Aufprall Beschleunigungskräfte von maximal 10 g einwirken. Bei den Laborversuchen stellte man auch fest, daß der Kopf des Fahrers bei einem Crash von vorne trotz Gurt immer gegen die vordere Cockpitumrandung oder das Lenkrad prallte. Um das zu verhindern, wurde für 1995 die Cockpitöffnung um 5 cm verlängert. Im Jahre 1995 unternahm man auch die ersten Versuche mit Mini-Airbags in Rennwagen. Simulationen eines schrägen oder seitlichen Aufpralls zeigten, welche Kräfte auf Kopf und Genick einwirken. Bei einem wie bisher seitlich tief ausgeschnittenen Cockpitrand wurde der Kopf des Fahrers bis zur Schulter abgeknickt. Man fand heraus, daß der Helm des Piloten mehr als zur Hälfte von den Cockpitflanken abgedeckt sein mußte, um optimalen Schutz zu gewährleisten.

Auch entlang der Rennstrecken wurde noch mehr für die Sicherheit getan. Insbesondere vergrößerte man die Kiesbetten, die sich als sicherste Auffangvorrichtung erwiesen hatten. Aber das Trachten nach noch mehr Sicherheit hatte auch seine Kehrseite, denn etliche Rennstrecken wurden zunehmend verstümmelt, indem sie mit Schikanen versehen wurden. Die Tamburello-Kurve von Imola, in der Ayrton Senna 1994 den Tod gefunden hatte, brachte man durch eine Schikane zum Verschwinden, wodurch dieser Circuit an Charakter verlor. Dies war auch in Monza der Fall, wo man die berühmte Lesmo-Kurve 1994 zu einem unbedeutenden Bogen degradierte. Die FIA war damit noch nicht zufrieden; im Hinblick auf 1995 mußte auch der Sturzraum im Bereich von Lesmo wesentlich vergrößert werden. In Spa hatte man eingesehen, daß man bei der Entschärfung der kritischen Passage von Eau Rouge doch zu weit gegenen war, indem man hier zwei langsame »Ecken« eingebaut hatte. Eau Rouge bekam für den Grand Prix von 1995 mehr oder weniger wieder sein einstiges Gesicht zurück.

Unten
McLaren MP4/10-Mercedes-Benz von unten. Die Seitenteile, welche die Kühler enthalten, müssen höher liegen als das zentrale Bodenbrett, womit die Bildung eines maximalen Unterdruckes oder Abtriebes unter dem Fahrzeug vermieden wird. Der Pfeil zeigt auf die Öffnung, durch die die Auspuffsammelrohre ins Freie münden. Damit wird die Effizienz des Diffusors am Heck erhöht und mehr Abtrieb produziert. Das Bodenbrett geht in den zentralen Heckdiffusor über, der unter dem Getriebe angebracht ist.

Oben
McLaren und Mercedes-Benz haben 1995 ihre auf mindestens fünf Jahre angesetzte Zusammenarbeit begonnen. Der McLaren MP4/10 wird vom Mercedes-Benz-V10-Motor des Typs FO110 angetrieben. Das unter der Gesamtleitung von Mario Illien entstandene Aggregat wird bei der zu 25 % Mercedes-Benz gehörenden englischen Firma Ilmor in Brixworth bei Northampton gebaut. Parallel dazu läuft die Weiterentwicklung auch in Stuttgart.

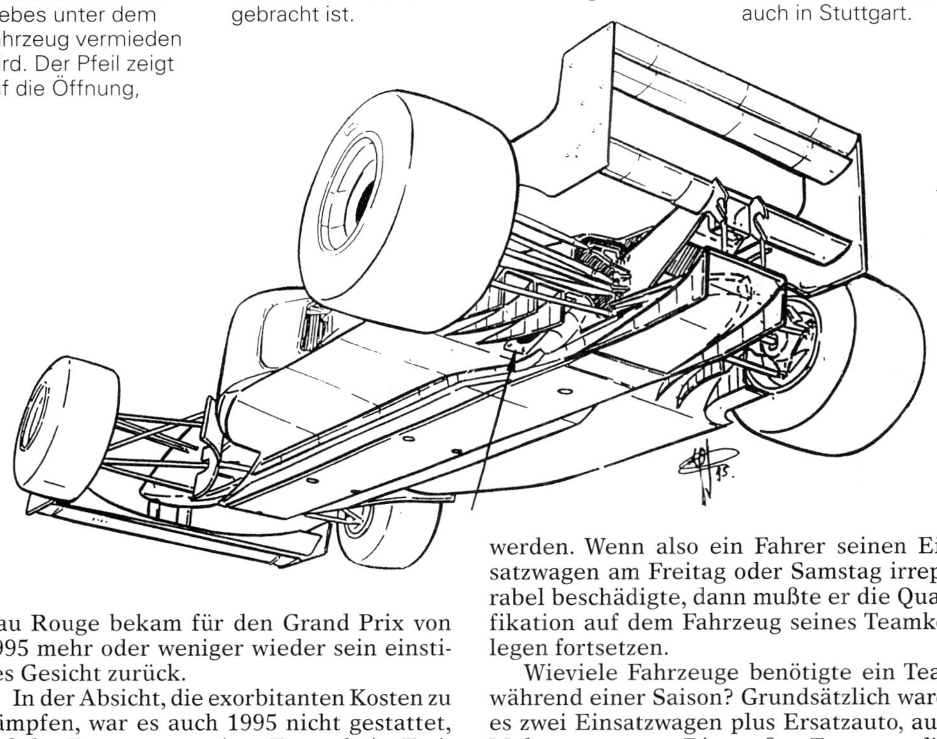

In der Absicht, die exorbitanten Kosten zu dämpfen, war es auch 1995 nicht gestattet, daß der Ersatzwagen eines Teams beim Training oder bei den Qualifikationen am Freitag oder Samstag eingesetzt wurde. Das Reserveauto durfte nur am Renntag hervorgeholt werden. Wenn also ein Fahrer seinen Einsatzwagen am Freitag oder Samstag irreparabel beschädigte, dann mußte er die Qualifikation auf dem Fahrzeug seines Teamkollegen fortsetzen.

Wieviele Fahrzeuge benötigte ein Team während einer Saison? Grundsätzlich waren es zwei Einsatzwagen plus Ersatzauto, auch Muletto genannt. Die großen Teams verfügten selbstverständlich über eine Testmannschaft, die mit einem eigenen Fahrzeug arbeitete und fern von den Grand Prix neue Lö-

Links
Im Hinblick auf 1996 wird der in der amerikanischen IndyCar-Serie führende Kanadier Jacques Villeneuve von Williams unter Vertrag genomen. Schon im Spätsommer nimmt Villeneuve die Testarbeit in Monza und Silverstone auf dem Williams-Renault auf. In Monza unterhält sich der angehende IndyCar-Champion mit Teamchef Frank Williams.

Oben
Hartes Duell zwischen Michael Schumacher auf Benetton B195-Renault und Damon Hill auf Williams FW16-Renault während des Grand Prix von Belgien auf der regennassen Bahn von Spa-Francorchamps. Der Deutsche gewann mit 19,4´´ Vorsprung auf den Briten.

Olivier Panis

sungen ausprobierte. Das machte also vier Autos. Nun war es durchaus möglich, daß ein, zwei, drei oder sogar vier Chassis im Verlauf einer Saison durch Unfälle zerstört wurden und ersetzt werden mußten. Die meisten Chassis stellte 1995 McLaren her: vom Typ MP4/10 wurden nicht weniger als elf Stück gebaut. Dies war aber auch darauf zurückzuführen, daß eine zweite Serie mit der Typenbezeichnung MP4/10B gebaut werden mußte, weil die ersten fünf Chassis ein zu enges Cockpit aufwiesen. Ferrari baute acht F412T2 (vier wurden durch Unfälle zerstört), Sauber folgte mit sieben Chassis des Typs C14 (eins wurde durch Unfall zerstört); sechs Chassis stellte 1995 Benetton (B195), Williams (FW17), Jordan (195), Ligier (JS41) und Tyrrell (023) her, wobei diese Teams zwischen ein und vier Autos durch Unfälle verloren. Die finanzschwächeren Teams mußten mit weniger Wagen auskommen. Forti kam mit vier Fahrzeugen über die Runden, Minardi mit drei, Pacific und Simtek mit je zwei.

Nach 36 Jahren war die Marke Lotus 1995 in der Formel 1 nicht mehr vertreten. Noch im Winter 1994/1995 wurden Rettungsversuche unternommen, um das Team Lotus weiterbestehen zu lassen. David Hunt, Bruder des Weltmeisters von 1976, James Hunt, setzte alle Hebel in Bewegung, indes vergebens.

Die Grand-Prix-Gilde blieb jedoch zahlenmäßig gleich, denn dem exklusiven Kreis schloß sich ein neuer Rennstall aus Italien an: die bislang in der Formel 3 und Formel 3000 aktiv gewesene Forti Corse aus Alessandria. Nicht weniger als sieben Teams wechselten 1995 die Motorenmarke. Den markantesten Motorenwechsel gab es bei Benetton zu verzeichnen, als sich das Team von Ford trennte und Renault zuwendete, was dem ebenfalls mit Renault-Zehnzylindern kämpfenden Williams-Team nicht gerade behagte. McLaren stellte nach einem Jahr der Zusammenarbeit mit Peugeot auf Mercedes-Benz-V10-Motoren um, und Jordan trennte sich von Hart und versah seine Wagen mit dem Peugeot-Zehnzylinder. Arrows bekam die Hart-Motoren, nachdem die Wagen aus Milton Keynes bislang mit der Ford-ED-Maschine bestückt gewesen waren. Sauber hatte die Mercedes-Benz-Triebwerke an McLaren verloren und wurde nun für zwei Jahre zum bevorzugten Ford-Team, das damit den potenteren und bislang ausschließlich von Benetton verwendeten Zetec-R-V8-Motor von Cosworth exklusiv verfügbar hatte. Für Sauber war damit eine zehnjährige Ehe mit Mercedes-Benz zu Ende gegangen. Die bisher von Lotus verwendeten Mugen/Honda-V10-Maschinen sicherte sich das Ligier-Team. Minardi hatte sich im Herbst 1994 praktisch schon mit der Hirotoshi Honda gehörenden Firma Mugen geeinigt, aber dann war es Flavio Briatore gelungen, Mugen umzustimmen: den Zuschlag für die japanischen Zehnzylinder bekam Ligier. Bei Minardi war man drüber zutiefst enttäuscht, um so mehr, als man den neuen Grand-Prix-Rennwagen rund um das Mugen/Honda-Triebwerk konstruiert hatte. Das Pacific-Team, das 1994 praktisch von einer Nichtqualifikation in die andere gewechselt hatte, trennte sich vom Ilmor-V10-Motor der ersten Generation und vertraute sich ebenfalls dem Ford-ED an.

Die Saison 1995 umfaßte ausnahmsweise 17 Weltmeisterschaftsläufe, da man zu Ehren von Weltmeister Michael Schumacher auch den Großen Preis von Europa in das WM-Programm einbezog.

Die Weltmeisterschaft blieb nach der skandalträchtigen Saison 1994 von Polemiken verschont, abgesehen von einem Zwi-

David Coulthard

schenfall bei der Treibstoffkontrolle beim Großen Preis von Brasilien. Das Ringen um den Weltmeistertitel gedieh wieder zu einem Zweikampf zwischen Schumacher auf Benetton-Renault und Hill auf Williams-Renault. Der Deutsche bestritt nun schon die fünfte Weltmeisterschaft als Benetton-Fahrer. Sehr schnell stellte sich aber heraus, daß der Benetton B195-Renault im Vergleich zum Williams FW17 kein optimales Fahrzeug war, aber das Fahrtalent Schumachers machte dies wett: Er gewann nicht weniger als neun Weltmeisterschaftsläufe. Damit erreichte er Nigel Mansells Erfolgsrekord aus dem Jahr 1992 (damals hatte es nur 16 WM-Läufe gegeben). Zwei Siege gingen auf das Konto Johnny Herberts, so daß Benetton 1995 nicht weniger als elf Weltmeisterschaftsläufe gewann, während es Damon Hill auf fünf Siege brachte. Sein Williams-Renault erwies sich als die beste Konstruktion, mit pefekter Aerodynamik und exzellentem Fahrgestell, Benetton aber konnte auf die herausragende Klasse Michael Schumachers zählen, zudem waren Ross Brawn und seine Crew fast immer die besseren Strategen, indem sie je nach Verhältnissen ein, zwei oder sogar drei Tankstops mit Reifenwechsel vorsahen. Damit bewiesen sie, daß nicht das schnellste Auto den Sieg davonträgt, sondern Taktik und ein überdurchschnittlicher Pilot den Erfolg bestimmen.

Zum Saisonbeginn hatte man bei Benetton noch etwas Mühe, das Fahrgestell und den Renault V10 in Einklang zu bringen. Der B195 lag schlechter auf der Fahrbahn als der Williams FW17, auch gab es Probleme mit der Hydraulik und dem Getriebe. Beim Training zum Großen Preis von Brasilien kreiselte Schumacher wegen eines Lenkungsbruchs von der Bahn, und in Imola verlor der Deutsche im Rennen plötzlich die Kontrolle über sein Fahrzeug und landete in den Leitplanken. Erst vom GP von Spanien an hatte der Benetton einen gewißen Reifegrad erreicht.

Williams profitierte seit 1989 von der Zusammenarbeit mit Renault. Für den Großen Preis von Frankreich in Magny-Cours stellte Renault seinen beiden Teams die noch potentere Version RS7B zur Verfügung, was die Ferrari-Konkurrenz in große Verlegenheit brachte. Daß der Benetton kein leicht zu beherrschendes Auto war, bekam der neu von Benetton verpflichtete Johnny Herbert zu spüren. Mit etwas Glück und von den Ausfällen stärkerer Rivalen profitierend, kam Herbert bei den GP von England und von Italien zu seinen ersten WM-Erfolgen. Bei Benetton basierte die wieder von Ross Brawn und Rory Byrne geschaffene Konstruktion auf dem noch mit dem Ford-Achtzylinder ausgerüsteten Vorgängermodell, an dessen Steuer Schumacher seinen ersten Weltmeistertitel herausgefahren hatte. Die Rennwagen aus Enstone boten nach anfänglichen Schwierigkeiten einen wesentlichen Vorteil: sie waren enorm zuverlässig. Zwei Ausfälle Schumachers gingen zu Lasten seines Rivalen Damon Hill – dieser fuhr dem Deutschen während des Grand Prix von England während eines mit Biegen und Brechen erzwungenen Überholvorgangs in die Seite, worauf beide ausfielen und den Sieg Herbert überlassen mußten. Und in Monza fuhr Hill dem WM-Leader ins Heck, so daß auch hier beide Favoriten ausfielen.

Beim Grand Prix von Ungarn fiel Schumacher wegen eines mechanischen Schadens aus. Ein wahres Meisterstück hingegen war sein Sieg beim Großen Preis von Belgien, wo er infolge unglücklicher Umstände bei den Qualifikationen nur von der 16. Position aus ins Rennen ging. Aber schon nach acht Runden lag der Benetton-Pilot auf nasser Fahrbahn an der Spitze des Feldes und sicherte sich den ersten Platz. Schumacher bewies großes Geschick beim Überholen und zeigte die gleiche Entschlossenheit und Maestria wie einst Ayrton Senna. Überhaupt erwies sich Michael Schumacher 1995 als der würdige Nachfolger des großen Brasilianers.

Der Williams war 1995 erneut das Maß aller Dinge; seit 1992 hatte Williams stets das beste Formel-1-Auto auf die Räder gestellt. Einmal mehr waren Patrick Head und Adrian Newey ein sehr guter Wurf gelungen. Im Verlauf der Wintermonate testete man ausgiebig, so daß Williams bei Saisonbeginn mit einem reifen Auto an den Start gehen konnte. Das Team vermochte seine technische Überlegenheit nur deshalb nicht auszuspielen, weil Damon Hill und der junge Schotte David Coulthard nicht im Stande waren, die Vorzüge des FW17 mit dem überlegenen Renault-V10-Motor ständig voll zu nutzen. Hill war Schumacher mental unterlegen: Beim Nevenkrieg im Kampf um den Weltmeistertitel unterliefen ihm mehrere gravierende Fehler, wie sie bei einem Spitzenfahrer nicht vorkommen dürfen. Hier seien nochmals die Kollisionen mit Schumacher in Silverstone und Monza erwähnt, und auch in Hockenheim schoß er, in Führung liegend, in der zweiten Runde von der Bahn. Auch auf dem Nürburgring schied der Brite wegen eines Fahrfehlers aus. Immerhin gewann er die Grand Prix von Argentinien, San Marino, Ungarn und Australien und wurde Vizeweltmeister, gefolgt von seinem Teamkollegen David Coulthard, der zu den großen Entdeckungen der Saison zählte. Der Schotte

Links
Auf dem Podium des Grand Prix von San Marino in Imola stehen Sieger Damon Hill sowie die beiden Ferrari-Piloten Jean Alesi und Gerhard Berger. Letzterer ist ordentlich mit Champagner geduscht worden.

Unten
Beim Grand Prix von Kanada in Montreal gelingt Jean Alesi auf Ferrari 412T2 der grosse Coup: er gewinnt den ersten Grand Prix seiner Karriere.

Johnny Herbert

Während des Grand Prix von Italien hat Damon Hills Williams-Renault den Benetton-Renault Michael Schumachers von hinten gerammt. Beide Wagen sind im Kiesbett gelandet. Die Kommissäre müssen den aufgebrachten Schumacher zurückhalten.

machte 1995 seine erste volle Saison durch und besaß an sich keine ausreichende Erfahrung, zudem wurde er bis Mitte Saison von einer chronischen Mandelentzündung geplagt. Einen ersten Höhepunkt lieferte Coulthard in Argentinien, als er seinen Williams auf die Pole Position setzte und dann im Rennen führte, bis ihn ein Elektronikschaden zum Aufgeben zwang. Erst in der zweiten Jahreshälfte, als er in Portugal seinen ersten Sieg errang, bewies er Hochform. Fünfmal stand er auf der Pole Position, und beim GP von Belgien führte er bis zu seinem Ausfall. Coulthard machte aber auch stupide Fehler, so etwa bei den Aufwärmerunden oder Formationsrunden in Monza sowie auf dem Nürburgring, wo er jeweils ausfiel. In Adelaide bog der Schotte als Leader beim Boxenstop mit zu hohem Tempo in die Boxenstraße ein und kollidierte mit den Leitplanken, was ebenfalls zu seinem Ausfall führte.

Bereits im August sickerte durch, daß Williams im Hinblick auf 1996 den bei der Indy-Car-Meisterschaft führenden Kanadier Jacques Villeneuve engagieren werde. Williams hatte vom FOCA-Chef Bernie Ecclestone eine entsprechende Empfehlung erhalten. Man versprach sich von diesem talentierten Fahrer eine Belebung der Grand-Prix-Szene. Jacques Villeneuve, Sohn des 1982 in Zolder tödlich verunglückten Ferrari-Piloten Gilles Villeneuve, nahm im Spätsommer 1995 das Training auf einem Williams-Renault auf, um mit dem Fahrzeug vertraut zu werden und die europäischen Rennstrecken kennenzulernen. Villeneuve war schlau genug, sich im Hinblick auf 1996 optimal vorzubereiten. Der in Monaco anässige Kanadier wollte nicht den 1993 von Michael Andretti begangenen Fehler wiederholen und ohne Tests und Streckenkenntnisse in die Weltmeisterschaft einsteigen.

Mit dem Engagement Villeneuves stand für Coulthard fest, daß er 1996 nicht bei Williams bleiben wollte. In Maranello zeigte man ein gewisses Interessse an dem Schotten, dennoch kam es nicht zu einem Vertragsabschluß. Enttäuscht vom Villeneuve-Engagement war auch der Sauber-Pilot Heinz-Harald Frentzen, der zu den schnellsten Formel-1-Fahrer zählte und sich ebenfalls Hoffnungen auf einen Vertrag mit Williams gemacht hatte.

Entscheidenden Anteil an den Erfolgen Benettons und Williams' hatte Renault mit dem starken und zuverlässigen V10-Motor vom Typ RS7, für dessen Weiterentwicklung Bernard Dudot und Jean-Jacques His mit ihren 150 Mitarbeitern in Viry-Chatillon verantwortlich zeichneten. Benetton und Williams erhielten identisches Material. Von der 67°-Maschine mit Magneti-Marelli-Elektronik erschien beim Grand Prix von San Marino die Version A mit modifiziertem Ventiltrieb und ebenfalls geändertem Ansaugtrakt. Die Höchstdrehzahl war leicht angehoben, bereits ab 7000/min setzte ein brauchbares Drehmoment ein. Für den Großen Preis von Frankreich hielt Renault die Version RS7B bereit, die um 400/min höher drehte und deutlich mehr PS abgab: In Magny-Cours bekamen die Rivalen der Williams und Benetton diese Leistungsspritze deutlich zu spüren. Für den Großen Preis von Italien kündigte Renault die Version RS7C an, die aber schon beim GP von Belgien auftauchte und neue Nockenwellen aufwies. Die Höchstdrehzahl war abermals angehoben worden; man schätzte, daß die Renault-Motoren 1995 in deren höchsten Entwicklungsstufe an die 725 PS bei etwa 16.000/min abgaben. Im Vergleich zum Ferrari-V12 hatte der Renault-V10 auch den Vorteil, daß er über mehr Leistung im mittleren Drehzahlbereich verfügte – der Drehmomentverlauf war einfach besser als beim V12.

Hinter dem Benetton Schumachers und dem Williams von Hill lauerte in der Regel ein Ferrari. Nach vierjähriger Durststrecke hatte Ferrari 1994 in Hockenheim endlich einen Grand Prix gewonnen, aber die bei der Ferrari Design & Development Ltd. geschaffene Konstruktion des 412T2 vermochte Benetton und Williams 1995 nur in Ausnahmefällen zu bedrohen. Man hatte in Maranello und Fiorano zwar einige Fortschritte erzielt, doch der einzige Ferrari-Erfolg der Saison kam beim Großen Preis von Kanada dank günstiger Umstände zustande, denn Jean Alesi auf dem 412T2 rückte erst an die Spitze, als der klar führende Michael Schumacher zehn Runden vor Schluß von Getriebeproblemen geplagt wurde, worauf der Deutsche das Rennen in fünfter Position abschloß. Aber jedermann gönnte dem temperamentvollen Jean Alesi seinen ersten Sieg bei einem Grand Prix von Herzen. »In den letzten Runden hatte ich Tränen in den Augen«, erzählte Alesi später. Der Südfranzose fuhr seit 1991 für die Scuderia Ferrari, seinen ersten WM-Lauf gewann er nicht vor dem 91. Anlauf. Und dabei zählte Jean Alesi zu den schnellsten Piloten überhaupt.

Mit seinem leistungsstarken V12-Motor war Ferrari vor allem auf Strecken mit langen Geraden im Vorteil, also in Hockenheim oder Monza. Beim Großen Preis von Italien gaben die Zwölfzylinder in der Tat den Ton an, und nach der 30. Runde sah es sogar nach einem Ferrari-Doppelsieg aus, als Alesi vor seinem Teamkollegen Berger führte, derweil Schumacher und die beiden Williams schon ausgeschieden waren. Abermals verpaßte Ferrari den in greifbarer Nähe scheinenden Sieg, denn in der 33. Runde löste sich die Fernseh-Bordkamera von Alesis Wagen und flog wie ein Projektil gegen die Vorderradaufhängung des mit kurzem Abstand folgenden Berger, wobei der Leichtmetallkörper einen Schaden am Fahrgestell verursachte. Ein Radlagerschaden zwang Alesi 13 Runden später zur Aufgabe. Einige Wochen danach gab ein Ferrari-Techniker zu, daß Berger das gleiche Schicksal widerfahren wäre, denn nach dem Rennen hatte man auch an dessen 412T2 festgestellt, daß ein Radlager defekt war.

Ferraris Aufwand in der Formel 1 war enorm, trotzdem schaffte man noch immer keine Siege in Serie im Stil von Benetton oder Williams. »Wir sind ziemlich gut geworden, aber noch nicht perfekt«, pflegte Gerhard Berger zu sagen. Der Tiroler verschwendete mehrmals bei den Boxenstops Zeit, weil seine Crew nicht exakt aufeinander abgestimmt war. Der Ferrari galt 1995 als ein relativ gutmütiges Auto, das sich besonders auf schwierigen Strecken gut beherrschen ließ. Die Spitzenwagen verfügten inzwischen über eine hochliegende Frontpartie, die aerodynamische Vorteile bot, während man bei Ferrari aber die tiefliegende Nase beibehalten hatte, und die war nun passé.

Seit 1994 wurde bei Ferrari an einem neuen V10-Motor gearbeitet, dessen Einsatz 1996 vorgesehen war. Zu diesem Zweck hatte der ehemalige Peugeot-Sportdirektor Jean Todt zwei Peugeot-Motoreningenieure nach Maranello geholt. Einer von ihnen war Gilles Simon, der ein erstes Konzept zu dem neuen Ferrari-Zehnzylinders entwarf. Der erste Ferrari-Zehnzylinder mit drei Liter Inhalt wies die gleichen Zylinderabmessungen wie die letzte Version des Zwölfzylinders von 3,5 Liter Hubraum auf. Chef der Rennmotorenabteilung war bei Ferrari nach wie vor Ing. Paolo Martinelli. Der ehemalige japanische Honda-Ingenieur Osamu Goto, der via McLaren nach Maranello gekommen war, befaßte sich 1995 sowohl mit dem V12 des Typs 044/1 mit 75°-Gabelwinkel als auch mit dem neuen V10 vom Typ 046/1 mit ebenfalls 75°-Winkel. Vom Ferrari V12, der teleskopische Ansaugtrichter aufwies, erschienen im letztem Einsatzjahr drei Entwicklungsstufen. Am Anfang der Saison war es der 044/1; beim Grand Prix von Frankreich setzte man den 044/2 ein, den man äußerlich an den ovalen Auspuffrohren erkannte. Für den GP von Italien bereitete Ferrari den Ultrakurzhuber 044/3 vor, der nicht nur höher drehte und noch mehr PS abgab, sondern auch ein besseres Drehmoment hatte. Insider schätzten, daß Ferraris Zwölfzylinder zuletzt 730 PS bei etwa 17.100 min leistete. Doch die »Fahrbarkeit« des V12 mit seiner relativ steilen Drehmomentkurve war nicht so gut wie bei den elastischeren V10, die sich in der derzeitigen Formel 1 als Ideallösung erwiesen.

Auf dem Podium in Monza stehen der überglückliche Johnny Herbert (Mitte), der schon den Grand Prix von England gewonnen hat, dann Mika Häkkinen (links) sowie Heinz-Harald Frentzen. Für Sauber ist es der erste Podiumsrang überhaupt.

In seiner Rennabteilung beschäftigte Ferrari an die 300 Personen, während im englischen Shalford in der von John Barnard geführte FD&D etwa zwei Dutzend Personen arbeiteten. Enorm war der Aufwand in Sachen Aerodynamik. Seit 1986 besaß Ferrari in Maranello einen eigenen Windkanal, wo man Versuche mit 1:3-Modellen anstellte. In diesem Windkanal arbeitete ein Team von Spezialisten manchmal schichtweise bis zu 18 oder 24 Stunden am Tag. Allerdings galt Ferraris Windkanal mittlerweile als technisch überholt, weshalb man 1996 mit dem Bau einer neuen Anlage begann. Da das Grundkonzept neuer Ferrari-Rennwagen jeweils unter John Barnard in Shalford definiert wurde, mußte man auch in England einen Windkanal verfügbar haben. Die ersten Windkanalversuche unternahm FD&D bei der British Aerospace in der Nähe Bristols. Für die Aerodynamik war der frühere Benetton-Ingenieur Willem Toet verantwortlich.

Der Sieg des fast ständig am Limit fahrenden Jean Alesi in Kanada löste in Ferrari-Kreisen Euphorie aus, aber es blieb bei diesem einzigen Grand-Prix-Erfolg der roten Boliden in der Saison 1995. Der Franzose, der auch bei Regen enorm stark war, hätte vermutlich auch den Großen Preis von Europa auf dem Nürburgring gewinnen können, aber er blieb zu lange hinter dem McLaren Häkkinens hängen, so daß Michael Schumacher Boden gutmachen und ihn dann kurz vor Schluß abfangen konnte.

In Maranello wollte man um jeden Preis auf den Erfolgskurs zurückfinden und in Zukunft wieder im Kampf um den Weltmeistertitel ein gewichtiges Wort mitreden. Zu diesem Zweck engagierte man im Hinblick auf 1996 und 1997 den derzeit weltbesten Rennfahrer, nämlich den 26jährigen Kerpener Michael Schumacher. Im August 1995 wurden diesbezügliche Weichenstellungen diskutiert, als Fiat-Präsident Gianni Agnelli bei einem Fernsehinterview eine »beiläufi-

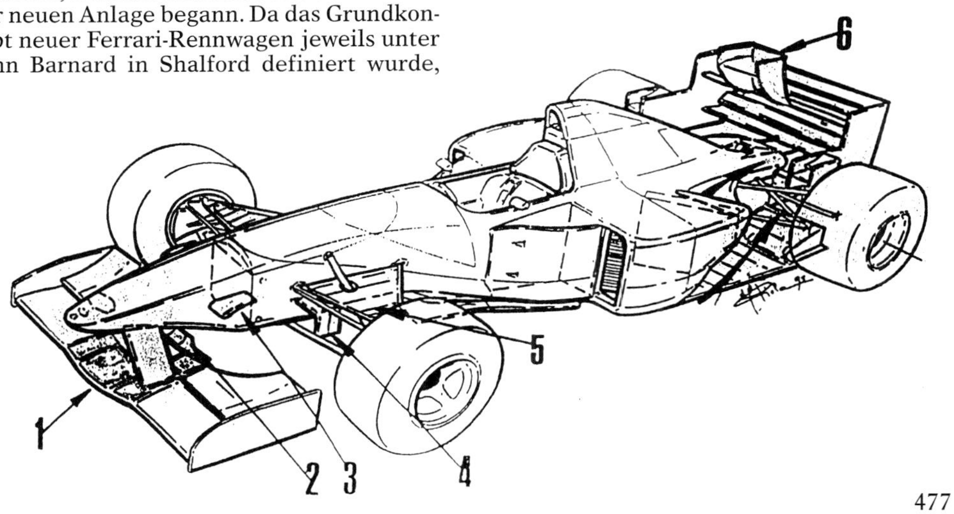

Auf der Suche nach mehr Abtrieb, versah man den Minardi M195 für Monaco mit zusätzlichen aerodynamischen Hilfsmitteln. Der Frontflügel mit löffelförmiger Mittelpartie (1) weist hinten ein Flap (2) auf, seitlich an der Frontpartie wurden noch zwei kleine Profilstummel (3) angebracht. Zwischen den Querlenkern befinden sich winkelförmige Luftleiter (4), die oberen Dreiecksquerlenker wurden in Profile gehüllt (5). Dem Heck ist noch ein kleiner Mittelflügel vorgebaut.

In der ersten Runde des Grand Prix von Monaco kracht es bei der Schikane von Sainte-Dévote fast regelmässig. Während der führende Damon Hill auf Williams FW17-Renault ungeschoren durchkommt, ist sein Teamkollege David Coulthard am Ferrari 412T2 Jean Alesis hochgestiegen. Das Rennen mußte abgebrochen und neugestartet werden.

ge«, dennoch wohlgezielte Anspielung machte. Kurz danach gab Ferrari offiziell bekannt, daß man Michael Schumacher für die folgenden zwei Jahre verpflichtet habe. Gerüchteweise hieß es, Ferrari und Schumacher hätten sich auf eine Jahresgage von 25 Millionen Dollar geeinigt – soviel hatte noch kein Rennfahrer in einem einzigen Jahr je verdient.

Bei Jean Alesi und Gerhard Berger löste die Nachricht vom Engagement des Weltmeisters nicht eitel Freude aus, denn keiner wäre bereit gewesen, in Zukunft neben dem Deutschen die Nummer zwei zu spielen. Alle bisherigen Teamkollegen Schumachers waren im Schatten dieses Könners stets verblaßt, so etwa Nelson Piquet, Martin Brundle, Riccardo Patrese, JJ Lehto, Jos Verstappen und Johnny Herbert. In jedem Team konzentrierte sich stets alles auf Schumacher.

Während Gerhard Berger, der schon in seinen McLaren-Jahren als Teamkollege eines Ayrton Senna mit solchen Problemen konfrontiert gewesen war, im Lauf der Zeit als Fahrer gereift und auch etwas kühler geworden war, galt Jean Alesi nach wie vor als ein heißblütiger, von Emotionen gesteuerter Mensch. Er war ein großer Verehrer der Marke Ferrari; für den »Cavallino« zu fahren und zu kämpfen, blieb für den Draufgänger aus Avignon das höchste Ziel. Und nun komplimentierte man ihn praktisch aus diesem Rennstall hinaus. Es kam zu Spannungen, insbesondere zwischen Alesi und seinem Landsmann Jean Todt, Direktor der Ferrari-Rennabteilung, die beim Großen Preis von Portugal ihren Höhepunkt erreichten, als sich die beiden Ferrari-Piloten gegenseitig das Leben im Kampf um die vierte Position schwer machten. Nach dem Rennen fielen harte Worte. Alesi war der Meinung, Todt wolle nur Berger helfen; einen ähnlichen Vorwurf mußte auch Renningenieur Ascanelli einstecken. Vor dem Mikrophon des italienischen Fernsehens äußerte sich der Franzose sehr kritisch über die Scuderia, worauf Ferrari-Präsident Luca di Montezemolo mit einer schweren Buße konterte, denn absolute Loyalität nach außen war ein fester Vertragsbestandteil aller Ferrari-Piloten. Über diesem Passus war schon Alain Prost 1991 gestolpert. Aber beim folgenden Grand Prix von Europa auf dem Nürburgring war die Welt wieder in Ordnung. Der immer wieder durch seine Fahrzeugbeherrschung verblüffende Jean Alesi fuhr ein grandioses Rennen und lag von der 13. bis in die 64. von 67 Runden in Führung – erst ganz zum Schluß mußte er sich von einem Michael Schumacher auf Benetton-Renault überholen lassen. Montezemolo war bereit, Alesi zu verzeihen; der Hitzkopf erhielt einzig die Auflage, einen gewissen Betrag zu Wohltätigkeitszwecken zu spenden.

Der Traditionsrennstall McLaren hatte 1994 eine schlechte Grand-Prix-Saison hinter sich gebracht, als die MP4/9 mit dem Zehnzylinder von Peugeot fuhren. Aber das Jahr 1995 wurde auch mit Mercedes kaum besser.

Nachdem sich Mercedes-Benz Ende 1994 von Sauber getrennt hatte, waren die Stuttgarter eine Verbindung mit McLaren eingegangen, denn man nahm an, mit den Perfektionisten aus Woking würde der Weg schnellstens nach oben führen. Mercedes-Benz war es aus früheren Zeiten gewohnt, im Grand-Prix-Rennsport ganz vorn mitzumischen. Aber in der modernen Formel 1 gab es das »Kam, sah und siegte« nicht mehr, auch für Mercedes-Benz nicht. In vier aufeinanderfolgenden Jahren hatte McLaren viermal die Motorenmarke gewechselt: 1992 war es Honda, 1993 Ford, 1994 Peugoet und 1995 also Mercedes-Benz. Die Ehe mit Peugeot hatte ursprünglich mindestens vier Jahre dauern sollen.

Bei der zu 25 % Mercedes-Benz gehörenden englischen Rennmotorenfirma Ilmor in Brixworth nahm Mario Illien im Spätsommer 1994 die ersten Konstruktionsarbeiten zum neuen Dreiliter-V10-Motor auf. Mercedes wollte nicht mit einem bloß von 3,5- auf 3 Liter Inhalt reduzierten Triebwerk in die neue Saison einsteigen; eine Neukonstruktion mußte her. Das Timing für den Zehnzylinder

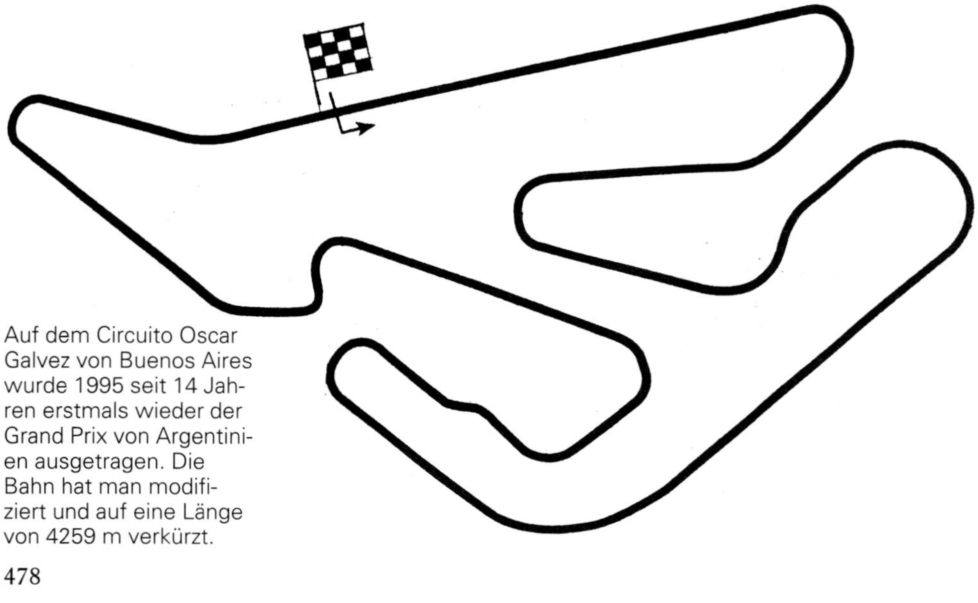

Auf dem Circuito Oscar Galvez von Buenos Aires wurde 1995 seit 14 Jahren erstmals wieder der Grand Prix von Argentinien ausgetragen. Die Bahn hat man modifiziert und auf eine Länge von 4259 m verkürzt.

Henri Durand

war sehr knapp bemessen, das Aggregat lief am 26. Januar 1995 erstmals auf dem Prüfstand. Mitte Februar konnten die ersten Probefahrten unternommen werden – der WM-Auftakt in Brasilien war auf den 26. März angesetzt. Mario Illien und sein Team nahmen am FO110 während der Saison ständig Verbesserungen vor, etwa am Drehmomentverlauf, auch nahm die Höchstdrehzahl zu und damit die Leistung, die am Jahresende auf 690 PS bei 15.200/min. geschätzt wurde.

Der neue McLaren MP4/10 entstand wieder unter der Leitung des bewährten Duos Oatley und Durand. Man entschied sich für die mehr und mehr in Mode kommende hohe Nase à la Benetton, die den darunterliegenden Frontflügel noch effizienter machte. Zu den auffälligsten Merkmalen des MP4/10 zählte der hinten an der etwa waagerecht auslaufenden, flossenartigen Ansaughutze angebrachte kleine Mittelflügel, der den Luftstrom in Richtung Heckflügel günstig beeinflussen sollte. Andere Konstrukteure waren indessen der Meinung, daß die Anwendung eines derartigen Mittelflügels eher fraglich sei.

Als Fahrer wurde wieder Mika Häkkinen verpflichtet. Außer ihm wünschte Hauptsponsor Marlboro einen weiteren großen Namen, ein echtes Zugpferd. So kam Nigel Mansell, Formel-1-Weltmeister von 1992 und IndyCar-Champion von 1993, zu McLaren. Leider mochten sich Teamchef Ron Dennis, mit 40 % an McLaren beteiigt, und Nigel Mansell nie richtig leiden – nun mußten sie eng zusammenarbeiten. Alsbald stellte sich ein weiteres Problem heraus: das Cockpit des MP4/10 erwies sich als zu eng, es verfügte über zu wenig Ellbogenfreiheit. Nigel Mansell beklagte sich über mangelnden Komfort. Daraufhin geschah etwas, was man in der Formel 1 noch nie erlebt hatte: Nachdem fünf Chassis entweder schon fertig oder in Arbeit waren, wurde innerhalb weniger Wochen eine zweite Serie Monocoques mit breiterem Cockpit angefertigt. Mansell hatte kategorisch erklärt, daß er erst dann fahren werde, wenn man ihm ein geeignetes Auto hinstelle, und so wurden die McLaren-Mercedes bei den zwei ersten Grand Prix des Jahres, in Brasilien und Argentinien, von Mika Häkkinen und Mark Blundell pilotiert.

Dabei erwies sich der MP4/10 mehr oder weniger als eine Fehlkonstruktion, obwohl Häkkinen in Brasilien Vierter und Blundell Sechster wurden. Trotz einiger Verbesserungen konnten die McLaren-Mercedes niemals in den Spitzenkampf eingreifen. Ihre Aerodynamik war mangelhaft, das Auto lag schlecht, an der Vorderachse war die Haftung ungenügend. Auch der zu McLaren zurückgekehrte Steve Nichols, der einst an der Seite John Barnards bei der Konstruktion diverers McLaren-Erfolgsmodelle mitgewirkt hatte, brachte keine Abhilfe zustande.

Nigel Mansell, der dank der Großzügigkeit des Hauptsponsors Marlboro ein fürstliches Honorar bezog, kam erst in Imola beim dritten WM-Lauf zum Einsatz. Das neue Chassis wies nun ein breiteres Cockpit auf, von welchem Ron Dennis meinte, es biete sogar Platz für eine Stereoanlage. Aber schon nach 15 Runden wurde Mansell von der Spitze überrundet. Mager war seine Vorstellung auch beim folgenden GP von Spanien – in beiden Rennen hielt Häkkinen eine bessere Startposition als der Brite. Der wenig motivierte Exweltmeister zeigte sich auch nicht sehr kooperativ und war kaum bereit, an der Weiterentwicklung des McLaren mitzuwirken. Das Auto sei einfach nicht konkurrenzfähig, meinte er.

In Woking machte man kurzen Prozeß: Nach dem Großen Preis von Spanien wurde beschlossen, sich von Mansell zu trennen. Damit war die Grand-Prix-Karriere des Engländers zu einem brüsken, unerwarteten und auch eher unrühmlichen Abschluß gekommen.

Ein vierter und ein fünfter Rang sowie je ein zweiter Platz in Italien und Japan brachten Häkkinen mit total 17 Punkten den siebenten Rang in der Weltmeisterschaft ein. Mansell-Ersatz Blundell wurde mit 13 Punkten noch Zehnter. In der Markenwertung belegte McLaren mit 30 Punkten den vierten Platz. Erst gegen Ende der Saison, in Suzuka, stand der MP4/10B auf einem einigermaßen befriedigenden Niveau.

Bei Mercedes-Benz hatte man sich die Zusammenarbeit mit McLaren anders vorgestellt gehabt. Zudem klang die Saison für das Team mit einer traurigen Note aus, denn beim Training zum Großen Preis von Australien, der übrigens zum letzten Mal in Adelaide ausgetragen wurde (bei der Abschiedsvorstellung gab es nicht weniger als 520.000 Zuschauer in vier Tagen!), verunglückte Mika Häkkinen wegen eines Reifenschadens. Wie durch ein Wunder vermochte er sich über die Wintermonate vom brutalen Aufprall gegen die Abschrankungen zu erholen. Zum Glück blieb dies der einzige schwere Unfall der Saison.

Im Rahmen des Grand Prix von Europa auf dem Nürburgring wird im Hinblick auf 1996 der Übertritt Eddie Irvines (Mitte) von Jordan zu Ferrari bekanntgegeben. Links Eddie Jordan, der auch Irvines Manager ist, rechts Ferrari-Sportdirektor Jean Todt.

Hinter den vier großen Rennställen Benetton, Williams, Ferrari und McLaren, die in der Markenweltmeisterschaft die vier vordersten Positionen belegen, kam Ligier auf den fünften Platz. Seit Benetton-Teamdirektor Flavio Briatore 1994 die Kontrolle über das nur mehr zu 15 % dem Gründer Guy Ligier gehörende Team aus Magny-Cours übernommen hatte, zeichnete sich ein Aufwärtstrend ab. Als Teammanager hatte Briatore im gleichen Jahr seinen alten Freund Cesare Fiorio eingesetzt, der von 1989 bis 1991 die Scuderia Ferrari geleitet hatte. Aber im Juli 1995 manövrierte der ebenfalls mit Benetton und Ligier liierte Tom Walkinshaw den Italiener wieder aus und setzte seinen Landsmann Tony Dowe ein. Von dem unter der Gesamtregie Frank Dernies konstruierten Ligier JS41 mit Mugen/Honda-MF-301H-Triebwerk mit 72°-Zylinderwinkel hieß es, er sei eine Kopie des Benetton B195, was laut FIA-Vorschriften nicht legal gewesen wäre, weil jedes Team mit einer Eigenkonstruktion antreten mußte. Die FIA glaubte beim Ligier immerhin genügend technische Differenzen festgestellt zu haben, so daß von einer Benetton-Kopie nicht die Rede sein könne, stellten die Kommissare fest. Briatore war es während eines Blitzbesuches in Tokio Ende 1994 geglückt, einen Vertrag mit Mugen zu unterzeichnen, womit das ebenfalls auf diese Maschine spekulierende Minardi-Team leer ausging. Die Japaner hatten aber eine Bedingung gestellt: In einem der Ligier sollte Aguri Suzuki sitzen. Allerdings wechselte sich der Japaner dann mit dem erfahreneren Engländer Martin Brundle im JS41 ab. Den andern Ligier pilotierte Olivier Panis, der sechsmal in den Punkterängen ins Ziel kam und beim Grand Prix von Australien sogar Zweiter wurde, allerdings mit dem ungewöhnlich großen Rückstand von zwei Runden auf den Sieger Damon Hill, nachdem viele Spitzenleute ausgefallen waren. Brundle belegte 1995 einen dritten und einen vierten Platz; Suzuki wurde einmal Sechster. Die Saison 1995 war für Ligier übrigens das letzte Jahr großzügiger Sponsorenbeiträge durch die französische Tabakindustrie.

Jordan erhielt nach einer schlechten Saison 1994 mit Yamaha 1995 die von McLaren nach nur einem Einsatzjahr verschmähten Peugeot-Zehnzylindermotoren zur Verfügung gestellt. Das kleine Team bekam die unter der Leitung von Jean-Pierre Boudy bei Peugeot Sport auf drei Liter Inhalt umkonstruierten V10 des Typs A10 mit 72°-Gabelwinkel und TAG-Elektronik unentgeltlich.

Der Jordan 195 war ein Werk Gary Andersons; das Auto fiel vor allem wegen den ungewöhnlich schmalen Lufteintrittsöffnungen vor den seitlchen Kühlern auf. Mit den Jordan-Peugeot erzielten Rubens Barrichello und Eddie Irvine vor Saisonbeginn vielversprechende Testergebnisse, doch im Renneinsatz blieben die 195 hinter den Erwartungen zurück. Besonders auf unebenen Strecken waren sie schwierig zu fahren. Bei 34 Starts gab es 18 Ausfälle zu verzeichnen – auch die Zuverlässigkeit der Peugeot-Maschine ließ Wünsche offen. Neben einigen vierten, fünften und sechsten Plätzen erlebten Jordan und Peugeot beim von Alesi auf Ferrari gewonnenen GP von Kanada den Saisonhöhepunkt, denn auch Barrichello und Irvine kamen auf das begehrte Podium. Für eine große Firma wie Peugeot, deren Sportabteilung seit dem Wechsel Jean Todts zu Ferrari vom ehemaligen Grand-Prix-Fahrer Jean-Pierre Jabouille geleitet wurde, war das zu wenig, denn Peugeot wollte Siege, wie jede in der Formel 1 vertretene Automobilmarke. Das mit einem relativ kleinen Budget operierende Jordan-Team verfügte jedoch über zu wenig Mittel, um mit knappem Personal die Wagen einzusetzen und daneben eine intensive Weiterentwicklung betreiben zu können. In der Teamwertung schaute ein sechster Rang heraus.

Das Schweizer Sauber-Team erfuhr erst im November 1994, daß es in den zwei folgenden Saisons mit Ford-Motoren fahren würde, nachdem sich schon im Sommer eine Trennung von Mercedes-Benz abgezeichnet hatte. Vom Mercedes-V10 galt es sich innerthalb kürzester Frist auf den Ford-Achtzylinder Zetec R umzustellen, den Sauber exklusiv erhielt und mit welchem Michael Schumacher auf Benetton 1994 den Weltmeistertitel errungen hatte. Leo Ress und seine Mitarbeiter stellten als neues Fahrzeug den C14 auf die Räder. Zwar war Sauber bestens eingerichtet, um die Kohlestoff-Monocoques im eigenen Haus anzufertigen, dennoch entstanden die Chassis bei der englischen Firma DPS. Die vorhergehenden C12 und C13 hatten noch auf Konzepten Postlethwaites basiert, der C14 war indes eine unter der Regie des Ingenieurs Ress entstandene Neukonstruktion. Technischer Direktor des Hauses, das 1995 sein 25jähriges Bestehen feierte (mit dem Sauber-C1-Rennsportwagen war Peter Sauber 1970 Schweizer Meister geworden), war seit 1994 der frühere Peugeot-Renningenieur André de Cortanze, der einst selbst als Rennfahrer aktiv gewesen war und auch originelle Motorräder konzipiert hatte. Das Sauber-Team stellte sich am 18. Januar vor: Die Fahrer waren weiterhin der Österreicher Karl Wendlinger, der sich seit seinem Unfall in Monaco bestens erholt zu haben schien, sowie Heinz-Harald Frentzen. Der Mönchengladbacher war bei Sauber kein Unbekannter, er hatte schon einige Jahre zuvor, als auch Michael Schumacher diesem

Martin Brundle auf dem Ligier JS41-Mugen/Honda während des Grand Prix von Frankreich in Magny-Cours. Der Ligier sieht dem Benetton verblüffend ähnlich. Das Ligier-Werk steht neben der Rennstrecke.

Max Welti

Team angehörte, auf den Sauber-Mercedes-Rennsportwagen der Gruppe C Langstreckenrennen bestritten. Als Testfahrer nahm man den Argentinier Norberto Fontana unter Vertrag, der sich in der Formel 3 bewährt hatte, aber dieses Engagement schien mehr von akademischem Wert zu sein. Im Februar wurde der Name des Hauptsponsors bekannt: Es handelte sich um das Dietrich Mateschitz gehörende Getränkeunternehmen Red Bull mit Sitz in Salzburg. Mateschitz beteiligte sich auch mit 51 % an der zusammen mit Sauber sowie der im Sportmarketing tätigen Fritz-Kaiser-Gruppe (FKG) aus Liechtenstein an einer neugegründeten Holdinggesellschaft. Später kam als weiterer Sponsor die malaysische Erdölgesellschaft Petronas hinzu.

Zunächst blieben die Resultate der C14 hinter den Erwartungen arg zurück. Der Sauber war schwierig zu fahren, produzierte zu wenig Abtrieb, auch erwies sich die Leistung des Ford-Achtzylinder als zu gering. Die Rede war von einem Leistungsmanko gegenüber Ferrari oder Renault von mindestens 80 PS. Beim Grand Prix von San Marino tauchte der C14 mit einer hochliegenden, aerodynamisch effizienteren Frontpartie auf, nachdem das Fahrzeug mit einer tiefen Nase geboren worden war. Nach vielen Versuchen im Windkanal entwickelte man einen neuen Unterboden sowie neue Diffusoren am Heck, wobei es gelang, die Aerodynamik wirksamer zu gestalten. Im Mai trat der Zürcher Max Welti dem Rennstall als Direktor bei, um Peter Sauber einen Teil der Führungsarbeit abzunmehmen. Welti hatte schon in den achtziger Jahren mit Sauber zusammengearbeitet und war dann bei Porsche als Sportchef tätig gewesen.

Heinz-Harald Frentzen erwies sich zwar als besonders schnell, Karl Wendlinger aber vermochte infolge seines in Monaco erlittenen Unfalls nicht mehr zu seiner einstigen Form zurückzufinden. Nach vier Rennen ersetzte ihn Sauber durch den bei Williams als Testfahrer tätigen jungen Franzosen Jean-Christophe Boullion, der in Monaco auf dem C14 seinen Einstand gab. In der zweiten Saisonhälfte machten sich die Fortschritte im Bereich der Aerodynamik konkret bemerkbar: Der C14 rückte in das vordere Mittelfeld vor. Insgesamt achtmal holte Frentzen WM-Punkte; den Höhepunkt brachte der Große Preis von Italien, wo Frentzen erstmals als Dritter auf das Podium kam, während der kleine Boullion Sechster wurde. Für Frentzen interessierte sich mittlerweile auch Williams, aber im September erneuerte der Deutsche seinen Vertrag mit Sauber um ein weiteres Jahr, nachdem Ford offiziell angekündigt hatte, daß man dem Schweizer Team ab 1996 einen neuen V10-Motor zur Verfügung stellen werde. Beim Großen Preis von Australien schied der fast ständig am Limit fahrende Frentzen in der Mitte des Rennens wegen eines Schadens am halbautomatischen X-Trac-Sauber-Sechsganggetriebe aus, als er an zweiter Position lag. Am Ende der Saison nahm das Team in der Markenwertung mit 18 Punkten den siebenten Rang ein, doch Peter Sauber war enttäuscht – er hatte sich Rang fünf zum Ziel gesetzt gehabt.

Der mittlerweile kaum mehr verbeßsserungsfähige Ford-Zetec-R-V8-Motor mit Ford-Elektronik hatte die in ihn gesetzten Erwartungen nicht erfüllt. Bei der zum Vickers-Konzern gehörenden Firma Cosworth hatte man inzwischen eine Neuentwicklung in Vorbereitung: In der berühmten Motorenschmiede arbeiteten Chefingenieur Martin Walters, der altbekannte Manager für Rennmotoren Dick Scammell sowie einige weitere Spezialisten an einem neuen Ford V10,

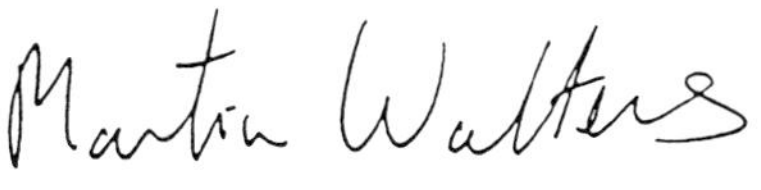

Martin Walters

dessen Debut 1996 erfolgen sollte. Im Spätsommer erhöhten die Cosworth-Experten zwar die Höchstdrehzahl des Achtzylinders um 500/min, auch erhielt die relativ schwere Maschine ein neues Auspuffsystem. Diese Maßnahmen hielten aber keinen Vergleich mit den Entwicklungarbeiten bei der Konkurrenz stand.

Der 1978 gegründete Arrows-Rennstall, der von 1991 bis 1993 den Teamnamen Footwork trug, stellte 1995 vom Ford-ED- auf den Hart-830F1-Achtzylinder um. Die Wagen hießen 1995 wieder Footwork, was für eine gewisse Konfusion sorgte. Das von dem kleinen Unternehmen Brian Hart Ltd. im englischen Harlow gebaute Aggregat war die einzige Grand-Prix-Maschine, die noch Ventilfedern aufwies; für die Entwicklung neuer Zylinderköpfe mit pneumatischen Ventilen fehlten die Mittel – bei dem von Jackie Oliver geleiteten Arrows-Team mußte man mit Schmalkost über die Runden kommen. Mit dem von Alan Jenkins konstruierten Footwork FA16 fuhr zunächst Gianni Morbidelli, der von seinem Landsmann Massimiliano Papis abgelöst wurde, als dieser frisches Sponsorengeld einbrachte; Morbidelli hatte zwar Fahrtalent, aber keine nennenswerte Mitgift vorzuweisen gehabt. Neben den Italienern trat auch der Japaner Taki Inoue auf Footwork an, allerdings war Inoue, den Oliver auf Verlangen seiner japanischen Sponsoren nehmen mußte, nicht reif genug, um Formel-1-Rennen zu bestreiten. Max Papis, der 1994 Fünfter der Formel-3000-Meisterschaft geworden war, löste seine Aufgabe hingegen recht gut, ohne aber WM-Punkte zu holen. Der unterbewertete Morbidelli kam bei sieben Rennen zum Einsatz und errang in Kanada einen sechsten sowie in Australien (dort allerdings dank vieler Ausfälle) einen sensationellen dritten Platz, was für den Rennstall aus Milton Keynes die achte Position in der Teamwertung bedeutete.

Bei der Tyrrell Racing Organisation in Ockham war der Aufwärtstrend, der sich 1994 abgezeichnet hatte, erschlafft. Der seit 1968 in der Formel 1 vertretene Rennstall kam 1995 nur dreimal auf einen Punkterang und schloß die Weltmeisterschaft auf dem neunten Platz ab. Der unterlegene Yamaha-V10-Motor des Typs OX10C war nur eine auf drei Liter Inhalt verkleinerte Version des vorhergehenden 3,5-Liter-Motors. Eine neue Yamaha-Dreilitermaschine wurde zwar gegen Ende der Saison vorgestellt, kam aber nicht mehr zum Einsatz. Harvey Postlethwaite, Vater der hochgestellten Nase bei Formel-1-Rennwagen, gab seiner jüngsten Tyrrell-Konstruktion, dem 023, eine konventionell tiefliegende Front. An diesem Fahrzeugprojekt waren auch Mike Gascoyne und der bei Fondmetal Technologies in Italien tätige Aerodynamiker Jean-Claude Migeot beteiligt. Die Fahrer waren der seit 1992 in der Formel 1 aktive Japaner Ukyo Katayama sowie der Finne Mika Salo. Gabriele Tarquini figurierte als Testfahrer und kam nur beim Großen Preis von Europa auf dem Nürburgring zum Einsatz. Der talentierte Mika Salo, der nach vier Jahren in der Formel 3000 die beiden letzten Grand Prix 1994 auf Lotus bestritten hatte, mußte fast ständig auf Rennstrecken antreten, die ihm unbekannt waren, was seine Aufgabe erschwerte, aber trotz dieses Handicaps kam er dreimal in die Punkteränge.

Auf nur einen einzigen WM-Punkt kam das von finanziellen Problemen gebeutelte Minardi-Team, das noch im Herbst 1994 mit der Umstellung auf den Mugen/Honda-Zehnzylinder gerechnet hatte, ihn aber in letzter Minute an Ligier verlor, so daß die Italiener weiterhin mit dem stark unterlegenen Ford ED vorliebnehmen mußten. Am Steuer der unter der Regie von Aldo Costa entstandenen M195 saßen zuerst Pierluigi Martini und Luca Badoer. Die beiden Piloten hätten es verdient gehabt, ihr Talent auf einem Spitzenauto zu demonstrieren.

In der zweiten Saisonhälfte sah sich Giancarlo Minardi veranlaßt, seinen langjährigen Fahrer Martini durch den Portugiesen Pedro Lamy zu ersetzen, weil dieser Sponsorengeld einbrachte. Lamy, der auch den einzigen WM-Punkt einfuhr, war 1994 bei Tests in Silverstone schwer gestürzt und bestritt nach mehr als einjähriger Pause erstmals wieder Rennen.

Keinen einzigen WM-Punkt vermochten Simtek, Pacific und das in der Formel 1 debutierende Team Forti Corse herauszufahren. Das von Nick Wirth geleitete Simtek-Team, aus welchem sich der Geldgeber und ehemalige Weltmeister Jack Brabham wieder zurückgezogen hatte, schaffte gerade die Teilnahme an fünf Grand Prix; nach Monaco standen dann der Anfang 1995 von Benetton freigegebene Holländer Jos Verstappen sowie der Italiener Domenico Schiattarella wieder ohne Vertrag da. Die tiefverschuldete Renngemeinschaft aus Banbury mit ihren S951 (Ford-ED-Motor) kam anschließend unter die Kontrolle eines Konkursverwalters und wurde aufgelöst. Das Material wurde versteigert, wobei der Erlös nur einen geringen Teil der hohen Schulden abdeckte. Nick Wirth nahm später einen Job bei Benetton an und befaßte sich hier mit der Aerodynamik.

Unter einem ungünstigen Stern stand auch das Pacific-Team. Keith Wiggins hatte mit seinen in Thetford stationierten Fahrzeugen 1994 eine katastrophale Saison durchgemacht; mit Frank Coppucks Neukonstruktion des Typs PR02 mit Ford-ED-Motor erhoffte er sich eine bessere Zukunft. An Pacific war der belgisch/französische Fahrer

Die Zielankunft des siegreichen Michael Schumacher auf Benetton B195-Renault beim Grand Prix von Deutschland in Hockenheim löst eine unglaubliche Begeisterungswelle aus. Viele tausend deutsche Fahnen gehen hoch.

Guido Forti

Bertrand Gachot beteiligt. Es fehlten die Mittel für Erprobungsfahrten; vor dem Debut in Brasilien schaffte man gerade noch einen Funktionstest in Silverstone. Stammfahrer wäre an sich auch der ehemalige italienische Formel-3000-Pilot Andrea Montermini gewesen, aber man brauchte neue Fahrer mit frischem Geld. Also kamen der sizilianische Edelmann Giovanni Lavaggi sowie der Genfer Jean-Denis Delétraz zu einzelnen Renneinsätzen, die sie mit völlig ungenügender Vorbereitung bestreiten mußten. »Rent a Pacific« hieß die Devise. Mehr schlecht als recht schlug man sich bis zum Abschluß der Saison in Australien durch, dann mußte Pacific einen Strich unter das Kapitel Formel 1 ziehen.

Last not least der Neuzugang 1995. Nach jahrelanger Formel-3- und Formel-3000-Tätigkeit hatte Guido Forti aus Alessandria Ende 1994 zusammen mit dem Italobrasilianer Carlo Gancia einen Formel-1-Rennstall gegründet. Einen finanziellen Beitrag an Forti Corse leistete der Vater des jungen brasilianischen Formel-3000-Piloten Pedro Diniz, Besitzer eine Supermarkt-Kette. Neben Diniz fuhr auch dessen Landsmann Roberto Moreno auf dem FG01/95, dessen Konzept von dem argentinischen Konstrukteur Sergio Rinland stammte. Auch der Engländer Chris Radage und der Italiener Giorgio Stirano waren für die Technik teilweise mitverantwortlich. Das mit schmalem Budget operierende Team war jedoch ständig unterlegen und blieb ohne einen WM-Punkt.

Die Kosten für einen Formel-1-Betrieb waren gewaltig in die Höhe geschnellt. Zugleich war es in den Zeiten wirtschaftlicher Baisse enorm schwierig geworden, Geld aufzutreiben. Viele Sponsoren hatte sich aus der Formel 1 zurückgezogen, und auch die Einschränkung der Tabakwerbung warf ihre Schatten voraus. Waren es Ende der achtziger Jahre noch bis zu drei Dutzend Konkurrenten gewesen, die am Grand Prix teilnehmen wollten, war das Formel-1-Feld im Hinblick auf die Saison 1996 auf elf Teams geschrumpft…

Pedro Diniz

Formel-1-Wagen von 1995

Marke/Modell	Verantwortliche(r) Konstrukteur(e)	Motor/Typ Zylinderwinkel	Getriebe/Gangzahl Anordnung	Radstand (mm) Spur vorne/hinten
Benetton B 195	Ross Brawn Rory Byrne	Renault RS7 V10, 67°, PV, DBW	Benetton 6 G, Q halbautomatisch	2880 1690/1618
Ferrari 412T2	John Barnard Gustav Brunner George Ryton Willem Toet	Ferrari 044/1 V12, 75°, PV TA, DBW	Ferrari, 6 G, Q halbautomatisch	2915 1690/1605
Footwork FA 16	Alan Jenkins Paul Bowen	Hart 830 F1 V8, 75°, PV	Arrows/XTrac, 6 G, L halbautomatisch	2920 1670/1600
Forti FG 01	Chris Radage Giorgio Stirano	Ford ED V8, 75°, PV	Forti, 6 G, Q konventionelle Schaltung	2881 1690/1600
Jordan 195	Gary Anderson	Peugeot A10E V10, 72°, PV, DBW	Jordan 7 G, L, halbautomatisch	2950 1700/1618
Ligier JS 41	Frank Dernie	Mugen/Honda MG-301H V10, 72°, PV, DBW	Williams/XTrac, 6 G, Q halbautomatisch	2935 1693/1608
McLaren MP 4/10	Neil Oatley Henri Durand	Mercedes-Benz F0110 V10, 75°, PV, DBW	McLaren 6 G, Q halbautomatisch	2860 1690/1605
Minardi M 195	Aldo Costa René Hilhorst	Ford EDM V8, 75°, PV	Minardi/XTrac 6 G, L, halbautomatisch	2840 1686/1620
Pacific PR02	Frank Coppuck David Watson	Ford ED V8, 75°, PV	Pacific/XTrac, 6 G, L halbautomatisch	2877 1688/1606
Sauber C14	Leo Ress André de Cortanze	Ford Zetec-R V8, 75°, PV	Sauber 6 G, L halbautomatisch	2900 1710/1610
Simtek S951	Nick Wirth Paul Crooks	Ford ED V8, 75°, PV	Simtek/XTrac 6 G, L, halbautomatisch	2800 1700/1600
Tyrrell 023	Harvey Postlethwaite Mike Gascoyne Jean-Claude Migeot	Yamaha OX10A V10, 72°, PV	Tyrrell, 6 G, L sequentiell	2890 1700/1610
Williams FW 17	Patrick Head Adrian Newey	Renault RS7 V10, 67°, PV, DBW	Williams, 6 G, Q halbautomatisch	2890 1670/1600

Der **Hubraum der Motoren** ist von bislang 3500 ccm auf 3000 ccm limitiert worden.
Abkürzungen zu den Motoren: PV = pneumatische Ventile; DBW = Drive-by-wire-Gaspedal (elektronisch)
Abkürzungen zu den Getrieben: 6 G = 6 Gänge; Q = Quergetriebe; L = Längsgetriebe.
Kupplungen: eine elektronische Kupplung weisen Ferrari, Footwork, Jordan, McLaren und Minardi auf (nur zwei Pedale).
Mindestgewicht: mit dem Fahrer an Bord (ohne Treibstoff), müssen die Wagen mindestens 595kg wiegen (Ballast erlaubt).
Reifen: alle Wagen weisen Goodyear-Reifen auf.

Damon Hill endlich Weltmeister 1996

Dominanz der Williams-Renault-Fahrer Damon Hill und Jacques Villeneuve. Michael Schumacher auf Ferrari wird WM-Dritter. Die Literleistung der V10-Motoren erreicht 250 PS bei mehr als 17 500/min.

Am 15. Februar stellt Ferrari seine jüngste Waffe, den F310, in Fiorano vor rund 400 geladenen Gästen vor. Zum Gruppenbild auf der Bühne haben sich hinter der Neukonstruktion versammelt (von links): Testfahrer Nicola Larini, Fiat-Ehrenpräsident Gianni Agnelli, Doppelweltmeister Michael Schumacher, Ferrari-Präsident Luca di Montezemolo, der neu von Ferrari verpflichtete Eddie Irvine sowie Sportdirektor Jean Todt.

Die 47. Fahrerweltmeisterschaft stand eindeutig im Zeichen des Duells Damon Hill gegen den 1995 als IndyCar-Champion hervorgegangenen Kanadier Jacques Villeneuve. Damon Hill, Sohn des Weltmeisters von 1962 und 1968, Graham Hill, kämpfte nach 1994 und 1995 schon im dritten Jahr um den begehrten Weltmeistertitel, der in den beiden vorhergehenden Saisons an Michael Schumacher auf Benetton gegangen war. Diesmal erwuchs Hill sein schärfster Rivale im Kampf um die WM-Krone jedoch aus den eigenen Reihen. Jacques Villenueve hatte seit Sommer 1995 einen Zweijahresvertrag mit Williams in der Tasche. Das Duell unter Teamkollegen dauerte bis zum Großen Preis von Japan in Suzuka, der das Championat abschloß.

Der clevere Kanadier Villeneuve sattelte gut vorbereitet in den Grand-Prix-Rennsport um. In Silverstone, Imola, Monza, Estoril und Barcelona absolvierte er ausgiebige Erprobungsfahrten, so daß er schon vor Beginn der Weltmeisterschaft an die 9000 Testkilometer mit dem Williams-Renault zurückgelegt hatte. Rund die Hälfte der zu befahrenden Circuits waren ihm dennoch noch nicht vertraut, und die limitieren Trainingsmöglichkeiten an den Grand-Prix-Weekends reichten nicht aus, um einen Kurs restlos in den Griff zu bekommen. Am Freitag und am Samstag durften die Konkurrenten jeweils 30 Runden trainieren, wonach für die Qualifikationen weitere zwölf Runden zur Verfügung standen.

Auf dem überlegenen Williams FW18 mit Renault-V10-Motor vom Typ RS8 gewann Damon Hill die Grand Prix von Australien, Brasilien, Argentinien, San Marino, Kanada, Frankreich, Deutschland und Japan – acht Volltreffer. Eigentlich galt er schon in der Saisonmitte als sicherer Weltmeister, dann aber holte sein kanadischer Teamkollege zu einem Gegenschlag aus und gewann nach Siegen auf dem Nürburgring und in England auch in Ungarn sowie in Portugal. Dadurch war Hills ursprünglich bis auf 21 Punkte (nach dem GP von Deutschland) angestiegene Vorsprung vor dem Schlußlauf im japanischen Suzuka auf neun Punkte geschrumpft. Die Spannung blieb bis zum Schluß erhalten, ganz nach dem Gusto des FOCA-Chefs und FIA-Vizepräsidenten Bernie Ecclestone, der sich für die Verpflichtung Villeneuves durch Williams eingesetzt hatte. Ecclestone war überzeugt gewesen, daß sein Rennzirkus mit einem Typ wie Jacques Villeneuve um eine attraktive Nummer bereichert würde.

Vor der Saison 1996 gab es viele Wechsel. Prominentester Umsteiger war der zweifache Weltmeister Michael Schumacher, der zu Ferrari ging, wohin man ihn angeblich mit einer Jahresgage von 25 Millionen Dollar gelockt hatte. Neuer Kollege des Doppelweltmeisters wurde der Ire Eddie Irvine. Die bisherigen Ferrari-Piloten Jean Alesi und Gerhard Berger wechselten zu Benetton, denn für sie als Spitzenfahrer war es uninteressant, neben Schumacher die zweite Geige im Team zu spielen. Diese Erfahrung hatte Gerhard Berger einst bei McLaren gemacht, als er von 1990 bis 1992 an der Seite des Champions Ayrton Senna kämpfte. Bei Williams blieb Vizeweltmeister Damon Hill für eine weitere Saison; seine Zusammenarbeit mit Williams ging auf das Jahr 1991 zurück, als der damalige Formel-3000-Pilot des Middlebridge-Teams den Williams-Testfahrer Mark Blundell ablöste. Hingegen schied bei Williams der Schotte David Coulthard, der 1995 in Portugal seinen ersten Grand-Prix-Sieg herausgefahren hatte, aus und ging zu McLaren, wo er als Stallkollege des Finnen Mika Häkkinen den in die amerikanische IndyCar-Serie ausgewichenen Mark Blundell ersetzte. Bei Jordan machte der Brasilianer Rubens Barrichello die vierte Saison durch; den von Eddie Jordan (Jordan war auch der Manager Irvines) gegen ein üppiges Vermittlungshonorar bei Ferrari untergebrachten Eddie Irvine ersetzte man durch den routinierten Briten Martin Brundle. Das im Verlauf der Saison 1996 von Flavio Briatore zur Gänze übernommene Ligier-Team behielt Olivier Panis, dem man nach langwierigen Verhandlungen den jungen Brasilianer Pedro Paulo Diniz zur Seite stellte. Diniz war 1995 etwas glücklos auf dem unterlegenen Forti gefahren. Da die Sponsoren Elf und Gitanes 1996 ihre Unterstützung erheblich zurücksteckten, war die Mitgift, die Diniz mitzubringen versprach, sehr willlkommen.

Für Sauber trat der schnelle Heinz Harald Frentzen, der Ende 1993 aus der japanischen Formel 3000 geholt worden war, seine dritte Grand-Prix-Saison an. Nachdem Karl Wendlinger nicht mehr zu seiner einstigen Form zurückgefunden hatte, entschied sich Sauber, an seiner Stelle den bisherigen Benetton-Mann Johnny Herbert zu engagieren, dessen Reputation nach zwei Grand-Prix-Siegen 1995 wieder gestiegen war.

Beim Tyrrell-Team blieben Mika Salo und Ukyo Katayama für eine weitere Saison. Arrows Grand Prix International mit Sitz in Milton Keynes – die Renngemeinschaft, die mit den Footwork-Rennwagen an den Start ging – trennte sich von dem ohne Sponsor dastehenden, aber noch immer sehr schnellen Gianni Morbidelli, der 1996 in der italienischen Tourenwagenmeisterschaft auf BMW antrat, ebenso vom Japaner Taki Inoue sowie von dem in die amerikanische IMSA-Serie abgesprungenen Massimiliano Papis und besetzte seine Rennwagen mit dem Holländer Jos Verstappen und mit dem aus der Formel 3000 kommenden Brasilianer Riccardo Rosset.

Das Minardi-Team aus Faenza nahm Pedro Lamy unter Vertrag. In der ersten Saisonhälfte fuhren auch der Brasilianer Tarso Marques zwei sowie Giancarlo Fisichella acht Rennen; schließlich wurden sie durch Conte Giovanni Lavaggi ersetzt, der einiges Geld mitbrachte. Forti Corse aus Alessandria nahm Andrea Montermini und Luca Badoer

Unten
Auch beim Grossen Preis von Brasilien in Interlagos heisst der Sieger Damon Hill auf Williams FW18-Renault. Hill stand auch in den Prognosen als grosser WM-Titel-Favorit fest.

Rechts
Zielankunft auf dem Nürburgring: Jacques Villeneuve auf Williams FW18-Renault gewinnt den Grand Prix von Europa nach einem atemberaubenden Finish knapp vor dem Ferrari F310 von Weltmeister Michael Schumacher.

unter Vertrag. Das Feld, welches jahrelang die maximal zugelassenen 26 Konkurrenten spielend hervorgebracht hatte, umfaßte 1996 nur mehr 22 Autos, und als sich im Juli Forti aus finanziellen Gründen wieder zurückzog, waren es nur noch 20. Vor allem war die Zahl italienischer Piloten geschrumpft, nachdem es Ende der achtziger Jahre manchmal bis zu einem Dutzend Piloten aus Italien gegeben hatte, die an Formel-1-Rennen teilnahmen. 1996 bestritt kein einziger italienischer Fahrer die komplette Weltmeisterschaft.

Am 4. Januar 1996 ging eine aufsehenerregende Nachricht um die Welt. Auf der Auto Show von Detroit gab die Ford Motor Company bekannt, daß in Milton Keynes soeben der Formel-1-Rennstall Stewart Grand Prix aus der Taufe gehoben worden sei. Es hieß, Stewart Grand Prix werde ab 1997 in die Fahrerweltmeisterschaft eingreifen und seine Rennwagen mit dem Ford-Zetec-R-V10-Motor bestücken. Ford hielt fest, daß Stewart Grand Prix von 1997 bis 2001 die Rolle des bevorzugten Ford-Teams spielen werde.

Nun hatten hatten Ford und Sauber zwar einen Zweijahresvertrag für 1995 und 1996 unterzeichnet, der somit unmittelbar vor der bald einsetzenden Ära Stewart erlosch, dennoch war die Ankündigung Fords für den Schweizer Rennstall ein Schlag ins Gesicht, denn damit stand auch fest, daß eine weitere Zusammenarbeit über die beiden vereinbarten Jahre hinaus nicht in Frage kam. Jackie Stewarts Sohn Paul betrieb schon seit Jahren einen eigenen Rennstall mit Sitz in Milton Keynes. Paul Stewart Racing war in der Formel Vauxhall, in der Formel 3 und auch in der Formel 3000 aktiv, wobei Paul Stewart selbst als Formel-3000-Fahrer an den Start ging, ohne jedoch jemals ein Rennen dieser Kategorie zu gewinnen. Jackie Stewart und sein Sohn Paul machten nun mit Stewart Grand Prix gemeinsame Sache. Vorerst wurden etliche Mitarbeiter anderer Teams abgeworben, zum Beispiel der bisherige Arrows-Chefingenieur Alan Jenkins, der sich mit der Konstruktion des ersten Stewart-Rennwagens befaßte. Die Windkanalversuche wurden im Sommer 1996 in Kalifornien aufgenommen.

Im Hinblick auf die Saison 1996 erließ die FIA im Sinne vermehrter Sicherheit wieder einmal neue Vorschriften für die Fahrzeuge. Auffälligstes Merkmal waren die im Bereich des Kopfes nach dem Vorbild der IndyCars stark hochgezogenen Cockpitwände; der obere Rand hatte hier mindestens auf eine Stärke von 7,5 cm gepolstert zu sein. Die Cockpitöffnung mußte länger und breiter als bisher ausgebildet sein, damit der Fahrer nach einem Unfall besser evakuiert werden konnte. Das Monocoque hatte mit einer Blackbox versehen zu sein, der nach einem Unfall wichtige Daten entnommen werden konnten. Zudem gab es einzelne neue Detailvorschriften, die Außenabmessungen, die Karosserie oder die Aerodynamik betreffend. Einige Teams hatten Schwierigkeiten mit den neuen Crashvorschriften, weil ihr Monocoque wegen den höheren Anforderungen an die Festigkeit – vor allem die Seitenwände – den Test nicht bestand und einer zweiten Erprobung unterzogen werden mußte, was eine Verzögerung im Gesamtprogramm ergab.

Geändert wurden auch die Qualifikationsvorschriften, indem die am Freitag erzielten Zeiten nicht mehr für die Startaufstellung ausschlaggebend waren. Um die

Die eigentliche Überraschung des Jahres ist in der Formel 1 zweifelsohne der Kanadier Jacques Villeneuve auf Williams FW18-Renault. Beim Grand Prix von Europa gewinnt der IndyCar-Champion von 1995 seinen ersten Grand Prix.

Jacques Villeneuve

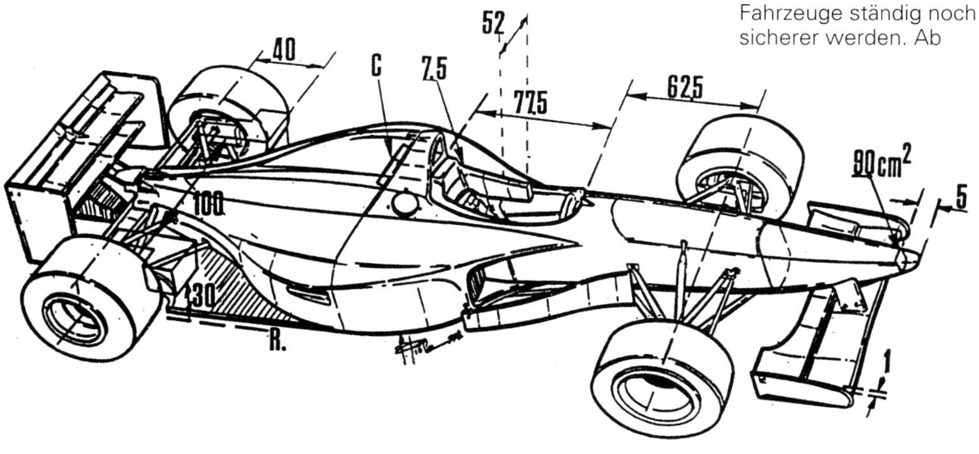

Via das Reglement wird das Tempo der Wagen laufend leicht gedrosselt, ebenso sollen die Fahrzeuge ständig noch sicherer werden. Ab 1996 muss die Öffnung des Cockpits mindestens 52 x 75 cm gross sein, diese Öffnung darf erst 62,5 cm hinter der Vorderachslinie beginnen. Mit der grösseren Öffnung soll der Fahrer nach einem Unfall besser evaquiert werden können. Die Polsterung hinter und neben dem Kopf des Fahrers muss mindestens 400 cm2 gross und überall mindestens 7,5 cm dick sein. Sie hat aus dem Schutzmaterial «Comfort C42» zu bestehen. Am Monocoque muss hinten eine mit C bezeichnete elektronische Blackbox untergebracht sein, der man nach Unfällen Daten entnehmen kann. Die »Nase« des Fahrzeuges darf nicht zu spitz ausgebildet sein, 5 cm hinter dem vordersten Punkt muss die Querschnittsfläche mindestens 90 cm2 betragen, damit die Front bei Kollisionen nicht als Spiess wirkt. Beim Frontflügel müssen die Seitenscheiben mindestens 1 cm dick sein (mit einem Radius von 0,5 cm), damit bei Kollisionen möglichst keine Reifen aufgeschlitzt werden. Im Bereich des Heckflügels muss der Raum bis zu 50 cm von der Längsmittelachse auf einer Höhe von 30 cm frei von Karosserieteilen sein. Bis auf eine Distanz von 40 cm vor der Hinterachse dürfen sich keine seitlichen Zusatzflügel befinden.

Startplätze wurde nur noch im Samstagstraining von 13 bis 14 Uhr gekämpft – damit war der Freitag entwertet. Mit der neuen Bestimmung wollte man vermeiden, daß ein verregnetes samstägliches Qualifikationstraining zur Bedeutungslosigkeit absank, was besonders von den Sponsoren nicht geschätzt wurde, weil verregnete Samstagsqualifikationen nur wenig Zuschauer vor die Fernsehgeräte gelockt hatte.

Goodyear stellte pro Fahrzeug und Wochenende sieben Sätze Trockenreifen und bei Bedarf bis zu fünf Sätze Regenreifen zur Verfügung. Die am Freitag gefahrenen Zeiten boten nicht immer ein echtes Bild über das effektive Kräfteverhältnis: Nur mit fast leerem Tank, in Verbindung mit einem neuen Satz Reifen, konnten Spitzenzeiten erzielt werden. Aber neue Pneus wurden dringend für die Qualifikationen benötigt, weil sie lediglich in der ersten und zweiten »vollen« Runde eine maximale Haftung boten, dann aber wieder leicht abbauten und anschließend in einen konstanten Zustand übergingen. Auf langen Circuits wie Spa-Francorchamps oder Hockenheim taugten die Pneus sogar nur knapp für eine einzige Superrunde.

Bis vor wenigen Jahren waren maximal die 26 Qualifikationsschnellsten zum Start an einem Grand Prix zugelassen. Mit 22 und sogar weniger Teilnehmern war diese Regel hinfällig geworden: um aber trotzdem ein qualitativ hochwertiges Feld am Start zu haben, führte man 1996 eine neue Qualifikationsklausel ein, die vorsah, daß auch die langsamsten Teilnehmer eine Qualifikationszeit erzielen mußten, und sie durfte nicht um mehr als 7 % schlechter als die Zeit der Pole Position sein. An dieser Klausel scheiterten gelegentlich die Forti- und die Minardi-Fahrer.

Als WM-Favorit 1996 stand schon zu Jahresbeginn Damon Hill im Mittelpunkt. 1994 und 1995 hatte er mit seinem Williams-Renault gegen Michael Schumacher heiße Duelle um den Titel ausgefochten. Nun war Schumacher bei Ferrari, wo er mit einem unerprobten Zehnzylinder in den Kampf steigen mußte, derweil Hill die neue Saison mit bewährtem Material in Angriff nehmen konnte.

Am 16. Februar stellte Williams seinen FW18 mit Renault RS8-V10-Motor der Presse vor. Der neue Wagen mit hochgestellter Frontpartie war gemäß der bewährten Williams-Tradition keine revolutionäre Neukonstruktion, sondern eine verfeinerte Weiterentwicklung seines bewährten Vorgängers. »Das Neue an diesem Auto ist die Tatsache, daß es nichts Neues gibt«, meinte Damon Hill anläßlich der Präsentation in Estoril. Der FW18 war einmal mehr eine Kreation des bewährten Teams Patrick Head und Adrian Newey. Newey soll sogar der eigentliche Vater des Projekts gewesen sein, hieß es. Head als Gesamtverantwortlicher habe Newey nur über die Schulter schauen und die Sache überwachen müssen. Das Monocoque war praktisch gleichgeblieben. Hinten am Renaultmotor saß das transversale halbautomatische Sechsganggetriebe. Die elektronisch gesteuerte Kupplung konnte entweder über eine Wippe hinter dem Volant (Villeneuve) oder über ein konventionelles Kupplungspedal (Hill) betätigt werden. Die Aufhängungen des FW18 hatte man schon auf dem FW17 getestet. Williams arbeitete auch an einem hydraulischen Differential, das aber erst beim Grand Prix von Spanien zum Einsatz kam. Villeneuves Williams verfügte also über nur zwei Pedale – der Kanadier hatte sich längst an das Bremsen mit dem linken Fuß gewöhnt, während Damon Hill diese Technik einige Mühe bereitete, so daß er es vorzog, weiterhin mit einem Kupplungspedal zu fahren. Hill gab zu, daß er beim Testen immer wieder versucht habe, mit dem linken

Unten
Bei den meisten Formel-1-Rennwagen ist das Kupplungspedal verschwunden, es gibt nur noch zwei Pedale. Die meisten Fahrer sind deshalb gezwungen, mit dem linken Fuss zu bremsen, was eine Angewöhnung verlangt. Die Nr. 1 weist im Cockpit des Jordan 196 auf das Bremspedal, die 2 auf die Fussstütze. Rechts das schmale Gaspedal.

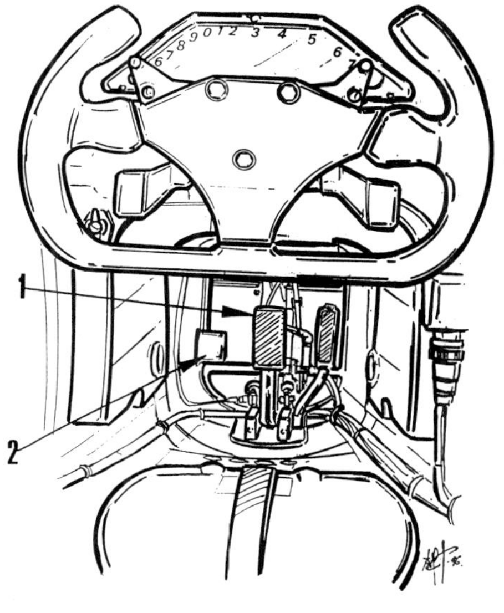

Fuß zu bremsen, aber damit komme er einfach nicht zurecht.

Wie die Experten später immer wieder feststellten, zählte beim Williams neben dem bewährten V10-Motor vor allem die unter Newey verfeinerte Aerodynamik zu den Stärken dieses Modells. Der eher stille Newey mit seinem freundlichen Lächeln galt seit ein paar Jahren als der führende Aerodynamiker der Formel 1. Der Konstrukteur, der an der Universität von Southampton Flugzeugbau studiert hatte, war bis 1999 vertraglich an Williams gebunden. Mittlerweile bezeichnete man Newey auch als den »Königmacher« unter den Rennkonstrukteuren. Er galt als leidenschaftlicher Techniker, der nach stets neuen und noch perfekteren Lösungen forschte, die allerdings auch sehr teuer waren. Manchmal, so sagte Patrick Head, habe man ihn in die Realität zurückholen und von noch aufwendigeren Lösungen fernhalten müssen. Seine Formel-1-Karriere hatte Newey bei Fittipaldi begonnen; 1987 befaßte er sich bei Newman-Haas in den USA mit den Lola-Chevrolet/Ilmor, die bei CART-Rennen zum Einsatz kamen. Berühmt wurde Newey mit seinen revolutionären March-Leyton House der Formel 1; allerdings funktionierte die Aerodynamik dieser Wagen nur auf topfebenen Pisten optimal. Und bei Williams zum Beispiel versah er 1996 die FW18 vom GP von Italien an sogar mit profilförmigen Verschalungen an den Querlenkern der Vorderradaufhängung, um den Luftwiderstand zu reduzieren, Vibrationen zu vermindern und zugleich um den Abtrieb an der Vorderachse zu erhöhen. Seit 1992 hatte Williams zu einem großen Teil die errungenen Weltmeistertitel nicht zuletzt Adrian Newey zu verdanken: Von 1992 bis 1996 waren es vier Weltmeistertitel bei den Konstrukteuren sowie drei Fahrerweltmeistertitel.

Der RS8-V10-Motor von Renault hat viel zum Gewinn der Weltmeisterschaft 1996 beigetragen. Die Maschine ist leistungsstark und nur selten anfällig auf Defekte. Mitte Saison 1996 hat Renault Sports den Rückzug aus der Formel 1 per Ende 1997 angekündigt. Bei Renault Sports in Viry-Châtillon (südlich von Paris) sind 154 Personen mit der Herstellung und der Wartung der von Williams und Benetton verwendeten Zehnzylindermaschinen beschäftigt.

Christian Contzen

Williams Stärke fußte auch auf dem seit 1989 verwendeten und sehr zuverlässigen Renault-Zehnzylindermotor. Renault belieferte Williams auch 1996, ebenso Benetton. Zum Einsatz kam der Typ RS8 (im Verlauf der Saison erschien auch die Version RS8B) mit dem mittlerweile klassischen 67°-Gabelwinkel. Bei Renault Sport in Viry-Chatillon waren 1996 allein 154 Mitarbeiter mit der Entwicklung und Herstellung des V10 beschäftigt. Viele Bestandteile lieferte die Firma Mecachrom in Bourges, wo auch für die Peugeot-Zehnzylinder gearbeitet wurde. Präsident von Renault Sport war Patrick Faure, die Generaldirektion oblag Christian Contzen, während Bernard Dudot Technischer Direktor war, der die Truppe der Renault-Formel-1-Motorenspezialisten schon seit Mitte der siebziger Jahre leitete. Einer der führenden Ingenieure bei Renault Sport war auch Jean-Jacques His.

Der 132 kg schwere V10 hatte einen Block aus Magnesium, die Kurbelwelle soll nur 9 kg schwer gewesen sein. Für eine Routinerevision, wie sie alle 400 bis 500 km fällig war, benötigten zwei Mann zehn Arbeitstage. Seit geraumer Zeit liefen Versuche mit ultraleichten Pleueln aus Verbundwerkstoff (ein Sandwich, bestehend aus Metall und Kohlenstoff), mit denen man in Zukunft die konventionellen Titanpleuel ersetzen wollte. Nicht aus Titan, sondern aus einer Speziallegierung bestanden die Ventile, die von der kalifornischen Firma Al West stammten. Das System zur Betätigung der pneumatischen Ventile arbeitete mit einem Druck von 50 bis 60 bar. Bei der Ventilpneumatik soll ein neuartiges Gas verwendet worden sein. Die Leistung des Renault-Wundermotors wurde gegen Ende 1996 auf 740 PS bei 16.600/min im Renneinsatz und auf 750 PS bei 16.800/min bei den Qualifikationen geschätzt. Zu den Vorzügen des Renault-Aggregats zählte auch dessen Eigenschaft, mit relativ hohen Betriebstemperaturen zu arbeiten, so daß die Wagen mit einer kleineren

Benetton mußte 1996 einsehen, daß die Zeiten ohne einen Michael Schumacher bedeutend schwieriger geworden sind. Weder Jean Alesi (im Bild in Spa-Francorchamps) noch Gerhard Berger, vermochten den B196-Renault zum Sieg zu führen. Berger lag zwar in Hockenheim bis kurz vor Schluss in Führung, aber dann barst der Motor.

Während des Grand Prix von Europa auf dem Nürburgring schießen Mika Salo auf Tyrrell 024-Yamaha und Jean Alesi auf Benetton B196-Renault vor der ersten Kurve am Ende der Zielgerade über das Kiesbett, während im Vordergrund Johnny Herbert auf Sauber C15-Ford seinen Weg geht.

Kühlflache auskamen. Dementsprechend konnte der Luftwiderstand verringert und die Aerodynamik optimiert werden.

Das andere Team, das seit 1995 mit Renault-Motoren fuhr, war Benetton. Nach zwei mit Michael Schumacher errungenen Fahrerweltmeisterschaften und einer Markenweltmeisterschaft verpflichtete Benetton 1996 die beiden bisherigen Ferrari-Fahrer Gerhard Berger und Jean Alesi. Zu Ehren Alesis, dessen Familie aus Sizilien stammte, ließ sich Benetton für die Präsentation seines neuen Grand-Prix-Autos vom Typ B196 einen besonderen Gag einfallen: Vorgestellt wurde der Wagen im Teatro Antico von Taormina auf Sizilien, so daß nicht nur die eingeflogenen Gäste, sondern auch eine auf 10.000 Menschen geschätzte Menge begeisterter Sizilianer an diesem Volksfest teilhaben konnten. Der neue Benetton bot – im Vergleich zu seinem mit Michael Schumacher so erfolgreich gewesenen Vorgänger – keine wesentlichen Neuerungen. Gesamtverantwortlich für das Projekt waren wieder der Technische Direktor Ross Brawn sowie der Aerodynamiker Rory Byrne.

Als mit dem Benetton B196 die ersten Probefahrten unternommen wurden, stellte sich heraus, daß das Fahrzeug nicht leicht zu beherrschen war; Gerhard Berger und Jean Alesi rutschten etliche Male von der Strecke – im Grenzbereich war der B196 sehr kritisch. Man hatte von einem Sechs- auf ein Siebenganggetriebe umgestellt, weshalb dann die Renault-Maschine im Benetton-Fahrwerk einen leicht höheren Verbrauch als im Williams verzeichnete. Zunächst stellte sich heraus, daß die Lufthutze über dem Motor ungünstig ausgebildet war; sie führte dem Zehnzylinder nicht genügend Ansaugluft zu. Zweimal mußte der Benetton im Verlauf der Saison 1996 mit einem neuen »Schnorchel« ausgerüstet werden, wobei man das Problem erst beim Großen Preis von Belgien endgültig in den Griff bekam. Nach den ersten sechs Grand Prix stellten die Techniker in der modernen Benetton-High-Tech-Zentrale in Enstone an der Vorderachse des B196 von der bisherigen Torsionsfederung auf eine Federung mit Schraubenfedern und koaxialen Stoßdämpfern um. Benetton arbeitete auch an einem elektronisch gesteuerten Differential, das beim Großen Preis von Portugal in Bergers Fahrzeug erstmals zum Einsatz kam.

Bei Benetton Formula – so der offizielle Name des von Flavio Briatore geleiteten Unternehmens, dessen Präsident der junge Alessandro Benetton war – glaubte man Anfang 1996, auch nach der Ära Schumacher würde man ohne Schwierigkeiten Große Preise gewinnen. Aber dem sollte nicht so sein. Die Fahrer brauchten eine gewisse Gewöhnungszeit, um mit den Eigenschaften des Autos fertig zu werden. Während Jean Alesi im Verlauf der Saison mit ziemlicher Regelmäßigkeit auf das Podium kam, gab es für Gerhard Berger viele Ausfälle, so daß der Tiroler die Saison 1996 als die enttäuschendste in seiner Karriere bezeichnete. Er hatte geglaubt, in seinem ersten Benetton-Jahr endlich Weltmeister werden zu können. Nach den ersten Rennen waren Berger und Alesi überrascht, daß sie mit der Spitze nicht mithalten konnten. Erst beim Großen Preis von Deutschland in Hockenheim, wo Berger 1994 auf Ferrari seinen letzten Formel-1-Erfolg gefeiert hatte, schien für den Österreicher endlich der Wunsch nach einem weiteren Grand-Prix-Sieg in Erfüllung zu gehen: Bis drei Runden vor Schluß lag er in Führung, hart von WM-Leader Damon Hill auf dem sonst überlegenen Williams-Renault bedrängt. Aber dann stellte sich an Bergers Benetton einer der für Renault so seltenen Motorschäden ein, und der Österreicher mußte einmal mehr Hill den Sieg überlassen. Auch beim folgenden Großen Preis von Ungarn wurde Berger durch einen Motorschaden eliminiert. Dazu der Technische Direktor von Renault Sport, Bernard Dudot: »Im Fall von Renault hat ein Motorschaden mehr Newswert als ein Sieg. Formel-1-Erfolge von Renault werden heute als Selbstverständlichkeit hingenommen.«

Am 21. Juni gab Renault bekannt, daß man sich nach rund zwei Jahrzehnten per Ende 1997 aus dem Grand-Prix-Sport zurückziehen werde. Die Franzosen ließen demnach Williams und Benetton noch ein gutes Jahr Zeit, um sich nach einem neuen Motor umzusehen. Renault wählte den Zeitpunkt goldrichtig: Abgang im Zenit des Erfolges, denn bis Ende 1996 hatte man nicht weniger als fünf Fahrerweltmeisterschaften und vier Weltmeisterschaften der Konstrukteure mit den potenten Zehnzylindern aus Viry-Châtillon gewonnen. Der Beschluß, sich trotz der vielen Erfolge per Ende 1997 aus der Formel 1 zurückzuziehen, waren in Zusammenhang mit dem ungünstigen Geschäftsgang von 1996 zu sehen; vor allem im Personenwagenbereich war der Absatz spürbar zurückgegangen.

Eine weitere Hiobsbotschaft traf die Formel 1 eine Woche nach der Ankündigung Renaults, und zwar wenige Tage vor dem

Ing. Paolo Martinelli

Grand Prix von Frankreich. Die Erdölgesellschaft Elf, an deren Kapital Renault beteiligt war, gab ebenfalls den Rückzug aus der Formel 1 bekannt, und das schon per Ende 1996. Elf war seit 1968 in der Formel 1 mit von der Partie. Mit Elf und Renault verlor die Formel 1 zwei ihrer wichtigsten Eckpfeiler.

Ferrari stellte seinen neuen F310 sowie die neugebildete Mannschaft am 15. Februar vor. Die Präsentation fand auf dem Gelände der Teststrecke von Fiorano unweit des Werkes von Maranello statt. Zur Premiere, der erstmals auch der mittlerweile 75jährige Fiat-Boß Gianni Angelli beiwohnte, waren 400 Gäste eingeladen. Dem Ereignis kam große Bedeutung zu, weil Ferrari den zweifachen Weltmeister Michael Schumacher für die nächsten zwei Jahre unter Vertrag genommen hatte.

Mit der Realisierung des neuen Wagens war Ferrari im Verzug. Das Fahrgestell war wieder bei der von John Barnard geleiteten Ferrari Design & Developement entwickelt worden, wo Ferrari inzwischen 44 Mitarbeiter beschäftigte. Am F310 war so ziemlich alles neu, auch der Motor, denn nach einer langen Zwölfzylinder-Tradition stellte man nun auf das von den meisten Formel-1-Konstrukteuren bevorzugte V10-Konzept um. Ferrari wechselte 1996 auch den Benzinlieferanten; nach 23jähriger Verbindung mit der italienischen Erdölgesellschaft Agip wechselte man wieder zu Shell.

Das Konzept des neuen V10-Motors entstand durch den nach Maranello geholten Ingenieur Gilles Simon. Erste Prüfstandversuche erfolgten im Mai 1995, anschließend ließ Paolo Martinelli, Chef der Motorenabteilung, die Konstruktion von seinen bisherigen Motorenspezialisten überarbeiten, was dann im September auf den Prüfstand kam. Die Zylinderabmessungen dieser Dreiliter-V10-Maschine mit der Typenbezeichnung 046/1 entsprachen denen des Zwölfzylinders von 3,5 Liter Inhalt, der zuletzt 1994 eingesetzt worden war. Man arbeitete auch an einer Kurzhubversion, die bei den Qualifikationen in Imola zum Einsatz kam, sich aber als defektanfällig erwies. Die wie der Renault-Zehnzylinder ebenfalls mit der Motorelektronik von Magneti-Marelli laufende Maschine wies wieder vier Ventile pro Zylinder auf, ebenso Ansaugstutzen von variabler Länge, wie sie auch von Mercedes-Benz verwendet wurden. Im Vergleich zum bisherigen V12 benötigte der V10 zehn Prozent weniger Kühlfläche, was aerodynamische Vorteile brachte. Die Kühlerelemente saßen in den seitlichen Pontons mit hervorstehenden und vom Wagenrumpf deutlich getrennten ovalen Trichtern.

Auch das Sechsganggetriebe mit geschweißtem Gehäuse aus Titanelementen war neu, wobei eines der Gehäuseteile aus Kohlenstoff bestand. Im Verlauf des Sommers entwickelte man auch eine Version mit sieben Gängen und einem Gehäuse aus geschweißten Stahlelementen, das sich für schnelle Strecken eignete und beim Großen Preis von Belgien eingesetzt wurde. Beim Hochschalten erfolgten die Schaltvorgänge über Elektroventile in zwei Hundertstelsekunden, beim Zurückschalten benötigte das System vier Hundertstel.

Während des Grand Prix von Frankreich in Magny-Cours sticht Jacques Villeneuve mit seinem Williams FW18-Renault elegant auf der Innenseite am Benetton B196-Renault von Jean Alesi vorbei.

Links
Beim Grand Prix von England in Silverstone liegen unmittelbar nach dem Start Jacques Villeneuve auf Williams FW18-Renault und Jean Alesi auf Benetton B196-Renault an der Spitze des Feldes. In Silverstone holte sich Villeneuve den zweiten Saisonsieg.

Auffällig war, daß der neue Ferrari keine hochgestellte Frontpartie mehr aufwies. Dennoch fuhr man Versuche mit hochliegender Front, und diese Lösung, die an den Schnabel eines Pelikans erinnerte, kam vom Grand Prix von Kanada an zum Einsatz.

Bei ersten Tests erwies sich das Getriebegehäuse als undicht. Nach dem Großen Preis von Australien, mit dem am 10. März die Weltmeisterschaft eröffnet wurde, beschloß man sogar, den F310 vorübergehend mit dem Getriebe des Vorjahresmodells zu versehen, wobei auch die komplette Hinterraufhängung übernommen werden mußte, weil die Aufhängungselemente an den Gehäuseteilen der Kraftübertragung verankert waren. Mit dem alten Getriebe, in Verbindung mit der Hinterradaufhängung des 95er Modells 412T2, kam der F310 in Brasilien und Argentinien zum Einsatz, wobei die Aerodynamik im Heckbereich bei dieser Kombination nicht stimmte. Unter der Leitung Gustav Brunners mußte John Barnards Konstruktion im Verlauf der folgenden Wochen und Monate Schritt um Schritt überarbeitet werden.

Große Schwierigkeiten bereitete den Ferrari-Piloten Schumacher und Irvine die Kupplung – sie ermöglichte keine Blitzstarts. Drei Wochen vor dem GP von Frankreich wandte sich Ferrari an die Firma Fichtel & Sachs, die auch Sauber und McLaren mit Kupplungen ausrüstete. Dort entstand eine Dreischeiben-Karbonkupplung mit dem kleinen Durchmesser von 11,7 cm. Die Kupplungselemente wurden mit einem Druck von etwa 1,1 t gegeneinandergepresst, wobei während des Startvorgangs Temperaturen von 1000 bis 1200 °C entstanden. Nach miserablen Starts auf dem Nürburgring, in Imola, Monaco, Spanien und Kanada gelang Schumacher beim Grand Prix von Ungarn nun wieder ein echter Bombenstart.

Ferrari machte Mitte Saison eine Krise durch, als die roten Zehnzylinder nach dem Regensieg Michael Schumachers in Barcelona bei den nachfolgenden Grand Prix von Kanada, Frankreich und England stets mit Defekten ausfieleen. Die Ferrari-Ausfälle trieben die italienischen Fans fast zur Verzweiflung. In italienischen Zeitungen wurde die Scuderia hart attackiert, insbesondere Sportdirektor Jean Todt und Chefkonstrukteur John Barnard. Michael Schumacher nahm sie stets in Schutz und vertrat die Ansicht, alle Mitarbeiter der Scuderia täten ihr Bestes. Nach den Siegen Schumachers in Spa-Francorchamps und vor allem in Monza, war die Welt für die italienischen Ferrari-Verehrer auch wieder in Ordnung.

Unmittelbar nach dem die WM abschließenden Großen Preis von Japan verließ der 48jährige Ingenieur Osamu Goto Ferrari. Der ehemalige Honda- und McLaren-Mitarbeiter hatte drei Jahre lang die Rolle des Verbindungsmannes zu japanischen Firmen gespielt, ebenso war er an der Entwicklung der Ferrari-Motoren beteiligt. Goto wollte in England ein technisches Büro gründen.

Nachdem McLaren zwischen 1992 und 1995 mit Honda, Ford, Peugeot und Mercedes-Benz mehrfach die Motorenmarke gewechselt hatte, wurde 1996 mit dem gleichen Triebwerk weitergearbeitet. McLaren wartete seit dem von Ayrton Senna auf McLaren-Ford gewonnenen Grand Prix von Australien von Ende 1993 auf einen neuen Erfolg, doch der Sieg Nummer 105 ließ jahrelang auf sich warten. »Join the best« hatte Mercedes-Benz-Boß Helmut Werner Ende 1994 ausgerufen, als man sich nach der Trennung von Sauber für fünf Jahre, nämlich bis Ende 1999, mit McLaren liierte. Das war der Rennstall, dessen Piloten neunmal die Fahrerweltmeisterschaft gewonnen hatten, darunter sieben Fahrer-Titel unter der Regie des einstigen Cooper- und Brabham-Rennmechanikers Ron Dennis, der 1980 bei McLaren als Mitinhaber eingestiegen war. McLaren gewann auch siebenmal den Meistertitel bei den Konstrukteuren, davon sechsmal in der Ron-Dennis-Ära. 40 % des Unternehmens in Woking gehörten dem Chef, die Majorität jedoch hielt der saudiarabische Geschäftsmann Mansour Ojjeh.

Indes, 1995 wurde für McLaren und Mercedes zu einem enttäuschenden Jahr. Man kam nie nahe genug an die dominierneden Williams heran. Die Saison 1996 war zwar etwas besser, doch die erhofften Siege blieben weiterhin aus. Nicht nur in Stuttgart, auch beim langjährigen McLaren-Sponsor Philip Morris machte man sich wegen der ausbleibenden Volltreffer Sorgen. Am 2. Juni, Tag des GP von Spanien, waren sich der Schweizer Philip-Morris-Präsident Walter Thoma und dessen engste Mitarbeiter einig, daß McLaren 1997 nicht mehr die Farben von Marlboro tragen sollte. Der Beschluß wurde erst einen Tag nach dem GP von Belgien bekanntgegeben. Es war eine schwere Niederlage für McLaren, mit der eine erfolgreiche, 23jährige und von 96 Grand-Prix-Siegen gespickte Zusammenarbeit zum Abschluß kam. Den ersten McLaren-Marlboro-Sieg hatte Denis Hulme 1974 in Argentinien errungen.

McLaren hatte für 1997 aber einen neuen Tabaksponsor an der Angel: die deutsche Firma Reemtsma mit der Marke West, deren Emblem einige Jahre zuvor schon an Zakspeed-Rennwagen zu sehen gewesen war.

Der neue McLaren MP4/11 mit Mercedes-Benz-V10-75°-Motor Typ FO110 der Phase 3 wurde der Presse am 11. Februar in Estoril vorgestellt. Es war ein besonders eleganter Wagen mit schlankem, hochliegendem Bug. Die Väter der Neukonstruktion waren das zwar altbewährte, aber seit Jahren dem Erfolg hinterhereilende Team Neil Oatley und Henri Durand. Steve Nichols, der seit seinem Weggang von McLaren mehrmals die Teams (darunter auch Ferrari und Sauber) gewechselt hatte, war wieder nach Woking zurückgekommen, wo er mit seinen alten Kollegen zusammentraf.

Mika Häkkinen, der Anfang November 1995 in Adelaide wegen eines Reifenschadens einen schweren Unfall gehabt hatte, war bei Saisonbeginn noch etwas angeschlagen. Mit jedem Rennen besserte sich jedoch der Gesundheitszustand des Finnen, der in der WM 1996 auch besser als sein von Williams gekommener Teamkollege David Coulthard abschnitt. Im Sommer 1995 hatte man auch einen Vertrag mit dem vierfachen Weltmeister Alain Prost unterzeichnet, der sich dem Team als Berater und Testfahrer zur Verfügung stellte und den Ingenieuren mit analytischen Angaben weiterhelfen sollte. Das Abstimmen brauchte wie gewohnt viel Feingefühl und technisches Verständnis, das einigen Piloten abgeht. Beim McMcLaren MP4/11 zum Beispiel mußte man unter acht verschiedenen Federvarianten an der Vorderachse sowie doppelt so vielen Möglichkeiten an der Hinterachse die richtige Wahl treffen.

Auch das 96er-Fahrgestell McLarens war noch kein absoluter Hit. Aber es stellte laut Häkkinen gegenüber dem Vormodell einen wesentlichen Fortschritt dar und wurde im Verlauf der Saison noch besser. Aber in der Regel vermochten die MP4/11-Mercedes weder die Williams-Renault noch Schumacher auf Ferrari ernsthaft zu bedrohen, obwohl man bei Ilmor sowie auch bei Mercedes-

Ab Grand Prix von Kanada sind die Ferrari F310 mit einer hohen Frontpartie ausgerüstet, wie sie mittlerweile von allen Teams übernommen worden ist. Aber beim Ferrari weist das Monocoque noch die zu einer tiefen »Nase« passende Form auf, deshalb der Buckel an der Unterseite, der ziemlich hässlich wirkt und der Aerodynamik die optimale Effizienz nimmt.

Benz große Fortschritte an den Motoren zu verzeichnen hatte. Je einen gewissen Qualitätssprung stellte man bei den beiden Grand Prix auf deutschem Boden fest. Es sei noch festgehalten, daß man zwischen dem Saisondebut in Melbourne und dem Großen Preis von Deutschland, den elften von 16 WM-Läufen, nicht weniger als vier Ausbaustufen des Zehnzylinders hervorbrachte. In dieser Zeitspanne nahm die Leistung um rund 4 %, nämlich 30 PS zu. Die Höchstdrehzahl kletterte auf etwa 16.600/min. Doch die Mehr-PS hatten auch ihren Preis: In der Zeitspanne von sechs Monaten gingen 15 Motoren zu Bruch. Zu jedem Rennen brachte Mercedes zehn frische Zehnzylinder mit; vier davon waren jeweils neu und wurden erst am Samstag nach den Qualifikationen in die beiden Einsatzwagen sowie in das Reserveauto eingebaut.

Um einen Formel-1-Motor zusammenzubauen, brauchten zwei Männer bei Ilmor 65 Stunden. Anschließend lief das Aggregat 50 Minuten auf dem Prüfstand, wonach es für den Renneinsatz freigegeben wurde. Bei den Qualifikationen durften die Fahrer die Aggregate um 300/min höher drehen lassen als im Rennen. Alle 450 km mußte ein Grand-Prix-Aggregat zerlegt und revidiert werden, wobei man jedesmal die Kolben, Lager und Dichtungen ersetzte. Alle 900 km, also bei jeder zweiten Revision, bekam das Triebwerk neue Ventile, bei der dritten Revision wurden die Pleuel ersetzt. Die Zylinderköpfe hielten rund 2500 km aus, und nach 3500 km hatte auch ein Motorblock ausgedient, der zwar nur bei einem einzigen Grand Prix zum Einsatz kam, dann aber im Training weiterverwendet wurde. Und der Verbrauch? Auf einer schnellen Strecke wie der von Hockenheim, wo während des GP von Deutschland 1996 auf der schnellsten Geraden ein Rekordwert von 345 km/h (Häkkinen) registriert wurde, verbrauchte die Mercedes-Maschine 0,57 Liter pro Kilometer, in Monaco waren es 0,6 Liter. Auf einer Strecke wie Monaco ist ein möglichst hoher Abtrieb gefragt, das bedeutet, daß die Wagen mit zusätzlichen Profilen im Heckbereich (insgesamt neun) und allgemein steileren Anstellwinkeln versehen werden müssen. Bei 270 km/h (am Ausgang des Tunnels) produzierte ein McLaren dank üppigem Flügelwerk einen Abtrieb von 1500 kg. In Hockenheim, wo mit weniger und auch flacher gestellten Profilen gefahren wurde, erreichten die McLaren den gleichen Abtrieb von 1500 kg erst bei Maximaltempo 345 km/h.

Jordan startete 1996 ins zweite Jahr mit Peugeot als Motorenpartner, doch ging es mit dem irischen Team, das seit 1991 in der Formel 1 mitmischte, eher abwärts. Und dabei war es dem schlauen Eddie Jordan kurz vor Beginn der WM noch gelungen, mit Benson & Hedges einen starken Sponsor zu bekommen. Die Jordan-Peugeot-Piloten, der Brasilianer Rubens Barrichello und der routinierte Brite Martin Brundle, waren von ihren Wagen ziemlich enttäuscht. Zu den charakteristischen Merkmalen des 196 zählten die zwei seitlichen Öffnungen zu den getrennten Kühlelementen für Wasser und Öl. Die Konstruktion Gary Andersons, der bisher immer eine glückliche Hand gehabt hatte, bot keinen genügenden Grip, reagierte schlecht auf Richtungswechsel und war in den Kurven viel zu langsam, obwohl man die Flügel der 196 stets auf maximalen Abtrieb einstellte.

Alain Prost vermittelt seine Eindrücke an die McLaren-Piloten. Links der Schotte David Coulthard, der sein bestes Resultat, Zweiter, in Monaco herausfährt.

Unten
Der Jordan 196-Peugeot mit Martin Brundle während des verregneten Grossen Preises von Spanien bei Barcelona. Gesamthaft waren die Jordan-Peugeot 1996 eher enttäuschend, es gab nich einmal einen Podiumsrang.

Von dem unter der Regie von Jean-Pierre Boudy in Velizy weiterentwickelten Peugeot-V10-Motor des Typs A12 hieß es, er zähle zu den stärksten Formel-1-Aggregaten überhaupt. In der Tat waren die Jordan-Peugeot trotz steilem Flügelwerk, das mehr Luftwiderstand erzeugte, auf den Geraden sehr schnell. Dennoch gab es nur mäßige Rundenzeiten. Martin Brundle: »Kaum habe ich mich von einer Kurve erholt, kommt schon die nächste, die mir neue Sorgen bereitet.« Enttäuscht war man auch bei Peugeot, denn als die Franzosen 1994 (damals noch mit McLaren) in den Grand-Prix-Sport einstiegen, hatten sie angekündigt, im dritten Einsatzjahr des Zehnzylinders mehrere WM-Läufe gewinnen zu wollen, wenn nicht gar um den Weltmeistertitel zu kämpfen. Aber von diesem hochgesteckten Ziel waren Jordan und Peugeot vorerst weit entfernt. Im ersten Formel-1-Jahr hatte Peugeot mit McLaren immerhin Podiumsränge geholt; 1996 standen aber weder Barrichello noch Brundle jemals auf dem Treppchen. Die herausragende Leistung des Jahres bot Barrichello bei den Qualifikationen zum Großen Preis von Brasilien in Interlagos, als er den Jordan-Peugeot vor seinen Landsleuten auf den zweiten Startplatz stellte. Im Rennen aber, in dessen Verlauf er um vorderste Positionen kämpfte, drehte sich der in Interlagos praktisch neben der Rennstrecke aufgewachsene Barrichello – und fiel aus. In der zweiten Saisonhälfte waren die Qualifikationsergebnisse schlechter als in der ersten; den Tiefpunkt erreichte man bei den Qualifikationen auf dem Hungaroring, als Brundle nur einen 12. und Barrichello einen 13. Startplatz herausfuhren. Bei den Rennen schauten neben etlichen Ausfällen nur vierte, fünfte und sechste Ränge heraus.

Jordans Betrieb, der sich auf einem Grundstück unmittelbar neben der Rennstrecke von Silvestone befindet, wurde 1996 weiter ausgebaut, so daß Jordan die Verbundteile wie die Monocoques, die Karosserie und die Flügel künftig selbst herstellen konnte und nicht mehr auf die Zulieferer angewiesen war.

Am 19. September gab Eddie Jordan vor dem Großen Preis von Portugal bekannt, daß er einen Mehrjahresvertrag mit dem

21jährigen Ralf Schumacher, Bruder des Doppelweltmeisters, unterzeichnet habe. Ralf hatte sich in der Formel 3 und 1996 in der japanischen Formel 3000 ausgezeichnet und galt als großes Talent. 1991 hatte sein prominenter Bruder Michael sein erstes Formel-1-Rennen auf einem Jordan-Ford bestritten. Am 1. Oktober nahm Schumacher II mit dem Jordan-Peugeot in Estoril seine Testarbeit auf, nachdem er schon im August mit einem McLaren-Mercedes in Silverstone Probefahrten absolviert hatte, ohne daß es zu einem Abschluß mit diesem Team gekommen war.

Das Ligier-Team machte in der Übergangszeit zwischen den beiden Saisons eine kritische Phase durch. Angesichts der eingeschränkten Tabakwerbung bei Sportanlässen in Frankreich, aber auch, weil Ligier praktisch nicht mehr in französischem Besitz war, kürzte der Seita-Konzern die Werbebudgets, was auch bei Lotto und Elf der Fall war, so daß Ligier mit einem auf die Hälfte reduzierten Etat auskommen mußte.

Seit April 1994 gehörte der Rennstall zu 85 % Flavio Briatore und zu 15 % dem Gründer Guy Ligier. Gerüchte wollten wissen, daß Briatore sowie der als Teamdirektor eingesetzte Tom Walkinshaw die französische Renngemeinschaft vermehrt unter britische Flagge zu bringen beabsichtigten. Vor allem sollte die technische Entwicklung in England betrieben werden, etwa bei den Betrieben Walkinshaws, die unter TWR firmierten. Es hieß auch, Briatore wolle den Sitz Ligiers von Magny-Cours in die Nähe eines der großen Pariser Flughäfen verlegen, was eine Zeitersparnis bei Transporten bedeutete. Aber auch auf französischer Seite gab es eine Gruppe von Ligier-Interessenten, darunter Politiker, die bereit gewesen wären, den Rennstall zu erwerben, der ja die einzige verbliebene französische Formel-1-Renngemeinschaft darstellte. Aber daraus wurde vorerst nichts.

Ende März 1996 traten bei Ligier Änderungen ein, als Tom Walkinshaw unerwarteterweise 51 % der Arrows-Anteile erwarb. Ursprünglich hatte Walkinshaw beabsichtigt, Ligier ganz zu übernehmen. Nach seinem Einstieg bei Arrows konzentrierte sich der Schotte jedoch fortan auf diesen Rennstall und zog sich von Ligier zurück. Walkinshow nahm auch den Manager Tony Dowe mit, worauf Flavio Briatore im Mai seinen alten Freund Cesare Fiorio wieder als Ligier-Teammanager einsetze, nachdem jener dieses Amt vorübergehend bei Forti innegehabt hatte. Zu Arrows führte Walkinshaw auch einige der bisherigen Ligier-Sponsoren, ebenso wechselte der bisherige Ligier-Chefkonstrukteur Frank Dernie zu Arrows.

Im Verlauf des Sommers beschloß Guy Ligier, Flavio Briatore auch seine restlichen Anteile abzutreten, so daß der in England lebende italienische Direktor von Benetton Formula anläßlich des GP von Ungarn am 10. August bekanntgeben konnte, daß er nun Alleinbesitzer des Ligier-Rennstalls sei. Ende Juli, anläßlich des GP von Deutschland, hatten Flavio Briatore und Mugen-Chef Hitoshi Honda der Presse mitgeteilt, daß Ligier und Mugen/Honda ihre Zusammenarbeit noch um ein weiteres Jahr, also mindestens bis Ende 1997, verlängern würden, wobei der japanische Zehnzylinder Ligier weiterhin exklusiv zur Verfügung stehen sollte.

Als Ligier das neue und damals noch unter der Leitung von Frank Dernie gebaute Fahrzeug des Typs JS43 am 29. Januar in Monte Carlo präsentierte, lief noch alles unter alter Regie. Tom Walkinshaw als Teamdirektor posierte neben den beiden Fahrern Olivier Panis und Pedro Paulo Diniz. Letzterer hatte 1995 auf Forti-Ford seine ersten Formel-1-Erfahrungen gesammelt. Der junge Brasilianer soll acht Millionen Dollar mitgebracht haben; das Geld stammte sowohl von Diniz' reichem Vater als auch von Parmalat Brasilien. Um das zweite Ligier-Cockpit hatte sich der Formel-3000-Champion Vincenzo Sospiri beworben, aber mit angeblich »nur« drei bis vier Millionen Dollar Mitgift hatte der Italiener keine Chance; Briatore bot ihm ersatzweise als Testfahrer einen Platz bei Benetton an.

Beim neuen Ligier JS43 mit Mugen/Honda-V10-Motor Typ MF-301 HC mit 72°-Gabelwinkel verwendete man praktisch noch das Monocoque des Vormodells, das dem Benetton sehr ähnlich sah. Geändert hatten sich die aerodynamischen Hilfsmittel, die – unter TWR-Flagge – durch Windkanalversuche in Farnborough noch unter der Leitung von Frank Dernie entwickelt worden waren. Unter Briatore und Fiorio hatte Ligier seit 1994 einige positive Resultate erzielt, aber der letzte Grand-Prix-Erfolg des französischen Teams lag mittlerweile um 15 Jahre zurück. Endlich war 1996 das Eis dann gebrochen, denn überraschend gewann Olivier Panis den turbulenten Grand Prix von Monaco, in dessen Verlauf nicht weniger als 15 Konkurrenten auf der teilweise nassen Fahrbahn gegen die Abschrankungen prallten. Für die seit 1976 in der Formel 1 aktive Marke Ligier handelte es sich um den neunten Grand-Prix-Sieg.

Das Schweizer Sauber-Team bestritt 1996 seine vierte Formel-1-Saison; es war die zweite mit Ford als Partner. Während 1995 der Ford-Zetec-R-V8 zur Verfügung gestanden hatte, war es nun die mit Spannung erwartete Neukonstruktion Zetec-R V10 mit 72°-Ga-

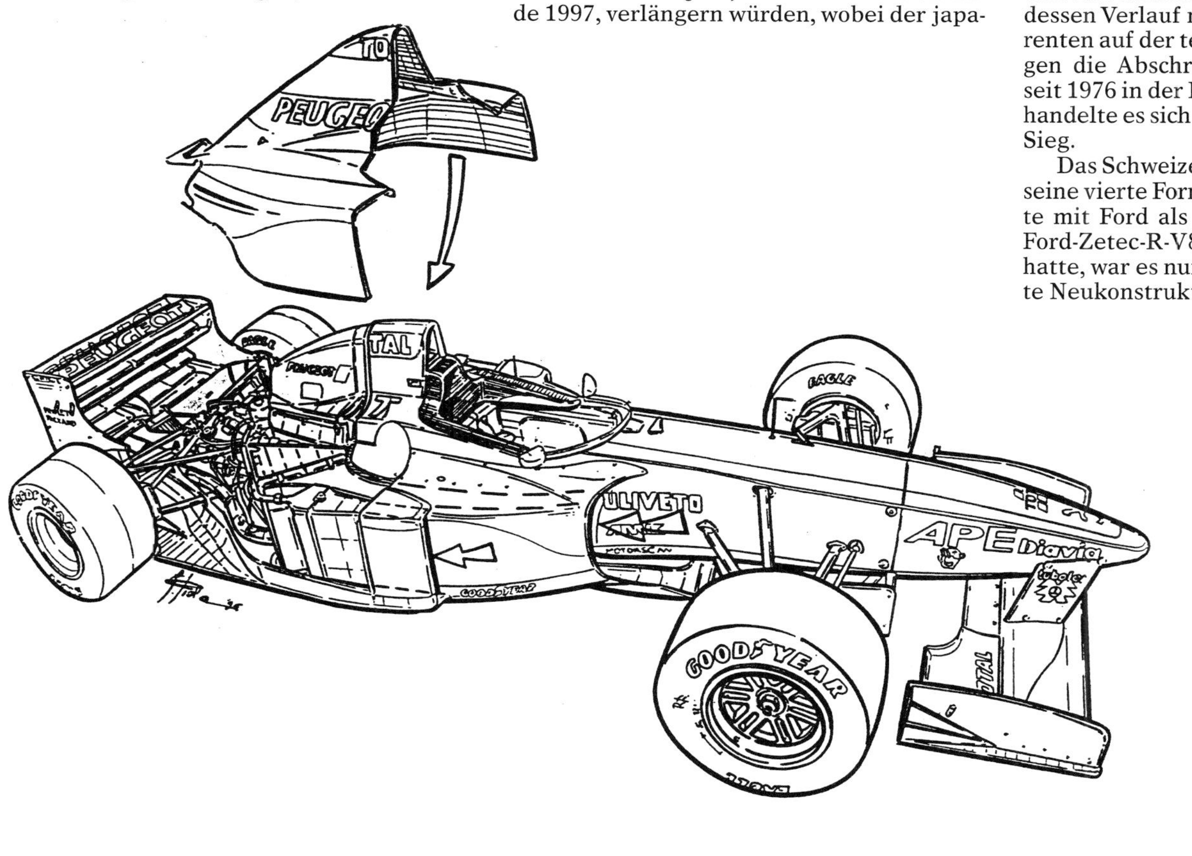

Der Jordan 196 mit Peugeot-V10-Motor des Typs A12. Die Konstruktion des wie Eddie Jordan ebenfalls aus Irland stammenden Gary Anderson besticht vor allem durch die je zwei schmalen seitlichen Öffnungen zu den Kühlern (Wasser und Luft). Damit wollte man den Luftwiderstand reduzieren. Die Jordan 196 wurden von Rubens Barrichello und Martin Brundle pilotiert.

Die technischen Daten der Formel-1-Motoren von 1996

Marke	Ford	Hart	Renault	Ferrari	Peugeot
Typ	ED2/3	830 F1	RS8B/C	046/1B	A12E4/5
Zylinderzahl	8	8	10	10	10
Zylinderwinkel	75°	72°	67°	75°	72°
Kurbelwinkel	180°	180°	144°	144°	144°
Bohrung in mm	94,00*	96,00*	95,00*	92,00*	94,00*
Hub in mm	53,95*	51,60*	42,30*	45,10*	43,20*
Bohrungs-Hub-Verhältnis	0,57	0,54	0,45	0,49	0,46
Hubraum in cm^3	2995,2	2987,9	2998,3	2998,1	2998,0
Material Motorblock	Leichtmetall	Leichtmetall	Leichtmetall	Leichtmetall	Leichtmetall
Anzahl Hauptlager	5	5	6	6	6
Anzahl obenl. Nockenwellen	4 OHC	4 OHC	4 OHC	4 OHC	4 OHC
Ventilsteuerung	Kette und Zahnräder	Zahnräder	Zahnräder	Zahnräder	Zahnräder
Ventile pro Zylinder	4 (pneum.)	4	4 (pneum.)	4 (pneum.)	4 (pneum.)
Motormanagement Art der Einspritzanlage	Magneti Marelli/elektron. Bosch-Einspritzdüsen	TAG Electr. System elektronisch	Magneti Marelli elektronisch	Magneti Marelli elektronisch	TAG Electr. System elektronisch
Zündung Art	Magneti Marelli statisch	TAG Electr. System statisch	Magneti Marelli statisch	Magneti Marelli statisch	TAG Electr. System statisch
Verdichtungsverhältnis	12,3	12,5	12,9	12,9	12,8
Art des Einsatzes	Rennen (Qual.)	Rennen (Qual.)	Rennen (Qual.)	Rennen (Qual.)	Rennen (Qual.)
Leistung in PS	600 (620)*	620 (635)*	740 (750)*	720 (745)*	730 (745)*
Höchstdrehzahl	13800 (14400)*	14000 (14700)*	16600 (16800)*	16400 (16700)*	16400 (16800)*
Literleistung in PS/L	200,3	207,5	246,8	240,2	243,5
mittl. Kolbengeschw. (m/sec.)	24,8	24,1	23,4	24,7	23,6
max. Kolbengeschw. (m/sec.)	40,1	38,9	37,6	39,6	38,0
Mitteldruck	13,1	13,3	13,4	13,2	13,4
Produkt	324,2	321,2	313,2	324,9	315,6
max. Kolbenbeschleunigung	68,900	67,800	78,200	81,300	77,900
Gewicht in kg	129,5	107	132	120	133
Leistungsgew. in kg/PS	0,216	0,173	0,178	0,167	0,182
Länge x Breite x Höhe (mm)	542x591x521	517x570x560	623x540,6x420,2	598x540x432*	620x538x408

* keine Werksangaben; von Ing. Enrico Benzing, Milano, geschätzte Werte

belwinkel. Das wieder unter der Leitung von Martin Walters bei Cosworth entstandene Ford-Aggregat war im November 1995 erstmals auf den Prüfstand gekommen. Im Vergleich zum Achtzylinder wog es 10 kg weniger und hatte auch einen tieferen Schwerpunkt. Die mit Ford-Elektronik sowie pneumatischen Ventilen bestückte Maschine wies noch einen Nockenwellenantrieb mittels Ketten auf, während sich bei allen andern Marken längst der Stirnradantrieb durchgesetzt hatte. Die Kraftübertragung erfolgte über eine Fichtel-&-Sachs-Karbonkupplung von 11,5 cm Durchmesser. Neu war das Sauber-X-Trac-Sechsgang-Längsgetriebe. Indes, Sauber mußte am 4. Januar eine kalte Dusche hinnehmen, als Ford verkündete, daß das soeben neugegründete Team Stewart Grand Prix ab 1997 für die nächsten fünf Jahre die Rolle des bevorzugten Ford-Teams spielen werde.

Der neue Sauber C15 entstand wieder unter der Leitung von Leo Ress, der zusammen mit den beiden Aerodynamikspezialisten Mark Hennings und René Hilhorst einen Wagenkörper mit hochliegender Front entwarf.

Leo Ress hatte sich bei der Vorderachse für die Umstellung auf Torsionsfederung entschieden, wie sie bei Williams und Ferrari, später auch bei Benetton zur Anwendung kam. Die Stoßstangen der Vorderradaufhängung, die bislang von zwei gestanzten und dann zusammengeschweißten Halbschalen gebildet wurden, bestanden nun aus Kohlenstoff.

Für das zu 51% dem Österreicher Red-Bull-Getränkefabrikanten Dietrich Mateschitz gehörende Unternehmen, das Anfang 1996 mehr als 100 Mitarbeiter beschäftigte, war die so wichtige Sponsorenfrage seit Ende 1995 weitgehend gelöst, denn mit der Erdölgesellschaft Petronas hatte man einen bis zum Jahr 2000 geltenden Sponsorvertrag unterzeichnet.

Seit dem Großen Preis von Spanien 1995 wurde Peter Sauber bei der Leitung seines Rennstalls vom ehemaligen Porsche-Sportchef Max Welti unterstützt, der schon von 1983 bis 1990, als man in Hinwil noch Rennsportwagen baute und einsetzte, für Sauber gearbeitet hatte und dann von 1991 bis Frühjahr 1995 bei Porsche in Weissach tätig war.

Die Sauber-Fahrer im Jahre 1996 waren Heinz Harald Frentzen, der damit seine dritte Saison für die Farben des Schweizer Teams bestritt, sowie der neu verpflichtete Brite Johnny Herbert. Als Testfahrer nahm man den Argentinier Norberto Fontana unter Vertrag, der 1995 für das Innerschweizer Kaufmann-Motor-Sport-Team auf einem Dallara-Opel die Deutsche Formel-3-Meisterschaft gewonnen hatte und als besonders talentiert galt. Für den schnellen Heinz Harald Frentzen interessierte sich seit dem tödlichen Unfall Ayrton Sennas auch Frank Williams. Der englische Rennstallbesitzer hatte Frentzen 1994 angeboten, den Platz Sennas einzunehmen. Aber der Deutsche, der von vielen Experten als einer der besten Formel-1-Piloten eingestuft wurde, wollte Sauber nicht enttäuschen und nahm dann das Angebot Williams' erst für die Saison 1997 an, nach Ablauf seiner vertraglichen Bindung zum Rennstall aus Hinwil.

Die ersten Funktionstests mit dem neuen Sauber C15 mit Ford-V10-Motor wurden am 17. Januar in Le Castellet unternommen. Zwar fuhr man auf Anhieb Rundenzeiten, die

Marke	Mercedes	Ford	Mugen-Honda	Yamaha
Typ	FO110 Phase 3	Zetec-R	MF-301 HA	OX-11A
Zylinderzahl	10	10	10	10
Zylinderwinkel	75°	72°	72°	72°
Kurbelwinkel	144°	144°	144°	144°
Bohrung in mm	90,00*	89,00*	92,00*	91,00*
Hub in mm	47,10*	48,10*	45,00*	46,00*
Bohrungs-Hub-Verhältnis	0,52	0,54	0,49	0,51
Hubraum in cm^3	2996,4	2992,4	2991,4	2991,8
Material Motorblock	Leichtmetall	Leichtmetall	Leichtmetall	Leichtmetall
Anzahl Hauptlager	–	–	6	–
Anzahl obenl. Nockenwellen	4 OHC	4 OHC	4 OHC	4 OHC
Ventilsteuerung	Zahnräder	Zahnräder	Zahnräder	Zahnräder
Ventile pro Zylinder	4 (pneum.)	4 (pneum.)	4 (pneum.)	4 (pneum.)
Motormanagement Art der Einspritzanlage	TAG Electr. System 2000 elektronisch	Ford EEC V elektronisch	Honda PGM-F1 elektronisch	Zytek elektronisch
Zündung Art	TAG Electr. System statisch	Ford EED statisch	Honda PGM-IG statisch	Zytek statisch
Verdichtungsverhältnis	–	–	12,6	–
Art des Einsatzes	Rennen (Qual.)	Rennen (Qual.)	Rennen (Qual.)	Rennen (Qual.)
Leistung in PS	715 (730)*	650 (660)*	670 (680)*	650 (655)*
Höchstdrehzahl	16000 (16400)*	16000 (16500)*	15500 (15800)*	15200 (15400)*
Literleistung in PS/L	238,6	217,2	224,0	217,3
mittl. Kolbengeschw. (m/sec.)	25,1	25,7	23,3	23,3
max. Kolbengeschw. (m/sec.)	40,4	41,3	37,4	37,5
Mitteldruck	13,4	12,2	13,0	12,9
Produkt	337,2	313,4	302,4	299,8
max. Kolbenbeschleunigung	80,800	82,600	72,500	71,300
Gewicht in kg	118	120	135	105
Leistungsgew. in kg/PS	0,165	0,185	0,201	0,162
Länge x Breite x Höhe (mm)	590x500x522	620x540x510*	625x525x470	575x499x373

* keine Werksangaben; von Ing. Enrico Benzing, Milano, geschätzte Werte

um eine Sekunde besser als die mit dem bisherigen C14 mit Ford-V8-Motor erzielten Werte waren, doch schon bald stellte sich heraus, daß die Leistung des neuen Motors die Erwartungen nicht erfüllte. Im Rahmen eines rauschenden Showprogramms stellte Sauber am 8. Februar seinen neuen Grand-Prix-Wagen in einer ehemaligen Fabrikhalle in Baden vor. Unter den Gästen befand sich auch der Australier Peter Gillitzer, Sportdirektor von Ford Europe. Noch im Verlauf des Sommers wurde Gillitzer jedoch durch den ehemaligen englischen FIA-Pressechef Martin Whitaker abgelöst.

Bei Sauber glaubte man ursprünglich, mit dem neuen Ford-V10-Motor in eine bessere Zukunft zu fahren, doch schon bald war zu erkennen, daß der Zehnzylinder im Vergleich zum V8 keinen nennenswerten Fortschritt darstellte. Während der ganzen Saison hinkten die C15 gegenüber der Konkurrenz mit Renault- oder Ferrari-Motor um etwa 50 bis 70 PS hinterher, was pro Runde ein Zeithandicap in der Größenordnung von 1,5 bis 2 Sekunden bedeutete. Auch das Fahrgestell hatte seine Schwächen und untersteuerte ständig. Laut Frentzen war auch die Aerodynamik ungenügend; man habe zwar laufend nach neuen Lösungen gesucht, aber es sei nie gelungen, die richtige Balance in den Wagen zu bekommen. Dem Leistungsmanko begegnete man mit kleinen Anstellwinkeln der Flügel, aber damit war der Abtrieb in den Kurven ungenügend. Frentzen versuchte, die technischen Mängel mit noch mehr Draufgängertum zu kompensieren, wobei er mehrmals von der Piste abkam. In der ersten Saisonhälfte habe der Ford-Zehnzylinder im Bereich zwischen 9500 und 12.000/min ein »Loch« gehabt, sagte er. Diesen Nachteil bekam man erst mit einer neuen Version des V10 in den Griff, der vom Grand Prix von Ungarn an zum Einsatz kam und zudem ein Plus von 20 PS gebracht haben soll. Zwischen 10.000 und 14.000/min bot die neue Version des Zetec-R V10 nun ein gutes Drehmoment, die Wagen ließen sich damit auch aus Kurvenkombinationen heraus besser beschleunigen. Bei den Qualifikationen lagen die Sauber-Piloten meist auf den Plätzen 11 bis 14. Das beste Qualifikationsresultat lieferte bis in den Sommer Johnny Herbert in Ungarn mit dem achten Startplatz; das war beim ersten Einsatz des überarbeiteten Motors. Beim abschließenden Großen Preis von Japan in Suzuka nahm Herbert das Rennen von Platz sieben aus in Angriff.

Die Tyrrell Racing Organisation war seit dem Ausscheiden von Lotus der zweitälteste englische Formel-1-Rennstall. Älter war nur noch McLaren. Der letzte Grand-Prix-Sieg dieser einst mit Jackie Stewart so erfolgreichen Renngemeinschaft ging auf die Saison 1983 zurück und wurde damals von Michele Alboreto herausgefahren. Mittlerweile gehörte Tyrrell längst zum hinteren Mittelfeld.

Die Saison 1995 war alles andere als begeisternd verlaufen. Punktgleich mit Arrows hatte sich Tyrrell den achten Platz in der Teamwertung geholt. Das neue und von Harvey Postlethwaite und Mike Gascoyne konstruierte Modell 024 war eine totale Neukonstruktion. Unter Mike Gascoyne liefen die Versuche neuerdings im Windkanal von Southampton, nachdem die Zusammenarbeit mit Fondmetal, in dessen Windkanal in Casumaro die bisherige Tyrrell-Aerodyna-

Riccardo Rosset

mik entwickelt worden war, nicht mehr fortgesetzt wurde. »Die Distanz war einfach zu groß, um effizient arbeiten zu können«, meinte Postlethwaite. Angesichts limitierter finanzieller Möglichkeiten konnte sich das Team keine extravaganten Lösungen leisten.

So entstand ein neues Monocoque mit hochgestellter Front. Herausragend waren die Aufhängungen mit je drei Federn, wobei die dritte Feder auf die Nickbewegungen reagierte. Beim halbautomatischen Sechsgang-Längsgetriebe wurden die Gänge über die Elektroventile über ein Preßluftsystem eingelegt.

Eine Neukonstruktion war auch der Yamaha-V10-Motor vom Typ OX11A, bei welchem es sich laut Herstellerangaben um den kompaktesten und leichtesten Formel-1-Motor handelte und dessen Gewicht nur 99 kg betragen haben soll. Yamaha arbeitete seit 1993 mit Tyrrell zusammen, wobei es aber nie gelungen war, gemeinsam ein Spitzenresultat herauszufahren. Die Yamaha-Motoren wurden bei der von John Judd geleiteten Firma Motor Racing Developments im englischen Rugby gebaut und gewartet.

Der Tyrrell 024 wurde am 30. Januar der Presse vorgestellt. Als Fahrer standen weiterhin der Finne Mika Salo sowie der Japaner Ukyo Katayama zur Verfügung. Erste Tests unternahm das Team vom 7. bis 9. Februar; damit verblieb noch ein Monat Zeit für die Mise-au-point im Hinblick auf das Saisondebut in Melbourne, das für den 10. März angesetzt war. Auf dem neuen Circuit von Melbourne wurde Salo beim WM-Auftakt Sechster, beim folgenden Grand Prix von Brasilien schaute für den Skandinavier sogar ein fünfter Platz heraus, ebenso beim Grand Prix von Monaco. Katayama hingegen holte keine Punkte. Im Oktober, eine Woche vor dem letzten WM-Lauf in Suzuka, gab der mittlerweile 72jährige Ken Tyrrell bekannt, daß sein Team 1997 wieder auf Ford-V8-Motoren umstellen werde.

Die bislang von Tyrrell verwendeten Yamaha-Zehnzylinder sicherte sich für 1997 Tom Walkinshaw für das Arrows-Team, das ihm nun gehörte – eine Tatsache, die er am 28. März, einen Tag vor Trainingsbeginn in Brasilien, der Presse bekanntgab. Das bislang vom Jackie Oliver, dem ehemaligen Grand-Prix-Fahrer und Le-Mans-Sieger von 1969 geführte Team zog im Sommer von Milton Keynes zu TWR nach Leafield um, dreißig Meilen westlich von Oxford; Jackie Oliver behielt weiterhin seinen Posten als Teammanager. Am alten Standort wurden

Endlich ist Damon Hill Weltmeister. Schon 1994 und 1995 rang der Sohn des Weltmeisters von 1962 und 1968, Graham Hill, um die Krone, die ihm aber stets von Michael Schumacher vor der Nase weggeschnappt wurde. Damit ging nun der Titel auch erstmals an den Sohn eines einstigen Weltmeisters.

lediglich die Windkanalversuche fortgeführt.

Der Rennstall trug weiterhin den Namen Arrows Grand Prix International, um jedoch den Vorschriften der FOCA gerecht zu werden, behielt man für die Rennwagen den Namen Footwork bei. Diese Bezeichnung bezog sich auf das Wataru Ohashi gehörende Unternehmen der Transportbranche, das 1991 – damals waren die Arrows mit dem Porsche-V12-Motor bestückt –die Arrows-Mehrheit erworben hatte und den Rennstall 1995 wieder an Oliver zurückverkaufte.

Der neue Footwork FA17 von 1996 war noch eine Konstruktion Alan Jenkins', der vom neugegründeten, ebenfalls in Milton Keynes angesiedelten Team Stewart Grand Prix engagiert wurde und sich dort an die Konstruktion des neuen Stewart-Ford V10 machte. Die Footwork-Piloten waren der Holländer Jos Verstappen und der frisch aus der Formel 3000 gekommene junge Brasilianer Riccardo Rosset.

Bei der kleinen Motorenfirma Brian Hart Ltd. in Harlow, die damals nur 24 Personen beschäftigte, hatte man am V8-Motor des Typs 830 F1 weitergearbeitet, die letzte Grand-Prix-Maschine mit konventionellen Ventilfedern. Hart entwickelte zwar auch eine Version mit pneumatischen Ventilen, von der ein einzige Exemplar aber erst im Sommer 1996 für Prüfstandversuche zur Verfügung stand. Hart mußte mit knappen finanziellen Mitteln auskommen. Jos Verstappen verblüffte manchmal mit erstaunlichen Trainings- oder Qualifikationsergebnissen, in die Punktwertung kam er aber 1996 nur ein einziges Mal: beim Großen Preis von Argentinien.

Als im Frühling Tom Walkinshaw die Gesamtleitung des Teams übernahm, schien ein frischer Wind zu wehen. Mit der Getränkemarke Power Horse hatte man einen potentiellen Sponsor, in dessen Farben die Autos dekoriert wurden. Arrows unternahm auch Tests mit japanischen Bridgestones, nachdem der Reifengigant, dem auch Firestone gehörte, im Frühjahr 1996 angekündigt hatte, daß er 1998 in die Formel 1 einzugreifen gedenke. Damit stand fest, daß Arrows die japanischen Reifen im Renneinsatz fahren würde, wobei der Eindruck entstand, Bridgestone werde das Debut auf 1997 vorverlegen.

Mit dem Einsatz von Mazda- und BMW-Tourenwagen hatte Walkinshow 1976 seine Karriere als Racing-Unternehmer begonnen; nebenbei fuhr er selbst Tourenwagenrennen. Im Verlauf der Jahre bildete sich die Tom Walkinshaw Racing Gruppe TWR, die 1996 die Sparten TWR Design, Engines, Engineering, Machining, Astec, SVO, HSV, Motorsport, Racing sowie die TWR USA umfaßte. Alles in allem wurden in den verschiedenen Firmen weltweit an die 1300 Mitarbeiter beschäftigt. TWR hatte sich auch mit dem Einsatz der Jaguar- und Rover-Tourenwagen einen Namen gemacht, und besonders erfolgreich waren die von TWR an den Start gebrachten Jaguar der Gruppe C, die mehrmals in Le Mans siegten und die Sportwagen-WM gewannen. Seit 1993 setzte TWR auch die Volvo 850 bei der Englischen Tourenwagenmeisterschaft ein. Bei TWR sind ferner limitierte Serien von Aston-Martin- und Jaguar-Supercars produziert worden.

Walkinshow zog es schon immer in Richtung Formel 1. Nachdem er 1991 Engineering Director bei Benetton geworden war und 1995 sowie Anfang 1996 vorübergehend Ligier leitete, konzentrierte sich der geschäftstüchtige Schotte ab Frühling 1996 auf sein soeben erworbenes Arrows-Team. Ein großer Coup war Walkinshaw gegen Ende der Saison gelungen: Am 26. September konnte er bekanntgeben, daß WM-Leader Damon Hill 1997 das Fahrerchampionat für Arrows bestreiten werde. Im Oktober kaufte Tom Walkinshaw dem Footwork-Chef Wataru Ohashi die Rechte auf den Namen Arrows zurück, worauf die Rennwagen wieder den gleichen Namen wie das Team trugen. Zu TWR kam 1996 auch der ehemalige Cosworth-Ingenieur Geoff Goddard, der einst den Ford-HB-V8-Motor konstruiert hatte.

Der Minardi-Rennstall aus Faenza, dessen Hauptaktionär der frühere Scuderia-Italia-Besitzer Giuseppe Lucchini war, war 1996

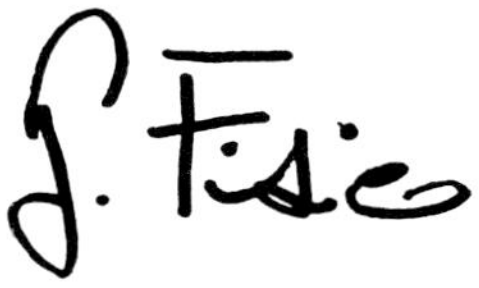

Giancarlo Fisichella

mehr denn je von Geldsorgen geplagt und stieg mit überarbeiteten Vorjahresmodellen in die Saison ein. Die Fahrzeuge trugen die Bezeichnung M195B und waren mit Ford-ED2-V8-Motoren bestückt – die schwächste Maschine des Feldes. Für die Technik zeichnete Mauro Gennari gesamtverantwortlich; Aldo Costa, der einstige Minardi-Chefkonstrukteur, war schon im Herbst 1995 zu Ferrari gegangen. Als Fahrer verpflichtete Teamchef Giancarlo Minardi den Portugiesen Pedro Lamy und den Japaner Taki Inoue. Letzterer aber verlor seinen Sponsor noch vor Saisonbeginn, so daß Minardi den bei Alfa Romeo als ITC-Fahrer unter Vertrag stehenden Römer Giancarlo Fisichella als »Lückenbüßer« einsetze, obwohl der an sich schnelle Fisichella keinen zahlungskräftigen Sponsor an der Angel hatte. In Brasilien und Argentinien wurde der Italiener durch den talentierten 20jährigen Brasilianer Tarso Marques ersetzt. In der zweiten Saisonhälfte kaufte sich der Sizilianer Giovanni Lavaggi in das Team ein, der aber mehrmals die Qualifikation verpaßte: Ohne ausgiebige Tests hatte er sich nicht genügend mit dem Wagen vertraut machen können. Bei Minardi gab es viele Ausfälle, auch mußten Verluste bei Startkollisionen hingenommen werden, und am Ende der Saison stand das Team mit einem leeren Punktekonto da.

Im Spätsommer gab Flavio Briatore zu verstehen, daß er sich an Minardi zu beteiligen gedenke. Zusammen mit einigen anderen Finanzleuten übernahm er 70 % der Anteile, in die verbleibenden 30% teilten sich Giancarlo Minardi, Giuseppe Lucchini sowie einige Geschäftsleute aus Brescia.

Eines der GP-Teams schaffte es nur bis in die Saisonmitte: Forti Corse aus Alessandria. Anfang 1996 hatte der Forti-Pilot Pedro Paulo Diniz einen Vertrag mit Ligier unterschrieben und seine Millionen dort plaziert; allerdings blieb sein Vater weiterhin an Forti Corse beteiligt. Im Frühjahr 1996 entstand ein Deal mit einem mysteriösen Sponsor namens Shannon, der 51 % des Forti-Aktienpakets übernehmen wollte. Aber Shannon überwies trotz unterzeichneter Verträge kein Geld, so daß Forti im Sommer mittellos dastand.

Mit dem auf die neuen Vorschriften adaptierten Vorjahresmodell vom Typ FG02 war Forti die Saison angegangen, wobei es gelungen war, jene Ford-Zetec-R-V8-Motoren zu bekommen, die Sauber 1995 im C14 verwendet hatte. Mehrere Konstrukteure wechselten sich in der Übergangszeit bei Forti ab. Der FG03/96 war noch ein Entwurf des jungen Engländer Chris Radage, der aber im Dezember zu Tyrrell wechselte, worauf die Leitung des Konstruktionsbüros vom Turiner Giorgio Stirano übernommen wurde. Das Projekt führte dann Riccardo di Marco zu Ende, der den neuen Forti FG03/96-Ford zum Grand Prix von Europa präsentieren konnte. In Imola startete mit diesem Wagen Luca Badoer aus der letzten Reihe; der andere Forti-Fahrer war Andrea Montermini. Mehrmals scheiterten beide Forti jedoch an der 107 %-Hürde der Qualifikationen und kamen nur selten zu einem Renneinsatz. Im Juni verpflichtete Guido Forti den ehemaligen Ferrari-Ingenieur George Ryton, der jahrelang an der Seite John Barnards gearbeitet hatte, aber dann kamen die Probleme mit Shannon, und die FG03/96 verschwanden von der Bildfläche.

Die Saison 1995 hatte mit dem GP von Australien auf den Straßen Adelaides am 12. November ihren Abschluß gefunden, und in Australien wurde am 10. März 1996 auch die neue Saison eingeläutet. Austragungsort war erstmals ein 5302 m langer Rundkurs im Albert Park von Melbourne. Hier herrschte Chancengleichheit für alle, weil die Anlage soeben erst fertiggestellt worden war. Jacques Villeneuve gab in Melbourne sein Formel-1-Debut und tat dies auf eine eindrucksvolle Art, indem er seinen Williams-Renault auf die Pole Position stellte und das Rennen solange vor Damon Hill und Eddie Irvine auf Ferrari anführte, bis ihn ein leichter Ölverlust zurückwarf und er die Führung Hill überlassen mußte, der das Rennen vor seinem Teamkollegen gewann. Die beiden Ferrari von Schumacher und Irvine hielten sich stets hinter den unantastbaren Williams-Renault, dann wurde Schumacher wegen eines Lecks im Bremssystem zur Aufgabe gezwungen. Nach dem Rennen stellte man fest, daß die Ferrari Ölverluste an den Getrieben aufwiesen. Dies zwang Ferrari, bei den zwei folgenden Rennen mit den Vorjahresgetrieben und der Hinterradaufhängung des 412T2 zu fahren. Martin Brundle erlebte in Melbourne auf Jordan-Peugeot einen spektakulären Unfall, bei dem sich das Fahrzeug in der Luft überschlug. Brundle blieb jedoch unverletzt.

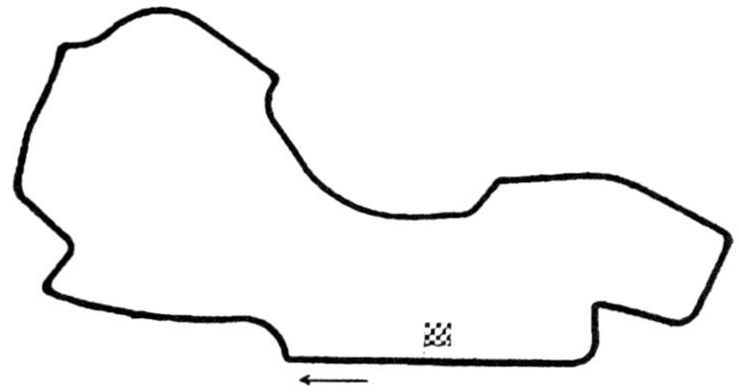

Die Grand Prix-Saison begann 1996 in Australien auf der neuen 5302 m langen Rennstrecke in Albert Park, Melbourne.

Beim folgenden GP von Brasilien in Interlagos am 31. März errang Hill auf der zuerst regennassen, dann abtrocknenden Piste, die trotz eines neuen Belags immer noch holprig war, seinen zweiten Sieg, gefolgt von Alesi auf Benetton-Renault und dem um eine Runde zurückliegenden Michael Schumacher auf Ferrari. Auf dem schwierigen und die Qualitäten des Fahrgestells aufzeigenden Circuit enttäuschte Ferrari. Villeneuve, der noch keine Regenerfahrung besaß, weil er aus dem IndyCar-Rennsport kam und seit seinen Formel-3-Zeiten nie im Regen gefahren war, blieb während des Duells mit Alesi um den zweiten Platz im Kiesbett hängen und schied aus. Mit dem 15. Volltreffer seiner Karriere hatte Damon Hill seinen prominenten Vater Graham um einen Sieg übertroffen. Rubens Barrichello auf Jordan-Peugeot, der sich bei den Qualifikationen einen sensationellen zweiten Platz erobert hatte, kam ebenfalls von der Strecke und blieb im Kies stecken.

In Buenos Aires errang Hill seinen dritten Sieg, gefolgt von Villeneuve, Alesi und Barrichello. Schumachers Ferrari, mit dem er wahrscheinlich auf den zweiten Platz gekommen wäre, wurde durch ein Wrackteil aus dem Rennen geworfen, das seinen Heckflügel traf.

Am 28. April stand der Große Preis von Europa auf dem Nürburgring auf dem Programm, der zu einem der spannendsten Rennen des Jahres wurde. Bei Ferrari hatte man die Autos wieder mit dem 96er Getriebe versehen, jetzt mit einem Gehäuse aus geschweißten Stahlteilen. Pole-Position-Halter Damon Hill sah sich mit Startschwierigkeiten konfrontiert, später auch mit Reifenproblemen. Hills Pech machte das Rennen enorm spannend – zum Schluß lieferten sich Nürburgring-Neuling Villeneuve und Publikumsliebling Schumacher ein hartes Duell um den Sieg, das der Williams-Pilot mit 0,7 Sekunden Vorsprung auf den Ferrari zu seinen Gunsten entschied. Dem Rennen wohnten 100.000 Zuschauer bei.

Der Aufwärtstrend bei Ferrari bestätigte sich in Imola mit der Pole Position Michael Schumachers, aber kaum war der Ferrari nach den Qualifikationen durchs Ziel geschossen, barst die Verankerung der Hinterradaufhängung. Am Start kam Schumacher wieder schlecht weg, erneut wegen der nicht belastbaren Kupplung. Hill siegte vor Schumacher, an dessen Ferrari in der letzten Runde auch noch ein Radlager barst. Die Defekte bei Ferrari waren auf eine zu knappe Vorbereitungsphase vor Saisonbeginn zurückzuführen; der F310 war um mehrere Wochen zu spät fertiggestellt worden. Gerhard Berger auf Benetton-Renault wurde in Imola endlich Dritter.

Beim Grand Prix von Monaco ging alles drunter und drüber: wieder stand der Ferrari Schumachers auf nasser Piste auf der Pole Position, und wieder spielte die Kupplung am Start nicht, so daß Hill die Führung übernehmen konnte. Schon in der ersten Runde krachte Schumacher aber gegen eine Leitplanke und fiel aus. Hill hielt den ersten Platz lange, wurde dann aber wegen eines Ölpumpendefekts eliminiert. Jetzt hielt Alesi auf Benetton-Renault die Spitze, bis ein Schaden an der Hinterradaufhängung auch ihn aus dem Rennen warf. Der Ausfall Alesis verhalf damit Panis auf Ligier-Mugen/Honda zu einem unerwarteten, aber verdienten Sieg. Er hatte die Renndistanz, die in Monaco ausnahmsweise nur 259,58 km betrug, nur mit einem Reifenwechsel, aber ohne Nachtanken bewältigt. Mit dem letzten Tropfen Benzin schoß Panis durchs Ziel. Die letzten Runden waren für den Ligier-Cheftechniker André de Cortanze schier unerträglich gewesen, denn er wußte um das Treibstoffproblem genau Bescheid.

Seit 1981 hatte Ligier keinen Grand Prix mehr gewonnen. Zweiter wurde David Coulthard auf McLaren-Mercedes, gefolgt von Johnny Herbert auf Sauber-Ford, Teamkollege Frentzen wurde Vierter. Hätte er bei Loews aus Ungeduld nicht den langsameren Ferrari von Irvine gerammt, was einen Boxenstop erforderte, wäre er vielleicht als Sieger des Grand Prix von Monaco hervorgegangen. 15 Konkurrenten waren bei diesem verrückten Rennen durch Kollisionen ausgefallen.

Der Große Preis von Spanien auf der Montmelo-Rundstrecke in der Nähe Barcelonas ließ erkennen, welch ein Könner Michael Schumacher war. Nach einem wiederum verpatzten Start nahm er seinen Gegnern bei heftigem Regen pro Runde zwischen zwei und vier Sekunden ab. Damon Hill, der auf die Pole Position gekommen war, geriet zweimal von der Strecke und schleuderte schließlich gegen die Boxenmauer. Schumacher legte die Distanz fehlerfrei zurück und gewann mit über 45 Sekunden Vorsprung auf Alesi; Villeneuve wurde Dritter. Für Ferrari handelte es sich um den Grand-Prix-Erfolg Nr. 106, aber es war in erster Linie ein Sieg Schumachers.

Beim Großen Preis von Kanada bei Montreal fieberten alle einem Erfolg Jacques Villeneuves entgegen, aber es gewann Hill vor Villeneuve und Alesi auf Benetton-Renault. Für Ferrari und auch für Schumacher nahm eine Pechserie ihren Anfang: Nach dem Tankstop des Weltmeisters barst eine Antriebsachse beim Beschleunigen und flog in hohem Bogen weg. Noch schlimmer erging es Schumacher beim GP von Frankreich in Magny-Cours, wo er seinen F310 dank maximalem Einsatz auf den besten Startplatz stellte. Dann kam die Riesenenttäuschung: Zu Beginn der Formationsrunde, also noch vor dem Start, erlitt der Ferrari einen Motorschaden. Irvine auf dem zweiten Ferrari hatte aus der letzten Startreihe losziehen müssen, weil die Kommissare am F310 die zu hohen Windabweisbleche bemängelt hatten, die nicht den Vorschriften entsprachen. Hill hielt ständig die Spitze und gewann wieder vor Villeneuve und Alesi. Nach diesem Rennen sah sich Ferrari in der italienischen Presse harten Kritiken ausgesetzt.

Beim GP von England in Silverstone wurde Hill wegen einer lockeren Radmutter eliminiert; Villeneuve kam zu seinem zweiten Saisonsieg. Alesi fiel Bremsproblemen zum Opfer, beide Ferrari schieden mit Getriebeproblemen aus. Berger belegte den zweiten Platz vor Häkkinen auf McLaren-Mercedes.

Als der GP von Deutschland ausgetragen wurde, schien endlich Bergers großer Tag gekommen zu sein. Mit seinem Benetton-Renault lag er in Hockenheim bis drei Runden vor Schluß in Führung, dann gab der Zehnzylinder den Geist auf und Damon Hill konnte dem zwanzigsten Grand-Prix-Sieg seiner Karriere und zugleich dem siebenten Erfolg der Saison entgegenfahren. Alesi kam als Zweiter ins Ziel, vor Villeneuve. Schumacher, dessen Ferrari in der Leistung leicht gedrosselt war, weil sich Ferrari nach den Ausfällen keinen weiteren Ausfall leisten durfte, kam als Vierter ins Ziel. Hill hatte zwei Boxenstops eingelegt, Villeneuve, der vorher nie in Hockenheim gefahren war, nur einen, ebenso Schumacher.

Der Zuschaueraufmarsch in Hockenheim war gigantisch. Michael Schumacher war seit Jahren ein Publikumsmagnet: 50.000 kamen am Freitag, 80.000 am Samstag und 110.0000 am Sonntag. Insgamt 240.000 Eintritte in drei Tagen. Und das trotz sehr hoher Eintrittspreise.

Leider erfolgten in der jüngsten Formel 1 Überholvorgänge fast immer während den Aufenthalten an den Boxen. Direkte Duelle mit Positionswechseln bekam das Publikum nur mehr selten zu sehen; die Reihenfolge änderte sich immer nur dann, wenn ein Fahrer tankte und die Reifen wechselte. Flinke und fehlerlose Boxenarbeit konnte damit über Sieg und Niederlage entscheidend sein. In der Regel dauerten Boxenstops für Tanken und Reifenwechsel zwischen sechs und zwölf Sekunden, je nach der Treibstoffmenge, die aufgenommen wurde. Pro Sekunde waren es zwölf Liter bei einem Druck von 1,2 bar; seit 1995 durften maximal 140 Liter eingefüllt werden. Überholvorgänge auf der Piste hatten auch deshalb Seltenheitswert, weil die berühmten Ausbremsmanöver von einst in der Ära der Karbonbremsen praktisch unmöglich geworden waren. Durch die Kohlenstoffbremsen waren die Bremswege unglaublich kurz, so daß ein Pilot seinen Rivalen auf den stark reduzierten Verzögerungsstrecken nicht noch überholen konnte. Auf der Zielgeraden von Monza zum Beispiel bremsten die Fahrer ihre Wagen vor der ersten Schikane auf einer Strecke von 100 m vom Höchttempo von 330 km/h auf 90 km/h ab.

Beim Großen Preis von Ungarn demonstrierte Hill einen schlechten Start, Michael Schumacher, der die vierte Pole Position der Saison herausgefahren hatte, gelang mit der neuen Fichtel-&-Sachs-Kupplung hingegen ein Bombenstart und führte bis zum ersten Tankstop. Den wußte Villeneuve zu nutzen und holte sich den drittem Saisonsieg vor Hill und dem sehr regelmäßig fahrenden Alesi, der Hill lange zurückgehalten hatte. Schumacher verpaßte den dritten Platz, weil er Probleme mit dem elektronischen drive-by-wire-Gaszug bekam, was zu seinem Ausfall führte. Mit dem Sieg in Ungarn war die Kombination Williams-Renault erneut Weltmeister der Konstrukteure.

In Spa-Francorchamps hatte Michael Schumacher mehrmals Großes geleistet, und hier hatte 1991 sein Formel-1-Debut stattgefunden; ein Jahr später war ihm in den Ardennen der erste Grand-Prix-Erfolg seiner Karriere geglückt. Den auch 1994 errungenen Belgien-Sieg verlor er wieder am grünen Tisch, wegen der abgeschliffenen Holzfläche am Unterboden seines Benetton-Ford. 1995 nahm Schumi das Rennen von der 16. Startposition aus in Angriff – und gewann trotzdem. Er siegte auch 1996, nachdem er Villeneuve bei einem Tankstop überholte, wobei dann Schumachers Tankstop leicht vom gleichzeitigen Einsatz des Sicherheitsautos begünstigt wurde. Bei Hill vermißte man den üblichen Biß; den 107. Grand-Prix-Sieg Ferraris fuhr Schumacher vor Villeneuve auf Williams-Renault und Häkkinen auf McLaren-Mercedes heraus. Besonders Pech hatte in Francorchamps das Sauber-Team, dessen beiden C15 nach dem Start bei der Spitzkehre von La Source kollidierten und ausfielen, ebenso Eddie Irvine auf dem zweiten Ferrari (erstmals mit Siebenganggetriebe), der seit dem Grand Prix von San Marino den achten Ausfall hinnehmen mußte.

Wie stets, herrschte beim Grand Prix von Italien in Monza eine von Leidenschaft geprägte Atmosphäre. 100.000 Zuschauer kamen am Sonntag in den Königspark, um im berühmten Autodromo Nazionale Zeuge eines Ferrari-Sieges zu werden.

Zwei Schikanen hatte man mit Reifenstapeln abgesichert, die verhindern sollten, daß die Fahrer den Weg über die Umrandung hinweg abkürzten. Diese Reifen wurden einigen Piloten zum Verhängnis, so auch dem klar führenden Hill sowie Villeneuve. Schumacher auf Ferrari gewann den Grand Prix von Italien, was in Monza eine Woge der Begeisterung auslöste. Mit auf das Podium stiegen Jean Alesi sowie Mika Häkkinen. Sowohl Hill als auch Villeneuve sammelten in der Lombardei keine WM-Punkte, im Championat lag Hill mit 81 Zählern weiterhin klar an der Spitze, vor Villeneuve mit 68 und Schumacher mit 49 Punkten. In der Markenwertung lag Benetton-Renault hinter Weltmeister Williams-Renault, und mit nur drei Punkten Abstand auf Benetton folgte Ferrari. Villeneuve konnte trotz seines Rückstandes von 13 Punkten noch immer Weltmeister werden.

Die vorletzte WM-Runde stellte am 22. September der Grand Prix von Portugal in Estoril dar, wo Villeneuve beim Kampf um die Pole Position von seinem Teamkollegen Hill um neun Tausendstelsekunden geschlagen wurde. Villeneuve gelang es nach einem schlechten Start, seine Rivalen geschickt auszumanövrieren. Schumacher überholte er mit einem meisterhaften Trick in einer Kurve – es war das Überholmanöver des Jahres. Nach Hills drittem Boxenstop ging der Kanadier in Führung und gewann das Rennen vor Hill und Schumacher. Damit war die Entscheidung in der WM auf den abschließenden Grand Prix von Japan vertagt; Hill hatte noch neun Punkte Vorsprung auf seinen kanadischen Teamkollegen. Um Weltmeister zu werden, mußte Villeneuve in Suzuka gewinnen, aber der Titel war ihm nur dann sicher, wenn Hill keinen einzigen WM-Punkt mehr herausfuhr. Auf der andern Seite genügte Hill noch ein einziger WM-Punkt oder ein sechster Platz, um auch bei einem Sieg Villeneuves nach zwei gescheiterten Versuchen endlich den Weltmeistertitel zu erlangen.

In Japan gingen die vier ersten Startplätze an Villeneuve, Hill, Schumacher und Berger. Der Kanadier kannte Suzuka von seinen Formel-3-Zeiten her bestens, allerdings sind Formel-3- und Formel-1-Rennwagen zwei verschiedene Welten. Es war dies die dritte Pole Position Villeneuves der Saison; neunmal war Hill auf den besten Startplatz gekommen, der bei allen 16 WM-Läufen aus der ersten Startreihe losgezogen war.

Um jedem seiner Piloten Chancengleichheit zu bieten, brachte Williams für beide Fahrer je einen Ersatzwagen mit. Villeneuve kam beim Start relativ schlecht weg, so daß Hill die Führung übernahm, die er bis ins Ziel auch hielt. Damit war der 36jährige Brite Weltmeister – seit 1950 der 25. Weltmeister in 47 Championats. Villeneuve wurde zuerst von einem Reifendefekt behindert, dann löste sich nach dem zweiten Boxenstop das rechte Hinterrad wegen einer gebrochenen Nabe und flog weg, worauf Villeneuve, der große Formel-1-Einsteiger des Jahres, in ein Kiesbett rutschte und liegenblieb. Bis ins Ziel hielten sich Schumacher auf Ferrari und Häkkinen auf McLaren-Mercedes in Sichtweite des Siegers, während Berger auf Benetton-Renault mit dem vierten Platz sich und seinem Team noch drei WM-Punkte sicherte. Aber mit dem zweiten Rang Schumachers überholte Ferrari Benetton-Renault im Kampf um den Vizeweltmeistertitel der Konstrukteure. Rang vier ging bei den Marken an McLaren-Mercedes, vor Jordan-Peugeot, Ligier-Mugen/Honda, Sauber-Ford und Tyrrell-Yamaha.

Formel-1-Wagen von 1996

Marke/Modell	Verantwortliche(r) Konstrukteur(e)	Motor/Typ Zylinderwinkel	Getriebe/Gangzahl Anordnung	Radstand (mm) Spur vorne/hinten
Benetton B 196	Ross Brawn Rory Byrne Pat Simmonds	Renault RS8 V10, 67°, PV, DBW	Benetton 6, L halbautomatisch	2900 1690/1618
Ferrari F 310	John Barnard Willem Toet Gustav Brunner	Ferrari 046/1 V10, 75°, PV, DBW	Ferrari, 6, 7, Q halbautomatisch	2900 1690/1606
Forti FG03/96	Chris Radage Giorgio Stirano Riccardo di Marco	Ford Zetec-R V8, 75°, PV	Forti/Hewland 6 G, Q, halbautomatisch	2981 1680/1600
Footwork FA 17	Alan Jenkins Paul Bowen	Hart 830 F1 V8, 72°	Footwork 6 G, L, halbautomatisch	2942 1588/1600
Jordan 196	Gary Anderson Trevor Harris	Peugeot A12 V10, 75°, PV, DBW	Jordan 7, L, halbautomatisch	2950 1700/1618
Ligier JS 43	Frank Dernie André de Cortanze	Mugen/Honda MG-301HA V10, 72°, PV, DBW	Ligier, 6 G, Q halbautomatisch	2935 1693/1608
McLaren MP 4/11	Neil Oatley Henri Durand	Mercedes-Benz F0110 V10, 75°, PV, DBW	McLaren 6 G, Q halbautomatisch	2990 (2920**) 1694/1612
Minardi M 195B	Gabriele Tredozi Mariano Alperin	Ford ED2 V8, 72°, PV	Minardi/XTrac 6 G, L, halbautomatisch	2853 1686/1620
Sauber C15	Leo Ress Mark Hennings René Hilhorst	Ford Zetec-R V10 V10, 72°, PV, DBW	Sauber -XTrac, 6 G, L halbautomatisch	2900 1710/1610
Tyrrell 024	Harvey Postlethwaite Mike Gascoyne	Yamaha OX11A V10, 72°, PV	Tyrrell-XTrac, 6 G, L pneumatisch	2940 1700/1610
Williams FW 18	Patrick Head Adrian Newey	Renault RS8 V10, 67°, PV, DBW	Williams, 6 G, Q halbautomatisch	2890 1670/1600

Der **Hubraum der Motoren** ist auf 3000 ccm limitiert.
Abkürzungen zu den Motoren: PV = pneumatische Ventile; DBW = Drive-by-wire-Gaspedal (elektronisch)
Abkürzungen zu den Getrieben: 6 G = 6 Gänge; Q = Quergetriebe; L = Längsgetriebe.
Kupplungen: mit Ausnahme von Tyrrell und Forti weisen alle Wagen elektronisch gesteuerte Kupplungen auf, in der Regel stehen den Fahrern nur noch zwei Pedale zur Verfügung (Damon Hill fährt aber mit drei Pedalen, auch Kupplungspedal).
Mindestgewicht: mit dem Fahrer an Bord (ohne Treibstoff), müssen die Wagen mindestens 595kg wiegen.
Reifen: alle Wagen sind mit Goodyear-Reifen ausgerüstet.
* keine offiziellen Werksangaben
** Version mit kurzem Radstand

WM-Duell Schumacher gegen Villeneuve

Die anfängliche Dominanz von Williams-Renault macht Ferrari im Verlaufe der Saison weitgehend wett. Goodyear erwächst mit Bridgestone neue Konkurrenz. Ende Saison zieht sich Renault offiziell aus der Formel 1 zurück.

Seit den neunziger Jahren war die Kombination Williams-Renault fast immer tonangebend gewesen. Bis 1993 zählte McLaren ebenfalls dem kleinen Kreis der regelmässigen Sieger an, insbesondere auch dank eines Ayrton Senna. Die Jahre 1994 und 1995 standen dann eindeutig im Zeichen des überlegenen Michael Schumacher auf Benetton, der sich gleich zwei Weltmeistertitel holte und dann – 1996 – zu Ferrari ging. In all diesen Jahren gehörten die Williams-Renault stets zu den Favoriten, ja sie galten sogar als die führenden Konstruktionen, sozusagen ohne Schwachpunkte. Einen gewissen Teil dieser einstigen Überlegenheit büsste Williams 1997 ein, das heisst, Ferrari machte ziemlich Boden auf Williams gut. Das Duell um den Weltmeistertitel spitze sich denn auch auf den Zweikampf zwischen dem Kanadier Jacques Villeneuve auf dem Williams FW19 mit Renault-V10-Motor gegen den deutschen Doppelweltmeister Michael Schumacher auf dem Ferrari F310B mit V10-Motor zu. Schon Mitte Saison lagen die übrigen WM-Teilnehmer klar hinter dem Spitzenduo zurück.

Start zum Grossen Preis von Australien in Melbourne. Vorne liegt noch der qualifikationsschnellste Jacques Villeneuve auf Williams FW19-Renault, doch demnächst wird er vom Ferrari-Fahrer Eddie Irvine (ganz links) abgeschossen.

Für die 48. Fahrerweltmeisterschaft trugen sich zwölf Teams ein, aber schon nach dem Auftakt in Australien mußte sich der neu in die Formel 1 eingreifende Lola-Rennstall wieder zurückziehen, weil sich Sponsor MasterCard angesichts der sehr mageren Darbietung der schlecht vorbereiteten und überhaupt in allerletzter Minute fertiggestellten Lola T97-30-Ford bei den Qualifikationen in Melbourne auf einen Schlag als Geldgeber zurückzog, womit diese Renngmeinschaft alsbald den Konkurs anmelden mußte. Die WM wurde somit von elf Rennställen bestritten. Vollkommen neu war das Team Stewart Grand Prix, das vom dreifachen ehemaligen Weltmeister Jackie Stewart und dessen Sohn Paul mit der Unterstützung von Ford gegründet worden war. Das Ligier-Team, welches seit 1994 unter der Kontrolle von Flavio Briatore stand (seit Oktober 1996 besass Briatore 100 % Anteile, nachdem er Guy Ligier auch die verbliebenen 10 % abgekauft hatte), wurde am 13. Februar 1997 vom vierfachen ehemaligen Weltmeister Alain Prost übernommen und in Prost Grand Prix umgetauft. Damit setzte sich die Formel-1-Palette 1997 aus den Rennställen von Arrows, Ferrari, Jordan, McLaren, Minardi, Prost, Sauber, Stewart, Tyrrell und Williams zusammen.

Einen markanten Neuauftritt gab es im Bereich der Reifen zu vermerken: nachdem Goodyear seit dem Ende 1991 erfolgten Rückzug von Pirelli alleiniger Formel-1-Lieferant gewesen war, griff 1997 der japanische Konzern Bridgestone in den Grand-Prix-Rennsport ein. Auf Bridgestone stellten Arrows, Lola, Minardi, Prost und Stewart um. Arrows hatte schon 1996 viel Testarbeit für Bridgestone verrichtet. Angesichts des bevorstehenden Konkurrenzkampfes zwischen Goodyear und Bridgestone schob man dem zu erwartenden materiellen Aufwand sogleich einen Riegel vor und limitierte die Anzahl der pro Rennweekend zu verwendenden Pneus und Reifentypen. Zur Wahl standen zwei Arten von Trockenreifen: einer mit etwas härterer und der andere mit einer etwas weicheren Gummimischung. Beide Reifentypen konnten von den Teams im freien Freitagtraining sowie im Samstagmorgentraining ausprobiert werden. Vor den Qualifikationen mußten sich die Teams dann entscheiden und den gewählten Reifentyp sowohl für die Qualifikationen als auch für das Rennen verwenden. Ein Umstellen war nicht mehr erlaubt. Für ein komplettes Rennwochenende durfte ein Konkurrent maximal 36 Schönwetterreifen sowie 28 Nasswetterreifen verwenden. Für die Qualifikationen, das Warm-up und das Rennen standen maximal sieben Sätze oder 28 Reifen zur Verfügung, wobei nur 16 (vier Sätze) dieser 28 Pneus bei den Qualifikationen eingesetzt werden durften. Mit dem kostbaren Gummi mußte demnach haushälterisch umgegangen werden, insbesondere war es bei den Qualifikationen wichtig, die verfügbaren Pneus richtig einzusetzen. Nach wie vor limitiert war auch die Anzahl Trainings- und Qualifikationsrunden. Das freie Training erstreckte sich auf maximal 30 Runden am Freitag und

Tankstopp mit Reifenwechsel am McLaren MP4/12-Mercedes-Benz des Siegers des Grand Prix von Australien David Coulthard. Seit Ende 1993 hat McLaren keinen einzigen WM-Lauf mehr gewonnen.

ebensoviele Runden am Samstagvormittag. Anschliessend – von 13 bis 14 Uhr – folgten die Qualifikationen, wobei die Konkurrenten im Verlaufe dieser 60 Minuten maximal 12 Runden drehen durften. Das Tempolimit in der Boxenstrasse lag weiterhin bei 80 km/h für das Training, die Qualifikationen und das Warm-up sowie 120 km/h für das Rennen. Eine Tempoüberschreitung hatte eine saftige Busse zur Folge. Beim Einlenken in die Boxenstrasse brauchten die Fahrer bloss mittels Knopfdruck den elektronischen Tempolimiter zu betätigen und diesen dann nach der Boxenausfahrt wieder auszuschalten. Zu den markantesten neuen Sicherheitsvorschriften zählte die Bestimmung, wonach auch die Heckpartie der Rennwagen bestimmten Crashvorschriften zu entsprechen hatte und

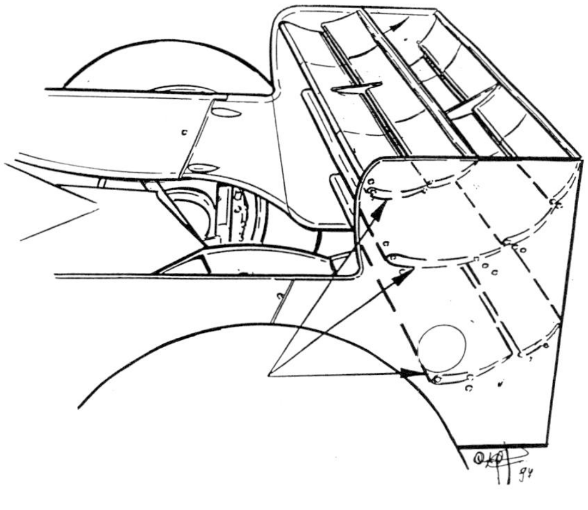

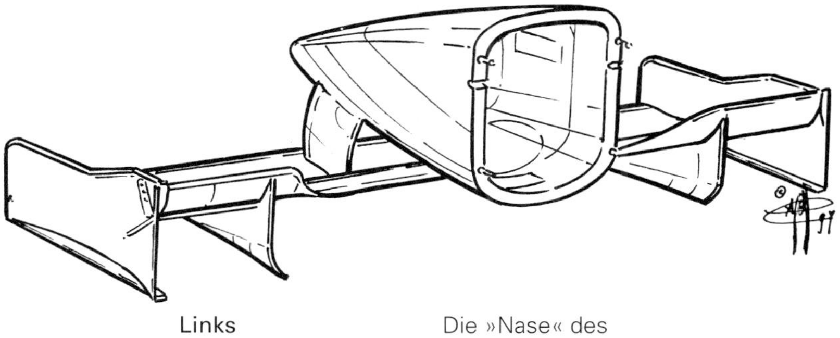

Links
In Monaco weist der McLaren MP4/12-Mercedes zusätzliche Profile am Heck auf.

Die »Nase« des McLaren MP4/12-Mercedes mit den diversen Leitflößchen am Frontflügel.

gewissermassen als Knautschzone ausgebildet sein mußte.

Das Williams-Team, das 1996 mit Damon Hill die Weltmeisterschaft gewonnen hatte, erneuerte bekanntlich den Vertrag Hills nicht mehr, was bei vielen Fans auf grösstes Unverständnis stiess. Für das Team aus Grove in Oxfordshire fuhr 1997 neben dem Kanadier Jacques Villeneuve auch der Deutsche Heinz-Harald Frentzen, der bislang die Farben von Sauber vertreten hatte. Schon im November 1996 nahm Frentzen die Testarbeit bei Williams auf. Der mittlerweile 26jährige und in Monaco wohnhafte Villeneuve, der anlässlich des Grand Prix von Europa auf dem Nürburgring 1996 seinen ersten WM-Lauf gewonnen und dann bis am Schluss mit dem Teamkollegen Hill um die Weltmeisterkrone duelliert hatte, wurde in den Prognosen allgemein als Kronfavorit für den WM-Titel 1997 gehandelt. Die neue Waffe Williams', der FW19, entstand noch unter der Leitung von Adrian Newey, dem nach wie vor Patrick Head als technischen Direktor zur Seite stand. Aber im November 1996 trennte sich der seit 1991 für Williams tätige Newey von diesem Erfolgsrennstall, obschon der renommierte Aerodynamiker an sich einen bis 1999 laufenden Williams-Vertrag in der Tasche hatte. Newey wurde von der Kombination McLaren und Mercedes abgeworben und selbstverständlich aus dem teuren Williams-Vertrag herausgekauft, was den Einsatz etlicher Juristen erforderte. Aber Adrian Newey durfte seinen Dienst bei McLaren in Woking (Surrey) offiziell erst ab 1. August 1997 aufnehmen, womit Williams vermeiden wollte, daß Newey schon von Anfang an massgebend an der Entstehung des für 1998 bestimmten McLaren-Mercedes mitkonstruierte.

Oben
Jacques Villeneuve auf Williams FW19-Renault fährt in Buenos Aires dem Sieg entgegen.

Unten
Schon im Frühling 1997 testen einige Teams mit auf die neuen und für 1998 gültigen Vorschriften, die eine von bislang 200 auf neu 180 cm reduzierte Gesamtbreite vorschreiben. Ausprobiert werden auch die neuen Reifen, welche Profilrillen aufweisen müssen. Im Bild der Williams FW19.

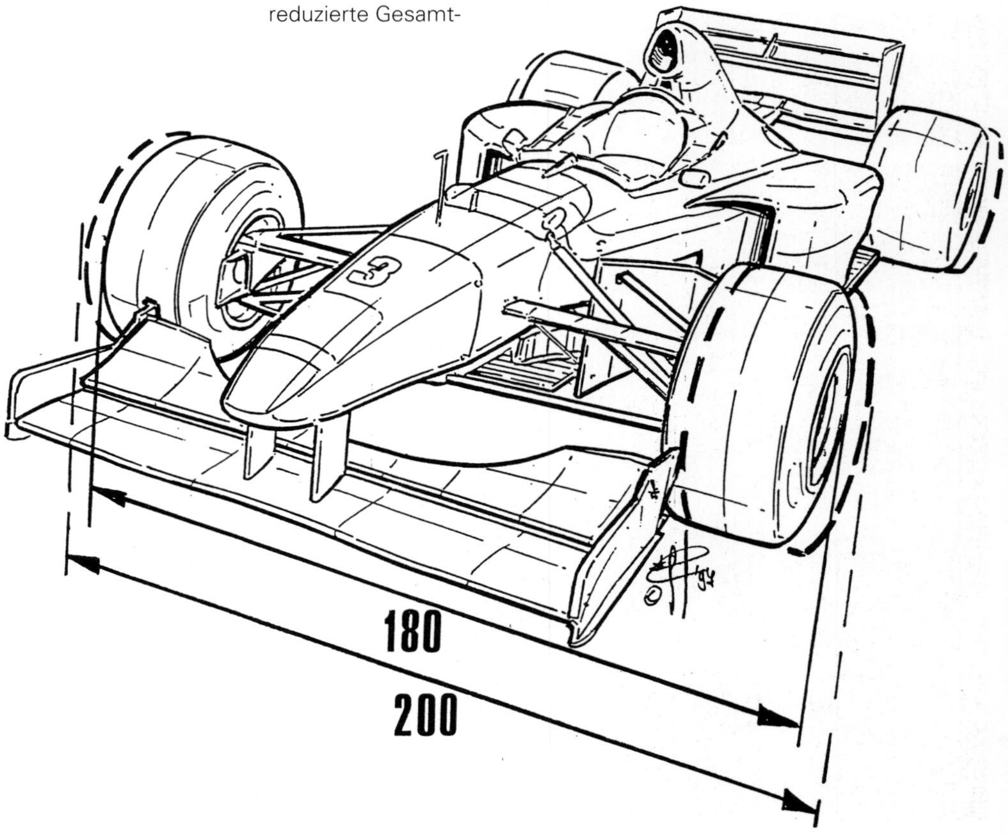

Der neue Williams FW19 wurde am 31. Januar im Werk in Grove vorgestellt. Nach dem Abgang Neweys ernannten Frank Williams und sein technischer Direktor, Patrick Head, Gavin Fisher zum neuen Chefkonstrukteur. Geoff Willis, der jahrelang unter Newey gearbeitet hatte, war nun für die Aerodynamik verantwortlich. Im 1996 neu bezogenen Werk in Grove waren Anfangs 1997 225 Leute tätig, in Didcot verblieb noch die 45 Leute umfassende Abteilung, welche die Renault-Laguna bei der englischen Tourenwagenmeisterschaft einsetzte.

Der Williams FW19 war einmal mehr eine verfeinerte Ausgabe seines erfolgreichen Vorgängers. Um den neuen Crashvorschriften für den Heckbereich genüge zu leisten mußte das Gehäuse des 6-Gang-Quergetriebes, in das auch das elektronsiche Differential einbezogen war, neu gegossen werden. Die Lenkung war mit einem Servo versehen.

Bei Renault Sport in Viry-Châtillon südlich von Paris hatte man für die letzte offizielle Renault-Formel-1-Saison eine neue Version des erfolgreichen Zehnzylinders konstruiert, welche die Typenbezeichnung RS9 trug. Renault hatte sich zum Ziel gesetzt, 1997 den 100. Grand-Prix-Erfolg zu holen. Die neue und noch kompakter ausgebildete sowie innen total überarbeitete Maschine, deren Gabelwinkel 71° betrug (beim RS8 waren es noch 67°), wog 121 kg (11 kg weniger als der RS8) und soll um 500 /min. höher gedreht haben als der 1996 eingesetzte Zehnzylinder. Die Kurbelwelle lag tiefer und das Triebwerk baute niedriger. Die gleichen Renault-RS9-V10-Motoren, für deren Weiterentwicklung Bernard Dudot und Jean-Jacques His verantwortlich zeichneten, wurden auch von Benetton verwendet. Renault gab Ende 1996 bekannt, daß die Zehnzylinder nach dem Rückzug von Renault Sport aus der Formel 1 doch nicht zum Alteisen kommen würden, sondern man traf mit der Firma Mecachrome in Bourges ein Abkommen, um auch in Zukunft die Wartung der V10 zu gewährleisten. Alsbald stand auch fest, daß Williams ab 1998 mit den französischen V10 weitermachen würde, allerdings standen die Aggregate dann nicht mehr kostenlos zur Verfügung, sondern Williams und ein noch zu bestimmendes zweites Team mußten in Zukunft für den Motorenservice tief in die Tasche greifen.

Ferrari hatte 1996 den Anschluss an bessere Zeiten gefunden. Michael Schumacher gewann mit dem F310, dessen neuer Zehnzylinder die erste Rennsaison bestritt, die Grand Prix von Spanien, Belgien und Italien. Das Nachfolgemodell F310B wurde am 7. Januar 1997 in Fiorano vorgestellt. Zugegen waren nicht weniger als 400 Medienvertreter. Bei der Vorstellung konnte jedermann feststellen, daß nun Philip Morris mit Marlboro alleiniger Hauptsponsor war, nachdem sich Marlboro, nach 23 Jahren, von McLaren gelöst hatte. Vom Ferrari-Rot wurden die neuen Boliden aus Maranello und Fiorano auf das etwas hellere Marlboro-Rot umgespritzt. Laut Ferrari soll es während der anderthalbstündigen Präsentation in einem grossen Zelt neben der Teststrecke von Fiorano über eine Million Internet-Kontakte aus aller Welt gegeben haben. Das Jahr 1997 hatte für Ferrari eine ganz besondere Bedeutung, denn es galt, das 50jährige Bestehen der Nobelmarke zu feiern, deren allererstes Auto, der Tipo 125 S, am 11. Mai 1947, anlässlich eines Sportwagenrennens in Piacenza mit Franco Cortese erstmals an einem Rennen teilgenommen hatte.

Der neue F310B mit seiner schlanken und hochliegenden Frontpartie war der letzte von John Barnard konstruierte Ferrari, denn Barnard, der vom 11. November 1986 bis am 31. Oktober 1989 und dann seit dem 29. Juli 1992 Ferrari-Rennwagen konstuiert hatte, war im Begriff, die Firma von Maranello zu verlassen. Ferrari und Barnard trennten sich offiziell am 11. Februar 1997. Ferrari beschloss zudem, den englischen «Ableger», nämlich die von John Barnard in Shalford in

Kurz nach dem Start zum Grand Prix von Brasilien ist in der ersten Kurve ein Durcheinander entstanden.

Rechts
In Buenos Aires fährt Johnny Herbert auf Sauber C16-Petronas einen schönen vierten Platz heraus.

der Nähe Guildfords geleitete Ferrari Design and Development Ltd. (FDD), wo 40 Mitarbeiter tätig waren, an Barnard abzutreten. Von nun an erfolgte die komplette Konstruktion und Entwicklung der Grand-Prix-Autos in der Emilia. Rund 60 % der F310B-Konstruktionsarbeit war bereits in Italien vorgenommen worden. Bei der F310B-Première in Fiorano war sogar Fiats Nummer 1, Cesare Romiti, höchstpersönlich zugegen. Diskret, sozusagen als Gast, wohnte auch Ross Brawn, der bisherige technische Direktor von Benetton, der Ferrari-Präsentation bei. Man ernannte ihn Anfangs Februar zum neuen technischen Direktor der Gestione Sportiva von Fiorano. Brawn holte am 17. Februar auch seinen bisherigen Benetton-Kollegen Rory Byrne nach Maranello. Byrne nahm den Posten des Chefkonstrukteurs ein. Wenn man auch den Ende 1995 zu Ferrari gekommenen Aerodynamiker Willem Toet berüchsichtigte, dann standen Michael Schumacher unter anderem wieder diejenigen drei Spitzeningenieure zur Verfügung, mit deren Konstruktionen er 1994 und 1995 bei Benetton Weltmeister geworden war.

Wie Ferrari-Präsident Luca di Montezemolo den Medienvertretern anlässlich der Première mitteilte, steckten einige tausend Windkanalstunden im F310B-Projekt. In Maranello besass man seit 1986 einen eigenen Windkanal, aber hier konnte nur mit 33% grossen Modellen gearbeitet werden, so daß man 1996 den Bau eines neuen Windkanals an die Hand nahm. Dieser wurde dann im Sommer 1997 in Betrieb genommen. In der neuen Anlage war es möglich, mit 50% grossen Modellen zu arbeiten, ein Luxus, den sich damals sonst nur Williams, Benetton, Sauber und Stewart leisten konnten. Unter John Barnard hatte man bislang auch im Windkanal von Bristol, ebenfalls mit 50% grossen Modellen, gearbeitet.

Der Ferrari F310B galt als relativ konventionelle Konstruktion. Diesmal hatte John Barnard darauf verzichtet, gewagte technische Experimente einzugehen. Bei der Pushrod-Aufhängung mit Torsionsstabfederung bestanden die Stössel aus Karbon. Das halbautomatische Quergetriebe beinhaltete sieben Gänge.

Vom bewährten Zehnzylindermotor hatte man die kurzhubigere Version 046/2 entwickelt, von der Motoreningenieur Paolo Martinelli meinte, sie drehe um 400/min. höher als der bisherige 046/1. Später stellte sich heraus, daß der 046/2 noch nicht reif für den Rennbetrieb war, diese Maschine wurde erst im Juni, beim Grand Prix von Kanada, eingesetzt. Wie man in Fiorano zu hören bekam, standen Ferrari für eine Grand-Prix-Saison 120 Motoren zur Verfügung.

Benetton Formula hatte seit dem Weggang Michael Schumachers Ende 1995 keinen Grand Prix mehr gewonnen. Zudem verlor man auch die Ingenieure Ross Brawn und Rory Byrne an Ferrari. Man witzelte bereits, nun würde auch Teamdirektor Flavio Briatore bald in den Dienst Ferraris treten. Zum neuen Chef für die Technik avancierte Pat Symonds, der schon seit den Zeiten Tolemans für die dann von Benetton übernommene Renngemeinschaft gearbeitet hatte. Der ehemalige Symtek-Chef Nick Wirth zählte ebenfalls zu den Benetton-Ingenieuren. Die Windkanalarbeiten wurden noch im Royal Aircraft Establishment vorgenommen, ebenso arbeitete man auch im Windkanal von Fondmetal in Casumaro. Im Werk von Enstone entstand mittlerweile ein eigener Windkanal, der erst Mitte 1997 betriebsbereit war und Benetton ermöglichte, mit 50%-Modellen zu arbeiten. Der neue Benetton B197 war schlanker ausgebildet als sein Vorgänger. Das mit dem Renault-RS9-Motor bestückte Fahrzeug wurde am 23. Januar in London vorgestellt. Der Fahrer konnte etwas tiefer sitzen. Pilotiert wurden die B197 weiterhin von Gerhard Berger, der 1996 in Hockenheim beinahe den Grossen Preis von Deutschland gewonnen hätte, sowie von Jean Alesi. Als Testpiloten engagierte Flavio Briatore den talentierten Österreicher Alexander Wurz, Sohn des einstigen Rallycross-Europameisters Franz Wurz. Der junge Fahrer hatte sich in der Deutschen Formel-3-Meisterschaft ausgezeichnet, international bekannt wurde Wurz 1996 durch seinen Sieg bei den 24 Stunden von Le Mans, den er auf einem TWR-Porsche des Joest-Teams zusammen mit Manuel Reuter und David Jones herausgefahren hatte. Zu Testeinsätzen auf Benetton kam auch ein junger Italiener, Jarno Trulli aus Pescara, ehemaliger Kart-Weltmeister sowie Deutscher Formel-3-Meister 1996 auf einem Dallara-Opel des Schweizer KMS-Teams, das von Benetton unterstützt wurde. Bei den Wintertests verblüfften Berger und Alesi, aber auch Wurz, durch hervorragende Zeiten, so daß das Team der neuen Saison zuversichtlich entgegenblicken konnte.

Die seit 1995 bestehende Kombination McLaren-Mercedes wartete noch immer auf

Unten
Erster Grand-Prix-Erfolg von Heinz-Harald Frentzen in Imola. Hinter ihm kreuzten die beiden Ferrari von Michael Schumacher und Eddie Irvine die Ziellinie.

Der Römer Giancarlo Fisichella auf Jordan 197-Peugeot erweist sich als ein besonders schneller und auch aggressiver Fahrer, aber manchmal landet er auch neben der Piste, wie hier in Interlagos.

den ersten gemeinsamen Sieg. Seit den Zeiten Ayrton Sennas hatte McLaren überhaupt keinen Grand Prix mehr gewonnen. Nach 23 Jahren der Zusammenarbeit mit Philip Morris (Marlboro) kam es Ende 1996 zur Trennung mit diesem potenten Sponsor. Als der neue McLaren MP4/12 am 14. Januar im Werk in Woking einem kleineren Kreis von Medienvertretern vorgestellt wurde, war das Auto noch orange gespritzt, aber es trug bereits die Aufschrift West auf den Flanken. West war eine der rund hundert Zigarettenmarken des Reemtsma-Tabakkonzerns mit Sitz in Hamburg. Aber die Tabakwerbung hatte auch ihre Kehrseite, weil es in einigen Ländern verboten war, bei Sportanlässen für Zigaretten zu werben. Nach dieser ersten Präsentation spedierte man den MP4/12 mit dem Mercedes-Benz-Motor des Typs FO110E mit 75°-Gabelwinkel gleich zu den Tests nach dem südspanischen Jerez, wo der Finne Mika Häkkinen und der Schotte David Coulthard die Testarbeit aufnahmen und auch sehr schnelle Runden hinlegten. Die ganz grosse Präsentation des neuen Rennwagens erfolge dann am 14. Februar im Londoner Alexandra Palace, wo die zweite und mit viel Pomp aufgezogene Première zugleich mit einem Popkonzert vor 4500 Zuschauern und vielen Medienvertretern verbunden wurde. Jetzt wiesen die McLaren-Mercedes eine neue und sehr attraktive Lackierung in Silber auf, mit schwarzen Decors, welche an die berühmten Mercedes-Silberpfeile von einst erinnerte. Die McLaren-Konstrukteure Neil Oatley, Steve Nichols, Patrick Lowe und Dieter Grundel sowie der Aerodynamiker Henri Durand hatten ein Fahrzeug herausgebracht, das sich äusserlich kaum von dessen Vorgänger unterschied. Aber trotzdem war am MP4/12 fast alles neu. Gearbeitet wurde im Windkanal des National Maritime Institutes, wo man die Versuche mit 40%-Modellen vornahm. Auch im McLaren sass der Fahrer – einem allgemeinen Trend folgend – noch etwas tiefer. Bei Ilmor im englischen Brixworth hatten Mario Illien und seine Mitarbeiter die Version E des Zehnzylinders vorbereitet. Das neue Aggregat mit TAG-Elektronik wog nur 118 kg. Die McLaren-Mercedes gingen dann die Grand-Prix-Saison nach ausgiebigen Tests gutvorbereitet an.

Das Jordan-Team rüstete im Hinblick auf 1997 deutlich auf. Man investierte fünf Millionen Pfund in das Werk, schuf neue Abteilungen, die es ermöglichten, viele Bestandteile selbst herzustellen. Ebenso stockte Jordan den Personalbestand von 80 auf 110 Mitarbeiter auf und baute auch einen eigenen Windkanal. Ende 1997 lief der Dreijahresvertrag mit dem Motorenlieferanten Peu-

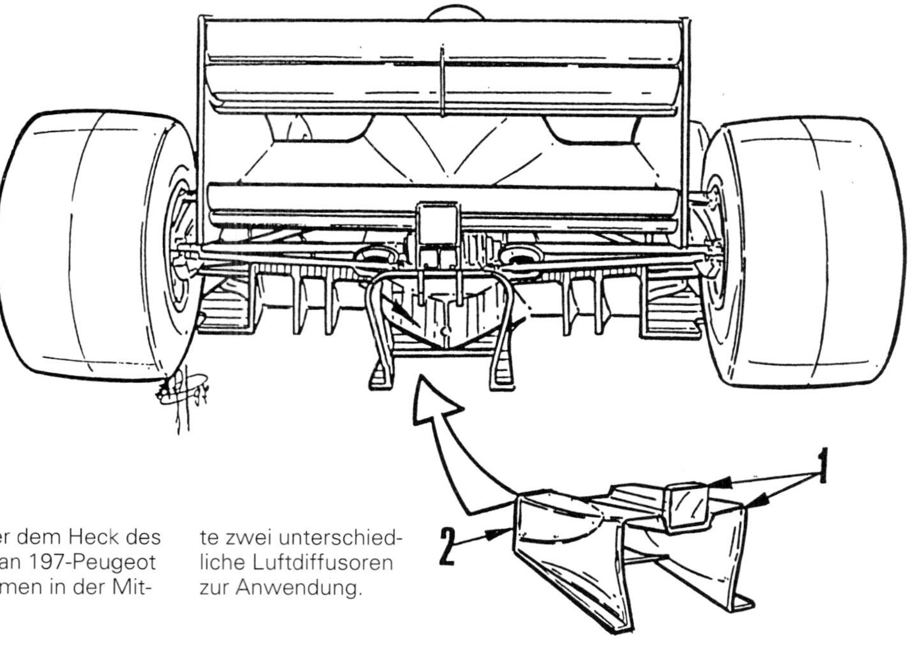

Unter dem Heck des Jordan 197-Peugeot kommen in der Mitte zwei unterschiedliche Luftdiffusoren zur Anwendung.

geot aus. Unter der Leitung Gary Andersons entstand das Modell 197, dem man in der Farbe von Hauptsponsor Benson & Hedge ein gelbes Kleid mit aggressivem aufgemaltem Schlangenkopf auf dem Bug verpasste. Bei Peugeot Sport, dem von Pierre-Michel Fauconnier geleiteten Unternehmen, war die neue und um 6 kg auf 127 kg abgemagerte Version A14 des Zehnzylinders entstanden, die laut Motorenkonstrukteur Boudy einen wesentlichen technologischen Schritt nach vorne darstellte. Neu war auch das 7-Gang-Längsgetriebe. Der Ire Eddie Jordan verpflichtete zwei sehr junge Piloten. Zuerst wurde der noch nicht ganz 22jährige Ralf Schumacher, Bruder von Doppelweltmeister Michael Schumacher, unter Vertrag genommen. Ralf Schumacher hatte sich 1994 und 1995 in der Deutschen Formel-3-Meisterschaft das Rüstzeug geholt, 1996 ging er nach Japan, wo er als Champion der Nippon-Meisterschaft der Formel-3000-Wagen hervorging. Im Sommer 1996 absolvierte er auf einem McLaren-Mercedes der Formel 1 Tests, aber schliesslich ging er zu Jordan. Der zweite Jordan-Pilot war der 24jährige Römer Giancarlo Fisichella. Dieser hatte 1996 einige Formel-1-Rennen auf Minardi bestritten, daneben war er in der ITC Werksfahrer auf den Alfa Romeo 155 V6. An sich war Fisichella vertraglich an den Benetton-Chef Flavio Briatore gebunden, der ihn für ein Jahr an Jordan »auslieh«.

Schon seit geraumer Zeit wurde gemunkelt, der vierfache Weltmeister Alain Prost wolle einmal ein eigenes Grand-Prix-Team leiten. Dies wurde am 13. Februar 1997 Wirklichkeit. Der schlaue Franzose, der in seiner Karriere sage und schreibe 51 Grand-Prix-Siege und 32 Pole Positions herausgefahren hatte, übernahm von Flavio Briatore das in Magny-Cours niedergelassene Ligier-Team und taufte es in Prost Grand Prix um. Prost und auch Peugeot teilten gleichzeitig mit, daß der französische Rennstall von 1998 an die Peugeot-Zehnzylinder während dreier Jahre exklusiv verwenden werde. Den Namenwechsel des Teams hatte Peugeot zur Bedingung gestellt, weil die einstigen Hochs und Tiefs von Ligier, als die blauen Wagen noch mit den Talbot-V12-Motoren fuhren, bei Peugeot eher negative Gefühle wachriefen. Für die Saison 1997 hielt man sich an die vom bisherigen Ligier-Team eingegangenen Verpflichtungen und fuhr mit dem Mugen/Honda-V10-Motor des Typs 301HB. Der neue Prost JS45 war von Loic Bigois und George Rayton konstuiert worden, nachdem André de Cortanze, der 1996 technischer Direktor von Ligier gewesen war, zu Toyota nach Köln gewechselt hatte, wo er sich mit einem GT1-Projekt befasste. Prost Grand Prix liierte sich mit Bridgestone. Die Fahrer waren Monaco-Sieger Olivier Panis sowie der in Europa unbekannte und von Mugen/Honda als Mitgift eingebrachte Japaner Shinji Nakano. Teammanager blieb weiterhin Cesare Fiorio, mit welchem Prost 1990 und 1991 bei Ferrari zusammengearbeitet hatte,

Zwei Tage vor dem Grand Prix von San Marino wird das in der Nähe der Unfallstelle errichtete Denkmal Ayrton Sennas feierlich eingeweiht. Zugegen ist auch Frank Williams.

Das neue Team Stewart Grand Prix erlebt in Monaco erstmals einen grossen Tag, denn mit dem Stewart SF-1-Ford belegt Rubens Barrichello den zweiten Platz.

aber damals hatten sich zwischen den beiden Spannungen ergeben.

Für das Schweizer Sauber Team stand seit Januar 1996, als Ford angekündigt hatte, daß Stewart Grand Prix ab 1997 das bevorzugte Ford-Team sein werde, fest, daß man nach zwei Saisons mit Ford-Aggregaten auf einen neuen Motorenpartner umstellen mußte. Im Spätsommer, ja sogar im Herbst, wußte man jedoch in Hinwil noch immer nicht, mit wessen Triebwerken man ab 1997 weiterfahren würde. Im September fanden Gespräche mit dem Ferrari-Sportchef Jean Todt über die Möglichkeit, die Zehnzylinder aus Maranello in die Sauber-Chassis einzubauen, statt. Zuerst schienen die Chancen sehr gering. Aber man kam sich doch näher und näher. Dann, am 10. November, platzte die Nachricht via Radio in Österreich wegen einer »undichten« Stelle bei Red Bull etwas verfrüht heraus, worauf Sauber der ganzen Welt mitteilte, daß es gelungen sei, die Ferrari-V10 zu bekommen. Rieseneuphorie in der Schweiz. Aber wenige Stunden danach folgte eine kalte Dusche aus Maranello, bei Ferrari wollte man offiziell nichts von einem derartigen Abkommen wissen. Das war dicke Post. In Italien war man darüber verstimmt, dass bei Sauber jemand mit der Nachricht an die Öffentlichkeit gelangt war, bevor man die Fiat-Hierarchie überhaupt ins Bild gesetzt hatte. Beinahe wäre nun das Abkommen zwischen Sauber und Ferrari an der Geschwätzigkeit eines Sauber-Partners gescheitert. Es folgten lange Tage der Ungewissheit. Würde man mit Ferrari wieder ins Gespräch kommen? Schliesslich die erlösende Nachricht, am 29. November: Ferrari und Sauber hatten sich geeinigt. Das Abkommen sah die Lieferung und Wartung von Ferrari-V10-Motoren des Typs 046/1 an das Sauber-Team während zwei Jahren vor. Die Triebwerke sollten dabei permanent auf dem Entwicklungsstand wie von Ferrari anlässlich des Grand Prix von Japan 1996 eingesetzt, gehalten werden. Die von Sauber zu verwendenden und in einer neuen Ferrari-Sonderabteilung mit 20 Mitarbeitern vorzubereitenden Triebwerke kamen bei Sauber laut Abkommen unter dem Namen des Malaysischen Sponsors Petronas zum Einsatz. In Hinwil war die Sauber Petronas Engineering AG für den Motorenbereich zuständig, welche zu 60 % der Red Bull Sauber Holding AG in Vaduz und zu 40 % der nationalen Malaysischen Erdölgesellschaft Petronas mit Sitz in Kuala Lumpur gehörte. Bei der Sauber Petronas Engineering AG, welche in einem 200 m vom Hauptwerk entfernt liegenden Gebäude untergebracht war, wo man bis 1991 die Sauber-Mercedes-Rennsportwagen gebaut hatte, wurde die Entwicklung von Motoren an die Hand genommen. Bei der Sauber Petronas Engineering AG war seit November 1996 der ehemalige japanische Honda-, McLaren- und Ferrari-Ingenieur Osamu Goto für die Entwicklung von Rennmotoren verantwortlich. Vorgesehen war, die Zehnzylinder-Formel-1-Motoren, die während zwei Saisons bei Ferrari gewartet wurden, nach Ablauf dieses Abkommens in Eigenregie weiterzuentwickeln.

Beim verregneten Grand Prix von Monaco gibt es viele Pirouetten zu verzeichnen. Auch Johnny Herbert auf Sauber C16-Petronas bleibt nicht verschont.

Unten
Auf der Rundstrecke von Montmelo' bei Barcelona hatte man bei Williams weniger Reifenprobleme als die Konkurrenz, so daß Jacques Villeneuve das Rennen mit seinem FW19-Renault sicher gewinnen konnte.

Das lange Suchen nach einem Motor und auch die Informationspanne mit Ferrari hatten das gesamte Sauber-Programm in Verzug gebracht. Aber pünktlich stellte dann Sauber seinen neuen C16 mit Petronas-V10-Motor am 10. Februar 1997 via Internet der Öffentlichkeit vor. Auf den ersten Blick liess sich der C16 von dessen Vorgänger kaum unterscheiden. Wieder war Leo Ress für die Konstruktion gesamtverantwortlich. Die Windkanalversuche in Emmen bei Luzern liefen unter der Leitung von Mark Hennings und René Hilhorst. Pro Jahr arbeiteten die Sauber-Spezialisten jeweils an 35 Wochen im Windkanal. Mit Johnny Herbert hatte man Ende 1995 einen Dreijahresvertrag unterzeichnet. Mit dem Ferrari-Abschluss engagierte Sauber auch den Ferrari-Testpiloten und bisherigen Alfa-Romeo-DTM/ITC-Fahrer Nicola Larini, der seit 1994, als er für Ferrari bei zwei Rennen als Ersatz für den damals verletzten Jean Alesi einsprang, keine Formel-1-Rennen mehr bestritten hatte und beim Unglücksrennen um den Grand Prix von San Marino des gleichen Jahres Zweiter geworden war.

Arrows gehörte seit 1996 zum TWR-Konzern des Schotten Tom Walkinshaw mit Sitz in Leafield. Bei TWR konstruierte Frank Dernie das Modell 1997, das dann anlässlich der Rennausstellung von Birmingham am 18. Januar der Öffentlichkeit vorgestellt wurde, und die Typenbezeichnung A18 trug. Arrows führte 1996 mit dem A17 viele Tests mit Bridgestone-Reifen durch, so daß die Wagen aus Leafield selbstverständlich auch mit japanischen Reifen in die neue Grand-Prix-Saison eingriffen. Dernie zu seiner Neukonstruk-

Eine fröhliche Bande vor dem Start: von links Gerhard Berger, Michael Schumacher, Jean Alesi und Ralf Schumacher.

tion: »Mit Ausnahme der Innenteile des Getriebes ist am A18 alles neu.« Japanisch war auch der Motor, denn Walkinshaw übernahm für seine Arrows die bislang von Tyrrell verwendeten Yamaha-V10-Maschinen, die zwar weitgehend in England bei John Judds Firma Engine Developments gebaut und gewartet wurden. Das OX11A-Aggregat mit 72°-Gabelwinkel, das bei Tyrrell noch in der C-Spezifikation zum Einsatz gekommen war, erschien nach den ersten Rennen in der nur 100 kg wiegenden D-Spezifikation. Allerdings war die Leistungsausbeute im Vergleich zu den Spitzenmotoren noch immer eher mässig. Für Tom Walkinshaw war auch der frühere Cosworth-Ingenieur Geoff Goddard tätig, der sich ebenfalls mit dem Yamaha-Aggregat befasste. Seit Herbst 1996 war bekannt, daß der von Williams entlassene Weltmeister Damon Hill 1997 auf Arrows-Yamaha antreten werde. Als zweiten Fahrer engagierte Walkinshaw den Brasilianer Pedro Paulo Diniz, dessen reicher Vater in etwa diejenige Summe in das Team einbringen mußte, die Weltmeister Hill als Jahresgage zukam. Einen Teil dieses Betrages bezog Diniz Senior von Parmalat, dessen Milchprodukte in seiner brasilianischen Kette von Einkaufszentren vertrieben wurden. Der im Frühjahr 1997 bei Ferrari freigewordene Chefkonstrukteur John Barnard, der von Ferrari auch die Konstruktionsfirma übernommen hatte, die bislang in Shalford unter Ferrari Design & Development Ltd. aktiv war, und nun hier als freier Konstrukteur für verschiedene Auftraggeber zu wirken gedachte, wurde als neuer Chefkonstrukteur von Arrows engagiert, derweil Frank Dernie den Hut nahm.

Neu in die Weltmeisterschaft griff das schon am 4. Januar 1996 angekündigte Team Stewart Grand Prix mit Sitz im englischen Milton Keynes ein. Gegründet wurde es vom Schotten Jackie Stewart, dem Weltmeister von 1969, 1971 und 1973 sowie von dessen Sohn Paul, der seit 1988 das Team Paul Stewart Racing mit sitz in Milton Keynes betrieb. Diese Renngemeinschaft war in der Formel Vauxhall, Formel 3 und dann auch in der Formel 3000 aktiv, wobei Paul Stewart bis 1993 selbst Rennen bestritten hatte. Jackie Stewart war schon seit 1965 vertraglich mit Ford liiert, hatte seine drei WM-Titel mit dem Ford-Cosworth-DFV-Motor gewonnen und war von Ford auch bei zahlreichen Werbekampagnen und Wagenpräsentationen eingesetzt worden. Der ehemalige Tontaubenschütze, der es schon auf diesem Gebiet weit gebracht hatte, galt schon immer als ein hervorragender Public-Relations-Mann mit Charisma. Am 1. Mai 1996 kam Alan Jenkins,

Links
Der Arrows FA18 war mit seinem Yamaha-Zehnzylinder etwas untermotorisiert. Weltmeister Damon Hill bot aber in Ungarn - auch Dank Bridgestone-Reifen – eine unglaubliche Überraschung und führte bis in die vorletzte Runde.

Rechts
Nach sage und schreibe sechs Nullresultaten in Folge erwischt Gerhard Berger auf dem Benetton B197-Renault in Hockenheim seinen ganz grossen Tag. Von der Pole Position aus fährt er einen Start/Ziel-Sieg heraus.

der bislang für Arrows gearbeitet hatte, zu Stewart Grand Prix und machte sich hinter das Projekt Stewart SF-1. Am 1. Juli nahm man die Windkanalversuche unter der Leitung von Egbahl Hamidy mit einem 50%-Modell bei Swift im kalifornischen San Clemente auf. Dem Team stand der 1996 von Sauber verwendete Ford-Zetec-V10-Motor mit 72°-Gabelwinkel zur Verfügung. Der weissgespritzte, von Bridgestone bereifte und mit schottischen Mustern verzierte SF-01 wurde am 10. Dezember 1996 in einem Londoner Hotel der Presse vorgestellt. Zu diesem Zeitpunkt beschäftigte das Unternehmen 85 Mitarbeiter, aber im Verlaufe der Saison wurde noch weiter aufgestockt. Als Fahrer verpflichtete Stewart den 24jährigen Brasilianer Rubens Barrichello, der bisher drei Grand-Prix-Saisons auf Jordan bestritten hatte, sowie den 23jährigen Dänen Jan Magnussen. Letzterer hatte bislang die ITC auf Mercedes-Benz-Wagen bestritten, einmal, beim Grossen Preis von Australien 1995, war er in der Formel 1 auf einem McLaren-Mercedes zum Einsatz gekommen.

Das Minardi-Team aus Faenza machte 1997 die 13. Grand-Prix-Saison durch. Bei dieser Renngemeinschaft wechselten die Besitzverhältnisse wesentlich. Giancarlo Minardi behielt noch 14,5 % der Aktien, mitbeteiligt waren auch Benetton-Chef Flavio Briatore, Alessandro Nannini (dieser bestritt 1997 die FIA-GT-Rennen für Mercedes-Benz), Fondmetal-Besitzer Gabriele Rumi, der einstige Scuderia-Italia-Besitzer Beppe Lucchini sowie drei weitere Geschäftsleute aus Brescia. Chefkonstrukteur Gabriele Tredozi entwarf den M197, dessen Aerodynamik man im Fondmetal-Windkanal von Casumaro bei Ferrara entwickelt hatte. Nach etlichen Ford-V8-Jahren stellte Minardi auf Anweisung Bernie Ecclestones hin auf den Hart-V8-Motor des Typs 830 um, der mittlerweile ebenfalls mit pneumatischen Ventilen lief. Minardi trat dem Bridgestone-Lager bei. Als Fahrer engagierte man den bisherigen japanischen Tyrrell-Piloten Ukyo Katayama sowie den vielversprechenden 22jährige Jarno

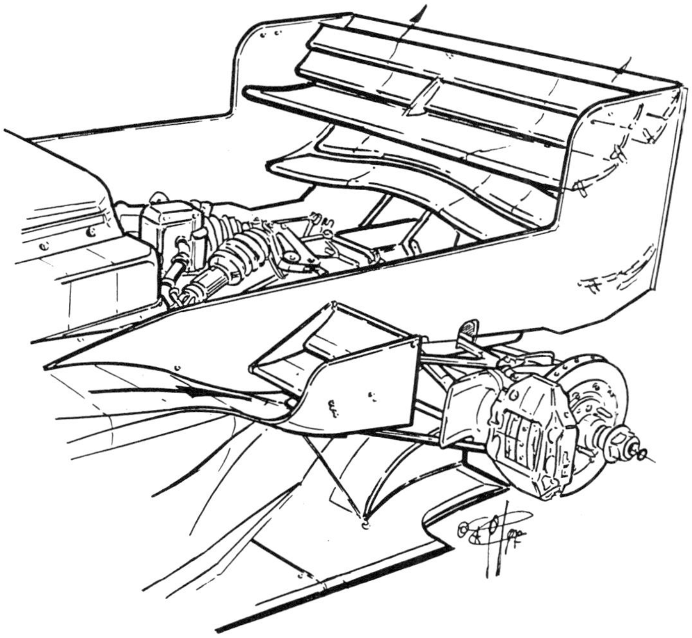

In Monaco erzeugt der Benetton B197-Renault in dieser aerodynamischen Konfiguration einen maximalen Abtrieb.

Nach der Zieldurchfahrt in Hockenheim hat der zweitklassierte Michael Schumacher Giancarlo Fisichella an Bord seines Ferrari genommen. Kurz vor Schluss hatte der Italiener den sicheren zweiten Platz wegen eines Reifenplatzers verloren.

Trulli aus Pescara, ein ehemaliger Kart-Weltmeister, der 1996 mit dem Schweizer KMS-Team die Deutsche Formel-3-Meisterschaft gewonen hatte. Als Testfahrer wurde der 21jährige Brasilianer Tarso Marques verpflichtet, der schon 1996 bei den südamerikanischen Grand Prix für Minardi gefahren war. Vorgestellt wurde der M197-Hart am 4. Februar im Museumsgebäude des Autodroms von Monza.

Seit 1968 gehörte das Tyrrell-Team dem Kreis der Formel 1 an, 1997 bedeutete demnach die 30. Grand-Prix-Saison für den Rennstall des mittlerweile 72jährigen Patrons Ken Tyrrell. Nach vier Jahren mit den gratis bezogenen Yamaha-Motoren hatte man diese an Arrows abtrteten müssen, so daß Tyrrell neu auf den nicht überaus starken Ford V8 des Typs ED4 umstellen mußte. Im Verlaufe der Saison folgte dann der ED5. Harvey Postlethwaite und Mike Gascoyne entwarfen den Typ 025. Die Fahrer waren der Finne Mika Salo und der bisherige holländische Arrows-Pilot Jos Verstappen. Der aus der Formel Nippon kommende Japaner Toranosuka Takagi wurde als Testfahrer engagiert. Tyrrell blieb weiterhin Goodyear treu. Das Team mußte mit einem relativ schmalen Budget durchkommen.

In der Übergangszeit, das heisst, von November bis Februar, wurde vor allem auf den Rundstrecken von Montmelo' bei Barcelona, in Estoril sowie in Jerez viel getestet. Das neue Element in der Formel 1 war die japanische Reifenmarke Bridgestone, die evetuell alles auf den Kopf stellen konnte. Bei den Tests stellte sich alsbald heraus, daß die Bridgestone-Reifen wesentliche Vorteile bargen, insbesondere bei Regen schien der japanische Gummi unschlagbar zu sein. Pro Runde war die Bridgestone-Konkurrenz um ein paar Sekunden schneller als die von Goodyear bereiften Fahrzeuge. Goodyear mußte gehörig arbeiten, um seinen Teams wieder siegfähige Pneus liefern zu können. Vor allem beim Grand Prix von Spanien, oder auch in Ungarn, gab es mit den von amerikanischen Reifen bestückten Fahrzeuge Probleme, denn es bildeten sich die berühmten »blisters« oder Blasen an den Laufflächen. Aber Goodyear siegte trotzdem.

Das Frühjahr 1997 lieferte auch wegen des am 20. Februar beginnenden Senna-Prozesses Schlagzeilen. Dieser wurde – nach fast drei Jahren – im Gerichtssaal von Imola eröffnet und nahm viele Monate in Anspruch. Es ging darum, zu wissen, ob Ayrton Senna wegen der gebrochenen Lenksäule tödlich verunfallt, oder ob die Katastrophe von einem andern Umstand ausgelöst worden war. Die Williams-Lenksäule war laut den Untersuchungen nachträglich bearbeitet und mit einem eingeschweissten Zwischenstück versehen worden. Mit ungeahnter Akribie, unter Einbezug vieler Experten und Zeugen, wurde der Prozess geführt. Zuerst war der Medienrummel riesengross, dann aber flachte das Interesse rapid ab und man wartete nur noch auf das Endergebnis.

Intern gab es im Formel-1-Zirkus seit mehreren Monaten ein neues Problem: McLaren, Tyrrell und Williams hatten das im Sommer 1996 vorgelegte Dokument des neuen Concorde-Abkommens, das vor allem die finanziellen Aspekte unter den Formel-1-Teams neu regelte, noch immer nicht unterzeichnet. Diese Teams kamen sich benachteiligt vor. Es ging um das liebe Geld, das anhand eines neuen aber geheimen Schlüssels verteilt werden sollte.

Das Jahr 1997 brachte auch ein Jubiläum: der Grosse Preis von Argentinien vom 13. April stellte seit 1950 den 600. WM-Grand-Prix dar. Begonnen hatte die Weltmeisterschaft am 13. Mai 1950 mit dem Grossen Preis von England und von Europa in Silverstone. Am 6. August 1961 erlebte die WM mit dem Grand Prix von Deutschland auf dem Nürburgring ihren 100. Lauf. Am 23. Mai 1971 brachte Monaco den 200. und am 4. März 1978 der GP von Südafrika den 300. WM- Läuf. Am 4. November 1990 feierte man in Australien den 500. Kampf um WM-Punkte.

Die Saison 1997 begann am 9. März mit dem Grossen Preis von Australien im Albert Park von Melbourne, wo Jacques Villeneuve mit seinem Williams-Renault bei den Qualifikationen eine unglaubliche Überlegenheit demonstrierte, aber im Rennen wurde er schon am Start vom Ferrari des ungestüm nach vorne drängenden Eddie Irvine von der Bahn und damit ins Aus abgedrängt. Zu Beginn der Saison aber schien gegen Villeneuve überhaupt kein Kraut gewachsen zu sein, umsomehr als sein schärfter Rivale, Michael Schumacher, noch über ein nicht ganz ausgereiftes Fahrzeug verfügte. Villeneuve holte in Brasilien und Argentinien überzeugende Siege. In Monaco machte Williams einen katastrophalen Fehler in der Reifenwahl, indem man pokerte und annahm, der Regen werde nach ein paar Runden aussetzen. Aber dem war nicht so. Beide mit Slicks bestückten Williams fielen vorerst weit zurück, dann verschwanden sie von der Bildfläche. In Spanien hingegen stieg Villeneuve wieder auf den obersten Tritt des Podiums, hier war es Williams gelungen, mit den Reifenproblemen am besten fertigzuwerden. Ab Grand Prix von Kanada schien der technische Vorsprung der Williams auf Ferrari plötzlich hinweggefegt zu sein. Bei Williams meinte man, es gelinge nicht, die Reifen auf die optimale Temperatur zu bringen. Ausgerechnet in Montreal, vor dem eigenen Publikum, vollführte Villeneuve kurz nach dem Start einen kapitalen Fahrfehler und fiel aus. In Frankreich gelang es ihm nicht mehr, den Ferrari Schumachers ernsthaft anzugreifen. Hingegen kamen Villeneuve und auch Williams-Renault in England wieder zu einem Sieg, aber erst nachdem der Ferrari Schumachers ausgefallen war. Ein unerklärliches Tief gab es in Hockenheim zu verzeichnen, wo beide Williams relativ weit hinten starten mußten und dann im Rennen ausfielen. In Ungarn wurde der Erfolg der Kombination Villenueve auf Williams-Renault erst zwei Runden vor Schluss ermöglicht, als der dank Bridgestone-Reifen ganz unerwartet und überlegen in Führung gegangene Weltmeister Damon Hill auf Arrows durch einen Defekt zurückgeworfen wurde. Einen ähnlichen kapitalen Fehler in der Reifenwahl wie in Monaco machte Williams auch beim Grand Prix von Belgien, wo 19 Minuten vor dem Start ein Platzregen niederging, der die Pole Position Villeneuves wertlos machte, weil der Kanadier und sein Team bei der Reifenwahl auf Regen setzten. Schumacher und Ferrari entschieden sich für Intermediate-Reifen für nasse Fahrbahn.

Heinz-Harald Frentzen, der den andern Williams pilotierte, fand sich in dem für ihn neuen Auto vorerst nicht ganz zurecht. Zwar war er im Begriff, in Australien einen Sieg herauszufahren, aber dann versagten die Bremsen. Unerklärlich langsam war der Deutsche in Brasilien. In Imola, beim vierten Einsatz, da kam endlich der erste Grand-Prix-Erfolg für den in Monaco wohnhaften Mönchengladbacher, der in der Emilia ganz knapp vor dem Ferrari Michael Schumachers durchs Ziel schoss. Wieder folgten Ausfälle. In Silverstone bediente Frentzen vor dem Start die Schaltung falsch und mußte anschliessend hinten anstehen. Ausfälle folgten auch in Hockenheim sowie auf dem Hungaroring, wo Frentzen sich im Gegensatz zu Villeneuve für die härtere Gummimischung entschieden hatte. Endlich schien der zweite Sieg des Deutschen Wirklichkeit zu werden, aber wegen eines Defektes am Tankverschluss fiel er aus.

Ferraris F310B war zu Beginn der Saison noch nicht reif genug, um gegen die Williams-Renault erfolgreich bestehen zu können. Aber Ferrari konnte erstens auf die herausragende Klasse eines Michael Schumacher aufbauen und zweitens erwiesen sich die italienischen Wagen als sehr zuverlässig. Für Michael Schumacher, dessen Vertrag mit Ferrari übrigens bis Ende 1999 verlängert worden war, lag nach ersten Plätzen in Monaco, Montreal und Magny-Cours auch in England der Sieg in greifbarer Nähe, aber dann barst ein Radlager am Ferrari. Bis zum Grossen Preis von Belgien, der den 12. WM-Lauf darstellte, hatte Michael Schumacher zehnmal in den Punkten abgeschlossen und dabei vier erste Plätze herausgefahren. Auf dem Hungaroring, wo man für Schumacher ein neues und leichteres Chassis bereithielt, das jedoch im freien Training wegen eines Rausfluges zu Schaden kam und dann nicht mehr eingesetzt werden konnte, mußte sich der Doppelweltmeister mit der vierten Position begnügen, denn beim Ferrari waren die Reifenprobleme wieder deutlich zum Vorschein getreten. Auf der regennassen Bahn von Spa-Francorchamps, wo Michael Schumacher schon 1992, 1995 und 1996 gewonnen hatte

In Ungarn siegte Jacques Villeneuve vor dem überraschenden Damon Hill sowie vor Johnny Herbert. Hill hatte bis in die vorletzte Runde klar geführt, dann warf ihn ein Hydraulikschaden zurück.

Bei Tyrrell nützte man das Reglement optimal aus und versah den 025-Ford auf Strecken mit grossem Bedarf nach Abtrieb mit kleinen und seitlich hochgestellten Zusatzflügelstummeln.

(eigentlich hatte er hier auch 1994 den ersten Platz belegt, aber nach dem Rennen wurde ihm der Sieg wieder aberkannt, weil das Holzbrett unter dem Unterboden über gebür abgeschliffen war), lieferte der WM-Leader auf der schwierigen Ardennen-Rundstrecke wieder eine grandiose Demonstration seines Könnens bei Regen.

Im Verlaufe der Saison hatte man bei Ferrari sehr viel gearbeitet und gegenüber Williams-Renault ziemlich Boden gutgemacht. Eddie Irvine erwischte in Argentinien seinen grossen Tag, als er bis auf die zweite Position aufrückte und dann noch Druck auf den führenden Villeneuve machte. Am Ziel wurden die beiden von einer knappen Sekunde getrennt. In den ersten zwölf Rennen punktete der Ire nur viermal, vom Potential seines Teams her beurteilt, hätte Irvine mehr holen müssen.

Bei den Wintertests hinterliess Benetton mit Gerhard Berger und Jean Alesi einen starken Eindruck, aber dann war dieses Team eben doch nicht so konstant. Berger holte sich einen schönen zweiten Platz in Interlagos, mußte dann aber ab Grand Prix von San Marino lauter Nuller hinnehmen. Der ganz grosse Tag des mittlerweile 38jährigen Tirolers, der über einen eventuellen Rückzug per Ende Saison nachdachte, kam in Hockenheim. Beim Grand Prix von Deutschland hielt er von der Pole Position aus während des ganzen Rennens in Führung und fuhr so-

Die Zeichnung veranschaulicht, daß die seitlichen und hochgestellten Flügelstummel (genannt »Kerzenhalter«) des Tyrrell innerhalb der vom Reglement für die Außendimensisonen eines Formel-1-Wagens gesetzten Limiten liegen.

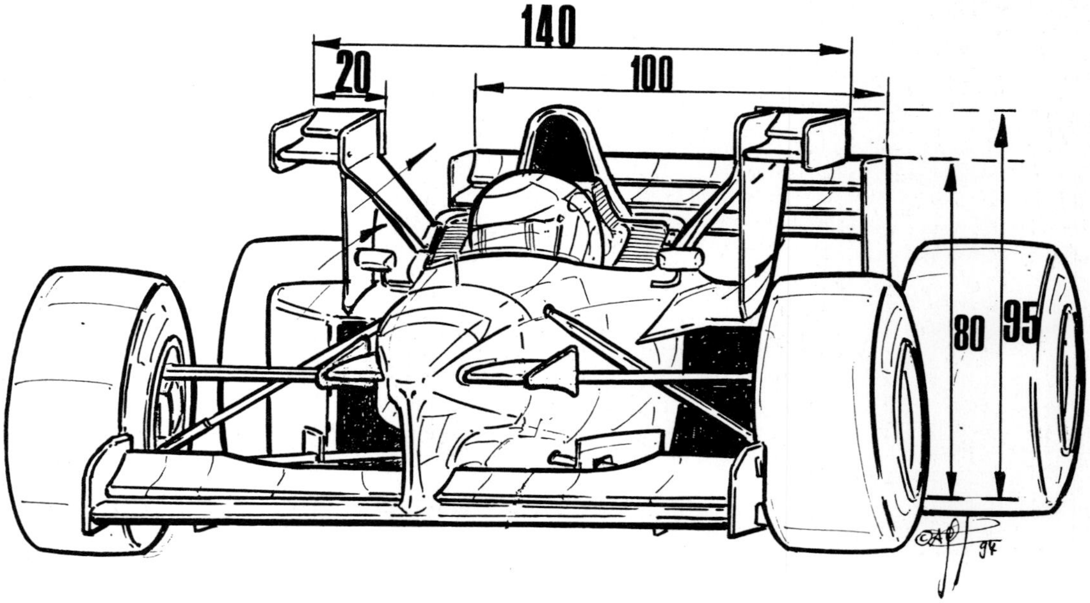

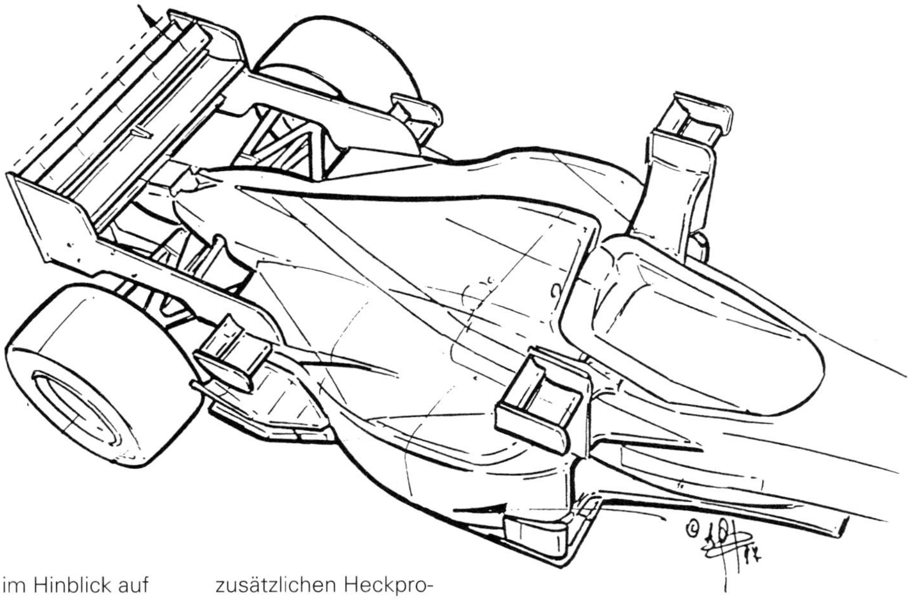

Die im Hinblick auf den Grand Prix von Monaco (oder von Ungarn) auf maximalen Abtrieb ausgelegte Aerodynamik des Tyrrell 025-Ford mit zusätzlichen Heckprofilen und kleinen Flügelstummeln vor den Antriebsrädern. Hinzu kommen die hochstehenden seitlichen Flügelstummel.

Unten
Anfang der Saison wurden die einstigen Ligier JS45-Mugen/Honda auf Prost umgetauft. Gefahren werden sie von Olivier Panis (Bild), Jarno Trulli und Shinji Nakano.

mit nach dreijähriger Pause endlich wieder einen Grand-Prix-Sieg heraus. Seit Ende 1995, als Michael Schumacher auf Benetton-Renault Weltmeister geworden war, stellte der Erfolg des Südtirolers endlich wieder den ersten Grand-Prix-Sieg für Benetton dar. Alesi machte in Australien einen bösen Fehler, indem er die Boxensignale übersah und nicht zum Tankstopp hereinkam, bis ihm der Treibstoff ausging. Das darf einem Profi niemals passieren. Mit je einem zweiten Platz in Kanada und England sorgte der Südfranzose mit sizilianischen Vorfahren wieder für positive Schlagzeilen. Insgesamt aber bot Benetton keine konstanten Leistungen, es gab Hochs und Tiefs.

Der Weggang von Ingenieuren vom Format eines Ross Brawn und Rory Byrne hatte sich eben doch nachteilig ausgewirkt.

Seit dem Grand Prix von Australien 1993, als Ayrton Senna mit dem Ford-Motor gesiegt hatte, wartete McLaren noch immer auf den Grand-Prix-Erfolg Nummer 105. Er stellte sich 1997 mit dem McLaren MP4/12 mit Mercedes-Benz-V10-Motor ein, herausgefahren vom Schotten David Coulthard. In Australien war der qualifikationmsschnellste Villeneuve schon beim Start von der Bahn gedrängt worden, und der dann führende Frentzen fiel einem Bremsdefekt zum Opfer, erst dann

kam der McLaren-Mercedes-Sieg zustande. Im Verlaufe der Saison mangelte es oft an der Balance der Fahrzeuge, die viel zu oft aus mittelmässigen Positionen heraus starten mußten, so daß Mika Häkkinen und David Coulthard dann im Rennen, wo sie in der Regel einen stärkeren Eindruck hinterliessen, von den Spitzenkämpfen ausgeschlossen blieben. Das Fahrgestell und die Aerodynamik hinkten hinter den hervorragenden Qualitäten des potenten Mercedes-Zehnzylinders einher. Bei den ersten zehn Rennen blieb Coulthard sogar siebenmal ohne WM-Punkte. Aber am 7. September gewann der Schotte dann auch den GP von Italien in Monza. Vom Potential dieses Teams her gesehen, hätte mehr herausschauen müssen.

Das im Februar 1997 von Alain Prost übernommene ehemalige Ligier-Team mit Sitz in Magny-Cours vermochte positiv zu beeindrucken. Die große Erfahrung und Energie eines Alain Prost verlieh dem Rennstall frische Dynamik. Schon vor dem ersten WM-Lauf stand fest, daß Prost Grand Prix 1998 auf Peugeot-Motoren umstellen würde, derweil Mugen/Honda im Sommer bekanntgab, daß man im folgenden Jahr eine Ehe mit Jordan eingehe. Prost entpuppte sich alsbald als das beste Team im Bridgestone-Lager, allerdings lieferten nur Panis und später Trulli gute Leistungen, der junge Japaner Nakano, der in Ungarn zu seinem ersten WM-Punkt kam, war noch zu wenig erfahren. In Spanien, als die meisten Konkurrenten des Goodyear-Lagers mit den heimtückischen Blisters konfrontiert wurden, holte sich Olivier Panis den zweiten Platz hinter Villeneuve. Aber dann kam der böse Unfall von Montreal, wo sich Panis beide Beine brach und in den folgenden Rennen vom bisherigen Minardi-Fahrer Jarno Trulli ersetzt werden mußte.

Michael Schumacher auf Ferrari F310B konzentriert sich vor dem Start.

Trulli bestritt Anfangs 1995 noch Kart-Rennen, Mitte Saison kam er damals in die Formel 3, im Herbst 1996 absolvierte er die ersten Tests auf Benetton und wurde dann von Minardi unter Vertrag genommen. In anderthalb Jahren hatte er den Sprung vom Kart via die Formel 3 (Deutscher Formel-3-Meister 1996) in die Formel 1 geschafft und dabei demonstriert, daß er den rapiden Wachstumsprozess gut zu verkraften vermochte. Verbindungsmann Briatore, der zu den Besitzern Minardis zählte, und an welchen Trulli vertraglich gebunden war, machte den vorübergehenden Wechsel Trullis von Minardi zu Prost auch möglich. Der junge Italiener lieferte in Hockenheim sowie auf dem A1-Ring grandiose Rennen.

Im Vergleich zu 1996 trat bei Jordan ein ziemlicher Qualitätssprung ein. Die beiden jungen Fahrer, Ralf Schumacher und Giancarlo Fisichella, fochten oftmals auf vordersten Plätzen mit. Schon beim dritten Formel-1-Einsatz, in Argentinien, kam Ralf Schumacher nach einem begeisternden Rennen auf den dritten Platz. Allerdings war es zu einer Kollision zwischen ihm und dem in zweiter Position liegenden Teamkollegen Fisichella gekommen, wobei der Römer ausfiel. Die Folge war, daß die beiden kaum mehr miteinander sprachen, die totale Rivalität unter den Angehörigen eines gleichen Teams war offen ausgebrochen. Fisichella demonstrierte sein Potential beim Grossen Preis von Kanada, wo er erstmals auf das Podium kam. In Hockenheim lag er bis kurz vor dem Ziel auf einem sicheren zweiten Platz, aber das Podium erreichte er dann doch nicht, weil ihn ein Reifenplatzer aus dem Rennen warf. In Ungarn wollte Fisichella dem WM-Leader Michael Schumacher die vierte Position streitig machen, worauf er auch von der Bahn flog. Immerhin, Flavio Briatore gab

Beim Ferrari F310B hat das Lenkrad die Rolle des Armaturenbrettes übernommen. 1) Im oberen Bereich befinden sich sechs Displays, auf welchen der Fahrer verschiedene Informationen ablesen kann. 2) In der waagrechten oberen Partie des Lenkrades sind sechs Lämpchen angebracht, die im oberen Drehzahlbereich nacheinander aufleuchten, so daß der Fahrer sieht, wann er schalten muß. 3) Tempolimiter für Boxenstraße. 4) Leerlauf. 5) Schalter für Funkverbindung mit den Boxen. 6) Über diesen Schalter können andere Informationen am Display abgerufen werden. 7) Beidseitige Wippe für die halbautomatische Schaltung, wobei rechts hoch- und links zurückgeschaltet wird. 8) Beidseitige Wippe für die Bedienung der Kupplung. 9) Einstellung des Luft/Benzin- Gemisches. 10) Bremskraftverteilung. 11) Einstellung des Drehzahlbegrenzers. 12) Programmierung des elektronischen Gaszuges. 13) Regulierung der elektronischen Kupplung. 14) Einstellung des elektrohydraulischen Differentials.

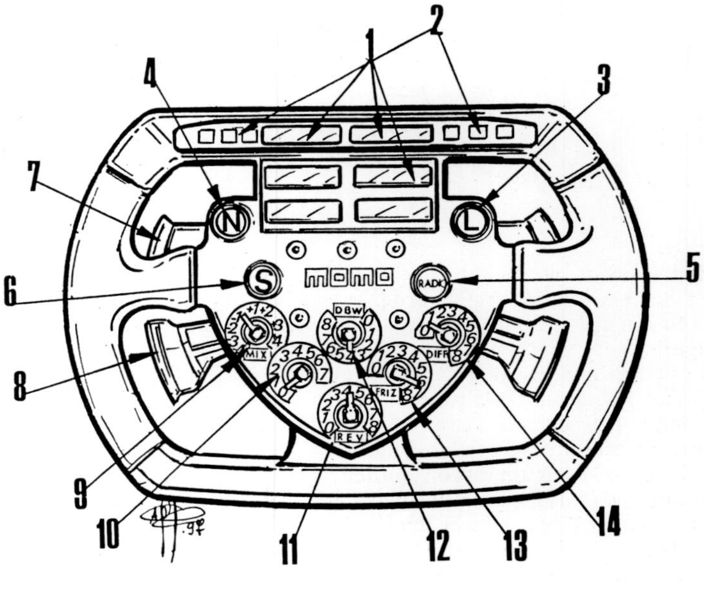

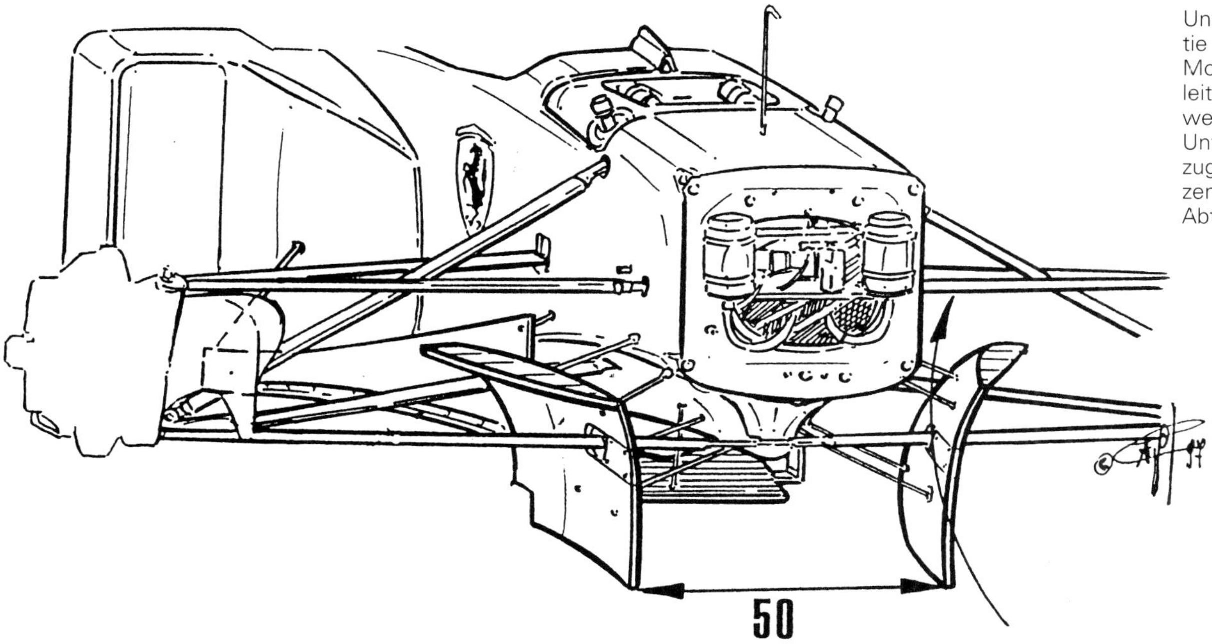

Unter der vorderen Partie des Ferrari-F310B-Monocoques sind Luftleitflügel angebracht, welche die Luft auf den Unterboden leiten und zugleich auch als Schürzen dienen, womit mehr Abtrieb erzeugt wird.

Heckansicht des Ferrari F310B. Beim potenteren 046/2-Motor münden die rechteckigen Auspüffe über dem hinten hochgezogenen Diffusor ins Freie.

schon im Sommer bekannt, daß Fisichella 1998 auf Benetton starten werde.

Mit der Umstellung auf die auf Petronas umgetauften Ferrari-Motoren versprach man sich beim Schweizer Sauber-Team ziemlich viel. Schon in Argentinien kam der Brite Johnny Herbert auf einen schönen vierten Platz, aber er mußte dann bis zum Grand Prix von Ungarn zuwarten, bis er endlich wieder mal auf ein Podium steigen durfte. An sich schien dieses Ziel schon in Imola (Elektrikschaden) oder Silverstone (Getriebe) Wirklichkeit zu werden, aber Defekte brachten den lustigen Engländer um den verdienten Podiumsrang. Der Sauber C16 lag mit vollen Tanks besser, im Rennen schnitt er in der Regel auch besser ab als bei den Qualifikationen. Der zweite Fahrer, Nicola Larini, machte gelegentlich Fehler und war nicht konstant, so daß man ihn ab Grand Prix von Spanien durch Gianni Morbidelli ersetzte. Aber dieser brach sich später bei Tests einen Arm, so daß man bei Sauber den argentinischen Nachwuchsmann Norberto Fontana, Deutscher Formel-3-Meister 1995, bei drei Rennen in den zweiten C16 setzte. Fontana hatte zu wenig Erfahrung und schien eher überfordert; ab Grand Prix von Ungarn konnte dann Morbidelli wieder seinen angestammten Platz einnehmen, aber der Italiener vermochte doch nicht restlos zu überzeugen. Bei Sauber hatte man stets das Gefühl, man kämpfe nur mit einem Auto.

Das von Tom Walkinshaw geführte Arrows-TWR-Team bot trotz eines Fahrers wie Weltmeister Damon Hill eine Enttäuschung um die andere. Sogar mit den vielgelobten Bridgestone-Reifen blieben die Resultate aus. Der Yamaha-Motor war zu schwach, so

Nach einem Motorschaden steigt der Brasilianer Pedro Paulo Diniz aus seinem Arrows FA18-Yamaha aus.

daß Hill erst beim Grand Prix von England endlich einen WM-Punkt einfahren konnte. Auf dem Hungaroring folgte dann aber die Riesenüberraschung, indem Hill vom dritten Startplatz aus nach einigen Runden in Führung ging und das Feld diskussionslos mit jeder Runde mehr und mehr abhängte, bis sein Vorsprung rund 35 Sekunden betrug. Drei Runden vor Schluss brachte ihn ein Defekt im Hydrauliksystem um den sicheren Sieg. Mit wesentlich reduziertem Dampf rettete sich Hill noch in dritter Position durchs Ziel. Auf dem Hungaroring, wo der Abtrieb und die Reifen eine enorm wichtige Rolle spielen, die Motorleistung aber nicht von so grosser Bedeutung ist, kamen die besonderen Vorzüge der Bridgestone-Reifen endlich voll zum Tragen. Die Darbietung Hills in Ungarn war eine wahre Sensation, und jedermann hätte dem Weltmeister wieder einen Sieg gegönnt.

Das neu in die Formel 1 eingreifende Team Stewart Grand Prix litt unter den enttäuschenden Qualitäten des Ford-Motors, der erstens eine mässige Leistung lieferte und zweitens oft einen Defekt erlitt. Die lange Serie von Ausfällen wurde in Monaco unterbrochen, wo Stewart Grand Prix ein gewaltiges Erfolgserlebnis mit Rubens Barrichello auf dem zweiten und Jan Magnussen auf dem siebenten Platz verzeichnete. Jackie Stewart und dessen Sohn Paul hatten nach der Zielankunft ihrer Fahrer Tränen in den Augen. Auch hier spielten die Bridgestone-Reifen im Regen eine wesentliche Rolle, ebenso wurden die Motoren auf der glatten Fahrbahn nicht über gebür gefordert.

Tyrrell mußte seinen Weg weiterhin bei finanzieller Schmalkost finden. Zur Verfügung stand der unterlegene Ford-V8-Motor, so daß für Mika Salo und Jos Verstappen eigentlich nur dann Chancen auf einen guten Platz bestanden, wenn die Reihen im Vordergrund des Feldes ordentlich gelichtet worden waren. Ein fünfter Rang Salos nach einem Rennen ohne Boxenhalt in Monaco brachte etwas Licht in die Dunkelheit. Die Zeiten der Achtzylinder waren endgültig vorüber.

Dies galt auch für das mit Hart-V8-Motoren kämpfende Minardi-Team, das die Saison mit Jarno Trulli und dem Japaner Ukyo Katayama in Angriff nahm. Der Brasilianer Tarso Marques wartete als Testpilot auf seine Chance. Die im Kleinbetrieb von Brian Hart entstandene und gewartete V8-Maschine erwies sich als das schwächste Triebwerk des Feldes, so daß die Minardi regelmässige aus den beiden letzten Reihen in den Kampf steigen mußten. Als bei Prost Olivier Panis wegen den erlittenen Beinfrakturen ausfiel, stellte Briatore Minardi-Fahrer Trulli dem französischen Team zur Verfügung, denn dort bot sich die Chance an, «seinen» Piloten wesentlich aufzuwerten, was dann auch eintraf.

Die Saison stand ganz im Zeichen von Michael Schumacher und Jacques Villeneuve, die mit wirklich herausragenden Leistungen aufwarteten und den WM-Kmpf mit grossem Abstand auf ihre Rivalen unter sich ausmachten. Von den Nachwuchsleuten hat sich 1997 vor allem der Römer Giancarlo Fisichella ins Licht gesetzt, denn teilweise mischte auch er in den Spitzenkampf ein. Technisch gesehen war das Wagenmaterial 1997 ausgeglichen wie selten zuvor, denn bei den Qualifikationen lagen manchmal bis zu einem Dutzend Konkurrenten innert einer Sekunde. Eine grosse Rolle spielte dabei die Kunst, den Reifen mittels einer einwandfreien Abstimmung optimale Arbeitsbedingungen zu bieten, denn sonst bildeten sich die gehassten Blisters an der Oberfläche.

Formel-1-Wagen von 1997

Marke/Modell	Chefkonstrukteur/ andere Ingenieure	Motor/Typ Zylinderwinkel, Gewicht	Getriebe/Gangzahl Anordnung	Radstand in mm Spur vorne/Spur hinten	Reifen-marke
Arrows FA 18	(Frank Dernie) John Barnard Paul Bowen Eric Lacotte	Yamaha OX11A V10, 72°, 105 kg	Arrows 6, L, halbautomatisch	3000 x 1650 x 1600	B
Benetton B 197	Pat Simonds Nick Wirth Dave Wass	Renault RS9 V10, 71°, 121 kg DBW	Benetton 6, Q, halbautomatisch	? x 1700 x 1600	G
Ferrari F310 B	(John Barnard) Ross Brawn Rory Byrne Willem Toet Gustav Brunner	Ferrari 046/1 und 046/2 V10, 75° 120 kg DBW	Ferrari 7, Q, halbautomatisch	2935 x 1690 x 1605	G
Jordan 197	Gary Anderson Trevor Harris	Peugeot A14 V 10, 72°, 128 kg, DBW	Jordan 7, Q, halbautomatisch	2950 x 1700 x 1618	G
Lola T97/30	Chris Murphy Eric Broadley Joanna Moss	Ford V8 ED3 V 8, 75°, 130 kg	Lola 6, Q, halbautomatisch	3000 x 1680 x 16800	B
McLaren MP4/12	Neil Oatley Henri Durand (Adrian Newey) Steve Nichols	Mercedes-Benz F0110E V 10, 75°, 118 kg DBW	6, L, halbautomatisch	? ? ?	G
Minardi M 197	Gabriele Tredozi Jean-Claude Migeot	Hart 830 F1 V 8, 72°, 107 kg	6, L, halbautomatisch	2900 x 1680 x 1620	B
Prost JS45	Loic Bigois George Ryton Renato Moscati	Mugen/Honda 301HB (Stage V) V 10, 72°, 135 kg	Prost 7, Q, halbautomatisch	2995 x 1693 x 1608	B
Sauber C16	Leo Ress Mark Hennings René Hilhorst	Sauber Petronas V 10, 75°, 120 kg	6, L, halbautomatisch	2940 x 1660 x 1610	G
Stewart SF-1	Alan Jenkins Eghbal Hamidy Andy Lee Fleming	Ford Zetec R V10 V 10, 72°, 120 kg	Stewart 6, L, halbautomatisch	2950 x 1670 x 1610	B
Tyrrell 025	Harvey Postlethwaite Mike Gascoyne	Ford ED4 (ED5) V 8, 75°, 130 kg	Tyrrell 6, L, halbautomatisch	2990 x 1700 x 1610	G
Williams FW19	(Adrian Newey) Patrick Head Gavin Fisher Geoff Willis	Renault RS9 V 10, 71°, 121 kg	Williams 6, Q, halbautomatisch	2890 x 1670 x 1600	G

Der Hubraum der Motoren ist auf 3000 cm^3 limitiert.
Motoren: alle Motoren sind mit pneumatischen Ventilen ausgerüstet.
Abkürzungen zu den Getrieben: 6 G = Gänge, Q = Quergetriebe, L = Längsgetriebe
Mindestgewicht: Mit dem Fahrer an Bord müssen die Wagen jederzeit mindestens 595 kg wiegen.
Reifen: G = Goodyear; B = Bridgestone.

Das Goldene Buch

Die ersten Automobil-Weltmeisterschaften der Geschichte

Markenwertung, Grand-Prix-Kategorie

1925–1928

Die Marken–Weltmeisterschaften der zwanziger Jahre sind in Vergessenheit geraten, und erst die seit 1950 durchgeführte Fahrerweltmeisterschaft wird als das offizielle Championat eingestuft. Die Art der Ausschreibung und Durchführung dieser ersten Weltmeisterschaften hinterließ auch einen Eindruck von Unsicherheit in Bezug auf die rigorose Einhaltung der Vorschriften.

Grundsätzliche Bemerkungen: Die in dieser Aufstellung enthaltenen Angaben beruhen auf dem Studium zahlreicher Berichte aus der damaligen Zeit, wobei die Informationen nicht in allen Beiträgen übereinstimmen. Ebenso geht aus den diversen Quellen nicht klar hervor, ob die verschiedenen Weltmeisterschaften von damals genau nach den Vorschriften (z. B. Negativpunkte bei Startverzicht einer Marke) durchgeführt worden sind. Die ersten Weltmeisterschaften, die eigenartigerweise nicht von der A.I.A.C.R. (damalige FIA), sondern vom AC von Italien organisiert wurden, waren offenbar ein Weltchampionat mit unpräzisen und zu komplizierten Reglementen, was den Wert des Weltmeistertitels schmälerte.

Idee: Die Idee einer Automobil-Weltmeisterschaft (für Marken der Grand-Prix-Kategorie) lancierte damals die französische Fachzeitschrift »L'Auto«.

Wertungsmodus: 1. Rang = 1 Punkt; 2. Rang = 2 Punkte; 3. Rang = 3 Punkte; 4. Rang = 4 Punkte; schieden alle Wagen einer Marke aus, dann bekam die Marke 5 Punkte; ein Startverzicht bedeutete 6 Punkte. **Sieger wurde die Marke mit dem tiefsten Punktetotal.** In den Jahren 1925 bis 1927 war für eine Marke die Teilnahme am Großen Preis von Italien (1927 GP von Europa) obligatorisch.

Für die Jahre 1925 bis 1927 wurde der Automobil Club von Italien als Organisator der Automobil-Weltmeisterschaft aufgeführt.

1925

Von der Automobil-Weltmeisterschaft 1925 waren die deutschen Konkurrenten ausgeschlossen, und zwar aus Rücksicht gegenüber der Stellung Deutschlands zur A.I.A.C.R. (Association Internationale des Automobile Clubs Reconnus), weiche die Vorgängerin der späteren FIA war.

Wertungsläufe: 500 Meilen von Indianapolis, GP von Europa in Spa, GP des ACF in Montlhéry, GP von Italien in Monza. Die Teilnahme am GP von Italien plus an einem zweiten Wertungslauf war obligatorisch.

Laufsieger: Alfa Romeo: GP von Europa (Belgien) und von Italien

Duesenberg: 500 Meilen von Indianapolis

Delage: GP des ACF

WM-Schlußklassement 1925: 1. Alfa Romeo, 13 Punkte; 2. Duesenberg, 17 Punkte; 3. Bugatti, 19 Punkte.

1926

Die Teilnahme am Grand Prix des organisierenden Landes (Italien) war obligatorisch, ebenso mußte eine Marke mindestens an zwei der vier übrigen Wertungsläufe teilnehmen, um gewertet zu werden.

Wertungsläufe: 500 Meilen von Indianapolis, GP des ACF in Miramas, GP von Europa in San Sebastian, GP von England in Brooklands und GP von Italien in Monza.

Laufsieger: Bugatti: GP des ACF in Miramas, GP von Europa in San Sebastian, GP von Italien in Monza

Delage: GP von England

Miller: 500 Meilen von Indianapolis

WM-Schlußklassement 1926: 1. Bugatti, 11 Punkte; 2. Delage, 23 Punkte. Die übrigen Marken wurden nicht in das Schlußklassement einbezogen, weil sie nicht an der erforderlichen Anzahl Rennen teilgenommen hatten.

1927

Die Teilnahme am Grand Prix von Europa in Monza und an zwei der vier übrigen Wertungsläufe war für die Marken obligatorisch.

Wertungsläufe: 500 Meilen von Indianapolis, GP des ACF in Montlhéry, GP von Spanien in San Sebastian, GP von Europa in Monza, GP von England in Brocklands.

Laufsieger: Delage: GP des ACF, GP von Spanien, GP von Europa und GP von England.

Duesenberg: 500 Meilen von Indianapolis

WM-Schlußklassement 1927: 1. Delage, 10 Punkte; 2. Miller, 23 Punkte; 3. Duesenberg und Bugatti, je 24 Punkte.

1928

Auch für das Jahr 1928, das Jahr der großen Krise im Grand-Prix-Sport, wurde eine Weltmeisterschaft geplant und notdürftig durchgeführt, wobei nur unzulängliche Angaben vorliegen. Als Wertungsläufe hatte man Ende 1927 noch die 500 Meilen von Indianapolis, den GP von Deutschland, den GP von Spanien, den GP von Belgien, den GP des ACF von Comminges und den GP von Europa in Monza vorgesehen. Regulär abgehalten wurden nur die 500 Meilen von Indianapolis, der GP von Spanien und der GP von Europa in Monza. Die GP von Deutschland und des ACF wurden nicht für GP-Wagen, sondern für Sportwagen ausgetragen (GP des ACF als Handicaprennen mit Zeitvorgaben), der GP von Belgien fand 1928 nicht statt.

Ein offizielles Schlußklassement der Weltmeisterschaft 1928 ist nicht veröffentlicht worden, in diversen Quellen wird der Monegasse **Louis Chiron**, der auf **Bugatti** die Großen Preise von Spanien und von Europa (Monza) 1928 gewonnen hat, als Weltmeister 1928 genannt. ob dieser Titel jemals einen offiziellen Wert besessen hat, läßt sich schwer festlegen.

Die Automobilweltmeister seit 1950

(Fahrerweltmeisterschaft)

Das Weltmeisterschafts-Wertungssystem – Der Titel eines Automobilweltmeisters wird von der FIA seit 1950 vergeben. Als Wertungsläufe zählen die der Formel-1-Konkurrenz (ausgenommen 1952/1953) offenstehenden Landes-Grand-Prix. Von 1950 bis 1959 wurden die ersten fünf Ränge eines Großen Preises mit den Punktezahlen 8, 6, 4, 3 und 2 honoriert; für die schnellste Runde gab es noch einen Punkt dazu. Wurde die schnellste Runde von zwei oder mehreren Konkurrenten gefahren, dann erfolgte eine entsprechende Aufteilung dieses Punktes. 1960 wurde der Punkt für die schnellste Runde aufgehoben, dafür wird seither für den sechsten Rang noch ein Punkt vergeben. 1961 ist die Punktezahl für den Sieg von 8 auf 9 erhöht worden. Wenn sich zwei Fahrer am Steuer eines Wagens ablösten, dann wurden die Rangpunkte geteilt. Ab 1958 wurde ein Rang nur dann in der Weltmeisterschaft bewertet, wenn ein Fahrzeug während des ganzen Rennens vom gleichen Piloten gefahren wurde. Schließlich hat man den Fahrerwechsel verboten. Seit 1991 bekommt der Sieger 10 Punkte.

Jahr	Weltmeister	Punkte	Zweiter	Punkte	Dritter	Punkte
1950	G. Farina (Alfa Romeo)	30	J. M. Fangio (Alfa Romeo)	27	L. Fagioli (Alfa Romeo)	24
1951	J. M. Fangio (Alfa Romeo)	31	A. Ascari (Ferrari)	25	J. F. Gonzalez (Ferrari)	24
1952	A. Ascari (Ferrari)	36	G. Farina (Ferrari)	24	P. Taruffi (Ferrari)	22
1953	A. Ascari (Ferrari)	34 1/2	J. M. Fangio (Maserati)	28	G. Farina (Ferrari)	26
1954	J. M. Fangio (Mercedes & Maserati)	42	J. F. Gonzalez (Ferrari)	25 1/7	J. M. Hawthorn (Ferrari)	24 1/2
1955	J. M. Fangio (Mercedes)	40	S. Moss (Mercedes)	23	E. Castellotti (Lancia & Ferrari)	12
1956	J. M. Fangio (Lancia-Ferrari)	30	S. Moss (Maserati)	27	P. Collins (Lancia-Ferrari)	25
1957	J. M. Fangio (Maserati)	40	S. Moss (Vanwall)	25	L. Musso (Lancia-Ferrari)	16
1958	J. M. Hawthorn (Ferrari)	42	S. Moss (Vanwall & Cooper)	41	C. A. S. Brooks (Vanwall)	24
1959	J. Brabham (Cooper)	31	C. A. S. Brooks (Ferrari)	27	S. Moss (Cooper & BRM)	25 1/2
1960	J. Brabham (Cooper)	43	B. McLaren (Cooper)	34	S. Moss (Lotus)	19
1961	P. Hill (Ferrari)	34	W, von Trips (Ferrari)	33	S. Moss (Lotus) & D. Gurney (Porsche)	21
1962	G. Hill (BRM)	42	J Clark (Lotus)	30	B. McLaren (Cooper)	27
1963	J. Clark (Lotus)	54	G. Hill (BRM)	29	R. Ginther (BRM)	28
1964	J. Surtees (Ferrari)	40	G. Hill (BRM)	39	J. Clark (Lotus)	32
1965	J. Clark (Lotus)	54	G. Hill (BRM)	40	J. Stewart (BRM)	33
1966	J. Brabham (Brabham)	42	J. Surtees (Ferrari & Cooper)	28	J. Rindt (Cooper)	22
1967	D. Hulme (Brabham)	51	J. Brabham (Brabham)	46	J. Clark (Lotus)	41
1968	G. Hill (Lotus)	48	J. Stewart (Matra)	36	D. Hulme (McLaren)	33
1969	J. Stewart (Matra)	63	J. Ickx (Brabham)	37	B. McLaren (McLaren)	26
1970	J. Rindt (Lotus)	45	J. Ickx (Ferrari)	40	G. Regazzoni (Ferrari)	33
1971	J. Stewart (Tyrrell)	62	R. Peterson (March)	33	F. Cevert (Tyrrell)	26
1972	E. Fittipaldi (Lotus)	61	J. Stewart (Tyrrell)	45	D. Hulme (McLaren)	39
1973	J. Stewart (Tyrrelt)	69	E. Fittipaldi (Lotus)	55	R. Peterson (Lotus)	52
1974	E. Fittipaldi (Lotus)	55	G. Regazzoni (Ferrari)	52	J. Scheckter (Tyrrell)	45
1975	N. Lauda (Ferrari)	64 1/2	E. Fittipaldi (McLaren)	45	C. Reutemann (Brabham)	37
1976	J. Hunt (McLaren)	69	N Lauda (Ferrari)	68	J. Scheckter (Tyrrell)	49
1977	N. Lauda (Ferrari)	72	J. Scheckter (Wolf)	55	M. Andretti (Lotus)	47
1978	M. Andretti (Lotus)	64	R. Peterson (Lotus)	51	C. Reutemann (Ferrari)	48
1979	J. Scheckter (Ferrari)	51	G. Villeneuve (Ferrari)	47	A. Jones (Williams)	40
1980	A. Jones (Williams)	67	N. Piquet (Brabham)	54	C. Reutemann (Williams)	42
1981	N. Piquet (Brabham)	50	C. Reutemann (Williams)	49	A. Jones (Williams)	46
1982	K. Rosberg (Williams)	44	D. Pironi (Ferrari) & J. Watson (McLaren)	39		
1983	N. Piquet (Brabham)	59	A. Prost (Renault)	57	R. Arnoux (Ferrari)	49
1984	N. Lauda (McLaren)	72	A. Prost (McLaren)	71 1/2	E. De Angelis (Lotus)	34
1985	A. Prost (McLaren)	76	M. Alboreto (Ferrari)	53	K. Rosberg (Williams)	40
1986	A. Prost (McLaren)	72	N. Mansell (Williams)	70	N. Piquet (Williams)	69
1987	N. Piquet (Williams)	73	N. Mansell (Williams)	61	A. Senna (Lotus)	57
1988	A. Senna (McLaren)	90	A. Prost (McLaren)	87	G. Berger (Ferrari)	41
1989	A. Prost (McLaren)	76	A. Senna (McLaren)	60	R. Patrese (Williams)	40
1990	A. Senna (McLaren)	78	A. Prost (Ferrari)	73	N. Piquet (Benetton)	43
1991	A. Senna (McLaren)	96	N. Mansell (Williams)	72	R. Patrese (Williams)	53
1992	N. Mansell (Williams)	108	R. Patrese (Williams)	56	M. Schumacher (Benetton)	53
1993	A. Prost (Williams)	99	A. Senna (McLaren)	73	D. Hill (Williams)	69
1994	M. Schumacher (Benetton)	92	D. Hill (Williams)	91	G. Berger (Ferrari)	41
1995	M. Schumacher (Benetton)	102	D. Hill (Williams)	69	D. Coulthard (Williams)	49
1996	D. Hill (Williams)	97	J. Villeneuve (Williams)	78	M. Schumacher (Ferrari)	59
1997	J. Villeneuve (Williams)	81	M. Schumacher (Ferrari)	78	H.-H. Frentzen (Williams)	42

Coupe der Formel-1-Konstrukteure

Jahr	Sieger	Pu n kte	Zweiter	Punkte	Dritter	Punkte
1958	Vanwall	48	Ferrari	40	Cooper	31
1959	Cooper	40	Ferrari	32	BRM	19
1960	Cooper	40	Lotus	32	Ferrari	24
1961	Ferrari	40	Lotus	32	Porsche	22
1962	BRM	42	Lotus	36	Cooper	29
1963	Lotus	54	BRM	36	Brabham	28
1964	Ferrari	45	BRM	42	Lotus	37
1965	Lotus	54	BRM	45	Brabham	27
1966	Brabham,	42	Ferrari	31	Cooper	30
1967	Brabham	67	Lotus	50	Cooper	28
1968	Lotus	62	McLaren	51	Matra	45
1969	Matra	66	Brabham	51	Lolus	47
1970	Lolus	59	Ferrari	55	March	48
1971	Tyrrell	73	BRM	36	March	34
1972	Lotus	61	Tyrrell	51	McLaren	47
1973	Lotus	92	Tyrrell	82	McLaren	58
1974	McLaren	73	Ferrari	65	Tyrrell	52
1975	Ferrari	72 1/2	Brabham	54	McLaren	53
1976	Ferrari	83	McLaren	74	Tyrrell	71
1977	Ferrari	95	Lotus	62	McLaren	60
1978	Lotus	86	Ferrari	85	Brabham	53
1979	Ferrari	113	Williams	75	Ligier	61
1980	Williams	120	Ligier	66	Brabham	55
1981	Williams	95	Brabham	61	Renault	54
1982	Ferrari	74	McLaren	69	Renault	62
1983	Ferrari	89	Renault	79	Brabham	72
1984	McLaren	143,5	Ferrari	57 1/2	Lotus	47
1985	McLaren	90	Ferrari	82	Lotus/Williams	71
1986	Williams	141	McLaren	96	Lotus	58
1987	Williams	137	McLaren	76	Lotus	64
1988	McLaren	199	Ferrari	65	Benetton	46
1989	McLaren	141	Williams	77	Ferrari	59
1990	McLaren	121	Ferrari	110	Benetton	71
1991	McLaren	139	Williams	125	Ferrari	48 1/2
1992	Williams	164	McLaren	99	Benetton	91
1993	Williams	168	McLaren	84	Benetton	72
1994	Williams	118	Benetton	103	Ferrari	71
1995	Benetton	137	Williams	112	Ferrari	73
1996	Williams	175	Ferrari	70	Benetton	68
1997	Williams	123	Ferrari	102	Benetton	67

Großer Preis von Europa

Jahr	Fahrer	Marke	Strecke	km/h
1923	Salamano	Fiat	Monza	146,502
1924	Campari	Alfa Romeo	Lyon	114,208
1925	Ant. Ascari	Alfa Romeo	Spa	119,952
1926	Goux	Bugatti	S. Sebastian	113,505
1927	Benoist	Delage	Monza	144,928
1928	Chiron	Bugatti	Monza	159,983
1930	Chiron	Bugatti	Spa	115,992
1947	Wimille	Alfa Romeo	Spa	153,426
1948	Trossi	Alfa Romeo	Bern	146,462
1949	Alb. Ascari	Ferrari	Monza	169,039
1950	Farina	Alfa Romeo	Silverstone	146,358
1951	Fangio	Alfa Romeo	Reims	178,593
1952	Alb. Ascari	Ferrari	Spa	165,964
1954	Fangio	Mercedes-Benz	Nürburgring	133,200
1955	Trintignant	Ferrari	Monaco	105,914
1956	Moss	Maserati	Monza	208,787
1957	Brooks-Moss	Vanwall	Aintree	139,680
1958	Brooks	Vanwall	Spa	209,090
1959	Brooks	Ferrari	Reims	205,079
1960	Ph. Hill	Ferrari	Monza	212,534
1961	Moss	Lotus-Climax	Nürburgring	148,600
1962	Gr. Hill	BRM	Zandvoort	153,595
1963	Gr. Hill	BRM	Monaco	116,555
1964	Clark	Lotus-Climax	Brands Hatch	151,500
1965	Clark	Lotus-Climax	Spa	188,550
1966	Brabham	Brabham-Repco	Reims	220,315
1967	Surtees	Honda	Monza	226,110
1968	Stewart	Matra-Ford	Nürburgring	138,8
1972	Fittipaldi	Lolus-Ford	Brands Hatch	180,34
1973	Stewart	Tyrrell-Ford	Zolder	173,384
1974	Regazzoni	Ferrari	Nürburgring	188,825
1975	Brambilla	March-Ford	Zeltweg	177,317
1976	Hunt	McLaren-Ford	Zandvoort	181,351
1977	Hunt	McLaren-Ford	Silverstone	209,790
1983	Piquet	Brabham-BMW	Brands Hatch	198,254
1984	Prost	McLaren-TAG	Nürburgring	191,151
1985	Mansell	Williams-Honda	Brands Hatch	203,580
1993	Senna	McLaren-Ford	Donington	165,603
1994	M. Schumacher	Benetton-Ford	Jerez	182,507
1995	M. Schumacher	Benetton-Renault	Nürburgring	183,180
1996	J. Villeneuve	Williams-Renault	Nürburgring	196,006
1997	Häkkinen	McLaren-Mercedes	Jerez	185,240

Großer Preis von Argentinien

Jahr	Fahrer	Marke	km/h
1953	Ascari	Ferrari	125,7
1954	Fangio	Maserati	112,9
1955	Fangio	Mercedes-Benz	124,7
1956	Fangio-Musso	Ferrari-Lancia	127,6
1957	Fangio	Maserati	129,7
1958	Moss	Cooper-Climax	134,6
1960	McLaren	Cooper-Climax	133,3
1971	Amon	Matra	159,6
1972	Siewart	Tyrreil-Ford	161,5
1973	E. Fittipaldi	Lolus-Ford	165,7
1974	Hulme	McLaren-Ford	187,8
1975	E. Fittipaldi	McLaren-Ford	190,9
1977	Scheckter	Wolf-Ford	189,4
1978	Andretti	Lolus-Ford	191,8
1979	Laffite	Ligier-Ford	197,58
1980	Jones	Williams-Ford	182,443
1981	Piquet	Brabham-Ford	200,73
1995	D. Hill	Williams-Renault	162,385
1996	D. Hill	Williams-Renault	160,013
1997	J. Villeneuve	Williams-Renault	164,155

Alle Auflagen des Rennens haben in Buenos Aires stattgefunden.

Großer Preis von Australien

Jahr	Fahrer	Marke	Strecke
1928	Waite	Austin	Phillip Island
1929	Terdich	Bugatti	Phillip Islandd
1930	Thompson	Bugatti	Phillip Island
1931	Junker	Bugatti	Phillip Island
1932	Thompson	Bugatti	Phillip Island
1933	Thompson	Riloy	Phillip Island
1934	Lea-Wright	Singer	Phillip Island
1935	Murphy	MG	Phillip Island
1936	Murphy	MG	Victor Harbour
1938	Whitehead	ERA	Bathurst
1939	Tomlinson	MG	Lobethal
1947	Murray	MG	Bathurst
1948	Pran	BMW	Point Cook
1949	Crouch	Delahaye	Leyburn
1950	Whiteford	Ford	Nuriootpa
1951	Pratley	G Reed Special	Narrogin
1952	Whiteford	Talbot	Bathurst
1953	Whiteford	Talbot	Albert Park
1954	Davison	HWM-Jaguar	Southport
1955	Brabham	Cooper-Bristol	Port Wakefield
1956	Moss	Maserati	Albert Park
1957	Davison	Ferrari	Caversham
1958	Davison	Ferrari	Bathurst
1959	Jones	Maserati	Longford
1960	Mildren	Cooper-Maserati	Lowood
1961	Davison	Cooper-Climax	Mallala
1962	McLaren	Cooper-Climax	Caversham
1963	Brabham	Brabham-Climax	Warwick Farm
1964	Brabham	Brabham-Climax	Sandown Park

Jahr	Fahrer	Marke	Strecke
1965	McLaren	Cooper-Climax	Longford
1966	G. Hill	BRM	Lakeside
1967	Stewart	BRM	Warwick Farm
1968	Clark	Lotus-Ford	Sandown Park
1969	Amon	Ferrari	Lakeside
1970	Matich	McLaren-Repco	Warwick Farm
1971	Matich	Matich-Repco	Warwick Farm
1972	McRae	Leda-Chevrolet	Sandown Park
1973	McRae	McRae-Chevrolet	Sandown Park
1974	Stewart	Lola-Chevrolet	Oran Park
1975	Stewart	Lola-Chevrolet	Surfers Paradise
1976	Goss	Matich-Repco	Sandown Park
1977	Brown	Lola-Chevrolet	Oran Park
1978	McRae	McRae-Chevrolet	Sandown Park
1979	Walker	Lola-Chevrolet	Wanneroo
1980	Jones	Williams-Ford	Calder
1981	Moreno	Ralt-Ford	Calder
1982	Prost	Ralt-Ford	Calder
1983	Moreno	Ralt-Ford	Calder
1984	Moreno	Ralt-Ford	Calder
1985	Rosberg	Williams-Honda	Adelaide
1986	Prost	McLaren-TAG	Adelaide
1987	Berger	Ferrari	Adelaide
1988	Prost	McLaren-Honda	Adelaide
1989	Boutsen	Williams-Renault	Adelaide
1990	Piquet	Benetton-Ford	Adelaide
1991	Senna	McLaren-Honda	Adelaide
1992	Berger	McLaren-Honda	Adelaide
1993	Senna	McLaren-Ford	Adelaide
1994	Mansell	Williams-Renault	Adelaide
1995	D. Hill	Williams-Renault	Adelaide
1996	D. Hill	Williams-Renault	Melbourne
1997	Coulthard	McLaren-Mercedes	Merbourne

Großer Preis von Belgien

Jahr	Fahrer	Marke	Strecke	km/h
1925	Antonio Ascari	Alfa Romeo	Spa	119,800
1930	Chiron	Bugatti	Spa	116,100
1931	»Williams«	Bugatti	Spa	132,000
1933	Nuvolari	Maserati	Spe	143,700
1934	Dreyfus	Bugatti	Spa	139,900
1935	Caracciola	Mercedes-Benz	Spa	157,600
1937	Hasse	Auto Union	Spa	167,600
1939	Lang	Mercedes-Benz	Spa	151,900
1946	Chaboud	Delage	Brüssel	106,200
1947	Wimille	Alfa Romeo	Spa	153,400
1949	Rosier	Talbot	Spa	156,100
1950	Fangio	Alfa Romeo	Spa	177,100
1951	Farina	Alfa Romeo	Spa	183,900
1952	Alberto Ascari	Ferrari	Spa	165,900
1953	Alberto Ascari	Ferrari	Spa	180,900
1954	Fangio	Maserati	Spa	185,200
1955	Fangio	Mercedes-Benz	Spa	191,200
1956	Collins	Ferrari-Lancia	Spa	190,600
1958	Brooks	Vanwall	Spa	209,100
1960	Brabham	Cooper-Climax	Spa	215,000
1961	Ph. Hill	Ferrari	Spa	206,200
1962	Clark	Lotus-Climax	Spa	212,300
1963	Clark	Lotus-Climax	Spa	183,600
1964	Clark	Lotus-Climax	Spa	213,700
1965	Clark	Lotus-Climax	Spa	188,500
1966	Surtees	Ferrari	Spa	183,400
1967	Gurney	Eagle-Weslake	Spa	234,900
1968	McLaren	McLaren-Ford	Spa	236,800
1970	Rodriguez	BRM	Spa	241,300
1972	E. Fittipaldi	Lotus-Ford	Nivelles	182,400
1973	Stewart	Tyrrell-Ford	Zolder	173,380
1974	E. Fittipaldi	McLaren-Ford	Nivelles	182,010
1975	Lauda	Ferrari	Zolder	172,280
1976	Lauda	Ferrari	Zolder	173,980
1977	Nilsson	Lotus-Ford	Zolder	155,520
1978	Andretti	Lotus-Ford	Zolder	179,240
1979	Scheckter	Ferrari	Zolder	179,018

Jahr	Fahrer	Marke	Strecke	km/h
1980	Pironi	Ligier-Ford	Zolder	186,402
1981	Reutemann	Williams-Ford	Zolder	180,445
1982	Watson	McLaren-Ford	Zolder	187,047
1983	Prost	Renault	Spa	191,729
1984	Alboreto	Ferrari	Zolder	185,430
1985	Senna	Lotus-Renault	Spa	189,810
1986	Mansell	Williams-Honda	Spa	203,548
1987	Prost	McLaren-TAG	Spa	205,680
1988	Senna	McLaren-Honda	Spa	203,447
1989	Senna	McLaren-Honda	Spa	181,576
1990	Senna	McLaren-Honda	Spa	211,729
1991	Senna	McLaren-Honda	Spa	209,883
1992	M. Schumacher	Benetton-Ford	Spa	191,429
1993	Hill	Williams-Renault	Spa	217,795
1994	Hill	Williams-Renault	Spa	208,170
1995	M. Schumacher	Benetton-Renault	Spa	190,204
1996	M. Schumacher	Ferrari	Spa	208,442
1997	M. Schumacher	Ferrari	Spa	196,149

Großer Preis von Brasilien

Jahr	Fahrer	Marke	Strecke	km/h
1973	E. Fittipaldi	Lotus-Ford	Interlagos	183,860
1974	E. Fittipaldi	McLaren-Ford	Interlagos	183,520
1975	Pace	Brabham-Ford	Interlagos	182,480
1976	Lauda	Ferrari	Interlagos	181,470
1977	Reutemann	Ferrari	Interlagos	181,700
1978	Reutemann	Ferrari	Jacarepaguá	172,880
1979	Laffite	Ligier-Ford	Interlagos	188,669
1980	Arnoux	Renault	Interlagos	188,933
1981	Reutemann	Willams-Ford	Jacarepaguá	155,450
1982	Prost	Renault	Jacarepaguá	181,892
1983	Piquet	Brabham-BMW	Jacarepaguá	175,334
1984	Prost	McLaren-TAG	Jacarepaguá	179,511
1985	Prost	McLaren-TAG	Jacarepaguá	181,520
1986	Piquet	Williams-Honda	Jacarepaguá	184,980
1987	Prost	McLaren-TAG	Jacarepaguá	184,592
1988	Prost	McLaren-Honda	Jacarepaguá	188,438
1989	Mansell	Ferrari	Jacarepaguá	186,034
1990	Prost	Ferrari	Interlagos	189,252
1991	Senna	McLaren-Honda	Interlagos	187,110
1992	Mansell	Williams-Renault	Interlagos	190,209
1993	Senna	McLaren-Ford	Interlagos	165,601
1994	M. Schumacher	Benetton-Ford	Interlagos	192,632
1995	M. Schumacher	Benetton-Renault	Interlagos	188,919
1996	D. Hill	Williams-Renault	Interlagos	167,673
1997	J. Villeneuve	Williams-Renault	Interlagos	192,905

Großer Preis von Deutschland

Jahr	Fahrer	Marke	km/h
1926*	Caracciola	Mercedes-Benz	135,100
1927*	Merz	Mercedes-Benz	102,000
1928*	Caracciola-Werner	Mercedes-Benz	103,800
1929	Chiron	Bugatti	106,900
1931	Caracciola	Mercedes-Benz	108,300
1932	Caracciola	Alfa Romeo	119,300
1934	Stuck	Auto Union	123,000
1935	Nuvolari	Alfa Romeo	121,100
1936	Rosemeyer	Auto Union	131,600
1937	Caracciola	Mercedes-Benz	133,200
1938	Seaman	Mercedes-Benz	129,800
1939	Caracciola	Mercedes-Benz	121,100
1950**	Alb. Ascari	Ferrari	125,000
1951**	Alb. Ascari	Ferrari	134,800
1952**	Alb. Ascari	Ferrari	132,300
1953	Farina	Ferrari	135,000
1954	Fangio	Mercedes-Benz	133,200
1956	Fangio	Ferrari-Lancia	137,700
1957	Fangio	Maserati	142,900
1958	Brooks	Vanwall	145,400
1959	Brooks	Ferrari	231,700

Jahr	Fahrer	Marke	km/h
1960**	Bonnier	Porsche	129,200
1961	Moss	Lotus-Climax	148,600
1962	G. Hill	BRM	129,200
1963	Surtees	Ferrari	154,200
1964	Surtees	Ferrari	155,400
1965	Clark	Lotus-Climax	160,600
1966	Brabham	Brabham-Repco	139,600
1967	Hulme	Brabham-Repco	163,300
1968	Stewart	Matra-Ford	139,800
1969	Ickx	Brabham-Ford	174,500
1970	Rindt	Lotus-Ford	199,400
1971	Stewart	Tyrrell-Ford	184,200
1972	Ickx	Ferrari	187,700
1973	Stewart	Tyrrell-Ford	187,950
1974	Regazzoni	Ferrari	188,820
1975	Reutemann	Brabham-Ford	189,470
1976	Hunt	McLaren-Ford	188,590
1977	Lauda	Ferrari	208,530
1978	Andretti	Lotus-Ford	208,230
1979	Jones	Williams-Ford	216,092
1980	Laffite	Ligier-Ford	220,826
1981	Piquet	Brabham-Ford	213,325
1982	Tambay	Ferrari	209,929
1983	Arnoux	Ferrari	210,525
1984	Prost	McLaren-TAG	211,803
1985	Alboreto	Ferrari	191,140
1986	Piquet	Williams-Honda	218,463
1987	Piquet	Williams-Honda	220,394
1988	Senna	McLaren-Honda	193,148
1989	Senna	McLaren-Honda	224,566
1990	Senna	McLaren-Honda	227,334
1991	Mansell	Williams-Renault	231,028
1992	Mansell	Williams-Renault	234,798
1993	Prost	Williams-Renault	233,861
1994	Berger	Ferrari	222,970
1995	M. Schumacher	Benetton-Renault	222,130
1996	D. Hill	Williams-Renault	225,410
1997	Berger	Benetton-Renault	227,478

* Sportwagen; ** Formel 2

Grundsätzlich hat der Große Preis von Deutschland bis und mit 1976 auf dem Nürburgring stattgefunden; Ausnahmen: 1926 und 1959 Avus, 1970 Hockenheim. Von 1977 bis 1984 ist das Rennen in Hockenheim gelaufen; 1985 auf dem neuen Nürburgring und ab 1986 wieder in Hockenheim.

Großer Preis von England

Jahr	Fahrer	Marke	Strecke	km/h
1926	Senechal-Wagner	Delage	Brooklands	115,200
1927	Benoist	Delage	Brooklands	137,700
1948	Villoresi	Maserati	Silverstone	116,300
1949	De Graffenried	Maserati	Silverstone	124,400
1950	Farina	Alfa Romeo	Silverstone	146,300
1951	Gonzalez	Ferrari	Silverstone	155,900
1952	Alb. Ascari	Ferrari	Silverstone	146,300
1953	Alb. Ascari	Ferrari	Silverstone	149,000
1954	Gonzalez	Ferrari	Silverstone	144,300
1955	Moss	Mercedes-Benz	Aintree	139,200
1956	Fangio	Ferrari-Lancia	Silverstone	158,600
1957	Brooks-Moss	Vanwall	Aintree	139,600
1958	Collins	Ferrari	Silverstone	164,300
1959	Brabham	Cooper-Climax	Aintree	144,600
1960	Brabham	Cooper-Climax	Silverstone	174,900
1961	Von Trips	Ferrari	Aintree	135,000
1962	Clark	Lotus-Climax	Aintree	148,400
1963	Clark	Lotus-Climax	Silverstone	173,400
1964	Clark	Lotus-Climax	Brands Hatch	151,500
1965	Clark	Lotus-Climax	Silverstone	180,200
1966	Brabham	Brabham-Repco	Brands Hatch	153,600
1967	Clark	Lotus-Ford	Silverstone	189,300
1968	Siffert	Lotus-Ford	Brands Hatch	168,700
1969	Stewart	Matra-Ford	Silverstone	204,800
1970	Rindt	Lotus-Ford	Brands Hatch	174,900
1971	Stewart	Tyrrell-Ford	Silverstone	210,000
1972	E. Fittipaldi	Lotus-Ford	Brands Hatch	180,300
1973	Revson	McLaren-Ford	Silverstone	212,030
1974	Scheckter	Tyrrell-Ford	Brands Hatch	186,250
1975	E. Fittipaldi	McLaren-Ford	Silverstone	193,120
1976	Lauda	Ferrarl	Brands Hatch	183,810
1977	Hunt	McLaren-Ford	Silverstone	209,790
1978	Reutemann	Ferrari	Brands Hatch	187,660
1979	Regazzoni	Williams-Ford	Silverstone	223,370
1980	Jones	Williams-Ford	Brands Haich	202,279
1981	Watson	McLaren-Ford	Silverstone	221,525
1982	Lauda	McLaren-Ford	Brands Hatch	200,745
1983	Prost	Renault	Silverstone	224,069
1984	Lauda	McLaren-TAG	Brands Hatch	200,298
1985	Prost	McLaren-TAG	Silverstone	235,420
1986	Mansell	Williams-Honda	Brands Hatch	208,853
1987	Mansell	Williams-Honda	Silverstone	235,297
1988	Senna	McLaren-Honda	Silverstone	199,744
1989	Prost	McLaren-Honda	Silverstone	231,168
1990	Prost	Ferrari	Silverstone	233,712
1991	Mansell	Williams-Renault	Silverstone	211,190
1992	Mansell	Williams-Renault	Silverstone	215,828
1993	Prost	Williams-Renault	Silverstone	216,030
1994	Hill	Williams-Renailt	Silverstone	202,144
1995	Herbert	Benetton-Renault	Silverstone	195,682
1996	J. Villeneuve	Williams-Renault	Silverstone	199,576
1997	J. Villeneuve	Williams-Renault	Silverstone	206,703

Großer Preis von Frankreich

(bis 1967 Grand Prix de l'Automobile Club de France)

Jahr	Fahrer	Marke	Strecke	km/h
1906	Szisz	Renault	Le Mans	101,200
1907	Nazzaro	Fiat	Dieppe	113,600
1908	Lautenschlager	Mercedes	Dieppe	111,100
1912	Boillot	Peugeot	Dieppe	110,200
1913	Boillot	Peugeot	Amiens	116,000
1914	Lautenschlager	Mercedes	Lyon	105,500
1921	Murphy	Duesenberg	Le Mans	126,600
1922	Nazzaro	Fiat	Straßburg	127,600
1923	Segrave	Sunbeam	Tours	121,200
1924	Campari	Alfa Romeo	Lyon	114,200
1925	Benoist	Delage	Montlhéry	112,200
1926	Goux	Bugatti	Miramas	109,600
1927	Benoist	Delage	Montlhéry	126,000
1928	»Williams«	Bugatti	Comminges	136,500
1929	»Williams«	Bugatti	La Sarthe	133,000
1930	Etancelin	Bugatti	Pau	145,400
1931	Chiron-Varzi	Bugatti	Montlhéry	125,800
1932	Nuvolari	Alfa Romeo	Reims	148,500
1933	Campari	Maserati	Montlhéry	131,100
1934	Chiron	Alfa Romeo	Montlhéry	136,800
1935	Caracciola	Mercedes-Benz	Montlhéry	124,500
1936	Wimille-Sommer	Bugatti	Montlhéry	125,200
1937	Chiron	Talbot	Montlhéry	132,700
1938	Von Brauchitsch	Mercedes-Benz	Reims	162,700
1939	Müller	Auto Union	Reims	169,300
1947	Chiron	Talbot	Lyon-Parilly	125,600
1948	Wimille	Alfa Romeo	Reims	165,600
1949	Chiron	Talbot	Reims	160,800
1950	Fangio	Alfa Romeo	Reims	168,700
1951	Fagioli-Fangio	Alia Romeo	Reims	178,500
1952	Alb. Ascari	Ferrari	Rouen-Les Essarts	128,900
1953	Hawthorn	Ferrari	Reims	182,800
1954	Fangio	Mercedes-Benz	Reims	186,600
1956	Collins	Ferraci-Lancia	Reims	196,800
1957	Fangio	Maserati	Rouen-Les Essarts	190,900
1958	Hawthorn	Ferrari	Reims	201,800
1959	Brooks	Ferrari	Reims	205,000
1960	Brabham	Cooper-Climax	Reims	212,100
1961	Baghetti	Ferrari	Reims	192,800
1962	Gurney	Porsche	Rouen-Les Essarts	166,100
1963	Clark	Lotus-Climax	Reims	201,600
1964	Gurney	Brabham-Climax	Rouen-Les Essarts	175,000
1965	Clark	Lotus-Climax	Clermont-Ferrand	143,500

Jahr	Fahrer	Marke	Strecke	km/h
1966	Brabham	Brabham-Repco	Reims	220,300
1967	Brabham	Brabham-Repco	Le Mans	159,200
1968	Ickx	Ferrari	Rouen-Les Essarts	161,600
1969	Stewart	Matra-Ford	Clermont-Ferrand	157,300
1970	Rindt	Lotus-Ford	Clermont-Ferrand	158,400
1971	Stewart	Tyrrell-Ford	Le Castellet	183,300
1972	Stewart	Tyrrell-Ford	Clermont-Ferrand	163,400
1973	Peterson	Lotus-Ford	Le Castellet	185,270
1974	Peterson	Lotus-Ford	Dijon	192,720
1975	Lauda	Ferrari	Le Castellet	187,650
1976	Hunt	McLaren-Ford	Le Castellet	186,420
1977	Andretti	Lotus-Ford	Dijon	183,010
1978	Andretti	Lotus-Ford	Le Castellet	190,400
1979	Jabouille	Renault	Dijon	191,315
1980	Jones	Williams-Ford	Le Castellet	203,016
1981	Prost	Renault	Dijon	190,392
1982	Arnoux	Renault	Le Castellet	201,215
1983	Prost	Renault	Le Castellet	199,767
1984	Lauda	McLaren-TAG	Dijon	202,023
1985	Piquet	Brabham-BMW	Le Castellet	201,320
1986	Mansell	Williams-Honda	Le Castellet	188,062
1987	Mansell	Williams-Honda	Le Castellet	188,560
1988	Prost	McLaren-Honda	Le Castellet	187,482
1969	Prost	McLaren-Honda	Le Castellet	185,830
1990	Prost	Ferrari	Le Castellet	195,761
1991	Mansell	Williams-Renault	Magny-Cours	188,271
1992	Mansell	Williams-Renault	Magny-Cours	179,283
1993	Prost	Williams-Renault	Magny-Cours	186,231
1994	Schumacher	Benetton-Ford	Magny-Cours	186,216
1995	Schumacher	Benetton-Renault	Magny-Cours	186,446
1996	D. Hill	Williams-Renault	Magny-Cours	190,183
1997	Schumacher	Ferrari	Magny-Cours	185,639

Großer Preis von Holland

Jahr	Fahrer	Marke	km/h
1950	Rosier	Talbot	123,320
1951	Rosier	Talbot	126,260
1952	Alb. Ascari	Ferrari	130,570
1953	Alb. Ascari	Ferrari	130,420
1955	Fangio	Mercedes-Benz	144,260
1958	Moss	Vanwall	151,150
1959	Bonnier	BRM	150,400
1960	Brabham	Cooper-Climax	154,920
1961	Von Trips	Ferrari	154,820
1962	G. Hill	BRM	153,590
1963	Clark	Lotus-Climax	156,950
1964	Clark	Lotus-Climax	157,740
1965	Clark	Lotus-Climax	162,300
1966	Brabham	Brabham-Repco	161,000
1967	Clark	Lotus-Ford	168,090
1968	Stewart	Matra-Ford	136,240
1969	Stewart	Matra-Ford	178,710
1970	Rindt	Lotus-Ford	181,780
1971	Ickx	Ferrari	151,400
1973	Stewart	Tyrrell-Ford	184,020
1974	Lauda	Ferrari	184,620
1975	Hunt	Hesketh-Ford	177,810
1976	Hunt	McLaren-Ford	181,340
1977	Lauda	Ferrari	186,880
1978	Andretti	Lotus-Ford	188,170
1979	Jones	Williams-Ford	187,674
1980	Piquet	Brabham-Ford	186,995
1981	Prost	Renault	183,014
1982	Pironi	Ferrari	187,331
1983	Arnoux	Ferrari	186,107
1984	Prost	McLaren-TAG	186,050
1985	Lauda	McLaren-TAG	193,089

Alle Rennen haben in Zandvoort stattgefunden.

Großer Preis von Italien

Jahr	Fahrer	Marke	km/h
1921	Goux	Ballot	144,700
1922	Bordino	Fiat	139,800
1923	Salamano	Fiat	146,500
1924	Ant. Ascari	Alfa Romeo	158,800
1925	Brilli Peri	Alfa Romeo	152,500
1926	Charavel	Bugatti	138,200
1927	Benoist	Delage	144,900
1928	Chiron	Bugatti	159,800
1930	Varzi	Maserati	150,400
1931	Campari-Nuvolari	Alfa Romeo	155,700
1932	Nuvolari	Alfa Romeo	167,500
1933	Fagioli	Alfa Romeo	174,700
1934	Fagioli-Caracciola	Mercedes-Benz	105,100
1935	Stuck	Auto Union	137,000
1936	Rosemeyer	Auto Union	135,300
1937	Caracciola	Mercedes-Benz	131,300
1938	Nuvolari	Auto Union	155,500
1947	Trossi	Alfa Romeo	113,700
1948	Wimille	Alfa Romeo	113,100
1949	Alb. Ascari	Ferrari	169,300
1950	Farina	Alfa Romeo	176,000
1951	Alb. Ascari	Ferrari	185,900
1952	Alb. Ascari	Ferrari	177,000
1953	Fangio	Maserati	178,100
1954	Fangio	Mercedes-Benz	180,200
1955	Fangio	Mercedes-Benz	206,700
1956	Moss	Maserati	208,700
1957	Moss	Vanwall	193,500
1958	Brooks	Vanwall	195,000
1959	Moss	Cooper-Climax	200,100
1960	P. Hill	Ferrari	212,500
1961	P. Hill	Ferrari	209,300
1962	G. Hill	BRM	198,900
1963	Clark	Lotus-Climax	205,500
1964	Surtees	Ferrari	205,600
1965	Stewart	BRM	209,900
1966	Scarfiotti	Ferrari	218,700
1967	Surtees	Honda	226,100
1968	Hulme	McLaren-Ford	234,000
1969	Stewart	Matra-Ford	236,500
1970	Regazzoni	Ferrarl	242,900
1971	Gethin	BRM	242,600
1972	E. Fittipaldi	Lotus-Ford	211,800
1973	Peterson	Lotus-Ford	213,450
1974	Peterson	Lotus-Ford	217,420
1975	Regazzoni	Ferrari	218,030
1916	Peterson	March-Ford	199,750
1977	Andretti	Lotus-Ford	206,020
1978	Lauda	Brabham-Alfa Romeo	207,520
1979	Scheckter	Ferrari	212,185
1980	Piquet	Brabham-Ford	183,440
1981	Prost	Renault	209,045
1982	Arnoux	Renault	219,534
1983	Piquet	Brabham-BMW	217,549
1984	Lauda	McLaren-TAG	220,514
1985	Prost	McLaren-TAG	227,560
1986	Piquet	Williams-Honda	228,373
1987	Piquet	Williams-Honda	232,636
1988	Berger	Ferrari	228,528
1989	Prost	McLaren-Honda	232,119
1990	Senna	McLaten-Honda	236,569
1541	Mansell	Williams-Renault	236,749
1992	Senna	McLaren-Honda	235,669
1993	Hill	Williams-Renault	239,144
1994	Hill	Williams-Renault	236,322
1995	Herbert	Benetton-Renault	233,844
1996	Schumacher	Ferrari	236,034
1997	Coulthard	McLaren-Mercedes	238,036

Großer Preis von Japan

Jahr	Fahrer	Marke	Strecke	km/h
1963	Warr	Lotus	Suzuka	130,050
1964	Shikiba	Porsche	Suzuka	126,560
1965	Sunako	Prince	Fuji	166,290
1967	Ikuzawa	Porsche	Fuji	173,240
1968	Kitano	Nissan	Fuji	183,290
1969	Kurosawa	Nissan	Fuji	194,230
1971	Nagamatsu	Colt	Fuji	183,820
1972	Surtees	Surtees	Fuji	190,530
1973	Kurosawa	March	Fuji	185,220
1975	Hasemi	March	Fuji	177,130
1976	Andretti	Lotus-Ford	Fuil	183,570
1977	Hunt	McLaren-Ford	Fuji	207,840
1987	Berger	Ferrari	Suzuka	192,847
1988	Senna	McLaren-Honda	Suzuka	191,880
1989	Nannini	Benetton-Ford	Suzuka	195,907
1990	Piquet	Benetton-Ford	Suzuka	196,923
1991	Berger	McLaren-Honda	Suzuka	202,298
1992	Patrese	Williams-Renault	Suzuka	200,168
1993	Senna	McLaren-Ford	Suzuka	185,612
1994	Hill	Williams-Renault	Suzuka	151,796
1995	Schumacher	Benetton-Renault	Suzuka	192,346
1996	Hill	Williams-Renault	Suzuka	197,520
1997	Schumacher	Ferrari	Suzuka	207,232

Großer Preis von Kanada

Jahr	Fahrer	Marke	Strecke	km/h
1967	Brabham	Brabham-Repco	Mosport	133,010
1968	Hulme	McLaren-Ford	Mt-Tremblant	156,500
1969	Ickx	Brabham-Ford	Mosport	181,470
1970	Ickx	Ferrari	Mt-Temblant	162,960
1971	Stewart	Tyrrell-Ford	Mosport	131,900
1972	Stewart	Tyrrell-Ford	Mosport	183,900
1973'	Revson	McLaren-Ford	Mosport	159,530
1974	E. Fittipaldi	McLaren-Ford	Mosport	189,130
1976	Hunt	McLaren-Ford	Mosport	189,650
1977	Scheckter	Wolf-Ford	Mosport	187,720
1978	Villeneuve	Ferrari	Montreal	160,410
1979	Jones	Williams-Ford	Montreal	169,926
1980	Jones	Williams-Ford	Montreal	173,490
1981	Laffite	Ligier-Matra	Montreal	137,290
1982	Piquet	Brabham-BMW	Montreal	173,655
1983	Arnoux	Ferrari	Montreal	170,660
1984	Piquet	Brabham-BMW	Montreal	174,085
1985	Alboreto	Ferrari	Montreal	174,680
1986	Mansell	Williams-Honda	Montreal	178,225
1988	Senna	McLaren-Honda	Montreal	182,152
1989	Boutsen	Williams-Renault	Montreal	149,707
1990	Senna	McLaren-Honda	Montreal	179,114
1991	Piquet	Benetton-Ford	Montreal	185,520
1992	Berger	McLaren-Honda	Montreal	187,100
1993	Prost	Williams-Renault	Montreal	189,667
1994	Schumacher	Benetton-Ford	Montreal	176,244
1995	Alesi	Ferrari	Montreal	172,173
1996	D. Hill	Williams-Renault	Montreal	190,541
1997	Schumacher	Ferrari	Montreal	184,404

Großer Preis des Pazifiks

Jahr	Fahrer	Marke	km/h
1994	Schumacher	Benetton-Ford	173,900
1995	Schumacher	Benetton-Renault	169,443

Die Rennen haben in Aida (Japan) stattgefunden.

Großer Preis von San Marino

Jahr	Fahrer	Marke	km/h
1981	Piquet	Brabham-Ford	162,873
1982	Pironi	Ferrari	187,732
1983	Tambay	Ferrari	185,381
1984	Prost	McLaren-TAG	187,254
1985	De Angelis	Lotus-Renault	191,790
1986	Prost	McLaren-TAG	196,208
1987	Mansell	Williams-Honda	193,807
1988	Senna	McLaren-Honda	195,754
1989	Senna	McLaren-Honda	201,939
1990	Patrese	Williams-Renault	202,876
1991	Senna	McLaren-Honda	193,671
1992	Mansell	Williams-Renault	204,598
1993	Prost	Williams-Renault	197,625
1994	Schumacher	Benetton-Ford	198,234
1995	D. Hill	Williams-Renault	181,922
1996	D. Hill	Williams-Renault	193,761
1997	Frentzen	Williams-Renault	201,509

Alle Rennen haben in Imola stattgefunden.

Großer Preis von Marokko

Jahr	Fahrer	Marke	Strecke	km/h
1957	Behra	Maserati	Casablanca	180,283
1958	Moss	Vanwall	Casablanca	187,033

Großer Preis von Mexiko

Jahr	Fahrer	Marke	km/h
1962	Clark	Lotus-Climax	145,340
1963	Clark	Lotus-Climax	150,120
1964	Gurney	Brabham-Climax	150,180
1965	Ginther	Honda	151,700
1966	Surtees	Cooper-Maserati	154,040
1967	Clark	Lotus-Ford	163,220
1968	G. Hill	Lotus-Ford	167,050
1969	Hulme	McLaren-Ford	170,840
1970	Ickx	Ferrari	171,800
1986	Berger	Benetton-BMW	193,300
1987	Mansell	Williams-Honda	193,411
1988	Prost	McLaren-Honda	196,898
1989	Senna	McLaren-Honda	191,941
1990	Prost	Ferrari	197,664
1991	Patrese	Williams-Renault	197,757
1992	Mansell	Williams-Renault	199,176

Alle Rennen haben in Mexiko-City stattgefunden.

Großer Preis von Monaco

Jahr	Fahrer	Marke	km/h
1929	»Williams«	Bugatti	80,190
1930	Dreyfus	Bugatti	86,310
1931	Chiron	Bugatti	87,060
1932	Nuvolari	Alfa Romeo	89,820
1933	Varzi	Bugatti	91,800
1934	Moll	Alfa Romeo	90,200
1935	Fagioli	Mercedes-Benz	93,600
1936	Caracciola	Mercedes-Benz	83,190
1937	Von Brauchitsch	Mercedes-Benz	101,810
1948	Farina	Maserati	96,140
1950	Fangio	Alfa Romeo	98,700
1952	Marzotto	Ferrari (S)	93,660
1955	Trintignant	Ferrari	105,910
1956	Moss	Maserati	104,510
1957	Fangio	Maserati	104,160
1958	Trintignant	Cooper-Climax	109,410
1959	Brabham	Cooper-Climax	107,360
1960	Moss	Lotus-Climax	108,590
1961	Moss	Lotus-Climax	113,780

Jahr	Fahrer	Marke	km/h
1962	McLaren	Cooper-Climax	113,390
1963	G. Hill	BRM	116,550
1964	G. Hill	BRM	116,910
1965	G. Hill	BRM	119,630
1966	Stewart	BRM	123,130
1967	Hulme	Brabham-Repco	122,140
1968	G. Hill	Lotus-Ford	125,230
1969	G. Hill	Lotus-Ford	129,030
1970	Rindt	Lotus-Ford	131,170
1971	Stewart	Tyrrell-Ford	134,350
1972	Beltoise	BRM	102,750
1973	Stewart	Tyrrell-Ford	130,290
1974	Peterson	Lotus-Ford	129,940
1975	Lauda	Ferrari	121,550
1976	Lauda	Ferrari	129,320
1977	Scheckter	Wolf-Ford	128,110
1978	Depailler	Tyrrell-Ford	129,320
1979	Scheckter	Ferrari	130,901
1980	Reutemann	Williams-Ford	130,677
1981	Villeneuve	Ferrari	132,030
1982	Patrese	Brabham-Ford	132,262
1983	Rosberg	Williams-Ford	129,486
1984	Prost	McLaren-TAG	100,775
1985	Prost	McLaren-TAG	138,430
1986	Prost	McLaren-TAG	134,634
1987	Senna	Lotus-Honda	132,102
1988	Prost	McLaren-Honda	132,797
1989	Senna	McLaren-Honda	135,401
1990	Senna	McLaren-Honda	138,097
1991	Senna	McLaren-Honda	137,785
1992	Senna	McLaren-Honda	140,329
1993	Senna	McLaren-Ford	138,837
1994	Schumacher	Benetton-Ford	141,691
1995	Schumacher	Benetton-Renault	137,604
1996	Panis	Ligier-Mugen/Honda	124,014
1997	Schumacher	Ferrari	104,264

Großer Preis von Österreich

Jahr	Fahrer	Marke	km/h
1957	Vogel	Porsche (S)	132,000
1958	Von Trips	Porsche (S)	121,500
1959	March	Cooper (F2)	131,100
1960	Moss	Porsche (F2)	141,000
1961	Ireland	Lotus (F2)	147,600
1963	Brabham	Brabham-Climax	155,000
1964	Bandini	Ferrari	159,600
1970	Ickx	Ferrari	208,000
1971	Siffert	BRM	214,600
1972	E. Fittipaldi	Lotus-Ford	214,600
1973	Peterson	Lotus-Ford	215,640
1974	Reutemann	Brabham-Ford	215,800
1975	Brambilla	March-Ford	177,510
1976	Watson	Penske-Ford	212,430
1977	Jones	Shadow-Ford	197,910
1978	Peterson	Lotus-Ford	189,950
1979	Jones	Williams-Ford	219,706
1980	Jabouille	Renault	223,196
1981	Laffite	Ligier-Matra	215,682
1982	De Angelis	Lotus-Ford	222,204
1983	Prost	Renault	223,495
1984	Lauda	McLaren-TAG	223,883
1985	Prost	McLaren-TAG	231,130
1986	Prost	McLaren-TAG	231,132
1987	Mansell	Williams-Honda	235,421
1997	Villeneuve	Williams-Renault	210,228

Alle Rennen haben in Zeltweg stattgefunden; bis 1964 auf einer Flugplatzrundstrecke, dann auf dem Österreichring.

Großer Preis von Portugal

Jahr	Fahrer	Marke	Strecke	km/h
1951*	De Oliveira	Ferrari	Porto	125,870
1952*	Castellotti	Ferrari	Porto	137,940
1953*	Pinto Nogueira	Ferrari	Porto	137,410
1954*	Gonzalez	Ferrari	Lissabon	133,210
1955*	Behra	Maserati	Porto	147,500
1957*	Fangio	Maserati	Lissabon	139,840
1958	Moss	Vanwall	Porto	169,030
1959	Moss	Cooper-Climax	Lissabon	153,240
19w	Brabham	Cooper-Climax	Porto	175,849
1984	Prost	McLaren-TAG	Estoril	180,540
1985	Senna	Lotus-Renault	Estoril	145,160
1986	Mansell	Williams-Honda	Estoril	187,644
1987	Prost	McLaren-TAG	Estoril	188,224
1988	Prost	McLaren-Honda	Estoril	187,034
1989	Berger	Ferrari	Estoril	191,418
1990	Mansell	Ferrari	Estoril	193,725
1991	Patrese	Williams-Renault	Estoril	193,626
1992 .	Mansell	Williams-Renault	Estoril	195,521
1993	Schumacher	Benetton-Ford	Estoril	199,748
1994	Hill	Williams-Renault	Estoril	183,589
1995	Coulthard	Williams-Renault	Estoril	182,328
1996	Villeneuve	Williams-Renault	Estoril	182,423

* Sportwagen

Großer Preis von Schweden

Jahr	Fahrer	Marke	km/h
1955	Fangio	Mercedes(Sport)	160,438
1956	Trintignant-P. Hill	Ferrari (Sport)	152,388
1957	Moss-Behra	Maserati (Sport)	157,535
1973	Hulme	McLaren-Ford	165,200
1974	Scheckter	Tyrrell-Ford	162,723
1975	Lauda	Ferrari	161,600
1976	Scheckter	Tyrrell-Ford	162,300
1977	Laffite	Ligier-Matra	162,300
1978	Lauda	Brabham-Alfa	197,909

Von 1955 bis 1957 hat das Rennen in Kristianstad (Sportwagen) stattgefunden; von 1973 an lief der Grand Prix in Anderstorp.

Großer Preis der Schweiz

Jahr	Fahrer	Marke	km/h
1934	Stuck	Auto Union	140,300
1935	Caracciola	Mercedes-Benz	144,800
1936	Rosemeyer	Auto Union	161,800
1937	Caracciola	Mercedes-Benz	158,700
1938	Caracciola	Mercedes-Benz	143,600
1939	Lang	Mercedes-Benz	154,500
1947	Wimille	Alfa Romeo	153,900
1948	Trossi	Alfa Romeo	146,5W
1949	Alb. Ascari	Ferrari	146,300
1950	Farina	Alfa Romeo	149,300
1951	Fangio	Alfa Romeo	143,400
1952	Taruffi	Ferrari	149,300
1953	Alb. Ascari	Ferrari	156,400
1954	Fangio	Mercedes-Benz	159,700
1982	Rosberg	Williams-Ford	196,796

Bis 1954 haben die Rennen auf der Bremgarten-Rundstrecke bei Bern stattgefunden; 1982 wurde das Rennen in Dijon ausgetragen.

Großer Preis von Spanien

Jahr	Fahrer	Marke	Strecke	km/h
1924	Segrave	Sunbeam	San Sebastian	103,140
1925	Divo	Delage	San Sebastian	122,950
1926	Goux	Bugatti	San Sebastian	122,950
1927	Benoist	Deiage	San Sebastian	129,580
1928	Chiron	Bugatti	San Sebastian	129,680
1929	Varzi	Alfa Romeo	San Sebastian	115,100
1930	Varzi	Maserati	San Sebastian	139,720
1933	Chiron	Alfa Romeo	San Sebastian	134,900
1934	Fagioli	Mercedes-Benz	San Sebastian	156,320
1935	Caracciola	Mercedes-Benz	San Sebastian	164,800
1936	Nuvolari	Alfa Romeo	Montjuich	111,370
1946	Pelassa	Maserati	Pedralbes	129,150
1948	Villoresi	Maserati	Pedralbes	143,940
1950	Alb. Ascari	Ferrarl	Pedralbes	151,440
1951	Fangio	Alfa Romeo	Pedralbes	158,940
1954	Hawthorn	Ferrari	Pedralbes	157,740
1968	G. Hill	Lotus-Ford	Jarama	135,840
1969	Stewart	Matra-Ford	Montjuich	149,520
1970	Stewart	March-Ford	Jarama	140,360
1971	Stewart	Tyrrell-Ford	Montjuich	156,400
1972	E. Fittipaldi	Lotus-Ford	Jarama	148,600
1973	E. Fittipaldi	Lotus-Ford	Montjuich	157,480
1974	Lauda	Ferrari	Jarama	142,390
1975	Mass	McLaren-Ford	Montjuich	153,760
1976	Hunt	McLaren-Ford	Jarama	149,690
1977	Andretti	Lotus-Ford	Jarama	147,720
1978	Andretti	Lotus-Ford	Jarama	150,520
1979	Depailler	Ligier-Ford	Jarama	154,449
1980	Jones	Williams-Ford	Jarama	153,997
1981	Villeneuve	Ferrari	Jarama	149,156
1986	Senna	Lotus-Renault	Jerez	167,486
1987	Mansell	Williams-Honda	Jerez	166,848
1988	Prost	McLaren-Honda	Jerez	167,586
1989	Senna	McLaren-Honda	Jerez	171,374
1990	Prost	Ferrari	Jerez	171,025
1991	Mansell	Williams-Renault	Catalunya	187,586
1992	Mansell	Williams-Renault	Catalunya	159,353
1993	Prost	WIlliama-Renault	Catalunya	200,227
1994	Hill	Williams-Renault	Catalunya	192,367
1995	Schumacher	Benetton-Renault	Catalunya	195,320
1996	Schumacher	Ferrari	Catalunya	153,785
1997	Villeneuve	Williams-Renault	Catalunya	200,314

Großer Preis von Südafrika

Jahr	Fahrer	Marke	Strecke	km/h
1934	Straight	Maserati	East London	153,560
1936	Mazzacurati	Bugatti	East London	140,530
1937	Fairfield	ERA	East London	143,630
1938	Meyer	Riley	East London	139,250
1939	Villoresi	Maserati	East London	160,400
1960 (Jan.)	Frère	Cooper-Climax	East London	136,600
1960 (Dez.)	Moss	Porsche	East London	143,610
1961	Clark	Lotus-Climax	East London	148,380
1962	G. Hill	BRM	East London	150,580
1963	Clark	Lotus-Climax	East London	153,050
1965	Clark	Lotus-Climax	East London	156,750
1966	Spence	Lotus-Climax	East London	158,050
1967	Rodriguez	Cooper-Maserati	Kyalami	156,250
1968	Clark	Lotus-Ford	Kyalami	172,870
1969	Stewart	Matra-Ford	Kyalami	178,020
1970	Brabham	Brabham-Ford	Kyalami	179,760
1971	Andretti	Ferrari	Kyalami	180,900
1972	Hulme	McLaren-Ford	Kyalami	183,800
1973	Stewart	Tyrrell-Ford	Kyalami	188,500
1974	Reutemann	Brabham-Ford	Kyalami	187,100
1975	Scheckter	Tyrrell-Ford	Kyalami	185,900
1976	Lauda	Ferrari	Kyalam!	187,700
1977	Lauda	Ferrari	Kyalami	187,600
1978	Peterson	Lotus-Ford	Kyalami	187,800
1979	Villeneuve	Ferrari	Kyalami	188,690
1980	Arnoux	Renault	Kyalami	198,250
1981	Reutemann	Williams-Ford	Kyalami	180,740
1982	Prost	Renault	Kyalami	205,779
1983	Patrese	Brabham-BMW	Kyalami	202,941
1984	Lauda	McLaren-TAG	Kyalami	206,587
1985	Mansell	Williams-Honda	Kyalami	208,950
1992	Mansell	Williams-Renault	Kyalami	190,248
1993	Prost	Williams-Renault	Kyalami	186,430

Großer Preis von Ungarn

Jahr	Fahrer	Marke	Strecke	km/h
1936	Nuvolari	Alfa Romeo	Budapest	111,892
1986	Piquet	Williams-Honda	Hungaroring	151,804
1987	Piquet	Williams-Honda	Hungaroring	153,239
1988	Senna	McLaren-Honda	Hungaroring	155,401
1989	Mansell	Ferrari	Hungaroring	167,155
1990	Boutsen	Williams-Renault	Hungaroring	167,402
1991	Senna	McLaren-Honda	Hungaroring	167,857
1992	Senna	McLaren-Honda	Hungaroring	172,424
1993	Hill	Williams-Renault	Hungaroring	170,292
1994	Schumacher	Benetton-Ford	Hungaroring	169,737
1995	Hill	Williams-Renault	Hungaroring	172,248
1996	Villeneuve	Williams-Renault	Hungaroring	172,372
1997	Villeneuve	Williams-Renault	Hungaroring	173,295

Großer Preis der USA

Jahr	Fahrer	Marke	Strecke	km/h
1958*	Daigh	Scarab	Riverside	142,910
1959	McLaren	Cooper-Climax	Sebring	159,050
1960	Moss	Lotus-Climax	Riverside	159,320
1961	Ireland	Lotus-Climax	Watkins Glen	166,030
1962	Clark	Lotus-Climax	Watkins Glen	174,800
1963	G. Hill	BRM	Watkins Glen	176,880
1964	G. Hill	BRM	Watkins Glen	178,750
1965	G. Hill	BRM	Watkins Glen	173,770
1966	Clark	Lotus-BRM	Watkins Glen	184,940
1967	Clark	Lotus-Ford	Watkins Glen	194,650
1968	Stewart	Matra-Ford	Watkins Glen	200,940
1969	Rindt	Lotus-Ford	Watkins Glen	203,360
1970	E. Fittipaldi	Lotus-Ford	Watkins Glen	202,900
1971	Cevert	Tyrrell-Ford	Watkins Glen	185,200
1972	Stewart	Tyrrell-Ford	Watkins Glen	185,200
1973	Peterson	Lotus-Ford	Watkins Glen	190,060
1974	Reutemann	Brabham-Ford	Watkins Glen	191,640
1975	Lauda	Ferrari	Watkins Glen	186,840
1989	Prost	McLaren-Honda	Phoenix	140,680
1990	Senna	McLaren-Honda	Phoenix	145,752
1991	Senna	McLaren-Honda	Phoenix	149,693

* Sportwagen

Großer Preis der USA Ost

Jahr	Fahrer	Marke	Strecke	km/h
1976	Hunt	McLaren-Ford	Watkins Glen	187,20
1977	Hunt	McLaren-Ford	Watkins Glen	162,47
1978	Reutemann	Ferrari	Watkins Glen	190,84
1979	Villeneuve	Ferrari	Watkins Glen	170,336
1980	Jones	Williams-Ford	Watkins Glen	203,379
1982	Watson	McLaren-Ford	Detroit	130,640
1983	Alboreto	Tyrrell-Ford	Detroit	130,600
1984	Piquet	Brabham-BMW	Detroit	131,437
1985	Rosberg	Williams-Honda	Detroit	135,42
1986	Senna	Lotus-Renault	Detroit	136,748

Großer Preis der USA West

Jahr	Fahrer	Marke	Strecke	km/h
1976	Regazzoni	Ferrari	Long Beach	141,19
1977	Andretti	Lotus-Ford	Long Beach	139,83
1978	Reutemann	Ferrari	Long Beach	140,13
1979	Villeneuve	Ferrari	Long Beach	140,490
1980	Piquet	Brabham-Ford	Long Beach	142,300
1981	Jones	Williams-Ford	Long Beach	141,816
1982	Lauda	McLaren-Ford	Long Beach	131,093
1983	Watson	McLaren-Ford	Long Beach	129,753

Großer Preis der USA Mitte

Jahr	Fahrer	Marke	Strecke	km/h
1981	Jones	Williams-Ford	Las Vegas	157,703
1982	Alboreto	Tyrrell-Ford	Las Vegas	161,111
1983	Rosberg	Williams-Honda	Dallas	129,201

Weitere bedeutende Rennen, die vorwiegend mit Grand-Prix-Wagen (zum Teil auch Sportwagen) ausgetragen worden sind.

500 Meilen von Indianapolis

Jahr	Fahrer	Marke	km/h
1911	Ray Harroun	Marmon Wasp	120,010
1912	Joe Dawson	National	127,490
1913	Jules Goux	Peugeot	122,170
1914	René Thomas	Delage	132,720
1915	Ralph de Palma	Mercedes	144,580
1916	Dario Resta	Peugeot	136,080
1919	Howard Wilcox	Peugeot	142,560
1920	Gaston Chevrolet	Monroe	142,580
1921	Tommy Milton	Frontenac	144,190
1922	Jimmy Murphy	Murphy	152,010
1923	Tommy Milton	HCS Spl.	146,330
1924	L. Corum-J. Boyer	Duesenberg	158,050
1925	Pete De Paolo	Duesenberg	162,710
1926	Frank Lockhart	Miller	154,300
1927	Georges Souders	Duesenberg	156,940
1928	Louis Meyer	Miller	160,060
1929	Ray Keech	Simplex Piston Ring	157,000
1930	Billy Arnold	Miller Hartz	161,600
1931	Louis Schneider	Bowes Seal Fast	155,460
1932	Fred Frame	Miller	167,560
1933	Louis Meyer	Tydol	167,590
1934	Bill Cummings	Boyle	168,710
1935	Kelly Petillo	Gilmore	170,940
1936	Louis Meyer	Ring Free	175,470
1937	Wilbur Shaw	Shaw Gilmore	182,750
1938	Floyd Roberts	Burd Piston Ring	188,570
1939	Wilbur Shaw	Maserati	185,090
1940	Wilbur Shaw	Maserati	183,870
1941	M. Rose-F. Davis	Hose Clamp	185,220
1946	George Robson	Thorne	184,710
1947	Mauri Rose	Blue Crown Spark Plug	187,170
1948	Mauri Rose	Blue Crown Spark Plug	192,770
1949	Bill Holland	Blue Crown Spark Plug	195,210
1950	Johnny Parson*	Kurtis-Kraft	199,510
1951	Lee Wallard	Belanger	203,120
1952	Troy Ruttman	Agajanian	207,430
1953	Bill Vukovich	Fuel Injection	207,140
1954	Bill Vukovich	Fuel Injection	210,520
1955	Bob Sweikert	John Zink	206,280
1956	Pat Flaherty	John Zink	206,740
1957	Sam Hanks	Belond Exhaust	218,180
1958	Jimmy Bryan	Belond AP	215,310
1959	Rodger Ward	Leader Card	218,590
1960	Jim Rathmann	Ken Paul	223,270
1961	A. J. Foyt	Bowes Seal Fast	223,900
1962	Rodger Ward	Leader Card	225,730
1963	Parnelli Jones	Agajanian	230,300
1964	A. J. Foyt	Sheraton Thompson	237,080
1965	Jim Clark	Lotus 38-Ford	242,450
1966	Graham Hill	Lola-Ford	232,230
1967	A. J. Foyt	Coyote-Ford	243,330
1968	Bobby Unser	Eagle-Offy TC	245,910
1969	Mario Andretti	Hawk-Ford TC	252,450
1970	Al Unser	Colt-Ford TC	250,650
1971	Al Unser	Colt-Ford TC	253,950
1972	Mark Donohue	McLaren-Offy TC	262,200
1973	Gordon Johncock	Eagle-Offy TC	255,850
1974	Johnny Rutherford	McLaren-Offy TC	255,170
1975	Bobby Unser**	Eagle-Offy TC	240,080
1976	Johnny Rutherford***	McLaren-Offy TC	241,840
1977	A. J. Foyt	Coyote-Foyt/Ford TC	259,580
1978	Al Unser	Lola-Cosworth TC	258,180
1979	Rick Mears	Penske-Cosworth TC	255,500
1980	Johnny Rutherford	Chaparral-Cosworth TC	229,760
1981	Bobby Unser	Penske-Cosworth TC	223,740
1982	Gordon Johncock	Wildcat-Cosworth TC	260,690
1983	Tom Sneva	March-Cosworth TC	260,840
1984	Rick Mears	March-Cosworth TC	263,250
1985	Danny Sullivan	March-Cosworth TC	246,140
1986	Bobby Rahal	March-Cosworth TC	274,850

Jahr	Fahrer	Marke	km/h
1987	Al Unser Sr.	March-Cosworth TC	260,995
1988	Rick Mears	Penske-Chevrolet TC	233,075
1989	Emerson Fittipaldi	Penske-Chevrolet TC	269,638
1990	Arie Luyendyk	Lola-Chevrolet TC	299,248
1991	Rick Mears	Penske-Chevy TC	284,101
1992	Al Unser Jr	Galmer-Chevy TC	216,376
1993	Emerson Fittipaldi	Penske-Chevy TC	251,530
1994	Al Unser Jr	Penske-Mercedes TC	258,843
1995	Jacques Villeneuve	Reynard-Ford TC	247,168
1996	Buddy Lazier	Reynard-Ford TC	238,061
1997	Arie Luyendyk	G-Force-Aurora	234,635

* Rennen nach 345 Meilen abgebrochen
** Rennen nach 437,5 Meilen abgebrochen
*** Rennen nach 252 Meilen abgebrochen
TC = Abgasturbolader

Großer Preis von Amerika

Jahr	Fahrer	Marke	Strecke	km/h
1908	Wagner	Fiat	Savannah	104,92
1910	Bruce Brown	Benz	Savannah	113,6
1911	Bruce Brown	Fiat	Savannah	120,3
1912	Bragg	Fiat	Milwaukee	111,52
1914	Pullen	Mercer	Santa Monica	124,215
1915	Resta	Peugeot	San Francisco	93,52
1916	Wilcox	Peugeot	Santa Monica	137,715

Avus-Rennen (Berlin)

Jahr	Fahrer	Marke	km/h
1921	von Opel	Opel	128,84
1926*	Caracciola	Mercedes-Benz	135,10
1931	Caracciola	Mercedes-Benz	185,70
t932	von Brauchitsch	Mercedes-Benz	194,40
1933	Varzi	Bugatti	206,9
1934	Moll	Alfa Romeo	205,3
1935	Fagioli	Mercedes-Benz	239,59
1937	Lang	Mercedes-Benz	261,7
1951	Greifzu	BMW-Eigenbau (F2)	181,19
1952	Fischer	Ferrari (F2)	186,6
1953	Swaters	Ferrari (F2)	189,4
1954	Kling	Mercedes-Benz	213,5
1959*	Brooks	Ferrari	231,1

* Großer Preis von Deutschland
Die späteren Auflagen des Rennens sind für Formel-3-Wagen, Gran-Turismo- oder Tourenwagen ausgetragen worden.

Race of Champions (Brands Hatch)

Jahr	Fahrer	Marke	km/h
1965	Spence	Lotus-Climax	155,700
1967	Gurney	Eagle-Weslake	169,500
1968	McLaren	McLaren-Ford	162,140
1969	Stewart	Matra-Ford	166,820
1971	Regazzoni	Ferrari	173,860
1972	Fittipaldi	Lotus-Ford	180,610
1973	Gethin	Chevron-Chevrolet 5000	178,380
1974	Ickx	Lotus-Ford	160,860
1975	Pryce	Shadow-Ford	183,130
1976	Hunt	McLaren-Ford	173,980
1977	Hunt	McLaren-Ford	–
1979	Villeneuve	Ferrari	189,450
1983	Rosberg	Williams-Ford	189,700

»Daily-Express-Trophy« (Silverstone)

Jahr	Fahrer	Marke	km/h
1949	Ascari	Ferrari	144,150
1950	Farina	Alfa Romeo	147,115
1951	Parnell	Th. Wall-Ferrari	–
1952	Macklin	HWM	136,55
1953	Hawthorn	Ferrari	148,52
1954	Gonzalez	Ferrari	149,28
1955	Collins	Maserati	154,45
1956	Moss	Vanwall	151,60
1957	Behra	BRM	160,81
1958	Collins	Ferrari	163,85
1959	Brabham	Cooper-Climax	165,32
1960	Ireland	Lotus-Climax	175,09
1961	Moss	Cooper-Climax	140,60
1962	Gr. Hill	BRM	160,46
1963	Clark	Lotus-Climax	174,00
1964	Brabham	Brabham-Climax	177,59
1965	Stewart	BRM	179,70
1966	Brabham	Brabham-Repco	186,78
1968	Hulme	McLaren-Ford	–
1969	Brabham	Brabham-Ford	172,26
1970	Amon	March-Ford	199,80
1971	Gr. Hill	Brabham-Ford	206,84
1972	Fittipaldi	Lotus-Ford	212,12
1973	Stewart	Tyrrell-Ford	213,75
1974	Hunt	Hesketh-Ford	213,96
1975	Lauda	Ferrari	216,80
1978	Rosberg	Ralt-Ford	155,49

Großer Preis in Donington

Jahr	Fahrer	Marke	km/h
1935	Shuttleworth	Alfa Romeo	102,8
1936	Rüesch-Seaman	Alfa Romeo	111,3
1937	Rosemeyer	Auto Union	133,3
1938	Nuvolari	Auto Union	129,3

Rennen von Livorno (Coppa Ciano)

Jahr	Fahrer	Marke	km/h
1924	Balestrero	OM	69,52
1925	Materassi	Itala	68,45
1926	Materassi	Itala	77,01
1927	Materassi	Bugatti	80,69
1928	Materassi	Talbot	84,928
1929	Varzi	Alfa Romeo	87,175
1930	Fagioli	Maserati	87,666
1931	Nuvolari	Alfa Romeo	83,018
1932	Nuvolari	Alfa Romeo	86,753
1933	Nuvolari	Maserati	87,198
1934	Varzi	Alfa Romeo	84,76
1935	Nuvolari	Alfa Romeo	88,808
1936	Nuvolari	Alfa Romeo	120,382
1938	Lang	Mercedes-Benz	140,03
1939	Farina	Alfa Romeo	139,053

Eifelrennen auf dem Nürburgring

(nur bedeutendere Auflagen)

Jahr	Fahrer	Marke	km/h
1927*	Caracciola	Mercedes-Benz	96,50
1930*	von Morgen	Bugatti	109,50
1931*	Caracciola	Mercedes-Benz	108,9
1932	Caracciola	Mercedes-Benz	113,78
1933	Nuvolari	Alfa Romeo	113,5
1934	von Brauchitsch	Mercedes-Benz	122,5
1935	Caracciola	Mercedes-Benz	117,1
1936	Rosemeyer	Auto Union	117,1
1937	Rosemeyer	Auto Union	133,6
1939	Lang	Mercedes-Benz	135,3
1952	Fischer	Ferrari (F2)	124,4
1953	de Graffenried	Maserati (F2)	113,3
1955	Fangio	Mercedes-Benz (S)	130,4

* Sportwagen
Spätere Auflagen für Formel-Junior-, Formel-3- oder Formel-2-Rennwagen

Großer Preis von Pau

Jahr	Fahrer	Marke	km/h
1930*	Etancelin	Bugatti	145,447
1933	Lehoux	Bugatti	73,037
1935	Nuvolari	Alfa Romeo	83,300
1936	Etancelin	Maserati	82,090
1937**	Wimille	Bugatti	82,433
1938	Dreyfus	Delahaye	88,087
1939	Lang	Mercedes-Benz	88,666
1947	Pagani	Maserati	83,65
1948	Pagani	Maserati	85,597
1949	Fangio	Maserati	84,923
1950	Fangio	Maserati	94,041
1951	Villoresi	Ferrari	92,456
1952***	Ascari	Ferrari	91,101
1953***	Ascari	Ferrari	97,531
1954	Behra	Gordini	100,769
1955	Behra	Maserati	100,326
1957	Behra	Maserati	101,071
1958***	Trintignant	Cooper-Climax	96,085
1959***	Trintignant	Cooper-Climax	92,273
1960***	Brabham	Cooper-Climax	102,883
1961	Clark	Lotus-Climax	102,219
1962	Trintignant	Lotus-Climax	103,764
1963	Clark	Lotus-Climax	99,170

* zugleich Grand Prix des ACF; ** Sportwagen; *** Formel-2-Wagen
Die folgenden Auflagen des Rennens sind mit Formel-2-Wagen ausgetragen worden; ab 1985 Formel-3000-Wagen.

Coppa Acerbo oder Großer Preis von Pescara

Jahr	Fahrer	Marke	km/h
1924	Ferrari	Alta Romeo	104,524
1925	Ginaldi	Alfa Romeo	92,270
1926	Spinozzi	Bugatti	101,196
1927	Campari	Alfa Romeo	104,219
1928	Campari	Alfa Romeo	109,844
1930	Varz!	Maserati	121,257
1931	Campari	Alfa Romeo	131,450
1932	Nuvolari	Aifa Romeo	139,829
1933	Fagioli	Alfa Romeo	141,856
1934	Fagioli	Mercedes-Benz	129,568
1935	Varzi	Auto Union	139,402
1936	Rosemeyer	Auto Union	139,174
1937	Rosemeyer	Auto Union	141,009
1938	Caracciola	Mercedes-Benz	134,785
1939	Biondetti	Alfa Romeo	134,073
1947	Auricchio	Fiat	116,172
1948	Alb. Ascari	Maserati	134,020
1949	Rol	Alfa Romeo	121,362
1950	Fangio	Alfa Romeo	135,378
1951	Gonzalez	Ferrari	137,603
1952*	Bracco-Marzotto	Ferrari	128,315
1953	Maglioli-Hawthorn	Ferrari	128,551
1954	Musso	Maserati	139,580
1956	Manzon	Gordini	133,380
1957**	Moss	Vanwall	153,780
1961***	Bandini-Scarlatti	Ferrari	143,220

* 12-Stunden-Rennen
** Lauf um die Fahrerweltmeisterschaft (Formel 1)
*** Lauf um die Sportwagen-Weltmeisterschaft (4-Stunden-Rennen)

Targa Florio

Jahr	Fahrer	Marke	km/h
1906	Cagno	Itala	46,8
1907	Nazzaro	F. I. A.T.	54,0
1908	Trucco	Isotta-Fraschini	59,9
1909	Ciuppa	S.P. A.	54,7
1910	Cariolato	Franco	46,9
1911	Ceirano	S.C.A.T.	46,8
1912	Snipe-Pardini	S.C.A.T.	42,6
1913	Nazzaro	Nazzaro	54,3
1914	Ceirano	S.C.A.T.	62,2
1919	Boillot	Peugeot	55,0
1920	Meregalli	Nazzaro	57,9
1921	Masetti	Fiat	58,2
1922	Masetti	Mercedes	63,0
1923	Sivocci	Alfa Romeo	59,1
1924	Werner	Mercedes	@,0
1925	Costantini	Bugatti	71,6
1926	Costantini	Bugatti	73,5
1927	Materassi	Bugatti	71,0
1928	Divo	Bugatti	73,4
1929	Divo	Bugatti	74,4
1930	Varzi	Alfa Romeo	78,0
1931	Nuvolari	Alfa Romeo	64,8
1932	Nuvolari	Alfa Romeo	79,3
1933	Brivio	Alfa Romeo	76,5
1934	Varzi	Alfa Romeo	67,2
1935	Brivio	Alfa Romeo	79,1
1936	Magistri	Lancia	67,7
1937	Severi	Maserati	117,6
1938	Rocco	Maserati	114,3
1939	Villoresi	Meserati	136,4
1940	Villoresi	Maserati	142,2
1948	Biondetti-Igor	Ferrari	88,7
1949	Biondetti-Benedetti	Ferrari	1,4
1950	Bornigia-Bornigia	Alfa Romeo	86,9
1951	Cortese	Frazer-Nash	79,6
1952	Bonetto	Lancia	80,0
1953	Maglioli	Lancia	80,6
1954	Taruffi	Lancia	89,9
1955	Moss-Collins	Mercedes-Benz	96,2
1956	Maglioli	Porsche	90,9
1957	Colonna	Fiat	
1958	Musso-Gendebien	Ferrari	94,8
1959	Barth-Seidel	Porsche	91,3
1960	Bonnier-G. Hill	Porsche	95,3
1961	von Trips-Gendebien	Ferrari	103,4
1962	R. Rodriguez-Mairesse-Gendebien	Ferrari	02,1
1963	Bonnier-Abate	Porsche	103,9
1964	Davis-Pucci	Porsche	100,2
1965	Bandini-Vaccarella	Ferrari	102,5
1966	Mairesse-Müller	Porsche	99,0
1967	Hawkins-Stommelen	Porsche	108,8
1968	Elford-Maglioli	Porsche	111,1
1969	Mitter-Schütz	Porsche	117,5
1970	Siffert-Redman	Porsche	120,1
1971	Vaccarella-Hezemans	Alfa Romeo	120,1
1972	Merzario-Munari	Ferrari	122,5
1973	Müller-Van Lennep	Porsche	114,69
1974	Larrousse-Ballestrieri	Lancia	109,94
1975	Merzario-Vaccarella	Alfa Romeo	115,46
1976	»Amphicar«-Floridia	Osella	90,09
1977	Restivo »Apache«	Chevron	107,14

Die Veranstaltung hat auf verschiedenen Rundstreckenkombinationen stattgefunden:

1906-1911	große Madonie-Rundstrecke	Rundenlänge 148,8 km
1912-1914	Fahrt rund um Sizilien	Länge 1050 km
1919-1930	mittlere Madonie-Rundstrecke	Rundenlänge 108 km
1931	große Madonie-Rundstrecke	Rundenlänge 148,8 km
1932-1936	kleine Madonie-Rundstrecke	Rundenlänge 72 km
1937-1940	Rundrennen im Favorita-Park von Palermo	
1948-1950	Fahrt rund um Sizilien	Länge 1080 km
1951 -1977	kleine Madonie-Rundstrecke	Rundenlänge 72 km

Im Jahre 1957 wurde die Targa Florio als Regelmäßigkeitsprüfung abgehalten, ab 1978 als Rallye (Rallye von Sizilien).

Großer Preis von Tripolis

Jahr	Fahrer	Marke	km/h
1925	Balestrero	OM	94,920
1926	Eysermann	Bugatti	114,513
1927	Materassi	Bugatti	132,080
1928	Nuvolari	Bugatti	125,738
1929	Brilli-Peri	Talbot	133,966
1930	Borzacchini	Maserati	146,539
1933	Varzi	Bugatti	168,598
1934	Varzi	Alfa Romeo	186,149
1935	Caracciola	Mercedes-Benz	197,993
1936	Varzi	Auto Union	207,630
1937	Lang	Mercedes-Benz	216,315
1938	Lang	Mercedes-Benz	205,107
1939	Lang	Mercedes-Benz	197,799
1940	Farina	Alfa Romeo	206,347

Großer Preis der Tschechoslowakei (Brünn)

(nur Auflagen der Grand-Prix-Kategorie)

Jahr	Fahrer	Marke	km/h
1930	von Morgen-von Leiningen	Bugatti	101,02
1931	Chiron	Bugatti	117,89
1932	Chiron	Bugatti	107,11
1933	Chiron	Alfa Romeo	102,36
1934	Stuck	Auto Union	127,31
1935	Rosemeyer	Auto Union	132,59
1937	Caracciola	Mercedes-Benz	138,45
1949	Whitehead	Ferrari	126,62
1950	Hovorka	Maserati	108,20

Großer Preis von Tunis

Jahr	Fahrer	Marke	km/h
1928	Lehoux	Bugatti	121,67
1929	Brilli-Peri	Alfa Romeo	134,14
1931	Varzi	Bugatti	138,64
1932	Varzi	Bugatti	145,24
1933	Nuvolari	Alfa Romeo	134,88
1935	Varzi	Auto Union	162,87
1936	Caracciola	Mercedes-Benz	160,32
1937*	Sommer	Talbot	149,11
1955*	Piotti	Ferrari	115,44

* Sportwagen

Vanderbilt Cup (USA)

Jahr	Fahrer	Marke	Strecke	km/h
1904	Heath	Panhard	Long Island	84,01
1905	Héméry	Darracq	Long Island	98,97
1906	Wagner	Darracq	Long Island	98,86
1908	Robertson	Locomobile	Long Island	103,47
1909	Grant	Alco	Long Island	101,02
1910	Grant	Aico	Long Island	104,92
1931	Mulford	Lozier	Savannah	119,20
1912	De Palma	Mercedes	Milwaukee	111,01
1914	De Palma	Mercedes	Santa Monica	121,46
1915	Resta	Peugeot	San Francisco	106,85
1916	Resta	Peugeot	Santa Monica	139,98
1936	Nuvolari	Alfa Romeo	Roosevelt Field	106,219
1937	Rosemeyer	Auto Union	Roosevelt Field	132,671
1996	Vasser	Reynard-Honda	Brooklyn	251,652

Großer Preis von Luxemburg

Jahr	Fahrer	Marke	Strecke	km/h
1997	Villeneuve	Williams-Renault	Nürburgring	200,232

Die Vorschriften der Grand-Prix-Rennformeln seit 1906

(Die Bezeichnung »Formel 1« wird seit 1947 angewendet)

1906
(Maximalgewichtsformel)
Vorschriften: 1000 kg Maximalgewicht plus 7 kg für die Magnetzündung; Hupe, Kotflügel, Laternen, Laternenträger, Polsterung und Reparaturkasten (sofern dieser nicht als Sitz dient) sind im Gewicht nicht inbegriffen; jede Fabrik kann bis zu drei Wagen melden; Fahrer und Beifahrer dürfen sich während des Rennens am Steuer ablösen; mittleres Gewicht der beiden Fahrer; je 60 kg; Auspuffrohre sind horizontal anzubringen, wobei das Rohrende zur Vermeidung des Aufwirbelns von Staub nach aufwärts gebogen sein muß.

1907
(Verbrauchsformel)
Vorschriften: Maximaler Treibstoffverbrauch 30 Liter/100 km.

1908
(Ostender Formel)
Vorschriften: 1100 kg Minimalgewicht (ohne Wasser, Benzin, Werkzeug, Schutzteile und Reservepneus); maximale Bohrung für 4-Zylinder-Motor; 155 mm bei anderer Zylinderzahl gleiche nutzbare Kolbenfläche); Hub frei.

1909–1911
(Formellose Zeit)
Vorschriften: keine. Allgemeine Rennmüdigkeit.

1912
(Freie Formel)
Vorschriften: Höchstbreite 175 cm.

1913
Vorschriften: 800 kg Minimal-, 1100 kg Maximalgewicht; maximaler Treibstoffverbrauch 20 Liter/ 100 km. Stromlinienheck verboten.

1914
Vorschriften: 1100 kg Maximalgewicht; Hubraumbegrenzung bei 4500 cm³. Kompressor verboten.

1915–1919
Unterbrechung des Rennbetriebes durch den Ersten Weltkrieg.

1920
Vorschriften (nur für die USA verbindlich): 800 kg Minimalgewicht; Hubraumbegrenzung bei 3 Litern.

1921
Vorschriften: 800 kg Minimalgewicht; Hubraumbegrenzung bei 3 Litern.

1922–1924
(2-Liter-Formel)
Vorschriften: 650 kg Minimalgewicht; Hubraumbegrenzung bei 2 Litern; zwei Wageninsassen mit wenigstens 120 kg Gesamtgewicht; hinterste Kante des Wagens nicht weiter als 150 cm von der Mittellinie der Hinterräder entfernt.

1925
(2-Liter-Formel)
Vorschriften: 650 kg Minimalgewicht; Hubraumbegrenzung bei 2 Litern; zweisitzige Karosserie mit einer Mindestbreite von 80 cm; ab 1925 Wagen nur mit einem einzigen Fahrer besetzt.

1926
(1,5-Liter-Formel)
Vorschriften: 600 kg Minimalgewicht; Hubraumbegrenzung bei 1,5 Litern; zweisitzige Karosserie mit einer Mindestbreite von 80 cm.

1927
(1,5-Liter-Formel)
Vorschriften: 700 kg Minimalgewicht; Hubraumbegrenzung bei 1,5 Litern; ein- oder zweisitzige Karosserie mit einer Mindestbreite von 80 cm.

1928
Vorschriften: 550 kg Minimal-, 750 kg Maximalgewicht; Mindestdistanz 600 km.

1929
Vorschriften: 900 kg Minimalgewicht; Höchstverbrauch an Treibstoff und Schmiermitteln 14 kg pro 100 km.

1930
Vorschriften: 900 kg Minimalgewicht; Mindesthubvolumen 1100 cm³; Treibstoff- und Schmiermittelverbrauch wie 1929 plus 30% Benzolzuschlag.

1931
(Freie Formel)
Vorschriften: Mindestdauer des Rennens 10 Stunden; ausnahmsweise neben dem Fahrer auch wieder ein Mitfahrer vorgeschrieben.

1932
(Freie Formel)
Vorschriften: Mindestdauer der Rennen 5 Stunden, Höchstdauer 10 Stunden.

1933
(Freie Formel)
Vorschriften: Mindestdistanz 500 km.

1934 1937
(Maximalgewichtsformel)
Vorschriften: Maximalgewicht 750 kg (ohne Treibstoff, Öl, Wasser und Reifen); Mindest breite der Karosserie 85 cm; freie Wahl des Treibstoffs; Mindestdistanz der Rennen 500 km.

1938 1939
(3-Liter-Kompressor-Formel)
Vorschriften: Minimalgewicht nach gleitender Skala von 400 bis 850 kg proportional dem Hubraum, im Wagengewicht inbegriffen das Getriebe- und Differentialöl sowie die Reifen, nicht dagegen Kühlwasser, Motoröl Treibstoff, Werkzeug und Reserveräder; Hubvolumen minimal 666 cm³ mit und 1000 cm³ ohne Kompressor, maximal 3 Liter mit und 4,5 Liter ohne Kompressor; Verhältnis vom Kompressormotor zum gebläselosen Motor 1:1,5; freie Treibstoffwahl.

1940–1945
Unterbrechung des Rennbetriebes durch den Zweiten Weltkrieg.

1946
Vorschriften: Beibehaltung der Formel von 1938/39. Grande-épreuve-Rennen fanden jedoch keine statt; die Organisatoren anderer rennsportlicher Veranstaltungen sahen sich infolge Wagenmangels gezwungen, ihren Rennen andere Formeln (formelfreie Rennen) zugrunde zu legen.

1947–1948
(1,5-Liter-Kompressor-Formel – Formel 1)
Vorschriften: Hubvolumen maximal 1,5 Liter mit und 4,5 Liter ohne Kompressor; Verhältnis von Kompressormotor zum gebläselosen Motor 1:3; keine Gewichtsbeschränkung. Mindestdistanz der Rennen 300 km oder Mindestdauer 3 Stunden.

1949–1951
(1,5-Liter-Kompressor-Formel – Formel 1)
Vorschriften: Hubvolumen maximal 1,5 Liter mit oder 4,5 Liter ohne Kompressor; Verhältnis vom Kompressormotor zum gebläselosen Motor 1:3; keine Gewichtsbeschränkung; freie Wahl des Treibstoffs; ab 1950 Mindestdistanz des Rennens 300 km bzw. Mindestdauer drei Stunden.

1952–1953
(Formel 2: 2 Liter)
Als sich die erfolgreiche Marke Alfa Romeo Ende 1951 vom Grand-Prix-Sport zurückzog und das allgemeine Interesse für die 1,5-I.iter-Kompressorformel nachließ, beschloß die CSI, die seit 1948 gültige Zweiliter-Formel-2, die Ende 1953 auslief, zur Grand-Prix-Rennformel zu erklären (Fahrerweltmeisterschaft).
Vorschriften: Maximales Hubvolumen für Kompressormotoren 500 cm³, maximales Hubvolumen für Saugmotoren 2000 cm³; Verhältnis von Kompressormotor zu gebläselosem Motor 1:4 (damit entschieden sich alle Konstrukteure für den gebläselosen Motor); Treibstoff frei; keine Gewichtsvorschriften; für die Piloten wird der Sturzhelm von 1952 an obligatorisch; für die Weltmeisterschaftsläufe beträgt die Minimaldistanz von 1952 an 300 km bzw. muß die Renndauer wenigstens 3 Stunden betragen.

1954–1960
(Formel 1:2,5 Liter)
Für diese Formel 1 war zunächst eine Gültigkeitsdauer von 1954 bis 1957 beschlossen worden. Danach wurde sie bis 1959 und

schließlich bis Ende 1960 verlängert. Von 1954 bis Ende 1957 war der Treibstoff frei; von 1958 an Flugbenzin von 100 bis 130 OZ vorgeschrieben. Ab 1958 wird für alle FIA-Rennformeln Flugbenzin oder, später, handelsübliches Benzin vorgeschrieben (seither wird nur noch bei den USAC- oder CART-Rennen in Nordamerika, z. B. Indianapolis, mit besonderem Treibstoff gefahren). Vorschriften: Hubvolumen für Kompressormotoren maximal 750 cm³; für Saugmotoren 2500 cm³ (alle Konstrukteure entschieden sich für den Saugmotor); Verhältnis von Kompressormotor zu gebläselosem Motor 1:3,3; keine Gewichtsvorschriften; Länge der Weltmeisterschaftsläufe: 1954 bis 1957 300 km oder Renndauer mindestens 3 Stunden; ab 1958 200 bis 300 km oder 2 Stunden.

1961–1965

(Formel 1: 1,5 Liter)
Die seit 1957 gültige Formel 2 für gebläselose Motoren bis 1500 cm³ wird ab 1961 in leicht abgeänderter Form zur Formel 1. Vorschriften: Hubvolumen für gebläselose Motoren 1300 bis 1500 cm³ keine Aufladung; handelsübliches Benzin mit maximal 100 OZ; Mindestgewicht (mit Öl und Wasser, jedoch ohne Treibstoff): 450 kg (Ballast nicht erlaubt); Sicherheitsbestimmungen – Überrollbügel, automatischer Anlasser, Stromkreisunterbrecher, doppeltes Bremskreissystem; Sicherheitsgurte fakultativ; alle Räder müssen frei stehen (keine Vollstromlinienkarosserie); Öl nachfüllen während des Rennens verboten; Cockpit mit Öffnung nach oben; Länge der Weltmeisterschaftsläufe 300 bis 500 km oder 2 Stunden.

Ab 1966

(Formel 1: 3-Liter-Saugmotoren oder 1,5-Liter-Aggregate mit Aufladung)
Ab 1966 gingen ausschließlich Rennwagen mit Saugmotor von bis zu 3 Litern Inhalt an den Start; erst 1977 tauchte mit dem 1,5-Liter-Renault V6 der erste Rennwagen mit Aufladung (Torbolader) auf. Von 1981 an gingen auch andere Marken zum Turbomotor über.
Im November 1963 legte die damalige Internationale Sportkommission (CSI) unter dem Präsidium des Schweizers Maurice Baumgartner die ab 1. Januar 1966 gültige Formel 1 definitiv fest.
Die ersten, 1966 in Kraft getretenen Vorschriften: maximales Hubvolumen für Saugmotoren 3000 cm³; maximales Hubvolumen für aufgeladene Motoren 1500 cm³; Mindestgewicht (mit Öl und Wasser, jedoch ohne Treibstoff) 500 kg (bis Ende 1969); Distanz der Großen Preise um die Weltmeisterschaft: 300 bis 400 km (bis Ende 1970); Öl nachfüllen während des Rennens verboten; Überrollbügel obligatorisch; Räder müssen freistehen (keine Vollstromlinienkarosserie); zugelassen sind auch Spezialmotoren (Wankelmotoren oder Gasturbinen).
Von der Möglichkeit, einen Formel-1-Rennwagen mit Gasturbine an den Start zu bringen, hat nur Lotus (1971) mit dem Typ 56B mit Pratt-&-Whitney-Gasturbine Gebrauch gemacht.

Ab 1969

Nach dem Aufkommen der Spoiler (Windabweisbleche, vorn) und der überdimensionierten und sehr hoch liegenden Stabilisierungsflügel werden nach dem Großen Preis von Spanien 1969 (schwere Unfälle von J. Rindt und G. Hill) auch diese aerodynamischen Hilfsmittel reglementiert: Der höchste Punkt der Karosserie bzw. des Stabilisierungsflügels darf sich nicht höher als 80 cm über dem niedrigsten Punkt der vollständig abgefederten Struktur des Fahrzeugs befinden. Hinter den Vorderrädern darf die Karosserie eine Breite von 110 cm nicht überschreiten. jedoch darf kein Teil der Karosserie vor den Vorderrädern, welcher eine Gesamtbreite von 110 cm (Flügel- oder Luftabweisbleche) überschreitet, die Vorderradfelgen überragen. Der Teil der Karosserie, der sich vor den Vorderrädern befindet, kann bis zu einer Gesamtbreite von 150 cm erweitert werden.

Ab 1970

Nachdem eine Feuerlöschanlage im Fahrzeug (automatisch oder von Hand zu betätigen) obligatorisch wird, erhöht man das Minimalgewicht der Wagen von den bisherigen 500 kg auf 530 kg. Vorgeschrieben werden auch Sicherheitstanks aus Gummi (nach besonderen Vorschriften) mit innenliegender Schaummasse.

Ab 1971

Für Große Preise um die Weltmeisterschaft wird die Distanz (bisher 300 bis 400 km) auf maximal 325 km verkürzt. Sicherheitsgurte werden obligatorisch (bisher fakultativ).

Ab 1972

Neue Vorschriften für Tanks, Überrollbügel und Löschanlage treten in Kraft, so daß auch das Mindestgewicht von 530 auf 550 kg erhöht wird. Das die Gummitanks umschließende Aluminiumblech muß eine Wandstärke von mindestens 1,5 mm aufweisen. Die Zylinderzahl wird auf zwölf beschränkt.

Ab 1973

Die Gesamtbreite der Karosserie, das heißt die zwischen Vorder- und Hinterrädern liegende Partie, darf nicht mehr als 140 cm betragen. Die Öl- und die Benzinleitungen sowie die elektrischen Kabel dürfen nicht mehr als 60 cm von der Längsachse des Fahrzeugs entfernt liegen. Alle flexiblen Sicherheitstanks müssen mit selbstschließenden Verbindungsstücken, wie sie im Flugzeugbau verwendet werden, versehen sein. Ein Verbindungstank («Kitchtank») mit einem maximalen Fassungsvermögen von einer Gallone oder 4,54 Litern darf auch außerhalb der Gesamtstruktur (Monocoquekonstruktion) untergebracht werden; er muß allerdings in einer flexiblen Hülle, deren Wandstärke mindestens 10 mm zu betragen hat, eingefaßt sein. Das Treibstoffsystem muß so konzipiert sein, daß es bei einem Unfall nicht zuerst berührt wird. Alle Partien, die außen vom Fahrtwind bestrichen werden und innen die Treibstofftanks enthalten, müssen mit einer feuerfesten Sandwichschicht von einer minimalen Druckfestigkeit von 1,8 kg/cm2 überzogen sein. Diese Schicht muß außen aus zwei mindestens 1,5 mm dicken Folien bestehen, eine Folie hat dabei aus Aluminium mit einer minimalen Zugfestigkeit von 2,2 Tonnen/cm2 und einer spezifischen Verlängerung von 5 % zu bestehen. Die gesamte Wandstärke des Sandwichs muß mindestens 10 mm betragen, in den Zonen der Benzintanks (zwischen den Vorder- und den Hinterrädern) muß diese Schicht jedoch auf einer Länge von mindestens 35 cm wenigstens 10 cm dick sein. Das gesamte Fassungsvermögen der Tanks ist auf 250 Liter Treibstoff beschränkt, allerdings dürfen die einzelnen Tanks nicht mehr als 80 Liter fassen. Vom 1. Januar 1973 an ist das Trockengewicht der Fahrzeuge auf 575 kg erhöht. Die Distanz der Großen Preise um die Fahrerweltmeisterschaft darf 200 Meilen oder 322 km nicht übersteigen; die maximale Dauer eines Rennens ist dabei auf zwei Stunden beschränkt. Falls diese Renndauer abgelaufen ist, bevor die maximale Distanz erreicht wurde, wird das in Führung liegende Fahrzeug als Sieger abgewunken.

Ab 1974

Alle außerhalb der Gesamtstruktur (Monocoquekonstruktion) liegenden Ölbehälter müssen von einer flexiblen und mindestens 10 mm dicken Schutzschicht eingeschlossen sein. Ölbehälter, die nicht innerhalb der Gesamtstruktur liegen, dürfen im Heck nicht hinter der Getriebe/Differential-Einheit plaziert werden. Das gesamte Löschsystem muß vollständig innerhalb der Hauptstruktur des Wagens untergebracht sein.

Ab 1976

(von GP Spanien an) Die Formel-1-Wagen müssen vor den Pedalen eine Knautschzone aufweisen, welche die Füße des Fahrers schützt. Auf der Höhe des Armaturenbretts muß das Cockpit mit einem zweiten Überrollbügel geschützt werden, wobei der oberste Punkt des Fahrerhelms unterhalb der zwischen diesem Überrollbügel und dem hinter dem Cockpit angebrachten Rollbügel gezogenen theoretischen Linie zu liegen hat. Der hintere Überhang (zwischen Radmitte und hinterstem Punkt des Stabilisierungsflügels gemessen) wird von 100 auf

80 cm reduziert, ebenso wird der vordere Überhang auf 120 cm limitiert. Die Gesamtbreite der hinteren Räder darf 21 Zoll oder 53,4 cm nicht übertreffen, wobei der Felgendurchmesser hinten auf 13 Zoll fixiert ist. Die Gesamtbreite der Rennwagen (bisher frei) darf nicht mehr als 215 cm betragen. Der oberste Punkt der Luftansaughutze oder Airbox darf nicht höher als 85 cm über dem tiefsten gefederten Punkt des Wagens (praktisch unterer Rand des Chassis) liegen, wobei der obere Innenrand des Lufttunnels nicht höher als 80 cm liegen darf. Noch im Verlaufe der Saison 1976 werden die Vorschriften für die Außenabmessungen leicht modifiziert, wobei der höchste Punkt der Ansaughutze (bisher 85 cm über dem tiefsten gefederten Punkt des Fahrgestells) maximal 95 cm über der Fahrbahn liegen darf, der oberste Punkt des Heckflügels darf nicht höher als 90 cm über der Fahrbahn liegen. In die Reglements werden noch zahlreiche konstruktive Details mit Festigkeitsvorschriften einbezogen.

Ab 1978

Das totale Fassungsvermögen der Benzintanks bleibt auf 250 Liter limitiert, allerdings wird die Kapazität eines einzelnen Sicherheitstanks nicht mehr auf maximal 80 Liter beschränkt (1973 bis 1977), sondern die Unterteilung ist frei, man kann auch einen einzigen, 250 Liter fassenden Tank vorsehen.

Ab 1979

Das Ende 1978 beschlossene Verbot von Skirts oder Dichtleisten tritt auf Druck der Formel-1-Konstrukteurenvereinigung (FOCA) 1979 nicht in Kraft. Ein Team, das an der Weltmeisterschaft teilnehmen will, muß sich mindestens drei Monate vorher bei der FISA angemeldet und eine Kaution von 30000 Dollar hinterlegt haben. Zum Qualifikationstraining werden höchstens 28 Konkurrenten zugelassen, am Rennen können die besten 24 teilnehmen (in Monaco maximal 20).
Länge und Dauer eines Formel-1-Rennens: Die Dauer eines Formel-1-Rennens soll 325 km oder 2 Stunden - jeweils das kürzere - nicht überschreiten. Reichen 2 Stunden nicht für die volle Distanz, ist der Sieger nach der Runde, in der die Zeit abläuft, abzuwinken.

Ab 1980

Abermals sieht die FISA ein Verbot von Skirts oder Dichtleisten vor, aber die FOCA setzt sich erneut durch, und die Skirts bleiben.

Ab 1981

Nur mehr unbewegliche Schürzen oder Skirts sind zulässig, deren unterste Kante mindestens 60 mm über der Fahrbahn liegen muß. Dieser vorgeschriebene Abstand zwischen den Dichtleisten und der Fahrbahn führt zur Entwicklung von hydropneumatischen Hebevorrichtungen (»Wagenheber«), mit welchen die Fahrzeuge während der Fahrt unkontrollierbar abgesenkt und die Bodenfreiheit damit auf ein absolutes Minimum reduziert wird. Verbot von Wagen mit mehr als vier Rädern, Verbot des Vierradantriebs.

Ab 1982

Die Bodenfreiheit ist wieder frei, damit sind die hydropneumatischen Hebevorrichtungen erneut ausgeschaltet. Feste seitliche Schürzen oder Skirts sind zulässig (sie dürfen sich nicht vertikal bewegen), sie müssen fest an den vertikalen Seitenplatten der Längsprofile montiert sein (somit am seitlichen Abschluß der Karosserie). Damit streifen die Schürzen oder Skirts die Fahrbahn ständig (nach innen gerichtet). Das Mindestgewicht der Fahrzeuge wird von bisher 585 auf 580 kg herabgesetzt (ohne Treibstoff). Ab dem Grand Prix von Belgien 1982 ist auch der Trick der sogenannten «Wasserkühlung für die Bremsen» (Nachfüllen eines an Bord installierten Wasserbehälters vor der Gewichtskontrolle nach dem Rennen) verboten. Die Renndistanz muß zwischen 250 und 320 km liegen. Renndauer maximal 2 Stunden. Bei einem Grand Prix sind ab 1982 total 26 Konkurrenten startberechtigt (in Monaco 20).

Ab 1983

Die einen enormen Abtrieb erzeugenden seitlichen Längsprofile sind verboten. Die Fahrzeugunterseite muß flach ausgebildet sein, und zwar zwischen der hinteren Verbindungslinie der Vorderräder und der vorderen Verbindungslinie der Hinterräder. Verbot von Schürzen oder anderen Dichtungsleisten zwischen Fahrzeugkörper und Fahrbahn. Die Heckflügel müssen um 10 cm höher gestellt werden (bessere Sicht im Rückspiegel). Die Breite der Heckflügel wird von bisher 110 auf 100 cm reduziert. Der hintere Überhang der Heckflügel wird von 80 auf 60 cm vermindert (damit wird die höhere Lage kompensiert). Die verformbare vordere Struktur (vor den Pedalen] wird von 30 auf 50 cm verlängert. Der Seitenschutz an den Monocoques muß verbessert werden. Stärkere Hecklichter (25 statt 15 Watt, bei Regen), Gewichtskontrollen sind im Training jederzeit möglich. Das Mindestgewicht wird von bisher 580 auf 540 kg reduziert.

Ab 1984

Das Volumen der Treibstofftanks von bisher 250 Litem wird auf 220 Liter reduziert. Tankstopps zum Nachfüllen von Treibstoff während des Rennens sind verboten. Nachfüllen von Wasser ist während des Rennens erlaubt.

Ab 1985

Die Chassisstruktur muß vorne gewissen neuen Sicherheitsanforderungen entsprechen. Das Nachfüllen irgendwelchen Flüssigkeiten während des Rennens ist verboten. Während des Rennens können gewisse Teile am Fahrzeug nicht durch schwerere Teile ersetzt werden. Die seitlichen, je 20 cm breiten Flügelstummel an den Heckflügeln (diese seitlichen Stummel mußten vor der Hinterachslinie liegen) sind verboten. Das Tiefkühlen des Treibstoffs vor dem Start ist verboten.

Ab 1986

Es sind nur mehr aufgeladene Motoren von maximal 1500 cm^3 Inhalt zugelassen; Saugmotoren sind verboten. Das Volumen des Treibstofftanks von bisher 220 Liter wird auf maximal 195 Liter reduziert.

Ab 1987

Nach einjähriger Unterbrechung sind wieder Fahrzeuge mit Saugmotor (maximal mit 12 Zylindern) startberechtigt, deren Hubraum auf 3500 ccm limitiert ist. Für Turbomotoren wird erstmals ein maximaler Ladedruck von 4 bar absolut festgelegt (auswechselbares Überdruckventil). Die Wagen mit Turbomotor müssen mindestens 540 kg wiegen, bei Fahrzeugen mit Saugmotor beträgt das Limit 500 kg. Pro Grand Prix darf der Treibstoffverbrauch 195 Liter nicht übersteigen. Nachtanken während des Rennens ist verboten.

Ab 1988

Bei Turbomotoren (Hubraum maximal 1500 cm^3) wird der Ladedruck auf maximal 2,5 bar absolut limitiert (auswechselbares Überdruckventil), wobei die Tanks maximal 150 l Treibstoff fassen dürfen. Nachtanken während des Rennens ist verboten. Bei Wagen mit Saugmotor (Hubraum maximal 3500 cm^3) ist der Treibstoffverbrauch frei. Zu Beginn der Weltmeisterschaft 1988 müssen die Teams mitteilen, mit welcher Art von Triebwerk (aufgeladener Motor oder Saugmotor) sie teilnehmen. Wer die Weltmeisterschaft mit einem Turbomotor in Angriff nimmt, darf später auf den Saugmotor umstellen, aber nicht umgekehrt.
Die Pedale dürfen nicht mehr vor der Vorderachslinie liegen. Die Überlebenszelle muß bestimmten Festigkeitsvorschriften gerecht werden (Crashtest).

Ab 1989

Verbot der Aufladung. Teilnahmeberechtigt sind nur noch Wagen mit Saugmotor von maximal 3500 ccm Inhalt und nicht mehr als 12 Zylindern; ovale Kolben sind nicht zulässig. Verbot der Wassereinspritzung. Trockengewicht mindestens 500 kg. Tankvolumen frei. Treibstoffvorschriften: maximal 102 RON, max 2 % Sauerstoff, maximal 1 % Stickstoff. Neue Mindestabmessungen für das Cockpit: Breite mindestens 450 mm auf wenigstens 50 % der Mindestlänge von 600 mm. Mindestabmessungen auch für den Fußraum. Die Wagenfront wird einem Crashtest unterzogen, wobei Frontpartie des Wagenkörpers und Monocoque nicht aus einem Stück bestehen dürfen. Seitlicher Drucktest des Monocoques, das bestimmten Festigkeitsvorschriften entsprechen muß. Der Fahrer muß das Fahrzeug in maximal 5 Sekunden verlassen können, ohne das Lenkrad zu entfernen.

Ab 1990

Zusammenfassung der Vorschriften für Grand-Prix-Rennwagen.

Zugelassene Fahrzeuge: Einsitzige Rennwagen mit Viertakt-Hubkolbenmotoren mit maximal 3500 ccm Zylinderinhalt; maximal 4 Räder; maximal 12 Zylinder; Wankel-, Diesel-, Zweitakt- und Turbomotoren sowie Turbinen und Vierradantrieb sind verboten.
Gewicht: mindestens 505 kg (5 kg für die Fernsehkamera oder entsprechender Ballast) ohne Fahrer, wobei dieses Gewicht bei jeder Kontrolle während des Trainings und nach dem Rennen erreicht werden muß.
Sicherheitsbestimmungen: Überlebenszelle (Monocoque nach FISA-Spezifikation); Lebensrettungssystem (Luftflasche mit feuerfester Zuleitung zum Fahrerhelm); Feuerlöscher (5 kg Löschmittel für Cockpit, 2,5 kg für Motor/Getriebe-Bereich); zwei Überrollbügel (einer maximal 250 mm vor dem Lenkrad, der zweite mindestens 500 mm hinter dem ersten); der Fahrerhelm muß mindestens 50 mm unter der gedachten Verbindungslinie zwischen den zwei höchsten Punkten des Überrollbügels liegen. Hinter dem Fahrerhelm muß ein mindestens 80 qcm großes Polster angebracht sein, das sich bei einer Krafteinwirkung von 85 kg um maximal 50 mm verformt; Stromkreisunterbrecher, Rückwärtsgang, Ölsammler (mindestens 3 l), Sicherheitsgurte, rote Rückleuchte; Crashtest für Wagenbug und -flanken in Höhe des Cockpits und der Tanks sind vorgeschrieben. Aus dem Blickwinkel des Fahrers müssen die Pedale – in nicht getretenem Zustand – vor der Vorderachse angeordnet sein.
Karosserie- und Fahrgestellabmessungen: maximale Breite zwischen Vorder- und Hinterachse 1400 mm; maximaler Bugüberhang 1200 mm; maximaler Hecküberhang 600 mm; maximale Radbreite 457,2 mm; maximaler Raddurchmesser 660,4 mm; maximale Gesamtbreite 2150 mm; maximale Höhe (ohne Überrollbügel) 1000 mm.
Abmessungen der aerodynamischen Hilfsmittel: maximale Breite des Frontflügels 1500 mm; maximale Breite des Heckflügels 1000 mm.
Zugelassener Treibstoff: maximal 102 RON, maximal 2 % Sauerstoff, maximal 1 % Stickstoff (Gewichtsprozent); bei außereuropäischen Rennen mit Sondergenehmigung der FISA auch Flugbenzin, dessen Zusammensetzung 60 Tage vor dem Rennen mitgeteilt werden muß. Die Treibstoffmenge ist freigestellt. Nachtanken während des Rennens – wie jedes Nachfüllen jeglicher Flüssigkeiten – ist verboten.
Tanks: Gummi-Sicherheitstank nach FIA/FT3-Spezifikation.
Cockpitöffnung: Mindestlänge 600 mm, über die halbe Länge mindestens 450 mm breit; ohne Demontage des Lenkrads muß der Fahrer das Cockpit innerhalb von 5 Sekunden verlassen können.
Renndistanz: 305 km plus eine Runde (Grünlicht bis karierte Flagge); Renndauer maximal 2 Stunden. Die laufende Runde muß beendet werden.

Ab 1991

Der hintere Überhang wird von 600 auf 500 mm, die Breite des Frontflügels von 1500 auf 1400 mm reduziert. Die seitlichen Endscheiben der Frontflügel müssen mindestens 25 mm über der unteren Ebene des Unterbodens liegen. Der Sicherheitstank muß hinter dem Rücken des Fahrers liegen (seitliche Zusatztanks sind verboten). Breite des Monocoques maximal 800 mm. Das Mindest-Trockengewicht wird von 500 auf 505 kg erhöht, um das Gewicht der Bordkamera zu kompensieren.

Ab 1993

Neue Treibstoffvorschriften: maximal 102 RON, maximal 3,7 % Sauerstoff, maximal 0,2 % Stickstoff (Gewichtsprozent), maximal 0,005 g Blei pro Liter. Erlaubt sind 1. Tankstellenbenzin aus Ländern, in denen mindestens 12 internationale Rennen ausgetragen werden; 2. Treibstoffzusammensetzung aus Tankstellenbenzin verschiedener solcher Herkunftsländer; 3. Experimental-Benzin, das sich prinzipiell für den Handel eignet und allen Gesundheits- und Sicherheitsbestimmungen der EG entspricht. Treibstoffmenge frei. Nachtanken während des Rennens bleibt verboten.
Die Gesamtbreite der Rennwagen wird von bisher 2150 auf 2000 mm reduziert; die Breite der Hinterräder wird von 18 auf 15 Zoll reduziert. Auch die Heck- und Frontflügel werden reduziert; der höchste Punkt des Heckflügels darf nur noch 950 mm über der Fahrbahn liegen (bisher 1000 mm). Der vordere Überhang wird von bisher 1200 auf 900 mm reduziert (ausgenommen die Fahrzeugfront oder Nase, die im Bereich vor dem Frontflügel nicht breiter als 200 mm sein darf). Die seitlichen Endscheiben des Frontflügels müssen mindestens um 40 mm (bisher 25 mm) über der Ebene des Unterbodens liegen. Verboten sind auch Dichtleisten (Skirts), die bis 1992 zwischen der Vorderachse und der hinteren Tangente der Vorderräder liegen durften.
Die Gesamtfläche der Kopfstütze muß mindestens 400 qcm betragen.
Bei Wagen mit halbautomatischem Getriebe muß sich der Leerlauf auch bei abgestelltem Motor einlegen lassen. Strengere Crashvorschriften für die Fahrzeugfront (Nase) und deren Befestigung am Monocoque. Strengere Crashtestvorschriften für die Überlebenszelle. Der Überrollbügel muß beim Deformationstest einer vertikalen Belastung von 5850 kg und einer seitlichen Belastung von 1170 kg standhalten. Im Bereich des Treibstofftanks muß die Überlebenszelle einer seitlichen Belastung von 3900 kg widerstehen können. Beim Crashtest der gesamten Überlebenszelle wird das Monocoque (seit 1992) mit Wasser gefüllt, auf das Startgewicht von 780 kg beschwert (mit im Cockpit angegurtetem und 75 kg schweren Dummy) und mit einer Geschwindigkeit von 11 m/sec gegen eine Wand geschleudert. Bei diesem Crashtest darf die Verzögerung maximal 25 g betragen. Beim Crashest dürfen Beschädigungen nur an der Frontpartie (Nase) entstehen; an den Befestigungspunkten der Feuerlöscher und der Sicherheitsgurte dürfen keine Beschädigungen auftreten. Die Überlebenszelle wird (seit 1988) zusätzlich einem Deformationstest unterzogen. Das Monocoque wird dabei für die Dauer von 30 sec einem seitlichen Druck von 2000 kg ausgesetzt, wobei die Deformation nicht mehr als 20 mm betragen darf. Dieser Kompressionstest ist an drei Punkten des Moncoque (Überlebenszelle) vorzuehmen: auf der Höhe des hintersten Punktes der Cockpitöffnung, auf der Höhe der vorderen Überrollbügels (Armaturenbrett) sowie im Bereich der Pedale.

Ab 1994

Verbot von elektronischen Hilfsmitteln, die das Fahren erleichtern. Ausgenommen sind elektronische Einrichtungen am Motor. Die Schaltvorgänge sind ausschließlich vom Fahrer auszulösen (Verbot vollautomatischer oder stufenloser Getriebe). Verbot aktiver Aufhägnungen, die Bewegungen des Fahrzeugkörpers müssen ausschließlich von den Aufhängungen, nicht von der Elektronik kontrolliert werden. Untersagt ist auch eine Niveauregulierung mittels hydraulischer Aktuatoren. Verbot des ABS-Bremssystems, der Antischlupfregelung, der Vierradlenkung und der Datenübermittlung mittels Telemetrie in beiden Richtungen (nur vom Wagen zu den Boxen zulässig). Die nach wie vor zulässigen halbautomatischen Getriebe haben mindestens vier, höchstens sieben Gänge aufzuweisen. Verboten ist auch das sogenannte elektronische Gaspedal (drive-by-wire; ab 1995 ist das elektronische Gaspedal wieder zugelassen).
Tankstop während des Rennens wieder erlaubt (das Tanken während des Rennens war seit 1984 untersagt). Tankinhalt mindestens 200 l. Allen Teams wird eine (auch mehrere) einheitliche Tankanlage der Fir-

ma Intertechnique zur Verfüggung gestellt, wobei beim Tanken mit einem Druck von maximal 2 bar (12 Liter pro Sekunde) operiert wird.
Nach den tödlichen Unfällen von Imola erlässt die FIA im Vorfeld des Grand Prix von Monaco Zusatzvorschriften, die stufenweise eingeführt werden.
Ab Grand Prix von Spanien: Verbot der Verlängerungen an den seitlichen Endscheiben der Frontflügel; in einem bestimmten Bereich neben und hinter den Vorderrädern dürfen sich keine aerodynamischen Hilfsmittel befinden, ebenso in einem bestimmten Bereich hinter der Hinterachse.
Ab Grand Prix von Kanada: Die Vorderradaufhängung muß so konstruiert sein, daß sie im Falle eines Aufpralls nicht in Richtung Cockpit zurückschlagen kann. Vorgeschrieben werden größere und besser gepolsterte Kopfstützen. Es muß handelsübliches Benzin, wie es an den Tankstellen verkauft wird, verwendet werden. Die Airbox oder Hutze über dem Motor darf keinen Staudruck mehr erzeugen, an der Hutze müssen also Öffnungen angebracht werden, durch die die Luft wieder ins Freie strömen kann. Gegen Ende Saison wird festgelegt, daß die Luftaustrittsöffnung an der Hutze mindestens 1,5mal so groß wie die Eintrittsöffnung sein muß. Das Mindesttrockengewicht wird um 10 kg auf 515 kg erhöht. In den Boxenstraßen wird das Tempo auf 80 km/h limitiert.
Ab Grand Prix von Frankreich: Die Kompressionstests werden noch strenger. Neuerdings müssen die Monocoques an den drei vorerwähnten Stellen einem seitlichen Druck von 3000 kg (bisher 2000 kg) standhalten könnnen.
Ab Grand Prix von Deutschland: Die vierte Phase tritt in Kraft. Der Abstand zwischen der Fahrbahn und den Seitenteilen wird vergrößert (weniger Bodeneffekt), indem der Unterboden im Bereich des Monocoque mit einer 10 mm starken und 300 mm breiten Holzplanke (sogenanntes Panzerholz aus Jabroc, spezifisches Gewicht mindestens 1,3), versehen wird, das den Raum von der Tangente des hintersten Punkts der Vorderräder bis zur Tangente des vordersten Punkts der Hinterräder bedecken muß. Dieses Brett darf während eines Rennens um nicht mehr als 10 % (Gewicht oder Stärke) abgeschliffen werden. Bei einem höheren Wert kann Ausschluß aus der Wertung erfolgen. Ab GP von Japan werden diese Holzbretter an der Unterseite mit zehn Geitschutzneschlägen aus Titan (Fläche 20 qcm) versehen.
Eingeführt werden auch Limitierungen an den Heckflügeln wie die Begrenzung der frontalen Fläche, die von den Profilen abgedekt wird. Verbot der nach vorne gerichteten Heckflügelverlängerungen.
Renndistanz weiterhin 305 km plus eine Runde. Renndauer: maximal 2 Stunden, wobei die laufende Runde beendet werden muß.

Ab 1995

Wesentliche Änderungen des Reglements treten 1995 in Kraft. Der maximale Hubraum der Saugmotoren wird von bislang 3500 auf 3000 ccm limitiert (das Limit hatte schon von 1966 bis 1986 3000 ccm betragen). Maximale Zylinderzahl: 12. Tankinhalt frei (1994 mußten die Tanks mindestens 200 l fassen). Nachtanken während des Rennens erlaubt.
Getriebe mindestens 4 und höchstens 7 Gänge. Neu ist die das Mindestgewicht betreffende Vorschrift: ein Rennwagen wird nun mit dem Fahrer an Bord gewogen, wobei das Gewicht total mindestens 595 kg betragen muß (seit dem GP von Kanada 1994 hatte ein Wagen – trocken und ohne Fahrer – mindestens 515 kg auf die Waage bringen müssen).
Das elektronische drive-by-wire-Gaspedal ist wieder zulässig, ebenso die elektronisch gesteuerte Kupplung.
Als Grundlinie für die vertikalen Messungen dient jetzt der tiefste Punkt des Unterbodens; die nach unten hervorstehende Stufe unter dem Monocoque muß 50 mm hoch sowie 300 bis 500 mm breit sein. Unter dieser Stufe muß noch das Holzbrett (Skidblock) angebracht sein, das 10 mm stark sowie mindestens 300 mm breit sein muß. Dadurch ergibt sich ein Abstand von mindestens 60 mm zwischen der Fahrbahn und den Seitenteilen des Fahrzeugkörpers. Der Frontflügel muß höhenmäßig im Bereich zwischen 50 und 250 mm über dem als Basis dienenden tiefesten Punkt des Wagenkörpers liegen. Die Stufe unter dem Monocoque (Grundlinie) muss sich von der Tangente des hintersten Punktes der Vorderräder bis (neu) zur hinteren Radachse (und nicht mehr bis zur Tangente auf der Höhe des vordersten Punktes der Hinterräder) erstrecken, wodurch das Holzbrett um die Hälfte des hinteren Raddurchmessers länger wird. Während des Rennens darf das Holzbrett (Skidblock) um nicht mehr als 10 % abgeschliffen werden (Gewicht oder Stärke). Die Dicke des Brettes wird an sechs bestimmten Punkten (Meßlöcher im Brett) gemessen; die seit dem GP von Japan 1994 eingeführten Gleitschuhe aus Titan bleiben.
Die Abmessungen der Cockpitöffnung sehen 420 mm Mindestbreite vor und müssen auf eine Länge von 440 mm parallel sein, anschließend müssen die parallelen Ränder in einen gleichmäßigen Radius (im Bereich des Armaturenbrettes) übergehen. Der parallele Rand der Cockpitöffnung muß sich 550 mm (bisher 400 mm) über der Grundlinie befinden. Das Monocoque muß vor der Vorderachslinie (Partie vor den Pedalen) mindestens 300 mm (bisher 150 mm) lang sein. Der Fahrer muß das Cockpit ohne Demontage des Lenkrads in weniger als 5 sec verlassen können.
Neue Crashtestvorschriften für die Flanken der Überlebenszelle: eine 450 x 550 mm große, 780 kg schwere Platte wird mit 5m/sec gegen die Flanke des Monocoque geschleudert, wobei die Verzögerung nicht mehr als 10 g betragen darf. Es darf dabei kein Schaden an der Überlebenszelle auftreten.
Erstmals werden die Fahrzeuge beim Start mittels elektronischer Einrichtung mit an Bord der Wagen installierten Sendern kontrolliert (Frühstart!). Die Elektronik (zehn Antennen mit ebensovielen Messsektoren) kontrolliert auch das in der Boxenstrasse auf 80 km/h liimitierte Tempo bei Training und Qualifikationen oder 120 km/h im Rennen.

Ab 1996

Gleiche Vorschriften wie bisher, jedoch Änderungen bei den Außendimensionen des Fahrzeugs. Die Cockpitöffnung muss größer sein (bessere Evaquierung des Fahrers nach Unfällen); diese Öffnung muss 520 x 775 mm betragen und darf erst 625 mm hinter der Vorderachslinie beginnen. Die Polsterung hinter und neben dem Kopf des Fahrers muß mindestens 400 qcm groß und überall mindestens 75 mm stark sein. Sie hat aus dem Schutzmaterial Confort C42 zu bestehen.
Am Monocoque muß hinten ein mit C bezeichneter elektronischer Fahrtenschreiber (Blackbox) zur Erfassung von Daten angebracht sein, dem man nach eventuellen Unfällen Daten entnehmen kann.
Die Front des Fahrzeugkörpers (Nase) darf nicht zu spitz ausgebildet sein, 50 mm hinter dem vordersten Punkt muß die Querschnsittsfläche mindestens 90 qcm messen. Beim Frontflügel müssen die Seitenendscheiben mindestens 10 mm stark und mit einem Radius von 5 mm versehen sein, damit bei Kollisionen möglichst keine Reifen aufgeschlitzt werden. Im Bereich des Heckflügels muß der Raum beidseitig bis zu 500 mm von der Längsmittelachse auf einer Höhe von 300 mm frei von Karosserieteilen sein. Bis auf eine Distanz von 400 mm vor der Hinterachse dürfen sich keine Zusatzflügel befinden.
Neue Qualifikationsvorschrift ab 1996: Um bei einem Grand Prix starten zu dürfen, muß ein Konkurrent eine Qualifikationszeit herausfahren, die nicht mehr als 107 % der Pole-Position-Zeit betragen darf.

Ab 1997

Zusammenfassung aller wichtigen Vorschriften für Formel-1-Wagen:

Motor: Viertakt-Hubkolben-Saugmotor (Dieselmotoren, Rotationskolbenmotoren oder Gasturbinen sind verboten) mit maximal 3000 ccm Hubraum; Aufladung verbo-

ten; maximal 12 (runde) Zylinder; Vierradantrieb verboten. Getriebe mit mindestens 4 und maximal 7 Vorwärtsgängen, Rückwärtsgang obligatorisch.
Gewicht: mindestens 595 kg (mit Fahrer), Ballast zulässig. Das Mindestgewicht muß nach dem Qualifying und nach dem Rennen bei jeder Kontrolle erreicht werden.
Sicherheitsbestimmungen: Überlebenszelle oder Monocoque nach FIA-Vorschriften (siehe 1994 und 1995); zwei Feuerlöscher (Löschdauer 10 bis 40 sec für Cockpit, 30 bis 80 sec für Motor/Getriebe-Bereich); zwei Überrollbügel (einer vor dem Lenkrad, der andere hinter dem Kopf des Fahrers). Crashvorschriften (siehe auch 1993 und 1994): Der Fahrerhelm muß sich um 50 mm unter der gedachten Verbindungslinie zwischen den zwei höchsten Punkten der Überrollbügel befinden; hinter dem Fahrerhelm muß sich ein 400 qcm großes Polster befinden, das sich bei einer Krafteinwirkung von 85 kg um maximal 50 mm verformt; zwei Stromkreisunterbrecher (einer im Cockpit, einer von außen zugänglich); Ölsammler (min. 3 l), Rückspiegel, Sicherheitsgurte, rote Rückleuchte.
Crashtests (Vorschriften siehe 1993) für Wagenbug, im Bereich des Tanks, der Flanken und des Monocoque sowie im Bereich neben den Pedalen sind obligatorisch. Aus dem Blickwinkell des Fahrers müssen die Pedale in nicht getretenem Zustand vor der Vorderachslinie und mindestens 300 mm innerhalb der Überlebenszelle liegen.
Karosserie- und Fahrgestellabmessungen: maximale Breite des Wagenkörpers zwischen den Achsen 1400 mm, maximaler Bugüberhang 1200 mm, maximaler Hecküberhang 500 mm, maximale Radbreite 381 mm, maximaler Raddurchmesser 660,4 mm, maximale Gesamtbreite des Fahrzeugs 2000 mm, maximale Höhe (ohne Überrollbügel) 950 mm, 10 mm starkes Holzbrett aus Panzerholz oder Jabroc im Bereich unter dem Monocoque oder unter der 50-mm-Stufe (Abmessungen sowie Gleitschuhe siehe 1994 und 1995), maximale Frontflügelbreite 1400 mm, maximale Heckflügelbreite 1000 mm, maximale Heckflügelhöhe 800 mm (von der Grundlinie aus gemessen); Cockpitöffnung 520 mm x 775 mm. Der Fahrer muss das Cockpit in weniger als 5 sec und ohne Demontage des Lenkrads verlassen können.
Zugelassener Treibstoff: maximal 102 RON, maximal 3,7 % Sauerstoff, maximal 0,2 % Stickstoff, maximal 0,005 g Blei pro Liter. Zugelassen ist 1. Tankstellenbenzin aus Ländern, in denen mindestens 12 internationale Rennen ausgetragen werden; 2. Treibstoffkompositionen aus Tankstellenbenzin verschiedener solcher Herkunftsländer; 3. Versuchstreibstoff, der sich prinzipiell für den Handel eignet und allen Gesundheits- und Sicherheitsbestimmungen der EU entspricht. Der verwendete Treibstoff muß mit einer zuvor bei der FIA hinterlegten und von ihr freigegebenen Probe identisch sein.
Treibstoffmenge frei; Tankgröße frei; das Nachtanken während des Rennens ist erlaubt; Gummi-Sicherheitstanks nach FIA/FT5-Spezifikation.

Neue Vorschriften ab 1997:

Passive Sicherheit:

Das Lenkrad darf zum Fahrer hin keine überstehenden Teile aufweisen. Impact-Test Lenkrad/Lenksäule: die Aufprallverzögerung auf das Lenkrad – Masse 8 kg mit 7 m/sec Aufprallgeschwindigkeit – darf 80 g innerhalb 3 Millisekunden nicht überschreiten. Das Lenkrad muß nach dem Test durch Schnellverschluß abnehmbar sein.
Heck-Aufpralltest: Erforderlich ist eine Crashstruktur über Heckflügelstützen zum Getriebegehäuse (Masse mit 780 kg und 12 m/sec Aufprallgeschwindigkeit; maximale Verzögerung 35 g und während 3 Millisekunden maximal 60 g). Eine Fahrzeugverformung ist bis maximal Mitte Hinterachse (= 500 mm) zulässig.
Verstärkte Vorderachsquerlenker und deren Anlenkung am Chassis um zu verhindern, daß bei Unfällen Räder samt Querlenkern abgerissen werden.
Sonstiges: Zusätzliche Flügel über dem Heckteil sind nicht mehr erlaubt. Die bislang üblichen kleinen Seitenflügel (ear wings) vor den Hinterrädern dürfen nur noch in einer um 100 mm tieferen Anordnung verwendet werden (maximale Höhe 500 mm statt bisher 600 mm über Referenzfläche).
Datenschreiber: jedes Fahrzeug muß mit einem von der FIA zur Verfügung gestellten elektronischen Datenschreiber ausgerüstet sein.
Reifen: jeder Reifenhersteller kann zwei verschiedene Trocken-Reifentypen pro Rennen bereitstellen (Vorderräder nur ein Reifentyp); pro Rennwochenende darf ein Fahrer maximal 36 Trockenreifen und maximal 28 Regenreifen verwenden. Beim freien Training kann ein Fahrer mit zwei verschiedenen Trockenreifentypen fahren; vor den Qualifikationen muß er jedoch einen einzigen Reifentyp bestimmen, mit dem er die Qualifikationen, das Warm-up und das Rennen bestreitet. Für die Qualifikationen, das Warm-up und das Rennen darf ein Fahrer höchstens 28 Reifen verwenden, unter diesen 28 Reifen bezeichnet der FIA-Delegierte deren 16 nach dem Zufallsprinzip. Der Fahrer kann dann die Qualifikationen ausschließlich mit diesen 16 bezeichneten Reifen bestreiten.
Renndistanz und Renndauer (wie bisher): 305 km plus eine Runde oder maximal 2 Stunden, wobei die laufende Runde beendet werden muß.

Ab 1998

Noch strengere Crashvorschriften: Beim seitlichen Aufpralltest wird das Tempo von bisher 5 auf 7 m/sec erhöht.
Reifen: Slicks ohne jegliches Profil sind nicht mehr zulässig. Trockenreifen müssen vorne mindestens drei und hinten mindestens vier 10 bis 14 mm breite und mindestens 2,5 mm tiefe Rillen aufweisen, die symmetrisch angordnet sein und zueinander einen Abstand von 50 mm aufweisen müssen. Nach jedem Einsatz darf der Reifenverschleiß nicht mehr als 50 % betragen.
Die Gesamtbreite der Wagen darf nur noch 1800 mm (bisher 2000 mm) betragen. Die Vorderräder müssen mindestens 12 Zoll und die Hinterräder mindestens 14 Zoll breit sein. Die Räder dürfen insgesamt maximal 15 Zoll breit sein.
Die Bremszangen oder Bremssättel müssen aus Aluminium bestehen (mit festgelegten Eigenschaften für das Material), jedes Rad darf nur einen Bremssattel mit maximal sechs Bremskolben, höchstens zwei Bremsbeläge sowie nur eine Bremsscheibe aufweisen. Für die Bremsscheiben sind die maximalen Dimensionen festgelegt. Flüssigkeits-Bremskühlsysteme sind nicht erlaubt.

Verzeichnis der Rennstrecken

Bibliographie

Alfieri, Paolo/Lurani, Giovanni
Alfa Romeo, Catalogue raisonné
Automobilia, Milano 1982

Auto Jahr
Edita SA, Lausanne
(Ausgaben 1953 bis 1985)

Katalognummer der «Automobil Revue»
Hallwag Verlag, Bern
(verschiedene Ausgaben)

Balestra, Nino/De Agostini, Cesare
Cisitalia
Automobilia, Milano 1980

Bellu, Serge
Blue Blood
Frederick Warne, London 1979

Bellu, Serge/Fondin, Jean/Moity, Christian
100 ans d'Automobile française
S.E.T.T.F., Paris 1984

Benzing, Enrico
Motori da Corsa
L'Editrice dell'Automobile, Roma 1967

Bernabó, Ferruccio
Lancia, Catalogue raisonné
Automobilia, Milano 1983

Borgé, Jacques/Visanoff, Nicolas
Talbot
Editions Henri Veyrier 1980

Boschen, Lothar/Barth, Jürgen
Das große Buch der Porsche-Typen
Motorbuch Verlag, Stuttgart 1977

Cancellieri, Gianni/De Agostini, Cesare
Le leggendarie Auto Union
Editrice Grafiche Zannini, Bologna 1979

Cancellieri, Gianni
Maserati, Catalogue raisonné
Automobilia, Milano 1984

Canestrini, Giovanni
Uomini e Motori
Casa editrice Nova Massimo, Monza 1957

Canestrini, Giovanni
La favolosa Targa Florio
L'Editrice dell'Automobile, Roma 1966

Casucci, Piero
Macchine da corsa
Arnaldo Mondadori, Milano 1980

Casucci, Piero
Profili — Ferrari I, II, III
Editoriale Domus, Milano 1985/86

Cavara, Giovanni
60 vetture ai raggi X
Editrice dell'Automobile, Milano 1967

Glifton, Paul
The Fastest Men on Earth
Herbert Jenkins Ltd., London 1964

Cohin, Edmond
L'Historique de la course automobile
Le Mans 1966

Colombo, Gioachino
Le origini del mito
Autocritica, Firenze 1985

Conway, H. G.
Grand Prix Bugatti
G. T. Foulis and Co. Ltd., London 1968

Costantino, Augusto/Orsini, Luigi
Ferrari, Catalogue raisonné
Automobilia, Milano 1981

Court, William
Power & Glory
Macdonald, London 1966

De Agostini, Cesare
Antileggenda di Nuvolari
Sperling & Kupfer, Milano 1972

Deschenaux, Jacques
Marlboro Grand Prix Guide
alle Ausgaben

Edizioni Domus
Tutte le Fiat
Milano 1970

The Donington Collection
official catalogue

Dubreuil, Jean-Pierre
Des Bolides en Or
Lieu Commun, Paris 1984

Dumont, Pierre
Peugeot, sous le signe du lion
e. p. a., Paris 1976

Fangio, J. M./Giambertone, Marcello
La mia vita a 300 all'ora
A. G. Colombo, Milano 1963

Ferrari, Enzo
Le mie gioie terribili
Edizioni Cappelli, Rocca San Casciano 1962

Ferrari, Enzo
Piloti, che gente...
Conti Editore, Bologna 1985

FIA-Jahrbuch, *alle Ausgaben*

Francis, Alf/Lewis, Peter
Racing Mechanic
G. T. Foulis & Co. Ltd., London 1957

von Frankenberg, Richard
Die berühmten Rennstrecken der Welt
Motorbuch Verlag, Stuttgart 1969

Frostick, Michael
Aston Martin and Lagonda
Dalton Watson Ltd., London 1977

Fusi, Luigi
Le vetture Alfa Romeo dal 1910
Editrice Adiemme, Milano 1965

Fusi, Luigi/Ferrari, Enzo/Borgeson, Griffith
Le Alfa Romeo di Vittorio Jano
Autocritica, Roma 1982

Häfeli, René
Verstummte Motoren
Benteli Verlag, Bern 1969

Hatry, Gilbert/Le Maître, Claude
Dossier chronologique Renault
Editions Lafourcade, Paris 1977

Helck, Peter
Great Auto Races
Harry N. Abrams Inc., New York 1975

Henry, Alan
Brabham
Editions ACLA, Paris, 1985

Herzog, Bodo
Unter dem Mercedes-Stern
Ernst Gerdes Verlag, Preetz 1966

Hodges, David
The French Grand Prix
Temple Press Books, London 1967

Huet, Christian
Gordini — Un sorcier, une équipe
Paris 1984

Hütten, Helmut
Schnelle Motoren seziert und frisiert
Motorbuch Verlag, Stuttgart

Jarraud, Robert
Bugatti — double Arbre
Edition de l'Automobiliste, Paris 1977

Jenkinson, Denis
The Racing Car Pocketbook
B. T. Batsford Ltd, London 1962

Karlslake, Kent
Racing Voiturettes
Motor Racing Publications,
Abingdon-on-Thames 1950

Knittel, Stefan
Auto Union Grand-Prix-Wagen
Schrader & Partner GmbH, München 1980

Ludvigsen, Karl
The Mercedes-Benz Racing Cars
Bond & Parkhurst Books, Newport Beach
1971

Ludvigsen, Karl
Porsche
BLV Verlagsgesellschaft, München 1980

Lurani, Giovanni
Storia delle macchine da corsa
L'Editrice dell'Automobile, Roma 1970

Marinatto, Luigi
Il romanzo di Nuvolari
Edisport, Milano 1966

Vittorie Maserati
Edizioni Calderini, Bologna 1955

Mathieson, T. A. S. O.
Histoire du Grand Prix de l'A.C.F.
Connaisseur Automobile AB, Stockholm 1965

Mays, Raymond/Roberts, Peter
BRM
Cassel & Company Ltd., London 1962

Chronik der Mercedes-Benz-Fahrzeuge
und -Motoren
Verlag Cantz, Stuttgart-Bad Cannstadt 1956

Millanta, Corrado/Orsini, Luigi/ Zagari, Franco
Ferrari automobili — 1947—1953
Editoriale Olimpia, Firenze 1985

Molter, Günther
Juan Manuel Fangio
Motorbuch Verlag, Stuttgart 1967

Monkhouse, George/King-Farlow, Roland
Grand Prix Racing
G. T. Foulis & Co. Ltd., London 1964

Monkhouse, George
Mercedes-Benz Grand Prix Racing
White Mouse Editions, London 1983

Moss, Stirling/Purdy, Ken
Alles — nur nicht mein Leben
Verlag Moderne Industrie, München

Edizioni Museo dell'Automobile
Macchine italiane scomparse
Torino 1977

Neubauer, Alfred
Männer, Frauen und Motoren
Motorbuch Verlag, Stuttgart 1970

Nicholson, T. R.
Racing Cars
The Macmillan Company, New York 1971

Nye, Doug
Cooper Cars
Osprey Publishing Ltd., London 1983

Nye, Doug
McLaren
Hazleton Publishing, Richmond 1984

Orsini, Luigi/Zagari, Franco
La Scuderia Ferrari
Editoriale Olimpia, Firenze 1979

Orsini, Luigi/Zagari, Franco
Maserati — Una storia nella storia
Emmeti Grafiche, Milano 1980

Oude Weernink, Wim
La Lancia
Motor Racing Publications, London 1979

Pomeroy, Laurence
The Grand Prix Car
Motor Racing Publications, London 1949

Posthumus, Cyril
Classic Racing Cars
Hamlyn, London 1977

Cars in Profile
Profile Publications Ltd., Windsor (verschiedene Ausgaben)

Automobile Quarterly
Automobile Quarterly Inc., New York (verschiedene Ausgaben)

Rose, Gerald
A Record of Motor Racing
Motor Racing Publications, London 1949

Schmid, Ernest
Schweizer Autos
Edita SA, Lausanne 1978

Schrader, Halwart/Demand, Carlo
Mercedes-Benz-Kompressorwagen
Edita SA, Lausanne 1979

Schwab, Ulrich
Grand Prix
(verschiedene Ausgaben)
Motorbuch Verlag, Stuttgart

Sedwick, Michael
Vauxhall
Dalton Watson Ltd., London 1981

Serrano Villard, Henry
The Great Road Races
Arthur Barker Ltd., London 1972

Tanner, Hans
The Ferrari
G. T. Foulis & Co. Ltd., London 1959

Taruffi, Piero
Bandiera a Scacchi
Artioli, Modena 1962

Thompson, Jonathan
Ferrari Formule 1 et Formule 2
Edita SA, Lausanne, VILO 1976

Tragatsch, Erwin
Das große Sport- und Rennwagenbuch
Hallwag Verlag, Bern 1968

Tragatsch, Erwin
Das große Rennfahrbuch
Hallwag Verlag, Bern 1970

Yvelin, Paul
50 ans de compétition automobile
Société d'éditions de publications et de librairie, Paris 1970

Zwickl, Helmut
Jenseits von schnell — Jim Clark
Motorbuch Verlag, Stuttgart 1968

Zwickl, Helmut
Vollgas ist ihr täglich Brot — Indianapolis
Motorbuch Verlag, Stuttgart 1968

John Player
Team

Alle 14 Tage mehr als nur Ergebnisse:

auto motor und sport

LESEN WAS LÄUFT.

Heiße Reifen – rasante Bücher

David Hodges
Rennwagen von A–Z
Konstruktionen aller Klassen nach 1945, von der Formel Junior bis zur Formel 1. Dazu alles über Fahrer und Rennen.

278 Seiten, 820 Abb., 70 Farbabb., geb.
Bestell-Nr. 01477
DM 98,–/sFr 90,–/öS 715,–

Thora Hornung
Die Nürburgring-Story
60 Jahre Rennsport im Zeichen der Nürburg erschließen sich hier zwischen den beiden Buchdeckeln.

252 Seiten, 106 Abb., 16 Farbabb., geb.
Bestell-Nr. 01200
DM 39,80/sFr 37,90/öS 291,–

Harvey T. Rowe
Männer, Frauen und Motoren
Alfred Neubauer, der legendäre Rennleiter von Mercedes, gehörte zu den Großen des Grand-Prix-Sports. Hier seine fesselnde Autobiographie.

408 Seiten, 42 sw-Abb., geb.
Bestell-Nr. 10159
DM 29,80/sFr 29,80/öS 218,–

Formel 1
Mit über 400 meist farbigen Bildern wird hier der Formel-1-Rennsport dokumentiert: Wagen und Fahrer, Reglement, Teams, Funktionäre, das Leben in den Boxen u.v.a.

64 Seiten, geb.
Bestell-Nr. 01734
DM 29,80/sFr 29,80/öS 218,–

Gert Hack/Fritz Indra
Formel 1-Motoren
Diese Neuauflage des 1985 erschienenen Werks befindet sich auf dem neuesten Stand der Technik.

288 Seiten, 119 sw-Abb., 61 Zeichn., geb.
Bestell-Nr. 01803
DM 49,80/sFr 47,50/öS 364,–

Willy Knupp
Michael Schumacher
Leben für die 1
Der einzigartige Aufstieg des Kerpeners im Motorsport. Dies ist die vom Weltmeister selbst autorisierte Biographie.

192 Seiten, 300 Farbabb., geb.
Bestell-Nr. 30315
DM 39,80/sFr 37,90/öS 291,–

Daniel Picot/Mike Riedner
Ferrari – Die Renngeschichte
Dieser Kunstbildband ist der Ferrari unter den Rennsport-Büchern. Tolle Aquarelle und erstklassige Texte setzen die Story des springenden Pferdes aus Maranello in Szene. Ein faszinierender Rückblick auf die größten Siege und bittersten Niederlagen der Boliden des Commendatore Enzo Ferrari, die überall dabei waren, wo Rennwagen über die Pisten donnerten. Limitierte Auflage mit einem vom Künstler signierten Kunstdruck!

200 Seiten, 110 Farbabb., geb.
Best.-Nr. 01849
ca. DM 168,–/sFr 151,–/öS 1.226,–

Eberhard Reuß
Formel 1
Farbig, spannend und unterhaltsam: die Geschichte der Formel 1 – von den Anfängen bis zur Skandal-Saison 1994.

336 Seiten, 363 sw-Abb., 68 Farbabb., geb.
Bestell-Nr. 01662
DM 98,–/sFr 90,–/öS 715,–

Eberhard Reuß
Grand Prix
Der Große Preis von Deutschland hat mehr Tradition als die Formel 1. Eine packende Zeit- und Technikgeschichte

304 Seiten, 170 sw-Abb., 80 Farbabb., geb.
Bestell-Nr. 01836
DM 78,–/sFr 72,–/öS 569,–

Christoph Schulte
Die jungen Wilden in der Formel 1
Verstappen, Irvine, Ralf Schumacher & Co. bringen jede Menge Spannung und Dramatik in die Königsklasse.

176 Seiten, 200 Farbabb., geb.
Bestell-Nr. 30366
DM 39,80/sFr 37,90/öS 291,–

Stand Oktober 1997 – Änderungen in Preis und Lieferfähigkeit vorbehalten

Motor buch Verlag

IHR VERLAG FÜR AUTO-BÜCHER

Postfach 10 37 43 · 70032 Stuttgart
Telefon (07 11) 210 80 65
Telefax (07 11) 210 80 70

Vanwall

Ferrari
MASERATI
BENETTON FORMULA
F1 TEAM
ALFA-ROMEO
MILANO

BALLOT
E B
PARIS
osella
march
Ford
DUESENBERG

RAM
AUTOMOTIVE
AUTO UNION
Cooper
FIAT

AUSTIN
STEYR
LIGIER
TAG
turbo engines

TECNO
minardi
CHEVROLET
ZAKSPEED
uop
shadow

HOTCHKISS PARIS
ALFA
ANONIMA LOMBARDA FABBRICA AUTOMOBILI
TIPO N°
MILANO
LANCIA
Buick

BRABHAM
SPA
OWEN ORGANISATION
B.R.M.

BMW
ASTON MARTIN
AUTOMOBILES
TALBOT
PARIS
ALTA